The Minor League Register

First Edition

Compiled from the
Society for American Baseball Research's
Minor League Stars I, II, III and original research.

Lloyd Johnson
Editor

Bob Hoie
Associate Editor

Dean Coughenour
Bob McConnell
Assistant Editors

BASEBALL AMERICA, INC
DURHAM, NORTH CAROLINA

FIRST EDITION
EXECUTIVE EDITOR:
 Miles Wolff
PRODUCTION:
 Joy C. Tempkins
 Susan Merrell
 Janssen Strother

EDITOR:
 W. Lloyd Johnson is a professional baseball historian, writer and consultant. He is a former president of the Society for American Baseball Research. He is a graduate of Oklahoma State University and has a Masters degree in history from the University of Tulsa. He is the author of *Baseball Timeline* and *Baseball's Dream Team*. He has also written *Baseball: A Pictorial Tribute* as well as *Who's Who in Baseball History* and he is the co-editor of *The Encyclopedia of Minor League History*. He has served as the Executive Director of SABR and was the Senior Research Associate for the National Baseball Hall of Fame at Cooperstown, NY.

Copyright © 1994 by Baseball America, Inc.

All rights reserved. No part of this book may be reproduced or transmitted in any form or by any means, electronic or mechanical, including photocopying, recording or by any information storage and retrieval system, without permission, in writing, from the Publisher.

Baseball America, Inc.
600 South Duke Street
Durham, NC 27701

Library of Congress Cataloging in Publication Data

Main entry under title:
The Minor League Register
Bibliography: p.
1. Baseball—United States—Statistics.
I. Johnson, Lloyd
ISBN 0-9637189-2-4 — Hardcover
ISBN 0-9637189-3-2 — Softcover

Printed in the United States of America
Cover photo by Janssen Strother

Table of Contents

Introduction 5

Acknowledgement 7

Abbreviations 9

The Batters 11

The Photographs 197

The Pitchers 343

The Managers 439

The Bibliography 473

The Index 475

All-Time Leader Charts

Single Season: Batting Average 38
Single Season: Runs 51
Single Season: Hits 52
Single Season: Doubles 58
Single Season: Triples 66
Single Season: Home Runs 71
Single Season: RBIs 92
Single Season: Stolen Bases 103
Single Season: Total Bases 110
Career: Games 123
Career: Hits 155
Career: Doubles 156
Career: RBIs 162
Career: Runs 166
Career: Triples 169
Career: Stolen Bases 176
Career: Average 190
Career: Home Runs 218

All-Time: 200 Hit Seasons 239
All-Time: Years Service With One City 244
All-Time: 100-RBI Seasons 250
All-Time: 20 & 30 Home Run Seasons 252
All-Time: 40 & 50 Home Run Seasons 292
All-Time: Batting Titles 306
Career: No Hitters 308
All-Time: Home Run Titles 313
Leading Average By At-Bat Levels 320
Single Season: Top Pitching Percentage . . . 325
All-Time: 50 Home Run Seasons 342
Single Season: Strikeouts 349
Single Season: Wins 357
Career: Games 361
Career: Won-Lost 376
Career: Strikeouts 416
Career: 20 Win Seasons 421
Lifetime Pitching Percentage Leaders 433

INTRODUCTION

The Minor League Register is a compilation of career records of star players of minor league baseball. Career records of major league players are listed in several volumes, notably *The Baseball Encyclopedia* and *Total Baseball*. But this is a compilation of over 870 great minor league batters, pitchers and managers.

Many of these players first appeared in the Society for American Baseball Research (SABR) publications: *Minor League Stars, Minor League Stars II, Minor League Stars III*. The *Minor League Register* has updated and lengthened many of those records and added more than 200 players. The batting qualifications for inclusion were those players who accrued over 2,000 career hits, or 200 home runs, or 400 stolen bases or 400 doubles. For pitchers, 200 wins in the minor leagues was the standard. The guideline for managers was 20 years of managing minor league teams. Many others were added who had significant career records and achievements. There are also players listed who did not achieve minor league stardom but went on to achievement in other areas such as New York Governor Mario Cuomo and NFL owner Art Rooney.

Those associated with the publication of *The Minor League Register* are indebted to SABR and its work in minor league history. In 1978 SABR published a 126 page volume entitled, *Minor League Stars*. The book contained the complete record of 172 minor league batters and pitchers. It was the first time that many baseball fans had seen year-by-year statistics for the men who spent the majority of their careers outside of the major leagues. The impact of that book was immediate.

That first volume of minor league career statistics put the young SABR organization on the baseball map, causing the doubling of its membership in one year. More importantly, the book caused baseball officials to take notice of the organization. Many of baseball's executives—who looked at Buzz Arlett's 432 home runs, or Jigger Statz' 18 years in the Pacific Coast League—thought they were the only ones who knew such facts. Suddenly, a whole organization of 5,000 baseball researchers was discovered. This new group of baseball fanatics researched and shared information with each other, and disseminated it to the public.

The plan for future editions of *The Minor League Register* is similar to SABR's goal; to engage in the collection, organization and dissemination of information about baseball. We know that some significant players have been left out; that some information may be incorrect, and that missing information can be found by diligent research. Corrections, additions, and ideas should be sent to either the publisher or the editor. Every three to four years we hope to come out with larger and more complete editions. There have been more than 150,000 individuals to play minor league baseball, and although we cannot list all player records, we will expand on this first edition. In the meantime, we hope you enjoy *The Minor League Register* and its companion, *The Encyclopedia of Minor League Baseball*, as these volumes help stimulate the knowledge and pursuit of minor league baseball.

        Baseball America   Lloyd Johnson
        P.O. Box 2089   P.O. Box 22481
        Durham, NC 27702   Kansas City, MO 64113

ACKNOWLEDGEMENTS

Thanks are due the Society for American Baseball Research (SABR) for its contributions to *The Minor League Register*. The Society instituted a Minor League Research Committee at its founding in 1971. Ray Nemec served as the first chairman. The late Vern Luse, Bob Hoie, John Pardon and David Kemp followed him at the helm of the committee. Several committee memebers, notably Ray Nemec, Bob Hoie, Bob McConnell, Dean Coughenour, and Bill Weiss maintain extensive files of major and minor league career playing records. These files have served in the past as the basis for the *Minor League Stars*, as well as the current *The Minor League Register*.

The three *Minor League Stars* books were compiled primarily by SABR founder Bob Davids, and members Bob McConnell and Bob Hoie, affectionately dubbed "The Three Bobs." The total list of researchers who helped collect minor league player data for this *Register* appears at the bottom of the page.

Bob Hoie and Dan Coughenour contributed many hours of their time and a great deal of expertise—choosing, compiling and editing the player records in this volume. Their work and the editor's was closely checked by Bob McConnell. Bill Weiss, Jamie Selko, Ray Nemec, and David Kemp rounded out the consulting committee for the book during its inception.

Brenda Ward pulled another yeoman stint, as she did on the *Encyclopedia of Minor League Baseball*, as head overseer of statistics. Steve Gietschier, archivist at *The Sporting News* was extremely helpful with managerial, coaching and scouting records. Brock Hanke served up some good advice.

In Durham, North Carolina at *Baseball America*, Miles Wolff was the stabilizing effect on the project, as well as the *Register's* executive editor. Joy Tempkins and her staff handled the book design and layout. Dave Chase provided useful and informative tips for everyone included in the book-making process. Howe Sportsdata International provided the statistics for players after 1980.

Every effort has been made to name those who contributed to the formation of the *The Minor League Register*. Anyone left out can be assured that the slight was unintentional, and wil be remedied in subsequent editions.

The roster of researchers who have helped on *The Minor League Register, Minor League Stars, Minor League Stars II* or *Minor League Stars III* is as follows.

Richard Batterson	Willie George	Jim Laughlin	Willie Runquist
Carlos Bauer	Bob Gerald	Joe Lawler	Art Schott
Terry Baxter	Ron Gersbacher	Len Levin	Bill Schroeder
John Benesch	Robert Gill	Bob Lindsay	John Schwartz
Rich Bozzone	Sol Gittleman	Ralph LinWeber	Jamie Selko
Ed Brooks	Ray Gonzalez	Vern Luse	Tom Shea
Larry Bump	Karl Green	Robert Lynch	Bernard Smith
Art Cantu	Jerry Gregory	Jim Maywar	John Spalding
Bill Carle	Bill Gustafson	Richard McBane	Renwick Speer
Jack Carlson	Bob Hoie	Bob McConnell	Steve St. Martin
Craig Carter	Jim Holl	Mike McCormick	Tom Strother
Dave Chrisman	Ralph Horton	Jorge Menendez	Stew Thornley
Dick Clark	Tom Hufford	Ray Nemec	Jerry Tomlinson
Merritt Clifton	Jerry Jackson	Terry O'Neil	Sharon Trigilio
Dean Coughenour	Jose Jimenez	Joe Overfield	Jerry Vaughn
Peter Culter	Cliff Johnson	John Pardon	Linda Vessa
Cecil Darby	Lloyd Johnson	Frank Phelps	Gary Waddingham
Bob Davids	Richard Juline	Bill Plott	Bill Weiss
Brian Davis	Cliff Kachline	Jim Price	Frank Williams
Bill Deane	David Kemp	Allen Quimby	Karl Wingler
Harold Dellinger	Al Kermisch	Eves Raja	Ralph Winnie
Jack Dougherty	Merl Kleinknecht	John Ramon	Miles Wolff
John Duxbury	Herm Krabbenhoft	Tim Rask	Gene Wood
Harold Esch	Dan Krueckeberg	Bob Richardson	
Paul Frisz	Walt Kuczwara	Jack Rudolph	

ABBREVIATIONS AND EXPLANATIONS

*When figures are in **bold** type, it indicates player led league in that category for the season.*

BATTERS

- **Year** — Year the player appeared with the club.
- **Club** — City or locale that player appeared. Multiple city listing indicates he was traded, sent down or moved. A slash (/) between cities indicates two cities in the same league. A hyphen (–) appears between cities when a club takes the name of two cities or the club moved in midseason but is the same franchise.
- **League** — Name of league of which the club is a member. Leagues abbreviated: SALLY= South Atlantic (1901-1963). KITTY= Kentucky-Indiana-Tennessee. PONY= Pennsylvania-Ontario-New York. Three I= Indiana-Illinois-Iowa. Mexican #1 and #2 refer to the player strike in 1980. The season (#1) ended for most players but six clubs reformed during the strike and started a new season (#2).
- **POS** — Position. Playing position with most frequently played listed first. p= pitcher. c= catcher. 1b= first baseman. 2b= second baseman. 3b= third baseman. ss= shortstop. of= outfielder. ut= utility player (all positions). dh= designated hitter. ph= pinch hitter.
- **G** — Games. Total games played.
- **AB** — At-bats. Total times at bat for a player. Baseball statistics do not count walks as a time at bat.
- **R** — Runs. Runs scored by the player that season.
- **H** — Hits. Total of all hits for that player. Includes all singles, doubles, triples and home runs.
- **2B** — Two-base hits. Doubles.
- **3B** — Three-base hits. Triples.
- **HR** — Home runs. Homers. Includes fair balls hit over the fence, and inside-the-park home runs.
- **RBI** — Runs batted in. Total runners caused to be scored by the player. Home runs are counted as RBIs.
- **SB** — Stolen bases.
- **AVG** — Average. The player's batting average. Figured by dividing hits by at-bats.
- **Majors, Minors, Negro, Japan** — The total of the columns separated by service in types of league.

PITCHERS

- **G** — Games. The number of games in which a player appeared as a pitcher.
- **IP** — Innings pitched. The number of innings a pitcher pitched. Partial innings are not included.
- **W** — Wins. Total wins.
- **L** — Losses. Total losses.
- **H** — Hits. Total hits off a pitcher.
- **R** — Runs. Total runs off a pitcher.
- **ER** — Earned runs. Total earned runs off a pitcher. Earned runs are runs for which pitcher is responsible.
- **BB** — Base on balls. Walks. Total walks by a pitcher for the season.
- **SO** — Strikeouts. Total batters struck out by pitcher for the season.
- **ERA** — Earned run average. The average runs a pitcher will give up in a nine-inning game. Figured by multiplying the earned runs by 9 and then dividing the innings pitched into that figure.

MANAGERS

- **POS** — Position the club finished that season. If two positions are indicated it is a split season with two halves. A letter indicates a geographic division of the league. E= east. S= south. N= north. W= west.
- **W** — Wins. Games team won while he was managing.
- **L** — Losses. Games team lost while he was managing.
- **PCT** — Winning percentage. Figured by dividing wins by total number of games managed in a season.

Final column indicates additional information such as partial season and dates managed.

PHRASES

Did not play in organized baseball — Minor league teams that are members of the National Association of Professional Baseball Leagues are recognized as organized baseball. Outlaw, semipro, and textile leagues are not considered "organized baseball." Prior to 1902, leagues that were signatories to the National Agreement are accepted as organized baseball. The Mexican League prior to 1955 and the Provincial League prior to 1950 were not members of the National Association but have been included as part of organized baseball because each league had documented league records and each gained membership in the National Association.

Military — Indicates the player was serving in the Armed Forces during the years indicated.

Less than 10 games — Many early leagues did not publish statistics for players in a limited number of games.

The Batters

THOMAS WOODLEY "WOODY" ABERNATHY

Born October 16, 1908 at Athens, AL.
Died March 1, 1961 at Houston, TX.
Batted left. Threw right. Height: 6-1½. Weight: 195.

YEAR	CLUB	LEAGUE	POS	G	AB	R	H	2B	3B	HR	RBI	SB	AVG
1928	Vicksburg	Cotton States	1b-of	123	472	60	169	33	16	2	—	6	.358
1929	Montgomery	Southeastern	of	138	507	85	172	30	13	3	80	12	.339
1930	Montgomery	Southeastern	of	136	508	79	172	22	11	4	77	15	.339
1931	Birmingham	Southern Association	1b-of	118	427	67	133	17	12	10	74	6	.331
1932	Birmingham	Southern Association	of-1b	78	284	47	91	12	6	8	55	4	.320
1933	Birmingham	Southern Association	1b-of	150	577	77	186	35	12	10	101	4	.322
1934	Baltimore	International	of-1b	151	563	102	174	24	9	32	120	5	.309
1935	Baltimore	International	of-1b	149	544	97	150	25	9	31	110	2	.276
1936	Baltimore	International	of-1b	149	554	132	171	24	3	42	127	11	.309
1937	Baltimore	International	of	148	546	94	155	29	2	21	71	3	.284
1938	Buffalo	International	of	103	375	76	121	27	5	21	74	3	.323
1939	Knoxville	Southern Association	of	135	485	84	161	32	4	16	103	5	.332
1940	St. Paul/Milwaukee	American Association	of	135	506	60	142	35	4	10	87	5	.281
		Minors		1713	6348	1060	1997	345	106	210	1079	91	.315

TEOLINDO ANTONIO "TEO" ACOSTA

Born July 23, 1937 at Maracaibo, Venezuela
Batted left. Threw left. Height: 5-6. Weight: 158.

YEAR	CLUB	LEAGUE	POS	G	AB	R	H	2B	3B	HR	RBI	SB	AVG
1958	Dothan	Alabama-Florida	of	**124**	520	95	**163**	19	3	6	76	**36**	.313
1959	Dothan	Alabama-Florida	of	119	457	92	154	29	7	7	46	**46**	.337
1960	Billings/Missoula	Pioneer	of	121	491	114	181	17	6	6	69	**45**	**.369**
1961	Columbia	SALLY	of	125	487	104	**167**	11	9	1	27	**40**	**.343**
1962	San Diego	Pacific Coast	of	13	29	6	8	1	2	0	3	0	.276
	Macon	SALLY	of	89	313	53	92	10	4	0	28	16	.294
1963	Macon	SALLY	of	**141**	544	79	152	18	5	1	36	21	.279
1964	Macon	Southern	of	121	405	66	109	20	0	1	33	15	.269
1965	Peninsula	Carolina	of	141	497	100	**167**	21	8	2	53	23	.336
1966	Knoxville	Southern	of	15	51	12	14	5	0	0	4	3	.275
	Buffalo	International	of	113	377	59	108	17	3	5	37	9	.286
1967	Buffalo	International	of	49	160	14	38	5	1	0	6	3	.238
1968	Puebla	Mexican	of	99	354	53	115	16	6	4	39	15	.325
1969	Puebla	Mexican	of	142	534	87	**189**	29	9	6	82	18	**.354**
1970	Yucatan	Mexican	of	140	469	76	158	26	**14**	3	55	14	.337
1971	Yucatan	Mexican	of	133	441	75	173	22	11	7	71	17	**.392**
1972	Yucatan	Mexican	of	134	492	77	170	25	11	4	51	11	.346
1973	Yucatan/Puebla	Mexican	of	121	419	64	157	17	8	9	66	11	.375
1974	Puebla	Mexican	of	122	464	93	**170**	17	6	2	43	20	**.366**
1975	Villahermosa	Mexican	of	109	416	43	133	9	8	0	30	19	.320
1976	Nuevo Laredo	Mexican	of	101	384	48	106	5	0	0	19	7	.276
		Minors		2272	8304	1410	2724	339	121	64	874	389	.328

JAMES AUDREY "JIMMY" ADAIR

Born January 25, 1907 at Waxahachie, TX.
Died December 9, 1982 at Dallas, TX.
Batted right. Threw right. Height: 5-10½. Weight: 154.

Manager for Longview, East Texas, 1940; Helena, Cotton States, 1941; Springfield, Three I, 1942; Elmira, PONY, 1945; San Antonio, Texas, 1946-47; Savannah, SALLY, 1947; Dallas, Texas, 1948-49; Gainesville, Big State, 1950-52; Greenville/Bryan, Big State, 1953; Artesia, Longhorn, 1954; Paris, Sooner State, 1955.

YEAR	CLUB	LEAGUE	POS	G	AB	R	H	2B	3B	HR	RBI	SB	AVG
1927	Mexia	Lone Star	ss	67	213	22	56	6	7	3	—	3	.263
1928	Waco/Dallas	Texas	ss-3b	36	135	15	34	5	3	0	6	2	.252
	Augusta	SALLY	3b	6	21	1	6	0	0	0	—	0	.286
	Paris	Lone Star	3b	85	336	37	102	12	0	1	—	13	.304
1929	El Dorado	Cotton States	3b-2b	122	441	87	144	19	5	6	—	52	.327
1930	Denver	Western	ss	148	588	109	168	29	17	7	75	30	.286
1931	Reading	International	ss	130	494	75	141	28	4	8	66	30	.285
	Chicago	National	ss	18	76	9	21	3	1	0	3	1	.276

YEAR	CLUB	LEAGUE	POS	G	AB	R	H	2B	3B	HR	RBI	SB	AVG
1932	Louisville	American Association	2b-ss	149	553	83	177	25	12	7	72	27	.320
1933	Louisville	American Association	2b	147	562	104	175	34	13	3	96	33	.311
1934	Louisville	American Association	2b	131	469	83	141	16	15	3	68	15	.301
1935	Louisville	American Association	2b	118	443	52	124	23	10	3	57	13	.280
1936	Louisville	American Association	2b	107	322	47	88	22	3	10	50	15	.273
1937	Toledo	American Association	2b	118	452	51	119	21	4	2	73	8	.263
1938	St. Paul	American Association	of	3	2	0	1	0	0	0	0	0	.500
	Syracuse	International	2b	13	60	6	11	2	0	1	4	0	.183
1938	Wilkes-Barre	Eastern	2b	84	320	43	88	11	6	2	31	2	.275
1939	Birmingham	Southern Association	2b	64	219	22	55	11	4	0	19	2	.251
	Indianapolis	American Association	2b	60	240	32	58	8	7	1	16	1	.242
1940	Dallas	Texas	2b	25	82	9	15	1	0	0	4	0	.183
	Longview	East Texas	ss	74	278	46	73	15	2	0	27	4	.263
1941	Helena	Cotton States	2b	135	516	99	169	31	7	4	70	7	.328
1942	Springfield	Three I	2b	17	32	11	6	1	0	1	—	2	.188
1943	Hollywood/San Francisco	Pacific Coast	ss-2b	94	301	29	72	10	2	0	36	2	.239
1944	San Francisco	Pacific Coast	2b	23	54	4	11	2	1	0	2	0	.204
		Minors	1956	7133	1067	2034	332	122	62	772	263	.285	
		Majors	18	76	9	21	3	1	0	3	1	.276	

ENRIQUE AGUILAR (MARTINEZ)
Born March 21, 1956 at Villa Azueta, Veracruz, Mexico
Bats right. Throws right. Height: 5-10. Weight: 183.

YEAR	CLUB	LEAGUE	POS	G	AB	R	H	2B	3B	HR	RBI	SB	AVG
1974	Veracruz	Mexican	2b-ss	13	17	2	3	0	0	0	0	0	.176
1975	Aguascalientes	Mexican	2b	10	4	4	1	0	0	0	1	0	.250
1976	Aguascalientes	Mexican	of-ss-2b-3b	107	170	31	43	3	2	0	10	2	.253
1977	Aguascalientes	Mexican	of-ss-2b-3b	96	210	29	52	4	1	2	24	8	.248
1978	Aguascalientes	Mexican	3b-ss-of-2b	76	194	21	47	4	1	3	17	8	.242
1979	Aguascalientes	Mexican	3b-ss	132	502	72	162	23	6	9	66	19	.323
1980	Aguascalientes	Mexican	ss	93	350	53	103	21	1	11	62	15	.294
1981			Did not play in organized baseball										
1982	Aguascalientes	Mexican	3b	128	471	62	125	20	3	10	65	33	.265
1983	Aguascalientes	Mexican	ss-of-3b	110	410	66	112	22	1	15	89	7	.273
1984	Aguascalientes	Mexican	3b-ss	112	460	95	142	19	2	27	115	17	.309
1985	Aguascalientes	Mexican	3b	120	474	106	153	23	2	25	107	12	.323
1986	Aguascalientes	Mexican	3b	125	504	106	169	26	2	21	106	3	.327
1987	Aguascalientes	Mexican	3b	123	502	108	163	38	1	28	116	5	.325
1988	Aguascalientes	Mexican	3b	122	452	104	155	27	2	35	115	8	.343
1989	Aguascalientes	Mexican	3b	122	458	61	137	16	3	12	66	4	.299
1990	Yucatan/Monterrey	Mexican	3b	127	462	72	146	24	3	9	59	6	.316
1991	San Luis Potosi	Mexican	3b	118	444	71	149	23	1	19	82	2	.336
1992	Aguascalientes	Mexican	3b	124	489	75	156	30	2	23	83	10	.319
1993	Aguascalientes	Mexican	3b	130	459	79	134	14	2	19	74	6	.292
		Minors	1988	7032	1217	2152	337	35	268	1257	165	.306	

WILLIE MAYS AIKENS
Born October 14, 1954 at Seneca, SC.
Bats left. Throws right. Height: 6-3. Weight: 225.

YEAR	CLUB	LEAGUE	POS	G	AB	R	H	2B	3B	HR	RBI	SB	AVG
1975	Quad Cities	Midwest	1b	125	443	69	126	17	1	17	91	6	.284
1976	El Paso	Texas	1b	133	514	99	163	24	4	30	117	19	.316
1977	Salt Lake City	Pacific Coast	1b	77	295	62	99	23	2	14	72	4	.336
	California	American	1b	42	91	5	18	4	0	0	6	1	.198
1978	Salt Lake City	Pacific Coast	1b	133	470	82	153	19	0	29	110	5	.326
1979	California	American	1b	116	379	59	106	18	0	21	81	1	.280
1980	Kansas City	American	1b	151	543	70	151	24	0	20	90	1	.278
1981	Kansas City	American	1b	101	349	45	93	16	0	17	53	0	.266
1982	Kansas City	American	1b	134	466	50	131	29	1	17	74	0	.281
1983	Kansas City	American	1b	125	410	49	124	26	1	23	72	0	.302
1984	Toronto	American	1b	93	234	21	48	7	0	11	26	0	.205
1985	Toronto	American	dh	12	20	2	4	1	0	1	5	0	.200
	Syracuse	International	dh-1b	105	373	65	116	19	1	16	61	0	.311

YEAR	CLUB	LEAGUE	POS	G	AB	R	H	2B	3B	HR	RBI	SB	AVG
1986	Puebla	Mexican	dh	129	445	134	**202**	38	3	46	**154**	0	**.454**
	Tidewater	International	1b	4	15	2	2	0	0	0	0	0	.133
1987	Puebla	Mexican	dh-1b	77	268	59	95	17	2	17	67	0	.354
1988	Jalisco	Mexican	dh-1b	126	412	96	145	27	1	30	119	0	.352
1989	Leon	Mexican	1b-dh	128	423	**108**	167	40	1	37	**131**	1	**.395**
1990	Leon	Mexican	dh-1b	130	419	83	150	32	1	21	106	0	.358
1991	Monterrey	Mexican	1b	111	361	52	108	14	0	19	80	2	.299
		Majors		174	2492	301	675	125	2	110	415	3	.271
		Minors	1278	4438	911	1526	270	16	276	1109	28	.344

Angel Luis Alcarez (Acosta)

Born June 20, 1941 at Humacao, Puerto Rico.
Batted right. Threw right. Height: 5-9. Weight: 165.

Manager for Leon, Mexican, 1979-80.

YEAR	CLUB	LEAGUE	POS	G	AB	R	H	2B	3B	HR	RBI	SB	AVG
1959	McCook	Nebraska State	ph	1	1	0	0	0	0	0	0	0	.000
1960	Orlando	Florida State	3b-2b	70	247	49	51	13	2	5	44	15	.206
1961	Artesia	Sophomore	2b	122	477	126	161	24	5	21	100	11	.338
1962	Salem	Northwest	2b	24	67	8	17	1	0	2	7	3	.254
	Keokuk	Midwest	2b	85	268	64	78	23	1	16	59	12	.291
1963	Santa Barbara	California	2b	131	441	90	119	20	4	18	86	13	.270
1964	Albuquerque	Texas	2b	6	16	1	1	1	0	0	0	1	.063
	Santa Barbara	California	2b	42	148	22	36	7	2	6	24	7	.243
1965	Santa Barbara	California	2b	92	299	50	80	13	3	13	49	8	.268
1966	Santa Barbara	California	2b-1b	113	380	68	108	22	2	22	82	7	.284
1967	Albuquerque	Texas	2b-3b-ss	137	475	86	**156**	31	5	22	85	4	**.328**
	Los Angeles	National	2b	17	60	1	14	1	0	0	3	1	.233
1968	Los Angeles	National	2b-3b-ss	41	160	4	16	1	0	2	5	1	.151
	Spokane	Pacific Coast	2b	36	137	18	38	9	1	5	18	2	.277
1969	Omaha	American	2b-3b	131	478	94	144	31	3	13	79	9	.301
	Kansas City	American	2b-3b-ss	22	79	15	20	2	1	1	7	0	.253
1970	Kansas City	American	2b	35	120	10	20	5	1	1	14	0	.167
	Omaha	American Association	2b-3b	77	263	30	67	11	3	6	29	1	.255
1971	Tucson	Pacific Coast	2b-3b	102	303	59	88	17	2	14	65	0	.290
1972	Richmond/Charleston	International	2b-3b	96	276	38	63	12	1	9	25	0	.228
1973	Puebla	Mexican	2b-ss-3b-1b-c	103	315	56	84	16	2	15	71	4	.267
1974	Puebla/Cordoba	Mexican	2b	108	352	57	99	16	3	12	69	2	.281
1975	Cordoba	Mexican	2b	113	405	49	119	18	2	12	85	1	.294
1976	Cordoba	Mexican	2b	116	385	50	117	25	1	8	54	1	.304
1977	Cordoba	Mexican	2b	38	126	16	33	5	0	4	13	2	.262
1978						Did not play in organized baseball							
1979	Leon	Mexican	2b	130	446	81	134	19	2	**24**	77	2	.300
1980	Leon	Mexican #1	2b	23	86	15	28	8	1	3	16	0	.326
1981	Poza Rica	Mexican	2b	91	243	16	56	6	0	2	21	2	.230
		Majors		115	365	30	70	9	2	4	29	2	.192
		Minors	1987	6634	1143	1877	348	45	252	1158	107	.283

David Doyle "Dale" Alexander

Born April 26, 1903 at Greeneville, TN.
Died March 2, 1979 at Greeneville, TN.
Batted right. Threw right. Height:6-3. Weight: 215.

Hit 4 home runs in one game at Minneapolis, June 14, 1935.
Manager for Sanford, Florida State, 1939; Thomasville, Georgia-Florida, 1940; Selma, Southeastern, 1941; Greeneville, Appalachian, 1942; Knoxville, Tri-State, 1946-48; Bristol, Appalachian, 1948; Jacksonville, SALLY, 1950.

YEAR	CLUB	LEAGUE	POS	G	AB	R	H	2B	3B	HR	RBI	SB	AVG
1924	Greeneville	Appalachian	1b	114	389	51	129	28	10	4	–	6	.331
1925	Charlotte	SALLY	1b	131	543	92	180	**44**	8	20	120	7	.331
1926	Charlotte	SALLY	1b	130	523	87	180	40	8	13	96	6	.323
1927	Toronto	International	1b	153	557	83	188	26	11	12	97	4	.338
1928	Toronto	International	1b	**169**	621	115	**236**	49	11	**31**	144	15	**.380**
1929	Detroit	American	1b	**155**	626	110	**215**	43	15	25	137	5	.343
1930	Detroit	American	1b	**154**	602	86	196	33	8	20	135	6	.326
1931	Detroit	American	1b	135	517	75	168	47	3	3	87	5	.325

YEAR	CLUB	LEAGUE	POS	G	AB	R	H	2B	3B	HR	RBI	SB	AVG
1932	Detroit/Boston	American	1b	124	392	58	144	27	3	8	60	4	**.367**
1933	Boston	American	1b	94	313	40	88	14	1	5	40	0	.281
1934	Newark	International	1b	145	545	89	183	35	2	14	123	7	.336
1935	Kansas City	American Association	1b	120	461	84	165	29	6	16	95	5	.358
1936	Kansas City	American Association	1b	154	612	81	193	30	9	5	100	4	.315
1937	Nashville	Southern Association	1b	153	567	91	181	**42**	1	15	109	7	.319
1938	Chattanooga	Southern Association	1b	140	518	49	160	24	1	8	85	6	.309
1939	Sanford	Florida State	1b-p	98	374	72	129	27	2	6	80	14	.345
1940	Thomasville	Georgia-Florida	1b	91	330	78	128	31	5	**14**	96	6	.388
1941	Selma	Southeastern	1b-3b-of-p	56	64	14	28	9	0	1	23	1	.438
1942	Greeneville	Appalachian	2b-3b-of-p	19	19	6	3	2	1	0	3	0	.158
		Majors		662	2450	369	811	164	30	61	459	20	.331
		Minors		1673	6123	992	2072	416	75	159	1171	88	.338

DAVID TILDEN ALTIZER

Born November 6, 1876 at Pearl, IL.
Died May 14, 1964 at Pleasant Hill, IL.
Batted left. Threw right. Height: 5-10½. Weight: 160.

Set American Association season record with 61 sacrifice hits in 1910.
Served with the US Army in the Boxer Rebellion.
Umpire for Dakota 1922.
Manager for Aberdeen, South Dakota, 1920; Madison, South Dakota, 1920-1921.

YEAR	CLUB	LEAGUE	POS	G	AB	R	H	2B	3B	HR	RBI	SB	AVG
1902	Buffalo	Eastern	ss	1	2	0	0	0	0	0	—	1	.000
	Meriden	Connecticut	3b	91	351	77	107	12	2	0	—	39	.305
1903	Meriden	Connecticut	3b	66	253	39	65	5	0	0	—	26	.257
	Toledo	American Association	ss-3b	22	79	5	12	1	0	0	—	1	.152
1904	Meriden/Springfield	Connecticut	if	107	383	61	108	10	2	—	0	51	.282
1905	Springfield	Connecticut	ss	91	356	79	125	26	0	1	—	39	**.351**
1906	Lancaster	Tri-State	ss	27	105	25	38	6	3	1	—	12	.362
	Washington	American	ss-of	115	433	56	111	9	5	1	27	37	.256
1907	Washington	American	ss-1b	147	540	60	145	15	5	2	42	38	.269
1908	Washington/Cleveland	American	ut	96	294	30	65	2	3	23	15	—	.221
1909	Chicago	American	of-1b	116	382	47	89	6	7	1	20	27	.233
1910	Cincinnati	National	ss	3	10	3	6	0	0	0	0	0	.600
	Minneapolis	American Association	ss	163	580	**111**	174	18	10	2	—	**65**	.300
1911	Cincinnati	National	ss	37	75	8	17	4	1	0	4	2	.227
	Minneapolis	American Association	ss	73	284	64	95	13	3	1	—	30	.335
1912	Minneapolis	American Association	ss	162	625	125	184	21	4	6	—	**68**	.294
1913	Minneapolis	American Association	ss	166	640	**141**	187	37	6	4	—	24	.292
1914	Minneapolis	American Association	ss	170	635	132	210	37	9	14	—	32	.331
1915	Minneapolis	American Association	ss	149	582	**118**	176	26	11	8	—	19	.302
1916	Minneapolis	American Association	if-of	164	597	**108**	178	22	9	8	—	17	.298
1917	Minneapolis	American Association	of-if	149	525	85	169	20	4	7	—	18	.322
1918	Minneapolis	American Association	of-if	52	174	16	42	2	1	1	—	5	.241
1919					Did not play in organized baseball								
1920	Aberdeen/Madison	South Dakota	ut	93	336	63	101	12	2	4	—	—	.301
1921	Madison	Dakota	ut	52	174	42	56	6	4	2	7	—	.322
		Majors		514	1734	204	433	36	21	4	116	119	.250
		Minors		1798	6681	1291	2027	274	70	59	—	454	.303

ROGELIO ALVAREZ (HERNANDEZ)

Born April 18, 1938 at Santa Lucia, Pinar del Rio, Cuba.
Batted right. Threw right. Height: 5-11. Weight: 185.

YEAR	CLUB	LEAGUE	POS	G	AB	R	H	2B	3B	HR	RBI	SB	AVG
1956	Yuma	Arizona-Mexico	1b-of	12	40	2	13	2	1	1	11	1	.325
	Port Arthur	Big State	1b-of	82	308	34	93	8	4	4	38	4	.302
1957	Clovis	Southwestern	1b	48	210	59	77	10	1	24	86	2	.367
	Wenatchee	Northwest	1b	80	291	50	86	14	6	15	74	4	.296
1958	Havana	International	1b-of	146	485	67	130	23	5	25	88	2	.268
1959	Havana	International	1b-p	145	506	51	99	19	1	22	65	3	.196
1960	Havana-Jersey City	International	1b-p	151	527	61	134	20	1	17	72	2	.254
	Cincinnati	National	1b	3	9	1	1	0	0	0	0	0	.111
1961	Jersey City	International	1b	140	443	56	101	13	6	12	58	3	.228

YEAR	CLUB	LEAGUE	POS	G	AB	R	H	2B	3B	HR	RBI	SB	AVG
1962	San Diego	Pacific Coast	1b-3b	132	481	88	153	27	5	18	73	3	.318
	Cincinnati	National	1b	14	28	1	6	0	0	0	2	0	.214
1963	San Diego	Pacific Coast	1b-of	103	367	51	95	19	2	15	63	1	.259
1964	Macon	Southern	1b-of	56	144	16	39	7	0	10	42	0	.271
1965	San Diego	Pacific Coast	1b-of	31	67	2	14	1	0	2	8	0	.209
	Knoxville	Southern	1b-of	80	234	25	56	9	0	14	42	0	.239
1966	Knoxville	Southern	1b	114	369	56	115	20	1	27	78	2	.312
	Buffalo	International	1b	10	39	3	6	3	0	1	4	0	.154
1967	Knoxville/Evansville	Southern	1b	133	459	46	110	21	1	**19**	84	0	.240
1968	Veracruz	Mexican	1b-of	95	310	57	90	11	0	24	72	1	.290
1969	Veracruz	Mexican	1b	148	462	86	123	10	1	28	84	0	.266
1970	Veracruz	Mexican	1b	146	465	66	134	16	0	**33**	93	0	.288
1971	Veracruz	Mexican	1b	129	387	29	98	5	0	12	44	0	.253
1972	Poza Rica	Mexican	1b	23	61	8	15	1	0	2	7	0	.246
1973	Yucatan	Mexican	1b-p	104	316	36	74	9	1	12	44	3	.234
			Majors	17	37	2	7	0	0	0	2	0	.189
			Minors	2108	6971	949	1855	268	36	337	1230	31	.266

HAROLD N. "HAL" ANDERSON

Born February 10, 1904 at St. Louis, MO.
Died May 1, 1974 at St. Louis, MO.
Batted right. Threw right. Height: 5-11. Weight: 160.

Manager for Asheville, Piedmont, 1937-39; New Orleans, Southern Association, 1940; Columbus, American Association, 1947-1949; Columbus, SALLY, 1950-1951, 1955;
Scout for St. Louis, National, 1946.

YEAR	CLUB	LEAGUE	POS	G	AB	R	H	2B	3B	HR	RBI	SB	AVG
1924	Ottumwa	Mississippi Valley	of-3b	120	519	**126**	158	23	8	8	—	28	.305
1925	Asheville	SALLY	of-1b	116	501	96	150	28	11	8	52	47	.299
1926	St. Paul	American Association	of	127	473	72	144	18	9	3	46	12	.304
1927	St. Paul	American Association	of	110	384	56	116	22	6	1	39	20	.302
1928	St. Paul	American Association	1b-of-3b	129	424	62	127	21	2	2	53	18	.300
1929	St. Paul	American Association	of	158	600	107	181	30	2	7	73	16	.302
1930	St. Paul	American Association	of	146	604	121	178	31	4	9	65	34	.295
1931	St. Paul	American Association	of	140	611	126	192	36	6	23	95	24	.314
1932	Chicago	American	of	9	32	4	8	0	0	0	2	0	.250
1932	Mission	Pacific Coast	of	30	124	23	38	6	0	0	13	5	.306
	Toronto	International	of	27	100	10	20	6	0	1	6	2	.200
	Columbus	American Association	of	69	283	42	88	14	2	1	22	5	.311
1933	Columbus	American Association	of	147	629	109	171	35	5	3	62	32	.273
1934	Columbus	American Association	of-2b-3b	98	340	44	88	12	2	2	41	7	.259
1935	Columbus	American Association	of-2b-3b	116	309	47	87	15	4	0	40	7	.282
1936	Columbus	American Association	of-1b	103	344	64	99	17	4	2	42	10	.288
1937	Asheville	Piedmont	of	138	507	88	142	20	b	3	73	33	.288
1938	Asheville	Piedmont	of-p	72	246	36	70	13	2	3	38	5	.284
1939	Asheville	Piedmont	1b	31	55	9	17	1	1	0	8	2	.309
			Minors	1877	7053	1218	2066	348	74	76	768	291	.293
			Majors	9	32	4	8	0	0	0	2	0	.250

TONY ANTISTA

Born January 19, 1907 at Los Angeles, CA.
Batted right. Threw right. Height: 5-6. Weight: 148.

YEAR	CLUB	LEAGUE	POS	G	AB	R	H	2B	3B	HR	RBI	SB	AVG
1928	Mission	Pacific Coast	of	14	31	2	6	2	0	0	—	—	.194
	Bisbee	Arizona State	of	48	209	37	65	15	6	8	56	—	.311
	Beaumont	Texas	of	12	42	4	13	0	0	0	5	1	.310
1929	Big Spring	West Texas	of	25	103	31	39	7	4	1	—	14	.370
	Bisbee	Arizona State	of	45	191	58	79	26	7	10	—	16	.414
1930	Bisbee	Arizona State	of	109	444	**127**	191	36	**16**	17	100	18	**.430**
1931	Phoenix/El Paso	Arizona-Texas	of	96	371	81	131	22	9	5	—	25	.353
	Oakland	Pacific Coast	of	5	2	2	0	0	0	0	—	—	.000
1932	El Paso	Arizona-Texas	of	95	379	79	128	13	9	1	—	15	.338
			Minors	449	1772	421	652	121	51	42	161	89	.368

MAURICE JOHN ARCHDEACON

Born December 14, 1898 at St. Louis, MO.
Batted left. Threw left. Height: 5-8. Weight: 153.
Died September 5, 1954 at St. Louis, MO.

Manager for Dubuque, Mississippi Valley 1932-33.

YEAR	CLUB	LEAGUE	POS	G	AB	R	H	2B	3B	HR	RBI	SB	AVG
1919	Charleston	SALLY	of	97	384	54	88	11	3	2	—	42	.229
1920	Charleston	SALLY	of	109	419	75	130	22	3	3	29	44	.310
1921	Rochester	International	of	164	622	**166**	202	17	10	3	—	5	.325
1922	Rochester	International	of	163	628	**151**	202	29	8	5	44	**55**	.321
1923	Rochester	International	of	162	638	**162**	**228**	29	15	2	55	31	.357
	Chicago	American	of	22	87	23	35	5	1	0	4	2	.402
1924	Chicago	American	of	95	288	59	92	9	3	0	25	11	.319
1925	Chicago	American	of	10	9	2	1	0	0	0	0	0	.111
	Baltimore	International	of	98	364	75	113	17	4	1	29	20	.310
1926	Baltimore	International	of	133	530	107	174	22	6	5	66	19	.328
1927	Baltimore	International	of	130	473	101	160	19	4	2	30	22	.338
1928	Baltimore/Buffalo	International	of	142	511	91	152	15	5	1	27	11	.297
1929	Toronto	International	of	60	136	30	36	4	0	0	12	7	.265
	Atlanta	Southern Association	of	24	94	16	22	4	0	0	8	1	.234
1930	Pittsfield	Eastern	of	33	132	31	36	4	2	1	6	6	.273
1931				Did not play in organized baseball									
1932	Dubuque	Mississippi Valley	of	112	427	89	144	26	3	1	50	15	.337
	Majors			127	384	84	128	14	4	0	29	13	.333
	Minors			1427	5358	1148	1687	210	63	26	356	326	.315

RUSSELL LORIS "BUZZ" ARLETT

Born January 3, 1899 at Elmhurst, CA.
Died May 16, 1964 at Minneapolis, MN.
Batted both. Threw right. Height: 6-3. Weight: 225.

Was top switch hitter in the minor leagues. For Baltimore in 1932 he hit 4 home runs in a game on June 1 and again on July 4. Manager: Carthage, Arkansas-Missouri 1938-40 Moultrie, Georgia-Florida, 1941. Carthage, KOM, 1946.

YEAR	CLUB	LEAGUE	POS	G	AB	R	H	2B	3B	HR	RBI	SB	AVG
1918	Oakland	Pacific Coast	p-2b-1b	26	71	9	15	4	0	1	8	1	.211
1919	Oakland	Pacific Coast	p	58	144	15	42	8	2	1	19	2	.292
1920	Oakland	Pacific Coast	p-1b	64	178	26	45	5	4	5	26	2	.253
1921	Oakland	Pacific Coast	p	64	128	12	28	5	1	3	14	1	.219
1922	Oakland	Pacific Coast	p-of	74	174	23	42	9	4	4	21	0	.241
1923	Oakland	Pacific Coast	of-p	149	445	76	147	31	5	19	191	9	.330
1924	Oakland	Pacific Coast	of-p	193	698	122	229	57	**19**	33	145	24	.328
1925	Oakland	Pacific Coast	of	190	710	121	244	49	13	25	146	26	.344
1926	Oakland	Pacific Coast	of-1b-p	194	667	140	255	52	16	35	**140**	26	.382
1927	Oakland	Pacific Coast	of-p	187	658	122	231	**54**	7	30	123	20	.351
1928	Oakland	Pacific Coast	of-p	160	561	111	205	47	3	25	113	10	.365
1929	Oakland	Pacific Coast	of-1b-p	200	722	146	270	**70**	8	39	189	22	.374
1930	Oakland	Pacific Coast	of-p	176	618	132	223	57	7	31	143	8	.361
1931	Philadelphia	National	of	121	418	65	131	26	7	18	72	3	.313
1932	Baltimore	International	of	147	516	**141**	175	33	4	**54**	**144**	11	.339
1933	Baltimore	International	of-1b	159	531	**135**	182	40	3	**39**	146	20	.343
1934	Birmingham	Southern Association	of	35	128	28	42	9	4	7	23	3	.328
	Minneapolis	American Association	of	116	430	106	137	32	1	**41**	132	8	.319
1935	Minneapolis	American Association	of	122	425	90	153	26	2	25	101	6	.360
1936	Minneapolis	American Association	of	74	193	55	61	10	4	15	52	1	.316
1937	Syracuse	International	ph	4	4	0	0	0	0	0	0	0	.000
	Majors			121	418	65	131	26	7	18	72	3	.313
	Minors			2390	8001	1610	2726	598	107	432	1786	200	.341

PITCHING RECORD

YEAR	CLUB	LEAGUE	G	IP	W	L	H	R	ER	BB	SO	ERA
1918	Oakland	Pacific Coast	21	153	4	9	150	60	46	43	34	2.70
1919	Oakland	Pacific Coast	**57**	348	22	17	315	**172**	116	112	79	3.00
1920	Oakland	Pacific Coast	53	**427**	**29**	17	430	162	137	134	105	2.89
1921	Oakland	Pacific Coast	55	319	19	18	371	180	155	115	101	4.37
1922	Oakland	Pacific Coast	47	**374**	25	19	396	171	115	112	128	2.77

YEAR	CLUB	LEAGUE	G	IP	W	L	H	R	ER	BB	SO	ERA
1923	Oakland	Pacific Coast	28	125	4	9	182	106	84	47	34	5.76
1924	Oakland	Pacific Coast	2	4	0	0	9	7	6	3	0	13.50
1925	Oakland	Pacific Coast	1	4	0	0	1	0	0	2	0	0.00
1926	Oakland	Pacific Coast	5	14	2	0	13	2	2	3	4	1.29
1927	Oakland	Pacific Coast	1	9	1	0	10	6	3	4	4	3.00
1928	Oakland	Pacific Coast	7	27	1	0	19	2	2	8	7	0.67
1929	Oakland	Pacific Coast	17	61	1	4	83	46	40	17	17	5.76
1930	Oakland	Pacific Coast	3	3	0	0	3	3	3	1	0	9.00
		Minors	297	1868	108	93	1982	917	709	601	513	3.42

ELIOT ASINOF

Born July 13, 1919 at New York, NY.
Batted left. Height: 5-10. Weight: 180

Writer. Books include *Eight Men Out: The Black Sox and the 1919 World Series* (1963); *Black Men and White Law in Bedford Stuyvesant* (1970); *Bleeding Between the Lines* (1979); *Nineteen Nineteen: America's Loss of Innocence* (1990).

YEAR	CLUB	LEAGUE	POS	G	AB	R	H	2B	3B	HR	RBI	SB	AVG
1940	Moultrie	Georgia-Florida	1b	15	54	8	16	2	0	0	7	1	.296
1941	Wausau	Northern	of	41	162	39	48	4	1	0	10	5	.296
		Minors		56	216	47	64	6	1	0	17	6	.296

WILLIAM MALLORY "BILL" BAGWELL

Born February 24, 1896 at Choudrant, LA.
Died October 5, 1976 at Choudrant, LA.
Batted left. Threw left. Height: 6-1. Weight: 175.

YEAR	CLUB	LEAGUE	POS	G	AB	R	H	2B	3B	HR	RBI	SB	AVG
1920	Alexandria	Louisiana State	of	33	122	—	42	—	—	—	—	—	.344
1921	Pittsburg	Southwestern	of	121	487	77	174	30	27	3	—	10	**.357**
1922	Salina/Indianapolis	Southwestern	of	**141**	540	93	**217**	40	18	10	16	—	**.402**
1923	Worcester	Eastern	of	49	181	37	82	13	4	3	—	4	.453
	Boston	National	of	56	93	8	27	4	2	2	10	0	.290
1924	Galveston	Texas	of	145	558	119	205	34	8	27	111	11	.367
1925	Portland	Pacific Coast	of	3	13	5	7	4	0	1	7	0	.538
	Philadelphia	American	of	36	50	4	15	2	1	0	10	0	.300
1926	Portland	Pacific Coast	of-1b	156	450	78	176	32	6	19	96	6	**.391**
1927	Portland	Pacific Coast	of	71	216	32	63	15	2	9	46	2	.292
	Dallas	Texas	of	52	193	36	59	14	0	10	38	2	.306
1928	Monroe	Cotton States	of-1b	57	233	57	69	14	1	15	—	4	.296
	Beaumont	Texas	of	64	230	39	70	14	5	10	38	—	.304
1929	Minneapolis	American Association	of-1b	48	119	22	42	14	2	7	36	1	.353
	Asheville	SALLY	of	28	108	18	39	9	2	1	21	4	.361
1930	Monroe	Cotton States	of	25	99	20	33	4	1	4	24	1	.333
		Majors		92	143	12	42	6	3	2	20	0	.294
		Minors		993	3549	633	1278	237	76	119	417	61	.360

STEPHEN CHARLES "STEVE" BALBONI

Born January 16, 1957 at Brockton, MA.
Batted right. Threw right. Height: 6-3. Weight: 225

YEAR	CLUB	LEAGUE	POS	G	AB	R	H	2B	3B	HR	RBI	SB	AVG
1978	West Haven	Eastern	1b	2	2	0	0	0	0	0	0	0	.000
	Fort Lauderdale	Florida State	dh	60	176	19	36	5	0	1	19	0	.205
1979	Fort Lauderdale	Florida State	1b	**140**	504	69	127	19	2	**26**	**91**	2	.252
1980	Nashville	Southern	1b	141	521	**101**	157	25	2	**34**	**122**	4	.301
1981	Columbus	International	1b	125	434	68	107	21	2	**33**	**98**	0	.247
	New York	American	1b	4	7	2	2	1	0	0	2	0	.286
1982	Columbus	International	1b	83	313	57	89	17	1	**32**	86	0	.284
	New York	American	1b	33	107	8	20	2	1	2	4	0	.187
1983	New York	American	1b	32	86	8	20	2	0	5	17	0	.233
	Columbus	International	1b	84	317	72	87	14	0	27	81	1	.274
1984	Kansas City	American	1b	126	438	58	107	23	2	28	77	0	.244
1985	Kansas City	American	1b	160	600	74	146	28	2	36	88	1	.243
1986	Kansas City	American	1b	138	512	54	117	25	1	29	88	0	.229

YEAR	CLUB	LEAGUE	POS	G	AB	R	H	2B	3B	HR	RBI	SB	AVG
1987	Kansas City	American	1b	121	386	44	80	11	1	24	60	0	.207
1988	Kansas City	American	1b	21	63	2	9	2	0	2	5	0	.143
	Seattle	American	1b	97	350	44	88	15	1	21	61	0	.251
1989	New York	American	1b-dh	110	300	33	71	12	2	17	59	0	.237
1990	New York	American	1b-dh	116	266	24	51	6	0	17	34	0	.192
1991	Oklahoma City	American Association	1b-dh	83	301	44	81	15	1	20	63	0	.269
1992	Oklahoma City	American Association	1b-dh	117	454	75	114	26	2	**30**	**104**	0	.251
1993	Oklahoma City	American Association	1b-dh	126	471	67	115	22	0	**36**	**108**	0	.244
	Texas	American	1b-dh	2	5	0	3	0	0	0	0	0	.600
		Majors		960	3120	351	714	127	11	181	495	1	.229
		Minors		961	3493	572	913	164	10	239	772	8	.261

WILBORN EVERETT "BILL" BANKSTON

Born May 25, 1893 at Barnesville, GA.
Died February 26, 1970 at Griffin, GA.
Batted left. Threw right. Height: 5-11. Weight: 180.

Led all minor leagues with 31 home runs in 1914.

YEAR	CLUB	LEAGUE	POS	G	AB	R	H	2B	3B	HR	RBI	SB	AVG
1914	Cordele	Georgia State	of	—	401	82	**144**	14	14	**31**	—	8	.359
	Atlanta	Southern Association	of	12	38	4	5	1	0	0	—	2	.132
1915	Charleston	SALLY	of	89	322	45	96	—	—	—	—	21	.298
	Philadelphia	American	of	11	36	6	5	1	1	1	2	1	.139
	Richmond	International	of	41	137	15	33	1	2	0	—	4	.241
1916	Richmond	International	of	140	511	74	**166**	23	10	3	70	13	.325
1917	Toledo	American Association	of	17	62	6	16	2	0	0	5	3	.258
	Richmond	International	of	131	507	59	152	21	16	2	50	18	.300
1918					Did not play in organized baseball								
1919	Greenville	SALLY	of	56	214	23	64	14	5	1	22	8	.299
1920	Greenville	SALLY	of	130	475	72	147	25	12	9	**86**	15	.309
1921	Greenville	SALLY	of	147	557	87	200	37	12	5	88	21	.359
1922	Charlotte	SALLY	of	122	459	77	149	21	7	4	78	19	.325
1923	Charlotte/Augusta	SALLY	of	91	324	50	106	22	5	8	51	8	.327
1924	Augusta	SALLY	of	123	477	76	151	32	6	10	63	19	.317
1925	Columbia	SALLY	of	91	350	69	136	28	8	2	59	8	**.388**
1926	Richmond	Virginia	of	127	446	94	143	21	6	9	66	14	.321
1927					Voluntarily retired								
1928	Raleigh	Piedmont	of	69	258	28	70	13	4	1	30	5	.271
		Majors		11	36	6	5	1	1	1	2	1	.139
		Minors		1374	5500	857	1773	274	107	85	668	184	.322

JAMES HENRY "JIMMY" "FOXY" BANNON

Born May 5, 1871 at Amesbury, MA.
Died March 24, 1948 at Glen Rock, NJ.
Batted right. Threw right. Height: 5-5. Weight: 160.

Brother of Tom Bannon, who played in the majors, and George and William Bannon, who played in the minors.
Manager for Columbus, American Association, 1903; Montreal, Eastern, 1905-06; Binghamton, New York State, 1908; Lawrence, New England, 1910.

YEAR	CLUB	LEAGUE	POS	G	AB	R	H	2B	3B	HR	RBI	SB	AVG
1891	Portland/Lynn	New England	p-of	6	19	1	2	0	0	0	—	0	.105
1892					Did not play in organized baseball								
1893	St. Louis	National	of-p	26	107	9	36	3	4	0	15	8	.336
1894	Boston	National	of	128	494	130	166	29	10	13	114	47	.336
1895	Boston	National	of	123	489	101	171	35	5	6	74	28	.350
1896	Boston	National	of	89	343	52	86	9	5	0	50	16	.251
1897	Kansas City	Western	of-ss-3b	76	297	62	88	19	1	0	—	30	.296
	Springfield	Eastern	of	55	235	64	86	15	7	3	—	36	.366
1898	Springfield/Montreal	Eastern	of	104	438	87	122	26	8	3	—	35	.279
1899	Toronto	Eastern	of-ss-2b	111	454	**112**	155	**27**	9	2	—	49	**.341**
1900	Toronto	Eastern	of	131	538	99	163	24	7	4	—	31	.303
1901	Toronto	Eastern	of	130	520	125	177	24	13	7	—	34	.340
1902	Toronto	Eastern	of-2b	127	516	90	150	19	12	1	—	40	.291
1903	Columbus	American Association	of	131	505	67	130	21	5	0	—	25	.257
1904	Newark	Eastern	of	142	532	63	132	28	8	3	—	32	.248

YEAR	CLUB	LEAGUE	POS	G	AB	R	H	2B	3B	HR	RBI	SB	AVG
1905	Montreal	Eastern	of-3b	134	484	68	124	22	7	0	–	32	.256
1906	Montreal/Rochester	Eastern	of	110	411	65	103	12	6	1	–	29	.251
1907	Rochester	Eastern	of	114	418	59	97	15	2	0	–	26	.232
1908	Binghamton	New York State	of-2b	127	479	58	118	14	4	1	–	38	.246
1909	Lynn	New England	of	4	11	2	4	1	0	0	–	0	.364
	Syracuse	New York State	of-3b-ss	26	93	11	22	1	1	0	–	15	.258
1910	Lawrence	New England	of-2b	92	314	40	81	6	0	0	–	15	.258
		Majors		366	1433	292	459	76	24	19	253	99	.320
		Minors		1620	6264	1073	1754	274	90	25	–	457	.280

THOMAS EDWARD "UNCLE TOM" BANNON

Born May 8, 1869 at Amesbury, MA.
Died January 26, 1950 at Lynn, MA.
Batted right. Threw right. Height: 5-8. Weight: 175.

Brother of Jim Bannon, who played in the majors, and George and William Bannon who played in the minors.
Manager for Lowell, New England, in 1909; Middletown, Connecticut, 1910; Wilmington, Tri-State, 1911; Haverhill, New England, 1911.
Umpire: Eastern, 1916 and 1917.

YEAR	CLUB	LEAGUE	POS	G	AB	R	H	2B	3B	HR	RBI	SB	AVG
1891	Portland/Lynn	New England	c	2	8	2	2	1	0	0	–	1	.250
1892-93				Did not play in organized baseball									
1894	Pawtucket	New England	of	101	469	139	153	39	7	4	–	101	.326
1895	Scranton	Eastern	of	47	209	44	68	10	3	0	–	25	.325
	New York	National	of-1b	37	159	33	43	6	2	0	8	20	.270
1896	New York	National	of	2	7	1	1	1	0	0	–	0	.143
	Metropolitan	Atlantic	of	56	257	71	92	14	15	1	–	47	.358
	Syracuse	Eastern	of-ss	54	213	46	70	10	2	1	–	25	.329
1897	Syracuse/Montreal	Eastern	of	106	401	78	110	18	9	3	–	39	.274
	Kansas City	Western	of	21	85	16	17	2	1	0	–	12	.200
1898	Montreal	Eastern	of	119	491	87	141	15	7	3	–	42	.287
1899	Montreal	Eastern	of	117	464	82	127	23	8	3	–	64	.274
1900	Montreal/Toronto	Eastern	of	125	490	93	149	18	5	2	–	28	.304
1901	Syracuse/Brockton	Eastern	of	114	459	76	109	17	5	3	–	25	.237
1902	New London	Connecticut	of	109	440	84	132	18	3	1	–	75	.300
1903	New London	Connecticut	of	110	421	68	126	21	2	0	–	73	.299
1904	Hartford/New London	Connecticut	of-1b	95	374	51	92	15	0	0	–	46	.246
1905	Lynn	New England	of	103	387	54	94	12	1	2	–	48	.243
1906	Lynn	New England	of	105	392	47	105	14	3	0	–	40	.268
1907	Lynn/Lawrence	New England	of	86	317	39	67	7	1	0	–	23	.211
1908	Brockton	New England	of	126	434	51	85	9	1	1	–	48	.196
1909	Brockton/Lowell/Haverhill	New England	of	84	303	33	68	5	0	0	–	32	.224
1910	Middletown	Connecticut Association	of	46	177	30	50	5	0	0	–	21	.282
	Haverhill	New England	of	35	124	10	31	3	0	0	–	8	.250
		Majors		39	166	34	44	7	2	0	8	20	.265
		Minors		1761	6915	1201	1888	276	63	24	–	823	.273

DAVID MONROE "DAVE" BARBEE

Born May 7, 1905 at Greensboro, NC.
Died July 1, 1968 at Albermarle, NC.
Batted right. Threw right. Height: 5-11½. Weight: 178.

Attended Oglethorpe University.

YEAR	CLUB	LEAGUE	POS	G	AB	R	H	2B	3B	HR	RBI	SB	AVG
1925	Greensboro	Piedmont	of	16	57	10	19	6	2	3	9	0	.333
1926	Greensboro	Piedmont	3b	90	344	79	128	26	2	29	85	1	.372
	Philadelphia	American	of	19	47	7	8	1	1	1	5	0	.170
1927	Reading	International	of	119	413	47	108	20	3	14	52	3	.262
1928	Portland/Seattle	Pacific Coast	of	144	483	78	158	32	11	16	89	8	.327
1929	Seattle	Pacific Coast	of	180	613	110	194	42	10	22	118	4	.316
1930	Seattle/Hollywood	Pacific Coast	of	149	588	132	191	30	3	41	155	5	.325
1931	Hollywood	Pacific Coast	of	168	650	131	216	42	2	47	166	4	.332
1932	Pittsburgh	National	of	97	327	37	84	22	6	5	55	1	.257
1933	Toronto	International	of	87	287	43	75	15	3	5	45	0	.261

YEAR	CLUB	LEAGUE	POS	G	AB	R	H	2B	3B	HR	RBI	SB	AVG
	Tulsa	Texas	of	33	105	12	22	7	1	1	12	0	.210
1934	Minneapolis	American Association	of	25	88	12	25	7	1	0	8	0	.284
	Birmingham	Southern Association	of	55	209	23	57	12	3	3	45	0	.273
1935	Atlanta	Southern Association	of	12	45	7	8	1	0	0	1	0	.178
1936-41					Did not play in organized baseball								
1942	Burlington	Bi-State		of	58	1962	50	59	8	0	17	50	1	.301
		Majors	116	374	44	92	23	7	6	60	1	.246
		Minors	1136	4078	734	1260	248	41	198	835	26	.309

HERBERT PAUL "BABE" BARNA

Born March 2, 1915 at Clarksburg, WV.
Died May 18, 1972 at Charleston, WV.
Batted left. Threw right. Height: 6-2. Weight: 210.

YEAR	CLUB	LEAGUE	POS	G	AB	R	H	2B	3B	HR	RBI	SB	AVG
1937	Albany	New York-Pennsylvania	of-1b	73	272	32	77	8	8	5	40	9	.283
	Philadelphia	American	of-1b	14	36	10	14	2	0	2	9	1	.389
1938	Philadelphia	American	of	9	30	4	4	0	0	0	2	0	.133
	Williamsport	Eastern	of	114	414	64	125	20	5	9	70	3	.302
1939	Chattanooga	SouthernAssociation	of	145	511	102	162	27	8	20	92	26	.317
1940	Memphis	Southern Association	of	149	535	115	164	37	17	12	88	8	.307
1941	Minneapolis	American Association	of	142	521	102	175	22	3	24	105	**29**	.336
	New York	National	of	10	42	5	9	3	0	1	5	0	.214
1942	New York	National	of	104	331	39	85	8	7	6	58	3	.257
1943	New York	National	of	40	113	11	23	5	1	1	12	3	.204
	Boston	American	of	30	112	19	19	4	1	2	10	2	.170
	Louisville	American Association	of	49	163	23	38	2	3	6	13	3	.233
1944	Minneapolis	American Association	of	106	325	67	97	20	3	**24**	85	12	.298
1945	Minneapolis	American Association	of	132	421	106	130	21	4	**25**	96	14	.309
1946	Minneapolis	American Association	of	152	517	**122**	154	21	4	28	112	6	.298
1947	Minneapolis	American Association	of	143	472	97	153	23	5	21	79	5	.324
1948	Minneapolis	American Association	of	104	344	79	99	17	2	23	83	0	.288
1949	Nashville	Southern Association	of	148	501	132	171	27	3	42	138	0	.341
1950	Baltimore	International	of	118	346	85	102	11	4	18	62	6	.295
1951	Nashville	Southern Association	of	131	438	92	157	29	5	19	94	1	**.358**
1952	Toledo/Charleston	American Association	of	122	345	53	99	21	2	14	72	1	.287
		Majors	207	664	88	154	22	9	12	96	9	.232
		Minors	1828	6125	1271	1903	306	76	290	1229	123	.317

CHARLES EMIL BARON

Born November 25, 1913 at St. Louis, MO.
Batted left. Threw left. Height: 5-10. Weight: 180.

Family name is Baronovic.
Manager for Fresno, California, and Miami, Florida International, 1947; Anniston, Southeastern, 1948-49; Jacksonville, Gulf Coast, 1950; Port Arthur, Gulf Coast, 1951.

YEAR	CLUB	LEAGUE	POS	G	AB	R	H	2B	3B	HR	RBI	SB	AVG
1931	Elmira	New York-Pennsylvania	1b	48	179	21	54	6	2	1	15	2	.302
1932	Dayton	Central	of-1b	52	198	28	56	8	7	4	—	5	.283
1933					Did not play in organized baseball								
1934	Jacksonville	West Dixie	1b	104	388	61	131	32	9	6	59	2	.338
1935	Tyler	West Dixie	1b	126	493	98	166	30	3	3	67	12	.337
1936	Tyler	East Texas	1b	147	538	**133**	173	29	10	6	84	15	.322
1937	Tyler	East Texas	1b	138	524	122	173	30	**13**	11	119	15	.330
1938	Nashville	Southern Association	1b	5	20	3	5	1	0	0	0	1	.250
	Pensacola	Southeastern	1b	134	511	73	143	20	5	1	69	16	.280
1939	Pensacola	Southeastern	1b	124	451	74	142	19	**16**	5	65	3	.315
1940	Fort Worth	Texas	1b	21	69	4	21	7	1	0	5	1	.304
1941	Fort Worth	Texas	1b	152	552	72	158	25	8	2	68	12	.286
1942	Fort Worth/Shreveport	Texas	1b	132	480	68	128	26	5	4	66	1	.267
1943	St. Paul	American Association	of-1b	118	334	41	96	18	2	2	28	8	.287
1944	St. Paul	American Association	1b	148	541	100	164	29	**11**	5	73	15	.303
1945	Columbus	American Association	1b	38	146	22	46	9	3	1	32	2	.315
	Rochester	International	1b	76	235	25	52	11	4	3	33	4	.221
1946	Rochester	International	1b	118	415	55	118	22	5	7	50	3	.284

YEAR	CLUB	LEAGUE	POS	G	AB	R	H	2B	3B	HR	RBI	SB	AVG
1947	Rochester	International	1b	21	74	6	18	5	0	0	5	0	.243
	Fresno	California	1b	29	105	22	41	9	2	1	33	5	.390
	Miami	Florida International	1b	48	168	20	51	8	2	3	19	3	.304
1948	Anniston	Southeastern	1b	131	538	115	171	39	10	6	67	4	.318
1949	Anniston	Southeastern	1b	15	59	15	23	7	0	1	11	1	.390
1950	Jacksonville	Gulf Coast	1b	132	489	81	165	37	7	9	104	3	.337
1951	Port Arthur	Gulf Coast	1b	23	65	10	24	4	1	0	13	0	.369
			Minors	2080	7572	1269	2319	431	126	81	1085	133	.306

NELSON ENRIQUE BARRERA (ROMELLON)

Born October 17, 1957 at Ciudaddel Carmen, Campeche, Mexico.
Bats right. Throws right. Height: 6-0. Weight: 185.

Led all minor leagues with 42 home runs in 1987.

YEAR	CLUB	LEAGUE	POS	G	AB	R	H	2B	3B	HR	RBI	SB	AVG
1974	Ebano	Mexican Center	3b-of-ss	77	277	27	70	17	1	4	46	2	.253
1975	Lagos de Moreno	Mexican Center	of-2b-ss-3b	69	267	56	85	11	2	8	51	5	.318
1976	Fresnillo	Mexican Center	c-1b-3b-of	69	245	36	78	13	2	10	63	5	.318
1977	Mexico City Reds	Mexican	3b-of-1b	65	187	23	44	5	7	2	27	3	.235
1978	Mexico City Reds	Mexican	of-2b-3b	128	433	41	106	15	4	1	48	2	.245
1979	Mexico City Reds	Mexican	3b	137	540	75	147	17	12	9	72	4	.272
1980	Mexico City Reds	Mexican #1	3b-ss	90	339	42	103	13	1	6	44	6	.304
1981	Nuevo Laredo	Mexican	3b-2b	117	423	54	112	13	2	8	52	5	.265
1982	Nuevo Laredo	Mexican	3b-2b	114	391	53	110	23	0	10	52	5	.281
1983	Mexico City Reds	Mexican	3b-2b	108	391	52	122	14	4	12	60	12	.312
1984	Mexico City Reds	Mexican	3b-2b	114	449	41	159	21	7	23	101	9	.354
1985	Buffalo	American Association	3b	25	74	9	13	3	0	2	4	2	.176
	Mexico City Reds	Mexican	3b-of	65	219	47	64	8	1	16	49	5	.292
1986	Mexico City Reds	Mexican	3b	129	486	102	170	27	5	37	125	8	.350
1987	Mexico City Reds	Mexican	3b	118	438	97	153	26	2	42	134	6	.349
1988	Mexico City Reds	Mexican	3b-1b	129	460	90	171	26	0	31	124	7	.372
1989	Mexico City Reds	Mexican	3b-1b	124	460	66	130	16	2	27	96	2	.283
1990	Mexico City Reds	Mexican	3b	124	464	61	129	26	2	20	82	6	.278
1991	Mexico City Reds	Mexican	3b	110	394	79	118	14	1	36	102	1	.299
1992	Campeche	Mexican	3b-1b	130	484	74	133	12	1	25	87	3	.275
1993	Campeche	Mexican	3b-1b	114	389	53	116	19	0	26	75	3	.298
			Minors	2156	7810	1178	2333	339	56	355	1494	102	.299

RICHARD DONOVAN "RICH" BARRY

Born September 12, 1940 at Berkeley, CA.
Batted right. Threw right. Height: 6-4. Weight: 205.

YEAR	CLUB	LEAGUE	POS	G	AB	R	H	2B	3B	HR	RBI	SB	AVG
1958	Modesto	California	of	80	291	37	74	14	3	13	52	3	.254
1959	Modesto	California	of-3b	135	505	95	135	18	4	37	111	8	.267
1960	Binghamton	Eastern	of	24	85	12	23	2	3	4	17	1	.271
	Greensboro	Carolina	of	76	230	37	45	3	1	16	42	3	.196
1961	Binghamton	Eastern	of	128	416	52	114	27	5	23	85	2	.274
1962	Amarillo	Texas	of	4	12	0	0	0	0	0	0	0	.000
	Augusta	SALLY	of	117	421	68	100	12	1	25	81	0	.238
1963	Augusta	SALLY	1b	40	132	19	38	6	2	3	21	0	.288
1964	Richmond	International	of	24	82	10	17	1	0	6	15	0	.207
	Columbus	Southern	of	89	297	59	72	19	2	21	60	2	.242
1965	Columbus	Southern	of	31	92	9	21	5	2	4	18	0	.228
	Greensboro	Carolina	1b-of-p	100	347	62	90	12	2	21	92	2	.259
1966	Macon	Southern	of	138	488	85	142	30	5	16	80	5	.291
1967	San Diego	Pacific Coast	of	141	490	68	130	22	2	22	73	2	.265
1968	San Diego	Pacific Coast	of-1b	130	441	55	129	21	4	9	59	3	.293
1969	Eugene	Pacific Coast	of-1b	76	270	50	83	16	3	12	59	3	.307
	Philadelphia	National	of	20	32	4	6	1	0	0	0	0	.188
1970	Hawaii	Pacific Coast	of	123	435	73	120	27	4	18	85	7	.276
1971	Hawaii	Pacific Coast	of-1b	103	337	68	103	10	1	16	59	1	.306
1972	Richmond	International	of-1b	117	360	47	93	10	2	14	46	0	.258
			Majors	20	32	4	6	1	0	0	0	0	.188
			Minors	1676	5731	906	1529	255	46	280	1055	44	.267

Larry Barton

Born November 21, 1912 at Pueblo, CO.
Died March 6, 1992 at Eufaula, OK.
Batted left. Threw left. Height: 5-11. Weight: 180.

Manager for Pocatello, Pioneer, 1950; Fresno, California, 1951; Visalia, California, 1952; Lewiston, Western International, 1954; Mexicali, Arizona-Mexico, 1956.

YEAR	CLUB	LEAGUE	POS	G	AB	R	H	2B	3B	HR	RBI	SB	AVG
1932	Springfield	Western Association	1b	131	503	94	140	34	13	19	88	28	.278
	Rochester	International	1b	10	31	1	3	0	1	0	1	1	.097
1933	Springfield	Western	1b	112	459	103	136	28	11	14	72	33	.296
	Rochester	International	1b	3	3	0	0	0	0	0	0	0	.000
1934	Greensboro	Piedmont	1b	137	477	101	135	18	13	23	97	10	.283
1935	Council Bluffs	Western	1b	68	246	49	77	20	4	13	62	7	.313
	Columbus	American Association	1b	3	10	2	4	1	0	1	2	0	.400
	Rochester	International	1b	26	66	10	13	3	1	0	4	0	.197
1936	Asheville	Piedmont	1b	55	196	29	49	11	5	4	25	0	.250
	Houston	Texas	1b	16	54	6	9	2	1	0	5	0	.167
	Rochester	International	1b	28	69	10	17	4	0	3	10	1	.246
1937	Columbus	South Atlantic	1b	130	500	71	163	28	10	10	86	17	.326
1938	Sacramento	Pacific Coast	1b	164	580	74	153	40	4	17	74	7	.264
1939	Sacramento	Pacific Coast	1b	173	593	80	176	40	1	10	87	8	.297
1940	Sacramento	Pacific Coast	1b	100	345	38	81	19	1	7	41	4	.235
	Columbus	American Association	1b	57	167	25	42	12	2	8	35	3	.251
1941	Wilkes-Barre	Eastern	1b	136	498	81	155	31	2	17	84	8	.311
1942	Portland	Pacific Coast	1b	155	564	82	172	33	6	10	75	12	.305
1943	Portland	Pacific Coast	1b	145	499	74	142	28	4	11	72	3	.285
1944	Portland	Pacific Coast	1b	128	462	71	117	28	4	4	53	6	.253
1945	Portland	Pacific Coast	1b	144	509	89	162	32	4	6	76	8	.318
1946	Portland	Pacific Coast	1b	44	126	12	28	7	0	0	4	0	.222
	Memphis	Southern Association	1b	61	196	28	51	13	1	4	29	4	.260
1947	Oakland/Los Angeles	Pacific Coast	1b	169	550	72	148	27	3	18	83	6	.269
1948	Los Angeles	Pacific Coast	1b	17	53	2	1	2	0	1	8	9	.132
	Buffalo	International	1b	116	392	64	115	22	0	18	78	2	.293
1949	Spokane	Western International	1b	141	502	134	165	34	5	21	**132**	3	.329
1950	Pocatello	Pioneer	1b	121	434	92	142	22	3	17	98	3	.327
1951	Fresno	California	1b	123	420	67	120	20	3	14	95	3	.286
1952	Visalia	California	1b	41	134	22	40	13	0	2	19	0	.299
1953	Lewiston	Western International	1b	108	409	66	117	20	2	6	64	1	.286
1954	Lewiston	Western International	1b	103	359	51	109	26	9	14	53	1	.305
1956	Mexicali	Arizona-Mexico	1b	55	180	37	57	16	0	6	39	0	.317
	Minors			3020	10586	1737	3045	634	104	299	1151	177	.288

Albert C. "Al" Bashang

Born August 22, 1888 at Cincinnati, OH.
Died June 23, 1967 at Cincinnati, OH.
Batted both. Threw right. Height: 5-8. Weight: 150.

Manager for Evansville, Three I, 1921; Saginaw, Michigan-Ontario, 1924.

YEAR	CLUB	LEAGUE	POS	G	AB	R	H	2B	3B	HR	RBI	SB	AVG
1911	Newton	Kansas State	of	—	—	—	—	—	—	—	—	—	—
	Hannibal	Central Association	of	20	51	5	7	0	0	0	—	4	.137
1912	Lexington	Blue Grass	of	85	311	76	104	15	6	2	—	44	.334
	Detroit	American	of	5	12	3	1	0	0	0	0	0	.083
1913	Fort Wayne	Central	of	17	52	9	10	2	0	0	—	3	.192
	Saginaw	Southern Michigan	of	119	441	76	127	18	8	0	—	36	.288
1914	Saginaw	Southern Michigan	of	147	530	90	141	22	4	1	—	50	.266
1915	Saginaw	Southern Michigan	of	67	249	44	60	7	1	1	—	23	.241
	Ottawa	Canadian	of	45	169	27	44	6	1	0	—	7	.260
1916	South Bend	Central	of	136	496	64	144	27	5	0	—	38	.291
1917	South Bend/Peoria	Central	of	121	459	74	134	23	10	0	—	20	.292
1918	Omaha	Western	of	67	259	**49**	66	4	3	0	—	30	.255
	Brooklyn	National	of	2	5	0	1	0	0	0	0	0	.200
1919	Evansville	Three I	of	94	344	86	102	10	4	1	—	29	.297
1920	Evansville	Three I	of	131	461	87	131	14	13	1	42	30	.284
1921	Evansville	Three I	of	137	504	81	152	26	8	2	45	23	.302
1922	Portsmouth	Virginia	of	121	426	80	107	12	4	1	—	35	.251

YEAR	CLUB	LEAGUE	POS	G	AB	R	H	2B	3B	HR	RBI	SB	AVG
1923	Saginaw	Michigan-Ontario	of	134	520	106	170	25	6	1	36	33	.327
1924	Saginaw	Michigan-Ontario	of	136	531	84	138	18	3	2	35	15	.260
1925	Saginaw/Hamilton	Michigan-Ontario	of	119	459	79	133	15	8	4	33	16	.290
1926	Bay City	Michigan-Ontario	of	28	111	22	30	5	0	0	—	15	.270
	Bay City	Michigan	of	96	356	**107**	122	17	5	2	—	44	.343
1927	Wilkes-Barre	New York-Pennsylvania	of	15	56	12	11	2	0	0	5	3	.196
	Wheeling	Middle Atlantic	of	87	319	60	76	13	4	2	—	19	.238
			Majors	7	17	3	2	0	0	0	0	0	.118
			Minors	1922	7104	1318	2009	258	83	20	196	517	.283

EDWIN FRANK BASINSKI

Born November 4, 1922 at Buffalo, NY.
Batted right. Threw right. Height: 6-1. Weight: 172.

YEAR	CLUB	LEAGUE	POS	G	AB	R	H	2B	3B	HR	RBI	SB	AVG
1944	Montreal	International	2b	68	270	32	66	10	1	2	20	5	.244
	Brooklyn	National	2b-ss	39	105	13	27	4	1	0	9	1	.257
1945	Brooklyn	National	ss-2b	108	336	30	88	9	4	0	33	0	.262
1946	St. Paul	American Association	2b	136	515	66	130	17	5	5	46	9	.252
1947	Pittsburgh	National	2b	56	161	15	32	6	2	4	17	0	.199
	Newark	International	2b	12	35	2	7	1	0	0	2	0	.200
	Portland	Pacific Coast	2b	59	209	22	58	9	2	2	30	5	.278
1948	Portland	Pacific Coast	2b	175	632	83	175	24	3	4	50	8	.277
1949	Portland	Pacific Coast	2b	164	592	74	158	32	7	12	79	4	.267
1950	Portland	Pacific Coast	2b	202	722	80	173	39	1	15	75	1	.240
1951	Portland	Pacific Coast	2b	169	687	109	183	32	6	16	73	3	.266
1952	Portland	Pacific Coast	2b	166	552	60	136	25	1	10	58	4	.246
1953	Portland	Pacific Coast	2b	156	529	49	127	18	1	6	61	2	.240
1954	Portland	Pacific Coast	2b	157	551	73	142	34	2	14	54	4	.258
1955	Portland	Pacific Coast	2b	98	280	31	76	16	0	5	32	1	.271
1956	Portland	Pacific Coast	2b	114	309	32	80	11	3	5	25	2	.259
1957	Portland/Seattle	Pacific Coast	2b	136	436	53	118	22	1	10	42	3	.271
1958	Seattle	Pacific Coast	2b	107	349	42	105	28	1	8	47	1	.301
1959	Vancouver	Pacific Coast	2b	43	94	12	13	2	0	2	8	0	.138
			Majors	203	602	58	147	19	7	4	59	1	.244
			Minors	1962	6762	820	1747	320	34	116	702	61	.258

RANDY WILLIAM BASS

Born March 13, 1954 at Lawton, OK.
Batted left. Threw right. Height: 6-1. Weight: 210.

Led all minor leagues with 37 home runs in 1980.
Hit 4 home runs in a game against Phoenix, Pacific Coast, on June 9, 1977.

YEAR	CLUB	LEAGUE	POS	G	AB	R	H	2B	3B	HR	RBI	SB	AVG
1972	Melbourne Twins	Florida East Coast	1b	59	199	**47**	61	**15**	0	**10**	41	0	.307
1973	Wisconsin Rapids	Midwest	1b	114	388	83	112	23	1	**21**	86	1	.289
1974	Lynchburg	Carolina	1b	133	461	89	118	17	1	**30**	**112**	1	.256
1975	Tacoma	Pacific Coast	1b	120	397	64	102	14	5	18	80	0	.257
1976	Tacoma	Pacific Coast	1b	141	451	73	126	15	3	21	76	3	.279
1977	Tacoma	Pacific Coast	1b	134	455	79	146	26	4	25	117	0	.221
	Minnesota	American	1b	9	19	0	2	0	0	0	0	0	.105
1978	Omaha	American Association	1b	127	423	78	118	26	0	22	78	1	.279
	Kansas City	American	1b	2	2	0	0	0	0	0	0	0	.000
1979	Denver	American Association	1b	122	421	91	140	28	1	36	105	2	.333
	Montreal	National	1b	2	1	0	0	0	0	0	0	0	.000
1980	Denver	American Association	1b	123	450	**106**	150	25	2	**37**	**143**	3	.333
1981	San Diego	National	1b	19	49	5	14	0	1	3	8	0	.286
1982	San Diego	National	1b	69	176	13	37	4	1	4	20	0	.210
	Texas	American	1b	13	30	1	6	0	0	1	8	0	.200
	Denver	American Association	1b	68	214	43	62	10	1	18	45	0	.290
1983	Hanshin	Japan Central	1b	113	371	69	107	15	0	35	83	0	.288
1984	Hanshin	Japan Central	1b	104	356	57	116	16	0	27	73	1	.326
1985	Hanshin	Japan Central	1b	126	497	100	**174**	21	0	54	**134**	1	**.350**
1986	Hanshin	Japan Central	1b	126	453	92	**176**	31	2	47	**109**	2	**.389**

YEAR	CLUB	LEAGUE	POS	G	AB	R	H	2B	3B	HR	RBI	SB	AVG
1987	Hanshin	Japan Central	1b	123	453	60	145	15	2	37	79	1	.320
1988	Hanshin	Japan Central	1b	22	78	9	25	–	–	2	8	–	.321
	Majors			130	325	24	69	6	2	9	42	0	.212
	Minors			1141	3859	753	1135	199	18	238	883	12	.294
	Japan			614	2208	387	743	98	4	202	486	5	.337

JOHN LANDIS BASSLER

Born June 3, 1895 at Lancaster, PA.
Died June 29, 1979 at Santa Monica, CA.
Batted left. Threw right. Height: 5-9. Weight: 170.

Manager for Seattle, Pacific Coast, 1937.
Coach for Cleveland, American, 1938-40; St. Louis, American, 1941; Hollywood, Pacific Coast, , 1942; Seattle, Pacific Coast, 1949.

YEAR	CLUB	LEAGUE	POS	G	AB	R	H	2B	3B	HR	RBI	SB	AVG
1913	Toledo	American Association	c	13	48	4	15	3	0	1	–	0	.313
1913	Cleveland	American	c	1	2	0	0	0	0	0	0	0	.000
1914	Cleveland	American	c	43	77	5	14	1	1	0	6	3	.182
1915	Cleveland	American Association	c	29	71	10	13	0	1	0	–	4	.183
	Los Angeles	Pacific Coast	c	48	108	13	30	5	0	0	–	5	.278
1916	Los Angeles	Pacific Coast	c	124	349	42	106	16	3	0	–	18	.304
1917	Los Angeles	Pacific Coast	c	94	264	32	75	6	4	8	–	5	.284
1918							Military service						
1919	Los Angeles	Pacific Coast	c	78	259	31	71	10	2	1	–	3	.274
1920	Los Angeles	Pacific Coast	c	147	454	69	145	26	8	1	–	10	.319
1921	Detroit	American	c	119	388	37	119	18	5	0	56	2	.307
1922	Detroit	American	c	121	372	41	120	14	0	0	41	2	.323
1923	Detroit	American	c	135	383	45	114	12	3	0	49	2	.298
1924	Detroit	American	c	124	379	43	131	20	3	1	63	2	.346
1925	Detroit	American	c	121	344	40	96	19	3	0	52	1	.279
1926	Detroit	American	c	66	174	20	53	8	1	0	22	0	.305
1927	Detroit	American	c	81	200	19	57	7	0	0	24	1	.285
1928	Hollywood	Pacific Coast	c	127	373	44	112	12	2	2	33	3	.300
1929	Hollywood	Pacific Coast	c	107	299	39	75	15	1	0	37	1	.251
1930	Hollywood	Pacific Coast	c	123	348	49	127	18	1	0	71	5	.365
1931	Hollywood	Pacific Coast	c	103	316	48	112	15	0	0	43	0	.354
1932	Hollywood	Pacific Coast	c	156	443	52	158	23	1	1	66	3	.357
1933	Hollywood	Pacific Coast	c	122	330	47	111	18	2	0	50	1	.336
1934	Hollywood	Pacific Coast	c	123	308	30	108	16	1	0	55	2	.351
1935	Hollywood	Pacific Coast	c	6	5	0	0	0	0	0	0	0	.000
1936	Seattle	Pacific Coast	c	111	260	25	92	16	2	0	38	2	.354
1937	Seattle	Pacific Coast	c	56	99	11	31	2	0	0	10	1	.313
	Minors			1567	4330	542	1379	201	28	5	403	63	.318
	Majors			811	2319	250	704	99	16	1	318	13	.304

RAFAEL BATISTA

Born November 21, 1945 at Ingenio Consuelo, Dominican Republic
Batted left. Threw left. Height: 6-1. Weight: 195.

YEAR	CLUB	LEAGUE	POS	G	AB	R	H	2B	3B	HR	RBI	SB	AVG
1965	Sarasota Braves	Florida Rookie	1b	34	106	19	44	4	3	1	23	2	.415
	West Palm Beach	Florida State	–	3	5	0	2	0	0	0	0	0	.400
1966	West Palm Beach	Florida State	of-1b	132	471	40	118	19	5	5	40	8	.251
1967	West Palm Beach	Florida State	1b-of	68	231	20	61	8	2	0	28	0	.264
	Kinston	Carolina	of-1b	41	140	19	33	4	1	0	14	1	.236
1968	Dallas-Fort Worth	Texas	1b-of	111	344	32	86	19	3	4	38	2	.250
1969	Savannah	Southern	1b	119	400	40	112	22	4	8	49	2	.280
1970	Oklahoma City	American Association	1b-of	90	254	33	72	8	6	4	36	5	.308
1971	Columbus	Southern	of-1b	62	198	33	57	8	4	4	27	1	.288
	Oklahoma City	American Association	1b-of	44	146	14	41	8	2	0	14	1	.281
1972	Oklahoma City	American Association	1b-of	126	416	57	129	35	7	9	84	5	.310
1973	Denver	American Association	1b	100	385	64	122	26	2	9	64	2	.317
	Houston	National	1b	12	15	2	4	0	0	0	2	0	.267
1974	Denver	American Association	1b-of	122	413	69	131	25	8	15	75	3	.317
1975	Iowa	American Association	1b	23	87	10	19	7	0	1	4	0	.218
	Houston	National	1b	10	10	0	3	1	0	0	0	0	.300
1976	Cordoba	Mexican	1b	126	415	70	139	36	2	13	91	2	.335

YEAR	CLUB	LEAGUE	POS	G	AB	R	H	2B	3B	HR	RBI	SB	AVG
1977	Cordoba	Mexican	1b	146	475	66	142	27	9	11	70	2	.299
1978	Cordoba	Mexican	1b	145	507	85	156	37	2	23	102	3	.308
1979	Cordoba	Mexican	1b	150	477	66	144	31	5	8	68	0	.302
1980	Union Laguna	Mexican #1	1b	98	343	59	112	23	5	20	85	2	.327
	Union Laguna	Mexican #2	1b	32	112	13	54	11	0	3	20	1	.304
1981	Union Laguna	Mexican	1b	106	370	61	104	25	1	10	64	3	.281
1982	Monterrey	Mexican	1b	120	410	59	111	27	1	17	69	1	.271
1983	Tampico	Mexican	1b	105	348	55	89	17	1	11	46	2	.256
1984	Cordoba	Mexican	1b	11	54	5	6	2	0	0	4	0	.176
		Minors		2092	7067	985	2064	427	73	176	1113	46	.292
		Majors		22	25	2	7	1	0	0	2	0	.280

SAMUEL A. "SAMMY" BAUGH

Born March 17, 1914 at Temple, TX.

College and pro football star. Outstanding quarterback for Washington Redskins, 1937-52. Led NFL in passing six years. Led in punting four years. Charter member of Pro Football Hall of Fame.

YEAR	CLUB	LEAGUE	POS	G	AB	R	H	2B	3B	HR	RBI	SB	AVG
1938	Columbus	American Association	ss	16	59	3	13	2	0	0	3	0	.220
	Rochester	International	ss	37	71	13	13	0	1	1	11	0	.183
		Minors		53	130	16	26	2	1	1	14	0	.200

JOE WILLIS BAUMAN

Born April 17, 1922 at Welch, OK.
Batted left. Threw left. Height: 6-5. Weight 235.

Set organized baseball record with 72 home runs in 1954 with 456 total bases in 498 at bats. He set slugging mark of .916. Manager for Artesia, Longhorn, 1953; Roswell, Sophmore, 1959.

YEAR	CLUB	LEAGUE	POS	G	AB	R	H	2B	3B	HR	RBI	SB	AVG
1941	Newport	Northeast Arkansas	1b	59	195	29	42	5	1	3	26	1	.215
	Little Rock	Southern Association	1b	3	10	0	0	0	0	0	0	0	.000
1942				Did not play in organized baseball									
1943-45				Military service									
1946	Amarillo	West Texas-New Mexico	1b	136	499	137	150	22	4	**48**	159	3	.301
1947	Amarillo	West Texas-New Mexico	1b	130	432	142	151	45	2	38	127	3	.350
1948	Milwaukee	American Association	1b	1	1	0	0	0	0	0	0	0	.000
	Hartford	Eastern	1b	98	276	38	76	13	3	10	53	0	.275
1949-51				Did not play in organized baseball									
1952	Artesia	Longhorn	1b	139	469	144	176	21	0	**50**	**157**	2	.375
1953	Artesia	Longhorn	1b	132	463	**135**	172	43	1	**53**	141	4	.371
1954	Roswell	Longhorn	1b	138	498	**188**	199	35	3	**72**	**224**	4	**.400**
1955	Roswell	Longhorn	1b	131	453	118	152	32	3	46	132	1	.336
1956	Roswell	Southwestern	1b	52	167	51	48	5	0	17	38	0	.287
		Minors		1019	3463	982	1166	221	17	337	1057	18	.337

CHARLES JOHN "PADDY" BAUMANN

Born December 20, 1885 at Indianapolis, IN.
Died November 20, 1969 at Indianapolis, IN.
Batted right. Threw right. Height: 5-9. Weight: 170.

Manager for Galveston, Texas, 1924.

YEAR	CLUB	LEAGUE	POS	G	AB	R	H	2B	3B	HR	RBI	SB	AVG
1908	Richmond	Indiana-Ohio	ss	25	96	16	25	2	2	5	—	9	.260
	Cedar Rapids	Three I	ss-3b-of	8	29	0	6	0	0	0	1	0	.207
1909	New Bedford	New England	ss-of	123	444	58	112	19	6	1	—	25	.252
1910	New Bedford	New England	ss	92	313	41	88	11	15	1	—	30	.281
1911	New Bedford	New England	2b	77	294	58	90	14	7	4	—	14	.306
	Detroit	American	2b-of	26	94	8	24	2	4	0	11	1	.255
1912	Detroit	American	3b-2b-of	13	42	3	11	1	0	0	7	4	.262
	Providence	International	3b-ss	54	172	26	54	6	5	1	—	6	.314
1913	Providence	International	ss	75	295	41	87	10	11	2	—	6	.295
	Detroit	American	2b	49	191	31	57	7	4	1	22	4	.298

YEAR	CLUB	LEAGUE	POS	G	AB	R	H	2B	3B	HR	RBI	SB	AVG
1914	Detroit	American	2b	3	11	1	0	0	0	0	0	0	.000
	Providence	International	3b	143	518	81	146	13	11	2	–	36	.282
1915	New York	American	2b-3b	76	219	30	64	13	1	2	28	9	.292
1916	New York	American	of-3b-2b	79	237	35	68	5	3	1	25	10	.287
1917	New York	American	2b-of-3b	49	110	10	24	2	1	0	8	2	.218
	Toledo	American Association	2b	6	25	3	9	2	0	0	–	0	.360
1918	Toledo	American Association	3b	32	118	14	28	2	1	0	–	4	.237
1919	Jersey City	International	2b	136	520	74	156	20	4	1	–	22	.300
1920	Jersey City	International	3b	95	323	51	104	12	5	1	–	12	.322
1921	Toledo	American Association	3b-2b	126	432	60	121	21	7	3	55	15	.280
1922	Tulsa	Western	2b	163	650	116	219	56	5	3	–	25	.337
1923	Tulsa	Western	2b	158	611	129	229	44	3	4	–	17	.375
1924	Galveston/Dallas	Texas	2b	152	574	82	193	20	4	4	77	15	.336
1925	Dallas	Texas	2b	134	563	93	175	36	2	7	64	11	.311
1926	Dallas	Texas	2b	99	395	66	117	20	1	2	32	15	.296
1927	Dallas	Texas	2b	102	365	57	98	22	1	1	49	8	.268
1928	Dallas	Texas	3b-2b	7	11	0	1	0	0	2	0	0	.091
		Majors		295	904	118	248	30	13	4	101	30	.274
		Minors		1807	6748	1066	2058	331	90	42	280	270	.305

HARRY OWEN "DICK" BAYLESS

Born September 6, 1883 at Joplin, MO.
Died December 16, 1920 at Santa Rita, NM.
Batted left. Threw right. Height: 5-9. Weight: 178.

Manager for Vernon, Pacific Coast, 1915.

YEAR	CLUB	LEAGUE	POS	G	AB	R	H	2B	3B	HR	RBI	SB	AVG
1903	Joplin	Missouri Valley	of	110	430	–	135	18	8	1	–	–	.312
1904	Joplin	Missouri Valley	of-c	125	489	–	147	21	7	2	–	–	.301
1905	Joplin	Western Association	of-c	131	508	–	164	22	8	2	–	28	.323
1906	Joplin	Western Association	of	140	559	104	143	20	12	4	–	55	.256
1907	Wichita	Western Association	of	128	485	75	144	20	10	3	–	35	.297
1908	Dayton	Central	of	143	536	82	164	17	11	6	–	39	.306
	Cincinnati	National	of	19	71	7	16	1	0	1	7	0	.225
1909	Atlanta	Southern Association	of	141	490	85	130	18	6	2	–	29	.265
1910	Atlanta	Southern Association	of	143	508	62	107	19	5	1	0	23	.210
1911	Mobile	Southern Association	of	137	507	75	134	27	4	3	0	30	.261
1912	Memphis	Southern Association	of	26	86	11	33	7	0	0	–	5	.384
	Vernon	Pacific Coast	of	199	716	118	**228**	29	11	8	–	44	.318
1913	Venice	Pacific Coast	of	195	709	103	230	28	16	10	–	28	**.324**
1914	Venice	Pacific Coast	of	189	662	92	196	28	19	**8**	–	22	.296
1915	Vernon	Pacific Coast	of	173	594	62	159	24	8	1	–	15	.268
1916	Salt Lake City	Pacific Coast	of	78	267	55	78	18	2	2	–	13	.292
1917	Lincoln	Western	of	147	545	85	158	20	8	4	–	27	.290
		Majors		19	71	7	16	1	0	1	7	0	.225
		Minors		2201	8043	1001	2334	332	135	57	–	393	.290

CRAMER THEODORE "TED" BEARD

Born January 7, 1921 at Woodsboro, MD.
Batted left. Threw left. Height: 5-8. Weight: 165.

Hit 4 home runs in a game aginast San Diego, Pacific Coast, on April 4, 1953.
Manager for Indianapolis, American Association, 1960; Columbia, SALLY, 1961.

YEAR	CLUB	LEAGUE	POS	G	AB	R	H	2B	3B	HR	RBI	SB	AVG
1942	Hornell	PONY	of	80	287	58	69	10	3	9	41	10	.240
	Harrisburg	Interstate	of	20	54	9	14	2	1	1	4	1	.259
1943-45							Military service						
1946	York	Interstate	of	125	403	127	132	24	13	12	75	17	.328
1947	Indianapolis	American Association	of	2	1	0	0	0	0	0	0	0	.000
	Albany	Eastern	of	10	28	5	4	0	0	0	3	2	.143
	York	Interstate	of	123	423	99	138	27	12	14	81	**33**	.326
1948	Indianapolis	AmericanAssoc	of	142	511	**131**	154	31	**17**	7	85	13	.301
	Pittsburgh	National	of	25	81	15	16	1	3	0	7	5	.198
1949	Indianapolis	American Association	of	127	426	108	118	17	16	5	40	23	.277
	Pittsburgh	National	of	14	24	1	2	0	0	0	1	0	.083

YEAR	CLUB	LEAGUE	POS	G	AB	R	H	2B	3B	HR	RBI	SB	AVG
1950	Indianapolis	American Association	of	29	107	15	25	7	1	0	2	1	.234
	Pittsburgh	National	of	61	177	32	41	6	2	4	12	5	.232
1951	Indianapolis	American Association	of	117	396	101	108	17	9	8	30	17	.273
	Pittsburgh	National	of	22	48	7	9	1	0	1	3	0	.188
1952	Hollywood	Pacific Coast	of	127	590	75	105	17	8	11	53	24	.269
	Pittsburgh	National	of	15	44	5	8	2	1	0	3	2	.182
1953	Hollywood	Pacific Coast	of	134	402	91	115	19	13	17	77	21	.286
1954	Hollywood/San Francisco	Pacific Coast	of	160	563	104	169	35	5	11	62	30	.300
1955	San Francisco	Pacific Coast	of	159	522	91	128	15	8	8	34	13	.245
1956	Indianapolis	American Association	of	116	259	56	70	11	5	7	36	11	.270
1957	Indianapolis	American Association	of	96	349	91	121	20	12	10	50	10	.347
	Chicago	American	of	38	78	15	16	1	0	0	7	3	.205
1958	Indianapolis	American Association	of	123	414	81	120	18	5	5	31	18	.290
	Chicago	American	of	19	22	5	2	0	0	1	2	0	.091
1959	Indianapolis	American Association	of	102	290	44	75	7	4	2	22	9	.252
1960	Indianapolis	American Association	of	115	348	55	90	11	7	1	24	12	.259
1961	Indianapolis	American Association	of	4	6	0	1	0	0	0	0	0	.167
1962	Indianapolis	American Association	of	2	2	0	0	0	0	0	0	0	.000
1963	Indianapolis	International	of	2	4	0	0	0	0	0	0	0	.000
		Minors		1913	6184	1339	1754	288	139	128	752	265	.284
		Majors		194	474	80	94	11	6	6	35	16	.198

Ervin Thomas "Erve" "Dutch" Beck

Born July 19, 1878 at Toledo, OH.
Died December 23, 1916 at Toledo OH.
Batted right. Threw right. Height: 5-10. Weight: 168.

Beck's 71 doubles in 1900 stood as the organized baseball record until surpassed by Les Sheehan in the Pacific Coast in 1923. Hit the first HR in the American League on April 25, 1901 at Chicago.

YEAR	CLUB	LEAGUE	POS	G	AB	R	H	2B	3B	HR	RBI	SB	AVG
1895	Adrian	Michigan State	2b	1	5	1	2	0	0	1	—	0	.400
1896	Toledo	International	2b-of	130	461	101	171	30	6	2	—	30	**.371**
1897	Toledo	International	2b	119	568	122	195	39	7	14	—	13	.343
1898	Toledo	International	2b	147	634	111	188	46	4	11	—	24	.297
1899	Toledo	International	2b	132	578	104	**185**	**46**	8	**25**	—	7	.320
	Brooklyn	National	2b-ss	8	24	2	4	2	0	0	2	0	.167
1900	Toledo	International	2b	138	575	120	**207**	**71**	5	15	—	12	**.360**
1901	Cleveland	American	2b	135	539	78	156	26	8	6	79	7	.289
1902	Cincinnati	National	2b-1b-of	48	187	19	57	10	3	1	20	2	.305
	Detroit	American	1b-of	41	162	23	48	4	0	2	22	3	.296
1903	Shreveport	Southern Association	2b	125	495	81	**164**	26	9	1	—	15	.331
1904	Portland	Pacific Coast	2b-3b	206	796	88	216	41	3	4	—	18	.271
1905	New Orleans	Southern Association	1b	130	489	55	127	12	0	1	—	8	.260
1906	New Orleans/Nashville	Southern Association	1b-2b	92	337	33	71	11	0	0	—	6	.211
	Augusta	SALLY	1b	1	3	0	1	0	0	0	0	0	.333
		Majors		232	912	122	265	42	11	9	123	12	.291
		Minors		1221	4941	816	1527	322	42	76	—	133	.309

Frederick Thomas "Fred" Beck

Born november 17, 1887 at Havana, IL.
Died March 12, 1962 at Havana, IL.
Batted left. Threw left. Height: 6-1. Weight: 180.

Manager: Cedar Rapids, Mississippi Valley, 1926.

YEAR	CLUB	LEAGUE	POS	G	AB	R	H	2B	3B	HR	RBI	SB	AVG
1905	Bloomington	Three I	p	2	4	0	1	0	0	0	—	0	.250
1906	Bloomington	Three I	of	115	435	44	110	6	9	4	—	13	.253
1907	Bloomington	Three I	of-1b	112	413	38	94	9	3	0	—	11	.228
1908	Bloomington	Three I	of	79	303	29	87	10	6	1	—	21	.287
	San Francisco	Pacific Coast	of	98	347	37	84	16	4	4	—	14	.242
1909	Boston	National	of-1b	88	334	20	66	4	6	3	27	5	.198
1910	Boston	National	of-1b	153	571	52	157	32	9	**10**	64	8	.275
1911	Cincinnati/Philadelphia	National	of	105	297	33	75	9	5	5	45	5	.253
1912	Buffalo	International	1b-of	141	473	66	149	23	7	6	—	14	.315

YEAR	CLUB	LEAGUE	POS	G	AB	R	H	2B	3B	HR	RBI	SB	AVG
1913	Buffalo	International	1b	93	321	32	77	12	5	2	–	5	.240
1914	Chicago	Federal	1b	158	562	49	157	23	4	11	77	8	.279
1915	Chicago	Federal	1b	121	374	34	82	10	3	5	38	4	.219
1916	Kansas City	American Association	1b	20	58	6	12	1	0	0	–	1	.207
	Peoria	Three I	of-1b	111	404	64	130	25	5	**10**	–	12	.322
1917	Peoria	Three I	of	65	243	42	79	19	2	3	–	2	.325
	Peoria	Central	of	17	58	5	11	5	1	1	–	2	.190
1918							Military service						
1919	Peoria	Three I					less than 10 games						
1920	Wichita	Western	1b-of	150	572	106	190	47	4	30	–	1	.332
1921	Wichita	Western	1b	166	636	125	206	45	8	**35**	–	4	.324
1922	Wichita Falls	Texas	1b	151	553	90	174	39	1	16	107	4	.315
1923	St. Paul	American Association	1b	80	275	39	74	9	3	6	48	1	.269
	Memphis	Southern Association	1b	75	273	35	83	13	1	3	39	3	.304
1924	Wichita	Western	1b	167	650	123	206	43	4	38	–	3	.317
1925	Lincoln	Western	1b	80	274	35	71	10	1	3	–	4	.259
1926	Cedar Rapids	Mississippi Valley	1b	34	125	16	38	6	1	4	–	1	.304
		Majors		625	2138	188	537	78	27	34	221	30	.251
		Minors		1754	6413	932	1875	323	53	162	194	116	.292

DAVID BEALS BECKER

Born July 5, 1886 at El Dorado, KS.
Died August 16, 1943 at Huntington Park, CA.
Batted left. Threw left. Height: 5-9. Weight: 170.

Known as Beals

YEAR	CLUB	LEAGUE	POS	G	AB	R	H	2B	3B	HR	RBI	SB	AVG
1904	Clarksville	Delta	p	31	92	10	16	–	–	–	–	4	.174
1905	Little Rock	Southern Association	of-p	29	99	11	27	3	2	1	–	3	.272
1906	Little Rock	Southern Association	of-p	5	14	2	3	0	0	0	–	0	.214
	Wichita	Western Association	p-of	75	214	25	66	11	2	1	–	9	.308
1907	Wichita	Western Association	of-p	97	377	40	117	9	10	4	–	–	**.310**
1908	Pittsburgh/Boston	National	of	60	236	17	57	3	2	0	9	9	.242
	Little Rock	Southern Association	of	53	187	22	57	5	5	0	–	4	.304
1909	Boston	National	of	152	562	60	138	15	6	6	25	21	.245
1910	New York	National	of	46	126	18	36	2	4	3	21	11	.286
1911	New York	National	of	55	172	28	45	11	1	1	15	19	.262
1912	New York	National	of	125	402	66	106	18	8	6	51	30	.264
1913	Cincinnati/Philadelphia	National	of	118	414	64	131	24	13	9	57	11	.316
1914	Philadelphia	National	of	138	514	76	167	25	5	9	68	16	.325
1915	Philadelphia	National	of	112	338	38	83	16	4	11	36	12	.246
1916	Kansas City	American Association	of	153	508	91	174	33	2	**15**	–	20	**.343**
1917	Kansas City	American Association	of	151	551	84	**178**	21	11	**15**	–	24	**.323**
1918	Kansas City	American Association	of	74	245	36	68	14	3	5	–	13	.278
1919	Kansas City	American Association	of	148	545	106	181	31	4	14	–	25	.332
1920-21					Did not play in organized baseball								
1922	Kansas City	American Association	of	158	621	137	228	40	8	26	138	3	**.367**
1923	Kansas City	American Association	of	143	499	101	150	29	13	13	93	12	.301
1924	Kansas City	American Association	of	56	179	27	54	10	4	3	23	5	.302
	Sacramento/Seattle	Pacific Coast	of	55	203	26	63	9	3	6	39	6	.310
1925	Vernon	Pacific Coast	of	50	157	25	42	7	0	2	27	3	.268
		Majors		876	2764	367	763	114	43	45	292	129	.276
		Minors		1302	4621	748	1462	208	52	100	329	136	.316

HEINZ REINHARD BECKER

Born September 26, 1915 at Berlin, Germany.
Died November 11, 1991 at Berlin, Germany.
Batted both. Threw right. Height: 6-2. Weight: 200.

YEAR	CLUB	LEAGUE	POS	G	AB	R	H	2B	3B	HR	RBI	SB	AVG
1938	Rayne	Evangeline	of	124	457	80	135	40	5	14	86	8	.295
	Oklahoma City	Texas	of	4	10	–	2	0	0	0	–	0	.200
1939	Tyler/Palestine	East Texas	1b-of	137	481	87	158	35	4	12	90	16	.329
1940	Longview	East Texas	1b	131	477	109	152	35	7	6	106	12	.319
1941	Dallas	Texas	1b-of	153	565	98	180	35	9	2	55	4	.319
1942	Milwaukee	American Association	1b	143	500	76	170	30	12	6	94	8	.340
1943	Chicago	National	1b	24	69	5	10	0	0	0	2	0	.145

YEAR	CLUB	LEAGUE	POS	G	AB	R	H	2B	3B	HR	RBI	SB	AVG
	Milwaukee	American Association	1b	101	353	59	115	22	8	4	61	1	.326
1944	Milwaukee	American Association	1b	146	526	115	182	26	9	10	115	6	.346
1945	Chicago	National	1b	67	133	25	38	8	2	2	27	0	.286
1946	Chicago	National	ph	9	7	0	2	0	0	0	?	0	.286
	Nashville	Southern Association	1b	51	169	36	64	10	1	4	39	0	.379
	Cleveland	American	1b	50	147	15	44	10	1	0	17	1	.299
1947	Cleveland	American	ph	2	2	0	0	0	0	0	0	0	.000
	Milwaukee	American Association	1b	131	457	90	166	23	8	11	90	1	**.363**
1948	Milwaukee	American Association	1b	136	483	91	155	28	5	10	71	3	.321
1949	Seattle	Pacific Coast	1b	155	524	83	164	32	2	16	101	2	.313
1950	Dallas	Texas	1b	92	288	37	77	17	1	3	40	0	.267
1951-52		Did not play in organized baseball											
1953	Corpus Christi	Gulf Coast	1b	34	118	24	39	4	4	3	22	0	.331
		Majors	152	358	45	94	18	3	2	47	1	.263
		Minors	1534	5398	985	1757	347	75	101	970	61	.325

JOSEPH SAM "JODIE" BEELER

Born November 26, 1921 at Dallas, TX.
Batted right. Threw right. Height: 6-0. Weight: 170.

Hit four home runs in seven games against Amarillo, West Texas-New Mexico, on August 21, 1955 in game two of double header. Manager for Lamesa, West Texas-New Mexico, 1950; Galveston, Big State, 1955; Plainview, West Texas-New Mexico, 1955; Plainview, Southwestern, 1956; Oklahoma City, Texas, 1956; Wichita Falls, Big State, 1957.

YEAR	TEAM	LEAGUE	POS	G	AB	R	H	2B	3B	HR	RBI	SB	AVG
1940	Lamesa	West Texas-New Mexico	3b-ss	138	542	125	178	42	6	31	127	9	.328
	Tucson	Arizona-Texas	—	6	20	—	6	—	—	0	—	—	.300
1941	Tucson	Arizona-Texas	2b	124	479	123	158	34	11	9	93	27	.330
1942	Columbia	SALLY	3b	49	185	32	48	12	2	1	17	2	.259
	Birmingham	Southern Association	2b	32	103	19	15	3	0	1	7	2	.146
	Montgomery	Southeastern	—	17	46	2	14	4	0	0	4	0	.304
1943	Birmingham	Southern Association	2b-ss	141	518	70	143	29	4	2	72	17	.276
1944	Birmingham	Southern Association	3b-ss	124	445	83	151	29	5	1	67	15	.339
	Cincinnati	National	2b	3	3	0	0	0	0	0	0	0	.000
1945	Syracuse	International	of-2b	148	566	93	168	28	7	4	72	14	.297
1946	Syracuse	International	of-2b	114	429	72	124	23	2	4	45	8	.289
1947	Syracuse	International	of	118	440	62	96	22	2	9	60	5	.218
1948	Syracuse	International	of	88	276	39	58	10	0	10	33	1	.210
1949	Tulsa	Texas	of	25	63	9	16	3	0	0	7	0	.254
	Columbia	SALLY	of	96	329	53	96	26	3	3	37	6	.292
1950	Lamesa	West Texas-New Mexico	2b-ss	128	475	128	188	53	1	28	158	11	.396
1951	Gainesville	Big State	2b-3b	76	276	55	99	21	2	7	62	3	.359
	Dallas	Texas	3b-of	61	188	19	59	14	1	1	32	1	.314
1952	Dallas	Texas	3b-of	100	296	35	75	11	4	5	39	2	.253
1953	Dallas	Texas	of-2b-1b-3b	129	378	42	103	22	3	7	65	3	.273
1954	Dallas	Texas	of-1b-3b	116	314	32	82	14	0	12	61	0	.261
1955	Galveston/Port Arthur	Big State	1b-of	70	258	47	90	14	0	13	59	3	.349
	Plainview	West Texas-New Mexico	of	51	192	47	77	13	1	24	55	2	.401
1956	Plainview	Southwestern	1b	19	50	19	18	1	0	10	25	1	.360
	Oklahoma City	Texas	1b	23	37	1	5	1	0	1	4	0	.135
1957	Amarillo	Western	of-2b	1	1	0	0	0	0	0	0	0	.000
	Wichita Falls/Corpus Christi	Big State	of-2b	64	231	31	72	19	3	3	35	1	.312
		Minors	2052	7117	1239	2133	448	57	186	1273	133	.300
		Majors	3	3	0	0	0	0	0	0	0	.000

JAMES FRED "RED" BENNETT

Born March 15, 1902 at Atkins, AK.
Died May 12, 1957 at Atkins, AK.
Batted right. Threw right. Height: 5-9. Weight: 185.

YEAR	CLUB	LEAGUE	POS	G	AB	R	H	2B	3B	HR	RBI	SB	AVG
1924	Ardmore/Muskogee	Western Association	1b-of	48	197	53	68	14	5	7	29	10	.345
1925	Muskogee	Western Association	of-2b	149	548	120	189	45	7	32	137	12	.345
1926	Muskogee	Western Association	of	87	333	89	126	28	8	25	95	8	.378
	Tulsa	Western	of	69	254	53	89	20	5	13	51	3	.350
1927	Tulsa	Western	of	153	608	151	234	55	14	21	136	11	.385

YEAR	CLUB	LEAGUE	POS	G	AB	R	H	2B	3B	HR	RBI	SB	AVG
1928	Tulsa	Western	of	136	507	136	188	28	5	35	120	5	.371
	St. Louis	American	of	7	8	0	2	1	0	0	0	0	.250
1929	Wichita Falls	Texas	of	154	552	127	203	39	11	27	145	13	.368
1930	Milwaukee	American Association	of	92	301	47	91	23	7	4	52	4	.302
1931	Pittsburgh	National	of	32	89	6	25	5	0	1	7	0	.281
	Fort Worth	Texas	of	18	57	6	16	4	0	1	6	1	.281
	Newark	International	of	17	42	5	15	3	0	2	6	0	.357
1932	Albany/Buffalo	International	of	94	299	52	97	26	0	11	66	6	.324
1933	Buffalo/Jersey City	International	of	15	42	10	13	3	1	0	7	1	.310
	Dallas	Texas	of	97	327	56	107	22	2	7	63	13	.327
1934	Dallas	Texas	of	102	339	50	89	21	4	6	62	8	.263
1935	Little Rock	Southern Association	of	14	56	5	10	0	1	0	4	1	.179
1936-37						Did not play in organized baseball							
1938	Marshall	East Texas	of	6	13	4	1	1	0	0	1	1	.077
	Greenwood	Cotton States	of	95	338	70	115	21	4	6	71	9	.340
	Nashville	Southern Association	ph	4	2	1	0	0	0	0	2	0	.000
1939	Richmond	Piedmont	ph	2	1	0	0	0	0	0	0	0	.000
	Kannapolis	North Carolina State	of	17	60	3	19	5	0	0	17	0	.317
			Majors	39	97	6	27	6	0	1	7	0	.278
			Minors	1369	4876	1038	1670	358	74	197	1070	110	.343

Justin Titus "Pug" Bennett

Born February 20, 1874 at Ponca, NE.
Died September 12, 1935 at Kirkland WA.
Batted right. Threw right. Height: 5-6. Weight: 160.

YEAR	CLUB	LEAGUE	POS	G	AB	R	H	2B	3B	HR	RBI	SB	AVG
1899	Mattoon	Indiana-Illinois				No record available							
1900	Toledo	International	3b-c	21	91	13	24	6	0	0	–	3	.264
1901						Did not play in organized baseball							
1902	Shreveport/New Orleans	Southern Association	3b-ss	110	429	80	123	16	5	4	–	32	.287
1903	Atlanta	Southern Association	3b	115	446	64	120	25	3	1	–	18	.269
1904	Nashville	Southern Association	2b-3b	141	518	95	166	23	9	0	–	40	.320
1905	Nashville	Southern Association	2b	103	414	75	126	18	4	0	–	30	.304
	Seattle	Northwestern	2b	79	330	–	101	14	3	1	–	18	.306
1906	St. Louis	National	2b	153	595	66	156	16	7	1	34	20	.262
1907	St. Louis	National	2b-3b	87	324	20	72	8	2	0	21	7	.222
1908	Seattle	Northwestern	2b	154	571	81	174	20	6	12	–	44	.305
1909	Seattle	Northwestern	2b	167	641	111	201	26	7	7	–	39	.314
1910	Seattle	Northwestern	2b	158	607	77	145	24	5	6	–	30	.239
1911	Vancouver	Northwestern	2b	165	601	119	180	23	4	8	–	64	.300
1912	Vancouver	Northwestern	2b	168	641	107	182	27	6	6	–	45	.284
1913	Vancouver	Northwestern	2b	157	605	92	160	17	9	6	–	23	.264
1914	Vancouver	Northwestern	2b	149	543	89	144	26	5	1	–	19	.265
1915	Aberdeen	Northwestern	2b	95	348	37	107	13	1	0	–	15	.307
1916	Great Falls	Northwestern	2b	121	450	83	133	16	1	3	–	29	.296
1917	Vancouver	Northwestern	2b	73	256	41	52	9	1	1	–	16	.203
			Majors	240	919	86	228	24	9	1	55	27	.248
			Minors	1976	7491	1164	2138	303	69	56	–	465	.285

John Needles "Jack" Bentley

Born March 8, 1895 at Sandy Spring, MD.
Died October 24, 1969 at Olney, MD.
Batted left. Threw left. Height: 5-11. Weight: 200.

Manager: York, New York-Pennsylvania, 1929-31; Elmira, New York-Pennsylvania, 1932.

YEAR	CLUB	LEAGUE	POS	G	AB	R	H	2B	3B	HR	RBI	SB	AVG
1913	Washington	American	p	3	3	0	0	0	0	0	0	0	.000
1914	Washington	American	p	30	40	7	11	2	0	0	4	0	.275
1915	Washington	American	p	4	2	0	0	0	0	0	0	0	.000
	Minneapolis	American Association	p	16	42	9	10	1	2	0	–	1	.239
1916	Minneapolis	American Association	p	36	78	11	24	6	2	0	–	3	.308
	Washington	American	p-2b	0	0	0	0	0	0	0			.000
	Baltimore	International	p	16	41	6	10	1	1	2	–	0	.243
1917	Baltimore	International	1b-of-p	93	362	59	124	17	11	5	–	3	.342
1918						Military service							

YEAR	CLUB	LEAGUE	POS	G	AB	R	H	2B	3B	HR	RBI	SB	AVG
1919	Baltimore	International	1b	92	377	51	122	24	10	11	–	5	.324
1920	Baltimore	International	1b-p	145	622	109	231	39	12	20	161	13	.371
1921	Baltimore	International	1b-p	141	597	122	**246**	**47**	16	**24**	120	10	**.412**
1922	Baltimore	International	1b-p	153	619	109	217	39	6	22	128	6	.351
1923	New York	National	p	52	89	9	38	6	2	1	14	0	.427
1924	New York	National	p	46	98	12	26	5	1	0	6	0	.265
1925	New York	National	p-of-1b	64	99	10	30	5	2	3	18	0	.303
1926	Philadelphia/New York	National	1b-p	78	244	19	63	12	3	2	27	0	.258
1927	New York	National	p-1b	8	9	1	2	0	0	1	2	0	.222
	Newark	International	p	45	74	9	20	4	2	1	14	0	.270
1928	Newark	International	p-1b	67	135	22	42	9	2	3	25	2	.311
1929	York	New York-Pennsylvania	1b	130	498	79	181	**46**	5	6	87	8	.363
1930	York	New York-Pennsylvania	1b	128	481	74	177	28	3	17	103	10	.368
1931	York	New York-Pennsylvania	1b	101	369	48	123	22	4	3	66	4	.333
	Rochester	International	1b	17	36	5	11	0	0	0	8	0	.306
1932	Elmira	New York-Pennsylvania	1b-p	20	56	5	13	1	0	0	5	0	.232
	Majors			287	584	58	170	30	8	7	71	0	.291
	Minors			1200	4387	718	1551	284	76	114	717	65	.354

Pitching Record

YEAR	CLUB	LEAGUE	G	IP	W	L	H	R	ER	BB	SO	ERA
1913	Washington	American	3	11	1	0	5	1	0	2	5	0.00
1914	Washington	American	30	125	5	8	110	49	33	53	55	2.37
1915	Washington	American	4	11	0	2	8	1	1	3	0	0.79
	Minneapolis	American Association	14	85	7	4	79	44	30	49	32	3.18
1916	Minneapolis	American Association	21	117	8	6	126	–	54	43	38	4.16
	Washington	American	2	1	0	0	0	0	0	1	1	0.00
	Baltimore	International	11	85	7	3	80	–	20	17	24	2.12
1917	Baltimore	International	1	1	0	0	3	3	3	0	0	27.00
1918							Military service					
1920	Baltimore	International	22	167	16	3	149	54	39	29	97	**2.11**
1921	Baltimore	International	18	119	12	1	90	41	31	33	71	2.35
1922	Baltimore	International	16	109	13	2	84	25	21	30	70	1.73
1923	New York	National	31	183	13	8	198	102	91	67	80	4.48
1924	New York	National	28	188	16	5	196	85	79	56	60	3.78
1925	New York	National	28	157	11	9	200	90	88	59	47	5.04
1926	Philadelphia/New York	National	8	27	0	2	37	27	24	12	8	7.57
1927	New York	National	4	10	0	0	7	9	3	10	3	2.79
	Newark	International	21	110	11	3	113	64	52	52	46	4.25
1928	Newark	International	22	121	6	7	113	78	60	67	48	4.46
1932	Elmira	New York-Pennsylvania	1	3	0	0	3	1	1	2	3	3.00
	Majors		138	714	46	34	761	364	319	263	259	4.02
	Minors		147	917	80	29	840	316	311	322	429	3.05

Stanley W. "Stan" Benton

Born September 29, 1901 at Canal City, KY.
Died June 7, 1984 at Mesquite, TX.
Batted right. Threw right. Height: 5-7. Weight: 150.

Manager for Huntington, Middle Atlantic, 1933; Charleston, Middle Atlantic, 1934.

YEAR	CLUB	LEAGUE	POS	G	AB	R	H	2B	3B	HR	RBI	SB	AVG
1919	Evansville	Three I	of	19	63	3	17	2	0	0	–	5	.270
1920	Spartanburg	SALLY	of	108	416	58	112	13	3	0	33	26	.269
1921	Spartanburg	SALLY	of	126	459	59	120	19	5	0	31	12	.261
1922	Charleston	SALLY	2b-ss-c-1b	123	454	69	140	25	6	2	–	18	.308
1922	Philadelphia	National	2b	6	19	1	4	1	0	0	3	0	.211
1923	Williamsport	New York-Pennsylvania	ss-2b	118	500	**133**	171	34	9	12	–	19	.342
1924	Portland	Pacific Coast	ss-2b	129	486	56	129	20	2	1	33	11	.265
1925	Portland	Pacific Coast	ss	17	67	11	19	4	0	0	7	2	.284
1925	Shreveport	Texas	ss	133	508	69	147	24	1	3	53	15	.289
1926	Shreveport/Wichita Falls	Texas	3b-ss	146	590	86	179	34	6	2	80	9	.303
1927	Wichita Falls	Texas	ss	131	391	65	126	20	3	0	52	8	.322
1928	Wichita Falls	Texas	ss	135	537	98	174	25	3	6	53	8	.324
1929	Wichita Falls	Texas	ss	157	623	130	284	36	7	2	69	14	.327
1930	Memphis	Southern Association	ss	16	68	13	26	2	1	0	9	0	.382
	Milwaukee	American Association	ss	62	163	36	50	9	4	0	–	3	.307

YEAR	CLUB	LEAGUE	POS	G	AB	R	H	2B	3B	HR	RBI	SB	AVG
1931	Memphis/Mobile/Knoxville	Southern Association	ss-2b	137	518	80	128	12	6	0	39	15	.239
1932	Shreveport/Tyler/Beaumont	Texas	3b-2b-ss	114	414	59	101	10	3	4	49	9	.244
1933	Huntington	Middle Atlantic	2b-ss	125	459	70	138	24	4	4	44	7	.301
1934	Charleston	Middle Atlantic	2b	115	417	65	105	12	2	1	42	12	.252
		Minors		1895	7133	1160	2086	325	65	37	594	174	.292
		Majors		6	19	1	4	1	0	0	3	0	.211

JOSEPH AUGUST BERGER

Born December 20, 1886 at St. Louis, MO.
Died March 6, 1956 at Rock Island, IL.
Batted right. Threw right. Height: 5-10½. Weight: 170.

Manager for Wichita, Western, 1919-22; Denver, Western, 1925-27; Augusta, SALLY, 1928.

YEAR	CLUB	LEAGUE	POS	G	AB	R	H	2B	3B	HR	RBI	SB	AVG
1907	Rock Island	Three I	ss	116	421	36	84	8	2	0	–	14	.200
1908	Rock Island	Three I	ss	133	450	34	96	15	9	0	–	10	.213
1909	Rock Island	Three I	ss	137	474	67	119	17	6	3	–	31	.251
1910	Mobile	Southern Association	ss	146	453	57	91	15	5	2	–	13	.201
1911	Pueblo	Western	ss	172	652	128	198	41	17	6	–	20	.304
1912	Los Angeles	Pacific Coast	ss	197	722	120	201	36	7	8	–	29	.278
1913	Chicago	American	2b-ss-3b	77	223	27	48	6	2	2	20	5	.215
1914	Chicago	American	ss-2b-3b	47	148	11	23	3	1	0	3	2	.155
1915	Vernon	Pacific Coast	ss	202	737	92	185	29	5	5	–	23	.251
1916	Oakland	Pacific Coast	ss	169	565	40	136	16	1	0	–	10	.241
1917	Rock Island	Three I	ss	62	222	33	53	11	0	2	–	13	.239
	Wichita	Western	ss	67	245	37	69	11	4	0	–	3	.282
1918	Wichita	Western	ss	63	230	34	70	19	2	3	–	6	.304
	Louisville	American Association	ss	10	32	5	6	1	1	0	–	2	.188
1919	Wichita	Western	ss	103	371	71	116	23	11	1	–	6	.313
1920	Wichita	Western	ss	154	582	119	178	42	3	5	–	19	.306
1921	Wichita	Western	ss	165	651	155	213	61	6	8	–	14	.327
1922	Wichita	Western	ss	159	634	150	229	55	8	6	–	21	.361
1923	Wichita Falls	Texas	ss	145	519	83	158	36	4	6	93	12	.304
1924	Denver	Western	ss	166	663	133	210	35	7	12	–	28	.317
1925	Denver	Western	ss	150	552	116	184	33	10	6	–	17	.333
1926	Denver	Western	ss	21	48	6	12	6	1	0	–	2	.250
1927	Denver	Western	1b	53	135	19	39	7	2	1	–	1	.289
1928	Augusta	SALLY	2b	18	57	6	12	1	0	1	5	0	.211
		Majors		124	371	38	71	9	3	2	23	7	.191
		Minors		2608	9415	1541	2659	518	111	75	98	294	.282

CARLOS BERNIER (RODRIGUEZ)

Born January 28, 1929 at Juana Diaz, PR.
Died April 6, 1989 at Juana Diaz, PR
Batted right. Threw right. Height: 5-9. Weight: 180.

YEAR	CLUB	LEAGUE	POS	G	AB	R	H	2B	3B	HR	RBI	SB	AVG
1948	Pt. Chester	Colonial	of-2b	104	270	72	67	7	7	3	29	24	.248
1949	Indianapolis	American Association	of	2	0	0	0	0	0	0	0	0	.000
1949	Bristol	Colonial	of	120	444	136	149	25	5	15	56	89	.336
1950	Bristol	Colonial	of	52	192	67	55	10	2	9	33	53	.287
	St. Jean	Provincial	of	64	242	69	81	9	2	15	39	41	.335
1951	Tampa	Florida International	of	135	501	124	136	11	21	5	58	51	.271
1952	Hollywood	Pacific Coast	of-ss	171	652	105	196	24	9	9	79	65	.301
1953	Pittsburgh	National	of	105	310	48	66	7	8	3	31	15	.213
1954	Hollywood	Pacific Coast	of	119	431	85	135	24	6	6	41	38	.313
1955	Hollywood	Pacific Coast	of 3b	168	580	93	162	24	8	12	73	29	.279
1956	Hollywood	Pacific Coast	of-3b	159	626	91	177	22	15	3	57	48	.283
1957	Hollywood	Pacific Coast	of	126	445	62	129	17	5	3	49	12	.290
1958	Salt Lake City	Pacific Coast	of	151	546	121	181	27	11	15	86	34	.332
1959	Salt Lake City	Pacific Coast	of	152	513	73	144	19	10	9	81	21	.281
1960	Columbus	International	of	35	76	13	14	1	0	1	6	4	.184
	Indianapolis	American Association	of	98	325	57	91	14	5	4	35	18	.280
1961	Indianapolis	American Association	of	19	48	7	13	1	0	1	9	1	.271
	Hawaii	Pacific Coast	of	127	433	89	152	18	6	20	87	22	**.351**

YEAR	CLUB	LEAGUE	POS	G	AB	R	H	2B	3B	HR	RBI	SB	AVG
1962	Hawaii	Pacific Coast	of	121	380	81	119	20	2	17	72	7	.313
1963	Hawaii	Pacific Coast	of	153	544	113	163	16	4	26	98	10	.300
1964	Hawaii	Pacific Coast	of	124	432	92	127	14	5	27	68	22	.294
1965	Reynosa	Mexican	of	87	295	44	83	9	6	12	42	5	.281
		Majors		105	310	48	86	7	8	3	31	15	.213
		Minors		2287	7975	1594	2374	312	129	212	1098	594	.297

LAWRENCE JOSEPH "LARRY" BETTENCOURT

Born September 22, 1905 at Newark, CA.
Died September 15, 1978 at New Orleans, LA.
Batted right. Threw right. Height: 5-11. Weight: 195.

Played football for St. Mary's College. Inducted into the College Football Hall of Fame. Played in the NFL in 1932 and 1933. Manager for Grand Forks, Northern, 1941.

YEAR	CLUB	LEAGUE	POS	G	AB	R	H	2B	3B	HR	RBI	SB	AVG
1928	St. Louis	American	3b-of-c	67	159	30	45	9	4	4	24	2	.283
1929	Milwaukee	American Association	of	24	74	12	19	5	1	1	–	0	.257
	Buffalo	International	3b	20	64	10	15	4	0	1	8	2	.234
	Wichita Falls	Texas	3b-of-1b	47	137	25	37	10	1	6	27	1	.270
1930	Wichita Falls	Texas	of	151	557	130	178	22	6	43	145	18	.320
1931	St. Louis	American	of	74	206	27	53	9	2	3	26	4	.257
1932	St. Louis	American	of-3b	27	30	4	4	1	0	1	3	1	.133
1933	Milwaukee	American Association	of	3	9	0	4	1	0	0	3	0	.444
	San Antonio	Texas	of-1b	147	540	83	160	34	10	10	102	10	.296
1934	San Antonio	Texas	of-1b	157	621	108	201	47	6	14	129	8	.324
1935	San Antonio	Texas	of	104	372	61	99	17	3	5	53	4	.266
1936	San Antonio	Texas	of	141	526	99	162	23	6	12	82	2	.308
1937	San Antonio/Galveston	Texas	of	19	75	9	18	2	0	0	11	0	.240
	New Orleans	Southern Association	of	85	308	37	71	9	6	6	44	2	.231
1938	Trenton/Williamsport	Eastern	of-3b	138	561	69	154	32	7	6	118	5	.275
1939	Williamsport	Eastern	of-1-3b	109	410	55	121	22	7	5	59	2	.295
1940	Springfield	Eastern	of	118	418	72	121	23	7	7	52	2	.289
1941	Grand Forks	Northern	of-p	98	355	72	130	18	7	10	74	26	**.366**
1942-43				Did not play in organized baseball									
1944	Minneapolis	American Association	of	29	69	10	17	4	0	0	7	4	.246
		Majors		168	395	61	102	19	6	8	53	7	.258
		Minors		1390	5096	852	1507	273	71	126	914	86	.296

FRED BETTS

Born September, 1868 at St. Louis, MO.
Died 1937 at St. Louis, MO.
Batted left. Threw left. Height: 5-7. Weight: 155.

Listed in averages as Betz several times during early years.

YEAR	CLUB	LEAGUE	POS	G	AB	R	H	2B	3B	HR	RBI	SB	AVG
1889	Leadville	Colorado State	3b-p	14	65	20	33	10	2	1	–	3	.508
1890	Springfield/Wheeling	Tri-State	3b	81	**349**	69	113	20	6	8	–	14	.324
1891	Portland/Tacoma	Pacific Northwest	p-if-of	37	129	15	27	8	0	2	–	8	.209
1892	Menominee	Michigan State	of	47	203	37	57	12	4	3	–	8	.281
1893	Easton	Pennsylvania State	of-3b	90	398	107	**160**	19	10	9	–	48	**.402**
	Wilkes-Barre	Eastern	of	4	21	4	5	0	0	0	–	0	.238
1894	Wilkes-Barre	Eastern	of	107	463	114	155	21	10	11	–	21	.335
1895	Wilkes-Barre	Eastern	of-p	67	267	56	79	20	4	4	–	13	.296
1896	Wilkes-Barre	Eastern	of	112	487	86	172	39	10	3	–	22	.353
1897	Wilkes-Barre	Eastern	of	120	485	83	142	28	4	5	–	11	.293
1898	Reading	Atlantic	of	128	548	82	156	22	7	1	–	20	.285
1899	Reading	Atlantic	of	87	340	47	94	15	5	0	–	8	.276
1900	Utica	New York State	of	115	456	73	151	20	7	1	–	26	.331
1901	Schenectady	New York State	of	93	367	54	113	15	6	1	–	21	.308
1902	Schenectady	New York State	of	108	426	89	132	26	5	0	–	29	.310
1903	Schenectady	New York State	of	126	495	67	150	29	5	1	–	30	.303
1904	Schenectady/Scranton	New York State	of	116	404	40	111	21	3	1	–	6	.275
1905	Scranton	New York State	of	123	472	65	148	29	8	0	–	19	.314
1906	Scranton/Albany	New York State	of	111	417	43	111	20	1	1	–	14	.266
1907	Albany	New York State	of	133	487	51	149	24	2	1	–	16	.306
1908	Grand Rapids	Central	of	135	493	62	122	18	6	0	–	24	.247

YEAR	CLUB	LEAGUE	POS	G	AB	R	H	2B	3B	HR	RBI	SB	AVG
1909	Freeport	Wisconsin-Illinois	of	111	400	42	121	21	0	1	—	6	.303
1910	Rockford	Wisconsin-Illinois	of-p	121	457	65	145	23	4	6	—	11	.317
1911	Rockford	Wisconsin-Illinois	of-p	110	395	73	113	17	0	2	—	16	.286
		Minors		2296	9024	1444	2759	477	109	62	—	394	.306

Elliott Allardice "Babe" Bigelow

Born October 13, 1897 at Tarpon Springs, FL.
Died August 10, 1933 at Tampa, FL.
Batted left. Threw left. Height: 5-11. Weight: 185.

YEAR	CLUB	LEAGUE	POS	G	AB	R	H	2B	3B	HR	RBI	SB	AVG
1920	St. Petersburg	Florida State	of	90	331	48	95	19	6	10	39	4	.287
1921	St. Petersburg	Florida State	of	117	470	77	148	22	16	5	—	11	.315
1922	St. Petersburg	Florida State	of	114	437	73	150	27	21	4	—	7	.343
1923	Macon	SALLY	of	17	60	13	22	4	2	2	15	3	.367
	St. Petersburg	Florida State	of	57	260	30	81	18	6	5	—	2	.312
1924	St. Petersburg	Florida State	of	105	397	85	154	30	10	12	—	13	.388
1925	Chattanooga	Southern Association	of	139	544	101	190	24	27	14	111	14	.349
1926	Chattanooga	Southern Association	of	135	521	85	193	45	12	9	118	10	.370
1927	Birmingham	Southern Association	of	160	587	137	212	31	15	19	143	6	.361
1928	Birmingham	Southern Association	of	134	489	115	193	28	13	8	123	15	.395
1929	Boston	American	of	100	211	23	60	16	0	1	26	1	.284
1930	Mission	Pacific Coast	of	34	121	14	36	8	1	1	11	4	.298
	Chattanooga	Southern Association	of	66	239	45	79	17	8	4	43	2	.331
1931	Chattanooga	Southern Association	of	150	603	101	224	48	9	15	125	3	.372
1932	Knoxville	Southern Association	of	155	590	97	193	37	12	13	120	8	.327
		Majors		100	211	23	60	16	0	1	26	1	.284
		Minors		1473	5649	1021	1970	358	158	121	848	102	.349

Stephen Thomas "Steve" Bilko

Born November 13, 1928 at Nanticoke, PA.
Died March 7, 1978, Wilkes-Barre, PA.
Batted right. Threw right. Height: 6-1. Weight: 240.

YEAR	CLUB	LEAGUE	POS	G	AB	R	H	2B	3B	HR	RBI	SB	AVG
1945	Allentown	Interstate	of	1	1	0	1	0	0	0	1	1	.000
1946	Allentown	Interstate	ph	1	1	0	0	0	0	0	0	0	.000
	Salisbury	Eastern Shore	1b	122	441	73	121	28	4	12	90	6	.274
1947	Winston-Salem	Carolina	1b	116	438	109	148	26	3	29	120	12	.338
1948	Rochester	International	1b	12	41	5	6	1	0	0	3	0	.146
	Lynchburg	Piedmont	1b	128	463	89	154	34	6	20	92	3	.333
1949	Rochester	International	1b	139	503	101	156	32	5	34	125	1	.310
	St. Louis	National	1b	6	17	3	5	2	0	0	2	0	.294
1950	St. Louis	National	1b	10	33	1	6	1	0	0	2	0	.182
	Rochester	International	1b-2b	109	334	71	97	18	6	15	58	1	.290
1951	Columbus	American Association	1b	26	74	13	21	2	0	1	6	0	.284
	Rochester	International	1b	73	273	41	77	14	6	8	50	0	.282
1951	St. Louis	National	1b	21	72	5	16	4	0	2	12	0	.222
1952	Rochester	International	1b	82	286	55	92	22	5	12	55	0	.322
	St. Louis	National	1b	20	72	7	19	6	1	1	6	0	.264
1953	St. Louis	National	1b	154	570	72	143	23	3	21	84	0	.251
1954	St.Louis/Chicago	National	1b	55	106	12	24	8	1	4	13	0	.226
1955	Los Angeles	Pacific Coast	1b	168	622	105	204	35	3	37	124	4	.328
1956	Los Angeles	Pacific Coast	1b	162	597	163	215	18	6	55	164	4	.360
1957	Los Angeles	Pacific Coast	1b	158	536	111	161	22	1	56	140	8	.300
1958	Cincinnati/Los Angeles	National	1b	78	188	25	44	5	4	11	35	0	.234
1959	Spokane	Pacific Coast	1b	135	478	76	146	24	1	26	92	0	.305
1960	Detroit	American	1b	78	222	20	46	11	2	9	25	0	.207
1961	Los Angeles	American	1b	114	294	49	82	16	1	20	59	1	.279
1962	Los Angeles	American	1b	64	164	26	47	9	1	8	38	1	.287
1963	Rochester	International	1b	101	261	41	68	17	1	8	37	1	.261
		Majors		600	1738	220	432	85	13	76	276	2	.249
		Minors		1533	5349	1053	1667	293	47	313	1157	42	.312

WAYNE T. BLACKBURN

Born January 10, 1917 at Harmon, Ohio.
Batted left. Threw right. Height: 5-10½. Weight: 165.

Manager for Peoria, Three I, 1937; Owensboro, KITTY, 1951; Kinston, Coastal Plain, 1952; Wausau, Wisconsin State, 1953; Jamestown, PONY, 1954 & 1956; Augusta, SALLY, 1958; Montgomery, Southern, 1965-66; Detroit, Gulf Coast, 1968. Drew over 1400 walks during career. From 1948-56, had 715 hits and 742 walks in 711 games.

YEAR	CLUB	LEAGUE	POS	G	AB	R	H	2B	3B	HR	RBI	SB	AVG
1936	Paducah	KITTY	2b	116	458	**124**	158	23	6	3	82	35	.345
1937	Waterloo	Western	2b	68	275	55	70	11	0	0	28	16	.255
	Peoria	Three I	2b	46	167	36	66	7	5	0	–	20	.395
	Syracuse	International	2b	3	9	1	3	0	0	0	–	0	.333
1938	Syracuse	International	3b	4	11	3	2	0	0	0	–	0	.182
	Durham	Piedmont	2b	123	492	103	165	16	2	0	49	22	.335
1939	Durham	Piedmont	2b	126	462	104	159	22	5	2	30	29	.344
1940	Indianapolis	American Association	3b	75	247	38	77	15	5	0	37	9	.312
1941	Indianapolis	American Association	of	113	428	79	134	21	4	2	32	16	.313
1942	Indianapolis	American Association	of	152	569	91	171	22	7	4	38	14	.301
1943	Indianapolis	American Association	of	153	583	**114**	169	22	7	1	50	10	.290
1944	Indianapolis	American Association	of-3b	149	535	104	180	23	7	1	65	25	.336
1945						Military service							
1946	Indianapolis	American Association	of-3b	100	225	45	60	5	5	1	15	3	.267
1947	St. Paul	American Association	–	4	7	1	2	0	0	0	1	0	.286
	Buffalo	International	3b-of	73	183	35	52	5	1	1	21	6	.284
1948	Little Rock	Southern Association	3b-of	133	466	119	152	25	3	0	41	**36**	.326
1949	Little Rock	Southern Association	3b-of	135	476	85	121	10	3	0	34	16	.254
1950	West Palm Beach	Florida International.	2b	28	102	11	19	3	0	0	10	5	.186
	Raleigh	Carolina	3b	15	50	10	10	3	0	0	2	0	.200
	Greenville	SALLY	3b	25	86	25	22	4	0	0	1	2	.256
1951	Owensboro	KITTY	2b-3b	110	363	**116**	132	23	3	0	50	26	.364
1952	Kinston	Coastal Plain	of-2b-3b	109	340	91	119	12	4	1	28	33	.350
1953	Wausau	Wisconsin State	of-2b	114	341	92	105	20	3	0	54	24	.308
1954	Jamestown	PONY	of	23	68	24	22	4	0	0	8	2	.324
1955					Did not play in organized baseball								
1956	Jamestown	PONY	of	19	44	8	13	3	1	0	9	1	.295
			Minors	2016	6987	1514	2183	299	71	16	685	350	.317

GEORGE FRANKLIN BLACKERBY

Born November 18, 1903 at Luther, OK.
Died May 30, 1987 at Wichita Falls, TX.
Batted right. Threw right. Height: 6-1. Weight: 176.

YEAR	CLUB	LEAGUE	POS	G	AB	R	H	2B	3B	HR	RBI	SB	AVG
1924	Greenville	East Texas	of	106	416	71	133	25	1	20	–	2	.320
1925	Austin	Texas Association	of	51	188	34	57	13	1	5	–	7	.303
	Greenville	East Texas	of	38	141	20	42	9	2	1	–	5	.298
1926	Greenville	East Texas	of	124	459	93	150	28	2	16	–	15	.327
1927	Waco	Texas	of	141	492	89	179	36	5	17	91	16	.364
1928	Waco	Texas	of	118	443	97	163	23	7	19	73	15	**.368**
	Chicago	American	of	30	83	8	21	0	0	0	12	2	.253
1929	Waco	Texas	of	158	600	132	219	45	5	**33**	115	6	.365
1930	Dallas	Texas	of	47	172	34	59	9	0	5	22	4	.343
	Little Rock/Birmingham	Southern Association	of	106	385	68	131	16	2	7	83	8	.340
1931	Mobile/Knoxville	Southern Association	of	51	191	20	55	3	2	0	18	3	.288
	Oakland	Pacific Coast	of	115	435	55	127	18	5	9	61	7	.292
1932	Oakland	Pacific Coast	of-1b	167	629	74	190	25	6	4	94	11	.302
1933	Portland	Pacific Coast	1b	163	614	110	209	32	3	4	92	11	.340
1934	Portland	Pacific Coast	1b	170	623	65	168	31	3	8	83	6	.270
1935	Portland	Pacific Coast	1b	58	217	34	62	11	2	1	34	4	.286
	Tulsa	Texas	1b	90	313	40	74	10	5	2	45	6	.236
1936	Albany/Toronto	International	of-1b	107	299	50	98	14	6	2	56	2	.328
1937	Toronto/Buffalo/Rochester/ Montreal	International	of	85	236	31	62	8	1	1	24	2	.263
			Majors	30	83	8	21	0	0	0	12	2	.253
			Minors	1895	6853	1117	2178	356	58	154	891	130	.318

JAMES TILTON "SUNNY JIM" BLAKESLEY

Born October 16, 1896 at Mulhall, OK.
Died July 8, 1965 at Inglewood, CA.
Batted left. Threw right. Height: 5-10. Weight: 190.

YEAR	CLUB	LEAGUE	POS	G	AB	R	H	2B	3B	HR	RBI	SB	AVG
1920	Henryetta	Western Association	of	116	466	73	138	29	6	6	41	9	.296
	Wichita	Western	of	16	62	19	25	7	4	0	15	0	.403
1921	Wichita	Western	of	150	548	105	192	46	8	25	105	18	.350
1922	Wichita	Western	of	159	649	141	222	60	5	14	110	21	.342
1923	Wichita	Western	of	169	685	**151**	246	53	**16**	36	140	25	.359
1924	Vernon	Pacific Coast	of	181	692	138	218	51	14	11	101	9	.315
1925	Vernon	Pacific Coast	of	121	420	59	120	26	13	13	62	8	.286
1926	Omaha	Western	of	140	541	129	208	49	10	39	130	15	**.384**
1926	New Orleans	Southern Association	of	11	31	6	9	0	1	0	3	0	.290
1927	New Orleans	Southern Association	of	117	426	67	130	24	12	3	70	7	.305
1928	New Haven	Eastern	of	152	568	119	**217**	**50**	13	19	108	10	**.382**
1929	New Orleans	Southern Association	of	135	482	94	162	22	14	8	106	11	.336
1930	New Orleans	Southern Association	of	140	521	94	173	24	16	6	99	10	.332
1931	Dallas	Texas	of	25	86	10	20	6	1	0	7	4	.233
	New Haven/Richmond	Eastern	of	114	428	64	125	18	12	9	66	7	.292
1932	Richmond	Eastern	of	58	230	35	73	11	2	4	34	3	.317
1933	Durham	Piedmont	of	46	182	38	60	11	1	8	45	11	.330
		Minors		1850	7017	1342	2338	487	148	201	1242	168	.333

W. HERSCHEL BOBO

Born January 16, 1897 at Clarksdale, MS.
Died February 19, 1975
Batted right. Threw right. Height: 5-8. Weight: 177.

See record in managerial section.

YEAR	CLUB	LEAGUE	POS	G	AB	R	H	2B	3B	HR	RBI	SB	AVG
1921	Clarksdale	Mississippi State	of	10	422	67	116	–	–	–	–	11	.276
1922	Greenwood	Cotton States	3b	104	389	73	109	11	11	2	–	20	.280
1923	Greenwood	Cotton States	–	77	296	30	74	–	–	–	–	6	.250
	Paducah	KITTY	–	–	–	–	–	–	–	–	–	–	–
1924	Hattiesburg	Cotton States	3b	98	394	**91**	125	30	6	9	–	18	.317
1925	Hattiesburg	Cotton States	3b-c	113	428	85	135	39	6	**17**	–	26	.315
1926	Hattiesburg	Cotton States	3b-ss-c	112	387	85	123	29	4	14	–	24	.318
1927	Hattiesburg	Cotton States	3b-of	120	465	91	155	43	12	9	–	11	.333
1928	Hattiesburg	Cotton States	3b-c	114	415	86	138	39	9	7	–	13	.333
1929	Jackson	Cotton States	3b	128	478	93	161	46	1	6	–	16	.337
1930	Jackson	Cotton States	3b-p	132	457	103	138	26	11	8	87	16	.302
1931	Jackson	Cotton States	3b-ss	121	490	**103**	153	39	7	5	64	32	.312
1932	Memphis	Southern Association	3b-ss	118	381	50	93	20	8	3	55	4	.244
1933	Jackson	Dixie	3b	100	379	86	103	29	1	5	46	4	.272
1934	El Dorado/Jackson	East Dixie	3b-2b	85	340	64	96	20	3	1	40	5	.282
1935	Jackson	East Dixie	3b	131	461	107	134	37	12	6	90	17	.291
1936	Jackson	Cotton States	3b	138	521	90	162	34	9	5	89	12	.311
1937	Blytheville	Northeast Arkansas	3b	102	357	67	96	24	8	4	68	16	.269
1938	Blytheville	Northeast Arkansas	3b	76	232	50	60	15	5	0	37	9	.258
1939	Fort Smith	Western Association	–	17	29	1	7	4	0	0	2	0	.241
1940	Fort Smith	Western Association				less than 10 games							
		Minors		1896	7321	1922	2178	485	113	101	578	260	.298

SINGLE SEASON ALL-TIME LEADERS: BATTING AVERAGE

PLAYER	AVG	TEAM	LEAGUE	YEAR	PLAYER	AVG	TEAM	LEAGUE	YEAR
Gary Redus	.462	Billings	Pioneer	1978	Heriberto Vargas	.438	Veracruz	Mexican	
Bill Krieg	.452	Rockford	Western Association	1896			Guanajuato	Mexican Center	1966
Ike Boone	.448	Mission	Pacific Coast	1930	Jimmie Collins	.438	Chihuahua	Mexican	1979
Frank Saucier	.446	Wichita Falls	Big State	1949	Francis Bonair	.435	Hornell	PONY	1956
Willie Aikens	.443	Puebla	Mexican		Ollie Tucker	.434	Cedartown	Georgia State	
		Tidewater	International	1986	Bill Diester	.434	Salina/Tulsa	Southwestern/Western	1926
Angel Aragon	.443	Long Branch	Atlantic	1914	Carl East	.433	Anniston	Georgia-Alabama	1930
Billy O'Connell	.442	Richmond	Blue Grass	1912	T.P. Osborne	.432	Mt. Pleasant	East Texas	1924
Rob't Joe Schmidt	.441	Duluth	Northern	1939	Russ Snyder	.432	McAlester	Sooner State	1953
Murray Franklin	.439	Beckley	Mountain State	1938	Neal Cobb	.432	Crestview	Alabama-Florida	1954

FRANK STEPHAN "PING" BODIE

Born October 8, 1887 at San Francisco, CA.
Died December 17, 1961 at San Francisco, CA.
Batted right. Threw right. Height: 5-8. Weight: 195.

Family name is Pezzolo.
Led all minor leagues in home runs in 1910 with 30.

YEAR	CLUB	LEAGUE	POS	G	AB	R	H	2B	3B	HR	RBI	SB	AVG
1905	San Francisco	California					No record available.						
1906	Presidio	California					No record available.						
1907	Presidio	California					No record available.						
1908	San Francisco	California	p-2b-of	7	28	4	10	2	0	1	—	2	.357
	San Francisco	Pacific Coast	of	36	134	19	37	6	1	3	—	5	.276
1909	San Francisco	Pacific Coast	of	157	543	62	135	41	6	10	—	9	.249
1910	San Francisco	Pacific Coast	of	212	768	102	202	34	5	30	—	29	.263
1911	Chicago	American	of-2b	145	551	75	159	27	13	4	97	14	.289
1912	Chicago	American	of	138	472	58	139	24	7	5	72	12	.294
1913	Chicago	American	of	127	406	39	107	14	8	8	48	5	.264
1914	Chicago	American	of	107	327	21	75	9	5	3	29	12	.229
1915	San Francisco	Pacific Coast	of	192	720	117	234	52	3	19	—	37	.325
1916	San Francisco	Pacific Coast	of	206	769	104	233	48	5	20	—	16	.303
1917	Philadelphia	American	of-1b	148	557	51	162	28	11	7	74	13	.291
1918	New York	American	of	91	324	36	83	12	6	3	46	6	.256
1919	New York	American	of	134	475	45	132	27	8	6	59	15	.278
1920	New York	American	of	129	471	63	139	26	12	7	79	6	.295
1921	New York	American	of	31	87	5	15	2	2	0	12	0	.172
1922	Vernon	Pacific Coast	of	145	502	69	147	33	5	6	87	7	.293
1923	Vernon	Pacific Coast	of	136	485	70	143	31	10	8	105	1	.295
1924	Des Moines	Western	of	167	624	107	213	38	11	32	—	7	.341
1925	Wichita Falls	Texas	of-1b	151	591	132	205	41	1	37	142	5	.347
1926	Wichita Falls/San Antonio	Texas	of-1b	146	509	84	172	35	5	14	105	3	.338
1927	San Francisco	Pacific Coast	1b-of	109	336	55	109	16	1	12	80	5	.324
1928	San Francisco/Mission	Pacific Coast	of	117	333	58	116	22	1	10	62	2	.348
			Majors	1050	3670	393	1011	169	72	43	516	83	.275
			Minors	1781	6342	983	1956	399	54	202	581	128	.308

ROBERT ANTHONY "BOB" BOKEN

Born February 23, 1908 at Maryville, IL.
Died October 6, 1988 at Las Vegas, NV.
Batted right. Threw right. Height: 6-2. Weight: 165.

Manager for Newark, Ohio State, 1946; El Centro, Sunset, 1947.

YEAR	CLUB	LEAGUE	POS	G	AB	R	H	2B	3B	H	RBI	SB	AVG
1929	Tyler	Lone Star	—	17	60	3	14	0	0	1	—	0	.233
	Midland	West Texas	ss	36	153	40	63	10	1	4	—	2	.412
1930	Joplin	Western Association	2b	127	500	121	189	46	17	19	124	37	.378
1931	Kansas City	American Association	3b-2b	106	365	66	104	19	9	8	46	5	.285
1932	Kansas City	American Association	ss-3b	161	642	95	180	26	9	5	113	19	.280
1933	Washington	American	2b-3b-ss	55	133	19	37	5	2	3	26	0	.278
1934	Washington/Chicago	American	2b-ss-3b	92	324	35	76	10	2	3	46	4	.235
1935	St. Paul	American Association	ss	129	477	68	142	25	5	10	75	6	.298
1936	St. Paul	American Association	ss-3b	127	462	72	136	19	5	15	78	6	.294
1937	St. Paul	American Association	ss-1b-3b-2b	134	504	67	151	28	7	18	75	7	.300
1938	St. Paul	American Association	3b-ss	128	465	87	138	19	4	21	75	8	.297
1939	St. Paul/Louisville	American Association	3b-2b-1b	101	289	43	79	12	4	9	56	5	.273
1940	Nashville	Southern Association	3b	151	590	83	178	46	6	13	118	3	.302
1941	Buffalo	International	3b	126	421	56	115	20	2	18	69	9	.273
1942	Buffalo	International	2b-3b-ss	23	42	4	10	1	0	1	10	1	.238
	San Antonio	Texas	of-1b-2b	75	226	17	49	5	0	1	14	1	.217
1943	Toledo	American Association	of	54	93	5	31	7	0	0	10	2	.333
1944	Toledo	American Association	of-1b	76	245	38	70	10	1	8	53	4	.286
1945	Toledo	American Association	of	22	50	3	16	4	0	1	12	0	.320
	Memphis	Southern Association	—	10	32	4	7	1	0	0	4	1	.219
	San Diego	Pacific Coast	2b	68	233	38	77	14	1	8	57	2	.330
1946	Newark	Ohio State	ss-of	117	326	45	87	14	4	3	60	7	.267
1947	El Centro	Sunset	2b	23	83	11	30	4	2	3	21	1	.361
			Minors	1811	6258	857	1866	330	77	158	1070	126	.298
			Majors	147	457	54	113	15	4	6	72	4	.247

WILLIAM CLIFTON "CLIFF" BOLTON

Born April 10, 1907 at High Point, NC.
Died April 21, 1979 at Lexington, NC.
Batted left. Threw right. Height: 5-9. Weight: 160.

Manager for Martinsville, Carolina, 1946; Rutherford County, Western Carolina, 1952; Lexington, North Carolina State, 1952.

YEAR	CLUB	LEAGUE	POS	G	AB	R	H	2B	3B	HR	RBI	SB	AVG
1927	High Point	Piedmont	c	28	77	4	22	0	0	1	12	1	.286
1928	High Point	Piedmont	c	92	308	74	124	32	8	11	81	7	.403
1929	New Haven	Eastern	of-c	71	236	36	84	12	4	6	45	1	.356
	Baltimore	International	c	5	4	1	1	0	0	0	0	—	.250
1930	Chattanooga	Southern Association	of-c	97	245	27	93	18	7	4	41	2	.380
1931	Washington	American	c	23	43	3	11	1	1	0	6	0	.256
	Baltimore	International	c	5	11	0	1	0	0	0	1	—	.091
1932	Chattanooga	Southern Association	c	132	481	87	173	22	10	8	73	1	.339
1933	Washington	American	c-of	33	39	4	16	1	1	0	6	0	.410
1934	Washington	American	c	42	148	12	40	9	1	1	17	2	.270
1935	Washington	American	c	110	375	47	114	18	11	2	55	0	.304
1936	Washington	American	c	86	289	41	84	18	4	2	51	1	.291
1937	Detroit	American	c	27	57	6	15	2	0	1	7	0	.263
1938-39						Voluntarily retired							
1940	Buffalo	International	c	6	15	0	2	1	0	0	0	—	.133
	Greenville	Sally	c	100	351	54	116	24	4	3	74	0	.330
1941	Greenville	Sally	c	31	128	25	46	14	4	2	27	0	.359
	Washington	American	c	14	11	0	0	0	0	0	1	0	.000
1942	Charlotte	Piedmont	c	88	285	29	90	16	3	1	43	0	.281
1943	Little Rock	Southern Association	c	79	255	32	70	12	2	2	32	0	.275
1944	Little Rock/Chattanooga	Southern Association	c	63	196	26	70	10	2	2	47	4	.357
1945	Martinsville	Carolina	c	41	122	18	46	10	0	4	10	0	.377
1946	Martinsville	Carolina	c	61	172	20	47	8	0	3	32	0	.275
1947	Reidsville	Tri-State	c	66	235	25	69	20	1	5	45	—	.294
1948	High Point-Thomasville	North Carolina State	c	50	168	33	70	13	1	5	44	5	.417
1949	High Point-Thomasville	North Carolina State	c	109	316	83	126	31	2	10	105	3	.399
1950	High Point-Thomasville	North Carolina State	c	80	262	46	91	20	1	7	49	0	.347
1951	High Point-Thomasville	North Carolina State	c	85	229	44	74	9	1	9	53	1	.323
1952	Rutherford County	Western Carolina	c	34	98	10	27	7	1	1	19	0	.276
	Lexington	North Carolina State	c	27	96	11	33	11	0	0	9	1	.344
		Majors		335	962	113	280	49	18	6	143	3	.291
		Minors		1350	4290	685	1465	290	51	84	842	25	.342

JOE JOHN BONOWITZ

Born August 12, 1899 at Columbus, OH.
Died September 4, 1969 at Hollywood, FL.
Batted right. Threw right. Height: 5-10½. Weight: 165.

Manager for Chattanooga, Southern Association, 1936; Americus, Georgia-Florida, 1936.

YEAR	CLUB	LEAGUE	POS	G	AB	R	H	2B	3B	HR	RBI	SB	AVG
1918	St. Joseph	Western	c-3b-1b	35	98	7	15	1	0	2	—	0	.153
1919	St. Joseph	Western	of	115	419	49	112	26	3	2	—	2	.267
1920	St. Joseph	Western	of	146	586	70	158	16	9	3	—	8	.270
1921	St. Joseph	Western	of	49	211	39	65	15	6	3	—	3	.308
1922	St. Joseph	Western	of	159	648	96	205	44	12	11	—	5	.316
1923	Omaha	Western	of	166	655	99	185	47	7	5	—	15	.282
1924	Omaha	Western	of	166	665	111	213	37	11	18	—	25	.320
1925	Shreveport	Texas	of	148	571	83	141	26	6	21	93	12	.247
1926	Shreveport	Texas	of	136	487	58	154	36	2	7	79	7	.316
1927	Fort Worth	Texas	of	152	563	61	165	43	5	8	92	15	.293
1928	Fort Worth	Texas	of	155	578	87	193	54	3	3	117	6	.334
1929	Fort Worth	Texas	of	140	571	108	205	43	7	16	104	2	.359
	Hollywood	Pacific Coast	of	22	79	10	22	6	1	1	24	0	.278
1930	Fort Worth	Texas	of	152	631	89	205	47	7	17	105	5	.325
1931	Mobile/Knoxville	Southern Association	of	152	605	77	181	22	11	6	82	12	.299
1932	Chattanooga	Southern Association	of	141	577	73	202	34	8	3	85	4	.350
1933	Atlanta	Southern Association	of	142	556	79	173	35	14	10	104	4	.311
1934	Williamsport	New York-Pennsylvania	of	132	535	85	173	24	13	6	76	2	.323
1935	Norfolk	Piedmont	of	9	42	—	15	2	1	1	12	0	.357
1936	Americus	Georgia-Florida	of	48	200	46	72	15	4	8	40	3	.360
	Chattanooga	Southern Association	of	67	258	29	71	6	6	0	29	2	.275
		Minors		2432	9535	1356	2925	579	136	151	1042	142	.307

HENRY JOHN "ZEKE" BONURA

Born September 20, 1908 at New Orleans, LA.
Died March 9, 1987 at New Orleans, LA.
Batted right. Threw right. Height: 6-0. Weight: 210.

Manager for Minneapolis, American Association, 1946; Thibodaux, Evangeline, 1946; Stamford, Colonial, 1947-48; Kingston, Border, 1949; Midland, Longhorn, 1951-52; Fargo-Moorhead, Northern, 1953; Hagerstown, Piedmont, 1954.

YEAR	CLUB	LEAGUE	POS	G	AB	R	H	2B	3B	HR	RBI	SB	AVG
1929	New Orleans	Southern Association	2b-1b	131	460	81	148	24	14	9	86	6	.322
1930	New Orleans	Southern Association	1b	55	182	35	64	12	2	8	38	3	.352
1931	New Orleans	Southern Association	1b-2b	85	234	34	84	16	4	1	57	0	.359
	Indianapolis	American Association	1b	23	52	9	14	2	0	0	8	0	.269
1932	Dallas	Texas	1b	144	509	101	164	39	3	21	110	9	.322
1933	Dallas	Texas	1b	152	516	**141**	184	43	3	**24**	**111**	19	.357
1934	Chicago	American	1b	127	510	86	154	35	4	27	110	0	.302
1935	Chicago	American	1b	138	550	107	162	34	4	21	92	4	.295
1936	Chicago	American	1b	148	587	120	194	39	7	12	137	4	.330
1937	Chicago	American	1b	116	447	79	154	41	2	19	100	5	.345
1938	Washington	American	1b	137	540	72	156	27	3	22	114	2	.289
1939	New York	National	1b	123	455	75	146	26	6	11	85	1	.321
1940	Washington	American	1b	79	311	41	85	16	3	3	45	2	.273
	Chicago	National	1b	49	182	20	48	14	0	4	20	1	.264
1941	Minneapolis	American Association	1b	46	172	47	63	9	1	7	38	2	.366
1942-45							Military service						
1946	Minneapolis	American Association	1b	9	25	1	5	1	0	0	6	0	.200
	Thibodaux	Evangeline	1b	77	247	47	87	13	1	11	54	2	.352
1947	Stamford	Colonial	1b	99	327	78	126	17	1	17	100	6	.385
1948	Stamford	Colonial	1b	105	281	87	108	19	0	**23**	68	2	.384
1949	Kingston	Border	1b	70	206	45	68	12	1	6	38	2	.330
1950					Did not play in organized baseball								
1951	Midland	Longhorn	1b	48	109	30	44	10	0	5	23	0	.404
1952	Midland	Longhorn	1b	2	8	1	4	0	0	0	3	0	.500
			Majors	917	3582	600	1099	232	29	119	703	19	.307
			Minors	1046	3328	737	1163	217	30	132	740	51	.349

EVERETT LITTLE BOOE

Born September 28, 1891 at Mocksville, NC.
Died May 21, 1969 at Kennedy, TX.
Batted left. Threw right. Height: 5-8½. Weight: 165.

Manager for Fort Smith, Western Association, 1926; Danville, Three I, 1927; Dayton, Central, 1928-1929; St. Joseph, Western, 1930; Greensboro, Piedmont, 1930.

YEAR	CLUB	LEAGUE	POS	G	AB	R	H	2B	3B	HR	RBI	SB	AVG
1910	Petersburg	Virginia	of-ss	100	372	38	85	15	3	0	—	29	.228
1911	Petersburg	Virginia	of	122	456	77	138	23	8	2	—	44	.303
1912	Petersburg	Virginia	of	127	493	77	160	—	—	—	—	40	.324
1913	St. Paul	American Association	of	43	141	21	42	7	4	0	—	12	.298
	Pittsburgh	National	of	29	80	9	16	0	2	0	2	2	.200
1914	Indianapolis/Buffalo	Federal	of-ss	96	272	34	61	10	2	0	—	20	.224
1915	St. Paul				Ineligible list								
1916	Springfield	Eastern	of	125	467	85	130	17	5	1	—	23	.278
1917	San Antonio	Texas	of	140	498	49	122	19	4	0	—	19	.245
1918					Military service								
1919					Voluntarily retired								
1920	San Antonio	Texas	of	148	551	69	163	28	6	0	—	34	.296
1921	San Antonio	Texas	of	148	528	78	155	17	9	4	47	19	.294
1922	San Antonio	Texas	of	153	601	100	187	30	13	2	—	22	.311
1923	San Antonio	Texas	of	113	397	61	123	14	6	1	43	16	.310
1924	San Antonio	Texas	of	123	429	71	133	14	12	7	52	12	.310
1925	San Antonio	Texas	of	106	348	77	114	23	4	10	74	17	.328
1926	Fort Smith	Western Association	of	136	597	117	191	40	9	11	—	33	.320
1927	Danville	Three I	of	87	242	28	63	8	5	1	34	4	.260
1928	Dayton	Central	of	91	287	50	90	9	0	6	57	8	.314
1929	Dayton	Central	of	90	287	49	87	15	0	5	37	9	.303
1930	St. Joseph	Western	of	32	78	12	23	5	0	0	9	1	.295
	Greensboro	Piedmont	of	26	88	17	28	8	0	0	14	3	.313
			Majors	125	352	43	77	10	4	0	22	14	.219
			Minors	1910	6860	1082	2034	292	88	50	367	345	.297

ISAAC MORGAN "IKE" BOONE

Born February 17, 1897 at Samantha, AL.
Died August 1, 1958 at Northport, AL.
Batted left. Threw right. Height: 6-0. Weight: 200.

Brother of Danny Boone. Established organized baseball season high of 553 total bases in 1929. Set minor league career record with batting average of .370.
Manager for Toronto, International 1934-36; Wausau, Northern 1936; Jackson, Southeastern 1937.

YEAR	CLUB	LEAGUE	POS	G	AB	R	H	2B	3B	HR	RBI	SB	AVG
1920	Cedartown	Georgia State	of-1b-p	72	290	63	117	23	10	10	–	10	.403
1921	New Orleans	Southern Association	of	156	574	118	223	46	27	5	126	28	.389
1922	New York	National	of	2	2	0	1	0	0	0	0	0	.500
	Toledo	American Association	of	26	88	9	24	5	1	0	13	0	.273
	Little Rock	Southern Association	of	83	307	60	101	17	10	6	–	11	.329
1923	San Antonio	Texas	of	148	600	134	241	53	26	15	135	7	.402
	Boston	American	of	5	15	1	4	0	1	0	2	0	.267
1924	Boston	American	of	127	481	70	160	29	3	13	95	2	.333
1925	Boston	American	of	133	476	79	157	34	5	9	68	1	.330
1926	Missions	Pacific Coast	of	172	626	140	238	55	3	32	137	16	.380
1927	Chicago	American	of	29	53	10	12	4	0	1	11	0	.226
1928	Portland/Mission	Pacific Coast	of	166	594	92	210	46	1	9	104	8	.354
1929	Mission	Pacific Coast	of	198	794	195	323	49	8	55	218	9	.407
1930	Mission	Pacific Coast	of	83	310	76	139	22	3	22	96	5	.448
	Brooklyn	National	of	40	101	13	30	9	1	3	13	0	.297
1931	Brooklyn	National	of	6	5	0	1	0	0	0	0	0	.200
	Newark	International	of	124	469	82	167	33	9	18	92	2	.356
1932	Brooklyn	National	of	13	21	2	3	1	0	0	2	0	.143
	Jersey City	International	of	135	491	102	157	29	4	16	95	9	.320
1933	Toronto	International	of	157	558	100	199	36	7	11	103	1	.357
1934	Toronto	International	of	136	500	87	186	32	9	6	108	8	.372
1935	Toronto	International	of	130	437	82	153	23	8	9	85	3	.350
1936	Toronto	International	of	71	169	22	43	8	2	3	22	3	.254
			Majors	355	1154	175	368	77	10	26	191	3	.319
			Minors	1857	6807	1362	2521	477	128	217	1334	120	.370

JAMES ALBERT "DANNY" BOONE

Born January 19, 1895 at Samantha, AL.
Died June 11, 1968 at Tuscaloosa, AL.
Batted right. Threw right. Height: 6-2. Weight: 190.

Brother of Isaac Morgan Boone. In 1929 the Boone brothers hit a combined total of 101 home runs. On a career basis they both rank among the all-time leaders in batting average. Danny Boone started his career as a pitcher, compiling a 72-64 won-lost record in 168 games.
Manager for High Point, Piedmont, 1927-31; Charleston, Middle Atlantic, 1932-1933.

YEAR	CLUB	LEAGUE	POS	G	AB	R	H	2B	3B	HR	RBI	SB	AVG
1919	Atlanta	Southern Association	p	27	77	8	21	3	2	0	–	0	.272
	Philadelphia	American	p	3	4	0	0	0	0	0	0	0	.000
1920	Atlanta	Southern Association	p	59	134	19	39	3	3	0	–	1	.291
1921	Chattanooga	Southern Association	p-1b	75	204	26	54	11	4	1	15	4	.265
	Detroit	American	p	1	1	0	0	0	0	0	0	0	.000
1922	Chattanooga	Southern Association	p	49	118	15	37	5	1	2	–	0	.313
	Cleveland	American	p	11	26	0	5	1	0	0	1	0	.192
1923	Cleveland	American	p	27	19	3	4	1	0	0	1	0	.211
1924	Mobile	Southern Association	p-of	64	149	18	37	7	2	0	19	2	.248
1925	Shreveport	Texas	p-ph	23	52	6	15	3	1	1	7	0	.288
	Monroe	Cotton States	of	47	182	34	70	17	3	7	–	0	.385
1926	High Point	Piedmont	1b	146	537	112	214	37	8	28	117	10	.399
1927	High Point	Piedmont	of-1b	108	392	71	134	27	3	12	57	17	.342
1928	High Point	Piedmont	of	128	468	123	196	40	11	38	131	11	.419
1929	High Point	Piedmont	of	140	513	116	191	30	6	46	125	17	.372
1930	High Point	Piedmont	of	128	488	124	188	46	4	25	113	15	.385
1931	High Point	Piedmont	of	73	268	61	104	14	2	20	76	5	.388
	York	New York-Pennsylvania	of	48	184	35	64	18	2	3	26	2	.348
1932	Charleston	Middle Atlantic	of	123	473	89	165	30	3	17	92	18	.349
1933	Charleston	Middle Atlantic	of	98	388	68	119	16	10	14	73	6	.307
			Majors	42	50	3	9	2	0	0	2	0	.180
			Minors	1336	4627	925	1648	307	65	214	851	108	.356

LUTE JOSEPH "LUKE" "DANNY" BOONE

Born May 6, 1890 at Pittsburgh, PA.
Died July 29, 1982 at Pittsburgh, PA.
Batted right. Threw right. Height: 5-9. Weight: 160.

When the Northern League began operation in 1933, Boone was league president, Crookston manager and an active player for the Crookston team.
Manager for Crookston, Northern, 1933-35; Wausau, Northern, 1936.

YEAR	CLUB	LEAGUE	POS	G	AB	R	H	2B	3B	HR	RBI	SB	AVG
1912	Steubenville	Ohio-Pennsylvania					No record available						
1913	Dallas	Texas	ss	147	506	65	113	19	5	0	—	30	.223
	New York	American	ss	6	12	3	4	0	0	0	1	0	.333
1914	New York	American	2b-3b-of	106	370	34	82	8	2	0	21	10	.222
1915	New York	American	2b-ss-3b	130	431	44	88	12	2	5	43	14	.204
1916	New York	American	3b-ss-2b	46	124	14	23	4	0	1	8	7	.185
	Richmond	International	ss	11	34	5	9	1	0	0	—	3	.265
1917	Toledo	American Association	2b-3b	111	395	39	93	6	6	0	—	25	.235
1918	Toledo	American Association	2b	76	278	27	72	6	4	0	—	9	.259
	Pittsburgh	National	ss-2b	27	91	7	18	3	0	0	3	1	.198
1919	St. Paul	American Association	ss-2b-3b	115	362	39	94	15	2	1	—	13	.260
1920	St. Paul	American Association	ss	153	552	80	164	33	8	2	68	29	.297
1921	St. Paul	American Association	ss	129	469	71	135	28	4	2	76	19	.288
1922	St. Paul	American Association	ss	167	630	104	181	36	6	8	115	20	.287
1923	St. Paul	American Association	ss	162	636	124	196	42	4	10	98	32	.308
1924	St. Paul	American Association	ss	134	549	79	142	31	2	4	65	26	.259
1925	St. Paul	American Association	2b-3b-ss	149	589	90	156	23	8	5	75	31	.265
1926	Kansas City/Louisville	American Association	3b-ss-2b	108	382	60	103	18	4	0	53	7	.270
1927	Louisville	American Association	ss-2b	55	188	20	51	5	2	1	18	3	.271
1928	Des Moines	Western	ss-of	28	93	15	26	6	1	0	—	1	.280
	Columbus	American Association	3b	87	302	39	78	12	3	1	30	7	.258
1929	Columbus	American Association	3b-ss	107	351	60	112	18	5	4	78	8	.319
1930	Columbus	American Association	3b-2b-ss	107	319	53	94	15	6	4	57	7	.295
1931-32						Did not play in organized baseball							
1933	Crookston	Northern	1b	48	142	—	55	14	1	1	—	21	.387
1934	Crookston	Northern	3b	77	268	—	77	16	1	4	—	8	.287
1935	Crookston	Northern	3b	11	29	—	7	1	0	1	1	1	.241
		Majors		315	1028	102	215	27	4	6	76	32	.209
		Minors		1982	7074	970	1958	356	72	48	734	300	.278

BERNHARD "BENNY" BORGMANN

Born November 2, 1896 at Haledon, NJ.
Died November 11, 1978 at Pompton Plains, NJ.
Batted right. Threw right. Height: 5-8. Weight: 170.

Manager for Huntington, Middle Atlantic, 1935-36; Portsmouth, Middle Atlantic, 1937-38; Sacramento, Pacific Coast, 1939-40; Syracuse, International, 1941; Allentown, Interstate, 1942 & 1947; Rochester, International, 1946; Houston, Texas, 1950.
Outstanding professional basketball player, member of Naismith Hall of Fame. Led American Basketball League in scoring in 1926-27, 1928-29, 1929-30 and 1930-31 seasons.

YEAR	CLUB	LEAGUE	POS	G	AB	R	H	2B	3B	HR	RBI	SB	AVG
1928	Wilkes-Barre	New York-Pennsylvania	ss	76	278	37	86	6	2	0	22	7	.309
1929	Pittsfield	Eastern	3b-ss	143	569	79	150	20	6	1	54	27	.264
1930	Pittsfield	Eastern	3b-ss	69	250	38	73	12	1	0	29	10	.292
	Harrisburg	New York-Pennsylvania	ss-2b	76	284	45	105	9	6	1	33	8	.370
1931	Wilkes-Barre	New York-Pennsylvania	2b	115	438	73	115	21	3	0	36	14	.263
1932	Greensboro	Piedmont	ss	123	489	**122**	157	29	3	2	49	**51**	.321
1933	Columbus	American Association	ss	90	377	69	128	11	1	2	29	28	.340
	Rochester	International	3b	30	88	20	30	4	1	0	9	7	.341
1934	Rochester	International	2b-3b	124	427	86	119	15	8	1	42	18	.279
1935	Huntington	Middle Atlantic	ss	118	476	92	146	22	5	1	61	**35**	.307
1936	Huntington	Middle Atlantic	2b	106	427	90	134	15	3	0	30	26	.314
1937	Portsmouth	Middle Atlantic	2b	128	509	114	177	24	2	1	49	22	.348
1938	Portsmouth	Middle Atlantic	2b	117	485	101	153	27	2	1	49	24	.315
1939	Sacramento	Pacific Coast	2b	58	186	23	43	8	1	0	15	4	.231
1940	Sacramento	Pacific Coast					Manager, did not play						
1941	Syracuse	International	3b	2	5	0	0	0	0	0	1	0	.000
1942	Allentown	Interstate	2b-ss	63	213	26	55	4	0	1	16	3	.258
		Minors		1438	5501	1015	1671	227	44	11	524	284	.304

ARTHUR ENGLISH BOWLAND, JR.

Born May 9, 1923 at Pawtucket, RI.
Batted left. Threw right. Height: 6-0. Weight: 180.

Manager for Abilene, West Texas-New Mexico, 1947-48; San Angelo, Southwestern, 1956; Plainview, Southwestern, 1957.

YEAR	CLUB	LEAGUE	POS	G	AB	R	H	2B	3B	HR	RBI	SB	AVG
1942	Valdosta	Georgia-Florida	of	126	493	100	149	20	4	0	57	26	.302
1943-45							Military service						
1946	Three Rivers	Canadian-American	of-3b	114	416	96	113	18	6	2	48	18	.272
1947	Three Rivers	Canadian-American	of	32	109	18	43	4	0	1	21	2	.394
	Abilene	West Texas-New Mexico	of-2b	90	329	94	134	35	3	17	97	8	.407
1948	Abilene	West Texas-New Mexico	2b-of-c	109	377	123	146	28	1	15	113	3	.387
	Mobile	Southern Association	of	32	111	15	31	3	0	0	11	1	.279
1949	St. Jean	Provincial	c	44	160	20	47	8	2	3	–	1	.294
1950	Abilene	West Texas-New Mexico	c-of	95	313	62	90	19	1	5	45	1	.288
1951	Abilene	West Texas-New Mexico	c	136	491	115	166	37	4	11	120	12	.338
1952	Abilene	West Texas-New Mexico	c	123	441	96	141	33	4	8	86	11	.320
1953	Midland	Longhorn	c	120	455	91	157	23	5	9	81	11	.345
1954	Abilene	West Texas-New Mexico	c	120	446	113	159	28	4	14	113	8	.357
1955	San Angelo	Longhorn	c	95	351	66	118	27	2	18	88	3	.336
1956	San Angelo	Southwestern	c	135	492	92	174	24	1	22	115	3	.354
1957	Plainview	Southwestern	c-3b	43	153	33	52	10	0	9	25	3	.340
	Shreveport	Texas	c	72	184	16	54	9	1	2	24	0	.293
1958	Dallas	Texas	c	87	234	23	63	8	0	2	30	0	.269
			Minors	1573	5555	1173	1837	334	38	138	1074	111	.331

ELMARI WILHELM "EL" BOWMAN

Born March 19, 1897 at Proctor, VT.
Died December 17, 1985 at Los Angeles, CA.
Batted right. Threw right. Height: 6-0½. Weight: 193.

Played baseball and football at University of Vermont.

YEAR	CLUB	LEAGUE	POS	G	AB	R	H	2B	3B	HR	RBI	SB	AVG
1918	Toronto/Jersey City	International	1b	34	110	14	27	3	1	0	–	6	.245
1919						Did not play in organized baseball							
1920	Washington	American	ph	2	1	1	0	0	0	0	0	0	.000
	Reading	International	1b-of	35	135	20	40	12	2	5	–	2	.296
	Minneapolis	American Association	1b	38	102	15	19	4	0	3	14	1	.186
1921	Norfolk	Virginia	1b	126	486	86	173	43	6	8	–	18	.356
	Shreveport	Texas	of	9	24	–	6	1	0	0	–	1	.250
1922	New Haven	Eastern	1b	152	573	95	**209**	34	8	10	–	18	**.365**
1923	New Haven	Eastern	1b	148	577	122	**211**	42	8	19	–	18	.366
1924	Seattle	Pacific Coast	1b	156	528	90	159	37	3	10	81	6	.301
1925	Birmingham	Southern Association	1b	84	317	43	92	14	8	2	46	8	.290
	New Haven	Eastern	1b	52	191	28	61	9	2	3	–	6	.319
1926	New Haven	Eastern	1b	140	546	102	206	41	8	19	–	8	**.377**
1927	New Haven	Eastern	1b	140	510	65	144	25	2	9	67	7	.282
1928	New Haven	Eastern	1b	146	558	103	173	31	5	21	108	12	.310
1929	Springfield	Eastern	1b	134	506	78	169	27	2	18	100	10	.334
			Majors	2	1	1	0	0	0	0	0	0	.000
			Minors	1385	5139	861	1683	322	55	127	416	120	.327

OTIS OWEN BRANNON

Born March 13, 1902 at Greenbrier, AR.
Died June 6, 1967 at Little Rock, AR.
Batted left. Threw right. Height: 5-9. Weight: 160.

Manager for Lake Charles, Evangeline, 1940.

YEAR	CLUB	LEAGUE	POS	G	AB	R	H	2B	3B	HR	RBI	SB	AVG
1926	Muskogee	Western Association	2b	50	215	53	70	14	1	9	–	5	.326
	Tulsa	Texas	2b	69	263	39	80	22	1	5	–	2	.304
1927	Tulsa	Texas	2b	155	644	138	206	38	11	12	–	5	.320
1928	St. Louis	American	2b	135	483	68	118	18	3	10	66	3	.244
1929	St. Louis	American	2b	23	51	4	15	1	0	1	5	0	.294
1930	Hollywood	Pacific Coast	2b	191	742	148	228	38	7	18	130	6	.307

YEAR	CLUB	LEAGUE	POS	G	AB	R	H	2B	3B	HR	RBI	SB	AVG
1931	Hollywood	Pacific Coast	2b	145	555	86	157	26	4	7	85	2	.283
1932	Hollywood	Pacific Coast	2b	177	697	113	217	30	6	17	111	9	.311
1933	Hollywood	Pacific Coast	2b	188	717	125	217	44	2	14	108	11	.303
1934-35				Did not play in organized baseball									
1936	Osceola	Northeast Arkansas	2b	17	69	10	27	7	1	1	19	1	.391
1937				Did not play in organized baseball									
1938	Hot Springs	Cotton States	2b	116	465	85	151	24	1	8	72	1	.325
1939	Clarksdale	Cotton States	2b	100	385	66	118	16	1	3	59	3	.306
1940	Lake Charles	Evangeline	2b	83	272	45	71	10	1	3	24	2	.261
1941	Lafayette	Evangeline	2b	1	2	–	1	–	–	–	–	–	.500
	Marshall	Cotton States	3b	46	182	28	44	12	0	1	17	2	.242
			Majors	158	534	72	133	19	3	11	71	3	.249
			Minors	1338	5208	936	1587	281	36	98	625	49	.305

Edgar Dudley "Dud" Branom

Born November 30, 1897 at Sulphur Springs, TX.
Died February 4, 1980 at Sun City, AZ.
Batted left. Threw left. Height: 6-1. Weight: 190.

YEAR	CLUB	LEAGUE	POS	G	AB	R	H	2B	3B	HR	RBI	SB	AVG
1920	Enid	Western Association	1b	129	499	56	160	33	7	4	74	4	.321
	Kansas City	American Association	1b	15	60	4	18	4	2	0	4	2	.300
1921	Kansas City	American Association	1b	31	58	9	16	2	3	1	7	0	.276
	Tulsa	Western	1b	80	317	44	85	21	3	1	50	4	.268
1922	Enid	Western Association	1b	119	511	99	200	36	6	14	110	8	.391
	Kansas City	American Association	1b	8	20	4	8	1	0	0	3	1	.400
1923	Kansas City	American Association	1b	120	379	71	132	18	14	9	76	2	.348
1924	Kansas City	American Association	1b	164	629	98	200	37	**22**	11	105	9	.318
1925	Kansas City	American Association	1b	138	514	66	151	20	9	7	99	3	.294
1926	Kansas City	American Association	1b	163	632	98	222	34	7	10	116	10	.351
1927	Philadelphia	American	1b	30	94	8	22	1	0	0	13	2	.234
	Portland	Pacific Coast	1b	102	377	59	141	22	3	13	81	5	.374
1928	Louisville	American Association	1b	170	659	69	204	33	11	17	**128**	11	.310
1929	Louisville	American Association	1b	151	597	92	198	35	8	17	129	8	.332
1930	Louisville	American Association	1b	154	617	90	194	20	4	14	123	9	.314
1931	Louisville	American Association	1b	168	670	98	201	30	6	15	134	3	.300
1932	Louisville	American Association	1b	168	652	71	177	27	6	17	110	3	.271
1933	Baltimore	International	1b	29	109	11	23	3	0	1	14	0	.211
	Minneapolis	American Association	1b	4	4	0	2	1	0	0	2	0	.500
	Wilkes Barre	New York-Pennsylvania	1b	69	245	19	78	15	3	0	39	3	.318
1934	Milwaukee	American Association	1b	18	75	7	20	2	0	1	8	2	.267
	Little Rock	Southern Association	1b	23	99	10	22	2	2	0	12	1	.222
	Bartlesville	Western Association	1b	45	171	19	51	7	0	0	35	0	.298
			Majors	30	94	8	22	1	0	0	13	2	.234
			Minors	2068	7894	1094	2503	403	116	152	1459	88	.317

Norman C. "Kitty" Brashear

Born August 27, 1877 at Mansfield, OH.
Died December 22, 1934 at Los Angeles, CA.
Batted right. Threw right. Height: 5-11. Weight: 205.

Brother of Roy Brashear.
Manager for Vancouver, Northwestern, 1912-1913; Tucson, Rio Grande, 1915.

YEAR	CLUB	LEAGUE	POS	G	AB	R	H	2B	3B	HR	RBI	SB	AVG
1899	Cedar Rapids	Western Association	p-of-2b	25	86	14	24	6	1	0	–	5	.279
	Louisville	National	p	3	2	0	1	0	0	0	0	0	.500
	Fort Wayne	International	p	19	51	10	17	3	1	0	–	3	.333
1900	Fort Wayne	International	1b	138	603	94	154	26	4	8	–	18	.255
1901	Colorado Springs/Kansas City	Western	1b-of	92	388	50	93	11	4	1	–	5	.240
1902	St. Joseph	Western	1b	128	481	70	129	16	5	0	–	32	.268
1903	Oakland/Seattle/Los Angeles	Pacific Coast	1b-p	193	736	106	218	37	9	1	–	50	.296
1904	Seattle/Los Angeles	Pacific Coast	1b	142	516	80	139	34	4	2	–	25	.269
1905	Los Angeles	Pacific Coast	ss	180	650	84	197	35	7	4	–	31	.303
1906	Los Angeles	Pacific Coast	2b	65	249	48	92	10	4	0	–	16	.369
	Johnstown/Altoona	Tri-State	3b-1b	89	323	30	74	12	2	0	–	11	.229

YEAR	CLUB	LEAGUE	POS	G	AB	R	H	2B	3B	HR	RBI	SB	AVG
1907	Los Angeles	Pacific Coast	2b-3b	159	581	65	157	30	3	0	—	36	.270
1908	Los Angeles	Pacific Coast	of-2b	156	537	57	139	20	1	2	—	25	.259
1909	Vernon	Pacific Coast	1b	201	711	82	175	37	1	2	—	27	.246
1910	Vernon	Pacific Coast	1b-3b	185	607	46	141	32	0	5	—	16	.232
1911	Vancouver	Northwestern	1b	130	436	75	128	21	5	4	—	24	.294
1912	Vancouver	Northwestern	1b	122	468	45	123	18	3	7	—	14	.263
	Vernon	Pacific Coast	1b	30	85	5	18	2	0	0	—	2	.212
1913	San Bernadino	Southern California	1b	1	4	0	1	0	0	0	—	0	.250
1914				Did not play in organized baseball									
1915	Tucson	Rio Grande Valley Association	1b-p	10	23	2	5	1	0	0	—	0	.217
		Majors		3	2	0	1	0	0	0	—	0	.500
		Minors		2065	7535	963	2024	351	54	36	—	340	.269

ROY PARKS BRASHEAR

Born January 3, 1874 at Ashtabula, OH.
Died April 20, 1951 at Los Angeles, CA.
Batted right. Threw right.

Brother of Norman "Kitty" Brashear.
Manager for Louisville, American Association, 1906; Mineral Wells, West Texas, 1921.

YEAR	CLUB	LEAGUE	POS	G	AB	R	H	2B	3B	HR	RBI	SB	AVG
1898	St. Joseph	Western Association	1b-of	10	45	6	10	2	0	0	—	0	.222
1899	Bloomington	Western Association	2b	14	51	6	8	0	0	0	—	7	.157
1900	Sioux City	Western	2b-ss	97	373	64	116	16	4	1	—	37	.311
1901	Minneapolis	Western	2b	119	463	72	140	21	2	0	—	28	.302
1902	St. Louis	National	1b-2b-of	110	388	36	107	8	2	1	40	9	.276
1903	Philadelphia	National	2b-1b	20	75	9	17	3	0	0	4	2	.227
	Louisville	American Association	2b	102	502	88	129	22	5	3	—	28	.257
1904	Louisville	American Association	2b	148	532	82	149	23	8	4	—	29	.280
1905	Louisville	American Association	2b	130	510	90	149	24	9	10	—	43	.292
1906	Louisville	American Association	2b	155	576	72	164	18	19	3	—	34	.285
1907	Louisville	American Association	2b	158	600	81	157	18	7	0	—	42	.262
1908	Kansas City	American Association	2b	156	555	73	164	32	8	3	—	30	.295
1909	Kansas City	American Association	2b	159	529	53	115	20	4	1	—	15	.217
1910	Vernon	Pacific Coast	2b	223	762	94	180	22	3	18	—	37	.236
1911	Vernon	Pacific Coast	2b	197	679	125	202	37	7	13	—	36	.297
1912	Vernon	Pacific Coast	2b	192	692	108	217	43	6	11	—	27	.314
1913	Venice	Pacific Coast	2b-1b	148	504	51	130	17	5	1	—	13	.258
1914	Portland/Los Angeles	Pacific Coast	1b	49	92	7	21	5	0	1	12	1	.228
	Seattle	Northwestern	2b	36	134	17	31	10	0	0	—	1	.231
		Majors		130	463	45	124	11	2	1	44	11	.268
		Minors		2093	7599	1089	2082	330	87	69	—	408	.274

JOSEPH WARWICK BRATCHER

Born July 22, 1898 at Grand Saline, TX.
Died October 13, 1977 at Fort Worth, TX.
Batted left. Threw right. Height: 5-8½. Weight: 140.

Manager for Lake Charles, Evangeline, 1937-39; Sweetwater, Longhorn, 1951.
Umpired in West Dixie League 1934.

YEAR	CLUB	LEAGUE	POS	G	AB	R	H	2B	3B	HR	RBI	SB	AVG
1920	Cisco/Eastland	West Texas	of	105	394	57	126	19	14	3	—	16	.320
1921	Cisco/Abilene	West Texas	of-3b	50	196	35	65	10	6	3	—	7	.332
	Fort Worth	Texas	of	19	55	8	15	3	0	0	10	3	.273
1922	Paris	Texas-Oklahoma	of	108	421	100	138	20	7	9	—	33	.328
	Fort Worth	Texas	of	2	5	1	0	0	0	0	0	0	.000
1923	Ardmore	Western Association	of	145	605	113	198	35	7	27	—	18	.327
1924	Okmulgee	Western Association	of	130	564	140	216	44	11	23	114	11	.383
	St. Louis	National	of	4	1	1	0	0	0	0	0	0	.000
	Oakland	Pacific Coast	of	49	200	29	53	12	4	2	34	1	.265
1925	Oakland	Pacific Coast	of	85	286	38	85	19	1	0	17	6	.297
	Peoria	Three I	of	55	214	57	95	15	9	**20**	—	8	.444
1926	Oakland	Pacific Coast	of	138	435	69	141	17	3	4	45	9	.324
1927	Oakland	Pacific Coast	of	171	602	108	193	38	12	12	101	11	.321
1928	Oakland	Pacific Coast	of	38	105	12	25	3	0	2	13	0	.238
	Denver	Western	of	71	290	63	101	16	4	9	—	2	.348

YEAR	CLUB	LEAGUE	POS	G	AB	R	H	2B	3B	HR	RBI	SB	AVG
1929	Denver	Western	of	154	624	142	226	39	18	12	—	10	.362
1930	Chattanooga	Southern Association	of	26	85	8	19	3	0	1	13	0	.224
	Denver	Western	of	81	332	64	111	11	4	3	49	3	.334
1931	Galveston	Texas	of	18	54	4	4	1	1	0	3	0	.074
	Omaha	Western	of	8	30	3	8	2	0	0	—	0	.267
		Majors		4	1	1	0	0	0	0	0	0	.000
		Minors		1453	5497	1048	1819	308	101	130	399	138	.331

FRANK LEO BRAZILL

Born August 11, 1899 at Spangler, PA.
Died November 3, 1976 at Oakland, CA.
Batted left. Threw right. Height 6-0. Weight 170.

Manager for Greenville, East Dixie, 1934; Nashville, Southern Association, 1935; Greenwood, Cotton States, 1936-37; Fort Smith, Western Association, 1938; Memphis, Southern Association, 1939; Portland, Pacific Coast, 1942.

YEAR	CLUB	LEAGUE	POS	G	AB	R	H	2B	3B	HR	RBI	SB	AVG
1918	Cumberland	Blue Ridge	2b	17	64	12	20	3	1	0	7	2	.313
1919	Hartford	Eastern	3b	61	239	45	86	11	3	2	—	9	.360
	Winnipeg	Western Canada	2b-3b	25	92	17	38	2	3	0	19	3	.413
1920	Atlanta	Southern Association	2b	50	183	26	61	7	3	1	—	4	.333
	St. Paul	American Association	3b	52	135	34	51	5	3	2	17	5	.378
1921	Philadelphia	American	1b-3b	66	177	17	48	3	1	0	19	2	.271
1922	Philadelphia	American	3b	6	13	0	1	0	0	0	1	0	.077
	Portland	Pacific Coast	2b	131	456	75	145	26	7	13	51	9	.318
1923	Portland	Pacific Coast	3b	176	659	111	208	35	12	19	91	12	.316
1924	Portland	Pacific Coast	3b	180	638	157	224	55	12	36	148	8	.351
1925	Seattle	Pacific Coast	3b	185	708	174	280	67	11	29	155	12	.394
1926	Los Angeles	Pacific Coast	3b	170	551	123	185	30	4	19	111	19	.336
1927	Los Angeles	Pacific Coast	1b-3b	148	545	128	178	34	3	21	76	11	.327
1928	Mission/Portland	Pacific Coast	3b	91	303	55	100	20	3	8	50	3	.330
1929	Memphis	Southern Association	1b-2b-3b-of	115	409	90	140	24	11	16	64	8	.343
1930	Memphis	Southern Association	1b-3b	151	547	106	182	33	17	17	117	8	.333
1931	Memphis	Southern Association	1b	151	568	80	175	30	9	12	98	15	.308
1932	Memphis	Southern Associaation	1b-2b-3b	135	478	77	154	35	11	16	98	9	.322
1933	Memphis	Southern Association	2b-of	152	581	99	184	38	7	17	103	7	.317
1934	Memphis	Southern Association	2b	31	118	19	28	6	0	0	13	0	.237
	Greenville	East Dixie	of	97	354	56	120	23	4	11	79	5	.339
1935	Oklahoma City/Tulsa	Texas	1b-of	78	263	47	75	18	9	1	33	6	.285
	Nashville	Southern Association	1b	45	153	25	44	6	1	4	28	4	.288
1936	Greenwood	Cotton States	2b	138	457	80	149	27	12	5	85	9	.326
1937	Greenwood	Cotton States	2b	74	196	31	51	9	4	4	29	6	.260
1938	Fort Smith	Western Association	2b	30	46	6	15	3	2	1	11	0	.326
		Majors		72	190	17	49	3	1	0	20	2	.258
		Minors		2483	8743	1673	2893	547	152	254	1483	174	.331

EDWARD L. "HOME RUN" BRECKINRIDGE

Born 1869 at Cleveland, OH.
Batted right. Threw right. Height: 6-2. Weight: 195.

Umpire: New England League, 1897.
Manager for Brattleboro, Twin States, 1911
Led all minor leagues in home runs with 20 in 1892 and 25 in 1896. Tied for lead in 1891 with 18.

YEAR	CLUB	LEAGUE	POS	G	AB	R	H	2B	3B	HR	RBI	SB	AVG
1888	Fort Wayne/Logan	Indiana State	p-of	20	89	19	33	12	1	0	—	2	.371
	Canton	Tri-State	2b-p	3	11	3	2	0	0	0	—	1	.182
1889	Colorado Springs	Colorado State	1b	27	118	33	34	6	0	2	—	4	.288
1890	Burlington	Cental Inter-State	1b	84	331	74	94	13	3	11	—	11	.284
	Dubuque	Illinois-Iowa	1b	7	29	9	12	6	0	1	—	0	.414
	Portland	Pacific Northwest	1b	20	65	13	22	4	1	1	—	6	.338
1891	Grand Rapids	Northwestern	1b	71	256	53	81	20	1	16	—	12	.316
	Oshkosh	Wisconsin State	1b	24	88	22	25	3	1	2	—	13	.284
1892	Columbus	Western	1b	59	201	49	60	15	3	18	—	7	.299
	Troy	Eastern	1b	50	172	27	44	13	3	2	—	1	.256
1893	Troy/Wilkes-Barre	Eastern	1b	105	375	95	115	23	4	10	—	14	.306
1894	Troy/Springfield	Eastern	1b	113	440	98	146	26	17	9	—	11	.332

YEAR	CLUB	LEAGUE	POS	G	AB	R	H	2B	3B	HR	RBI	SB	AVG
1895	Johnstown	New York State	1b	29	116	32	43	12	5	1	—	1	.371
	Rochester	Eastern	1b	87	325	77	110	24	6	7	—	6	.338
1896	Brockton	New England	1b	99	350	84	142	23	4	25	—	13	.406
1897	Syracuse	Eastern	1b	12	47	6	6	3	1	0	—	0	.128
1898	Taunton	New England	1b	14	50	12	17	3	1	3	—	0	.340
1899	Brockton	New England	1b	72	274	70	88	13	3	12	—	9	.321
		Minors		896	3337	776	1074	219	55	120	—	111	.322

CHARLES LAWRENCE "CHARLIE" BREWSTER

Born December 27, 1916 at Marthaville, LA.
Batted right. Threw right. Height: 5-8½. Weight: 175.

Manager for Gainesville, Florida State, 1950-51; De Land, Florida State, 1952.

YEAR	CLUB	LEAGUE	POS	G	AB	R	H	2B	3B	HR	RBI	SB	AVG
1937	Abbeville	Evangeline	2b	120	482	109	133	29	2	5	52	84	.276
1938	Abbeville	Evangeline	2b	111	431	83	132	21	9	8	61	35	.306
1939	Savannah	SALLY	2b-ss-of	112	380	68	183	21	2	7	45	24	.271
1940	Waycross	Georgia-Florida	ss	140	584	114	178	23	9	12	98	35	.305
1941	Waycross	Georgia-Florida	ss	78	297	79	98	13	5	8	53	41	.330
	Atlanta	Southern Association	ss	37	89	11	18	2	2	1	7	3	.202
1942	Durham	Piedmont	ss	14	57	9	17	3	0	0	9	2	.298
	Nashville	Southern Association	ss	104	444	92	134	29	12	9	55	29	.302
1943	Nashville	Southern Association	ss	15	62	18	21	6	3	0	5	5	.339
	Cincinnati/Philadelphia	National	ss-2b	56	167	13	36	2	0	0	12	1	.216
1944	Nashville	Southern Association	ss	116	444	101	152	31	6	9	60	43	.342
	Chicago	National	ss	10	44	4	11	2	0	0	2	0	.250
1945	Nashville	Southern Association	ss	61	249	50	90	22	5	2	35	7	.361
	Los Angeles	Pacific Coast	ss	65	261	35	74	11	2	1	28	8	.284
1946	Milwaukee	American Association	ss	104	427	65	128	17	5	4	50	9	.300
	Cleveland	American	ss	3	2	0	0	0	0	0	0	0	.000
1947	Rochester	International	ss	135	457	42	108	14	7	4	58	4	.236
1948	Waycross	Georgia-Florida	ss	92	352	70	104	26	0	10	90	19	.295
1949							Did not play in organized baseball						
1950	Gainesville	Florida State	ss	125	472	145	152	30	1	10	102	26	.322
1951	Gainesville/Leesburg	Florida State	ss-2b	131	511	96	158	29	4	22	98	14	.294
1952	De Land	Florida State	2b	134	506	96	158	33	11	5	104	25	.312
1953							Did not play in organized baseball						
1954	Waycross	Georgia-Florida	2b-ss	65	231	38	64	14	0	2	35	3	.277
		Minors		1759	6736	1313	2021	374	85	119	1845	416	.312
		Majors		69	213	17	47	4	0	0	14	1	.221

ANTHONY VINCENT "BUNNY" BRIEF

Born July 3, 1892 at Remus, MI.
Died February 10, 1963 at Milwaukee, WI.
Batted right. Threw right. Height: 6-0. Weight: 185.

Given name was Antonio Bordetzki

Manager for Wausau, Northern, 1938.

YEAR	CLUB	LEAGUE	POS	G	AB	R	H	2B	3B	HR	RBI	SB	AVG
1910	Traverse City	Michigan State	of	95	354	51	100	19	10	2	—	12	.282
1911	Traverse City	Michigan State	of-1b	118	482	97	169	26	8	10	—	32	.351
1912	Traverse City	Michigan State	1b-of	119	431	74	152	31	11	13	—	40	.353
	St. Louis	American	of-1b	15	42	9	13	3	0	0	5	2	.310
1913	St. Louis	American	1b-of	84	258	24	56	11	6	1	26	3	.217
	Kansas City	American Association	1b	37	120	7	29	3	2	0	—	5	.225
1914	Kansas City	American Association	1b-2b-of	169	645	117	205	51	16	12	123	38	.318
1915	Chicago	American	1b	48	154	13	33	6	2	2	17	8	.214
	Salt Lake City	Pacific Coast	1b	82	328	63	119	23	3	8	—	16	.363
1916	Salt Lake City	Pacific Coast	1b	195	723	149	227	38	5	33	133	23	.314
1917	Pittsburgh	National	1b	36	115	15	25	5	1	2	11	4	.217
	Louisville	American Association	1b-of-2b	48	156	23	45	8	2	1	19	1	.288
1918	Kansas City	American Association	1b-3b	74	260	32	68	6	2	4	36	3	.261
1919	Kansas City	American Association	1b	152	564	89	183	30	11	13	101	13	.324
1920	Kansas City	American Association	1b-of	165	615	99	196	41	9	23	120	15	.319
1921	Kansas City	American Association	1b	164	615	166	222	51	11	42	191	12	.361

YEAR	CLUB	LEAGUE	POS	G	AB	R	H	2B	3B	HR	RBI	SB	AVG
1922	Kansas City	American Association	1b	139	519	133	176	40	7	**40**	**151**	7	.339
1923	Kansas City	American Association	1b-of	166	640	**161**	230	47	15	29	**164**	9	.359
1924	Kansas City	American Association	of	159	601	106	203	58	12	17	104	5	.338
1925	Milwaukee	American Association	of	167	618	134	221	45	13	**37**	**175**	2	.358
1926	Milwaukee	American Association	of-1b	161	583	130	205	38	10	**26**	122	9	.352
1927	Milwaukee	American Association	of-1b	126	432	89	133	27	4	14	86	3	.308
1928	Milwaukee	American Association	of-1b	90	259	56	80	12	3	18	59	2	.309
		Majors		183	569	61	127	25	9	5	59	17	.223
		Minors		2426	8945	1776	2963	594	154	342	1584	247	.331

Rudolph P. "Rudy" Briner

Born July 18, 1917 at Clayton, MO.
Batted right. Threw right. Height: 5-9. Weight: 200.

Manager for Lafayette, Evangeline, 1951; San Angelo, Longhorn, 1953; Midland, Longhorn, 1954; Midland, Southwestern, 1956.

YEAR	CLUB	LEAGUE	POS	G	AB	R	H	2B	3B	HR	RBI	SB	AVG
1939	Fayetteville	Arkansas-Missouri	c	109	417	76	123	25	1	5	76	11	.295
1940	Lafayette	Evangeline	c	117	433	68	132	23	7	4	80	3	.305
1941	Youngstown	Middle Atlantic	c	76	267	32	77	8	3	2	39	2	.288
	Springfield	Three I	c	16	43	2	3	0	0	0	3	0	.090
1942-45						Military service							
1946	Springfield	Three I	c	51	187	28	58	16	0	3	26	2	.310
	Elmira	Eastern	c	22	64	5	10	3	0	0	3	0	.156
1947	Wichita Falls	Big State	c	107	388	67	126	21	0	14	58	9	.325
1948	Gladewater	Lone Star	c	133	476	69	134	20	2	8	81	8	.282
1949	Lafayette	Evangeline	c	99	358	45	102	22	1	12	62	2	.285
1950	Lafayette	Evangeline	c	123	466	69	153	32	2	7	100	8	.329
1951	Lafayette	Evangeline	c	135	472	66	136	32	2	11	89	11	.288
1952	Artesia	Longhorn	c	138	544	111	197	57	1	17	82	4	.362
1953	San Angelo	Longhorn	c	129	468	72	137	35	3	9	83	10	.293
1954	Midland	Longhorn	c	111	396	62	116	25	1	15	87	1	.293
1955	Midland	Longhorn	c	129	469	89	151	31	2	14	90	2	.322
1956	Midland	Southwestern	c	39	129	18	35	10	0	1	19	1	.271
		Minors		1534	5577	879	1690	360	25	122	896	74	.303

Antonio Briones

Born September 27, 1952 at Salabrena, Zac, Mexico.
Batted right. Threw right.

All-time Mexican League stolen base leader

YEAR	CLUB	LEAGUE	POS	G	AB	R	H	2B	3B	HR	RBI	SB	AVG
1971	Monterrey	Mexican Center	ss-2b	48	159	20	35	1	2	0	12	2	.220
	Monterrey	Mexican	2b-ss	25	58	13	13	0	0	0	3	1	.224
1972	Monterrey	Mexican	ss-3b-2b	39	68	8	23	0	0	0	3	3	.338
1973	Ciudad Juarez	Mexican	2b-ss	130	494	68	134	13	9	4	29	11	.271
1974	Ciudad Juarez	Mexican	2b	136	487	64	119	12	4	2	40	15	.244
1975	Ciudad Juarez	Mexican	2b	130	469	58	131	9	4	0	31	42	.279
1976	Ciudad Juarez	Mexican	2b	136	528	93	168	22	5	3	51	68	.318
1977	Ciudad Juarez	Mexican	2b	151	538	70	144	16	4	2	53	24	.268
1978	Ciudad Juarez	Mexican	2b	18	55	8	13	0	0	0	2	1	.236
1979	Ciudad Juarez	Mexican	2b	118	465	59	141	9	3	0	43	9	.303
1980	Ciudad Juarez	Mexican	2b	93	378	71	111	10	2	0	29	22	.294
	Ciudad Juarez	Mexican #1	2b	39	154	14	47	5	3	0	13	18	.305
1981	Ciudad Juarez	Mexican #2	2b	128	489	62	134	8	4	1	36	34	.274
1982	Ciudad Juarez	Mexican	2b	122	399	58	110	5	3	0	37	60	.276
1983	Ciudad Juarez	Mexican	2b	117	374	41	85	7	6	1	37	22	.227
1984	Ciudad Juarez	Mexican	2b	115	398	80	113	12	1	0	27	23	.284
1985	Union Laguna	Mexican	2b	120	410	70	98	5	1	2	30	50	.239
1986	Union Laguna	Mexican	2b	113	384	81	113	12	3	0	25	43	.294
1987	Union Laguna	Mexican	2b	105	389	56	106	10	1	0	22	38	.272
1988	Leon	Mexican	2b	65	192	31	55	5	0	0	22	6	.286
		Minors		1948	6888	1025	1893	161	55	15	550	492	.275

BERNARDO BRITO

Born December 4, 1963 at San Cristobal, Dominican Republic
Bats right. Throws right. Height 6-1. Weight 210.

YEAR	CLUB	LEAGUE	POS	G	AB	R	H	2B	3B	HR	RBI	SB	AVG
1981	Batavia	New York - Pennsylvania		12	29	1	6	0	0	0	2	0	.207
1982	Batavia	New York - Pennsylvania		41	123	10	29	2	0	4	15	1	.236
1983	Waterloo	Midwest		35	119	13	24	4	0	4	17	3	.233
	Batavia	New York - Pennsylvania		60	206	18	50	10	3	7	34	5	.243
1984	Batavia	New York - Pennsylvania		76	297	41	89	19	3	19	57	3	.300
1985	Waterloo	Midwest		135	498	66	128	27	1	29	78	1	.257
1986	Waterbury	Eastern		129	479	61	118	17	1	18	75	0	.246
1987	Williamsport	Eastern		124	452	64	125	20	4	24	79	2	.277
1988	Orlando	Southern		125	508	55	122	20	4	24	76	2	.240
1989	Portland	Pacific Coast		111	355	51	90	12	7	22	74	1	.254
1990	Portland	Pacific Coast		113	376	48	106	26	3	25	79	1	.282
1991	Portland	Pacific Coast		115	428	65	111	17	2	27	83	1	.259
1992	Portland	Pacific Coast		140	564	80	152	27	7	26	96	0	.270
	Minnesota	American		8	14	1	2	1	0	0	2	0	.143
1993	Portland	Pacific Coast		85	319	64	108	18	3	20	72	0	.339
	Minnesota	American		27	54	8	13	2	0	4	9	0	.241
		Majors		35	68	9	15	3	0	4	11	0	.220
		Minors		1301	4753	637	1258	219	38	249	837	20	.265

JOSEPH JOHN "JOE" BROVIA

Born February 18, 1922 at Davenport, CA.
Died August 15, 1994 at Santa Cruz, CA.
Batted left. Threw right. Height: 6-3. Weight: 200.

YEAR	CLUB	LEAGUE	POS	G	AB	R	H	2B	3B	HR	RBI	SB	AVG
1940	El Paso	Arizona-Texas	of	104	415	73	159	21	19	3	103	4	.383
1941	San Francisco	Pacific Coast	of	92	195	20	62	6	3	0	27	0	.318
1942	San Francisco	Pacific Coast	of	24	36	4	6	2	0	0	4	0	.167
	Tacoma	Western International	of	78	310	54	90	17	3	6	52	2	.290
1943-45							Military service						
1946	Salt Lake City	Pioneer	of	47	183	30	62	16	5	2	27	3	.339
	San Francisco	Pacific Coast	of	9	9	0	1	0	0	0	0	0	.111
1947	San Francisco	Pacific Coast	of	114	359	45	111	29	4	10	63	1	.309
1948	San Francisco	Pacific Coast	of	127	444	53	143	28	4	9	89	0	.322
1949	Portland	Pacific Coast	of	117	364	59	114	21	2	11	51	2	.313
1950	Portland	Pacific Coast	of	193	649	88	182	28	0	39	114	1	.280
1951	Portland	Pacific Coast	of	161	574	76	174	25	2	32	133	2	.303
1952	Portland	Pacific Coast	of	170	551	78	160	25	1	21	85	0	.290
1953	Sacramento	Pacific Coast	of	165	526	76	165	36	1	20	97	1	.314
1954	Sacramento	Pacific Coast	of	149	504	59	152	32	0	13	91	0	.302
1955	Oakland	Pacific Coast	of	114	372	59	121	19	4	19	73	0	.325
	Cincinnati	National	ph	21	18	0	2	0	0	0	4	0	.111
1956	Buffalo	International	of	46	122	12	28	7	0	6	28	0	.230
	San Jose	California	of	71	252	67	91	18	0	22	90	0	.361
1957	Veracruz	Mexican	of	23	80	13	25	6	0	1	16	1	.313
		Majors		21	18	0	2	0	0	0	4	0	.111
		Minors		1804	5945	866	1846	336	48	214	1143	17	.311

LOUIS LESTER BROWER

Born July 1, 1900 at Cleveland, OH.
Died: March 4, 1994 Tyler, Texas.
Batted right. Threw right. Height: 5-10. Weight: 155.

Manager for Oklahoma City, Western, 1930; Waterloo, Three I, 1941; Lawton, Sooner State, 1947-1950; Pauls Valley, Sooner State, 1951-1952; Ada, Sooner State, 1953-1954.

YEAR	CLUB	LEAGUE	POS	G	AB	R	H	2B	3B	HR	RBI	SB	AVG
1925	London	Michigan-Ontario	of	126	490	76	141	22	12	3	82	8	.288
1926	Port Huron	Michigan-Ontario	ss	28	108	19	35	13	1	1	–	5	.324
	Port Huron	Michigan	ss	93	348	74	105	16	4	2	–	15	.302
1927	Oklahoma City	Western	ss	143	574	84	170	23	12	0	–	10	.296
1928	Oklahoma City	Western	ss	160	615	99	189	36	14	2	–	14	.307
1929	Oklahoma City	Western	ss	155	591	112	185	25	15	1	–	17	.313

YEAR	CLUB	LEAGUE	POS	G	AB	R	H	2B	3B	HR	RBI	SB	AVG
1930	Oklahoma City	Western	ss	145	536	102	156	22	10	2	54	17	.291
1931	Toronto	International	ss	42	139	12	24	2	0	1	11	4	.173
	Kansas City	American Association	ss	50	208	32	63	10	3	3	25	7	.303
	Detroit	American	ss	21	62	3	10	1	0	0	6	1	.161
1932	Dallas	Texas	ss	87	324	47	79	19	2	0	36	12	.244
1933	Dallas	Texas	ss	152	588	84	152	21	12	0	63	25	.259
1934	Dallas	Texas	ss	122	434	49	99	13	4	0	33	21	.228
1935	Oklahoma City	Texas	ss	165	604	80	148	21	10	1	68	32	.245
1936	Oklahoma City	Texas	ss	156	610	102	182	26	9	2	80	**38**	.299
1937	Oklahoma City	Texas	ss	159	562	84	143	15	12	1	60	26	.254
1938	Oklahoma City/Tulsa	Texas	ss	126	409	65	105	12	7	0	50	9	.257
	Little Rock	Southern Association	ss	4	10	–	2	0	0	0	–	–	.200
1939	Tulsa	Texas	ss	138	505	71	132	25	8	0	61	18	.261
1940	Oklahoma City	Texas	ss	16	27	4	7	1	0	0	4	1	.260
1941	Oklahoma City	Texas	ss	67	232	19	50	8	1	0	21	10	.215
	Waterloo	Three I	ss	29	108	8	26	6	1	0	18	1	.241
		Majors		21	62	3	10	1	0	0	6	1	.161
		Minors		2163	8022	1223	2193	336	137	19	666	290	.273

Edward William "Eddie" Brown

Born July 17, 1891 at Milligan, NE.
Died September 10, 1956 at Vallejo, CA.
Batted right. Threw right. Height: 6-3. Weight: 190.

Manager for Omaha, Western, 1932; Fairbury, Nebraska State, 1936.

YEAR	CLUB	LEAGUE	POS	G	AB	R	H	2B	3B	HR	RBI	SB	AVG
1913	Superior	Nebraska State	ss-of	18	68	–	29	7	4	0	–	0	.426
1914	Superior	Nebraska State	of	113	439	59	131	22	7	3	–	20	.298
1915	Fairbury	Nebraska State	of	35	137	–	43	8	0	4	–	2	.314
	Mason City	Central Association	of	78	293	44	86	24	5	0	–	19	.294
1916	Mason City	Central Association	of	129	495	63	145	28	10	9	–	24	.293
1917	Mason City	Central Association	of	81	308	31	83	13	7	1	–	14	.269
1918							Military service						
1919	San Antonio	Texas	of	155	547	57	153	31	3	5	–	10	.280
1920	San Antonio	Texas	of	153	**615**	77	**200**	34	3	8	83	24	.325
	New York	National	of	3	8	1	1	1	0	0	0	0	.125
1921	New York	National	of	70	128	16	36	6	2	0	12	1	.281
1922	Indianapolis	American Association	of	161	633	110	214	44	16	12	133	4	.338
1923	Indianapolis	American Association	of	156	620	96	224	37	19	8	104	6	.361
1924	Indianapolis	American Association	of	40	171	23	56	9	2	3	32	2	.327
	Brooklyn	National	of	114	455	56	140	30	4	5	78	3	.308
1925	Brooklyn	National	of	153	618	88	189	39	11	5	99	3	.306
1926	Boston	National	of	153	612	71	201	31	8	2	84	5	.328
1927	Boston	National	of-1b	155	558	64	171	35	6	2	75	11	.306
1928	Boston	National	of-1b	142	523	45	140	28	2	2	59	6	.268
1929	Toledo	American Association	of	155	599	86	188	44	12	3	71	15	.314
1930	Dallas/Houston/Fort Worth	Texas	of	142	551	91	197	37	4	12	101	7	.358
1931	Fort Worth	Texas	of	161	628	90	199	42	4	7	109	22	.317
1932	Omaha	Western	of	147	579	110	204	52	5	1	96	9	.352
1933-35				Did not play in organized baseball									
1936	Fairbury	Nebraska State	of	31	59	10	19	4	0	2	7	1	.322
		Majors		790	2902	341	878	170	33	16	407	29	.303
		Minors		1755	6742	947	2171	436	101	78	736	157	.322

Single Season All-Time Leaders: Runs

PLAYER	RUNS	TEAM	LEAGUE	YEAR	PLAYER	RUNS	TEAM	LEAGUE	YEAR
Rasty Wright	217	Grand Rapids	Western	1894	Buck Frierson	188	Sherman-Denison	Big State	1947
Tony Lazzeri	202	Salt Lake City	Pacific Coast	1925	Joe Bauman	188	Roswell	Longhorn	1954
Gus Suhr	196	San Francisco	Pacific Coast	1929	Stormy Davis	187	Okmulgee	Western Association	1924
Leo Najo	195	Okmulgee	Western Assoc	1925	Orlando Moreno	186	Big Spring	Longhorn	1947
Ike Boone	195	Missions	Pacific Coast	1929	Bob Crues	185	Amarillo	W. Texas-New Mexico	1947
Frank Demaree	190	Los Angeles	Pacific Coast	1934					

JOSEPH MILTON BROWN

Born September 17, 1902 at Buffalo, NY.
Batted right. Threw right. Height: 5-9. Weight: 160

Manager for Springfield, Western Association, 1936; Rome, Canadian-American, 1937.

YEAR	CLUB	LEAGUE	POS	G	AB	R	H	2B	3B	HR	RBI	SB	AVG
1924	Reading	International	3b-2b-ss	152	568	74	181	31	8	2	59	14	.319
1925	Reading	International	3b	145	503	80	138	36	9	4	57	9	.274
1926	Newark	International	3b	160	539	98	165	44	4	10	95	18	.306
1927	Syracuse	International	3b-2b	164	575	125	178	34	3	14	97	34	.310
1928	Rochester	International	3b-2b	164	638	137	200	29	11	6	74	20	.313
1929	Rochester	International	3b	157	619	116	176	27	16	4	81	16	.284
1930	Rochester	International	3b	162	661	153	207	37	12	10	68	17	.313
1931	Jersey City	International	3b	130	495	69	151	25	2	1	36	12	.302
1932	Jersey City/Rochester	International	3b	148	575	94	159	34	6	4	60	17	.277
1933	Rochester/Jersey City/Buffalo	International	3b	145	533	83	154	29	2	3	48	18	.289
1934	Toronto	International	3b	28	72	15	24	4	0	0	8	2	.333
1935	Dallas	Texas	3b	3	9	0	1	0	0	0	0	0	.111
	Knoxville	Southern Association	3b-2b	105	346	58	105	29	5	2	27	13	.303
1936	Springfield	Western Association	3b-2b	114	387	82	132	33	5	2	69	15	.341
1937	Rome	Canadian-American	3b	68	210	34	57	14	0	0	37	6	.271
		Minors		1845	6730	1218	2028	406	83	62	816	211	.301

EARL JAMES BROWNE

Born March 5, 1911 at Louisville, KY.
Died January 12, 1993 at Whittier, CA.
Batted left. Threw left. Height: 6-0. Weight: 175

Manager for Owensboro, KITTY, 1946-1947; Hartford, Eastern, 1948-1949; Denver, Western, 1949-1950.

YEAR	CLUB	LEAGUE	POS	G	AB	R	H	2B	3B	HR	RBI	SB	AVG
1928	Louisville	American Association	of-p	3	11	0	1	1	0	0	2	0	.091
1929	Dayton	Central	p	57	136	21	41	9	1	5	25	0	.301
	Louisville	American Association	p	7	13	0	2	0	0	0	0	0	.154
1930	Dayton	Central	of-p	62	143	19	44	6	0	4	23	2	.308
	Louisville	American Association	p	4	4	0	2	0	1	8	1	0	.500
1931	Huntington	Middle Atlantic	of-p	63	164	25	48	13	1	9	30	1	.293
	Mobile/Knoxville	Southern Association	of-p	7	12	0	4	0	0	0	2	0	.333
1932	Asheville	Piedmont	p	20	51	7	13	2	0	2	9	0	.255
	Little Rock	Southern Association	p	20	36	8	9	1	1	0	4	0	.250
1933	Little Rock	Southern Association	1b-of	139	483	77	156	26	14	5	74	10	.323
1934	Little Rock	Southern Association	1b-of	155	592	77	152	34	10	5	72	15	.257
1935	Little Rock	Southern Association	1b	140	510	94	176	26	19	13	96	25	.345
	Pittsburgh	National	1b	9	32	6	8	2	0	0	6	0	.250
1936	Pittsburgh	National	1b-of	8	23	7	7	1	2	0	3	0	.304
	Minneapolis	American Association	1b-of	155	629	135	206	39	11	35	126	4	.328
1937	Philadelphia	National	1b-of	105	332	42	97	19	3	6	52	4	.292
1938	Philadelphia	National	1b-of	21	74	4	19	4	0	0	8	0	.257
	Columbus	American Association	of-1b	125	469	79	143	23	6	17	98	7	.305
1939	Columbus	American Association	of	116	369	49	99	13	3	12	62	3	.268
1940	New Orleans	Southern Association	1b	153	559	83	153	16	15	14	87	0	.274
1941	Chattanooga	Southern Association	of	152	539	75	148	24	7	12	89	4	.275
1942	Atlanta	Southern Association	1b	130	446	63	131	22	3	6	64	9	.294
	Louisville	American Association	1b	11	28	1	6	0	0	0	3	0	.214
1943	Louisville	American Association	1b	144	543	62	147	26	9	4	46	3	.271
1944	Louisville	American Association	1b	143	564	90	176	30	6	7	99	9	.312
1945	Louisville	American Association	1b	146	539	72	147	16	7	5	83	7	.273
1946	Owensboro	KITTY	1b	92	350	84	150	18	3	21	104	2	**.429**
1947	Owensboro	KITTY	1b	107	344	100	146	37	3	7	93	4	**.424**
1948	Hartford	Eastern	1b	15	29	2	5	0	0	0	4	0	.172
1949	Hartford	Eastern	1b	1	2	0	0	0	0	0	0	0	.000
		Majors		143	461	59	131	26	5	6	69	4	.284
		Minors		2167	7580	1222	2309	383	119	183	1301	105	.304

SINGLE SEASON ALL-TIME LEADERS: HITS

PLAYER	HITS	TEAM	LEAGUE	YEAR	PLAYER	HITS	TEAM	LEAGUE	YEAR
Paul Strand	325	Salt Lake City	Pacific Coast	1923	Smead Jolley	314	San Francisco	Pacific Coast	1929
Ike Boone	323	Mission	Pacific Coast	1929	**Outside Pacific Coast League**				
Oscar Eckhardt	315	Mission	Pacific Coast	1933	Jay Kirke	282	Louisville	American Association	1921

H.B. "Ray" Brubaker

Born November 19, 1895 at Portland, IN.
Died May 1, 1947 at Waterloo, IA.
Batted right. Threw right. Height: 5-9. Weight: 170.

Manager for Oakland, Pacific Coast, 1933-34; Vicksburg, Cotton States, 1937; Dallas, Texas, 1937-35; Anniston, Southeastern, 1938; Dover, Eastern Shore, 1939; Portsmouth, Piedmont, 1940; Elmira, Eastern, 1941-43; Bradford, PONY, 1944; Wilmington, Interstate, 1944-45; Terre Haute, Three I, 1946-47.

YEAR	CLUB	LEAGUE	POS	G	AB	R	H	2B	3B	HR	RBI	SB	AVG
1912	Tulsa	Oklahoma State	—	—	—	—	—	—	—	—	—	—	—
1913			Did not play in organized baseball										
1914	Battle Creek	Southern Michigan	—	—	—	—	—	—	—	—	—	—	—
1915	Fort Wayne	Central	ss	42	151	10	33	3	0	1	—	4	.218
1916	Muskegon	Central	ss	122	410	52	96	11	6	0	—	20	.234
1917	Muskegon	Central	ss	109	421	53	133	24	7	1	—	20	.316
1918	St. Joseph	Western	ss	62	230	38	63	9	4	1	—	16	.274
1919	St. Joseph	Western	3b	115	427	60	127	17	5	0	—	12	.297
1920	St. Joseph	Western	3b	55	202	28	49	8	2	1	—	10	.243
1920	Oakland	Pacific Coast	ss	115	435	35	99	14	4	0	—	10	.228
1921	Oakland	Pacific Coast	ss	144	522	62	156	29	5	4	52	14	.299
1922	Oakland	Pacific Coast	ss-3b	201	740	74	191	46	5	1	73	21	.258
1923	Oakland	Pacific Coast	ss-3b	157	584	71	176	36	7	0	49	9	.301
1924	Oakland	Pacific Coast	ss-3b	153	601	91	188	43	3	4	59	13	.301
1925	Oakland	Pacific Coast	2b-of	166	536	83	164	26	5	3	66	4	.313
1926	Oakland	Pacific Coast	3b-of	126	401	40	102	19	2	0	46	1	.306
1927	Oakland	Pacific Coast	of-3b	74	155	32	50	9	2	3	33	0	.323
1928	Oakland	Pacific Coast	of-2b	105	255	36	74	17	1	1	40	2	.290
1929	Oakland	Pacific Coast	ss-of-2b-3b	106	261	33	70	13	1	2	31	2	.268
1930	Oakland	Pacific Coast	2b-3b-of	119	305	46	105	26	4	0	47	7	.344
1931	Oakland	Pacific Coast	2b-1b	147	441	70	154	25	1	1	57	3	.349
1932	Oakland	Pacific Coast	2b	132	407	37	110	13	2	1	33	3	.270
1933	Oakland	Pacific Coast	3b	34	50	6	15	1	0	0	6	2	.300
1934	Oakland	Pacific Coast	1b-3b	54	98	16	28	5	4	1	15	0	.286
		Minors		2338	7632	973	2183	370	63	25	607	173	.286

Paul Samuel Bruno

Born June 14, 1915 at New Orleans, LA.
Batted left. Threw left. Height: 5-10½. Weight: 180.

Manager for Hammond, Evangeline, 1947-49; Baton Rouge, Evangeline, 1950.

YEAR	CLUB	LEAGUE	POS	G	AB	R	H	2B	3B	HR	RBI	SB	AVG
1934	New Iberia	Evangeline	p-ut	59	121	10	26	3	1	3	18	0	.215
1935	New Iberia	Evangeline	p-ut	58	152	19	46	10	0	6	23	2	.303
	Asheville	Piedmont	p	10	17	2	4	0	0	1	2	0	.235
1936	Jacksonville	East Texas	p-ut	18	44	4	9	2	0	0	4	0	.205
	New Iberia	Evangeline	p	13	55	5	19	4	0	1	11	0	.345
1937	Abbeville	Evangeline	if-of	109	404	70	155	36	6	18	104	7	.384
1938	Evansville	Three I	of-p	49	196	16	48	9	3	3	35	0	.245
	Greenville	Cotton States	of	64	261	46	97	26	4	6	75	2	.372
1939	Memphis	Southern Association	of	73	182	21	57	7	0	4	27	2	.313
1940	Montgomery	Southeastern				On suspended list							
1941	Memphis	Southern Association	of	9	8	0	3	1	0	0	1	0	.375
	Durham	Piedmont	of-p	123	465	57	141	27	6	10	**89**	6	.303
1942-43						Did not play in organized baseball							
1944	New Orleans	Southern Association	of	122	462	57	150	22	2	3	73	3	.325
1945						Military service							
1946	New Orleans	Southern Association	of	110	355	43	109	16	4	6	64	3	.307
	Hammond	Evangeline	of	3	7	0	2	0	0	0	0	—	.286
1947	Hammond	Evangeline	1b-p	110	389	86	129	30	3	18	91	10	.322
1948	Hammond	Evangeline	1b-p	103	315	67	106	18	0	16	77	9	.337
1949	Hammond	Evangeline	1b-p	58	171	19	59	11	0	5	38	2	.345
1950	Baton Rouge	Evangeline	p-ut	19	47	8	19	4	0	1	10	1	.404
1951	Houma	Evangeline	1b-p	39	101	17	27	3	0	6	26	0	.267
		Minors		1149	3752	547	1206	229	29	107	768	47	.321

The Minor League Register

PITCHING RECORD

YEAR	CLUB	LEAGUE	G	IP	W	L	H	R	ER	BB	SO	ERA
1934	New Iberia	Evangeline	41	222	13	14	209	105	—	92	177	—
1935	New Iberia	Evangeline	34	272	15	14	231	115	—	71	167	—
	Asheville	Piedmont	6	29	1	2	31	16	12	12	13	3.72
1936	Jacksonville	East Texas	9	44	3	4	44	27	24	13	14	4.91
	New Iberia	Evangeline	14	83	6	4	89	37	33	34	34	3.58
1938	Evansville	Three I	—	—	0	0	—	—	—	—	—	—
1941	Durham	Piedmont	3	11	0	1	10	10	—	4	5	—
1944	New Orleans	Southern Association	4	8	0	0	—	—	—	—	—	—
1946	New Orleans	Southern Association	1	4	0	0	—	—	—	—	—	—
1947	Hammond	Evangeline	47	253	**25**	5	214	81	55	45	**260**	**1.96**
1948	Hammond	Evangeline	45	248	**22**	5	240	97	79	55	228	2.87
1949	Hammond	Evangeline	22	121	9	3	110	47	33	29	86	2.45
1950	Baton Rouge	Evangeline	11	78	7	2	47	21	15	16	59	1.73
1951	Houma	Evangeline	10	75	7	2	74	34	29	12	58	3.48
		Minors	247	1448	108	56	1299	590	280	383	1101	2.71

DEREK ROSZELL BRYANT

Born October 9, 1951 at Lexington, KY.
Batted right. Threw right. Height: 5-11. Weight: 185.

Manager for Monterrey, Mexican, 1988.
Led all minor leagues with 41 home runs in 1984.

YEAR	CLUB	LEAGUE	POS	G	AB	R	H	2B	3B	HR	RBI	SB	AVG
1973	Burlington	Midwest	of	66	246	50	77	4	3	0	36	5	.313
1974	Birmingham	Southern	of	132	510	68	136	23	4	4	45	10	.267
1975	Birmingham	Southern	of	134	509	64	**147**	25	4	1	58	8	.289
1976	Chattanooga	Southern	of-2b	134	467	70	141	14	**10**	2	50	**42**	.302
1977	San Jose	California	of	116	440	74	133	22	5	0	63	21	.302
1978	Vancouver	Pacific Coast	of	138	499	84	148	24	2	6	79	16	.297
1979	Ogden	Pacific Coast	of	6	19	2	2	0	0	0	2	0	.135
	Oakland	American	of	39	106	8	19	2	1	0	13	0	.179
1980	Ogden	Pacific Coast	of-2b	119	398	71	136	22	11	3	68	7	.342
1981	Tacoma	Pacific Coast	of	121	412	57	125	24	5	5	50	11	.303
1982	Mexico City Tigers	Mexican	of	105	358	53	105	22	4	3	41	13	.293
1983	Mexico City Tigers	Mexican	of	114	400	73	138	22	7	10	64	16	.345
1984	Tampico	Mexican	of	100	355	98	138	19	3	**41**	99	6	.389
1985	Tampico	Mexican	of	122	446	92	164	**38**	1	38	121	8	.367
1986	Monterrey	Mexican	of	128	478	91	184	25	5	23	100	12	.385
1987	Monterrey	Mexican	of	89	297	59	100	17	3	21	68	8	.337
1988	Monterrey	Mexican	of	46	126	26	45	9	0	5	26	3	.357
		Majors		39	106	8	19	2	1	0	13	0	.179
		Minors		1670	5960	1032	1919	310	67	162	970	186	.322

GLENN CHARLES BURNS

Born September 10, 1928 at New Salem, PA.
Batted right. Threw right. Height: 6-1. Weight: 200.

YEAR	CLUB	LEAGUE	POS	G	AB	R	H	2B	3B	HR	RBI	SB	AVG
1947	Niagara Falls	Middle Atlantic	3b-of	11	30	4	7	1	0	0	7	0	.233
1948	New Castle	Middle Atlantic	of-3b	97	395	61	117	21	6	4	71	0	.296
	Danville	Carolina	of	18	31	5	6	1	0	0	1	1	.194
1949	Longview	East Texas	of	135	**561**	101	186	39	12	18	**136**	5	.332
1950	Gladewater	East Texas	of-3b	32	128	27	37	6	2	8	35	0	.289
	Gainesville	Big State	of	93	372	70	117	21	5	12	70	2	.315
1951	Lamesa	West Texas-New Mexico	of-3b	141	587	125	230	**55**	7	27	**197**	6	**.392**
1952	Wichita Falls	Big State	of	42	166	34	49	7	2	10	44	1	.295
	San Angelo	Longhorn	of	77	299	61	107	19	2	18	68	3	.358
1953	San Angelo	Longhorn	of	127	495	113	171	36	5	38	121	3	.345
1954	Abilene	West Texas-New Mexico	of-p	134	526	109	152	35	6	27	**137**	4	.289
1955	Midland	Longhorn	of-p	132	492	127	197	36	3	34	130	8	.400
		Minors		1039	4082	837	1376	277	50	196	1017	33	.337

RUSSELL GEORGE BURNS

Born June 17, 1920 at Independence, KS.
Died 1980 at Independence, KS.
Batted right. Threw right. Height: 6-2. Weight: 215.

YEAR	CLUB	LEAGUE	POS	G	AB	R	H	2B	3B	HR	RBI	SB	AVG
1940	Joplin	Western Association	of	6	20	4	4	1	0	0	1	0	.200
	Norfolk	Western	of	113	437	93	144	25	13	17	87	25	.330
1941	Joplin	Western Association	of	136	513	99	160	26	15	20	103	28	.312
1942-45							Military service						
1946	Kansas City	American Association	of	78	263	40	62	10	5	8	44	1	.236
	Beaumont	Texas	of	24	79	10	19	5	1	1	9	0	.241
1947	Beaumont/Tulsa	Texas	of	88	303	36	66	11	6	11	48	2	.218
	Des Moines	Western	of	43	153	38	63	7	3	10	47	5	.412
1948	Tulsa	Texas	of	132	494	88	153	34	5	**26**	**113**	9	.310
1949	Tulsa	Texas	of	154	580	125	197	39	3	27	**153**	4	.340
1950	Syracuse	International	of	71	262	42	75	11	2	2	36	0	.286
	Tulsa	Texas	of	59	218	24	51	9	1	2	32	4	.234
1951	Tulsa/Dallas	Texas	of	145	531	67	151	33	4	11	108	8	.284
1952	Oklahoma City	Texas	of	149	541	79	160	34	2	23	**120**	2	.296
1953	Oklahoma City	Texas	of	153	562	87	154	34	2	29	**124**	1	.274
1954	Oklahoma City	Texas	of	152	524	89	167	37	0	24	110	2	.319
1955	Oklahoma City	Texas	of	151	507	74	136	25	1	18	70	1	.268
1956	Little Rock	Southern Association	of	8	28	3	5	1	0	1	3	0	.179
	Plainview	Southwestern	of	108	419	119	153	30	3	38	124	0	.365
		Minors		1770	6434	1117	1920	372	66	268	1332	92	.298

RAMIRO S. CABALLERO (GONZALEZ)

Born in 1930 at Monterrey, Nuevo Leon, Mexico.
Batted right. Threw right. Height: 6-0. Weight: 205.

Manager for Guanajuanto, Mexican Center, 1962.

YEAR	CLUB	LEAGUE	POS	G	AB	R	H	2B	3B	HR	RBI	SB	AVG
1954	Monterrey	Mexican	1b	38	100	9	28	3	0	0	10	0	.280
1955	Nogales	Arizona-Mexico	1b	18	64	9	17	4	0	2	7	0	.266
	Monterrey	Mexican	1b	21	64	9	14	3	0	2	12	0	.219
1956	Chihuahua	Central Mexican	1b	102	**423**	60	127	21	0	13	77	7	.300
1957	Chihuahua	Central Mexican	1b	99	415	87	152	20	8	24	109	18	.366
1958	Chihuahua	Arizona-Mexico	1b	78	330	65	118	16	4	21	86	8	.358
	Poza Rica	Mexican	1b	38	141	17	43	5	2	7	28	1	.305
1959	Poza Rica	Mexican	1b	15	28	2	5	2	0	1	6	0	.179
1960					Did not play in organized baseball								
1961	Veracruz	Mexican	1b	87	214	34	60	9	0	8	25	0	.280
1962	Guanajuato	Mexican Center	1b-3b	113	423	123	**175**	25	0	**59**	**170**	3	**.414**
1963	Mexico City Reds	Mexican	1b	23	45	4	9	2	1	0	3	0	.200
	Guanajuato	Mexican Center	1b	22	71	20	25	7	0	6	25	0	.352
1964	Leon	Mexican Center	1b	121	460	**135**	**175**	29	1	**35**	**145**	3	**.380**
1965	Leon	Mexican Center	1b	128	425	133	151	18	3	**34**	113	5	.355
		Minors		903	3203	707	1099	164	19	212	816	45	.345

ERNEST ELGIN "CRAZY SNAKE" CALBERT

Born January 13, 1887 at Eagle, NE.
Died July 16, 1966 at Decatur, IL.
Batted right. Threw right. Height: 5-10. Weight: 190.

Manager for Hamilton, Michigan-Ontario, 1922; Decatur, Three I, 1923-24.
Pitched a no-hitter for Jackson against Hopkinsville, August 28, 1911, and lost 1-to-0.

YEAR	CLUB	LEAGUE	POS	G	AB	R	H	2B	3B	HR	RBI	SB	AVG
1910	Harrisburg	Southern Illinois	of-p	18	60	7	16	3	1	1	8	—	.267
	Harrisburg	KITTY	of-p	44	126	14	33	8	1	3	14	15	.262
1911	Harrisburg/Jackson	KITTY	of-p	114	415	60	112	22	12	**10**	70	27	.270
1912	Wheeling/Terre Haute	Central	of-p	92	287	32	77	8	5	4	33	10	.268
1913	Terre Haute	Central	of-p	26	56	7	17	4	1	0	6	4	**.304**
	Kansas City	Federal	of	1	3	0	0	0	0	0	0	0	.000
	Steubenville	Interstate	of-p	39	149	25	47	7	5	5	30	12	.315
	Huntington	Ohio State	of	66	240	37	75	12	2	3	36	30	.313

YEAR	CLUB	LEAGUE	POS	G	AB	R	H	2B	3B	HR	RBI	SB	AVG
1914	Huntington/Charleston	Ohio State	of	139	516	85	138	30	9	17	90	25	.267
1915	Savannah	SALLY	of	5	19	1	2	0	0	0	1	1	.105
	Ironton	Ohio State	of	106	387	46	101	14	6	13	52	36	.261
1916	Charleston	Ohio State	of	54	208	43	71	16	13	4	48	19	.341
	Rocky Mount	Virginia	of	50	174	14	47	11	2	3	14	12	.270
1917	Muskogee	Western Association	of	158	596	101	177	27	5	43	109	32	.297
1918-19						Military service.							
1920	London	Michigan-Ontario	of	98	379	64	118	20	8	8	54	13	.311
1921	London/Kitchener	Michigan-Ontario	of	96	346	43	87	16	9	7	38	15	.251
1922	Hamilton	Michigan-Ontario	of	129	488	83	174	36	7	28	110	17	.357
1923	Decatur	Three I	of	127	486	94	152	23	7	18	100	1	.313
1924	Decatur	Three I	of	138	532	68	160	28	12	13	72	5	.301
1925	Bloomington	Three I	of	17	60	7	9	1	1	0	8	1	.150
	Saginaw	Michigan-Ontario	of	97	365	55	110	24	4	13	70	8	.301
1926	Saginaw	Michigan	of	88	334	58	109	23	12	9	64	12	.326
1927	Quincy/Evanston	Three I	of	49	181	25	59	8	7	2	32	2	.326
1928	Erie	Central	of	11	39	3	7	2	1	0	3	0	.179
		Majors		1	3	0	0	0	0	0	0	0	.000
		Minors		1762	6446	972	1897	343	129	204	1062	296	.294

DAVID JOSEPH "DAVE" CALLAHAN

Born July 20, 1888 at Ottawa, IL.
Died October 28, 1969 at Ottawa, IL.
Batted left. Threw right. Height: 5-10. Weight: 165.

YEAR	CLUB	LEAGUE	POS	G	AB	R	H	2B	3B	HR	RBI	SB	AVG
1908	Akron	Ohio-Pennsylvania	of	112	436	80	122	21	6	2	—	34	.280
1909	Springfield	Three I	of	132	523	85	136	19	9	6	—	38	.260
1910	Toledo	American Association	of	15	46	6	8	5	0	0	—	3	.174
	Eau Claire	Minnesota–Wisconssin	of	126	460	92	168	25	17	2	—	52	.365
	Cleveland	American	of	13	44	6	8	1	0	0	2	5	.182
1911	Cleveland	American	of	5	12	1	4	0	1	0	0	0	.333
	New Orleans	Southern Association	of	138	495	70	138	23	8	3	—	30	.278
1912	New Orleans/Atlanta	Southern Association	of	132	458	54	114	24	6	3	—	30	.250
1913	Nashville	Southern Association	of	141	520	93	145	21	9	2	—	34	.279
1914	Louisville	American Association	of	19	60	11	18	1	1	0	—	1	.300
	Nashville	Southern Association	of	133	513	87	147	31	7	7	—	54	.287
1915	Louisville	American Association	1b	57	148	24	38	3	4	1	—	10	.257
	Nashville	Southern Association	of	52	182	27	55	10	1	2	—	4	.302
1916	Scranton	New York State	of	120	448	66	121	26	4	2	—	24	.270
1917	Galveston/Dallas	Texas	of	162	602	91	179	34	11	5	—	30	*.297
1918	Dallas	Texas	of	82	304	45	75	17	4	3	—	6	.246
1919	Dallas	Texas	of	102	468	61	117	22	2	9	—	15	.250
1920	Galveston	Texas	of	143	562	68	141	35	8	12	—	26	.251
1921	Galveston	Texas	of	18	56	2	12	3	0	0	11	2	.214
	Bloomington	Three I	of	126	490	71	164	25	11	3	52	21	.298
1922	Bloomington	Three I	of	131	480	90	156	27	19	5	—	18	.325
1923	Bloomington	Three I	of	44	137	14	35	7	1	1	—	6	.256
1924	Peoria/Danville	Three I	of	44	149	25	38	2	3	3	18	7	.255
		Majors		18	56	7	12	1	1	0	2	5	.214
		Minors		2028	7837	1162	2127	381	131	71	84	445	.271

JOHN "JACK" CALVEY

Born February 13, 1913 at Chicago, IL.
Batted right. Threw right. Height: 5-11. Weight: 160.

YEAR	CLUB	LEAGUE	POS	G	AB	R	H	2B	3B	HR	RBI	SB	AVG
1931	Grand Island	Nebraska State	2b	90	341	62	105	22	14	6	—	14	.308
1932	Grand Island/North Platte	Nebraska State	of	66	252	46	81	16	9	0	—	29	.321
1932	DesMoines	Western	of	3	94	11	29	5	1	1	16	4	.309
1933	Brandon	Northern	3b	81	327	—	114	21	8	4	—	27	.349
1934	Toledo	American Association	3b-2b	108	431	48	106	14	6	0	32	14	.247
1935	Toledo	American Association	of-3b-ss-1b	115	393	54	115	16	6	3	43	15	.293
1936	Toledo	American Association	of	16	48	2	5	0	0	0	2	2	.104
1936	Memphis	Southern Association	ss-2b	108	381	37	110	19	10	1	39	9	.285

YEAR	CLUB	LEAGUE	POS	G	AB	R	H	2B	3B	HR	RBI	SB	AVG
1937	Memphis/Knoxville	Southern Association	3b-ss	139	495	48	121	12	5	2	46	9	.244
1938	Knoxville	Southern Association	3b	7	17	–	3	0	1	0	2	0	.176
	Oklahoma City	Texas	2b-ss	41	165	20	42	9	4	1	18	6	.255
	Saline	Western Association	ss-2b	60	214	44	60	16	3	2	37	26	.280
1939	Palestine	East Texas	2b-1b	102	364	61	91	19	2	2	34	27	.250
1939	Oklahoma City	Texas	ss	16	45	6	10	1	0	0	3	3	.222
1940	Salina	Western Association	ss	136	519	109	165	25	4	3	53	52	.318
1941					Did not play in organized baseball								
1942	San Diego	Pacific Coast	ss	149	545	61	153	16	6	4	66	14	.281
1943	San Diego	Pacific Coast	ss	149	534	69	145	16	5	0	54	19	.272
1944	San Diego	Pacific Coast	ss	138	514	54	128	10	6	1	44	25	.249
1945	Sacramento	Pacific Coast	ss	153	553	70	150	27	5	6	80	13	.271
1946	Sacramento	Pacific Coast	ss	155	507	31	104	16	2	0	37	12	.205
1947					Did not play in organized baseball								
1948	Billings	Pioneer	1b-ss	85	315	60	99	21	2	5	62	9	.314
1949	Spokane	Western International	ss	130	507	84	142	30	8	8	88	14	.280
1951	Drummondville	Provincial	–	10	27	3	5	1	0	0	2	0	.185
		Minors		2057	7588	980	2083	332	107	49	758	343	.275

MOISES CAMACHO (MUNIZ)

Born March 31, 1933 at Teahualilo, Durango, Mexico.
Batted right. Threw right. Height: 5-10. Weight: 170.

Manager for Veracruz, Mexican 1971, 1974-75; Union Laguna, Mexican, 1976-79; Aguascalientes, Mexican, 1980-82; Nuevo Laredo, Mexican, 1983.

YEAR	CLUB	LEAGUE	POS	G	AB	R	H	2B	3B	HR	RBI	SB	AVG
1951	Torreon	Mexican	2b	53	154	10	31	6	1	0	7	3	.201
1952	Torreon	Mexican	2b	92	348	48	73	11	4	3	22	6	.210
1953	Mexicali	Arizona-Texas	2b	139	589	128	201	35	9	13	105	10	.341
1954	Mexicali	Arizona-Texas	2b	76	311	85	108	27	7	15	65	2	.347
1955	Mexicali	Arizona-Mexico	2b	114	460	124	167	38	12	16	113	7	**.363**
	Peoria	Three I	2b	12	40	11	13	2	0	3	4	0	.325
1956	Allentown	Eastern	2b	132	465	72	125	21	3	12	70	1	.269
1957	Nuevo Laredo	Mexican	2b	121	449	62	131	20	2	19	74	5	.292
1958	Nuevo Laredo	Mexican	2b	120	475	87	132	25	2	21	97	4	.278
1959	Nuevo Laredo	Mexican	2b	143	548	85	152	28	4	24	93	4	.277
1960	Puebla	Mexican	2b	141	502	81	151	31	4	17	94	4	.301
1961	Puebla	Mexican	2b	125	433	77	145	29	6	15	71	2	.335
1962	Puebla	Mexican	2b	121	463	72	139	21	0	10	75	1	.300
1963	Puebla	Mexican	2b	**134**	485	83	145	24	1	29	105	2	.299
1964	Puebla	Mexican	2b	138	516	78	168	24	7	9	106	1	.326
1965	Puebla	Mexican	2b	130	493	91	166	28	2	17	95	1	.337
1966	Mexico City Reds	Mexican	2b-3b	134	469	71	160	22	11	4	81	4	.341
1967	Mexico City Reds	Mexican	2b-3b	132	475	62	139	20	8	3	66	2	.293
1968	Mexico City Reds	Mexican	2b	115	399	41	111	15	4	3	54	1	.278
1969	Mexico City Reds/Veracruz	Mexican	2b	145	485	55	140	23	2	6	62	0	.289
1970	Veracruz	Mexican	2b-3b	129	391	35	85	17	0	4	46	0	.217
1971	Veracruz	Mexican	2b-3b	60	140	8	32	5	0	1	10	0	.229
1972	Veracruz	Mexican	ph	5	4	0	3	0	0	0	2	0	.750
1973	Veracruz	Mexican	1b	8	10	0	2	0	0	0	1	0	.200
1974	Veracruz	Mexican	ph	20	17	0	6	3	0	0	10	0	.353
1975	Veracruz	Mexican	1b	4	6	0	0	0	0	0	1	0	.000
		Minors		2543	9127	1466	2725	475	89	244	1529	60	.299

RONALDO CAMACHO (DURAN)

Born October 26, 1935 at Empaime, Sonora, Mexico.
Batted right. Threw right. Height: 5-9. Weight: 170.

Manager for Reynosa, Mexican, 1971-72; Veracruz, Mexican, 1973, 1979; Mexico City Tigers, Mexican, 1974, 1977; Aguascalientes, Mexican, 1975, Tampico, Mexican, 1976; Chihuahua, Mexican, 1978.

YEAR	CLUB	LEAGUE	POS	G	AB	R	H	2B	3B	HR	RBI	SB	AVG
1953	Mexicali	Arizona-Texas	2b	5	17	2	5	2	0	0	0	0	.294
	Fresno	California	2b-ss	100	357	53	89	12	1	11	46	3	.249

YEAR	CLUB	LEAGUE	POS	G	AB	R	H	2B	3B	HR	RBI	SB	AVG
1954	Fresno	California	2b-ss	136	507	81	140	21	2	16	77	4	.276
1955	Allentown	Eastern	ph	2	2	0	1	0	0	0	0	0	.500
1955	Fresno	California	2b	54	193	38	52	12	2	3	36	5	.269
	Peoria	Three I	2b	59	210	30	58	14	0	5	30	4	.276
	Columbus	SALLY	2b	14	41	4	8	1	0	0	2	0	.195
1956	Nuevo Laredo	Mexican	ss-3b	106	372	59	86	13	0	8	43	3	.231
1957	Columbus	SALLY	2b	91	289	34	65	12	1	3	29	0	.225
	Nuevo Laredo	Mexican	ss	33	95	14	29	2	0	5	18	3	.305
1958	Nuevo Laredo	Mexican	1b	121	420	65	113	18	5	20	80	0	.269
1959	Nuevo Laredo	Mexican	3b-1b-ss	146	455	72	104	13	0	23	76	3	.229
1960	Puebla	Mexican	3b-1b	130	434	60	126	26	1	10	57	4	.290
1961	Veracruz/Mexico City Reds	Mexican	2b-3b	123	408	72	109	17	1	12	51	1	.267
1962	Puebla	Mexican	1b	129	435	79	126	25	2	**25**	81	2	.290
1963	Puebla	Mexican	1b	133	474	**107**	137	19	2	**39**	**108**	2	.289
1964	Puebla	Mexican	1b	136	496	98	138	17	3	35	114	2	.278
1965	Puebla	Mexican	1b	138	478	73	126	16	4	25	88	1	.264
1966	Puebla	Mexican	1b	139	443	**109**	139	22	5	30	114	1	.314
1967	Puebla	Mexican	1b	129	439	80	127	25	4	20	80	5	.289
1968	Puebla	Mexican	1b	136	439	67	129	15	4	9	65	2	.294
1969	Puebla	Mexican	1b	150	501	90	152	19	2	24	**116**	1	.303
1970	Yucatan	Mexican	1b	141	439	58	106	19	1	15	77	1	.241
1971	Reynosa	Mexican	1b	100	263	28	70	8	1	5	30	0	.266
1972	Reynosa/Mexico City Tigers	Mexican	1b	78	188	23	41	12	0	5	22	0	.218
1973	Mexico City Tigers/ Aguascalientes	Mexican	1b	45	60	10	15	1	0	1	16	0	.250
1974	Mexico City Tigers	Mexican	1b	56	108	20	24	5	0	5	29	0	.222
1975	Aguascalientes	Mexican	1b	35	72	6	15	2	0	1	8	0	.208
	Minors			2665	8635	1432	2330	368	41	355	1493	50	.270

HOWARD LEE "HOWIE" CAMP

Born July 1, 1893 at Munford, AL.
Died May 8, 1960 at Eastaboga, AL.
Batted left. Threw right. Height: 5-9. Weight: 169.

Manager for Meridian, Cotton States, 1928; Talladega, Georgia-Alabama, 1929.

YEAR	CLUB	LEAGUE	POS	G	AB	R	H	2B	3B	HR	RBI	SB	AVG
1913	Talladega	Georgia-Alabama	of	90	347	44	109	16	1	1	—	17	.314
1914	Talladega	Georgia-Alabama	of	57	300	35	85	16	2	2	—	11	.283
1915	Talladega	Georgia-Alabama	of	57	209	35	68	14	**4**	1	—	18	.325
1916	Talladega	Georgia-Alabama	of	59	230	34	71	12	2	2	—	17	.309
	Charleston	SALLY	of	42	156	10	32	4	1	2	—	7	.205
1917	Charleston	SALLY	of	77	294	43	**105**	15	6	3	—	15	.357
	New York	American	of	5	21	3	6	1	0	0	0	0	.286
	Newark	International	of	50	192	25	58	10	4	0	—	4	.302
1918						Did not play in organized baseball							
1919	Toledo	American Association	of	123	481	56	121	16	8	1	—	13	.252
1920	Dallas	Texas	of	110	426	55	142	23	5	1	46	18	.333
	Vernon	Pacific Coast	of	13	33	5	9	0	2	1	—	1	.273
1921	Memphis	Southern Association	of	156	632	100	218	34	8	5	99	23	.345
1922	Memphis	Southern Association	of	149	556	82	173	20	5	10	—	17	.311
1923	Memphis	Southern Association	of	149	596	82	182	31	9	2	60	17	.305
1924	Birmingham	Southern Association	of	158	609	84	190	36	10	6	86	7	.312
1925	Reading	International	of	75	279	51	82	18	7	8	37	4	.294
	Nashville	Southern Association	of	65	288	67	106	22	8	9	53	6	.368
1926	Nashville	Southern Association	of	129	476	84	155	29	7	9	82	8	.326
1927	Charlotte	SALLY	of	150	564	99	172	26	8	20	79	10	.305
1928	Meridian	Cotton States	of	121	459	86	152	31	2	4	—	26	.331

SINGLE SEASON ALL-TIME LEADERS: DOUBLES

PLAYER	2Bs	TEAM	LEAGUE	YEAR	PLAYER	2Bs	TEAM	LEAGUE	YEAR
Lyman Lamb	100	Tulsa	Western	1924	Roy Eldred	71	Seattle	Pacific Coast	1923
Paul Waner	75	San Francisco	Pacific Coast	1925	Roy Eldred	71	Seattle	Pacific Coast	1924
Roy Leslie	73	Salt Lake City	Pacific Coast	1924	Jack Lelivelt	70	Omaha	Western	1921
Leslie Sheehan	72	Salt Lake City	Pacific Coast	1923	John Butler	70	Wichita	Western	1924
Robert Holland	72	Seattle	Pacific Coast	1930	Rhino Williams	70	Dallas	Texas	1925
Ervin Beck	71	Toledo	Interstate	1900	Buzz Arlett	70	Oakland	Pacific Coast	1929
Lyman Lamb	71	Tulsa	Western	1923					

YEAR	CLUB	LEAGUE	POS	G	AB	R	H	2B	3B	HR	RBI	SB	AVG
1929	Talledega	Georgia-Alabama	of	85	306	60	100	25	8	9	—	22	.327
1930	Pine Bluff	Cotton States	of	39	150	22	40	11	0	2	21	5	.267
		Majors		5	21	3	6	1	0	0	0	0	.286
		Minors		1954	7583	1159	2370	409	107	98	563	266	.313

Charles Columbus "Count" Campau

Born October 17, 1863 at Detroit, MI.
Died April 3, 1938 at New Orleans, LA.
Batted left. Threw right. Height: 5-11. Weight: 160.

YEAR	CLUB	LEAGUE	POS	G	AB	R	H	2B	3B	HR	RBI	SB	AVG
1887	Savannah/New Orleans	Southern	of	109	504	133	198	24	18	17	—	100	.393
1888	Kansas City	Western Association	of	42	185	36	40	3	7	2	—	17	.216
	Detroit	National	of	70	251	28	51	5	3	1	—	27	.203
1889	Detroit	International Association	of	112	442	111	126	14	11	6	—	62	.285
1890	Detroit	International Association	of-3b	39	158	29	49	5	4	3	—	19	.310
	St. Louis	American Association	of	75	314	68	101	9	12	9	—	36	.322
1891	Troy	Eastern Association	of	122	471	86	111	18	10	3	—	45	.236
1892	Columbus	Western	of	65	233	46	61	7	7	3	—	23	.262
	New Orleans	Southern	of	40	151	43	50	11	3	3	—	39	.331
1893	New Orleans	Southern	of-1b	94	359	98	121	27	6	9	—	44	.337
	Wilkes-Barre	Eastern	of	20	86	15	28	6	6	1	3	—	.326
1894	New Orleans	Southern	of	65	244	66	73	17	1	11	—	45	.299
	Washington	National	of	2	7	1	1	0	0	0	—	0	.143
	Milwaukee/Detroit	Western	of	59	264	66	97	26	13	9	—	11	.367
1895	Detroit	Western	of	118	476	115	171	41	9	13	—	29	.359
1896	Seattle	New Pacific	of	32	124	55	50	9	6	13	—	19	.403
	Kansas City	Western	of	88	326	83	106	8	10	10	—	8	.325
1897	Grand Rapids	Western	of	132	548	109	166	25	11	12	—	25	.303
1898	Minneapolis/St. Paul/ Kansas City	Western	of	130	539	101	143	22	10	6	—	60	.265
1899	Rochester	Eastern	of	113	462	92	129	17	12	8	—	36	.279
1900	Rochester	Eastern	of	130	507	70	127	20	11	2	—	25	.250
1901	Binghamton	New York State	1b	112	420	67	128	21	3	1	—	19	.305
1902	Binghamton	New York State	1b	102	418	46	100	14	4	0	—	25	.239
1903	New Orleans	Southern Association	1b	9	27	4	7	0	0	0	—	2	.259
	Binghamton	New York State	1b	64	232	29	73	11	3	2	—	9	.315
1904	Binghamton	New York State	1b	118	429	43	97	13	6	2	—	18	.226
1905	Binghamton	New York State	of	57	199	24	35	9	1	0	—	9	.176
		Majors		147	572	97	153	14	15	10	—	63	.267
		Minors		1972	7804	1577	2286	368	172	136	—	692	.293

Ben Howard "Rosie" Cantrell

Born August 20, 1918 at Knoxville, TN.
Batted right. Threw right. Height: 5-10. Weight: 165.

YEAR	CLUB	LEAGUE	POS	G	AB	R	H	2B	3B	HR	RBI	SB	AVG
1937	Tarboro	Coastal Plain	3b	16	59	10	17	4	0	1	8	1	.288
1938	Elizabethton/Greeneville	Appalachian	of	85	326	66	102	19	10	5	55	14	.313
1939	Pine Bluff	Cotton States	of	84	338	58	120	26	8	8	52	7	.355
	Dayton	Middle Atlantic	of	50	204	26	56	11	3	5	29	3	.275
1940	Anniston	Southeastern	of	50	208	28	55	9	2	5	37	1	.264
	Greenville/Clarksdale	Cotton States	of	70	272	44	82	14	9	1	39	5	.301
1941	Clarksdale/Helena	Cotton States	of	133	538	97	187	38	13	16	133	14	.348
1942	Little Rock	Southern Association	of	142	519	70	156	34	6	5	86	11	.301
1943	Little Rock	Southern Association	of	138	535	82	170	30	9	3	101	4	.318
1944	Little Rock	Southern Association	of	111	449	76	150	30	8	6	113	4	.334
1945	Hollywood	Pacific Coast	of	148	502	63	141	20	3	3	69	1	.281
1946	Atlanta	Southern Association	of	5	20	1	5	1	0	0	1	0	.250
1947	Little Rock	Southern Association	of	153	555	79	179	33	10	6	94	4	.323
1948	Little Rock/Birmingham	Southern Association	of	135	476	60	149	28	5	6	98	5	.313
1949	Pine Bluff	Cotton States	of	136	492	89	158	31	3	12	102	4	.321
1950	Pine Bluff	Cotton States	of	132	521	112	189	35	4	16	144	4	.363
1951	Pine Bluff	Cotton States	of	128	479	80	145	25	1	10	101	6	.303
1952	Greenville	Cotton States	of	83	303	36	87	14	4	0	40	2	.287
1953	Houston	Texas	of	29	75	3	15	3	0	0	5	0	.200
		Minors		1828	6871	1080	2163	405	98	106	1307	86	.315

CHARLES "CHICK" CARGO

Born August 14, 1875 at Pittsburgh, PA.
Batted right. Threw right. Height: 5-6. Weight: 148.

Brother of Robert Cargo, major league player.
Hit 4 triples and a home run in a game on May 4, 1905 while playing for York.

YEAR	CLUB	LEAGUE	POS	G	AB	R	H	2B	3B	HR	RBI	SB	AVG
1896	Washington	Interstate	3b-2b-c	60	230	31	64	12	6	3	–	11	.278
1897	Dayton	Interstate	3b	66	275	40	83	17	2	0	–	12	.302
1898	Oswego	New York State	3b-2b	94	355	44	85	20	7	0	–	11	.239
1899	Oswego	New York State	ss	116	**475**	76	128	25	13	4	–	35	.269
1900	Oswego	New York State	ss	66	276	47	82	13	1	0	–	19	.297
	Springfield	Eastern	3b-ss	49	192	26	46	8	2	0	–	6	.240
1901	Albany	New York State	ss	115	**469**	**110**	125	12	4	0	–	21	.267
1902	Albany	New York State	ss	116	449	**94**	119	15	9	1	–	23	.265
1903	Albany	New York State	ss	124	508	76	143	20	7	1	–	25	.281
1904	Albany	New York State	ss	131	507	71	135	17	2	0	–	24	.266
1905	York	Tri-State	ss	55	212	39	60	7	9	2	–	7	.283
	Albany	New York State	ss	68	258	34	65	8	3	0	–	15	.252
	Jersey City	Eastern	ss	10	29	3	8	1	0	0	–	4	.276
1906	New Orleans	Southern Association	2b-ss	131	471	35	116	12	2	0	–	19	.246
1907	Troy	New York State	ss	134	471	74	132	24	2	0	–	27	.280
1908	Troy	New York State	ss	139	517	72	143	18	6	1	–	43	.277
1909	Troy	New York State	ss	125	442	43	101	14	3	0	–	28	.229
1910	Lynn	New England	ss	125	458	64	104	14	4	0	–	42	.227
1911	Lynn	New England	3b-ss	125	446	80	124	18	5	1	–	22	.278
1912	Lynn/Lawrence	New England	ss-of-3b	120	401	52	101	21	3	1	–	14	.252
1913	Lawrence/New Bedford/ Fall River	New England	ss	103	378	53	88	12	0	2	–	15	.233
1914	Haverhill/Lowell	New England	ss-2b	66	240	25	65	6	2	3	–	9	.271
		Minors		2138	8059	1189	2117	314	92	19	–	432	.263

WALTER G. "ROSY" CARLISLE

Born, July 6, 1883, at Yorkshire, England.
Died May 27, 1945, at Los Angeles, CA.
Batted both. Threw right. Height: 5-9. Weight: 154.

While playing centerfield for Vernon on July 19, 1911, he executed unassisted triple play in 6th inning against Los Angeles.

YEAR	CLUB	LEAGUE	POS	G	AB	R	H	2B	3B	HR	RBI	SB	AVG
1902	Minneapolis	American Association	of	13	51	5	12	2	0	0	–	1	.235
	Crookston	Northern	of	51	194	40	45	5	3	4	–	11	.232
1903	Crookston	Northern	of	80	278	43	69	11	5	1	–	21	.248
1904	Crookston	Northern	of	48	186	29	50	–	–	–	–	9	.267
	Rock Island	Three I	of	35	127	11	22	6	5	5	–	9	.173
1905	Rock Island	Three I	of	123	469	70	121	–	–	–	–	22	.258
1906	Rock Island	Three I	of	84	294	42	63	–	–	–	–	6	.216
	Los Angeles	Pacific Coast	of	35	117	10	32	8	2	1	2	–	.274
1907	Los Angeles	Pacific Coast	of	179	648	**113**	168	21	8	**14**	–	39	.259
1908	Boston	American	of	3	10	0	1	0	0	0	0	1	.100
	Kansas City	American Association	of	95	318	38	71	24	1	1	–	17	.223
1909	Kansas City	American Association	of	127	427	49	110	14	7	4	–	19	.258
1910	Vernon	Pacific Coast	of	**224**	797	**134**	206	**49**	10	12	–	34	.258
1911	Vernon	Pacific Coast	of	**206**	**805**	**181**	239	36	**17**	17	–	55	.297
1912	Vernon	Pacific Coast	of	200	149	**177**	212	32	14	14	–	76	.283
1913	Venice	Pacific Coast	of	187	687	123	154	21	13	7	41	34	.224
1914	Venice	Pacific Coast	of	204	785	122	206	35	16	5	28	–	.263
1915	Vernon/Portland	Pacific Coast	of	153	577	72	139	25	**14**	8	–	16	.241
1916	Lincoln	Western	of	150	586	**121**	178	44	13	10	–	27	.304
1917	Joplin	Western	of	137	509	94	136	22	6	6	–	28	.261
1918	Joplin	Western	of	64	250	38	55	8	8	2	–	12	.220
1919						Did not play in organized baseball							
1920	Kansas City/Minneapolis	American Association	of	76	236	40	69	14	2	3	22	3	.292
1921-22						Did not play in organized baseball							
1923	Sioux City	Western	of	32	117	23	30	9	1	0	–	0	.256
		Majors		3	10	0	1	0	0	0	–	1	.100
		Minors		2503	9207	1575	2387	386	145	114	63	469	.259

HIRAM CLEO CARLYLE

Born September 7, 1902 at Fairburn, GA.
Died November 12, 1967 at Los Angeles, CA.
Batted left. Threw right. Height: 6-0. Weight: 170.

Known as Cleo
Brother of Roy Carlyle.

YEAR	CLUB	LEAGUE	POS	G	AB	R	H	2B	3B	HR	RBI	SB	AVG
1924	Charlotte	SALLY	of	127	488	98	173	28	25	14	103	10	.355
1925	Toronto	International	of	130	422	86	139	15	5	17	78	4	.329
1926	Toronto	International	of	122	386	85	117	28	8	14	74	5	.303
1927	Boston	American	of	95	278	31	65	12	8	1	28	4	.234
1928	Hollywood	Pacific Coast	of	126	440	77	127	16	4	14	72	8	.289
1929	Hollywood	Pacific Coast	of	195	666	146	231	42	12	20	136	21	.347
1930	Hollywood	Pacific Coast	of	172	616	142	201	41	4	12	97	14	.326
1931	Hollywood	Pacific Coast	of	135	490	89	157	25	4	10	89	3	.320
1932	Hollywood	Pacific Coast	of	181	673	123	233	54	9	16	106	16	.346
1933	Hollywood	Pacific Coast	of	158	584	105	187	40	7	9	94	14	.320
1934	Hollywood	Pacific Coast	of	122	459	71	125	22	0	4	58	9	.272
	Newark	International	of	35	126	19	32	5	3	0	4	3	.254
1935	Los Angeles	Pacific Coast	of	173	653	104	194	25	2	11	100	13	.297
1936	Los Angeles	Pacific Coast	of	167	654	118	222	29	7	3	82	15	.339
1937	Los Angeles	Pacific Coast	of	139	488	74	145	24	4	7	63	15	.297
1938	New Orleans	Southern Association	of	131	474	64	138	24	6	2	61	7	.291
1939	Tulsa	Texas	of	52	195	28	46	15	4	0	22	2	.236
	San Diego	Pacific Coast	of	77	258	30	70	12	3	2	31	1	.271
		Majors		95	278	31	65	12	8	1	28	4	.234
		Minors		2242	8072	1459	2537	445	107	155	1270	160	.314

ROY EDWARD CARLYLE

Born December 10, 1900 at Buford, GA.
Died November 22, 1956 at Norcross, GA.
Batted left. Threw right. Height: 6-2 ½. Weight: 195.

Brother of Cleo Carlyle.

YEAR	CLUB	LEAGUE	POS	G	AB	R	H	2B	3B	HR	RBI	SB	AVG
1921	Griffin	Georgia State	of	16	67	14	30	2	1	6	17	3	.448
1922				Did not play in organized baseball									
1923	Charlotte	SALLY	of	110	424	68	143	25	10	15	81	2	.337
1924	Memphis	Southern Association	of	157	633	117	233	47	20	12	122	8	.368
1925	Washington/Boston	American	of	94	277	36	90	20	3	7	49	1	.325
1926	Boston/New York	American	of	80	217	25	67	11	3	2	27	0	.309
1927	Newark	International	of	163	629	100	216	34	16	18	122	9	.343
1928	Newark	International	of	23	71	9	18	6	0	1	12	0	.254
	Birmingham	Southern Association	of	69	205	23	72	10	9	3	52	2	.351
1929	Oakland	Pacific Coast	of	166	604	90	210	36	11	22	108	2	.348
1930	Kansas City	American Association	of	10	27	7	11	2	0	0	8	0	.407
	Atlanta	Southern Association	of	90	313	51	104	20	10	5	69	1	.332
1931	Atlanta	Southern Association	of	123	446	91	159	34	11	19	104	5	.357
1932	Atlanta	Southern Association	of	28	90	16	29	10	0	6	19	0	.322
	Scranton	New York-Pennsylvania	of	16	67	14	23	1	0	3	12	0	.343
	Indianapolis	American Association	of	2	8	0	2	0	0	0	0	0	.250
1933				Did not play in organized baseball									
1934	Charlotte	Piedmont	of	5	17	1	5	1	0	0	0	0	.294
		Majors		174	494	61	157	31	6	9	76	1	.318
		Minors		978	3601	601	1255	228	88	110	726	32	.349

OLIVER A. "OLLIE" CARNEGIE

Born, June 29, 1899, at Hays, PA.
Died October 4, 1976 at Buffalo, NY.
Batted right. Threw right. Height: 5-7. Weight: 175.

Manager for Jamestown, PONY, 1944.

YEAR	CLUB	LEAGUE	POS	G	AB	R	H	2B	3B	HR	RBI	SB	AVG
1922	Flint	Michigan-Ontario	of	7	32	7	7	1	0	1	5	0	.219
1923-30				Did not play in organized baseball									

YEAR	CLUB	LEAGUE	POS	G	AB	R	H	2B	3B	HR	RBI	SB	AVG
1931	Hazleton	New York-Pennsylvania	of	58	226	46	80	15	9	18	71	5	.354
	Buffalo	International	of	15	55	9	19	5	2	0	3	0	.345
1932	Buffalo	International	of	137	508	116	169	31	3	36	140	1	.333
1933	Buffalo	International	of	147	517	104	164	33	6	29	123	8	.317
1934	Buffalo	International	of	120	460	81	154	26	5	31	136	7	.335
1935	Buffalo	International	of	154	583	118	171	39	5	37	153	6	.293
1936	Buffalo	International	of	74	193	18	47	6	1	4	34	1	.264
1937	Buffalo	International	of	134	491	76	151	23	6	21	97	1	.308
1938	Buffalo	International	of	142	552	124	182	35	3	**45**	**136**	2	.330
1939	Buffalo	International	of	143	497	84	146	25	3	**29**	**112**	4	.294
1940	Buffalo	International	of	97	331	50	93	16	3	15	64	6	.281
1941	Buffalo	International	of	71	148	13	38	5	1	7	25	0	.257
1942	Lockport	PONY	of	105	384	85	119	20	5	16	73	7	.310
1943	Buffalo	International					Coach, did not play						
1944	Jamestown	PONY	of	96	318	56	97	17	4	4	52	5	.305
1945	Buffalo	International	of	39	93	20	28	5	1	4	21	0	.301
		Minors		1539	5388	1007	1665	302	48	297	1245	53	.309

Edwin Elliott "Eddie" Carnett

Born October 21, 1916 at Springfield, MO.
Batted left. Threw left. Height: 6-0. Weight: 185.

Manager for Vancouver, Western International, 1946; Borger, West Texas-New Mexico, 1948-49, 51; Ponca City, Western Association, 1954; Gainesville/Ponca City, Sooner State, 1955.

YEAR	CLUB	LEAGUE	POS	G	AB	R	H	2B	3B	HR	RBI	SB	AVG
1935	Ponca City	Western Association	p-of	57	170	15	46	9	2	0	19	0	.271
1936	Ponca City	Western Association	p-of	77	244	41	63	14	6	2	33	5	.258
	Los Angeles	Pacific Coast	p	7	4	0	1	0	0	0	0	0	.250
1937	Tulsa	Texas	p-1b	66	168	28	51	11	4	0	26	2	.304
1938	Los Angeles	Pacific Coast	p	21	31	4	8	1	0	0	1	0	.258
1939	Milwaukee	American Association	p	53	106	11	29	3	2	1	11	1	.274
1940	Kansas City	American Association	p	8	11	3	5	0	1	0	5	0	.455
	Newark	International	p	5	4	1	1	0	0	0	0	0	.250
	Binghamton	Eastern	p	22	34	4	7	2	0	0	3	0	.206
1941	Boston	National	p	2	0	0	0	0	0	0	0	0	.000
	Kansas City	American Association	p	49	48	15	16	4	0	0	11	0	.333
1942	Binghamton	Eastern	1b	14	53	5	9	0	2	1	3	0	.170
	Seattle	Pacific Coast	p	42	62	6	16	1	0	0	4	1	.258
1943	Seattle	Pacific Coast	of-p	121	403	44	121	12	4	2	28	21	.300
1944	Chicago	American	of-1b-p	126	457	46	126	18	8	1	60	5	.276
1945	Cleveland	American	of-p	30	73	5	16	7	0	0	7	0	.219
1946	Seattle	Pacific Coast	of-1b-p	52	181	17	37	2	3	1	13	1	.204
	Vancouver	Western International	1b-p	36	141	25	39	7	2	3	18	3	.277
1947	Tulsa	Texas	1b-p	16	29	4	7	1	1	0	4	0	.241
	Wichita Falls/Paris	Big State	of-1b-p	105	389	89	132	23	4	9	69	17	.339
1948	Borger	West Texas-New Mexico	of-1b-p	135	563	158	230	59	10	33	161	9	.409
1949	Borger	West Texas-New Mexico	of-1b-p	96	338	81	112	21	6	13	79	5	.331
1950	Borger	West Texas-New Mexico	of-1b-p	144	538	126	194	47	6	24	135	13	.361
1951	Borger-Albuquerque	West Texas-New Mexico	of-1b-p	111	366	44	115	22	5	1	60	4	.314
1952	Borger	West Texas-New Mexico	1b-of-p	125	475	83	151	36	1	16	107	0	.318
1953	Abilene	West Texas-New Mexico	of-1b-p	63	247	23	84	22	0	0	37	0	.340
1954	Ponca City	Western Association	of-p	100	304	38	86	20	6	4	64	1	.283
1955	Gainesville/Ponca City	Sooner State	of-p	93	282	39	68	11	0	4	41	7	.241
		Majors		158	530	56	142	25	8	1	67	5	.268
		Minors		1618	5191	904	1628	328	65	114	932	90	.314

Pitching Record

YEAR	CLUB	LEAGUE	G	IP	W	L	H	R	ER	BB	SO	ERA
1935	Ponca City	Western Association	34	256	19	11	264	124	91	94	160	3.20
1936	Ponca City	Western Association	31	215	16	10	217	127	91	84	155	3.81
	Los Angeles	Pacific Coast	6	17	0	3	25	15	15	6	3	7.94
1937	Tulsa	Texas	33	177	15	6	196	105	81	53	110	4.12
1938	Los Angeles	Pacific Coast	21	91	3	6	110	63	42	30	54	4.15
1939	Milwaukee	American Association	26	138	4	11	158	81	67	58	76	4.37
1940	Kansas City	American Association	8	28	2	2	24	14	12	15	7	3.86
	Newark	International	4	7	1	1	9	8	8	4	1	10.29
	Binghamton	Eastern	13	65	6	3	59	24	20	30	17	2.77

YEAR	CLUB	LEAGUE	G	IP	W	L	H	R	ER	BB	SO	ERA
1941	Boston	Naitonal	2	1	0	0	4	3	3	3	2	27.00
	Kansas City	American Association	26	77	4	2	88	53	42	32	26	4.91
1942	Seattle	Pacific Coast	22	84	4	6	85	37	33	37	26	3.54
1943	Seattle	Pacific Coast	11	63	4	4	62	33	22	22	18	3.14
1944	Chicago	American	2	2	0	0	3	2	2	0	1	9.00
1945	Cleveland	American	2	2	0	0	0	0	0	0	1	0.00
1946	Vancouver	Western International	2	9	0	1	15	8	8	3	6	8.00
1947	Tulsa	Texas	2	3	0	0	5	7	6	4	1	18.00
	Wichita Falls/Paris	Big State	7	36	3	2	–	–	–	–	–	4.75
1948	Borger	West Texas-New Mexico	27	86	5	2	118	63	54	25	71	5.65
1949	Borger	West Texas-New Mexico	18	67	0	2	121	68	61	30	38	8.19
1950	Borger	West Texas-New Mexico	25	137	13	6	148	69	48	38	81	3.15
1951	Borger/Albuquerque	West Texas-New Mexico	23	121	9	7	177	87	63	42	47	4.69
1952	Borger	West Texas-New Mexico	14	135	10	6	150	90	60	45	42	4.00
1953	Abilene	West Texas-New Mexico	12	104	4	7	110	58	47	34	41	4.07
1954	Ponca City	Western Association	14	80	7	3	82	44	36	37	51	4.05
1955	Gainesville/Ponca City	Sooner State	7	–	0	1	–	–	–	–	–	–
		Majors	6	5	0	0	7	5	5	3	4	9.00
		Minors	391	1996	129	102	2223	1178	907	723	1031	4.16

Dorsey Lee "Dixie" Carroll

Born May 19, 1891 at Paducah, KY.
Died December 1, 1984 at Jacksonville, FL.
Batted left. Threw right. Height: 5-11. Weight: 165.

YEAR	CLUB	LEAGUE	POS	G	AB	R	H	2B	3B	HR	SB	RBI	AVG
1910	Paducah	KITTY	of	20	69	5	12	3	1	0	0	–	.174
1911	Paducah	KITTY	of	111	403	44	102	15	6	4	22	–	.253
1912	Jacksonville	SALLY	of	119	464	59	117	18	2	2	15	–	.252
1913	Jacksonville	SALLY	of	61	208	25	44	7	1	3	6	–	.212
1914	Jacksonville	SALLY	of	122	449	60	126	21	6	2	25	–	.281
1915	Jacksonville	SALLY	of	90	333	42	95	17	4	3	33	–	.285
	Shreveport	Texas	of	34	118	16	37	3	1	0	6	–	.314
1916	Shreveport	Texas	of	144	540	78	165	24	7	3	40	–	.306
1917	Shreveport	Texas	of	165	592	81	179	28	5	3	36	–	.302
1918	Memphis	Southern Association	of	73	256	40	75	12	3	0	16	–	.293
1919	Memphis	Southern Association	of	134	471	71	138	23	3	5	20	–	.293
	Boston	National	of	15	49	10	13	3	1	0	5	7	.265
1920	Memphis	Southern Association	of	148	551	**106**	186	28	7	8	54	–	.338
1921	Los Angeles	Pacific Coast	of	180	686	109	200	28	**22**	3	45	93	.292
1922	Los Angeles	Pacific Coast	of	186	710	99	211	28	13	3	35	63	.297
1923	Los Angeles	Pacific Coast	of	79	190	26	60	11	2	1	4	17	.316
1924	Louisville	American Association	of	4	4	0	0	0	0	0	0	0	.000
	Chattanooga	Southern Association	of	126	467	79	150	21	14	3	19	70	.321
1925	Chattanooga	Southern Association	of	149	588	102	195	40	11	4	20	64	.332
1926	Chattanooga	Southern Association	of	137	521	96	193	26	13	2	18	45	.370
1927	Chattanooga	Southern Association	of	147	537	101	184	26	10	0	18	63	.343
1928	Newark	International	of	95	270	33	79	13	3	1	5	25	.293
1929	Mobile	Southern Association	of	105	414	54	127	21	3	3	5	32	.307
		Majors		15	49	10	13	3	1	0	5	7	.265
		Minors		2429	8841	1326	2675	413	137	52	442	502	.303

Frank Willis Carswell

Born November 6, 1919 at Palestine, TX.
Batted right. Threw right. Height: 6-0. Weight: 195.

Manager for Decatur, Midwest, 1958; Montgomery, Alabama-Florida, 1959; Duluth-Superior, Northern, 1960; Knoxville, SALLY, 1961-63; Syracuse, International, 1963-66; Montgomery, Southern, 1967-69; Toledo, International, 1970.

YEAR	CLUB	LEAGUE	POS	G	AB	R	H	2B	3B	HR	SB	RBI	AVG
1941	Jamestown	PONY	3b	70	275	44	93	17	9	3	44	4	.338
1942-45							Military service						
1946	Dallas	Texas	3b	77	254	23	69	15	2	2	31	5	.272
1947	Paris	Big State	3b	135	552	116	201	36	7	36	145	12	.364
1948	Paris	Big State	3b	86	351	85	124	23	5	8	65	12	.353
	Dallas	Texas	3b	47	156	22	50	12	1	2	21	0	.321

YEAR	CLUB	LEAGUE	POS	G	AB	R	H	2B	3B	HR	RBI	SB	AVG
1949	Texarkana	Big State	of-1b	146	594	115	**229**	42	7	21	**145**	11	.386
1950	Texarkana	Big State	3b-of-1b	126	478	106	191	**51**	2	18	131	2	.400
1951	Buffalo	International	of-1b	124	444	59	134	37	3	9	79	4	.302
1952	Buffalo	International	of	141	511	88	176	34	0	**30**	101	4	**.344**
1953	Detroit	American	of	16	15	2	4	0	0	0	2	0	.267
	Buffalo	International	of	105	362	60	117	28	1	23	75	3	.323
1954	Buffalo	International	of	130	421	60	134	26	1	16	87	3	.318
1955	Houston	Texas	of	29	79	8	19	4	0	0	11	0	.241
	Omaha	American Association	of	107	356	52	125	29	1	11	74	1	.351
1956	Tulsa	Texas	of	62	207	23	59	10	1	8	38	1	.285
	Portland	Pacific Coast	of	79	229	33	71	12	1	13	54	0	.310
1957	Portland	Pacific Coast	of-1b	115	217	20	57	11	0	9	49	1	.263
1958	Decatur	Midwest	ph	1	1	0	1	0	0	0	0	0	1.000
	Majors			16	15	2	4	0	0	0	2	0	.267
	Minors			1580	5487	914	1850	387	41	209	1150	63	.337

OTIS LEONARD "BLACKIE" CARTER

Born September 30, 1902 at Langley, SC.
Died September 10, 1978 at Greenville, SC.
Batted right. Threw right. Height: 5-10. Weight: 175.

Manager for Wilmington, Piedmont, 1933; Columbia, SALLY, 1936; Salisbury, North Carolina State, 1937-38; Cooleemee, North Carolina State, 1939; Landis, North Carolina State, 1940.

YEAR	CLUB	LEAGUE	POS	G	AB	R	H	2B	3B	HR	RBI	SB	AVG
1923	Winston-Salem	Piedmont	of	116	407	60	102	14	6	0	—	14	.251
1924	Greenville	SALLY	of	124	455	94	150	28	10	7	81	26	.330
1925	Richmond	Virginia	of	127	466	108	167	29	8	**38**	116	9	.358
	New York	National	of	1	4	0	0	0	0	0	0	0	.000
1926	New York	National	of	5	17	4	4	1	0	1	1	0	.235
	Newark	International	of	134	426	67	133	22	16	7	82	14	.312
1927	Buffalo	International	of	140	505	122	167	39	4	15	89	13	.331
1928	Toledo	American Association	of	60	164	18	33	7	2	1	—	4	.201
	Buffalo/Reading	International	of	40	94	18	21	4	3	1	11	2	.223
1929	Nashville	Southern Association	of	121	423	64	136	17	2	2	51	13	.322
1930	Nashville	Southern Association	of	148	556	110	182	35	6	2	62	19	.327
1931	Nashville	Southern Association	of	53	192	38	48	5	1	1	25	7	.250
	Norfolk	Eastern	of	59	218	33	65	11	3	0	29	5	.298
1932	Norfolk	Eastern	of	71	281	52	98	25	8	2	51	3	.349
	Charlotte	Piedmont	of	29	110	28	42	3	4	6	27	4	.382
1933	Wilmington	Piedmont	of	129	498	86	151	35	6	14	76	15	.303
1934	Wilmington/Asheville	Piedmont	of	58	206	42	58	12	0	6	38	2	.282
	Leaksville	Bi-State	of	36	135	31	46	8	1	5	—	1	.341
1935	Leaksville	Bi-State	of	94	360	98	128	36	0	**30**	—	5	.356
1936	Columbia	SALLY	of	26	78	15	20	5	0	1	9	2	.256
1937	Salisbury	North Carolina State	of	96	351	69	114	35	2	5	61	13	.325
1938	Salisbury	North Carolina State	of	94	338	60	102	14	2	4	53	13	.302
1939	Cooleemee	North Carolina State	of	97	360	76	110	24	4	0	61	8	.306
1940	Landis	North Carolina State	of	13	47	7	16	1	1	0	12	1	.340
	Majors			6	21	4	4	1	0	1	1	0	.190
	Minors			1865	6670	1296	2089	409	89	103	1071	193	.313

JACK DEMPSEY CASSINI

Born October 26, 1919 at Dearborn, MI.
Batted right. Threw right. Height: 5-10. Weight: 175.

Manager for Memphis, Southern Association, 1955-56; Savannah, SALLY, 1959; Geneva, New York-Pennsylvania, 1960; Rocky Mount, Carolina, 1962; Newport News (Peninsula), Carolina, 1964-65; Knoxville, Southern, 1966; Marion, Appalachian, 1969; Batavia, New York-Pennsylvania, 1976; Toledo, International, 1977.
One of the leading base stealers of his era.

YEAR	CLUB	LEAGUE	POS	G	AB	R	H	2B	3B	HR	RBI	SB	PCT.
1940	Tiffin	Ohio State	2b	99	391	118	155	17	5	4	54	**51**	.396
1941	Ogden	Pioneer	2b	124	515	90	145	16	11	0	42	**43**	.282
1942-1945						Military service							
1946	Syracuse	International	2b	15	56	8	9	1	1	0	3	2	.161
	Oklahoma City	Texas	3b-ss-2b-of	94	329	55	89	13	6	2	20	24	.271

YEAR	CLUB	LEAGUE	POS	G	AB	R	H	2B	3B	HR	RBI	SB	AVG
1947	Tulsa	Texas	2b-3b	138	495	**116**	158	15	11	3	47	**52**	.319
1948	Indianapolis	American Association	2b	131	518	101	158	27	6	0	63	**33**	.305
1949	Indianapolis	American Association	2b	131	524	86	157	22	4	3	67	14	.300
	Pittsburgh	National	pr	8	0	3	0	0	0	0	0	0	.000
1950	St. Paul	American Association	2b-3b	142	532	107	147	14	7	6	52	**36**	.276
1951	St. Paul	American Association	2b	130	463	92	141	29	0	8	50	34	.305
1952	St. Paul	American Association	2b	133	504	108	155	23	4	3	37	**35**	.308
1953	St. Paul	American Association	2b	**155**	602	109	195	32	6	12	51	27	.324
1954	Montreal	International	of	136	469	66	134	36	2	1	36	10	.286
1955	Memphis	Southern Association	2b-3b	82	272	54	83	21	1	3	34	16	.305
1956-59							Did not play in organized baseball						
1960	Geneva	New York-Pennsylvania	ph	1	1	1	0	0	0	0	0	1	.000
1961-63							Did not play in organized baseball						
1964	Peninsula	Carolina	of	6	6	2	1	0	0	0	0	0	.167
		Majors		8	0	3	0	0	0	0	0	0	.000
		Minors		1517	5677	1113	1727	266	64	45	556	378	.304

ARNOLDO LAVAGNINO "KIKO" CASTRO

Born January 11, 1939 at Guasave, Sinaloa, Mexico.
Bats right. Throws right. Height: 5-9. Weight: 170.

Manager for Tabasco, Mexican, 1980; Chihuahua, Mexican, 1982.

YEAR	CLUB	LEAGUE	POS	G	AB	R	H	2B	3B	HR	RBI	SB	AVG
1957	Aguascalientes	Central Mexican	2b-ss	101	418	65	109	17	11	3	21	15	.261
1958	Chihuahua	Arizona-Mexico	ss	37	170	45	56	21	1	4	20	11	.329
1959							Did not play in organized baseball						
1960	Aguascalientes	Central Mexican	3b-1b	49	157	28	52	10	3	5	26	7	.331
	Mexico City Reds	Mexican	3b	30	49	6	10	1	0	1	7	0	.204
1961	Aguascalientes	Central Mexican	2b-1b	46	166	26	52	10	2	0	22	7	.313
1962	Mexico City Tigers	Mexican	ss-3b	123	459	49	130	17	5	0	40	8	.283
1963	Mexico City Tigers	Mexican	3b-ss-2b	102	297	40	95	19	6	4	43	9	.320
1964	Mexico City Tigers	Mexican	2b-ss	134	543	90	173	38	5	5	73	7	.319
1965	Mexico City Tigers	Mexican	2b	141	559	87	190	28	9	8	69	10	.340
1966	Morelia	Central Mexican	2b	3	11	5	5	2	0	0	2	0	.455
	Mexico City Tigers	Mexican	2b-ss	134	501	79	147	26	3	4	47	15	.293
1967	Mexico City Tigers	Mexican	2b	118	439	76	144	21	6	6	40	5	.328
1968	Mexico City Tigers	Mexican	2b-ss-3b	123	398	49	122	15	2	6	55	5	.307
1969	Caborla	Mexican Northern	2b	2	7	1	0	0	0	0	1	0	.000
	Mexico City Tigers	Mexican	2b-ss-3b	109	377	45	111	19	6	3	47	2	.294
1970	Mexico City Tigers	Mexican	2b-ss-3b	137	437	50	106	20	0	5	45	2	.243
1971	Sabinas	Mexican	2b-3b	143	505	62	142	31	2	12	68	9	.281
1972	Sabinas	Mexican	2b	129	471	47	134	15	1	9	59	2	.285
1973	Sabinas	Mexican	2b-3b-ss	125	437	38	138	19	2	1	58	10	.316
1974	Coahuila	Mexican	3b-2b-ss	135	532	52	145	21	0	6	58	12	.273
1975	Coahuila	Mexican	2b-3b	106	400	39	118	18	2	2	34	9	.295
1976	Coahuila	Mexican	2b-3b-1b	115	400	37	104	15	1	4	45	3	.260
1977	Mexico City Tigers	Mexican	2b-3b-ss	106	342	41	94	13	3	5	29	4	.275
1978	Mexico City Tigers	Mexican	2b-1b	131	391	41	110	19	1	4	46	9	.281
1979							Did not play in organized baseball						
1980	Mexico City Tigers	Mexican #1	2b-1b	15	36	4	11	0	0	0	2	1	.306
1981							Did not play in organized baseball						
1982	Chihuahua	Mexican					Manager, did not play						
1983	Veracruz	Mexican	ss	5	6	0	0	0	0	0	0	0	.000
		Minors		2399	8508	1091	2498	415	71	97	968	162	.294

JAMES CHRISTOPHER "IKE" CAVENEY

Born December 10, 1894 at San Francisco, CA.
Died July 6, 1949 at San Francisco, CA.
Batted right. Threw right. Height: 5-9. Weight: 165.

Manager for San Francisco, Pacific Coast, 1932-34.

YEAR	CLUB	LEAGUE	POS	G	AB	R	H	2B	3B	HR	RBI	SB	AVG
1914	Murray/Salt Lake City	Utah State	ss-2b	69	268	46	82	10	7	10	35	4	.306
	Chattanooga	Southern Association	ss	32	74	9	14	2	2	0	—	1	.189
1915	Chattanooga	Southern Association	ss	124	415	37	88	18	0	1	—	7	.212

YEAR	CLUB	LEAGUE	POS	G	AB	R	H	2B	3B	HR	RBI	SB	AVG
1916	Springfield	Central	ss	132	490	62	129	19	7	1	–	15	.263
1917	Springfield	Central	ss	126	479	80	141	26	9	7	–	14	.294
1918	Columbus	American Association	ss	72	251	23	51	6	4	0	–	5	.203
1919	San Francisco	Pacific Coast	ss-2b-3b	170	654	87	178	29	5	8	–	20	.272
1920	San Francisco	Pacific Coast	ss-2b	191	723	82	202	41	8	1	–	27	.279
1921	San Francisco	Pacific Coast	ss	173	689	118	224	58	5	11	76	29	.325
1922	Cincinnati	National	ss	118	394	41	94	12	9	3	54	6	.239
1923	Cincinnati	National	ss	138	488	58	135	21	9	4	63	5	.277
1924	Cincinnati	National	ss-2b	95	337	36	92	19	1	4	32	2	.273
1925	Cincinnati	National	ss	115	358	38	89	9	5	2	47	2	.249
1926	Seattle/Oakland	Pacific Coast	ss-2b-3b	177	654	73	202	29	5	7	81	10	.309
1927	Oakland	Pacific Coast	3	169	588	69	164	33	7	5	71	2	.279
1928	Oakland/San Francisco	Pacific Coast	3b-2b	125	457	51	120	22	3	6	47	1	.263
1929	San Francisco	Pacific Coast	2b	148	530	67	177	30	3	9	87	6	.334
1930	San Francisco	Pacific Coast	2b-3b	169	575	87	193	39	1	8	84	4	.336
1931	San Francisco	Pacific Coast	2b-3b	115	407	48	136	26	8	3	55	3	.334
1932	San Francisco	Pacific Coast	2b	43	76	8	22	5	0	0	10	1	.289
1933	San Francsico	Pacific Coast	2b-3b	29	60	4	20	3	1	0	8	0	.333
1934	San Francisco	Pacific Coast	2b-3b	21	19	0	5	0	1	0	1	0	.263
	Majors			466	1577	173	410	61	24	13	196	15	.260
	Minors			2085	7409	951	2148	396	76	77	555	149	.290

Chester James "Chet" Chadbourne

Born October 26, 1884 at Parkman, ME.
Died June 21, 1943 at Los Angeles, CA.
Batted left. Threw right. Height: 5-10. Weight: 170.

Manager for Salt Lake City, Utah-Idaho, 1926.
Umpire for Pacific Coast, 1929-30; Western, 1932.

YEAR	CLUB	LEAGUE	POS	G	AB	R	H	2B	3B	HR	RBI	SB	AVG
1906	Worcester	New England	of-2b-ss	114	398	61	128	–	–	–	–	–	.327
	Boston	American	2b-ss	11	43	7	13	1	0	0	3	1	.302
1907	Boston	American	of	10	38	0	11	0	0	0	1	1	.289
	Providence	Eastern	of	128	464	70	138	12	7	2	–	21	.294
1908	Baltimore	Eastern	of	103	372	51	95	5	3	0	–	17	.255
1909	Indianapolis	American Association	of	127	484	79	119	8	6	0	–	20	.248
1910	Indianapolis	American Association	of	110	405	51	102	10	4	0	–	22	.252
1911	Portland	Pacific Coast	of	196	689	82	205	22	4	0	–	53	.298
1912	Portland	Pacific Coast	of	176	668	90	184	22	7	1	–	48	.275
1913	Portland	Pacific Coast	of	191	789	96	223	31	8	1	–	39	.284
1914	Kansas City	Federal	of	147	581	92	161	22	8	1	37	42	.277
1915	Kansas City	Federal	of	152	587	75	133	16	9	1	35	29	.227
1916	Memphis	Southern Association	of	132	498	57	117	11	5	2	–	15	.235
1917	Oakland/Vernon	Pacific Coast	of	154	590	75	157	10	1	0	–	32	.266
1918	Vernon	Pacific Coast	of	104	400	49	115	17	6	1	–	26	.288
	Boston	National	of	27	104	9	27	2	1	0	6	5	.260
1919	Vernon	Pacific Coast	of	182	721	122	212	33	9	2	–	21	.294
1920	Vernon	Pacific Coast	of	195	775	107	222	43	10	3	–	16	.286
1921	Vernon	Pacific Coast	of	178	713	105	205	42	10	0	51	24	.288
1922	Vernon	Pacific Coast	of	200	830	144	246	48	7	3	62	22	.296
1923	Vernon	Pacific Coast	of	188	756	135	240	38	8	1	50	7	.317
1924	Vernon	Pacific Coast	of	166	642	89	164	28	4	3	52	8	.255
1925	Wichita	Western	of	150	600	132	195	34	5	9	–	11	.325
1926	Salt Lake City	Utah-Idaho	of	51	173	54	71	16	2	1	–	8	.410
1927	Oklahoma City	Western	of	68	267	42	78	15	3	1	–	4	.292
	Majors			347	1353	183	345	41	18	2	82	78	.255
	Minors			2913	11234	1691	3216	445	109	30	379	420	.286

Single Season All-Time Leaders: Triples

PLAYER	3Bs	TEAM	LEAGUE	YEAR	PLAYER	3Bs	TEAM	LEAGUE	YEAR
Jack Cross	32	London	Michigan-Ontario	1925	Pete Rose	30	Tampa	Florida State	1961
Joe Delahanty	30	Allentown	Atlantic	1899	Guy Tutweiller	29	Providence	International	1914
Walter Shaner	30	Lincoln	Western	1925	Jo Jo White	29	Ft. Smith	Western	1929
Dusty Cooke	30	Asheville	South Atlantic	1928	Burl Horton	29	El Paso	Arizona-Texas	1941
Eddie Moore	30	Fort Worth	Texas	1929					

Charles L. "Buster" Chatham

Born December 25, 1901 at West, TX.
Died December 15, 1975 at Waco, TX.
Batted right. Threw right. Height: 5-5. Weight: 150.

Manager for Pensacola, Southeastern, 1942; Waco, Big State, 1948, 1953-54.
Scout for Pittsburgh, National, 1958-63; San Francisco, National, 1965; Detroit, American, 1966-72; Texas, American, 1975.

YEAR	CLUB	LEAGUE	POS	G	AB	R	H	2B	3B	HR	RBI	SB	AVG
1922	Lubbock	West Texas	ss	2	7	1	3	1	0	0	1	0	.429
	Bonham	Texas-Oklahoma	of-ss	5	18	0	6	1	0	0	2	0	.333
1923	Martin	Texas Association	of-ss	138	515	71	146	22	7	15	–	23	.283
1924	Greenville	East Texas	ss	92	352	72	120	27	5	14	–	14	.341
	Dallas	Texas	of-ss-2b	48	159	30	44	10	0	2	10	3	.277
1925	Springfield	Three I	of-ss-2b	132	522	86	170	29	7	6	–	21	.326
1926	Springfield	Three I	of	137	520	105	161	25	15	9	71	19	.309
1927	Lincoln	Western	of-ss	96	373	65	107	18	14	2	43	13	.287
	Kansas City	American Association	ss	28	41	10	15	1	0	0	1	5	.366
1928	Kansas City	American Association	ss	113	340	42	99	18	6	0	39	8	.291
1929	Pueblo	Western	ss	116	446	112	172	32	10	13	81	23	**.386**
	Portland	Pacific Coast	ss	64	263	52	82	14	6	2	23	14	.312
1930	Portland	Pacific Coast	ss	45	184	28	52	7	0	1	13	7	.283
	Boston	National	3b-ss	112	404	48	108	20	11	5	56	8	.267
1931	Boston	National	ss-3b	17	44	4	10	1	0	1	3	0	.227
	Jersey City/Montreal	International	ss	101	343	47	89	13	5	5	43	6	.259
1932	Atlanta	Southern Association	ss	132	504	67	139	26	9	5	56	11	.276
1933	Atlanta	Southern Association	ss	146	538	98	156	22	9	6	47	9	.290
1934	Atlanta	Southern Association	ss	155	580	88	161	21	7	6	75	22	.278
1935	Atlanta	Southern Association	ss	143	485	70	144	20	13	5	58	10	.297
1936	Atlanta	Southern Association	ss	155	551	87	159	19	6	7	78	8	.289
1937	Atlanta	Southern Association	ss	153	528	70	155	29	9	6	76	7	.294
1938	Atlanta	Southern Association	ss-of-3b-2b	121	387	62	119	22	8	3	49	18	.307
1939	Fort Worth	Texas	ss	161	589	116	169	35	12	6	61	37	.287
1940	Fort Worth	Texas	ss-3b	163	592	75	156	26	10	8	68	11	.264
1941	Elmira	Eastern	ss	82	245	29	58	10	4	0	30	5	.237
	Knoxville	Southern Association	ss	33	106	18	27	5	2	1	14	1	.255
1942	Pensacola	Southeastern	ss	63	216	34	54	10	3	6	34	3	.250
	Memphis	Southern Association	ss	85	279	39	73	8	4	0	26	2	.262
1943	Memphis	Southern Association	ss-3b-2b	133	470	68	122	17	5	1	40	7	.260
1944	Memphis	Southern Association	3b	9	26	3	5	3	0	0	1	0	.192
1945	Memphis	Southern Association	3b-2b-ss	122	424	95	113	15	6	3	45	5	.267
			Majors	129	448	52	118	21	11	6	59	8	.263
			Minors	2973	10603	1740	3076	506	182	132	1085	312	.290

Robert Lee Churchill

Born August 12, 1918 at Sapa, MS.
Batted left. Threw right. Height: 5-11. Weight: 175.

YEAR	CLUB	LEAGUE	POS	G	AB	R	H	2B	3B	HR	SB	RBI	AVG
1940	Hopkinsville/Owens	KITTY	of	28	73	13	20	3	2	2	7	0	.274
1941	Hopkinsville/Bowling Green	KITTY	of	110	477	80	143	35	5	9	45	9	.300
1942	Bowling Green	KITTY	of	46	190	34	66	13	2	9	38	9	.347
	Charleston	SALLY	of	50	183	30	54	10	4	1	18	2	.295
1943	Portsmouth	Piedmont	of	82	319	48	92	14	13	1	34	5	.288
	Nashville	Southern Association	of	18	36	9	14	4	0	0	4	0	.389
1944-45							Military service						
1946	Macon/Greenville	SALLY	of	123	469	64	151	27	9	1	69	1	.322
1947	Greenville	SALLY	of	136	503	62	159	25	16	6	96	3	.316
1948	Knoxville	Tri-State	of	140	566	101	**230**	33	**28**	6	102	7	**.406**
1949	Rock Hill	Tri-State	of	97	378	68	136	19	11	6	66	2	**.360**
	New Castle	Middle Atlantic	of	12	50	8	17	0	0	1	13	0	.340
1950	Durham	Carolina	of	20	69	13	23	4	3	0	10	0	.333
	Anderson	Tri-State	ss	113	463	72	165	34	13	6	69	2	**.356**
1951	Anderson	Tri-State	of	58	201	38	65	17	6	6	44	1	.323
1952	Greenville	Cotton States	of	74	312	39	96	16	7	7	67	1	.308
	Baton Rouge	Evangeline	of	55	233	40	77	19	0	6	59	2	.330
			Minors	1162	4522	719	1508	273	119	67	741	44	.333

JOHN WILLIAM "MOOSE" CLABAUGH

Born November 13, 1901 at Albany, MO.
Died July 11, 1984 at Tucson, AZ.
Batted left. Threw right. Height: 6-0. Weight: 185.

YEAR	CLUB	LEAGUE	POS	G	AB	R	H	2B	3B	HR	RBI	SS	AVG
1923	Topeka/Hutchinson	Southwestern	of	92	335	48	85	13	3	10	–	3	.254
1924	Ardmore	Western Association	of	70	263	52	94	18	8	11	64	6	.357
1925	Ardmore	Western Association	of	10	33	5	14	2	0	1	11	0	.424
	Decatur	Three I	of	47	163	23	43	9	3	1	–	6	.258
	Paris	East Texas	of	76	304	78	117	26	3	31		14	.385
1926	Tyler	East Texas	of	121	444	**106**	167	23	1	**62**	–	16	**.376**
	Brooklyn	National	of	11	14	2	1	1	0	0	1	0	.071
1927	High Point	Piedmont	of	140	515	103	**187**	40	6	21	86	16	**.363**
	Jacksonville	Southeastern	of	13	43	9	12	5	0	0	–	5	.279
1928	Jacksonville	Southeastern	of	101	380	83	139	21	9	15	81	19	**.366**
	Mobile	Southern Association	of	55	197	25	68	6	6	2	30	2	.345
1929	Mobile/Birmingham	Southern Association	of	130	421	76	133	37	8	10	77	17	.322
1930	Quincy	Three I	of	133	516	130	174	35	7	**30**	**154**	40	.337
	Buffalo	International	of	6	20	1	6	2	0	0	4	0	.300
1931	Quincy	Three I	of	13	49	8	18	5	0	1	6	3	.367
	Nashville	Southern Association	of-1b	116	439	79	166	21	6	**23**	104	6	**.378**
1932	Nashville	Southern Association	of	124	445	101	170	26	5	32	107	16	**.382**
1933	Baltimore	International	of-1b-3b	126	372	82	125	20	8	16	82	14	.336
1934	Atlanta	Southern Association	of-1b	22	74	15	25	2	3	4	21	1	.338
	Portland	Pacific Coast	of-1b	130	443	79	135	24	5	16	73	17	.305
1935	Portland	Pacific Coast	of	158	565	112	193	**56**	7	16	116	21	.342
1936	Portland	Pacific Coast	of	170	559	108	177	29	4	20	112	6	.317
1937	Portland	Pacific Coast	of	171	571	96	186	39	15	17	114	11	.326
1938-39							Ineligible List						
1940	Portland	Pacific Coast	of	14	34	6	4	1	0	1	5	1	.118
	Salem	Western International	of	60	210	40	67	12	1	6	50	4	.319
		Majors		11	14	2	1	1	0	0	1	0	.071
		Minors		2098	7395	1465	2505	472	108	346	1297	244	.339

JOHN WILLIAM "BUD" CLANCY

Born September 15, 1900 at Odell, IL.
Died September 27, 1968 at Ottumwa, IA.
Batted left. Threw left. Height: 6-0. Weight: 170.

Manager for Helena, Cotton States, 1940; Santa Barbara, California, 1941-42; Bluefield, Appalachian, 1943.
Scout for Boston, National, 1946.

YEAR	CLUB	LEAGUE	POS	G	AB	R	H	2B	3B	HR	RBI	SB	AVG
1923	Grand Rapids	Michigan-Ontario	1b	86	344	37	96	13	5	5	43	4	.279
1924	Muskegon	Michigan-Ontario	1b	124	483	48	159	25	13	2	52	15	.329
	Chicago	American	1b	13	35	5	9	1	0	0	6	3	.257
1925	Little Rock	Southern Association	1b	113	431	69	128	22	7	1	49	6	.297
	Chicago	American	1b	4	3	0	0	0	0	0	0	0	.000
1926	Little Rock	Southern Association	1b	141	544	64	185	28	10	4	84	15	.340
	Chicago	American	1b	12	38	3	13	2	2	0	7	0	.342
1927	Chicago	American	1b	130	464	46	139	21	2	3	53	4	.300
1928	Chicago	American	1b	130	487	64	132	19	11	2	37	6	.271
1929	Chicago	American	1b	92	290	36	82	14	6	3	45	3	.283
1930	Chicago	American	1b	68	234	28	57	8	3	3	27	3	.244
1931	Jersey City	International	1b	**167**	625	80	195	33	4	13	93	6	.312
1932	Jersey City	International	1b	111	436	77	134	27	3	13	88	9	.307
	Brooklyn	National	1b	53	196	14	60	4	2	0	16	0	.306
1933	Jersey City	International	1b	161	605	68	174	34	4	6	90	2	.288
1934	Buffalo	International	1b	108	398	54	105	22	6	6	63	4	.269
	Philadelphia	National	1b	20	49	8	12	0	0	1	7	0	.245
1935	Birmingham	Southern Association	1b	159	638	85	191	31	11	6	71	8	.299
1936	Birmingham	Southern Association	1b	143	564	103	181	37	8	13	77	3	.321
1937	Birmingham	Southern Association	1b	**154**	597	83	186	25	5	7	55	5	.312
1938	Birmingham	Southern Association	1b	**156**	626	82	189	25	4	3	58	4	.302
1939	Birmingham	Southern Association	1b	149	565	71	174	24	10	6	77	4	.308
1940	Helena	Cotton States	1b	134	522	94	178	35	12	4	111	8	.341
1941	Santa Barbara	California	1b	108	398	67	137	25	4	4	82	6	**.344**

YEAR	CLUB	LEAGUE	POS	G	AB	R	H	2B	3B	HR	RBI	SB	AVG
1942	Santa Barbara	California	1b	59	219	28	72	15	0	1	41	2	.329
	Valdosta	Georgia-Florida	1b	48	167	36	48	10	3	0	31	5	.287
			Majors	522	1796	204	504	69	26	12	198	19	.281
			Minors	2121	8154	1146	2532	431	109	94	1165	106	.311

Harry "Pep" Clark

Born March 20, 1883 at Union City, OH.
Died June 8, 1965 at Milwaukee, WI.
Batted right. Threw right. Height: 5-7½. Weight: 175.

Manager for Milwaukee, American Association, 1913-16, 1922-25.

YEAR	CLUB	LEAGUE	POS	G	AB	R	H	2B	3B	HR	RBI	SB	AVG
1903	Dallas	Texas	3b	99	411	50	131	19	3	11	—	21	.319
	Chicago	American	3b	15	65	7	20	4	2	0	9	5	.308
1904	Milwaukee	American Association	3b	137	554	68	141	22	5	1	—	28	.255
1905	Milwaukee	American Association	3b	143	492	79	120	22	6	2	—	14	.244
1906	Milwaukee	American Association	3b	125	450	71	115	17	8	1	—	21	.256
1907	Milwaukee	American Association	3b	136	450	55	88	9	3	3	—	16	.196
1908	Milwaukee	American Association	3b	112	374	54	95	16	6	5	—	12	.254
1909	Milwaukee	American Association	3b	173	548	78	141	25	8	4	—	28	.257
1910	Milwaukee	American Association	3b	164	525	69	131	22	7	4	—	20	.250
1911	Milwaukee	American Association	3b	162	540	82	141	20	7	6	—	14	.261
1912	Milwaukee	American Association	3b	138	473	74	138	24	13	4	—	17	.292
1913	Milwaukee	American Association	3b	165	556	85	159	16	19	3	—	25	.286
1914	Milwaukee	American Association	3b	150	478	108	144	25	4	4	—	16	.301
1915	Milwaukee	American Association	3b	130	358	59	97	13	6	1	—	12	.271
1916	Milwaukee	American Association	3b	89	243	36	50	6	3	1	—	10	.206
1917-21						Did not play in organized baseball							
1922	Milwaukee	American Association	3b	5	13	2	2	0	0	0	1	0	.154
1923	Milwaukee	American Association	3b	5	11	2	2	1	0	0	0	0	.182
			Majors	15	65	7	20	4	2	0	9	5	.308
			Minors	1933	6476	972	1695	257	98	50	—	254	.262

James Buster "Buzz" Clarkson

Born March 13, 1918 at Hopkins, SC.
Died January 18, 1989 at Jeanette, PA.
Batted right. Threw right. Height: 5-11. Weight: 200.

YEAR	CLUB	LEAGUE	POS	G	AB	R	H	2B	3B	HR	RBI	SB	AVG
1937	Pittsburgh	Negro National				No record available							
1938	Pittsburgh	Negro National				No record available							
1939	Toledo	Negro National	—	5	19	—	8	—	—	—	—	—	.421
1940	Indianapolis/Newark	Negro American	ss	22	89	—	39	3	1	8	—	—	.438
	Nuevo Laredo	Mexican	ss	19	80	12	27	4	3	1	131	—	.338
1941	Tampico	Mexican	ss	82	326	97	109	23	3	19	83	7	.334
1942	Newark/Philadelphia	Negro American	ss	31	114	—	41	11	0	2	—	2	.360
1943-45						Military service							
1946	Veracruz	Mexican	3b-ss	37	131	29	39	8	1	9	32	7	.298
	Philadelphia	Negro American	—	38	146	26	45	7	2	2	34	8	.308
1947	Veracruz	Mexican	ss	112	390	75	118	19	7	17	68	20	.303
1948	St. Jean	Provincial	—	80	276	93	110	12	0	28	68	16	.399
1949	Philadelphia	Negro American	3b-ss	56	192	32	60	—	—	—	—	—	.313
1950	Philadelphia	Negro American	ss-3b	33	108	21	32	10	1	4	18	8	.296
	Milwaukee	American Association	3b	59	205	34	62	11	1	7	33	0	.302
1951	Milwaukee	American Association	ss	97	283	52	97	12	4	5	49	6	.343
1952	Boston	National	ss-3b	14	25	3	5	0	0	0	1	0	.200
	Milwaukee	American Association	ss-3b	74	242	49	77	14	2	12	68	10	.318
1953	Dallas	Texas	3b	137	445	91	147	32	1	18	87	11	.330
1954	Beaumont/Dallas	Texas	ss-3b	157	543	109	176	21	2	**42**	135	7	.324
1955	Los Angeles	Pacific Coast	3b	100	316	40	93	8	0	13	46	1	.294
1956	Los Angeles	Pacific Coast	3b	8	11	2	3	1	0	0	0	0	.273
	Tulsa	Texas	3b	48	137	24	35	4	0	5	19	1	.255
	Des Moines	Western	3b	60	205	45	57	11	0	13	50	3	.278
			Majors	14	25	3	5	0	0	0	1	0	.200
			Minors	1070	3590	722	1150	180	24	189	751	90	.320

Frederick C. "Bill" Clay

Born November 23, 1874 at Baltimore, MD.
Died October , 12, 1917 at York, PA.
Threw right.

Manager for Chambersburg, Blue Ridge,.1915.

YEAR	CLUB	LEAGUE	POS	G	AB	R	H	2B	3B	HR	RBI	SB	AVG
1900	Meriden	Connecticut	1b-of	38	118	32	31	6	3	4	—	8	.263
1901	Meriden	Connecticut	of	46	—	—	—	—	—	—	—	—	—
1902	Meriden	Connecticut	of	50	—	—	—	—	—	—	—	—	—
	Philadelphia	National	of	3	8	1	2	0	0	0	1	0	.250
1903	Meriden	Connecticut	of	46	181	31	48	8	4	0	—	15	.265
1904	York	Tri-State	of-c-1b	105	427	96	127	16	6	15	—	17	.297
1905	York	Tri-State	of	38	149	46	59	6	5	12	—	5	.396
	Louisville	American Association	of	73	291	54	110	9	10	3	—	11	.378
1906	York/Harrisburg	Tri-State	of	126	451	78	127	25	11	4	—	34	.282
1907	York/Reading	Tri-State	of	128	473	69	140	22	8	0	—	21	.296
1908	Reading	Tri-State	of	126	444	70	138	17	9	2	—	19	.311
1909	Reading	Tri-State	of	114	388	68	130	20	8	3	—	15	.335
1910	Trenton	Tri-State	of	111	388	64	127	19	4	5	—	14	.328
1911	Trenton	Tri-State	of	105	385	76	118	29	4	8	—	12	.306
1912	Trenton	Tri-State	of	114	435	114	136	31	6	3	—	6	.313
1913	Tenton	Tri-State	of	113	430	85	145	36	5	4	—	27	.337
1914	Lancaster	Tri-State	of	108	382	51	114	20	3	3	—	10	.298
1915	Fitchburg/Worcester	New England	of	22	61	8	16	6	0	0	—	0	.262
	Chambersburg/Gettysburg	Blue Ridge	of	59	197	29	61	13	5	0	—	9	.310
		Majors		3	8	1	2	0	0	0	1	0	.250
		Minors		1522	5200	971	1627	283	91	66	—	223	.313

Nathaniel "Sweetwater" Clifton

Born October 13, 1922 at Chicago, IL.
Died August 31, 1990, at Chicago, IL.
Height: 6-7. Weight: 235.

Played basketball with Harlem Globetrotters in 1940s. The six-foot-seven star was first black to sign with NBA team, the New York Knicks, in 1950. Concluded career with Detroit in 1958.

YEAR	CLUB	LEAGUE	POS	G	AB	R	H	2B	3B	HR	RBI	SB	AVG
1949	Dayton	Central	1b	73	264	36	85	19	5	11	53	1	.322
	Pittsfield	Canadian-American	1b	24	80	10	22	2	1	3	10	0	.275
1950	Wilkes-Barre	Eastern	1b	120	427	70	130	27	7	9	86	4	.304
		Minors		217	771	116	237	48	13	23	149	5	.307

John Paul Cobb

Born February 23, 1888 at Roylston, GA.
Died October 27, 1964 at Sarasota, FL.
Batted right. Threw right. Height: 6-0. Weight: 165.

Known as Paul
Brother of Ty Cobb.
Attended Georgia Tech in spring of 1906. Returned in 1916.
Drafted by St. Louis Browns after 1908 season.

YEAR	CLUB	LEAGUE	POS	G	AB	R	H	2B	3B	HR	RBI	SB	AVG
1907	Kalamazoo	Southern Michigan	of	34	128	11	31	3	1	0	—	6	.242
	Leavenworth	Western Association	of	52	192	9	48	—	—	—	—	—	.250
1908	Enid/Joplin	Western Association	of	140	479	81	131	15	10	10	—	34	.273
1909	Memphis	Southern Association	of	5	14	1	5	1	0	0	—	2	.357
	Fresno	California	of	36	130	16	27	5	1	9	—	4	.208
1910	Lincoln	Western	of	167	613	92	190	25	12	6	—	37	.310
1911	Lincoln	Western	of	168	620	94	190	36	5	9	59	48	.306
1912	Lincoln	Western	of	144	567	73	150	39	9	2	—	22	.265
1913	Lincoln	Western	of	82	292	40	74	20	1	2	—	7	.253
	Ogden	Utah State	of	36	141	29	47	15	3	0	19	5	.333
1914	Ogden	Utah State	of	108	430	83	131	43	4	5	67	23	.312
1915				Did not play in organized baseball									
1916	Terre Haute	Central	of	5	18	1	5	1	0	0	0	0	.278
	Newport News	Virginia	of	6	21	2	3	0	1	0	—	0	.143
	Jacksonville	SALLY	1b	18	62	11	18	3	2	1	—	1	.290
		Minors		1001	3707	543	1050	206	49	44	145	189	.283

ANDREW HOWARD "ANDY" COHEN

Born October 25, 1904 at Baltimore, MD.
Died October 29, 1988 at El Paso, TX.
Batted right. Threw right. Height: 5-8. Weight: 155.

Brother of Syd Cohen, major league pitcher.
Manager for Pine Bluff, Cotton States, and Dayton, Middle Atlantic, 1939; Dayton, Middle Atlantic, 1940; El Paso, Mexican National, 1946; Eau Claire, Northern, 1948-50; Denver, Western, 1951-54; New Orleans, Southern Association, 1955-56; Indianapolis, American Association, 1957.

YEAR	CLUB	LEAGUE	POS	G	AB	R	H	2B	3B	HR	RBI	SB	AVG
1925	Waco	Texas	ss	106	417	60	130	18	1	6	51	8	.312
1926	Waco	Texas	ss	30	114	15	26	6	0	3	14	1	.228
	New York	National	ss-2b-3b	32	35	4	9	0	1	0	8	0	.257
1927	Buffalo	International	ss-2b	150	555	90	196	34	5	14	118	3	.353
1928	New York	National	2b-ss-3b	129	504	90	196	34	5	14	118	3	.353
1929	New York	National	2b-ss-3b	101	347	40	102	12	2	5	47	3	.294
1930	Newark	International	3b-2b-ss	106	386	42	100	9	4	6	56	2	.259
1931	Newark	International	2b	131	539	81	171	23	9	10	65	2	.317
1932	Newark	International	2b	51	216	30	61	4	2	4	26	1	.282
	Minneapolis	American Association	2b	93	420	66	122	16	3	1	41	0	.290
1933	Minneapolis	American Association	2b	123	545	70	149	29	2	3	49	4	.273
1934	Minneapolis	American Association	2b	145	666	106	207	33	4	0	62	0	.311
1935	Minneapolis	American Association	2b	153	665	90	182	30	7	2	55	0	.274
1936	Minneapolis	American Association	2b	112	485	76	147	23	5	7	65	0	.303
1937	Minneapolis	American Association	2b	131	497	76	159	28	12	11	82	3	.320
1938	Minneapolis	American Association	2b	145	597	66	150	24	4	4	55	4	.251
1939	Minneapolis	American Association	2b	2	1	0	0	0	0	0	1	0	.000
	Pine Bluff	Cotton States	2b	75	276	30	77	17	3	6	48	3	.279
	Dayton	Middle Atlantic	2b	50	187	19	64	6	4	1	25	4	.342
1940	Dayton	Middle Atlantic	2b	120	455	39	116	20	2	0	56	6	.255
1941	Elmira	Eastern	2b	132	459	27	99	19	4	0	50	2	.216
1942	Elmira	Eastern	2b	25	89	7	22	2	1	0	6	0	.247
1943-45							Military service						
1946	El Paso	Mexican National	2b	14	51	8	21	4	2	0	9	0	.412
		Majors		262	886	108	249	36	10	14	114	6	.281
		Minors		1894	7620	998	2199	345	74	78	934	43	.289

MICHAEL DEWAYNE COLE

Born September 30, 1960 at San Diego, CA.
Bats left. Throws right. Height: 5-9. Weight: 160.

YEAR	CLUB	LEAGUE	POS	G	AB	R	H	2B	3B	HR	RBI	SB	AVG
1980	Elizabethton	Appalachian	2b-of	54	212	41	61	6	1	0	20	14	.288
1981	Wisconsin Rapids	Midwest	2b	114	414	75	103	8	3	1	22	32	.249
1982	Visalia	California	2b-of	114	381	86	110	15	4	1	40	71	.289
1983	Savannah	Southern	of-3b	137	470	87	134	21	4	1	36	**75**	.285
1984	Greenville	Southern	of-2b	137	502	**105**	153	11	6	2	38	85	.305
1985	Greenville/Memphis	Southern	of	40	150	27	42	5	3	1	13	22	.280
	Omaha	American Association	of	69	227	41	77	7	5	0	19	28	.339
1986	Cordoba	Mexican	of	45	156	40	58	5	5	0	17	25	.372
1987	Campeche	Mexican	of	116	438	101	157	20	7	4	41	**66**	.358
1988	Campeche	Mexican	of	124	480	109	159	17	14	2	42	**80**	.331
1989	Tabasco	Mexican	of	127	459	**108**	172	16	10	0	37	**100**	.375
1990	Campeche	Mexican	of	123	452	91	152	15	2	0	34	**56**	.336
1991	San Luis Potosi/Monterrey	Mexican	of	70	240	61	89	6	3	3	37	24	.371
1992						Did not play in organized baseball							
1993	Campeche	Mexican	of	16	60	9	17	1	1	1	5	4	.283
		Minors		1286	4641	981	1484	153	68	16	401	682	.320

SINGLE SEASON ALL-TIME LEADERS: HOME RUNS

PLAYER	HRS	TEAM	LEAGUE	YEAR	PLAYER	HRS	TEAM	LEAGUE	YEAR
Joe Bauman	72	Roswell	Longhorn	1954	Joe Hauser	63	Baltimore	International	1930
Joe Hauser	69	Minneapolis	American Association	1933	Moose Clabaugh	62	Tyler	East Texas	1926
Bob Crues	69	Amarillo	W. Texas-New Mexico	1948	Ken Guettler	62	Shreveport	Texas	1956
Dick Stuart	66	Lincoln	Western	1956	Tony Lazzeri	60	Salt Lake City	Pacific Coast	1925
Bob Lennon	64	Nashville	Southern Association	1954	Frosty Kennedy	60	Plainview	Southwestern	1956

PARKE EDWARD "ED" COLEMAN

Born December 1, 1901 at Canby, OR.
Died August 5, 1964 at Oregon City, OR.
Batted left. Threw right. Height: 6-2. Weight: 200.

YEAR	CLUB	LEAGUE	POS	G	AB	R	H	2B	3B	HR	RBI	SB	AVG
1926	Logan	Utah-Idaho	of	44	129	22	49	10	5	2	–	1	.380
1927	Idaho Falls	Utah-Idaho	of	50	202	45	74	15	9	7	–	1	.366
1928	Boise/Twin Falls	Utah-Idaho	of	110	433	89	167	28	12	26	–	6	.386
1929	San Francisco	Pacific Coast	of	121	405	73	139	24	2	16	72	2	.343
1930	San Francisco	Pacific Coast	of	125	396	55	119	18	2	12	68	3	.301
1931	Portland	Pacific Coast	of	187	768	134	275	53	14	37	183	4	.358
1932	Philadelphia	American	of	26	73	13	25	7	1	1	13	1	.342
1933	Philadelphia	American	of	102	388	48	109	26	3	6	68	0	.281
1934	Philadelphia	American	of	101	329	53	92	14	6	14	60	0	.280
1935	Philadelphia/St. Louis	American	of	118	410	66	115	15	9	17	71	0	.280
1936	St. Louis	American	of	92	137	13	40	5	4	2	34	0	.292
1937	Toledo	American Association	of	138	517	95	159	29	5	25	123	1	.308
1938	Toledo	American Association	of	119	437	77	145	27	8	15	89	3	.332
1939	Portland	Pacific Coast	of	105	320	56	110	17	1	16	77	0	.344
1940	Portland	Pacific Coast	of	73	268	38	85	10	0	9	47	0	.317
	Oklahoma City	Texas	of	22	72	6	15	4	0	0	9	0	.208
1941	Salem	Western International.	of	6	12	1	2	1	0	0	1	0	.167
		Majors		439	1337	193	381	67	23	40	246	1	.285
		Minors		1100	3959	691	1339	236	58	165	669	21	.338

JAMES ANTHONY "RIPPER" COLLINS

Born March 30, 1904 at Altouna, PA.
Died April 16, 1970 at New Haven, NY.
Batted both, Threw left. Height: 5-9. Weight: 165.

Manager for Albany, Eastern, 1942-46; San Diego, Pacific Coast, 1947-48; Pawtucket, New England, 1949; Hartford, New England, 1949-50; Seminole, Sooner State, 1951.
Coach for Chicago, National, 1963.
Scout for St. Louis, National, 1970.

YEAR	CLUB	LEAGUE	POS	G	AB	R	H	2B	3B	HR	RBI	SB	AVG
1923	Wilson	Virginia	of	3	11	0	2	0	0	0	0	0	.182
	York	New York-Pennsylvania	of	10	35	7	9	1	1	1	5	1	.257
1924		Did not play in organized baseball											
1925	Johnstown	Middle Atlantic	of	99	379	83	124	30	9	15	–	19	.327
1926	Johnstown	Middle Atlantic	of	102	377	76	118	25	9	14	–	6	.313
	Rochester	International	of	4	16	5	5	0	0	1	1	0	.313
1927	Jackson/Savannah	Southeastern	of	96	358	52	101	17	12	4	–	11	.282
	Rochester	International	of	45	138	26	34	0	4	2	12	3	.246
1928	Danville	Three I	1b	124	456	101	177	28	15	19	101	11	.388
	Rochester	International	1b	14	32	5	12	0	0	4	11	0	.375
1929	Rochester	International	1b	154	558	119	176	38	12	38	134	9	.315
1930	Rochester	International	1b	167	623	165	234	34	19	40	180	9	.376
1931	St. Louis	National	1b	89	279	34	84	20	10	4	59	1	.301
1932	St. Louis	National	1b-of	149	549	82	153	28	8	21	91	4	.279
1933	St. Louis	National	1b	132	493	66	153	26	7	10	68	7	.310
1934	St. Louis	National	1b	154	600	116	200	40	12	35	128	2	.333
1935	St. Louis	National	1b	150	578	109	181	36	10	23	122	0	.313
1936	St. Louis	National	1b	103	277	48	81	15	3	13	48	1	.292
1937	Chicago	National	1b	115	456	77	125	16	5	16	71	2	.274
1938	Chicago	National	1b	143	490	78	131	22	8	13	61	1	.267
1939	Los Angeles	Pacific Coast	1b	172	586	113	196	40	9	26	128	5	.334
1940	Los Angeles	Pacific Coast	1b	174	630	93	206	42	5	18	111	6	.327
1941	Pittsburgh	National	1b	49	62	5	13	2	2	0	11	0	.210
1942	Albany	Eastern	1b	118	352	51	97	16	2	3	45	7	.276
1943	Albany	Eastern	1b	82	253	37	79	16	4	1	38	11	.312
1944	Albany	Eastern	1b	100	323	62	128	40	8	3	77	14	.396
1945	Albany	Eastern	1b	95	286	49	96	20	5	4	61	7	.336
1946	Albany	Eastern	1b	43	122	17	41	7	4	0	23	3	.336
1947	San Diego	Pacific Coast	1b	9	13	0	2	0	0	0	1	0	.154
		Majors		1084	3784	615	1121	205	65	135	659	18	.296
		Minors		1611	5548	1061	1837	354	118	193	928	122	.331

JIMMIE COLLINS

Born November 19, 1948 at Canton, MS.
Bats left. Throws left. Height: 6-2. Weight: 185.

Jimmie is correct first name and no middle name.

YEAR	CLUB	LEAGUE	POS	G	AB	R	H	2B	3B	HR	RBI	SB	AVG
1971	Wytheville	Appalachian	1b-of	33	56	7	19	4	2	1	7	3	.339
1972	Greenwood	Western Carolinas	of	112	371	62	104	12	2	0	32	25	.280
	Savannah	Southern	of	3	2	1	0	0	0	0	0	0	.000
1973	Savannah	Southern	of	19	42	7	6	1	0	0	4	3	.143
	Kinston	Carolina	of-p	100	363	62	118	5	4	4	41	15	.325
1974	Savannah	Southern	of	138	521	64	135	11	5	4	60	16	.259
1975	Savannah	Southern	of	131	470	55	139	16	5	2	43	16	.296
1976	Richmond	International	of	80	266	35	78	11	5	2	29	7	.293
	Savannah	Southern	of-1b	5	17	1	2	0	0	1	3	1	.118
1977	Richmond	International	of	111	344	30	83	12	1	0	36	6	.241
1978	Chihuahua	Mexican	of	136	528	87	185	28	12	11	67	22	.350
1979	Chihuahua	Mexican	of	124	470	95	**206**	35	10	6	60	33	**.438**
1980	Chihuahua	Mexican #1	of	91	346	62	131	19	13	4	52	19	.379
	Saltillo	Mexican #2	of	39	137	25	**52**	8	3	2	**31**	5	**.380**
1981	Chihuahua/Saltillo	Mexican	of	123	446	73	144	25	12	5	48	19	.323
1982	Coatzacualcos	Mexican	of	108	397	66	128	19	3	0	49	15	.322
1983	Coatzacualcos	Mexican	of	117	432	52	128	18	3	2	46	39	.296
1984	Mexico City Reds/Cordoba	Mexican	of	109	403	81	166	35	4	6	59	12	.412
1985	Cordoba/Veracruz	Mexican	of	124	445	72	141	30	2	6	56	14	.317
1986	Leon/San Luis Potosi	Mexican	of	126	474	102	174	41	8	7	73	7	.367
1987	Tabasco	Mexican	of-1b	122	428	67	141	22	5	10	67	5	.329
		Minors		1951	6958	1106	2280	365	100	73	863	282	.328

ANNA SEBASTIAN "PETE" COMPTON

Born September 28, 1889 at San Marcos, TX.
Died February 3, 1978 at Kansas City, MO.
Batted left. Threw left. Height: 5-11. Weight: 170.

YEAR	CLUB	LEAGUE	POS	G	AB	R	H	2B	3B	HR	RBI	SB	AVG
1909	Lancaster	Ohio State	of	26	83	5	18	1	0	0	—	3	.217
1910	Beeville	Southwest Texas	of	115	419	51	106	14	5	1	—	41	.253
1911	Battle Creek	Southern Michigan	of	125	511	86	180	28	25	4	—	49	.352
	St. Louis	American	of	28	107	9	29	4	0	0	5	2	.271
1912	St. Louis	American	of	101	268	26	75	6	4	2	30	11	.280
1913	St. Louis	American	of	61	100	14	18	5	2	2	17	2	.180
	Kansas City	American Association	of	36	130	15	34	4	4	4	—	7	.262
1914	Kansas City	American Association	of	166	607	89	197	33	13	11	—	58	.325
1915	St. Louis	Federal	of	2	8	0	2	0	0	0	3	0	.250
	Kansas City	American Association	of	104	414	83	142	19	9	9	—	19	.343
	Boston	National	of	35	116	10	28	7	1	1	12	4	.241
1916	Boston/Pittsburgh	National	of	39	114	14	21	2	0	0	8	5	.184
	Louisville	American Association	of	73	278	42	81	12	5	3	—	9	.291
1917	Louisville	American Association	of	61	215	30	48	6	3	1	—	5	.223
	New Orleans	Southern Association	of	66	238	36	62	9	5	1	—	13	.261
1918	New Orleans	Southern Association	of	70	224	36	72	11	5	3	—	13	.321
	Louisville	American Association	of	15	59	14	23	1	2	1	—	5	.390
	New York	National	of	21	60	5	13	0	1	0	5	2	.217
1919	Seattle	Pacific Coast	of	167	629	100	185	24	8	10	—	31	.294
1920	Sacramento	Pacific Coast	of	200	742	90	228	33	4	14	—	31	.307
1921	Sacramento	Pacific Coast	of	168	616	108	171	29	7	18	95	24	.278
1922	Sacramento/San Francisco	Pacific Coast	of	126	432	55	132	12	8	8	43	12	.306
1923	San Francisco	Pacific Coast	of	134	527	81	171	37	5	7	68	7	.324
1924	Houston	Texas	of	151	**635**	125	201	36	14	11	89	11	.317
1925	Houston	Texas	of	143	534	96	168	33	3	10	92	16	.315
1926	Fort Worth	Texas	of	80	286	38	87	13	3	1	38	3	.304
	Wichita	Western	of	59	230	47	82	24	5	3	—	2	.357
1927	Denver	Western	of	70	281	57	96	14	5	6	—	1	.342
1928	Miami	Arizona State	of	67	261	47	81	9	9	3	—	25	.310
		Majors		287	773	78	186	24	8	5	80	26	.241
		Minors		2222	8351	1331	2565	402	147	129	425	385	.307

RAMON LUIS CONDE

Born December 29, 1934 at Juana Diaz, Puerto Rico.
Batted right. Threw right. Height: 5-8. Weight: 172.

Manager for Tabasco, Mexican, 1981; Wytheville, Appalachian, 1985; Union Laguna, Mexican, 1986.

YEAR	CLUB	LEAGUE	POS	G	AB	R	H	2B	3B	HR	RBI	SO	AVG
1954	Sioux City	Western	ss	108	390	55	129	28	1	14	58	31	.331
1955	Dallas	Texas	ss	29	109	10	24	5	0	0	7	15	.220
	Sioux City	Western	ss-2b	134	494	70	171	35	0	11	84	35	.346
1956	Johnstown	Eastern	3b-2b-ss	135	527	73	155	25	5	6	69	31	.294
1957	Springfield	Eastern	3b	134	481	65	148	**43**	5	5	73	33	.308
1958	Tulsa/Victoria	Texas	3b-ss	120	407	57	128	24	3	4	37	21	.314
1959	Victoria	Texas	3b-2b	128	472	62	154	27	2	9	75	36	.326
1960	Spokane	Pacific Coast	3b	137	483	62	157	31	5	4	74	33	.325
1961	Spokane	Pacific Coast	3b-2b	150	567	67	164	30	7	7	80	43	.289
1962	Indianapolis	American Association	3b	89	329	63	116	24	0	12	76	35	.353
	Chicago	American	3b	14	16	0	0	0	0	0	1	3	.000
1963	Indianapolis	International	2b-of-3b	135	479	69	143	31	4	11	82	46	.299
1964	Indianapolis	Pacific Coast	3b-of	77	167	20	42	5	0	7	34	18	.251
1965	Indianapolis	Pacific Coast	of-2b-3b	119	401	44	135	29	2	8	40	27	.337
1966	Indianapolis	Pacific Coast	1b-2b-of	130	434	47	135	16	4	8	73	36	.311
1967	Indianapolis	Pacific Coast	3b-1b	70	215	20	61	10	3	4	26	18	.284
	Syracuse	International	1b	19	46	3	6	1	0	0	3	5	.130
1968	Indianapolis	Pacific Coast	3b-1b	97	308	33	87	11	0	2	39	21	.282
	Evansville	Southern	2b-3b-1b	22	80	9	20	5	0	0	9	7	.250
1969	Indianapolis	American Association	3b-2b-ss	69	186	22	52	6	0	3	27	15	.280
1970	Asheville	Southern	1b-3b	32	64	2	16	3	0	0	5	11	.250
	Indianapolis	American Association	2b	14	16	0	2	0	0	0	1	2	.125
	Saltillo	Mexican	1b-3b	21	77	8	20	4	0	0	4	5	.260
	Majors			14	16	0	0	0	0	0	1	3	.000
	Minors			1969	7232	861	2065	393	41	115	976	524	.286

WILLIAM MILLAR "BUNK" CONGALTON

Born January 24, 1875 at Guelph, Ontario.
Died August 19, 1937 at Cleveland, OH.
Batted left. Threw left. Height: 5-10. Weight: 165.

YEAR	CLUB	LEAGUE	POS	G	AB	R	H	2B	3B	HR	RBI	SB	AVG
1895	Toronto	Eastern	of	13	43	9	8	2	1	0	—	3	.186
	Port Huron	Michigan State	of	3	13	2	4	1	0	0	—	1	.308
1896	Guelph	Canadian	of-p	31	130	23	28	4	3	2	—	—	.215
1897	Guelph	Canadian	of	46	182	35	58	9	7	3	—	19	.319
1898	Hamilton	International	of	58	232	41	77	13	**6**	5	—	19	.332
	Hamilton	Canadian	of	57	224	55	74	11	**9**	5	—	11	.330
1899	Hamilton	Canadian	of	63	255	57	88	12	6	4	—	19	.345
	Milwaukee	Western	of	40	168	24	50	6	4	0	—	9	.298
1900	Wheeling	Interstate	of	131	539	—	158	23	7	6	—	23	.293
1901	Minneapolis	Western	of	102	425	75	132	27	11	5	—	17	.311
1902	Chicago	National	of	45	179	14	40	3	0	1	24	3	.223
	Colorado Springs	Western	of	78	313	57	106	10	11	8	—	10	.339
1903	Colorado Springs	Western	of	123	507	84	**184**	23	**18**	7	—	30	**.363**
1904	Colorado Springs	Western	of	129	538	113	176	25	9	5	—	22	**.327**
1905	Columbus	American Association	of	153	592	88	186	36	8	2	—	27	.314
	Cleveland	American	of	12	47	4	17	0	0	0	5	3	.362
1906	Cleveland	American	of	117	419	51	134	13	5	2	50	12	.320
1907	Cleveland/Boston	American	of	136	518	46	146	11	7	2	49	13	.282
1908	Columbus	American Association	of	152	594	76	179	**41**	4	3	—	18	.301
1909	Columbus	American Association	of	168	669	63	183	26	7	2	—	11	.274
1910	Columbus	American Association	of	144	543	58	158	29	2	1	—	16	.291
1911	Columbus	American Association	of	165	669	99	211	49	5	3	—	9	.315
1912	Columbus/Toledo	American Association	of	143	550	75	154	27	4	2	—	9	.280
1913	Omaha	Western	of-3b	164	649	117	**227**	**50**	4	19	—	15	.350
1914	Omaha	Western	of	136	516	97	173	31	4	11	—	18	.335
	Majors			310	1163	115	337	27	12	5	128	31	.290
	Minors			2099	8351	1248	2614	455	130	93	—	306	.313

MERVIN THOMAS "BUD" CONNALLY

Born April 25, 1901 at San Francisco, CA.
Died June 12, 1964 at Berkeley, CA.
Batted right. Threw right. Height: 5-8. Weight: 154.

YEAR	CLUB	LEAGUE	POS	G	AB	R	H	2B	3B	HR	RBI	SB	AVG
1922	Portland	Pacific Coast	2b-of	7	14	1	3	0	0	0	0	1	.214
	Tacoma	Western International.	ss	37	144	9	36	7	4	2	7	4	.250
	Des Moines	Western	2b-3b-ss	50	167	17	40	6	1	1	12	4	.240
1923	Portland	Pacific Coast	ss	10	33	5	8	2	0	0	2	0	.242
	Bay City	Michigan-Ontario	3b	133	481	80	144	34	15	8	78	18	.299
1924	Bay City	Michigan-Ontario	3b	136	518	92	171	**43**	13	6	85	31	.330
1925	Boston	American	ss-3b	43	107	12	28	7	1	0	21	0	.262
	Mobile	Southern Association	3b	43	167	34	52	11	1	1	13	2	.311
1926	Toledo/Columbus	American Association	2b-3b-ss	129	461	79	141	23	4	2	62	15	.306
1927	Toledo/Indianapolis	American Association	ss-2b-3b	132	474	67	130	28	7	2	48	18	.274
1928	Indianapolis	American Association	2b	147	525	65	153	29	8	1	62	7	.291
1929	Indianapolis	American Association	2b	163	575	64	157	32	1	5	83	11	.273
1930	Indianapolis	American Association	2b-ss-1b	133	479	85	162	33	7	7	75	8	.338
1931	Milwaukee	American Association	2b-3b	161	670	118	211	35	5	15	85	22	.315
1932	Milwaukee	American Association	2b	165	657	111	190	26	4	14	84	18	.289
1933	Milwaukee	American Association	2b-ss	148	550	100	166	33	3	18	79	11	.302
1934	San Antonio	Texas	2b	148	574	101	171	36	1	5	77	6	.298
1935	New Orleans	Southern Association	3b-2b	125	439	55	124	27	6	6	67	3	.282
1936	New Orleans	Southern Association	3b 2b	157	534	66	142	29	10	4	95	5	.266
1937	New Orleans	Southern Association	3b	89	265	30	69	12	2	0	31	5	.260
	Montgomery	Southeastern	3b	36	126	20	40	7	0	0	28	2	.317
1938	Montgomery	Southeastern	3b	137	431	68	124	18	3	0	52	9	.288
1939	Bloomington	Three I	3b	117	393	72	117	23	1	8	72	9	.298
1940	Madison	Three I	3b	36	84	18	21	3	0	0	16	2	.250
		Majors		43	107	12	28	7	1	0	21	0	.262
		Minors		2439	8761	1357	2572	497	96	105	1213	211	.294

FRANK HENRY CONNAUGHTON

Born January 1, 1869 at Clinton, MA.
Died December 1, 1942 at Boston, MA.
Batted right. Threw right. Height: 5-9. Weight: 165.

Manager for Haverhill, New England, 1909; New Bedford, New England and Bangor, New Brunswick, Maine State, 1913.
Basically a catcher at start of career. Used catcher's glove when shifted to infield. This may have led to rule prohibiting the use of large gloves by infielders.
Ill with malaria late in 1898. Died when struck by automobile in 1942.

YEAR	CLUB	LEAGUE	POS	G	AB	R	H	2B	3B	HR	RBI	SB	AVG
1891	Woonsocket	New England	c-of-1b	37	154	27	44	8	3	1	—	9	.286
1892	Pawtucket/Lewiston	New England	c	87	396	92	122	**34**	1	1	—	44	.308
1893	Savannah	Southern	of-c-2b-ss	82	292	55	80	6	1	0	—	—	.274
	Lewiston	New England	c	11	39	6	11	2	0	0	—	2	.282
1894	Brockton	New England	c-ss-1b	20	91	30	31	5	1	2	—	5	.341
	Boston	National	ss-c-of	46	171	42	59	9	2	2	33	3	.345
1895	Kansas City	Western	ss	115	493	118	177	36	12	9	—	20	.359
1896	New York	Atlantic	1b-2b	13	40	13	14	2	0	0	—	9	.350
	New York	National	ss-of	88	315	53	82	3	2	2	43	22	.260
1897	Kansas City	Western	ss	137	563	95	157	18	12	0	—	26	.279
1898	Kansas City	Western	ss	106	434	83	120	11	6	1	—	20	.276
1899			Did not play in organized baseball										
1900	Worcester	Eastern	2b	100	393	52	103	14	4	0	—	13	.262
1901			Did not play in organized baseball										
1902	Buffalo/Worcester	Eastern	ss-2b	119	448	52	118	17	7	1	—	10	.263
1903	Montreal	Eastern	ss-2b	123	476	58	121	23	7	0	—	19	.254
1904	Haverhill	New England	ss	114	442	66	127	35	4	2	—	27	.287
	Toledo	American Association	ss-2b	5	19	1	7	0	0	0	—	0	.368
1905	Nashua	New England	ss	27	106	14	22	6	0	0	—	9	.208
	Harrisburg	Tri-State	ss-c	41	145	15	34	4	2	0	—	30	.256
1906	Lawrence/Haverhill	New England	2b-ss	109	414	43	106	15	6	1	—	30	.256
	Boston	National	ss-2b	12	44	3	9	0	0	0	1	1	.205
1907	Lynn	New England	2b	108	390	46	97	23	2	1	—	38	.249
1908	Lawrence	New England	2b	84	318	30	80	16	3	1	—	21	.252

YEAR	CLUB	LEAGUE	POS	G	AB	R	H	2B	3B	HR	RBI	SB	AVG
1909	Haverhill	New England	2b	124	480	73	141	34	4	0	—	18	.294
1910	Waterbury	Connecticut	2b	124	491	74	123	31	10	0	—	18	.251
1911	Brockton	New England	2b	119	474	75	148	26	6	2	—	19	.312
1912	New Bedford	New England	2b	113	400	46	97	18	1	0	—	9	.243
1913	New Bedford	New England	2b	27	98	15	27	9	0	0	—	5	.276
	Bangor	New Brunswick-Maine	2b	45	189	40	63	10	7	3	—	13	.333
		Majors		146	530	98	150	12	4	4	77	26	.283
		Minors		1977	7745	1206	2156	401	99	25	—	384	.278

KEVIN JOSEPH ALOYSIUS "CHUCK" CONNORS

Born April 10, 1921 at Brooklyn, NY.
Died November 10, 1992 at Los Angeles, CA.
Batted left. Threw left. Height: 6-5½. Weight: 212.

Attended Seton Hall College.
Played professional basketball for Rochester 1945-46 and for Boston 1946-47 and 1947-48 seasons.
Became television/movie actor after baseball career.

YEAR	CLUB	LEAGUE	POS	G	AB	R	H	2B	3B	HR	RBI	SB	AVG
1940	Newport	Northeastern	1b	4	11	1	1	0	0	0	1	—	.091
1941							Did not play in organized baseball						
1942	Norfolk	Piedmont	1b	72	250	28	66	9	6	5	45	2	.264
1943-45							Military service						
1946	Newport News	Piedmont	1b	119	430	72	126	29	6	17	68	19	.293
1947	Mobile	Southern Association	1b	145	514	65	131	29	6	15	82	10	.255
1948	Montreal	International	1b	147	512	79	157	36	5	17	88	9	.307
1949	Montreal	International	1b	133	477	90	152	25	5	20	108	6	.319
	Brooklyn	National	ph	1	1	0	0	0	0	0	0	0	.000
1950	Montreal	International	1b	121	407	69	118	26	4	6	68	14	.290
1951	Chicago	National	1b	66	201	16	48	5	1	2	18	4	.239
	Los Angeles	Pacific Coast	1b	98	390	75	125	28	2	22	77	8	.321
1952	Los Angeles	Pacific Coast	1b	113	406	50	105	27	2	6	51	4	.259
		Majors		67	202	16	48	5	1	2	18	3	.238
		Minors		952	3397	529	981	209	36	108	588	72	.289

MERVYN JAMES "MERV" CONNORS

Born January 23, 1914 at Berkeley, CA.
Batted right. Threw right. Height: 6-2. Weight: 195.

YEAR	CLUB	LEAGUE	POS	G	AB	R	H	2B	3B	HR	RBI	SB	AVG
1934	Oakland	Pacific Coast	2b-ss	4	2	0	0	0	0	0	0	0	.000
	Beckley	Middle Atlantic	of-3b	46	155	30	41	6	1	9	22	1	.265
1935	Palestine	West Dixie	3b-of	121	452	90	128	23	1	**29**	92	11	.283
	San Antonio	Texas	of	12	49	3	10	2	0	1	8	0	.204
1936	Longview	East Texas	3b	131	473	108	142	28	1	**24**	115	5	.300
	Dallas	Texas	1b-3b	20	37	8	7	2	0	4	13	0	.189
1937	Longview	East Texas	3b	114	431	105	140	31	3	24	107	7	.325
	Dallas	Texas	3b	26	81	8	23	4	0	1	13	1	.284
	Chicago	American	3b	28	103	12	24	4	1	2	12	2	.233
1938	St. Paul	American Association	3b	20	70	11	18	3	0	3	10	1	.257
	Shreveport	Texas	1b	98	366	70	102	19	3	22	78	2	.279
	Chicago	American	1b	24	62	14	22	4	0	6	13	0	.355
1939	Shreveport	Texas	1b	116	388	59	89	22	2	16	62	2	.229
1940	Syracuse	International	1b	18	52	0	5	2	0	0	1	0	.097
	San Antonio	Texas	3b-of	31	64	4	13	4	0	1	6	0	.203
1941	Charleston	SALLY	1b	8	31	4	4	1	0	0	4	0	.129
	Texarkana	Cotton State	1b	115	411	95	143	29	2	**29**	112	1	.348
1942	Dallas/Fort Worth	Texas	1b-of	154	545	80	156	34	3	**27**	**101**	4	.286
1943	Milwaukee	American Association	1b	32	118	18	29	5	3	4	18	0	.246
	Memphis	Southern Association	1b-3b	72	230	29	62	22	9	2	32	6	.270
1944-45						Did not play in organized baseball							
1946	Memphis	Southern Association	1b	96	300	53	85	21	6	6	49	0	.283
1947	Longview	Lone Star	1b	128	444	124	141	24	3	26	106	13	.318
1948	Paris	Big State	1b	126	437	119	163	44	4	22	117	21	.373
	Shreveport	Texas	1b	14	32	6	7	2	0	1	1	1	.219
1949	Kilgore	East Texas	1b	130	481	109	145	29	5	18	107	7	.301

YEAR	CLUB	LEAGUE	POS	G	AB	R	H	2B	3B	HR	RBI	SB	AVG
1950	Kilgore	East Texas	1b	137	522	123	157	30	3	26	111	2	.301
1951	Tyler	Big State	1b	32	122	18	31	9	0	1	7	0	.254
	Amarillo	West Texas-New Mexico	1b	105	390	93	132	28	6	22	104	6	.338
1952	Amarillo	West Texas-New Mexico	1b	140	526	120	147	21	0	47	126	8	.279
1953	Carlsbad	Longhorn	1b	127	493	129	151	29	4	34	107	3	.306
		Majors		52	165	26	46	8	1	8	25	2	.279
		Minors		2173	7702	1616	2271	474	52	400	1629	102	.295

HERBERT LEROY "HERB" CONYERS

Born January 8, 1921 at Cowgill, MO.
Died September 16, 1964 at Cleveland OH.
Batted left. Threw right. Height: 6-5. Weight: 210.

YEAR	CLUB	LEAGUE	POS	G	AB	R	H	2B	3B	HR	RBI	SB	AVG
1941	Appleton	Wisconsin State	1b	110	407	87	126	25	4	10	73	12	.310
1942	Wausau	Northern	1b	115	436	92	158	37	8	7	79	10	**.362**
1943-45						Military service							
1946	Harrisburg	Interstate	1b	91	341	54	115	25	3	9	67	1	.337
	Wilkes-Barre	Eastern	1b	36	116	15	28	3	1	1	26	1	.241
1947	Harrisburg	Interstate	1b	135	543	109	**194**	29	10	17	118	4	**.357**
1948	Baltimore	International	1b	28	108	5	25	4	0	1	15	2	.231
	Dayton	Central	1b	113	461	83	163	43	8	14	96	0	**.354**
1949	Oklahoma City	Texas	1b	147	603	101	**214**	52	5	8	134	5	**.355**
1950	Cleveland	American	1b	7	9	2	3	0	0	1	1	1	.333
	San Diego	Pacific Coast	1b	66	220	20	49	11	1	1	24	2	.223
1951	San Diego	Pacific Coast	1b	35	122	15	27	8	3	0	17	1	.221
	Dallas	Texas	1b	115	440	67	129	24	7	2	47	1	.293
1952	Indianapolis	American Association	1b	48	168	14	39	4	0	4	25	3	.232
	Birmingham	Southern Association	1b	78	285	22	76	8	6	4	43	1	.267
		Majors		7	9	2	3	0	0	1	1	1	.333
		Minors		1146	4361	701	1375	282	57	80	789	43	.315

EUGENE LOUIS "GENE" CORBETT

Born November 25, 1913 at Winona, MN.
Batted left. Threw right. Height: 6-1½. Weight: 190

Manager for Decatur, Three I, 1947; Salisbury, Eastern Shore, 1948-49; Allentown, Interstate, 1950; St. Joseph, Western Association, 1951; Albany, Georgia-Florida, 1952.

YEAR	CLUB	LEAGUE	POS	G	AB	R	H	2B	3B	HR	RBI	SB	AVG
1933	Winnipeg	Northern	2b	113	450	—	**147**	22	7	18	—	11	.327
1934	Winnipeg	Northern	2b-1b	122	450	—	135	28	1	6	—	11	.300
1935	Winnipeg	Northern	1b	124	474	—	159	22	8	19	**126**	12	.335
1936	Hazleton	New York-Pennsylvania	1b	138	536	88	166	14	19	3	85	10	.310
	Philadelphia	National	1b	6	21	1	3	0	0	0	2	0	.143
1937	Buffalo	International	1b	98	316	42	74	11	1	3	21	4	.234
	Philadelphia	National	2b	7	12	4	4	2	0	0	1	0	.333
1938	Philadelphia	National	1b	24	75	7	6	1	0	2	7	0	.080
	Baltimore	International	1b	107	417	62	125	17	5	12	58	9	.300
1939	Baltimore	International	1b	153	556	83	138	24	6	10	66	3	.248
1940	Baltimore	International	1b	157	589	103	178	**40**	5	10	82	6	.302
1941	Baltimore/Newark	International	2b	144	520	63	159	30	2	13	76	2	**.306**
1942	Newark	International	1b	154	546	97	153	28	1	8	75	18	.280
1942	Newark	International	1b	152	561	77	135	22	5	6	56	10	.241
1944	Kansas City	American Association	1b	103	364	39	98	22	4	3	42	4	.269
	Newark	International	1b	47	174	22	49	11	0	2	25	2	.282
1945	St. Paul	American Association	1b	10	16	1	5	1	0	1	3	0	.313
1946	Sacramento	Pacific Coast	1b	104	319	20	84	20	3	4	30	2	.263
1947	Decatur	Three I	1b	99	302	42	85	18	2	3	32	9	.281
1948	Salisbury	Eastern Shore	1b	114	404	72	109	15	3	8	83	8	.270
1949	Salisbury	Eastern Shore	1b	94	315	53	102	20	2	9	68	7	.324
1950	Allentown	Interstate	1b	61	136	20	28	6	0	4	16	3	.206
1951	St. Joseph	Western Association	1b	20	27	3	4	3	0	0	0	0	.148
1952	Albany	Georgia-Florida	1b	12	35	3	5	2	0	0	3	0	.143
		Majors		37	108	12	13	3	0	2	10	0	.120
		Minors		2126	7507	912	2138	376	74	142	947	131	.285

MICHAEL JOSEPH "MICKEY" CORCORAN

Born August 26, 1882 at Buffalo, NY.
Died December 9, 1950 at Buffalo, NY.
Batted right. Threw right. Height: 5-8. Weight: 165

Manager for Quebec, Quebec-Ontario-Vermont, 1924.

YEAR	CLUB	LEAGUE	POS	G	AB	R	H	2B	3B	HR	RBI	SB	AVG
1905	Bradford	Interstate	3b-ss	86	324	46	87	10	2	0	—	23	.271
1906	Buffalo	Eastern	3b	66	301	32	69	6	6	1	—	15	.229
1907	Buffalo/Montreal	Eastern	ss-3b	125	458	50	114	15	5	1	—	28	.249
1908	Montreal	Eastern	2b	133	508	51	122	15	6	4	—	15	.240
1909	Montreal	Eastern	2b	149	561	61	139	25	7	2	—	36	.248
1910	Montreal/Buffalo	Eastern	3b	128	489	65	133	19	6	5	—	38	.272
	Cincinnati	National	2b	14	46	3	10	3	0	0	—	0	.217
1911	Baltimore	Eastern	3b-of	144	588	92	175	20	19	5	—	34	.298
1912	Baltimore	Eastern	3b	146	590	103	188	28	16	3	—	38	.319
1913	Baltimore	Eastern	of-2b-3b	114	439	52	110	18	8	1	—	17	.251
1914	Scranton	New York State	3b-2b	121	455	51	141	17	7	1	—	21	.310
1915	Scranton	New York State	3b-2b	122	454	76	154	15	4	1	—	20	.339
1916	Scranton/Utica	New York State	3b	116	443	50	127	15	1	0	—	25	.287
1917	Bridgeport	Eastern	of	115	384	50	108	12	1	0	—	20	.281
1918	Buffalo	Eastern	2b	28	110	9	26	1	1	0	—	3	.236
1919			Did not play in organized baseball
1920	Hamilton	Michigan-Ontario	of-3b	133	444	77	152	21	13	1	63	27	.342
1921	Hamilton	Michigan-Ontario	of-3b	114	465	63	155	21	2	4	67	23	.333
1924	Quebec	Quebec-Ontario-Vermont	of	35	60	8	22	5	1	0	—	1	.367
	Majors			14	46	3	10	3	0	0	—	0	.217
	Minors			1875	7073	936	2022	263	105	29	130	384	.286

COSMO COMO "TONY" COTELLE

Born November 5, 1904 at St. James, LA.
Died December 25, 1975 at Chicago, IL.
Batted left. Threw left. Height: 5-5. Weight: 155.

YEAR	CLUB	LEAGUE	POS	G	AB	R	H	2B	3B	HR	RBI	SB	AVG
1926	Rock Island	Mississippi Valley	of-p	117	417	59	140	21	6	10	56	7	.336
1927	Marshalltown	Mississippi Valley	of-p	107	402	64	128	22	12	5	67	15	.318
1928	Danville	Three I	of	118	438	50	142	14	8	3	65	15	.324
1929	Houston	Texas	of	48	153	26	45	7	6	0	23	5	.294
	Laurel	Cotton States	of-p	12	42	4	14	2	2	0	—	0	.333
	Danville	Three I	of-p	46	163	14	51	5	5	0	23	0	.313
1930	Danville	Three I	of	59	238	51	92	16	5	2	53	11	.387
	St. Joseph	Western	of	77	308	52	99	18	4	8	52	5	.321
1931	Rochester/Jersey City	International	of	91	306	43	94	21	1	5	44	4	.307
	Albany	Eastern	of	46	175	29	51	6	4	3	20	5	.291
1932	Jersey City	International	of	22	76	7	19	5	2	0	10	4	.250
	Hartford	Eastern	of	54	210	32	59	14	5	2	28	7	.281
1933	Davenport	Mississippi Valley	of	91	378	106	154	28	7	11	86	31	.407
1934	Indianapolis	American Association	of	114	420	66	126	22	5	3	53	8	.300
1935	Indianapolis	American Association	of-p	109	381	55	122	15	3	1	45	11	.320
1936	Indianapolis	American Association	of	25	101	6	27	1	0	0	12	2	.267
	Memphis	Southern Association	of	98	375	48	116	14	8	2	53	5	.309
1937	Albany	New York-Pennsylvania	of	122	479	68	162	27	7	1	60	22	**.338**
1938	Albany	Eastern	of	121	436	63	120	23	8	2	63	16	.275
1939	Williamsport	Eastern	of-p	114	405	50	120	21	5	0	50	4	.296
1940	Portsmouth	Piedmont	of	9	33	2	10	3	0	0	3	0	.303
	Greenville	SALLY	of	29	134	21	50	3	3	0	12	6	.373
	Dayton	Middle Atlantic	of	77	273	38	92	14	5	1	36	8	.337
1941	Dayton/Erie	Middle Atlantic	of	112	409	73	150	21	11	1	56	17	**.367**
1942	Erie	Middle Atlantic	of-p	123	422	66	138	22	2	1	46	21	**.327**
1943	Syracuse	International	of	4	4	1	0	0	0	0	0	0	.000
	Hartford	Eastern	of	114	407	78	124	15	8	0	44	17	.305
1944	Indianapolis/Louisville	American Association	of	115	385	53	132	18	9	1	68	5	.343
1945	Louisville	American Association	of	58	188	29	51	9	2	1	23	6	.271
	Scranton	Eastern	of	47	159	24	50	12	2	0	26	3	.314
1946	El Paso	Mexican National	of	32	139	32	52	6	1	0	22	2	.374
	Minors			2311	8456	1319	2730	425	146	63	1199	262	.323

CLIFFORD RANKIN "PAT" CRAWFORD

Born January 28, 1902 at Society Hill, SC.
Died January 25, 1994 at Morehead City, NC.
Batted left. Threw right. Height: 5-11. Weight: 170.

YEAR	CLUB	LEAGUE	POS	G	AB	R	H	2B	3B	HR	RBI	SB	AVG
1924	Charlotte	SALLY	3b-1b	95	376	65	114	23	7	7	44	6	.303
1925	Greenville	SALLY	3b-1b	89	329	68	113	27	6	11	44	4	.343
1926	Greenville	SALLY	3b	111	445	77	146	27	4	21	93	4	.328
1927	Greenville	SALLY	3b	118	443	85	148	26	4	24	90	13	.334
1928	Toledo	American Association	1b-3b	113	429	58	149	27	10	2	70	9	.347
1929	New York	National	1b-3b	65	57	13	17	3	0	3	24	1	.298
1930	New York/Cincinnati	National	2b-1b	101	300	35	86	10	3	6	43	2	.287
1931	Columbus	American Association	1b	157	633	142	237	41	13	28	154	18	.374
1932	Columbus	American Association	1b	160	640	116	236	34	5	30	140	14	.369
1933	St. Louis	National	1-2b-3b	91	224	24	60	8	2	0	21	1	.268
1934	St. Louis	National	3b-2b	61	70	3	19	2	0	0	16	0	.271
		Majors		318	651	75	182	23	5	9	104	4	.280
		Minors		843	3295	611	1143	205	49	123	635	68	.347

ROBERT FULTON "BOB" CRUES

Born December 31, 1918 at Frisco, TX.
Batted right. Threw right. Height: 6-2. Weight: 185

Established organized baseball season record with 254 RBIs with Amarillo in 1948. Arm injury cut short his pitching career; he was 20-5 with Lamesa and Borger in 1940.

YEAR	CLUB	LEAGUE	POS	G	AB	R	H	2B	3B	HR	RBI	SB	AVG
1939	Lamesa	West Texas-New Mexico	p	2	2	0	0	0	0	0	0	0	.000
1940	Lamesa/Borger	West Texas-New Mexico	p	39	90	13	23	6	1	1	15	1	.256
1941	Scranton	Eastern	p	4	0	0	0	0	0	0	0	0	.000
	Canton	Middle Atlantic	p	4	8	1	3	0	0	0	0	0	.375
	Borger	West Texas-New Mexico	p-of	18	40	8	12	3	1	1	8	0	.300
1942	Borger	West Texas-New Mexico	p	15	38	3	9	3	1	0	9	0	.237
	Oneonta	Canadian-American	p	3	4	0	0	0	0	0	0	0	.000
1943-45							Military service						
1946	Lamesa/Amarillo	West Texas-New Mexico	of	124	502	106	171	46	12	29	120	14	.341
1947	Amarillo	West Texas-New Mexico	of	139	553	160	210	45	8	52	178	9	.380
1948	Amarillo	West Texas-New Mexico	of	140	565	185	228	38	3	69	254	2	.404
1949	Roswell	Longhorn	of-1b	124	507	121	185	33	4	28	129	8	.365
1950	San Angelo	Longhorn	of	113	495	110	124	20	2	32	99	7	.251
1951	San Angelo	Longhorn	of	83	297	53	86	16	2	10	60	5	.290
	Lubbock/Amarillo	West Texas-New Mexico	of	26	76	18	24	4	1	6	21	0	.316
1952						Did not play in organized baseball							
1953	Borger	West Texas-New Mexico	of	11	41	5	8	0	0	4	12	0	.195
		Minors		843	3216	783	1083	214	35	232	905	46	.337

ARTHUR EDWARD "ART" CUITTI

Born May 24, 1927 at Crockett, CA.
Batted right. Threw right. Height: 5-10. Weight: 200.

YEAR	CLUB	LEAGUE	POS	G	AB	R	H	2B	3B	HR	RBI	SB	AVG
1949	Sweetwater	Longhorn	3b	113	478	109	171	37	9	16	107	8	.358
1950	Albuquerque	West Texas-New Mexico	of-3b	146	610	159	204	47	9	27	161	5	.334
1951	Albuquerque	West Texas-New Mexico	of	136	513	102	162	35	15	17	108	11	.316
1952	Albuquerque	West Texas-New Mexico	c	142	556	103	190	43	8	25	129	11	.342
1953	Wenatchee	Western International	c	14	50	7	9	3	0	0	8	0	.180
	Oakland	Pacific Coast	of-c	58	130	16	38	9	1	1	14	1	.292
1954	Oakland	Pacific Coast	of	101	282	37	80	13	5	5	35	1	.284
1955	Oakland	Pacific Coast	of	109	281	18	77	17	2	6	39	0	.274
1956	Amarillo	Western	of	138	514	132	187	21	2	46	139	3	.364
1957	Sacramento	Pacific Coast	of	12	40	3	9	1	0	0	1	0	.225
	Amarillo/Colorado Springs	Western	of	74	291	50	85	13	1	15	64	0	.292
	Tulsa	Texas	of	44	135	12	27	8	0	2	15	0	.200
1958	Colorado Springs	Western	3b-of-c	122	456	101	153	24	6	24	119	1	.336
		Minors		1153	4161	834	1356	262	58	182	923	41	.326

Henry Nicholas "Nick" Cullop

Born October 16, 1900 at Weldon Spring, MO.
Died December 8, 1978 at Westerville, OH.
Batted right. Threw right. Height: 6-0. Weight: 200.

Manager for Dayton, Central, 1940; Asheville, Piedmont, 1941; Pocatello, Pioneer, 1942; Columbus, American Association, 1943-1944; Milwaukee, American Association, 1945-1949; Baltimore, International, 1950-1951; Fargo-Moorhead, Northern, 1952; Macon, SALLY, 1954; Columbus, International, 1955-1956; Albuquerque, Western, 1957; Lancaster, Eastern, 1959. Started out as pitcher, accumulating 49-50 won-lost record in 140 games. Minor League career leader in RBIs with 1856. Named by Sporting News as Minor League Manager of the Year in 1943 with Columbus and 1947 with Milwaukee.

YEAR	CLUB	LEAGUE	POS	G	AB	R	H	2B	3B	HR	RBI	SB	AVG
1920	Madison	South Dakota State	p-of-2b	66	182	20	62	6	2	3	33	3	.341
	Minneapolis	American Association	p	3	8	2	3	0	1	0	1	0	.375
1921	St. Joseph/Tulsa	Western	p-2b	38	70	8	16	1	1	0	14	0	.228
1922	Des Moines	Western	p-of-1b	55	149	27	44	8	1	6	32	1	.295
1923	Omaha	Western	of-1b-p-2b	114	350	57	98	19	7	12	81	7	.280
1924	Omaha	Western	of-1b-p	154	596	131	192	46	8	40	155	6	.322
1925	Atlanta	Southern Association	of-1b-p	137	522	120	162	36	18	30	139	28	.210
1926	New York	American	ph	2	2	0	1	0	0	0	0	0	.500
	St. Paul	American Association	of	125	449	92	141	22	7	22	68	32	.314
1927	Washington/Cleveland	American	of-p	47	91	11	21	4	3	1	9	0	.231
1928	Buffalo	International	of	15	45	6	14	8	0	0	6	1	.311
	Atlanta	Southern Association	of	75	250	54	88	22	6	17	62	11	.352
1929	Atlanta	Southern Association	of	113	402	63	117	23	4	17	54	7	.291
	Brooklyn	National	of	13	41	7	8	2	2	1	5	0	.195
1930	Minneapolis	American Association	of	139	515	150	185	28	9	54	152	8	.359
	Cincinnati	National	of	7	22	2	4	0	0	1	5	0	.182
1931	Cincinnati	National	of	104	334	29	88	23	7	8	48	1	.263
1932	Rochester	International	of	9	30	5	8	3	0	1	4	0	.267
	Columbus	American Association	of	128	442	97	154	37	4	26	99	8	.348
1933	Columbus	American Association	of	150	587	110	184	37	22	28	143	5	.313
1934	Columbus	American Association	of	147	587	97	178	34	13	27	138	8	.303
1935	Columbus	American Association	of	145	559	102	190	40	14	24	128	4	.340
1936	Columbus	American Association	of	145	560	108	181	30	11	24	114	4	.323
1937	Sacramento	Pacific Coast	of	151	532	83	165	45	4	19	127	4	.312
1938	Sacramento	Pacific Coast	of	138	485	72	124	19	1	20	66	7	.256
1939	Houston	Texas	of	157	554	97	176	29	5	25	112	5	.318
1940	Houston	Texas	of	125	423	73	115	18	5	21	96	2	.272
1941	Asheville	Piedmont	of	75	188	25	50	10	4	2	28	3	.266
1942	Pocatello	Pioneer	of-p	28	35	3	10	0	0	1	4	0	.286
1943	Columbus	American Association	of	42	45	5	10	2	0	1	8	0	.222
1944	Columbus	American Association	ph	10	6	0	3	0	0	0	1	0	.500
		Majors		173	490	49	122	29	12	11	67	1	.249
		Minors		2484	8571	1607	2670	523	147	420	1857	154	.312

Mario M. Cuomo

Born June 15, 1932, at Queens, NY.
Batted right. Threw right. Height: 6-0. Weight: 190.

Lieutenant Governor of New York, 1979-83; Governor, 1983 to present.

YEAR	CLUB	LEAGUE	POS	G	AB	R	H	2B	3B	HR	RBI	SB	BA
1952	Brunswick	Georgia-Florida	of	81	254	31	62	10	2	1	26	7	.244

Nicholas Dominic "Dom" Dallessandro

Born October 3, 1913 at Reading, PA.
Died April 29, 1988 at Indianapolis, IN.
Batted left. Threw left. Height: 5-6. Weight: 168.

YEAR	CLUB	LEAGUE	POS	G	AB	R	H	2B	3B	HR	RBI	SB	AVG
1931	Jersey City	International	of	2	7	2	3	1	0	0	4	0	.429
1932	Norristown/St. Clair	Interstate	of-p	22	91	26	38	11	4	7	33	0	.418
1933	Reading	New York-Pennsylvania	of	137	517	98	167	33	11	10	65	16	.323
1934	Reading	New York-Pennsylvania	of	136	503	104	167	38	12	6	76	18	.332
1935	Syracuse	International	of	111	356	80	113	20	10	6	36	10	.317
1936	Syracuse	International	of	151	551	121	177	40	13	7	81	14	.321
1937	Boston	American	of	68	147	18	34	7	1	0	11	2	.231
1938	San Diego	Pacific Coast	of	155	541	108	167	29	8	22	91	8	.309

YEAR	CLUB	LEAGUE	POS	G	AB	R	H	2B	3B	HR	RBI	SB	AVG
1939	San Diego	Pacific Coast	of	157	541	101	199	50	9	18	98	12	.368
1940	Chicago	National	of	107	287	33	77	19	6	1	36	4	.268
1941	Chicago	National	of	140	486	73	132	36	2	6	85	3	.272
1942	Chicago	National	of	96	264	30	69	12	4	4	43	4	.261
1943	Chicago	National	of	87	176	13	39	8	3	1	31	1	.222
1944	Chicago	National	of	117	381	53	116	19	4	8	74	1	.304
1945							Military service						
1946	Chicago	National	of	65	89	4	20	2	2	1	9	1	.225
1947	Chicago	National	of	66	115	18	33	7	1	1	14	0	.287
1948	Los Angeles	Pacific Coast	of	159	514	101	158	27	6	21	87	1	.307
1949	Los Angeles	Pacific Coast	of	39	117	21	34	6	0	8	28	1	.291
	New Orleans	Southern Association	of	50	161	29	44	5	2	3	26	1	.273
	Indianapolis	American Association	of	44	114	13	39	8	0	2	19	1	.342
1950	Indianapolis	American Association	of	101	223	45	78	13	2	12	52	0	.350
1951	Indianapolis	American Association	of	99	297	56	86	22	4	9	61	0	.290
1952	Minneapolis/Toledo/Charleston	American Association	of	115	292	42	86	18	2	7	30	0	.295
			Majors	746	1945	242	520	110	23	22	303	16	.267
			Minors	1478	4825	947	1556	321	84	142	787	82	.322

RAYMOND EMMETT DANDRIDGE

Born August 31, 1913 at Richmond, VA.
Died February 12, 1994 at Palm Bay, FL.
Batted right. Threw right. Height: 5-7. Weight: 175.

YEAR	CLUB	LEAGUE	POS	G	AB	R	H	2B	3B	HR	RBI	SB	AVG
1933	Detroit/Nashville	Negro National	ss	14	38	–	8	1	2	0	–	0	.211
1934	Newark	Negro National	3b	29	110	–	48	5	2	0	–	0	.436
1935	Newark	Negro National	3b	53	198	–	71	7	6	0	–	0	.359
1936	Newark	Negro National	3b	31	103	–	31	4	0	1	–	1	.301
1937	Newark	Negro National	3b	25	96	–	34	3	1	1	–	0	.354
1938	Newark	Negro National	3b	1	3	–	0	0	0	0	0	0	.000
1939						Did not play in organized baseball							
1940	Veracruz	Mexican	2b	27	127	27	44	8	3	1	27	6	.346
1941	Veracruz	Mexican	2b	101	430	94	158	32	5	8	86	12	.367
1942	Veracruz	Mexican	ss	35	142	27	44	7	1	4	37	8	.310
	Newark	Negro National	3b	27	93	–	16	1	1	1	–	0	.172
1943	Veracruz	Mexican	2b	90	370	67	**131**	24	4	8	**70**	17	.354
1944	Newark	Negro National	3b-2b-ss	47	189	38	70	12	5	2	21	8	.370
1945	Mexico City	Mexican	2b-ss	83	344	67	126	29	4	1	58	20	.366
1946	Mexico City	Mexican	ss-2b-of	98	418	79	135	24	0	7	51	24	.323
1947	Mexico City	Mexican	ss	122	514	90	**169**	24	6	2	65	23	.329
1948	Veracruz	Mexican	ss	88	370	65	**138**	22	6	3	52	10	**.373**
1949	New York	Negro American				Record not available							
	Minneapolis	American Association	3b-2b	99	398	60	144	22	5	6	64	4	.362
1950	Minneapolis	American Association	3b 2b	150	**627**	106	**195**	24	1	11	80	1	.311
1951	Minneapolis	American Association	3b	107	423	59	137	24	1	8	61	1	.324
1952	Minneapolis	American Association	3b	145	618	86	180	27	1	10	68	3	.291
1953	Sacramento/Oakland	Pacific Coast	2b-3b	87	254	32	68	10	1	0	13	1	.268
			Minors	1192	4857	838	1619	269	38	68	721	130	.330
			Negro	234	878	–	283	26	13	5	–	1	.322

VICTOR JOSE "VIC" DAVALILLO

Born July 31, 1936 at Cabinas, Venezuela
Bats left. Throws left. Height: 5-7. Weight: 150.

Brother of Pompeyo Davalillo, major league player.
Minor league pitching record, 33-27 in 187 games.

YEAR	CLUB	LEAGUE	POS	G	AB	R	H	2B	3B	HR	RBI	SB	AVG
1958	Visalia	California	p	19	15	4	5	0	0	1	2	0	.333
	Palatka	Florida State	p	15	6	3	1	0	0	0	1	0	.167
1959	Palatka	Florida State	p	73	79	16	23	3	2	2	10	2	.291
1960	Topeka	Three I	p-of	84	155	19	42	5	3	3	23	5	.271
1961	Columbia	SALLY	p-of	34	46	2	9	1	0	1	8	0	.196
	Topeka	Three I	p	14	21	5	6	1	0	1	3	0	.286
	Jersey City	International	p	33	59	7	15	3	1	0	1	0	.254
1962	Jacksonville	International	of-p	150	578	99	**200**	27	**18**	11	69	**24**	**.346**

YEAR	CLUB	LEAGUE	POS	G	AB	R	H	2B	3B	HR	RBI	SB	AVG
1963	Cleveland	American	of	90	370	44	108	18	5	7	36	3	.292
1964	Cleveland	American	of	150	577	64	156	26	2	6	51	21	.270
1965	Cleveland	American	of	142	505	67	152	19	1	5	40	26	.301
1966	Cleveland	American	of	121	344	42	86	6	4	3	19	8	.250
1967	Cleveland	American	of	139	359	47	103	17	5	2	22	6	.287
1968	Cleveland/California	American	of	144	519	40	144	27	7	3	31	25	.277
1969	California	American	of-1b	33	71	10	11	1	1	0	1	3	.155
1970	St. Louis	National	of-p	63	98	15	26	3	0	2	10	1	.265
1971	Pittsburgh	National	of-1b	99	295	48	84	14	6	1	33	10	.285
1972	Pittsburgh	National	of-1b	117	368	59	117	19	2	4	28	14	.318
1973	Pittsburgh	National	of-1b	59	83	9	15	1	0	1	3	0	.181
	Oakland	American	of-1b	38	64	5	12	1	0	0	4	0	.188
1974	Oakland	American	of	17	23	0	4	0	0	0	1	0	.174
	Cordoba	Mexican	of-1b-p	71	249	46	82	9	5	4	27	3	.329
1975	Cordoba	Mexican	of-1b	114	408	70	145	21	3	9	70	7	.355
1976	Puebla	Mexican	of-1b	123	501	84	167	22	1	8	63	5	.333
1977	Aguascalientes	Mexican	of-1b-p	135	516	87	198	30	8	6	78	20	**.384**
	Los Angeles	National	of	24	48	3	15	2	0	0	4	0	.313
1978	Los Angeles	National	of-1b	75	77	15	24	1	1	1	11	2	.312
1979	Los Angeles	National	of	29	27	2	7	1	0	0	2	2	.259
	Albuquerque	Pacific Coast	of-p	51	139	27	44	6	0	3	19	3	.317
1980	Aguascalientes	Mexican #1	of-p	94	363	67	**143**	15	5	6	50	1	.394
	Albuquerque	Pacific Coast	of-p	36	108	13	31	7	1	2	19	1	.287
	Los Angeles	National	1b	7	6	1	1	0	0	0	0	0	.167
1981	Aguascalientes	Mexican	of-1b-p	40	153	21	47	10	3	2	14	0	.307
		Majors		1458	4017	509	1122	160	37	36	329	125	.279
		Minors		1086	3396	570	1158	161	50	59	457	71	.341

CECIL AUSTIN "STORMY" DAVIS

Born October 10, 1900 at Corbin, KY.
Died May 26, 1957 at Mobile, AL.
Batted right. Threw right. Height: 5-10. Weight: 165.

Father of James Davis, Ballinger, Longhorn, who was hit by a pitch against Sweetwater on July 3, 1947 and died 7 days later. Manager for Jacksonville, East Texas, 1940.

YEAR	CLUB	LEAGUE	POS	G	AB	R	H	2B	3B	HR	RBI	SB	AVG
1921	Cleveland	Appalachian	of	91	346	56	87	8	2	9	—	3	.251
	Little Rock	Southern Association	of	27	80	13	28	1	5	1	14	2	.350
1922	Joplin	Western Association	of	132	485	76	166	35	20	9	—	24	.342
1923	Okmulgee	Western Association	of	144	539	105	183	28	8	34	—	9	.340
1924	Okmulgee	Western Association	of	160	**676**	**187**	246	48	10	**51**	162	9	.364
1925	Fort Worth	Texas	of	153	**669**	141	183	50	3	29	99	2	.274
1926	Waco	Texas	of	94	355	47	109	20	1	16	55	3	.307
	Oklahoma City	Western	of	54	227	48	76	12	7	5	—	8	.335
1927	Omaha/Amarillo	Western	of	148	603	103	201	49	10	13	—	8	.333
1928	Augusta	SALLY	of	141	534	97	168	36	7	27	**125**	9	.315
1929	Lake Charles	Cotton States	of	122	478	81	156	25	3	**28**	—	15	.326
1930	Pine Bluff	Cotton States	of	93	365	74	117	33	6	12	73	13	.321
1931	Pine Bluff	Cotton States	of	125	505	83	152	32	6	12	**100**	8	.301
1932	Pine Bluff	Cotton States	of	70	284	43	86	17	0	7	—	9	.303
1933	Waco/Pine Bluff/Longview	Dixie	of	100	376	60	114	13	4	17	86	3	.303
		Minors		1654	6522	1214	2072	407	92	270	714	145	.318

HARRY ALBERT DAVIS

Born May 7, 1908 at Shreveport, LA.
Batted left. Threw left. Height: 5-10½. Weight: 175.

Manager for Toronto, International, 1945-46; Williamsport, Eastern, 1946; Greenville, Big State, 1947; Marshall, Lone Star, 1948; Gadsden, Southeastern, 1948; Amarillo West Texas-New Mexico, 1950.

YEAR	CLUB	LEAGUE	POS	G	AB	R	H	2B	3B	HR	RBI	SB	AVG
1925	Shamokin	New York-Pennsylvania	1b	51	177	28	46	11	1	0	26	5	.260
1926	Shamokin	New York-Pennsylvania	1b	134	460	79	136	22	5	1	61	17	.296
1927	Shamokin	New York-Pennsylvania	1b	141	502	76	146	19	4	0	49	8	.291
1928	Syracuse	New York-Pennsylvania	1b	124	478	68	133	20	5	2	43	10	.278

YEAR	CLUB	LEAGUE	POS	G	AB	R	H	2B	3B	HR	RBI	SB	AVG
1929	Syracuse/Hazleton	New York-Pennsylvania	1b	137	527	90	176	40	10	6	76	14	.334
	Toronto	International	1b	10	34	6	9	2	0	0	6	2	.265
1930	Toronto	International	1b	128	397	43	111	20	5	3	35	15	.280
1931	Toronto	International	1b	133	459	73	144	22	11	6	46	7	.314
1932	Detroit	American	1b	140	590	92	159	32	13	4	74	12	.269
1933	Detroit	American	1b	66	173	24	37	8	2	0	14	2	.214
1934	Toledo	American Association	1b	136	508	93	161	25	9	15	90	4	.317
1935	Portland	Pacific Coast	1b	153	566	81	178	33	4	2	64	7	.314
1936	Toledo	American Association	1b	147	563	93	168	29	6	12	90	22	.298
1937	St. Louis	American	1b	120	450	89	124	25	3	3	35	7	.276
1938	Kansas City	American Association	1b	147	602	107	180	31	7	10	64	25	.299
1939	Rochester	International	1b	145	585	103	174	38	7	21	92	10	.297
1940	Rochester	International	1b	160	588	96	179	38	1	17	101	10	.304
1941	Rochester	International	1b	152	514	84	152	29	3	14	88	8	.296
1942	Rochester	International	1b	127	423	58	104	23	2	7	57	4	.246
	Columbus	American Association	1b	29	102	9	23	5	0	1	8	0	.225
1943	Toronto	International	1b	148	477	62	139	27	1	6	64	18	.291
1944	Toronto	International	1b	140	458	68	129	32	3	6	57	10	.282
1945	Toronto	International	1b	152	478	94	125	26	1	7	62	8	.262
1946	Toronto	International	1b	11	9	0	4	0	0	0	0	0	.444
	Williamsport	Eastern	1b	110	375	50	101	22	6	1	64	5	.269
1947	Greenville	Big State	1b	142	541	110	160	44	2	10	78	11	.296
1948	Marshall	Lone Star	1b	62	228	40	66	14	1	2	35	3	.289
	Gadsden	Southeastern	1b	55	193	45	58	12	1	0	25	8	.301
1949	Gadsden	Southeastern	1b	15	52	8	9	3	0	0	7	1	.173
1950	Amarillo	West Texas-New Mexico	1b	27	99	17	28	9	2	1	21	0	.283
		Majors		326	1213	205	320	65	18	7	123	21	.264
		Minors		2916	10395	1681	3039	596	97	150	1409	240	.293

JOHN WILBUR "BUD" "COUNTRY" DAVIS

Born December 7, 1896 at Merry Point, VA.
Died May 26, 1967 at Williamsburg, VA.
Batted left. Threw right. Height: 6-0. Weight: 207.

Manager for Baton Rouge, Cotton States, 1931.
Started as a pitcher, compiling 47-49 won-lost record including 20-13 in 1921.

YEAR	CLUB	LEAGUE	POS	G	AB	R	H	2B	3B	HR	RBI	SB	AVG
1915	Philadelphia	American	p	21	26	4	8	2	1	0	3	0	.308
1916	Atlanta	Southern Association	p	26	62	4	18	2	1	2	1	1	.290
	Newnan	Georgia-Alabama	of-p	52	173	33	52	7	0	16	7	8	.301
1917	Winston-Salem	North Carolina	of-p	25	93	16	30	3	0	5	13	1	.323
	Memphis	Southern Association	of-p	24	76	11	24	1	1	1	10	2	.316
	Fort Worth/Waco	Texas	p	33	69	8	14	3	1	1	7	1	.203
1918	Waco	Texas	p	28	71	4	21	2	0	1	7	2	.296
1919				Military service
1920	Augusta	SALLY	1b-of-p	105	336	38	88	11	17	5	40	5	.262
1921	Augusta	SALLY	of-1b-p	98	288	38	98	18	6	5	49	9	.340
1922	Augusta/Chattanooga	SALLY	1b-3b-p	119	427	64	135	17	8	5	48	5	.316
1923	Okmulgee	Western Association	1b	117	450	82	158	38	9	15	84	14	.351
1924	Okmulgee	Western Association	1b	160	650	151	**260**	**50**	2	51	**190**	6	**.400**
1925	Sacramento	Pacific Coast	1b	179	690	89	228	42	13	13	119	10	.330
1926	Sacramento	Pacific Coast	1b	164	585	84	180	37	5	12	93	6	.308
1927	New Orleans	Southern Association	1b	152	591	107	222	46	11	11	121	5	**.376**
1928	New Orleans	Southern Association	1b	142	534	74	168	28	9	11	96	0	.315
1929	Dallas	Texas	1b	132	468	74	149	31	2	13	97	2	.318
1930	Reading	International	1b	162	606	95	207	32	15	26	150	8	.342
1931	Nashville	Southern Association	1b	68	259	33	79	12	1	9	37	3	.305
	Raleigh	Piedmont	1b	21	83	10	30	4	3	3	20	1	.361
	Baton Rouge	Cotton States	1b	38	153	14	52	7	0	3	24	3	.340
1932	Norfolk	Eastern	1b	76	288	51	96	12	1	18	59	2	.333
1933				Did not play in organized baseball
1934	Joplin	Western Association	1b	130	517	87	182	33	10	12	113	10	.352
1935	Bentonvllle	Arkansas State	1b	105	412	63	146	20	5	12	**93**	14	.354
1936				Did not play in organized baseball
1937	Basset/Reidsville	Bi-State	1b	68	262	32	63	17	1	4	30	5	.240
		Majors		21	26	4	8	2	1	0	3	0	.308
		Minors		2224	8143	1262	2700	473	130	254	1510	131	.331

LAWRENCE "CRASH" DAVIS

Born July 14, 1919 at Anon GA.
Batted right. Threw right. Height: 6-1. Weight: 180.

Attended Duke University.
Name picked by director Ron Shelton while reading Carolina League Record Book for lead character in movie "Bull Durham".

YEAR	CLUB	LEAGUE	POS	G	AB	R	H	2B	3B	HR	RBI	SB	AVG
1940	Philadelphia	American	2b	23	67	4	18	1	1	0	9	1	.269
1941	Philadelphia	American	2b	39	105	6	23	3	0	0	8	0	.219
1942	Philadelphia	American	2b	86	272	31	61	8	1	2	26	1	.224
1943-45							No record available						
1946	Lawrence	New England	2b	113	440	78	131	23	2	19	94	1	.298
1947	Lawrence/Lowell/Pawtucket	New England	2b	118	420	71	128	23	9	2	79	5	.300
1948	Durham	Carolina	2b	143	540	106	171	**50**	3	10	80	4	.317
1949	Raleigh	Carolina	2b	124	453	59	134	34	3	7	60	3	.296
1950	Raleigh/Reidsville	Carolina	2b	133	497	60	130	29	2	4	46	3	.262
1951	Raleigh	Carolina	2b	140	480	69	124	28	5	2	66	4	.258
1952	Raleigh	Carolina	2b	116	416	55	96	15	4	1	41	1	.231
			Majors	148	444	41	102	12	2	2	43	2	.230
			Minors	887	3246	508	914	202	28	45	466	23	.282

YANCY "YANK" DAVIS

Born in 1889.
Batted left. Threw left. Height: 5-10. Weight: 170.

YEAR	CLUB	LEAGUE	POS	G	AB	R	H	2B	3B	HR	RBI	SB	AVG
1909	Sapulpa	Western Association	of-p	62	187	21	62	10	1	0	–	4	.332
1910	Sapulpa	Western Association	of	116	454	66	137	14	8	2	–	22	.302
	Wichita	Western	of	34	109	13	27	3	2	0	–	6	.248
1911	Pueblo	Western	of	116	427	82	138	19	13	7	54	13	.323
1912	Wichita	Western	of	145	560	72	174	19	14	4	–	19	.311
1913	Wichita	Western	of	60	187	18	50	8	0	1	–	4	.267
1914	St. Joseph	Western	of	50	177	29	49	9	1	2	–	8	.277
	Terre Haute	Central	of	79	285	39	78	10	5	0	–	3	.274
1915	Moline	Three I	of	121	433	54	122	22	8	3	–	5	.282
1916	Moline	Three I	of	136	492	78	170	27	14	7	–	22	.346
1917	Moline	Three I	of	65	**264**	29	79	10	2	2	–	7	.299
	Joplin	Western	of	59	205	22	47	4	0	0	–	3	.229
1918	Hutchinson	Western	of	11	38	1	9	3	0	0	–	1	.237
1919	Tulsa	Western	of	140	497	72	150	21	3	9	–	13	.302
1920	Tulsa	Western	of	151	532	88	149	28	10	20	–	10	.280
1921	Tulsa	Western	of	144	549	93	200	42	2	21	–	4	.364
1922	Tulsa	Western	of	166	676	162	230	54	7	**35**	–	3	.340
1923	Tulsa	Western	of	166	681	141	240	54	6	32	–	7	.352
1924	Tulsa	Western	of	158	684	148	231	39	6	42	–	7	.338
1925	Nashville	Southern Association	of	150	596	98	191	35	8	11	84	2	.320
1926	Beaumont	Texas	of	93	371	61	111	16	6	9	56	3	.299
	Corsicana	Texas Association	of	20	72	7	20	3	0	1	–	2	.278
1927	Muskogee	Western Association	of	40	151	20	37	8	0	0	23	3	.245
			Minors	2282	8627	1414	2701	458	116	208	217	171	.313

JOSEPH NICHOLAS "JOE" DELAHANTY

Born October 18, 1875 at Cleveland, OH.
Died January 9, 1936 at Cleveland, OH.
Batted right. Threw right. Height: 5-9. Weight: 168.

Brother of Ed, Frank, Jim, Tom and Will Delahanty, all professional players.

YEAR	CLUB	LEAGUE	POS	G	AB	R	H	2B	3B	HR	RBI	SB	AVG
1897	Fall River/Newport	New England	3b-2b	25	93	18	32	8	0	0	–	5	.344
1898	Paterson/Allentown	Atlantic	of-3b	85	322	43	100	11	12	2	–	10	.311
1899	Allentown	Atlantic	ss	86	337	73	116	11	**30**	3	–	25	.344
1900	Allentown	Atlantic	2b	33	143	44	67	8	**11**	1	–	2	.468
	Montreal	Eastern	2b	54	206	22	51	10	7	2	–	2	.248
1901	Montreal	Eastern	of	131	517	78	151	31	17	4	–	19	.292
1902	Worcester	Eastern	3b	135	545	86	151	24	13	8	–	18	.277

YEAR	CLUB	LEAGUE	POS	G	AB	R	H	2B	3B	HR	RBI	SB	AVG
1903	Worcester	Eastern	of	40	165	24	43	4	3	3	—	6	.261
	New Orleans/Memphis	Southern	2b-of	48	197	34	73	18	3	6	—	4	.371
1904	Buffalo	Eastern	of	132	475	77	134	31	11	1	—	33	.282
1905	Buffalo	Eastern	of-1b	104	396	50	124	22	9	5	—	18	.313
1906	Williamsport	Tri-State	of	113	423	56	118	23	17	5	—	13	.279
1907	Williamsport	Tri-State	of	108	380	65	135	24	14	4	—	16	.355
	St. Louis	National	of	6	21	3	7	0	0	1	2	3	.333
1908	St. Louis	National	of	140	499	37	127	14	11	1	44	11	.255
1909	St. Louis	National	of-2b	123	411	28	88	16	4	2	54	10	.214
1910	Toronto	Eastern	of	144	522	60	150	29	10	2	—	10	.287
1911	Toronto	Eastern	of	125	472	69	125	19	10	5	—	11	.265
1912	Cleveland	United States	of	16	58	12	24	5	0	3	—	3	.414
	Wilkes-Barre	New York State	of	44	154	21	42	9	3	1	—	6	.273
		Majors		269	931	68	222	30	15	4	100	24	.238
		Minors		1423	5405	832	1636	287	170	55	—	201	.303

THOMAS JAMES "TOM" DELAHANTY

Born March 9, 1872 at Cleveland, OH.
Died January 10, 1951 at Sanford, FL.
Batted left. Threw right. Height: 5-8. Weight: 175.

Brother of Ed, Frank, Jim, Joe and Will Delahanty, all professional players.
Manager for Denver, Western, 1903.

YEAR	CLUB	LEAGUE	POS	G	AB	R	H	2B	3B	HR	RBI	SB	AVG
1894	Peoria	Western Association	2b	101	437	91	130	16	13	10	—	18	.297
	Philadelphia	National	2b	1	4	0	1	0	0	0	0	0	.250
1895	Atlanta	Southern	2b	104	455	112	132	29	8	3	—	65	.290
	Detroit	Western	2b	16	66	21	27	0	0	1	—	4	.409
1896	Cleveland/Pittsburgh	National	3b-ss	17	59	12	14	4	0	0	4	4	.237
	Toronto	Eastern	ss	99	383	86	94	10	5	2	—	40	.245
1897	Louisville	National	2b	1	4	1	1	1	0	0	2	0	.250
	Milwaukee/Kansas City/Detroit	Western	2b-ss	94	381	92	114	20	6	2	—	25	.299
	Newark	Atlantic	2b	22	86	20	27	6	1	0	—	4	.314
1898	Allentown/Newark	Atlantic	2b	118	420	77	121	16	6	0	—	25	.288
1899	Allentown	Atlantic	2b	54	210	38	70	6	3	0	—	12	.333
1900	Allentown	Atlantic	2b	19	82	18	26	7	2	0	—	1	.317
	Cleveland	American	2b	3	10	0	2	0	0	0	—	0	.200
	Youngstown/Marion	Interstate	2b	52	193	21	52	9	0	0	—	8	.269
1901	Grand Rapid/Wheeling-Columbus	Western Association	2b	63	224	36	70	11	0	1	—	5	.313
	Denver	Western	2b-ss-of-1b	18	65	6	10	1	1	0	—	1	.154
1902	Denver	Western	2b	137	554	118	194	19	13	4	—	38	.350
1903	Denver	Western	2b-of	113	461	82	143	13	7	1	—	19	.310
1904	Seattle	Pacific Coast	3b	194	830	117	229	36	9	2	—	36	.276
1905	Pueblo/Colorado Springs	Western	3b-1b	72	286	51	87	10	3	0	—	13	.304
1906	Williamsport	Tri-State	of	27	101	15	17	3	1	0	—	7	.168
		Majors		19	67	13	16	5	0	0	6	4	.239
		Minors		1306	5244	1001	1545	212	78	26	—	321	.295

STEPHEN "STEVE" DEMETER

Born January 27, 1935 at Homer City, PA.
Batted right. Threw right. Height: 5-10. Weight: 185.

Manager for Sherbrooke, Eastern, 1972; Salem, Carolina, 1973, 1976-77, 1987; Charleston, International, 1974-75; Shreveport, Texas, 1978; Buffalo, Eastern, 1979-80.

YEAR	CLUB	LEAGUE	POS	G	AB	R	H	2B	3B	HR	RBI	SB	AVG
1953	Wausau	Wisconsin State	3b	124	475	98	166	29	6	15	123	16	.349
1954	Durham	Carolina	3b	138	550	86	169	48	7	23	111	4	.307
1955	Buffalo	International	3b	142	516	68	147	28	9	17	79	4	.285
1956	Charleston	American Association	3b	47	174	23	42	12	1	4	21	0	.241
	Augusta	SALLY	3b	73	280	36	76	14	4	8	40	0	.271
1957	Birmingham	Southern Association	3b	126	478	63	128	30	6	13	79	1	.268
1958	Birmingham	Southern Association	3b	151	550	88	170	36	6	18	88	8	.309
1959	Detroit	American	3b	11	18	1	2	1	0	0	1	0	.111
	Charleston	American Association	3b	137	512	79	151	25	2	13	77	0	.295
1960	Cleveland	American	3b	4	5	0	0	0	0	0	0	0	.000
	Toronto	International	3b	121	375	45	98	14	2	11	63	0	.261

YEAR	CLUB	LEAGUE	POS	G	AB	R	H	2B	3B	HR	RBI	SB	AVG
1961	Toronto	International	3b	132	438	62	115	19	3	25	77	2	.263
1962	Toronto	International	3b	131	494	60	131	25	3	26	86	1	.265
1963	Toronto	International	3b	56	204	23	51	11	1	6	30	1	.250
	Denver	Pacific Coast	3b	92	351	61	120	23	4	17	75	3	.342
1964	Rochester	International	3b	152	542	68	144	28	5	16	65	3	.266
1965	Rochester	International	3b	**147**	552	64	165	**28**	2	15	**90**	3	.299
1966	Rochester	International	3b	142	530	91	**166**	**32**	3	18	82	0	.313
1967	Rochester	International	3b	127	457	56	145	**32**	2	5	67	3	.317
1968	Rochester	International	3b	111	369	46	111	27	1	10	63	2	.301
1969	Syracuse	International	3b	134	486	64	136	23	3	10	76	4	.280
1970	Tulsa	American Association	3b-1b	26	50	2	11	1	0	1	6	0	.220
1972	Sherbrooke	Eastern	3b	47	69	2	13	0	0	1	6	0	.188
			Majors	15	23	1	2	1	0	0	1	0	.087
			Minors	2356	8452	1185	2455	485	70	272	1404	56	.290

OTTO GEORGE DENNING

Born December 28, 1912 at Hays, KS.
Died May 25, 1992 at Chicago, IL.
Batted right. Threw right. Height: 5-11. Weight: 180.

Manager for Pensacola, Southeastern, 1948; Oil City, Middle Atlantic, 1948-1949; Waterloo, Three-I, 1950-1951; Colorado Springs, Western, 1951.

YEAR	CLUB	LEAGUE	POS	G	AB	R	H	2B	3B	HR	RBI	SB	AVG
1932	Davenport	Mississippi Valley	of	31	78	9	15	3	2	0	7	1	.192
1933	Davenport	Mississippi Valley	c	96	356	67	113	27	4	5	72	4	.317
1934	Davenport	Western	c-1b	100	376	53	117	30	3	1	72	10	.311
1935	Davenport	Western	c-of	90	320	51	85	21	2	2	54	3	.266
1936	Davenport	Western	1b-c	114	432	73	128	34	3	5	74	9	.296
1937	Elmira	New York-Pennsylvania	c-1b-of	111	370	55	125	25	3	5	64	13	.338
1938	Minneapolis	American Association	c-1b	81	228	34	78	18	4	9	42	1	.342
1939	Minneapolis	American Association	c-of	71	195	31	59	10	2	13	47	1	.303
1940	Minneapolis	American Association	c-1b	130	410	59	135	22	8	11	74	6	.329
1941	Minneapolis	American Association	c-1b	144	510	85	168	34	4	17	105	4	.329
1942	Cleveland	American	c-of	92	214	15	45	14	0	1	19	0	.210
1943	Cleveland	American	1b	37	129	8	31	6	0	0	13	3	.240
	Buffalo	International	c-1b	112	376	52	107	17	5	9	58	8	.285
1944	Buffalo	International	of-1b-c	142	527	100	152	34	3	21	99	16	.288
1945	Milwaukee	American Association	1b	143	483	79	148	21	5	9	92	15	.306
1946	Toronto	International	1b-c	33	120	16	28	11	0	2	19	0	.233
	Milwaukee/Louisville	American Association	1b-c	40	60	8	19	3	0	0	9	1	.317
1947	Louisville/Milwaukee	American Association	c-1b	34	41	8	12	3	0	0	3	0	.368
1948	Pensacola	Southeastern	1b	6	10	0	0	0	0	0	0	0	.000
	Oil City	Middle Atlantic	1b	34	117	30	43	6	0	6	37	0	.368
1949	Oil City	Middle Atlantic	c-1b	77	205	51	79	21	0	11	62	1	.385
1950	Waterloo	Three I	c-1b	12	14	0	2	1	0	0	1	1	.143
			Majors	129	343	23	76	20	0	1	32	3	.222
			Minors	1601	5228	861	1613	341	48	126	991	94	.309

ALVA RUSSELL "RUSS" DERRY

Born October 7, 1916 at Princeton, MO.
Batted left. Threw right. Height: 6-1. Weight: 180.

YEAR	CLUB	LEAGUE	POS	G	AB	R	H	2B	3B	HR	RBI	SB	PCT.
1937	Joplin	Western Association	of	142	532	73	154	30	12	8	110	7	.289
1938	Joplin	Western Association	of	117	424	92	129	22	11	**24**	101	10	.304
1939	Norfolk	Piedmont	of	134	505	**117**	157	24	11	**40**	119	9	.311
1940	Kansas City	American Association	of	67	228	45	53	11	4	9	47	8	.232
	Binghamton	Eastern	of	69	245	29	63	13	4	1	26	9	.257
1941	Binghamton	Eastern	of	10	32	4	6	0	0	0	2	1	.188
	Kansas City	American Association	of	69	217	27	44	8	5	3	30	1	.203
1942	Newark	International	of	112	329	61	92	17	4	22	65	11	.280
1943	Newark	International	of	40	153	24	48	11	1	6	19	2	.314
1944	New York	American	of	38	114	14	29	3	0	4	14	1	.254
1945	New York	American	of	78	253	37	57	6	2	13	45	1	.225
1946	Philadelphia	American	of	69	184	17	38	8	5	0	14	0	.207
1947	Rochester	International	of	143	458	78	123	19	9	26	89	15	.269

YEAR	CLUB	LEAGUE	POS	G	AB	R	H	2B	3B	HR	RBI	SB	AVG
1948	Rochester	International	of	108	274	51	59	5	2	16	42	9	.215
1949	Rochester	International	of-1b	148	491	120	137	19	4	**42**	122	6	.279
	St. Louis	National	ph	2	2	0	0	0	0	0	0	0	.000
1950	Rochester	International	of	133	438	95	123	20	2	30	102	3	.281
1951	Rochester	International	of	116	337	59	84	11	3	19	53	10	.249
1952	Rochester	International	of	35	78	7	11	1	1	1	5	0	.141
	Columbus	American Association	of	72	223	40	71	13	1	18	55	3	.318
1953	Columbus	American Association	of	141	450	67	111	17	3	20	65	5	.247
1954	San Antonio	Texas	of	18	45	7	7	1	0	1	2	0	.156
	Modesto	California	of	55	201	42	49	11	0	8	34	0	.244
		Majors		187	553	68	124	17	7	17	73	2	.224
		Minors		1729	5660	1038	1521	259	77	294	1088	109	.269

GEORGE FRANCIS DETORE

Born November 11, 1906 at Utica, NY.
Died February 7, 1991 at Utica, NY.
Batted right. Threw right. Height: 5-8. Weight: 170.

Manager for San Diego, Pacific Coast, 1943-1944; Toledo, American Association, 1946; Williamsport, Eastern, 1947; Toledo, American Association, 1948; Salisbury, North Carolina State, 1950-1951; Bristol, Appalachian, 1952-1953; St. Jean, Provincial, 1954; Salem, Appalachian, 1964-1966.

YEAR	CLUB	LEAGUE	POS	G	AB	R	H	2B	3B	HR	RBI	SB	AVG
1929	Decatur	Three I	3b-ss	135	488	**106**	167	16	18	10	93	29	.342
1930	New Orleans	Southern Association	3b	126	430	74	143	27	9	3	79	13	.333
	Cleveland	American	3b	3	12	0	2	1	0	0	2	0	.167
1931	Cleveland	American	3b-ss-2b	30	56	3	15	6	0	0	7	2	.268
	New Orleans	Southern Association	3b	28	112	17	34	3	0	1	22	3	.304
1932	Buffalo	International	3b	157	590	132	187	39	4	24	97	8	.317
1933	Toledo	American Association	2b-3b-c	137	508	103	179	37	7	11	82	16	.352
1934	Louisville/Milwaukee	American Association	1b-2b-3b	113	380	51	102	18	5	6	45	2	.268
1935	Milwaukee	American Association	3b-c	120	375	65	107	23	5	7	68	11	.285
1936	Milwaukee	American Association	c	89	264	46	87	10	5	6	38	10	.330
1937	San Diego	Pacific Coast	c	133	434	70	145	22	8	3	72	16	.334
1938	San Diego	Pacific Coast	c-3b	109	296	48	77	12	4	3	40	8	.260
1939	San Diego	Pacific Coast	c-1b	129	411	59	146	28	5	4	72	12	.355
1940	San Diego	Pacific Coast	c	90	265	45	85	18	5	2	35	3	.321
1941	San Diego	Pacific Coast	c-1b	118	378	61	121	26	6	5	61	9	.320
1942	San Diego	Pacific Coast	c-1b	106	303	37	76	12	3	2	38	3	.251
1943	San Diego	Pacific Coast	c	73	187	26	60	12	1	1	29	1	.321
1944	San Diego	Pacific Coast	c	32	48	8	14	3	1	0	4	1	.292
1945	Indianpolis	American Association	c	78	186	19	44	5	0	1	22	2	.237
1946	Toledo	American Association		Manager and coach; did not play									
1947	Williamsport	Eastern	c	1	1	0	1	0	0	0	2	0	1.000
		Majors		33	68	3	17	7	0	0	9	2	.250
		Minors		1774	5656	967	1775	311	89	89	899	153	.314

BERNARD JOHN "BERNIE" DEVIVEIROS

Born April 19, 1901 at Oakland, CA.
Batted right. Threw right. Height: 5-7. Weight: 160.

Manager for Spokane, Western International, 1937-39; Wenatchee, Western International, 1939; Americus, Georgia-Florida, 1940; Meridian, Southeastern, 1940.
Scout for Detroit, American, 1946-72.

YEAR	CLUB	LEAGUE	POS	G	AB	R	H	2B	3B	HR	RBI	SB	AVG
1921	Calgary	Western Canada	2b	85	348	49	85	20	8	2	—	15	.244
1922	Henryetta	Western Association	ss	89	312	51	88	18	3	6	—	14	.282
1923	Kalamazoo	Michigan-Ontario	ss	132	481	77	138	23	17	11	68	13	.287
1924	Beaumont	Texas	ss	129	422	62	113	22	5	5	66	10	.268
	Chicago	American	ss	1	1	0	0	0	0	0	0	0	.000
1925	Beaumont	Texas	ss	135	514	64	145	22	4	17	104	3	.282
	New Orleans	Southern Association	ss	22	71	14	20	3	2	0	17	1	.282
1926	Beaumont	Texas	ss	156	564	107	173	29	4	19	111	12	.307
1927	Detroit	American	ss-3b	24	22	4	5	1	0	0	2	1	.227
1928	Minneapolis	American Association	ss	27	82	16	25	8	1	3	—	1	.305
	Shreveport	Texas	ss	128	464	55	122	34	1	7	73	9	.263

YEAR	CLUB	LEAGUE	POS	G	AB	R	H	2B	3B	HR	RBI	SB	AVG
1929	Shreveport	Texas	ss	157	547	72	144	36	3	4	89	15	.263
1930	Oakland	Pacific Coast	ss	161	498	49	126	20	1	3	46	4	.253
1931	San Antonio	Texas	ss	83	275	36	61	13	4	1	34	7	.222
	Mission	Pacific Coast	ss	66	256	41	67	14	0	4	21	5	.262
1932	Sacramento/Oakland/Los Angeles	Pacific Coast	2b-ss	113	342	37	77	22	1	5	41	2	.225
1933	Oakland	Pacific Coast	ss	81	307	44	75	12	3	2	32	0	.244
1934	Oakland	Pacific Coast	ss-2b	150	438	53	111	16	4	2	47	3	.253
1935	Oakland	Pacific Coast	3-2-1-s	89	320	41	81	17	0	2	34	3	.253
1936	Oakland	Pacific Coast	ss-2b-3b	90	241	31	58	12	1	0	21	5	.241
1937	Spokane	Western International	ss-2b	124	440	71	125	26	4	7	75	14	.284
1938	Spokane	Western International	ss-2b	104	351	46	96	15	0	2	45	12	.274
1939	Spokane/Wenatchee	Western International	2b-ss	115	426	72	112	18	2	14	73	7	.263
1940	Americus	Georgia-Florida	3b	44	139	24	37	6	1	0	17	5	.266
	Meridian	Southeastern	of-ss	49	114	9	33	6	0	0	18	0	.289
	Majors			25	23	2	5	1	0	0	2	1	.217
	Minors			2329	7952	1121	2112	412	69	116	1032	157	.266

JOHN OSCAR "JOHNNY" DICKSHOT

Born January 24, 1910 at Waukegan, IL.
Batted right. Threw right. Height: 6-0. Weight: 195.

YEAR	CLUB	LEAGUE	POS	G	AB	R	H	2B	3B	HR	RBI	SB	AVG
1930	Dubuque	Mississippi Valley	of	19	68	12	21	2	7	0	–	1	.309
1931	Milwaukee	American	of	1	3	0	0	0	0	0	0	0	.000
1932	Rock Island	Mississippi Valley	of	66	227	31	60	9	7	2	23	7	.264
	Fort Smith/Muskogee	Western Association	3b-of	71	244	50	64	12	5	5	35	11	.262
1933	San Antonio/Fort Worth	Texas	of	31	92	14	29	7	1	1	15	2	.315
1934	Rock Island/Cedar Rapids	Western	of	117	423	112	145	21	8	16	79	20	.343
1935	Little Rock	Southern Association	of	138	511	75	158	28	19	7	58	16	.309
1936	Pittsburgh	National	of	9	9	2	2	0	0	0	1	0	.222
	Buffalo	International	of	130	482	110	173	17	15	17	112	33	.359
1937	Pittsburgh	National	of	82	264	142	67	8	4	3	33	0	.254
1938	Pittsburgh	National	of	29	35	3	8	0	0	0	4	3	.229
1939	Jersey City	International	of	153	557	100	198	26	16	8	92	8	.355
	New York	National	of	10	31	3	8	0	0	0	5	0	.235
1940	Jersey City	International	of	140	465	87	135	25	6	11	87	5	.290
1941	Hollywood	Pacific Coast	of	175	608	76	181	37	8	10	86	6	.298
1942	Hollywood	Pacific Coast	of	175	623	81	189	25	4	11	87	14	.303
1943	Hollywood	Pacific Coast	of	158	583	100	205	31	5	13	99	9	.352
1944	Chicago	American	of	62	162	18	41	8	5	0	15	2	.253
1945	Chicago	American	of	130	486	74	147	19	10	4	58	18	.302
1946	Hollywood	Pacific Coast	of	20	42	10	9	2	0	0	5	2	.214
	Milwaukee	American Association	of	95	322	57	105	20	5	3	50	9	.326
1947	Milwaukee	American Association	of	37	95	13	24	1	0	0	11	0	.253
	Majors			322	990	142	273	35	19	7	116	23	.276
	Minors			1525	5342	928	1696	263	125	111	839	136	.317

WILLIAM M. DIESTER

Batted right. Threw right.

YEAR	CLUB	LEAGUE	POS	G	AB	R	H	2B	3B	HR	RBI	SB	AVG
1923	Bartlesville	Southwestern	of-p	64	229	39	72	7	6	7	–	2	.314
1924	Independence/Eureka	Southwestern	of-p	112	431	70	139	25	5	12	–	3	.323
1925	Independence	Western Association	of	9	22	1	5	2	0	0	3	0	.227
	Salina	Southwestern	of	121	488	85	163	32	10	25	–	6	.334
1926	Salina	Southwestern	of	106	428	110	190	33	4	27	–	10	.444
	Tulsa	Western	of	11	44	5	15	4	0	0	–	0	.341
1927	Dallas	Texas	of	31	121	11	32	8	0	1	12	4	.264
	Corpus Christi/Edinburg	Texas Valley	of	116	446	63	144	33	2	10	–	8	.323
1928	Joplin/Independence	Western Association	of	134	536	98	188	44	10	13	107	10	.351
1929	Joplin	Western Association	of	130	496	79	178	40	11	12	120	12	.359
1930	Joplin	Western Association	of	127	520	89	176	39	9	5	84	10	.338
1931	Henderson/Raleigh/Winston-Salem	Piedmont	of	134	542	72	158	31	3	10	99	5	.292
1932	Bridgeport	Eastern	of	5	21	4	5	0	0	0	1	0	.238
	Dubuque	Mississippi Valley	of	66	271	32	78	14	3	1	51	4	.288
	Minors			1166	4595	758	1543	312	63	123	477	74	.336

FRANK EDWARD "CAP" DILLON

Born October 17, 1873 at Normal, IL.
Died September 12, 1931 at Los Angeles, CA.
Batted left. Threw right.

Manager for Los Angeles, Pacific Coast, 1905-1915.
Cousin of Clark Griffith.

YEAR	CLUB	LEAGUE	POS	G	AB	R	H	2B	3B	HR	RBI	SB	AVG
1894	Peoria	Western Association	p	24	106	26	31	5	2	1	—	1	.292
1895	Bloomington	Western International.	p-1b-2b	9	33	7	9	0	1	1	—	1	.273
	Ottumwa	Iowa State	of-p-ss	5	12	1	3	0	0	0	—	0	.250
	Dubuque	Western Association	p-of	19	67	12	21	3	1	0	—	1	.313
1896	Rockford	Western Association	of	81	344	60	106	16	11	4	—	11	.308
1897	Rockford	Western Association	of	106	457	102	150	21	12	7	—	27	.328
1898	Rock Island	Western Association	of	39	146	31	42	7	6	0	—	10	.288
1899	Scranton	Atlantic	1b-p	61	233	45	72	10	10	1	—	26	.309
	Buffalo	Western	1b	60	244	38	76	10	2	2	—	14	.311
	Pittsburg	National	1b	30	121	21	31	5	0	0	20	5	.256
1900	Pittsburg	National	1b	5	18	3	2	1	0	0	1	0	.111
	Detroit	American	1b	123	470	57	137	21	7	2	—	25	.291
1901	Detroit	American	1b	74	281	40	81	14	6	1	42	14	.288
1902	Detroit/Baltimore	American	1b	68	250	22	52	6	4	0	22	2	.208
	Los Angeles	California	1b	83	318	53	108	—	—	—	—	12	.340
1903	Los Angeles	Pacific Coast	1b	190	752	114	274	49	14	3	—	42	.364
1904	Brooklyn	National	1b	135	511	60	132	18	6	0	31	13	.258
1905	Los Angeles	Pacific Coast	1b	216	779	101	212	35	6	2	—	33	.272
1906	Los Angeles	Pacific Coast	1b	165	549	61	181	21	10	1	—	18	.330
1907	Los Angeles	Pacific Coast	1b	181	631	88	192	33	5	5	—	34	.304
1908	Los Angeles	Pacific Coast	1b	168	620	77	168	24	7	0	—	33	.271
1909	Los Angeles	Pacific Coast	1b	119	416	44	101	14	5	1	—	12	.243
1910	Los Angeles	Pacific Coast	1b	189	629	63	150	20	4	2	—	27	.238
1911	Los Angeles	Pacific Coast	1b	172	580	63	147	13	8	3	—	18	.253
1912	Los Angeles	Pacific Coast	1b	121	368	52	108	18	0	1	—	13	.293
1913	Los Angeles	Pacific Coast	1b	22	55	4	20	1	0	0	—	1	.364
1914	Los Angeles	Pacific Coast	ph	3	2	0	1	0	1	0	—	0	.500
1915	Los Angeles	Pacific Coast	1b	18	37	4	7	0	1	0	—	1	.189
		Majors		312	1181	146	298	44	16	1	116	34	.252
		Minors		2174	7848	1104	2316	321	113	35	—	360	.295

VINCENT PAUL "VINCE" DIMAGGIO

Born September 6, 1912 at Martinez, CA.
Died October 3, 1986 at North Hollywood, CA
Batted right. Threw right. Height: 5-11. Weight: 183.

Brother of Joe and Dom DiMaggio
Manager for Stockton, California, 1948; Pittsburg, Far West, 1949-1951.

YEAR	CLUB	LEAGUE	POS	G	AB	R	H	2B	3B	HR	RBI	SB	AVG
1932	Tucson	Arizona-Texas	if-of	94	398	90	138	22	9	25	81	14	.347
	San Francisco	Pacific Coast	of	59	200	35	54	13	2	6	31	2	.270
1933	San Francisco/Hollywood	Pacific Coast	of	96	339	54	113	24	4	11	65	7	.333
1934	Hollywood	Pacific Coast	of	166	587	89	169	25	3	17	91	7	.288
1935	Hollywood	Pacific Coast	of	174	659	107	183	36	4	24	112	15	.278
1936	San Diego	Pacific Coast	of	176	641	109	188	43	14	19	102	22	.293
1937	Boston	National	of	132	493	56	126	18	4	13	69	8	.256
1938	Boston	National	of-2b	150	540	71	123	28	3	14	61	11	.228
1939	Kansas City	American Association	of	154	544	122	158	32	9	**46**	**136**	21	.290
	Cincinnati	National	of	8	14	1	1	1	0	0	2	0	.071
1940	Cincinnati/Pittsburgh	National	of	112	360	61	104	26	0	19	54	11	.289
1941	Pittsburgh	National	of	151	528	73	141	27	5	21	100	10	.267
1942	Pittsburgh	National	of	143	496	57	118	22	3	15	75	10	.238
1943	Pittsburgh	National	of-ss	157	580	64	144	41	2	15	88	11	.248
1944	Pittsburgh	National	of-3b	109	342	41	82	20	4	9	50	6	.240
1945	Philadelphia	National	of	127	452	64	116	25	3	19	84	12	.257
1946	Philadelphia/New York	National	of	21	44	3	4	1	0	0	1	0	.091
	San Francisco	Pacific Coast	of	43	129	19	34	10	2	1	21	3	.264
1947	Oakland	Pacific Coast	of	140	473	80	114	20	4	22	81	7	.241
1948	Stockton	California	of	127	420	108	119	24	1	**30**	100	15	.283

YEAR	CLUB	LEAGUE	POS	G	AB	R	H	2B	3B	HR	RBI	SB	AVG
1949	Pittsburg	Far West	of	101	362	108	133	19	1	37	117	11	.367
1950	Pittsburg	Far West	of	125	434	105	153	28	6	26	129	15	.353
1951	Pittsburg	Far West	of	44	127	32	33	9	1	4	29	4	.260
	Tacoma	Western International	of	74	236	35	53	12	2	5	44	6	.225
		Majors		1110	3849	491	959	209	24	125	584	79	.249
		Minors		1573	5549	1093	1642	317	62	273	1139	149	.296

CARL HENRY DITTMAR

Born March 21, 1901 at Baltimore, MD
Batted right. Threw right. Height: 5-9. Weight: 168

Manager for Bisbee, Arizona-Texas, 1939-41.

YEAR	CLUB	LEAGUE	POS	G	AB	R	H	2B	3B	HR	RBI	SB	AVG
1922	Crisfield	Eastern Shore	ss	69	230	38	59	8	2	3	—	7	.257
1923	Crisfield	Eastern Shore	ss	58	221	31	58	5	4	7	—	4	.262
1924	Muskogee	Western Association	ss	163	567	104	176	36	8	17	114	17	.310
1925	Muskogee	Western Association	ss	150	561	110	160	34	4	24	95	8	.285
1926	Augusta	SALLY	ss	139	473	66	118	21	5	2	63	7	.249
1927	San Francisco	Pacific Coast	ss	164	570	86	153	32	3	4	71	5	.268
1928	Los Angeles	Pacific Coast	ss	180	626	71	159	22	6	2	63	15	.254
1929	Los Angeles	Pacific Coast	ss	154	505	83	153	30	4	5	43	14	.303
1930	Los Angeles	Pacific Coast	ss	166	622	94	193	39	5	14	125	13	.310
1931	Los Angeles	Pacific Coast	ss	139	470	78	134	25	5	8	95	11	.285
1932	Los Angeles	Pacific Coast	ss	174	583	86	174	40	3	4	78	9	.298
1933	Los Angeles	Pacific Coast	ss	149	478	61	126	19	2	5	49	2	.264
1934	Los Angeles	Pacific Coast	ss	151	517	75	152	33	2	3	73	7	.294
1935	Los Angeles	Pacific Coast	ss	78	215	21	56	6	1	0	36	2	.260
1936	Los Angeles	Pacific Coast	ss-2b	125	427	47	122	16	2	1	44	5	.286
1937	Los Angeles	Pacific Coast	2b	72	228	20	63	8	1	0	37	1	.276
1938	Los Angeles	Pacific Coast	3b-ss-2b	11	19	1	4	2	0	0	2	0	.211
1939	Bisbee	Arizona-Texas	2b	19	38	8	14	2	0	0	4	0	.368
		Minors		2161	7350	1080	2074	378	57	99	992	127	.282

WALTER EDWARD "WALT" DIXON

Born November 25, 1920 at Chatham Co. NC.
Batted right. Threw right. Height: 6-1½.. Weight: 240.

Attended William and Mary College.
See record in managerial section.

YEAR	CLUB	LEAGUE	POS	G	AB	R	H	2B	3B	HR	RBI	SB	AVG
1940	Rocky Mount	Piedmont	p	2	1	0	0	0	0	0	0	0	.000
	Canton	Middle Atlantic	p	26	56	5	15	6	0	1	9	0	.268
1941	Greensboro	Piedmont	p	9	18	4	5	1	0	0	3	-0	.294
1942	Scranton	Eastern	p	27	59	6	9	1	1	0	1	0	.153
1943-45							Military service						
1946	Scranton	Eastern	p	8	—	—	0	0	0	0	—	—	.000
	Roanoke	Piedmont	p	1	3	1	0	0	0	0	0	0	.000
1947	Reidsville	Tri-State	p	50	117	15	31	7	1	5	17	0	.265
	Miami Beach	Florida International	p	3	8	0	2	0	0	0	0	0	.250
1948	Florence	Tri-State	p-of	83	171	25	45	15	0	5	30	0	.263
1949	Florence	Tri-State	p	16	42	3	7	0	0	2	8	0	.167
	Shelby	Western Carolina	p-of	70	201	36	74	13	3	8	61	0	.368
1950	Shelby	Western Carolina	of	101	361	82	131	26	2	25	118	7	.363
1951	Greenwood	Tri-State	of	51	176	43	51	14	0	7	39	2	.290
1952	Headland	Alabama-Florida	of-1b	98	362	94	126	22	5	21	83	26	.348
	Reidsville	Carolina	of	17	57	15	15	2	1	3	13	0	.263
1953	Norton	Mountain States	1b-of	120	475	122	**197**	35	7	**37**	**162**	13	.415
1954	Middlesboro	Mountain States	1b	80	270	60	91	17	5	13	80	8	.337
	Lafayette	Evangeline	of	39	157	23	36	11	1	5	30	0	.229
1955	Kokomo	Mississippi-Ohio Valley	1b	115	377	88	117	11	2	**24**	112	5	.310
1956	Crestview	Alabama-Florida	1b	119	403	82	132	22	2	22	103	6	.328
1957	Lafayette	Evangeline	1b	57	188	54	70	10	0	14	53	3	.372
	Magic Valley	Pioneer	1b	69	239	50	70	13	0	6	54	2	.293
1958	Burlington	Three I	1B	82	200	27	51	13	0	10	41	4	.255
		Minors		1237	3929	830	1273	238	30	208	1014	76	.324

FREDERICK E. "DUTCH" DORMAN

Born June 6, 1902 at Carlstadt, NJ.
Died April 5, 1988 at York, PA.
Batted right. Threw right. Height: 5-9 ½. Weight: 155.

Manager for Johnstown, Middle Atlantic, 1936; York, New York-Pennsylvania, 1936; Duluth, Northern, 1937-1939; Cooleemee, North Carolina State, 1940; Hagerstown, Interstate, 1941-1943; Wilmington, Interstate, 1944; Hagerstown, Interstate, 1945; Hartford, Eastern, 1946-1947; Pawtucket, New England, 1949; Hagerstown, Interstate, 1950-1952; Hagerstown, Piedmont, 1953; Allentown, Eastern, 1954; Waterloo, Three-I, 1955; Sunbury, Piedmont, 1955.

YEAR	CLUB	LEAGUE	POS	G	AB	R	H	2B	3B	HR	RBI	SB	AVG
1922	Winston-Salem	Piedmont	ss	105	338	34	77	14	0	0	–	11	.228
1923	Danville	Piedmont	ss	126	493	107	154	30	6	5	–	33	.312
1924	Williamsport	New York-Pennsylvania	ss	134	514	115	158	24	6	3	–	28	.307
1925	Wichita Falls	Texas	3b	127	454	68	124	24	5	0	59	6	.273
1926	Wichita Falls	Texas	3b-ss	11	38	8	11	4	0	0	8	1	.289
1927	Beaumont	Texas	3b	153	565	79	155	29	6	2	49	22	.274
1928	Williamsport	New York-Pennsylvania	3b	78	299	50	90	13	5	0	23	7	.301
1929	Manchester	New England	ss	105	404	84	128	19	6	1	51	6	.317
	Springfield	Eastern	3b-ss	11	28	3	8	1	0	0	2	2	.286
1930	Wilkes-Barre/Williamsport/Elmira/York	New York-Pennsylvania	2b-3b	111	376	75	110	11	10	1	46	13	.293
1931	York	New York-Pennsylvania	2b-3b	131	465	96	146	19	3	1	37	16	.314
1932	York	New York-Pennsylvania	2b	81	315	56	102	9	2	0	48	14	.324
1933	Scranton/York	New York-Pennsylvania	3b-2b	141	507	79	139	26	3	0	54	18	.274
1934	Hazleton	New York-Pennsylvania	3b	133	496	102	141	26	8	2	52	17	.284
1935	Hazleton	New York-Pennsylvania	2b	132	494	103	137	19	6	1	41	4	.277
1936	York/Wilkes-Barre	New York-Pennsylvania	3b-2b	85	340	75	108	19	5	0	35	5	.318
	Johnstown	Middle Atlantic	of	41	149	37	54	9	0	0	16	6	.362
1937	Duluth	Northern	2b	123	453	124	153	32	2	0	58	14	.338
1938	Duluth	Northern	2b	120	440	98	132	32	3	0	53	20	.300
1939	Duluth	Northern	2b	120	422	91	123	20	1	0	36	25	.291
1940	Portsmouth	Middle Atlantic	2b	43	124	42	26	7	2	0	16	3	.210
	Cooleemee	North Carolina State	2b	18	67	12	23	2	0	0	7	2	.343
	Sunbury	Interstate	3b	44	163	37	49	9	2	2	15	1	.301
1941	Hagerstown	Interstate	3b	122	398	79	97	17	2	0	28	7	.244
1942	Hagerstown	Interstate	3b-of	95	254	44	68	9	0	0	23	8	.268
1943	Wilmington	Interstate	3b-ss	108	335	62	92	14	3	0	29	8	.275
1944	Wilmington	Interstate	2b-of	7	25	1	4	0	0	0	3	1	.160
1945	Hagerstown	Interstate	3b-ss-p	16	32	11	5	2	1	0	2	1	.156
1946	Hartford	Eastern	3b-ss	7	16	2	4	1	0	0	1	0	.250
1947	Hartford	Eastern	3b-ss	12	21	7	5	2	0	0	3	1	.238
		Minors		2540	9025	1781	2623	443	87	18	795	300	.291

JEROME WILLIS "RED" DOWNS

Born August 22, 1883 at Neola, IA.
Died October 19, 1939 at Council Bluffs, IA.
Batted right. Threw right. Height: 5-11. Weight: 155.

Manager for San Francisco, Pacific Coast, 1917-18.

YEAR	CLUB	LEAGUE	POS	G	AB	R	H	2B	3B	HR	RBI	SB	AVG
1902	Fort Scott	Missouri Valley	–	–	–	–	–	–	–	–	–	–	––
1903	Fort Scott	Missouri Valley	2b	121	486	–	152	–	–	–	–	–	.313
1904	Fort Scott	Missouri Valley	2b	117	–	–	–	–	–	–	–	–	––
	Omaha	Western	–	–	–	–	–	–	–	–	–	–	––
1905	Guthrie	Western Association	2b	134	499	–	159	37	8	6	–	25	.319
1906	Topeka	Western Association	2b	136	539	80	159	27	12	9	–	18	.295
1907	Detroit	American	2b-of	105	374	28	82	13	5	1	42	3	.219
1908	Detroit	American	2b	84	289	29	64	10	3	1	35	2	.221
1909	Minneapolis	American Association	2b	167	652	67	177	44	11	2	–	32	.271
1910	Columbus	American Association	2b	159	613	91	188	34	12	1	–	25	.307
1911	Columbus	American Association	2b-1b	163	641	95	193	25	10	4	–	33	.301
1912	Brooklyn/Chicago	National	2b-ss-3b	52	127	11	33	7	3	1	17	8	.260
1913	Indianapolis	American Association	2b	59	226	30	57	10	7	1	–	6	.252
	San Francisco	Pacific Coast	2b	107	370	39	99	24	2	5	–	14	.268
1914	San Francisco	Pacific Coast	2b	204	755	95	209	35	11	3	96	24	.277
1915	San Francisco	Pacific Coast	2b	182	642	85	181	38	3	9	–	19	.282
1916	San Francisco	Pacific Coast	2b	201	734	82	211	42	3	4	–	14	.287

YEAR	CLUB	LEAGUE	POS	G	AB	R	H	2B	3B	HR	RBI	SB	AVG
1917	San Francisco	Pacific Coast	2b	166	610	67	146	25	3	1	—	28	.239
1918	San Francisco	Pacific Coast	2b	89	329	25	95	15	1	7	—	10	.289
			Majors	241	790	68	179	30	11	3	94	13	.227
			Minors	2005	7096	756	2026	356	83	52	96	248	.286

JOHN JAMES DUFFY

Born May 24, 1877 at Albany, NY.
Died April 24, 1970 at Albany, NY.

YEAR	CLUB	LEAGUE	POS	G	AB	R	H	2B	3B	HR	RBI	SB	AVG
1898	New Haven	Connecticut	of	95	391	84	121	9	1	2	—	9	.309
1899	New Haven	Connecticut	of	43	171	36	38	3	1	0	—	23	.222
	Albany	New York State	of	53	210	37	67	4	3	0	—	21	.319
1900	Albany	New York State	of	95	387	81	125	11	2	0	—	52	.323
1901	Albany	New York State	of	88	340	61	97	11	1	0	—	37	.285
1902	Albany	New York State	of	88	363	63	110	13	3	3	—	39	.303
	St. Joseph	Western	of	32	115	29	31	3	1	0	—	6	.270
1903	Birmingham	Southern Association	of	124	497	82	131	17	8	1	—	37	.264
1904	Birmingham	Southern Association	of	128	487	**100**	140	19	4	2	—	56	.287
1905	Memphis	Southern Association	of	117	436	79	124	11	2	0	—	44	.284
1906	Rochester	Eastern	of	107	426	53	97	4	5	3	—	22	.228
1907	Scranton	New York State	of	116	450	65	123	11	3	0	—	35	.273
1908	Troy	New York State	of	141	542	77	135	16	3	0	—	53	.249
1909	Troy	New York State	of	137	554	83	149	11	0	0	—	41	.269
1910	Troy	New York State	of	134	505	75	124	13	2	0	—	43	.246
1911	Troy	New York State	of	143	**576**	71	153	12	0	0	—	33	.266
1912	Troy	New York State	of	130	510	86	145	10	3	1	—	34	.284
1913	Albany	New York State	of	132	526	68	141	10	8	1	—	20	.268
1914	Albany	New York State	of	132	496	44	108	8	0	0	—	21	.218
		Minors		2035	7982	1274	2159	196	50	10	—	626	.270

AUGUSTIN JOSEPH "GUS" DUGAS

Born March 24, 1907 at St. Jean-de-Matha, Quebec, Canada.
Batted left. Threw left. Height: 5-10. Weight: 170.

YEAR	CLUB	LEAGUE	POS	G	AB	R	H	2B	3B	HR	RBI	SB	PCT.
1930	Wichita	Western	of	143	582	111	203	34	12	26	123	6	.349
	Pittsburgh	National	of	9	31	8	9	2	0	0	1	0	.290
1931	Kansas City	American Association	of	93	327	65	137	25	11	8	79	2	**.419**
1932	Pittsburgh	National	of	55	97	13	23	3	3	3	12	0	.237
1933	Philadelphia	National	of-1b	37	71	4	12	3	0	0	9	0	.169
	Albany	International	of	38	132	24	50	9	3	2	19	3	.379
1934	Albany	International	of-1b	57	194	32	72	17	5	5	44	1	.371
	Washington	American	of	24	19	2	1	1	0	0	1	9	.053
1935	Montreal	International	of	125	402	79	124	29	3	22	97	4	.308
1936	Montreal	International	of-1b	140	451	82	139	26	15	18	91	2	.308
1937	Montreal	International	of-1b	84	290	48	94	28	3	11	62	7	.324
1938	Montreal/Baltimore	International	of	152	532	100	167	35	5	16	81	11	.314
1939	Baltimore	International	of	27	64	10	10	2	0	4	11	0	.156
	Nashville	Southern Association	of	88	302	70	88	13	2	22	72	3	.291
1940	Nashville	Southern Association	of	146	512	111	172	34	0	**22**	**118**	5	.336
1941	Nashville	Southern Association	of	59	203	49	65	14	0	11	41	1	.320
1942	Nashville	Southern Association	of	145	528	80	163	35	2	19	117	4	.309
1943	Toronto	International	of	48	113	23	32	8	0	3	27	4	.283
1944-45				Did not play in organized baseball									
1946	Providence	New England	of	16	50	12	13	2	0	2	13	0	.260
		Majors		125	218	27	45	9	3	3	23	0	.206
		Minors		1361	4682	896	1529	311	67	191	995	53	.327

SINGLE SEASON ALL-TIME LEADERS: RUNS BATTED IN

PLAYER	RBIS	TEAM	LEAGUE	YEAR	PLAYER	RBIS	TEAM	LEAGUE	YEAR
Bob Crues	254	Amarillo	W. Texas-New Mexico	1948	Glenn Burns	197	Lamesa	W. Texas-New Mexico	1951
Joe Bauman	224	Roswell	Longhorn	1954	Clarence Kraft	196	Ft. Worth	Texas	1924
Tony Lazzeri	222	Salt Lake City	Pacific Coast	1925	Pud Miller	196	Wichita Falls	Big State	1947
Ike Boone	218	Mission	Pacific Coast	1929	Virg Richardson	196	Lubbock	W. Texas-New Mexico	1948
Buck Frierson	197	Sherman-Denison	Big State League	1947	Earl Smith	195	Phoenix	Arizona-Texas	1954

WILLIE ELEANOR DUKE

Born July 5, 1909 at Franklinton, NC.
Died January 31, 1993, Raleigh, NC.
Batted left. Threw right. Height: 5-10. Weight: 185.

Graduated from North Carolina State University in 1933.
Manager for Clinton, Tobacco State, 1946; Durham, Carolina, 1947-1948; Winston-Salem, Carolina, 1949.

YEAR	CLUB	LEAGUE	POS	G	AB	R	H	2B	3B	HR	RBI	SB	AVG
1934	Nashville/Memphis	Southern Association	of	74	273	39	88	16	8	3	53	6	.322
	Jackson	East Dixie	of	75	294	79	102	26	8	7	46	13	.347
1935	Memphis	Southern Association	of	157	603	91	190	26	12	13	100	20	.315
1936	Memphis	Southern Association	of	137	505	84	174	25	18	17	102	6	.345
1937	Nashville	Southern Association	of	126	448	86	139	32	5	**19**	94	9	.310
1938	Minneapolis	American Association	of	15	28	6	7	1	1	1	2	0	.250
	Nashville	Southern Association	of	62	199	32	57	9	1	4	28	3	.286
1939	New Orleans/Atlanta	Southern Association	of	141	496	81	158	34	8	12	101	6	.319
1940	Little Rock	Southern Association	of	151	573	111	207	39	6	8	93	7	.361
1941	Little Rock	Southern Association	of	36	122	25	41	10	2	2	18	0	.336
	Elmira	Eastern	of	109	394	64	109	23	2	5	45	5	.277
1942	Knoxville/Memphis	Southern Association	of	68	239	39	74	20	2	7	37	2	.310
	Wilmington	Interstate	of	33	130	13	29	9	1	3	22	1	.223
	Portsmouth	Piedmont	of	31	86	9	18	4	1	0	10	0	.209
1943-45							Military service						
1946	Clinton	Tobacco State	of	96	238	106	129	29	6	27	109	15	**.393**
1947	Durham	Carolina	of	122	439	104	169	**42**	4	13	117	2	.385
1948	Durham	Carolina	of	110	346	104	123	36	7	12	89	3	.355
1949	Winston-Salem/Danville	Carolina	of	119	413	80	144	37	1	22	106	3	.349
1950	Greensboro/Raleigh	Carolina	of	53	154	30	47	6	1	5	36	0	.305
	Rockingham	Tobacco State	of	38	138	37	48	11	3	4	35	2	.348
		Minors		1753	6208	1220	2053	435	97	184	1243	103	.331

SAMUEL MORRISON "SAM" DUNGAN

Born July 29, 1866 at Ferndale, CA.
Died March 16, 1939 at Santa Ana, CA.
Batted right. Height: 5-11. Weight: 180.

YEAR	CLUB	LEAGUE	POS	G	AB	R	H	2B	3B	HR	RBI	SB	AVG
1890	Oakland	California	of	—	533	150	174	30	12	5	—	65	**.332**
1891	Milwaukee/Omaha	Western Association	of	76	299	57	96	20	8	2	—	10	.321
1892	Chicago	National	of	113	433	46	123	19	7	0	53	15	.284
1893	Chicago	National	of	107	465	86	138	23	7	2	64	11	.297
1894	Chicago/Louisville	National	of	18	71	11	20	3	0	0	6	3	.282
	Detroit	Western	of	64	291	98	130	33	12	8	—	11	.447
1895	Detroit	Western	of	125	543	149	230	46	8	9	—	20	.424
1896	Detroit	Western	of	140	584	138	198	29	21	3	—	22	.339
1897	Detroit	Western	of	139	557	146	206	28	13	5	—	21	.370
1898	Detroit	Western	of	131	532	88	173	16	**20**	3	—	15	.325
1899	Detroit	Western	of	124	481	85	167	25	10	3	—	16	**.347**
1900	Chicago	National	of	6	15	1	4	0	0	0	1	0	.267
	Kansas City	American	1b	117	469	63	158	28	7	1	—	6	**.337**
1901	Washington	American	of-1b	138	559	70	179	26	12	1	73	9	.320
1902	Milwaukee	American Association	of-1b	143	569	79	158	19	4	1	—	13	.278
1903	Milwaukee	American Association	of	58	193	38	57	4	2	1	—	9	.295
	Memphis	Southern Association	of	68	257	50	88	16	1	3	—	2	.346
1904	Memphis	Southern Association	of	130	458	62	132	22	6	1	—	15	.288
1905	Memphis	Southern Association	of	134	510	66	146	29	1	1	—	18	.284
		Majors		382	1543	214	464	71	26	3	197	38	.301
		Minors		1332	6276	1269	2113	299	112	38	—	243	.337

CECIL A. "DYNAMITE" DUNN

Born May 13, 1914 at Linden, AL.
Batted right. Threw right. Height: 5-11. Weight: 185.

Hit 5 home runs, a single and 2 RBIs in a game against Lake Charles, April 29, 1936. In 1942 played for six clubs in five leagues.

YEAR	CLUB	LEAGUE	POS	G	AB	R	H	2B	3B	HR	RBI	SB	PCT.
1935	Alexandria	Evangeline	of	129	507	**113**	182	26	13	**18**	**122**	15	.359
	Beaumont	Texas	1b	2	8	0	1	0	0	0	0	0	.125

YEAR	CLUB	LEAGUE	POS	G	AB	R	H	2B	3B	HR	RBI	SB	AVG
1936	Alexandria	Evangeline	1b	139	579	162	219	45	13	47	185	28	**.378**
1937	Beaumont	Texas	1b	151	558	109	155	42	6	**33**	105	13	.278
1938	Toledo	American Association	of	18	22	4	4	0	0	1	4	0	.182
	Atlanta	Southern Association	of-1b	47	150	17	34	8	2	4	18	0	.227
	Tulsa	Texas	1b	25	93	20	34	9	0	3	19	1	.366
1939	Toledo	American Association	1b	20	75	5	20	5	1	1	8	0	.267
	San Antonio	Texas	1b	129	502	57	145	35	5	16	98	3	.289
1940	Oakland	Pacific Coast	1b	178	670	76	156	31	3	27	102	4	.233
1941	Oakland	Pacific Coast	1b	115	392	35	96	28	0	9	50	1	.245
1942	Oakland	Pacific Coast	ph	1	1	0	0	0	0	0	0	0	.000
	Oklahoma City	Texas	1b	28	100	16	31	7	0	5	14	0	.310
	Louisville	American Association	1b	10	23	4	6	1	1	0	3	0	.261
	Atlanta/Memphis	Southern Association	1b	39	142	16	32	2	1	6	30	1	.225
	Savannah	SALLY	1b	28	97	18	29	3	1	5	18	0	.299
1943	Knoxville	Southern Association	1b	126	474	85	140	25	6	**19**	88	1	.295
1944	Mobile/Chattanooga	Southern Association	1b	134	497	91	139	33	2	14	103	2	.280
1945	Birmingham	Southern Association	1b	10	34	1	5	1	0	0	4	0	.147
	St. Paul	American Association	1b	10	19	2	3	0	0	0	2	0	.158
		Minors		1331	4943	831	1431	301	54	208	973	69	.290

Albert L. "Bull" Durham

Born in 1885 in Richmond, IN.
Died September 17, 1949 at Oshkosh, WI.
Batted right. Threw right.

YEAR	CLUB	LEAGUE	POS	G	AB	R	H	2B	3B	HR	RBI	SB	AVG
1909	Fairmont	Pennsylvania-West Virginia	of	54	221	26	59	11	3	7	—	11	.267
	McKeesport	Ohio-Pennsylvania	of-1b-2b	54	188	38	59	8	1	8	—	10	.314
1910	McKeesport	Ohio-Pennsylvania	of	124	422	67	125	27	4	15	—	15	.296
1911	Wheeling	Central	of	92	326	52	103	22	5	**11**	—	9	.316
1912	Bay City	Southern Michigan	of-1b	102	354	68	108	18	6	**25**	—	18	.305
	Oshkosh	Wisconsin-Illinois	of	27	97	21	32	10	1	5	—	7	.330
1913	Oshkosh	Wisconsin-Illinois	of	111	394	71	121	26	0	**26**	—	12	.307
1914	Oshkosh	Wisconsin-Illinois	of	118	410	87	112	25	0	**25**	—	14	.273
1915	Racine	Bi-State	of-1b	48	174	28	62	17	1	4	—	10	**.356**
	Muscatine	Central Association	of	61	209	39	77	18	2	8	—	6	**.368**
1916	Muscatine/Marshalltown	Central Association	of	117	422	64	116	15	6	18	—	11	.275
		Minors		908	3217	561	974	197	29	152	—	123	.303

Cedric Montgomery Durst

Born August 23, 1896 at Austin, TX.
Died February 16, 1971 at San Diego, CA.
Batted left. Threw left. Height: 5-11. Weight: 160.

Manager for San Diego, Pacific Coast, 1940-1943; Quincy, Three I, 1946; Rochester, International, 1947-1948; Omaha, Western, 1949; Grand Forks, Northern, 1950.

YEAR	CLUB	LEAGUE	POS	G	AB	R	H	2B	3B	HR	RBI	SB	AVG
1921	Beaumont	Texas	of	159	584	80	160	38	6	6	63	13	.274
1922	St. Louis	American	of	15	12	5	4	1	0	0	0	0	.333
1923	St. Louis	American	of-1b	45	85	11	18	2	0	5	11	0	.212
1924	Los Angeles	Pacific Coast	of-1b	185	705	141	241	59	14	17	130	16	.342
1925	St. Paul	American Association	of	168	653	131	227	**59**	25	7	105	23	.348
1926	St. Louis	American	of-1b	80	219	32	52	7	5	3	16	0	.237
1927	New York	American	of-1b	65	129	18	32	4	3	0	25	0	.248
1928	New York	American	of-1b	74	135	18	34	2	1	2	10	1	.252
1929	New York	American	of-1b	92	202	32	52	3	3	4	31	3	.257
1930	New York/Boston	American	of	110	321	29	77	20	5	1	29	3	.240
1931	St. Paul	American Association	of-1b	144	557	88	167	43	8	11	98	12	.300
1932	St. Paul	American Association	of	117	408	53	128	16	11	6	49	4	.314
1933	Hollywood	Pacific Coast	of-1b	180	730	116	232	43	2	14	80	23	.318
1934	Hollywood	Pacific Coast	of-1b	125	438	76	131	15	3	4	61	3	.299
1935	Hollywood	Pacific Coast	of	167	639	89	207	38	3	6	72	9	.324
1936	San Diego	Pacific Coast	of	159	621	71	190	32	3	1	81	14	.306
1937	San Diego	Pacific Coast	of	137	458	52	134	25	2	2	57	4	.293
1938	San Diego/Hollywood	Pacific Coast	of	134	474	54	146	17	5	4	46	3	.308
1939	San Diego	Pacific Coast	1b-of	73	155	12	41	6	0	0	18	1	.265
1940	San Diego	Pacific Coast	1b	47	67	10	19	2	1	1	13	2	.284

YEAR	CLUB	LEAGUE	POS	G	AB	R	H	2B	3B	HR	RBI	SB	AVG
1941	San Diego	Pacific Coast	of	30	53	4	13	2	0	0	2	0	.245
1942	San Diego	Pacific Coast	ph	2	1	0	0	0	0	0	0	0	.000
1943	San Diego	Pacific Coast	1b	10	7	0	0	0	0	0	0	0	.000
		Majors		481	1103	145	269	39	17	15	122	7	.244
		Minors		1837	6395	977	2036	395	83	79	1028	127	.318

Joseph Michael "Double" Dwyer

Born March 27, 1903 at Orange, NJ.
Died October 21, 1992 at Glen Ridge, NJ.
Batted left. Threw left. Height: 5-9. Weight: 155.

YEAR	CLUB	LEAGUE	POS	G	AB	R	H	2B	3B	HR	RBI	SB	AVG
1924	Rochester	International	of	4	6	1	1	0	0	1	1	0	.167
1925						Did not play in organized baseball							
1926	Salem	New England	of	88	350	79	129	17	5	8	50	11	.369
	Scranton	New York-Pennsylvania	of	16	56	8	14	4	0	0	8	0	.250
1927	Salem/Lynn	New England	of	92	367	55	106	13	6	4	42	6	.289
1928	Lynn	New England	of	106	414	74	114	20	10	6	54	6	.275
1929	Lynn	New England	of	127	536	98	192	21	8	4	54	8	.358
1930	Wilkes-Barre	New York-Pennsylvania	of	129	515	116	187	28	13	3	78	20	.363
1931	Shreveport	Texas	of	11	33	7	7	0	0	0	1	1	.212
	Wilkes-Barre	New York-Pennsylvania	of	140	562	100	181	40	8	0	61	10	.322
1932	Wilkes-Barre	New York-Pennsylvania	of	120	491	75	156	27	14	3	54	5	.318
1933	Wilkes-Barre	New York-Pennsylvania	of	139	533	77	187	38	15	1	95	5	.351
1934	Wilkes-Barre	New York-Pennsylvania	of	133	510	81	175	36	11	2	76	7	.343
1935	Wilkes-Barre	New York-Pennsylvania	of	105	432	68	157	25	9	2	77	5	.363
1936	Nashville	Southern Association	of	154	600	127	230	65	7	4	117	7	.383
1937	Cincinnati	National	of	12	11	2	3	0	0	0	1	0	.273
	Jersey City	International	of	88	304	26	80	17	2	1	28	1	.263
1938	Jersey City/Baltimore	International	of	56	194	19	43	8	1	0	19	0	.222
1939	Toledo	American Association	of	79	260	27	82	13	3	2	24	0	.315
1940	Toledo	American Association	of	74	239	31	74	8	4	1	28	3	.310
	Little Rock	Southern Association	of	46	192	30	67	13	7	0	26	5	.349
1941	Little Rock	Southern Association	of	151	589	98	191	33	5	2	70	3	.324
1942	Binghamton	Eastern	of	59	208	28	58	9	2	0	19	0	.279
1943	Newark	International	of	94	252	25	69	8	0	3	14	1	.274
1944	Newark	International	of	76	160	24	45	7	0	2	15	0	.281
1945	Newark	International	of	11	15	0	4	1	0	0	1	0	.267
		Majors		12	11	2	3	0	0	0	1	0	.273
		Minors		2098	7818	1274	2549	451	130	49	1012	104	.326

Cecil Henry "Babe" Dye

Born May 13, 1898 at Hamilton, Ontario.
Died January 2, 1962 at Chicago, IL.
Batted left. Threw left. Height: 5-8. Weight: 155.

In National Hockey League Hall of Fame. Led NHL in goals three times and in scoring two times.

YEAR	CLUB	LEAGUE	POS	G	AB	R	H	2B	3B	HR	RBI	SB	AVG
1920	Toronto/Syracuse	International	of	3	9	0	1	0	0	0	0	0	.111
	Brantford	Michigan-Ontario	of	75	260	37	85	11	2	1	20	17	.327
1921	Brantford	Michigan-Ontario	of	104	436	67	153	20	10	8	87	26	.351
1922	Buffalo	International	of	134	468	88	146	26	12	4	67	18	.312
1923	Buffalo	International	of	155	619	133	197	40	13	16	87	29	.318
1924	Buffalo	International	of	164	650	114	202	43	7	10	75	20	.311
1925	Buffalo	International	of	125	443	77	130	21	7	5	46	5	.293
1926	Toronto/Baltimore	International	of	51	181	26	39	5	1	1	20	3	.215
		Minors		811	3066	542	953	166	52	45	402	118	.311

Charles Eugene "Truck" Eagan

Born August 10, 1877 at San Francisco, CA.
Died March 19, 1949 at San Francisco, CA.
Batted right. Threw right. Height: 5-11. Weight: 190.

Led all minor leagues in home runs in 1904 and 1905.

YEAR	CLUB	LEAGUE	POS	G	AB	R	H	2B	3B	HR	RBI	SB	AVG
1898	San Francisco/San Jose	Pacific Coast	2b-ss	42	172	26	41	9	1	1	–	8	.238

YEAR	CLUB	LEAGUE	POS	G	AB	R	H	2B	3B	HR	RBI	SB	AVG
1899	Sacramento	California	ss	81	333	58	92	19	2	7	—	27	.276
1900	Sacramento	California	ss	88	327	70	90	18	3	11	—	23	.275
1901	Sacramento/Oakland	California	1b-3b-ss	114	435	64	106	22	1	8	—	14	.244
	Pittsburgh	National	ss	4	12	0	1	0	0	0	2	1	.083
	Cleveland	American	2b-3b	5	18	2	3	0	1	0	2	0	.167
1902	Sacramento	California	ss-1b	159	653	70	168	29	5	4	—	18	.257
1903	Sacramento	Pacific Coast	ss	206	819	138	264	56	23	13	—	50	.321
1904	Tacoma	Pacific Coast	if	191	736	121	229	52	7	25	—	29	.311
1905	Tacoma	Pacific Coast	ss	210	774	104	215	49	3	21	—	29	.278
1906	Fresno	Pacific Coast	ss	167	652	70	170	18	12	2	—	22	.261
1907	Oakland	Pacific Coast	ss	194	708	96	237	45	2	10	—	31	.335
1908	Oakland	Pacific Coast	ss-1b	184	687	81	180	28	2	9	—	17	.262
1909	Vernon	Pacific Coast	2b-ss	188	647	65	144	27	2	9	—	14	.223
1910	Sacramento	California	ss	36	131	15	38	7	2	0	—	1	.290
1911	Richmond	Virginia	2b	61	216	38	66	19	6	3	—	8	.306
		Majors		9	30	2	4	0	1	0	4	1	.133
		Minors		1921	7290	1016	2039	398	71	123	—	291	.280

Patrick Peter "Pete" Eagan

YEAR	CLUB	LEAGUE	POS	G	AB	R	H	2B	3B	HR	RBI	SB	AVG
1890	Cobleskill/Troy	New York State	of	74	326	78	109	11	7	2	—	48	.334
1891	Troy	Eastern Association	of	27	119	14	23	4	0	0	—	12	.193
1892	Rochester	Eastern	of	1	4	1	1	0	0	0	—	1	.250
	Danville	Pennsylvania State	of	29	115	21	32	3	1	0	—	1	.278
1893	Harrisburg	Pennsylvania State	of	74	322	65	108	19	8	0	—	25	.335
1894	Harrisburg	Pennsylvania State	of-2b	87	377	93	126	18	8	3	—	—	.334
1895	Harrisburg	Pennsylvania State	of	30	136	42	51	12	2	0	—	9	.375
	Scranton	Eastern	of	74	328	57	100	22	5	0	—	10	.305
1896	Scranton	Eastern	of	101	431	91	145	26	8	3	—	39	.336
1897	Scranton	Eastern	of	98	420	77	127	21	2	5	—	14	.302
1898	Rochester/Buffalo	Eastern	of	24	92	9	23	4	0	0	—	3	.250
	Utica	New York State	of	64	282	51	103	20	4	2	—	10	.365
1899	Scranton	Atlantic	of	63	238	30	74	15	3	1	—	5	.311
	Utica	New York State	of	64	250	52	87	7	5	0	—	17	.348
1900	Cortland	New York State	of	109	466	89	163	25	3	1	—	11	.350
1901	Montreal	Eastern	of	10	43	6	13	1	0	0	—	0	.302
	Schenectady	New York State	of	102	437	57	128	15	2	0	—	25	.293
1902	Ilion	New York State	of	105	421	41	118	16	1	0	—	13	.280
1903	Albany	New York State	of	112	453	48	123	15	0	0	—	17	.272
1904	Amsterdam-Johnstown-Gloversville	New York State	of	108	450	54	135	18	8	2	—	12	.300
1905	Amsterdam-Johnstown-Gloversville	New York State	of	99	409	49	119	19	5	1	—	18	.291
1906	Amsterdam-Johnstown-Gloversville	New York State	of	132	528	60	136	14	6	0	—	25	.258
1907	Troy	New York State	of	115	466	46	131	15	3	0	—	14	.281
1908	Troy	New York State	of	124	484	44	130	16	1	1	—	12	.269
		Minors		1828	7608	1178	2309	336	82	21	—	343	.304

Luscious "Luke" Easter

Born April 4, 1915 at Jamestown, MS.
Died March 29, 1979 at Euclid, OH.
Batted left. Threw right. Height: 6-4½. Weight: 240.

YEAR	CLUB	LEAGUE	POS	G	AB	R	H	2B	3B	HR	RBI	SB	AVG
1949	San Diego	Pacific Coast	1b	80	273	56	99	23	0	25	92	1	.363
	Cleveland	American	of	21	45	6	10	3	0	0	2	0	.222
1950	Cleveland	American	1b-of	141	540	96	151	20	4	28	107	0	.280
1951	Cleveland	American	1b	128	486	65	131	12	5	27	103	0	.270
1952	Indianapolis	American Association	1b	14	50	13	17	2	0	6	12	1	.340
	Cleveland	American	1b	127	437	63	115	10	3	31	97	1	.263
1953	Cleveland	American	1b	68	211	26	64	9	0	7	31	0	.303
1954	Cleveland	American	ph	6	6	0	1	0	0	0	0	0	.167
	Ottawa	International	1b	66	230	49	80	10	0	15	48	1	.348
	San Diego	Pacific Coast	1b	56	198	43	55	8	1	13	42	1	.278
1955	Charleston	American Association	1b	144	477	78	135	25	5	30	102	1	.283
1956	Buffalo	International	1b	145	483	75	148	20	3	35	106	0	.306
1957	Buffalo	International	1b	154	534	87	149	27	2	40	128	0	.279

YEAR	CLUB	LEAGUE	POS	G	AB	R	H	2B	3B	HR	RBI	SB	AVG
1958	Buffalo	International	1b	148	502	89	154	33	0	38	109	1	.307
1959	Buffalo/Rochester	International	1b	143	478	68	125	32	2	22	76	0	.262
1960	Rochester	International	1b	115	275	36	83	12	1	14	57	0	.302
1961	Rochester	International	1b	82	203	24	59	13	1	10	51	0	.291
1962	Rochester	International	1b	93	249	39	70	11	1	15	60	0	.281
1963	Rochester	International	1b	77	188	20	51	8	1	6	35	0	.271
1964	Rochester	International	ph	10	10	0	2	0	0	0	1	0	.200
		Majors		491	1725	256	472	54	12	93	340	1	.274
		Minors		1327	4150	677	1227	224	17	269	919	6	.296

PAUL EASTERLING

Born September 28, 1905 at Reidsville, GA.
Died March 15, 1993 at Reidsville, GA.
Batted right. Threw right. Height: 5-10. Weight: 180.

YEAR	CLUB	LEAGUE	POS	G	AB	R	H	2B	3B	HR	RBI	SB	AVG
1926	Seattle	Pacific Coast	of	38	137	18	34	9	2	1	11	1	.248
1927	Seattle	Pacific Coast	of	35	124	17	33	8	0	1	12	0	.266
	Bloomington	Three I	of	122	465	72	159	26	5	14	77	18	.342
1928	Detroit	American	of	43	114	17	37	7	1	3	12	2	.325
	Toronto	International	of	70	210	34	52	10	4	6	20	4	.248
1929	Beaumont	Texas	of	156	562	104	171	31	7	30	110	20	.304
1930	Detroit	American	of	29	79	7	16	6	0	1	14	0	.202
	Beaumont	Texas	of	97	355	74	112	20	3	17	66	25	.315
1931	Beaumont	Texas	of	148	526	89	153	30	8	14	98	23	.291
1932	Beaumont	Texas	of	150	553	113	154	25	4	36	**134**	30	.278
1933	Beaumont	Texas	of	82	289	42	71	12	1	7	47	16	.246
	Shreveport	Dixie	of	44	157	36	46	6	1	8	29	3	.292
1934	Tulsa	Texas	of	151	561	120	166	34	8	**29**	105	15	.296
1935	Atlanta	Southern Association	of	23	88	13	21	3	1	9	14	7	.239
	Oklahoma City	Texas	of	128	455	67	129	27	4	11	63	12	.284
1936	Oklahoma City	Texas	of	152	543	100	180	37	10	17	95	25	.330
1937	Oklahoma City	Texas	of	154	699	110	187	39	3	17	108	27	.307
1938	Philadelphia	American	of	4	7	1	2	0	0	0	0	0	.286
	Columbus	American Association	of	1	3	0	0	0	0	0	0	0	.000
	Houston	Texas	of	101	363	50	107	20	9	5	48	10	.295
1939	Oklahoma City/Shreveport	Texas	of	159	604	98	**182**	37	4	13	90	15	.302
1940	Shreveport/Dallas	Texas	of	150	555	85	162	38	1	15	89	3	.292
1941	Dallas	Texas	of	149	527	82	148	28	4	12	83	3	.281
1942	Elmira	Eastern	of	17	64	5	12	1	0	0	2	0	.188
	Trenton	Interstate	of	52	181	21	52	7	2	1	28	3	.287
1943-50							Did not play in organized baseball						
1951	Hazlehurst-Baxley	Georgia State	of	32	124	20	35	6	0	3	24	5	.282
		Majors		76	200	25	55	13	1	4	26	2	.275
		Minors		2211	8055	1370	2366	454	81	257	1353	265	.294

OSCAR GEORGE "OX" ECKHARDT

Born December 23, 1901 at Yorktown, TX.
Died April 22, 1951 at Yorktown, TX.
Batted left. Threw right. Height: 6-1. Weight: 190.

YEAR	CLUB	LEAGUE	POS	G	AB	R	H	2B	3B	HR	RBI	SB	AVG
1925	Austin	Texas Association	of	2	7	1	2	0	0	0	0	0	.286
1926-27							Did not play in organized baseball						
1928	Wichita/Amarillo	Western	of	127	490	91	184	32	**27**	3	—	20	.376
1929	Seattle	Pacific Coast	of	161	571	84	202	35	**17**	7	70	16	.354
1930	Beaumont	Texas	of	147	573	99	**217**	**55**	5	8	83	19	**.379**
1931	Mission	Pacific Coast	of	185	745	129	**275**	52	10	7	117	9	**.369**
1932	Boston	National	ph	8	8	1	2	0	0	0	1	0	.250
	Mission	Pacific Coast	of	134	539	80	200	33	13	5	82	15	**.371**
1933	Mission	Pacific Coast	of	189	760	145	**315**	56	16	12	143	15	**.414**
1934	Mission	Pacific Coast	of	184	707	126	267	36	11	6	106	7	.378
1935	Mission	Pacific Coast	of-p	172	710	149	**283**	40	11	2	114	8	**.399**
1936	Brooklyn	National	of	16	44	5	8	1	0	1	6	0	.182
	Indianapolis	American Association	of	128	541	95	191	26	11	4	69	3	.353

YEAR	CLUB	LEAGUE	POS	G	AB	R	H	2B	3B	HR	RBI	SB	AVG
1937	Indianapolis	American Association	of	142	589	97	201	20	8	7	79	14	.341
1938	Toledo	American Association	of	55	201	29	46	9	3	2	29	3	.229
	Beaumont	Texas	of	72	279	43	108	19	7	0	43	4	.387
1939	Memphis	Southern Association	of	124	482	61	174	26	4	2	80	6	.361
1940	Dallas	Texas	of	104	369	46	108	16	3	1	22	1	.293
	Majors			24	52	6	10	1	0	1	7	0	.192
	Minors			1926	7563	1275	2773	455	146	66	1037	140	.367

Ross C. "Brick" Eldred

Born July 26, 1893 at Sacramento, CA.
Batted right. Threw right. Height: 5-6½. Weight: 162.

Averaged 64 doubles a season for six years, 1920-25.

YEAR	CLUB	LEAGUE	POS	G	AB	R	H	2B	3B	HR	RBI	SB	AVG
1916	Salt Lake City	Pacific Coast	of	19	32	3	7	2	0	0	3	1	.219
	Seattle	Northwest	of	92	340	59	113	19	9	8	52	17	.332
1917	Newark	International	of	143	487	67	131	26	5	6	53	27	.269
1918	San Francisco	Pacific Coast	of	97	398	54	105	26	5	4	42	22	.264
1919	Sacramento	Pacific Coast	of	166	617	111	192	34	13	4	106	41	.311
1920	Seattle	Pacific Coast	of	188	682	111	231	59	17	3	110	35	.339
1921	Seattle	Pacific Coast	of	154	590	109	188	60	3	6	84	17	.319
1922	Seattle	Pacific Coast	of	187	734	102	260	55	10	9	131	23	.354
1923	Seattle	Pacific Coast	of	193	742	129	262	71	11	7	116	23	.353
1924	Seattle	Pacific Coast	of	177	684	129	240	71	5	7	131	21	.351
1925	Seattle	Pacific Coast	of	191	739	120	242	66	6	7	142	21	.327
1926	Seattle	Pacific Coast	of	125	312	49	106	30	2	2	59	3	.340
1927	Seattle	Pacific Coast	of	122	369	53	120	31	1	2	48	10	.325
1928	Seattle	Pacific Coast	of	11	19	2	6	1	0	0	2	0	.316
	Wichita Falls	Texas	of	91	317	67	113	26	2	9	56	4	.356
1929	Wichita Falls	Texas	of	25	48	3	16	2	0	0	6	0	.333
	Milwaukee	American Association	of	38	108	14	23	3	2	0	6	1	.213
1930	Sacramento	Pacific Coast	of	79	203	31	75	10	1	6	42	3	.369
	Minors			2098	7421	1213	2430	592	92	80	1183	269	.327

Herbert Spencer "Babe" Ellison

Born November 15, 1895 at Rutland, AR.
Died August 11, 1955 at San Francisco, CA.
Batted right. Threw right. Height: 5-11. Weight: 170.

Attended University of Arkansas.
Manager for San Francisco, Pacific Coast, 1923-26; Dallas, Texas, 1928.
Served in the U.S. Army for most of 1918 season.

YEAR	CLUB	LEAGUE	POS	G	AB	R	H	2B	3B	HR	RBI	SB	AVG
1915	Clinton	Central Association	ss	112	398	49	100	18	2	2	–	17	.251
1916	Muscatine	Central Association	3b	127	493	103	178	46	16	4	–	19	**.361**
	Detroit	American	3b	2	7	0	1	0	0	0	1	0	.143
1917	St. Paul	American Association	2b-of	139	528	72	147	15	22	5	–	19	.278
	Detroit	American	1b	9	29	2	5	1	2	1	4	0	.172
1918	Detroit	American	of-2b	7	23	1	6	1	0	0	2	1	.261
1919	Detroit	American	2b-of-ss	56	134	18	29	4	0	0	11	4	.216
1920	Detroit	American	1b-of-3b	61	155	11	34	7	2	0	21	4	.219
1921	San Francisco	Pacific Coast	of-2b-1b	171	634	124	197	46	4	18	102	10	.311
1922	San Francisco	Pacific Coast	1b	187	718	116	220	30	10	16	**141**	20	.306
1923	San Francisco	Pacific Coast	1b-2b	192	757	145	271	67	10	23	139	12	.358
1924	San Francisco	Pacific Coast	1b	201	805	142	**307**	68	11	33	**188**	10	.381
1925	San Francisco	Pacific Coast	1b-2b	174	708	122	230	38	7	22	160	8	.325
1926	San Francisco	Pacific Coast	1b-2b-3b	105	321	36	97	28	0	3	48	1	.302
1927	San Francisco	Pacific Coast	of-1b	12	28	5	7	1	1	1	5	0	.250
	Minneapolis	American Association	1b	52	149	20	37	5	0	4	229	2	.248
1928	Dallas	Texas	1b-2b	79	255	41	76	16	0	7	39	0	.298
	Majors			135	348	32	75	13	4	1	39	9	.216
	Minors			1551	5794	975	1867	378	83	138	851	118	.322

John Elway

Born June 28, 1960 at Port Angeles, WA.
Batted left. Threw right. Height: 6-4. Weight: 205.

Attended Stanford University.
Quarterback for Denver Broncos, 1983 to present. Led team to NFC title, 1986, 1987, and 1989.

YEAR	CLUB	LEAGUE	POS	G	AB	R	H	2B	3B	HR	RBI	SB	AVG
1982	Oneonta	New York-Pennsylvania	of	42	151	26	48	6	2	4	25	13	.318

Charles Dewie English

Born April 8, 1910 at Darlington, SC.
Batted right. Threw right. Height: 5-9½. Weight: 160.

Manager for Lancaster, Interstate 1947; Ballinger, Longhorn, 1949.

YEAR	CLUB	LEAGUE	POS	G	AB	R	H	2B	3B	HR	RBI	SO	AVG
1931	Florence	Palmetto	of	76	282	61	81	15	4	11	58	6	.287
1932	Muskogee/Hutchinson	Western Association	3b	83	335	81	114	21	9	11	57	7	.340
	Chicago	American	3b-ss	24	63	7	20	3	1	1	8	0	.317
1933	Chicago	American	2b	3	9	2	4	2	0	0	1	0	.444
	Galveston	Texas	2b	153	604	87	169	29	9	5	85	31	.280
1934	Galveston	Texas	2b	147	564	81	184	37	8	10	116	15	.326
1935	Galveston	Texas	2b	161	612	99	186	42	10	13	104	29	.304
1936	Fort Worth	Texas	2b	122	485	78	146	38	3	12	72	13	.301
	New York	National	2b	6	1	0	0	0	0	0	0	0	.000
1937	Kansas City	American Association	3b-2b	154	624	80	204	44	15	1	98	2	.327
	Cincinnati	National	3b 2b	17	63	1	15	3	1	0	4	0	.238
1938	Los Angeles	Pacific Coast	2b	176	709	102	215	43	7	19	143	5	.303
1939	Los Angeles	Pacific Coast	3b-of	171	660	114	184	39	4	13	89	2	.279
1940	Milwaukee	American Association	3b	148	568	80	171	29	4	17	93	7	.301
1941	Milwaukee	American Association	3b	14	36	4	11	0	0	0	1	0	.306
	Fort Worth	Texas	3b-2b-of	33	112	17	27	7	0	4	16	1	.241
	Nashville	Southern Association	3b-2b	59	205	31	59	15	0	4	33	1	.288
1942	Nashville	Southern Association	3b	150	590	99	**201**	50	4	10	**139**	1	**.341**
1943	Los Angeles	Pacific Coast	3b	157	591	101	191	31	5	16	98	2	.323
1944	Los Angeles/Oakland	Pacific Coast	3b-2b	124	447	56	131	23	5	2	59	7	.293
1945	Portland	Pacific Coast	2b-3b	129	449	62	127	26	5	4	52	2	.283
1946	Baton Rouge	Evangeline	3b	51	178	26	56	9	1	1	28	1	.315
1947	Lancaster	Interstate	3b	23	81	10	22	3	2	2	16	0	.272
1948						Did not play in organized baseball							
1949	Balinger	Longhorn	3b	25	72	9	20	1	0	0	12	0	.278
		Majors		50	136	10	39	8	2	1	13	0	.287
		Minors		2156	8204	1278	2499	502	95	155	1369	130	.305

Gilbert Raymond "Gil" English

Born July 2, 1909 at Glenola, NC.
Batted right. Threw right. Height: 5-11. Weight: 180.

YEAR	CLUB	LEAGUE	POS	G	AB	R	H	2B	3B	HR	RBI	SB	AVG
1930	Durham	Piedmont	3b-of	130	485	67	137	28	5	11	73	6	.282
1931	Durham	Piedmont	3b	127	486	82	167	35	6	19	106	6	.344
	New York	National	3b	3	8	0	0	0	0	0	0	0	.000
1932	Bridgeport	Eastern	3b	72	291	46	91	16	4	5	44	1	.313
	New York	National	3b-ss	59	204	22	46	7	5	2	19	0	.225
1933	Buffalo/Jersey City	International	3b	134	467	64	130	21	4	13	76	1	.278
1934	Portland	Pacific Coast	3b-of	187	634	75	177	33	5	9	73	11	.279
1935	Portland	Pacific Coast	3b	171	675	107	221	35	8	8	118	9	.327
1936	Detroit	American	3b	1	1	0	0	0	0	0	0	0	.000
	Buffalo	International	3b	19	66	6	13	2	0	0	10	0	.197
	Toledo	American Association	3b	102	412	74	138	21	15	5	78	4	.335
1937	Detroit	American	2b	18	65	6	17	1	0	1	6	1	.262
	Boston	National	3b	79	269	25	78	5	2	2	37	3	.290
1938	Boston	National	3b-of-ss-2b	53	165	17	41	6	0	2	21	1	.248
	Kansas City	American Association	3b	20	58	5	9	2	0	0	7	0	.155
1939	St. Paul	American Association	3b	139	501	96	172	35	7	19	92	4	**.343**
1940	St. Paul	American Association	3b	127	480	65	152	15	9	19	89	6	.317
1941	St. Paul	American Association	3b-of	152	551	84	174	32	5	13	93	9	.316

YEAR	CLUB	LEAGUE	POS	G	AB	R	H	2B	3B	HR	RBI	SB	AVG
1942	St. Paul/Indianapolis	American Association	of-3b	134	475	48	120	27	6	4	57	0	.253
1943	Indianapolis	American Association	of-3b	141	543	80	175	26	3	3	83	0	.322
1944	Brooklyn	National	ss-3b-2b	27	79	4	12	3	0	1	7	0	.152
	Indianapolis	American Association	3b-of-1b	91	332	59	107	18	6	4	47	2	.322
1945	Indianapolis	American Association	3b-of	137	504	81	144	26	6	9	97	2	.286
1946	Indianapolis	American Association	3b	58	135	16	41	7	0	3	17	2	.304
		Majors		240	791	74	194	22	7	8	90	5	.245
		Minors		1921	7095	1055	2168	379	89	144	1160	63	.306

HAROLD FRANKLIN "HAL" EPPS

Born March 26, 1914 at Athens, GA.
Batted left. Threw left. Height: 6-0. Weight: 175.

YEAR	CLUB	LEAGUE	POS	G	AB	R	H	2B	3B	HR	RBI	SB	AVG
1934	Huntington	Middle Atlantic	of	110	374	63	118	21	9	19	63	8	.316
1935	Cedar Rapids	Western	of	57	231	54	80	11	11	7	44	5	.346
	Rochester	International	of	32	112	14	33	1	1	1	7	1	.295
	Columbus	American Association	of	43	162	33	52	7	2	2	19	3	.321
1936	Sacramento	Pacific Coast	of	45	167	22	48	4	3	0	18	7	.287
	Houston	Texas	of	95	354	39	101	18	5	5	54	7	.285
1937	Houston	Texas	of	145	560	76	171	21	14	3	60	14	.305
1938	Houston	Texas	of	157	610	81	186	26	21	4	69	14	.305
	St. Louis	National	of	17	50	8	15	0	0	1	3	2	.300
1939	Columbus	American Association	of	6	24	3	4	0	0	0	1	0	.167
	Houston	Texas	of	139	543	71	156	22	22	4	74	9	.287
1940	Rochester	International	of	107	386	51	118	17	8	4	36	8	.306
	St. Louis	National	of	11	15	6	3	0	0	0	1	0	.200
1941	Houston	Texas	of	144	567	106	167	23	16	1	59	7	.295
1942	Houston	Texas	of	149	600	73	179	23	8	1	56	13	.297
1943	Toledo	American Association	of	146	552	84	166	22	13	6	52	4	.301
	St. Louis	American	of	8	35	2	10	4	0	0	1	1	.286
1944	St. Louis/Philadelphia	American	of	89	291	42	71	9	9	0	16	2	.244
1945-46							Military service						
1947	Houston	Texas	of	136	484	82	146	24	15	6	84	6	.302
1948	Houston	Texas	of	150	518	78	146	19	6	4	66	7	.282
1949	Houston	Texas	of	69	222	24	48	6	5	1	22	0	.216
1950					Did not play in organized baseball								
1951	Tyler	Big State	of	118	397	74	119	21	11	5	51	12	.300
1952	Tyler	Big State	of	31	125	17	39	11	2	2	13	2	.312
	Borger	West Texas-New Mexico	of	113	453	96	157	29	6	16	111	8	.347
		Majors		125	391	58	99	13	9	1	21	5	.253
		Minors		1992	7441	1141	2234	326	178	82	959	135	.300

HECTOR ESPINO (GONZALEZ)

Born June 8, 1939 at Chihuahua, Mexico
Batted right. Threw right. Height: 5-11. Weight: 185.

Manager for Monterrey Industrialists, Mexican, 1990-91.
Holds minor league career record with 484 home runs.

YEAR	CLUB	LEAGUE	POS	G	AB	R	H	2B	3B	HR	RBI	SB	AVG
1960	San Luis Potosi	Mexican Center	of	63	229	58	83	20	2	20	60	0	.363
1961	San Luis Potosi	Mexican Center	of	17	71	19	33	4	2	8	30	0	.465
1962	Monterrey	Mexican	of	126	444	106	159	20	12	23	105	3	.358
1963	Monterrey	Mexican	of	99	393	79	136	20	6	24	80	3	.346
1964	Monterrey	Mexican	1b	126	448	118	166	22	3	46	117	5	**.371**
	Jacksonville	International	1b	32	100	15	30	6	0	3	15	0	.300
1965	Monterrey	Mexican	1b	67	215	38	72	10	4	17	48	1	.335
1966	Monterrey	Mexican	1b-of	120	393	84	145	16	4	31	75	2	**.369**
1967	Monterrey	Mexican	1b	123	419	106	159	29	3	34	89	6	**.379**
1968	Monterrey	Mexican	1b-of	109	351	59	128	18	1	27	79	4	**.365**
1969	Monterrey	Mexican	1b	147	461	101	140	22	2	37	97	5	.304
1970	Monterrey	Mexican	1b	136	432	86	138	17	2	18	47	3	.319
1971	Tampico	Mexican	1b	104	341	65	106	11	2	20	58	4	.311
1972	Tampico	Mexican	1b	129	433	101	154	23	1	37	101	0	.356
1973	Tampico	Mexican	1b	116	422	82	159	20	2	22	**107**	3	**.377**
1974	Tampico	Mexican	1b	109	374	66	117	20	0	17	61	3	.313

YEAR	CLUB	LEAGUE	POS	G	AB	R	H	2B	3B	HR	RBI	SB	AVG
1975	Tampico	Mexican	1b	119	428	73	153	18	0	17	75	3	.357
1976	Tampico	Mexican	1b	96	337	49	100	7	9	20	65	1	.297
1977	Tampico	Mexican	1b	97	332	57	112	14	1	14	51	1	.337
1978	Tampico	Mexican	1b	119	441	64	141	20	0	12	82	4	.320
1979	Leon/Union Laguna	Mexican	1b	94	355	48	120	17	0	15	70	1	.338
1980	Union Laguna/Mondova/Saltillo	Mexican #1	1b	62	230	27	84	12	1	10	33	0	.365
	Saltillo	Mexican #2	1b	35	110	23	36	6	0	1	18	0	.327
1981	Mexico City Reds/Montclova	Mexican	1b	95	319	40	93	13	0	4	46	0	.292
1982	Monterrey	Mexican	1b	70	233	16	63	11	1	4	41	1	.270
1983	Monterrey	Mexican	1b	70	244	14	60	7	0	2	20	1	.246
1984	Monterrey	Mexican	1b	20	50	3	11	0	0	1	8	0	.220
			Minors	2500	8605	1597	2898	403	49	484	678	54	.337

Francisco "Paquin" Estrada (Soto)

Born February 12, 1948 at Navojoa, Sonora, Mexico.
Bats right. Throws right. Height: 5-8. Weight: 182.

Holds minor league record for most games caught in career 2,703.

YEAR	CLUB	LEAGUE	POS	G	AB	R	H	2B	3B	HR	RBI	SB	AVG
1964	San Luis Potosi	Mexican Center	c-of	73	172	20	37	8	0	5	21	0	.215
1965	San Luis Potosi	Mexican Center	c	128	438	76	111	18	7	10	64	1	.253
1966	Mexico City Reds	Mexican	c	74	160	20	38	11	0	3	12	0	.238
1967	Mexico City Reds	Mexican	c	136	469	57	132	22	2	8	72	4	.281
1968	Mexico City Reds	Mexican	c	140	425	48	105	15	2	7	44	5	.247
1969	Mexico City Reds	Mexican	c-1b	116	318	32	83	12	4	3	34	3	.261
1970	Mexico City Reds	Mexican	c-1b-3b	138	442	83	134	24	11	18	85	1	.303
1971	Memphis	Texas	c	51	159	22	40	8	0	7	28	1	.252
	Tidewater	International	c	58	192	20	50	7	0	6	21	0	.260
	New York	National	c	1	2	0	1	0	0	0	0	0	.500
1972	Salt Lake City	Pacific Coast	c	21	41	2	11	2	0	0	4	0	.268
	Rochester	International	c	65	202	23	51	5	1	6	15	0	.252
1973	Midland	Texas	c	67	212	30	63	13	0	6	25	2	.297
	Wichita	American Association	c	2	9	0	2	1	0	0	2	0	.222
1974	Puebla	Mexican	c-1b	125	443	72	138	19	2	8	54	5	.312
1975	Puebla	Mexican	c-3b	122	442	50	139	17	1	5	64	4	.314
1976	Puebla	Mexican	c	110	350	30	90	8	2	1	35	0	.257
1977	Puebla	Mexican	c-1b	137	439	50	124	15	1	5	59	2	.282
1978	Puebla	Mexican	c-1b	140	460	55	147	18	3	3	61	6	.320
1979	Puebla	Mexican	c	112	399	54	129	19	1	2	69	5	.323
1980	Puebla	Mexican #1	c	84	307	38	83	13	0	2	46	3	.270
1981	Campeche	Mexican	c	112	389	29	98	7	1	2	34	1	.252
1982	Campeche	Mexican	c	119	362	27	90	7	1	2	39	6	.249
1983	Campeche	Mexican	c	81	245	23	61	9	0	1	24	3	.249
1984	Toluca/Leon	Mexican	c	86	284	33	70	12	0	2	23	2	.246
1985	Campeche	Mexican	c	77	213	24	49	9	0	2	20	2	.230
1986	Campeche	Mexican	c	88	286	30	87	14	1	3	32	7	.304
1987	Campeche	Mexican	c	87	246	32	64	15	0	4	30	4	.260
1988	Campeche	Mexican	c	57	150	14	46	3	0	2	10	2	.307
1989	Leon	Mexican	c	43	121	14	31	4	0	0	8	3	.256
1990	Leon	Mexican	c	23	57	3	11	1	0	0	4	0	.193
1991	Leon	Mexican	c	75	229	23	64	8	1	1	36	0	.279
1992	Minatitlan	Mexican	c	50	134	17	34	7	0	3	17	1	.254
1993	Minatitlan	Mexican	c	50	127	14	23	5	0	1	9	0	.181
			Majors	1	2	0	1	0	0	0	0	0	.500
			Minors	2847	8922	1065	2437	356	41	121	1084	71	.273

Nicholas Raymond Thomas "Nick" Etten

Born September 19, 1913 at Spring Grove, IL.
Died October 18, 1990 at Hinsdale, IL.
Batted left. Threw left. Height: 6-2. Weight: 198.

YEAR	CLUB	LEAGUE	POS	G	AB	R	H	2B	3B	HR	RBI	SB	AVG
1933	Davenport	Mississippi Valley	of	114	454	104	162	35	4	14	90	6	.357
1934	Little Rock	Southern Association	of-1b	113	412	55	120	22	4	2	46	5	.291
1935	Birmingham	Southern Association	of	47	166	22	41	8	0	4	17	3	.247
	Oklahoma City	Texas	of	3	11	0	1	0	0	0	1	–	.091
	Elmira	New York-Pennsylvania	of	67	232	35	66	14	2	3	33	4	.284

YEAR	CLUB	LEAGUE	POS	G	AB	R	H	2B	3B	HR	RBI	SB	AVG
1936	Wilkes Barre	New York-Pennsylvania	of-1b	7	25	—	9	0	1	0	4	0	.360
	Savannah	SALLY	of-1b	124	467	90	153	28	9	12	71	10	.328
1937	Savannah	SALLY	1b	139	514	93	156	27	10	21	87	6	.304
1938	Jacksonville	SALLY	1b	144	521	98	193	40	15	2	82	6	.370
	Philadelphia	American	1b	22	81	6	21	6	2	0	11	1	.259
1939	Philadelphia	American	1b	43	155	20	39	11	2	3	29	0	.252
	Baltimore	International	1b	105	384	69	115	25	3	14	65	5	.299
1940	Baltimore	International	1b	160	576	114	185	40	4	24	128	4	.321
1941	Philadelphia	American	1b	151	540	78	168	27	4	14	79	9	.311
1942	Philadelphia	American	1b	139	459	37	121	21	3	8	41	3	.264
1943	New York	American	1b	154	583	78	158	35	5	14	107	9	.311
1944	New York	American	1b	154	573	88	168	25	4	22	91	4	.293
1945	New York	American	1b	152	565	77	161	24	4	18	111	2	.285
1946	New York	American	1b	108	323	37	75	14	1	9	49	0	.232
1947	Philadelphia	National	1b	14	41	5	10	4	0	1	8	0	.244
	Newark	International	1b	47	145	16	31	2	1	7	17	0	.214
	Oakland	Pacific Coast	1b	46	140	27	42	13	1	4	30	3	.300
1948	Oakland	Pacific Coast	1b	164	578	115	181	27	1	43	155	3	.313
1949	Milwaukee	American Association	1b	148	518	82	145	22	4	20	82	4	.280
1950	Memphis	Southern Association	1b	126	450	69	141	21	3	17	93	1	.313
		Majors		937	3320	426	921	167	25	89	526	22	.277
		Minors		1554	5593	989	1741	324	62	187	1001	60	.311

Woodrow Clark "Woody" Fair

Born April 11, 1914 at Turner, WA.
Batted right. Threw right. Height: 5-10. Weight: 170.

Manager for New Iberia, Evangeline, 1942; Carthage, KOM, 1947; Danville, Carolina, 1948-49; Iola, KOM, 1952.

YEAR	CLUB	LEAGUE	POS	G	AB	R	H	2B	3B	HR	RBI	SB	AVG
1934	Rogers	Arkansas State	of	55	212	36	51	6	2	7	46	10	.241
1935	Rogers/Cassville	Arkansas State	of-3b	100	402	80	113	21	10	20	75	30	.281
1936	Monett	Arkansas-Missouri	ss-of	102	409	104	127	23	6	21	84	39	.311
1937	Springfield	Western Association	c-of	13	37	9	9	2	2	0	4	4	.243
	New Iberia	Evangeline	of-2b-ss	90	333	57	101	23	11	8	40	7	.303
1938	New Iberia	Evangeline	of	75	290	42	82	23	6	7	50	6	.283
1939	New Iberia	Evangeline	of-ss-c	121	457	89	141	34	8	16	83	19	.309
1940	New Iberia	Evangeline	of-2b-ss	135	510	101	162	26	6	24	125	13	.307
1941	New Iberia	Evangeline	of-2b-3b	131	502	95	154	29	8	13	113	13	.307
1942	New Iberia	Evangeline	of-ss	31	108	18	36	6	2	1	9	2	.333
	Memphis	Southern Association	ss-of	19	71	9	20	4	2	0	12	1	.282
1943	Memphis	Southern Association	of-ss	24	85	9	13	0	1	0	11	1	.153
	Utica	Eastern	2b-of	97	361	59	109	21	8	3	71	12	.302
	Toronto	International	of	6	24	3	7	1	0	0	0	1	.292
1944-45			Did not play in organized baseball										
1946	Durham	Carolina	of-ss	139	569	161	198	51	7	24	161	7	.348
1947	Carthage	KOM	2b	73	274	67	104	19	4	11	63	17	.380
	Winston-Salem	Carolina	2b-ss-3b	46	184	44	65	24	3	7	43	9	.353
1948	Danville	Carolina	of	96	378	104	127	24	2	29	110	13	.336
1949	Danville	Carolina	of-ss	134	523	109	170	32	4	38	117	11	.325
1950	Danville	Carolina	of-3b	142	540	92	162	22	2	23	103	5	.300
1951	Raleigh	Carolina	of	44	165	18	42	7	0	2	25	1	.255
	Lakeland	Florida International	of	89	328	41	93	24	2	8	68	5	.284
1952	Lakeland	Florida International	of	62	228	27	55	4	6	4	23	1	.241
	Iola	KOM	3b	68	265	67	79	12	3	9	57	22	.298
		Minors		1892	7255	1441	2220	438	105	275	1493	263	.305

Major Kerby Farrell

Born September 3, 1913 at Leapwood, TN.
Died December 17, 1975 at Nashville, TN.
Batted left. Threw left. Height: 5-11. Weight: 172.

Known as Kerby.
See manager section for record.

YEAR	CLUB	LEAGUE	POS	G	AB	R	H	2B	3B	HR	RBI	SB	AVG
1932	Jackson	Cotton States	1b	20	69	11	16	4	0	0	—	—	.232
1933	Beckley	Middle Atlantic	1b-p	131	527	100	143	22	4	5	36	—	.271

YEAR	CLUB	LEAGUE	POS	G	AB	R	H	2B	3B	HR	RBI	SB	AVG
1934	Tyler	West Dixie	1b	125	508	105	156	29	3	4	62	5	.307
1935	Memphis	Southern Association	1b	109	350	40	94	14	7	4	44	–	.269
1936	Memphis	Southern Association	1b	146	542	69	155	17	5	1	55	6	.286
1937	Greenville	Cotton States	1b	126	524	87	160	29	4	1	45	11	.305
1938	Greenville	Cotton States	1b	135	585	109	182	27	18	2	54	11	.311
1939	Scranton	Eastern	1b	47	163	28	39	6	2	1	21	1	.239
	Canton	Middle Atlantic	1b	81	330	61	98	26	2	6	58	13	.297
1940	Canton	Middle Atlantic	1b	122	493	76	142	24	5	5	55	18	.288
1941	Erie	Middle Atlantic	1b	127	457	71	145	22	3	3	59	16	.317
1942	Erie	Middle Atlantic	1b-p	129	468	75	125	16	3	1	57	9	.276
1943	Boston	National	1b-p	85	280	11	75	14	1	0	21	1	.268
1944	Indianapolis	American Association	1b-p	123	458	53	134	9	5	2	44	7	.293
1945	Chicago	American	1b	103	396	44	102	11	3	0	34	4	.258
1946	Little Rock	Southern Association	1b	116	435	65	128	17	4	2	49	9	.294
1947	Spartanburg	Tri-State	1b-p	127	491	74	145	20	3	2	82	4	.295
1948	Spartanburg	Tri-State	1b-p	121	426	59	122	19	1	0	48	10	.286
1949	Spartanburg	Tri-State	1b-p	37	109	15	29	2	2	0	15	2	.266
1950	Spartanburg	Tri-State	1b-p	49	122	15	38	4	2	0	16	1	.311
1951	Cedar Rapids	Three-I	1b-p	19	21	4	6	0	0	0	4	0	.286
1952	Reading	Eastern	1b-p	12	28	4	7	0	0	0	2	0	.250
		Majors		188	676	55	177	25	4	0	55	5	.262
		Minors		1902	7106	1121	2064	307	73	39	806	123	.290

ROBERT SHAW "BUCK" "LEAKY" FAUSETT

Born April 8, 1908 at Sheridan, AR.
Died May 2, 1994 at College Station, TX.
Batted left. Threw right. Height: 5-10. Weight: 170.

Manager for Little Rock, Southern Association, 1943; Hollywood, Pacific Coast, 1945-1946; Albuquerque, West Texas-New Mexico, 1947, 1952; Amarillo, West Texas-New Mexico, 1948-1949, 1951, 1955.
Stole five bases in one game for Indianapolis, May 14, 1936.

YEAR	CLUB	LEAGUE	POS	G	AB	R	H	2B	3B	HR	RBI	SB	AVG
1931	Longview	Texas	3b	7	28	4	7	1	0	0	3	1	.250
1932	Galveston	Texas	3b	126	446	53	117	14	7	0	45	20	.262
1933	Galveston	Texas	3b	153	609	90	197	35	7	0	51	16	.323
1934	Galveston	Texas	3b	154	634	106	179	20	15	4	52	14	.282
1935	Galveston	Texas	3b	153	616	88	159	20	12	4	56	31	.258
1936	Indianapolis	American Association	3b	157	688	101	194	25	15	3	78	20	.282
1937	Indianapolis	American Association	ss-3b	133	508	66	141	14	7	3	53	18	.278
1938	Indianapolis	American Association	3b	139	502	89	170	27	11	3	40	28	.339
1939	Minneapolis	American Association	3b-of	131	463	66	141	18	6	3	53	23	.305
1940	Minneapolis	American Association	3b	129	456	59	129	10	4	2	52	27	.283
1941	Minneapolis	American Association	3b	93	294	37	67	12	1	1	22	15	.228
1942	Little Rock	Southern Association	3b	138	563	96	188	27	8	2	46	19	.334
1943	Little Rock	Southern Association	3b-p	140	567	92	205	26	13	2	92	23	.362
1944	Cincinnati	National	3b-p	13	31	2	3	0	1	0	1	0	.097
	Hollywood	Pacific Coast	3b	94	381	44	120	18	6	0	35	11	.315
1945	Hollywood	Pacific Coast	3b-p	167	644	100	203	28	6	2	60	21	.315
1946	Hollywood	Pacific Coast	3b	84	252	29	65	7	2	0	22	92	.258
	Albuquerque	West Texas-New Mexico	3b	19	57	11	25	3	6	0	12	3	.439
1947	Albuquerque	West Texas-New Mexico	3b	136	545	134	223	30	21	20	142	12	.409
1948	Amarillo	West Texas-New Mexico	3b	109	369	71	147	35	1	12	101	7	.398
1949	Amarillo	West Texas-New Mexico	3b	5	5	0	2	0	0	0	0	0	.400
		Majors		13	31	2	3	0	1	0	1	0	.097
		Minors		2267	8627	1336	2679	370	148	61	1015	321	.311

SINGLE SEASON ALL-TIME LEADERS: STOLEN BASES

PLAYER	SBs	TEAM	LEAGUE	YEAR	PLAYER	SBs	TEAM	LEAGUE	YEAR
Vince Coleman	145	Macon	South Atlantic	1983	Ovid Nicholson	111	Frankfort	Blue Grass	1912
Donell Nixon	144	Bakersfield	California	1983	Maynard DeWitt	110	Zanesville	Ohio State	1946
James Johnston	124	San Francisco	Pacific Coast	1913	Otis Nixon	108	Columbus (49)	American Association	1982
Jeff Stone	123	Spartanburg	South Atlantic	1981			Nashville (59)	Southern Association	1982
Alan Wiggins	120	Lodi	California	1980	Lyle Judy	107	Springfield	Western Associaton	1935
Allan Lewis	116	Leesburg	Florida State	1966					

WILLIAM BEATTIE FEATHERS

Born August 4, 1908 at Bristol, VA.
Died March 11, 1979 at Winston-Salem, NC.
Batted right. Threw right. Height: 5-10. Weight: 185.

Known as Beattie

All-American football player at University of Tennessee in 1933. Played in NFL for Chicago Bears 1934-37, Brooklyn 1938-39, and Green Bay 1940. Selected to All-Pro team in 1934 season. Head baseball and football coach at North Carolina State College 1944-51.

Manager for Kingsport, Appalachian, 1943.

YEAR	CLUB	LEAGUE	POS	G	AB	R	H	2B	3B	HR	RBI	SB	AVG
1936	Greenville	Cotton State	of	4	11	4	3	0	0	0	2	2	.273
	Americus	Georgia-Florida	of	61	240	58	95	11	4	9	52	4	.396
	Knoxville	Southern	of	19	77	16	32	4	4	5	20	0	.416
1937	Jackson	Southeastern	of	83	302	42	81	8	4	6	48	14	.268
	Knoxville	Southern	of	36	131	13	37	6	1	0	19	0	.282
1938	Jackson	Southeastern	of	119	411	73	120	23	7	9	77	12	.292
1939	Jackson	Southeastern	of	7	4	1	0	0	0	0	0	0	.000
	Palatka	Florida State	of	25	91	17	24	6	1	1	15	1	.264
	Pennington Gap	Appalachian	of	66	236	49	76	13	8	3	47	8	.322
1940-41				Did not play in organized baseball									
1942	Statesville	North Carolina State	of	87	338	51	100	15	15	9	68	2	.296
1943	Kingsport	Appalachian	of	108	382	79	132	20	10	9	87	16	.346
		Minors		615	2223	403	700	106	54	51	435	59	.315

ROBERTO FERNANDEZ (TAPANES)

Born October 22, 1927 at Havana, Cuba.
Batted right. Threw right. Height: 6-0. Weight: 170.

YEAR	CLUB	LEAGUE	POS	G	AB	R	H	2B	3B	HR	RBI	SB	AVG
1948	Big Spring	Longhorn	of	136	586	112	203	41	10	7	113	24	.346
1949	Abilene	West Texas-New Mexico	of	137	591	118	241	56	5	14	111	24	.408
1950	Havana	Florida International.	of	144	562	73	168	26	11	5	83	8	.299
1951	Havana	Florida International.	of	93	370	45	115	27	1	3	53	3	.311
1952	St. Petersburg/Lakeland/												
	Havana	Florida International.	of	100	390	33	92	14	0	1	33	6	.236
	Lubbock	West Texas-New Mexico	of	51	201	32	83	23	4	2	51	4	.413
1953	Lubbock	West Texas-New Mexico	of	142	589	146	233	53	15	29	134	45	.396
1954	Lubbock	West Texas-New Mexico	of	113	454	102	170	34	11	25	116	23	.374
1955	Lubbock	West Texas-New Mexico	of	135	573	110	215	49	4	23	130	7	.375
1956	Roswell	Southwestern	of-3b	143	629	132	231	64	4	13	116	7	.367
1957	Nuevo Laredo	Mexican	of-1b	40	169	27	58	9	4	3	25	3	.343
	Havana	International	1b	23	70	2	14	3	0	0	4	0	.200
1958	Yucatan	Mexican	1b	118	435	46	123	19	3	9	71	5	.283
1959	Veracruz	Mexican	1b	34	114	8	30	1	0	2	19	0	.263
		Minors		1409	5733	986	1976	419	72	136	1059	159	.345

GEORGE STUART FERRELL

Born April 14, 1904 at Greensboro, NC.
Died October 6, 1987 at Greensboro, NC.
Batted right. Threw right. Height: 6-0. Weight: 180.

Manager for Richmond, Piedmont, 1936; Martinsville, Bi-State, 1941; Trenton, Interstate, 1943; Winston-Salem, Carolina, 1945, 1949; Goldsboro, Coastal Plain, 1950-51.
Scout for St. Louis, National, 1946, 52-57; Detroit, American 1958-70.
Older brother of Rick and Wes Ferrell.

YEAR	CLUB	LEAGUE	POS	G	AB	R	H	2B	3B	HR	RBI	SB	AVG
1926	Monroe	Cotton States	of	103	355	67	126	35	4	20	—	2	.355
	Memphis	Southern Association	of	12	28	3	5	1	0	0	2	0	.179
1927	Memphis	Southern Association	of	120	408	70	119	22	9	5	65	6	.292
1928	Memphis	Southern Association	of	69	191	27	56	11	3	1	30	2	.293
1929	Memphis	Southern Association	of	142	500	82	148	27	11	3	71	9	.296
1930	Winston-Salem	Piedmont	of	141	530	113	175	42	12	12	105	17	.330
1931	Buffalo	International	of	4	7	0	1	0	0	0	0	0	.143
	Greensboro	Piedmont	of-3b	119	464	93	155	33	5	13	84	5	.334
1932	Buffalo	International	of	14	36	6	11	4	0	1	1	0	.306
	Wilkes-Barre/Scranton	New York-Pennsylvania	of	98	374	48	123	26	5	5	65	4	.329

YEAR	CLUB	LEAGUE	POS	G	AB	R	H	2B	3B	HR	RBI	SB	AVG
1933	Scranton	New York-Pennsylvania	of-3b	134	491	74	148	25	5	2	85	9	.301
1934	Asheville	Piedmont	of-3b	90	341	82	125	25	3	20	82	9	.361
	Reading	New York-Pennsylvania	of	43	160	25	48	11	3	1	31	7	.300
1935	Richmond	Piedmont	of	129	462	101	174	36	6	25	110	5	**.377**
1936	Richmond	Piedmont	of	142	540	94	181	32	6	21	114	7	.335
1937	Richmond	Piedmont	of	138	508	92	163	26	1	18	110	7	.321
1938	Richmond	Piedmont	of	135	524	87	157	21	0	18	110	5	.300
1939	Richmond	Piedmont	of	143	506	103	174	25	1	32	**129**	4	.344
1940	Richmond	Piedmont	of	139	507	86	147	28	2	13	89	4	.290
1941	Martinsville	Bi-State	3b-of	112	419	86	147	**41**	4	15	**114**	7	.351
1942	Rocky Mount	Bi-State	of-3b	124	455	93	143	33	3	22	**105**	5	.314
1943	Trenton	Interstate	of-3b	70	246	42	84	21	2	3	47	5	.341
1944	Lynchburg	Piedmont	of	136	482	62	139	29	5	1	73	4	.288
1945	Lynchburg	Piedmont	of	51	192	19	58	15	1	2	33	2	.302
	Winston-Salem	Carolina	of	64	239	28	69	11	1	3	41	3	.289
		Minors		2472	8965	1583	2876	580	92	256	1696	128	.321

LAWRENCE "BABE" FISCHER

Born August 5, 1905 at Reistertown, MD.
Batted left. Threw left. Height: 6-2. Weight: 178.

YEAR	CLUB	LEAGUE	POS	G	AB	R	H	2B	3B	HR	RBI	SB	AVG
1924	Waynesbro	Blue Ridge	of	47	177	22	57	11	1	3	—	7	.322
	Baltimore	International	of	10	31	—	11	3	0	1	—	0	.355
1925	Cumberland	Middle Atlantic	of	83	300	57	92	18	6	11	—	9	.307
	Baltimore	International	of	18	52	9	13	0	1	2	6	0	.250
1926	Binghamton	New York-Pennsylvania	of	137	519	76	157	21	18	9	62	13	.303
1927	Binghamton	New York-Pennsylvania	of	132	502	77	158	18	11	3	53	32	.315
1928	Binghamton	New York-Pennsylvania	of	127	423	73	135	22	13	1	59	19	.296
1929	York	New York-Pennsylvania	of	136	547	**115**	174	28	9	14	77	20	.318
	Newark	International	of	14	52	5	10	3	0	0	5	1	.192
1930	Elmira	New York-Pennsylvania	of	129	487	89	163	22	13	4	91	21	.335
1931	Harrisburg	New York-Pennsylvania	of	139	538	103	171	29	13	4	70	29	.318
1932	Harrisburg	New York-Pennsylvania	of	138	530	**134**	191	23	7	7	68	40	**.360**
1933	Harrisburg	New York-Pennsylvania	of	11	42	6	11	1	0	0	1	3	.262
	Dallas	Texas	of	76	283	55	81	10	3	1	29	13	.286
1934	Scranton	New York-Pennsylvania	of	139	539	**114**	159	28	9	6	63	21	.295
1935	Scranton	New York-Pennsylvania	of	136	579	109	177	32	11	7	59	17	.306
1936	Scranton	New York-Pennsylvania	of	138	543	113	178	36	9	0	72	21	.328
1937	Wilkes-Barre	New York-Pennsylvania	of	134	545	96	165	21	10	1	71	27	.303
1938		Not play in organized baseball											
1939	Spartanburg	SALLY	of	44	164	24	47	9	0	0	18	4	.287
		Minors		1789	6822	1277	2139	332	134	73	804	297	.314

GEORGE ALOYS "SHOWBOAT" FISHER

Born January 16, 1899 at Jennings, IA.
Batted left. Threw right. Height: 5-10. Weight: 170.

YEAR	CLUB	LEAGUE	POS	G	AB	R	H	2B	3B	HR	RBI	SB	AVG
1919	Minneapolis	American Association	p	1	2	0	0	0	0	0	0	0	.000
1920	Minneapolis	American Association	p	4	7	1	1	1	0	0	1	0	.143
	Miller	South Dakota State	of-p	51	201	10	76	4	1	3	6	1	**.378**
1921	St. Joseph	Western	of	163	634	131	223	38	15	14	110	8	.352
1922	St. Joseph	Western	of	**169**	675	160	242	55	17	16	120	9	.359
1923	New Haven	Eastern	of	115	458	93	167	31	15	4	80	9	.365
	Washington	American	of	13	23	4	6	2	0	0	2	0	.261
1924	Washington	American	of	15	41	7	9	1	0	0	6	2	.220
	Minneapolis	American Association	of	112	398	58	123	27	7	10	72	12	.309
1925	Minneapolis	American Association	of	123	431	83	151	23	6	19	96	15	.350
1926	Minneapolis/Indianapolis	American Association	of	139	484	101	159	29	8	14	89	19	.329
1927	Buffalo	International	of	111	400	62	128	21	5	10	62	5	.320
1928	Buffalo	International	of	146	499	90	167	30	6	17	89	6	.335
1929	Buffalo	International	of	150	572	119	192	28	12	36	124	3	.336
1930	St. Louis	National	of	92	254	49	95	18	6	8	61	4	.374
1931	Rochester	International	of	120	400	77	130	24	5	17	78	4	.325

YEAR	CLUB	LEAGUE	POS	G	AB	R	H	2B	3B	HR	RBI	SB	AVG
1932	Rochester	International	of	49	189	34	54	15	1	6	29	2	.286
	St. Louis	American	of	18	22	2	4	0	0	0	2	0	.182
	Milwaukee	American Association	of	36	122	28	44	8	3	2	21	4	.361
1933	Milwaukee	American Association	of	38	116	15	25	6	0	2	12	3	.216
	Little Rock/Nashville	Southern Association	of	48	167	27	49	11	1	2	17	5	.293
		Majors		138	340	62	114	21	6	8	71	6	.335
		Minors		1575	5755	1089	1931	351	102	172	1006	105	.336

Robert Taylor "Bob" Fisher

Born November 3, 1886 at Nashville, TN.
Died August 4, 1963 at Jacksonville, FL.
Batted right. Threw right. Height: 5-9½. Weight: 170.

Brother of Ike Fisher, major league player.

YEAR	CLUB	LEAGUE	POS	G	AB	R	H	2B	3B	HR	RBI	SB	AVG
1907	Charleston	SALLY	ss	4	10	—	2	0	0	0	—	—	.200
	Danville	Virginia	ss	49	177	23	59	12	2	1	—	—	.333
1908	Danville	Virginia	ss	133	484	62	118	19	3	1	—	23	.244
1909	Danville	Virginia	ss	126	468	51	119	20	4	4	—	25	.254
1910	Danville	Three I	ss	132	499	56	130	22	4	2	—	26	.261
1911	Danville	Three I	ss	70	275	39	85	16	3	0	—	18	.309
	Newark	Eastern	ss	71	264	20	82	13	2	0	—	10	.311
1912	Newark	Eastern	ss	9	30	—	8	0	0	0	—	—	.267
	Brooklyn	National	ss	82	257	27	60	10	3	0	26	7	.233
1913	Brooklyn	National	ss	132	474	42	124	11	10	4	54	16	.262
1914	Toronto	International	ss	128	486	87	151	17	4	5	—	37	.311
	Chicago	National	ss	15	50	5	15	2	2	0	5	2	.300
1915	Chicago	National	ss	147	568	70	163	22	5	5	53	9	.287
1916	Los Angeles	Pacific Coast	ss	29	107	9	24	2	1	0	—	4	.224
	Cincinnati	National	ss	61	136	9	37	4	3	0	11	7	.272
1917	Rochester	International	2b-of	115	456	63	118	23	1	0	—	20	.259
1918	Little Rock	Southern Association	2b	73	276	35	80	27	2	1	—	2	.290
	St. Louis	National	2b	63	246	36	78	11	3	2	20	7	.317
1919	St. Louis	National	2b	3	11	0	3	1	0	0	1	0	.273
	Vernon	Pacific Coast	2b	147	563	64	163	24	6	2	—	17	.290
1920	Vernon	Pacific Coast	2b	190	787	92	244	41	10	2	—	20	.310
1921	Minneapolis	American Association	2b	164	706	131	248	40	11	14	96	16	.351
1922	Minneapolis	American Association	2b	156	624	102	191	38	8	6	78	6	.306
1923	Minneapolis	American Association	3b-2b	87	279	39	78	16	1	2	40	3	.280
1924	Little Rock/Nashville	Southern Association	2b	151	607	83	190	35	6	3	106	12	.313
1925	Spartanburg	SALLY	2b	94	420	51	117	23	5	8	57	5	.279
1926	Jacksonville	Southeastern	2b	34	122	21	42	8	3	1	—	7	.344
		Majors		503	1742	189	480	61	26	11	170	48	.276
		Minors		1963	8640	1028	2249	389	74	52	377	232	.260

Raymond Harold "Ray" Flaskamper

Born October 31, 1901 at St. Louis, MO.
Died February 3, 1978 at San Antonio, TX.
Batted both. Threw right. Height: 5-7. Weight: 140

Manager for Longview, West Dixie, 1934; Jacksonville, West Dixie, 1935.

YEAR	CLUB	LEAGUE	POS	G	AB	R	H	2B	3B	HR	RBI	SB	AVG
1921	Miami	Southwestern	ss	121	446	74	113	16	7	0	—	18	.254
1922	Independence	Southwestern	ss	139	501	68	155	31	9	0	—	44	.309
1923	San Francisco/Vernon	Pacific Coast	ss-2b	92	270	38	72	12	1	0	28	5	.267
1924	San Francisco	Pacific Coast	ss-2b	14	52	—	14	1	0	0	—	—	.265
	Des Moines	Western	ss	137	546	98	157	22	9	3	—	13	.288
1925	San Francisco	Pacific Coast	ss-2b	23	82	7	12	2	0	0	8	0	.375
	Lincoln	Western	ss	89	343	60	99	26	9	4	—	18	.289
1926	San Antonio	Texas	ss	152	544	77	160	31	7	0	55	30	.294
1927	Chicago	American	ss	26	95	12	21	5	0	0	6	0	.221
	San Antonio	Texas	ss	96	396	71	110	17	5	3	31	17	.274
1928	San Antonio	Texas	ss	151	607	109	181	27	14	2	51	48	.298
1929	Dallas	Texas	ss	145	543	95	149	31	5	1	56	26	.274

YEAR	CLUB	LEAGUE	POS	G	AB	R	H	2B	3B	HR	RBI	SB	AVG
1930	Memphis	Southern Association	ss	131	500	109	123	20	6	2	45	**48**	.246
1931	San Antonio	Texas	2b-ss	149	542	74	148	23	15	0	44	29	.273
1932	San Antonio	Texas	2b-ss	130	510	69	140	20	2	0	38	20	.275
1933	Oklahoma City/Dallas	Texas	2b	112	405	58	93	12	6	1	31	9	.230
1934	Longview	West Dixie	2b	100	352	81	108	14	7	1	30	25	.307
1935	Jacksonville/Henderson	West Dixie	2b	88	320	55	102	15	4	0	33	18	.319
1936	Longview	East Texas	2b	74	252	46	65	9	2	0	18	17	.258
	Majors			26	95	12	21	5	0	0	6	0	.221
	Minors			1943	7161	1189	2001	329	108	17	468	385	.279

Leslie Harvey "Les" Fleming

Born August 7, 1915 at Singleton, TX.
Died March 5, 1980 at Cleveland, TX.
Batted left. Threw left. Height: 5-10. Weight: 185.

Manager for Shreveport, Texas, 1955; Beaumont, Big State, 1956.

YEAR	CLUB	LEAGUE	POS	G	AB	R	H	2B	3B	HR	RBI	SB	AVG
1935	Alexandria	Evangeline	1b	**135**	483	83	134	31	4	12	101	12	.277
1936	Alexandria	Evangeline	of	**139**	532	119	171	34	14	16	117	18	.321
1937	Beaumont	Texas	of	156	605	75	175	44	8	2	91	11	.289
1938	Beaumont	Texas	1b	153	581	89	172	**49**	9	10	108	16	.296
1939	Toledo	American Association	1b-of	126	446	71	120	15	6	27	92	4	.269
	Detroit	American	of	8	16	0	0	0	0	0	1	0	.000
1940	Buffalo	Interntional	of-1b	122	392	65	100	16	1	22	61	2	.255
1941	Nashville	Southern Association	1b	106	374	99	155	34	8	29	103	5	**.414**
	Cleveland	American	1b	2	8	0	2	1	0	0	2	0	.250
1942	Cleveland	American	1b	156	548	71	160	27	4	14	82	6	.292
1943-44							Did not play						
1945	Cleveland	American	of-1b	42	140	18	46	10	2	3	22	0	.329
1946	Cleveland	American	of-1b	99	306	40	85	17	5	8	42	1	.278
1947	Cleveland	American	1b	103	281	39	68	14	2	4	43	0	.242
1948	Indianapolis	American Association	1b	151	527	112	170	28	6	26	**143**	1	.323
1949	Indianapolis	American Association	1b	95	338	71	115	27	2	14	69	3	.340
	Pittsburgh	National	1b	24	31	0	8	0	2	0	7	0	.258
1950	San Francisco	Pacific Coast	1b	184	637	108	186	32	0	25	138	2	.292
1951	Toronto	International	1b	135	445	68	119	28	3	17	79	1	.267
1952	San Antonio	Texas	1b	156	563	73	163	35	3	13	76	1	.290
1953	Beaumont	Texas	1b	142	483	91	153	30	1	25	97	1	.317
1954	Beaumont/Dallas	Texas	1b	158	523	97	187	36	4	21	103	0	**.358**
1955	Shreveport	Texas	1b	139	422	66	128	25	0	21	72	0	.304
1956	Beaumont	Big State	1b	2	2	0	0	0	0	0	0	0	.000
	Majors			434	1330	168	369	69	15	29	199	7	.277
	Minors			2099	7353	1287	2248	464	69	280	1450	77	.306

Lewis Miller "Lew" Flick

Born February 18, 1915 at Bristol, TN.
Died December 7, 1990 at Weber City, VA.
Batted left. Threw left. Height: 5-9. Weight: 155.

Manager for Pennington Gap, Mountain States, 1949-1950; Big Stone Gap, Mountain States, 1951.
Collected nine consecutive hits in a 19-inning game against Memphis July 21, 1946.

YEAR	CLUB	LEAGUE	POS	G	AB	R	H	2B	3B	HR	RBI	SB	AVG
1934	New Iberia	Evangeline	of	6	19	—	5	—	—	—	—	—	.263
1935	Abbeville	Evangeline	of	27	116	19	37	5	3	0	19	4	.319
1936-37					Did not play in organized baseball								
1938	Elizabethton	Appalachian	of	101	**412**	66	**128**	17	9	4	64	16	.311
1939	Elizabethton	Appalachian	of	105	404	52	120	19	3	5	53	17	.297
1940	Elizabethton	Appalachian	of	114	**495**	**124**	181	27	**23**	14	113	32	.366
1941	Elizabethton	Appalachian	of	117	**502**	**127**	**210**	37	13	5	**116**	20	**.418**
1942	Elizabethton	Appalachian	of	99	422	71	**143**	25	10	3	56	6	**.339**
	Knoxville	Southern Association	of	13	48	6	12	3	0	0	10	1	.250
1943	Knoxville	Southern Association	of	21	92	11	26	3	3	1	9	1	.283
	Lancaster	Interstate	of	122	510	116	191	36	15	3	66	11	.375
	Philadelphia	American	of	1	5	2	3	0	0	0	0	0	.600

YEAR	CLUB	LEAGUE	POS	G	AB	R	H	2B	3B	HR	RBI	SB	AVG
1944	Philadelphia	American	of	19	35	1	4	0	0	0	2	1	.114
	Toledo	American Association	of	5	17	2	1	0	0	0	0	0	.059
	Newark	International	of	62	213	37	71	5	3	1	29	8	.333
1945	Milwaukee	American Association	of	142	575	90	**215**	32	10	11	92	12	**.374**
1946	Milwaukee	American Association	of	21	81	7	21	4	2	2	10	1	.259
	Little Rock	Southern Association	of	113	491	54	170	24	6	0	47	17	.346
1947	Jackson	Southeastern	of	110	493	83	166	29	11	4	58	10	.337
1948	Jackson	Southeastern	of	138	**612**	102	**190**	36	7	1	76	13	.310
1949	Pennington Gap	Mountain States	of	112	471	118	168	32	6	3	90	18	.357
1950	Pennington Gap/ Big Stone Gap	Mountain States	of	117	493	109	161	37	6	1	62	10	.327
1951	Big Stone Gap	Mountain States	of	121	**526**	118	186	31	5	6	80	2	.354
			Majors	20	40	3	7	0	0	0	2	1	.175
			Minors	1666	6992	1312	2402	402	135	64	1050	199	.344

RAYMOND FLOOD

Born 1907
Batted left. Threw left. Height: 5-11. Weight: 175.
Manager for Port Arthur, Evangeline, 1940.

YEAR	CLUB	LEAGUE	POS	G	AB	R	H	2B	3B	HR	RBI	SB	AVG
1926	Fairmont	Middle Atlantic	of	78	277	50	88	7	9	8	–	11	.318
1927	Fairmont/Johnstown	Middle Atlantic	of	23	82	15	24	6	0	3	–	3	.293
1928	Harrisburg	New York-Pennsylvania	of	129	441	61	122	18	13	11	78	29	.277
1929	Harrisburg	New York-Pennsylvania	of	139	464	77	140	12	**18**	18	95	9	.302
1930	Harrisburg/Hazleton	New York-Pennsylvania	of	85	309	59	95	10	8	19	75	6	.307
1931	Terre Haute	Three I	of-1b	122	479	82	139	21	15	11	81	15	.290
1932	Hazleton	New York-Pennsylvania	of	59	231	37	61	4	11	5	30	18	.264
	Terre Haute	Three I	of	57	217	45	65	9	2	5	–	10	.300
1933	Reading	New York-Pennsylvania	of	136	**559**	110	**189**	24	**20**	9	60	24	.338
1934	Reading/Harrisburg	New York-Pennsylvania	of	134	550	99	173	26	20	13	82	10	.315
1935	Harrisburg	New York-Pennsylvania	of	74	289	60	104	13	8	10	55	12	.360
	Albany	International	of	17	63	13	17	4	1	0	7	0	.270
	Oklahoma City	Texas	of	38	136	22	33	8	5	1	13	2	.243
1936	Oklahoma City	Texas	of	137	499	84	146	37	14	2	63	16	.293
1937	Oklahoma City	Texas	of	8	13	0	0	0	0	0	0	0	.000
	Davenport	Western	of	113	425	95	135	28	**16**	18	78	10	.318
1938	Oklahoma City	Texas	of	10	23	1	2	0	0	0	0	0	.087
	San Francisco	Pacific Coast	of	10	10	1	2	0	0	0	0	0	.200
	Rayne	Evangeline	of	34	107	25	33	6	2	1	17	4	.308
1939	Palestine	East Texas	of	26	99	14	27	4	4	1	13	0	.273
	Quebec	Provincial	of	66	257	40	59	11	3	0	26	–	.230
1940	Port Arthur	Evangeline	of	26	105	19	36	6	1	1	19	5	.343
	Waterloo	Three I	of	83	324	60	95	22	3	6	37	14	.293
			Minors	1604	5959	1069	1785	276	173	142	829	198	.300

JOSEPH LEO FORTIN

Born June 20, 1923 at Highland Park, MI.
Batted right. Threw right. Height: 6-3. Weight: 215.

YEAR	CLUB	LEAGUE	POS	G	AB	R	H	2B	3B	HR	RBI	SB	AVG
1942	Lockport	PONY	of	34	134	17	32	10	2	0	9	0	.239
1943-45					Did not play in organized baseball								
1946	Lamesa/Pampa	West Texas-New Mexico	of	131	531	82	169	26	6	7	131	8	.318
1947	Pampa	West Texas-New Mexico	of	41	168	38	63	17	4	3	56	1	.375
1948	Pampa	West Texas-New Mexico	of	138	570	123	216	52	4	34	183	3	.379
1949	Richmond	Piedmont	of	140	558	84	155	34	6	15	96	5	.278
1950	Pampa	West Texas-New Mexico	of	145	588	151	**236**	50	3	28	**171**	7	.401
1951	Augusta	SALLY	of	15	53	6	12	3	1	0	4	0	.226
	Pampa/Albuquerque	West Texas-New Mexico	of	107	387	100	120	31	6	19	85	5	.310
1952	Lamesa	West Texas-New Mexico	of-1b	139	530	113	185	33	7	32	**142**	7	.349
1953	Artesia	Longhorn	of	86	310	59	102	26	2	19	78	9	.329
	Grand Forks	Northern	of	34	120	23	36	3	3	3	24	0	.300
1954	Amarillo/Pampa/Plainview	West Texas-New Mexico	of	21	83	26	30	8	0	4	22	0	.361

YEAR	CLUB	LEAGUE	POS	G	AB	R	H	2B	3B	HR	RBI	SB	AVG
1955	Pampa	West Texas-New Mexico	1b	137	540	138	198	31	3	41	154	6	.367
1956	Pampa	Southwestern	1b	46	172	37	58	10	0	14	44	2	.337
		Minors		1214	4744	997	1612	334	47	219	1199	53	.340

CLARENCE FRANCIS "POP" FOSTER

Born April 8, 1878 at New Haven, CT.
Died April 16, 1944 at Princeton, NJ.
Batted right. Threw right. Height: 5-8½

Manager for Lancaster, Tri-State, 1907-08; Reading, Tri-State, 1909; Holyoke, Connecticut, 1910; New Haven, Connecticut, 1911-12; New Haven, Eastern Association, 1913; Trenton, Tri-State, 1914.

YEAR	CLUB	LEAGUE	POS	G	AB	R	H	2B	3B	HR	RBI	SB	AVG
1895	Bridgeport	Connecticut State	p	4	18	5	7	3	1	0	—	4	.389
1896	Bridgeport	Connecticut State	3b-p-of	32	147	50	58	11	2	3	—	14	.395
1897	Bridgeport	Connecticut State	3b-p-of	31	139	37	51	9	4	1	—	8	.367
1898	Bridgeport	Connecticut State	of-ss	66	253	45	66	14	10	2	—	11	.261
	New York	National	of-3b-ss	32	112	10	30	6	1	0	9	0	.268
1899	Bridgeport	Connecticut State	ss-3b-p	28	114	20	47	9	4	2	—	9	.412
	New York	National	of	84	301	48	89	9	7	3	57	7	.296
1900	New York	National	of-ss-2b	31	84	19	22	3	1	0	11	0	.262
	Worcester	Eastern	of-ss	17	51	6	12	3	0	0	—	5	.235
1901	Chicago/Washington	American	of-ss	115	427	69	119	18	11	7	60	10	.279
1902	Providence/Montreal	Eastern	of	129	465	72	117	22	7	14	—	—	.252
1903	Bridgeport	Connecticut	ss-3b-p	104	435	75	138	26	13	0	—	48	.303
1904	Bridgeport	Connecticut	of	109	420	79	158	33	15	3	—	51	**.376**
1905	Bridgeport	Connecticut	of	114	437	91	143	32	16	7	—	55	.327
	Newark	Eastern	of	15	48	13	22	8	0	3	—	6	.458
1906	Lancaster	Tri-State	of	39	138	22	37	6	4	2	—	9	.268
1907	Lancaster	Tri-State	of	124	443	77	130	21	15	4	—	40	.293
1908	Lancaster	Tri-State	of	119	440	74	139	26	17	5	—	27	.316
1909	Reading	Tri-State	of	113	405	70	127	14	14	5	—	25	.314
1910	Holyoke	Connecticut	of	124	453	68	155	36	5	15	—	24	**.342**
1911	New Haven	Connecticut	of	115	394	58	128	27	5	7	—	24	**.325**
1912	New Haven	Connecticut	of	120	418	59	125	24	7	9	—	29	.299
1913	New Haven	Eastern Association	of	118	419	55	120	26	5	4	—	22	.286
1914	Trenton	Tri-State	of	87	294	58	114	22	4	5	—	13	—
1915	Portsmouth	Virginia	of	65	210	26	58	11	2	3	—	4	.276
		Majors		262	924	146	260	36	20	10	137	17	.281
		Minors		1673	6141	1060	1952	383	150	94	—	428	.318

JOHN W. "BUD" FOWLER

Born March 16, 1847 at Cooperstown, NY.
Batted right. Threw right.

Real name was John W. Jackson
The first notable Negro baseball player in America and the first to play in organized baseball in 1878. He played for independent teams in many parts of the U.S. and Canada when he was not in organized baseball.

YEAR	CLUB	LEAGUE	POS	G	AB	R	H	2B	3B	HR	RBI	SB	AVG
1878	Lynn	International Association	p	3	13	1	2	0	0	0	—	—	.153
	Worcester	New England	p	1	3	0	0	0	0	0	0	—	.000
1884	Stillwater	Northwestern	of-p-2b-c	48	189	28	57	10	0	0	—	—	.302
1885	Keokuk	Western	2b	8	36	5	8	2	0	0	—	—	.222
	Pueblo	Colorado	of-3b-c	5	18	2	4	2	0	0	—	—	.222
1886	Topeka	Western	2b-of-p	58	249	62	77	16	12	3	—	12	.309
1887	Binghamton	International	2b	34	157	42	55	12	1	0	—	23	.350
	Montpelier	Northeastern	2b-p	8	35	10	15	2	0	0	—	7	.452
1888	Crawford/Terre Haute	Central Interstate	2b	53	238	48	70	8	6	1	—	22	.294
	Santa Fe	New Mexico	2b-p	22	93	29	32	6	2	0	—	11	.343
1889	Greenville	Michigan State	2b	92	426	93	129	22	7	1	—	46	.302
1890	Galesburg	Central Interstate	2b-of	27	118	23	38	6	3	2	—	7	.322
	Sterling/Galesburg/Burlington	Illinois-Iowa	2b	36	153	18	48	11	2	0	—	14	.314
1891					Did not play in organized baseball								
1892	Lincoln/Kearns	Nebraska State	2b	39	172	44	47	4	4	0	—	**45**	.273
1893-94					Did not play in organized baseball								
1895	Adrian/Lansing	Michigan State	2b-3b	31	139	40	46	11	1	0	—	5	.331
		Minors		465	2039	455	628	112	38	7	—	190	.308

John Henry Frederick

Born January 26, 1901 at Denver, CO.
Died June 18, 1977 at Tigard, OR.
Batted left. Threw left. Height: 5-11. Weight: 165.

Manager for Portland, Pacific Coast, 1940.
Set major league record by hitting six pinch home runs for Brooklyn, National, in 1932.

YEAR	CLUB	LEAGUE	POS	G	AB	R	H	2B	3B	HR	RBI	SB	AVG
1921	Regina	Western Canada	of	59	271	42	66	5	8	1	—	15	.244
1922						Did not play in organized baseball							
1923	Salt Lake City	Pacific Coast	of	160	585	111	192	37	10	16	82	4	.328
1924	Salt Lake City	Pacific Coast	of	186	790	171	279	67	7	28	132	8	.353
1925	Salt Lake City	Pacific Coast	of	162	640	120	198	40	7	10	79	3	.309
1926	Hollywood	Pacific Coast	of	186	667	87	185	33	4	8	63	3	.277
1927	Hollywood	Pacific Coast	of	180	623	95	190	40	3	9	93	9	.305
1928	Memphis	Southern Association	of	150	616	133	**221**	**44**	11	9	85	14	.359
1929	Brooklyn	National	of	148	628	127	206	**52**	6	24	75	6	.328
1930	Brooklyn	National	of	142	616	120	206	44	11	17	76	1	.334
1931	Brooklyn	National	of	146	611	81	165	34	8	17	71	2	.270
1932	Brooklyn	National	of	118	384	54	115	28	2	16	56	1	.299
1933	Brooklyn	National	of	147	556	65	171	22	7	7	64	9	.308
1934	Brooklyn	National	of-1b	104	307	51	91	20	1	4	35	4	.296
1935	Sacramento	Pacific Coast	of-1b	170	628	116	228	34	11	3	93	6	.363
1936	Portland	Pacific Coast	of-1b	170	644	132	227	44	9	9	103	4	.352
1937	Portland	Pacific Coast	of-1b	177	667	110	201	46	8	12	107	0	.301
1938	Portland	Pacific Coast	of-1b	176	617	92	197	37	5	5	102	3	.319
1939	Portland	Pacific Coast	of-1b	150	479	86	156	27	4	4	85	1	.326
1940	Portland	Pacific Coast	1b-of	135	415	55	127	17	0	2	43	5	.306
	Majors			805	3102	498	954	200	35	85	377	23	.308
	Minors			2061	7642	1350	2467	471	87	116	1067	75	.323

Roger Vernon Freed

Born June 2, 1946 at Los Angeles, CA.
Batted right. Threw right. Height: 6-0. Weight: 190.

Manager for Saltillo, Mexican, 1985.
Led all minor leagues with 42 home runs in 1976.

YEAR	CLUB	LEAGUE	POS	G	AB	R	H	2B	3B	HR	RBI	SB	AVG
1966	Aberdeen	Northern	of	68	233	44	62	8	2	**13**	**58**	5	.266
1967	Stockton	California	of	49	122	17	22	5	1	3	11	0	.180
	Aberdeen	Northern	of	70	238	47	72	12	3	**13**	46	7	.303
1968	Stockton	California	of-1b-3b-c	139	487	88	131	14	3	31	103	6	.269
1969	Dallas-Fort Worth	Texas	of-3b-1b-c	132	449	76	134	24	3	22	90	4	.298
1970	Rochester	International	of-1b	138	503	96	**168**	30	6	24	**130**	8	.334
	Baltimore	American	1b-of	4	13	0	2	0	0	0	1	0	.154
1971	Philadelphia	National	of-c	118	348	23	77	12	1	6	37	0	.221
1972	Philadelphia	National	of	73	129	10	29	4	0	6	18	0	.225
1973	Oklahoma City	American Association	of-3b-2b	128	418	81	116	13	1	30	96	3	.278
1974	Indianapolis	American Association	of-1b	120	359	53	92	17	1	19	71	2	.256
	Cincinnati	National	1b	6	6	1	2	0	0	1	3	0	.333
1975	Monterrey	Mexican	of-1b-c	103	330	56	94	12	1	19	58	1	.285
1976	Denver	American Association	1b-of	122	398	88	123	21	2	**42**	102	7	.309
	Montreal	National	1b-of	8	15	0	3	1	0	0	1	8	.200
1977	St. Louis	National	1b-of	49	83	10	33	2	1	5	21	0	.398
1978	St. Louis	National	1b-of	52	92	3	22	6	0	2	20	1	.239
1979	Springfield	American Association	1b	45	126	16	28	1	0	8	23	0	.222
	St. Louis	National	1b	34	31	2	8	2	0	2	8	0	.258

Single Season All-Time Leaders: Total Bases

PLAYER	TBs	TEAM	LEAGUE	YEAR
Ike Boone	553	Mission	Pacific Coast	1929
Paul Strand	546	Salt Lake	Pacific Coast	1923
Gus Suhr	529	San Francisco	Pacific Coast	1929
Smead Jolley	516	San Francisco	Pacific Coast	1928

Most Outside Pacific Coast League

PLAYER	TBs	TEAM	LEAGUE	YEAR
Wilbur Davis	487	Okmulgee	Western Association	1924
Bob Crues	479	Amarillo	W. Texas-N. Mexico	1948

YEAR	CLUB	LEAGUE	POS	G	AB	R	H	2B	3B	HR	RBI	SB	AVG
1980	Oklahoma City	American Association	1b-3b	57	167	38	43	18	0	9	32	0	.257
	Syracuse	International	dh	48	163	23	41	4	0	11	26	0	.252
		Minors		1219	4023	715	1126	171	23	244	846	43	.280
		Majors		344	717	49	176	27	2	22	109	1	.245

RAYMOND EDWARD "RAY" FRENCH

Born January 9, 1895 at Alameda, CA.
Died April 3, 1978 at Alameda, CA.
Batted right. Threw right. Height: 5-9½. Weight: 158.

Manager for Mansfield, Ohio State, 1939; Ashland, Mountain States, 1939-41.
Umpire for Three I 1946; American Association, 1947; California, 1948-49; Western International, 1950.
Holds career records for most games played in minors at shortstop, 2736 and most at-bats, 12174.

YEAR	CLUB	LEAGUE	POS	G	AB	R	H	2B	3B	HR	RBI	SB	AVG
1914	Baker	Western Tri-State	2b	85	313	54	106	28	1	5	–	16	.339
1915	Portland	Pacific Coast	3b-2b	3	9	1	2	0	0	9	0		.222
1916	Cedar Rapids	Central Association	2b	125	448	41	95	17	9	2	–	21	.212
1917	Cedar Rapids	Central Association	3b	89	317	33	69	13	4	0	–	11	.218
1918	Vancouver	Pacific Coast International	3b	4	14	2	2	0	1	0	0	0	.143
1919	Seattle	Pacific Coast	ss	88	299	27	66	10	7	0	–	6	.221
1920	Des Moines	Western	ss	122	484	85	129	31	10	4	–	18	.267
	New York	American	ss	2	2	2	0	0	0	0	–	0	.000
1921	Vernon	Pacific Coast	ss	163	616	75	166	49	9	2	69	6	.269
1922	Vernon	Pacific Coast	ss	200	741	112	207	29	8	4	83	27	.279
1923	Vernon	Pacific Coast	ss	24	88	11	27	6	2	1	19	2	.307
1923	Brooklyn	National	ss	43	73	14	16	2	1	0	7	0	.219
1924	Minneapolis	American Association	ss	67	272	46	67	14	2	0	28	3	.246
	Chicago	American	ss	37	112	13	20	4	0	0	11	6	.179
1925	Sacramento	Pacific Coast	ss	167	680	97	184	31	6	0	47	32	.271
1926	Sacramento	Pacific Coast	ss	172	625	80	183	32	3	1	42	29	.293
1927	Sacramento	Pacific Coast	ss	190	636	89	165	30	4	5	87	14	.259
1928	Sacramento	Pacific Coast	ss	191	**814**	143	234	55	1	9	77	9	.287
1929	Sacramento	Pacific Coast	ss-2b	161	619	102	183	36	6	1	53	8	.296
1930	Sacramento	Pacific Coast	ss-p	200	**848**	143	224	48	9	3	72	28	.264
1931	Sacramento	Pacific Coast	ss	176	644	16	157	25	7	1	67	15	.244
1932	Sacramento	Pacific Coast	ss	178	661	107	170	25	1	0	71	30	.257
1933	Sacramento	Pacific Coast	ss	172	624	80	168	24	5	4	75	23	.269
1934	Sacramento/Oakland	Pacific Coast	ss	74	241	21	55	7	4	0	19	9	.228
1935	Kansas City	American Association	ss	151	621	115	161	22	8	1	38	9	.259
1936	Kansas City	American Association	ss-2b-3b	67	148	20	42	2	1	0	18	4	.284
1937	Kansas City/Louisville	American Association	ss-2b	145	543	66	139	12	8	0	53	7	.256
1938	Louisville	American Association	ss-3b	74	197	18	44	4	1	0	20	3	.223
1939	Mansfield	Ohio State	2b-3b-ss	29	98	13	24	3	1	1	9	4	.244
	Ashland	Mountain States	ss	89	335	82	120	32	3	2	53	20	.358
1940	Ashland	Mountain States	ss-3b	71	239	30	65	5	2	0	29	9	.272
1941	Ashland	Mountain States	ss	1	0	0	0	0	0	0	0	0	.000
		Majors		82	187	29	36	6	1	0	19	6	.193
		Minors		3278	12174	1769	3254	590	129	46	1029	363	.267

WALTER EDWARD FRENCH

Born July 12, 1899 at Moorestown, NJ.
Died May 13, 1984 at Mountain Home, AR.
Batted left. Threw right. Height: 5-7½. Weight: 155.

All-American football player at West Point. Played in NFL for Rochester, 1922 and Pottsville, 1925.
Won MVP award in the Southern Association, 1933.

YEAR	CLUB	LEAGUE	POS	G	AB	R	H	2B	3B	HR	RBI	SB	AVG
1923	Philadelphia	American	of	16	39	7	9	3	0	0	2	0	.231
	Williamsport	New York-Pennsylvania	of	112	465	126	169	23	15	8	–	**46**	.363
1924	Shreveport	Texas	of	117	526	107	184	34	11	0	44	26	.350
1925	Philadelphia	American	of	67	100	20	37	9	0	0	14	1	.370
1926	Philadelphia	American	of	112	397	51	121	18	7	1	36	2	.305
1927	Philadelphia	American	of	109	326	48	99	10	5	0	41	9	.304
1928	Philadelphia	American	of	49	74	9	19	4	0	0	7	1	.257

YEAR	CLUB	LEAGUE	POS	G	AB	R	H	2B	3B	HR	RBI	SB	AVG
1929	Philadelphia	American	of	45	45	7	12	1	1	1	9	0	.267
1930	Portland	Pacific Coast	of	160	644	103	199	21	4	0	49	9	.309
1931	Little Rock	Southern Association	of	155	674	133	235	25	9	3	56	51	.349
1932	Little Rock	Southern Association	of	152	628	102	211	25	8	3	59	26	.336
1933	Little Rock/Knoxville	Southern Association	of	153	612	116	215	42	13	10	59	29	.351
1934	Knoxville	Southern Association	of	145	579	80	180	28	3	3	53	34	.311
1935	Williamsport	New York-Pennsylvania	of	133	557	76	171	16	8	0	48	32	.307
	Majors			398	981	142	297	45	13	2	109	13	.303
	Minors			1127	4685	843	1564	214	71	27	368	253	.334

Robert Lawrence "Buck" Frierson

Born July 29, 1917 at Chicota, TX
Batted right. Threw right. Height: 6-3. Weight: 195.

Had 100 long hits and 197 RBIs in 1947.

YEAR	CLUB	LEAGUE	POS	G	AB	R	H	2B	3B	HR	RBI	SB	AVG
1937	Texarkana	East Texas	1b	18	64	8	15	1	2	1	9	0	.234
1938	Texarkana	East Texas	1b-3b	135	479	92	164	28	5	15	101	5	.342
1939	Texarkana	East Texas	3b	140	557	84	161	44	5	11	80	12	.289
1940	Cedar Rapids	Three I	of	124	472	96	158	35	9	14	87	7	.335
1941	Wilkes Barre	Eastern	of	139	542	92	168	25	16	5	78	20	.310
	Cleveland	American	of	5	11	2	3	1	0	0	2	0	.273
1942	Wilkes-Barre	Eastern	of-1b	138	512	79	148	16	9	5	67	8	.289
1943-45							Military service						
1946	Sherman	East Texas	of-3b	84	348	84	136	23	2	25	102	6	.391
1947	Sherman-Denison	Big State	of	156	660	188	248	36	6	58	197	2	.376
1948	Sherman-Denison	Big State	of	100	414	102	152	31	5	24	118	13	.367
	Dallas	Texas	of	50	203	34	66	10	2	4	40	1	.325
1949	Dallas	Texas	of	154	622	104	200	48	7	19	116	4	.322
1950	Dallas/Oklahoma City	Texas	of	128	371	46	100	27	1	9	55	0	.270
1951	Oklahoma City	Texas	of	42	119	13	26	7	0	1	13	0	.218
	Denver	Western	of	71	221	38	67	14	1	5	48	1	.303
1952	Paris	Big State	of	147	591	115	222	52	2	24	140	4	.376
1953	Paris	Big State	of	89	331	42	93	19	0	4	37	5	.281
	Harlingen	Gulf Coast	of	46	172	24	52	8	3	3	35	1	.302
	Majors			5	11	2	3	1	0	0	2	0	.273
	Minors			1761	6678	1241	2176	424	75	227	1323	89	.326

Rene Friol (Gonzales)

Born May 28, 1933 at Candelaria, Cuba.
Batted right. Threw right. Height: 6-1. Weight: 208.

Manager for Yucatan, Mexican Southeast, 1969; Ciudad Madero, Mexican Central, 1970.

YEAR	CLUB	LEAGUE	POS	G	AB	R	H	2B	3B	HR	RBI	SB	AVG
1954	Lakeland	Florida State	3b	68	270	47	91	10	8	2	38	6	.337
1955	Grand Forks	Northern	c-3b-of	121	469	73	138	23	5	8	66	17	.294
1956	Havana	International	c-1b	7	10	1	1	0	0	0	0	0	.100
	Yucatan	Mexican	c	8	17	1	2	0	0	0	1	0	.118
1957	Fresnillo	Central Mexican	c	19	81	28	40	8	0	9	27	6	.494
	Mexico City Reds	Mexican	c	90	313	51	100	19	6	4	61	8	.319
1958	Montreal	International	c	9	20	1	4	1	0	0	1	0	.200
	St. Paul	American Association	c	31	93	5	30	6	2	0	18	0	.323
1959	St. Paul	American Association	c	117	325	31	82	21	2	6	39	0	.252
1960	St. Paul	American Association	c	133	432	31	121	13	3	10	56	2	.280
1961	Spokane	Pacific Coast	c	39	127	15	28	4	0	6	18	0	.220
	Omaha	American Association	c	47	127	15	30	4	0	4	18	0	.236
1962	Spokane	Pacific Coast	c	82	253	32	75	14	2	12	46	1	.296
1963	Richmond	International	c	31	63	4	10	0	0	1	2	0	.159
	Augusta	SALLY	c-of	28	89	11	30	9	0	2	7	0	.337
1964	Veracruz	Mexican	c-1b	123	437	63	133	24	4	18	74	1	.304
1965	Veracruz	Mexican	1b-c	138	520	68	158	25	2	17	92	4	.304
1966	Veracruz	Mexican	c-1b	128	425	40	114	16	3	8	47	3	.268
1967	Veracruz	Mexican	1b-c	61	181	15	49	3	3	3	24	1	.271
	Yucatan	Mexican Southeast	1b-c	42	156	22	51	4	0	5	21	1	.327

YEAR	CLUB	LEAGUE	POS	G	AB	R	H	2B	3B	HR	RBI	SB	AVG
1968	Yucatan	Mexican Southeast	c-1b	91	329	38	110	15	1	11	64	4	.334
1969	Yucatan	Mexican Southeast	1b-c	102	354	44	103	12	3	12	56	2	.291
1970	Ciudad Madero	Mexican Central	c-1b	90	242	64	101	10	0	23	90	5	.417
			Minors	1598	5323	699	1600	241	44	161	866	61	.301

JOHN EMIL FRISK

Born October 15, 1875 at Kalkaska, MI.
Died January 27, 1922 at Seattle, WA.
Batted left. Threw right. Height: 6-1. Weight: 190.

YEAR	CLUB	LEAGUE	POS	G	AB	R	H	2B	3B	HR	RBI	SB	AVG
1898	Port Huron	International	p	46	183	32	60	7	3	1	—	12	.328
	Hamilton	Canadian	p	23	74	12	23	5	3	0	—	5	.311
1899	Cincinnati	National	p	9	25	5	7	1	0	0	2	0	.280
	Detroit	Western	p-of	50	156	31	44	6	5	3	—	3	.282
1900	Detroit	American	p-of	31	75	12	21	5	1	0	—	2	.280
1901	Detroit	American	p-of	20	48	10	15	3	0	1	7	0	.313
	Denver	Western	p-of	23	74	7	21	1	1	0	—	0	.284
1902	Denver	Western	of	123	450	89	168	23	21	15	—	20	.373
1903	Denver	Western	of	65	249	41	68	7	6	1	—	11	.273
1904	Seattle	Pacific Coast	of	—	808	179	272	46	14	11	—	26	**.337**
1905	St Louis	American	of	127	429	58	112	11	6	3	36	7	.261
1906	St. Paul	American Association	of	127	485	85	155	36	11	6	—	13	.320
1907	St. Paul	American Association	of	147	568	89	162	33	8	8	—	18	.285
	St. Louis	American	ph	4	4	0	1	0	0	0	0	0	.250
	Seattle	Northwestern	of	19	68	14	25	9	0	4	—	5	.368
1908	Seattle	Northwestern	of	132	470	72	124	19	4	11	—	17	.264
1909	Seattle	Northwestern	of	169	631	107	194	**49**	6	10	—	20	.307
1910	Seattle/Spokane	Northwestern	of	152	560	82	148	26	**13**	7	—	22	.264
1911	Spokane/Vancouver	Northwestern	of	159	588	104	171	23	**16**	9	—	20	.291
1912	Vancouver	Northwestern	of	162	583	105	174	29	4	8	—	19	.298
1913	Vancouver	Northwestern	of	168	609	86	173	29	5	7	—	7	.284
1914	Vancouver/Seattle	Northwestern	of	150	557	69	178	32	8	4	—	16	.320
1915	Spokane/Seattle/Vancouver	Northwestern	of	107	384	59	103	10	5	7	—	10	.268
			Majors	160	506	73	135	15	6	4	45	7	.267
			Minors	1853	7572	1275	2284	395	134	112	—	246	.302

JAMES CATO "BAD NEWS" GALLOWAY

Born September 16, 1887 at Iredell, TX.
Died May 3, 1950 at Fort Worth, TX.
Batted both. Threw right. Height: 6-3. Weight: 187.

Manager for Ranger, West Texas, 1920; Dallas, Texas, 1921-22; San Antonio, Texas, 1923-24; Waco, Texas, 1925; Beaumont, Texas, 1926-27; Wichita Falls, Texas, 1928-29.
Umpire for Texas, 1931-33.

YEAR	CLUB	LEAGUE	POS	G	AB	R	H	2B	3B	HR	RBI	SB	AVG
1910	Vicksburg	Cotton States	ss	76	278	35	63	9	2	0	—	4	.228
	Shreveport	Texas	2b	16	50	3	5	1	0	0	—	0	.100
1911	Vicksburg	Cotton States	2b	116	393	51	111	20	5	3	—	5	.282
	Austin	Texas					less than 10 games						
1912	Vicksburg	Cotton States	2b	106	400	90	122	—	—	—	—	24	.305
	St. Louis	National	2b	21	54	4	10	2	0	0	4	2	.185
1913	Indianapolis	American Association	ss	84	249	22	65	7	2	3	—	3	.261
1914	Indianapolis	American Association	ss-2b	132	427	56	124	18	15	4	—	4	.290
1915	Denver	Western	2b	134	507	95	176	29	**17**	14	—	12	.347
1916	Los Angeles	Pacific Coast	3b	153	544	58	133	24	2	9	—	7	.244
1917	Vernon	Pacific Coast	3b	210	781	71	192	32	7	5	—	17	.246
1918-19							Military service						
1920	Ranger	West Texas	2b-ss	111	267	67	125	29	**14**	9	—	18	**.341**
1921	Dallas	Texas	1b-3b	153	576	82	187	38	7	11	90	12	.325
1922	Dallas	Texas	1b-2b	143	539	86	164	35	7	16	99	13	.304
1923	San Antonio	Texas	1b-2b	142	535	100	168	37	12	9	95	7	.314
1924	San Antonio	Texas	1b-3b	116	413	41	111	19	3	5	63	7	.269
1925	Waco	Texas	1b	148	553	94	192	30	1	33	133	3	.347
1926	Beaumont	Texas	1b	142	535	104	179	**51**	1	21	106	8	.335

YEAR	CLUB	LEAGUE	POS	G	AB	R	H	2B	3B	HR	RBI	SB	AVG
1927	Beaumont	Texas	1b	128	436	61	146	28	0	17	76	8	.335
1928	Wichita Falls	Texas	1b	2	4	0	0	0	0	0	0	0	.000
1929	Wichita Falls	Texas	1b	5	12	0	2	0	0	0	0	0	.167
		Majors		21	54	4	10	2	0	0	4	2	.185
		Minors		2117	7519	1116	2165	407	95	159	563	135	.288

FOSTER PIRIE "BABE" GANZEL

Born May 22, 1901 at Malden, MA.
Died February 6, 1978 at Jacksonville, FL.
Batted right. Threw right. Height: 5-10½. Weight: 172.

Manager for Jacksonville, SALLY, 1936; Selma, Southeastern, 1937; St. Paul, American Association, 1938-40; Gadsden, Southeastern 1941.

YEAR	CLUB	LEAGUE	POS	G	AB	R	H	2B	3B	HR	RBI	SB	AVG
1922	Evansville	Three I	of	139	521	91	170	31	9	3	—	8	.326
1923	Evansville	Three I	of	130	460	62	142	28	8	2	—	8	.309
1924	Birmingham	Southern Association	of	143	522	66	144	27	11	6	59	3	.276
1925	Birmingham	Southern Association	of	21	80	20	36	2	4	1	18	3	.450
1926	Birmingham	Southern Association	of	137	511	87	175	36	9	7	99	21	.342
1927	Birmingham	Southern Association	of	160	568	121	198	34	7	4	80	14	.349
	Washington	American	of	13	48	7	21	4	2	1	13	0	.438
1928	Washington	American	of	10	26	2	2	1	0	0	4	0	.077
	Louisville	American Association	of	79	276	50	89	21	6	1	43	5	.322
1929	Louisville	American Association	of-3b	157	568	85	183	31	15	2	80	7	.322
1930	Louisville	American Association	3b	128	464	83	157	33	6	9	77	10	.338
1931	Louisville	American Association	3b	133	481	64	147	35	4	4	57	1	.306
1932	Minneapolis	American Association	3b	163	633	120	197	46	3	23	**143**	4	.311
1933	Minneapolis	American Association	3b	124	437	76	137	30	5	11	74	6	.314
1934	Minneapolis	American Association	3b	141	498	81	150	43	4	8	83	0	.301
1935	Minneapolis	American Association	3b	71	218	35	64	13	1	6	30	1	.294
1936	Jacksonville	SALLY	3b	48	132	18	32	7	1	1	18	1	.242
1937	Selma	Southeastern	—	19	37	6	10	4	0	0	4	0	.270
1938-40							Manager, did not play						
1941	Gadsden	Southeastern	—	3	9	—	1	—	—	—	—	—	.111
		Majors		23	74	9	23	5	2	1	17	0	.311
		Minors		1796	6415	1065	2032	421	93	89	865	92	.317

VINICIO UZCANGA "CHICO" GARCIA

Born December 24, 1924 at Veracruz, Mexico.
Batted right. Threw right. Height: 5-8. Weight: 170.

Manager for Monterrey, Mexican, 1965, 1970; Veracruz, Mexican, 1966-69; Sabinas, Mexican, 1971-72; Jalisco, Mexican, 1973-75; Nuevo Laredo, Mexican, 1976.

YEAR	CLUB	LEAGUE	POS	G	AB	R	H	2B	3B	HR	RBI	SB	AVG
1944	Mexico City	Mexican	2b	8	18	0	4	0	0	0	2	1	.222
1946	San Luis Potosi	Mexican	2b-3b	92	383	55	122	8	6	0	28	11	.319
1947	San Luis Potosi	Mexican	2b	96	371	59	106	10	10	0	39	10	.286
1948	Puebla	Mexican	2b	82	331	67	105	**16**	5	3	41	14	.317
1949	Cuidad Juarez	Arizona-Texas	2b	148	602	**170**	227	42	**20**	4	88	41	**.377**
1950	Shreveport	Texas	2b	142	485	53	104	17	1	1	35	9	.214
1951	Corpus Christi	Gulf Coast	2b	34	145	35	52	6	4	1	21	6	.359
	Shreveport	Texas	2b-3b-ss	77	235	28	57	10	1	0	20	4	.243
1952	Shreveport	Texas	2b	158	585	88	162	20	7	2	62	6	.277
1953	Shreveport	Texas	2b	155	601	82	183	34	4	2	51	8	.304
1954	Baltimore	American	2b	39	62	6	7	0	2	0	5	0	.113
1955	Toledo	American Association	2b	154	577	93	173	34	4	10	68	8	.300
1956	Wichita	American Association	2b-3b	144	516	60	144	25	1	3	65	5	.279
1957	Indianapolis	American Association	2b	153	593	92	177	30	6	4	68	1	.298
1958	Indianapolis	American Association	2b-3b	101	316	44	84	11	1	2	23	6	.266
1959	Dallas	American Association	2b	158	573	55	152	27	1	2	53	6	.265
1960	Monterrey	Mexican	2b	127	493	102	173	41	4	16	75	3	.351
1961	Monterrey	Mexican	2b	121	488	85	169	49	3	5	63	6	.346
1962	Monterrey	Mexican	2b	126	504	91	**172**	28	5	9	76	9	.341
1963	Monterrey	Mexican	2b	122	475	**107**	175	**36**	5	21	88	3	**.368**

YEAR	CLUB	LEAGUE	POS	G	AB	R	H	2B	3B	HR	RBI	SB	AVG
1964	Monterrey	Mexican	2b-1b	130	498	91	167	28	2	11	79	2	.335
1965	Monterrey	Mexican	2b-1b	131	464	79	146	27	3	9	70	0	.315
1966	Veracruz	Mexican	2b-1b	119	414	52	125	18	4	3	45	2	.302
1967	Veracruz	Mexican	1b-2b	81	257	26	65	12	0	3	25	0	.253
1968	Veracruz	Mexican	1b-2b	75	170	21	54	9	0	1	25	2	.318
1969	Veracruz	Mexican	1b	57	77	4	14	2	0	0	10	0	.182
1970	Monterrey/Mexico City Tigers	Mexican	1b	12	11	2	4	0	0	1	3	0	.364
	Majors			39	62	6	7	0	2	0	5	0	.113
	Minors			2803	10182	1641	3116	540	97	113	1223	163	.306

Henry Adrian Garrett

Born January 3, 1943 at Brooksville, FL.
Batted left. Threw right. Height: 6-3. Weight: 185.

Known as Adrian.
Manager for Appleton, Midwest, 1982; Glens Falls, Eastern, 1983.

YEAR	CLUB	LEAGUE	POS	G	AB	R	H	2B	3B	HR	RBI	SB	AVG
1961	Palatka	Florida State	of	68	218	34	54	4	7	2	31	4	.248
	Davenport	Midwest	of	10	26	7	5	0	0	0	3	1	.192
1962	Cedar Rapids	Midwest	of	124	429	81	109	19	3	19	87	11	.254
1963	Boise	Pioneer	of	32	123	37	39	10	0	9	43	1	.317
	Austin	Texas	of	55	154	13	30	7	1	4	21	2	.195
1964	Austin	Texas	of	123	421	57	118	23	11	7	48	3	.280
1965	Atlanta	International	of	128	411	72	92	17	3	20	63	3	.224
1966	Atlanta	National	of	4	3	0	0	0	0	0	0	0	.000
	Richmond	International	of	114	342	47	67	9	3	16	40	4	.196
1967	Richmond	International	of	8	29	5	9	0	1	1	2	1	.310
	Austin	Texas	of-2b-3b	126	449	73	114	15	3	27	90	10	.254
1968	Richmond	International	of-3b	70	226	19	48	10	0	5	20	1	.212
	Evansville	Southern	of	42	137	19	29	2	1	7	17	7	.212
1969	Richmond	International	of	12	38	3	7	1	1	0	2	2	.184
	Shreveport	Texas	of-3b-1b	107	352	67	92	10	4	24	75	3	.261
1970	San Antonio	Texas	of-3b-1b	128	448	82	124	21	3	29	86	4	.277
	Chicago	National	ph	3	3	0	0	0	0	0	0	0	.000
1971	Tacoma	Pacific Coast	of-1b	131	450	97	130	17	8	43	119	1	.289
	Oakland	American	of	14	21	1	3	0	0	1	2	0	.143
1972	Iowa	American Association	of	62	220	33	61	9	3	12	32	2	.277
	Oakland	American	of	14	11	0	0	0	0	0	0	0	.000
1973	Wichita	American Association	1b	15	53	15	20	3	1	8	20	0	.377
	Chicago	National	of-c	36	54	7	12	0	0	3	8	1	.222
1974	Wichita	American Association	of-c-1b	92	318	75	89	13	3	26	83	3	.280
	Chicago	National	c-of-1b	10	8	0	0	0	0	0	0	0	.000
1975	Chicago	National	1b	16	21	1	2	0	0	1	6	0	.095
	Wichita	American Association	of-1b	52	212	41	68	17	3	12	48	2	.321
	California	American	1b-of-c	37	107	17	28	5	0	6	18	3	.262
1976	California	American	c-1b	29	48	4	6	3	0	0	3	0	.125
	Hawaii	Pacific Coast	1b	31	126	20	39	3	0	9	31	0	.310
1977	Hiroshima	Japanese Central	of	128	445	64	124	19	0	35	91	1	.279
1978	Hiroshima	Japanese Central	of	130	462	76	125	9	0	40	97	2	.271
1979	Hiroshima	Japanese Central	of	126	395	53	89	9	2	27	59	3	.225
	Majors			163	276	30	51	8	0	11	37	4	.185
	Minors			1530	5182	897	1344	210	59	280	961	65	.259
	Japan			384	1302	193	338	37	2	102	247	6	.260

Cecil Virgil "Rabbit" Garriott

Born August 15, 1916 at Harristown, IL.
Died February 20, 1990 at Lake Elsinore, CA.
Batted both. Threw right. Height: 5-8. Weight: 175.

Manager for Visalia, California, 1951; Victoria, Western International, 1952-53.

YEAR	CLUB	LEAGUE	POS	G	AB	R	H	2B	3B	HR	RBI	SB	AVG
1936	Columbus	SALLY	of	127	494	103	140	13	7	1	66	38	.283
1937	Columbus	SALLY	of	131	546	105	161	22	12	6	73	30	.295
1938	Columbus	SALLY	of	122	491	90	197	15	11	5	45	57	.380
	Rochester	International	of	2	3	0	0	0	0	0	1	0	.000
1939	Elmira	Eastern	of	46	161	26	37	2	3	1	14	10	.230
	Decatur	Three I	of	71	245	45	69	15	4	6	35	10	.282

YEAR	CLUB	LEAGUE	POS	G	AB	R	H	2B	3B	HR	RBI	SB	AVG
1940	Macon	SALLY	of	137	519	91	199	32	16	9	114	40	.306
1941	Macon	SALLY	of	142	544	108	154	17	14	2	49	26	.283
1942	Portsmouth	Piedmont	of	131	478	80	134	26	7	8	45	20	.280
1943	Los Angeles	Pacific Coast	of	98	286	43	73	15	2	10	47	11	.295
1944	Los Angeles	Pacific Coast	of	170	619	**148**	177	34	5	13	70	24	.286
1945						Military Service							
1946	Chicago	National	ph	6	5	1	0	0	0	0	0	0	.000
1947	Los Angeles	Pacific Coast	of	171	639	131	181	28	5	22	77	25	.283
1948	Los Angeles	Pacific Coast	of	164	581	104	135	18	3	19	65	24	.232
1949	Los Angeles	Pacific Coast	of	145	494	77	126	25	5	10	47	11	.255
1950	Los Angeles	Pacific Coast	of	151	451	82	121	18	3	10	53	4	.268
1951	Los Angeles	Pacific Coast	of	26	36	9	6	1	0	0	4	0	.167
	Visalia	California	of	97	308	89	90	19	6	15	78	4	.292
1952	Victoria	Western International	of	146	490	111	141	34	0	**17**	112	23	.288
1953	Victoria	Western International	of	113	335	78	95	24	4	8	61	7	.284
			Majors	6	5	1	0	0	0	0	0	0	.000
			Minors	2188	7717	1520	2236	358	107	162	1055	364	.290

MIGUEL "PILO" GASPAR

Born September 19, 1929 at Empaime, Sonora, Mexico.
Batted right. Threw right. Height: 6-1. Weight: 178.

Manager for Veracruz, Mexican, 1959; Chihuahua, Mexican, 1975-1977; Coatzacoalcos, Mexican, 1979.
Hit 4 homers and double in game against Texas City, April 13, 1951.

YEAR	CLUB	LEAGUE	POS	G	AB	R	H	2B	3B	HR	RBI	SB	AVG
1950	Laredo	Rio Grande	of-c	116	498	121	167	23	1	29	114	11	.335
1951	Nuevo Laredo	Mexican	—	11	47	5	13	2	0	0	7	1	.277
	Laredo	Gulf Coast	c-of	149	560	98	178	32	5	15	94	5	.318
1952	Newport News	Piedmont	c-of	91	271	20	63	11	1	1	29	3	.231
	Miami	Florida International	c	7	23	3	5	1	0	0	1	—	.217
1953	Brownsville	Gulf Coast	c	102	398	53	110	25	1	0	45	2	.276
1954	Austin	Big State	c	142	529	55	170	35	3	5	74	1	.321
1955	Wichita	Western	c	115	430	45	113	13	2	2	68	3	.263
	San Antonio	Texas	c	3	7	1	2	0	0	0	1	0	.286
1956	Columbus	SALLY	c	118	390	38	101	9	0	1	34	0	.259
1957	San Antonio	Texas	c	79	240	14	60	9	0	3	29	0	.254
1958	Nuevo Laredo/Yucatan	Mexican	c	81	273	27	77	13	0	5	36	1	.282
	San Antonio	Texas	ph	1	1	0	1	0	0	0	1	0	1.000
1959	Veracruz	Mexican	c	129	397	40	106	14	2	2	48	0	.267
1960	Veracruz	Mexican	c	114	379	41	119	18	3	0	46	2	.314
1961	Veracruz	Mexican	c	113	367	39	121	13	0	0	42	1	.330
1962	Veracruz	Mexican	c	118	363	36	111	14	0	0	39	1	.306
1963	Veracruz	Mexican	c	122	375	32	99	21	2	0	34	0	.264
1964	Veracruz	Mexican	c	48	127	10	27	4	0	0	10	0	.213
1965	Veracruz	Mexican	c	98	305	19	81	13	0	1	37	2	.266
1966	Veracruz/Mexico City Reds	Mexican	c	112	334	32	105	7	1	2	43	0	.314
1967	Veracruz	Mexican	c	118	402	34	119	16	0	1	37	2	.296
1968	Veracruz	Mexican	c	100	303	21	76	15	1	0	29	0	.251
1969	Veracruz	Mexican	c	104	309	13	90	9	0	0	47	1	.291
1970	Union Laguna	Mexican	c-1b	94	267	21	78	11	0	2	27	1	.292
1971	Union Laguna	Mexican	c-1b	93	253	20	68	4	1	1	29	1	.269
1972	Tampico	Mexican	c	88	260	24	65	6	1	1	26	0	.250
1973	Chihuahua	Mexican	c	56	145	6	38	2	0	1	15	1	.262
1974	Chihuahua	Mexican	c	83	227	10	52	5	0	1	18	0	.229
1976	Chihuahua	Mexican	ph	2	2	0	2	1	0	0	2	0	1.000
1977	Chihuahua	Mexican	c	5	9	1	2	0	0	0	0	0	.222
			Minors	2604	8491	879	2419	346	24	73	1062	38	.288

JAMES EDWARD "JIM" GENTILE

Born June 3, 1934 at San Francisco, CA.
Batted left. Threw left. Height: 6-3. Weight: 210.

YEAR	CLUB	LEAGUE	POS	G	AB	R	H	2B	3B	HR	RBI	SB	AVG
1952	Santa Barbara	California	1b-p	39	96	11	18	2	0	3	11	1	.167
1953	Pueblo	Western	1b	**156**	537	115	145	25	4	**34**	102	1	.270

YEAR	CLUB	LEAGUE	POS	G	AB	R	H	2B	3B	HR	RBI	SB	AVG
1954	Mobile	Southern Association	1b	34	120	18	28	6	0	8	27	0	.233
	Pueblo	Western	1b	127	462	96	145	27	5	26	99	1	.314
1955	Mobile	Southern Association	1b	153	535	90	155	25	5	28	**109**	8	.290
1956	Fort Worth	Texas	1b	152	538	108	159	29	5	40	115	6	.296
1957	Montreal	International	1b	152	506	64	139	28	1	24	90	0	.275
	Brooklyn	National	1b	4	6	1	1	0	0	1	1	0	.167
1958	Spokane	Pacific Coast	1b	139	486	58	121	29	3	18	62	0	.249
	Los Angeles	National	1b	12	30	0	4	1	0	0	4	0	.133
1959	St. Paul	American Association	1b	151	531	80	153	26	6	27	87	2	.288
1960	Baltimore	American	1b	138	384	67	112	17	0	21	98	0	.292
1961	Baltimore	American	1b	148	486	96	147	25	2	46	141	1	.302
1962	Baltimore	American	1b	152	545	80	137	21	1	33	87	1	.251
1963	Baltimore	American	1b	145	496	65	123	16	1	24	72	1	.248
1964	Kansas City	American	1b	136	439	71	110	10	0	28	71	0	.251
1965	Kansas City	American	1b	38	118	14	29	5	0	10	22	0	.246
	Houston	National	1b	81	227	22	55	11	1	7	31	0	.242
1966	Houston	National	1b	49	144	16	35	6	1	7	18	0	.243
	Cleveland	American	1b	33	47	2	6	1	0	2	4	0	.128
	Oklahoma City	Pacific Coast	1b	30	75	16	20	2	1	8	19	1	.267
1967	San Diego	Pacific Coast	1b	99	297	47	70	13	1	21	54	0	.236
1968	San Diego	Pacific Coast	1b	78	178	18	33	2	0	8	22	0	.185
		Minors		1310	4361	721	1184	214	31	245	797	20	.271
		Majors		936	2922	434	759	113	6	179	549	3	.260

Jacob John "Jake" Gettman

Born October 25, 1875 at Frank, Russia.
Died October 4, 1956 at Denver, CO.
Batted both. Threw right. Height: 5-11. Weight: 185.

YEAR	CLUB	LEAGUE	POS	G	AB	R	H	2B	3B	HR	RBI	SB	AVG
1897	Fort Worth	Texas	of	110	490	**122**	159	28	6	4	—	55	.324
	Washington	National	of	36	143	28	45	7	3	3	29	8	.315
1898	Washington	National	of-1b	142	567	75	157	16	5	5	47	32	.277
1899	Washington	National	of-1b	19	62	5	13	1	0	0	2	4	.210
	Kansas City	Western	of	59	238	48	64	—	—	—	—	22	.269
1900	Buffalo	American	1b-of	121	516	82	154	26	12	2	—	35	.298
1901	Buffalo	Eastern	of	99	403	76	119	20	10	3	—	39	.295
1902	Buffalo	Eastern	of	116	489	121	166	24	9	8	—	—	.339
1903	Buffalo	Eastern	of	91	359	96	120	17	7	4	—	26	.334
1904	Buffalo	Eastern	of	60	233	47	60	11	2	0	—	13	.258
1905	Buffalo	Eastern	of	137	558	84	152	27	10	2	—	16	.272
1906	Buffalo	Eastern	of	136	516	90	150	22	7	1	—	22	.291
1907	Buffalo	Eastern	of	95	348	49	96	16	8	1	—	15	.276
1908	Toronto	Eastern	of	115	.162	50	117	9	4	4	—	16	.253
1909	Newark	Eastern	of	149	561	78	162	30	8	6	—	16	.289
1910	Newark	Eastern	of	132	485	54	130	19	7	2	—	24	.268
1911	Jersey City/Baltimore	Eastern	of	123	487	54	124	14	9	1	—	14	.255
1912	Baltimore	International	of	94	349	57	120	26	19	3	—	10	.344
1913	Indianapolis	American Association	of	61	237	33	54	7	4	1	—	8	.228
1914	Hastings	Nebraska State	of	109	381	54	128	21	3	3	—	—	**.336**
		Majors		197	772	108	215	24	8	8	78	44	.278
		Minors		1807	7112	1195	2075	321	135	47	—	331	.292

Lawrence William "Larry" Gilbert

Born December 3, 1891, New Orleans, LA.
Died February 17, 1965, New Orleans, LA.
Batted left. Threw left. Height: 5-9. Weight: 158.

See record in managerial section.
Father of Charlie Gilbert, who set all-time Southern Association records in Nashville in 1948 with 155 walks and 178 runs and Harold "Tookie" Gilbert, who led the Southern Association with 146 runs in 1949 and the American Association with 29 home runs in 1951.

YEAR	CLUB	LEAGUE	POS	G	AB	R	H	2B	3B	HR	SB	RBI	AVG
1910	Victoria	Southwest Texas	of-p	69	170	15	31	—	—	0	4	—	.182
1911	Battle Creek	Southern Michigan	of-p	54	166	18	42	7	5	0	3	—	.253

YEAR	CLUB	LEAGUE	POS	G	AB	R	H	2B	3B	HR	RBI	SB	AVG
1912	Battle Creek	Southern Michigan	of	127	514	86	155	26	14	7	49	—	.302
1913	Milwaukee	American Association	of	155	557	89	157	21	6	10	43	—	.282
1914	Boston	National	of	72	224	32	60	6	1	5	3	—	.268
1915	Boston	National	of	45	106	11	16	4	0	0	4	—	.151
	Toronto	International	of	68	243	38	79	9	5	4	16	—	.325
1916	Kansas City	American Association	of	168	629	100	173	27	6	8	35	—	.275
1917	New Orleans	Southern Association	of	118	435	67	117	17	8	5	38	—	.269
1918	New Orleans	Southern Association	of	59	209	27	59	7	6	0	22	—	.282
1919	New Orleans	Southern Association	of	136	490	75	171	31	10	5	42	—	.349
1920	New Orleans	Southern Association	of	145	529	74	159	21	5	3	31	—	.301
1921	New Orleans	Southern Association	of	140	527	102	172	30	10	5	35	—	.326
1922	New Orleans	Southern Association	of	143	514	109	158	13	9	6	34	—	.307
1923	New Orleans	Southern Association	of	99	365	59	114	13	2	3	11	—	.312
1924	New Orleans	Southern Association	of	108	364	60	119	15	8	1	10	—	.327
1925	New Orleans	Southern Association	of	181	315	57	88	17	7	2	10	—	.279
			Majors	117	330	43	76	10	1	5	7	—	.230
			Minors	1690	6027	976	1794	254	101	59	383	—	.298

VERDUN GILCHRIST

Born 1920 at Ft. Worth, TX.
Batted right. Threw right. Height: 5-10. Weight: 160.

Led league in walks 149 in 1946, 183 in 1947, 170 in 1948 and 148 in 1949. Had career on base average of .507.

YEAR	CLUB	LEAGUE	POS	G	AB	R	H	2B	3B	HR	RBI	SB	AVG
1946	Borger	West Texas-New Mexico	2b-ss	136	497	176	187	42	11	5	86	11	.376
1947	Borger	West Texas-New Mexico	ss-2b	140	508	175	182	48	4	13	84	18	.358
1948	Borger	West Texas-New Mexico	2b	132	483	159	165	42	5	4	80	20	.342
1949	Borger	West Texas-New Mexico	2b	137	514	128	187	47	1	2	68	16	.364
1950	Borger	West Texas-New Mexico	2b	2	8	2	3	1	0	0	3	0	.375
	Wichita Falls	Big State	ss	95	379	77	117	17	3	2	37	5	.309
			Minors	642	2389	717	841	197	24	26	358	70	.352

FRANK PATRICK GILHOOLEY

Born June 10, 1892 at Toledo, OH.
Died July 11, 1959 at Toledo, OH.
Batted left. Threw right. Height: 5-8. Weight: 155.

Manager for Jersey City, International, 1928-29.

YEAR	CLUB	LEAGUE	POS	G	AB	R	H	2B	3B	HR	RBI	SB	AVG
1910	Saginaw	Southern Michigan	2b-3b	32	123	9	19	2	0	0	—	6	.154
1911	Adrian	Southern Michigan	of	128	522	103	190	33	11	1	—	47	.364
	St. Louis	National	of	1	0	0	0	0	0	0	0	0	.000
1912	Erie	Central	of	126	484	104	148	16	3	1	—	47	.306
	St. Louis	National	of	13	49	5	11	0	0	0	2	0	.224
1913	Montreal	International	of	117	458	74	150	13	3	0	—	36	.328
	New York	American	of	24	85	10	29	2	1	0	14	6	.341
1914	New York	American	of	1	3	0	2	0	0	0	0	0	.667
	Buffalo	International	of	142	562	116	174	13	15	0	—	62	.310
1915	Buffalo	International	of	122	450	92	145	19	11	3	—	53	.322
	New York	American	of	1	4	0	0	0	0	0	0	0	.000
1916	New York	American	of	58	223	40	62	5	3	1	10	16	.278
1917	New York	American	of	54	165	14	40	6	1	0	8	6	.242
1918	New York	American	of	112	427	58	118	13	5	1	23	7	.276
1919	Boston	American	of	48	112	14	27	4	0	0	1	2	.241
1920	Buffalo	International	of	148	583	139	200	30	10	2	—	45	.343
1921	Buffalo	International	of	164	641	131	201	28	17	1	—	55	.314
1922	Reading	International	of	164	636	124	230	35	13	0	64	22	.362
1923	Reading	International	of	56	223	45	66	10	3	0	19	7	.296
1924	Toronto	International	of	148	576	119	187	25	4	3	47	13	.325
1925	Toronto	International	of	162	654	128	206	29	3	5	64	10	.315
1926	Toronto	International	of	156	631	118	193	29	8	0	67	17	.306
1927	Rochester	International	of	102	399	71	138	17	7	0	37	19	.346
1928	Jersey City	International	of	130	426	64	134	17	7	1	33	12	.315
1929	Jersey City	International	of	24	55	4	14	1	0	0	2	3	.255
			Majors	312	1068	141	289	30	10	2	58	37	.271
			Minors	1921	7423	1441	2395	317	115	17	333	454	.323

Robert James "Bob" Gilks

Born July 2, 1864 at Cincinnati, OH.
Died August 20, 1944 at Brunswick, GA.
Batted right. Threw right. Height: 5-8. Weight: 178.

Manager for Toledo, Interstate, 1897-1900; Toledo, Western, 1901; Toledo, American Association, 1902; Shreveport, Southern Association, 1903-06; Gulfport, Cotton States ,1907-08; Biloxi, Cotton States, 1908; Savannah/Charleston, SALLY,1909; Galveston, Texas, 1909; Montgomery, Southern Association, 1914.
Scout for Cleveland, American, 1911-1913; New York, American, 1914-26, 1929; Boston, National, 1928.
Umpire for SALLY, 1910.

YEAR	CLUB	LEAGUE	POS	G	AB	R	H	2B	3B	HR	RBI	SB	AVG
1885	Chattanooga	Southern	of-p	72	264	21	45	2	0	0	—	—	.170
1886	Binghamton	International	of-3b-p	85	386	51	103	15	4	0	—	23	.267
1887	Binghamton	International	of-p	75	372	68	121	19	0	1	—	29	.325
	Cleveland	American Association	p-1b-of	22	83	12	26	2	0	0	—	5	.313
1888	Cleveland	American Association	of-if-p	119	484	59	111	14	4	1	63	16	.229
1889	Cleveland	National	of-if	53	210	17	50	5	2	0	18	6	.238
1890	Cleveland	National	of-if-p	130	544	65	116	10	3	0	41	17	.213
1891	Rochester	Eastern	of	71	318	38	67	10	1	0	—	7	.211
	Oconto	Wisconsin				No record available							
1892	Omaha	Western	of-2b	58	249	41	69	8	3	1	—	10	.277
	Mobile	Southern	2b	39	170	29	42	1	0	0	—	3	.247
1893	Mobile	Southern	of-2b	88	357	74	122	19	3	2	—	21	.342
	Baltimore	National	of	15	64	10	17	2	0	0	7	3	.266
1894	Toledo	Western	of-ss	120	577	139	223	32	14	6	—	19	.386
1895	Toledo	Western	of-1b-p	120	560	113	169	23	2	2	—	21	.302
1896	Grand Rapids	Western	of	121	529	71	146	15	1	0	—	11	.276
1897	Toledo	Interstate	of-1b-p	126	626	109	208	37	4	2	—	20	.332
1898	Toledo	Interstate	of-p	150	669	100	195	28	4	1	—	45	.291
1899	Toledo	Interstate	of-p	137	592	66	166	18	2	0	—	13	.280
1900	Toledo	Interstate	of-p	115	468	31	111	14	0	0	—	19	.237
1901	Toledo	Western	of-p	135	539	60	152	30	2	1	—	8	.282
1902	Toledo	American Association	of	141	561	60	141	15	1	0	—	18	.251
1903	Shreveport	Southern Association	of	61	215	19	58	—	—	—	—	5	.270
1904	Shreveport	Southern Association	of-1b	86	326	38	84	12	1	0	—	10	.258
1905	Shreveport	Southern Association	of	14	52	3	8	1	0	0	—	0	.154
1906	Shreveport	Southern Association	of	17	55	1	8	0	0	0	—	0	.145
1907	Gulfport	Cotton States	1b	134	510	31	98	6	0	0	—	7	.192
1908	Gulfport/Biloxi	Cotton States	1b	98	366	23	84	6	1	0	—	10	.230
1909	Savannah/Charleston	SALLY	1b	35	118	2	25	4	0	0	—	2	.212
	Galveston	Texas	of	28	86	5	24	5	0	0	0	2	.279
1918	Atlanta	Southern Association	of	2	6	0	1	0	0	0	0	0	.167
		Majors		339	1385	163	320	33	9	1	129	47	.231
		Minors		2128	8971	1193	2470	320	43	17	—	303	.275

John Wesley "Johnny" Gill

Born March 27, 1905 at Nashville, TN.
Died December 26, 1984 at Nashville, TN.
Batted left. Threw right. Height: 6-2. Weight: 190.

Manager for Union City, KITTY, 1946; Fulton, KITTY, 1947.

YEAR	CLUB	LEAGUE	POS	G	AB	R	H	2B	3B	HR	RBI	SB	AVG
1924	Lexington	Blue Grass	1b-of	29	104	9	28	4	1	2	19	1	.269
	Chattanooga	Southern Association	1b	2	6	—	—	—	—	—	—	—	—
1925	Knoxville	SALLY	of-1b	124	490	83	160	30	10	3	71	20	.327
1926	Knoxville	SALLY	of	57	206	34	58	13	3	4	24	6	.281
	Salisbury	Piedmont	of	29	105	14	31	6	6	2	10	4	.295
1927	Alexandria	Cotton States	of	35	145	22	42	8	4	0	—	16	.290
	Selma	Southeastern	of	22	66	4	15	3	0	0	—	2	.227
	Shreveport	Texas	of	41	147	24	46	11	2	8	28	3	.313
	Cleveland	American	of	21	60	8	13	3	0	1	4	1	.217
1928	Cleveland	American	ph	2	2	0	0	0	0	0	0	0	.000
1928	Shreveport	Texas	of	6	4	0	1	0	0	0	—	0	.250
1928	Decatur	Three I	of	101	399	65	124	19	18	9	56	10	.311
1929	Albany	Eastern	of	147	622	150	232	63	15	14	122	17	.373
1930	Baltimore	International	of	148	536	113	174	35	6	34	118	3	.325
1931	Baltimore	International	of-1b	155	613	112	211	46	7	23	124	9	.344
	Washington	American	of	8	30	2	8	2	1	0	5	0	.267

YEAR	CLUB	LEAGUE	POS	G	AB	R	H	2B	3B	HR	RBI	SB	AVG
1932	Chattanooga	Southern Association	of	153	598	126	206	**39**	15	19	120	10	.344
1933	Chattanooga	Southern Association	of	141	538	96	175	29	**21**	15	110	7	.325
1934	Chattanooga	Southern Association	of	127	484	85	155	42	10	9	97	4	.320
	Minneapolis	American Association	of	8	22	2	6	2	1	1	4	1	.273
	Washington	American	of	13	53	7	13	3	0	2	7	0	.245
1935	Minneapolis	American Association	of	148	610	**148**	220	41	5	**43**	**154**	7	.361
	Chicago	National	ph	3	3	2	1	1	0	0	1	0	.333
1936	Chicago	National	of	71	174	20	44	8	0	7	28	0	.253
1937	San Francisco	Pacific Coast	of	84	238	35	65	12	5	2	35	1	.273
1938	Chattanooga	Southern Association	of	115	416	67	115	32	3	12	53	6	.276
1939	Nashville	Southern Association	of	59	206	36	64	17	2	3	36	1	.311
	Baltimore	International	of	79	239	33	67	11	1	6	34	1	.280
1940	Portland	Pacific Coast	of	154	530	81	171	33	3	16	87	6	.323
1941	Portland	Pacific Coast	of	127	421	58	119	20	4	12	56	0	.283
1942	Portland	Pacific Coast	of	124	387	48	117	28	1	11	57	7	.302
1943	Portland	Pacific Coast	of	121	393	62	127	38	7	2	60	2	.323
1944	Portland	Pacific Coast	of	127	425	48	122	27	2	3	49	6	.287
1945	Portland/Seattle	Pacific Coast	of-1b	99	241	30	64	8	1	2	32	5	.266
1946	Union City	KITTY	of	71	270	65	102	22	1	17	83	2	.378
1947	Fulton/Clarksville	KITTY	of	101	313	74	124	28	2	17	104	3	.396
			Majors	118	322	39	79	17	1	10	45	1	.245
			Minors	2734	9774	1724	3141	667	156	289	1743	150	.321

ROLAND EDOUARD GLADU

Born May 10, 1913 at Montreal, Quebec, Canada.
Batted left. Threw right. Height: 5-8½. Weight: 185.

Manager for Sherbrooke, Provincial, 1948-51.
Scout for Cleveland, American, 1953; Milwaukee, National, 1954-64.

YEAR	CLUB	LEAGUE	POS	G	AB	R	H	2B	3B	HR	RBI	SB	AVG
1932	Montreal	International	of	15	17	5	4	0	0	1	4	0	.235
1933	Montreal	International	of	20	21	1	4	0	0	1	2	0	.190
	York	New York-Pennsylvania	of	10	30	2	6	1	0	0	3	0	.200
1934	Richmond	Piedmont	1b-of	72	194	36	50	13	3	4	25	2	.258
1935-37					Did not play in organized baseball								
1938	Quebec	Provincial	1b-of	42	144	27	49	8	2	3	17	4	.340
1939	Quebec	Provincial	1b	74	283	51	92	23	8	5	54	8	.325
1940	Quebec	Quebec Provincial	1b	70	273	53	89	20	0	8	55	5	.326
1941	Quebec	Canadian-American	1b-3b	125	469	95	164	**46**	7	13	91	14	.350
1942	Quebec	Canadian-American	3b-of	15	404	85	140	37	7	12	97	14	.347
1943					Did not play in organized baseball								
1944	Hartford	Eastern	3b-of	119	417	92	155	28	14	7	102	8	.372
	Boston	National	3b-of	21	66	5	16	2	1	1	7	0	.242
1945	Montreal	International	3b-of	153	603	126	204	**45**	**14**	12	105	14	.338
1946	Nuevo Laredo	Mexican	3b-of	91	342	61	110	17	11	4	62	6	.322
1947	San Luis Potosi	Mexican	3b-of	115	429	77	138	27	12	6	75	4	.322
	St. Hyacinthe	Provincial	1b	2	5	0	0	0	0	0	0	0	.000
1948	Sherbrooke	Provincial	1b	89	303	82	116	27	1	10	69	–	.383
1949	Sherbrooke	Provincial	1b	94	321	72	98	22	3	19	81	–	.305
1950	Sherbrooke	Provincial	1b	92	309	59	105	15	1	5	52	2	.340
1951	Sherbrooke	Provincial	1b	96	321	66	106	25	0	7	71	2	.330
			Majors	21	66	5	16	2	1	1	7	0	.242
			Minors	1394	4885	998	1630	354	83	117	965	83	.334

JOSEPH CLYDE GLASS

Born August 18, 1902 at Gentry, AR.
Died September 13, 1975 at Siloam Springs, AR.
Batted left. Threw right. Height: 5-7½. Weight: 165.

Known as Clyde
Manager for Lake Charles, Cotton States, 1930; Siloam Springs, Arkansas, 1934.

YEAR	CLUB	LEAGUE	POS	G	AB	R	H	2B	3B	HR	RBI	SB	AVG
1923	Coffeyville	Southwestern	ss-of	125	448	44	122	17	3	1	–	14	.272
1924	Coffeyville	Southwestern	3b	47	169	27	51	5	2	3	13	5	.302
1925	Mexia	Texas Association	3b	126	487	96	169	**48**	6	14	–	7	.342
	Waco	Texas	3b	12	41	4	9	1	0	0	4	0	.220

YEAR	CLUB	LEAGUE	POS	G	AB	R	H	2B	3B	HR	RBI	SB	AVG
1926	Waco	Texas	3b	34	100	11	35	6	1	2	25	3	.350
	Mexia	Texas Association	3b	109	385	79	139	35	7	8	–	4	**.361**
1927	Waco	Texas	3b	5	16	1	3	1	0	1	–	0	.188
	Mexia	Lone Star	3b-ss-of	99	351	57	123	18	8	1	–	13	.350
1928	Meridian	Cotton States	of-3b	106	354	62	108	24	2	3	–	10	.305
1929	Lake Charles	Cotton States	3b	123	466	95	163	32	3	3	–	14	.350
1930	Lake Charles/Baton Rouge	Cotton States	of-3b	127	446	109	152	43	11	11	106	18	.341
1931	Vicksburg	Cotton States	of	118	423	94	135	21	8	4	41	24	.319
1932	Jackson	Southeastern	of-3b	32	114	28	35	4	6	3	–	2	.307
	El Dorado	Cotton States	3b	52	173	55	72	15	6	6	–	10	**.416**
1933	Muskogee/Des Moines	Western	of	123	427	96	142	20	2	6	–	17	.333
1934	Siloam Springs	Arkansas State	of-3b	67	230	46	86	12	12	7	67	7	.374
		Minors		1305	4630	904	1544	302	77	73	256	148	.333

ROBERT E. LEE "BOBBY" GOFF

Born March 8, 1902 at Dallas, TX.
Died January 13, 1981 at Sulphur Springs, TX.
Batted right. Threw right. Height: 5-7. Weight: 142.

Manager for Palestine, West Dixie, 1934-35; Palestine, East Texas, 1936; Lafayette, Evangeline, 1937; Johnstown, Middle Atlantic, 1938; Tyler, East Texas, 1939-40; Lafayette, Evangeline, 1941-42; Dallas, Texas, 1949.
General manager for Wichita Falls, Big State, 1947, 1952; Dallas, Texas, 1948-51.
Scout for St. Louis, American, 1943-46; Cleveland, American, 1953-72.

YEAR	CLUB	LEAGUE	POS	G	AB	R	H	2B	3B	HR	RBI	SB	AVG
1923	Sulphur Springs	East Texas	3b-2b	118	410	36	90	11	3	2	–	13	.220
1924	Texarkana	East Texas					No record available						
1925							Did not play in organized baseball						
1926	Palestine	Texas Association	2b	69	257	35	70	9	0	0	–	11	.272
1927	Palestine	Lone Star	2b	124	462	63	141	23	7	3	–	22	.305
1928	Palestine	Lone Star	2b	122	478	73	134	31	5	2	–	16	.281
	Amarillo	Western	2b	14	54	12	22	4	1	1	–	1	.407
1929	Topeka	Western	2b	144	577	79	154	35	6	1	–	20	.267
1930	Greensboro/Henderson	Piedmont	3b-2b	142	567	98	192	52	6	4	85	29	.339
1931	Bridgeport	Eastern	ss	140	569	70	166	29	5	0	63	17	.292
1932	Atlanta	Southern Association	2b-ss	143	585	84	170	28	9	2	62	5	.291
1933	Fort Worth/Oklahoma City	Texas	2b-3b	116	397	59	106	16	3	0	34	6	.267
1934	Palestine	West Dixie	2b	126	504	86	169	30	4	9	64	15	.323
1935	Palestine	West Dixie	2b	129	492	67	145	27	1	3	59	23	.295
1936	Palestine	East Texas	2b	148	579	103	175	35	7	1	68	24	.302
1937	Lafayette	Evangeline	2b	132	509	105	180	46	6	2	66	28	.354
1938	Johnstown	Middle Atlantic	2b-ss-3b	106	397	71	128	24	2	2	61	10	.322
1939	Tyler	East Texas	2b	65	243	26	63	11	0	0	24	4	.259
1940	Tyler	East Texas					Less than 10 games						
1941	Lafayette	Evangeline	2b	112	421	44	95	12	3	0	28	5	.226
		Minors		1950	7501	1116	2200	423	67	30	614	249	.293

LESLIE ELMER "LONNIE" GOLDSTEIN

Born May 13, 1918 at Austin, TX.
Batted left. Threw left. Height: 6-2½. Weight: 190.

Manager for Gainesville, Big State, 1949; Temple, Big State, 1953.

YEAR	CLUB	LEAGUE	POS	G	AB	R	H	2B	3B	HR	RBI	SB	AVG
1940	Columbia	SALLY	1b	147	586	117	194	39	13	12	118	8	.331
1941	Columbia	SALLY	1b	140	536	98	179	**48**	6	6	86	7	.334
1942	Birmingham	Southern Association	1b	153	563	77	164	27	7	15	114	10	.291
1943	Syracuse	International	1b	42	121	16	29	8	1	1	15	2	.240
	Birmingham	Southern Association	1b	56	202	27	68	13	7	3	38	9	.337
	Cincinnati	National	1b	5	5	1	1	0	0	0	0	0	.000
1944	Syracuse	International	1b	28	102	4	25	4	0	1	22	0	.245
1945							Military service						
1946	Cincinnati	National	ph	6	5	1	0	0	0	0	0	0	.000
1947	Gainesville	Big State	1b	85	332	93	133	19	2	33	122	5	.401
1948	Gainesville	Big State	1b	143	543	116	196	58	1	16	138	6	.361
1949	Gainesville	Big State	1b	147	535	81	187	38	3	15	130	8	.350
1950	Gainesville	Big State	1b	142	534	85	169	38	5	8	92	11	.316

YEAR	CLUB	LEAGUE	POS	G	AB	R	H	2B	3B	HR	RBI	SB	AVG
1951	Temple	Big State	1b	104	412	68	155	33	5	7	90	6	**.376**
1952	Temple	Big State	1b	124	496	78	163	38	1	12	97	5	.329
1953	Temple	Big State	1b	117	446	52	124	25	0	4	60	10	.278
1954	Corpus Christi	Big State	1b	82	313	47	101	16	1	6	66	3	.323
1955	Yuma	Arizona-Mexico	1b	61	242	50	78	22	0	7	72	5	.322
	Majors			11	10	2	1	0	0	0	0	0	.100
	Minors			1571	5963	1009	1965	426	52	146	1260	95	.330

WILBUR DAVID GOOD

Born September 28, 1885 at Punxsutawney, PA.
Died December 30, 1963 at Brooksville, FL.
Batted left. Threw left. Height: 5-6. Weight: 165.

Manager for Kansas City, American Association, 1922-24; Macon, SALLY, 1927-28; Atlanta, Southern Association, 1929; Johnstown, Middle Atlantic, 1930-31, 1936; Ocala, Florida State, 1940.

YEAR	CLUB	LEAGUE	POS	G	AB	R	H	2B	3B	HR	RBI	SB	AVG
1905	Johnstown	Tri-State	p	28	80	11	23	3	3	0	10	8	.287
	New York	American	p	5	8	2	3	0	0	0	0	0	.375
1906	Johnstown	Tri-State	p	10	26	2	7	0	0	0	0	8	.269
1907	Akron	Ohio-Pennsylvania	p	38	136	17	35	3	3	0	16	9	.257
1908	Akron	Ohio-Pennsylvania	of	96	387	58	143	19	14	2	28	37	.370
	Cleveland	American	of	46	154	23	43	1	3	1	14	7	.279
1909	Cleveland	American	of	94	318	33	68	6	5	8	17	13	.214
1910	Baltimore	Eastern	of	130	504	76	151	9	12	7	70	22	.300
	Boston	National	of	23	86	15	29	5	4	0	11	5	.337
1911	Boston/Chicago	National	of	101	310	48	83	14	7	2	36	13	.268
1912	Chicago	National	of	39	35	7	5	0	0	0	1	3	.143
1913	Chicago	National	of	49	91	11	23	3	2	1	12	5	.253
1914	Chicago	National	of	154	580	70	158	24	7	2	43	31	.272
1915	Chicago	National	of	128	498	66	126	18	9	2	27	19	.253
1916	Philadelphia	National	of	75	136	25	34	4	3	1	15	7	.250
1917	Kansas City	American Association	of	75	300	51	89	20	4	0	38	16	.297
1918	Kansas City	American Association	of	73	271	44	87	10	4	1	32	13	.321
	Chicago	American	of	35	148	24	37	9	4	0	11	1	.250
1919	Kansas City	American Association	of	140	586	91	**204**	31	12	7	84	23	.348
1920	Kansas City	American Association	of	166	686	110	**229**	37	15	11	119	26	.334
1921	Kansas City	American Association	of	164	711	165	248	38	9	23	157	25	.349
1922	Kansas City	American Association	of	165	**707**	149	**249**	31	13	6	97	13	.352
1923	Kansas City	American Association	of	155	662	136	232	40	15	11	91	17	.350
1924	Kansas City	American Association	of	71	292	50	77	19	8	2	18	8	.264
	Atlanta	Southern Association	of	68	266	61	95	16	9	1	27	4	.357
1925	Atlanta	Southern Association	of	152	**622**	130	**236**	33	22	10	126	30	.379
1926	Atlanta	Southern Association	of	126	475	64	143	20	5	1	60	21	.301
	San Antonio	Texas	of	20	79	12	28	4	4	0	12	1	.354
1927	Macon	SALLY	of	140	523	99	180	22	7	16	99	24	.344
1928	Macon	SALLY	of	136	494	81	158	19	4	6	93	11	.320
1929	Atlanta	Southern Association	of	29	110	13	27	3	1	0	6	0	.245
1930	Johnstown	Middle Atlantic	of	79	282	54	102	17	3	4	58	7	.362
1931	Johnstown	Middle Atlantic	of	27	28	3	7	1	0	0	3	0	.250
	Majors			749	2364	324	609	84	44	9	187	104	.258
	Minors			2088	8227	1477	2750	395	167	108	1244	315	.334

JOHN BERNARD "JACK" GRAHAM

Born December 24, 1916 at Minneapolis, MN.
Batted left. Threw left. Height: 6-2. Weight: 200.

Manager for Modesto, California, 1954.
Son of George "Peaches" Graham, a major league player 1902-12.

YEAR	CLUB	LEAGUE	POS	G	AB	R	H	2B	3B	HR	RBI	SB	AVG
1936	Akron	Middle Atlantic	1b	118	451	94	135	33	8	15	90	15	.299
1937	Akron	Middle Atlantic	of-1b	125	505	103	155	42	15	28	106	6	.307
1938	Norfolk	Piedmont	of	138	534	90	156	22	5	36	119	5	.292
1939	Binghamton	Eastern	of	118	435	94	142	18	**16**	**29**	94	9	.326
	Oklahoma City	Texas	of	15	55	9	10	2	2	0	8	1	.182
	Newark	International	ph	1	1	0	0	0	0	0	0	0	.000

YEAR	CLUB	LEAGUE	POS	G	AB	R	H	2B	3B	HR	RBI	SB	AVG
1940	Newark	International	of	13	37	3	6	0	0	1	6	0	.162
	Binghamton	Eastern	of-1b	126	464	83	127	18	8	**20**	71	15	.280
1941	Montreal	International	of	146	516	87	152	31	3	31	107	15	.295
1942	Montreal	International	of	116	431	63	123	24	3	25	93	7	.285
1943	Montreal	International	1b	51	175	42	52	11	2	14	38	4	.297
1944-45							Military service						
1946	Brooklyn/New York	National	of-1b	102	275	34	60	6	4	14	47	1	.218
1947	Jersey City	International	of-1b	**155**	592	94	171	29	3	34	121	12	.289
1948	San Diego	Pacific Coast	of-1b	138	473	111	141	23	6	**48**	136	6	.298
1949	St. Louis	American	1b	137	500	71	119	22	1	24	79	0	.238
1950	San Diego	Pacific Coast	of-1b	185	883	98	194	23	8	33	136	8	.293
1951	San Francisco/San Diego	Pacific Coast	of-1b	152	536	91	145	27	1	30	105	0	.271
1952	San Diego	Pacific Coast	1b-of	167	552	87	151	31	7	22	88	8	.274
1953	Baltimore	International	1b	99	318	45	78	11	2	15	58	0	.245
1954	Modesto	California	1b	24	73	28	28	7	0	3	18	3	.384
		Majors	239	775	105	179	28	5	38	126	1	.231
		Minors	1887	6831	1222	1966	352	89	384	1394	114	.288

Joseph Hall Granade

Born December 9, 1902 at Frankville, AL.
Batted left. Threw right. Height: 5-10½. Weight: 165.

Manager for El Dorado, Dixie, 1933.

YEAR	CLUB	LEAGUE	POS	G	AB	R	H	2B	3B	HR	RBI	SB	AVG
1925	Texarkana/Tyler	East Texas	of	120	529	109	**182**	28	9	14	–	47	.344
	Shreveport	Texas	of	13	48	4	12	0	0	0	2	0	.250
1926	Texarkana	East Texas	of	112	**494**	105	**180**	21	6	13	–	32	.364
1927	Monroe	Cotton States	of	124	**515**	93	**180**	28	12	4	–	**55**	.350
1928	Monroe	Cotton States	of	125	**521**	96	**174**	30	6	8	–	51	.334
1929	Monroe	Cotton States	of	118	457	76	168	31	5	4	–	29	**.368**
	Fort Worth	Texas	of	14	51	4	13	3	0	0	8	0	.255
1930	Denver	Western	of	137	540	105	176	28	10	4	72	28	.326
1931	Jackson/Monroe	Cotton States	of	20	76	10	21	2	0	0	10	3	.276
	San Antonio	Texas	of	3	9	0	2	0	0	0	0	0	.222
	Durham	Piedmont	of	10	42	2	9	1	0	0	–	3	.214
1932	Muskogee/Hutchinson	Western Association	of	112	440	93	148	23	13	3	65	19	.336
1933	El Dorado	Dixie	of	117	483	84	162	23	12	1	58	16	.335
		Minors	1025	4205	781	1427	218	73	51	215	283	.339

Frank Grant

Born about 1865 at Pittsfield, MA.
Died May 26, 1937 at New York, NY.
Batted right. Threw right. Height: 5-7. Weight: 155.

One of top black players of 19th century, he played with Cuban Giants at Trenton in 1889 and at Ansonia in 1891. The Giants were an all-black team in organized baseball those two years.

YEAR	CLUB	LEAGUE	POS	G	AB	R	H	2B	3B	HR	RBI	SB	AVG
1886	Meriden	Eastern	2b	44	177	23	56	17	1	1	–	3	.316
	Buffalo	International	2b	49	192	38	66	13	7	2	–	12	.344
1887	Buffalo	International	2b	105	459	81	162	26	10	11	–	40	.353
1888	Buffalo	International Association	2b-of	84	347	95	120	18	5	11	–	28	.346
1889	Trenton	Mid-State	2b-3b-c	67	252	72	79	19	3	1	–	34	.313
1890	Harrisburg	East Inter-State	3b-of-2b	59	252	66	84	12	6	5	–	22	.333
	Harrisburg	Atlantic Association	ss	47	187	33	62	17	2	0	–	10	.332
1891	Ansonia	Connecticut State	2b	3	13	2	5	1	0	0	–	0	.385
		Minors	458	1879	410	634	123	34	31	–	149	.337

Career All-Time Leaders: Games

PLAYER	GAMES	PLAYER	GAMES	PLAYER	GAMES
George Whiteman	3282	Larry Barton	3020	Chet Chadbourne	2913
Ray French	3278	Eddie Hick	3010	Harry Davis	2916
Spencer Harris	3258	Buster Chatham	2966	Kid Mohler	2912
Fred Henry	3044	Harry Strohm	2965		

FRANK JOHN GRAVINO

Born January 29, 1923 at Newark, NY.
Died April 5, 1994 at Rochester NY.
Batted right. Threw right. Height: 5-9. Weight: 186.

Dominated Northern League batting to the extent that when he hit 52 home runs in 1953, this was 33 more than his nearest rival and topped the team totals of four clubs in the league.
Record as pitcher was 26-19.

YEAR	CLUB	LEAGUE	POS	G	AB	R	H	2B	3B	HR	RBI	SB	AVG
1940	Williamson	Mountain States	p	39	88	15	20	2	1	2	1	6	.227
1941	Williamson	Mountain States	p	16	36	6	9	1	0	1	5	0	.250
	Batesville	Northeast Arkansas	p-3b	46	106	7	22	2	0	1	7	1	.208
1942	Albany	Georgia-Florida	p	52	131	13	26	8	2	0	15	1	.198
1943-45							Military service						
1946	Hamilton	PONY	of	80	302	61	101	21	9	17	65	3	.335
	Allentown	Interstate	of	32	123	21	43	9	6	4	18	2	.350
1947	Omaha	Western	of	11	25	4	3	1	1	0	2	0	.120
	Winston-Salem	Carolina	of	104	387	86	120	25	6	16	78	4	.310
1948	Rochester	International	of	116	321	53	89	15	6	18	74	2	.277
1949	Columbus	SALLY	of	62	191	25	55	12	4	7	42	0	.288
	Omaha	Western	of	8	18	0	2	0	0	0	0	0	.111
1950	St. Jean	Provincial	of	71	259	48	69	12	3	18	52	1	.266
	St. Petersburg	Florida International	of	9	35	1	5	0	0	0	4	0	.143
1951	St. Jean	Provincial	of	121	453	96	131	23	2	42	123	2	.289
1952	Cedar Rapids	Three I	of	27	101	14	17	3	2	5	17	0	.168
	Fargo-Moorhead	Northern	of	94	370	72	115	17	5	32	108	5	.311
1953	Fargo-Moorhead	Northern	of	125	471	136	166	23	12	52	174	11	.352
1954	Fargo-Moorhead	Northern	of	135	501	128	151	25	5	56	158	5	.301
		Minors		1148	3918	786	1144	199	64	271	958	38	.292

PETER "PETE" GRAY

Born March 6, 1915, Nanticoke, PA.
Batted left. Threw left. Height: 6-1. Weight: 169.

Real name was Peter J. Wyshner.
Lost his right arm in an accident when he was a small boy.

YEAR	CLUB	LEAGUE	POS	G	AB	R	H	2B	3B	HR	RBI	SB	AVG
1938	Three Rivers	Provincial	of	—	60	7	17	0	0	1	8	—	.283
1939-41					Did not play in organized baseball								
1942	Three Rivers	Canadian-American	of	42	160	31	61	5	0	0	13	5	.381
1943	Memphis	Southern Association	of	126	453	56	131	7	6	0	42	13	.289
1944	Memphis	Southern Association	of	129	501	119	167	21	9	5	60	68	.333
1945	St. Louis	American	of	77	234	26	51	6	2	0	13	5	.218
1946	Toledo	American Association	of	48	96	14	24	3	0	0	7	2	.250
1947					Voluntarily Retired								
1948	Elmira	Eastern	of	82	269	37	78	7	2	0	14	5	.290
1949	Dallas	Texas	of	45	56	18	12	2	0	0	5	5	.214
		Majors		77	234	26	51	6	2	0	13	5	.218
		Minors		472	1595	282	490	45	17	6	149	98	.307

RICHARD ANTHONY GRECO

Born July 2, 1925 at Tacoma, WA.
Batted right. Threw right. Height: 6-3. Weight: 215.

YEAR	CLUB	LEAGUE	POS	G	AB	R	H	2B	3B	HR	RBI	SB	AVG
1946	Visalia	California	of-p	55	190	33	63	9	3	11	37	8	.332
	Tacoma	Western International	of-p	67	208	43	69	12	6	15	44	1	.332
1947	Tacoma	Western International	of-p	133	448	73	140	25	6	21	102	0	.313
1948	San Diego	Pacific Coast	of	26	78	12	19	4	0	4	17	0	.244
	Tacoma	Western International	of	133	532	110	184	33	11	21	126	7	.346
1949	San Diego	Pacific Coast	of	3	2	0	0	0	0	0	0	0	.000
	Oklahoma City	Texas	of	4	10	0	1	0	0	0	1	0	.100
	Tacoma	Western International	of-p	149	531	123	178	32	9	33	118	7	.335
1950	San Diego	Pacific Coast	ph	1	1	0	1	0	0	0	0	01	.000
	Tacoma	Western International	of	148	564	126	203	30	11	36	154	14	.360
1951	Birmingham	Southern Association	of	27	84	19	27	6	1	3	22	1	.321
	Montgomery	SALLY	of	110	377	94	117	19	3	33	103	8	.310
1952	Montgomery	SALLY	of	151	551	90	164	31	4	24	135	1	.298

YEAR	CLUB	LEAGUE	POS	G	AB	R	H	2B	3B	HR	RBI	SB	AVG
1953	Ottawa	International	of	64	215	24	54	8	4	5	26	0	.251
	Williamsport	Eastern	of-p	69	257	40	68	14	1	7	55	7	.265
1954	Vancouver	Western International	of-p	97	335	73	116	16	8	19	86	1	.346
1955	Thetford Mines	Provincial	of	76	262	45	80	15	0	22	77	1	.305
1956	Modesto	California	of-p	140	539	135	192	39	3	44	162	14	.356
1957	Veracruz	Mexican	of	17	60	14	22	4	0	5	15	1	.367
	Missoula	Pioneer	of-p	112	407	80	148	25	2	30	108	5	.364
		Minors		1582	5651	1134	1846	322	72	333	1388	76	.327

WILLIAM HAYDEN "STUBBY" GREER

Born in 1920 at Carbon, TX.
Died September 14, 1994 at Abilene, TX.
Batted right. Threw right. Height: 5-8. Weight: 160.

Manager for Abilene, West Texas-New Mexico, 1946-1947, 1949-1950; Artesia, Longhorn, 1951; Brownsville, Gulf Coast, 1953; Amarillo, West Texas-New Mexico, 1953.

YEAR	CLUB	LEAGUE	POS	G	AB	R	H	2B	3B	HR	RBI	SB	AVG
1940	Midland	West Texas-New Mexico	ss	94	390	80	119	26	3	10	51	11	.305
1941	Big Spring	West Texas-New Mexico	ss	135	531	99	178	30	11	16	115	18	.335
1942	Santa Barbara	California	2b	68	276	60	88	26	6	3	39	11	.319
	Dayton	Middle Atlantic	2b	71	270	48	70	19	4	3	38	11	.259
1943-45						Military service							
1946	Abilene	West Texas-New Mexico	ss-2b	135	565	146	202	39	8	23	131	38	.358
1947	Abilene	West Texas-New Mexico	ss-2b-3b	112	432	110	149	27	4	16	89	25	.345
	Mobile	Southern Association	ss	24	82	12	30	1	2	0	12	0	.366
1948	Mobile	Southern Association	3b	110	351	38	97	14	5	4	46	4	.276
1949	Abilene	West Texas-New Mexico	ss	118	475	122	155	29	3	19	106	28	.326
1950	Abilene	West Texas-New Mexico	ss-2b	96	300	67	99	23	1	14	68	9	.330
1951	Artesia	Longhorn	ss-2b	111	408	83	135	24	5	18	89	18	.331
1952	Roswell	Longhorn	ss-3b-2b	130	534	89	192	44	8	15	117	2	.360
1953	Brownsville	Gulf Coast	ss	57	216	33	67	15	1	5	41	6	.310
	Amarillo	West Texas-New Mexico	2b	32	126	34	46	11	3	6	30	4	.365
1954	Roswell	Longhorn	3b-of	103	400	122	159	35	4	13	101	12	.398
1955	Roswell	Longhorn	ss-3b	123	489	111	165	39	8	22	113	7	.337
1956	Victoria	Big State	3b	37	119	13	25	3	0	1	12	2	.210
1957	Ballinger	Southwestern	ss	113	443	81	139	30	4	16	76	6	.314
		Minors		1669	6407	1348	2115	441	80	204	1274	212	.330

PEARL ZANE GREY

Born January 31, 1872 at Zanesville, OH.
Died October 23, 1939 at Altadena, CA.
Batted right. Threw right. Height: 5-8. Weight: 150.

Known as Zane. Played under name Pearl Zane in 1895 to protect college eligibility.
Brother of Romer Grey.
Famous writer, particularly of western adventure stories. Wrote several baseball novels including *The Redheaded Outfield*.

YEAR	CLUB	LEAGUE	POS	G	AB	R	H	2B	3B	HR	RBI	SB	AVG
1895	Findlay	Interstate	of	21	88	22	26	5	0	2	—	13	.295
	Jackson	Michigan State	of	27	123	38	49	8	4	3	—	19	.398
1896-98				Did not play in organized baseball									
1898	Newark	Atlantic	of	38	148	18	41	7	1	0	—	7	.277
		Minors		86	359	78	116	20	5	5	—	39	.323

ROMER CARL "REDDY" GREY

Born January 4, 1875 at Zanesville, OH.
Died November 9, 1934 at Altadena, CA.
Batted left. Threw left. Height: 5-10. Weight: 170.

Brother of Zane Grey. Was one of the outfielders upon which the novel *The Redheaded Outfield* by Zane Grey was based.
Scored 8 runs in game for Fort Wayne May 9, 1896.

YEAR	CLUB	LEAGUE	POS	G	AB	R	H	2B	3B	HR	RBI	SB	AVG
1895	Findlay	Interstate	of	52	233	64	80	15	4	14	—	19	.343
	Jackson	Michigan State	of	31	152	57	69	10	10	2	—	11	.454
1896	Fort Wayne	Interstate	of	61	273	68	102	19	20	1	—	6	.374
1897	Buffalo	Eastern	of	133	563	118	174	29	11	2	—	19	.309

YEAR	CLUB	LEAGUE	POS	G	AB	R	H	2B	3B	HR	RBI	SB	AVG
1898	Toronto	Eastern	of	122	543	110	174	25	7	5	—	21	.320
1899	Toronto	Eastern	of	112	458	90	145	15	9	9	—	33	.317
1900	Toronto	Eastern	of	89	356	66	104	9	5	4	—	18	.292
1901	Buffalo/Rochester	Eastern	of	124	473	72	145	18	11	12	—	36	.307
1902	Rochester	Eastern	of	46	196	30	49	5	5	0	—	4	.250
1903	Pittsburgh	National	of	1	3	1	1	0	0	0	—	0	.333
	Worcester/Montreal	Eastern	of	56	226	25	70	9	3	0	—	1	.310
			Majors	1	3	1	1	0	0	0	—	0	.333
			Minors	826	3473	700	1112	154	85	49	—	168	.320

IVY MOORE GRIFFIN

Born November 16, 1896 at Thomasville, AL.
Died August 25, 1957 at Gainesville, FL.
Batted left. Threw right. Height: 5-11. Weight: 180.

Manager for Jeanerette, Evangeline, 1935; Cordele, Georgia-Florida, 1937; Selma, Southeastern, 1938; Eau Claire, Northern, 1939-40; Madison, Three I, 1941; Winnipeg, Northern, 1942; Middletown, Ohio State, 1945; Greenville, Alabama State, 1946; Macon, SALLY, 1950, 1955; Augusta, SALLY, 1951.
Scout for Chicago, National, 1953-57.

YEAR	CLUB	LEAGUE	POS	G	AB	R	H	2B	3B	HR	RBI	SB	AVG
1919	Atlanta	Southern Association	1b	118	429	41	130	18	6	0	36	12	.303
	Philadelphia	American	1b	17	68	5	20	2	2	0	6	0	.294
1920	Philadelphia	American	1b-2b	129	467	46	111	15	1	0	20	3	.238
1921	Philadelphia	American	1b	39	103	14	33	4	2	0	13	1	.320
1922	Milwaukee	American Association	1b	168	673	107	204	31	13	11	92	8	.303
1923	Milwaukee	American Association	1b	166	660	98	239	33	15	9	112	18	.362
1924	Milwaukee	American Association	1b	138	550	72	168	25	7	2	64	7	.305
1925	Milwaukee	American Association	1b	161	632	112	212	35	10	6	92	20	.335
1926	Milwaukee	American Association	1b	149	612	103	205	28	9	9	105	19	.335
1927	Milwaukee	American Association	1b	138	566	93	183	28	8	4	88	11	.323
1928	Milwaukee	American Association	1b	115	428	72	139	22	7	6	55	13	.325
1929	Milwaukee/Louisville	American Association	1b	97	351	63	115	22	4	5	49	9	.328
1930	Little Rock	Southern Association	1b	129	502	87	181	33	4	8	103	10	.361
1931	Little Rock	Southern Association	1b	148	580	104	182	33	7	7	95	11	.314
1932	Little Rock	Southern Association	1b	151	584	88	175	34	6	2	95	4	.300
1933	Williamsport	New York-Pennsylvania	1b	135	514	83	166	22	4	1	57	9	.323
1934	Asheville	Piedmont	1b	95	378	71	123	16	4	2	34	7	.325
1935	Jeanerette	Evangeline	1b	129	467	92	136	19	2	3	49	12	.291
1936	Cordele	Georgia-Florida	1b	113	432	67	125	17	3	4	63	12	.289
1937	Cordele	Georgia-Florida	1b	118	424	83	130	—	—	2	62	6	.307
1938	Selma	Southeastern	1b	13	13	1	2	0	0	0	1	0	.154
1939	Eau Claire	Northern	1b	19	23	1	6	0	1	0	2	1	.261
1940	Eau Claire	Northern	1b				Less than ten games.						
1942	Winnipeg	Northern	1b				Less than ten games.						
			Majors	185	638	65	164	21	5	0	39	4	.257
			Minors	2300	8818	1435	2821	416	110	81	1254	189	.320

JOHN "BUNNY" GRIFFITHS

Born December 2, 1904 at Wilkes-Barre, PA.
Batted right. Threw right. Height: 5-6. Weight: 155.

Manager for Salem, Western International, 1940-41; Rome, Canadian-America, 1942; York, Interstate, 1943-45; Hagerstown, Interstate, 1946-47; Salisbury, Interstate, 1951.

YEAR	CLUB	LEAGUE	POS	G	AB	R	H	2B	3B	HR	RBI	SB	AVG
1925	Martinsburg	Blue Ridge	ss	98	372	48	84	12	0	1	—	11	.226
1926	Martinsburg	Blue Ridge	ss	74	295	61	95	18	0	3	—	11	.322
1927	Chambersburg	Blue Ridge	ss	100	369	49	79	7	1	0	—	11	.214
1928	Chambersburg	Blue Ridge	ss	100	361	62	104	23	6	4	—	13	.288
1929	Chambersburg	Blue Ridge	ss	117	428	92	131	27	2	2	—	19	.306
1930	Hazleton	New York-Pennsylvania	ss	139	523	80	142	15	1	4	43	8	.272
1931	Albany	Eastern	ss	33	125	16	28	3	1	0	14	2	.224
	Binghamton	New York-Pennsylvania	ss	77	286	35	69	11	1	0	21	11	.241
1932	Binghamton	New York-Pennsylvania	ss	78	296	52	90	16	4	0	33	7	.304
	Cumberland	Middle Atlantic	ss	50	168	20	42	7	1	0	12	6	.250
1933	Wilkes-Barre	New York-Pennsylvania	ss	139	550	84	155	27	0	0	38	19	.282
1934	Wilkes-Barre	New York-Pennsylvania	ss	133	496	54	157	21	4	0	66	8	.317

YEAR	CLUB	LEAGUE	POS	G	AB	R	H	2B	3B	HR	RBI	SB	AVG
1935	Wilkes Barre	New York-Pennsylvania	ss	110	437	50	137	15	4	0	51	14	.314
1936	Wilkes-Barre	New York-Pennsylvania	ss	21	86	9	27	4	0	0	18	2	.314
	Syracuse	International	ss	18	55	11	16	3	2	0	7	1	.291
	Little Rock	Southern Association	ss	92	360	36	107	19	6	0	41	6	.297
1937	Little Rock	Southern Association	ss	153	543	63	143	22	5	0	54	6	.263
1938	San Diego	Pacific Coast	ss	169	613	78	173	27	0	0	69	6	.282
1939	San Diego	Pacific Coast	ss	119	384	34	87	12	1	0	25	4	.227
1940	Salem	Western International	ss	97	348	40	83	14	1	2	41	8	.239
1941	Salem	Western International	ss	131	464	53	129	20	2	1	63	4	.278
1942	Rome	Canadian-American	ss	12	44	7	11	3	2	0	8	1	.250
1943	York	Interstate	ss	139	488	71	167	29	3	0	66	27	.342
1944	York	Interstate	ss	104	384	70	136	28	8	0	65	18	.354
1945	York	Interstate	ss	120	381	62	104	13	3	2	50	6	.273
1946	Hagerstown	Interstate	ss	52	160	18	45	10	0	0	16	5	.281
1947	Hagerstown	Interstate	ss	15	23	1	5	0	0	0	2	1	.217
			Minors	2490	9039	1256	2546	406	58	19	803	237	.282

ART CARLE GRIGGS

Born December 10, 1883 at Topeka, KS.
Died December 19, 1938 at Los Angeles, CA.
Batted right. Threw right. Height: 5-11. Weight: 185.

Starred as a football player at the University of Kansas and at the University of Pittsburgh.
Manager for Omaha, Western, 1924-25; Wichita, Western, 1928-31; Tulsa, Texas, 1932-33 and 35.
Owner of Wichita, 1928-31; Tulsa, 1932-38.

YEAR	CLUB	LEAGUE	POS	G	AB	R	H	2B	3B	HR	RBI	SB	AVG
1905	Ellsworth	Kansas State	p-2b	No available records.									
1906	Little Rock	Southern Association	p	2	4	1	0	0	0	0	—	0	.000
	Lake Charles	South Texas	c-p	11	32	2	11	3	0	2	—	0	.344
1907	San Antonio	Texas	p-2b-of	62	185	23	52	14	4	4	—	6	.281
1908	San Antonio	Texas	2b-c	118	435	60	132	12	12	11	—	19	.303
1909	St. Louis	American	1b-of-2b-ss	108	364	38	102	17	5	0	43	11	.280
1910	St. Louis	American	of-2b-1b-ss-3b	123	416	28	98	22	5	2	30	11	.236
1911	Cleveland	American	2b-of-3b-1b	27	68	7	17	3	2	1	7	1	.250
	Toledo	American Association	1b-of	21	52	8	15	4	0	0	—	5	.288
1912	Toledo	American Association	of	14	41	5	9	0	0	0	—	2	.220
	Cleveland	American	1b	89	273	29	83	16	7	0	39	10	.304
1913	Montreal	International	1b	40	144	21	42	7	4	0	—	5	.292
1914	Brooklyn	Federal	1b-of	40	112	10	32	6	1	1	15	1	.286
1915	Brooklyn	Federal	1b-of	27	38	4	11	1	0	1	2	0	.289
1916	Vernon	Pacific Coast	of	127	386	48	106	26	5	7	—	9	.275
1917	Vernon/Portland	Pacific Coast	1b-of	186	684	88	213	44	6	10	—	31	.311
1918	Sacramento	Pacific Coast	1b-of	89	344	49	130	16	4	12	—	22	.378
	Detroit	American	1b	28	99	11	36	8	0	0	16	2	.364
1919	Sacramento	Pacific Coast	1b	148	545	55	157	34	8	9	—	7	.288
1920	Los Angeles	Pacific Coast	1b	94	373	54	114	17	7	2	—	1	.306
1921	Los Angeles	Pacific Coast	1b	177	678	105	199	45	14	10	119	6	.294
1922	Los Angeles	Pacific Coast	1b	175	639	95	216	49	5	20	129	10	.338
1923	Los Angeles	Pacific Coast	1b	153	495	84	163	28	5	21	88	1	.329
1924	Omaha	Western	1b	50	171	22	49	16	0	1	—	0	.287
1925	Omaha	Western	1b	134	508	108	171	39	6	28	—	3	.337
1926	Seattle	Pacific Coast	1b	89	234	27	81	16	3	5	36	0	.346
			Majors	442	1370	127	379	73	20	5	152	36	.277
			Minors	1690	5950	855	1860	370	83	142	372	127	.313

DENVER CLARENCE GRIGSBY

Born March 24, 1901 at Jackson, KY.
Died November 10, 1973 at Sapulpa, OK.
Batted left. Threw right. Height: 5-9. Weight: 155.

YEAR	CLUB	LEAGUE	POS	G	AB	R	H	2B	3B	HR	RBI	SB	AVG
1920	Sapulpa	Southwestern	of	15	50	—	12	2	0	0	—	—	.240
1921	Sapulpa	Southwestern	of	63	248	50	63	6	4	1	—	5	.254
1922	Sioux City	Western	of	5	4	—	1	0	0	0	—	0	.250
	Albany	Eastern	of	3	10	—	3	0	0	0	—	—	.300
	Sapulpa	Southwestern	of	122	399	79	134	20	18	17	60	4	.336

YEAR	CLUB	LEAGUE	POS	G	AB	R	H	2B	3B	HR	RBI	SB	AVG
1923	Wichita Falls	Texas	of	105	342	78	120	27	7	9	50	18	.351
	Chicago	National	of	24	72	8	21	5	2	0	5	1	.292
1924	Chicago	National	of	124	411	58	123	18	2	3	48	10	.299
1925	Chicago	National	of	51	137	20	35	5	0	0	20	1	.255
1926	Kansas City	American Association	of	142	527	91	152	33	8	7	71	15	.288
1927	Kansas City	American Association	of	136	447	90	146	25	11	2	77	7	.327
1928	Kansas City	American Association	of	154	534	77	169	31	8	6	91	10	.316
1929	Kansas City	American Association	of	140	499	91	172	29	10	4	94	11	.346
1930	Kansas City	American Association	of	144	507	90	177	33	15	6	97	9	.349
1931	Kansas City	American Association	of	162	606	129	192	33	7	4	99	13	.317
1932	Kansas City	American Association	of	152	556	105	173	31	9	1	75	19	.311
1933	Kansas City	American Association	of	147	562	86	170	32	6	6	74	10	.302
1934	Montreal	International	of	135	449	56	124	26	3	1	53	4	.276
1935	Tulsa	Texas	of	114	390	45	89	18	5	0	47	6	.228
	Majors			199	620	86	179	28	4	3	73	12	.289
	Minors			1938	6131	1153	1897	346	111	64	961	143	.309

Roy Austin Grimes

Born September 11, 1893 at Bergholz, OH.
Died September 13, 1954 at Hanoverton, OH
Batted right. Threw right. Height: 6-1. Weight: 176.

Twin brother of Oscar Ray Grimes, major league first baseman, 1920-26.
Manager for Canton, Central, 1932.

YEAR	CLUB	LEAGUE	POS	G	AB	R	H	2B	3B	HR	RBI	SB	AVG
1913	Canton	Interstate	3b	16	53	5	13	3	0	0	—	2	.245
	Long Beach/Pasadena	Southern California	p	—	—	—	—	—	—	—	—	—	—
1914	Oakland	Pacific Coast	p	10	8	1	0	0	0	0	—	—	.000
1915	Victoria	Northwestern	p	—	—	—	—	—	—	—	—	—	—
	Oakland	Pacific Coast	3b	—	—	—	—	—	—	—	—	—	—
1916	Memphis	Southern Association	2b-of	39	117	11	26	3	1	3	—	1	.222
	Durham	North Carolina State	2b	13	47	8	19	3	0	0	—	0	.404
1917	Durham	North Carolina State	ss	36	134	26	43	12	3	4	—	10	.321
	Hartford	Eastern	ss	83	306	35	81	12	11	2	—	11	.265
1918	Hartford/Bridgeport	Eastern	if-of	58	197	41	59	15	5	3	—	6	.299
1919	Hartford/Bridgeport	Eastern	ss-2b	106	388	65	127	28	7	5	—	21	.327
1920	Bridgeport	Eastern	ss-2b	63	238	43	89	17	6	7	53	14	.374
	New York	National	2b	26	57	5	9	1	0	0	3	1	.158
1921	Toledo	American Association	2b	157	626	122	186	35	16	12	93	10	.297
1922	Toledo/Columbus	American Association	2b	98	365	52	107	15	11	5	42	9	.293
1923	Columbus	American Association	1b	96	285	57	89	17	3	5	40	7	.312
1924	Columbus	American Association	1b	137	534	94	173	34	11	9	92	13	.324
1925	Columbus	American Association	1b	161	607	128	201	36	16	22	122	11	.331
1926	Columbus/Toledo	American Association	1b	160	587	106	191	28	9	14	111	8	.325
1927	Toledo	American Association	1b	170	650	128	239	50	6	16	122	15	.368
1928	Toledo/Kansas City	American Association	1b	114	359	51	119	21	8	5	71	9	.331
1929	Kansas City	American Association	1b	7	13	3	4	1	0	0	—	—	.308
	Buffalo	International	1b	104	348	59	88	17	3	11	65	4	.253
1930	Mobile/Chattanooga	Southern Association	1b	93	335	43	108	19	6	2	59	3	.322
1931				Did not play in organized baseball									
1932	Canton	Central	1b	35	122	10	29	4	0	1	—	1	.238
	Majors			26	57	5	9	1	0	0	3	1	.158
	Minors			1756	6319	1088	1991	370	122	126	870	128	.315

Marvin John "Marv" Gudat

Born August 27, 1904 at Goliad, TX.
Died March 1, 1954 at Los Angeles, CA.
Batted left. Threw left. Height: 5-11. Weight: 162.

Compiled 56-35 record as pitcher in 143 games.

YEAR	CLUB	LEAGUE	POS	G	AB	R	H	2B	3B	HR	RBI	SB	AVG
1926	Monroe/Vicksburg	Cotton States	p-of	44	127	18	35	6	2	3	18	4	.276
1927	Topeka	Western Association	p-of	38	87	5	22	2	2	0	8	1	.253
	Houston	Texas	p	1	0	0	0	0	0	0	0	0	.000
1928	Dayton	Central	p-of	38	106	23	36	8	2	0	12	2	.340

YEAR	CLUB	LEAGUE	POS	G	AB	R	H	2B	3B	HR	RBI	SB	AVG
1929	Cincinnati	National	p	9	10	0	2	0	0	0	0	0	.200
1930	Peoria	Three I	p-of	39	116	11	27	4	3	3	22	0	.233
1931	Columbus	American Association	p-of-1b	102	213	37	73	10	1	4	34	6	.343
1932	Chicago	National	of-1b-p	60	94	15	24	4	1	1	15	0	.255
1933	Los Angeles	Pacific Coast	of-p	183	741	154	247	41	8	10	113	25	.333
1934	Los Angeles	Pacific Coast	of	**188**	758	150	242	36	13	4	125	43	.319
1935	Los Angeles	Pacific Coast	of	**176**	**735**	125	227	28	4	2	65	52	.309
1936	Los Angeles	Pacific Coast	of	102	346	52	112	15	3	1	46	13	.324
1937	Los Angeles	Pacific Coast	of-1b	164	621	100	206	45	6	6	73	7	.332
1938	Los Angeles/Oakland	Pacific Coast	of-p	73	216	37	64	13	1	2	32	6	.296
1939	Oakland	Pacific Coast	of-1b	153	516	80	167	30	12	1	71	10	.324
1940	Oakland	Pacific Coast	of	173	626	81	196	26	7	1	67	13	.313
1941	Oakland	Pacific Coast	of-1b	174	640	74	186	41	2	2	65	9	.291
1942	Oakland	Pacific Coast	of-1b	112	369	32	100	18	3	0	41	4	.271
1943	Hollywood/San Diego	Pacific Coast	of-1b	128	407	47	104	14	1	0	26	8	.256
1944	San Diego	Pacific Coast	of-1b	113	369	38	104	14	2	0	31	8	.282
1945	San Diego	Pacific Coast	1b-of	102	238	21	63	11	2	0	25	3	.265
		Majors		69	104	15	26	4	1	1	15	0	.250
		Minors		2103	7231	1085	2211	362	74	39	874	214	.306

Kenneth Adam "Ken" Guettler

Born May 29, 1927 at Bay City, MI.
Died December 25, 1977, in Jacksonville, FL.
Batted right. Threw right. Height: 5-11. Weight: 190.

Led league in homers 8 different years.
Manager for Portsmouth, Piedmont, 1955.

YEAR	CLUB	LEAGUE	POS	G	AB	R	H	2B	3B	HR	RBI	SB	AVG
1945	Kingsport	Appalachian	of	93	311	84	91	17	10	**13**	73	20	.293
1946	Charleston	SALLY	of	3	8	0	2	1	0	0	3	0	.000
	Burlington	Carolina	of	15	43	7	15	4	1	1	10	0	.349
	New Bern	Coastal Plain	of	47	171	28	42	7	4	3	21	4	.246
1947	Griffin	Georgia-Alabama	of	109	404	80	135	18	6	**25**	103	12	.334
1948	Montgomery/Gadsden	Southeastern	of	123	443	86	142	19	5	**24**	115	5	.321
	Chattanooga	Southern Association	of	6	23	2	7	3	0	0	1	0	.304
1949	Des Moines	Western	of	102	347	47	101	14	5	18	62	0	.291
1950	Des Moines	Western	of	14	24	3	6	0	1	1	5	0	.250
	Portsmouth	Piedmont	of	108	408	69	109	23	2	21	72	3	.267
1951	Portsmouth	Piedmont	of	**142**	503	**114**	140	11	1	**30**	**116**	1	.278
1952	Toledo	American Association	of	8	21	4	6	1	0	2	4	0	.286
	Portsmouth	Piedmont	of	124	428	100	143	14	5	**28**	**104**	3	**.334**
1953	Portsmouth	Piedmont	of	131	448	92	119	20	5	**30**	113	1	.266
1954	Portsmouth	Piedmont	of	110	354	62	103	16	6	19	76	2	.291
1955	Portsmouth	Piedmont	of	130	456	97	148	17	0	**41**	**113**	0	.325
1956	Shreveport	Texas	of	140	481	**115**	141	20	1	**62**	**143**	0	.293
1957	Atlanta	Southern Association	of	68	178	24	34	8	0	2	19	0	.191
	Wichita	American Association	of	29	79	7	14	3	9	1	5	0	.177
1958	Dallas	Texas	of	17	47	8	10	3	0	0	5	0	.213
	Monterrey/Nuevo Laredo	Mexican	of	21	66	13	14	0	0	5	16	0	.212
1959	Charlotte/Charleston	SALLY	of	72	155	22	36	10	9	4	23	0	.232
		Minors		1612	5398	1064	1558	229	52	330	1202	51	.289

Theodore Jasper "Ted" Gullic

Born January 2, 1907 at Koshkonong, MO.
Batted right. Threw right. Height: 6-2. Weight: 175.

Manager for Salem, Western International, 1940-41; Rome, Canadian-American, 1942; York, Interstate, 1943-45; Hagerstown, Interstate, 1946-47; Salisbury, Interstate, 1951.

YEAR	CLUB	LEAGUE	POS	G	AB	R	H	2B	3B	HR	RBI	SB	AVG
1927	Okmulgee/Muskogee	Western Association	ss-2b-1b	76	282	45	87	18	4	12	47	2	.309
1928	Muskogee	Western Association	of	62	239	35	76	14	0	11	46	7	.318
	Tulsa	Western	of	37	140	34	51	13	4	4	–	0	.364
1929	Tulsa	Western	of	142	560	133	177	43	3	32	–	15	.316
	Wichita Falls	Texas	of	17	58	19	30	4	0	7	16	0	.517
1930	St. Louis	American	of	92	308	39	77	7	5	4	44	4	.250

YEAR	CLUB	LEAGUE	POS	G	AB	R	H	2B	3B	HR	RBI	SB	AVG
1931	Milwaukee	American Association	of-1b	50	173	25	39	7	5	3	22	0	.225
	Wichita Falls	Texas	of	89	337	61	100	19	1	17	74	2	.297
1932	Milwaukee	American Association	of-1b	141	491	117	174	25	6	27	123	9	.354
1933	St. Louis	American	of-3b-1b	104	304	34	74	18	3	5	35	3	.243
1934	Milwaukee	American Association	of-1b	142	593	112	198	**53**	6	14	97	11	.334
1935	Milwaukee	American Association	of	155	607	118	196	**44**	9	33	131	18	.323
1936	Milwaukee	American Association	of	101	395	82	130	20	6	22	78	4	.329
1937	Milwaukee	American Association	of	151	601	109	193	35	8	26	138	9	.321
1938	Milwaukee	American Association	of	135	537	98	168	40	4	28	107	4	.313
1939	Milwaukee	American Association	of	146	554	89	167	29	5	26	97	6	.301
1940	Milwaukee	American Association	of-1b-3b	146	554	106	179	**40**	5	31	100	5	.323
1941	Milwaukee	American Association	1b-of	139	523	80	148	31	4	22	89	5	.283
1942	Milwaukee	American Association	of-1b-3b	128	436	61	125	22	1	15	71	2	.287
1943	Portland	Pacific Coast	of-3b-1b	142	513	77	138	25	3	17	82	5	.269
1944	Portland	Pacific Coast	of-1b-3b	103	358	46	93	27	6	8	54	3	.260
1945	Portland	Pacific Coast	of-1b-3b	145	517	76	134	23	8	9	81	10	.259
1946	Portland	Pacific Coast	of-3b	31	92	11	23	2	0	0	1	1	.250
	Salem	Western International	of-3b-1b	89	302	64	100	23	4	6	60	6	.331
1947	Portland	Pacific Coast				Coach, did not play							
1948	Portland	Pacific Coast	ph	5	5	0	1	0	0	0	0	0	.200
			Majors	196	612	73	151	25	8	9	79	7	.247
			Minors	2372	8867	1598	2727	557	92	370	1524	124	.308

JOSEPH NAPOLEON GUYON

Born November 26, 1892 at White Earth, MN.
Died November 27, 1971 at Louisville, KY.
Batted left. Threw right. Height: 5-11½. Weight: 172.

Manager for Asheville, Piedmont, 1932.

A Chippewa Indian, Guyon played NFL football 1920-27 and was named to the Professional Football Hall of Fame in 1966. An All American at Georgia Tech in 1918, he was named to National Football Foundation Hall of Fame in 1971.

YEAR	CLUB	LEAGUE	POS	G	AB	R	H	2B	3B	HR	RBI	SB	AVG
1920	Augusta	SALLY	of	5	16	1	4	0	0	0	0	0	.250
	Atlanta/Little Rock	Southern Association	of	44	134	23	31	6	0	1	11	6	.231
1921	Atlanta	Southern Association	of	135	505	78	158	20	13	1	32	45	.313
1922	Atlanta	Southern Association	of	152	556	89	166	30	6	11	48	19	.299
1923	Atlanta	Southern Association	of	140	544	104	172	12	9	10	50	32	.316
1924	Little Rock	Southern Association	of	151	593	106	205	35	11	7	51	28	.346
1925	Louisville	American Association	of	157	628	152	228	38	17	9	106	18	.363
1926	Louisville	American Association	of	154	609	132	209	36	13	2	86	21	.343
1927	Louisville	American Association	of	129	506	93	181	20	9	3	62	12	.358
1928	Louisville	American Association	of	25	79	9	19	3	3	0	9	1	.241
1929-30			Not in organized baseball because of serious injury sustained in 1928										
1931	Anderson/Spartanburg	Palmetto	of	38	146	36	46	6	2	4	23	8	.315
1932	Asheville	Piedmont	of	66	242	46	88	14	6	0	25	13	.364
1933-35			Did not play in organized baseball										
1936	Fieldale	Bi-State	of	33	132	31	35	7	2	1	12	0	.265
			Minors	1229	4690	900	1542	227	91	49	515	203	.329

RICHARD RONALD "DICK" GYSELMAN

Born April 6, 1908 at San Francisco, CA.
Died September 20, 1990 at Seattle, WA.
Batted right. Threw right. Height: 6-2. Weight: 170.

Played most games in minors at third base, 2520.
Manager for Great Falls, Pioneer, 1948; Sweetwater, Longhorn, 1949.

YEAR	CLUB	LEAGUE	POS	G	AB	R	H	2B	3B	HR	RBI	SB	AVG
1931	Tucson	Arizona-Texas	3b	128	538	92	163	14	5	1	—	9	.303
	Mission	Pacific Coast	3b	5	10	0	2	0	0	0	0	0	.200
1932	Albuquerque	Arizona-Texas	3b	99	421	104	165	24	**12**	2	—	14	**.392**
	Mission	Pacific Coast	3b	58	226	26	72	7	6	1	34	0	.319
1933	Boston	National	3b-2b-ss	58	155	10	37	6	2	0	12	0	.239
1934	Boston	National	3b-2b	24	36	7	6	1	1	0	4	0	.167
	Buffalo	International	3b	45	155	27	39	5	2	1	8	1	.252
1935	Seattle	Pacific Coast	3b	169	611	84	185	32	10	9	100	18	.303

YEAR	CLUB	LEAGUE	POS	G	AB	R	H	2B	3B	HR	RBI	SB	AVG
1936	Seattle	Pacific Coast	3b	172	655	93	185	33	9	10	77	15	.282
1937	Seattle	Pacific Coast	3b	167	666	104	198	35	12	11	53	8	.297
1938	Seattle	Pacific Coast	3b	175	701	110	214	**53**	6	12	86	12	.305
1939	Seattle	Pacific Coast	3b	136	476	49	141	15	4	2	68	11	.296
1940	Seattle	Pacific Coast	3b	175	608	80	176	27	7	2	73	12	.289
1941	Seattle	Pacific Coast	3b	168	560	66	143	30	4	3	55	15	.255
1942	Seattle	Pacific Coast	3b	178	647	71	181	25	5	2	64	6	.280
1943	Seattle	Pacific Coast	3b	149	518	63	154	22	2	0	49	14	.297
1944	Seattle	Pacific Coast	3b	160	607	78	185	28	4	0	49	23	.305
1945	San Diego	Pacific Coast	3b	154	576	102	185	31	4	2	74	27	.321
1946	San Diego	Pacific Coast	3b	171	619	77	174	22	8	0	58	16	.281
1947	San Diego/Seattle	Pacific Coast	3b	133	446	54	113	16	3	1	36	11	.253
1948	Great Falls	Pioneer	3b	106	377	79	125	23	4	1	57	9	.332
1949	Sweetwater	Longhorn	2b-3b	97	376	88	142	25	7	7	83	7	.380
	Albuquerque	West Texas-New Mexico	2b	32	114	31	44	5	6	1	32	2	.386
		Majors		82	191	17	43	7	3	0	16	0	.225
		Minors		2677	9907	1478	2986	472	120	68	1056	230	.301

Bruno Philip Haas

Born May 5, 1891 at Worcester, MA.
Died June 5, 1952 at Sarasota, FL.
Batted both. Threw left. Height: 5-10. Weight: 180.

Manager for Winnipeg, Northern, 1933-38; Grand Forks, Northern, 1942-45; Fargo-Moorhead, Northern, 1946-48; Burlington, Central Association, 1948, Wausau, Wisconsin State, 1950.
Scout for Philadelphia, American, 1951.
Played NFL football in 1921. Collected six hits in six trips in game for St. Paul, American Association, June 7, 1925.

YEAR	CLUB	LEAGUE	POS	G	AB	R	H	2B	3B	HR	RBI	SB	AVG
1915	Philadelphia	American	p-of	12	18	1	1	0	0	0	0	0	.056
1916	Wilkes-Barre	New York State	of-3b	125	472	64	141	23	7	3	—	25	.299
1917	Newark	International	of	132	497	52	127	20	8	5	—	18	.256
1918				Did not play in organized baseball									
1919	Milwaukee	American Association	of	129	459	76	135	20	8	7	—	13	.294
1920	St. Paul	American Association	of-2b-p	130	446	73	137	24	5	11	64	12	.307
1921	St. Paul	American Association	of-2b	144	527	100	171	27	7	6	72	14	.324
1922	St. Paul	American Association	of-1b	146	547	105	181	35	14	8	90	24	.331
1923	St. Paul	American Association	of	156	554	112	186	37	15	14	111	22	.336
1924	St. Paul	American Association	of	155	536	85	157	22	13	11	100	24	.293
1925	St. Paul	American Association	of-p	117	419	70	133	24	6	10	78	18	.317
1926	St. Paul	American Association	of	158	590	75	194	**51**	8	8	76	20	.329
1927	St. Paul	American Association	of	115	440	64	147	32	5	6	63	24	.334
1928	St. Paul	American Association	of-1b	151	564	76	185	34	5	10	76	18	.328
1929	St. Paul	American Association	of	135	510	56	151	31	4	3	60	6	.296
1930	St. Paul	American Association	of	82	262	40	98	11	5	3	40	6	.374
1931	Toledo/Milwaukee	American Association	of	138	488	65	139	26	2	6	73	3	.285
1932	New Orleans	Southern Association	of	84	320	49	98	13	5	6	58	2	.306
	Des Moines	Western	of	26	82	8	18	7	1	0	17	0	.220
1933	Winnipeg	Northern	of-p	49	141	14	34	6	1	4	19	3	.241
1934-36				Manager, did not play									
1937	Winnipeg	Northern	p-of	29	51	9	10	3	1	2	9	0	.196
1938	Winnipeg	Northern	p-of	24	48	4	14	3	0	1	6	0	.292
1939-41				Did not play in organized baseball									
1942	Grand Forks	Northern	p-of	20	25	1	4	1	0	0	3	0	.160
1943-45				Did not play in organized baseball									
1946	Fargo-Moorhead	Northern	p	1	2	0	1	1	0	0	0	0	.500
		Majors		12	18	1	1	6	0	0	0	0	.056
		Minors		2246	7980	1198	2461	451	120	124	1015	252	.308

Clarence Charles "Peck" Hamel

Born November 5, 1904 at Washington, DC.
Batted right. Threw right. Height: 5-11. Weight: 155.

YEAR	CLUB	LEAGUE	POS	G	AB	H	H	2B	3B	HR	RBI	SB	AVG
1927	Chambersburg	Blue Ridge	of	100	363	**87**	118	26	5	12	—	7	.325
1928	Goldsboro	East Carolina	of	105	363	**101**	131	40	5	13	81	24	.361
1929	Charlotte	SALLY	of	131	468	100	156	22	14	16	82	17	.333

YEAR	CLUB	LEAGUE	POS	G	AB	R	H	2B	3B	HR	RBI	SB	AVG
1930	Macon	SALLY	of	62	205	50	62	9	6	7	44	16	.302
	Jackson	Cotton States	of	35	134	33	45	10	7	4	29	12	.336
	Bloomington	Three I	of	10	32	6	9	3	0	0	0	1	.281
1931	Memphis	Southern Association	of	117	358	77	123	24	6	3	47	21	.344
1932	Memphis	Southern Association	of	144	503	119	177	29	10	3	71	25	.352
1933	Memphis	Southern Association	of	153	582	**127**	203	38	7	1	68	20	.349
1934	Memphis	Southern Association	of	148	569	105	187	40	7	0	57	18	.329
1935	Memphis/Atlanta	Southern Association	of	119	466	91	136	37	7	0	43	14	.292
	Syracuse	International	of	26	91	15	30	3	6	1	19	0	.330
1936	Atlanta	Southern Association	of	104	369	61	115	12	5	0	38	3	.312
1937	Oklahoma City/Galveston	Texas	of	41	117	22	28	4	1	0	9	2	.239
	Nashville	Southern Association	of	3	14	0	0	0	0	0	0	0	.000
			Minors	1309	4620	994	1520	297	86	60	588	180	.329

Eugene Louis "Gene" Handley

Born November 25, 1914 at Kennett, MO.
Batted right. Threw right. Height: 5-10½. Weight: 165.

Manager for Stockton, California, 1954.
Brother of Lee Handley, major league infielder, 1936-1947.

YEAR	CLUB	LEAGUE	POS	G	AB	R	H	2B	3B	HR	RBI	SB	AVG
1935	Mt. Airy	Bi-State	of	64	252	47	81	12	2	3	–	12	.321
1936	Mt. Airy	Bi-State	of	92	372	79	150	14	8	5	43	28	**.403**
	Durham	Piedmont	of	15	41	6	10	0	0	0	5	2	.244
1937	Durham	Piedmont	of	132	513	89	143	26	7	4	45	27	.279
1938	Albany	Eastern	3b-of	121	408	81	116	15	9	4	37	10	.284
1939	Albany/Hartford	Eastern	3b	101	371	61	100	12	5	4	33	10	.270
1940	Sacramento	Pacific Coast	3b-ss	115	377	56	103	20	3	1	50	12	.273
1941	Sacramento	Pacific Coast	ss-3b	118	326	42	102	25	7	1	43	13	.313
1942	Sacramento	Pacific Coast	2b	89	312	39	80	10	9	0	34	3	.256
1943							Military service						
1944	Sacramento	Pacific Coast	2b	134	499	47	129	10	5	0	44	15	.259
1945	Sacramento	Pacific Coast	2b	176	700	159	215	28	5	1	66	**56**	.307
1946	Philadelphia	American	2b-3b-ss	89	251	31	63	8	5	0	21	8	.251
1947	Philadelphia	American	2b-3b-ss	36	90	10	23	2	1	0	8	1	.256
1948	Hollywood	Pacific Coast	3b-ss-2b	127	442	71	142	22	8	2	50	11	.321
1949	Hollywood	Pacific Coast	2b	181	520	84	153	22	5	1	45	13	.294
1950	Hollywood	Pacific Coast	2b	160	548	85	159	33	5	1	42	13	.290
1951	Hollywood	Pacific Coast	2b	141	524	65	142	18	4	0	39	5	.271
1952	Hollywood	Pacific Coast	2b-3b	131	456	55	125	23	1	0	46	10	.274
1953	Hollywood	Pacific Coast	3b-2b	137	428	44	111	13	2	1	35	11	.259
1954	Stockton	California	1b-2b-ss	74	178	31	51	5	0	1	26	11	.287
			Majors	125	341	41	86	10	6	0	29	9	.252
			Minors	2108	7267	1141	2112	308	91	29	683	262	.291

James Harrison "Harry" "Truck" Hannah

Born June 5, 1889 at Larimore, ND.
Died April 27, 1982 at Fountain Valley, CA.
Batted right. Threw right. Height: 6-1. Weight: 190.

Manager for Los Angeles, Pacific Coast, 1937-1939; Memphis, Southern Association, 1940; St. Paul, American Association, 1941-42.
Coach for Los Angeles, Pacific Coast, 1929-32.

YEAR	CLUB	LEAGUE	POS	G	AB	R	H	2B	3B	HR	RBI	SB	AVG
1909	Tacoma/Portland	Northwestern	c	12	40	1	3	0	0	0	–	0	.075
1910	Calgary	Western Canada	c	13	41	–	10	–	–	–	–	–	.244
1911	Salt Lake City/Butte	Union Association	c	133	469	77	144	30	7	3	62	15	.307
1912	Chattanooga	Southern Association	c	86	262	23	63	–	–	–	–	9	.240
1913	Chattanooga	Southern Association	c	14	23	1	2	9	0	0	–	0	.087
	Spokane	Northwestern	c	99	307	23	88	15	1	9	–	4	.288
1914	Sacramento	Pacific Coast	c	137	373	31	102	31	2	0	44	7	.273
1915	Salt Lake City	Pacific Coast	c	138	436	59	118	28	1	3	–	6	.271
1916	Salt Lake City	Pacific Coast	c	152	469	68	122	23	1	9	–	9	.260
1917	Salt Lake City	Pacific Coast	c	187	569	85	166	39	2	3	–	9	.292
1918	New York	American	c	90	250	24	55	6	0	2	21	5	.220
1919	New York	American	c	75	227	14	54	8	3	1	20	0	.238

YEAR	CLUB	LEAGUE	POS	G	AB	R	H	2B	3B	HR	RBI	SB	AVG
1920	New York	American	c	79	259	24	64	11	1	2	25	2	.247
1921	Vernon	Pacific Coast	c	140	452	67	138	29	0	5	49	4	.305
1922	Vernon	Pacific Coast	c	129	397	41	111	32	0	4	53	5	.278
1923	Vernon	Pacific Coast	c	119	370	49	128	23	0	6	55	1	.346
1924	Vernon	Pacific Coast	c	124	349	57	111	36	0	4	70	2	.318
1925	Vernon/Portland	Pacific Coast	c	132	350	36	99	25	2	3	45	5	.283
1926	Los Angeles	Pacific Coast	c	131	389	38	92	12	1	4	55	3	.237
1927	Los Angeles	Pacific Coast	c	114	317	36	84	13	0	7	37	2	.265
1928	Los Angeles	Pacific Coast	c	97	262	18	71	8	0	3	27	0	.271
1929	Los Angeles	Pacific Coast	c	67	136	11	29	5	0	1	15	1	.213
1930	Los Angeles	Pacific Coast	c	125	329	40	88	13	0	4	48	1	.267
1931	Los Angeles	Pacific Coast	c	71	204	19	54	3	0	0	28	0	.265
1932	Los Angeles	Pacific Coast	c	5	5	0	0	0	0	0	0	0	.000
1933	Los Angeles	Pacific Coast	c	11	13	1	5	1	0	0	3	0	.385
1934	Los Angeles	Pacific Coast	c	20	50	5	11	1	0	0	9	0	.220
1935	Los Angeles	Pacific Coast	c	16	33	0	4	0	0	0	1	0	.121
1936	Los Angeles	Pacific Coast	c	1	0	0	0	0	0	0	0	0	.000
1937	Los Angeles	Pacific Coast	c	1	1	0	1	0	0	0	0	0	1.000
1938-39							Manager, did not play						
1940	Memphis	Southern Association	c	2	6	2	1	0	0	0	0	0	.167
		Majors		244	736	62	173	25	4	5	66	7	.235
		Minors		2267	6652	788	1845	367	17	59	601	83	.277

Anthony Spencer "Spence" Harris

Born August 12, 1900 at Duluth, MN.
Died July 3, 1982 at Minneapolis, MN.
Batted left. Threw left. Height. 5-9. Weight: 145.

Led minor leagues in career runs, hits, doubles, and total bases.
Manager for Yakima, Western International, 1946; Marysville, Far West, 1948; North Platte, Nebraska State, 1956.

YEAR	CLUB	LEAGUE	POS	G	AB	R	H	2B	3B	HR	RBI	SB	AVG
1921	Tacoma	Pacific International	of	71	292	49	79	17	4	2	24	7	.271
1922	Bay City	Michigan-Ontario	of	121	456	93	155	32	11	8	70	24	.340
1923	Bay City	Michigan-Ontario	of	125	458	68	130	23	12	6	60	23	.284
	Shreveport	Texas	of	12	37	5	9	2	0	1	7	0	.243
1924	Bay City	Michigan-Ontario	of	136	476	92	152	33	12	7	68	35	.319
1925	Chicago	American	of	56	92	12	26	2	0	1	13	1	.283
1926	Chicago	American	of	80	222	36	56	11	3	2	27	8	.252
1927	Shreveport	Texas	of	156	568	120	201	60	7	12	89	13	.354
1928	Minneapolis	American Association	of	169	669	133	219	41	4	32	127	25	.327
1929	Minneapolis	American Association	of	154	594	139	202	42	7	14	100	19	.340
	Washington	American	of	6	14	1	3	1	0	0	1	1	.214
1930	Philadelphia	American	of	22	49	4	9	1	0	0	5	0	.184
	Minneapolis	American Association	1b-of	93	369	99	134	24	7	10	46	13	.363
1931	Minneapolis	American Association	1b-of	163	642	156	223	40	12	15	108	18	.347
1932	Minneapolis	American Association	1b-of	129	469	125	165	33	7	17	113	5	.352
1933	Minneapolis	American Association	of	152	631	141	224	47	10	22	106	13	.355
1934	Minneapolis	American Association	of-1b	150	614	138	198	29	8	16	100	8	.322
1935	Minneapolis	American Association	of-1b	127	486	121	164	25	4	16	69	0	.337
1936	Minneapolis	American Association	of	150	595	108	179	30	10	15	79	5	.301
1937	Minneapolis	American Association	of-1b	88	258	50	84	12	4	9	50	1	.326
1938	San Diego	Pacific Coast	of-1b	163	545	86	164	39	4	7	92	4	.301
1939	Hollywood	Pacific Coast	of	138	383	61	130	32	7	6	58	1	.339
1940	Seattle	Pacific Coast	of	111	277	52	75	17	3	2	34	2	.271
1941	Seattle	Pacific Coast	of	133	414	74	125	29	1	4	53	6	.302
1942	Seattle	Pacific Coast	of	96	261	24	72	8	3	2	26	0	.276
1943	Portland	Pacific Coast	of	117	366	59	101	27	2	6	44	1	.276
1944	Portland	Pacific Coast	of-1b	124	373	54	102	26	5	5	45	1	.273
1945	Portland/Hollywood	Pacific Coast	of	114	316	43	79	17	2	3	46	4	.250
1946	Yakima	Western International	of	95	273	75	88	26	1	8	63	2	.322
1947	Yakima	Western International	of	126	425	98	119	25	2	13	77	7	.280
1948	Yakima	Western International	of	34	94	15	31	3	1	0	11	2	.330
	Marysville	Far West	of	11	36	9	13	4	0	0	4	2	.361
		Majors		164	377	53	94	15	3	3	46	10	.249
		Minors		3258	11377	2287	3617	743	150	258	1769	241	.318

WILLIAM WOODROW "BILL" HART

Born March 4, 1913 at Wisconsico, PA.
Died July 29, 1968 at Lykins, PA.
Batted right. Threw right. Height: 6-0. Weight: 175.

Manager for Cairo, KITTY, 1949; Santa Barbara, California, 1950-51; Asheville, Tri-State, 1952.

YEAR	CLUB	LEAGUE	POS	G	AB	R	H	2B	3B	HR	RBI	SB	AVG
1935	Harrisburg	New York-Pennsylvania	ss	102	368	60	82	12	4	1	21	0	.223
1936							Did not play in organized baseball						
1937	Duluth	Northern	3b	115	409	61	110	20	2	18	77	6	.269
1938	Portsmouth	Middle Atlantic	ss-3b	127	471	93	161	31	1	16	80	20	.342
1939	Asheville	Piedmont	ss	145	523	82	140	21	6	12	75	17	.268
1940	Asheville	Piedmont	ss-3b	108	401	59	107	19	5	9	64	1	.267
1941	New Orleans	Southern Association	ss	134	433	57	111	19	7	3	47	1	.256
1942	New Orleans	Southern Association	ss	152	537	79	157	24	11	5	85	4	.292
1943	New Orleans	Southern Association	3b-ss	133	492	85	155	28	14	15	104	11	.315
	Brooklyn	National	ss	8	19	0	3	0	0	0	1	0	.158
1944	Brooklyn	National	ss-3b	29	90	8	16	4	2	0	4	1	.178
	New Orleans	Southern Association	ss-3b	113	389	75	110	14	4	13	72	9	.283
1945	Brooklyn	National	ss-3b	58	161	27	37	6	2	3	27	7	.230
	St. Paul	American Association	ss	38	236	36	50	9	0	17	46	2	.368
1946	Oakland	Pacific Coast	3b-ss	134	458	49	104	22	3	6	70	2	.227
1947	Oakland	Pacific Coast	3b-ss	24	73	4	13	1	1	0	5	0	.178
	Mobile	Southern Association	3b	111	402	61	111	28	3	15	96	1	.276
1948	Mobile	Southern Association	ss-3b	142	518	74	137	28	3	15	107	3	.264
1949	Cairo	KITTY	3b	110	327	104	132	29	5	21	105	6	**.404**
1950	Santa Barbara	California	ss-3b	118	369	94	114	23	1	24	86	3	.309
1951	Santa Barbara	California	3b	138	468	90	132	29	2	22	117	4	.282
1952	Asheville	Tri-State	3b	12	32	4	10	1	0	1	7	0	.313
		Majors		95	270	35	56	10	4	3	32	8	.207
		Minors		1956	6806	1167	1886	339	72	214	1264	90	.277

BRUCE DANIEL HARTFORD

Born May 14, 1892 at Chicago, IL.
Died May 25, 1975 at Los Angeles, CA.
Batted right. Threw right. Height: 6-0½. Weight: 190

YEAR	CLUB	LEAGUE	POS	G	AB	R	H	2B	3B	HR	RBI	SB	AVG
1910	Brandon	Western Canada	2b	40	136	7	31	2	1	0	—	6	.224
1911	Terre Haute	Central	3b-ss	86	283	37	81	8	2	0	—	18	.286
1912	Terre Haute	Central	ss	9	23	5	2	0	0	0	—	0	.087
	Bloomington	Three I	ss	101	369	48	91	9	1	0	—	16	.247
1913	Bloomington	Three I	ss	137	519	78	147	16	2	3	—	10	.283
1914	Des Moines	Western	ss	86	308	28	76	9	2	0	—	3	.247
	Cleveland	American	ss	8	22	5	4	1	0	0	0	0	.182
1915	Des Moines	Western	ss	141	539	74	149	16	7	2	—	25	.276
1916	Des Moines	Western	ss	147	563	70	172	20	2	0	—	29	.305
1917	Des Moines	Western	ss	143	523	71	140	25	2	0	—	35	.268
1918	Des Moines	Western	ss	44	171	24	40	2	1	1	—	10	.234
1919	Des Moines	Western	ss	141	503	55	126	10	5	0	41	15	.250
1920	Kansas City	American Association	ss	83	284	25	64	6	2	0	24	8	.225
	Seattle	Pacific Coast	ss	40	135	7	24	0	0	0	7	0	.178
1921	Shreveport	Texas	ss	153	566	53	157	14	13	2	69	13	.277
1922	Shreveport	Texas	ss	138	531	80	129	14	7	0	50	24	.243
1923	Birmingham	Southern Association	ss	143	503	66	137	13	6	0	45	10	.272
1924	Birmingham	Southern Association	ss	147	547	69	159	12	4	3	56	13	.291
1925	Birmingham	Southern Association	ss	146	519	62	141	21	11	2	53	9	.272
1926	Chattanooga	Southern Association	ss	148	541	69	165	19	7	2	67	13	.305
1927	New Haven	Eastern	ss	62	254	37	67	6	1	0	20	3	.264
	Wilkes-Barre	New York-Pennsylvania	ss	70	267	35	71	13	7	0	35	7	.266
1928							Did not play organized baseball						
1929	Wilkes-Barre/York/												
	Binghamton	New York-Pennsylvania	ss-3b	72	262	35	69	10	3	1	30	3	.263
		Majors		8	22	5	4	1	0	0	0	0	.182
		Minors		2277	8356	1035	2239	245	86	16	489	270	.268

WILLIAM G. "SKEETER" HARTMAN

Born in 1874 at Fort Wayne, IN.
Died June 27, 1945 at Toledo, OH.

YEAR	CLUB	LEAGUE	POS	G	AB	R	H	2B	3B	HR	RBI	SB	AVG
1895	Port Huron/Kalamazoo	Michigan State	3b-ss	72	344	79	114	17	14	6	—	29	.331
1896	Tacoma	New Pacific	of	31	137	35	54	13	2	0	—	13	.394
	Toledo	Interstate	of-2b	54	204	40	64	15	3	3	—	24	.314
1897	Toledo	Interstate	of	126	571	152	192	35	9	6	—	58	.336
1898	Toledo	Interstate	of	152	629	167	214	50	12	9	—	42	**.340**
1899	Toledo	Interstate	of-2b	135	528	117	142	29	6	10	—	45	.269
1900	Toledo	Interstate	of	135	541	119	142	33	6	7	—	44	.262
1901	Kansas City	Western	of	124	482	101	141	23	16	2	—	21	.293
1902	St. Joseph	Western	of	139	546	68	150	26	—	8	1	133	.275
1903	St. Joseph	Western	of	116	447	71	126	20	—	11	0	27	.282
1904	St. Joseph	Western	of	141	565	85	165	28	—	11	2	57	.292
1905	Little Rock	Southern Association	of	30	109	20	25	1	0	0	—	12	.229
1906	Harrisburg/Altoona/Lancaster	Tri-State	of	117	419	52	102	22	2	0	—	29	.243
1907	Johnstown/Altoona	Tri-State	of	113	407	47	96	13	1	2	—	34	.236
1908	Dayton	Central	of	134	452	62	120	11	2	0	—	23	.265
1909	Dayton	Central	of	126	458	53	109	13	6	0	—	24	.238
1910	Quincy	Central Association	of	140	567	77	132	21	4	0	—	130	.233
1911	Quincy	Three I	of	129	481	62	123	21	4	1	—	12	.256
1912	Quincy/Bloomington	Three I	of	6	20	2	4	0	0	0	—	0	.200
			Minors	2020	7907	1409	2215	391	117	49	—	57	.280

EDGAR CLIFFORD HARTNESS

Born March 12, 1920 at Murphy, NC.
Batted left. Threw left. Height: 5-11. Weight: 180.

Manager for Eastman, Georgia State, 1949-50; Macon, SALLY, 1951-52; Tifton, Georgia-Florida, 1953-54; Sherbrooke, Provincial, 1955.

YEAR	CLUB	LEAGUE	POS	G	AB	R	H	2B	3B	HR	RBI	SB	AVG
1938	Americus	Georgia-Florida	1b	108	443	66	123	16	14	8	69	2	.278
1939	Americus	Georgia-Florida	of	129	491	89	175	27	9	1	69	20	**.356**
1940	Macon	SALLY	1b-of	150	625	111	198	25	14	4	62	28	.317
1941	Macon	SALLY	of-1b	136	516	103	162	27	11	5	64	23	.314
1942	Macon	SALLY	1b	95	368	72	120	15	4	3	49	15	.326
1943-45							Military service						
1946	Los Angeles	Pacific Coast	ph	4	3	0	1	0	0	0	2	0	.333
	Nashville	Southern Association	of	11	27	0	9	2	0	0	4	0	.333
	Macon	SALLY	of	98	373	62	110	13	5	2	49	15	.295
1947	Macon	SALLY	of-1b	128	494	90	148	24	8	3	68	25	.300
1948	Macon	SALLY	of-1b	150	547	93	178	41	10	3	81	14	.325
1949	Eastman	Georgia State	1b	139	486	119	177	41	12	13	136	27	**.364**
1950	Eastman	Georgia State	1b	142	503	137	201	48	11	20	134	25	**.400**
1951	Macon	SALLY	1b-of	127	458	78	143	29	8	0	43	9	.312
1952	Macon	SALLY	of	114	398	49	104	21	5	1	40	2	.261
1953	Tifton	Georgia-Florida	1b	135	491	94	158	25	6	6	83	15	.322
1954	Tifton	Georgia-Florida	1b-of	113	365	68	133	27	2	4	56	6	.364
1955	Sherbrooke	Provincial	1b-of	67	210	32	74	22	0	2	37	3	.352
			Minors	1846	6798	1263	2214	403	119	75	1046	229	.326

DOUGLAS NORMAN HARVEY

Born December 19, 1924 at Montreal, Quebec, Canada.
Died December 26, 1989 at Montreal, Quebec, Canada.
Batted left. Threw right. Height: 5-11. Weight: 190.

Star defenseman in the National Hockey League, 1947-68. Named to Hockey Hall of Fame in 1973.

YEAR	CLUB	LEAGUE	POS	G	AB	R	H	2B	3B	HR	RBI	SB	AVG
1947	Ottawa	Border	of	10	15	4	6	1	0	0	0	0	.400
1948	Ottawa	Border	of	109	423	107	144	22	10	4	73	24	.340
1949	Ottawa	Border	of	109	422	121	148	27	10	14	109	30	.351
1950	Ottawa	Border	of	10	35	11	10	1	2	0	5	4	.286
			Minors	238	895	243	308	51	22	18	187	58	.344

Joseph John "Joe" Hauser

Born January 12, 1899, at Milwaukee, WI.
Batted left. Threw left. Height: 5-10½. Weight: 175.

Manager for Sheboygan, Wisconsin State, 1937-42, 46-53; Union City, KITTY, 1955; Duluth-Superior, 1956-58.
Only player to hit more than 60 homers in a season twice.

YEAR	CLUB	LEAGUE	POS	G	AB	R	H	2B	3B	HR	RBI	SB	AVG
1918	Providence	Eastern	of	39	130	17	36	5	6	1	—	4	.277
1919	Providence	Eastern	of	107	385	64	105	20	**21**	6	—	11	.273
1920	Milwaukee	American Association	of	156	549	94	156	22	16	15	79	7	.284
1921	Milwaukee	American Association	1b	167	632	126	200	26	9	20	110	12	.316
1922	Philadelphia	American	1b	111	368	61	119	21	5	9	43	1	.323
1923	Philadelphia	American	1b	146	537	93	165	21	10	16	94	6	.307
1924	Philadelphia	American	1b	149	562	97	162	31	8	27	115	7	.288
1925	Philadelphia	American	1b			Did not play; Broke leg April 7							
1926	Philadelphia	American	1b	91	229	31	44	10	0	8	36	1	.192
1927	Kansas City	American Association	1b	169	617	145	218	49	**22**	20	134	25	.353
1928	Philadelphia	American	1b	95	300	61	78	19	5	16	59	4	.260
1929	Cleveland	American	1b	37	48	8	12	1	1	3	9	0	.250
	Milwaukee	American Association	1b	31	105	18	25	2	0	3	14	2	.238
1930	Baltimore	International	1b	**168**	617	**173**	193	39	11	**63**	175	1	.313
1931	Baltimore	International	1b	144	487	100	126	20	6	**31**	98	1	.259
1932	Minneapolis	American Association	1b	149	522	132	158	31	3	**49**	129	12	.303
1933	Minneapolis	American Association	1b	153	570	**153**	189	35	4	**69**	182	1	.332
1934	Minneapolis	American Association	1b	82	287	81	100	7	3	33	88	1	.348
1935	Minneapolis	American Association	1b	131	409	74	107	18	1	23	101	3	.262
1936	Minneapolis	American Association	1b	125	437	95	117	20	2	34	87	1	.268
1937	Sheboygan	Wisconsin State*	1b	37	131	—	45	12	3	8	38	—	.344
1938	Sheboygan	Wisconsin State*	1b	49	172	55	55	19	2	0	54	—	.320
1939	Sheboygan	Wisconsin State*				Did not play in organized baseball							
1940	Sheboygan	Wisconsin State	1b	79	204	48	53	16	3	7	32	11	.260
1941	Sheboygan	Wisconsin State	1b	77	233	53	67	13	5	11	54	10	.288
1942	Sheboygan	Wisconsin State	1b	77	242	57	73	17	4	14	70	7	.302
		Majors		629	2044	351	580	103	29	79	356	19	.284
		Minors		1854	6426	1430	1923	340	116	399	1353	109	.299

*Not affiliated with organized baseball.

Albert Lee Head

Born January 19, 1899, Birmingham, AL.
Died May 6, 1965, Birmingham, AL.
Batted right. Threw right. Height: 5-7. Weight: 160.

Manager for Knoxville, Southern Association, 1934-36; Little Rock, Southern Association, 1936; Charlotte, Piedmont, 1937; Sanford, Florida State, 1937; Memphis, Southern Association, 1937; Jeanerette, Evangeline, 1938; Brewton, Alabama State, 1941.
Scout for Cincinnati, National, 1952-58.
Was a very difficult batter to strike out, fanning 3 times in 1933 and only once in 402 bats in 1935.

YEAR	CLUB	LEAGUE	POS	G	AB	R	H	2B	3B	HR	RBI	SB	AVG
1921	Wilson	Virginia	c	138	525	82	181	16	11	4	—	11	.345
1922	Wilson	Virginia	c-3b	114	419	57	106	12	9	3	—	9	.253
1923	Wilson	Virginia	c	113	407	63	126	25	11	7	—	7	.310
1924	Scranton	New York-Pennsylvania	c	51	176	20	68	21	5	2	—	3	.386
	Rochester	International	c	50	108	18	33	5	6	3	20	1	.306
1925	Rochester	International	c	99	264	39	95	17	8	4	54	2	.360
1926	Rochester	International	c-3b-of	129	385	71	135	31	4	10	94	2	.351
1927	Rochester	International	c	140	481	72	160	36	9	4	102	11	.333
1928	Jersey City	International	c	148	495	49	136	30	7	4	76	9	.275
1929	Jersey City	International	c	109	307	29	81	10	2	1	24	2	.264
1930	Montreal	International	c	134	463	74	155	36	5	6	81	1	.335
1931	Montreal	International	c	127	462	58	136	19	2	4	69	3	.294
1932	Montreal	International	c	64	196	25	50	9	3	1	31	1	.255
	Knoxville	Southern Association	c	43	164	30	53	8	6	0	30	2	.323
1933	Knoxville	Southern Association	c	131	468	52	155	24	3	2	61	12	.331
1934	Knoxville	Southern Association	c	124	437	61	137	22	3	3	57	8	.313
1935	Knoxville	Southern Association	c	122	402	40	113	14	2	2	42	8	.281
1936	Little Rock	Southern Association	c	28	85	7	23	1	0	0	10	0	.271
	Sacramento	Pacific Coast	c	88	295	25	80	10	5	0	35	4	.271

YEAR	CLUB	LEAGUE	POS	G	AB	R	H	2B	3B	HR	RBI	SB	AVG
1937	Charlotte	Piedmont	c	30	111	16	31	6	0	1	14	1	.279
	Sanford	Florida State	c	39	143	11	40	12	0	0	21	2	.280
	Memphis	Southern Association	c	12	39	4	9	1	0	0	5	0	.231
1938	Jeanerette	Evangeline	c	73	234	19	56	10	2	0	32	3	.239
1939-40							Did not play in organized baseball						
1941	Brewton	Alabama State	c	73	238	37	62	14	1	2	39	2	.261
		Minors		2179	7304	959	2221	389	104	63	897	104	.304

PHILIP BERNARD "BARNIE" HEARN

Born October 13, 1912 at Savannah, SC.
Batted left. Threw right. Height: 5-11. Weight: 198.

Manager for Auburn, Border, 1946-1949; Kingston, Border, 1950-1951.

YEAR	TEAM	LEAGUE	POS	G	AB	R	H	2B	3B	HR	RBI	SB	AVG
1934	Syracuse	International	of	3	10	–	3	0	1	0	1	–	.300
1935							Did not play in organized baseball						
1936	Thomasville	Georgia-Florida	of	63	265	58	82	10	5	5	30	36	.309
1937	Tallahasee	Georgia-Florida	of	–	43	2	9	–	–	0	5	0	.209
	Brockville	Canadian-American	of	97	384	60	125	17	6	4	42	1	.326
1938	Cornwall	Canadian-American	of	116	453	95	169	16	13	12	76	17	.373
1939	Buffalo	International	of	11	13	0	2	1	0	0	1	0	.154
	Winston-Salem	Piedmont	of	83	290	36	85	9	1	10	40	8	.293
1940	Gloversville-Johnstown	Canadian-American	of	128	506	95	169	18	5	7	80	22	.334
1941	Gloversville-Johnstown	Canadian-American	of	124	467	77	150	25	2	6	87	11	.321
1942	Quebec	Canadian-American	of	118	451	76	129	19	4	2	49	13	.286
1943							Did not play in organized baseball						
1944	Jamestown	PONY	of	119	450	75	141	19	10	4	74	10	.313
1945	Jamestown	PONY	of	120	420	86	148	25	8	5	69	13	.352
1946	Auburn	Border	of	94	336	–	110	17	5	6	72	5	.327
1947	Auburn	Border	of	109	352	84	127	13	5	17	91	3	**.361**
1948	Auburn	Border	of	112	406	70	136	24	2	3	95	6	.335
1949	Auburn	Border	of	82	262	52	91	13	2	2	43	3	.347
1950	Kingston	Border	of	112	402	67	127	12	3	5	76	3	.316
1951	Kingston	Border	of	39	113	17	39	2	2	2	32	1	.345
		Minors		1530	5623	1036	1842	240	74	90	963	152	.328

MINOR WILSON "MICKEY" HEATH

Born October 30, 1903 at Toledo, OH.
Died July 30, 1986 at Dallas, TX.
Batted left. Threw left. Height: 6-0. Weight: 175.

Collected 12 consecutive hits September 2-3-4, 1930.

YEAR	CLUB	LEAGUE	POS	G	AB	R	H	2B	3B	HR	RBI	SB	AVG
1923	Ottumwa	Mississippi Valley	1b	121	435	67	129	27	7	3	50	15	.297
1924	Ottumwa	Mississippi Valley	1b	119	445	117	157	42	12	8	95	23	.353
1925	Toronto	International	1b	123	365	55	82	18	4	3	46	5	.225
1926	Toronto	International	1b	164	537	83	180	27	15	10	115	19	.335
1927	Toronto	International	1b	17	40	8	10	3	0	2	4	0	.250
	Hollywood	Pacific Coast	1b	106	330	56	93	24	3	9	51	7	.282
1928	Hollywood	Pacific Coast	1b	191	662	118	203	38	12	19	109	10	.307
1929	Hollywood	Pacific Coast	1b	201	680	149	237	44	5	38	156	20	.349
1930	Hollywood	Pacific Coast	1b	174	546	149	177	16	3	37	136	19	.324
1931	Cincinnati	National	1b	7	26	2	7	0	0	0	3	0	.269
1932	Cincinnati	National	1b	39	134	14	27	1	3	0	15	0	.201
	Rochester	International	1b	36	116	17	31	7	1	7	18	1	.267
1933	Rochester	International	1b	62	226	37	64	11	1	9	42	4	.283
	Columbus	American Association	1b	92	333	46	77	14	5	8	61	5	.231
1934	Columbus	American Association	1b	150	508	115	142	14	5	29	123	10	.280
1935	Indianapolis	American Association	1b	153	551	115	166	32	7	20	98	20	.301
1936	Indianapolis	American Association	1b	77	277	50	81	16	6	7	46	8	.292
	Montreal	International	1b	64	213	36	56	16	2	3	34	0	.263
1937	Milwaukee	American Association	1b	156	537	107	159	31	11	25	113	11	.296
1938	Milwaukee	American Association	1b	141	514	117	151	21	4	32	81	13	.294
1939	Milwaukee	American Association	1b	117	336	65	87	15	7	16	53	6	.259
1940	Milwaukee	American Association	1b	4	3	0	1	0	0	0	0	0	.333
		Majors		46	160	16	34	1	3	0	18	0	.213
		Minors		2268	7654	1507	2283	416	110	285	1431	196	.298

FREDERICK MARSHALL "SNAKE" HENRY

Born July 19, 1895 at Waynesville, NC.
Died October 12, 1987 at Wendell, NC.
Batted left. Threw left. Height: 6-0. Weight: 170.

Manager for Tarboro, Coastal Plain, 1937-38; Kinston, Coastal Plain, 1939.

YEAR	CLUB	LEAGUE	POS	G	AB	R	H	2B	3B	HR	RBI	SB	AVG
1914	Greensboro	Carolina	1b	7	23	0	4	0	0	0	2	0	.174
1915	Suffolk	Virginia	1b	121	405	46	94	21	2	8	—	10	.232
1916	Petersburg	Virginia	1b	124	422	55	107	16	12	1	—	23	.254
1917	St. Joseph/Hutchinson	Western	1b	132	483	55	143	26	6	3	—	17	.296
1918								Military service					
1919	Milwaukee	American Association	1b	46	160	27	46	5	3	0	—	13	.288
	Terre Haute	Three I	1b	87	311	52	104	17	11	4	—	25	.334
1920	Columbus	American Association	1b	137	516	73	147	32	8	4	75	16	.285
1921	San Antonio	Texas	1b	160	616	110	197	45	8	11	79	**52**	.320
1922	New Orleans	Southern Association	1b	149	545	98	187	28	13	7	—	34	.343
	Boston	National	1b	18	66	5	13	4	1	0	5	2	.288
1923	Boston	National	1b	11	9	1	1	0	0	0	2	0	.111
	New Orleans	Southern Association	1b	118	424	56	121	27	9	0	41	15	.285
1924	New Orleans	Southern Association	1b	154	564	86	170	33	15	0	77	17	.301
1925	New Orleans	Southern Association	1b	154	584	99	174	34	21	4	58	17	.298
1926	Omaha	Western	1b	166	670	150	**247**	57	16	27	—	35	.369
1927	Houston	Texas	1b	136	492	73	143	43	10	2	75	18	.291
1928	Omaha	Western	1b	158	611	118	212	50	10	18	—	20	.347
1929	Montreal	International	1b	166	618	90	174	30	11	5	67	15	.282
1930	Montreal	International	1b	140	495	89	171	40	15	8	82	6	.345
1931	Montreal	International	1b	44	162	13	37	6	2	0	17	4	.228
	Norfolk	Eastern	1b	35	138	18	41	9	1	2	17	2	.297
	Harrisburg	New York-Pennsylvania	1b	31	115	15	39	8	2	0	18	0	.339
1932	Montreal/Toronto	International	1b	162	569	58	163	34	6	6	77	8	.287
1933	Harrisburg	New York-Pennsylvania	1b	103	388	46	114	7	5	2	49	9	.294
1934	Hartford/Worcester	Northeastern	1b	106	427	67	131	29	3	5	74	5	.307
1935	Binghamton	New York-Pennsylvania	1b	8	30	5	10	2	0	0	6	2	.333
	Portsmouth	Piedmont	1b	76	289	43	90	20	3	8	63	3	.311
1936	Portsmouth	Piedmont	1b	143	549	76	159	31	5	6	102	11	.290
1937	Tarboro	Coastal Plain	1b	90	326	35	95	16	2	3	59	9	.291
1938	Tarboro	Coastal Plain	1b	80	219	28	57	8	1	4	30	10	.260
1939	Kinston	Coastal Plain	1b	11	29	7	7	1	0	0	4	0	.241
			Majors	29	75	6	14	4	1	0	7	2	.187
			Minors	3044	11180	1688	3384	675	200	138	1072	396	.303

LEONARDO JESUS "LEO" HERNANDEZ

Born November 6, 1959 at Santa Lucia, Estado Miranda, Venezuela.
Batted right. Threw right. Height: 5-11. Weight: 170.

YEAR	CLUB	LEAGUE	POS	G	AB	R	H	2B	3B	HR	RBI	SB	AVG
1978	Clinton	Midwest	3b	112	444	65	123	21	4	17	73	5	.277
1979	Clinton	Midwest	3b	29	113	24	38	8	1	2	23	3	.336
	Lodi	California	3b	61	257	48	82	12	2	8	52	4	.319
	San Antonio	Texas	3b	36	128	19	32	7	0	2	11	0	.250
1980	San Antonio	Texas	3b	41	136	27	33	9	2	2	26	1	.243
	Vero Beach	Florida State	3b-of-1b	82	307	53	95	13	3	10	46	10	.309
1981	San Antonio	Texas	3b	131	497	90	148	34	3	25	91	8	.298
1982	San Antonio	Texas	3b-1b	19	75	8	24	4	1	3	14	0	.320
	Charlotte	Southern	3b-1b-of-2b	68	270	46	78	18	2	20	62	13	.289
	Rochester	International	3b-of-2b	53	202	29	64	10	3	11	43	7	.317
	Baltimore	American	ph	2	2	0	0	0	0	0	0	0	.000
1983	Baltimore	American	3b	64	203	21	50	6	1	6	26	0	.246
	Rochester	International	3b-of	57	201	24	69	13	2	8	25	0	.343
1984	Rochester	International	of-3b-1b	136	512	66	141	25	4	21	83	3	.275
1985	Rochester	International	of-3b-1b	124	475	59	128	31	2	17	69	1	.269
	Baltimore	American	of-1b	12	21	0	1	0	0	0	0	0	.048
1986	Columbus	International	3b	136	**522**	62	142	**35**	1	11	64	5	.272
	New York	American	3b-ss-2b	7	22	2	5	2	0	1	4	0	.227
1987	El Paso	Texas	1b-3b	14	44	7	11	2	1	1	5	0	.250
	Union Laguna	Mexican	3b	103	390	92	140	21	1	36	123	10	.359
1988	Union Laguna	Mexican	3b	127	455	88	157	19	0	**36**	123	10	.345

YEAR	CLUB	LEAGUE	POS	G	AB	R	H	2B	3B	HR	RBI	SB	AVG
1989	Campeche	Mexican	3b	127	496	99	172	27	2	**39**	125	5	.347
1990	Campeche	Mexican	3b	124	437	66	127	17	2	24	88	4	.291
1991	Yucatan	Mexican	3b	54	207	22	62	14	0	16	56	0	.300
			Majors	85	249	23	56	8	1	7	30	1	.225
			Minors	1634	6124	994	1916	340	37	319	1202	89	.313

JUAN FRANCISCO "FRANK" "PANCHO" HERRERA

Born June 16, 1934 at Santiago, Cuba
Batted right. Threw right. Height: 6-3. Weight: 220.

Manager for Carmen, Mexican Southeast, 1969; Key West, Florida State, 1972; Tampico, Mexican, 1974; Tabasco, Mexican, 1975.

YEAR	CLUB	LEAGUE	POS	G	AB	R	H	2B	3B	HR	RBI	SB	AVG
1955	Syracuse	International	1b-of	18	46	7	14	0	1	2	8	0	.304
	Schenectady	Eastern	of-3b	109	377	64	116	20	6	19	79	11	.308
1956	Schenectady	Eastern	1b-of	131	476	68	136	24	0	14	88	11	.286
1957	Miami	International	1b-2b-3b	154	566	77	173	25	6	17	93	14	.306
1958	Miami	International	1b	121	436	72	123	17	3	20	66	11	.282
	Philadelphia	National	3b-1b	29	63	5	17	3	0	1	6	1	.270
1959	Buffalo	International	1b-3b	151	569	104	**187**	42	3	**37**	128	8	**.329**
1960	Philadelphia	National	1b-2b	145	512	61	144	26	6	17	71	2	.281
1961	Philadelphia	National	1b	126	400	56	103	17	2	13	51	5	.258
1962	Buffalo	International	1b	143	509	93	150	25	0	**32**	108	8	.295
1963	Columbus	International	1b	140	422	52	98	8	3	22	58	2	.232
1964	Columbus	International	1b	138	454	69	140	20	4	21	70	1	.308
1965	Columbus	International	1b	143	508	71	146	19	2	**21**	72	5	.287
1966	Columbus/Syracuse	International	1b-2b	129	423	45	109	12	3	15	57	3	.258
1967	Dallas/Fort Worth	Texas	1b-2b	22	59	4	13	2	1	0	5	0	.220
	Reynosa	Mexican	1b-2b	69	149	21	39	5	0	8	30	1	.262
1968	Carmen	Mexican Southeast	1b	83	286	52	88	12	1	22	67	3	.308
	Miami	Florida State	1b-2b	31	80	14	27	6	2	4	20	0	.338
1969	Carmen	Mexican Southeast	1b	114	380	87	125	16	1	**39**	106	5	.329
	Miami	Florida State	1b	39	128	21	38	2	1	4	21	1	.297
1970	Carmen	Mexican Southeast	1b	50	157	32	56	9	1	10	36	1	.357
	Saltillo	Mexican	1b	32	86	13	25	4	1	3	12	1	.291
1971						Did not play in organized baseball							
1972	Key West	Florida State	1b	89	218	39	62	12	3	11	46	0	.284
1973						Did not play in organized baseball							
1974	Tampico	Mexican	1b	6	15	1	5	0	0	0	4	0	.333
			Majors	300	975	122	264	46	8	31	128	8	.271
			Minors	1912	6344	1006	1870	280	42	321	1174	86	.295

HARRY REUBEN "BUD" HESLET

Born February 27, 1920 at Topeka, KS.
Batted right. Threw right. Height: 6-2. Weight: 205.

YEAR	CLUB	LEAGUE	POS	G	AB	R	H	2B	3B	HR	RBI	SB	AVG
1940	Joplin	Western Association	c	1	4	2	1	0	1	0	1	0	.250
	Norfolk	Nebraska State	c	103	369	71	106	20	8	9	66	16	.287
1941	Joplin	Western Association	c-of	119	416	59	117	23	6	12	87	6	.281
1942	Joplin	Western Association	c-of	87	309	59	106	18	3	13	62	1	.343
1943-45							Military service						
1946	Twin Falls	Pioneer	c	124	487	97	150	31	7	**29**	**124**	9	.308
1947	Binghamton	Eastern	c-of	134	472	87	136	22	5	**24**	82	4	.288
1948	Newark	International	of-c	91	252	37	67	10	1	9	43	3	.266
1949	Newark	International	of-c	140	464	63	106	11	4	22	75	1	.228
1950	Toronto	International	of-c	135	429	57	110	21	4	21	71	2	.256
1951	Toronto	International	of-c	80	187	22	48	3	1	6	27	2	.257
1952	San Antonio	Texas	of	155	566	75	160	17	4	**31**	117	4	.283
1953	Shreveport	Texas	of-c	150	543	79	146	38	9	**41**	100	0	.269
1954	Shreveport	Texas	of	150	487	67	128	22	1	31	100	0	.263
1955	Shreveport	Texas	of	52	151	18	33	5	1	8	19	0	.218
	Sacramento	Pacific Coast	of-c	56	127	14	28	6	0	7	18	1	.220
1956	Visalia	California	of-c	**140**	524	**147**	175	27	2	**51**	**172**	4	.334
			Minors	1711	5787	954	1617	266	48	314	1164	53	.279

MELVIN LALLIS HICKS

Born September 25, 1916 at Short Creek, AL.
Died April 19, 1974 at Pittsburgh, TX.
Batted left. Threw left. Height: 6-2½. Weight: 190.

Manager for Henderson, Lone Star, 1948; Henderson/Tyler, East Texas, 1949.

YEAR	CLUB	LEAGUE	POS	G	AB	R	H	2B	3B	HR	RBI	SB	AVG
1936	Enterprise	Alabama-Florida	of	101	409	60	139	19	13	8	64	1	.340
1937	Helena	Cotton States	of	25	91	11	28	1	3	1	12	2	.308
	Andalusia	Alabama-Florida	of	20	72	2	13	3	1	1	10	0	.181
1938	Helena	Cotton States	1b-of	130	553	95	171	35	7	12	95	2	.309
	Birmingham	Southern Association	1b	4	15	—	2	0	0	0	1	0	.133
1939	Helena	Cotton States	1b	97	351	61	123	24	10	9	73	1	.350
1940	Muskogee	Western Association	1b	134	530	103	164	32	12	18	127	8	.310
1941	Muskogee	Western Association	1b	130	493	97	167	28	6	19	101	6	.339
1942	Tulsa	Texas	1b	123	436	47	119	22	8	2	65	2	.273
1943	Nashville	Southern Association	1b	111	431	87	137	21	3	14	**107**	4	.318
1944	Nashville	Southern Association	1b	126	483	101	156	24	2	**16**	85	2	.323
1945	Los Angeles	Pacific Coast	1b-of	171	606	82	181	29	1	10	87	2	.299
1946	Nashville/Memphis	Southern Association	1b	67	217	28	62	15	0	5	33	0	.286
	Gadsden	Southeastern	1b	40	153	31	39	5	1	6	26	0	.255
1947	Gadsden	Southeastern	1b-of	40	141	24	40	7	0	6	30	0	.284
1948	Gadsden	Southeastern	1b-of	65	232	39	69	15	5	6	38	1	.297
	Henderson	Lone Star	1b	52	200	43	81	19	2	9	53	0	.405
1949	Henderson/Tyler	East Texas	1b	124	460	62	123	34	4	10	74	1	.267
1950	Longview	East Texas	1b	124	505	91	156	21	1	18	91	3	.309
1951	Texarkana	Big State	1b	10	30	1	6	1	0	0	5	0	.200
	Lamesa	West Texas-New Mexico	1b	63	231	32	69	18	0	3	45	0	.299
	Port Arthur	Gulf Coast	1b	43	160	19	44	5	1	6	37	2	.275
		Minors		1800	6799	1116	2089	378	80	179	1259	37	.307

CHARLES EDWIN "CHARLIE" HIGH

Born December 1, 1898 at Ava, IL.
Died September 11, 1960 at Oak Grove, OR.
Batted left. Threw right. Height: 5-9. Weight: 170.

Brother of Andy and Hugh High, major league players.

YEAR	CLUB	LEAGUE	POS	G	AB	R	H	2B	3B	HR	RBI	SB	AVG
1919	Evansville	Three I	of	119	434	64	143	15	10	3	—	21	.329
1920	Atlanta	Southern Association	of	142	525	52	151	31	12	2	—	8	.288
	Philadelphia	American	of	17	65	7	20	2	1	1	6	0	.308
1921	Columbus	American Association	of	140	505	97	167	31	12	13	75	17	.331
1922	Portland	Pacific Coast	of	178	649	103	205	5	24	107	12	.316
1923	Portland	Pacific Coast	of	156	558	98	189	34	5	20	94	8	.339
1924	Portland	Pacific Coast	of	165	612	94	197	31	7	20	139	4	.322
1925	Portland	Pacific Coast	of	162	608	118	205	36	3	20	107	9	.337
1926	Buffalo	International	of	137	482	97	154	29	9	13	82	5	.320
1927	Buffalo/Toronto	International	of	70	191	30	49	6	2	4	31	3	.257
1928	Columbus	American Association	of	80	268	47	92	16	5	9	38	7	.343
1929	Columbus/Minneapolis	American Association	of	113	323	75	98	15	0	28	87	5	.303
1930	Minneapolis	American Association	of	104	275	79	105	18	2	25	82	2	.382
1931	Minneapolis/Indianapolis	American Association	of	84	249	44	73	13	2	14	58	0	.293
1932	Seattle	Pacific Coast	of	25	88	8	21	1	1	0	8	0	.239
		Majors		28	94	9	22	2	1	1	7	2	.234
		Minors		1675	5767	1006	1849	311	75	195	908	101	.321

ELMORE "MOE" HILL

Born June 27, 1947 at Gastonia, NC.
Batted right. Threw right. Height: 6-2. Weight: 190.

YEAR	CLUB	LEAGUE	POS	G	AB	R	H	2B	3B	HR	RBI	SB	AVG
1965	Fox Cities	Midwest	of	107	396	38	109	18	2	7	51	3	.275
1966	Miami	Florida State	of	29	89	10	12	2	0	2	10	1	.135
	Stockton	California	of	21	44	6	7	2	1	1	4	1	.159
	Batavia	New York-Pennsylvania	of	28	79	13	29	11	0	1	20	2	.367

YEAR	CLUB	LEAGUE	POS	G	AB	R	H	2B	3B	HR	RBI	SB	AVG
1967	Miami	Florida State	of	114	350	40	82	15	4	9	37	8	.234
1968	Miami	Florida State	of	123	372	46	97	23	13	10	65	5	.261
1969						Did not play in organized baseball							
1970	Orlando	Florida State	of-3b-1b	129	485	68	133	19	6	22	84	18	.274
1971	Charlotte	Southern	of	11	36	0	5	1	0	0	2	0	.139
	Lynchburg	Carolina	of-3b-1b	76	208	20	46	9	3	7	28	1	.221
	Wisconsin Rapids	Midwest	1b	20	78	11	18	4	2	8	16	1	.231
1972	Wisconsin Rapids	Midwest	of-1b	101	359	71	88	9	2	20	69	10	.245
1973	Wisconsin Rapids	Midwest	of-1b	112	424	62	115	26	4	7	76	8	.271
1974	Wisconsin Rapids	Midwest	of-1b	121	443	95	150	25	2	32	113	11	.339
1975	Wisconsin Rapids	Midwest	of-1b	126	404	71	111	13	1	31	86	2	.275
1976	Wisconsin Rapids	Midwest	dh-1b-of	128	486	112	132	30	4	30	103	1	.272
1977	Wisconsin Rapids	Midwest	1b	137	477	104	145	17	3	41	112	6	.304
1978	Wisconsin Rapids	Midwest	dh-1b-of	117	416	62	116	25	0	25	94	8	.279
1979	Jacksonville	Southern	dh	45	182	19	33	3	0	8	20	0	.181
1980	Fort Myers	Florida State	of-1b	18	44	9	16	2	1	2	6	0	.364
			Minors	1563	5372	857	1444	254	48	263	996	86	.269

Harry Sibley Hinchman

Born August 4, 1878 at Philadelphia, PA
Died January 19, 1933 at Toledo, OH.
Batted both. Threw right. Height: 5-11. Weight: 165.

Manager for Toledo, American Association, 1910-1911; Waterbury, Eastern, 1918-1919; Chambersburg, Blue Ridge, 1921; Williamsport, New York-Pennsylvania, 1923-1926, 32; Williamsport, Eastern, 1927; Reading, International, 1927-1930.

YEAR	CLUB	LEAGUE	POS	G	AB	R	H	2B	3B	HR	RBI	SB	AVG
1902	Ilion	New York State	2b	108	386	36	76	14	1	0	—	14	.196
1903	Ilion	New York State	2b	126	463	35	96	12	6	1	—	27	.207
1904	Ilion	New York State	2b	129	471	73	108	13	5	1	—	14	.229
1905	Wilkes-Barre	New York State	2b	124	439	45	94	14	2	1	—	13	.214
1906	Binghamton	New York State	2b	135	488	38	114	13	3	0	—	19	.233
1907	Binghamton	New York State	2b	68	245	27	66	7	4	0	—	13	.269
	Cleveland	American	2b	15	53	3	11	3	1	0	9	2	.216
1908	Toledo	American Association	2b	154	602	82	158	22	5	3	—	24	.262
1909	Toledo	American Association	2b	162	608	90	162	14	8	1	—	39	.266
1910	Toledo	American Association	2b	171	659	99	175	20	9	0	—	20	.265
1911	Toledo	American Association	2b	152	615	94	189	21	7	2	—	25	.307
1912	Toledo/St. Paul	American Association	2b	164	644	98	166	22	6	0	—	27	.258
1913	St. Paul	American Association	2b	159	641	88	182	20	9	3	—	14	.263
1914	St. Paul	American Association	2b	164	652	75	174	22	11	0	—	15	.267
1915	Kansas City	American Association	2b	136	559	88	182	20	9	3	—	14	.326
1916	Lincoln/Sioux City	Western	2b	87	328	50	97	12	2	1	—	4	.296
1917	Lawrence	Eastern	2b	110	417	49	93	6	0	0	—	6	.256
1918	Waterbury	Eastern	2b	57	195	25	50	0	0	0	—	6	.256
1919	Waterbury	Eastern	2b	31	104	19	25	2	1	0	—	4	.240
1920						Voluntarily retired							
1921	Chambersburg	Blue Ridge	2b	96	325	73	104	23	3	3	—	15	.320
			Majors	15	53	3	11	3	1	0	9	2	.216
			Minors	2333	8841	1184	2311	277	91	18	—	315	.261

Myril Oliver Hoag

Born March 9, 1908 at Davis, CA.
Died July 28, 1971 at High Springs, FL.
Batted right. Threw right. Height: 5-11. Weight: 180.

Manager for Palatka, Florida State, 1946; Gainesville, Florida State, 1947-1948 and 1951; St. Petersburg, Florida International, 1949; Valley and Rome, Georgia-Alabama, 1950.

YEAR	CLUB	LEAGUE	POS	G	AB	R	H	2B	3B	HR	RBI	SB	AVG
1926	Sacramento	Pacific Coast	of	2	3	0	1	0	0	0	2	0	.333
1927	Sacramento	Pacific Coast	of	4	16	0	3	1	0	0	—	0	.188
	Twin Falls	Utah-Idaho	of	55	226	36	69	12	3	7	—	2	.305
1928						Did not play in organized baseball							
1929	Sacramento	Pacific Coast	of	116	414	47	116	25	2	6	54	5	.280
1930	Sacramento	Pacific Coast	of	188	725	148	244	57	9	17	121	19	.337
1931	New York	American	of	44	28	6	4	2	0	0	3	0	.143
1932	New York	American	of	46	54	18	20	5	0	1	7	1	.370

YEAR	CLUB	LEAGUE	POS	G	AB	R	H	2B	3B	HR	RBI	SB	AVG
1933	Newark	International	of	150	565	86	168	31	8	21	106	9	.297
1934	New York	American	of	97	251	45	67	8	2	3	34	1	.267
1935	New York	American	of	48	110	13	28	4	1	1	13	4	.255
1936	New York	American	of	45	156	23	47	9	4	3	34	3	.301
1937	New York	American	of	106	362	48	109	19	8	3	46	4	.301
1938	New York	American	of	85	267	28	74	14	3	0	48	4	.277
1939	St. Louis	American	of-p	129	482	58	142	23	4	10	75	9	.295
1940	St. Louis	American	of	76	191	20	50	11	0	3	26	2	.262
1941	St. Louis/Chicago	American	of	107	381	30	97	13	3	1	44	6	.255
1942	Chicago	American	of	113	412	47	99	18	2	2	37	17	.240
1943							Military service						
1944	Chicago/Cleveland	American	of	84	325	38	90	10	3	1	31	7	.277
1945	Cleveland	American	of-p	40	128	10	27	5	3	0	3	1	.211
1946	Palatka	Florida State	of-p	121	403	79	138	37	4	**8**	96	21	**.342**
1947	Gainesville	Florida State	of-p	102	323	72	113	18	5	4	75	21	**.350**
1948	Gainesville	Florida State	p-of	59	135	27	44	8	2	2	21	7	.326
1949	St. Petersburg	Florida International	p	4	4	0	0	0	0	0	0	0	.000
	Gainesville	Florida State	p-of	62	164	22	52	7	2	1	26	8	.317
1950	Valley/Rome	Georgia-Alabama	p-of	56	107	15	31	6	0	1	18	10	.290
1951	Gainesville	Florida State	p	30	68	6	14	2	0	0	5	3	.206
		Majors		1020	3147	384	854	141	33	28	401	59	.271
		Minors		949	3153	538	993	204	35	67	524	105	.315

PITCHING RECORD

YEAR	CLUB	LEAGUE	G	IP	W	L	H	R	ER	BB	SO	ERA
1939	St. Louis	American	1	1	0	0	0	0	0	0	0	0.00
1945	Cleveland	American	2	3	0	0	3	0	0	1	0	0.00
1946	Palatka	Florida State	19	87	6	8	80	58	35	54	79	3.62
1947	Gainesville	Florida State	32	173	17	3	143	53	35	51	115	**1.82**
1948	Gainesville	Florida State	34	239	24	4	154	59	35	84	149	**1.32**
1949	St. Petersburg	Florida International	4	12	0	1	11	7	4	7	3	3.33
	Gainesville	Florida State	36	271	24	9	227	110	88	97	**280**	2.92
1950	Valley/Rome	Georgia-Alabama	36	208	15	11	191	105	60	73	137	2.60
1951	Gainesville	Florida State	21	137	5	10	126	84	63	51	76	4.14
		Majors	3	4	0	0	3	0	0	1	0	0.00
		Minors	182	1127	91	46	932	476	320	417	839	2.56

Edward Francis "Eddie" Hock

Born March 27, 1899 at Franklin Furnace, OH.
Died November 21, 1963 at Portsmouth, OH.
Batted left. Threw right. Height: 5-10½. Weight: 165.

Manager for Gladewater, West Dixie 1935; Gladewater, East Texas 1936; Texarkana, East Texas 1937; Monroe, Cotton States 1937; Logan, Mountain States 1938-1941; Ashland, Mountain States 1942-1943.
Hit the most singles in the minor leagues, 2944. Achieved unassisted triple play as shortstop for Houston against Dallas, May 6, 1927.

YEAR	CLUB	LEAGUE	POS	G	AB	R	H	2B	3B	HR	RBI	SB	AVG
1920	St. Louis	National	of	1	0	0	0	0	6	0	0	0	.000
1921	Richmond	Virginia	of	136	505	75	153	11	4	0	—	36	.383
1922	Newark	International	of	1	5	0	2	0	0	0	0	0	.400
	Atlanta	Southern Association	of-3b	125	463	53	137	10	5	8	—	18	.296
1923	Cincinnati	National	of	2	0	0	0	0	0	8	0	0	.000
	Oklahoma City	Western	of	152	622	112	195	17	5	4	—	23	.314
1924	Cincinnati	National	of	16	18	7	1	0	0	0	0	0	.100
	Oklahoma City	Western	of	110	454	73	122	20	4	8	—	12	.269
1925	Oklahoma City	Western	ss	163	619	108	194	24	22	3	—	53	.313
1926	Oklahoma City	Western	ss	166	**715**	127	230	26	13	4	—	31	.322
1927	Houston	Texas	ss-3b	149	606	109	190	23	8	1	49	15	.314
1928	Houston	Texas	3b	157	**665**	98	175	20	5	2	52	16	.263
1929	Houston	Texas	3b	168	**686**	91	182	18	11	1	47	16	.265
1930	Houston	Texas	3b	157	657	119	189	31	3	0	53	31	.288
1931	Houston	Texas	3b	158	**658**	112	197	22	3	0	42	33	.299
1932	Houston	Texas	3b	49	152	17	34	3	0	0	11	1	.224
	New Orleans	Southern Association	3b	113	460	72	150	13	1	1	33	23	.313
1933	Houston	Texas	3b	145	585	92	143	15	4	1	42	31	.244
1934	Dallas	Texas	3b	124	456	79	118	15	2	8	38	20	.259
1935	Oklahoma City	Texas	3b	31	59	8	13	1	1	8	5	4	.228
	Gladewater	West Dixie	3b	65	288	48	93	9	1	0	16	16	.323

YEAR	CLUB	LEAGUE	POS	G	AB	R	H	2B	3B	HR	RBI	SB	AVG
1936	Gladewater	East Texas	3b	141	530	73	160	21	2	0	49	32	.302
1937	Texarkana	East Texas	ss	41	177	32	49	6	1	0	13	6	.277
	Monroe	Cotton States	3b	91	324	63	92	17	3	0	43	16	.284
1938	Logan	Mountain States	3b-ss	119	463	120	142	14	3	4	70	22	.307
1939	Logan	Mountain States	3b-2b	117	470	94	130	15	7	2	40	16	.277
1940	Logan	Mountain States	3b-of	104	407	78	130	14	2	0	52	2	.319
1941	Logan	Mountain States	3b-ss-of	103	382	63	114	15	3	8	41	7	.298
1942	Ashland	Mountain States	3b	128	503	91	140	13	1	0	47	6	.278
			Majors	19	10	7	1	0	0	0	0	0	.100
			Minors	3011	1191	2007	3474	393	114	23	743	486	.292

Elmer Ralph Hodgin

Born February 10, 1916 at Greensboro, NC.
Batted left. Threw right. Height: 5-10. Weight: 167

Known as Ralph.
Manager for Reidsville, Carolina, 1952-53; Winston-Salem, Carolina, 1954; Palatka, Florida State, 1956..

YEAR	CLUB	LEAGUE	POS	G	AB	R	H	2B	3B	HR	RBI	SB	AVG
1935	Reidsville/Fieldale	Bi-State	of	114	483	84	**187**	45	7	11	–	14	**.387**
1936	Charleston	Middle Atlantic	of	128	555	89	187	41	8	6	75	9	.337
1937	Charlotte	Piedmont	of	29	115	19	31	11	1	0	27	3	.270
	Scranton	New York-Pennsylvania	of	96	370	45	110	12	11	1	38	11	.297
1938	Evansville	Three-I	of	123	498	91	161	19	17	7	86	17	.323
1939	Boston	National	of	32	48	4	10	1	0	0	4	0	.208
	Hartford	Eastern	of	104	403	64	119	26	8	4	71	8	.295
1940	Hartford	Eastern	of	137	525	84	160	22	11	4	78	14	.305
1941	Hartford	Eastern	of	136	524	62	150	31	4	7	77	12	.286
1942	San Francisco	Pacific Coast	of	173	675	91	216	37	**13**	4	112	6	.320
1943	Chicago	American	3b-of	117	407	52	128	22	8	1	50	3	.314
1944	Chicago	American	3b-of	121	465	56	137	25	7	1	51	3	.295
1945						Military service							
1946	Chicago	American	of	87	258	32	65	10	1	0	25	0	.252
1947	Chicago	American	of	59	180	26	53	10	3	1	24	1	.294
1948	Chicago	American	of	114	331	28	88	11	5	1	34	0	.266
1949	Sacramento	Pacific Coast	of	144	512	68	159	42	6	10	85	1	.311
1950	Sacramento	Pacific Coast	of	166	552	61	148	26	4	7	66	9	.268
1951	Sacramento	Pacific Coast	of	136	462	55	136	26	0	5	58	7	.294
1952	Reidsville	Carolina	of	119	447	70	126	26	2	8	66	1	.282
1953	Reidsville	Carolina	of	109	366	54	111	22	3	8	56	2	.303
1954	Winston-Salem/Reidsville	Carolina	of	105	368	55	106	23	1	5	72	1	.288
1955	High Point-Thomasville	Carolina	of	10	26	2	6	1	0	1	1	0	.231
1956	Palatka	Florida State	of	50	126	14	35	4	0	2	29	4	.278
			Majors	530	1689	198	481	79	24	4	188	7	.285
			Minors	1879	6987	1008	2148	414	96	90	997	119	.307

Edward Adolph "Tex" Hoffman

Born November 30, 1893 at San Antonio, TX.
Died May 19, 1947 at New Orleans, LA.
Batted left. Threw right. Height: 6-1. Weight: 200.

Manager for Tallahassee, Georgia-Florida, 1935.

YEAR	CLUB	LEAGUE	POS	G	AB	R	H	2B	3B	HR	RBI	SB	AVG
1913	Chattanooga	Southern Association	3b	1	4	1	1	0	0	0	0	0	.250
	Charleston	SALLY	2b	23	83	8	16	4	1	2	9	3	.193
1914	Flint	Southern Michigan Association	3b	147	559	65	147	27	11	12	–	11	.263
1915	Flint	Southern Michigan Association	2b-of-ss	70	256	36	73	10	4	7	–	10	.285
	Cleveland	American	3b	9	13	1	2	0	0	0	2	0	.154
	Cleveland	American Association	3b	63	225	24	52	11	4	0	–	6	.231
1916	Springfield	Central	3b	130	465	49	123	16	12	9	–	33	.265
	Toledo	American Association	3b	11	26	0	3	1	0	0	–	1	.115
1917	San Antonio	Texas	3b	43	137	16	32	7	2	0	–	4	.234
	South Bend/Fort Wayne	Central	3b-1b	99	356	40	101	18	4	7	–	20	.284
1918	Waco	Texas	2b-3b	88	315	36	83	18	1	6	–	21	.263
1919	Waco/Fort Worth	Texas	2b	155	551	60	127	27	5	7	–	34	.230
1920	Fort Worth	Texas	2b	149	543	86	175	29	9	10	77	23	.322
1921	Fort Worth	Texas	2b	129	504	75	157	27	9	7	72	11	.312

YEAR	CLUB	LEAGUE	POS	G	AB	R	H	2B	3B	HR	RBI	SB	AVG
1922	Fort Worth	Texas	2b	149	600	104	183	40	12	12	113	14	.305
1923	Fort Worth	Texas	2b	136	496	73	147	32	3	13	96	5	.296
1924	New Orleans	Southern Association	2b	154	530	77	149	27	19	11	94	8	.281
1925	New Orleans	Southern Association	2b	155	575	96	163	30	23	16	111	10	.283
1926	Shreveport	Texas	2b	158	549	100	158	34	1	21	94	8	.288
1927	Selma	Southeastern	2b	126	424	62	126	29	7	9	—	6	.297
1928	Albany	Southeastern	2b-1b	120	416	75	132	29	5	15	90	6	.317
	Macon	SALLY	2b	25	89	17	20	5	0	4	11	1	.225
1929	Mobile/Memphis	Southern Association	2b-1b	14	37	4	8	2	0	0	4	1	.216
	Canton	Central	2b	102	367	71	112	30	9	11	61	13	.305
1930	Mobile/New Orleans	Southern Association	2b	64	210	26	50	9	2	4	35	3	.238
	Springfield/Terre Haute	Three I	2b	48	181	35	58	10	3	3	26	4	.320
1931	Baton Rouge	Cotton State	2b	62	212	33	55	8	2	4	23	2	.259
1932-34				Did not play in organized baseball									
1935	Tallahassee	Georgia-Florida	if	62	185	34	46	7	4	1	31	0	.249
			Majors	9	13	1	2	0	0	0	2	0	.154
			Minors	2483	8895	1303	2497	487	152	191	947	258	.281

George C. Hogriever

Born March 17, 1869, in Cincinnati, OH.
Died January 26, 1961, in Appleton, WI.
Batted right. Threw right. Height: 5-8. Weight: 160.

Manager for Appleton, Wisconsin-Illinois 1911-1912.
Umpire for Wisconsin-Illinois 1912-1913.
Established minor league career record by stealing at least 948 bases.

YEAR	CLUB	LEAGUE	POS	G	AB	R	H	2B	3B	HR	RBI	SB	AVG
1889	Hamilton	Tri-State	of	20	65	7	9	—	—	—	—	8	.138
1890	Ottumwa	Illinois-Iowa	of-1b-c-2b	40	161	37	47	8	1	2	—	16	.292
1891	Kansas City	Western Association	of	18	76	11	12	5	1	0	—	8	.158
	Appleton	Wisconsin State	of	60	231	50	59	—	—	—	—	47	.255
1892	St. Paul/Fort Wayne	Western	of	46	164	37	32	7	2	0	—	27	.195
	Oshkosh	Michigan-Wisconsin	of-c-2b	54	217	55	73	14	4	2	—	40	.336
1893	Birmingham	Southern	of-p	60	224	49	68	10	2	0	—	22	.304
	Easton	Pennsylvania State	of	18	79	20	30	6	1	1	—	15	.380
1894	Sioux City	Western	of	126	588	171	206	30	**27**	20	—	93	.350
1895	Cincinnati	National	of	69	239	61	65	8	7	2	34	41	.272
	Indianapolis	Western	of-p	46	204	56	85	10	5	1	—	27	.417
1896	Indianapolis	Western	of	137	565	133	165	21	21	2	—	48	.292
1897	Indianapolis	Western	of	140	545	158	157	24	17	4	—	72	.288
1898	Indianapolis	Western	of	128	509	115	134	13	6	1	—	46	.263
1899	Indianapolis	Western	of	120	418	110	136	11	11	0	—	45	.287
1900	Indianapolis	American	of	138	524	116	132	25	6	2	—	46	.252
1901	Milwaukee	American	of	54	221	25	52	10	2	0	16	7	.235
		Western Association	of	48	180	39	58	8	3	0	—	16	.322
1902	Indianapolis	American Association	of-2b	142	549	124	159	22	13	3	—	37	.290
1903	Indianapolis	American Association	of	139	564	96	149	12	5	2	—	27	.264
1904	Indianapolis	American Association	of-2b	124	482	63	121	23	4	0	—	18	.251
1905	Des Moines	Western	of-3b	146	506	**122**	165	39	2	2	—	28	.326
1906	Des Moines	Western	of-3b	143	494	91	141	—	—	—	—	66	.285
1907	Des Moines	Western	of-3b	143	496	80	158	—	—	—	—	46	.319
1908	Pueblo	Western	3b-2b-of	122	459	84	133	14	3	1	—	35	.283
1909	Pueblo/Lincoln	Western	3b-2b-of	139	472	65	125	8	3	1	—	40	.265
1910	Appleton	Wisconsin-Illinois	of-2b-3b-p	116	407	71	117	18	3	2	—	32	.288
1911	Appleton	Wisconsin-Illinois	of-3b-c	118	411	57	122	12	3	4	—	30	.297
1912	Appleton	Wisconsin-Illinois	of-3b	87	295	32	77	14	2	1	—	13	.261
			Majors	123	460	86	117	18	9	2	50	48	.254
			Minors	2618	9885	2049	2870	3354	145	51	—	948	.291

Richard Brooks Holder

Born November 2, 1914 at Rising Star, TX.
Died June 7, 1986 at Pinole, CA.
Batted left. Threw right. Height: 5-10. Weight: 180,

YEAR	CLUB	LEAGUE	POS	G	AB	R	H	2B	3B	HR	RBI	SB	AVG
1935	Des Moines	Western	2b-ss	88	345	69	105	14	13	1	46	15	.304
	San Francisco	Pacific Coast	2b	18	48	9	12	0	0	0	4	4	.250

YEAR	CLUB	LEAGUE	POS	G	AB	R	H	2B	3B	HR	RBI	SB	AVG
1936	San Francisco	Pacific Coast	2b	152	581	110	168	27	11	1	50	17	.289
1937	San Francisco	Pacific Coast	of	135	486	87	155	27	8	2	65	10	.319
1938	San Francisco	Pacific Coast	of	172	585	122	193	26	8	2	95	11	.330
1939	San Francisco	Pacific Coast	of	173	636	115	200	34	24	5	87	14	.314
1940	San Francisco	Pacific Coast	of	152	521	63	143	19	7	1	60	6	.274
1941	San Francisco	Pacific Coast	of	170	624	119	175	30	10	2	53	11	.280
1942	San Francisco	Pacific Coast	of	179	652	113	194	36	9	6	51	4	.298
1943	Hollywood	Pacific Coast	of	149	543	83	148	27	5	6	62	12	.273
1944	Hollywood	Pacific Coast	of	161	583	119	163	28	8	6	54	21	.280
1945	Hollywood	Pacific Coast	of	109	312	54	80	16	2	5	41	13	.256
1946	Oakland	Pacific Coast	of	155	477	88	135	15	3	13	59	14	.283
1947	Oakland	Pacific Coast	of	172	599	137	186	40	4	16	78	9	.311
1948	Oakland	Pacific Coast	of	148	482	99	143	15	3	10	57	11	.297
1949	San Francisco	Pacific Coast	of	76	237	45	74	17	0	5	36	0	.312
1950	San Francisco	Pacific Coast	of	158	511	113	151	26	1	11	77	2	.295
1951	Portland	Pacific Coast	of	125	377	65	115	20	1	6	54	0	.305
		Minors		2492	8599	1610	2540	417	117	98	1029	174	.295

GOLDEN DESMOND "GOLDIE" HOLT

Born March 22, 1902 at Enlo, TX.
Died June 11, 1991 at Burbank, CA.
Batted right. Threw right. Height: 5-7. Weight: 170.

Manager for Ponca City, Western Association, 1938; St. Joseph, Western Association, 1939; Yakima, Western International, 1940-1941; San Jose, California, 1942; Beaumont, Texas, 1947; Pueblo, Western, 1954-1955; Macon, SALLY, 1956-1957; Spokane, Pacific Coast, 1958.
Scout for Brooklyn, National, 1951-53; Los Angeles, National, 1969-1973.
Coach for Kansas City, American Association, 1944; Pittsburgh, National, 1948-1950; Chicago, National, 1961-1965.

YEAR	CLUB	LEAGUE	POS	G	AB	R	H	2B	3B	HR	RBI	SB	AVG
1924	Fulton	KITTY	3b	20	70	–	20	2	1	0	–	1	.286
1925	Corinth	Tri-State	3b	97	368	75	112	17	7	10	–	6	.304
	Memphis	Southern Association	3b	4	27	2	5	1	1	0	–	0	.294
1926	Knoxville	SALLY	3b-of-ss	149	544	74	149	33	3	14	103	6	.274
1927	Spartanburg	SALLY	of	121	399	55	113	26	7	9	67	9	.283
1928	Meridian	Cotton States	3b	84	308	54	102	18	3	5	–	16	.331
	Mobile	Southern Association	of	18	53	7	11	0	1	0	5	0	.208
1929	Montgomery	Southeastern	3b	136	533	76	145	27	9	5	44	11	.272
1930	Montgomery	Southeastern	3b	110	425	58	117	18	8	4	43	15	.275
1931	High Point	Piedmont	3b-of	105	412	50	117	33	4	12	70	12	.284
1932	Charlotte/Raleigh	Piedmont	of-1b-2b	124	467	91	139	22	9	9	75	13	.298
1933	Charlotte	Piedmont	3b	13	39	8	13	3	1	0	4	3	.333
	Knoxville	Southern Association	of-3b	120	436	68	134	26	7	14	87	6	.307
1934	Knoxville	Southern Association	of-3b	100	359	34	96	14	3	4	50	4	.267
1935	Portland	Pacific Coast	of-3b	108	305	50	91	22	0	8	55	3	.298
1936	Portland	Pacific Coast	of-3b	105	283	38	77	21	0	6	40	0	.272
1937	Los Angeles	Pacific Coast	2b-of-3b	82	229	29	52	6	0	6	36	1	.227
1938	Ponca City	Western Association	of-3b	108	384	59	116	27	5	1	77	13	.302
1939	St. Joseph	Western Association	2b	127	453	95	132	25	2	11	83	9	.291
1940	Yakima	Western International	of	59	176	26	51	11	1	2	31	3	.290
1941	Yakima	Western International	2b	52	130	24	37	8	0	0	15	2	.285
1942	San Jose	California	2b-of	28	76	9	18	6	0	0	8	2	.237
1943							Voluntarily retired						
1944	Kansas City	American Association	of-3b	80	239	26	59	6	1	1	22	3	.247
1945	Newark	International	of	55	75	7	20	1	0	0	7	2	.267
1946	Kansas City	American Association	–	5	10	–	2	0	0	0	–	–	.200
1947	Beaumont	Texas	p	1	4	1	1	0	0	0	0	0	.250
		Minors		2011	6804	1016	1929	373	68	120	922	140	.284

ALEXANDER MARCUS "ALEX" HOOKS

Born August 29, 1906 at Edgewood, TX.
Died June 19, 1993 at Edgewood, TX.
Batted left. Threw left. Height: 6-1. Weight: 183.

YEAR	CLUB	LEAGUE	POS	G	AB	R	H	2B	3B	HR	RBI	SB	AVG
1928	Decatur	Three I	1b	119	439	69	128	19	13	9	59	11	.292
1929	Decatur	Three I	1b	143	555	101	175	24	19	6	89	12	.315

YEAR	CLUB	LEAGUE	POS	G	AB	R	H	2B	3B	HR	RBI	SB	AVG
1930	Decatur/Terre Haute	Three I	1b	100	376	70	119	19	13	7	83	15	.316
	Minneapolis/Indianapolis	American Association	1b	16	39	8	11	3	1	0	7	2	.282
1931	Wichita	Western	ph	4	4	–	1	0	0	0	0	0	.250
	Hazleton	New York-Pennsylvania	1b	50	190	32	59	13	1	6	28	3	.311
1932	Fort Worth	Texas	1b	149	576	65	184	27	18	2	72	8	.319
1933	Fort Worth/Tulsa	Texas	1b	142	567	83	148	21	14	4	80	5	.261
1934	Tulsa	Texas	1b	145	536	95	182	44	24	9	88	10	.340
1935	Philadelphia	American	1b	15	44	4	10	3	0	0	4	0	.227
	Atlanta	Southern Association	1b	106	413	56	141	27	4	2	60	13	.341
1936	Atlanta	Southern Association	1b	152	610	95	180	33	15	9	85	9	.295
1937	Atlanta	Southern Association	1b	142	551	77	162	28	8	5	93	7	.294
1938	Montreal	International	1b	155	595	83	169	25	4	15	79	8	.284
1939	Chattanooga	Southern Association	1b	153	570	86	176	23	6	7	94	9	.309
1940	Chattanooga	Southern Association	1b	152	549	81	171	29	10	3	77	7	.311
1941	Knoxville	Southern Association	1b	149	563	82	161	32	8	9	86	3	.286
1942	Oklahoma City/Fort Worth	Texas	1b	129	461	49	103	15	3	0	41	2	.223
1943	Montreal	International	1b	98	346	40	96	16	3	1	45	2	.277
	New Orleans	Southern Association	1b	32	105	14	26	7	0	0	12	0	.248
1944-45						Did not play in organized baseball							
1946	Greenville	East Texas	1b	129	456	60	129	24	7	5	77	4	.283
			Majors	15	44	4	10	3	0	0	4	0	.227
			Minors	2265	8501	1246	2521	429	171	99	1255	130	.297

Murray Donald "Red" Howell

Born January 29, 1909 at Atlanta, GA.
Died October 1, 1950 at Travelers Rest, SC.
Batted right. Threw right. Height: 6-0. Weight: 215.

YEAR	CLUB	LEAGUE	POS	G	AB	R	H	2B	3B	HR	RBI	SB	AVG
1928	Carrolton	Georgia-Alabama	of	95	409	87	152	34	11	16	–	7	.372
1929	Greenville	SALLY	of-c	146	555	93	189	30	14	21	135	8	.341
1930	Greenville	SALLY	of	142	568	123	193	32	19	25	147	32	.340
1931	Hartford	Eastern	of	123	507	76	167	28	5	13	87	5	.329
1932	Hartford	Eastern	of	67	249	35	85	11	5	4	44	8	.341
	Toronto	International	of	60	237	29	70	16	5	6	36	2	.295
1933	Toronto	International	of-1b	138	449	66	138	21	12	6	69	4	.307
1934	Toronto	International	of	129	468	65	158	36	11	6	115	7	.338
1935	Fort Worth/Tulsa	Texas	of	118	419	68	126	30	5	13	83	10	.301
1936	Tulsa	Texas	of	147	570	107	182	30	10	23	127	8	.319
1937	Los Angeles	Pacific Coast	of	46	154	24	40	10	1	5	26	0	.260
	Birmingham	Southern Association	of	97	339	59	107	19	7	7	57	7	.316
1938	Birmingham	Southern	of	144	515	94	168	37	15	8	95	10	.326
1939	Baltimore	International	of	151	529	97	181	39	5	24	107	2	.342
1940	Baltimore	International	of	152	557	124	200	35	4	29	122	8	**.359**
1941	Baltimore	International	of	66	236	36	77	10	0	8	50	2	.326
	Cleveland	American	of	11	7	0	2	0	0	0	2	0	.286
1942	Milwaukee	American Association	of	1	2	0	0	0	0	0	0	0	.000
	Knoxville	Southern Association	of	101	356	54	116	21	5	7	64	10	.326
	Jersey City	International	of	26	85	11	24	3	0	1	16	1	.282
1943	Jersey City	International	of	85	237	18	62	5	1	1	25	3	.262
1944	Atlanta	Southern Association	of	25	59	6	16	2	0	1	9	1	.271
	Portsmouth	Piedmont	1b-of	61	189	38	58	10	4	5	28	10	.307
			Majors	11	7	0	2	0	0	0	2	0	.286
			Minors	2121	7689	1310	2509	459	139	229	1442	147	.326

James Price "Jimmy" Hudgens

Born August 24, 1902 at Newberg, MO.
Died August 26, 1955 at St. Louis, MO.
Batted left. Threw left. Height: 6-0. Weight: 180.

YEAR	CLUB	LEAGUE	POS	G	AB	R	H	2B	3B	HR	RBI	SB	AVG
1923	Fort Smith	Western Association	1b	21	82	12	29	4	2	1	–	2	.354
	Fairbury	Nebraska State	1b	95	365	62	117	17	9	13	–	5	.321
	St. Louis	National	1b	6	8	0	2	0	0	0	0	0	.250
1924	Houston	Texas	1b	10	29	0	2	0	0	0	2	0	.069
	Fort Smith	Western Association	1b-of	90	328	50	99	19	2	5	44	2	.302
	Marshall	East Texas	1b	36	152	29	55	10	1	6	–	1	.362

YEAR	CLUB	LEAGUE	POS	G	AB	R	H	2B	3B	HR	RBI	SB	AVG
1925	Fort Smith	Western Association	1b	150	592	138	230	63	10	25	168	21	.389
	Cincinnati	National	1b	3	7	0	3	1	1	0	0	0	.429
1926	Cincinnati	National	1b	17	20	2	5	1	0	0	1	0	.250
	Seattle	Pacific Coast	1b	28	94	17	34	7	0	1	11	2	.362
	Minneapolis	American Association	1b	32	119	12	39	7	2	3	20	1	.328
1927	Seattle	Pacific Coast	1b	146	481	88	144	25	3	25	95	4	.299
1928	Seattle	Pacific Coast	1b	24	86	16	29	4	0	3	12	0	.337
	Memphis	Southern Association	1b	110	384	61	107	24	4	10	72	5	.279
1929	Knoxville/Macon	SALLY	1b	125	447	73	137	21	8	21	94	8	.306
1930	Greenville	SALLY	1b	139	498	96	152	36	8	39	114	17	.305
1931	Charlotte	Piedmont	1b	133	497	118	144	40	6	20	103	8	.290
			Majors	26	39	4	11	3	1	0	1	0	.282
			Minors	1139	4154	772	1318	277	55	172	735	76	.317

FRANK ELMER HUELSMAN

Born June 5, 1874 at St. Louis, MO.
Died June 9, 1959 at Afton, MO.
Batted right. Threw right. Height: 6-2. Weight: 210.

YEAR	CLUB	LEAGUE	POS	G	AB	R	H	2B	3B	HR	RBI	SB	AVG
1897	St. Louis	National	ss	2	7	0	2	1	0	0	0	0	.286
1898						No record available							
1899	Quincy/Dubuque	Western Association	of	33	129	31	30	2	2	0	–	10	.233
1900	Peoria/Danville	Central	of	82	331	75	100	16	4	5	–	9	.302
1901	Shreveport	Southern Association	of	121	487	98	191	31	10	9	–	15	.392
1902	Shreveport	Southern Association	of	111	427	71	155	39	5	2	–	19	.363
1903	Shreveport	Southern Association	of	8	35	9	12	2	0	1	10	2	.342
	Spokane	Pacific National	of	98	418	89	160	35	11	6	–	14	.392
1904	Chicago/Detroit/St.Louis/												
	Washington	American	of	112	396	28	97	23	5	2	35	7	.245
1905	Washington	American	of	126	421	48	114	28	8	3	62	11	.271
1906	Montreal	Eastern	of	113	389	55	104	21	7	5	–	21	.267
1907	Kansas City	American Association	of	149	566	91	168	37	14	5	–	24	.297
1908	Harrisburg	Tri-State	of	128	452	84	153	42	18	5	–	29	.338
1909	New Orleans	Southern Association	of	140	496	58	118	16	4	5	–	10	.237
1910	Mobile	Southern Association	of	38	119	14	23	6	0	1	16	4	.193
	Harrisburg	Tri-State	of	81	290	57	86	13	9	1	–	14	.296
1911	Great Falls	Union Association	of	135	516	117	212	48	15	17	125	25	.411
1912	Great Falls	Union Association	of	130	487	115	189	36	19	12	114	14	.388
1913	Salt Lake City	Union Association	of	122	473	123	200	36	20	22	126	16	.422
1914	Salt Lake City	Union Association	of	92	323	80	137	27	5	23	89	12	.424
1915	Albuquerque	Rio Grande Valley Association	of	53	221	48	85	23	5	10	–	10	.385
	Omaha	Western	of	10	31	9	7	2	0	0	–	2	.226
	Sherman	Western Association	of	42	148	26	46	19	0	4	–	0	.311
1916	Great Falls	Northwestern	of	11	37	4	4	0	0	0	–	0	.108
			Majors	240	824	76	213	52	13	5	97	18	.258
			Minors	1697	6375	1254	2180	451	149	133	480	250	.342

IRWIN V. "FUZZY" HUFFT

Born August 2, 1903 at Lebanon, MO.
Batted left. Threw right. Height: 5-10. Weight: 175.

YEAR	CLUB	LEAGUE	POS	G	AB	R	H	2B	3B	HR	RBI	SB	AVG
1921	Parsons	Southwestern	of	32	123	7	22	5	1	0	–	7	.179
	Drumwright	Western Association	of	13	44	2	11	2	0	0	–	0	.250
1923	Springfield	Western Association	3b	11	47	12	21	3	0	2	15	2	.447
1924	Springfield	Western Association	of	23	84	19	24	6	2	4	10	0	.286
	Arkansas City	Southwestern	of	101	384	86	141	24	6	28	–	9	.367
1925	Arkansas City	Southwestern	of	95	373	85	134	29	7	25	107	20	.359
	Wichita	Western	of	14	56	16	17	3	0	5	–	0	.304
1926	Seattle	Pacific Coast	of	165	550	86	171	23	8	16	94	8	.311
1927	Seattle	Pacific Coast	of	147	496	85	176	37	5	19	138	10	.355
1928	Seattle/Mission	Pacific Coast	of	160	561	108	208	46	8	30	143	7	.371
1929	Mission	Pacific Coast	of	194	754	140	286	57	7	39	187	7	.379
1930	Mission	Pacific Coast	of	187	721	140	257	51	6	37	178	8	.356
1931	Mission/Oakland	Pacific Coast	of	176	645	119	221	49	9	14	92	10	.343

YEAR	CLUB	LEAGUE	POS	G	AB	R	H	2B	3B	HR	RBI	SB	AVG
1932	Oakland	Pacific Coast	of	125	449	57	127	31	3	11	70	5	.283
	Indianapolis	American Association	of	38	133	15	31	10	2	2	21	0	.233
1933	Indianapolis	American Association	of	10	25	1	7	0	0	0	3	0	.280
	Oklahoma City/Galveston	Texas	of	123	445	61	132	33	8	5	81	10	.297
	Minors			1614	5890	1039	1986	409	72	237	1139	103	.336

GABRIEL "PETE" HUGHES

Born April 16, 1915 at Hurley, NM.
Batted left. Threw left. Height: 5-11. Weight: 195.

Set organized baseball records for receiving most bases on balls.
Base on balls totals are listed rather than stolen bases.

YEAR	CLUB	LEAGUE	POS	G	AB	R	H	2B	3B	HR	RBI	BB	AVG
1937	De Land	Florida State	of	86	297	63	97	18	3	8	71	73	.327
1938	Muskogee	Western Association	of	8	28	6	7	2	1	2	6	10	.250
1939	Ogden	Pioneer	of	122	477	140	195	40	5	41	133	101	.409
1940	Ogden/Twin Falls	Pioneer	of	130	471	113	147	30	11	20	112	129	.312
1941	Spokane	Western International	of	134	466	139	148	23	4	34	125	156	.318
1942-45							Military service						
1946	Victoria	Western International	of	119	364	109	124	25	1	30	121	132	.341
1947	Phoenix	Arizona-Texas	of	133	442	180	164	36	8	38	167	193	.371
1948	Phoenix	Arizona-Texas	of	132	415	142	144	38	5	21	118	207	.347
1949	Las Vegas	Sunset	of	123	408	156	143	31	9	24	126	210	.350
1950	El Centro	Sunset	of	107	369	104	145	25	4	19	108	131	.393
1951	El Centro/Tijuana	Southwest International	of	116	363	64	114	29	1	19	95	144	.314
1952	Tijuana	Southwest International	of	123	377	123	138	22	6	28	131	180	.366
	Minors			1333	4477	1339	1566	319	58	284	1313	1666	.350

ARTHUR LELAND "MIKE" HUNT

Born October 12, 1907 at Santa Clara, CA.
Batted right. Threw right. Height: 6-3½. Weight: 205.

YEAR	CLUB	LEAGUE	POS	G	AB	R	H	2B	3B	HR	RBI	SB	AVG
1927	Pocatello/Ogden	Utah-Idaho	p	10	21	0	4	2	0	0	—	0	.190
1928					Did not play in organized baseball								
1929	San Bernardino	California State	of	58	211	37	76	17	1	2	40	1	.360
	Tucson	Arizona State	of	31	122	24	40	7	0	4	—	0	.328
1930	Globe/Miami	Arizona State	of-p	104	418	85	145	23	11	21	82	3	.347
	San Francisco	Pacific Coast	of	19	70	14	21	2	3	0	7	0	.300
1931	San Francisco	Pacific Coast	of	76	228	34	69	14	1	5	43	1	.303
1932	San Francisco	Pacific Coast	of	151	529	84	167	26	8	14	84	2	.316
1933	Mission/San Francisco	Pacific Coast	of	60	168	28	51	5	0	6	42	0	.304
	Atlanta	Southern Association	ph	2	2	0	0	0	0	0	0	0	.000
1934	Seattle	Pacific Coast	of	175	644	125	223	42	5	30	128	8	.346
1935	Seattle	Pacific Coast	of	163	639	122	211	45	6	25	112	12	.330
1936	Seattle	Pacific Coast	of	169	670	116	212	50	6	30	135	6	.316
1937	Seattle	Pacific Coast	of	172	647	129	202	43	3	39	131	2	.312
1938	Seattle	Pacific Coast	of	157	539	98	157	26	6	13	77	1	.291
1939	Seattle	Pacific Coast	of	121	371	57	96	26	3	15	76	3	.259
	Minors			1468	5279	953	1674	328	53	204	957	42	.317

JOSEPH JOHNSON "JOE" HUTCHESON

Born February 5, 1905 at Springtown, TX.
Died February 23, 1993 at Tyler, TX.
Batted left. Threw right. Height: 6-2. Weight: 200.

Played as Joe Hudson in 1926.

YEAR	CLUB	LEAGUE	POS	G	AB	R	H	2B	3B	HR	RBI	SB	AVG
1926	Vicksburg	Cotton States	of	69	265	39	82	12	10	3	—	2	.309
1927	Vicksburg	Cotton States	of	127	469	61	136	19	11	9	—	14	.290
1928	Montgomery	Southeastern	of	39	147	20	38	10	0	0	12	2	.259
	Vicksburg/Meridian	Cotton States	of	32	122	18	36	8	4	1	36	4	.295
1929	Jackson	Cotton States	of	128	475	92	171	31	6	23	—	16	.360
	Memphis	Southern Association	of	10	31	—	10	5	1	0	—	0	.323
1930	Memphis	Southern Association	of	121	403	101	153	28	8	20	113	7	.380

YEAR	CLUB	LEAGUE	POS	G	AB	R	H	2B	3B	HR	RBI	SB	AVG
1931	Memphis	Southern Association	of	125	408	66	126	22	9	19	78	7	.309
1932	Memphis	Southern Association	of	135	470	94	147	31	6	20	92	7	.313
1933	Memphis	Southern Association	of	87	330	60	119	22	5	18	77	2	.361
	Brooklyn	National	of	55	184	19	43	4	1	6	21	1	.234
1934	St. Paul	American Association	of	15	58	9	12	2	0	4	–	0	.207
	Memphis	Southern Association	of	132	468	87	163	43	8	11	81	7	.348
1935	Memphis/Atlanta	Southern Association	of	154	564	83	158	30	7	13	88	6	.280
1936	Atlanta	Southern Association	of	42	132	11	40	4	0	3	15	0	.303
1937	Atlanta/New Orleans	Southern Association	of	25	103	10	19	7	1	3	18	0	.184
	Tulsa	Texas	of	5	14	–	1	0	0	0	0	0	.071
	Jackson	Southeastern	of	48	186	20	60	7	2	1	33	0	.323
1938	Jackson	Southeastern	of	28	116	22	35	7	2	1	24	1	.302
		Majors		55	184	19	43	4	1	6	21	1	.234
		Minors		1322	4761	793	1506	292	81	149	667	76	.316

Donald M. "Don" Hutson

Born January 31, 1913 at Pine Bluff, AR.

College and pro football star. Premier pass receiver for Green Bay Packers, 1935-45. Led in receptions eight years; led in scoring five years. Charter member of Pro Football Hall of Fame.

YEAR	CLUB	LEAGUE	POS	G	AB	R	H	2B	3B	HR	RBI	SB	AVG
1936	Pine Bluff	Cotton States	of	132	536	95	167	10	10	4	43	25	.312
1937	Albany	New York-Pennsylvania	of	14	53	8	11	2	0	0	5	3	.208
	Selma/Jackson	Southeastern	of	48	195	38	58	7	4	3	13	13	.297
		Minors		194	784	140	236	19	14	7	61	41	.301

George Christopher "Hickory" Jackson

Born October 14, 1882 at Springfield, MO.
Died November 25, 1972 at Cleburne, TX.
Batted right. Threw right. Height: 6-0½. Weight: 180.

Manager for Tyler, Lone Star, 1927-1928; El Dorado, Cotton States, 1929-1932.

YEAR	CLUB	LEAGUE	POS	G	AB	R	H	2B	3B	HR	RBI	SB	AVG
1906	Jackson	Cotton States	p	3	8	1	2	0	0	0	–	0	.250
1907	Lake Charles	Gulf Coast	1b	44	153	31	43	6	2	1	–	16	.281
1908	Lake Charles	Gulf Coast	3b-ss-p	28	108	25	28	6	1	3	–	6	.259
	Dallas	Texas	of	74	219	31	53	11	3	0	–	21	.242
1909	Dallas	Texas	of	129	431	65	117	21	3	6	–	53	.271
1910	Dallas	Texas	of	144	515	80	144	17	7	5	–	55	.280
	Memphis	Southern Association	of	5	18	1	3	2	0	0	–	0	.167
1911	Memphis	Southern Association	of	85	300	29	78	17	4	2	–	13	.260
	Boston	National	of	39	147	28	51	11	2	0	25	12	.347
1912	Boston	National	of	110	397	55	104	13	5	4	48	22	.262
1913	Boston	National	of	3	10	2	3	0	0	0	0	0	.300
	Buffalo	International	of	116	423	72	110	15	7	3	–	29	.260
1914	Buffalo	International	of	97	312	54	84	17	4	4	–	12	.269
1915	Buffalo	International	of	78	200	31	51	10	1	1	–	7	.255
1916	Buffalo	International	of	116	449	80	146	34	9	2	–	11	.325
1917	Buffalo	International	of	112	404	46	111	20	3	3	–	7	.275
1918	Fort Worth	Texas	of-1b	69	243	25	74	16	1	3	–	6	.305
1919	San Antonio	Texas	of	81	284	31	75	10	1	3	–	8	.264
1920	Shreveport	Texas	of-1b	133	493	87	164	31	9	6	37	31	.333
1921	Shreveport	Texas	of	160	625	109	194	31	11	10	98	30	.310
1922	Shreveport	Texas	of	111	410	64	141	28	2	10	74	14	.344
1923	Shreveport/Beaumont	Texas	of-1b	82	256	35	64	11	3	4	40	10	.250
1924	Tyler	East Texas	1b-of	110	415	103	154	31	0	26	–	20	.371
1925	Tyler	East Texas	1b-of	92	351	91	127	28	0	16	–	20	.362
1926	Greenville	East Texas	of-1b	90	336	55	97	17	0	10	–	14	.289
1927	Tyler	Lone Star	1b	115	428	71	126	21	0	21	–	14	.294
1928	Tyler	Lone Star	1b-of	87	317	58	105	17	1	13	–	12	.331
1929	Laurel/El Dorado	Cotton States	1b	92	231	40	64	14	0	5	–	6	.277
1930	El Dorado	Cotton States	1b	72	240	41	69	9	3	1	36	11	.288
1931	El Dorado	Cotton States	1b	55	125	16	37	8	0	0	14	0	.296
1932	El Dorado	Cotton States	1b	34	87	11	20	1	0	1	–	4	.230
		Majors		152	554	85	158	24	7	4	73	34	.285
		Minors		2393	8381	1383	2481	449	75	159	299	439	.296

RAYMOND F. "RAY" JACOBS

Born January 2, 1902 at Salt Lake City, UT.
Died April 4, 1952 at Los Angeles, CA.
Batted right. Threw right. Height: 6-0. Weight: 160.

Manager for Yakima, Western International, 1937-1939; Twin Falls, Pioneer, 1940; Spokane, Pioneer, 1941-1942.

YEAR	CLUB	LEAGUE	POS	G	AB	R	H	2B	3B	HR	RBI	SB	AVG
1923	Los Angeles	Pacific Coast	ss	15	45	6	16	3	0	1	8	1	.356
1924	Los Angeles	Pacific Coast	3b	147	517	73	143	44	0	9	76	2	.277
1925	Los Angeles	Pacific Coast	ss-3b-1b	150	539	116	167	53	3	13	75	18	.310
1926	Los Angeles	Pacific Coast	1b	178	580	92	148	39	6	21	102	13	.255
1927	Los Angeles	Pacific Coast	1b-2b-ss	97	359	70	116	25	7	13	64	9	.323
1928	Los Angeles	Pacific Coast	1b	36	111	8	23	5	0	0	11	1	.207
	Chicago	National	ph	2	2	0	0	0	0	0	0	0	.000
	Toledo/Minneapolis	American Association	ss-2b	40	141	23	47	5	4	4	–	2	.333
1929	Los Angeles	Pacific Coast	2b-1b-3b	178	591	84	196	40	8	20	118	11	.332
1930	Los Angeles	Pacific Coast	1b	196	710	128	216	41	8	20	130	11	.304
1931	Los Angeles	Pacific Coast	1b-3b	124	386	78	115	29	3	18	73	5	.298
1932	Portland	Pacific Coast	1b	40	149	15	43	5	1	5	34	2	.289
	Galveston	Texas	1b	27	88	7	11	3	0	1	5	1	.125
1933	Hollywood	Pacific Coast	1b	159	564	107	160	35	0	36	125	9	.284
1934	Hollywood	Pacific Coast	1b-2b	178	597	93	172	28	1	24	112	9	.288
1935	Hollywood	Pacific Coast	1b	115	402	62	119	17	3	13	69	11	.296
1936	San Diego	Pacific Coast	1b	106	332	42	93	23	1	5	46	8	.280
1937	Yakima	Western International	1b-3b	118	432	82	139	37	3	8	78	4	.322
1938	Yakima	Western International	1b	90	291	48	88	24	3	5	44	9	.302
1939	Yakima	Western International	1b	95	321	49	78	15	0	14	48	4	.243
1940	Twin Falls	Pioneer	1b	13	31	2	6	0	0	2	8	0	.194
1941	Spokane	Western International	1b	24	37	4	9	3	0	0	3	1	.243
1942	Spokane	Western International	1b	24	39	6	11	2	0	1	9	1	.282
		Majors		2	2	0	0	0	0	0	0	0	.000
		Minors		2150	7262	1195	2116	476	51	233	1238	132	.291

MERWIN JOHN WILLIAM "JAKE" JACOBSON

Born March 7, 1894 at New Britain, CT.
Died January 13, 1978 at Baltimore, MD.
Batted left. Threw left. Height: 5-11½. Weight: 165.

YEAR	CLUB	LEAGUE	POS	G	AB	R	H	2B	3B	HR	RBI	SB	AVG
1913	Portland/Lynn	New England	of	17	66	8	15	1	1	0	–	2	.227
	St. Croix	New Brunswick-Maine	of	53	207	45	65	8	6	5	–	4	.314
1914	Brockton	Colonial	of	85	224	38	72	8	**15**	2	–	6	.321
1915	Brockton	Colonial	of	98	350	42	112	17	6	1	–	28	.320
	New York	National	of	8	24	0	2	0	0	0	0	0	.083
1916	Rochester	International	of	136	512	88	143	26	8	4	–	17	.279
	Chicago	National	of	4	13	2	3	0	0	0	0	2	.231
1917	Toronto	International	of	155	599	106	173	26	13	6	–	12	.289
1918		Did not play in organized baseball
1919	Baltimore	International	of	149	578	115	203	36	13	4	–	37	.351
1920	Baltimore	International	of	154	581	**161**	**235**	35	16	7	–	18	**.404**
1921	Baltimore	International	of	167	632	163	215	38	14	12	–	26	.340
1922	Baltimore	International	of	124	451	84	137	18	5	6	71	18	.304
1923	Baltimore	International	of	160	606	127	199	26	11	11	106	36	.328
1924	Baltimore	International	of	154	552	108	170	32	7	18	97	24	.308
1925	Jersey City	International	of	160	623	114	197	28	13	8	90	10	.316
1926	Brooklyn	National	of	110	288	41	71	9	2	0	23	5	.247
1927	Brooklyn	National	of	11	6	4	0	0	0	0	1	0	.000
	Toronto	International	of	125	471	79	126	17	9	6	58	24	.268
1928	Toronto/Newark	International	of	129	422	83	119	21	1	3	49	23	.282
1929	Newark	International	of	83	211	42	59	10	4	2	27	3	.280
1930	St. Paul	American Association	of	18	43	9	12	1	0	1	7	3	.279
	Hagerstown	Blue Ridge	of-1b	8	30	6	11	3	0	3	9	4	.367
1931	Springfield	Eastern	of	86	340	54	102	19	8	1	37	6	.300
	York	New York-Pennsylvania	of-1b	7	25	2	6	0	0	0	2	1	.240
1932	Norfolk	Eastern	of	21	80	12	24	3	0	1	10	1	.300
1933	Baltimore	International	of	2	0	0	0	0	0	0	0	0	.000
		Majors		133	331	47	76	9	2	0	24	7	.230
		Minors		2091	7603	1486	2395	373	150	101	563	301	.315

Irvine Franklin "Irv" Jeffries

Born September 10, 1905 at Louisville, KY.
Died June 8, 1982 at Louisville, KY.
Batted right. Threw right. Height: 5-10. Weight: 175.

Manager for Kingsport, Appalachian, 1949.

YEAR	CLUB	LEAGUE	POS	G	AB	R	H	2B	3B	HR	RBI	SB	AVG
1928	Akron	Central	ss	57	219	26	62	10	9	3	–	2	.283
	Dallas	Texas	ss	17	72	6	22	4	0	0	7	0	.306
1929	Dallas	Texas	3b-ss	168	630	86	192	37	9	10	89	11	.305
1930	Toledo	American Association	ss	45	185	27	61	13	3	5	–	5	.330
	Chicago	American	ss-3b	40	97	14	23	3	0	2	11	1	.237
1931	Chicago	American	3b-2b-ss	79	223	29	50	10	0	2	16	3	.224
1932	St. Paul	American Association	2b	166	690	106	213	52	8	20	82	7	.309
1933	St. Paul	American Association	2b	153	686	125	236	45	11	17	102	4	.344
1934	Philadelphia	National	2b-3b	56	175	28	43	6	0	4	19	2	.246
	Baltimore	International	2b	79	302	52	91	15	2	8	50	4	.301
1935	Baltimore	International	2b-3b	154	638	111	181	44	3	19	68	15	.284
1936	Baltimore/Montreal	International	2b-3b	113	367	73	115	25	4	5	55	5	.313
1937	Montreal	International	3b	138	500	78	154	36	2	6	65	11	.308
1938	Portland	Pacific Coast	3b	177	687	74	195	42	1	5	78	6	.284
1939	Portland	Pacific Coast	2b	167	645	93	204	34	1	5	69	2	.316
1940	Fort Worth	Texas	3b-1b	135	494	54	119	14	7	3	45	5	.241
		Majors		175	495	71	116	19	0	8	46	6	.234
		Minors		1569	6115	911	1845	371	60	106	710	77	.302

Thomas Griffith "Tom" Jenkins

Born April 10, 1898 at Camden, AL.
Died May 3, 1979 at Weymouth, MA.
Batted left. Threw right. Height: 6-1½. Weight: 174.

YEAR	CLUB	LEAGUE	POS	G	AB	R	H	2B	3B	HR	RBI	SB	AVG
1924	Waterbury	Eastern	of	20	76	–	20	5	1	0	–	0	.263
	Wilkes-Barre	New York-Pennsylvania	of	111	424	76	141	23	14	12	–	15	.333
1925	Danville	Three I	of	137	553	96	192	25	13	7	–	9	.360
	Boston	American	of	15	64	9	19	2	1	0	5	0	.297
1926	Boston/Philadelphia	American	of	27	73	6	13	3	1	0	6	0	.178
	Wichita Falls	Texas	of	116	473	84	177	33	2	17	87	12	.374
1927	Wichita Falls	Texas	of	155	586	147	213	48	9	25	129	13	.363
1928	Wichita Falls	Texas	of	160	603	121	210	43	4	27	122	12	.348
1929	Milwaukee	American Association	of	105	401	66	132	25	13	6	66	9	.329
	St. Louis	American	of	21	22	1	4	0	1	0	0	0	.182
1930	Milwaukee	American Association	of	153	626	120	216	38	16	24	127	10	.345
	St. Louis	American	of	2	8	1	2	1	1	0	3	0	.250
1931	St. Louis	American	of	81	230	20	61	7	2	3	25	1	.265
1932	St. Louis	American	of	25	62	5	20	1	0	0	5	0	.323
	Rochester	International	of	4	17	–	4	0	0	1	–	0	.235
	Houston	Texas	of	47	160	26	49	5	2	1	26	3	.306
1933	Dallas/Fort Worth	Texas	of	86	322	36	93	19	5	5	60	4	.289
	Omaha	Western	of	50	207	37	64	15	6	8	–	8	.309
		Majors		171	195	42	119	14	6	3	44	1	.259
		Minors		1144	4448	809	1511	279	85	133	617	95	.340

Samuel "Sam" Jethroe

Born January 20, 1922 at East St. Louis, IL.
Batted both. Threw right. Height: 6-1. Weight: 178.

Set International League record with 89 stolen bases in 1949.

YEAR	CLUB	LEAGUE	POS	G	AB	R	H	2B	3B	HR	RBI	SB	AVG
1942	Cleveland	Negro American	of	10	39	–	19	5	1	0	–	–	.487
1943	Cleveland	Negro American	of-3b	25	98	–	28	8	4	2	–	0	.286
1944	Cleveland	Negro American	of	68	275	55	97	14	2	2	–	18	.353
1945	Cleveland	Negro American	of	56	214	61	84	10	10	3	–	21	.393
1946	Cleveland	Negro American	of-2b	62	226	54	70	–	–	6	–	20	.393
1947	Cleveland	Negro American	of	70	306	90	108	35	10	7	–	52	.353
1948	Cleveland	Negro American	of	47	186	61	55	13	4	5	30	29	.296

YEAR	CLUB	LEAGUE	POS	G	AB	R	H	2B	3B	HR	RBI	SB	AVG
	Montreal	International	of	76	292	52	94	19	11	1	25	18	.322
1949	Montreal	International	of	153	635	154	207	34	19	17	83	89	.326
1950	Boston	National	of	141	582	100	159	28	8	18	58	35	.273
1951	Boston	National	of	148	572	101	160	29	10	18	65	35	.280
1952	Boston	National	of	151	608	79	141	23	7	13	58	28	.232
1953	Toledo	American Association	of	145	543	137	168	32	10	28	74	27	.309
1954	Pittsburgh	National	of	2	1	0	0	0	0	0	0	0	.000
	Toronto	International	of	154	593	113	181	36	8	21	84	23	.305
1955	Toronto	International	of	145	485	88	127	16	4	16	66	24	.262
1956	Toronto	International	of	149	567	105	163	25	4	19	68	22	.287
1957	Toronto	International	of	130	451	83	125	16	6	15	39	24	.277
1958	Toronto	International	of	68	184	20	43	11	0	2	18	5	.234
		Majors		442	1763	280	460	80	25	49	181	98	.261
		Minors		1028	3750	752	1108	189	62	119	457	232	.295
		Negro		338	1344	321	461	85	31	25	67	121	.343

FELIX ELVIO JIMENEZ

Born January 6, 1940 at San Pedro de Macoris, Dominican Republic.
Batted right. Threw right. Height: 5-9. Weight: 170.

Known as Elvio.
Brother of Manuel Jiminez, major league player.

YEAR	CLUB	LEAGUE	POS	G	AB	R	H	2B	3B	HR	RBI	SB	AVG
1959	St. Petersburg	Florida State	of	132	550	110	181	29	17	10	65	13	.329
1960	Modesto	California	of	105	437	83	161	29	7	7	83	7	.368
1961	Binghamton	Eastern	of	120	438	58	131	28	8	10	83	1	.299
1962	Amarillo	Texas	of	136	533	69	165	24	6	14	82	1	.310
1963	Augusta	SALLY	of	82	323	42	108	18	1	5	44	4	.331
1964	New York	American	of	1	6	0	2	0	0	0	0	0	.333
	Richmond	International	of	150	570	73	169	23	7	8	88	2	.296
1965	Toledo	Internaional	of	132	492	52	146	23	2	5	54	4	.297
1966	Toledo	International	of	71	213	19	58	9	2	5	30	1	.235
	Columbus	Southern	of	50	185	25	57	13	2	2	21	0	.308
1967	Columbus	International	of	133	483	66	164	19	6	9	65	2	**.340**
1968	Columbus	International	of	139	499	72	157	25	2	14	77	0	.315
1969	Columbus	International	of	130	509	52	140	21	8	7	58	0	.275
1970	Denver/Indianapolis	American Association	of	108	386	33	106	14	3	11	51	5	.275
1971	Indianapolis	American Association	of	97	297	29	80	9	1	8	32	1	.269
1972	Reynosa	Mexican	of	135	502	80	180	30	2	16	81	1	.359
1973	Reynosa	Mexican	of	129	472	77	159	32	4	20	78	5	.337
1974	Reynosa/Saltillo	Mexican	of	135	498	72	141	10	2	17	68	0	.283
1975	Coahuila	Mexican	of	33	118	7	29	7	1	0	14	0	.246
		Majors		1	6	0	2	0	0	0	0	0	.333
		Minors		2017	7505	1019	2332	363	168	168	1074	45	.311

LEONARD EDWARD "LEN" JOHNSTON

Born March 15, 1929 at Pontiac, MI.
Batted left. Threw left. Height: 5-10. Weight: 175.

Manager for Burlington, Carolina, 1967-1968; Sumter, Western Carolinas, 1970; Sarasota, Gulf Coast, 1971; Elmira, Eastern, 1972; Cleveland, Gulf Coast Rookie, 1973; Peninsula, Carolina, 1974; Miami, Florida State, 1976-1977; Hagerstown, Carolina, 1984.

YEAR	CLUB	LEAGUE	POS	G	AB	R	H	2B	3B	HR	RBI	SB	AVG
1952	Madisonville	KITTY	of	61	204	45	72	15	2	1	16	29	.353
1953	Colorado Springs	Western	of	155	626	133	199	26	6	2	68	60	.318
1954	Memphis	Southern Association	of	136	511	82	151	21	5	1	49	39	.295
1955	Memphis	Southern Association	of	44	134	24	34	8	0	0	13	13	.254
	Charleston	American Association	of	104	410	65	118	19	3	0	24	25	.288
1956	Richmond	International	of	153	619	83	182	26	5	1	43	40	.294
1957	Richmond	International	of	151	593	85	168	21	9	3	41	26	.283
1958	Richmond	International	of	135	474	81	118	18	9	2	38	37	.249
1959	Houston	American Association	of	58	173	27	41	7	4	0	15	3	.237
	Charleston	SALLY	of	56	204	35	52	5	4	0	14	8	.255
1960	Asheville	SALLY	of	52	213	51	68	14	4	5	22	10	.319
	Indianapolis	American Association	of	76	270	43	82	11	5	1	35	23	.304
1961	Indianapolis	American Association	of	113	370	69	110	20	6	1	22	25	.297

YEAR	CLUB	LEAGUE	POS	G	AB	R	H	2B	3B	HR	RBI	SB	AVG
1962	Indianapolis	American Association	of	113	352	59	95	13	2	1	45	16	.270
1963	Indianapolis	International	of	115	305	58	80	14	3	4	30	12	.262
1964	Indianapolis	Pacific Coast	of	127	412	75	130	22	7	4	67	11	.316
1965	Indianapolis	Pacific Coast	of	81	175	20	36	2	1	2	14	2	.206
1966	Indianapolis	Pacific Coast	of	94	235	29	59	7	4	1	19	6	.251
1967	Burlington	Carolina	of	2	5	0	1	0	0	0	2	0	.200
		Minors		1826	6285	1064	1796	269	79	29	577	385	.286

SMEAD POWELL JOLLEY

Born January 14, 1902 at Wesson, AR.
Died November 17, 1991 at Alameda, CA.
Batted left. Threw right. Height: 6-3½. Weight: 210.

Started out as pitcher, hurling in 97 games with 41-34 won-loss record in six years.

YEAR	CLUB	LEAGUE	POS	G	AB	R	H	2B	3B	HR	RBI	SB	AVG
1922	Greenville	Cotton States	p	39	86	7	27	11	9	0	—	0	.314
	Shreveport	Texas	p	3	8	2	2	0	0	0	2	0	.250
1923	Shreveport	Texas	p-of	76	196	24	65	19	1	1	32	1	.331
1924	Shreveport	Texas	of	6	14	2	5	0	0	0	3	0	.357
	Texarkana	East Texas	of-p	112	429	85	159	46	1	14	—	7	.370
	Bartlesville	Western Association	of-p	11	45	15	23	7	0	4	24	0	.511
1925	Corsicana	Texas Association	of-p	126	495	95	174	35	5	26	—	9	.352
	San Francisco	Pacific Coast	of-p	38	132	31	59	16	1	12	43	1	.447
1926	San Francisco	Pacific Coast	of-p	174	575	79	199	45	3	25	132	3	.346
1927	San Francisco	Pacific Coast	of-c	168	625	106	248	33	7	33	163	3	**.397**
1928	San Francisco	Pacific Coast	of	191	765	143	309	45	2	10	45	188	9	**.404**
1929	San Francisco	Pacific Coast	of-p	200	812	172	314	65	10	35	159	6	.387
1930	Chicago	American	of	152	616	76	193	38	12	16	114	3	.313
1931	Chicago	American	of	54	110	5	33	11	0	3	28	0	.300
1932	Chicago/Boston	American	of-c	149	573	60	179	30	5	18	106	1	.312
1933	Boston	American	of	118	411	47	116	32	4	9	65	1	.282
1934	Hollywood	Pacific Coast	of	171	631	117	227	49	7	23	133	7	.360
1935	Hollywood	Pacific Coast	of	159	599	113	223	44	3	29	128	0	.372
1936	Albany	International	of	155	592	109	221	52	9	18	105	2	**.373**
1937	Jersey City	International	of	12	42	5	14	1	0	1	5	0	.333
	Nashville	Southern Association	of	53	205	39	61	11	1	6	37	0	.298
1938	Hollywood/Oakland	Pacific Coast	of	119	414	48	145	25	9	6	54	2	**.350**
1939	Oakland	Pacific Coast	of	140	499	60	154	39	2	9	76	4	.309
1940	Spokane	Western International	of-p	145	601	117	224	56	5	25	181	2	**.373**
1941	Spokane/Yakima	Western International	of-p	133	533	86	184	30	4	24	128	5	**.345**
		Majors		473	1710	188	521	111	21	46	313	5	.305
		Minors		2231	8298	1455	3037	636	78	336	1593	61	.366

CLARENCE WOODROW JONES

Born November 7, 1941 at Zanesville, OH.
Batted left. Threw left. Height: 6-2 Weight: 185.

First player to hit more than 200 homers in minors and Japanese leagues.

YEAR	CLUB	LEAGUE	POS	G	AB	R	H	2B	3B	HR	RBI	SB	AVG
1959	Johnson City	Appalachian	1b	3	7	2	0	0	0	0	0	0	.000
1960						Did not play in organized baseball							
1961	Kokomo	Midwest	of	51	160	28	34	6	0	8	27	2	.213
	Artesia	Sophomore	of	36	118	37	43	10	0	9	32	2	.364
1962	Great Fals	Pioneer	of-1b	114	347	77	97	16	0	25	89	3	.280
1963	Santa Barbara	California	of	98	319	56	86	13	2	20	66	5	.270
	Albuquerque	Texas	1b-of	12	30	5	3	0	0	2	6	1	.100
1964	Salem	Northwest	of	139	489	114	168	30	5	33	120	13	.344
1965	Albuquerque	Texas	1b	121	416	76	117	24	2	18	79	4	.281
1966	Tacoma	Pacific Coast	1b	26	69	11	12	1	0	1	7	0	.174
	Dallas-Fort Worth	Texas	1b	82	270	39	66	17	0	13	43	0	.244
1967	Chicago	National	of-1b	53	135	13	34	7	0	2	16	0	.252
	Tacoma	Pacific Coast	1b	61	211	34	60	11	2	14	52	1	.284
1968	Tacoma	Pacific Coast	1b	146	523	79	140	21	5	**24**	76	5	.268
	Chicago	National	1b	5	2	0	0	0	0	0	0	0	.000
1969	Indianapolis	American Association	1b-of	129	447	68	110	20	4	21	82	3	.246

YEAR	CLUB	LEAGUE	POS	G	AB	R	H	2B	3B	HR	RBI	SB	AVG
1970	Nankai	Japan Pacific	1b	128	443	69	108	16	0	33	88	9	.244
1971	Nankai	Japan Pacific	1b	125	412	62	95	11	0	35	73	4	.231
1972	Nankai	Japan Pacific	1b	126	452	65	132	19	1	32	70	4	.292
1973	Nankai	Japan Pacific	1b	126	410	75	100	9	0	32	76	1	.244
1974	Kintetsu	Japan Pacific	1b	130	411	66	93	12	1	**38**	90	5	.226
1975	Kintetsu	Japan Pacific	1b	130	429	54	98	12	0	29	73	3	.228
1976	Kintetsu	Japan Pacific	1b	114	377	54	92	12	1	**36**	68	0	.244
1977	Kintetsu	Japan Pacific	1b	82	248	30	44	8	1	11	24	0	.177
1978	Aguascalientes	Mexican	dh-1b	134	424	78	132	27	1	23	88	3	.311
		Majors		58	137	13	34	7	0	2	16	0	.248
		Minors		1152	3830	704	1068	196	21	211	767	43	.279
		Japan		961	3182	475	762	99	4	246	562	26	.239

JAMES TILFORD "SHERIFF" "JIM" JONES

Born December 25, 1878 at London, KY.
Died May 6, 1953 at London, KY.
Batted right. Threw right. Height: 5-10. Weight: 162.

Manager for Grand Rapids, Central, 1914.

YEAR	CLUB	LEAGUE	POS	G	AB	R	H	2B	3B	HR	RBI	SB	AVG
1897	Knoxville	Southeastern					No record available						
	Paducah	Central					No record available						
	Louisville	National	p	2	4	2	1	1	0	0	0	0	.250
1898	Charleston	Southern	of-p	21	91	19	33	4	4	4	—	1	.303
	Cortland	New York State	of-p	61	246	26	76	15	7	3	—	5	.309
1899	Rome	New York State	p-of	65	284	61	88	—	—	—	—	16	.309
1900	Rome	New York State	of	101	440	71	133	—	—	—	—	20	.302
	Cleveland	American	of	27	113	12	27	6	2	0	—	1	.239
1901	Albany	New York State	of-p	113	464	88	154	7	3	0	—	4	.331
	New York	National	of	21	91	10	19	4	3	1	5	2	.209
1902	New York	National	of	67	249	16	59	11	1	0	19	7	.237
	Toronto	Eastern	of	42	165	30	48	8	3	7	—	—	.291
1903	Indianapolis	American Association	of	94	376	63	112	20	4	6	—	13	.297
	Albany	New York State	of	37	158	26	51	13	1	1	—	2	.322
1904	Newark	Eastern	of	132	470	53	121	21	7	0	—	30	.257
1905	Newark	Eastern	of	131	470	55	114	19	6	1	—	32	.243
1906	Newark	Eastern	of	130	474	59	121	27	1	5	—	20	.255
1907	Newark	Eastern	of	132	471	47	115	12	4	4	—	24	.244
1908	Montreal	Eastern	of	135	517	67	**160**	18	5	5	—	30	**.309**
1909	Montreal	Eastern	of	135	484	32	119	23	1	2	—	16	.246
1910	Montreal	Eastern	of	147	552	47	128	20	1	3	—	11	.232
1911	Scranton/Binghamton	New York State	of	143	551	50	139	9	3	3	—	11	.252
1912	Binghamton	New York State	of	17	61	3	12	2	1	1	—	2	.196
	Richmond	Blue Grass	of	92	409	74	151	24	11	5	—	24	.369
1913	Columbus	American Association	of	81	281	30	79	13	3	1	—	3	.281
1914	Columbus/Milwaukee	American Association	of	65	206	31	47	9	1	0	—	5	.228
	Grand Rapids	Central	of	29	112	11	33	4	0	0	—	4	.295
		Majors		90	344	28	79	16	4	0	24	9	.230
		Minors		1903	7282	943	2034	268	66	45	—	273	.279

JOHN WILLIAM JONES

Born May 13, 1901 at Coatesville, PA.
Died November 3, 1956 at Baltimore, MD.
Batted left. Threw left. Height: 5-11. Weight: 185.

YEAR	CLUB	LEAGUE	POS	G	AB	R	H	2B	3B	HR	RBI	SB	AVG
1923	Montreal	Eastern Canada	of-p	82	300	60	111	16	**8**	9	—	14	**.370**
	Philadelphia	American	of	1	4	0	1	0	0	0	1	0	.250
1924	Portland	Pacific Coast	of	36	114	12	38	3	2	1	10	1	.333
	Denver	Western	of	50	179	32	55	9	4	9	—	4	.307
	Williamsport	New York-Pennsylvania	of	18	68	14	18	3	1	3	—	1	.265
1925	Spartanburg	SALLY	of	125	519	112	183	37	15	25	105	7	.353
1926	Memphis	Southern Association	of	68	259	36	66	17	6	4	27	2	.255
	Knoxville	SALLY	of	77	270	42	88	16	5	8	27	4	.326
1927	Charlotte/Asheville	SALLY	of	145	539	84	163	24	**22**	18	87	3	.302

YEAR	CLUB	LEAGUE	POS	G	AB	R	H	2B	3B	HR	RBI	SB	AVG
1928	Bridgeport	Eastern	of	17	59	11	18	5	2	0	12	0	.305
	Wilkes-Barre	New York-Pennsylvania	of	6	20	4	2	0	0	1	2	0	.100
	Charlotte	SALLY	of	98	349	51	106	18	3	15	61	1	.304
1929	Charlotte	SALLY	of	14	45	4	7	1	0	0	0	0	.156
	High Point/Henderson	Piedmont	of	113	397	87	130	21	4	31	75	4	.327
1930	Henderson	Piedmont	of	142	542	114	187	43	10	28	124	7	.345
	Hollywood	Pacific Coast	of	25	89	17	24	5	1	0	16	0	.270
1931	Hollywood	Pacific Coast	of	3	7	1	1	0	0	0	0	0	.143
	Dallas	Texas	of	2	4	0	0	0	0	0	0	1	.000
	High Point/Greensboro	Piedmont	of	40	158	25	36	9	3	3	24	0	.228
	Danville	Three I	of	21	84	10	19	5	2	1	10	0	.226
1932	Richmond/Albany	Eastern	of	75	314	55	110	34	5	4	57	0	.350
	Philadelphia	American	of	4	6	0	1	0	0	0	0	0	.167
1933	Jersey City/Albany	International	of	49	175	24	50	7	0	8	27	0	.286
	Durham	Piedmont	of	40	154	20	55	6	2	1	22	0	.357
	Charleston	Middle Atlantic	of	12	48	3	16	3	0	0	8	0	.333
1934	Seattle	Pacific Coast	of	9	35	5	10	1	1	0	3	0	.286
	Springfield/Worcester/												
	Watertown	Northeastern	of	87	316	61	114	25	4	9	–	8	**.361**
1935	Elmira	New York-Pennsylvania	of	10	35	1	6	2	0	0	4	0	.171
		Majors		5	10	0	2	0	0	0	0	1	.200
		Minors		1364	5079	885	1613	310	100	178	701	57	.318

Leroy Lucien "Cowboy" Jones

Born October 2, 1900 at McCall Creek, MS.
Batted left. Threw right. Height: 5-11. Weight: 168.

Manager for Pine Bluff, Cotton States, 1936-1938; Taft, Texas Valley, 1938; Clarksdale, Cotton States, 1939-1941; Marshall, Cotton States, 1941.

YEAR	CLUB	LEAGUE	POS	G	AB	R	H	2B	3B	HR	RBI	SB	AVG
1924	Durham	Piedmont	of	116	425	52	124	21	**16**	10	72	7	.292
1925	Mobile	Southern Association	of	149	550	85	172	41	16	12	106	12	.313
1926	Birmingham	Southern Association	of	22	72	11	18	1	1	0	3	3	.250
	Hartford	Eastern	of	28	105	17	31	5	0	2	14	0	.295
	Peoria	Three I	of	9	26	10	8	0	0	3	9	1	.308
1927	Little Rock	Southern Association	of	25	87	13	21	7	2	2	15	0	.241
	Columbia	SALLY	of	48	168	25	41	5	8	4	29	5	.244
	Salisbury-Spencer	Piedmont	of	73	235	74	93	20	11	10	63	11	.396
1928	Columbia	SALLY	of	25	85	17	25	8	4	1	14	0	.294
	Salisbury-Spencer	Piedmont	of	119	415	105	160	**47**	4	23	100	5	.386
1929	Salisbury-Spencer	Piedmont	of	132	440	101	157	37	9	12	60	1	.357
1930	Toledo	American Association	of	8	24	6	9	3	1	1	7	0	.375
	Fort Wayne	Central	of	139	525	**162**	213	35	7	36	152	10	.406
1931	St. Paul	American Association	of	13	9	4	5	2	0	0	2	0	.556
	Dallas	Texas	of	114	374	66	115	33	3	6	90	4	.307
1932	Dallas/Beaumont	Texas	of	51	171	26	50	10	3	2	25	5	.292
	Decatur	Three I	of	18	62	11	18	5	2	0	11	0	.290
1933	Jackson	Dixie	of	123	450	90	148	**43**	8	4	99	4	.329
1934	Jackson	East Dixie	of	90	331	65	83	16	5	2	50	5	.251
1935	Pine Bluff	East Dixie	of	119	447	69	128	31	4	2	72	5	.286
1936	Pine Bluff	Cotton States	of	139	486	101	138	36	10	7	74	7	.284
1937	Pine Bluff	Cotton States	of	132	475	92	135	39	5	7	84	6	.284
1938	Pine Bluff	Cotton States	of	83	273	41	78	20	2	1	43	2	.286
	Taft	Texas Valley	of	39	129	31	48	15	3	6	28	2	.372
1939	Clarksdale	Cotton States	of	133	469	104	156	31	6	5	99	4	.333
1940	Clarksdale	Cotton States	of	118	392	70	130	27	8	6	89	3	.332
1941	Clarksdale/Marshall	Cotton States	of	52	154	35	43	13	0	0	17	1	.279
		Minors		2117	7379	1483	2347	551	138	164	1427	103	.318

Career All-Time Leaders: Hits

PLAYER		PLAYER		PLAYER	
Spencer Harris	3617	Chet Chadbourne	3216	Vinicio Garcia	3116
Harry Strohm	3486	Hugh Luby	3169	Buster Chatham	3067
Eddie Hock	3474	Jay Kirke	3165	Larry Barton	3045
George Whiteman	3388	Ray O'Brien	3152	Harry Davis	3039
Fred Henry	3384	Jim Poole	3150	Smead Jolley	3037
Jigger Statz	3356	John Gill	3141	Mel Simons	3031
Ray French	3254	Bernard Uhalt	3120	Jesus Sommers	3007

Thomas Jefferson "Tom" Jordan

Born September 5, 1919 at Lawton, OK.
Batted right. Threw right. Height: 6-1½. Weight: 195.

Manager for Roswell, Longhorn, 1950; Austin, Big State, 1951-52; Albuquerque, West Texas-New Mexico, 1953-54; Artesia, Longhorn, 1955; Roswell, Southwestern, 1956.

YEAR	CLUB	LEAGUE	POS	G	AB	R	H	2B	3B	HR	RBI	SB	AVG
1938	Abbeville	Evangeline	of	127	506	64	166	43	5	1	95	7	.328
1939	Abbeville	Evangeline	of	121	458	61	135	34	6	9	73	1	.295
1940	Marshall	East Texas	of-c	128	514	74	162	36	7	19	102	6	.315
1941	Shreveport	Texas	c-of-1b	98	267	27	59	11	1	6	33	2	.221
1942	Shreveport	Texas	c	19	51	6	12	1	1	3	7	0	.235
	Waterloo	Three I	c-1b	75	297	57	95	14	3	22	70	5	.320
1943						Voluntarily retired							
1944	Chicago	American	c	14	45	2	12	1	1	0	3	0	.267
	Milwaukee/Kansas City	American Association	c	66	219	27	78	15	3	4	43	0	.356
1945						Voluntarily retired							
1946	Chicago/Cleveland	American	c	24	50	3	11	3	1	1	3	1	.220
1947	San Antonio	Texas	c-of	69	249	35	77	11	2	7	34	2	.309
1948	St. Louis	American	ph	1	1	0	0	0	0	0	0	0	.000
	San Antonio	Texas	c-1b	107	366	44	103	14	3	14	60	1	.281
1949	Roswell	Longhorn	c-1b	28	125	26	55	11	2	6	35	0	.440
1950	Roswell	Longhorn	c	149	553	147	216	48	3	44	180	5	.391
1951	Austin	Big State	c	96	356	46	126	27	3	5	68	0	.354
1952	Austin	Big State	c	145	584	105	202	36	4	24	135	4	.346
1953	Albuquerque	West Texas-New Mexico	c-of	132	476	94	158	33	8	22	124	1	.332
1954	Albuquerque	West Texas-New Mexico	c	119	429	10	145	39	6	21	106	2	.338
1955	Artesia	Longhorn	1b	136	543	116	221	69	2	28	159	4	.407
1956	Roswell/Carlsbad	Southwestern	c-1b-of	131	513	88	183	35	4	32	145	1	.357
	Nuevo Laredo	Mexican	1b	2	10	0	3	0	0	0	0	0	.300
1957	Carlsbad	Southwestern	1b	3	13	0	1	0	0	0	0	0	.077
	Majors			39	96	5	23	4	2	1	6	1	.240
	Minors			1751	6529	1087	2197	477	63	267	1469	41	.336

Walter Franklin "Walt" Judnich

Born January 24, 1917 at San Francisco, CA.
Died July 12, 1971 at Glendale, CA.
Batted left. Threw left. Height: 6-1. Weight: 205.

YEAR	CLUB	LEAGUE	POS	G	AB	R	H	2B	3B	HR	RBI	SB	AVG
1935	Akron	Middle Atlantic	of-1b	109	398	57	107	24	7	8	61	7	.274
1936	Norfolk	Piedmont	of	143	565	100	171	26	11	24	108	5	.303
1937	Oakland	Pacific Coast	of	175	651	107	206	42	14	11	81	21	.316
1938	Kansas City	American Association	of	150	557	94	152	34	10	22	104	8	.273
1939	Newark	International	of	149	538	95	153	23	13	21	105	8	.284
1940	St. Louis	American	of	137	519	97	157	27	7	24	89	8	.303
1941	St. Louis	American	of	146	546	90	155	40	6	14	83	5	.284
1942	St. Louis	American	of	132	457	78	143	22	6	17	82	3	.313
1943-45						Military service							
1946	St. Louis	American	of	142	511	60	134	23	4	15	72	0	.262
1947	St. Louis	American	1b-of	144	500	58	129	24	3	18	64	2	.258
1948	Cleveland	American	of-1b	79	218	36	56	13	3	2	29	2	.257
1949	Pittsburgh	National	of	10	35	5	8	1	0	0	1	0	.229
	San Francisco	Pacific Coast	of	116	379	75	102	15	2	18	63	0	.269
1950	Seattle	Pacific Coast	of-1b	166	505	91	144	22	1	19	84	3	.285
1951	Seattle	Pacific Coast	of	147	517	93	170	35	8	21	102	4	.329
1952	Seattle	Pacific Coast	of	177	668	93	192	41	5	15	105	4	.287
1953	Seattle	Pacific Coast	of-1b	163	583	81	174	26	4	16	101	0	.298
1954	Portland	Pacific Coast	of	156	547	70	149	26	2	18	81	1	.272

Career All-Time Leaders: Doubles

PLAYER		PLAYER		PLAYER	
Spencer Harris	743	Jim Poole	662	Larry Barton	634
Fred Henry	675	Harry Strohm	658	Smead Jolley	612
George Whiteman	673	Ray O'Brien	642	Lyman Lamb	608
Johnny Gill	667				

YEAR	CLUB	LEAGUE	POS	G	AB	R	H	2B	3B	HR	RBI	SB	AVG
1955	Portland/San Francisco	Pacific Coast	of	137	451	67	126	30	2	9	60	2	.279
		Majors		790	2786	424	782	150	29	90	420	20	.281
		Minors		1788	6359	1023	1846	344	79	202	1055	63	.291

LYLE LEROY JUDY

Born November 15, 1913 at Lawrenceville, IL.
Died January 15, 1991 at Ormand Beach, FL.
Batted right. Threw right. Height: 5-10. Weight: 150.

Manager for Baltimore, International, 1937; St. Augustine, Florida State, 1938.
Stole 107 bases in 1935 creating a sensation in heavy hitting era.

YEAR	CLUB	LEAGUE	POS	G	AB	R	H	2B	3B	HR	RBI	SB	AVG
1934	Springfield	Western Association	c-ss	100	343	66	108	19	5	2	62	6	.315
1935	Springfield	Western Association	2b	135	496	127	167	33	20	0	65	**107**	.337
	St. Louis	National	2b	8	11	2	0	0	0	0	0	0	.000
1936	Sacramento	Pacific Coast	2b	36	100	10	22	3	1	0	5	4	.220
	Columbus	American Association	2b	31	102	10	26	1	2	1	14	2	.255
	Huntington	Middle Atlantic	of	3	10	0	2	0	0	0	0	0	.200
	Hopkinsville	KITTY	2b	18	70	21	20	1	4	0	6	10	.286
1937	Baltimore	International	2b	2	7	0	1	0	0	0	0	0	.143
	Albany/Trenton	New York-Pennsylvania	2b	85	281	35	60	9	0	1	23	11	.214
1938	St. Augustine	Florida State	2b	126	461	82	132	12	2	2	44	35	.286
1939	St. Augustine	Florida State	2b	139	529	103	161	23	7	0	53	**51**	.304
1940	Reading	Interstate	2b	128	478	**107**	140	21	3	5	51	**46**	.293
1941	Reading/Trenton	Interstate	2b	75	224	48	64	10	0	1	20	10	.286
	Dayton	Middle Atlantic	2b	23	82	12	22	4	0	0	11	5	.268
1942-45						Did not play in organized baseball							
1946	St. Augustine	Florida State	2b	95	361	67	102	8	0	1	42	31	.283
1947	St. Augustine	Florida State	2b	120	431	98	131	24	1	2	45	32	.304
1948	St. Augustine	Florida State	2b	138	506	99	146	24	2	3	87	24	.289
1949	St. Augustine	Florida State	2b	130	509	85	131	20	2	1	57	24	.257
1950	St. Augustine	Florida State	2b	134	447	97	119	12	0	1	32	21	.266
1951	Palatka	Florida State	2b	131	503	100	139	23	2	2	46	23	.276
		Majors		8	11	2	0	0	0	0	0	2	.000
		Minors		1649	5940	1167	1693	247	51	21	664	442	.285

WALTER BROCTON "BILL" KAY

Born February 14, 1878 at New Castle, VA.
Died December 3, 1945 at Roanoke, VA.
Batted left. Threw right. Height: 6-2. Weight: 180.

YEAR	CLUB	LEAGUE	POS	G	AB	R	H	2B	3B	HR	RBI	SB	AVG
1907	Washington	American	of	25	60	8	20	1	1	0	7	0	.333
1908	Minneapolis	American Association	of	16	46	0	12	1	1	0	–	1	.261
1909	Albany	New York State	of	140	527	71	**185**	34	11	2	–	21	**.351**
1910	Albany	New York State	of	127	443	72	161	22	12	3	–	26	**.363**
1911	Montgomery	SALLY	of	33	116	19	30	4	3	0	–	5	.259
	Albany	New York State	of	99	356	51	120	16	6	2	–	35	.337
1912	Newark	International	of	7	4	0	1	0	0	0	–	0	.250
	Albany/Scranton	New York State	of	67	243	39	83	12	7	0	–	10	.342
1913	Albany	New York State	of	134	472	67	149	23	12	5	–	27	.316
1914	Binghamton	New York State	of	126	422	83	136	22	14	4	–	32	.322
1915	Binghamton	New York State	of	125	447	**98**	169	22	**25**	7	–	35	**.378**
1916	Binghamton	New York State	of	124	461	**85**	**166**	25	11	2	–	18	**.360**
1917	Binghamton	New York State	of	89	325	43	102	9	3	3	–	14	.314
1918	Binghamton	International	of	90	339	61	110	16	12	1	–	9	.324
1919	Binghamton	International	of	5	13	0	4	1	0	0	–	0	.308
	Springfield	Eastern	of	33	115	10	27	8	1	0	–	4	.235
1920	Greenville	SALLY	of	54	186	29	57	10	2	4	26	4	.306
1921-23						Did not play in organized baseball							
1924	Binghamton/Wilkes-Barre	New York-Pennsylvania	of	94	264	36	83	8	6	5	–	2	.314
1925	Columbia	SALLY	of	23	79	11	17	3	1	3	13	1	.215
		Majors		25	60	8	20	1	1	0	7	0	.333
		Minors		1386	4858	775	1612	236	127	41	39	244	.332

James Ward "Jim" Keesey

Born October 27, 1902 at Perryville, MO.
Died September 5, 1951 at Boise, ID.
Batted right. Threw right. Height: 6-0½. Weight: 170.

Manager for Oklahoma City, Texas, 1937-1938, 1940; Portsmouth, Piedmont, 1939; Boise, Pioneer, 1941-1942; Ogden, Pioneer, 1946; Des Moines, Western, 1947.
Scout for Chicago, National, 1948-1949; Cincinnati, National, 1950-1951.

YEAR	CLUB	LEAGUE	POS	G	AB	R	H	2B	3B	HR	RBI	SB	AVG
1923	Frederick	Blue Ridge	1b	94	342	71	125	17	4	20	—	6	.365
1924	Portsmouth	Virginia	1b	137	522	93	170	31	9	17	97	10	.326
1925	Portsmouth	Virginia	1b	122	451	91	154	27	4	16	81	7	.341
	Philadelphia	American	1b	5	5	1	2	0	0	0	1	0	.400
1926	Reading	International	1b	151	513	61	142	22	6	4	61	2	.277
1927	Hartford	Eastern	1b	156	594	114	**204**	36	16	15	**115**	14	.343
1928	Portland	Pacific Coast	1b	186	678	107	228	52	7	9	104	18	.336
1929	Portland	Pacific Coast	1b	185	705	107	246	54	8	12	124	17	.349
1930	Philadelphia	American	1b	11	12	2	3	1	0	0	2	0	.250
	Jersey City	International	1b	89	327	51	85	14	6	1	40	4	.260
1931	San Francisco	Pacific Coast	1b	163	665	103	238	40	10	10	113	14	.358
1932	San Francisco/Portland	Pacific Coast	1b	175	674	105	208	35	8	5	122	6	.309
1933	Portland	Pacific Coast	1b	83	334	33	100	19	2	4	56	1	.299
	Kansas City	American Association	1b	65	257	31	87	10	5	1	39	0	.339
1934	Dallas	Texas	1b	72	283	40	83	18	8	1	36	6	.293
1935	Oklahoma City	Texas	1b	161	581	83	155	29	7	4	72	8	.267
1936	Oklahoma City	Texas	1b	150	537	87	152	38	7	4	93	14	.283
1937	Oklahoma City	Texas	1b	157	586	86	186	37	2	9	97	12	.317
1938	Oklahoma City	Texas	1b	134	482	60	147	26	1	1	56	13	.305
1939	Portsmouth	Piedmont	1b	32	70	4	23	1	0	1	7	1	.329
1940	Oklahoma City	Texas	1b	42	116	17	38	8	2	2	14	2	.328
1941	Boise	Pioneer	1b	93	285	52	92	18	3	2	52	6	.323
1942	Boise	Pioneer	1b	94	317	49	91	21	3	0	67	9	.287
1943				Did not play in organized baseball									
1944	Seattle	Pacific Coast	1b	18	50	2	12	2	0	0	5	1	.240
	Majors			16	17	3	5	1	0	0	3	0	.294
	Minors			2559	9369	1447	2966	555	115	138	1451	171	.317

Francis Eugene "Frankie" Kelleher

Born August 22, 1916 at San Francisco, CA.
Died April 13, 1979 at Stockton, CA.
Batted right. Threw right. Height: 6-1. Weight: 195.

YEAR	CLUB	LEAGUE	POS	G	AB	R	H	2B	3B	HR	RBI	SB	AVG
1936	Akron	Middle Atlantic	of-3b	56	209	54	72	18	3	17	61	3	.348
	Newark	International	3b-of	9	32	1	7	0	0	1	6	0	.219
1937	Newark	International	3b-of	92	294	47	90	15	4	11	48	2	.306
1938	Kansas City	American Association	of	8	15	0	2	1	0	0	0	0	.133
	Oakland	Pacific Coast	3b	18	60	3	8	1	1	1	6	0	.133
	Newark	International	of	77	273	52	77	11	3	12	63	1	.282
1939	Newark	International	3b-of	79	223	50	62	9	3	12	38	0	.278
1940	Seattle	Pacific Coast	of	68	203	22	57	10	2	7	40	0	.281
1941	Newark	International	of	151	503	**106**	138	17	4	**37**	**125**	4	.274
1942	Newark	International	of	88	312	79	92	15	1	23	86	7	.295
	Cincinnati	National	of	38	110	13	20	3	1	3	12	0	.182
1943	Cincinnati	National	of	9	10	1	0	0	0	0	0	0	.000
	Syracuse	International	of	108	375	49	92	16	1	11	57	6	.245
1944	Hollywood	Pacific Coast	of	130	487	90	160	34	2	**29**	121	0	.329
1945				Did not play in organized baseball									
1946	Hollywood	Pacific Coast	of	91	297	47	85	15	4	18	54	3	.286
1947	Hollywood	Pacific Coast	of	121	427	80	134	30	7	21	93	5	.314
1948	Hollywood	Pacific Coast	of	121	439	79	146	24	3	25	107	3	.333
1949	Hollywood	Pacific Coast	of	176	609	122	154	26	1	29	90	4	.253
1950	Hollywood	Pacific Coast	of	186	589	100	159	19	1	**40**	135	3	.270
1951	Hollywood	Pacific Coast	of	146	470	82	119	16	3	28	94	2	.253
1952	Hollywood	Pacific Coast	of	82	222	42	53	12	1	11	33	5	.239
1953	Hollywood	Pacific Coast	of	109	249	36	82	22	3	15	65	1	.329
1954	Hollywood	Pacific Coast	of	95	191	27	47	8	2	10	38	2	.246
	Majors			47	120	14	20	3	1	3	12	0	.167
	Minors			2011	6479	1168	1836	319	47	358	1360	51	.283

JOSEPH HENRY "JOE" KELLY

Born September 23, 1886 at Weir City, KS.
Died August 16, 1977 at St. Joseph, MO.
Batted right. Threw right. Weight: 5-9. Weight: 172.

Manager for St. Joseph, Western, 1926; Amarillo, Western, 1927; Columbia, SALLY, 1928-1929; Oklahoma City, Western, 1930.

YEAR	CLUB	LEAGUE	POS	G	AB	R	H	2B	3B	HR	RBI	SB	AVG
1908	Tulsa	Oklahoma-Kansas	of	65	242	49	73	18	6	1	—	4	.302
1909	Pittsburg	Western Association	of-2b	120	457	66	111	38	13	4	—	20	.243
1910	Joplin	Western Association	2b	115	450	90	135	20	11	7	—	51	.300
1911	St. Joseph	Western	of	166	632	115	171	29	9	2	51	63	.271
1912	St. Joseph	Western	of-2b	168	682	137	196	38	15	4	—	46	.287
1913	St. Joseph	Western	of	161	658	136	209	28	13	6	—	68	.318
1914	Pittsburgh	National	of	141	508	47	113	19	9	1	48	21	.222
1915	Indianapolis	American Association	of	147	550	107	165	20	5	1	76	61	.300
1916	Indianapolis	American Association	of	35	121	15	36	4	2	1	—	8	.298
	Chicago	National	of	54	169	18	43	7	1	2	15	10	.254
1917	Boston	National	of	116	445	41	99	9	8	3	36	21	.222
1918	Boston	National	of	47	155	20	36	2	4	0	15	12	.232
1919	Boston	National	of	18	64	3	9	1	0	0	3	2	.141
	Toledo	American Association	of	128	505	71	127	18	9	2	—	23	.251
1920	Toledo	American Association	of	166	695	100	207	25	10	3	92	29	.298
1921	San Francisco	Pacific Coast	of	168	619	86	176	39	8	4	83	23	.284
1922	San Francisco	Pacific Coast	of	156	573	114	191	32	8	5	68	32	.333
1923	San Francisco	Pacific Coast	of	107	443	86	154	38	3	5	41	15	.348
1924	San Francisco	Pacific Coast	of	149	638	117	192	55	3	8	65	21	.301
1925	San Francisco/Vernon	Pacific Coast	of	24	71	11	19	1	0	0	5	1	.268
	Omaha	Western	of	95	406	84	131	22	2	2	—	8	.323
1926	St. Joseph	Western	of	141	535	113	167	22	10	1	—	22	.312
1927	Amarillo	Western	of	116	394	78	133	23	11	5	—	17	.338
1928	Columbia	SALLY	of	137	508	90	166	14	11	3	56	15	.327
1929	Columbia	SALLY	of	147	542	97	158	22	6	2	43	28	.292
1930	Oklahoma City	Western	of	16	33	2	2	0	1	0	0	0	.061
		Majors		376	1341	129	300	38	22	6	117	66	.224
		Minors		2527	9754	1764	2919	506	156	66	580	555	.299

WILLIAM HENRY "BILL" KELLY

Born December 28, 1898 at Syracuse, NY.
Died April 8, 1990 at Syracuse, NY.
Batted right. Threw right. Height: 6-0. Weight: 190.

Umpire for the New York-Pennsylvania, Eastern, International, Pacific Coast and American Association from 1932-1941.
Manager for Elizabethton, Appalachian, 1945; Davenport, Three-I, 1946; Los Angeles, Pacific Coast, 1947-1950; Springfield, International, 1951-1952; Joplin, Western Association, 1954.
Scout for Chicago, National, 1953, 1955-1957; Philadelphia, National, 1958-1960; New York, National, 1961-1974.
Elected to International League Hall of Fame in 1954.

YEAR	CLUB	LEAGUE	POS	G	AB	R	H	2B	3B	HR	RBI	SB	AVG
1920	Philadelphia	American	1b	9	13	0	3	1	0	0	0	0	.231
1921	Bay City	Michigan-Ontario	1b	104	355	65	113	34	7	4	77	15	.318
1922	Buffalo	International	1b	115	377	61	115	23	10	12	54	4	.305
1923	Buffalo	International	1b	164	620	123	217	49	9	15	128	8	.350
1924	Buffalo	International	1b	165	629	108	204	40	9	28	155	3	.324
1925	Buffalo	International	1b	162	629	131	200	28	12	26	125	0	.318
1926	Buffalo	International	1b	165	612	135	202	38	7	44	151	4	.330
1927	Minneapolis	American Association	1b	52	187	26	54	5	0	10	24	0	.230
	Newark	International	1b	78	297	42	86	11	4	8	49	4	.290
1928	Philadelphia	National	1b	23	71	6	12	1	1	0	5	3	.169
	Rochester/Buffalo	International	1b	136	473	63	132	31	4	18	73	0	.279
1929	Buffalo	International	ph	5	5	1	1	0	0	1	3	0	.200
	Beaumont	Texas	1b	127	451	77	142	31	7	13	86	11	.315
1930	Fort Worth	Texas	1b	97	349	59	100	17	2	23	70	3	.287
	Buffalo	International	1b	39	133	22	34	4	1	5	22	2	.256
1931	Mobile	Southern Association	1b	37	138	12	27	5	2	0	15	0	.196
		Majors		32	84	6	15	2	1	0	5	0	.179
		Minors		1446	5255	925	1616	316	74	207	1032	57	.308

FORREST EDWARD "FROSTY" KENNEDY

Born March 20, 1926. at Los Angeles, CA.
Batted right. Threw right. Height. 5-11. Weight: 180

YEAR	CLUB	LEAGUE	POS	G	AB	R	H	2B	3B	HR	RBI	SB	AVG
1948	Riverside	Sunset	of	**139**	**605**	126	200	28	19	8	112	26	.331
1949	Riverside	Sunset	of	119	472	123	**194**	19	17	11	123	19	**.411**
1950	Pensacola	Southeastern	of	10	42	12	18	2	0	3	8	1	.429
	Atlanta	Southern Association	of	1	4	0	0	0	0	0	0	0	.000
	Hartford	Eastern	of	37	104	18	30	7	0	2	15	3	.288
1951	Miami Beach	Florida International	of	129	482	60	148	24	5	1	63	7	.307
1952	Lamesa	West Texas-New Mexico	2b-3b	134	548	120	186	32	7	25	128	23	.339
1953	Plainview	West Texas-New Mexico	3b-1b-2b	**142**	549	156	225	43	4	38	169	28	.410
1954	Oklahoma City	Texas	of	10	35	2	9	2	0	1	2	0	.257
	Burlington	Three I	1b	16	65	8	16	1	0	1	11	3	.246
	Amarillo	West Texas-New Mexico	1b-c	112	435	113	162	28	8	**35**	120	5	.372
1955	Yuma	Arizona-Mexico	of-3b-1b-ss	135	541	124	163	25	6	30	123	6	.301
1956	Plainview	Southwestern	1b-3b	**144**	562	151	184	28	5	**60**	**184**	1	.327
1957	Savannah	SALLY	1b	34	104	17	28	3	1	6	14	0	.269
	Boise	Pioneer	1b	19	66	11	15	4	0	1	11	0	.227
		Minors		1181	4614	1041	1578	246	72	228	1083	122	.342

STANLEY C. KEYES

Born July 10, 1902 at Chicago, IL.
Died April 10, 1976 at Pontiac, MI.
Batted right. Threw right. Height: 5-11. Weight: 180.

YEAR	CLUB	LEAGUE	POS	G	AB	R	H	2B	3B	HR	RBI	SB	AVG
1924	Rock Island	Mississippi Valley	of	116	447	93	160	39	10	**20**	–	16	.358
1925	Waco	Texas	of	1	4	0	0	0	0	0	0	0	.000
	Terrell	Texas Association	of	114	407	83	139	29	14	**27**	–	1	.342
1926	Temple	Texas Association	of	100	375	70	123		25	10	25	3	.328
	Waco	Texas	of	18	43	4	7	1	0	0	5	1	.163
1927	Asheville	SALLY	of	133	417	88	156	36	14	22	94	2	.320
1928	Asheville	SALLY	of	147	551	108	183	30	19	15	95	4	.330
1929	Asheville	SALLY	of	110	414	85	156	30	14	17	108	9	**.377**
	Minneapolis	American Association	of	59	237	43	73	12	4	8	47	3	.308
1930	Des Moines	Western	of	148	559	123	190	27	18	**35**	140	18	.340
1931	Minneapolis	American Association	of	9	19	5	5	1	0	1	5	0	.263
	Des Moines	Western	of	132	550	144	203	36	24	**38**	160	8	**.369**
1932	Nashville	Southern Association	of	**155**	616	**147**	210	35	11	**35**	147	7	.341
1933	Nashville	Southern Association	of	87	340	66	109	21	9	11	64	6	.321
	Houston	Texas	of	33	115	16	22	8	0	2	17	1	.191
1934	Oakland	Pacific Coast	of	182	680	114	211	48	9	19	99	18	.310
1935	Oakland	Pacific Coast	of	137	468	83	137	38	5	17	74	3	.293
1936	Des Moines	Western	of	124	477	78	137	18	9	20	81	7	.287
1937	San Antonio	Texas	of	132	494	76	144	22	12	16	86	4	.292
1938	Augusta	SALLY	of	134	506	85	162	31	7	7	84	10	.320
1939	Macon	SALLY	of	48	170	29	51	12	7	1	33	4	.300
	Portsmouth	Piedmont	of	34	118	23	45	6	1	7	29	1	.381
1940	Charleston	SALLY	of	18	64	8	18	4	2	0	9	1	.281
		Minors		2171	8071	1571	2641	509	199	343	1377	127	.327

GEORGE P. "DUMMY" KIHM

Born August 2, 1873 at New Washington, OH.
Died October 10, 1936 at Delphos, OH.
Batted right. Threw right. Height: 5-11. Weight: 178.

Kihm was a deaf-mute.

YEAR	CLUB	LEAGUE	POS	G	AB	R	H	2B	3B	HR	RBI	SB	AVG
1895	Findlay	International	c-1b-of-p	37	169	45	57	5	7	1	–	27	.337
	Jackson	Michigan State	1b	31	141	41	57	14	2	8	–	8	.404
1896	Tacoma	Pacific Northwest	1b	34	122	41	43	10	4	7	–	13	.352
	Toledo	International	1b-c	58	200	44	60	17	8	4	–	22	.300
1897	Fort Wayne	International	1b	124	440	129	154	31	12	17	–	31	.350
1898	Fort Wayne/New Castle	International	1b	148	585	96	169	27	8	9	–	36	.289

YEAR	CLUB	LEAGUE	POS	G	AB	R	H	2B	3B	HR	RBI	SB	AVG
1899	Wheeling/Mansfield	International	1b	27	104	15	25	3	0	1	—	2	.240
1900	Troy	New York State	1b	110	417	77	122	10	11	4	—	15	.293
1901	Troy	New York State	1b	78	299	54	99	12	7	1	—	9	.331
	Los Angeles	California	1b	49	163	35	43	7	6	2	—	10	.264
1902	Indianapolis	American Association	1b	134	514	99	152	36	11	5	—	16	.296
1903	Indianapolis	American Association	1b	124	463	93	148	28	12	3	—	14	.320
1904	Columbus	American Association	1b	154	575	93	179	38	10	4	—	23	.311
1905	Columbus	American Association	1b	143	508	71	145	29	6	3	—	15	.285
1906	Columbus	American Association	1b	148	514	72	143	17	6	2	—	11	.278
1907	Columbus	American Association	1b	158	573	81	165	17	10	0	—	22	.288
1908	Columbus	American Association	1b	154	533	60	128	17	5	0	—	16	.240
1909	Grand Rapids	Central	1b	128	416	35	108	10	3	4	—	6	.260
1910	Grand Rapids	Central	1b	141	488	54	120	21	9	3	—	20	.246
1911	Grand Rapids/Newark	Central	1b	135	437	64	128	21	6	1	—	15	.293
			Minors	2115	7661	1299	2245	370	153	79	—	331	.293

John T. King

Born 1889 at Lubbock, TX.
Died April 8, 1976 at Kilgore, TX.
Batted left. Threw left. Height: 6-2. Weight: 215.

Manager for Midland, West Texas, 1929; Vicksburg, Cotton States, 1930.
Umpire for Texas League, 1931-1932.

YEAR	CLUB	LEAGUE	POS	G	AB	R	H	2B	3B	HR	RBI	SB	AVG
1913	Fort Worth/Austin	Texas	of	12	35	1	7	1	0	0	—	2	.200
1914	Denver	Western	of	27	63	9	16	0	0	0	—	1	.254
	Oklahoma City	Western Association	of	105	408	75	118	23	6	9	—	40	.289
1915	Oklahoma City	Western Association	of	115	409	55	90	17	1	9	—	17	.220
1916							Did not play in organized baseball						
1917	McAlester	Western Association	of	6	16	2	5	0	0	0	—	0	.313
1918-19							Did not play in organized baseball						
1920	Cisco	West Texas	of	90	329	67	93	17	11	7	—	16	.283
	Joplin	Western	of	4	12	—	3	1	0	0	—	0	.250
	Galveston	Texas	of	29	105	2	16	0	0	0	3	0	.152
1921	Galveston	Texas	of	25	94	16	23	6	2	2	9	2	.245
	Cisco/Ballinger	West Texas	of	59	234	62	93	13	9	6	—	13	.397
	Jackson	Cotton States	of	4	14	1	2	—	—	—	—	0	.146
1922	Abilene/Lubbock	West Texas	of	121	470	114	162	20	24	10	—	52	.345
1923	Ardmore	Western Association	of	138	447	84	134	30	8	20	—	36	.300
1924	Mt. Pleasant	East Texas	of	54	200	59	73	12	1	5	—	31	.365
	Fort Smith	West Association	of	108	341	76	111	22	8	17	83	13	.326
1925	Fort Smith	West Association	of	137	509	129	153	33	12	16	81	42	.301
1926	Longview	East Texas	of	—	374	97	139	31	6	21	—	**50**	.372
1927	St. Joseph/Joplin	West Association	of	127	495	110	173	35	12	**26**	114	36	.350
1928	Springfield	Central	of	7	19	—	6	1	1	3	—	0	.316
	Selma/Pensacola	Southeastern	of	99	329	57	88	22	5	6	40	24	.267
1929	Tyler	Lone Star	of	20	77	20	25	—	—	6	—	6	.325
	Midland	West Texas	of	102	405	123	146	43	5	26	—	48	.360
1930	Vicksburg	Cotton States	of	40	146	30	44	8	3	3	11	8	.301
			Minors	1429	5531	1189	1720	335	114	192	341	437	.311

Wescott William "Wes" Kingdon

Born July 4, 1900 at Los Angeles, CA.
Died April 19, 1975 at Capistrano, CA.
Batted right. Threw right. Height: 5-8. Weight: 148.

Manager for Bartlesville, Western Association, 1937; Dover and Pocomoke City, Eastern Shore, 1938; Pocomoke City, Eastern Shore, 1939; Selma, Southeastern, 1940.

YEAR	CLUB	LEAGUE	POS	G	AB	R	H	2B	3B	HR	RBI	SB	AVG
1919	Portland	Pacific Coast	ss-2b	47	149	16	26	3	0	0	—	3	.174
1920	Portland	Pacific Coast	ss	126	388	39	76	15	3	0	—	5	.196
1921	Bridgeport	Eastern	ss	150	509	71	138	25	16	3	—	5	.271
1922	Bridgeport	Eastern	ss	147	512	77	148	19	10	3	—	17	.289
1923	Buffalo	International	2b-3b-ss	144	475	66	126	31	9	5	56	4	.265
1924	Buffalo	International	ss-2b	168	546	78	152	24	8	7	71	4	.278

YEAR	CLUB	LEAGUE	POS	G	AB	R	H	2B	3B	HR	RBI	SB	AVG
1925	Buffalo	International	ss	158	527	80	139	25	5	11	86	0	.264
1926	Buffalo/Newark	International	ss	148	526	115	157	26	4	13	70	8	.298
1927	Newark	International	ss-3b	159	514	82	162	26	5	8	80	15	.315
1928	Newark	International	ss	162	566	106	167	32	4	7	62	11	.295
1929	Newark	International	2b-3b	118	366	49	84	15	1	2	45	9	.230
1930	Columbus	American Association	ss	108	392	60	105	23	9	3	58	15	.268
	Houston	Texas	ss	18	50	9	11	1	0	0	7	0	.220
1931	Chattanooga	Southern Association	ss	155	603	96	167	18	4	3	54	8	.277
1932	Washington	American	3b-ss	18	34	10	11	3	1	0	3	0	.324
	Chattanooga	Southern Association	2b-ss	64	228	49	75	14	7	0	34	5	.329
1933	Chattanooga	Southern Association	ss	120	442	62	124	20	4	5	70	6	.281
	Minneapolis	American Association	–	11	26	5	5	1	0	1	–	0	.192
1934	Memphis	Southern Association	ss	68	240	46	68	20	3	2	42	0	.283
1935-36				Did not play in organized baseball									
1937	Bartlesville	Western Association	3-ss	41	143	25	34	4	1	0	12	3	.238
	Sanford	Florida State	2b	29	105	17	28	3	0	0	13	8	.267
1938	Pocomoke City	Eastern Shore	2b	54	179	37	59	14	1	4	28	3	.330
1939	Pocomoke City	Eastern Shore	–	14	43	7	14	3	0	2	7	0	.326
1940	Selma	Southeastern	ss	19	52	6	16	4	0	0	10	0	.308
		Majors		18	34	10	11	3	1	0	3	0	.324
		Minors		2228	7581	1198	2081	366	104	79	805	129	.275

Judson Fabian "Jay" Kirke

Born June 16, 1888 at Fleischmanns, NY.
Died August 31, 1968 at New Orleans, LA.
Batted left. Threw right. Height: 6-0. Weight: 195.

Manager for Opelousas, Evangeline, 1935.

YEAR	CLUB	LEAGUE	POS	G	AB	R	H	2B	3B	HR	RBI	SB	AVG
1906	Kingston	Hudson River	ss	22	69	4	22	2	1	0	–	0	.319
1907	Poughkeepsie	Hudson River	ss	16	61	11	25	6	0	0	–	4	.410
1907	Wilmington	Tri-State	ss	23	82	7	18	4	0	0	–	2	.220
1908	Binghamton	New York State	2b-ss	133	488	43	130	9	9	1	–	11	.266
1909	Binghamton/Wilkes-Barre	New York State	2b-3b	144	547	62	158	26	3	1	–	22	.289
1910	Scranton	New York State	2b	139	541	78	182	25	9	1	–	31	.336
	Detroit	American	2b-of	25	3	5	1	0	0	3	1	.200	
1911	New Orleans	Southern Association	2b	137	519	68	160	25	5	5	–	24	.308
	Boston	National	of-3b-2b	20	89	9	32	5	5	0	12	3	.360
1912	Boston	National	of-3b-1b	103	359	53	115	11	4	4	62	7	.320
1913	Boston	National	of	18	38	3	9	2	0	0	3	0	.237
	Toledo	American Association	of-1b-3b	136	525	56	168	26	9	8	–	15	.320
1914	Cleveland	American Association	1b-of	74	307	44	107	17	6	3	–	6	.349
	Cleveland	American	1b-of	67	242	18	66	10	2	1	25	5	.273
1915	Cleveland	American	1b	87	339	35	105	19	2	2	40	5	.310
	Cleveland	American Association	1b-of	68	266	28	76	19	3	1	–	9	.286
1916	Milwaukee/Louisville	American Association	1b	168	633	78	192	40	5	5	–	14	.303
1917	Louisville	American Association	1b-of	148	550	70	175	37	8	2	84	16	.318
1918	Louisville	American Association	1b-of	75	278	29	76	10	4	1	18	6	.273
	New York	National	1b	17	56	1	14	1	0	0	3	0	.250
1919	Louisville	American Association	1b	145	524	67	158	24	15	4	85	19	.302
1920	Louisville	American Association	1b	161	634	84	209	32	6	8	114	19	.330
1921	Louisville	American Association	1b	168	730	125	282	43	17	21	157	13	.386
1922	Louisville	American Association	1b	168	664	112	236	38	16	9	123	8	.355
1923	Indianapolis	American Association	1b	128	468	50	117	19	5	4	74	4	.250
1924	Minneapolis	American Association	1b-of	151	521	70	170	45	2	14	97	8	.326
1925	Fort Worth/Beaumont/												
	Shreveport	Texas	1b	131	531	77	171	41	4	15	8	25	322
1926	Shreveport	Texas	1b	110	430	61	143	32	0	3	63	4	.333
1927	Decatur	Three I	1b	112	434	47	133	30	4	1	58	5	.306

Career All-Time Leaders: RBIs

PLAYER		PLAYER		PLAYER	
Nick Cullop	1857	Larry Barton	1751	Smead Jolley	1631
Buzz Arlett	1786	Johnny Gill	1743	Merv Connors	1629
Jim Poole	1785	George Ferrell	1716		
Spencer Harris	1769	Hector Espino	1678		

YEAR	CLUB	LEAGUE	POS	G	AB	R	H	2B	3B	HR	RBI	SB	AVG
1928-34					Did not play in organized baseball								
1935	Opelousas	Evangeline	1b	60	203	26	57	7	0	4	42	1	.281
			Majors	320	1148	122	346	49	13	7	148	21	.301
			Minors	2617	10005	1297	3165	557	131	111	997	246	.316

KEDZI K. "KENZIE" KIRKHAM

Born May 6, 1891
Batted left. Threw right. Height: 5-9. Weight: 180.

Manager for Waynesboro, Blue Ridge, 1929; Grand Island, Nebraska State, 1930.

YEAR	CLUB	LEAGUE	POS	G	AB	R	H	2B	3B	HR	RBI	SB	AVG
1911	Winnipeg	Western Canada	of	81	313	39	90	9	7	4	–	14	.287
1912	Winnipeg	Central International	of	33	123	17	36	1	2	0	–	11	.293
1913	Winnipeg	Northern	of	113	440	56	111	12	9	3	–	17	.250
1914	Winnipeg	Northern	of	130	**524**	69	140	22	10	4	–	17	.267
1915	Duluth	Northern	of	110	425	61	146	**31**	7	7	–	20	**.344**
1916	St. Joseph	Western	of	151	585	67	**205**	28	16	6	–	18	.350
1917	Little Rock	Southern Association	of	52	183	13	40	9	2	0	–	3	.219
	St. Joseph/Hutchinson	Western	of	78	308	43	100	16	3	1	–	12	.325
1918	St. Joseph	Western	of	59	218	23	67	11	1	2	–	15	.307
1919	St. Joseph	Western	of	15	53	5	12	2	0	0	–	1	.226
	Milwaukee	American Association	of	94	335	43	91	17	6	3	–	5	.271
1920	St. Joseph	Western	of	5	17	–	5	0	0	0	–	0	.294
	Kansas City/Milwaukee	American Association	of-3b	49	171	22	50	7	5	4	29	4	.292
1921	Milwaukee	American Association	of	111	348	55	101	22	5	5	52	2	.290
1922	San Antonio	Texas	of	142	550	73	172	25	8	13	81	7	.313
1923	Beaumont	Texas	of	149	594	100	211	44	7	4	118	6	.355
1924	Reading/Rochester	International	of	157	572	87	189	24	10	7	98	5	.330
1925	Bridgeport	Eastern	of	17	64	7	15	2	0	0	–	0	.234
	Omaha	Western	of	57	221	31	65	15	4	4	–	0	.294
1926	Columbus	American Association	of	80	280	30	77	14	3	4	37	3	.275
1927	Columbus	American Association	of	82	168	16	61	9	0	2	34	1	.363
1928	Columbus	American Association	of	20	20	2	6	1	1	0	–	0	.300
	Beaumont	Texas	of	13	49	1	6	2	0	0	6	0	.122
1929	Laurel	Cotton States	of	42	146	16	39	7	0	5	–	0	.267
1930	Grand Island	Nebraska State	of	60	175	31	77	14	8	4	–	4	.440
			Minors	1900	6882	907	2112	344	114	82	455	165	.307

JOHN CLARENCE "NAP" KLOZA

Born November 2, 1904 at Milwaukee, WI.
Died June 11, 1962 at Milwaukee, WI.
Batted right. Threw right. Height: 5-11. Weight: 180.

Coach for Milwaukee, American Association, 1936.

YEAR	CLUB	LEAGUE	POS	G	AB	R	H	2B	3B	HR	RBI	SB	AVG
1925	Blytheville	Tri-State	1b-2b	59	209	50	78	10	6	7	–	8	**.373**
1926	Alexandria	Cotton States	1b-of	11	41	10	13	1	0	0	–	5	.317
	Montgomery	Southeastern	1b-of	114	427	92	162	29	**19**	9	–	8	**.380**
	Albany	Southeastern			No record available								
1927	Albany	Southeastern	of	122	453	113	183	29	8	28	–	16	**.404**
	Birmingham	Southern Association	of	19	47	8	12	4	0	2	10	0	.255
1928	Louisville	American Association	of	16	40	4	4	1	0	0	–	1	.096
	Chattanooga/Nashville	Southern Association	of	27	66	6	12	3	2	0	6	0	.182
1929	Montgomery	Southeastern	of	141	505	94	151	31	17	8	77	11	.299
1930	Wichita Falls	Texas	of	153	597	**144**	207	39	8	28	126	18	.347
1931	Milwaukee	American Association	of	133	492	107	157	24	9	22	89	12	.319
	St. Louis	American	of	3	7	1	1	0	0	0	0	0	.143
1932	St. Louis	American	of	19	13	4	2	0	1	0	2	0	.154
	Longview	Texas	of	67	253	27	67	17	5	5	39	2	.265
1933	Milwaukee	American Association	of	89	308	53	90	9	6	9	62	0	.292
1931	Milwaukee	American Association	of	152	629	130	205	28	14	26	**148**	4	.326
1935	Milwaukee	American Association	of	95	377	61	115	22	11	8	68	4	.305
1936	Milwaukee	American Association	of	19	18	2	2	1	0	1	4	0	.111
			Majors	22	20	5	3	0	1	0	2	0	.150
			Minors	1218	4462	901	1458	248	106	139	629	89	.327

JOHN WESLEY KNIGHT

Born October 6, 1885 at Philadelphia, PA.
Died December 19, 1965 at Walnut Creek, CA.
Batted right. Threw right. Height: 6-2½. Weight: 180.

Manager for Cleveland, American Association, 1914-1915; Denver, Western, 1928.

YEAR	CLUB	LEAGUE	POS	G	AB	R	H	2B	3B	HR	RBI	SB	AVG
1905	Philadelphia	American	ss-3b	88	325	28	66	12	1	3	29	4	.203
1906	Philadelphia	American	3b-2b	74	253	29	49	7	2	3	20	6	.194
1907	Philadelphia/Boston	American	3b-ss	138	499	37	107	16	4	2	41	9	.214
1908	Baltimore	Eastern	ss-3b	140	495	62	113	10	12	9	—	16	.228
1909	New York	American	ss-1b-2b	116	360	46	85	8	5	0	40	15	.236
1910	New York	American	if-of	117	414	58	129	25	4	3	45	23	.312
1911	New York	American	if	132	470	69	126	16	7	3	62	18	.268
1912	Washington	American	2b-1b	32	93	10	15	2	1	0	9	4	.161
	Jersey City	Eastern	1b	78	257	33	54	10	7	1	—	9	.210
1913	Jersey City	International	2b	77	300	40	81	9	6	1	—	16	.270
	New York	American	1b-2b	70	250	24	59	10	0	0	24	7	.236
1914	Cleveland	American Association	ss	135	530	75	163	26	13	3	58	13	.308
1915	Cleveland	American Association	ss-2b	131	440	61	124	26	5	4	39	12	.282
1916	Minneapolis	American Association	1b-2b	164	592	89	151	27	9	1	—	22	.255
1917	Minneapolis	American Association	1b-3b	151	563	75	154	32	8	6	—	16	.274
1918	Minneapolis	American Association	1b	27	107	6	30	6	0	0	—	5	.280
1919	Seattle	Pacific Coast	1b-2b-3b	146	523	54	157	35	8	2	8	8	.300
1920	Oakland	Pacific Coast	if	188	693	86	196	53	5	6	—	9	.283
1921	Oakland	Pacific Coast	2b-1b	179	667	109	228	62	11	15	129	10	.342
1922	Oakland	Pacific Coast	2b-1b	80	262	31	70	15	1	1	30	5	.267
1923	Oakland	Pacific Coast	2b-1b	127	378	56	127	24	0	6	58	4	.336
1924	Denver	Western	1b-2b	157	610	114	193	56	12	6	—	10	.316
1925	Denver	Western	1b	169	645	151	227	56	16	19	—	8	.352
1926	Sacramento	Pacific Coast	1b-3b-ss	96	324	52	91	19	2	5	50	3	.281
1927	Sacramento	Pacific Coast	1b	87	270	36	84	14	2	10	46	5	.311
1928	Denver	Western	1b	103	341	42	103	22	6	6	—	3	.302
		Majors	767	2664	301	636	96	24	14	270	86	.239
		Minors	2235	7997	1172	2346	502	123	101	418	174	.293

JOSEPH WILLIAM "QUIET JOE" KNIGHT

Born September 28, 1859 at Port Stanley, Ontario, Canada.
Died October 18, 1938 at St. Thomas, Ontario, Canada.
Batted left. Threw left. Height: 5-11. Weight: 185.

Sometimes called Jonas Knight.

YEAR	CLUB	LEAGUE	POS	G	AB	R	H	2B	3B	HR	RBI	SB	AVG
1883	Bay City/Quincy	Northwestern	p	31	125	9	25	4	0	1	—	—	.200
1884	Philadelphia	National	p	6	24	2	6	3	0	0	2	—	.250
	Muskegon	Northwestern	p	7	26	1	8	0	0	0	—	—	.308
1885	London	Canadian	p-of	36	165	35	41	3	5	2	—	—	.248
1886	Hamilton	International	of-p	78	329	47	91	21	6	1	—	6	.277
1887	Hamilton	International	of	100	442	86	148	24	8	5	—	41	.335
1888	Hamilton	International Association	of	111	496	99	148	32	6	1	—	64	.298
1889	London	International Association	of	103	472	81	165	28	15	3	—	41	.350
1890	Cincinnati	National	of	127	481	67	150	26	8	4	67	17	.312
1891	Rochester	Eastern Association	of	95	394	75	118	27	11	0	—	25	.299
1892	Syracuse/Utica/Binghamton	Eastern	of	107	416	93	158	**40**	7	3	—	22	.380
1893	Binghamton	Eastern	of	94	437	110	**170**	28	**17**	2	—	26	.389
1894	Wilkes-Barre/Providence	Eastern	of	113	494	107	180	37	10	1	—	25	.364
1895	Providence	Eastern	of	116	504	98	183	32	10	3	—	20	.363
1896	Providence	Eastern	of	119	523	112	197	35	6	3	—	21	.377
1897	Providence	Eastern	of	128	528	127	177	36	8	0	—	12	.335
1898	Wilkes-Barre/Ottawa	Eastern	of	90	358	62	121	17	3	0	—	8	.338
	St. Thomas	Canadian	of	9	39	4	10	4	1	1	—	2	.256
1899	St. Thomas	Canadian	of	17	65	7	21	3	0	0	—	4	.323
	Buffalo	Eastern	of	6	25	3	9	0	0	0	—	1	.360
		Majors	133	505	69	156	29	8	4	69	17	.309
		Minors	1360	5838	1156	1970	368	113	26	—	318	.337

EDWARD A. KNOBLAUCH

Born January 31, 1918 at Bay City, MI.
Died February 26, 1991 at Schertz, TX.
Batted left. Threw left. Height: 5-10. Weight: 160.

YEAR	CLUB	LEAGUE	POS	G	AB	R	H	2B	3B	HR	RBI	SB	AVG
1938	Monett	Arkansas-Missouri	of	63	253	57	90	17	3	2	43	13	.356
	Asheville	Piedmont	of	55	195	31	58	7	1	0	11	4	.297
1939	Kilgore	East Texas	of	139	564	125	189	37	4	2	48	28	.335
1940	Columbus	SALLY	of	150	595	135	205	33	9	0	72	25	.345
1941	Columbus	SALLY	of	139	568	114	191	18	11	2	71	12	.336
1942	Houston	Texas	of	151	558	77	172	22	9	0	52	20	.308
1943-45							Military service						
1946	Houston	Texas	of	110	356	54	109	8	5	2	42	9	.306
1947	Houston	Texas	of	156	570	93	157	17	9	0	68	6	.275
1948	Houston	Texas	of	153	553	102	163	20	8	1	44	5	.295
1949	Houston/Shreveport/Tulsa	Texas	of	139	504	95	158	26	10	2	72	7	.313
1958	Tulsa	Texas	of	146	534	86	159	22	15	2	67	22	.298
1951	Tulsa/Dallas	Texas	of	158	555	89	171	35	8	1	44	15	.308
1952	Dallas	Texas	of	147	558	84	171	31	12	2	51	11	.306
1953	Dallas	Texas	of	154	592	98	180	23	7	0	44	6	.304
1954	Dallas/Beaumont	Texas	of	146	583	82	178	27	4	0	43	3	.305
1955	Beaumont/Dallas	Texas	of	157	588	98	192	48	2	4	60	4	**.327**
			Minors	2163	8126	1420	2543	391	117	20	832	190	.313

CHARLES ELMER "PUNCH" KNOLL

Born October 7, 1881 at Evansville, IN.
Died February 8, 1960 at Evansville, IN.
Batted right. Threw right. Height: 5-7½. Weight: 170.

Brother of Julius "Hub" Knoll, a well known minor league player. Father-in-law of Sylvester Simon.
Manager for Evansville, Central, 1908-1909; Dayton, Central, 1910-1912 and part of 1913; Evansville, Central, 1913-1917; Ludington, Central, 1920; Bay City, Michigan-Ontario, 1921-1924; Danville, Three I, 1925-1926; Quincy, Three I, part of 1927; Fort Wayne, Central, 1928; Wilkes-Barre, New York-Pennsylvania, part of 1929; Fort Wayne, Central, 1930.

YEAR	CLUB	LEAGUE	POS	G	AB	R	H	2B	3B	HR	RBI	SB	AVG
1901	Evansville	Three I	of	43	170	24	40	8	3	1	—	6	.235
	Memphis	Southern Association	of	48	184	37	51	11	3	0	—	3	.277
1902	Nashville	Southern Association	of	129	497	83	133	18	8	1	—	28	.268
1903	Nashville	Southern Association	of	122	488	64	137	27	5	2	—	28	.281
1904	Nashville	Southern Association	of-c	101	365	64	98	15	11	3	—	22	.268
1905	Washington	American	of	85	244	24	52	10	5	0	29	3	.213
1906	New Orleans	Southern Association	of	135	486	60	117	25	5	0	—	28	.241
1907	Evansville	Central	of-c	122	389	37	88	17	2	2	—	18	.226
1908	Evansville	Central	of	140	506	85	157	28	6	12	—	30	.310
1909	Evansville	Central	of	125	450	63	142	18	9	11	—	31	.315
1910	Dayton	Central	of	139	477	79	130	18	10	5	—	27	.273
1911	Dayton	Central	of	132	478	85	143	26	12	11	—	23	.299
1912	Dayton	Central	of	117	356	46	100	17	4	0	—	14	.286
1913	Evansville	Central	of	127	441	64	126	29	6	5	—	14	.286
1914	Evansville	Central	of	125	453	82	139	25	9	9	—	18	.307
1915	Evansville	Central	of	122	431	58	113	18	2	3	—	17	.262
1916	Evansville	Central	of	131	446	50	123	20	9	2	—	14	.276
1917	Evansville	Central	of	107	395	42	91	16	3	3	—	8	.230
1918							Did not play in organized baseball						
1919	Evansville	Three I	of	52	172	21	40	7	2	2	—	2	.233
1920	Ludington	Central	of	116	408	69	117	28	4	7	—	3	.287
1921	Bay City	Michigan-Ontario	of	100	392	76	121	35	9	0	59	11	.309
1922	Bay City	Michigan-Ontario	of	119	444	70	130	27	12	4	67	11	.293
1923	Bay City	Michigan-Ontario	of	64	188	34	61	10	3	1	32	1	.324
1924	Bay City	Michigan-Ontario	of	31	58	5	15	8	1	0	9	0	.259
1925	Danville	Three I	of	35	67	13	22	1	2	1	—	0	.328
1926	Danville	Three I	of	25	32	3	8	1	0	0	—	1	.250
1927	Quincy	Three I	of	9	21	1	4	2	0	0	1	0	.190
1928	Fort Wayne	Central	p-c	3	3	0	1	0	0	0	0	0	.333
1929	Wilkes-Barre	New York-Pennsylvania					Manager, did not play.						
1930	Fort Wayne	Central	of	3	3	0	1	0	0	0	1	0	.333
			Majors	85	244	24	52	10	5	0	29	3	.213
			Minors	2522	8800	1315	2448	455	140	85	169	359	.278

Horace L. "Pip" Koehler

Born January 16, 1902 at Gilbert, PA.
Died December 8, 1986 at Tacoma, WA.
Batted right. Threw right. Height: 5-10. Weight: 165.

Manager for Portsmouth, Piedmont, 1935-1937; Akron, Middle Atlantic, 1938-1940; Tacoma, Western International, 1941-1942; Ogden, Pioneer, 1947-48.

YEAR	CLUB	LEAGUE	POS	G	AB	R	H	2B	3B	HR	RBI	SB	AVG
1925	New York	National	of	12	2	1	0	0	0	0	0	0	.000
	Reading	International	of	71	222	38	61	15	3	2	25	5	.275
1926	Toledo	American Association	of	153	553	70	157	18	4	2	44	20	.284
1927	Toledo	American Association	of-3b	137	465	49	134	27	7	3	85	7	.288
1928	Toledo	American Association	of-ss-3b	154	588	83	167	23	10	1	57	10	.284
1929	Toledo	American Association	of-3b	156	640	98	198	30	12	3	70	17	.309
1930	Toledo	American Association	3b-of	149	616	101	199	36	11	4	94	12	.323
1931	Toledo/Milwaukee	American Association	3b-of	158	619	83	168	28	7	3	80	12	.271
1932	Milwaukee	American Association	3b	152	571	79	167	27	4	8	91	5	.292
1933	Milwaukee	American Association	3b-of	155	644	96	205	30	6	6	85	8	.318
1934	Atlanta	Southern Association	2b-of	116	410	56	119	18	1	1	51	7	.290
1935	Portsmouth	Piedmont	ss-3b	136	527	97	171	32	5	7	70	13	.324
1936	Portsmouth	Piedmont	of-ss	140	545	85	154	25	4	10	86	12	.283
1937	Portsmouth	Piedmont	of	140	**585**	92	152	26	3	6	80	11	.260
1938	Akron	Middle Atlantic	of-3b-2b	122	466	76	162	37	2	3	56	9	.348
1939	Akron	Middle Atlantic	of-3b-2b	114	417	45	122	20	1	2	51	7	.293
1940	Akron	Middle Atlantic	3b	14	42	6	10	3	0	0	4	0	.238
1941	Tacoma	Western International	of-2b-3b	91	289	28	81	9	0	0	35	3	.280
1942	Tacoma	Western International	of-2b-1b	108	330	38	86	15	0	0	45	11	.261
	Majors			12	2	1	0	0	0	0	0	0	.000
	Minors			2258	8529	1220	2513	419	80	61	1109	169	.295

Brad Lynn Komminsk

Born April 4, 1961 at Lima, Ohio.
Batted right. Threw right. Height 6-2. Weight 205.

YEAR	CLUB	LEAGUE	POS	G	AB	R	H	2B	3B	HR	RBI	SB	AVG
1979	Kingsport	Appalachian	of	59	185	37	41	9	1	7	34	**20**	.222
1980	Anderson	SALLY	of	121	425	86	111	17	5	20	67	27	.261
1981	Durham	Carolina	of	132	459	108	**148**	27	2	33	**104**	35	**.322**
1982	Savannah	Southern	of	133	454	88	124	18	7	26	103	26	.273
	Richmond	International	of	5	17	4	6	1	0	2	5	0	.353
1983	Richmond	International	of	117	413	94	138	24	6	24	103	26	.334
	Atlanta	National	of	19	36	2	8	2	0	0	4	0	.222
1984	Richmond	International	of	42	144	23	37	11	3	5	28	8	.257
	Atlanta	National	of	90	301	37	61	10	0	8	36	18	.203
1985	Atlanta	National	of	106	300	52	68	12	3	4	21	10	.227
1986	Richmond	International	3b-of-1b	133	456	67	109	22	4	13	65	29	.234
	Atlanta	National	of-3b	5	5	1	2	0	0	0	1	0	.400
1987	Denver	American Association	of	135	494	110	147	31	4	**32**	95	18	.298
	Milwaukee	American	of	7	15	0	1	0	0	0	0	1	.067
1988	Denver	American Association	of	105	348	55	83	18	3	16	57	7	.239
1989	Colorado Springs	Pacific Coast	of	54	190	30	55	17	0	9	34	7	.289
	Cleveland	American	of	71	198	27	47	8	2	8	33	8	.237
1990	San Francisco	National	of	8	5	2	1	0	0	0	0	0	.200
	Baltimore	American	of	46	101	18	24	4	0	3	8	1	.238
	Rochester	International	of	28	79	7	23	2	0	1	8	0	.291
1991	Tacoma	Pacific Coast	of	74	270	38	79	15	4	5	43	11	.293
	Oakland	American	of	24	25	1	3	1	0	0	2	1	.120
1992	Vancouver	Pacific Coast	of	120	415	72	114	24	7	10	68	9	.275
1993	Nashville	American Association	of	118	383	55	102	18	2	11	49	7	.266
	Majors			376	986	140	215	37	5	23	105	39	.218
	Minors			1376	4732	874	1317	244	48	214	863	230	.278

Career All-Time Leaders: Runs

PLAYER		PLAYER		PLAYER	
Spencer Harris	2287	George Whiteman	1885	Ray French	1769
George Hogriever	2046	Kid Mohler	1811	Buster Chatham	1739
Eddie Hock	2007	Frenchy Uhalt	1786		
Jigger Statz	1996	Bunny Brief	1776		

MERLIN HENRY KOPP

Born January 2, 1892 at Toledo, OH.
Died May 6, 1960, Sacramento, CA.
Batted both. Threw right. Height: 5-8. Weight: 158.

YEAR	CLUB	LEAGUE	POS	G	AB	R	H	2B	3B	HR	RBI	SB	AVG
1911	St. Thomas	Canadian	of	106	407	55	118	24	14	2	–	20	.265
1912	St. Thomas	Canadian	of	84	322	53	63	–	–	–	–	30	.267
1913	St. Thomas	Canadian	of	**106**	388	**104**	115	15	6	3	–	**63**	.296
1914	St. Thomas	Canadian	of	105	409	63	120	9	7	1	–	40	.293
1915	St. Thomas	Canadian	of	70	263	40	68	7	4	2	–	**42**	.259
	Washington	American	of	16	32	2	8	0	0	0	0	1	.250
1916	Buffalo	International	of	137	497	109	144	14	6	2	–	**59**	.290
1917	Buffalo	International	of	150	577	101	169	10	12	3	–	57	.293
1918	Philadelphia	American	of	96	363	60	85	7	7	0	18	22	.234
1919	Philadelphia	American	of	75	235	34	53	2	4	1	12	16	.226
	Atlanta	Southern Association	of	19	78	10	16	4	0	1	–	2	.205
1920	Sacramento	Pacific Coast	of	198	740	119	193	19	11	9	–	50	.261
1921	Sacramento	Pacific Coast	of	168	663	114	186	29	7	12	59	45	.281
1922	Sacramento	Pacific Coast	of	102	349	46	100	10	3	1	25	23	.287
1923	Sacramento	Pacific Coast	of	201	829	178	279	40	17	5	62	**80**	.337
1924	Sacramento	Pacific Coast	of	186	742	121	221	22	16	5	71	44	.298
1925	Sacramento	Pacific Coast	of	202	805	133	227	25	9	8	76	27	.282
1926	Sacramento	Pacific Coast	of	124	486	85	142	26	2	1	47	7	.292
1927	Sacramento	Pacific Coast	of	158	608	110	166	34	5	5	64	14	.273
1928	Sacramento	Pacific Coast	of	71	202	21	57	7	2	2	16	3	.282
	Majors			187	630	96	146	9	11	1	30	39	.232
	Minors			2187	8365	1462	2384	295	121	62	420	606	.285

CLARENCE OTTO "BIG BOY" KRAFT

Born June 9, 1887 at Evansville, IN.
Died March 26, 1958 at Fort Worth, TX.
Batted right. Threw right. Height: 6-0. Weight: 190.

Kraft had 13-2 won-lost record with McLeansboro, KITTY, in 1910 and was 6-0 with McLeansboro, Southern Illinois, the same year.

YEAR	CLUB	LEAGUE	POS	G	AB	R	H	2B	3B	HR	RBI	SB	AVG
1910	Evansville	Central	ph	1	1	0	0	0	0	0	0	0	0.000
	McLeansboro	Southern Illinois					No record available						
	McLeansboro	KITTY	of-p	51	185	26	54	11	4	**4**	–	7	.292
1911	Flint	Southern Michigan	1b-p	126	431	74	136	19	8	**19**	–	16	.316
1912	Flint	Southern Michigan	of-1b-p	126	470	73	130	19	7	15	–	23	.277
1913	Clarksdale	Cotton States	of-p-1b	57	198	48	65	13	1	9	–	6	.328
	New Orleans	Southern Association	of-p	56	177	26	64	13	0	1	–	6	.381
1914	Boston	National	1b	3	3	0	1	0	0	0	0	0	.333
	Newark	International	1b	96	342	60	95	11	15	9	–	14	.278
1915	Harrisburg	International	1b	140	505	90	155	25	**24**	11	–	22	.307
1916	Louisville/Milwaukee	American Association	1b	154	560	81	144	25	10	8	–	23	.257
1917	Wilkes-Barre	New York State	1b	120	453	74	141	30	13	7	–	27	.311
1918	Fort Worth	Texas	1b	70	240	40	74	15	4	3	–	9	.308
1919	Fort Worth	Texas	1b	154	550	60	151	32	6	11	–	26	.275
1920	Fort Worth	Texas	1b	151	554	62	143	22	8	6	86	30	.258
1921	Fort Worth	Texas	1b	154	**602**	**132**	**212**	47	12	31	141	18	**.352**
1922	Fort Worth	Texas	1b	140	543	127	184	32	4	**32**	**131**	17	.339
1923	Fort Worth	Texas	1b	157	565	129	183	48	3	**32**	125	21	.324
1924	Fort Worth	Texas	1b	154	**581**	**150**	203	36	5	**55**	**196**	18	.349
	Majors			3	3	0	1	0	0	0	0	0	.333
	Minors			1907	6957	1252	2134	398	124	255	679	283	.307

WILLIAM FREDERICK "BILL" KRIEG

Born January 29, 1859 at Petersburg, IL.
Died March 25, 1930 at Chillicothe, IL.
Batted right. Threw right. Height: 5-8. Weight: 180.

Manager for Terre Haute, Three ,I 1901; Muscatine, Central Association, 1912.

YEAR	CLUB	LEAGUE	POS	G	AB	R	H	2B	3B	HR	RBI	SB	AVG
1883	Peoria	Northwest	of	40	164	25	47	–	–	–	–	–	.286
1884	Chicago/Pittsburgh	Union Association	c-1b-of	71	279	35	69	15	4	0	–	–	.247

YEAR	CLUB	LEAGUE	POS	G	AB	R	H	2B	3B	HR	RBI	SB	AVG
1885	Brooklyn	American Association	c-1b	17	60	7	9	4	0	1	—	—	.150
	Chicago	National	c	1	3	0	0	0	0	0	—	0	.000
	Hartford	Eastern	c-3b	11	35	3	11	3	0	0	—	—	.314
1886	Hartford	Eastern	c-1b-2b	64	258	45	79	17	5	3	—	7	.306
	Washington	National	1b	27	98	11	25	6	3	1	—	—	.255
1887	Washington	National	1b	25	95	9	24	4	1	2	—	2	.233
	Minneapolis	Northwest	c-of-1b	59	266	49	107	14	7	10	—	8	.402
1888	Minneapolis/Kansas City	Western Association	of-c-ss	93	368	61	98	14	3	2	—	28	.266
1889	St. Joseph	Western Association	of	106	436	88	142	33	8	14	—	17	.326
1890	Milwaukee	Western Association	of-c	89	351	66	98	13	10	7	—	8	.279
1891	Peoria	Northwestern					Did not play in organzied baseball						
1892	Milwaukee	Western	3b-c-of	44	165	29	58	12	2	5	—	7	**.352**
1893	Nashville	Southern	of-c	39	163	32	60	15	3	1	—	2	.368
1894	Detroit	Western	c-1b	26	99	21	32	7	1	4	—	2	.323
	Rock Island/Moline	Western Association	1b	70	298	55	97	22	4	7	—	5	.325
1895	Rockford	Western Association	1b-of	119	**524**	117	**237**	27	14	**11**	—	—	**.452**
1896	Rockford	Western Association	1b	**82**	351	79	**123**	15	10	**15**	—	15	**.350**
1897	Brockton	New England	1b	75	316	84	115	24	2	9	—	3	.364
	Des Moines	Western Association	1b-of	25	104	21	28	5	1	4	—	2	.269
1898	Burlington	Western Association	1b-c	24	101	11	30	11	0	0	—	7	.298
1899	Bloomington	Western Association	1b	30	119	13	35	6	0	0	—	3	.294
1900	Peoria/Terre Haute	Central	1b	75	317	46	101	23	6	1	—	5	.319
1901	Terre Haute	Three I	1b	27	102	13	25	11	0	0	—	3	.245
			Majors	141	535	62	127	29	8	4	—	2	.237
			Minors	1098	4537	838	1523	272	76	93	—	122	.335

Martin John "Marty" Krug

Born September 10, 1888 at Koblenz, Germany.
Died June 27, 1966 at Glendale, CA.
Batted right. Threw right. Height: 5-9. Weight: 165.

Manager for Los Angeles, Pacific Coast, 1923-1929.

YEAR	CLUB	LEAGUE	POS	G	AB	R	H	2B	3B	HR	RBI	SB	AVG
1909	Richmond	Blue Grass	3b-ss	33	111	16	29	—	—	—	—	—	.261
1910	Richmond	Blue Grass	3b	—	—	—	—	—	—	—	—	—	—
	Columbia	SALLY	3b	54	179	16	30	4	0	1	—	8	.167
1911	Columbia	SALLY	ss-3b	138	512	78	152	—	—	7	—	41	.297
1912	Boston	American	ss-2b	16	39	6	12	2	1	0	7	2	.308
1913	Indianapolis	American Association	ss-2b-of	140	503	52	119	12	13	2	—	20	.237
1914	Omaha	Western	of-2b	165	641	112	188	24	10	2	—	47	.293
1915	Omaha	Western	3b-ss	142	515	77	152	28	14	1	—	27	.295
1916	Omaha	Western	2b-of	122	480	86	141	29	9	1	—	18	.294
1917	Omaha	Western	ss	128	481	69	135	25	4	6	—	11	.299
1918							Did not play in organized baseball						
1919	Salt Lake City	Pacific Coast	2b	171	658	108	204	31	11	10	—	24	.310
1920	Salt Lake City	Pacific Coast	2b	169	653	131	189	47	8	9	—	15	.289
1921	Portland	Pacific Coast	2b	179	679	101	186	41	6	7	54	12	.274
1922	Chicago	National	3b-2b-ss	127	450	67	124	23	4	4	60	7	.276
1923	Los Angeles	Pacific Coast	2b-3b	153	545	86	163	42	5	2	49	12	.299
1924	Los Angeles	Pacific Coast	2b-3b	133	456	70	121	40	6	2	65	8	.265
1925	Los Angeles	Pacific Coast	3b	141	490	88	144	26	9	6	59	12	.294
1926	Los Angeles	Pacific Coast	3b	52	131	23	51	7	1	2	29	2	.389
1927	Los Angeles	Pacific Coast	3b	58	173	26	46	12	4	0	19	3	.266
			Majors	143	489	73	136	25	5	4	67	9	.278
			Minors	1978	7207	1139	2050	391	100	64	335	403	.284

Osceola Guy Lacy

Born June 12, 1897 at Cleveland, TN.
Died November 19, 1953 at Cleveland, TN.
Batted left. Threw right. Height: 5-11½. Weight: 170.

Known as Guy.

Manager for Richmond, Virginia, 1925; Charlotte, Piedmont, 1931-1933; Jackson, East Dixie, 1934-1936; Americus, Georgia-Florida, 1937; Sanford, Florida State, 1938; Mt. Airy, Bi-State, 1939; Lynchburg, Virginia, 1940-1941.

YEAR	CLUB	LEAGUE	POS	G	AB	R	H	2B	3B	HR	RBI	SB	AVG
1916	Anniston	Georgia-Alabama	2b	49	186	21	42	—	—	—	—	2	.226
1917	Anniston	Georgia-Alabama	2b	16	63	13	20	4	2	0	—	—	.317

YEAR	CLUB	LEAGUE	POS	G	AB	R	H	2B	3B	HR	RBI	SB	AVG
1918							Military service						
1919	Chattanooga	Southern Association	of	47	164	10	33	7	0	1	–	2	.201
	Columbia	SALLY	2b	19	82	19	25	3	2	0	–	2	.305
1920	Columbia	SALLY	2b	109	380	63	101	17	6	6	57	4	.265
1921	Columbia	SALLY	2b	142	523	101	144	33	12	4	95	8	.275
1922	New Haven	Eastern	2b	12	41	–	6	4	0	0	–	1	.146
	Greenville	SALLY	2b	95	321	29	76	18	1	1	18	5	.237
1923	Greenville	SALLY	2b	91	341	64	96	21	8	2	44	9	.282
1924	Richmond	Virginia	2b	127	459	68	156	31	0	10	77	25	.340
1925	Richmond	Virginia	2b	135	506	120	178	37	8	21	82	16	.352
1926	Cleveland	American	2b-3b	13	24	2	4	0	0	1	2	0	.167
	Jacksonville/Albany	Southeastern	3b-2b	36	139	22	36	6	1	0	–	2	.259
1927	Newark	International	2b	19	78	10	20	4	0	2	10	3	.256
	Bridgeport	Eastern	2b-3b	82	290	29	77	18	1	0	41	14	.266
1928	Bridgeport	Eastern	2b-of	102	362	51	105	25	1	1	33	8	.290
1929	Allentown	Eastern	2b	153	586	89	191	44	5	3	81	19	.326
1930	Allentown	Eastern	2b	149	589	109	180	32	14	9	89	8	.306
1931	Charlotte	Piedmont	2b	108	392	82	122	32	6	12	86	5	.311
1932	Charlotte	Piedmont	1b	100	360	54	98	22	0	6	49	5	.272
1933	Charlotte	Piedmont	1b	100	295	58	82	21	3	5	37	4	.278
1934	Jackson	East Dixie	1b-2b	101	356	55	96	23	2	2	38	4	.270
1935	Portsmouth	Piedmont	1b	50	179	22	44	9	1	2	26	3	.246
	Jackson	East Dixie	1b	52	178	15	45	7	0	0	32	7	.253
1936	Jackson	Cotton States	1b-2b	51	137	14	30	7	1	0	17	1	.219
1937	Americus	Georgia-Florida	1b	18	58	15	20	–	–	1	5	0	.345
1938	Sanford	Florida State	1b	17	55	10	16	2	0	0	8	1	.291
1939	Mt. Airy	Bi-State	1b-2b	35	111	15	29	2	1	1	16	0	.261
1940	Lynchburg	Virginia		3	4	–	1	–	–	–	–	–	.250
1941	Lynchburg	Virginia		2	2	–	0	–	–	–	–	–	.000
		Majors		13	24	2	4	0	0	1	2	0	.167
		Minors		2020	7237	1158	2069	429	75	87	941	158	–	.286

Arthur Clifford Hiram "Hi" Ladd

Born February 9, 1870 at Willamantic, CT.
Died May 7, 1948 at Cranston, RI.
Batted left. Threw right. Height: 6-4. Weight: 180.

YEAR	CLUB	LEAGUE	POS	G	AB	R	H	2B	3B	HB	RBI	SB	AVG
1892	Woonsocket	New England	of-p	98	454	90	140	31	6	2	–	25	.308
1893	Charleston	Southern	of	18	72	13	19	4	1	0	–	1	.264
	Fall River	New England	of-p	87	349	83	114	26	8	7	–	46	.327
1894	Fall River	New England	of-p	99	434	85	142	32	4	5	–	21	.327
1895	Fall River	New England	of-p	107	485	111	176	33	15	6	–	16	.363
1896	Fall River	New England	of-p	106	487	103	160	28	6	14	–	12	.329
1897	Fall River	New England	of	103	435	83	144	33	4	4	–	19	.331
1898	Fall River	New England	of	54	219	50	70	19	3	3	–	12	.320
	Pittsburgh/Boston	National	of	2	5	1	1	0	0	0	0	0	.200
1899	Paterson	Atlantic	of	72	284	46	101	9	4	3	–	10	.356
	Worcester	Eastern	of	14	53	7	16	3	2	1	–	0	.302
1900	Newark	Atlantic	of	19	77	12	32	8	3	1	–	1	.416
	Derby	Connecticut	of	84	318	67	118	26	2	9	–	6	.371
1901	Derby	Connecticut	of	109	479	97	171	18	8	8	–	16	.357
1902	Bridgeport	Connecticut	of	107	428	54	118	23	5	4	–	21	.276
1903	Bridgeport	Connecticut	of	106	423	63	145	23	6	1	–	9	.343
1904	Bridgeport	Connecticut	of	116	469	63	148	29	4	2	–	15	.316
1905	Bridgeport	Connecticut	of	114	456	70	147	30	6	0	–	15	.322
1906	Bridgeport	Connecticut	of	124	489	64	157	22	4	2	–	13	.321
1907	Bridgeport	Connecticut	of	125	493	61	168	31	7	1	–	17	**.341**
1908	Bridgeport	Connecticut	of	127	488	59	144	27	4	1	–	11	.295
1909	Bridgeport	Connecticut	of	124	490	55	156	27	8	3	–	17	.318

Career All-Time Leaders: Triples

PLAYER		PLAYER		PLAYER	
Joe Riggert	228	Lee Riley	195	Ray Powell	183
Fred Henry	200	Jim Murray	191	Buster Chatham	182
George Whiteman	196	Roy O'Brien	186		
Fred Nicholson	195	Stanley Keyes	185		

YEAR	CLUB	LEAGUE	POS	G	AB	R	H	2B	3B	HR	RBI	SB	AVG
1910	Bridgeport	Connecticut	of	123	470	68	158	15	9	0	–	13	.336
1911	Bridgeport	Connecticut	of	120	490	60	**143**	25	9	4	–	13	.292
		Majors		2	5	1	1	0	0	0	0	0	.200
		Minors		2156	8842	1464	2887	522	128	81	–	328	.327

Daniel J. "Bud" Lally

Born August 12, 1867 at Jersey City, NJ.
Died April 14, 1936 at Milwaukee, WI.
Batted left. Threw right. Height: 5-11½. Weight: 210.

Scored 205 runs for Minneapolis in 1895.
Umpire for SALLY, 1907.
Declared insane and admitted to the Wisconsin State Asylum in 1910.

YEAR	CLUB	LEAGUE	POS	G	AB	R	H	2B	3B	HR	RBI	SB	AVG
1887	Haverhill	New England	of-p	77	348	61	126	21	3	7	–	–	.362
1888	Toronto	International Association	p	2	8	0	6	1	0	0	–	0	.750
	Belleville-Brockville	East International	of-p-1b-2b	38	167	29	54	10	2	3	–	7	.323
1889	New Haven	Atlantic Association	of	85	345	62	111	18	11	7	–	17	.322
1890	New Haven	Atlantic Association	of	119	480	89	159	24	11	12	–	23	.331
1891	New Haven	Eastern Association	of	84	353	56	98	20	8	5	–	16	.278
	Pittsburgh	National	of	41	143	24	32	6	2	1	17	0	.224
1892	Columbus	Western	of	65	267	44	74	12	5	3	–	23	.277
	Memphis	Southern	of	36	145	19	38	5	3	1	–	1	.262
1893	Atlanta	Southern	of	24	97	15	22	3	1	1	–	2	.227
	Erie	Eastern	of	82	339	79	113	25	6	7	–	14	.333
1894	Erie	Eastern	of	108	458	78	152	22	7	8	–	8	.332
1895	Minneapolis	Western	of	123	590	**205**	236	49	13	36	–	44	.400
1896	Minneapolis	Western	of	139	599	153	197	38	14	15	–	39	.329
1897	Minneapolis	Western	of	25	112	37	45	5	2	2	–	3	.402
	St. Louis	National	of-1b	87	355	56	99	15	5	2	42	12	.279
1898	Columbus	Western	of	114	435	66	131	27	6	3	–	12	.301
1899	Columbus	Western	of	122	496	84	156	13	13	4	–	14	.315
1900	Chicago/Minneapolis	American	of	138	576	71	151	24	6	1	–	21	.262
1901	Grand Rapids	Western Association	of	129	552	114	164	36	9	2	–	39	.297
1902	Columbus/Minneapolis	American Association	of	130	526	84	143	26	13	1	–	25	.272
1903	Minneapolis	American Association	of	134	543	80	156	31	4	3	–	10	.287
1904	Minneapolis	American Association	1b	26	93	10	22	3	1	0	–	0	.237
	Crookston	Northern	1b	4	15	1	4	1	0	0	–	0	.267
	Butte	Pacific Northwest	of	69	295	53	106	12	2	0	–	17	.359
1905	Nashville	Southern Association	of-1b	34	141	15	29	5	2	0	–	3	.206
	Charleston	SALLY	1b-of	42	146	12	27	5	0	0	–	4	.185
		Majors		128	498	80	131	21	7	3	69	12	.263
		Minors		1945	8111	1516	2516	435	142	121	–	342	.308

Layman Raymond "Lyman" Lamb

Born March 17, 1895 at Lincoln, NE.
Died October 5, 1955 at Fayetteville, AR.
Batted right. Threw right. Height: 5-7. Weight: 150.

Manager for Tulsa, Western, 1925.
Lamb set organized baseball season record for doubles with 100 in 1924.

YEAR	CLUB	LEAGUE	POS	G	AB	R	H	2B	3B	HR	RBI	SB	AVG
1915	Fairbury	Nebraska State	3b-of	38	152	27	44	7	3	0	–	8	.289
	Wichita	Western	of	12	48	6	16	3	0	0	–	0	.333
	Keokuk	Central Association	of	40	131	14	32	3	2	0	–	3	.244
1916	Tulsa	Western Association	3b	136	520	65	146	26	0	9	–	21	.281
1917	Joplin	Western	2b-ss	144	584	87	153	33	11	3	–	18	.262
1918	Joplin	Western	ss	65	255	35	69	18	2	3	–	15	.271
1919	Joplin	Western	ss-2b	128	490	76	133	32	7	1	–	12	.271
1920	Joplin	Western	of-ss	145	554	87	156	30	12	4	–	22	.282
	St. Louis	American	of	9	24	4	9	2	0	0	4	2	.375
1921	St. Louis	American	3b-2b-of	45	134	18	34	9	2	1	17	0	.254
1922	Louisville	American Association	ph	1	1	0	0	0	0	0	0	0	.000
	Tulsa	Western	of	156	620	142	224	**68**	9	32	–	12	.361
1923	Tulsa	Western	of	167	706	129	241	**71**	5	16	–	18	.341

YEAR	CLUB	LEAGUE	POS	G	AB	R	H	2B	3B	HR	RBI	SB	AVG
1924	Tulsa	Western	of	168	699	149	261	100	4	19	—	15	.373
1925	Tulsa	Western	of	104	419	60	127	24	2	5	—	17	.303
	Portland	Pacific Coast	of	68	249	25	58	15	1	1	19	2	.233
1926	Wichita Falls	Texas	of	137	558	81	170	35	0	16	89	8	.305
1927	Wichita Falls	Texas	of	155	624	100	196	47	3	8	83	14	.314
1928	Wichita Falls	Texas	of	120	434	62	130	39	4	4	56	8	.300
1929	Beaumont	Texas	of	153	591	94	186	34	5	4	61	20	.315
1930	Mobile	Southern Association	of	4	7	2	2	0	0	0	—	0	.286
	Dallas	Texas	of	26	97	10	27	3	0	0	5	1	.279
	Oklahoma City	Western	of	51	130	15	32	3	1	0	14	3	.246
1931	Joplin	Western Association	3b-of	82	257	46	87	20	4	6	43	6	.338
		Majors		54	158	22	43	11	2	1	21	2	.272
		Minors		2100	8126	1312	2490	611	75	131	370	223	.306

RICHARD ANTHONY "RICK" LANCELLOTTI
Born July 5, 1957 at Providence, RI.
Batted left. Threw left. Height: 6-3. Weight: 195.

YEAR	CLUB	LEAGUE	POS	G	AB	R	H	2B	3B	HR	RBI	SB	AVG
1977	Charleston	Western Carolinas	of	73	239	37	63	14	4	9	31	1	.264
1978	Salem	Carolina	of	133	439	67	106	15	3	15	60	2	.241
1979	Buffalo	Eastern	of	138	506	95	145	14	7	**41**	**107**	6	.287
1980	Portland	Pacific Coast	of	61	199	25	44	8	0	7	29	1	.221
	Buffalo	Eastern	of	30	107	19	28	1	0	10	21	3	.262
	Amarillo	Texas	of	22	79	15	30	8	1	4	15	1	.380
1981	Hawaii	Pacific Coast	of-1b	132	482	67	122	23	5	19	84	8	.253
1982	Hawaii	Pacific Coast	1b-of	136	500	76	136	31	4	20	95	3	.272
	San Diego	National	1b-of	17	39	7	7	2	0	0	4	0	.179
1983	Wichita/Oklahoma City	American Association	1b-of	64	218	27	45	11	0	8	35	2	.206
	Las Vegas	Pacific Coast	1b-of	30	116	21	35	8	0	9	32	0	.302
1984	Las Vegas	Pacific Coast	of-1b	133	522	88	150	29	6	29	**131**	2	.287
1985	Tidewater	International	1b	91	316	32	57	9	0	10	28	2	.180
	Phoenix	Pacific Coast	of-1b	33	119	17	25	4	2	6	29	0	.210
1986	Phoenix	Pacific Coast	of-1b	122	440	81	121	20	3	**31**	106	1	.275
	San Francisco	National	of-1b	15	18	2	4	0	0	2	6	0	.222
1987	Hiroshima	Japanese Central	of	121	403	67	88	9	1	**39**	83	0	.218
1988	Hiroshima	Japanese Central	of	79	264	33	50	7	3	19	50	1	.189
1989	Pawtucket	International	1b-of	109	350	50	89	16	0	17	56	2	.254
1990	Pawtucket	International	1b-of-p	127	430	63	96	15	1	20	61	1	.223
	Boston	American	1b	4	8	0	0	0	0	0	1	0	.000
1991	Pawtucket	International	of-1b	102	330	43	69	15	1	**21**	64	1	.209
		Major		36	65	4	11	2	0	2	11	0	.169
		Minors		1551	5392	823	1361	241	37	276	1021	36	.252
		Japan		200	667	100	138	16	4	58	133	1	.207

WILLIAM CLEVELAND LANE
Born 1892 at Macon, IL.
Died January 30, 1954 at San Pablo, CA.
Batted right. Threw right. Height: 5-6. Weight: 145.

YEAR	CLUB	LEAGUE	POS	G	AB	R	H	2B	3B	HR	RBI	SB	AVG
1910	Decatur	Northern Association	3b-of-ss	55	184	25	46	8	1	3	—	6	.250
1911	Taylorsville/Champaign	Illinois-Missouri	of-ss-3b-2b-p	121	445	70	103	20	4	2	—	28	.231
1912	Champaign	Illinois-Missouri	of	120	437	81	105	—	—	5	—	55	.240
1913	Champaign	Illinois-Missouri	of	46	167	45	47	4	6	2	—	37	.355
	Fond du Lac	Wisconsin-Illinois	of	67	289	27	62	10	2	5	—	15	.215
1914	Marinette/Menominee	Wisconsin-Illinois	of	120	422	60	118	24	8	5	—	38	.279
1915	St. Boniface	Northern	of	121	426	78	126	26	**15**	10	—	31	.296
1916	Oakland	Pacific Coast	of	197	691	93	191	37	3	4	—	**56**	.276
1917	Oakland	Pacific Coast	of	173	564	90	130	20	4	4	—	57	.230
1918	Oakland	Pacific Coast						Military service					
1919	Oakland	Pacific Coast	of	173	641	122	165	22	4	3	—	**59**	.255
1920	Oakland	Pacific Coast	of	155	589	100	160	29	10	3	—	29	.272
1921	Seattle	Pacific Coast	of	168	639	130	189	51	8	7	54	47	.296
1922	Seattle	Pacific Coast	of	182	716	**166**	204	57	10	10	66	**60**	.285
1923	Seattle	Pacific Coast	of	180	695	131	216	46	11	4	62	44	.311

YEAR	CLUB	LEAGUE	POS	G	AB	R	H	2B	3B	HR	RBI	SB	AVG
1924	Seattle	Pacific Coast	of	149	598	125	201	49	6	1	46	45	.336
1925	Seattle	Pacific Coast	of	163	656	125	184	34	8	1	32	34	.280
1926	Seattle	Pacific Coast	of	160	600	111	163	34	6	3	61	37	.272
		Minors		2350	8765	1579	2410	471	106	72	321	678	.276

Elton J. "Sam" Langford

Born May 21, 1900 at Briggs, TX.
Died December 12, 1984 at Pittsburgh, PA.
Batted left. Threw right. Height: 6-0. Weight: 180.

President of Plainview, West Texas-New Mexico, 1955.

YEAR	CLUB	LEAGUE	POS	G	AB	R	H	2B	3B	HR	RBI	SB	AVG
1921	Mineral Wells/Ballinger	West Texas	of	74	290	39	101	11	7	4	—	10	.348
1922	Lubbock	West Texas	of	143	503	99	171	27	15	20	—	29	.340
1923	Atlanta	Southern Association	of	30	108	12	25	6	1	3	12	1	.231
	Charleston/Macon	SALLY	of	99	368	59	108	17	11	7	53	3	.293
1924	Peoria	Three I	of	126	485	83	148	28	10	16	85	15	.305
	Des Moines	Western	of	23	90	11	27	5	2	2	—	1	.300
1925	Des Moines	Western	of	166	632	**160**	214	31	16	13	—	16	.339
1926	Boston	American	ph	1	1	1	0	0	0	0	0	0	.000
	Columbus	American Association	of	60	230	22	66	13	2	2	23	6	.287
	Fort Worth	Texas	of	28	88	16	19	3	1	0	9	0	.216
1927	Des Moines	Western	of	149	611	132	250	47	**28**	8	—	31	**.409**
	Cleveland	American	of	20	67	10	18	5	0	1	7	0	.269
1928	Cleveland	American	of	110	427	50	118	17	8	4	50	3	.276
1929	San Francisco	Pacific Coast	of	30	105	17	27	5	1	0	10	1	.257
	Shreveport	Texas	of	133	504	94	176	47	4	7	83	14	.349
1930	Atlanta	Southern Association	of	145	585	106	186	33	12	7	66	13	.318
1931	Dallas	Texas	of	147	530	83	170	39	9	0	87	6	.321
1932	Dallas	Texas	of	149	604	95	181	43	8	6	86	12	.300
1933	Dallas/Oklahoma City	Texas	of	144	527	75	163	33	15	3	77	6	.309
		Majors		131	495	61	136	22	8	5	57	3	.275
		Minors		1646	6260	1103	2032	388	142	98	591	164	.325

Samuel H. J. "Sam" LaRoque

Born February 26, 1864 at St. Mathias, Quebec, Canada.
Reportedly died in 1917 in Texas.
Threw right. Height: 5-11. Weight: 190.

YEAR	CLUB	LEAGUE	POS	G	AB	R	H	2B	3B	HR	RBI	SB	AVG
1884	Rockland	Connecticut	—	30	121	30	42	4	2	0	—	12	.320
1885	New Britain	Southern New England	—	61	240	45	81	15	7	3	—	—	.338
1886	Newbury/Lynn	New England	of-2b	103	**443**	89	134	23	8	7	—	28	.302
1887	Des Moines	Northwestern	of-3b-ss	98	463	108	162	21	9	6	—	59	.350
1888	Lynn	New England	2b	64	283	82	96	21	5	11	—	39	.339
	London	International	of	38	145	33	42	4	4	2	—	17	.290
	Detroit	National	2b	2	9	1	4	0	0	0	2	0	.444
1889	Quincy	Central Interstate	2b-ss	35	157	45	57	9	11	5	—	7	.363
	London	International Association	3b-of	68	243	40	51	9	4	0	—	27	.210
1890	Pittsburgh	National	1b-of-2b	111	434	59	105	20	4	1	40	27	.242
1891	Pittsburgh	National	2b	1	4	0	0	0	0	0	0	0	.000
	Louisville	American Association	2b-3b-1b	10	35	6	11	2	1	1	8	1	.314
	St. Paul/Dubuque	Western Association	2b	57	224	40	59	8	1	7	—	21	.263
	Green Bay	Wisconsin State	1b	16	70	20	24	0	0	0	—	12	.343
1892	Seattle	Pacific Northwest	2b	23	78	15	17	3	1	2	—	9	.218
	Terre Haute	Illinois-Iowa	ss	20	70	9	16	4	0	2	—	5	.229
	Green Bay	Michigan-Wisconsin	2b-ss	17	65	17	21	9	4	2	—	4	.310
1893	Nashville	Southern	2b-ss	69	264	50	78	12	0	2	—	11	.295
	Easton	Pennsylvania State	1b	40	168	37	43	6	1	1	—	12	.256
1894	Savannah	Southern	2b	54	210	51	56	8	1	4	—	14	.267
	Lewiston	New England	2b	68	278	44	64	9	3	4	—	5	.230
1895	Quincy	Western Association	2b	82	323	84	117	24	8	10	—	—	.362
1896	Dubuque	Western Association	2b	80	306	79	101	24	4	7	—	28	.330
	Lancaster	Atlantic	2b	24	108	27	37	8	4	2	—	4	.343
1897	Lancaster	Atlantic	1b-ss-2b	122	512	129	159	30	15	7	—	37	.311

YEAR	CLUB	LEAGUE	POS	G	AB	R	H	2B	3B	HR	RBI	SB	AVG
1898	Paterson	Atlantic	1b	58	220	32	65	12	2	0	—	12	.295
	London	Canadian	1b	60	234	49	79	18	7	1	—	12	.338
1899	Lancaster	Atlantic	1b-ss	65	250	45	75	13	0	0	—	8	.300
1900	St. Hyacinthe	Provincial	1b-2b	11	46	10	15	1	0	0	—	—	.326
1901	Birmingham	Southern Association	1b	114	435	56	134	21	5	0	—	12	.308
1902	Birmingham/Memphis	Southern Association	1b	108	420	73	121	29	7	3	—	—	.288
1903	Butte	Pacific Northwest	1b-2b-3b	107	435	88	134	28	6	4	—	29	.308
1904	Savannah/Charleston	SALLY	1b	113	406	47	99	24	7	2	—	23	.244
1905	Greenville	Cotton States	1b-2b	78	297	42	76	25	1	0	—	11	.256
1906	Beaumont	South Texas	2b	115	395	49	125	19	5	4	—	20	.316
1907	San Antonio	Texas	2b	41	151	—	31	2	1	1	—	1	.205
		Majors		124	482	66	120	22	5	2	50	28	.249
		Minors		2039	8070	1565	2411	443	133	99	—	479	.298

FRANK J. LAUSCHE

Born November 14, 1895 at Cleveland, OH.
Died April 21, 1990 at Cleveland, OH.

Mayor of Cleveland, 1941-45. Governor of Ohio, 1945-47, 1949-57. Senator 1957-69.

YEAR	CLUB	LEAGUE	POS	G	AB	R	H	2B	3B	HR	RBI	SB	AVG
1916	Duluth/Virginia	Northern	3b-1b	31	104	13	28	5	2	2	—	5	.269
1917	Lawrence	Eastern	3b-of	27	84	12	13	3	0	2	—	4	.155
		Minors		58	188	25	41	8	2	4	—	9	.218

OTIS CARROLL LAWRY

Born November 1, 1893 at Fairfield, ME.
Died October 23, 1965, China, ME.
Batted left. Threw right. Height: 5-8. Weight: 133.

YEAR	CLUB	LEAGUE	POS	G	AB	R	H	2B	3B	HR	RBI	SB	AVG
1916	Philadelphia	American	2b-of	41	123	10	25	0	0	0	4	4	.203
1917	Philadelphia	American	2b-of	30	55	7	9	1	0	0	1	1	.164
	Baltimore	International	of	29	101	20	40	1	0	1	—	9	.396
1918	Baltimore	International	2b	121	470	78	**149**	11	11	2	—	**35**	.317
1919	Baltimore	International	of	133	494	132	180	10	13	2	—	56	**.364**
1920	Baltimore	International	of	153	584	155	184	21	8	1	—	36	.315
1921	Baltimore	International	of	134	509	136	179	19	13	3	—	28	.352
1922	Baltimore	International	of	148	543	122	181	18	9	6	—	20	.333
1923	Baltimore	International	of	151	585	137	175	19	7	8	57	**41**	.299
1924	Baltimore/Jersey City	International	of-2b	132	511	91	155	18	9	3	35	24	.303
1925			Did not play in organized baseball										
1926	Toronto	International	2b-of	82	260	49	77	13	3	0	30	5	.296
1927	Toronto/Rochester	International	of-2b	114	312	45	99	15	4	2	37	21	.317
1928	Jersey City	International	2b	73	281	37	69	8	2	1	21	9	.246
		Majors		71	178	17	34	1	0	0	5	5	.190
		Minors		1270	4650	1002	1486	153	79	29	180	284	.320

HARRY LAYNE

Born February 13, 1901 at New Haven, WV.
Batted right. Threw right. Height: 5-7. Weight: 165.

Manager for Jersey City, International, 1932; Zanesville, Middle Atlantic, 1933-34.
Twin brother of Herman Layne.

YEAR	CLUB	LEAGUE	POS	G	AB	R	H	2B	3B	HR	RBI	SB	AVG
1922	Bristol	Appalachian	of	120	463	82	143	14	10	4	76	26	.309
1923	Greenville	Cotton States	of	30	106	19	30	2	1	3	17	4	.283
1924	Evansville	Three I	of	137	509	94	160	20	9	13	92	18	.314
1925	Peoria	Three I	of	106	413	81	136	15	10	7	70	24	.329
	Columbus	American Association	of	17	67	10	10	2	1	1	7	0	.149
1926	Columbus	American Association	of	9	21	1	6	0	0	0	0	0	.286
	Peoria	Three I	of	107	381	95	137	21	6	17	95	57	**.360**
	Syracuse	International	of	15	57	16	22	1	2	4	12	6	.386
1927	Syracuse	International	of	163	619	138	200	29	10	21	114	50	.323

YEAR	CLUB	LEAGUE	POS	G	AB	R	H	2B	3B	HR	RBI	SB	AVG
1928	Rochester	International	of	122	439	83	137	17	13	6	56	26	.312
1929	Rochester/Baltimore	International	of	145	517	79	157	26	8	10	74	23	.304
1930	Newark	International	of	142	568	111	185	32	12	20	85	25	.326
1931	Newark/Jersey City	International	of	105	369	49	97	10	6	2	38	21	.263
1932	Jersey City	International	of	13	31	2	6	0	0	2	3	1	.194
	Bridgeport	Eastern	of	67	286	51	97	11	6	3	28	17	.339
1933	Zanesville	Middle Atlantic	of	30	127	29	48	5	3	4	25	6	.378
1934	Zanesville	Middle Atlantic	of	29	113	19	36	4	1	2	23	7	.319
	Minors			1357	5086	959	1607	209	98	119	815	311	.316

HERMAN LAYNE

Born February 13, 1901 at New Haven, WV.
Died August 27, 1973 at Gallipolis, OH.
Batted right. Threw right. Height: 5-11. Weight: 165.

Twin brother of Harry Layne.

YEAR	CLUB	LEAGUE	POS	G	AB	R	H	2B	3B	HR	RBI	SB	AVG
1922	Bristol	Appalachian	of	121	455	83	161	25	14	4	70	26	.354
1923	Augusta	SALLY	of	129	473	72	162	20	9	7	72	23	.342
1924	Toronto	International	of	134	496	96	169	23	11	12	111	17	.341
1925	Toronto	International	of	110	374	63	129	17	5	6	51	9	.345
1926	Toronto	International	of	148	560	107	196	32	16	7	114	32	.350
1927	Pittsburgh	National	of	11	6	3	0	0	0	0	0	0	.000
	Indianapolis	American Association	of	123	440	81	143	25	10	10	86	20	.325
1928	Indianapolis	American Association	of	115	412	68	143	25	7	7	65	16	.347
1929I	Indiianapolis	American Association	of	151	570	107	175	41	6	4	60	23	.307
1930	Louisville	American Association	of	151	628	124	209	33	19	10	88	40	.333
1931	Louisville	American Association	of	150	564	102	195	22	7	3	44	25	.346
1932	Louisville	American Association	of	150	557	91	168	23	9	2	56	41	.302
1933	Louisville/Indianapolis	American Association	of	135	559	83	153	21	10	5	40	21	.274
1934	Charleston	Middle Atlantic	of	79	317	68	94	14	6	3	39	22	.297
	Majors			11	6	3	0	0	0	0	0	0	.000
	Minors			1696	6405	1145	2097	321	129	80	896	315	.327

IVORIA HILLIS "HILLY" LAYNE

Born February 23, 1918 at Whitewell, TN.
Batted left. Threw right. Height: 6-0. Weight: 170.

Manager for Anderson, Tri-State, 1951; Pine Bluff, Cotton States, 1952; Anderson, Tri-State, 1953; San Angelo, Longhorn, 1954; Lewiston, Northwest, 1955-1958.

YEAR	CLUB	LEAGUE	POS	G	AB	R	H	2B	3B	HR	RBI	SB	AVG
1938	Americus	Georgia-Florida	2b	112	447	85	141	22	12	6	70	1	.315
1939	Sanford	Florida State	if	44	160	27	49	7	3	0	21	3	.306
1940	Selma	Southeastern	2b	6	20	4	2	1	0	0	2	0	.200
	Chattanooga	Southern Association	2b-ss	60	137	22	42	5	2	0	15	0	.307
1941	Chattanooga	Southern Association	3b-ss	142	536	86	181	30	10	12	82	7	.338
	Washington	American	3b	13	50	9	14	2	0	0	6	1	.280
1942-43								Military service					
1944	Washington	American	3b-2b	33	87	6	17	2	0	0	8	2	.195
1945	Washington	American	3b	61	147	23	44	5	4	1	14	0	.299
1946	Chattanooga	Southern Association	2b-3b	146	556	117	205	32	12	7	82	10	.369
1947	Seattle	Pacific Coast	3b	138	499	84	183	32	8	1	64	6	.367
1948	Seattle	Pacific Coast	3b	174	664	82	227	29	5	6	80	5	.342
1949	Seattle	Pacific Coast	3b	136	439	63	127	13	2	2	53	2	.289
1950	Seattle/Portland	Pacific Coast	3b-of	95	250	28	54	11	1	1	22	1	.216
1951	San Antonio	Texas	3b	10	29	1	5	3	0	0	1	0	.172
	Anderson	Tri-State	3b	51	172	24	52	12	0	1	16	1	.302
1952	Pine Bluff	Cotton States	3b	120	385	67	118	23	4	4	67	5	.306
1953	Anderson	Tri-State	3b	54	104	25	40	9	0	0	20	0	.385
1954	San Angelo	Longhorn	3b	103	362	66	133	35	7	4	78	4	.367
1955	Lewiston	Northwest	3b	106	379	77	148	33	0	5	70	0	.391
1956	Lewiston	Northwest	3b	109	362	77	128	24	0	15	86	3	.354
1957	Lewiston	Northwest	3b	102	356	70	121	25	1	16	78	2	.340
1958	Lewiston	Northwest	3b	88	265	47	96	9	0	3	46	4	.362
	Majors			107	284	37	75	9	4	1	28	3	.264
	Minors			1796	6122	1052	2052	355	67	83	953	54	.335

WILLIAM WALLACE "BILL" LEARD

Born October 14, 1885 at Oneida, NY.
Died January 15, 1970 at San Francisco, CA.
Batted right. Threw right. Height: 5-10. Weight: 155.

Manager for Seattle, Northwestern, 1917; Seattle, Pacific Coast International, 1918; Mission, Pacific Coast, 1926-1927.

YEAR	CLUB	LEAGUE	POS	G	AB	R	H	2B	3B	HR	RBI	SB	AVG
1906	Hudson/Glens Falls	Hudson River	ss	–	348	–	72	–	–	–	–	12	.207
1907	Amsterdam-Johnstown-Gloversville	New York State	ss	87	288	25	58	6	8	0	–	11	.201
1908	Amsterdam-Johnstown-Gloversville/Wilkes-Barre	New York State	ss	98	331	30	75	12	7	1	–	24	.227
1909	Macon/Chattanooga	SALLY	ss	122	381	41	88	–	–	–	–	42	.231
1910	Waterloo	Three-I	ss-3b-2b	129	440	49	91	11	1	1	–	43	.207
1911	Seattle	Northwestern	2b	167	597	128	158	25	3	17	–	42	.266
1912	Oakland	Pacific Coast	2b	181	650	122	153	19	2	0	–	80	.235
1913	Oakland	Pacific Coast	2b	196	729	101	163	29	8	2	–	70	.224
1914	Venice	Pacific Coast	2b	202	758	113	203	19	5	4	60	49	.268
1915	San Francisco	Pacific Coast	2b-3b-ss	115	324	42	69	11	1	1	–	17	.213
1916	Tacoma	Northwestern	2b	119	472	90	119	19	8	5	–	48	.252
1917	Seattle	Northwestern	2b	71	262	69	92	13	2	0	–	23	.352
	Brooklyn	National	2b	3	3	0	0	0	0	0	0	0	.000
	Oakland	Pacific Coast	2b	32	111	15	25	7	0	0	–	7	.225
1918	Seattle	Pacific Coast International	2b	44	164	47	58	12	0	1	–	18	.354
	San Francisco	Pacific Coast	2b	17	67	6	18	1	0	0	–	6	.269
1919	Beaumont	Texas	2b	128	439	64	100	12	3	2	–	18	.228
1920	Victoria	Pacific International	2b	116	382	69	112	23	6	1	–	24	.293
1921	Sioux City	Western	2b	83	309	66	77	11	0	1	–	17	.249
1922	Charleston	SALLY	2b-3b	114	388	54	106	15	2	1	–	25	.273
1923	Danville	Piedmont	2b	122	433	81	127	27	7	1	–	37	.293
1924-25				Did not play in organized baseball									
1926	Mission	Pacific Coast	2b	1	1	2	1	0	0	0	–	0	1.000
		Majors		3	3	0	0	0	0	0	0	0	.000
		Minors		2144	7874	1214	1965	272	63	38	60	613	.249

DEWITT WILEY "BEVO" LEBOURVEAU

Born August 24, 1894 at Dana, CA.
Died December 9, 1947 at Nevada City, CA.
Batted left. Threw right. Height: 5-11. Weight: 175.

YEAR	CLUB	LEAGUE	POS	G	AB	R	H	2B	3B	HR	RBI	SB	AVG
1918	Oakland	Pacific Coast	of	4	13	1	5	3	0	0	–	0	.385
	Seattle	Pacific Coast	of	65	263	46	91	10	2	1	–	18	.346
1919	Peoria	Three I	of-3b	120	495	91	163	27	9	6	–	36	.329
	Philadelphia	National	of	17	63	4	17	0	0	0	0	2	.270
1920	Philadelphia	National	of	84	261	29	67	7	2	3	12	9	.257
1921	Philadelphia	National	of	93	281	42	83	12	5	6	35	4	.295
1922	Philadelphia	National	of	74	167	24	45	8	3	2	20	0	.269
1923	Little Rock/Nashville	Southern Association	of	129	456	87	152	23	20	7	76	20	.333
1924	Nashville	Southern Association	of	131	468	80	146	27	15	16	83	20	.312
	Kansas City	American Association	of	15	62	6	19	3	1	1	7	4	.306
1925	Kansas City	American Association	of	117	441	86	159	19	19	8	84	25	.361
1926	Toledo	American Association	of	149	584	124	220	33	12	17	117	45	.377
1927	Toledo	American Association	of	159	618	130	214	40	17	12	88	28	.346
1928	Portland	Pacific Coast	of	101	357	56	126	27	4	7	37	12	.353
	Milwaukee	American Association	of	64	266	55	106	12	4	7	36	7	.399
1929	Milwaukee	American Association	of	108	416	83	137	32	11	6	61	10	.329
	Philadelphia	American	of	12	16	1	5	0	1	0	2	0	.313
1930	Toledo	American Association	of	138	526	122	200	36	16	8	100	36	.380
1931	Toledo/Columbus	American Association	of	114	440	89	165	33	6	12	83	23	.375
1932	Columbus	American Association	of	93	348	69	108	24	3	9	57	16	.310
1933	Columbus	American Association	of	20	72	10	21	6	1	1	8	0	.292
	Nashville	Southern Association	of	52	182	32	65	13	1	2	32	4	.357
1934	Montreal	International	of	5	10	0	1	0	0	0	0	0	.100
		Majors		280	788	100	217	27	11	11	69	15	.275
		Minors		1584	6017	1167	209	368	141	120	869	304	.349

ERNEST DUDLEY "DUD" LEE

Born August 22, 1899 at Denver, CO.
Died January 7, 1971 at Denver, CO.
Batted left. Threw right. Height: 5-9. Weight: 150.

Played under name of Dud Dudley in 1920-1921.
Manager for Dayton, Middle Atlantic, 1939.

YEAR	CLUB	LEAGUE	POS	G	AB	R	H	2B	3B	HR	RBI	SB	AVG
1920	Chattanooga	Southern Association	ss	138	478	57	111	13	5	1	30	22	.232
	St. Louis	American	ss	1	2	2	2	0	0	0	1	1	1.000
1921	St. Louis	American	ss-2b-3b	72	180	18	30	4	2	0	11	1	.167
1922	Columbus	American Association	ss	38	108	14	20	2	1	1	5	0	.185
	Chattanooga	Southern Association	ss	80	300	39	79	6	5	0	18	10	.263
1923	Tulsa	Western	ss	161	617	142	210	44	7	12	78	22	.340
1924	Boston	American	ss	94	288	36	73	9	4	0	29	8	.253
1925	Boston	American	ss	84	255	22	57	7	3	0	19	2	.224
1926	Boston	American	ss	2	7	2	1	0	0	0	0	0	.143
	Hollywood	Pacific Coast	ss	165	558	58	127	19	5	0	42	8	.228
1927	Hollywood	Pacific Coast	ss	190	689	100	167	31	6	2	39	7	.242
1928	Hollywood	Pacific Coast	ss	191	802	119	219	35	4	5	77	7	.273
1929	Hollywood	Pacific Coast	ss	**205**	848	161	222	37	4	4	71	9	.262
1930	Hollywood	Pacific Coast	ss	187	717	122	197	24	4	3	57	27	.275
1931	Hollywood	Pacific Coast	ss	161	651	117	179	31	4	3	55	14	.275
1932	Hollywood	Pacific Coast	ss	163	611	85	162	26	2	1	44	10	.265
1933	Indianapolis	American Association	ss	130	514	81	143	14	4	2	37	11	.278
1934	Indianapolis	American Association	ss	132	505	69	126	19	4	1	42	22	.250
1935	Dallas	Texas	ss	30	91	7	21	1	0	0	6	4	.231
	New Orleans	Southern Asssociation	ss	115	381	44	92	10	0	0	42	6	.241
1936	Portland	Pacific Coast	ss	162	613	77	153	23	3	0	49	9	.250
1937	Portland	Pacific Coast	ss	174	631	85	148	22	3	0	49	7	.235
1938	Portland	Pacific Coast	ss	69	227	16	56	8	1	0	14	2	.247
1939	Dayton	Middle Atlantic	ss	70	214	30	56	9	1	0	33	2	.262
	Pine Bluff	Cotton States	ss	39	131	20	34	6	2	2	13	0	.260
	Majors			253	732	80	163	20	9	0	60	12	.223
	Minors			2600	9686	1443	2522	380	65	37	801	194	.260

SHELDON ALDENBURY "LARRY" LEJEUNE

Born July 22, 1885 at Chicago, IL.
Died April 21, 1952 at Eloise, MI.
Batted right. Threw right. Height: 6-0. Weight: 180.

For many years he held distance throwing record of 426 feet, 9½ inches, made at Cincinnati on Field Day, October 12, 1910.

YEAR	CLUB	LEAGUE	POS	G	AB	R	H	2B	3B	HR	RBI	SB	AVG
1907	Springfield	Central	of	112	400	70	108	12	12	7	—	19	.270
1908	Dubuque	Three I	of	124	416	51	109	15	7	6	—	18	.262
1909	Aberdeen	Northwestern	of	152	560	73	138	20	13	11	—	50	.246
1910	Evansville	Central	of-1b	128	451	81	148	24	9	13	—	54	.328
1911	Chattanooga	Southern Association	of	106	366	43	83	15	4	4	—	15	.227
	Brooklyn	National	of	6	19	2	3	0	0	0	2	2	.158
1912	Grand Rapids	Central	of	126	465	97	**168**	32	8	**25**	—	**49**	**.361**
1913	Grand Rapids	Central	of	120	433	89	150	29	7	8	—	49	**.346**
1914	Sioux City	Western	of	151	521	**124**	188	40	14	11	—	50	**.361**
1915	Pittsburgh	National	of	18	65	4	11	0	1	0	2	4	.169
	Sioux City	Western	of	104	375	86	133	36	6	14	—	18	**.355**
1916	Sioux City	Western	of	123	468	81	139	39	11	7	—	11	.297
	Majors			24	84	6	14	0	1	0	4	6	.167
	Minors			1246	4455	795	1364	262	91	111	—	333	.306

CAREER ALL-TIME LEADERS: STOLEN BASES

PLAYER		PLAYER		PLAYER	
George Hogreiver	948	Bill Lane	678	Merlin Kopp	604
Tom Bannon	823	Mike Cole	678	Dave Mann	601
Kid Mohler	776	Alex Reilley	676	Carlos Bernier	594
Count Campau	682	John Duffy	626	Tony Thebo	593

JOHN FRANK "JACK" LELIVELT

Born November 14, 1885 at Chicago, IL.
Died January 20, 1941 at Seattle, WA.
Batted left. Threw left. Height: 5-11. Weight: 175.

Brother of Bill Lelivelt, pitcher for Detroit Tigers 1909-10. see manageriac section for record.
See managerial section for record.

YEAR	CLUB	LEAGUE	POS	G	AB	R	H	2B	3B	HR	RBI	SB	AVG
1906	Lake Linden	Northern Copper	of-p	93	351	43	105	21	8	2	–	13	.299
1907	Hartford	Connecticut	of	89	302	42	80	23	6	1	–	13	.265
	Reading	Tri-State	of	29	95	8	25	2	1	0	–	7	.263
1908	Reading	Tri-State	of	124	462	59	141	12	11	4	–	32	.305
1909	Reading	Tri-State	of	41	168	27	58	7	7	2	–	12	.345
	Washington	American	of	91	318	25	93	8	6	0	24	8	.292
1910	Washington	American	of	110	347	40	92	10	3	0	33	20	.265
1911	Washington	American	of	72	225	29	72	12	4	0	22	7	.320
1912	Rochester	International	of	125	478	78	168	33	14	3	–	23	.351
	New York	American	of	36	149	12	54	6	7	2	23	7	.362
1913	New York/Cleveland	American	of	40	51	2	15	2	1	0	11	2	.294
1914	Cleveland	American	1b-of	32	64	6	21	5	1	0	13	2	.328
	Cleveland	American Association	1b	92	369	56	109	11	7	3	–	8	.295
1915	Kansas City	American Association	1b	152	575	85	**199**	41	9	7	–	16	**.346**
1916	Kansas City	American Association	of-1b	154	517	80	158	28	12	3	–	14	.306
1917	Kansas City	American Association	of-1b	102	343	40	101	15	7	6	–	4	.294
1918	Louisville	American Association	1b-of	72	265	30	86	11	11	1	–	10	.325
1919	Minneapolis	American Association	1b-of	153	600	75	172	34	7	3	–	21	.287
1920	Omaha	Western	1b	149	550	77	170	36	10	2	–	24	.309
1921	Omaha	Western	1b	166	659	149	**274**	70	9	14	–	24	**.416**
1922	Tulsa	Western	1b	154	594	114	219	48	2	16	–	18	.369
1923	Tulsa	Western	1b	157	582	114	200	48	2	12	–	18	.344
1924	Tulsa	Western	1b	155	594	124	228	56	8	11	–	16	.384
1925	St. Joseph	Western	1b	156	557	83	178	37	4	2	–	15	.320
1926-30						Did not play in organized baseball							
1931	Los Angeles	Pacific Coast	p	1	0	0	0	0	0	0	–	0	.000
		Majors		381	1154	114	347	43	22	2	126	46	.301
		Minors		2164	8061	1284	2671	533	135	92	–	288	.331

ROBERT ALBERT "BOB" LENNON

Born September 15, 1928 at Brooklyn, NY.
Batted left. Threw left. Height: 6-0. Weight: 200.

Set all-time Southern Association season record with 64 home runs for Nashville in 1954.

YEAR	CLUB	LEAGUE	POS	G	AB	R	H	2B	3B	HR	RBI	SB	AVG
1945	Thomasville	North Carolina State	of	12	49	2	10	1	0	0	3	1	.204
1946	Daytona	Florida State	of	128	490	74	129	17	12	4	76	19	.263
1947	Johnstown	Middle Atlantic	of-1b	106	390	73	105	20	8	13	81	8	.269
1948	Sioux City	Western	of	108	335	45	84	11	7	3	46	1	.251
1949	Jacksonville	SALLY	of-1b	150	553	73	140	17	7	13	68	7	.253
1950	Jacksonville	SALLY	of-1b	115	431	58	120	17	6	9	64	8	.278
	Minneapolis	American Association	of	16	22	4	8	2	1	0	6	0	.364
1951						Military service							
1952	Minneapolis	American Association	of	50	193	32	57	10	0	8	32	1	.295
	Nashville	Southern Association	of	61	235	36	65	13	1	15	35	0	.277
1953	Nashville	Southern Association	of	123	399	58	106	19	3	24	73	2	.266
1954	Nashville	Southern Association	of	153	609	**139**	210	33	6	**64**	161	3	**.345**
	New York	National	ph	3	3	0	0	0	0	0	0	0	.000
1955	Minneapolis	American Association	of	114	422	66	118	18	4	31	104	2	.280
1956	Minneapolis	American Association	of	78	203	27	54	6	3	7	27	0	.266
	New York	National	of	26	55	3	10	1	0	0	1	0	.182
1957	Chicago	National	of	9	21	2	3	1	0	1	3	0	.143
	San Diego	Pacific Coast	of	102	325	49	100	17	5	12	53	1	.308
1958	Montreal	International	of	144	470	81	135	23	6	25	87	5	.287
1959	Montreal	International	of	132	407	63	118	24	1	28	73	3	.290
1960	Montreal	International	of	34	102	20	30	9	0	6	18	2	.294
	St. Paul	American Association	of	70	213	40	65	14	3	9	36	3	.305
1961	Syracuse	International	of-p	88	197	24	45	8	2	7	24	0	.228
		Majors		38	79	5	13	2	0	1	4	0	.165
		Minors		1784	6045	964	1699	279	75	278	1067	66	.281

CHARLIE LETCHAS

Born October 3, 1915 at Thomasville, GA.
Batted right. Threw right. Height: 5-10. Weight: 150
Manager for Anniston, Southeastern, 1950; Richmond, Piedmont, 1953.

YEAR	CLUB	LEAGUE	POS	G	AB	R	H	2B	3B	HR	RBI	SB	AVG
1935	Thomasville	Georgia-Florida	2b	116	440	69	126	20	2	5	–	6	.286
1936	Thomasville	Georgia-Florida	2b	89	331	47	94	16	2	0	37	9	.284
	St. Augustine	Florida State	2b	13	34	3	8	1	0	1	7	1	.235
1937	Thomasville	Georgia-Florida	2b	130	498	98	154	20	7	7	63	7	.309
1938	Spartanburg	SALLY	2b	134	554	80	183	21	11	3	59	12	.330
	Chattanooga	Southern Association	2b	9	28	–	9	0	1	0	2	0	.321
1939	Chattanooga	Southern Association	2b	153	592	105	164	23	13	1	60	25	.277
	Philadelphia	National	2b	12	44	2	10	2	0	1	3	0	.227
1940	Chattanooga	Southern Association	2b	129	517	69	135	17	10	1	57	11	.261
	Baltimore	International	2b	1	1	0	0	0	0	0	0	0	.000
1941	Chattanooga	Southern Association	2b	153	627	109	185	35	10	1	71	12	.295
	Washington	American	2b	2	8	0	1	0	0	0	0	0	.125
1942	Atlanta	Southern Association	2b	127	501	84	137	25	6	2	63	10	.273
1943	Toronto	International	2b	142	523	81	135	14	3	2	47	15	.258
1944	Philadelphia	National	2b	116	396	29	94	8	0	0	33	0	.237
1945							Military service						
1946	Philadelphia	National	2b	6	13	1	3	0	0	0	0	0	.231
1947	Chattanooga	Southern Association	3b	151	564	80	158	23	9	1	83	12	.280
1948	New Orleans	Southern Association	2b	50	171	28	52	8	1	4	19	0	.304
	Indianapolis	American Association	3b-2b	52	164	30	41	5	1	1	15	0	.250
1949	Chattanooga	Southern Association	2b-3b	98	373	48	97	15	2	1	36	6	.260
1950	Anniston	Southeastern	3b	46	146	30	50	5	0	2	24	1	.342
	Chattanooga	Southern Association	3b-2b	85	318	35	92	17	0	1	17	4	.289
1951	Birmingham	Southern Association	3b-2b-ss	100	335	37	87	13	3	2	32	0	.260
1952	Little Rock/Chattanooga	Southern Association	3b-2b	99	274	34	79	10	3	0	30	3	.288
1953	Richmond	Piedmont	3b-2b	71	191	26	46	8	0	0	17	3	.241
		Majors	136	461	32	108	10	0	1	37	0	.234	
		Minors	1948	7182	1093	2032	296	85	34	739	137	.283	

THOMAS FREDERICK LETCHER

Born 1868 at Grand Rapids, MI.
Batted left.

YEAR	CLUB	LEAGUE	POS	G	AB	R	H	2B	3B	HR	RBI	SB	AVG
1890	Joliet	Illinois-Iowa	1b	20	80	11	19	3	1	0	–	–	.237
1891	Marinette	Wisconsin State	of-1b	84	353	71	87	6	1	0	–	21	.246
	Milwaukee	American Association	of	6	21	3	4	1	3	0	–	1	.190
1892	Indianapolis	Western	of	53	230	38	68	8	2	1	–	14	.296
	Seattle	Pacific Northwest	of	13	60	6	15	4	0	0	–	1	.250
1893	Atlanta/Nashville	Southern	of	47	179	25	49	3	5	3	–	4	.274
1894	Jacksonville	Western Association	of	117	548	157	182	41	14	10	–	34	.332
1895	Des Moines	Western Association	of	86	512	115	184	27	13	1	–	–	.359
1896	Des Moines	Western Association	of	71	313	88	98	25	11	3	–	30	.313
	Grand Rapids	Western	of	24	109	21	40	6	3	0	–	3	.367
1897	Des Moines	Western Association	of	23	104	19	29	4	1	0	–	9	.279
	Minneapolis	Western	of	104	446	76	125	21	9	2	–	23	.280
1898	Minneapolis	Western	of	141	584	86	168	25	12	3	–	15	.288
1899	Fort Wayne	Interstate	of	137	573	112	184	40	9	4	–	18	.321
1900	Fort Wayne	Interstate	of	104	452	66	123	27	4	4	–	10	.272
1901	Omaha	Western	of	121	476	66	125	22	5	1	–	22	.263
1902	Tacoma	Pacific Northwest	of	114	480	76	127	28	4	1	–	21	.265
1903	Marion	Central	of	119	460	77	142	28	6	2	–	–	.309
1904	Marion	Central	of	39	165	13	43	4	2	0	–	–	.261
1905	South Bend	Central	of	135	561	70	149	16	7	2	–	25	.266
1906	Terre Haute/Evansville	Central	of	123	475	43	90	13	5	0	–	22	.189
1907	Fond du Lac	Wisconsin-Illinois	of	100	359	27	103	14	4	0	–	–	.287
1908	Madison	Wisconsin-Illinois	of	122	463	51	117	18	4	1	–	–	.253
1909	Appleton	Wisconsin-Illinois	of	62	243	–	55	6	1	0	–	–	.226
1910	Regina	Western Canada	of	86	309	32	89	5	3	0	–	9	.288
1911	Brandon/Saskatoon	Western Canada	of	32	119	23	27	6	1	0	–	9	.227
		Majors	6	21	3	4	1	0	0	–	1	.190	
		Minors	2077	8653	1369	2438	400	127	38	–	290	.282	

JESSE ROY LEVAN

Born July 15, 1926 at Reading, PA.
Batted left. Threw right. Height: 6-0. Weight: 172.

Placed on permanently suspended list of organized baseball, July 3, 1959, for allegedly cooperating with gamblers in "foul ball hitting" scandal in Southern Association

YEAR	CLUB	LEAGUE	POS	G	AB	R	H	2B	3B	HR	RBI	SB	AVG
1944	Wilmington	Interstate	of	136	522	111	165	28	8	4	71	28	.316
1945-46							Military service						
1947	Wilmington	Interstate	of	139	570	106	176	19	20	19	109	14	.309
	Philadelphia	National	of	2	9	3	4	0	0	0	1	0	.444
1948	Toronto	International	of	31	106	14	28	3	0	3	22	3	.264
	Wilmington	Interstate	of	113	439	85	151	34	8	7	106	12	.344
1949	Milwaukee	American Association	of	12	29	5	3	0	0	0	2	0	.103
	Hartford	Eastern	of	18	60	9	13	4	0	0	9	1	.217
	Bluefield	Appalachian	of	5	16	3	3	0	0	1	3	0	.188
	Sunbury	Interstate	of	57	223	31	65	12	3	5	31	2	.291
1950	Hagerstown	Interstate	of-1b	130	512	92	171	34	8	13	102	10	.334
1951	Raleigh	Carolina	1b	5	18	3	4	1	0	1	4	0	.222
	St. Hyacinthe	Provincial	1b-of	120	472	73	164	36	6	17	93	4	.347
1952	Miami Beach	Florida State	1b	152	574	93	192	35	3	10	87	13	.334
1953	Atlanta	Southern Association	1b	3	14	2	3	0	0	0	1	0	.214
	Fort Lauderdale	Florida State	of-1b	138	542	96	175	31	9	16	97	20	.323
1954	Miami Beach	Florida State	1b-p	101	374	83	130	21	5	23	89	18	.348
	Charlotte	SALLY	1b	29	114	23	47	11	3	7	41	2	.412
	Washington	American	3b-1b	7	10	1	3	0	0	0	0	0	.300
1955	Charlotte	SALLY	1b-of	87	329	35	92	17	3	7	37	2	.280
	Washington	American	ph	16	16	1	3	0	0	1	4	0	.188
1956	Chattanooga	Southern Association	1b	150	543	91	169	28	3	25	114	1	.311
1957	Chattanooga	Southern Association	1b	153	588	89	169	38	9	25	114	8	.287
1958	Chattanooga	Southern Association	1b	153	558	99	163	15	4	26	90	2	.292
1959	Chattanooga	Southern Association	1b	75	279	38	94	13	2	7	43	1	.337
			Majors	25	35	5	10	0	0	1	5	0	.286
			Minors	1807	6882	1181	2177	380	94	216	1265	141	.316

EDWARD CLARENCE "ED" LEVY

Born October 28, 1916 at Birmingham, AL.
Batted right. Threw right. Height: 6-5½. Weight: 190.

Real last name Whitner. Levy was name of stepfather.

Manager for Sanford, Florida State, 1946 and 1950; Orlando, Florida State, 1951-52; Daytona Beach, Florida State, 1953-54; Vidalia, Georgia State, 1955.

YEAR	CLUB	LEAGUE	POS	G	AB	R	H	2B	3B	HR	RBI	SB	AVG
1936	Norfolk	Piedmont	1b	26	96	10	25	4	0	2	13	1	.260
	Augusta	SALLY	1b	38	146	31	52	11	6	1	25	2	.356
	Newark	International	1b	2	2	0	0	0	0	0	0	0	.000
	Binghamton	New York-Pennsylvania	1b	17	55	7	12	4	3	0	7	0	.218
1937	Norfolk	Piedmont	1b	136	524	94	164	40	12	14	88	18	.313
1938	Binghamton	Eastern	1b	134	509	81	162	35	14	12	81	23	.318
1939	Newark	International	1b	95	348	50	91	22	3	11	47	6	.261
	Oakland	Pacific Coast	1b	53	191	14	41	6	5	4	26	6	.215
1940	Philadelphia	National	ph	1	1	0	0	0	0	0	0	0	.000
	Newark	International	1b	137	536	87	154	26	4	20	87	19	.287
1941	Newark	International	1b	23	86	11	22	5	0	1	11	2	.256
	Kansas City	American Association	1b	64	233	32	72	10	3	4	30	11	.309
1942	New York	American	1b	13	41	5	5	0	0	0	3	1	.122
	Kansas City	American Association	1b	139	503	63	154	37	7	8	70	21	.306
1943	Newark	International	of	144	512	75	165	31	8	12	81	15	.322
1944	New York	American	of	40	153	12	37	11	2	4	29	1	.242
	Milwaukee	American Association	of-3b	46	126	17	36	5	2	1	15	3	.286
1945							Did not play in organized baseball						
1946	Sanford	Florida State	1b	129	462	86	147	30	8	2	97	30	.318
1947	Toronto	International	1b-of	126	425	47	122	26	5	13	71	7	.287
1948	Baltimore	International	1b	121	408	56	99	19	5	22	79	5	.243
1949	San Antonio	Texas	1b	57	184	21	49	8	0	8	35	2	.266
	Springfield	Three I	of	37	112	21	35	11	0	3	23	3	.313
1950	Sanford	Florida State	1b	128	406	87	136	33	1	33	105	15	.335

YEAR	CLUB	LEAGUE	POS	G	AB	R	H	2B	3B	HR	RBI	SB	AVG
1951	Orlando	Florida State	1b	128	437	87	134	29	2	17	89	17	.307
1952	Orlando	Florida State	1b	133	435	88	143	33	3	19	84	14	.329
1953	Daytona Beach	Florida State	1b-p	116	440	95	133	33	2	14	99	8	.302
1954	Daytona Beach	Florida State	1b-p	119	415	66	116	27	2	16	98	13	.280
1955	Vidalia	Georgia State	1b-p	28	45	7	13	1	0	1	7	3	.289
		Majors		54	195	17	42	11	2	4	32	2	.215
		Minors		2176	7636	1233	2277	486	95	238	1368	239	.298

DOUGLAS GEORGE LEWIS

Born November 7, 1923 at Little Rock, AR.
Batted left. Threw left. Height: 5-11½. Weight: 180.

Manager for Pampa, West Texas-New Mexico, 1954.

YEAR	CLUB	LEAGUE	POS	G	AB	R	H	2B	3B	HR	RBI	SB	AVG
1946	Natchez	Evangeline	1b	122	488	78	138	27	10	8	82	14	.283
1947	El Paso	Arizona-Texas	1b	54	224	45	81	15	8	1	38	10	.362
	Natchez/Thibodaux	Evangeline	1b	62	242	43	68	14	3	4	33	6	.281
1948	Amarillo	West Texas-New Mexico	1b	140	568	174	203	57	11	18	129	6	.357
1949	Amarillo	West Texas-New Mexico	1b	107	453	117	165	31	6	12	92	5	.364
1950	Amarillo	West Texas-New Mexico	1b	141	574	132	207	35	6	18	129	4	.361
1951	Denver	Western	1b	86	309	41	81	13	2	1	36	0	.262
1952	Denver	Western	1b	81	292	31	70	15	3	0	30	3	.240
	Pampa	West Texas-New Mexico	1b	67	257	35	87	18	4	0	26	3	.339
1953	Pampa	West Texas-New Mexico	1b	141	571	142	221	66	6	17	130	7	.387
1954	Pampa	West Texas-New Mexico	1b	131	538	101	185	54	4	13	111	13	.344
1955	Plainview	West Texas-New Mexico	1b	139	562	124	182	33	3	28	103	7	.324
1956	El Paso	Southwestern	1b	135	541	103	175	33	5	16	100	3	.323
		Minors		1406	5619	1166	1863	411	71	136	1039	81	.332

J. AMES BERNARD LEWIS

Born February 14, 1904 at Wetupea, AL.
Batted right. Height: 6-1. Weight: 185.

Known as Bernard.

YEAR	CLUB	LEAGUE	POS	G	AB	R	H	2B	3B	HR	RBI	SB	AVG
1928	Talladega	Georgia-Alabama	of	94	369	73	134	26	13	12	—	8	.363
1929	Talladega	Georgia-Alabama	of	92	379	78	159	27	14	8	—	23	.420
1930	Lindale	Georgia-Alabama	of	96	414	128	175	35	9	25	—	18	.422
1931	Memphis	Southern Association	of	65	144	20	49	7	2	0	—	0	.340
		Minors		347	1306	299	517	95	38	45	—	49	.396

WILIAM HENRY "BILL" LEWIS

Born October 15, 1904 at Ripley, TN.
Died October 24, 1977 at Memphis, TN.
Batted right. Threw right. Height: 5-9. Weight: 165.

YEAR	CLUB	LEAGUE	POS	G	AB	R	H	2B	3B	HR	RBI	SB	AVG
1924	Vicksburg/Hattiesburg	Cotton States	2b-ss	75	253	27	49	7	1	2	—	1	.194
1925	Corinth	Tri-State	ss-2b	101	371	63	110	20	9	6	—	3	.296
1926	Blackwell	Southwestern	of-ss-3b	88	306	52	97	18	6	12	—	5	.317
1927	Laredo	Texas Valley	ss	74	262	56	101	25	1	11	—	7	.385
	Wichita Falls	Texas	if	11	29	3	5	3	1	0	6	0	.172
1928						Did not play in organized baseball							
1929	Springfield	Western Association	if-of	129	425	83	136	31	11	5	67	13	.320
1930	Augusta	SALLY	3b	29	103	13	27	6	1	0	4	0	.262
	Independence	Western Association	ss	87	307	86	122	34	13	4	62	8	.397
1931	Greensboro	Piedmont	3b-c-2b	128	450	106	144	31	8	12	98	17	.320
1932	Greensboro	Piedmont	c-3b-1b	115	402	85	132	26	10	12	114	14	.328
1933	St. Louis	National	c	15	35	8	14	1	0	1	8	0	.400
1934	Rochester	International	c	116	382	55	121	26	7	3	69	2	.317
1935	Montreal	International	c	87	232	27	61	10	3	0	33	0	.263
	Boston	National	c	6	4	1	0	0	0	0	0	0	.000
1936	Boston	National	c	29	62	11	19	2	0	0	3	0	.306
1937	Indianapolis	American Association	c	78	232	27	67	8	3	0	25	1	.289

YEAR	CLUB	LEAGUE	POS	G	AB	R	H	2B	3B	HR	RBI	SB	AVG
1938	Indianapolis	American Association	c	92	255	31	71	14	2	1	42	5	.278
1939	Indianapolis/Louisville	American Association	c	83	246	30	72	7	2	0	24	2	.293
1940	Louisville	American Association	c	69	179	28	49	5	5	0	28	1	.274
1941	Chattanooga	Southern Association	c	113	345	43	106	19	5	0	51	2	.307
1942	Knoxville	Southern Association	c	120	324	59	104	27	0	2	74	2	.321
1943	Knoxville	Southern Association	c	59	111	19	30	3	1	1	17	0	.270
1944	Mobile	Southern Association	c	80	217	44	73	14	5	1	41	4	.336
1945	St. Paul	American Association	c	90	195	24	57	7	3	1	30	0	.292
			Majors	50	101	20	33	3	0	1	11	0	.327
			Minors	1824	5626	961	1734	341	97	73	785	87	.308

Robert Eugene "Gene" Lillard

Born November 12, 1913 at Santa Barbara, CA.
Died April 12, 1991 at Guleta, CA.
Batted right. Threw right. Height: 5-11. Weight: 178.

A versatile performer, Lillard pitched in the period 1937-54, winning 44 games and losing 32 in the minors.
Manager for Tucson, Arizona-Texas, 1949; Ventura, California, 1950-1951; Bakersfield, California, 1952; Calgary, Western International, 1953-1954; Santa Barbara, California, 1962.

YEAR	CLUB	LEAGUE	POS	G	AB	R	H	2B	3B	HR	RBI	SB	AVG
1932	Wichita	Western	3b	129	505	89	143	46	7	19	108	5	.283
	Los Angeles	Pacific Coast	3b	40	141	21	44	7	3	5	28	2	.312
1933	Los Angeles	Pacific Coast	3b	183	645	129	198	24	7	43	149	2	.307
1934	Los Angeles	Pacific Coast	3b	171	592	104	171	27	6	27	119	10	.289
1935	Los Angeles	Pacific Coast	3b	170	642	157	232	31	4	**56**	147	8	.361
1936	Chicago	National	ss-3b	19	34	6	7	1	0	0	2	0	.206
1937	San Francisco	Pacific Coast	p-3b	87	175	42	57	12	3	4	38	2	.326
1938	Los Angeles	Pacific Coast	p	43	93	22	29	3	1	7	22	0	.312
1939	Chicago	National	p	23	10	3	1	1	0	0	0	0	.100
1940	Los Angeles	Pacific Coast	p	13	18	3	2	0	0	0	2	0	.111
	Rochester	International	3b-p	49	117	14	26	5	3	1	8	1	.222
	St. Louis	National	p	2	0	0	0	0	0	0	0	0	.000
1941	Rochester	International	ss-2b-of	99	340	50	89	10	4	12	49	3	.262
1942	Rochester	International	3b-p	107	383	64	100	16	2	11	62	0	.261
	Sacramento	Pacific Coast	3b-p	29	97	9	33	5	0	3	20	2	.340
1943-45		Military service											
1946	Sacramento	Pacific Coast	3b-c-p	138	441	86	118	18	6	22	59	9	.268
1947	Oakland	Pacific Coast	of-3b-p	110	291	45	75	16	0	7	46	1	.258
1948	Oakland	Pacific Coast	c	23	59	4	12	5	0	0	7	0	.203
	Phoenix	Arizona-Texas	c-3b-p	90	316	86	115	24	2	20	92	3	**.364**
1949	Tucson	Arizona-Texas	3b-of-p	138	456	145	156	32	6	34	121	19	.342
1950	Ventura	California	2b-of-p	110	364	96	119	15	5	23	104	2	.327
1951	Ventura	California	2b-3b-c-p	119	383	76	131	21	4	16	78	3	.342
1952	Bakersfield	California	c-2b-3b-p	114	353	67	103	19	0	14	69	1	.292
1953	Calgary	Western International	c-p	97	250	46	69	17	0	11	39	4	.276
1954	Calgary	Western International	c-p	28	49	6	18	3	0	5	15	0	.367
	Fresno	California	c	55	190	33	54	6	3	5	32	1	.284
			Majors	44	44	9	8	2	0	0	2	0	.182
			Minors	2142	6900	1374	2094	362	66	345	1414	78	.303

Louis "Lou" Limmer

Born March 10, 1929 at New York, NY.
Batted left. Threw left. Height: 6-2. Weight: 190.

YEAR	CLUB	LEAGUE	POS	G	AB	R	H	2B	3B	HR	RBI	SB	AVG
1946	Lexington	North Carolina State	1b	40	190	16	47	9	1	4	25	0	.313
1947	Lexington	North Carolina State	1b	107	405	85	132	20	3	24	95	12	.326
1948	Lincoln	Western	1b	106	385	84	111	12	4	28	93	5	.288
1949	Lincoln	Western	1b	139	483	100	152	20	8	**29**	105	8	.315
1950	St. Paul	American Association	1b	144	501	98	139	23	6	**29**	**111**	7	.277
1951	Philadelphia	American	1b	94	214	25	34	9	1	5	30	1	.159
1952	Ottawa	International	1b	148	540	75	140	17	7	23	87	12	.259
1953	Ottawa	International	1b	135	467	68	128	22	4	15	73	5	.274
1954	Philadelphia	American	1b	115	316	41	73	10	3	14	32	2	.231
1955	Columbus/Toronto	International	1b	127	416	77	113	9	3	28	82	3	.272
	Louisville	American Association	of-1b	6	21	1	2	0	1	0	0	0	.095

YEAR	CLUB	LEAGUE	POS	G	AB	R	H	2B	3B	HR	RBI	SB	AVG
1956	Toronto	International	1b	26	74	8	16	2	0	2	11	1	.216
	Charleston	American Association	1b	93	307	46	86	19	2	14	58	3	.280
1957	Omaha	American Association	1b	140	498	73	131	20	1	18	49	3	.263
1958	Birmingham	Southern Association	1b	151	949	96	145	31	3	30	100	1	.264
			Majors	209	530	66	107	19	4	19	62	3	.202
			Minors	1362	4836	827	1351	204	43	244	889	60	.279

HOWARD S. LINDIMORE

Born December, 1893.
Died November 16, 1933 at Oklahoma City, OK.
Batted left. Threw right. Height: 5-11. Weight: 160.

YEAR	CLUB	LEAGUE	POS	G	AB	R	H	2B	3B	HR	RBI	SB	AVG
1916	Topeka	Western	ss	22	81	13	23	3	1	1	—	0	.284
1917	Joplin	Western	ss	90	295	48	75	13	3	1	—	3	.254
	Oklahoma City/Tulsa	Western Association	2b-3b-of	38	126	18	37	10	1	2	—	3	.294
	Mason City	Central Association	ss	12	42	3	8	1	0	0	—	2	.190
1918							Military service						
1919	Oklahoma City	Western	ss-3b	135	497	78	157	28	15	2	—	16	.316
1920	Oklahoma City	Western	3b-ss	149	572	104	189	25	12	2	—	20	.330
1921	Los Angeles	Pacific Coast	3b	132	457	41	123	19	8	1	51	4	.269
1922	Los Angeles	Pacific Coast	2b-3b	190	672	75	182	25	11	1	71	8	.271
1923	Los Angeles	Pacific Coast	2b	121	407	52	118	51	4	1	35	7	.290
1924	Salt Lake City	Pacific Coast	2b	184	764	183	259	58	9	15	114	6	.339
1925	Salt Lake City	Pacific Coast	2b-3b	138	566	96	188	42	3	6	70	5	.332
1926	Hollywood	Pacific Coast	2b	16	41	7	12	1	0	0	3	2	.293
	Fort Worth	Texas	2b	99	328	55	96	20	3	2	33	7	.293
1927	Fort Worth	Texas	2b	127	450	55	119	15	1	2	52	6	.264
1928							On suspended list						
1929	Wichita	Western	2b	142	510	93	147	28	3	8	—	4	.288
1930	Wichita	Western	2b	144	572	126	195	28	7	11	77	9	.341
1931	St. Joseph	Western	2b	132	502	81	166	21	6	2	58	5	.331
1932	St. Joseph	Western	2b	142	565	82	176	34	12	1	93	6	.312
1933	Joplin/Muskogee/Bartlesville	Western	2b-3b	98	379	62	122	19	3	4	—	18	.322
			Minors	2111	7826	1272	2392	405	102	62	657	141	.306

JOSEPH ANTHONY "JOE" LIS

Born August 15, 1945 at Somerville, NJ.
Batted right. Threw right. Height: 6-0, Weight: 195.

YEAR	CLUB	LEAGUE	POS	G	AB	R	H	2B	3B	HR	RBI	SB	AVG
1964	Bakersfield	California	ss	7	16	1	3	1	0	0	0	0	.188
	Miami	Florida State	ss	51	161	10	31	4	1	1	10	1	.193
1965	Miami	Floria Satae	3b	134	492	47	119	20	3	5	57	4	.242
1966	Bakersfield	California	3b-of	108	334	39	78	21	1	16	62	1	.234
1967	Bakersfield	California	3b-ss-1b-2b	134	467	81	118	23	2	**33**	**90**	7	.253
1968	Tidewater	Carolina	of-3b-1b-2b	140	485	99	139	20	1	32	94	3	.293
1969	Eugene	Pacific Coast	of-1b	106	341	48	94	20	2	12	59	0	.276
1970	Eugene	Pacific Coast	of-1b-3b	139	487	102	158	24	5	**36**	107	6	.324
	Philadelphia	National	of	13	37	1	7	2	0	1	4	0	.189
1971	Philadelphia	National	of	59	123	16	26	6	0	6	10	0	.211
1972	Eugene	Pacific Coast	of-1b	65	213	65	72	11	2	26	58	2	.338
	Philadelphia	National	1b-of	62	140	13	34	6	0	6	18	0	.243
1973	Minnesota	American	1b	103	253	37	62	11	1	9	25	0	.245
1974	Minnesota/Cleveland	American	1b-3b-of	81	150	20	30	3	0	6	19	0	.200
1975	Oklahoma City	American Association	1b-3b-of	130	423	69	116	25	0	18	69	5	.274
	Cleveland	American	1b	9	13	4	4	2	0	2	8	0	.308
1976	Toledo	International	1b-3b	126	425	**93**	130	23	1	30	**103**	1	.306
	Cleveland	American	1b-dh	20	51	4	16	1	0	2	7	0	.314
1977	Seattle	American	1b-c	9	13	1	3	0	0	0	1	0	.231
	Iowa	American Association	1b	25	78	14	25	6	0	5	18	0	.321
	Toledo	International	1b-of	54	162	24	39	10	0	6	26	1	.241
1978	Kintetsu	Japan	1b	45	262	—	54	—	—	6	30	—	.206
1979	Evansville	American Association	1b	118	418	71	122	16	0	16	81	1	.287
			Majors	356	783	96	182	31	1	32	92	1	.233
			Minors	1337	4502	763	1244	224	18	236	835	32	.276
			Japan	45	262	—	54	—	—	6	30	—	.206

KEITH EDWIN LITTLE

Born August 16, 1929 at Grandville, MI.
Batted right. Threw right. Height: 6-2½. Weight: 210.

YEAR	CLUB	LEAGUE	POS	G	AB	R	H	2B	3B	HR	RBI	SB	AVG
1948	Thomasville	Georgia-Florida	1b	131	500	67	133	16	8	7	73	2	.266
1949	Rome	Canadian-American	1b-of	125	479	73	162	31	8	19	110	1	.338
	Toledo	American Association	ph	1	0	1	0	0	0	0	0	0	.000
1950	Flint	Central	1b	116	469	79	144	41	3	17	115	5	.307
1951-52							Military service						
1953	Buffalo	International	1b	14	46	9	12	2	0	6	17	0	.261
	Montgomery	SALLY	1b	91	303	35	72	24	1	8	45	0	.238
1954	Charleston	American Association	1b	24	87	9	15	3	1	4	13	0	.172
	Galveston	Big State	1b	112	400	97	122	21	1	37	113	1	.305
1955	Corpus Christi	Big State	1b	97	364	83	112	16	1	47	116	2	.308
	Columbus	International	1b	8	18	4	3	2	0	1	3	0	.167
1956	Monterrey	Mexican	1b	53	186	22	41	6	2	14	42	0	.220
	Oklahoma City	Texas	1b	82	313	59	83	8	0	28	61	0	.265
1957	Oklahoma City/Houston	Texas	1b	127	441	69	107	24	1	30	64	1	.243
1958	Dallas	Texas	1b	138	480	70	128	26	1	25	95	1	.267
1959	Dallas	Texas	1b	117	397	51	105	15	2	21	65	2	.264
		Minors		1236	4483	728	1239	235	29	264	932	15	.276

ABEL LIZOTTE

Born April 13, 1870 at Lewston, ME.
Died December 4, 1926 at Wilkes-Barre, PA.
Height: 5-8. Weight: 174.

Manager for Wilkes-Barre, New York State, 1907 and 1908.

YEAR	CLUB	LEAGUE	POS	G	AB	R	H	2B	3B	HR	RBI	SB	AVG
1891	Lewiston	New England	c-of-1b-3b	31	132	19	39	10	1	1	–	6	.295
1892	Lewiston	New England	of	66	314	53	85	19	1	10	–	8	.271
1893	Lewiston	New England	of	92	403	100	144	25	3	25	–	16	.357
1894	Wilkes-Barre	Eastern	of	78	336	73	108	21	15	5	–	8	.321
	Lewiston	New England	of	2	8	0	0	0	0	0	–	0	.000
1895	Wilkes-Barre	Eastern	of-c	111	484	110	164	31	29	5	–	9	.339
1896	Wilkes-Barre	Eastern	of	112	500	97	195	33	18	3	–	13	**.390**
	Pittsburgh	National	1b	7	29	3	3	0	0	0	3	1	.103
1897	Syracuse	Eastern	of-1b	136	548	90	177	40	9	5	–	21	.323
1898	Syracuse	Eastern	of-1b	115	442	47	121	13	6	3	–	16	.274
1899	Syracuse	Eastern	of-1b	73	300	50	91	18	2	1	–	12	.303
1900	Montreal	Eastern	of	127	522	67	140	27	5	4	–	8	.268
1901	Grand Rapids/Wheeling	Western Association	of	127	512	101	169	40	8	2	–	8	.330
1902	Peoria	Western	of	143	541	58	157	23	12	1	–	16	.290
1903	Peoria	Western	of-1b	126	497	51	148	14	12	1	–	11	.298
1904	St. Joseph	Western	of-1b	130	505	57	132	26	4	0	–	15	.261
1905	St. Jopseh	Western	of	41	155	24	35	5	4	0	–	3	.226
	Topeka	Western Association	of	64	228	31	78	20	0	0	–	7	.342
1906	Mansfield	Ohio-Pennsylvania	of	71	272	19	69	11	3	1	–	7	.254
1907	Wilkes-Barre	New York State	ph	1	1	0	0	0	0	0	0	0	.000
		Majors		7	29	3	3	0	0	0	3	1	.103
		Minors		1646	6700	1047	2052	376	132	67	–	184	.306

ANDREW DAVID "DOC" LOTSHAW

Born January 27, 1880 at Cold Springs, IN.
Died February 21, 1953 at Indianapolis, IN.
Batted left. Threw right. Height: 5-11. Weight: 180.

Served the Chicago Bears football team and the Chicago Cubs baseball team as trainer for many years. He started as a trainer for the A. E. Staley team before they became the Chicago Bears. He was with the Cubs from 1922 through 1952.

YEAR	CLUB	LEAGUE	POS	G	AB	R	H	2B	3B	HR	RBI	SB	AVG
1906	Jacksonville	KITTY	of-c-2b-1b	127	475	70	112	14	**24**	11	–	24	.236
1907	Charleston	Eastern Illinois	of-2b-1b	73	270	42	75	9	**9**	**10**	–	9	.278
1908	Marion/Portsmouth	Ohio State	1b-of-2b	76	240	28	55	7	6	5	–	17	.229
1909	Beardstown	Illinois-Missouri	1b-of	126	444	72	146	32	**14**	5	–	39	**.329**

YEAR	CLUB	LEAGUE	POS	G	AB	R	H	2B	3B	HR	RBI	SB	AVG
1910	Galesburg	Central Association	1b	134	469	47	91	9	6	4	—	18	.194
1911	Canton	Illinois-Missouri	1b-of	122	451	93	**160**	28	11	**29**	—	17	**.355**
1912	Canton	Illinois-Missouri	of-1b	103	332	76	116	20	11	**11**	—	32	.349
1913	Covington	Federal	of	1	3	0	0	0	0	0	0	0	.000
1914	Champaign	Illinois-Missouri	1b	**89**	337	61	**108**	**21**	**14**	10	—	15	.320
1915-16							Did not play in organized baseball						
1917	Indianapolis	American Association	of-1b	5	19	2	8	0	0	0	—	0	.421
1918	Indianapolis	American Association	of	9	20	1	2	0	0	0	—	0	.100
1919	Flint/Brantford	Michigan-Ontario	1b	84	296	59	79	14	4	13	—	11	.267
1920-21							Did not play in organized baseball						
1922	Indianapolis	American Association	of	1	1	0	0	0	0	0	0	0	.000
		Minors		950	3357	551	952	154	99	98	—	182	.284

HUGH MAX LUBY

Born June 13, 1913 at Blackfoot, ID.
Died May 4, 1986 at Eugene, OR.
Batted right. Threw right. Height: 5-10. Weight: 185.

Played 866 consecutive games for Oakland, Pacific Coast, 1939-1943.
Manager for New Orleans, Southern Association, 1949-1950; Salem, Western International, 1951-1954; Salem, Northwest, 1955-1956; Eugene, Northwest, 1957-1958, 1966, 1974.
General Manager for Eugene, Northwest, 1957-1961, 1965-1966, 1969-1971.
President Northwest 1967-1968.

YEAR	CLUB	LEAGUE	POS	G	AB	R	H	2B	3B	HR	RBI	SB	AVG
1931	Norfolk	Nebraska State	2b-3b	35	136	17	26	6	0	0	6	8	.191
1932	Norfolk	Nebraska State	2b	110	426	82	120	27	7	4	—	37	.282
1933	Norfolk	Nebraska State	2b	105	440	95	132	23	11	6	—	33	.300
1934	Sioux City	Western	2b	122	490	85	153	16	5	4	51	35	.312
1935	Sioux City	Western	2b	107	437	83	130	20	7	12	52	24	.297
1936	Sioux City	Western	2b	120	486	91	155	19	7	11	62	**40**	.319
	Philadelphia	American	2b	9	38	3	7	1	0	0	3	2	.184
1937	Atlanta	Southern Association	2b	153	**649**	112	208	33	6	3	55	9	.320
1938	Oakland	Pacific Coast	2b	160	580	76	171	28	6	4	70	20	.295
1939	Oakland	Pacific Coast	2b	176	681	94	193	35	6	3	56	20	.283
1940	Oakland	Pacific Coast	2b	178	689	94	177	31	5	4	57	21	.257
1941	Oakland	Pacific Coast	2b	178	677	82	204	39	5	5	73	17	.301
1942	Oakland	Pacific Coast	2b-3b	177	667	85	207	32	7	3	75	10	.310
1943	Oakland	Pacific Coast	2b	157	587	75	184	31	0	3	69	16	.313
1944	New York	National	2b	111	323	30	82	10	2	2	35	2	.254
1945							Military service						
1946	San Francisco	Pacific Coast	2b	176	678	110	199	30	6	2	60	22	.294
1947	San Francisco	Pacific Coast	2b	187	711	122	189	30	10	9	70	12	.266
1948	San Francisco	Pacific Coast	2b	175	646	113	185	26	5	12	77	19	.286
1949	New Orleans	Southern Association	2b	103	324	53	94	10	7	4	46	3	.290
1950	New Orleans	Southern Association					Manager, did not play						
1951	Salem	Western International	2b	122	450	49	138	16	3	5	53	9	.307
1952	Salem	Western International	2b	137	502	78	159	27	5	4	54	12	.317
1953	Salem	Western International	2b	94	316	64	100	14	3	1	42	9	.316
1954	Salem	Western International	2b	43	115	14	41	5	0	0	17	4	.357
1955	Salem	Northwest	2b	7	17	2	4	1	0	0	1	1	.235
1956	Salem	Northwest	2b	2	5	2	0	0	0	0	0	0	.000
		Majors		120	361	33	89	11	2	2	38	4	.247
		Minors		2824	10709	1678	3169	499	111	99	1046	381	.296

SCOTT W. LUCAS

Born February 19, 1892 at Chandlerville, IL.
Died February 22, 1968 at Rocky Mount, NC.

U.S. Representative from Illinois, 1935-1939. Senator, 1939-1951. Majority Leader, 1949-1950.

YEAR	CLUB	LEAGUE	POS	G	AB	R	H	2B	3B	HR	RBI	SB	AVG
1913	Pekin	Illinois-Missouri	1b	34	132	24	61	13	4	1	—	12	.462
	Bloomington	Three I	of	61	232	22	66	7	4	1	—	3	.284
1914	Bloomington/Peoria	Three I	1b-of	103	369	43	89	8	3	2	—	16	.241
1915	Bloomington	Three I	of	95	343	36	89	17	2	0	—	11	.259
		Minors		293	1076	125	305	45	13	4	—	42	.283

BERNARD J. "BARNEY" LUTZ

Born August 20, 1917 at Lucinda, PA.
Died July 11, 1966 at Geneva, NY.
Batted left. Threw right. Height: 5-10. Weight: 170.

Manager for Carbondale, North Atlantic, 1949; Bradford, PONY, 1950; Lima, Ohio-Indiana, 1951; Fort Lauderdale/Key West, Florida International, 1952; Aberdeen, Northern, 1953-1954, 1957-1958; Thetford Mines, Provincial, 1955; Paris, Sooner State, 1956-1957; Wilson, Carolina, 1958; Bluefield, Appalachian, 1958, 1960; Amarillo, Texas, 1959.

YEAR	CLUB	LEAGUE	POS	G	AB	R	H	2B	3B	HR	RBI	SB	AVG
1936	Fayetteville	Arkansas-Missouri	of	119	479	81	155	27	10	3	64	6	.322
1937	Fayetteville	Arkansas-Missouri	of	125	472	83	158	38	5	5	81	18	.335
1938	Greenwood	Cotton States	of	59	223	36	71	19	1	0	47	5	.318
1938	Clinton	Three I	of	27	90	6	16	2	2	0	8	1	.178
1939	Nashville	Southern Association	of	10	37	4	13	3	0	0	5	0	.351
	Dayton	Middle Atlantic	of	17	71	7	14	4	0	0	8	2	.197
	Pine Bluff	Cotton States	of	104	392	65	115	19	3	6	68	8	.293
1940	Anniston	Southeastern	of	142	576	85	169	33	13	5	69	4	.293
	Nashville	Southern Association	of	1	1	0	0	0	0	0	0	0	.000
1941	Anniston	Southeastern	of	140	569	93	173	31	8	3	74	8	.304
1942	Williamsport	Eastern	of	140	545	69	153	25	3	2	55	8	.281
1943	Elmira	Eastern	of	100	334	53	86	11	6	1	26	11	.257
1943	Elmira	Eastern	2b-of	141	537	80	163	35	10	2	89	28	.304
1944-45						Military service							
1946	Toledo	American Association	of	73	237	18	54	6	1	4	29	5	.228
	Elmira	Eastern	of	66	240	38	70	13	6	0	18	9	.292
1947	Elmira	Eastern	of	100	334	53	86	11	6	1	26	11	.257
	Wichita Falls	Big State	of	26	101	24	35	8	1	2	10	2	.347
1948	Toronto	International	of	118	482	72	148	25	6	0	49	2	.307
	Wilmington	Interstate	of	24	92	20	33	1	2	1	20	5	.359
1949	Carbondale	North Atlantic	of	140	504	92	162	38	13	3	97	17	.321
1950	Bradford	PONY	of	125	460	113	179	31	10	10	131	16	.389
1951	Lima	Ohio-Indiana	of	108	359	78	109	23	11	2	70	21	.304
1952	Key West	Florida International	of	151	562	61	150	23	5	2	51	9	.267
1953	Aberdeen	Northern	of	43	102	15	26	5	1	1	13	0	.255
1954	Aberdeen	Northern	of	21	18	4	6	1	0	0	2	0	.333
			Minors	2020	7483	1197	2258	421	117	52	1084	185	.302

MICHAEL LUTZ

Born August 29, 1927 at Leavittsburg, OH.
Batted right. Threw right. Height: 6-1. Weight: 205.

YEAR	CLUB	LEAGUE	POS	G	AB	R	H	2B	3B	HR	RBI	SB	AVG
1948	Burlington	Central Association	of	129	471	90	13	32	3	21	100	3	.276
1949	Spartanburg	Tri-State	of	139	461	85	125	27	5	22	98	10	.271
1950	Dayton	Central	of	133	473	90	153	35	2	14	86	9	.323
1951	Dallas	Texas	of	42	126	19	30	6	0	5	21	2	.238
	Wichita	Western	of	90	299	53	74	13	0	19	55	0	.247
1952	Wichita	Western	of	19	54	16	14	1	1	2	15	0	.259
	Reading	Eastern	of	116	390	71	125	26	4	23	93	4	**.321**
1953	Indianapolis	American Association	of	15	50	6	6	2	1	1	3	0	.120
	Tulsa	Texas	of	89	293	49	79	17	0	11	68	3	.270
1954	Tulsa	Texas	of	133	411	62	114	19	2	13	57	0	.277
1955	Tulsa	Texas	of	147	475	91	130	13	4	25	90	6	.274
1956	Shreveport	Texas	ph	4	3	0	0	0	0	0	0	0	.000
	Nashville	Southern Association	of	104	303	39	83	20	3	6	45	1	.274
1957	Shreveport/Tulsa/San Antonio	Texas	of	147	481	66	124	11	0	26	83	3	.258
1958	Corpus Christi	Texas	of	152	546	114	171	31	3	**39**	**111**	8	.313
1959	Corpus Christi/Austin	Texas	of	117	350	57	88	9	0	12	46	1	.251
1960	Austin	Texas	of	15	45	4	13	2	0	2	9	0	.289
			Minors	1591	5231	912	1459	264	28	241	980	50	.279

MICHAEL JOSEPH "MIKE" LYNCH

Born September 10, 1875 at St. Paul, MN.
Died April 1, 1947 at Jennings Lodge, OR.
Threw right. Height: 6-2. Weight: 170.

YEAR	CLUB	LEAGUE	POS	G	AB	R	H	2B	3B	HR	RBI	SB	AVG
1899	Anaconda	Montana State	of	30	120	–	37	4	1	0	–	–	.308
1900	Great Falls	Montana State	of	68	297	64	83	12	3	1	–	27	.279

YEAR	CLUB	LEAGUE	POS	G	AB	R	H	2B	3B	HR	RBI	SB	AVG
1901	Tacoma	Pacific Northwest	of	101	379	89	107	31	7	3	—	17	.282
1902	Chicago	National	of	7	28	4	4	0	0	0	0	0	.143
	Minneapolis	American Association	of-3b-2b	126	510	84	118	20	3	1	-	24	.231
1903	Tacoma	Pacific Northwest	3b	132	522	94	154	26	4	2	—	18	.295
1904	Tacoma	Pacific Coast	of	212	807	100	209	50	7	5	—	34	.259
1905	Tacoma	Pacific Coast	of	217	766	—	187	31	4	4	—	28	.244
1906	Tacoma	Northwestern	of	90	366	76	130	26	4	7	—	14	.355
1907	Tacoma	Northwestern	of	146	560	62	151	27	5	4	-	32	.270
1908	Tacoma	Northwestern	of	131	487	54	123	12	9	4	—	24	.253
1909	Seattle	Northwestern	of	167	614	108	168	19	7	14	—	14	.274
1910	Seattle/Tacoma	Northwestern	of	115	407	45	103	14	4	5	—	10	.253
1911	Tacoma	Northwestern	of	126	451	47	127	11	6	3	—	17	.282
1912	Tacoma	Northwestern	of	165	639	74	170	22	5	4	—	16	.265
1913	Spokane/Victoria	Northwestern	of	165	607	77	172	28	8	12	—	14	.283
1914	Spokane	Northwestern	of	69	211	22	49	9	1	3	—	6	.232
			Majors	7	28	4	4	0	0	0	0	0	.143
			Minors	2060	7744	1001	2088	342	78	72	—	293	.270

Joseph John "Joe" Macko

Born February 19, 1928 at Port Clinton, OH.
Batted right. Threw right. Height: 6-2. Weight: 195.

Manager for St. Cloud, Northern, 1961; Wenatchee, Northwest, 1962, 1964; Amarillo, Texas, 1963.
Father of the late Steven Macko, infielder, Chicago, National League, 1979-1980.

YEAR	CLUB	LEAGUE	POS	G	AB	R	H	2B	3B	HR	RBI	SB	AVG
1948	Batavia	PONY	1b-of	95	308	47	97	18	4	11	59	11	.315
1949	Burlington	Central Association	1b	128	504	110	157	21	10	19	97	12	.312
1950	Dayton	Central	1b	118	439	79	132	28	2	12	65	10	.301
1951	Dallas	Texas	1b	30	99	11	24	3	0	1	6	2	.242
	Wichita	Western	1b	127	489	77	140	26	5	14	96	19	.286
1952	Dallas	Texas	1b	142	574	67	156	21	7	16	93	8	.272
1953	Indianapolis	American Association	1b	153	543	64	127	22	2	20	74	0	.234
1954	Tulsa	Texas	1b	155	519	74	120	23	3	29	92	6	.231
1955	Tulsa	Texas	1b	154	566	89	160	38	1	28	102	4	.283
1956	San Diego	Pacific Coast	1b	21	43	3	10	1	0	1	4	0	.233
	Dallas	Texas	1b	129	469	100	133	24	5	36	97	3	.284
1957	Portland	Pacific Coast	1b	22	67	6	14	4	0	2	8	0	.209
	Louisville	American Association	1b	61	198	36	45	9	1	13	35	0	.227
1958	Fort Worth	Texas	1b	137	504	76	146	25	0	24	81	1	.290
1959	Fort Worth/Minneapolis	American Association	1b-3b	147	494	71	138	23	1	25	85	2	.279
1960	Houston	American Association	1b-3b	152	547	79	131	18	1	27	91	2	.239
1961	St. Cloud	Northern	1b-3b	102	325	69	86	11	3	17	76	8	.265
1962	Wenatchee	Northwest	1b-3b	41	69	19	22	6	0	4	15	0	.319
1963	Amarillo	Texas	1b-3b	67	143	27	41	8	1	7	22	1	.287
1964	Wenatchee	Northwest	1b	2	3	1	1	0	0	0	0	0	.333
1970	Dallas-Fort Worth	Texas	1b	4	10	0	0	0	0	0	0	0	.000
			Minors	1987	6913	1105	1880	329	46	306	1198	99	.272

Manuel Magallon

Born April 9, 1925 at Mazatlan, Sinaloa, Mexico.
Died April 4, 1989 at Monterrey, Mexico.
Batted right. Threw right. Height: 6-0. Weight: 185.

Manager for Chihuahua, Mexico, 1980; Monterrey, Mexico, 1987; Leon, Mexico, 1988; Monterrey, Mexico, 1989.

YEAR	CLUB	LEAGUE	POS	G	AB	R	H	2B	3B	HR	RBI	SB	AVG
1944	Mexico City	Mexican	1b	6	11	0	2	0	1	0	2	0	.182
1946	San Luis Potosi	Mexican	1b	94	354	38	74	9	4	4	39	0	.209
1947	Monterrey	Mexican	1b	17	54	7	11	1	0	2	4	0	.204
1948	Monterrey	Mexican	1b	65	243	22	75	12	7	0	48	7	.309
	Ciudad Juarez	Arizona-Texas	1b	33	141	22	38	3	3	2	31	0	.270
1949	Ciudad Juarez	Arizona-Texas	1b-of	135	547	101	174	37	14	9	124	13	.318
1950	Ciudad Juarez	Arizona-Texas	1b-of	31	99	17	29	2	0	1	16	1	.293
1951	Ciudad Juarez	Southwest International	of	109	444	85	157	29	13	3	97	5	.354
1952	Nuevo Laredo	Mexican	1b	15	55	4	7	0	0	0	5	0	.127
	Bisbee-Douglas	Arizona-Texas	1b	45	194	46	80	15	3	13	61	1	.412

YEAR	CLUB	LEAGUE	POS	G	AB	R	H	2B	3B	HR	RBI	SB	AVG
1953	Bisbee-Douglas	Arizona-Texas	1b-of	132	544	120	200	40	4	20	116	3	.368
1954	Bisbee-Douglas	Arizona-Texas	1b	132	567	113	217	37	3	20	141	3	.383
1955	Bisbee Douglas	Arizona-Mexico	of-1b	139	579	106	197	40	6	15	136	5	.340
1956	Tijuana/Mexico	Arizona-Mexico	1b-of	111	441	72	129	23	4	18	79	2	.293
1957	Mexicali	Arizona-Mexico	1b	117	462	88	161	37	1	18	92	1	.348
			Minors	1181	4735	841	1551	285	63	125	991	41	.328

HARL VESTIN MAGGERT

Born February 13, 1883 at Cromwell, IN.
Died January 7, 1963 at Fresno, CA.
Batted left. Threw right. Height: 5-8. Weight: 155.

Father of Harl W. Maggert who played in the majors in 1938.

YEAR	CLUB	LEAGUE	POS	G	AB	R	H	2B	3B	HR	RBI	SB	AVG
1906	Fort Wayne	Interstate Association					League folded July 8						
	Sharon	Ohio-Pennsylvania	of	11	45	6	11	—	—	—	—	2	.244
1907	Wheeling	Central	of	119	415	58	112	—	—	—	—	28	.270
1907	Pittsburgh	National	of	3	6	1	0	0	0	0	—	1	.000
1908	Wheeling	Central	of	72	266	28	60	—	—	—	—	14	.225
1908	Springfield	Connecticut	of	58	211	37	66	10	8	2	—	23	.312
1909	Springfield	Connecticut	of	94	361	69	111	30	11	7	—	7	.307
1909	Oakland	Pacific Coast	of	59	211	26	56	13	1	1	—	4	.265
1910	Oakland	Pacific Coast	of	221	745	91	189	34	1	9	—	58	.254
1911	Oakland	Pacific Coast	of	114	437	74	137	16	13	8	—	27	.314
1912	Philadelphia	American	of	72	242	39	62	8	6	1	—	10	.256
1913	Los Angeles	Pacific Coast	of	**204**	715	**128**	226	32	**23**	13	—	89	.316
1914	Los Angeles	Pacific Coast	of	203	754	**127**	217	25	20	3	—	51	.288
1915	Los Angeles	Pacific Coast	of	201	736	**147**	226	38	**14**	12	—	55	.307
1916	Los Angeles	Pacific Coast	of	182	672	121	184	37	6	6	—	42	.274
1917	Los Angeles	Pacific Coast	of	165	597	96	153	29	5	0	—	32	.256
1918	San Francisco	Pacific Coast	of	86	304	41	75	14	4	1	—	19	.247
1919	Salt Lake City	Pacific Coast	of	171	671	**127**	184	37	5	5	—	36	.274
1920	Salt Lake City	Pacific Coast	of	115	470	96	174	40	11	4	—	29	.370
			Majors	75	248	40	62	8	6	1	—	11	.250
			Minors	2075	7610	1272	2181	355	122	71	—	516	.287

EMIL PIERRE "LEFTY" MAILHO

Born December 16, 1909 at Berkeley, CA.
Batted left. Threw left. Height: 5-10. Weight: 165.

YEAR	CLUB	LEAGUE	POS	G	AB	R	H	2B	3B	HR	RBI	SB	AVG
1930	Phoenix	Arizona State	of-p	86	323	77	106	9	2	11	52	17	.328
1931	Phoenix	Arizona State	of-p	95	397	**108**	144	21	6	14	—	20	.363
	Oakland	Pacific Coast	of	10	15	3	5	0	1	0	1	0	.333
1932	Oakland	Pacific Coast	of	135	456	83	144	23	5	2	42	16	.316
1933	Oakland	Pacific Coast	of	180	690	142	209	34	12	4	58	52	.303
1934	Oakland	Pacific Coast	of	58	96	14	19	4	0	0	8	4	.198
1935	Oakland	Pacific Coast	of	172	652	117	230	42	17	2	88	36	.353
1936	Philadelphia	American	of	21	18	5	1	0	0	0	0	0	.056
	Atlanta	Southern Association	of	94	368	64	116	17	9	5	44	10	.315
1937	Atlanta	Southern Association	of	153	569	108	196	32	10	5	88	13	.344
1938	Atlanta	Southern Association	of	148	519	99	158	33	9	10	79	21	.304
1939	Atlanta	Southern Association	of	146	498	**122**	171	38	8	9	83	23	.343
1940	Atlanta	Southern Association	of	152	555	**144**	202	56	8	10	77	16	.364
1941	Atlanta	Southern Association	of	128	430	112	128	30	5	4	40	10	.298
1942	Oakland	Pacific Coast	of-1b	155	599	91	178	29	3	1	42	15	.297
1943	Oakland	Pacific Coast	of	155	598	100	188	37	8	2	46	13	.314
1944	Oakland	Pacific Coast	of	123	465	64	129	20	3	0	27	16	.277
1945	San Francisco	Pacific Coast	of	149	484	80	148	20	6	1	69	9	.306
1946	Oklahoma City	Texas	of	55	177	27	40	4	3	0	9	4	.226
			Majors	21	18	5	1	0	0	0	0	0	.056
			Minors	2194	7891	1555	2511	449	115	80	853	293	.318

FREDERICK CHARLES "FRITZ" MAISEL

Born December 23, 1889 at Catonsville, MD.
Died April 22, 1967 at Baltimore, MD.
Batted right. Threw right. Height 5-7. Weight: 170.

Manager for Baltimore, International, 1929-32.
Scout for Baltimore, American, 1954-67.
Brother of George Maisel who played parts of four years in the majors.

YEAR	CLUB	LEAGUE	POS	G	AB	R	H	2B	3B	HR	--	SB	AVG
1910	Elgin	Northern Association	3b	55	223	49	63	6	2	3	—	23	.287
	Wheeling	Central	3b	62	214	18	51	1	1	0	—	15	.238
1911	Baltimore	Eastern	ss	102	344	50	80	8	5	0	—	22	.233
1912	Baltimore	Eastern	ss-3b	129	446	64	123	12	6	1	—	58	.276
1913	Baltimore	International	ss-3b	111	421	119	119	16	2	4	—	44	.283
	New York	American	38	51	187	33	48	4	3	0	—	25	.257
1914	New York	American	3b	149	548	78	131	23	9	2	—	74	.239
1915	New York	American	3b	135	530	77	149	16	6	4	—	51	.281
1916	New York	American	of-3b	53	158	18	36	5	0	0	—	4	.228
1917	New York	American	2b	113	404	46	80	4	4	0	—	29	.198
1918	St. Louis	American	3b	90	284	43	66	4	2	0	—	11	.232
1919	Baltimore	International	3b	145	587	135	197	44	7	1	—	63	.336
1920	Baltimore	International	3b	154	640	145	204	33	10	2	—	45	.319
1921	Baltimore	International	3b	153	652	154	221	30	6	8	—	31	.339
1922	Baltimore	International	3b	135	549	122	168	31	6	11	—	30	.306
1923	Baltimore	International	3b	99	364	64	100	19	6	6	—	15	.275
1924	Baltimore	International	3b	153	588	134	180	22	8	20	—	26	.306
1925	Baltimore	International	3b	158	632	141	298	38	5	19	—	18	.329
1926	Baltimore	International	3b	158	638	145	291	32	10	8	—	16	.315
1927	Baltimore	International	3b	136	463	77	136	16	4	3	—	12	.294
1928	Baltimore	International	3b	51	138	29	42	6	0	1	—	3	.304
		Majors		591	2111	295	510	56	24	6	—	194	.242
		Minors		1801	6899	1446	2093	314	78	87	—	421	.303

DAVID FREDERICK MANN

Born February 16, 1933 at Dalton, GA.
Batted both. Threw right. Height: 5-11. Weight: 175.

Outstanding base stealer who led a minor league 9 different seasons.

YEAR	CLUB	LEAGUE	POS	G	AB	R	H	2B	3B	HR	RBI	SB	AVG
1952	Stockton	California	ss	134	471	77	122	7	7	0	35	59	.259
1953	Thetford Mines	Provincial	ss	124	474	114	135	15	11	3	54	47	.285
1954	York	Piedmont	ss	133	514	99	125	20	9	7	47	88	.243
1955	Elmira	Eastern	of	131	465	94	128	15	15	7	62	37	.275
1956	Reading	Eastern	of	97	336	55	95	12	1	6	27	34	.283
	Miami	International	of	28	70	12	18	3	3	1	8	1	.257
1957	Louisville	American Association	of	4	6	9	1	0	0	0	1	0	.167
	Nuevo Laredo	Mexican	of	1	2	0	0	0	0	0	0	0	.000
	Reading	Eastern	of	121	487	96	156	18	19	8	48	53	.320
1958	Reading	Eastern	of	132	537	110	155	15	10	8	51	66	.289
1959	Reading	Eastern	of	134	522	99	166	15	17	8	52	65	.318
1960	Minneapolis	American Association	of	128	492	84	144	25	7	3	33	50	.293
1961	Seattle	Pacific Coast	of	121	438	57	114	13	7	4	41	33	.260
1962	Seattle	Pacific Coast	of	99	369	60	92	13	6	8	30	20	.249
	Atlanta	International	of	15	56	9	13	3	0	2	4	3	.232
1963	Kennewick	Northwest	of-2b	123	432	85	133	23	7	18	84	45	.308
		Minors		1524	5671	1071	1597	197	119	83	577	601	.282

LUIS ANGEL MARQUEZ

Born October 28, 1925 at Aguadilla, PR.
Died March 1, 1988 at Aguadilla, PR.
Batted right. Threw right. Height: 5-10. Weight: 174

YEAR	CLUB	LEAGUE	POS	G	AB	R	H	2B	3B	HR	RBI	SB	AVG
1949	Newark	International	of	18	69	13	17	3	0	1	6	3	.246
	Portland	Pacific Coast	of	132	511	87	150	26	7	4	46	32	.294
1950	Portland	Pacific Coast	of	194	775	136	241	41	19	9	86	38	.311

YEAR	CLUB	LEAGUE	POS	G	AB	R	H	2B	3B	HR	RBI	SB	AVG
1951	Boston	National	of	68	122	19	24	5	1	–	11	4	.197
1952	Milwaukee	American Association	of	136	521	100	180	38	10	14	99	24	.345
1953	Toledo	American Association	of	130	510	77	149	28	3	13	81	37	.292
1954	Toledo	American Association	of	58	229	46	76	18	1	8	36	7	.332
	Chicago/Pittsburgh	National	of	31	21	5	2	0	0	0	0	3	.095
1955	Toledo	American Association	of	21	75	10	18	6	1	2	8	0	.240
	Portland	Pacific Coast	of	112	381	60	119	24	1	8	57	5	.312
1956	Portland	Pacific Coast	of	155	602	122	20	27	10	25	110	18	.344
1957	Portland	Pacific Coast	of	167	610	92	169	31	6	21	85	13	.277
1958	Portland	Pacific Coast	of	109	335	43	89	13	6	8	42	2	.266
1959	Dallas	American Association	of	142	510	80	176	24	4	18	78	14	**.345**
1960	Dallas-Fort Worth	American Association	of	144	469	57	124	30	3	3	30	6	.264
1961	Dallas-Fort Worth	American Association	of	18	43	5	9	3	1	0	3	0	.209
	Williamsport	Eastern	of	19	54	10	14	1	1	1	7	1	.259
1962	Poza Rica	Mexican	of	126	460	94	164	28	4	21	91	9	.357
1963	Poza Rica	Mexican	of	118	401	67	126	19	3	20	72	8	.314
		Majors		99	143	24	26	5	1	0	11	7	.182
		Minors		1799	6555	1099	2028	360	80	176	937	217	.309

JOSEPH HANLEY "HOMERUN" MARSHALL

Born February 19, 1876 at Audubon, MN.
Died September 11, 1931 at Norwalk, CA.
Batted right. Threw right. Height: 5-8. Weight: 170.

Led all minor leagues with 25 home runs in 1903.

YEAR	CLUB	LEAGUE	POS	G	AB	R	H	2B	3B	HR	RBI	SB	AVG
1900	Helena/Great Falls	Montana	3b-ss-2b-of	59	276	67	101	21	**12**	7	–	17	.366
1901	Spokane	Pacific Northwest	ss-of-3b	108	436	79	127	25	8	**15**	–	18	.291
1902	Butte	Pacific Northwest	of-3b	116	466	86	144	30	10	**6**	–	17	.309
1903	San Francisco	Pacific National	of	111	469	102	161	30	8	**25**	–	17	.343
	Pittsburgh	National	ss-of-2b	10	23	2	6	1	2	0	2	0	.261
1904	Boise	Pacific National	of-2b-1b	83	362	69	125	24	8	10	–	8	.345
	Portland	Pacific Coast	3b	18	70	9	23	2	0	0	–	1	.329
1905	Vancouver	Northwestern	of-3b	73	292	46	87	12	8	**7**	–	4	.298
1906	St. Louis	National	of-1b	33	95	2	15	1	2	0	7	0	.158
1907	Tacoma	Northwestern	of	17	61	7	12	2	2	1	–	1	.197
1908				Did not play in organized baseball									
1909	Boise	Inter-Mountain	of-2b-ss-1b	33	130	12	30	3	1	2	–	2	.231
1910				Did not play in organized baseball									
1911	Butte	Union Association	of-1b	123	469	79	150	37	17	12	–	6	.320
1912	Ogden/Butte	Union Association	of	29	103	18	25	7	4	1	12	0	.243
1913	Butte	Union Association	of	114	389	69	107	15	4	0	26	34	.275
		Majors		43	118	4	21	2	4	0	9	0	.178
		Minors		884	3523	643	1092	209	82	86	38	125	.310

HERSCHEL RAY MARTIN

Born September 19, 1909 at Birmingham, AL.
Died November 17, 1980 at Cuba, MO.
Batted both. Threw right. Height: 6-2. Weight: 190.

Manager for Albuquerque, West Texas-New Mexico, 1948-1951; Bartlesville/Pittsburg, KOM, 1952; Abilene/Borger, West Texas-New Mexico, 1953; Pocatello, Pioneer, 1953; Borger/Pampa, West Texas-New Mexico, 1954; Des Moines, Western, 1957; Pulaski, Appalachian, 1958.
Scout for Philadelphia, National, 1955-1956; Chicago, National, 1958; New York, National, 1961-1979.

YEAR	CLUB	LEAGUE	POS	G	AB	R	H	2B	3B	HR	RBI	SB	AVG
1932	Monroe/Jackson	Cotton States	2b	33	97	20	23	4	2	2	–	3	.237
1933	Springfield	Mississippi Valley	of	102	407	86	120	16	10	5	55	18	.295
	Springfield	Western	of	6	13	2	3	0	0	2	4	0	.231
1934	Elmira	New York-Pennsylvania	of	137	550	95	158	20	9	5	64	18	.287
1935	Bloomington	Three I	of	117	460	**112**	152	23	13	11	58	36	.330
1936	Houston	Texas	of	150	596	98	177	27	**21**	6	77	13	.297
1937	Philadelphia	National	of	141	579	102	164	35	7	8	49	11	.283
1938	Philadelphia	National	of	120	466	58	139	36	6	3	39	8	.298
1939	Philadelphia	National	of	111	393	59	111	28	5	1	22	4	.282
1940	Philadelphia	National	of	33	83	10	21	6	1	0	5	1	.253
	Jersey City	International	of	89	292	44	82	10	6	10	36	2	.281

YEAR	CLUB	LEAGUE	POS	G	AB	R	H	2B	3B	HR	RBI	SB	AVG
1941	Jersey City	International	of	140	494	70	133	24	2	12	48	3	.269
1942	Oklahoma City/Tulsa	Texas	of	147	562	72	164	39	9	2	64	11	.292
	Milwaukee	American Association	of	5	20	3	7	0	0	0	5	0	.350
1943	Milwaukee	American Association	of	134	492	104	151	28	2	13	66	7	.307
1944	Milwaukee	American Association	of	58	218	49	78	8	2	8	56	5	.358
	New York	American	of	85	328	49	99	12	4	9	47	5	.302
1945	New York	American	of	117	408	53	109	18	6	7	53	4	.267
1946	Oakland	Pacific Coast	of	139	447	62	114	24	3	10	46	6	.255
1947	Oakland	Pacific Coast	of	116	294	48	106	21	4	4	48	3	.361
1948	Albuquerque	West Texas-New Mexico	of	132	447	133	190	61	6	18	128	5	.425
1949	Albuquerque	West Texas-New Mexico	of	129	428	118	161	39	6	12	108	7	.376
1950	Albuquerque	West Texas-New Mexico	of	140	488	123	190	46	10	15	125	1	.389
1951	Albuquerque	West Texas-New Mexico	of	132	425	82	138	31	5	16	95	4	.325
1952	Bartlesville/Pittsburg	KOM	of-1b	84	252	37	75	17	1	6	52	2	.298
1953	Pocatello	Pioneer	of	22	49	6	10	1	0	0	5	0	.204
	Abilene/Borger	West Texas-New Mexico		64	213	42	66	13	1	8	41	2	.310
		Majors		607	2257	331	643	135	29	28	215	33	.285
		Minors		2076	7244	1406	2298	436	112	165	1181	144	.317

MICHAEL "MIKE" MARTINECK
Born March 10, 1904 at Buffalo, NY.
Batted left. Threw left. Height: 5-10½. Weight: 175.

YEAR	CLUB	LEAGUE	POS	G	AB	R	H	2B	3B	HR	RBI	SB	AVG
1925	Johnstown	Middle Atlantic	1b	97	374	93	139	22	9	18	0	11	.372
1926	Williamsport/Harrisburg	New York-Pennsylvania	1b-of	124	451	61	116	15	11	7	52	5	.257
1927	Harrisburg	New York-Pennsylvania	1b	139	508	100	186	34	15	4	103	27	.366
1928	Newark	International	1b	10	32	6	9	1	0	0	0	1	.281
	Hartford	Eastern	1b	127	468	70	155	27	9	10	73	13	.331
1929	Atlanta	Southern Association	1b	25	91	8	25	3	2	1	15	3	.274
	Hartford	Eastern	1b	105	418	80	141	33	7	16	84	6	.337
1930	Albany	Eastern	1b	75	286	42	81	15	3	9	38	4	.283
	Scranton	New York-Pennsylvania	1b	68	268	62	103	19	7	10	64	3	.384
1931	Williamsport	New York-Pennsylvania	1b	137	510	91	154	26	14	6	68	35	.302
1932	Williamsport/York	New York-Pennsylvania	1b	121	460	73	150	22	16	2	68	18	.326
1933	San Antonio	Texas	1b	4	13	1	2	1	0	0	—	0	.154
	Reading	New York-Pennsylvania	1b	78	285	38	89	15	0	4	40	8	.312
1934	Scranton	New York-Pennsylvania	1b	139	532	90	168	32	21	8	108	13	.316
1935	Scranton	New York-Pennsylvania	1b	136	512	81	189	43	9	2	97	18	.369
1936	Scranton	New York-Pennsylvania	1b	139	526	91	166	23	12	4	102	15	.316
1937							Voluntarily retired						
1938	Hartford/Wilkes Barre/Williamsport	Eastern	1b	92	328	42	91	21	3	3	43	2	.277
	Nashville	Southern Association	1b	30	110	17	31	8	0	2	15	2	.282
1939	Nashville	Southern Association	1b	41	65	11	14	1	0	0	11	0	.215
		Minors		1687	6237	1097	2009	360	138	106	981	184	.322

WILLIAM HENRY "BILL" MASSEY
Born January 1871 at Philadelphia, PA.
Died October 9, 1940 at Manila, Philippines.
Batted right. Height: 5-11. Weight: 168.

Umpired for United States League in 1912.

YEAR	CLUB	LEAGUE	POS	G	AB	R	H	2B	3B	HR	RBI	SB	AVG
1893	Reading	Pennsylvania State	1b	32	148	33	51	15	3	3	—	2	.345
1894	Scranton/Philadelphia	Pennsylvania State	1b	102	461	101	176	27	16	9	—	14	.382
	Scranton	Eastern	1b	6	22	4	6	1	0	0	—	0	.273
	Cincinnati	National	1b-2b-3b	13	53	7	15	3	0	0	5	0	.283
1895	Carbondale	Pennsylvania State	1b-c	94	425	120	174	26	14	8	—	14	.409

CAREER ALL-TIME LEADERS: AVERAGE

PLAYER		PLAYER		PLAYER	
Ike Boone	.370	Bill Bagwell	.360	Claude Salano	.360
Ox Eckhardt	.367	Bill George	.358	Tom Pyle	.354
Smead Jolley	.366	Dan Boone	.356	Dean Stafford	.351
Don Stokes	.365	Jack Bentley	.354	Bill Wright	.351
Carl East	.364	Al Pinkston	.352	Pete Hughes	.350

YEAR	CLUB	LEAGUE	POS	G	AB	R	H	2B	3B	HR	RBI	SB	AVG
1896	Carbondale/Pottstown	Pennsylvania State	1b	56	249	65	110	22	5	6	—	7	.442
	Scranton	Eastern	1b	40	172	19	57	9	2	0	—	0	.331
1897	Scranton	Eastern	1b	114	463	69	145	23	10	3	—	14	.313
1898	Rochester/Springfield	Eastern	1b	113	471	71	142	16	11	6	—	16	.301
1899	Buffalo	Western	1b	59	231	33	67	14	3	3	—	5	.290
	Hartford	Eastern	1b	47	186	37	67	11	4	0	—	4	.360
1900	Hartford	Eastern	1b	127	472	70	122	27	**16**	6	—	7	.258
1901	Hartford	Eastern	1b	115	438	59	122	21	13	3	—	6	.279
1902	Toronto	Eastern	1b	128	521	77	162	31	10	5	—	18	.311
1903	Toronto	Eastern	1b	121	461	66	139	**33**	5	3	—	19	.302
1904	San Francisco	Pacific Coast	1b	66	240	24	54	8	2	1	—	6	.225
	Toronto	Eastern	1b	24	79	7	19	3	1	0	—	3	.241
	Kansas City	American Association	1b	55	205	34	71	13	0	0	—	5	.346
1905	Kansas City/Indianapolis	American Association	1b	140	527	67	152	33	3	0	—	9	.288
1906	Montreal	Eastern	1b	50	178	15	36	4	0	0	—	8	.202
	Holyoke	Connecticut State	1b	65	255	37	74	13	0	3	—	12	.290
1907	Holyoke	Connecticut State	1b	123	473	64	132	20	4	1	—	17	.279
1908	Holyoke	Connecticut State	1b	127	455	52	120	21	2	2	—	17	.264
1909	Lowell/Lawrence	New England	1b	99	351	25	92	14	5	2	—	8	.262
	Majors			13	53	7	15	3	0	0	5	0	.283
	Minors			1903	7483	1149	2290	405	129	64	—	21	.306

John Roy Matias

Born August 15, 1944 at Honolulu, HI.
Batted left. Threw left. Height: 6-0. Weight: 185.

YEAR	CLUB	LEAGUE	POS	G	AB	R	H	2B	3B	HR	RBI	SB	AVG
1963	Bluefield	Appalachian	1b	44	120	32	52	6	3	2	28	7	.433
	Aberdeen	Northern	1b	4	6	0	1	0	0	0	0	0	.167
1964	Appleton	Midwest	1b	124	503	108	151	20	7	13	60	18	.300
1965	Stockton	California	1b	126	500	79	138	21	7	14	77	11	.276
1966	Elmira	Eastern	1b	10	32	1	8	2	1	0	3	0	.250
	Stockton	California	1b	102	398	65	119	14	4	9	56	9	.299
1967	Elmira	Eastern	1b	130	470	69	131	22	3	1	30	11	.279
1968	Evansville	Southern	1b	49	151	12	30	6	1	3	17	1	.199
	Lynchburg	Carolina	1b	81	317	36	86	14	7	13	50	4	.271
1969	Tucson	Pacific Coast	1b	140	523	63	164	26	3	15	86	7	.314
1970	Chicago	American	1b	58	117	7	22	2	0	2	6	1	.188
	Tucson	Pacific Coast	1b	67	255	30	82	7	2	6	41	0	.322
1971	Omaha	American Association	1b	132	493	55	141	17	6	9	57	6	.286
1972	Hawaii	Pacific Coast	1b	148	586	88	157	22	4	20	81	1	.268
1973	Hawaii/Tacoma	Pacific Coast	1b	75	234	24	58	7	1	5	29	2	.248
1974	Juarez	Mexican	1b	138	480	60	144	22	3	9	80	7	.300
1975	Juarez	Mexican	1b	138	499	70	164	28	3	6	69	10	.329
1976	Juarez	Mexican	1b	136	502	68	154	18	2	10	72	3	.307
1977	Juarez	Mexican	1b	145	494	48	134	21	3	8	62	2	.271
1978	Juarez	Mexican	1b	132	444	45	117	16	2	8	51	5	.264
1979	Mexico City Tigers/Aguascalientes	Mexican	1b	122	427	44	143	12	4	5	42	2	.335
1980	Hawaii	Pacific Coast	1b	12	43	4	8	1	0	0	2	0	.186
	Majors			58	117	7	22	2	0	2	6	1	.188
	Minors			2055	7477	1001	2182	302	66	158	993	110	.292

James Walter Matthews

Born October 20, 1921 at DeQueen, AR.
Batted right. Threw right. Height: 5-10. Weight: 190.

Manager for Amarillo, West Texas-New Mexico, 1953.

YEAR	CLUB	LEAGUE	POS	G	AB	R	H	2B	3B	HR	RBI	SB	AVG
1939	New Iberia	Evangeline	of	3	4	0	0	0	0	0	0	0	.000
	Hamilton	PONY	of	35	133	27	39	8	2	3	14	3	.293
	Union City	KITTY	of	44	178	33	51	9	3	5	19	4	.287
1940	Kilgore	East Texas	of	48	171	33	44	13	1	6	29	7	.257
	Pine Bluff	Cotton States	of	18	55	8	14	2	0	2	6	1	.255
	Cooleemee	North Carolina State	of	35	137	20	44	10	1	4	15	1	.321
1941	New Iberia	Evangeline	of	95	344	53	82	15	5	5	64	9	.238
	Beaumont	Texas	of	30	108	9	21	4	1	1	10	1	.194

YEAR	CLUB	LEAGUE	POS	G	AB	R	H	2B	3B	HR	RBI	SB	AVG
1942	Winston-Salem	Piedmont	of	85	265	35	54	8	2	**10**	38	3	.204
	Beaumont	Texas	of	8	19	4	3	1	0	0	2	0	.158
1943	Knoxville	Southern Association	of	132	453	66	120	19	8	12	81	5	.265
1944-45							Military service						
1946	Mobile	Southern Association	of	18	45	8	9	1	0	1	7	1	.200
	Abilene	West Texas-New Mexico	c-of	111	386	113	115	17	2	31	91	9	.298
1947	Wichita Falls	Big State	of-c	152	561	152	192	30	9	40	135	25	.342
1948	San Antonio/Tulsa/Dallas	Texas	of-c	33	86	18	19	5	0	1	9	1	.221
	Little Rock	Southern Association	of	24	86	11	20	7	0	0	8	3	.233
	Texarkana	Big State	of-c	62	226	43	73	18	1	14	53	1	.323
1949	Texarkana	Big State	c-of	139	486	103	137	19	0	18	91	5	.282
1950	Texarkana	Big State	c-of	98	309	54	75	19	0	14	60	4	.243
1951	Texarkana	Big State	of-c	145	492	100	137	29	1	31	95	4	.278
1952	Clovis	West Texas-New Mexico	of-c	134	444	123	142	22	4	39	130	15	.320
1953	Amarillo	West Texas-New Mexico	of-c	139	473	162	186	35	2	**50**	152	13	.393
1954	Galveston/Bryan	Big State	of-c	41	128	18	25	5	0	2	18	7	.195
	Abilene	West Texas-New Mexico	of-c	78	288	67	78	10	2	18	69	5	.271
1955	Port Arthur	Big State	of-c	4	18	0	4	0	0	0	0	0	.222
		Minors		1711	5895	1260	1684	306	44	307	1196	127	.286

SAMUEL FRANKEL "SAM" MAYER

Born February 28, 1893 at Atlanta, GA.
Died July 1, 1962 at Atlanta, GA.
Batted right. Threw left. Height: 5-10. Weight: 164.

Family name is Erskine.
Brother of Erskine Mayer, major league pitcher.

YEAR	CLUB	LEAGUE	POS	G	AB	R	H	2B	3B	HR	RBI	SB	AVG
1911	Blytheville	Northeast Arkansas	—	30	110	—	27	4	1	0	—	3	.245
	Fulton	KITTY	—	68	270	39	83	13	12	2	—	9	.307
1912	Savannah	SALLY	1b	119	422	51	123	17	4	1	—	16	.291
1913	Savannah	SALLY	of	120	465	55	125	16	5	1	—	34	.269
1914	Savannah	SALLY	of-1b	132	516	77	162	18	6	2	—	35	.314
1915	Kansas City	American Association	of	17	61	7	22	2	1	0	—	0	.361
	Topeka	Western	1b-of	74	279	40	75	15	4	2	—	15	.272
	Washington	American	of	11	29	5	7	0	0	1	4	1	.241
1916	Atlanta	Southern Association	of	132	473	65	131	14	9	5	0	18	.277
1917	Atlanta	Southern Association	of	158	629	83	159	27	10	9	—	18	.253
1918	Atlanta	Southern Association	of-1b	43	164	15	38	6	3	0	—	2	.232
1919	Atlanta	Southern Association	of-1b	136	521	66	152	29	7	3	—	11	.292
1920	Atlanta	Southern Association	of-1b	120	451	53	117	14	9	3	—	6	.259
1921	Atlanta	Southern Association	of	150	574	78	173	25	10	6	66	7	.301
1922	Atlanta	Southern Association	of-1b	144	552	72	150	25	3	5	—	16	.273
1923	Little Rock	Southern Association	of	95	362	41	106	9	5	0	43	11	.293
1924	Louisville	American Association	of	17	37	5	8	1	0	0	2	1	.216
	San Antonio	Texas	1b-of	93	333	42	99	16	5	3	34	11	.297
1925	New Haven	Eastern	1b	149	578	65	164	15	12	5	—	10	.284
1926	Pittsfield	Eastern	1b	134	550	79	157	20	4	3	—	19	.285
1929	Pittsfield	Eastern	1b	63	251	21	80	18	1	0	31	4	.319
		Majors		11	29	5	7	0	0	1	4	1	.241
		Minors		1926	7328	915	2068	291	99	48	176	237	.282

HORACE G. "RED" McBRIDE

Born August 9, 1908 at Bloomsburg, PA.
Batted left. Threw left. Height: 5-11. Weight: 185.

YEAR	CLUB	LEAGUE	POS	G	AB	R	H	2B	3B	HR	RBI	SB	AVG
1926	Parksley	Eastern Shore	of	39	141	22	39	8	1	8	—	7	.277
1927	Harrisburg	New York-Pennsylvania	of	140	497	83	152	23	13	7	99	18	.306
1928	Harrisburg	New York-Pennsylvania	of	134	478	64	152	30	18	3	80	12	.318
1929	Harrisburg	New York-Pennsylvania	of	122	434	70	138	21	**18**	7	78	12	.318
1930	Harrisburg	New York-Pennsylvania	of	136	524	115	198	40	**21**	11	97	10	**.378**
1931	Harrisburg	New York-Pennsylvania	of	135	521	92	**181**	37	13	10	100	10	.347
	Montreal	International	of	8	31	5	8	1	0	0	3	1	.258
1932	Harrisburg	New York-Pennsylvania	of	3	11	1	3	1	0	0	2	0	.273
	Norfolk	Eastern	of	15	38	1	11	1	2	0	9	0	.289

YEAR	CLUB	LEAGUE	POS	G	AB	R	H	2B	3B	HR	RBI	SB	AVG
1933	Williamsport	New York-Pennsylvania	of	136	503	84	161	29	9	10	**103**	10	.320
1934	Williamsport	New York-Pennsylvania	of	139	536	**114**	**197**	37	12	**26**	**129**	10	.368
1935	Williamsport	New York-Pennsylvania	of				On suspended list						
1936	Williamsport	New York-Pennsylvania	of	125	496	89	163	30	6	19	102	7	.329
			Minors	1132	4210	740	1403	258	113	101	802	91	.333

ROBERT EMMETT McCANN

Born March 4, 1902 at Philadelphia, PA.
Died April 15, 1937 at Philadelphia, PA.
Batted right. Threw right. Height: 5-11. Weight: 150.

Known as Emmett.
Manager for Indianapolis, American Association, 1931-1932; St. Paul, American Association, 1933; Little Rock, Southern Association, 1934; Elmira, New York-Pennsylvania, 1935.

YEAR	CLUB	LEAGUE	POS	G	AB	R	H	2B	3B	HR	RBI	SB	AVG
1919	Suffolk	Virginia	ss	105	403	49	106	7	0	0	–	10	.263
1920	Jersey City	International	ss	98	357	62	109	16	5	0	–	10	.305
	Philadelphia	American	ss	13	34	4	9	1	1	0	3	0	.265
1921	Philadelphia	American	ss-3b	52	157	15	35	5	0	0	15	2	.223
1922	Portland	Pacific Coast	ss	162	582	92	163	23	4	2	41	13	.280
1923	Portland	Pacific Coast	2b	106	399	58	121	19	2	3	36	10	.303
	Louisville	American Association	1b-of	74	299	43	93	15	6	3	38	6	.311
1924	Portland	Pacific Coast	2b	159	671	134	215	31	7	11	73	17	.320
1925	Portland	Pacific Coast	2b	178	689	125	213	41	8	4	88	30	.310
1926	Boston	American	ss-3b	6	3	0	0	0	0	0	0	0	.000
	Columbus	American Association	2b	104	413	65	139	19	8	1	59	23	.337
1927	Columbus	American Association	2b	109	425	64	133	25	7	1	69	11	.313
1928	Columbus	American Association	2b	141	547	81	164	34	5	1	73	18	.300
1929	Columbus	American Association	1b-2b	150	566	79	156	29	7	1	70	18	.276
1930	Columbus	American Association	1b	151	617	92	207	37	9	4	105	28	.335
1931	Indianapolis	American Association	1b-2b	126	448	76	141	29	8	5	80	5	.315
1932	Indianapolis	American Association	1b	69	221	37	73	12	5	1	26	5	.330
1933	St. Paul	American Association	2b	50	70	11	23	4	0	1	–	1	.329
1934	Little Rock	Southern Association					Did not play, Manager						
1935	Hazelton	New York-Pennsylvania	ss	12	44	5	14	3	0	0	5	0	.318
			Majors	71	194	19	44	6	1	0	18	2	.227
			Minors	2068	7897	997	2244	319	117	63	214	252	.284

JAMES RAY McDANIEL

Born December 14, 1932 at Marshall, MO.
Batted right. Threw right. Height: 6-1. Weight: 185.

Hit 3 HR on last day of 1958 season to beat out George Freese for HR title, 37 to 35.

YEAR	CLUB	LEAGUE	POS	G	AB	R	H	2B	3B	HR	RBI	SB	AVG
1950	Reno	Far West	p	5	4	2	0	0	0	0	0	0	.000
	Riverside	Sunset	p-of	7	17	5	4	0	0	0	1	0	.235
1951	Tacoma	Western International	p	3	0	0	0	0	0	0	0	0	.000
	Bakersfield	California	p	5	6	1	1	0	0	0	0	0	.167
	Yuma	Southwest International	p	4	6	3	3	2	0	0	2	0	.500
1952	Visalia	California	of-p	134	518	93	152	30	9	23	134	6	.293
1953	Des Moines	Western	of	126	422	49	95	12	2	12	56	9	.225
1954	Des Moines	Western	of	121	357	63	89	16	0	19	67	4	.249
1955	Des Moines	Western	of-p	133	439	89	103	21	2	24	80	10	.235
1956	Des Moines/Topeka	Western	of-p	136	488	96	145	31	6	26	95	19	.297
1957	Topeka	Western	of-p	141	490	122	153	26	4	36	116	10	.312
1958	Salt Lake City	Pacific Coast	of	131	467	92	137	22	6	**37**	100	3	.293
1959	Columbus	International	of	64	216	33	54	6	3	9	33	7	.250
	Denver	American Association	of	81	300	61	86	18	0	24	79	2	.287
1960	Denver	American Association	of	134	475	97	137	37	6	19	92	7	.288
1961	Denver	American Association	of	150	554	101	156	27	3	30	114	10	.282
1962	Denver/Oklahoma City	American Association	of	126	379	77	94	14	4	17	70	5	.248
1963	Oklahoma City	American Association	of	46	148	23	34	9	1	4	19	2	.230
			Minors	1547	5286	1007	1443	271	46	280	1058	94	.273

Osborne Childress "Chili" McDaniel

Born September 12, 1901 at Fayetteville, TN.
Died June 23, 1971 at Oklahoma City, OK.
Batted left. Threw right. Height: 6-1. Weight: 185.

YEAR	CLUB	LEAGUE	POS	G	AB	R	H	2B	3B	HR	RBI	SB	AVG
1922	Oklahoma City	Western	1b	103	408	55	120	31	4	10	–	6	.294
1923	Oklahoma City	Western	1b	16	31	4	10	2	0	0	–	1	.323
	Enid	Western Association	1b	118	449	107	159	29	6	36	–	7	.354
1924	Oklahoma City/Lincoln	Western	1b	151	585	104	186	31	8	27	–	10	.318
1925	Oklahoma City	Western	1b	166	639	117	217	41	12	13	–	7	.340
1926	Oklahoma City	Western	1b	161	616	114	202	44	16	14	–	7	.328
1927	Mission	Pacific Coast	1b	191	654	94	210	42	5	19	121	2	.321
1928	Mission	Pacific Coast	1b	161	562	93	184	34	3	25	102	6	.327
1929	Seattle	Pacific Coast	1b	23	77	11	24	4	0	0	10	0	.312
	Little Rock	Southern Association	1b	138	495	53	138	14	10	7	68	3	.279
1930	Little Rock/Memphis	Southern Association	1b	114	424	78	149	28	12	12	83	4	.351
	Dallas	Texas	1b	17	57	8	14	4	1	3	15	0	.246
1931	Kansas City	American Association	1b	36	112	16	37	5	3	5	–	4	.330
	Mobile/Knoxville	Southern Association	1b	45	161	17	40	8	1	2	25	0	.248
	Wilkes-Barre	New York-Pennsylvania	1b	45	177	21	50	7	4	1	21	3	.282
1932	Pueblo	Western	1b	52	215	36	67	20	6	3	40	4	.312
	Rock Island	Mississippi Valley	1b	30	113	14	29	3	2	0	19	3	.257
		Minors		1567	5825	943	1836	347	93	177	504	67	.315

Charles C. "Tex" McDonald

Born January 31, 1891 at Farmersville, TX.
Died March 31, 1945 at Houston, TX.
Batted left. Threw right. Height: 5-10. Weight: 160.

Born Charles C. Crabtree

YEAR	CLUB	LEAGUE	POS	G	AB	R	H	2B	3B	HR	RBI	SB	AVG
1910	Dallas	Texas	ss	56	172	15	44	4	1	0	–	14	.356
1911	Dallas	Texas	ss	144	527	72	171	27	9	5	–	27	.324
1912	Cincinnati	National	ss	61	140	16	36	3	4	1	15	5	.257
1913	Cincinnati/Boston	National	3b	73	155	25	55	4	4	0	20	4	.335
	Rochester	International	of	17	66	12	22	3	4	0	–	5	.333
1914	Pittsburgh/Buffalo	Federal	of	136	473	59	145	29	13	6	61	20	.307
1915	Buffalo	Federal	of	87	251	31	68	9	6	6	39	5	.271
1916	Atlanta	Southern Association	of-3b	117	415	60	130	23	7	1	–	10	.313
1917	Atlanta	Southern Association	of-3b-2b	153	569	86	145	16	14	7	–	26	.255
1918	Atlanta	Southern Association	3b	68	224	18	64	7	3	1	–	6	.286
1919	Nashville	Southern Association	of	129	482	62	156	26	6	8	–	23	.324
	St. Paul	American Association	of	20	74	9	22	3	1	0	–	5	.297
1920	Los Angeles	Pacific Coast	2b-of	48	177	19	40	5	3	1	–	6	.226
1921	Wichita Falls	Texas	3b	150	563	97	180	38	7	8	99	19	.320
1922	Wichita Falls	Texas	of-3b	106	406	77	136	27	4	4	–	23	.335
1923	Omaha	Western	3b	104	411	67	142	31	7	8	–	8	.345
	Houston	Texas	3b	32	112	14	37	9	0	1	19	1	.330
1924	Houston	Texas	3b	111	430	86	136	26	9	9	75	6	.316
1925	Shreveport/Dallas	Texas	3b	84	308	52	100	20	2	7	44	3	.325
	Monroe	Cotton States	3b	43	156	24	54	11	6	3	–	1	.346
1926	Longview/Tyler	East Texas	1b-3b	80	302	70	107	15	2	17	–	7	.354
	Fort Worth	Texas	3b	17	66	11	27	5	0	1	10	0	.409
1927	Fort Worth	Texas	3b	32	71	10	21	2	1	0	9	0	.296
	Corsicana	Lone Star	1b-3b	32	125	14	45	7	2	3	–	3	.360
1929	Tampa	Southeastern	of	26	68	12	19	0	0	0	4	0	.279
		Majors		357	1019	131	304	45	27	13	135	34	.298
		Minors		1569	6448	887	2011	343	107	96	260	218	.312

William Mac "Bill" McGhee

Born September 5, 1908 at Shawmut, AL.
Batted left. Threw left. Height: 5-10 ½. Weight: 185.

Manager for Meridian, Southeastern, 1939-1940; Pensacola, Southeastern, 1940, 1946; Gadsden, Southeastern, 1947-1948, 1950; Brewton, Alabama State, 1948; Columbia, SALLY, 1950. El Dorado, Cotton States, 1951; Fitzgerald, Georgia State, 1951; Hazelhurst-Baxley, Georgia State, 1954; Pensacola, Alabama-Florida, 1957.

YEAR	CLUB	LEAGUE	POS	G	AB	R	H	2B	3B	HR	RBI	SB	AVG
1929	Carrollton	Georgia-Alabama	of	61	222	26	69	9	2	0	20	2	.311
1930	Anniston	Georgia-Alabama	1b	96	387	66	127	22	9	2	46	26	.328

YEAR	CLUB	LEAGUE	POS	G	AB	R	H	2B	3B	HR	RBI	SB	AVG
1931	Augusta	Palmetto	of-1b	76	328	81	133	16	14	3	73	12	.405
	Galveston	Texas	1b	50	185	13	48	8	3	0	28	3	.259
1932	Galveston/Tyler	Texas	1b	68	234	21	58	10	0	1	25	2	.248
1933-34						Did not play in organized baseball							
1935	Galveston	Texas	1b	159	554	68	161	25	9	2	80	13	.291
1936	Galveston	Texas	1b	2	5	0	0	0	0	0	0	0	.000
	Nashville	Southern Association	1b	23	104	13	32	5	2	0	17	3	.308
	Albany	International	1b	8	24	0	6	0	1	0	4	0	.250
	Clarksdale	Cotton States	1b	10	43	8	15	8	0	0	12	2	.349
1937	Jackson	Southeastern	1b	44	178	25	41	8	1	1	29	1	.230
	Winston-Salem	Piedmont	1b	86	305	41	93	13	6	1	42	7	.305
1938	Winston-Salem	Piedmont	1b	65	250	37	67	13	2	3	39	6	.268
	Elmira	Eastern	1b	71	266	35	74	16	5	1	27	4	.278
1939	Winston-Salem	Piedmont	1b	44	168	21	45	10	3	0	18	0	.268
	Meridian	Southeastern	1b	87	328	43	126	26	2	4	55	7	.384
1940	Meridian/Pensacoloa	Southeastern	1b	148	572	74	184	30	11	1	88	1	.322
1941	Pensacola	Southeastern	1b	143	535	76	158	29	7	3	84	6	.295
1942	Pensacola	Southeastern	1b	104	410	52	138	33	6	0	50	6	.337
	Little Rock	Southern Association	1b	45	161	20	54	9	0	1	27	0	.335
1943	Little Rock	Southern Association	1b	139	572	99	204	26	7	0	74	9	.357
1944	Little Rock	Southern Association	1b	44	177	44	79	16	4	0	34	4	.446
	Philadelphia	American	1b	77	287	27	83	12	0	1	19	2	.289
1945	Philadelphia	American	of-1b	93	250	24	63	6	1	0	19	3	.252
1946	Pensacola	Southeastern	1b	135	502	89	175	35	2	6	96	11	**.349**
1947	Gadsden	Southeastern	1b	113	436	64	131	24	4	7	72	6	.300
1948	Gadsden	Southeastern	1b	15	55	19	19	2	2	0	9	1	.345
	Brewton	Alabama State	1b	101	365	45	130	25	5	0	73	9	.356
1949	Pensacola	Southeastern	1b	67	251	34	72	15	1	1	39	4	.287
1950	Gadsden	Southeastern	1b	94	367	62	122	33	1	2	69	4	.332
	Columbia	SALLY	1b	37	147	26	50	9	0	1	31	1	.340
1951	El Dorado	Cotton States	1b	135	494	79	164	28	2	5	94	5	.332
1957	Pensacola	Alabama-Florida	1b	22	73	8	16	0	0	0	11	2	.219
		Majors		170	537	51	146	18	1	1	38	5	.272
		Minors		2292	8698	1289	2791	503	111	45	1366	157	.321

FRANK BERNARD McGOWAN

Born November 8, 1901 at Branford, CT.
Died May 6, 1982 at Hamden, CT.
Batted left. Threw right. Height: 5-11. Weight: 190.

Manager for Baltimore, International, 1933-1934.

YEAR	CLUB	LEAGUE	POS	G	AB	R	H	2B	3B	HR	RBI	SB	AVG
1920	New Haven	Eastern	of	118	423	56	114	16	8	2	55	14	.270
1921	Newark	International	of	160	569	100	175	23	21	15	74	27	.308
1922	Philadelphia	American	of	99	300	36	69	10	5	1	20	6	.230
1923	Philadelphia	American	of	95	287	41	73	9	1	1	19	4	.254
1924	Milwaukee	American Association	of	147	490	72	142	17	10	14	80	11	.290
1925	Kansas City	American Association	of	144	500	65	133	25	11	10	85	7	.266
1926	New Haven	Eastern	of	132	484	84	166	24	11	8	–	21	.343
1927	Kansas City	American Association	of	102	357	55	117	19	6	3	74	11	.328
1928	Kansas City	American Association	of	73	244	31	58	11	1	2	29	2	.236
	St. Louis	American	of	47	168	35	61	13	4	2	18	2	.363
1929	St. Louis	American	of	125	441	62	112	26	6	2	51	5	.254
1930	Baltimore	International	of	168	661	133	222	45	7	21	113	4	.336
1931	Baltimore	International	of	73	253	39	66	13	3	8	39	1	.261
	Minneapolis	American Association	of	65	251	51	93	20	6	11	70	5	.371
1932	Baltimore	International	of	162	583	131	185	31	5	37	135	17	.317
1933	Baltimore	International	of	128	435	91	123	11	3	15	66	8	.283
1934	Baltimore/Buffalo	International	of	115	403	92	115	21	4	7	64	7	.285
1935	Buffalo	International	of	124	404	67	120	19	7	5	75	3	.297
1936	Buffalo	International	of	139	522	115	186	45	10	23	111	3	.356
1937	Buffalo	International	of	35	101	12	32	7	1	1	15	0	.317
	Boston	National	of	9	12	0	1	0	0	0	0	0	.083
1938	Baltimore	International	of	16	50	21	21	4	0	6	14	2	.420
1939	Baltimore	International	of	22	56	11	16	2	0	2	12	2	.286
		Majors		375	1208	174	316	58	16	6	108	17	.262
		Minors		1923	6786	1226	2084	353	114	190	1111	145	.307

HOWARD ZELL "POLLY" McLARRY

Born March 25, 1891 at Leonard, TX.
Died November 4, 1971 at Bonham, TX.
Batted left. Threw right. Height: 6-0. Weight: 185.

YEAR	CLUB	LEAGUE	POS	G	AB	R	H	2B	3B	HR	RBI	SB	AVG
1911	Beeville	Southwest Texas	of-1b	98	357	52	101	27	1	5	45	13	.283
	Austin	Texas	of	6	24	3	8	0	0	0	3	0	.333
1912	Austin	Texas	1b	125	452	46	133	24	5	5	38	21	.294
	Lincoln	Western	2b-of	20	61	17	22	5	4	1	17	3	.361
	Chicago	American	ph	2	2	0	0	0	0	0	0	0	.000
1913	Topeka	Western	2b-of	159	598	106	183	48	14	5	80	33	.306
1914	Louisville	American Association	2b	157	529	93	167	36	9	11	70	21	.316
1915	Chicago	National	1b-2b	68	127	16	25	3	0	1	12	2	.197
1916	Los Angeles	Pacific Coast	2b	168	553	73	162	22	5	7	70	22	.293
1917	Vernon	Pacific Coast	2b	62	210	31	60	17	2	5	25	17	.286
	Shreveport	Texas	2b	80	278	39	74	12	5	3	30	11	.266
1918	Shreveport	Texas	1b	29	84	12	24	3	1	1	45	6	.286
	Binghamton	International	1b	103	335	51	129	**26**	7	4	8	15	**.385**
1919	Binghamton	International	1b	140	478	85	156	26	13	3	72	21	.326
1920	Memphis	Southern Association	1b	148	510	90	172	24	10	11	80	26	.337
1921	Memphis	Southern Association	1b	156	556	120	196	36	19	15	**135**	21	.353
1922	Memphis	Southern Association	1b	151	530	83	154	32	11	3	80	10	.291
1923	Des Moines	Western	1b	169	656	149	238	57	2	16	110	12	.363
1924	Des Moines	Western	1b	56	211	21	65	11	1	2	18	1	.308
	Reading	International	1b	88	332	64	111	25	3	5	63	10	.334
1925	Reading	International	1b	166	600	103	185	**46**	3	14	95	10	.308
1926	Nashville	Southern Association	1b	144	500	115	167	32	7	12	100	18	.334
1927	Nashville/Atlanta	Southern Association	1b	126	437	65	137	21	4	12	71	9	.314
1928	Selma	Southeastern	1b	51	168	20	42	11	3	0	25	7	.250
	Meridian	Cotton States	1b	38	135	19	37	9	3	0	12	8	.274
		Majors		70	129	16	25	3	0	1	12	2	.194
		Minors	2440	8594	1457	2723	550	132	140	1292	315	.317

THOMAS LAW "TOM" McMILLAN

Born April 17, 1888 at Pittston, PA.
Died , July 15, 1966 at Orlando, FL.
Batted right. Threw right. Height: 5-5. Weight: 130.

YEAR	CLUB	LEAGUE	POS	G	AB	R	H	2B	3B	HR	RBI	SB	AVG
1904	Augusta	SALLY	of	15	58	6	10	0	0	0	—	1	.173
1905				Did not play in organized baseball									
1906	Baton Rouge	Cotton States	ss	91	299	12	56	—	—	—	—	20	.187
1907	Jacksonville	SALLY	ss	53	176	15	45	—	—	—	—	17	.256
1908	Jacksonville	SALLY	ss	106	363	38	79	—	—	—	—	33	.217
	Brooklyn	National	ss-of	43	147	9	35	3	0	0	3	5	.238
1909	Brooklyn	National	ss-2b-3b	108	373	18	79	15	1	0	24	11	.212
1910	Brooklyn/Cincinnati	National	ss	105	322	22	59	1	3	0	15	11	.183
1911	Rochester	Eastern	ss	50	93	22	26	4	0	0	—	11	.279
1912	New York	American	ss	41	149	24	34	2	0	0	12	18	.228
	Rochester	International	ss	113	441	88	132	16	6	0	—	57	.299
1913	Rochester	International	3b-2b	66	206	28	45	3	2	0	—	5	.218
1914	Rochester	International	ss	156	528	83	136	10	9	0	—	40	.258
1915	Indianapolis	American Association	ss	155	623	93	167	18	10	0	—	13	.268
1916	Chattanooga	Southern Association	ss	117	360	40	90	10	5	1	—	11	.250
1917	St. Paul	American Association	ss	135	426	51	105	12	6	1	—	12	.246
1918	Mobile	Southern Association	ss-2b	32	127	20	30	2	0	0	—	4	.236
1919	Mobile	Southern Association	ss	139	533	69	157	24	3	0	—	15	.295
1920	Mobile	Southern Association	ss	157	620	74	162	14	5	1	—	22	.261
1921	Memphis	Southern Association	ss	158	642	120	207	40	8	0	—	13	.322
1922	Memphis	Southern Association	ss	150	580	89	167	16	5	2	—	8	.288
1923	Memphis/Little Rock/Nashville	Southern Association	ss-2b	130	523	75	135	22	5	0	50	8	.258
1924	Clearwater	Florida State	2b	79	322	46	89	16	1	1	—	4	.276
1925	Palestine	Texas Association		No record available									
1926				No record available									
1927	Jacksonville	Southeastern	2b	90	343	44	84	11	2	1	—	5	.245
1928	Albany	Southeastern	2b	41	128	13	34	5	1	0	16	1	.266
	Macon	SALLY	2b-ss	31	102	10	20	2	0	0	5	0	.196
1929	Jacksonville	Southeastern	2b	63	195	20	44	6	0	0	16	0	.226
		Majors		297	991	73	207	21	4	0	54	45	.209
		Minors	2127	7688	1056	2020	231	68	7	—	300	.263

The Photos

Orie Arntzen, page 346

George Burnet, page 356

Thorpe, page 315

Vince DiMaggio, page 89

over Lowdermilk, page 394

Ken Guettler, (right), page 129

Luke Easter, page 96

Frank Shellenback, page 422

Crash Davis, page 84

Lefty George, page 372

Muscle Shoals, page 289

Bill Thomas, page 428

Bob Lennon, page 177

Tony Freitas, page 369

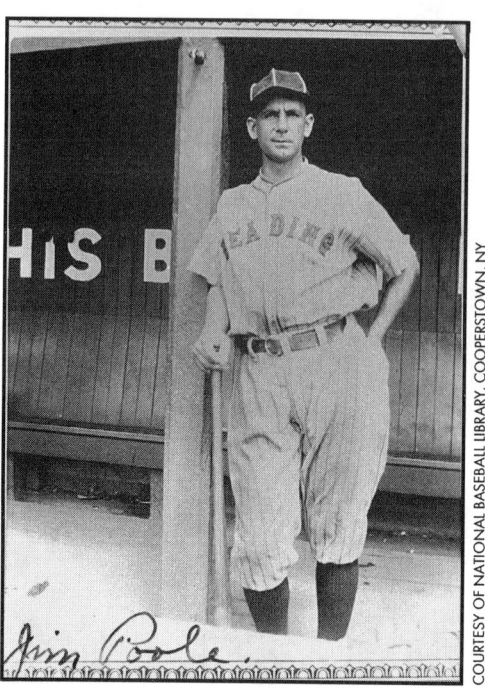

COURTESY OF NATIONAL BASEBALL LIBRARY, COOPERSTOWN, NY

Jim Poole, page 257

COURTESY OF NATIONAL BASEBALL LIBRARY, COOPERSTOWN, NY

Andres Mora, page 227

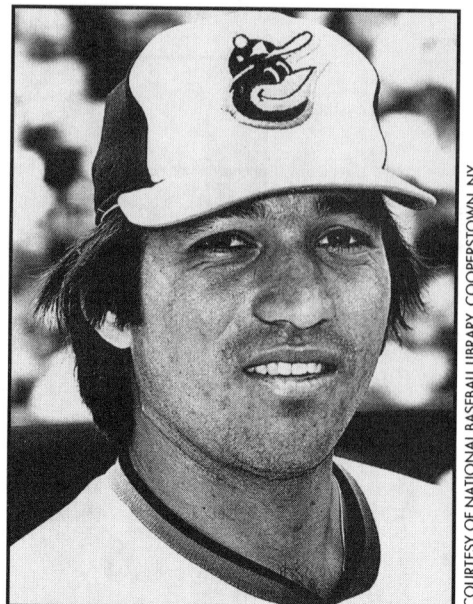

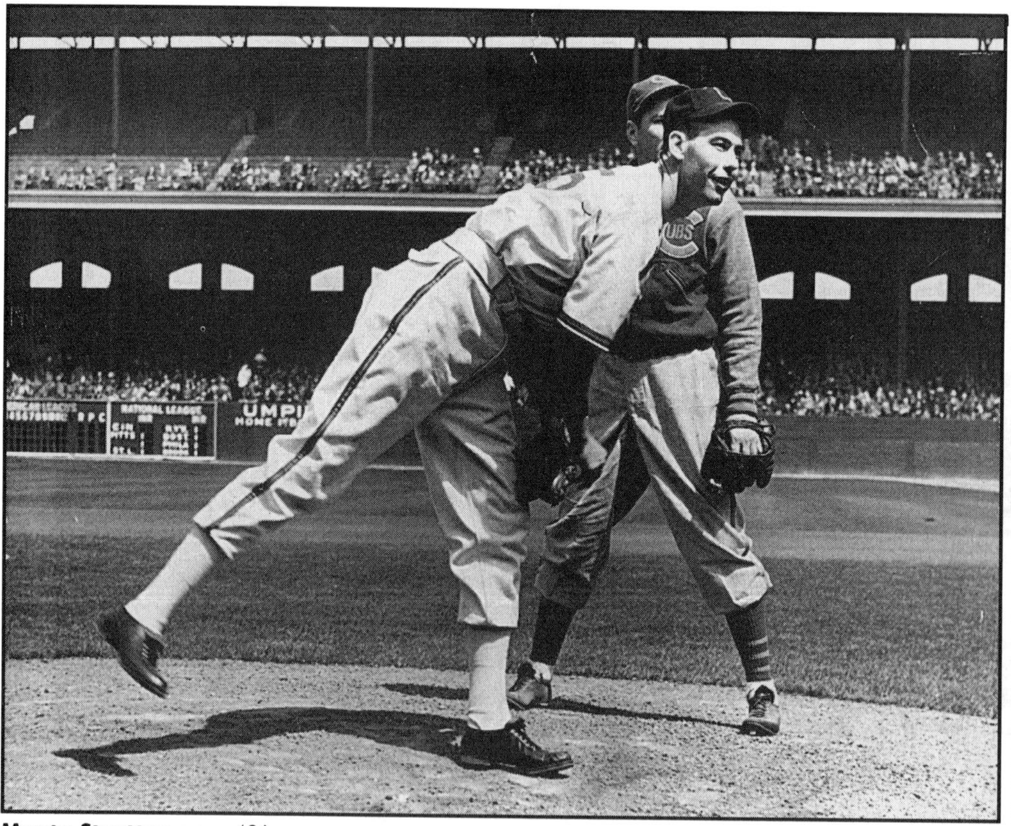

COURTESY OF NATIONAL BASEBALL LIBRARY, COOPERSTOWN, NY

Monty Stratton page 426

Red McColl, page 400

Bobby Goff, page 121

Larry LeJuene, page 176

Pete Gray, page 124

Steve Dalkowski, page 363

Smead Jolley, page 153

Jigger Statz, page 301

Lou Novikoff, page 242

The Minor League Register • 207

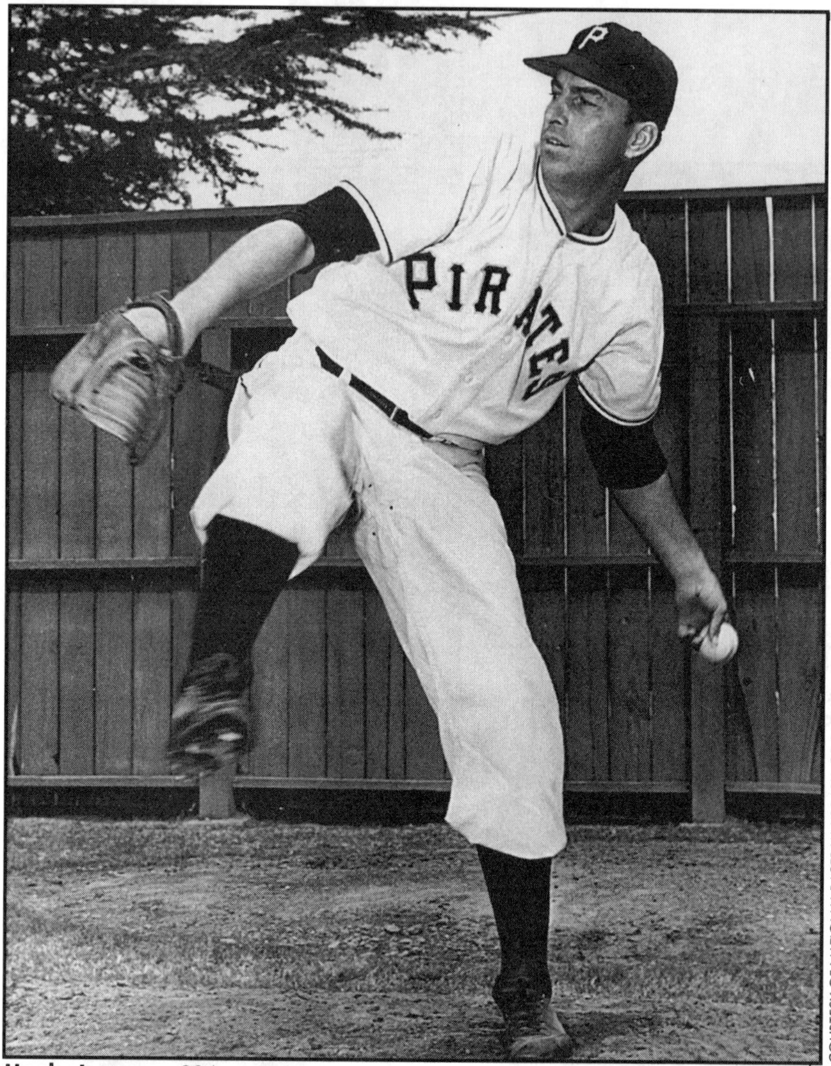

COURTESY OF NATIONAL BASEBALL LIBRARY, COOPERSTOWN, NY

Hooks Iott, page 384

COURTESY OF NATIONAL BASEBALL LIBRARY, COOP-ERSTOWN, NY

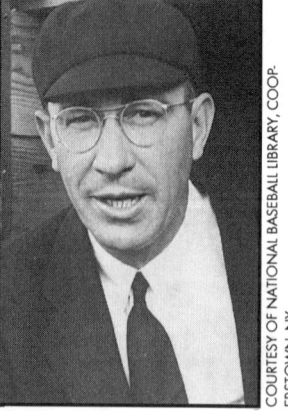

Moose Clabaugh, page 68

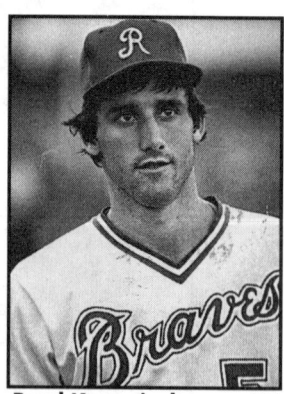

Brad Komminsk, page 166

Joe Martina, page 399

Henry Oana, page 242

Bunny Brief, page 48

Les Fleming, page 107

Rocky Nelson, page 237

Frank Gravino, page 124

Carlos Bernier, page 34

Herman Pillette, page 412

Bernardo Brito, page 50

Joe Bauman, page 27

Ike Boone, page 42

Buzz Arlett, page 18

Larry Gilbert, page 117, 454

Spencer Harris, page 133

Ox Eckhardt, page 97

Lou Novikoff (right), page 242

Joe Hauser, page 136

Babe Barna, page 22

Woody Rich, page 417

Patrick J. "Pat" Meaney

Born July 1871 at Philadelphia, PA.
Died October 20, 1922 at Philadelphia, PA.
Batted left. Threw both.

Played in the Ty Cobb strike game, 1912.

YEAR	CLUB	LEAGUE	POS	G	AB	R	H	2B	3B	HR	RBI	SB	AVG
1895	Harrisburg	Pennsylvania State	of	31	126	32	38	10	5	0	—	—	.301
	Scranton	Eastern	of-p	76	311	51	104	10	8	1	—	4	.334
1896	Scranton	Eastern	of-p	106	452	91	154	19	7	4	—	13	.341
1897	Scranton/Wilkes-Barre	Eastern	of-p	93	362	60	113	16	4	1	—	13	.312
1898	Savannah	Southern	of	26	110	41	42	5	1	0	—	9	.382
	Newark	Atlantic	of	90	355	61	117	18	1	0	—	23	.330
1899	Newark	Atlantic	of	43	150	16	30	6	1	0	—	6	.200
	Derby	Connecticut	of	53	211	44	80	11	2	2	—	7	.379
1900	Wheeling	Interstate	of	119	505	79	146	20	4	3	—	18	.289
1901	Marion	Western Association	of	136	547	118	**181**	29	10	2	—	30	.331
1902	Columbus/Toledo	American Association	of	112	468	77	145	22	2	0	—	21	.310
	San Francisco	Pacific Coast	of	67	218	37	64	—	—	—	—	15	.294
1903	San Francisco	Pacific Coast	of	219	814	145	247	34	3	1	—	52	.303
1904	San Francisco	Pacific Coast	of	—	789	89	217	20	4	0	—	37	.272
1905	Montreal	Eastern	of	129	480	52	111	16	2	1	—	23	.231
1906	Little Rock	Southern Association	of	104	402	41	91	9	3	1	—	10	.226
1907	Charleston	SALLY	of	125	439	35	110	—	—	—	—	24	.250
1908	Charleston	SALLY	of	112	373	31	90	—	—	—	—	17	.241
1909	Fayetteville	Eastern Carolina	of	28	93	18	32	—	—	—	—	—	.236
	Elizabeth	Atlantic	of	—	—	—	—	—	—	—	—	—	—
1912	Detroit	American	ss	1	2	0	0	0	0	0	0	0	.000
		Majors		1	2	0	0	0	0	0	0	0	.000
		Minors		1669	7205	1118	2112	245	57	13	—	327	.293

Herman J. "Dad" Meek

Born December 12, 1877 at Chillicothe, MO.
Died August 10, 1932 at Los Angeles, CA.
Batted left. Threw right. Height: 5-10. Weight: 220.

Manager for Rockford, Three I, 1904; Waterloo, Iowa State, 1905.

YEAR	CLUB	LEAGUE	POS	G	AB	R	H	2B	3B	HR	RBI	SB	AVG
1896	Independence	Kansas State	—	—	—	—	—	—	—	—	—	—	.400
1897	Port Huron	Michigan State	—	—	—	—	—	—	—	—	—	—	.417
	Kansas City	Western	1b	20	79	13	18	3	1	1	—	1	.228
1898	Kansas City	Western	1b	2	4	0	0	0	0	0	,	0	.000
	St. Joseph	Western Association	1b-of-c	14	55	11	13	5	1	0	—	1	.236
	Port Huron	International	1b-c	15	63	12	18	1	2	2	—	0	.286
1899-1900			Did not play due to broken ankle.										
1901			Did not play in organized baseball										
1902	Iola	Missouri Valley	—	—	—	—	—	—	—	—	—	—	.393
1903	Rockford	Three I	c-1b	68	276	28	83	—	—	—	—	3	.301
1904	Rockford	Three I	1b-c	124	515	58	**167**	—	—	—	—	16	.324
1905	Waterloo/Boone	Iowa State	c-1b	119	473	65	**152**	—	—	—	—	16	**.321**
	Sioux City	Western	1b-c	15	59	5	22	3	1	0	—	0	.373
1906	Toronto	Eastern	1b	24	93	9	26	3	0	0	—	4	.279
	Birmingham	Southern Association	1b	75	285	32	85	21	1	2	—	6	.298
1907	Birmingham	Southern Association	1b	120	441	50	150	30	**12**	0	—	18	**.340**
1908	Birmingham	Southern Association	c-1b	91	304	30	87	11	3	3	—	4	.286
1909	Chattanooga	Southern Association	c	126	449	50	134	—	—	—	—	11	.298
1910	Chattanooga	Southern Association	c	47	143	11	43	7	0	1	—	2	.300
	Flint	South Michigan	c	26	97	11	27	4	0	0	—	0	.278
1911	Waco	Texas	c	90	297	38	93	12	0	7	—	9	.310
1912	Victoria	Northwestern	c	152	492	63	170	23	3	14	—	7	**.346**
1913	Victoria	Northwestern	c	144	472	85	119	32	5	17	—	8	**.358**
1914	Los Angeles	Pacific Coast	c	98	172	11	53	6	0	2	—	5	.308
1915	Los Angeles/Salt Lake City/Vernon	Pacific Coast	c	48	88	2	17	4	1	0	—	1	.193
	San Antonio	Texas	c	25	80	3	28	2	0	1	—	1	.350
1916	Portland	Pacific Coast	c	2	—	—	—	—	—	—	—	—	—
		Minors		1602	4933	587	1505	167	30	50	—	113	.305

ALBERT ERNEST "DUTCH" MELE

Born January 11, 1915 at New York, NY.
Died February 12, 1975 at Hollywood, CA.
Batted left. Threw left. Height: 6-0½. Weight: 195.

YEAR	CLUB	LEAGUE	POS	G	AB	R	H	2B	3B	HR	RBI	SB	AVG
1934	Wheeling	Middle Atlantic	of	3	14	2	2	0	0	0	0	0	.143
	Washington	Pennsylvania State Association	of	101	380	77	118	27	10	5	68	4	.311
1935	Joplin/Muskogee	Western Association	of	128	497	81	141	20	15	5	75	17	.284
1936	Muskogee	Western Association	of	130	519	115	183	31	14	23	132	12	.353
	Milwaukee	American Association	of	4	17	1	2	1	0	0	2	0	.118
1937	Muskogee	Western Association	of	140	503	128	178	49	5	30	110	21	**.354**
	Cincinnati	National	of	6	14	1	2	1	0	0	1	0	.143
1938	Durham	Piedmont	of	89	324	72	165	27	7	12	77	3	.324
1939	Baltimore	International	of	27	96	14	25	5	0	0	15	0	.260
	Durham	Piedmont	of	87	318	38	108	21	6	10	67	8	.340
1940	Birmingham	Southern Association	of	133	468	93	159	33	7	19	116	5	.340
1941	Birmingham	Southern Association	of	152	537	104	169	28	10	27	113	6	.315
1942	Syracuse	International	of	137	466	67	123	21	6	13	73	3	.264
1943	Syracuse	International	of	132	449	49	113	19	2	8	67	6	.252
1944	Syracuse	International	of	150	522	80	153	32	5	11	86	6	.293
1945	Syracuse	International	of	138	498	96	149	28	8	19	108	12	.299
1946	Syracuse	International	of	117	420	63	122	14	3	15	74	6	.290
1947	Syracuse	International	of	149	534	90	168	27	5	20	100	12	.315
1948				Did not play in organized baseball									
1949	Syracuse	International	of	136	494	68	141	30	3	15	86	7	.285
1950	Syracuse/Jersey City	International	of	128	412	59	113	22	3	10	77	1	.274
1951	Ottawa	International	of	66	141	10	37	6	2	2	24	0	.262
		Majors		6	14	1	2	1	0	0	1	0	.143
		Minors		2147	7609	1307	2309	441	111	244	1470	129	.304

ROBERTO MENDEZ (NAVARRO)

Born May 6, 1945 at San Blas, Sinaloa, Mexico.
Batted right. Threw right. Height: 5-8. Weight: 160.

YEAR	CLUB	LEAGUE	POS	G	AB	R	H	2B	3B	HR	RBI	SB	AVG
1965	Fresnillo	Mexican Center	ss	143	533	124	154	15	7	21	89	22	.289
	Jalisco	Mexican	ss	9	28	8	14	1	1	0	7	2	.500
1966	Orizaba	Mexican Southeast	ss-p	84	296	45	107	9	1	5	36	26	.361
	Jalisco	Mexican	ss	9	15	4	3	0	0	0	1	0	.200
1967	Jalisco	Mexican	ss	136	493	71	162	21	8	1	43	5	.329
1968	Jalisco	Mexican	ss-of	135	472	78	131	9	4	0	31	9	.278
1969	Jalisco	Mexican	ss-of	141	447	72	130	12	7	1	36	8	.291
1970	Jalisco	Mexican	ss	150	545	97	172	38	7	1	41	8	.316
1971	Jalisco	Mexican	2b-ss	147	497	85	152	18	3	3	51	21	.306
1972	Jalisco	Mexican	2b-c	100	335	49	86	1	2	2	45	3	.257
1973	Jalisco	Mexican	2b-ss	126	463	91	146	19	6	2	59	3	.315
1974	Jalisco	Mexican	2b	124	472	62	131	11	3	2	28	3	.278
1975	Jalisco	Mexican	2b	127	443	72	125	17	2	1	35	8	.282
1976	Durango	Mexican	2b	128	465	86	135	16	2	4	40	4	.290
1977	Durango	Mexican	2b	149	571	80	165	16	4	2	53	6	.289
1978	Durango	Mexican	2b	139	514	96	166	15	6	0	53	3	.323
1979	Durango	Mexican	2b	127	475	72	132	22	4	1	36	8	.278
1980	Campeche	Mexican #1	2b-ss	82	315	33	86	13	0	1	21	5	.273
1981	Veracruz	Mexican	2b	123	426	49	113	5	1	0	18	4	.265
1982	Veracruz	Mexican	2b	60	133	16	29	4	3	0	12	1	.218
1983	Mexico City Tigers	Mexican	2b	39	85	8	12	2	0	0	5	1	.141
1984	Mexico City Tigers	Mexican	2b-3b	5	7	2	1	0	0	0	0	1	.143
		Minors		2283	8030	1300	2352	284	70	47	740	151	.293

CAREER ALL-TIME LEADERS: HOME RUNS

PLAYER		PLAYER		PLAYER	
Hector Espino	484	Merv Connors	400	Jack Graham	384
Andres Mora	435	Joe Hauser	399	Ted Gullic	370
Buzz Arlett	432	Bobby Prescott	398	Gordon Nell	365
Nick Cullop	420	Jack Pierce	395	Muscle Shoals	362

CHRISTOBAL RIGOBERTO "MINNIE" MENDOZA (AIZPURU)

Born November 16, 1933 at Ceiba Del Agua, Cuba.
Batted right. Threw right. Height: 6-0. Weight: 180.

Manager for Cuidad Juarez Mexican 1974; Burlington, Appalachian, 1992.

YEAR	CLUB	LEAGUE	POS	G	AB	R	H	2B	3B	HR	RBI	SB	AVG
1954	Greater Miami	Florida International	ss	3	2	0	1	0	0	0	0	0	.500
	Nogales	Arizona-Texas	ss	101	436	89	141	35	2	16	79	6	.323
1955	Portsmouth	Piedmont	3b	129	467	65	124	18	4	3	52	4	.266
1956	Havana	International	3b	4	12	0	1	0	1	0	0	0	.083
	Nuevo Laredo	Mexican	3b-ss	103	318	40	70	12	1	1	27	10	.220
1957	Albuquerque	Western	ss	21	77	10	14	3	1	1	8	0	.182
	Wausau	Northern	ss	100	409	56	94	17	6	5	43	7	.230
1958	Missoula	Pioneer	of-3b	23	85	10	23	3	1	0	11	0	.271
1959	Missoula	Pioneer	3b	126	487	105	174	32	9	12	94	8	.357
1960	Charlotte	SALLY	2b	138	516	71	152	21	8	2	43	0	.295
1961	Charlotte	SALLY	2b-3b-ss	139	536	62	151	16	5	1	41	7	.282
1962	Vancouver	Pacific Coast	3b	113	366	39	95	12	1	3	35	2	.260
1963	Charlotte	SALLY	3b	84	319	47	91	10	4	0	29	9	.285
1964	Charlotte	Southern	of-3b	125	473	67	143	19	2	8	47	7	.302
1965	Charlotte	Southern	ss-3b-2b	141	549	64	151	20	4	5	42	12	.275
1966	Charlotte	Southern	3b	128	501	68	140	15	1	1	34	29	.279
1967	Charlotte	Southern	ss-2b-3b	134	528	62	157	21	1	0	40	16	.297
1968	Charlotte	Southern	3b-ss	139	545	85	165	35	3	4	67	30	.303
1969	Denver	American Association	ss-3b	139	582	97	194	23	2	0	48	4	.333
1970	Minnesota	American	3b-2b	16	16	2	3	0	0	0	2	0	.188
	Evansville	American Association	3b-2b	84	314	37	87	14	0	2	16	8	.277
1971	Charlotte	Southern	3b-ss-2b	131	516	80	163	18	3	1	55	9	.316
1972	Charlotte	Southern	3b-2b	135	516	51	128	18	2	2	41	5	.248
1973	Monterrey	Mexican	3b-2b	42	153	22	43	4	1	0	16	2	.281
		Majors		16	16	2	3	0	0	0	2	0	.188
		Minors		2282	8707	1227	2502	366	62	67	868	176	.287

CONKLYN WELLS "AL" MERIWETHER

Born June 19, 1918 at Island Grove, FL.
Batted left. Threw left. Height: 6-0. Weight: 189.

Manager for Tallahassee, Florida International, 1954.

YEAR	CLUB	LEAGUE	POS	G	AB	R	H	2B	3B	HR	RBI	SB	AVG
1939	Easton	Eastern Shore	p	40	67	7	12	2	0	1	9	0	.179
1940	Augusta	SALLY	p	2	3	0	1	0	1	0	1	0	.333
	Akron	Middle Atlantic	p	2	0	0	0	0	0	0	0	0	.000
	Amsterdam	Canadian-American	p	32	50	11	18	1	0	2	8	0	.360
1941	Joplin	Western Association	p	9	18	4	5	0	2	0	4	0	.278
	Easton	Eastern Shore	p	22	59	7	19	3	2	2	5	0	.322
1942	Norfolk	Piedmont	p	5	3	1	1	0	0	0	0	0	.333
	Sanford	Bi-State	of-p	66	206	29	62	11	5	8	46	0	.301
1943							Military service						
1944	Allentown	Interstate	p	32	70	8	22	6	1	0	10	0	.314
1945	Allentown	Interstate	of-p	71	257	48	91	17	6	13	64	2	.354
	Rochester	International	p	3	2	1	1	0	1	0	0	0	.500
	Columbus	American Association	p	15	14	0	6	1	1	0	4	0	.429
1946	Houston	Texas	1b	14	52	2	17	2	0	0	3	0	.327
	Lufkin	East Texas	1b	110	417	68	133	25	4	21	96	2	.319
1947	Lubbock	West Texas-New Mexico	1b	9	38	9	14	5	3	1	12	0	.368
	Texarkana	Big State	p-of	41	76	10	23	2	0	5	16	0	.303
1948	Greenville	Big State	1b	134	529	101	172	40	2	31	151	1	.325
1949	Greenville	Big State	1b	139	538	97	151	37	0	27	108	3	.281
1950	Richmond	Piedmont	1b	43	159	19	28	4	1	6	20	0	.176
	Lake Charles	Gulf Coast	1b	62	222	44	78	14	0	24	69	0	.351
1951	Galveston	Gulf Coast	1b	105	409	76	127	27	0	25	112	1	.311
	Crowley	Evangeline	1b	38	153	34	57	8	0	19	51	1	.373
1952	Crowley	Evangeline	1b	118	412	97	138	25	0	33	123	3	.335
1953	Crowley	Evangeline	1b	134	525	104	160	21	0	42	134	3	.305
1954	Tallahassee	Florida International	1b	94	346	54	97	14	1	14	74	1	.280
	Valdosta	Georgia-Florida	1b	38	135	19	30	3	1	6	26	1	.222
		Minors		1378	4760	849	1463	268	32	280	1146	18	.307

STEPHAN MATHIAS "STEVE" MESNER
Born January 13, 1918 at Los Angeles, CA.
Died April 6, 1981 at San Diego, CA.
Batted right. Threw right. Height: 5-9. Weight: 178.

YEAR	CLUB	LEAGUE	POS	G	AB	R	H	2B	3B	HR	RBI	SB	AVG
1934	Ponca City	Western Association	3b	135	549	111	197	44	13	6	106	1	.359
	Los Angeles	Pacific Coast	3b	5	12	0	3	0	0	0	0	0	.250
1935	Los Angeles	Pacific Coast	3b-ss	151	534	78	177	33	5	13	99	6	.331
1936	Los Angeles	Pacific Coast	ss	176	703	110	229	55	9	17	132	3	.326
1937	Los Angeles	Pacific Coast	3b-ss	133	505	79	166	38	8	10	91	4	.329
1938	Indianapolis	American Association	ss-3b	127	441	79	146	37	9	7	91	2	.331
	Chicago	National	ss	2	4	2	1	0	0	0	0	0	.250
1939	Chicago	National	ss	17	43	7	12	4	0	0	6	0	.279
	Milwaukee	American Association	ss-2b	85	309	47	100	21	4	5	54	4	.324
1940	San Diego	Pacific Coast	ss	179	680	114	232	40	12	0	97	6	.341
1941	St. Louis	National	3b	24	69	8	10	1	0	0	10	0	.145
	Rochester	International	ss	19	59	9	16	6	1	0	9	2	.271
1942	Sacramento	Pacific Coast	3b-2b	178	680	83	205	24	6	1	74	3	.301
1943	Cincinnati	National	3b	137	504	53	137	26	1	0	52	6	.272
1944	Cincinnati	National	3b	121	414	31	100	17	4	1	47	1	.242
1945	Cincinnati	National	3b-2b	150	540	52	137	19	1	1	52	4	.254
1946	Sacramento	Pacific Coast	3b	188	698	88	204	49	2	4	85	5	.292
1947	Sacramento	Pacific Coast	3b	176	636	84	162	30	5	2	71	0	.255
1948	Sacramento/San Diego	Pacific Coast	2b-3b	172	586	75	174	35	1	8	76	2	.297
1949	San Diego	Pacific Coast	ss-3b	114	343	49	102	17	1	0	40	1	.297
1950	Portland	Pacific Coast	3b	69	194	24	44	7	1	0	16	0	.227
1951	Spokane	Western International	ss	132	492	97	156	25	5	3	94	16	.317
1952	Ogden	Pioneer	3b-ss-2b	132	469	100	161	26	0	0	81	3	**.343**
1953	Beaumont	Texas	3b-2b	63	128	11	35	4	0	0	16	1	.273
1954	Victoria	Western International	3b-2b	73	243	41	59	11	0	1	23	2	.243
		Majors		451	1574	153	397	67	6	2	167	11	.252
		Minors		2307	8261	1279	2568	502	82	77	1255	62	.311

FRANK METZ
Manager for San Antonio, Texas, 1912; Sioux City, Western, 1920-21 and 1923.

YEAR	CLUB	LEAGUE	POS	G	AB	R	H	2B	3B	HR	RBI	SB	AVG
1905	Waco	Texas	1b-c	110	390	24	77	13	3	1	—	9	.127
1906	Dallas	Texas	c-1b	17	52	7	12	1	1	0	—	3	.231
1907						No record available							
1908	Charlotte	Carolina	c-of-1b	25	90	11	21	3	2	0	—	0	.233
1909	Muskogee	Western Association	1b	113	447	63	123	47	3	5	—	21	.275
	Springfield	Three I	1b	28	96	10	18	1	2	0	—	3	.188
1910	Lynn	New England	1b-of	124	438	53	103	23	5	2	—	24	.235
	Corpus Christi	Southwest Texas	c-of-1b	21	68	1	9	1	1	0	—	4	.132
1911	San Antonio	Texas	1b	141	519	84	148	25	6	22	—	27	.285
1912	San Antonio	Texas	1b	142	530	86	171	33	7	21	—	22	**.323**
1913	Indianapolis	American Association	1b	146	526	62	155	23	12	6	—	14	.295
1914	Indianapolis	American Association	1b	169	621	99	184	19	9	4	—	24	.296
1915	Indianapolis	American Association	1b	155	551	72	164	22	5	3	—	19	.298
1916	Sioux City	Western	1b	129	496	87	157	27	4	4	—	13	.317
1917	Joplin	Western	1b	127	479	63	137	32	5	1	—	13	.286
1918	Joplin	Western	1b	65	249	31	70	13	4	4	—	9	.281
1919					Did not play in organized baseball								
1920	Sioux City	Western	1b-of	141	528	73	158	53	1	2	—	2	.299
1921	Sioux City	Western	1b	167	621	114	229	62	1	20	—	5	.369
1922	Sioux City	Western	1b	166	642	114	231	65	3	20	—	8	.360
1923	Sioux City/St. Joseph	Western	1b	161	577	89	198	53	4	14	—	8	.343
		Minors		2147	7920	1143	2365	516	78	129	—	228	.299

ROBERT HUGH "ROXY" MIDDLETON
Born August 15, 1888 at Servia, IN.
Died November 8, 1966 at Fort Worth, TX.
Batted left. Threw right. Height: 5-10. Weight: 150.

Scout for Fort Worth, Texas, 1937-41; Boston, National, 1946-49; Milwaukee, National, 1955-59.

YEAR	CLUB	LEAGUE	POS	G	AB	R	H	2B	3B	HR	RBI	SB	AVG
1907	Leavenworth	Western Association	of	108	405	25	94	16	4	0	—	11	.232

YEAR	CLUB	LEAGUE	POS	G	AB	R	H	2B	3B	HR	RBI	SB	AVG
1908	Wichita	Western Association	of	126	482	55	134	26	5	1	—	15	.278
1909	Wichita	Western	of	126	449	68	133	23	2	1	—	13	.296
1910	Wichita	Western	of	164	678	89	189	22	7	3	—	30	.279
1911	Wichita/Pueblo	Western	of	145	579	104	183	22	9	4	—	40	.316
1912	Wichita	Western	of	121	476	67	158	15	6	7	—	33	.332
	Toledo	American Association	of	8	33	3	7	0	0	0	—	1	.212
1913	Wichita	Western	of	150	573	100	212	20	10	1	—	46	**.370**
1914	Oakland	Pacific Coast	of	195	767	89	221	18	6	1	39	40	.288
1915	Oakland	Pacific Coast	of	199	750	81	216	22	6	3	—	29	.288
1916	Oakland	Pacific Coast	of	185	713	83	195	19	2	2	—	34	.273
1917	Oakland	Pacific Coast	of	187	696	89	183	33	6	0	—	26	.263
1918	Oakland	Pacific Coast	of	94	377	47	114	12	3	3	—	15	.302
1919	Sacramento	Pacific Coast	of	166	644	88	188	14	5	5	—	29	.292
1920	Sacramento/Seattle	Pacific Coast	of	179	718	96	206	25	4	2	—	27	.287
1921	Seattle	Pacific Coast	of	116	384	61	106	13	3	2	26	25	.276
1922	Oklahoma City	Western	of	77	316	53	104	14	2	1	—	7	.329
1923	Columbia/Gastonia	SALLY	of	120	453	60	140	26	4	4	54	15	.309
1924	Albany	Eastern	of	14	47	—	11	0	0	0	4	—	.234
	Syracuse/Reading/Rochester	International	of	105	355	52	119	13	4	2	43	9	.335
			Minors	2585	9895	1310	2913	353	88	42	166	445	.294

D.C. "Pud" Miller

Born August 19, 1922 at Shelby, NC.
Died July 22, 1978 at Hickory, NC.
Batted left. Threw left. Height: 6-3. Weight: 215.

Manager for Hickory, North Carolina State, 1950-51; Owensboro, KITTY, 1952.
Began pro career primarily as pitcher. In 1947 he hit 57 homers and knocked in 196 runs, but was edged for Big State honors by Buck Frierson who had 58 homers and 197 RBI.

YEAR	CLUB	LEAGUE	POS	G	AB	R	H	2B	3B	HR	RBI	SB	AVG
1940	Mooresville	North Carolina State	p-of	17	41	4	9	3	0	0	3	0	.220
1941	Carthage	Western Association	p-of	9	20	2	5	1	0	1	2	0	.250
	Lafayette	Evangeline	p	13	23	4	6	1	1	1	2	0	.261
1942	Petersburg	Virginia	p-of	19	40	3	11	4	1	0	6	0	.275
	Bristol	Appalachian	p-of	19	48	9	18	7	3	0	10	1	.375
1943	Elmira	Eastern	of-p	104	341	30	96	25	5	4	54	5	.282
1944-45		Did not play organized baseball											
1946	Spartanburg	Tri-State	of	130	434	75	142	28	8	**19**	89	5	.327
1947	Wichita Falls	Big State	of	150	553	139	197	26	4	57	196	19	.356
1948	Dallas	Texas	of	9	37	2	6	3	0	0	3	0	.162
	Texarkana	Big State	of	112	426	106	149	29	1	29	120	5	.350
1949	Gladewater	East Texas	of	27	101	13	32	6	0	3	26	0	.317
	Lamesa	West Texas-New Mexico	of	109	389	103	157	22	1	**52**	135	2	.404
1950	Hickory	North Carolina State	of	106	366	82	135	26	2	29	92	3	**.369**
1951	Hickory	North Carolina State	of	119	426	115	181	32	1	**40**	**136**	2	**.425**
1952	Owensboro	KITTY	of	48	172	32	57	11	0	7	36	2	.331
	Hickory	Western Carolina	of	44	160	21	53	7	0	6	28	0	.331
1953	Hickory/Shelby	Tar Heel	of	111	410	69	143	17	2	20	99	4	.349
			Minors	1146	3987	809	1397	248	29	268	1037	48	.350

Edwin J. "Ed" Miller

Born November 24, 1888 at Annville, PA.
Died April 17, 1980 at South Lebanon Township, PA.
Batted right. Threw right. Height: 6-0. Weight: 180.

YEAR	CLUB	LEAGUE	POS	G	AB	R	H	2B	3B	HR	RBI	SB	AVG
1909	Waterbury	Connecticut State	1b-2b	125	470	74	140	35	15	2	—	19	.298
1910	Waterbury	Connecticut State	1b	121	463	67	128	31	6	5	—	11	.276
1911	Waterbury/Springfield	Connecticut State	1b	97	344	42	90	19	4	6	—	10	.262
	Memphis	Southern Association	1b-of	50	161	12	45	9	0	0	—	3	.280
1912	Lowell	New England	2b-1b	125	459	82	109	15	6	5	—	42	.237
	St. Louis	American	1b	13	46	4	9	1	0	0	5	1	.196
1913	Lowell	New England	2b-1b	124	460	93	153	27	6	1	—	50	.333
1914	New Haven	Eastern Association	1b	118	423	40	95	22	5	1	—	13	.225
	St. Louis	American	1b	41	58	8	8	0	1	0	4	1	.138

1915	Louisville	American Association	1b-2b	148	523	85	137	26	7	2	–	35	.262
1916	Galveston	Texas	1b	147	510	68	126	22	4	1	–	44	.247
1917	New Orleans	Southern Association	1b	26	98	29	27	6	3	0	–	10	.276
1918	Newark/Rochester	International	1b	19	62	14	15	1	2	0	–	4	.242
	Cleveland	American	of-1b	32	96	9	22	4	3	0	3	2	.229
1919	Newark	International	1b	149	537	110	158	30	10	3	–	87	.294
1920	Buffalo	International	1b	138	494	102	164	38	7	6	–	44	.332
1921	Buffalo	International	1b	139	498	92	141	27	10	5	–	28	.283
1922	Buffalo	International	1b	126	460	83	142	21	4	4	42	28	.309
1923	Newark	International	1b-2b	149	502	77	120	19	3	0	49	36	.239
1924	Buffalo/Jersey City	International	2b-1b	150	571	106	165	20	6	5	66	26	.289
1925	Buffalo	International	2b	109	397	66	94	15	2	4	35	12	.237
1926	Hartford	Eastern	1b	30	112	13	33	5	0	0	–	6	.295
1927	Pittsfield	Eastern	1b	138	524	92	145	28	1	2	52	37	.277
		Majors		86	200	21	39	5	4	0	12	4	.195
		Minors		2228	8068	1347	2227	416	101	52	244	545	.276

LAWRENCE H. "HACK" MILLER

Born January 1, 1894 at New York, NY.
Died September 17, 1971 at Oakland, CA.
Batted left. Threw right. Height: 6-1½. Weight: 174.

Used bats that weighed about 47 oz, the heaviest in baseball.

YEAR	CLUB	LEAGUE	POS	G	AB	R	H	2B	3B	HR	RBI	SB	AVG
1914	Wausau	Wisconsin-Illinois	of	72	279	40	93	12	1	9	–	9	.333
1915	St. Boniface	Northern	of	122	490	66	150	22	12	4	–	14	.306
1916	Winnipeg	Northern	of	123	448	74	150	25	11	10	–	32	.335
	Brooklyn	National	of	3	3	0	1	0	1	0	1	0	.333
1917	Oakland	Pacific Coast	of	193	696	76	206	40	12	3	–	7	.296
1918	Oakland	Pacific Coast	of	102	414	45	131	22	3	6	–	18	.316
	Boston	American	of	12	29	2	8	2	0	0	4	0	.276
1919	Oakland	Pacific Coast	of	54	217	36	75	18	5	5	–	9	.346
1920	Oakland	Pacific Coast	of	199	806	107	280	45	10	17	–	22	.347
1921	Oakland	Pacific Coast	of	184	726	130	252	54	10	11	137	14	.347
1922	Chicago	National	of	122	466	61	164	28	5	12	78	3	.352
1923	Chicago	National	of	135	485	74	146	24	2	20	88	6	.301
1924	Chicago	National	of	53	131	17	44	8	1	4	25	1	.336
1925	Chicago	National	of	24	86	10	24	3	2	2	9	0	.279
	Oakland	Pacific Coast	of	149	574	66	184	38	4	16	99	8	.321
1926	Oakland	Pacific Coast	of	35	42	3	11	2	0	0	4	1	.262
	Houston	Texas	of	69	281	38	103	16	2	9	60	2	.367
1927	Houston/Beaumont	Texas	of	60	191	28	65	14	2	2	32	0	.340
	Danville	Three I	of	52	196	24	61	10	2	3	32	3	.311
1928						Did not play in organized baseball							
1929	Houston	Texas	of	48	171	21	49	9	0	6	23	3	.286
		Majors		349	1200	164	387	65	11	38	205	10	.323
		Minors		1462	5531	754	1810	327	74	101	387	142	.327

BLOOMER HOLT "CAT" MILNER

Born 1900.
Batted right. Threw right. Height: 5-9½. Weight: 162.

Known as Holt.
Manager for Beckley, Middle Atlantic, 1932-1933; Dayton, Middle Atlantic, 1933; Troy, Alabama-Florida, 1939; Dothan, Alabama State, 1940-1941; Dothan, Georgia-Florida, 1942; Valley, Georgia-Alabama, 1946-1947; Dothan, Alabama State, 1948; Troy, Alabama State, 1949; Brewton, Alabama State, 1950; Dothan, Alabama State, 1951-1952; Graceville, Alabama-Florida, 1953-1954.

YEAR	CLUB	LEAGUE	POS	G	AB	R	H	2B	3B	HR	RBI	SB	AVG
1920	La Grange	Georgia State				No record available							
1921	La Grange	Georgia State				No record available							
	Greenville/Charlotte/Spartanburg	SALLY	of	73	239	40	64	12	4	2	28	1	.267
1922	Clarksdale	Cotton States	1b	48	154	20	44	4	4	2	–	1	.286
1923	Memphis/Birmingham	Southern Association	of	120	361	48	91	23	6	4	49	4	.252
1924	Chattanooga	Southern Association	of	34	109	9	30	3	1	2	15	1	.275
	Spartanburg	SALLY	of	59	214	28	67	14	5	5	29	0	.313
1925						Did not play in organized baseball							
1926	Columbus/Augusta	SALLY	of	143	525	79	175	33	14	4	80	10	.333

YEAR	CLUB	LEAGUE	POS	G	AB	R	H	2B	3B	HR	RBI	SB	AVG
1927	Augusta	SALLY	of-1b	150	530	73	172	24	10	13	84	12	.325
1928	Augusta	SALLY	of-1b	146	544	81	193	42	15	4	95	9	.355
1929	Spartanburg	SALLY	of-1b	73	273	42	82	17	4	4	47	8	.301
	Chattanooga	Southern Association	of	31	93	12	26	3	1	0	10	0	.279
1930			Did not play in organized baseball										
1931	Augusta	Palmetto	1b	56	225	58	85	19	4	4	71	14	.378
	Beckley	Middle Atlantic	1b	52	197	51	71	10	3	10	56	6	.360
1932	Beckley	Middle Atlantic	1b	112	425	78	143	18	7	10	84	5	.336
1933	Beckley/Dayton	Middle Atlantic	of-1b	130	478	85	164	23	9	8	90	9	.343
1934	Dayton/Zanesville	Middle Atlantic	of	93	348	77	123	27	3	6	71	10	.353
	Scranton	New York-Pennsylvania	of	31	123	29	39	8	7	0	22	2	.317
1935-38			Did not play in organized baseball										
1939	Troy	Alabama-Florida	1b	112	428	94	163	29	7	12	119	9	**.381**
1940	Dothan	Alabama State	1b	126	491	86	149	30	4	6	85	11	.303
1941	Dothan	Alabama State	1b	113	450	81	152	24	10	1	118	23	.338
1942	Dothan	Georgia-Florida	1b	110	402	48	118	21	4	0	75	3	.294
		Minors	1812	1609	1119	2151	384	122	97	1228	138	.325		

Russell Thomas "Red" Mincy

Born December 23, 1916 at Hickory, NC.
Batted left. Threw left. Height: 5-10. Weight: 188.

Manager for Kingsport, Appalachian, 1948; Douglas, Georgia State, 1949; Marion, Western Carolina, 1950-1951; Fulton, KITTY, 1954.

YEAR	CLUB	LEAGUE	POS	G	AB	R	H	2B	3B	HR	RBI	SB	AVG
1938	Salisbury	North Carolina State	of	29	120	24	31	6	2	0	11	6	.258
	Huntington	Mountain State	of	79	306	66	97	21	7	8	56	17	.317
1939	Salem-Roanoke	Virginia	of	106	399	92	138	41	9	9	77	16	.346
	Kannapolis	North Carolina State	less than 10 games										
1940	Portsmouth	Piedmont	of	21	81	10	12	2	1	0	7	3	.148
	Tarboro	Coastal Plain	of	100	382	77	123	34	6	4	59	24	.322
1941	Harrisonburg	Virginia	of	17	62	16	17	4	2	1	15	2	.274
	Portsmouth	Piedmont	of	7	27	–	5	–	–	–	–	–	.185
	Rocky Mount	Coastal Plain	of	38	144	24	44	9	2	0	14	4	.306
	Jackson	Southeastern	of	34	125	18	32	8	0	1	15	1	.256
1942	Portsmouth	Piedmont	less than 10 games										
	Lancaster	Interstate	of	29	106	13	22	2	1	0	9	1	.208
	Statesville	North Carolina State	less than 10 games										
	Salem-Roanoke/Stanton	Virginia	of	29	111	21	34	7	1	0	16	2	.306
1943-45			Military service										
1946	Asheville	Tri-State	less than 10 games										
	Pulaski/Kingsport	Appalachian	of	123	452	131	**179**	51	10	12	**136**	20	**.396**
	Chattanooga	Southern Association	of	4	11	–	2	–	–	–	–	–	.182
1947	Charlotte/Knoxville	Tri-State	of	138	522	85	164	35	11	2	90	3	.314
1948	Kingsport	Appalachian	of	41	132	23	44	9	1	1	33	3	.333
	Lincolnton	Western Carolina	of	57	189	46	61	10	3	2	44	3	.323
1949	Douglas	Georgia State	of	146	564	113	165	34	2	8	98	30	.293
1950	Marion	Western Carolina	of	110	382	98	**161**	32	8	4	104	14	**.421**
1951	Marion	Western Carolina	of	98	351	64	124	25	3	1	66	11	.353
1952	Shelby	Western Carolina	of	106	393	107	132	32	9	8	85	7	.336
1953	Shelby	Tar Heel	of	110	395	87	138	32	11	9	101	6	.349
1954	Fulton	KITTY	of	61	181	41	50	9	1	4	52	4	.276
		Minors	1483	5435	1156	1775	403	90	74	1088	177	.327		

William Francis "Bill" Mizeur

Born June 22, 1897 at Nokomis, IL.
Died August 27, 1976 at Decatur, IL.
Batted left. Threw right. Height: 6-0. Weight: 180.

Manager for Cedar Rapids, Western, 1934.

YEAR	CLUB	LEAGUE	POS	G	AB	R	H	2B	3B	HR	RBI	SB	AVG
1922	Fulton	KITTY	of	53	207	32	69	12	13	4	–	3	.333
1923	Bay City	Michigan-Ontario	of	132	531	81	171	33	11	3	63	13	.322
	St. Louis	American	ph	1	1	0	0	0	0	0	0	0	.000
1924	Terre Haute	Three I	of	119	452	87	148	25	12	11	70	8	.327
	St. Louis	American	ph	1	1	0	0	0	0	0	0	0	.000

YEAR	CLUB	LEAGUE	POS	G	AB	R	H	2B	3B	HR	RBI	SB	AVG
1925	Terre Haute	Three I	of	124	462	95	155	30	14	16	—	11	.335
	Tulsa	Western	of	14	48	12	18	6	1	3	—	0	.375
1926	Terre Haute	Three I	of	136	504	83	163	27	16	14	—	7	.323
1927	Peoria	Three I	of	**139**	526	**125**	**186**	32	**19**	**23**	**128**	11	.354
1928	Mobile/Little Rock	Southern Association	of	29	84	10	19	5	2	0	8	2	.226
	Springfield	Three I	of	89	331	55	108	33	6	6	51	14	.326
1929	Springfield	Three I	of	117	421	87	139	26	10	16	100	6	.330
1930	Springfield	Three I	of	115	425	92	146	29	12	11	87	8	.344
1931	Springfield/Quincy	Three I	of	113	423	71	129	24	5	5	73	3	.305
1932	Cedar Rapids	Mississippi Valley	of	116	444	76	160	30	11	7	**86**	9	**.360**
1933	Peoria	Mississippi Valley	of	115	428	123	141	34	12	20	116	28	.329
1934	Cedar Rapids	Western	of	118	450	78	141	28	8	13	91	1	.313
1935	Cedar Rapids/Rock Island	Western	of	57	208	26	49	13	5	6	43	2	.236
			Majors	2	2	0	0	0	0	0	0	0	.000
			Minors	1586	5944	1133	1942	387	157	158	916	131	.327

ERNEST FOLLETTE "KID" MOHLER

Born December 13, 1874 at Oneida, IL.
Died November 4, 1961 at San Francisco, CA.
Batted left. Threw left. Height: 5-4½. Weight: 145.

Set career record for games played at second base, 2871, although he threw lefthanded.

YEAR	CLUB	LEAGUE	POS	G	AB	R	H	2B	3B	HR	RBI	SB	AVG
1890	Lincoln	Western Association	p-of-3b	11	42	9	12	1	1	0	—	1	.286
1891	Davenport	Illinois-Iowa	of-2b-p-ss	34	129	17	24	0	0	0	—	6	.186
1892	Jacksonville	Illinois-Iowa	2b-p	17	52	6	11	2	0	0	—	2	.212
1893							No record available						
1894	St. Joseph	Western Association	2b	116	458	78	116	13	1	4	—	17	.253
	Washington	National	2b	3	9	0	1	0	0	0	—	0	.111
1895	Des Moines	Western Association	2b	112	440	115	126	25	5	4	—	29	.286
1896	Des Moines	Western Association	2b	72	276	66	81	16	9	1	—	47	.293
	Grand Rapids	Western	2b	15	55	11	11	3	1	1	—	2	.200
1897	Des Moines	Western Association	2b	121	436	121	139	28	16	1	—	**75**	.319
1898	Quincy	Western Association	2b	40	149	25	32	7	3	0	—	12	.215
	London	Canadian	2b	57	206	**58**	64	11	3	0	—	24	.311
1899	London	Canadian	2b	73	271	**73**	89	9	9	1	—	43	.328
1900	London	International	2b	40	160	42	46	7	1	2	—	17	.288
	Denver	Western	2b	21	76	10	23	3	0	0	—	8	.303
1901	Denver	Western	2b	106	414	77	119	26	7	2	—	17	.287
	Oakland	California	2b	58	212	34	43	4	2	1	—	28	.203
1902	Oakland	California	2b	183	678	114	174	—	—	—	—	70	.257
1903	Denver	Western	2b	40	142	25	31	—	—	—	—	6	.218
	Seattle	Pacific Coast	2b	115	424	86	134	23	1	0	—	33	.316
1904	Seattle	Pacific Coast	2b	209	790	159	252	40	6	5	—	38	.319
1905	San Francisco	Pacific Coast	2b	132	448	87	109	29	4	1	—	39	.243
1906	San Francisco	Pacific Coast	2b	163	555	76	172	24	4	2	—	45	.310
1907	San Francisco	Pacific Coast	2b	108	385	60	92	19	2	0	—	25	.239
1908	San Francisco	Pacific Coast	2b	201	723	118	184	28	6	1	—	43	.254
1909	San Francisco	Pacific Coast	2b	184	607	86	117	20	5	1	—	58	.193
1910	San Francisco	Pacific Coast	2b	198	670	71	128	25	0	1	—	26	.191
1911	San Francisco	Pacific Coast	2b	175	585	72	165	31	4	0	—	25	.282
1912	San Francisco	Pacific Coast	2b	110	381	37	97	10	0	0	—	12	.255
1913	Portland	Northwestern	2b	152	536	61	138	28	2	2	—	16	.257
1914	Sacramento	Pacific Coast	2b	49	167	18	34	4	1	0	—	5	.204
			Majors	3	9	0	1	0	0	0	—	0	.111
			Minors	2912	10467	1812	2763	436	93	30	—	769	.264

PETER G. MONAHAN

Born February 20, 1902 at Cincinnati, OH.
Batted left. Threw left. Height: 5-10. Weight: 175.

Manager for Sioux City, Western, 1937 and 1939; Sioux City, Nebraska State, 1938; Topeka, Western Association, 1940.

YEAR	CLUB	LEAGUE	POS	G	AB	R	H	2B	3B	HR	RBI	SB	AVG
1921	Kitchener	Michigan-Ontario	1b	7	17	1	4	0	0	0	2	.235
1922	Lexington/Paris	Blue Grass	1b	23	113	15	31	5	0	3	—	1	.274
1923	Paris	Blue Grass	1b	85	327	56	95	19	5	7	—	5	.291
1924	Paris	Blue Grass	1b	93	371	81	**133**	18	7	19	—	6	.358

YEAR	CLUB	LEAGUE	POS	G	AB	R	H	2B	3B	HR	RBI	SB	AVG
1925	Albany	Eastern	1b	10	32	5	4	1	0	0	2	0	.125
	Fairmont	Middle Atlantic	1b	100	395	77	137	14	13	12	—	12	.347
1926	Baltimore	International	1b-of	124	453	85	140	28	10	11	94	11	.309
1927	Jersey City	International	1b	128	434	50	128	16	1	8	59	6	.295
1928	Buffalo/Rochester	International	1b	123	444	71	125	17	5	9	55	6	.282
1929	Indianapolis	American Association	1b	169	636	107	188	37	4	11	100	18	.296
1930	Indianapolis	American Association	1b	141	531	82	157	25	5	6	62	6	.296
1931	Indianapolis/Kansas City	American Association	1b	143	541	90	163	26	8	6	83	8	.301
1932	Kansas City	American Association	1b	145	522	79	156	27	4	7	86	15	.299
1933	Kansas City	American Association	1b	38	131	19	33	2	1	0	12	4	.252
	Chattanooga/Atlanta	Southern Association	1b	64	214	39	56	10	3	5	43	3	.262
1934	Tulsa	Texas	1b	4	8	1	2	0	0	0	1	0	.250
	Knoxville	Southern Association	1b	19	66	5	16	3	0	1	10	0	.242
	Rock Island	Western	1b	110	416	80	118	21	8	7	47	13	.284
1935	Sioux City	Western	1b	107	401	42	111	23	1	8	47	16	.277
1936	Sioux City	Western	1b	123	450	58	122	18	1	10	61	4	.271
1937	Sioux City	Western	1b	113	410	67	121	24	1	8	60	4	.295
1938	Sioux City	Nebraska State	1b	118	405	103	140	21	8	19	101	15	.346
1939	Sioux City	Western	1b	115	391	102	138	20	6	15	106	18	.340
1940	Topeka	Western Association	1b	128	471	107	149	32	4	14	103	5	.316
		Minors		2230	8179	1422	2462	407	95	186	1132	178	.301

John Allen Monroe

Born August 24, 1898 at Farmersville, TX.
Died June 19, 1956 at Conroe, TX.
Batted right. Threw right. Height: 5-8. Weight: 160.

Manager for Little Rock, Southern Association, 1934.

YEAR	CLUB	LEAGUE	POS	G	AB	R	H	2B	3B	HR	RBI	SB	AVG
1920	Beaumont	Texas	2b	147	521	84	151	27	11	1	48	28	.290
1921	New York/Philadelphia	National	2b	60	154	17	41	4	2	2	11	2	.266
1922	New Orleans	Southern Association	of-2b	10	20	1	1	0	1	0	3	0	.050
	Houston	Texas	3b	36	82	3	25	6	1	1	12	1	.305
1923	Houston	Texas	2b-of	51	210	37	62	14	2	3	26	4	.295
1924	Houston	Texas	2b	125	491	80	148	25	14	3	67	8	.301
1925	Omaha	Western	2b	142	591	141	208	43	10	14	—	20	.352
1926	Sacramento	Pacific Coast	2b	200	779	122	230	52	10	13	97	26	.295
1927	Sacramento	Pacific Coast	2b	162	592	112	175	38	7	4	70	12	.296
1928	Sacramento	Pacific Coast	2b	171	731	124	235	45	4	10	84	14	.321
1929	Sacramento	Pacific Coast	2b	146	589	93	198	34	9	6	58	13	.336
1930	Mission	Pacific Coast	2b	188	689	158	241	39	2	28	106	7	.350
1931	Mission/Portland	Pacific Coast	2b	158	607	**141**	220	41	4	7	64	15	.362
1932	Portland	Pacific Coast	2b	118	415	98	136	27	3	5	59	11	.328
1933	Portland	Pacific Coast	2b	152	576	126	186	33	6	7	62	20	.323
1934	Kansas City	American Association	2b	6	16	2	6	1	0	0	3	0	.375
	Little Rock	Southern Association	2b	64	217	33	63	7	5	0	26	6	.290
		Majors		60	154	17	41	4	2	2	11	2	.266
		Minors		1876	7126	1355	2285	432	89	102	785	185	.321

Felipe Angel Montemayor

Born February 7, 1930 at Monterrey, Mexico.
Batted left. Threw left. Height: 6-2. Weight: 185.

YEAR	CLUB	LEAGUE	POS	G	AB	R	H	2B	3B	HR	RBI	SB	AVG
1948	Monterrey	Mexican	of	44	91	13	31	4	2	0	13	1	.341
1949	Monterrey	Mexican	of	84	312	70	103	19	3	6	62	18	.330
1950	Mexicali	Sunset	of	122	505	125	161	30	13	20	119	9	.319
1951	New Orleans	Southern Association	of-1b	144	491	84	136	21	11	5	60	14	.277
1952	New Orleans	Southern Association	of	123	433	80	122	15	13	11	69	4	.282
1953	Pittsburgh	National	of	28	55	5	6	4	0	0	2	0	.109
	New Orleans	Southern Association	of	76	259	55	61	7	8	16	50	6	.236
1954	New Orleans	Southern Association	of	137	489	96	151	30	6	24	92	2	.309
1955	Pittsburgh	National	of	36	95	10	20	1	3	2	8	1	.211
	Charleston	American Association	of	30	99	16	24	4	1	1	17	0	.242
	New Orleans	Southern Association	of	34	106	15	17	6	0	3	15	1	.160
1956	Mexico City Tigers	Mexican	of	117	407	86	122	23	10	22	84	12	.300
1957	Mexico City Tigers	Mexican	of-1b-p	109	329	77	97	17	7	16	62	2	.295

YEAR	CLUB	LEAGUE	POS	G	AB	R	H	2B	3B	HR	RBI	SB	AVG
1958	St. Paul	American Association	of-1b	132	340	55	72	14	5	13	41	5	.212
1959	Victoria	Texas	of-1b	30	44	12	14	2	0	0	13	1	.318
	Nuevo Laredo/Mexico City Reds	Mexican	of-1b	80	260	44	69	14	4	12	56	3	.265
1960	Mexico Reds	Mexican	of	28	98	28	31	9	1	5	22	0	.316
	San Antonio	Texas	1b-of	88	263	37	65	10	2	13	44	4	.247
1961	Mexico City Reds/Veracruz	Mexican	of-1b-p	109	365	72	109	19	11	12	70	3	.299
1962	Veracruz	Mexican	of-1b-p	128	405	89	108	15	3	19	57	4	.267
1963	Reynosa	Mexican	of-1b	97	303	45	91	18	6	9	53	2	.300
1964	Monterrey	Mexican	of	26	61	6	14	1	0	0	9	1	.230
1965	Monterrey	Mexican	of-1b	123	411	68	122	17	1	26	73	1	.297
1966	Monterrey	Mexican	1b-of	66	167	23	42	5	0	6	32	0	.251
1967	Campeche	Mexican Southeast	of-1b	99	319	75	120	30	6	10	71	11	.376
1968	Campeche	Mexican Southeast	1b	16	49	8	11	3	0	2	8	0	.224
			Majors	64	150	15	26	5	3	2	10	1	.173
			Minors	2042	6606	1279	1893	333	113	251	1192	104	.287

ALBERT JAMES MOORE

Born August 4, 1902 at Brooklyn, NY.
Died November 29, 1974 in Atlantic Ocean.
Batted right. Threw right. Height: 5-10. Weight: 174.

YEAR	CLUB	LEAGUE	POS	G	AB	R	H	2B	3B	HR	RBI	SB	AVG
1924	Elmira	New York-Pennsylvania	of	62	228	31	73	6	6	3	–	7	.320
	Montreal/Montpelier	Quebec-Ontario-Vermont	of	29	109	15	30	5	1	0	–	5	.275
1925	Elmira	New York-Pennsylvania	of	100	386	55	133	22	17	2	60	27	.344
	New York	National	of	2	8	0	1	0	0	0	0	0	.125
1926	New York	National	of	28	81	12	18	4	0	0	10	2	.222
	Jersey City	International	of	106	410	46	131	12	4	4	52	23	.320
1927	Jersey City	International	of	153	590	84	189	29	6	5	72	21	.320
1928	Buffalo	International	of	170	658	98	215	33	13	22	115	11	.327
1929	Buffalo	International	of	168	638	107	218	34	16	13	107	10	.342
1930	Buffalo	International	of	162	638	116	221	42	13	11	107	22	.346
1931	Columbus	American Association	of	50	173	34	48	10	6	1	–	5	.277
	Rochester	International	of	89	331	60	105	14	5	0	58	3	.317
1932	Rochester	International	of	59	151	23	47	6	0	2	23	3	.311
	Binghamton	New York-Pennsylvania	of	13	54	13	16	3	2	0	7	1	.296
1933	Mission	Pacific Coast	of	120	452	77	134	31	4	2	65	4	.296
1934	Mission	Pacific Coast	of	72	191	33	38	10	0	0	22	2	.199
			Majors	30	89	12	19	4	0	0	10	2	.213
			Minors	1353	5009	792	1598	257	93	65	688	144	.319

D.C. "DEE" MOORE

Born April 6, 1914 at Amarillo, TX.
Batted right. Threw right. Height: 5-11. Weight: 190.

Manager for Anniston, Southeastern, 1942; Lubbock, West Texas-New Mexico, 1951; Mexicali, Southwest International, 1951; Ogden, Pioneer, 1952; Visalia, California, 1955.

YEAR	CLUB	LEAGUE	POS	G	AB	R	H	2B	3B	HR	RBI	SB	AVG
1933	Los Angeles	Pacific Coast	c	4	2	1	1	0	0	0	0	0	.500
1934	Los Angeles/Portland	Pacific Coast	3b-c	8	25	2	6	2	0	0	0	0	.240
	Ponca City	Western Association	c	41	132	24	44	9	5	6	29	7	.333
1935	Indianapolis	American Association	c-3b	4	6	1	1	1	0	0	1	0	.167
	Ponca City	Western Association	of-c-p	110	410	81	127	26	9	6	74	21	.310
1936	Macon	SALLY	of-c-p	150	568	118	190	32	7	18	107	42	.335
	Cincinnati	National	p-c	6	10	4	4	2	1	0	1	0	.400
1937	Cincinnati	National	c	7	13	2	1	0	0	0	0	0	.077
	Nashville	Southern Association	c-of	33	99	13	30	5	4	0	8	1	.303
	Syracuse	International	c	85	254	33	67	12	4	1	28	3	.264
1938	Syracuse	International	c	130	406	66	113	25	4	12	59	15	.278
1939	Indianapolis	American Association	c	77	230	28	54	14	1	3	26	1	.235
1940	Indianapolis	American Association	c	6	16	2	5	1	0	0	4	1	.313
	Birmingham	Southern Association	c-of-p	90	233	34	60	16	2	1	25	2	.258
1941	Birmingham	Southern Association	c-p	4	3	1	3	1	0	0	1	0	1.000
	Anniston	Southeastern	c-p	124	454	103	153	21	9	20	103	9	.337

YEAR	CLUB	LEAGUE	POS	G	AB	R	H	2B	3B	HR	RBI	SB	AVG
1942	Anniston	Southeastern	c-of-p	97	342	63	119	26	1	13	63	8	.348
	New Orleans	Southern Association	of-p	47	171	23	52	5	1	2	19	1	.304
1943	Brooklyn/Philadelphia	National	c-3b-of	74	192	21	47	7	1	1	20	1	.245
1944-45							Military service						
1946	Philadelphia	National	c-1b	11	13	2	1	0	0	0	1	0	.077
1947	Sacramento	Pacific Coast	c-1b-p	57	133	12	40	3	0	0	13	1	.301
1948	Sacramento	Pacific Coast	c	106	327	33	101	19	0	4	43	4	.309
1949	Sacramento/San Diego	Pacific Coast	c	121	383	50	119	21	2	11	54	5	.311
1950	San Diego	Pacific Coast	c	127	370	40	104	16	0	1	35	6	.281
1951	San Diego	Pacific Coast	c	4	13	1	1	0	0	0	0	0	.077
	Mexicali	Southwest International	c-1b	78	239	35	71	13	0	6	41	2	.297
1952	Ogden	Pioneer	c-p	72	190	33	62	8	0	5	41	3	.326
		Majors		98	228	29	53	9	2	1	22	1	.232
		Minors		1575	5006	797	1523	274	49	109	774	132	.304

PITCHING RECORD

YEAR	CLUB	LEAGUE	G	IP	W	L	H	R	ER	BB	SO	ERA
1935	Ponca City	Western Association	16	135	12	3	130	63	50	38	84	3.33
1936	Macon	SALLY	8	56	4	2	41	20	14	21	35	2.25
	Cincinnati	National	2	7	0	0	3	0	0	2	3	0.00
1940	Birmingham	Southern Association	14	50	2	2	49	28	23	24	32	4.14
1941	Birmingham	Southern Association	4	6	0	1	16	10	9	6	5	13.50
	Anniston	Southeastern	10	22	1	3	29	20	–	10	17	–
1942	Anniston	Southeastern	5	17	0	1	20	9	–	8	12	–
	New Orleans	Southern Association	9	21	2	2	18	10	9	6	9	3.86
1947	Sacramento	Pacific Coast	7	11	1	0	10	11	4	4	3	3.27
1952	Ogden	Pioneer	11	41	4	0	49	32	27	17	18	5.93
		Majors	2	7	0	0	3	0	0	2	3	0.00
		Minors	84	359	26	14	362	203	136	134	261	3.83

ANDRES IBARRA MORA

Born May 25, 1955 at Rio Bravo, Coahuila, Mexico.
Bats right. Throws right. Height: 6-0. Weight: 180.

YEAR	CLUB	LEAGUE	POS	G	AB	R	H	2B	3B	HR	RBI	SB	AVG
1971	Zacatecas	Mexican Center	of	56	137	22	42	8	4	1	29	1	.307
	Puerto Penasco	Mexican Northern	of	78	316	47	90	12	5	3	23	2	.285
1972	Saltillo	Mexican	of	2	1	0	0	0	0	0	0	0	.000
1973	West Palm Beach	Florida State	of	8	21	1	0	0	0	0	0	0	.000
1974	Saltillo	Mexican	of	132	444	56	138	17	6	14	77	4	.311
1975	Saltillo	Mexican	of	133	492	82	151	18	7	35	109	2	.307
1976	Baltimore	American	of	73	220	18	48	11	0	6	25	1	.218
	Rochester	International	of	18	67	17	22	6	0	6	15	0	.328
1977	Rochester	International	of	45	183	31	55	13	2	11	45	0	.301
	Baltimore	American	of-3b	77	233	32	57	8	2	13	44	0	.245
1978	Rochester	International	of	23	88	15	20	3	1	4	10	1	.227
	Baltimore	American	of	76	229	21	49	8	0	8	14	0	.214
1979	Saltillo	Mexican	of	114	421	79	145	31	5	23	102	3	.344
1980	Cleveland	American	of	9	18	0	2	0	0	0	0	0	.111
	Saltillo	Mexican #1	c-of	45	160	25	48	8	0	8	42	1	.300
	Saltillo	Mexican #2	of	35	110	19	32	4	0	3	21	0	.291
1981	Saltillo	Mexican	1b	124	437	65	138	17	3	23	93	3	.316
1982	Saltillo/Nuevo Laredo	Mexican	of-1b	126	413	72	119	16	2	25	80	12	.288
1983	Nuevo Laredo	Mexican	of	118	401	64	122	14	0	19	75	6	.304
1984	Nuevo Laredo	Mexican	of	113	426	86	163	36	1	32	95	9	.383
1985	Nuevo Laredo	Mexican	1b	127	456	98	164	25	2	41	110	2	.360
1986	Nuevo Laredo	Mexican	1b	122	420	86	149	20	3	33	117	2	.355
1987	Nuevo Laredo	Mexican	1b	114	419	87	154	24	0	38	123	0	.368
1988	Nuevo Laredo	Mexican	1b	85	299	51	92	13	1	21	67	2	.308
1989	Monterrey	Mexican	1b-of	119	427	55	135	15	1	20	81	0	.316
1990	Monterrey/Nuevo Laredo	Mexican	1b	121	422	54	129	19	1	16	68	2	.306
1991	Nuevo Laredo	Mexican	1b	117	413	65	121	11	0	28	96	0	.293
1992	Nuevo Laredo	Mexican	dh	98	332	32	82	19	0	11	39	1	.247
1993	Nuevo Laredo	Mexican	dh	123	410	43	100	9	0	20	64	0	.244
		Majors		235	700	71	156	27	2	27	83	1	.223
		Minors	2196	7715	1252	2411	358	44	435	1581	53	.313

Cyril M. "Butch" Moran

Born May 12, 1917 at San Francisco, CA.
Died November 12, 1968 at Los Angeles, CA.
Batted right. Threw right. Height: 6-0. Weight: 175.

Manager for Yuma/Tijuana, Sunset, 1950; Pocatello, Pioneer, 1953-1954.

YEAR	CLUB	LEAGUE	POS	G	AB	R	H	2B	3B	HR	RBI	SB	AVG
1938	Rogers	Arkansas-Missouri	1b	105	406	107	159	43	12	22	114	8	.392
1939	Muskogee	Western Association	1b	129	492	115	168	28	2	26	146	5	.341
1940	Birmingham	Southern Association	1b	14	47	6	10	1	3	0	4	0	.213
	Elmira	Eastern	1b	125	449	53	121	26	7	7	82	6	.269
1941	Portsmouth	Piedmont	1b	7	22	–	6	–	–	–	–	–	.182
	Charleston	SALLY	1b-of	116	421	50	115	26	4	6	61	1	.273
1942	Charleston	SALLY	1b	138	530	65	166	38	5	4	88	13	.313
1943	Hollywood	Pacific Coast	1b	156	592	70	168	27	3	4	64	10	.284
1944	Hollywood	Pacific Coast	1b	141	521	70	164	34	5	2	65	8	.315
1945	Hollywood	Pacific Coast	1b	169	625	77	189	56	4	6	101	14	.302
1946	Hollywood	Pacific Coast	1b	105	305	36	87	13	2	1	33	6	.285
1947	Indianapolis	American Association	1b	148	556	80	157	29	5	8	71	5	.282
1948	Seattle	Pacific Coast	1b	59	177	24	54	15	1	2	25	1	.305
1949	Los Angeles	Pacific Coast	1b	121	419	51	102	15	1	8	43	2	.243
1950	Yuma/Tijuana	Sunset	1b	83	211	42	87	10	3	14	64	3	.412
1951	Tacoma	Western International	1b	145	570	90	178	40	7	5	103	8	.312
1952	Lewiston	Western International	1b	126	469	53	137	27	2	5	81	2	.292
1953	Pocatello	Pioneer	1b	57	121	14	37	3	1	6	26	1	.306
1954	Pocatello	Pioneer	1b	65	211	32	73	8	1	8	49	2	.346
		Minors	2009	7144	1035	2178	439	68	134	1220	95	.305

Daniel Morejon (Torres)

Born July 21, 1930 at Havana, Cuba
Batted right. Threw right. Height: 6-1. Weight: 175.

YEAR	CLUB	LEAGUE	POS	G	AB	R	H	2B	3B	HR	RBI	SB	AVG
1954	Portsmouth	Piedmont	3b	43	147	23	42	7	4	3	13	6	.286
	Miami	Florida International	3b	38	130	23	39	3	6	1	19	5	.306
1955	High Point-Thomasville	Carolina	of	136	510	101	165	30	10	13	86	11	.324
1956	Savannah	SALLY	of	140	520	74	155	21	14	11	66	18	.298
1957	Havana	International	of	141	504	58	149	23	10	12	75	3	.296
1958	Havana	International	of-3b	114	384	54	102	17	9	10	66	4	.266
	Cincinnati	National	of	12	26	4	5	0	0	0	1	1	.192
1959	Havana	International	of	134	411	48	102	22	1	6	47	3	.248
1960	Havana	International	of	124	380	37	89	9	3	3	34	4	.234
1961	Havana-Jersey City	International	3b-of	137	460	53	127	16	8	6	58	3	.276
1962	Jacksonville	International	of-3b	138	369	47	92	20	6	6	58	3	.249
1963	Jacksonville	International	of-3b	118	311	33	78	15	4	1	26	3	.251
1964	Puebla	Mexican	of	65	224	42	75	11	7	3	22	3	.335
1965	Puebla	Mexican	of	129	470	93	159	24	10	11	41	8	.338
1966	Puebla	Mexican	of	103	351	57	111	21	7	12	87	2	.316
1967	Reynosa	Mexican	of	138	515	101	181	29	3	6	60	14	.351
1968	Reynosa	Mexican	of	136	455	61	132	26	1	8	51	9	.290
1969	Reynosa	Mexican	of	150	473	67	126	29	3	3	51	21	.266
1970	Saltillo	Mexican	of	151	536	78	165	35	7	11	73	17	.308
1971	Saltillo	Mexican	of	138	425	62	106	23	2	11	63	6	.249
1972	Cordoba	Mexican	of	22	59	10	15	1	1	4	4	0	.254
		Majors	12	26	4	5	0	0	0	1	1	.192
		Minors	2295	7634	1122	2210	281	116	138	1000	143	.289

Chester Collins "Chet" Morgan

Born June 6, 1910 at Cleveland, MS.
Died September 20, 1991 at Pasadena, TX.
Batted left. Threw right. Height: 5-9. Weight: 160

Manager for Clarksdale, Cotton States, 1948-1950; Greenville, Cotton States, 1953.

YEAR	CLUB	LEAGUE	POS	G	AB	R	H	2B	3B	HR	RBI	SB	AVG
1933	Beaumont	Texas	of	142	547	55	161	24	12	4	77	9	.294
1934	Beaumont/SanAntonio	Texas	of	154	631	120	216	42	10	6	89	8	.342

YEAR	CLUB	LEAGUE	POS	G	AB	R	H	2B	3B	HR	RBI	SB	AVG
1935	Toledo	American Association	of	107	442	57	142	19	12	3	79	8	.321
	Detroit	American	of	14	23	2	4	1	0	0	1	0	.174
1936	Milwaukee	American Association	of	113	448	81	133	21	8	1	39	10	.297
1937	Toledo	American Association	of	137	506	90	156	22	11	3	79	2	.308
1938	Toledo	American Association	of	71	283	46	101	12	7	0	52	11	.357
	Detroit	American	of	74	306	50	87	6	1	0	27	5	.284
1939	Louisville	American Association	of	152	597	79	174	22	11	1	38	8	.291
1940	Louisville	American Association	of	150	602	87	191	23	7	0	69	3	.317
1941	Louisville	American Association	of	142	528	64	148	17	9	3	78	4	.280
1942	Louisville	American Association	of	155	564	67	156	22	3	1	61	12	.277
1943	Louisville	American Association	of	56	183	21	43	5	1	0	14	3	.235
1944	Toronto	International	of	53	187	23	54	8	0	1	19	2	.289
1945	Toronto	Interantional	of	121	464	81	138	21	4	5	66	6	.297
1946	Toronto	Interantional	of	28	91	12	21	5	0	0	10	2	.231
	Tulsa	Texas	of	29	87	12	22	4	1	0	7	0	.253
1947				Did not play in organized baseball									
1948	Clarksdale	Cotton States	of	134	494	90	155	28	4	4	60	11	.314
1949	Clarksdale	Cotton States	of	34	127	14	33	2	0	0	13	3	.260
1950	Clarksdale	Cotton States	of	96	300	45	98	18	3	2	44	3	.327
			Majors	88	329	52	71	7	1	0	28	5	.277
			Minors	1874	7171	1044	2159	315	102	34	894	105	.301

HOWARD GLENN "HOWIE" MOSS

Born October 17, 1919 at Gastonia, NC.
Died May 7, 1989 at Baltimore, MD.
Batted right. Threw right. Height: 5-11½. Weight: 185.

YEAR	CLUB	LEAGUE	POS	G	AB	R	H	2B	3B	HR	RBI	SB	AVG
1936	Greenwood	Cotton States	3b	110	430	51	100	16	7	1	40	8	.233
1937	Greenwood	Cotton States	of-3b	25	94	11	21	2	3	0	–	–	.223
1938				Did not play in organized baseball									
1939	Granby	Provincial	3b	71	298	48	96	29	2	11	59	–	.322
1940				Did not play in organized baseball									
1941	Salisbury	North Carolina State	3b	21	90	25	27	8	1	7	22	2	.300
	Fort Smith	Western Association	3b	103	422	90	146	32	8	24	123	6	.346
1942	New York	National	of	7	14	0	0	0	0	0	0	0	.000
	Columbus	American Association	of	95	310	28	82	10	5	3	34	0	.265
1943	Jersey City	International	of	121	408	40	95	16	3	5	49	3	.233
1944	Baltimore	International	of	149	581	122	178	44	8	27	141	14	.306
1945				Military service									
1946	Cincinnati	National	of	7	26	1	5	0	0	0	1	0	.192
	Baltimore	International	3b-of	130	492	90	137	21	4	38	112	2	.278
	Cleveland	American	3b	8	32	2	2	0	0	0	0	0	.063
1947	Baltimore	International	of-3b	152	528	103	142	14	5	53	129	3	.269
1948	Baltimore	International	of	131	451	93	136	14	2	33	94	3	.301
1949	Milwaukee	American Association	of	147	575	106	169	27	5	29	117	3	.294
1950	Milwaukee	American Association	of	123	435	60	124	15	2	26	87	0	.285
1951	Milwaukee	American Association	of	19	58	13	15	1	0	3	8		.259
	Springfield/Baltimore	International	of	94	321	37	79	10	1	16	54	0	.246
1952	Augusta	South Atlantic	of	10	32	5	5	0	0	1	3	0	.156
	Gastonia	Tri-State	of	49	169	31	53	9	9	9	41	3	.314
	St. Petersburg	Florida International	of-3b	50	188	14	50	4	1	4	20	3	.266
			Majors	22	72	3	7	0	0	0	1	0	.097
			Minors	1600	5882	967	1655	272	57	290	1133	51	.282

GREGORY THOMAS MULLEAVY

Born September 25, 1905 at Detroit, MI.
Died February 1, 1980 at Arcadia, CA.
Batted right. Threw right. Height: 5-9. Weight: 167.

Manager for Jamestown, PONY, 1941-1942; Buffalo, International, 1943; Lockport, PONY, 1944-1945; Olean, PONY, 1946-1947; Greenville, SALLY, 1948; Nashua, New England, 1949; Elmira, Eastern, 1950; Mobile, Southern Association, 1954; Montreal, International, 1955-1957.
Coach for Brooklyn, National, 1957; Los Angeles, National, 1958-1964.
Scout for Brooklyn, National, 1950-1954; Los Angeles, National, 1961, 1965-1980.

YEAR	TEAM	LEAGUE	POS	G	AB	R	H	2B	3B	HR	RBI	SB	AVG
1927	Petersburg	Virginia	ss	101	347	33	87	13	8	2	42	11	.251

YEAR	CLUB	LEAGUE	POS	G	AB	R	H	2B	3B	HR	RBI	SB	AVG
1928	Raleigh	Piedmont	ss	120	454	84	137	22	**15**	5	49	2	.302
1929	San Antonio	Texas	ss	14	43	4	10	3	0	0	4	1	.233
	Decatur	Three I	ss	111	421	83	145	26	10	2	64	16	.344
1930	Toledo	American Association	ss	71	283	47	100	18	6	2	50	6	.353
	Chicago	American	ss	77	289	27	76	14	5	0	29	5	.263
1931	Toledo	American Association	2b-ss	153	569	76	168	31	7	2	81	17	.295
1932	Chicago	American	2b	1	3	0	0	0	0	0	0	0	.000
	Oakland	Pacific Coast	ss	132	504	80	162	28	12	1	58	22	.321
1933	Boston	American	ph	1	0	1	0	0	0	0	0	0	.000
	Buffalo	International	ss-2b	153	611	127	**206**	43	12	7	65	19	.337
1934	Buffalo	International	ss	154	**600**	**131**	186	**38**	4	8	91	22	.310
1935	Buffalo	International	ss	150	580	86	169	25	11	2	55	12	.291
1936	Buffalo	International	ss	151	549	96	147	32	5	8	93	6	.268
1937	Buffalo	International	ss	146	539	79	163	34	4	4	48	11	.302
1938	Buffalo	International	ss-2b	146	573	98	153	34	3	11	61	17	.267
1939	Buffalo	International	2b-3b	96	296	57	93	22	2	7	38	4	.314
1940	Buffalo	International	ss-2b	110	360	42	81	16	1	0	31	6	.225
1941	Jamestown	PONY	2b	107	403	67	143	31	10	4	94	5	.355
1942	Jamestown	PONY	2b	111	416	68	133	31	4	1	72	14	.320
1943	Buffalo	International	ph	1	1	0	0	0	0	0	0	0	.000
1944	Lockport	PONY	2b-1b	59	174	30	47	11	2	1	32	7	.270
1945	Lockport	PONY	1b	30	89	14	22	48	0	0	14	1	.247
1946	Olean	PONY	3b	25	69	15	31	7	0	2	18	0	.433
		Majors		79	292	28	76	14	5	0	29	5	.260
		Minors		2141	7881	1317	2383	513	116	72	1060	199	.302

FREDERICK WILLIAM "FREDDIE" MULLER

Born December 21, 1907 at Newark, CA.
Died October 20, 1976 at Davis, CA.
Batted right. Threw right. Height: 5-10. Weight: 170.

YEAR	CLUB	LEAGUE	POS	G	AB	R	H	2B	3B	HR	RBI	SB	AVG
1928	Seattle	Pacific Coast	3b-ss	139	468	51	108	24	8	8	37	5	.231
1929	Seattle	Pacific Coast	2b-ss-3b	125	436	43	111	12	4	10	37	1	.255
1930	Seattle	Pacific Coast	2b-ss	144	467	57	128	24	7	13	59	6	.274
1931	Seattle	Pacific Coast	2b-ss	182	687	82	193	43	6	15	105	8	.281
1932	Seattle	Pacific Coast	2b	185	682	116	192	49	8	**38**	121	15	.282
1933	Seattle	Pacific Coast	2b	83	294	63	96	15	6	20	66	5	.327
	Boston	American	2b	15	48	6	9	1	1	0	3	1	.188
	Montreal	International	3b-2b	49	149	23	36	9	1	1	15	2	.242
1934	Boston	American	3b-2b	2	1	1	0	0	0	0	0	0	.000
	Newark	International	3b	91	297	48	87	14	7	16	64	2	.293
1935	Oakland	Pacific Coast	2b	150	556	72	148	32	4	13	109	9	.266
1936	Seattle	Pacific Coast	2b	157	561	94	171	32	7	**30**	105	11	.305
1937	Seattle	Pacific Coast	2b	161	559	67	161	32	7	26	111	6	.288
1938	Seattle	Pacific Coast	2b	170	627	101	186	33	7	20	110	4	.297
1939	Toledo	American Association	3b	126	454	51	112	18	3	20	78	1	.247
1940	Portland	Pacific Coast	2b	68	244	17	57	10	0	3	31	0	.234
		Majors		17	49	7	9	1	1	0	3	1	.184
		Minors		1830	6481	885	1786	347	75	233	1048	75	.276

EDWARD JOSEPH "EDDIE" MULLIGAN

Born August 27, 1894 at St. Louis, MO.
Died March 15, 1982 at San Rafael, CA.
Batted right. Threw right. Height: 5-9. Weight: 152.

Manager for Salt Lake City, Pioneer, 1939-1940. Owner of Salt Lake City, Pioneer, 1939-1949; Sacramento, Pacific Coast, 1951-1955. President California League, 1956-1975.

YEAR	CLUB	LEAGUE	POS	G	AB	R	H	2B	3B	HR	RBI	SB	AVG
1914	Galesburg	Central Association	3b	82	310	36	83	—	—	—	—	11	.268
	Davenport	Three I	of-ss	2	7	0	1	0	0	0	0	0	.143
1915	Davenport	Three I	ss	124	463	58	129	24	7	2	—	40	.279
	Chicago	National	ss-3b	11	22	5	8	1	0	0	2	2	.364
1916	Chicago	National	ss	58	189	13	29	3	4	0	9	1	.153
	Kansas City	American Association	ss-of	55	189	20	45	10	0	0	—	6	.238

YEAR	CLUB	LEAGUE	POS	G	AB	R	H	2B	3B	HR	RBI	SB	AVG
1917	Kansas City	American Association	ss	100	348	35	88	7	3	2	—	15	.253
	Mobile	Southern Association	ss	20	75	10	16	1	0	1	—	10	.213
1918	Chattanooga	Southern Assaociation					Military service						
1919	Salt Lake City	Pacific Coast	3b-ss	137	465	68	125	22	6	5	—	18	.269
1920	Salt Lake City	Pacific Coast	3b-ss	179	662	116	198	35	11	6	—	50	.299
1921	Chicago	American	3b	152	609	82	153	21	12	1	45	13	.251
1922	Chicago	American	3b	103	372	39	87	14	8	0	31	7	.234
1923	San Francisco	Pacific Coast	3b	155	620	94	204	26	6	9	77	30	.329
1924	San Francisco	Pacific Coast	3b	199	**820**	150	251	51	2	13	114	28	.306
1925	San Francisco	Pacific Coast	3b	180	751	143	215	45	8	10	77	12	.286
1926	San Francisco	Pacific Coast	3b	182	715	112	188	30	4	3	52	8	.263
1927	San Francisco	Pacific Coast	3b	170	665	128	182	46	1	6	65	23	.274
1928	Pittsburgh	National	2b-3b	27	43	4	10	2	0	0	1	9	.233
1929	Mission	Pacific Coast	3b	181	734	144	205	34	5	3	56	42	.279
1930	Mission	Pacific Coast	3b	201	828	141	248	35	3	5	56	27	.300
1931	Mission	Pacific Coast	3b	94	390	57	109	17	6	0	27	12	.279
1932	Mission/Seattle/Portland	Pacific Coast	3b	139	548	83	162	23	2	3	42	15	.296
1933	Portland	Pacific Coast	3b	177	694	136	204	33	5	2	56	43	.294
1934	Oakland	Pacific Coast	3b	184	722	118	194	32	5	0	44	45	.269
1935	Hollywood/Mission	Pacific Coast	3b	82	245	31	63	7	1	0	21	11	.257
1936	San Diego	Pacific Coast	3b	39	12	6	1	0	0	0	0	7	.083
1937	San Diego	Pacific Coast	3b	35	86	13	22	4	0	0	5	2	.256
1938	San Diego	Pacific Coast	3b	8	12	3	3	2	0	0	1	0	.250
1939	Salt Lake City	Pioneer	ph	3	2	0	0	0	0	0	0	0	.000
		Majors		351	1235	143	287	41	24	1	88	23	.232
		Minors		2728	10363	1702	2936	484	75	70	693	455	.283

JOSEPH MARTIN NAPOLEON MUNSON

Born November 6, 1899 at Renovo, PA.
Died February 24, 1991 at Drexel Hill, PA.
Batted left. Threw right. Height: 5-10. Weight: 184.

Real last name was Carlson
Played under name Joe Martin in 1918 and 1919.

YEAR	CLUB	LEAGUE	POS	G	AB	R	H	2B	3B	HR	RBI	SB	AVG
1918	Martinsburg	Blue Ridge	of-3b-c	5	21	3	7	2	0	0	3	0	.333
1919	Suffolk	Virginia	of	35	122	11	33	8	2	0	10	3	.270
1920	Raleigh	Piedmont	of	120	434	88	132	17	5	8	68	**38**	.304
1921	Dallas	Texas	of	154	568	106	169	40	11	8	52	20	.298
1922	Galveston	Texas	of	102	306	47	95	18	5	9	40	6	.310
1923	Galveston	Texas	of	142	489	71	138	31	6	10	65	9	.282
1924	Galveston	Texas	of	11	27	3	4	0	1	0	1	0	.148
	Marlin	Texas Association	of	115	408	96	141	24	**11**	17	—	23	**.346**
1925	Harrisburg	New York-Pennsylvania	of	131	470	**132**	188	34	**17**	33	129	29	**.400**
	Chicago	National	of	9	35	5	13	3	1	0	3	1	.371
1926	Chicago	National	of	33	101	17	26	2	2	3	15	0	.257
	Indianapolis	American Association	of	25	72	11	23	8	0	1	10	0	.319
	Terre Haute	Three I	of	48	168	32	49	4	4	3	—	3	.292
1927	Tulsa	Western	of	154	583	146	223	48	9	**32**	—	17	.383
1928	Tulsa	Western	of	165	611	**171**	235	46	10	39	—	9	**.385**
1929	Tulsa	Western	of	**161**	569	**167**	210	40	5	32	—	8	.369
1930	Waco	Texas	of	150	584	111	196	45	2	10	89	5	.336
1931	Galveston	Texas	of	18	63	6	17	4	1	0	3	0	.270
	Des Moines/Topeka	Western	of	122	420	60	128	31	2	3	75	8	.305
1932	Clarksburg	Middle Atlantic	of	60	203	34	62	17	1	3	29	7	.305
		Majors		42	136	22	39	5	3	3	18	1	.287
		Minors		1718	6118	1295	2050	417	92	208	575	185	.335

EDWARD B. MURPHY

Born December 15, 1923 at Roxbury, MA.
Batted right. Threw right. Height: 5-8. Weight: 168.

YEAR	CLUB	LEAGUE	POS	G	AB	R	H	2B	3B	HR	RBI	SB	AVG
1946	Victoria	Western International	of	126	507	83	145	21	6	15	71	38	.286
1947	Bremerton	Western International	of	154	591	113	184	30	7	15	109	**51**	.311
	Oakland	Pacific Coast	of	18	28	7	7	2	0	0	3	1	.250

YEAR	CLUB	LEAGUE	POS	G	AB	R	H	2B	3B	HR	RBI	SB	AVG
1948	Oakland	Pacific Coast	of	5	1	1	0	0	0	0	0	0	.000
	New Orleans	Southern Association	of	13	31	6	3	1	0	0	3	0	.097
	Bremerton	Western International	of	132	508	82	143	37	4	2	51	26	.281
1949	San Francisco	Pacific Coast	of	35	107	10	26	4	0	1	11	3	.243
	Stockton	California	of	73	264	39	69	13	2	0	28	18	.261
1950	Spokane	Western International	of	147	534	90	137	20	5	0	48	**65**	.257
1951	Spokane	Western International	of	142	579	**124**	172	25	2	3	51	**90**	.297
1952	Spokane	Western International	of	153	590	108	165	21	4	5	63	**46**	.280
1953	Spokane	Western International	of	127	517	92	139	27	1	3	42	**41**	.269
1954	Spokane/Vancouver	Western International	of	113	429	86	112	16	1	7	52	18	.261
1955	Spokane	Northwest	of	127	490	101	151	24	2	9	56	23	.308
1956	Spokane	Northwest	of	119	498	97	115	21	2	4	45	16	.231
			Minors	1484	5674	1039	1568	262	36	64	633	436	.276

Robert O.D. "Rod" Murphy

Batted left. Threw right.

YEAR	CLUB	LEAGUE	POS	G	AB	R	H	2B	3B	HR	RBI	SB	AVG
1911	Wilmington	Tri-State	of-3b	40	150	23	33	–	–	–	–	10	.220
1912	Petersburg/Norfolk	Virginia	ss	55	213	32	62	6	2	0	–	9	.291
1913						Did not play in organized baseball							
1914	Oakland	Pacific Coast	2b-ss	61	172	18	51	8	1	1	10	13	.297
1915	Aberdeen/Portland/Vancouver	Northwestern	3b-of	115	480	72	133	24	6	11	–	31	.277
1916	Vancouver	Northwestern	1b-ss-of	126	513	97	182	24	5	4	–	31	.355
	Oakland	Pacific Coast	3b	48	186	22	50	3	0	1	–	19	.269
1917	Oakland	Pacific Coast	3b	207	752	96	228	32	12	1	–	52	.303
1918						Military service							
1919	Oakland	Pacific Coast	3b-1b-of	179	656	81	177	26	1	9	–	32	.270
1920	Seattle	Pacific Coast	1b-3b-of	182	674	100	207	29	10	10	–	63	.307
1921	Sacramento	Pacific Coast	1b-3b-2b	154	599	105	189	45	11	15	92	20	.316
1922	Sacramento/Seattle	Pacific Coast	1b-3b-of	135	480	52	133	22	5	6	65	23	.277
1923	Vernon	Pacific Coast	1b	170	694	123	225	31	16	8	76	14	.324
1924	Vernon	Pacific Coast	of-1b-2b	75	253	44	80	8	4	3	43	5	.316
1925	Atlanta	Southern Association	1b-3b	150	556	86	168	20	8	3	67	39	.302
1926	Atlanta	Southern Association	ss-1b-of	100	299	56	98	15	4	2	29	19	.328
1927	Atlanta/Memphis	Southern Association	3b-1b	44	135	15	28	3	3	0	16	4	.207
	Springfield	Three I	1b-3b	63	222	36	67	9	4	6	46	7	.302
1928-29						Did not play in organized baseball							
1930	Vicksburg	Cotton States	2b-1b	68	250	27	79	8	8	2	32	15	.316
			Minors	1972	7434	1085	2190	313	100	82	476	391	.295

James Oscar "Jim" Murray

Born January 16, 1880 at Galveston, TX.
Died April 25, 1945 at Galveston, TX.
Batted right. Threw left. Height: 5-10. Weight: 180.

Manager for Oklahoma City, Texas, 1917.

YEAR	CLUB	LEAGUE	POS	G	AB	R	H	2B	3B	HR	RBI	SB	AVG
1897	Galveston	Texas	p-of	9	32	2	7	1	3	0	–	0	.219
1898	Shreveport	Southwest	p-of	6	19	5	7	2	1	0	–	0	.368
1899	Houston/San Antonio	Texas	of-p	72	284	55	85	17	9	7	–	18	.299
1900	Portsmouth	Virginia	of-p	96	374	66	126	20	**14**	**11**	–	28	.337
1901	Portsmouth	Virginia-North Carolina	of-p	62	262	43	82	12	**13**	3	–	18	.313
	Charlotte	North Carolina	of-p	29	115	10	34	7	4	1	–	3	.296
1902	Manchester	Northeastern	of	106	460	**91**	**133**	28	9	**12**	–	40	.289
	Chicago	National	of	12	47	3	8	0	0	0	1	0	.170
1903	Manchester	Northeastern	of	99	393	58	98	21	8	3	–	24	.249
	Toronto	Eastern	of	11	43	5	12	0	2	0	–	3	.279
1904	Toronto	Eastern	of	135	494	75	125	19	14	4	–	46	.253
1905	Toronto/Buffalo	Eastern	of	83	321	57	81	14	8	**9**	–	20	.252
	Harrisburg	Tri-State	of-1b	31	115	22	32	4	3	0	–	11	.278
1906	Buffalo	Eastern	of	136	529	68	150	23	13	7	–	38	.284
1907	Buffalo	Eastern	of	115	430	57	117	19	7	5	–	30	.272
1908	Buffalo	Eastern	of	122	448	47	103	17	8	4	–	27	.230
1909	St. Paul	American Association	of	103	376	39	92	16	9	5	–	10	.245

YEAR	CLUB	LEAGUE	POS	G	AB	R	H	2B	3B	HR	RBI	SB	AVG
1910	St. Paul	American Association	of	140	507	73	131	18	10	11	—	37	.258
1911	St. Louis	American	of	31	102	8	19	5	0	3	11	0	.186
	Buffalo	Eastern	of	81	302	47	99	14	12	5	—	17	.328
1912	Buffalo	International	of	138	518	88	161	20	24	15	—	21	.311
1913	Buffalo	International	of	119	436	53	131	21	16	6	—	19	.300
1914	Boston	National	of	39	112	10	26	4	2	0	12	2	.232
	St. Paul	American Association	of	74	281	42	74	12	5	7	—	9	.263
1915	Little Rock	Southern Association	of	107	371	45	101	17	10	3	—	12	.272
1916	Galveston	Texas	of	56	215	—	43	10	2	1	—	5	.200
	Oklahoma City	Western Association	of	47	181	25	59	10	1	11	4	—	.326
1917	Oklahoma City	Western Association	of	143	519	77	151	27	2	22	—	16	.291
1918-19		Did not in play organized baseball											
1920	Galveston	Texas	of	18	58	4	12	4	0	0	—	2	.207
		Majors		82	261	21	53	9	2	3	24	2	.203
		Minors		2107	7968	1132	2214	369	204	151	—	447	.278

William "Bade" Myers

Manager for Fort Wayne, Central, 1903-1905; Canton, Central, 1905-1907; Dayton, Central, 1908-1909; Quincy, Cental Association, 1910; Quincy, Three I, 1911-1912; Canton, Interstate, 1913; Fort Wayne, Central, 1915; Muskegon, Central, 1916; Richmond, Central, 1917.

YEAR	CLUB	LEAGUE	POS	G	AB	R	H	2B	3B	HR	RBI	SB	AVG
1896	Jackson	Interstate	c	41	162	39	55	—	—	—	—	—	.340
1897	Toledo	Interstate	1b	126	462	114	190	45	3	12	—	8	**.411**
1898	Toledo	Interstate	1b	152	588	89	146	34	1	11	—	8	.248
1899	Toledo	Interstate	1b-c	129	439	82	124	17	0	3	—	2	.282
1900	Dayton	Interstate	1b-c	130	469	59	128	20	4	9	—	9	.273
1901	Dayton	Western Association	1b	122	448	74	140	15	5	4	—	14	.313
1902	Columbus	American Association	1b	74	282	36	75	14	0	0	—	7	.266
1903	Fort Wayne	Central	1b	131	482	89	158	—	—	—	—	—	.328
1904	Fort Wayne	Central	1b	132	486	77	149	19	9	4	—	17	.307
1905	Fort Wayne/Canton	Central	1b	101	381	41	92	16	4	2	—	11	.241
1906	Canton	Central	1b	126	437	47	108	15	4	1	—	24	.247
1907	Canton	Central	1b	131	453	48	115	18	6	2	—	18	.254
1908	Dayton	Central	1b	129	482	47	139	18	6	1	—	18	.288
1909	Dayton	Central	1b	109	385	37	93	11	1	0	—	11	.242
1910	Quincy	Central Association	1b	91	311	20	81	16	0	1	—	10	.260
1911	Quincy	Three I	1b	124	483	54	136	12	1	3	—	3	.282
1912	Quincy	Three I	1b	88	294	26	87	13	1	0	—	4	.296
1913	Canton	Interstate	1b	71	281	34	90	14	0	2	—	3	.320
1914		No record available											
1915	Fort Wayne	Central	1b	16	24	5	6	1	0	0	—	2	.250
		Minors		2023	7349	1018	2112	298	45	55	—	169	.287

Philip Nadeau

Born in 1876 at Montreal, Quebec, Canada
Batted right. Threw right. Height: 5-8½. Weight: 175.

YEAR	CLUB	LEAGUE	POS	G	AB	R	H	2B	3B	HR	RBI	SB	AVG
1894	Springfield	Eastern	2b	110	469	128	162	24	25	7	—	30	.345
1895	Brockton	New England	of-ss	93	372	84	130	14	5	4	—	40	.349
1896	Brockton	New England	of	106	453	110	152	40	3	9	—	37	.336
1897	Brockton	New England	of	106	447	96	131	20	1	10	—	15	.293
1898	Brockton	New England	of	48	189	41	53	13	1	4	—	12	.280
	Palmyra	New York State	of	15	66	13	22	6	2	0	—	1	.333
1899	New Castle	Interstate	of	135	517	83	134	24	6	7	—	28	.259
1900	Cortland	New York State	of	108	433	81	130	28	5	1	—	25	.300
1901	Waverly	New York State	of	105	424	57	143	10	2	0	—	20	.337
1902	Binghamton	New York State	of	110	450	68	140	13	3	0	—	20	.311
1903	Portland	Pacific Coast	of	204	790	141	269	26	7	1	—	44	.341
1904	Portland	Pacific Coast	of	198	774	104	201	31	3	0	—	42	.260
1905	New Orleans	Southern Association	of	126	462	70	115	12	1	0	—	23	.249
1906	New Orleans/Memphis	Southern Association	of	140	522	65	146	19	3	4	—	29	.280
1907	New Orleans/Montgomery	Southern Association	of	123	475	38	109	13	4	0	—	20	.229
1908	Fort Wayne/Zanesville	Central	of	114	416	44	120	25	6	0	—	18	.288
1909	Charleston/Knoxville	SALLY	of	125	446	37	107	—	—	—	—	36	.240

YEAR	CLUB	LEAGUE	POS	G	AB	R	H	2B	3B	HR	RBI	SB	AVG
1910	Joliet	Northern Association	of	39	135	24	45	8	3	0	–	16	.333
	Davenport	Three I	of	93	353	38	96	–	–	–	–	22	.272
1911	Centralia/Chehalis	Washington State	of	19	79	8	15	11	1	0	–	9	.190
1912	Pendleton	Western Tri-State	of	93	387	59	124	21	5	0	–	29	.320
1913	LaGrande/North Yakima	Western Tri-State	of	95	363	51	115	17	3	4	–	25	.317
1914	Boise	Union Association	of	12	41	6	11	2	2	1	–	1	.268
	Baker	Western Tri-State	of	65	219	25	69	11	0	2	–	16	.315
		Minors		2382	9282	1471	2739	388	91	54	–	566	.295

WILLIAM TAYLOR "BILL" NAGEL

Born August 19, 1915 at Memphis, TN.
Died October 8, 1981 at Freehold, NJ.
Batted right. Threw right. Height: 6-1. Weight: 205.

YEAR	CLUB	LEAGUE	POS	G	AB	R	H	2B	3B	HR	RBI	SB	AVG
1935	Columbus-Cleveland/Clarksdale	East Dixie	ss-2b	111	430	50	117	26	5	4	44	3	.272
1936	Clarksdale	Cotton States	3b-1b-ss	114	432	61	136	22	16	9	76	10	.315
	Memphis	Southern Association	3b-ss-1b	34	113	11	27	8	5	1	13	2	.239
1937	Macon	SALLY	ss	7	25	1	1	0	0	0	1	0	.040
	Greenville	Cotton States	of-3b	37	150	28	40	7	1	4	19	3	.267
	Memphis/Little Rock	Southern Association	of-3b	28	75	5	15	1	0	0	10	0	.200
1938	Little Rock	Southern Association	3b-of	134	476	85	129	26	9	15	80	13	.271
1939	Philadelphia	American	2b-3b-p	105	341	39	86	19	4	12	39	2	.252
1940	Baltimore	International	3b	145	529	85	142	18	3	37	113	6	.268
1941	Philadelphia	National	2b-of-3b	17	56	2	8	1	1	0	6	0	.143
	Syracuse	International	1b-3b-of	118	401	39	91	28	1	13	59	3	.227
1942	Syracuse/Toronto	International	of	38	118	10	22	4	2	3	11	0	.186
	Albany	Eastern	of	80	279	42	72	10	1	11	49	8	.258
1943	Albany	Eastern	of	140	499	82	143	39	11	10	76	5	.289
1944	Milwaukee	American Association	3b	109	425	66	131	10	7	23	117	3	.308
1945	Chicago	American	1b-3b	67	220	21	46	10	3	3	27	3	.209
1946	Milwaukee	American Association	1b	15	47	7	12	20	2	0	2	7	.255
	Oklahoma City	Texas	3b-of-1b-ss-p	91	271	20	53	10	0	4	30	1	.196
1947	Leaksville/Raleigh	Carolina	1b-3b	134	545	100	158	39	3	30	128	2	.290
1948	Raleigh/Reidsville	Carolina	3b-1b	139	534	94	168	34	0	28	120	1	.313
1949	Danville	Carolina	3b-of	128	479	75	139	32	2	15	85	4	.290
1950	Dallas	Texas	2b	7	16	4	2	1	0	0	0	0	.125
	Reidsville	Carolina	1b-3b	123	466	66	135	26	0	19	85	0	.290
1951	Burlington	Carolina	3b-1b	61	241	29	63	12	0	12	32	0	.261
	Fort Lauderdale	Florida International	1b	38	146	19	37	6	0	5	16	0	.253
	Lake Charles	Gulf Coast	of	30	113	7	26	4	0	2	16	0	.230
		Majors		189	617	62	140	30	8	15	72	5	.227
		Minors		1861	6810	986	1859	383	68	245	1181	72	.273

LEONARDO NAJO (ALANIS)

Born February 17, 1899 at La Lajilia, Nuevo Leon, Mexico.
Died April 25, 1978 at Mission, TX.
Batted right. Threw right. Height: 5-10. Weight: 170.

Manager for Laredo, Rio Grande Valley, 1950.

YEAR	CLUB	LEAGUE	POS	G	AB	R	H	2B	3B	HR	RBI	SB	AVG
1924	Tyler	East Texas	of	108	392	93	150	33	8	21	100	21	.383
	San Antonio	Texas	of	26	96	13	20	4	1	1	13	1	.208
1925	Okmulgee	Western Association	of	150	599	195	213	46	10	34	131	41	.356
	San Antonio	Texas	of	2	8	1	2	0	1	0	1	0	.250
1926	San Antonio	Texas	of	82	290	60	90	18	1	3	24	21	.310
1927	San Antonio	Texas	of	123	390	56	115	19	5	2	54	19	.295
1928	San Antonio	Texas	of	158	581	106	161	35	10	4	60	17	.277
1929	Omaha	Western	of	120	421	88	133	41	3	3	82	21	.316
1930	Omaha	Western	of	129	471	98	158	41	8	6	92	29	.335
1931	Omaha	Western	of	94	337	78	119	29	5	1	57	11	.353
	San Antonio	Texas	of	39	124	17	33	5	0	1	15	1	.266
1932	San Antonio	Texas	of	33	120	19	31	6	2	0	8	2	.258
	Tulsa	Western	of	113	427	81	138	23	10	3	94	6	.323
1933-37							Did not play in organized baseball						

YEAR	CLUB	LEAGUE	POS	G	AB	R	H	2B	3B	HR	RBI	SB	AVG
1938	McAllen	Texas Valley	of	98	367	106	130	28	5	20	91	19	.354
1939	Tampico	Mexican	of	38	112	13	29	2	2	3	11	6	.393
1940	Mexico City	Mexican	of	5	17	1	5	1	0	0	1	0	.294
			Minors	1318	4752	1025	1527	331	71	102	834	215	.321

WILLIAM G. "DOC" NANCE

Born August 2, 1876 at Fort Worth, TX.
Died May 28, 1958 at Fort Worth, TX.
Batted right. Threw right.

Family name was Cooper

YEAR	CLUB	LEAGUE	POS	G	AB	R	H	2B	3B	HR	RBI	SB	AVG
1895	Shreveport/Fort Worth	Texas	of	50	190	30	53	8	1	0	—	—	.279
1896	Fort Worth/Galveston	Texas	of	127	480	116	168	27	5	2	—	33	.350
1897	Galveston	Texas	of	73	283	69	114	18	6	2	—	17	.403
	Louisville	National	of-2b	35	120	25	29	5	3	3	17	3	.242
1898	Louisville	National	of-2b	22	76	13	24	5	0	1	16	2	.316
	Paterson	Atlantic	of	103	386	86	106	21	3	1	—	17	.275
1899	Minneapolis	Western	of-2b	130	500	74	139	25	3	1	—	13	.278
1900	Minneapolis	American	2b	129	483	69	129	24	4	2	—	14	.268
1901	Detroit	American	of	132	461	72	129	24	5	3	66	9	.280
1902	Kansas City	American Association	of	136	517	113	149	26	7	2	—	24	.289
1903	Kansas City	American Association	2b	139	526	111	171	31	7	4	—	21	.325
1904	Kansas City	American Association	of	140	512	67	148	35	7	6	—	15	.269
1905	Kansas City/Toledo	American Association	of-2b	152	498	65	118	30	4	3	—	26	.237
1906	Toledo	American Association	of	107	364	61	100	20	7	2	—	17	.274
1907	Sioux City	Western	of	70	252	39	75	10	2	1	—	11	.297
	Trenton	Tri-State	of	33	117	15	28	2	0	0	—	6	.239
1908	Waco	Texas	2b	135	411	64	118	22	5	0	—	26	.287
1909	Fort Worth/Shreveport	Texas	2b	126	412	61	107	21	0	2	—	24	.260
1910	Jackson	Cotton States	of	78	238	33	64	12	1	1	—	9	.268
1911	Fort Worth	Texas	of	119	388	43	119	14	2	3	—	13	.306
1912	Fort Worth/Beaumont/San Antonio	Texas	of	62	201	22	44	7	0	0	—	5	.219
1913	Fort Worth	Texas	of	33	68	6	15	1	1	0	—	1	.221
1914	Fort Worth/Austin	Texas	of	57	138	9	44	9	0	0	—	3	.319
	Oklahoma City	Western Association	of	17	59	8	22	1	0	2	—	4	.373
1915	Fort Worth	Texas	of	11	8	0	2	2	0	0	0	0	.250
			Majors	189	657	110	182	34	8	7	99	14	.277
			Minors	2027	7031	1161	2033	366	65	34	—	299	.289

WILLIAM W. "NATTIE" NATTRESS

Born 1878 at Sunbury, PA.
Threw right. Height: 5-6. Weight: 155.

YEAR	CLUB	LEAGUE	POS	G	AB	R	H	2B	3B	HR	RBI	SB	AVG
1895	Kansas City	Western	3b	7	29	7	6	1	0	1	—	1	.207
	Omaha	Western Association	3b	41	167	37	48	8	5	2	—	—	.287
1896	Lewiston	New England	ss-of	12	48	7	11	0	1	0	—	4	.229
1897	New Castle	Interstate	ss	125	449	108	130	22	7	8	—	32	.287
1898	New Castle	Interstate	ss	153	536	96	171	29	19	3	—	19	.317
1899	New Castle	Interstate	ss	139	532	102	154	19	12	4	—	42	.284
1900	New Castle	Interstate	ss	110	415	71	108	19	5	1	—	27	.260
1901	Fort Wayne	Western Association	ss	141	553	123	156	29	12	3	—	20	.282
1902	Columbus	American Association	ss	63	225	37	62	17	5	2	—	13	.276
	Buffalo	Eastern	ss	66	247	28	62	17	1	1	—	11	.251
1903	Buffalo	Eastern	ss	124	477	84	108	14	7	3	—	38	.242
1904	Buffalo	Eastern	ss	127	408	53	102	18	7	1	—	29	.250
1905	Buffalo	Eastern	ss	122	421	60	104	12	4	4	—	22	.247
1906	Buffalo	Eastern	ss	142	510	95	125	24	2	2	—	37	.245
1907	Buffalo	Eastern	ss	134	508	91	130	17	3	7	—	26	.256
1908	Buffalo	Eastern	ss	124	465	68	110	23	2	1	—	15	.239
1909	Buffalo	Eastern	ss	108	384	50	79	11	3	1	—	20	.206
1910	Montreal	Eastern	ss-2b	149	489	50	104	16	3	0	—	19	.213
1911	Montreal	Eastern	ss-2b	88	265	54	62	7	8	1	—	7	.234
1912	Montreal	Eastern	2b	11	21	2	5	0	0	0	—	1	.238
	Syracuse	New York State	2b-ss	113	368	62	86	14	4	0	—	25	.233
			Minors	2099	7517	1285	1923	317	110	45	—	408	.256

Juan Navarrete (Sanchez)

Born September 22, 1953 at Gomez Palacio, Durango, Mexico.
Batted left. Threw right. Height: 6-1. Weight: 175.

Manager for Saltillo, Mexican, 1983.

YEAR	CLUB	LEAGUE	POS	G	AB	R	H	2B	3B	HR	RBI	SB	AVG
1970	Saltillo	Mexican	3b-ss	11	9	1	1	0	0	0	0	0	.111
1971	Zacatecas	Mexican Center	ss-3b	72	281	49	91	8	1	6	46	3	.324
	Saltillo	Mexican	ss-3b-2b	31	88	17	23	1	3	0	8	2	.261
1972	West Palm Beach	Florida State	ss	118	383	32	86	10	2	0	20	12	.225
1973	Quebec City	Eastern	2b-ss	119	354	41	100	11	2	0	22	19	.282
1974	Memphis	International	2b-ss	109	292	34	66	4	3	0	18	4	.226
1975	Memphis	International	ss-2b	119	346	34	80	1	6	1	25	8	.231
1976	Denver	American Association	2b-3b-ss	77	245	29	71	5	6	0	30	9	.290
	Quebec City	Eastern	ss	52	179	24	49	4	2	2	11	9	.274
1977	Denver	American Association	2b-ss	113	401	53	103	13	5	0	37	4	.257
1978	Saltillo	Mexican	2b-ss	126	466	79	159	18	5	3	59	17	.341
1979	Saltillo	Mexican	2b-ss	136	521	110	185	15	4	3	61	40	.355
1980	Saltillo	Mexican #1	2b	96	367	57	121	10	4	4	46	19	.330
	Saltillo	Mexican #2	2b	37	142	22	51	1	3	0	17	7	.359
1981	Saltillo	Mexican	2b-ss-3b	105	378	60	123	17	4	0	28	31	.325
1982	Saltillo	Mexican	2b	110	397	70	136	13	2	3	33	18	.343
1983	Saltillo	Mexican	2b	118	419	60	138	9	1	0	40	21	.329
1984	Saltillo	Mexican	2b	115	469	78	139	17	2	1	51	26	.296
1985	Saltillo	Mexican	2b	**131**	511	85	156	20	2	4	85	5	.305
1986	Saltillo	Mexican	2b	**130**	517	92	174	29	3	3	52	19	.337
1987	Saltillo	Mexican	2b-ss	120	458	86	154	21	5	6	55	10	.336
1988	Saltillo	Mexican	2b	104	419	58	131	12	3	1	44	6	.313
1989	Saltillo/Monterrey	Mexican	2b-3b-1b-ss	105	391	59	124	11	2	4	34	6	.317
1990	Monterrey	Mexican	3b-2b	132	504	71	164	24	4	3	55	9	.325
		Minors		2386	8537	1301	2625	274	74	44	877	304	.307

Albert Richard Neal

Born August 18, 1925 at San Diego, CA.
Batted right. Threw right. Height: 6-0. Weight: 195.

YEAR	CLUB	LEAGUE	POS	G	AB	R	H	2B	3B	HR	RBI	SB	AVG
1947	Pocatello	Pioneer	of	99	356	72	99	11	10	17	78	13	.278
	West Frankfort	Illinois State	of	26	97	14	21	3	1	2	20	4	.216
1948	Pocatello	Pioneer	of	123	518	123	**202**	43	13	25	151	7	**.390**
1949	Pocatello	Pioneer	of	69	209	33	56	14	4	2	29	4	.268
	Winston-Salem	Carolina	of	57	209	35	62	15	4	9	45	1	.297
1950	Knoxville	Tri-State	of	**149**	522	107	160	31	10	**33**	146	8	.307
1951	Spartanburg	Tri-State	of	**140**	509	114	165	36	6	**44**	154	5	.324
1952	Reading	Eastern	of	15	42	8	13	3	0	1	10	0	.310
	Wichita	Western	of	119	391	78	103	28	0	18	86	0	.263
1953	Wichita Falls	Big State	of	137	519	**126**	**185**	43	4	**39**	137	1	**.356**
1954	Schenectady	Eastern	of	14	37	7	12	3	0	1	8	0	.324
	Knoxville	Tri-State	of	102	356	77	116	18	6	**22**	97	5	.326
		Minors		1050	3765	794	1194	248	58	213	961	48	.317

Thomas White Neill

Born November 7, 1919 at Hartselle, AL.
Died September 22, 1980 at Houston, TX.
Batted left. Threw right. Height: 6-2. Weight: 210.

YEAR	CLUB	LEAGUE	POS	G	AB	R	H	2B	3B	HR	RBI	SB	AVG
1938	Fort Smith	Western Association	of	111	436	56	110	24	8	5	72	4	.252
1939	Fort Smith	Western Association	of	131	523	113	153	26	12	16	91	11	.293
1940	Hartford	Eastern	of	83	313	49	102	23	7	3	49	1	.326
	Jersey City	International	of	36	134	20	38	6	0	4	15	0	.284
1941	Jersey City	International	of	27	88	7	16	2	1	0	7	2	.182
	Clinton	Three I	of	62	234	38	72	11	3	0	23	4	.308
	Hartford	Eastern	of	54	181	22	61	15	2	0	26	0	.337
1942	Williamsport/Springfield	Eastern	of	136	428	43	102	17	2	0	34	2	.238
1943	Hartford	Eastern	of	135	490	76	151	25	14	1	91	2	.308

YEAR	CLUB	LEAGUE	POS	G	AB	R	H	2B	3B	HR	RBI	SB	AVG
1944-45						Military service							
1946	Birmingham	Southern Association	of	139	554	116	207	29	17	12	124	3	**.374**
	Boston	National	of	13	45	8	12	2	0	0	7	0	.267
1947	Boston	National	of	7	10	1	2	0	1	0	2	0	.200
	Milwaukee	American Association	of	134	529	79	151	29	4	13	91	3	.285
1948	Atlanta	Southern Association	of	133	514	70	159	25	2	15	105	1	.309
1949	Seattle	Pacific Coast	of	156	520	74	148	18	3	10	67	2	.285
1950	Nashville	Southern Association	of	135	526	79	182	31	4	13	111	1	.346
1951	Los Angeles	Pacific Coast	of	101	293	44	80	9	1	7	50	0	.273
1952	Springfield	International	of	36	119	11	26	6	1	0	12	0	.218
	Nashville	Southern Association	of	99	366	56	115	18	4	9	60	0	.314
1953	Lincoln	Western	of	133	525	56	146	24	5	6	71	1	.278
1954	Lincoln	Western	of	140	510	62	144	23	1	11	103	2	.282
			Majors	20	55	9	14	2	1	0	9	0	.255
			Minors	1981	7283	1071	2163	361	91	125	1202	39	.297

GORDON T. NELL

Born April 17, 1909 at Hollis, OK.
Batted right. Threw right. Height: 5-11. Weight: 185.

Manager for Borger, West Texas-New Mexico, 1940-1941, 1946-1947.
Averaged more than one RBI per game for his career.

YEAR	CLUB	LEAGUE	POS	G	AB	R	H	2B	3B	HR	RBI	SB	AVG
1930	Joplin/Muskogee	Western Association	1b	115	490	107	172	29	7	**27**	60	9	.351
1931	Muskogee	Western Association	of-1b	132	559	119	180	36	7	**44**	109	5	.322
	Minneapolis	American Association	of	9	13	2	3	1	0	1	3	0	.231
1932	Montgomery	Southeastern	of	15	58	10	13	1	2	0	5	0	.224
	Muskogee/Hutchinson/Topeka	Western Association	of	77	317	39	91	20	5	8	47	1	.286
1933	Des Moines	Western	of	67	267	51	76	13	9	14	56	11	.285
	Oklahoma City	Texas	of	25	80	7	15	1	2	1	9	1	.187
1934-38						Did not play in organized baseball							
1939	Pampa	West Texas-New Mexico	of	135	528	**152**	**207**	60	8	**44**	189	15	**.392**
1940	Borger	West Texas-New Mexico	of-1b	133	529	137	206	48	15	**40**	175	15	.389
1941	Borger	West Texas-New Mexico	of-1b	121	459	101	145	33	5	**28**	115	18	.316
1942-43						Did not play in organized baseball							
1944	Little Rock	Southern Association	of	7	26	2	7	1	0	0	3	0	.269
1945						Did not play in organized baseball							
1946	Borger	West Texas-New Mexico	of-1b	136	567	110	190	47	4	43	175	5	.335
1947	Borger	West Texas-New Mexico	of	124	500	118	172	34	1	49	173	4	.344
1948	Borger	West Texas-New Mexico	of	123	513	133	183	48	2	37	164	2	.357
1949	Borger	West Texas-New Mexico	of-1b	132	514	95	164	39	1	29	133	2	.320
			Minors	1351	5420	1183	1824	411	68	365	1416	88	.337

GLENN RICHARD "ROCKY" NELSON

Born November 18, 1924 at Portsmouth, OH.
Batted left. Threw left. Height: 5-10½. Weight: 175.

YEAR	CLUB	LEAGUE	POS	G	AB	R	H	2B	3B	HR	RBI	SB	AVG
1942	Johnson City	Appalachian	1b-p	53	186	15	47	10	3	0	23	5	.253
1943-45						Military service							
1946	St. Joseph	Western Association	1b	135	518	92	165	31	**23**	5	93	26	.319
1947	Rochester	International	1b	11	18	2	1	0	0	0	2	0	.056
	Lynchburg	Piedmont	1b	117	461	98	171	38	11	11	105	20	**.371**
1948	Rochester	International	1b	142	485	68	147	29	12	7	63	11	.303
1949	St. Louis	National	1b	82	244	28	54	8	4	4	32	1	.221
1950	Columbus	American Association	of-1b	48	184	25	77	16	2	7	40	2	.418
	St. Louis	National	1b	76	235	27	58	10	4	1	20	4	.247
1951	St. Louis/Pittsburgh	National	1b-of	80	213	32	56	8	4	1	15	1	.263
	Chicago	American	ph	6	5	0	0	0	0	0	0	0	.000
1952	Montreal	International	1b	2	3	0	1	1	0	0	1	0	.333
	Brooklyn	National	1b	37	39	6	10	1	0	0	3	0	.256
1953	Montreal	International	1b	**154**	542	117	167	33	9	34	**136**	2	.308
1954	Cleveland	American	1b	4	4	0	0	0	0	0	0	0	.000
	Montreal	International	1b	141	469	107	146	26	5	**31**	94	5	.311
1955	Montreal	International	1b	**154**	506	**118**	184	36	2	**37**	130	11	**.364**

YEAR	CLUB	LEAGUE	POS	G	AB	R	H	2B	3B	HR	RBI	SB	AVG
1956	Montreal	International	1b	49	165	42	65	14	0	12	37	2	.394
	Brooklyn/St. Louis	National	1b-of	69	152	13	33	7	0	7	23	0	.217
1957	Toronto	International	1b	152	554	91	163	26	4	28	102	2	.294
1958	Toronto	International	1b	148	522	104	170	27	7	**43**	**120**	1	**.326**
1959	Pittsburgh	National	1b-of	98	175	31	51	11	0	6	32	0	.291
1960	Pittsburgh	National	1b	93	200	34	60	11	1	7	35	1	.300
1961	Pittsburgh	National	1b	75	127	15	25	5	1	5	13	0	.197
1962	Denver	American Association	1b	55	207	32	54	13	3	8	31	0	.261
	Toronto	International	1b	57	212	36	46	8	0	11	32	0	.217
		Majors		620	1394	186	347	61	14	31	173	7	.249
		Minors		1418	5032	947	1604	308	81	234	1009	87	.319

ORVILLE BURLIN "HANK" NESSELRODE

Born July 30, 1917 at Parkersburg, WV.
Batted right. Threw right. Height: 6-3½. Weight: 190

YEAR	CLUB	LEAGUE	POS	G	AB	R	H	2B	3B	HR	RBI	SB	AVG
1939	South Boston	Bi-State	of	60	236	42	82	21	5	14	53	1	.347
1940	Winston-Salem	Piedmont	of	11	43	9	9	3	1	2	9	0	.209
	South Boston	Bi-State	of	86	336	86	124	20	6	**25**	94	11	.369
	Oklahoma City	Texas	of	16	64	6	17	3	1	0	9	0	.266
1941	Salina	Western Association	of	27	94	9	19	3	2	0	7	0	.202
	Charleston	SALLY	of	5	17	2	4	1	1	0	2	0	.235
	Sanford	Bi-State	of	49	181	27	58	12	2	5	28	3	.320
1942-45								Military service					
1946	Sanford	Tobacco State	of	114	449	95	159	28	9	**30**	**150**	5	.354
1947	Sanford	Tobacco State	of	121	477	121	168	32	3	**32**	**166**	22	.352
1948	Sanford	Tobacco State	of	141	549	119	199	46	4	**27**	**159**	17	.362
		Minors		630	2446	516	839	169	34	135	677	59	.343

PATRICK HENRY NEWNAM

Born December 10, 1880 at Hempstead, TX.
Died June 20, 1938 at San Antonio, TX.
Batted right. Threw right. Height: 6-0. Weight: 180.

Manager for Houston, Texas, 1913-1919; Beaumont, Texas, 1921; Galveston, Texas, 1921; San Antonio, Texas, 1929.
Umpire for Texas League 1924. President of Lone Star League in 1927.
Led all minor leagues with 18 home runs in 1908.

YEAR	CLUB	LEAGUE	POS	G	AB	R	H	2B	3B	HR	RBI	SB	AVG
1903	San Antonio	South Texas	1b	122	464	67	127	22	7	13	—	23	.274
1904						Did not play in organized baseball							
1905	Charleston	SALLY	1b	43	153	14	31	7	1	0	—	8	.202
	San Antonio	South Texas	1b	71	265	28	60	9	1	1	—	16	.227
1906	Houston	South Texas	1b	123	489	62	135	27	9	5	—	40	.276
1907	Portland	Pacific Coast	1b	15	47	1	10	3	0	0	—	5	.213
	San Antonio	Texas	1b	118	440	74	132	31	7	3	—	43	.300
1908	San Antonio	Texas	1b	147	538	106	152	18	8	**18**	—	63	.283
1909	Houston	Texas	1b	133	458	72	132	22	8	5	—	62	.288
1910	Houston	Texas	1b	38	137	22	48	7	5	0	—	22	.350
	St. Louis	American	1b	103	384	45	83	3	8	2	—	16	.216
1911	St. Louis	American	1b	20	62	11	12	4	0	0	—	4	.194
	Houston	Texas	1b	94	323	58	89	17	4	2	—	46	.276
1912	Houston	Texas	1b	143	541	77	151	21	11	3	—	41	.279
1913	Houston	Texas	1b	151	519	75	119	15	8	0	—	32	.229
1914	Houston	Texas	1b	150	518	80	127	17	9	1	—	38	.245
1915	Houston	Texas	1b	143	495	57	136	30	15	5	—	17	.275
1916	Houston	Texas	1b	150	525	59	140	20	7	0	—	26	.267
1917	Houston	Texas	1b	153	508	50	115	20	2	2	—	20	.226
1918	Houston	Texas	1b	84	275	34	70	7	2	1	—	10	.255
1919-20							Voluntarily retired						
1921	Beaumont	Texas	1b	15	41	5	8	0	2	0	—	2	.195
		Majors		123	446	56	95	7	8	2	—	20	.213
		Minors		1878	6689	940	1772	270	140	57	—	529	.265

DONALD LEIGH NICHOLAS

Born, October 30, 1930 at Phoenix, AZ.
Batted left. Threw right. Height: 5-7. Weight: 150.

YEAR	CLUB	LEAGUE	POS	G	AB	R	H	2B	3B	HR	RBI	SB	AVG
1948	Cambridge	Eastern Shore	ss	95	318	110	84	10	6	1	40	82	.264
1949	Newport News	Piedmont	2b-ss	110	368	87	91	9	7	1	25	47	.247
	St. Paul	American Association	pr	7	0	2	0	0	0	0	0	2	.000
1950	Elmira	Eastern	–	1	–	–	–	0	0	0	–	–	.000
	St. Paul	American Association	of	71	204	46	61	6	4	0	10	35	.299
1951	St. Paul	American Association	of	40	108	26	26	0	2	0	2	16	.241
	Mobile	Southern Association	of	67	225	44	75	7	7	4	33	29	.333
1952	Chicago	American	of	3	2	0	0	0	0	0	0	0	.000
	Memphis	Southern Association	of	136	500	105	140	22	6	5	49	84	.280
1953	Charleston	American Association	of	127	429	88	113	18	5	2	41	41	.263
1954	Chicago	American	of	7	0	3	0	0	0	0	0	0	.000
	Havana	International	of	127	457	81	126	20	8	2	43	37	.276
1955	Havana	International	of	17	42	7	6	1	1	0	1	1	.143
1956	Havana	International	of	123	422	71	114	19	5	6	40	22	.270
1957	Nashville	Southern Association	of	97	377	83	128	25	6	3	47	16	.340
1958	Seattle/Portland	Pacific Coast	of	111	281	35	66	11	0	1	12	11	.235
1959	Savannah	SALLY	of	112	362	66	93	12	7	6	38	11	.257
		Majors		10	2	3	0	0	0	0	0	0	.000
		Minors		1241	4093	851	1123	160	64	39	381	434	.274

FRED NICHOLSON

Born September 1, 1894 at Honey Grove, TX.
Died January 23, 1972 at Kilgore, TX.
Batted right. Threw right. Height: 5-10½. Weight: 173.

YEAR	CLUB	LEAGUE	POS	G	AB	R	H	2B	3B	HR	RBI	SB	AVG
1913	Wichita Falls/Hugo	Texas-Oklahoma	1b	124	491	90	147	19	12	2	–	27	.299
	Dallas	Texas	of	16	54	10	12	2	0	0	–	0	.222
1914	Hugo/Denison	Texas-Oklahoma	of	108	400	77	120	18	16	5	–	27	.300
1915	San Antonio	Texas	of	6	10	3	2	0	0	1	2	0	.200
	Denison	Western Association	of	117	422	76	123	26	7	12	–	30	.291
1916	Chattanooga	Southern Association	of	13	50	6	12	2	0	0	–	3	.240
	Charlotte	North Carolina State	of	106	396	66	122	21	16	11	–	23	.308
1917	St. Paul	American Association	of	113	415	61	118	22	16	7	–	12	.284
	Detroit	American	of	13	14	4	4	1	0	0	1	0	.286
1918							Military service						
1919	Pittsburgh	National	of	30	66	8	18	2	2	1	6	2	.273
1920	Pittsburgh	National	of	99	247	33	89	16	7	4	30	9	.360
1921	Boston	National	of	83	245	36	80	11	7	5	41	5	.327
1922	Boston	National	of	78	222	31	56	4	5	2	29	5	.252
1923	Toledo	American Association	of	167	650	104	199	36	22	4	86	12	.306
1924	Toledo	American Association	of	153	614	112	188	28	20	4	101	12	.306
1925	Toledo	American Association	of	164	615	102	190	25	14	6	109	12	.309
1926	Kansas City	American Association	of	135	472	88	151	28	12	4	69	13	.320
1927	Kansas City	American Association	of	167	635	100	203	34	17	5	113	20	.320
1928	Kansas City	American Association	of	152	577	72	158	23	12	6	81	9	.274
1929	Kansas City	American Association	of	98	241	48	83	9	7	4	46	5	.344
1930	Kansas City	American Association	of	114	386	71	125	22	7	1	53	7	.324
1931	Kansas City	American Association	of	46	129	11	26	7	4	0	18	0	.202
	Omaha	Western		49	179	17	42	14	0	0	19	3	.235
1932	Shreveport	Texas	of	16	58	6	14	5	0	3	8	0	.241
	Oklahoma City/Wichita	Western	of	91	367	61	120	24	3	0	52	10	.327
1933	Baton Rouge	Dixie	of	111	454	74	149	33	8	4	77	8	.328
1934	Paris/Lufkin	West Dixie	of	107	413	66	130	20	4	17	70	0	.315
1935	Shreveport/Gladewater	West Dixie	of	46	157	18	45	7	0	0	20	1	.287
		Majors		303	794	112	247	34	21	12	107	21	.311
		Minors		2219	8185	1339	2479	425	195	96	922	234	.303

ALL-TIME LEADERS: 200-HIT SEASONS

PLAYER		PLAYER		PLAYER	
Jigger Statz	11	Chester Chadbourne	7	Don Stokes	7
Buzz Arlett	7	Smead Jolley	7	Edward Mulligan	6
Bunny Brief	7				

JOHN ALBERT "BERT" NIEHOFF

Born May 3, 1884 at Louisville, CO.
Died December 8, 1974 at Inglewood, CA.
Batted right. Threw right. Height: 5-10. Weight: 170.
See record in managerial section.

YEAR	CLUB	LEAGUE	POS	G	AB	R	H	2B	3B	HR	RBI	SB	AVG
1908	Pueblo	Western	3b	145	511	56	110	—	—	—	—	24	.215
1909	Des Moines	Western	3b	155	553	84	149	23	8	7	—	63	.269
1910	Des Moines	Western	3b	166	594	111	174	28	15	8	—	62	.293
1911	Indianapolis	American Association	3b	23	63	4	9	2	1	0	—	4	.143
	Omaha	Western	3b-2b	145	536	101	144	18	12	4	38	60	.269
1912	Omaha	Western	3b	165	594	86	173	47	6	4	—	70	.291
1913	Louisville	American Association	3b	170	581	89	172	31	14	6	—	48	.298
	Cincinnati	National	3b	2	8	0	0	0	0	0	0	0	.000
1914	Cincinnati	National	3b	142	484	46	117	16	9	4	48	20	.242
1915	Philadelphia	National	2b	148	529	61	126	27	2	2	50	21	.238
1916	Philadelphia	National	2b	146	548	65	133	42	4	4	61	20	.243
1917	Philadelphia	National	2b	114	36	30	92	17	4	2	37	8	.255
1918	St. Louis/New York	National	2b	29	107	8	21	2	0	0	6	2	.196
1919	Seattle/Salt Lake City/Los Angeles	Pacific Coast	3b	120	426	41	95	13	0	5	—	10	.223
1920	Los Angeles	Pacific Coast	3b	154	548	54	137	19	6	3	—	12	.250
1921	Los Angeles	Pacific Coast	2b-3b	179	646	76	189	35	11	11	87	20	.293
1922	Mobile	Southern Association	2b	152	569	97	168	29	5	10	—	30	.295
1923	Mobile	Southern Association	2b	138	468	60	142	23	4	4	72	27	.303
1924	Atlanta	Southern Association	2b	124	461	77	122	16	7	5	54	24	.265
1925	Atlanta	Southern Association	2b	137	511	104	145	34	8	4	73	28	.284
1926	Atlanta	Southern Association	2b	143	504	78	140	29	3	11	68	23	.278
1927	Atlanta	Southern Association	2b	55	144	27	35	3	1	6	22	2	.243
1928	Atlanta	Southern Association	2b	50	145	15	36	5	0	1	14	2	.248
		Majors		581	2037	210	489	104	19	12	202	71	.240
		Minors		2221	7854	1160	2140	355	101	89	428	509	.272

ELMER LeROY "BUTCH" NIEMAN

Born February 8, 1918 at Herkimer, KS.
Batted left. Threw left. Height: 6-1. Weight: 195.
Manager for Topeka, Western Association, 1947-1951.

YEAR	CLUB	LEAGUE	POS	G	AB	R	H	2B	3B	HR	RBI	SB	AVG
1940	Canton	Middle Atlantic	of	121	441	83	135	20	10	21	85	15	.306
1941	Scranton	Eastern	of	16	46	7	10	3	1	1	7	0	.217
	Greensboro	Piedmont	of	26	90	10	19	2	2	1	7	2	.211
	Canton	Middle Atlantic	of	90	333	68	107	24	7	10	59	11	.321
1942	Scranton/Elmira	Eastern	of	129	402	50	83	6	5	9	57	11	.207
1943	Boston	National	of	101	335	39	84	15	8	7	46	4	.251
1944	Boston	National	of	134	468	65	124	16	6	16	65	5	.265
1945	Boston	National	of	97	247	43	61	15	0	14	56	11	.247
1946	Indianapolis	American Association	of	25	86	14	14	4	0	1	6	0	.163
	Little Rock	Southern Association	of	110	343	40	78	8	7	9	47	7	.227
1947	Topeka	Western Association	of	136	470	**135**	146	28	6	**29**	**114**	17	.311
1948	Topeka	Western Association	of	137	470	**135**	153	33	7	**34**	**146**	18	.326
1949	Topeka	Western Association	of	122	416	104	137	29	4	**26**	**110**	17	.329
1950	Topeka	Western Association	of	**139**	481	128	151	25	9	**28**	**149**	18	.314
1951	Topeka	Western Association	of	112	380	106	102	9	1	**28**	94	19	.268
		Majors		332	1050	147	269	46	14	37	167	20	.256
		Minors		1163	3958	880	1135	191	59	197	881	135	.287

THEODORE JOSEPH "TED" NORBERT

Born May 17, 1908 at Brooklyn, NY.
Died August 19, 1991 at San Juan, PR.
Batted right. Threw right. Height: 6-1. Weight: 192.

Manager for Victoria, Western International, 1947-1949.
Scout for Chicago, National, 1958; Philadelphia, National, 1959-1963; New York, National, 1964.

YEAR	CLUB	LEAGUE	POS	G	AB	R	H	2B	3B	HR	RBI	SB	AVG
1930	Chambersburg	Blue Ridge	of	114	374	**99**	114	19	5	**27**	—	19	.305
1931	Scranton	New York-Pennsylvania	of	139	507	90	145	32	8	14	96	7	.286

YEAR	CLUB	LEAGUE	POS	G	AB	R	H	2B	3B	HR	RBI	SB	AVG
1932	Springfield/Albany	Eastern	of	77	306	67	115	18	8	13	73	11	.376
	Binghamton	New York-Pennsylvania	of	61	201	38	71	10	5	7	47	11	.353
1933	Binghamton	New York-Pennsylvania	of	132	463	68	142	29	3	11	93	37	.307
1934	Binghamton	New York-Pennsylvania	of	36	129	24	49	10	2	2	31	6	.380
	St. Paul	American Association	of	5	18	3	3	0	0	0	0	0	.167
	Newark/Baltimore/ Albany/Syracuse	International	of	54	175	35	53	14	4	6	38	3	.303
1935	San Francisco	Pacific Coast	of	149	524	86	158	46	5	11	103	30	.302
1936	San Francisco	Pacific Coast	of	165	597	103	187	41	9	21	126	16	.313
1937	San Francisco	Pacific Coast	of	144	497	93	151	32	2	16	91	7	.304
1938	San Francisco	Pacific Coast	of	**178**	**677**	**101**	**192**	46	5	**30**	**163**	7	.284
1939	San Francisco	Pacific Coast	of	162	564	96	172	46	4	25	104	9	.305
1940	San Francisco	Pacific Coast	of	173	594	109	190	32	2	20	94	5	.320
1941	Portland	Pacific Coast	of	149	503	72	140	21	1	**20**	73	1	.278
1942	Portland	Pacific Coast	of	149	481	88	182	25	4	**28**	99	4	**.378**
1943	Milwaukee	American Association	of	146	512	94	150	22	3	**25**	**117**	2	.293
1944	Los Angeles	Pacific Coast	of	111	363	58	105	21	5	10	57	1	.289
1945	Seattle	Pacific Coast	of	169	527	71	136	24	2	**23**	109	6	.258
1946	Seattle	Pacific Coast	of	20	43	5	13	2	0	1	4	0	.302
	Victoria	Western International	of	17	47	7	10	2	0	2	14	0	.213
1947	Victoria	Western International	of	39	52	12	13	2	1	2	8	2	.250
1948	Victoria	Western International	of-p	4	2	0	0	0	0	0	0	0	.000
		Minors		2393	8192	1419	2491	494	78	314	1540	184	.304

Henry Willis Patrick "Bill" Norman

Born July 16, 1910 at St. Louis, MO.
Died April 21, 1962 at Milwaukee, WI.
Batted right. Threw right. Height: 6-2. Weight: 190.

Manager for Toronto, International, 1946; Wilkes Barre, Eastern, 1947-1951; San Antonio, Texas, 1953; Little Rock, Southern Association, 1954; Augusta, SALLY, 1956; Terre Haute, Three I, 1956; Charleston, American Association, 1957-1958; Detroit, American, 1958-59.
Coach for St. Louis, American, 1952-1953.
Scout for Detroit, American, 1954-1955, 1957; Chicago, American, 1960-1962.

YEAR	CLUB	LEAGUE	POS	G	AB	R	H	2B	3B	HR	RBI	SB	AVG
1929	Laurel	Cotton States	2b-of	48	168	31	51	8	0	9	—	1	.304
1930	Shawnee/Muskogee	Western Association	of	129	482	123	174	28	7	15	75	21	.361
1931	Muskogee	Western Association	of	107	424	89	158	29	14	29	69	20	.373
	Chicago	American	of	24	55	7	10	2	0	0	6	0	.182
1932	Chicago	American	of	13	48	6	11	3	1	0	2	0	.229
	St. Paul	American Association	of	139	496	85	154	29	3	23	93	5	.310
1933	Louisville	American Association	of	138	493	84	144	28	9	24	108	7	.292
1934	Dallas	Texas	of-1b	88	298	59	90	15	3	12	55	12	.302
	St. Paul	American Association	of	65	237	44	71	12	5	18	51	4	.300
1935	St. Paul	American Association	of	137	463	80	146	27	7	14	81	2	.315
1936	St. Paul	American Association	of	108	317	83	95	19	3	17	62	4	.300
1937	St. Paul	American Association	of	116	380	73	115	29	4	21	81	2	.303
1938	Hollywood	Pacific Coast	of	82	242	47	71	17	1	12	47	2	.293
1939	Hollywood	Pacific Coast	of	75	231	38	60	13	1	10	45	4	.260
	Oklahoma City	Texas	of	32	106	21	28	7	0	4	23	2	.264
1940	Syracuse/Montreal	International	of	21	66	11	21	8	1	1	14	0	.318
	Knoxville	Southern Association	of	15	47	7	14	6	1	1	13	1	.298
	Elmira	Eastern	of	91	277	60	83	23	2	6	40	2	.300
1941	Houston	Texas	of	156	533	103	157	37	7	13	**107**	7	.295
1942	Milwaukee	American Association	of	129	418	80	126	22	3	**24**	85	2	.301
1943	Milwaukee	American Association	of	132	396	72	109	18	0	18	83	1	.275
1944	Milwaukee	American Association	of	138	443	84	131	21	1	17	90	7	.296
1945	Milwaukee	American Association	of	53	148	20	35	7	1	0	12	6	.236
	Toronto	International	of	76	237	53	69	12	4	5	49	2	.291
1946	Toronto	International	of	17	27	4	3	0	0	2	4	0	.111
		Majors		37	103	13	21	5	1	0	8	0	.204
		Minors		2092	6929	1351	2105	415	77	295	1287	114	.304

LOUIE ALEXANDER "LOU" "MAD RUSSIAN" NOVIKOFF

Born October 12, 1915 at Glendale, AZ.
Died September 30, 1970 at South Gate, CA.
Batted right. Threw right. Height: 5-10. Weight: 185.

YEAR	CLUB	LEAGUE	POS	G	AB	R	H	2B	3B	HR	RBI	SB	AVG
1937	Ponca City	Western Association	of	124	510	98	179	43	6	16	112	14	.351
1938	Moline	Three I	of	125	507	110	**186**	26	**23**	19	**114**	5	**.367**
1939	Milwaukee	American Association	of	11	42	6	9	4	0	1	3	1	.214
	Tulsa	Texas	of	110	419	72	154	26	9	14	77	7	**.368**
	Los Angeles	Pacific Coast	of	36	135	36	61	11	4	8	37	2	.452
1940	Los Angeles	Pacific Coast	of	174	714	**147**	**259**	44	6	**41**	**171**	3	**.363**
1941	Milwaukee	American Association	of	90	365	53	135	23	6	8	66	0	**.370**
	Chicago	National	of	62	203	22	49	8	0	5	24	0	.241
1942	Chicago	National	of	128	483	48	145	25	5	7	64	3	.300
1943	Chicago	National	of	78	233	22	65	7	3	0	28	0	.279
1944	Chicago	National	of	71	139	15	39	4	2	3	19	1	.281
1945	Los Angeles	Pacific Coast	of	101	390	60	121	27	6	9	52	5	.310
1946	Philadelphia	National	of	17	23	0	7	1	0	0	3	0	.304
	Seattle	Pacific Coast	of	84	312	24	94	13	2	2	34	4	.301
1947	Seattle	Pacific Coast	of	171	647	90	210	44	7	21	114	1	.325
1948	Seattle	Pacific Coast	of	64	168	13	55	9	1	3	30	1	.327
	Newark	International	of	70	260	43	85	14	0	15	53	0	.327
1949	Newark	International	of	57	213	35	55	8	0	16	48	0	.258
	Houston	Texas	of	59	217	17	50	9	2	1	24	2	.230
1950	Yakima/Victoria	Western International	of	86	322	53	105	21	1	12	79	2	.326
		Majors		356	1081	107	305	45	10	15	138	4	.282
		Minors		1362	5221	857	1758	322	73	186	1014	47	.337

HENRY KAUHANE "PRINCE" OANA

Born January 22, 1908 at Waipahu, HI.
Died June 19, 1976 at Austin, TX.
Batted right. Threw right. Height: 6-2. Weight: 193.

Manager for Austin, Big State 1948-1950; Texarkana, Big State 1951;
Became primarily a pitcher in the 1940s. One of first Hawaiians to gain prominence in minor leagues.

YEAR	CLUB	LEAGUE	POS	G	AB	R	H	2B	3B	HR	RBI	SB	AVG
1929	Globe	Arizona State	of	85	340	81	**127**	**26**	**13**	18	—	18	.374
1930	Globe	Arizona State	of	79	310	87	128	22	12	21	88	15	.413
	San Francisco	Pacific Coast	of	79	298	46	97	18	4	11	53	7	.326
1931	San Francisco	Pacific Coast	of	172	742	116	256	44	**16**	23	161	12	.345
1932	San Francisco	Pacific Coast	of-p	131	440	60	105	22	9	2	52	5	.239
1933	Portland	Pacific Coast	of	174	686	127	228	**63**	11	29	163	11	.332
1934	Philadelphia	National	of	6	21	3	5	1	0	0	3	0	.238
	Portland	Pacific Coast	of	11	43	6	10	0	0	1	5	0	.233
	Atlanta	Southern Association	of	127	480	65	143	21	8	**17**	102	11	.298
1935	Atlanta	Southern Association	of	57	218	35	63	7	3	5	34	8	.289
	Syracuse	International	of	87	320	46	96	21	8	12	52	4	.300
1936	Syracuse/Baltimore	International	of	115	418	53	117	23	4	7	66	5	.280
1937	Knoxville/Little Rock	Southern Association	of	48	187	31	53	4	4	6	27	2	.283
1938	Jackson	Southeastern	of-p	143	513	104	164	39	7	**26**	**116**	10	.320
1939	Jackson	Southeastern	of-p	139	508	114	164	20	12	39	**127**	11	.323
1940	Fort Worth	Texas	of	159	594	80	157	28	6	14	75	13	.264
1941	Fort Worth	Texas	of-1b-p	140	478	50	121	23	4	5	76	18	.253
1942	Fort Worth	Texas	of-p	87	223	18	47	8	1	5	21	13	.211
1943	Detroit	American	p	20	26	5	10	2	1	1	7	0	.385
	Milwaukee	American Association	p	20	34	8	14	1	1	0	4	0	.412
1944	Buffalo	International	p	82	137	17	33	2	1	4	23	1	.241
1945	Detroit	American	p	4	5	0	1	0	0	0	0	0	.200
	Buffalo	International	p	82	169	22	47	6	3	3	25	2	.278
1946	Dallas	Texas	p-of	61	145	24	44	13	2	7	34	3	.303
1947	Dallas	Texas	p	38	8	5	18	4	1	1	16	0	.375
1948	Austin	Big State	of-p-1b	60	149	16	40	10	0	2	29	2	.268
1949	Austin	Big State	p	24	46	7	16	3	0	3	18	0	.348
1950	Austin	Big State	p-1b	3	5	0	0	0	0	0	0	0	.000
1951	Texarkana	Big State	p	11	14	1	4	0	0	0	1	0	.286
		Majors		30	52	8	16	3	1	1	10	0	.308
		Minors		2214	7545	1219	2292	428	130	261	1368	171	.304

PITCHING RECORD

YEAR	CLUB	LEAGUE	G	IP	W	L	H	R	ER	BB	SO	ERA
1932	San Francisco	Pacific Coast	3	6	0	0	—	—	—	—	—	—
1938	Jackson	Southeastern	1	1	0	0	0	0	0	0	1	0.00
1939	Jackson	Southeastern	1	2	0	0	2	2	2	2	2	9.00
1941	Fort Worth	Texas	7	14	0	0	7	9	6	9	9	3.86
1942	Fort Worth	Texas	25	199	16	5	156	54	38	58	105	1.72
1943	Detroit	American	10	34	3	2	34	21	17	19	15	4.50
	Milwaukee	American Association	14	64	3	5	59	35	29	29	32	4.08
1944	Buffalo	International	38	211	13	13	199	100	85	103	112	3.63
1945	Detroit	American	3	11	0	0	3	2	2	7	3	1.64
	Buffalo	International	31	242	15	14	260	134	113	117	138	4.20
1946	Dallas	Texas	38	284	**24**	10	253	101	80	72	123	2.54
1947	Dallas	Texas	11	43	2	2	56	29	25	22	8	5.23
1948	Austin	Big State	15	87	4	4	97	45	39	31	21	4.03
1949	Austin	Big State	10	45	2	1	34	15	12	19	6	2.40
1950	Austin	Big State	3	8	1	0	9	3	3	3	1	3.38
1951	Texarkana	Big State	7	20	0	0	18	9	7	14	5	3.15
		Majors	13	45	3	2	37	23	19	26	18	3.80
		Minors	204	1226	80	54	1150	536	439	479	563	3.24

RAYMOND JOSEPH "RAY" O'BRIEN

Born October 31, 1892 at St. Louis, MO.
Died March 31, 1942 at St. Louis, MO.
Batted left. Threw left. Height: 5-9. Weight: 175.

YEAR	CLUB	LEAGUE	POS	G	AB	R	H	2B	3B	HR	RBI	SB	AVG
1913	Texarkana	Texas-Oklahoma	of	47	154	24	27	6	3	0	—	8	.175
1914	Davenport	Three I	of	136	462	51	98	20	12	7	—	15	.212
1915	Davenport	Three I	of	128	429	46	117	14	11	2	—	6	.273
1916	Davenport	Three I	of	109	394	60	113	22	12	1	—	16	.287
	Pittsburgh	National	of	16	57	5	12	3	2	0	3	0	.211
1917	Nashville	Southern Association	of	153	553	51	144	25	8	3	—	14	.260
1918	Nashville	Southern Association	of	54	180	18	42	7	1	1	—	2	.233
1919	Fort Worth	Texas	of	132	443	48	110	20	3	1	—	18	.248
1920	Fort Worth	Texas	of	151	503	70	136	29	6	2	—	16	.270
1921	Omaha	Western	of	152	557	94	188	42	4	10	—	17	.338
	Wichita Falls	Texas	of	25	75	15	18	3	0	0	—	6	.240
1922	Denver	Western	of	136	519	95	152	30	13	10	—	9	.293
1923	Denver	Western	of	169	650	109	220	49	7	13	—	16	.338
1924	Denver	Western	of	168	664	146	231	52	16	15	—	26	.348
1925	Denver	Western	of	164	648	124	233	32	23	17	—	22	.360
1926	Denver	Western	of	165	636	132	229	42	11	17	—	15	.360
1927	Denver	Western	of	153	598	104	186	39	11	6	—	6	.311
1928	Denver	Western	of	165	604	131	198	55	7	3	—	15	.328
1929	Denver	Western	of	154	583	102	203	50	13	9	—	7	.348
1930	Denver	Western	of	129	468	91	163	27	11	7	—	8	.348
1931	Denver	Western	of	144	558	105	170	29	4	10	—	8	.305
1932	St. Joseph	Western	of	146	563	96	174	49	10	2	—	7	.309
		Majors		16	57	5	12	3	2	0	3	0	.211
		Minors		2780	10241	1712	3152	642	186	136	—	257	.308

JAMES DORN "JIM" OGLESBY

Born August 10, 1905 at Schofield, MO.
Died September 1, 1955 at Tulsa, OK.
Batted left. Threw left. Height: 6-0. Weight: 190.

Manager for Sioux Falls, Northern, 1947-1948; Janesville, Wisconsin State, 1949; Miami, KOM, 1950.

YEAR	CLUB	LEAGUE	POS	G	AB	R	H	2B	3B	HR	RBI	SB	AVG
1926	Paris	East Texas					No record available						
	Okmulgee	Western Association	1b	13	59	15	19	2	0	2	—	0	.322
1927	Burlington	Mississippi Valley	1b	119	437	73	141	28	10	5	—	11	.323
1928	Nashville	Southern Association	1b	80	293	51	91	18	2	10	57	1	.311
	Dallas	Texas	1b	65	243	25	82	15	2	1	36	2	.337
	Minneapolis	American Association	1b	5	2	0	0	0	0	0	0	0	.000
1929	Minneapolis	American Association	1b	3	8	0	0	0	0	0	0	0	.000
	Des Moines	Western	1b	153	605	96	189	39	14	10	—	15	.312

YEAR	CLUB	LEAGUE	POS	G	AB	R	H	2B	3B	HR	RBI	SB	AVG
1930	Des Moines	Western	1b	142	572	118	176	32	7	9	100	12	.308
1931	Des Moines	Western	1b	144	587	119	200	30	15	6	106	10	.341
1932	Des Moines	Western	1b	99	405	84	156	28	19	9	86	5	.385
	Los Angeles	Pacific Coast	1b	64	263	46	85	16	0	5	61	5	.323
1933	Los Angeles	Pacific Coast	1b	186	723	122	226	49	6	20	137	14	.313
1934	Los Angeles	Pacific Coast	1b	**188**	725	102	226	44	4	15	139	11	.312
1935	Los Angeles	Pacific Coast	1b	173	678	133	237	**56**	5	24	132	18	.350
1936	Philadelphia	American	1b	3	11	0	2	0	0	0	2	0	.182
1937	Kansas City	American Association	1b	150	595	97	182	38	11	9	106	8	.306
1938	Buffalo	International	1b	153	599	109	191	31	2	13	90	8	.319
1939	Buffalo	International	1b	144	526	92	172	32	4	16	91	5	.327
1940	Albany	Eastern	1b	141	509	72	147	23	4	9	67	1	.289
1941	Albany	Eastern	1b	137	476	69	127	18	8	7	77	8	.267
1942	Memphis/Little Rock	SALLY	1b	145	493	60	135	18	10	8	65	8	.274
	Majors			3	11	0	2	0	0	0	2	0	.182
	Minors			2304	8798	1483	2782	517	123	178	1350	142	.316

Thomas Noble "Tom" Oliver

Born January 15, 1903 at Montgomery, AL.
Died February 26, 1988 at Montgomery, AL.
Batted right. Threw right. Height: 6-0. Weight: 168.

Manager for Reading, Interstate, 1940; Wilmington, Interstate, 1941; Lancaster, Interstate, 1942, 1946; Savannah, SALLY, 1947; Lincoln, Western, 1947; Fayetteville, Carolina, 1950.
Scout for Philadelphia, American, 1948-49.
Coach for Philadelphia, American, 1951-53; Baltimore, 1954.

YEAR	CLUB	LEAGUE	POS	G	AB	R	H	2B	3B	HR	RBI	SB	AVG
1923	Minot	North Dakota	of	—	188	38	39	11	6	6	0	16	.207
	Laurel	Cotton States	of	10	28	1	5	0	0	0	0	0	.179
1924	Monroe	Cotton States	of	93	374	50	110	20	6	2	—	6	.294
	Shreveport	Texas	of	16	62	10	24	10	2	2	—	3	.387
	Vernon	Pacific Coast	of	29	106	7	21	4	0	0	11	1	.198
1925	Decatur	Three I	of	21	76	9	21	3	1	1	—	2	.276
	Vernon	Pacific Coast	of	84	255	38	65	5	4	0	26	4	.255
1926	Beaumont	Texas	of	145	559	89	197	36	7	7	70	8	.352
	Mission	Pacific Coast	of	24	78	8	22	3	1	0	7	2	.282
1927	Mission	Pacific Coast	of	18	54	7	6	2	0	1	4	0	.111
	Nashville/Little Rock	Southern Association	of	118	464	66	132	26	5	3	39	3	.284
1928	Little Rock	Southern Association	of	155	626	100	201	38	9	5	64	11	.321
1929	Little Rock	Southern Association	of	155	**645**	79	**218**	38	7	5	68	11	.338
1930	Boston	American	of	154	646	86	189	34	2	0	46	6	.293
1931	Boston	American	of	148	586	52	162	35	5	0	70	4	.276
1932	Boston	American	of	122	455	39	120	23	3	0	37	1	.264
1933	Boston	American	of	90	244	25	63	9	1	0	23	1	.258
1934	Baltimore	International	of	99	370	52	99	17	2	3	36	6	.268
	Columbus	American Association	of	29	94	11	23	3	1	0	—	1	.245
1935	Toronto	International	of	154	**645**	102	192	24	4	11	66	6	.298
1936	Toronto	International	of	154	**595**	94	176	25	7	6	52	8	.296
1937	Toronto	International	of	102	315	33	85	11	6	0	31	2	.270
1938	Knoxville	Southern Association	of	39	150	18	43	7	1	0	10	0	.287
	Montreal	International	of	32	100	11	29	0	1	0	5	2	.290
1939	Durham	Piedmont	of	116	449	61	123	19	4	3	79	4	.274
1940	Reading	Interstate	of	112	426	84	136	20	3	2	69	14	.319
1941	Wilmington	Interstate	of	62	235	27	56	9	0	0	12	1	.238
1942	Lancaster	Interstate	of	14	37	1	11	1	0	0	3	0	.297
	Majors			514	1931	202	534	101	11	0	176	12	.277
	Minors			1781	6931	996	2034	327	77	57	616	86	.293

All-Time Leaders: Years Service With One City

YR.	PLAYER, CITY, POS	LEAGUE	PERIOD
18	Jigger Statz, Los Angeles, of	Pacific Coast	1920-21; 25-42
17	Bill Raimondi, Oakland, c	Pacific Coast	1932-35; 37-49
17	Ruben Esquivais, M.C. Reds, 1b	Mexican	1958-74
17	Alfredo Ortiz, M.C. Reds, p	Mexican	1963-77, 83-84
16	Lefty George, York, Pa., p	(three)	1909-10; 23-44
16	Robert Logan, Indianapolis, p	American Assoc.	1931-46
15	Harry Clark, Milwaukee, inf	American Assoc.	1904-16; 22-23
15	Bill McCorry, Albany, p	(four)	1911, 20, 24-34; 37-38
15	Ray Brubaker, Oakland, inf	Pacific Coast	1920-34
15	Miguel Solis, Saltillo, p	Mexican	1972-86
15	Tony Freitas, Sacramento, p	Pacific Coast	1929-32, 37-50
14	Ad Liska, Portland, p	Pacific Coast	1936-49

EDWARD JOSEPH "EDDIE" ONSLOW

Born February 17, 1893 at Meadville, PA.
Died May 8, 1981 at Dennison, OH.
Batted left. Threw left. Height: 6-0. Weight: 170.

Manager for Providence, International, 1930; Harrisburg, New York-Pennsylvania, 1931-1933; Monessen, Pennsylvania State Association, 1934; Columbia, SALLY, 1937; Hartford, Eastern, 1938-1939; Bradford, PONY, 1940.
Scout for Chicago, American, 1949; Philadelphia, American, 1950-1953.
Brother of Jack Onslow, former major league catcher and manager.
Holds International League career records for years played, 17; games, 2109; hits, 2445; and triples, 128.

YEAR	CLUB	LEAGUE	POS	G	AB	R	H	2B	3B	HR	RBI	SB	AVG
1911	Lansing	Southern Michigan	1b	127	469	72	142	34	6	1	—	27	.303
1912	Lansing	Southern Michigan	1b	85	325	61	125	25	6	2	—	26	.385
	Detroit	American	1b	35	128	11	29	1	2	1	13	3	.227
1913	Providence	International	1b	101	391	51	104	10	6	0	—	19	.266
	Detroit	American	1b	17	55	7	14	1	0	0	8	1	.255
1914	Providence	International	1b	154	569	88	183	16	18	6	—	28	.322
1915	Providence	International	1b	124	455	73	134	8	13	0	—	32	.295
1916	Providence	International	1b	108	414	59	129	12	4	1	—	34	.312
1917	Providence	International	of-1b	144	543	81	146	15	9	2	—	29	.269
1918	Toronto	International	1b	100	358	61	114	9	6	2	—	33	.318
	Cleveland	American	of	2	6	4	1	0	0	0	0	0	.167
1919	Toronto	International	1b	141	488	69	148	28	6	0	—	36	.303
1920	Toronto	International	1b	135	511	87	173	23	12	7	—	31	.339
1921	Toronto	International	1b	140	524	92	176	32	5	12	—	25	.336
1922	Toronto	International	1b	155	554	91	180	30	13	7	105	22	.325
1923	Toronto	International	1b	127	455	63	158	29	7	11	93	10	.347
1924	Toronto	International	1b	146	489	96	162	25	9	12	88	21	.331
1925	Rochester/Providence	International	1b	131	475	73	149	36	5	9	83	7	.314
1926	Rochester	International	1b	86	332	64	114	15	3	1	59	11	.343
1927	Rochester	International	1b	95	354	50	110	15	6	0	57	11	.311
	Washington	American	1b	9	18	1	4	1	0	0	1	0	.222
1928	Indianapolis	American Association	1b	4	3	0	0	0	0	0	0	0	.000
	Baltimore	International	1b	155	570	85	197	36	5	7	114	21	.346
1929	Baltimore/Newark	International	1b	67	221	37	68	10	1	4	34	1	.308
1930				Did not play in organized baseball									
1931	Harrisburg	New York-Pennsylvania	ph	1	1	0	0	0	0	0	0	0	.000
		Majors		63	207	23	48	3	2	1	22	4	.232
		Minors		2326	8501	1353	2712	408	140	84	633	424	.319

WILLIAM JOHN "BILL" ORR

Born April 22, 1891 at San Francisco, CA.
Died March 10, 1967 at St. Helena, CA.
Batted right. Threw right. Height: 5-11. Weight: 168.

YEAR	CLUB	LEAGUE	POS	G	AB	R	H	2B	3B	HR	RBI	SB	AVG
1911	Salt Lake City	Union Association	ss	143	590	96	178	27	4	1	—	16	.302
1912	Salt Lake City	Union Association	ss	96	395	99	154	32	9	5	71	24	.390
	Sacramento	Pacific Coast	ss	87	324	29	83	10	2	0	—	18	.256
1913	Philadelphia	American	ss	27	67	6	13	1	1	0	7	1	.194
1914	Philadelphia	American	ss	10	24	3	4	1	1	0	1	1	.167
	Sacramento	Pacific Coast	ss	131	498	46	152	16	8	1	38	13	.305
1915	Salt Lake City	Pacific Coast	ss	190	776	107	217	48	10	3	—	26	.280
1916	Salt Lake City	Pacific Coast	ss	179	683	94	170	32	4	5	—	16	.249
1917	Salt Lake City	Pacific Coast	ss	189	753	63	192	31	4	0	—	26	.255
1918	Salt Lake City	Pacific Coast	ss	97	359	42	94	15	1	0	—	17	.262
1919	Sacramento	Pacific Coast	ss-1b	155	554	42	113	13	1	0	—	12	.204
1920	Sacramento	Pacific Coast	ss	178	673	76	178	21	2	5	—	9	.264
1921	Sacramento	Pacific Coast	ss	181	686	69	196	32	7	3	—	2	.286
1922	Sacramento/Seattle	Pacific Coast	ss-3b	125	424	46	126	24	3	2	57	10	.299
1923	Seattle	Pacific Coast	ss-3b	162	598	58	157	31	2	1	61	6	.263
1924	Shreveport	Texas	ss	78	258	18	71	20	0	1	24	0	.275
		Majors		37	91	9	17	2	2	0	8	2	.187
		Minors		1991	7571	885	2081	352	57	27	251	195	.275

ALEJANDRO ORTIZ (DIAZ)

Born August 18, 1960 at Veracruz, Mexico
Bats right. Throws right.

YEAR	CLUB	LEAGUE	POS	G	AB	R	H	2B	3B	HR	RBI	SB	AVG
1981	Nuevo Laredo	Mexican	3b-1b-of-ss	41	101	12	20	0	1	1	11	0	.198
1982	Nuevo Laredo	Mexican	3b-of	97	311	38	81	10	4	5	29	3	.260
1983	Nuevo Laredo	Mexican	3b	117	386	65	101	21	1	13	64	7	.262
1984	Nuevo Laredo	Mexican	3b	118	426	97	139	17	1	31	86	17	.326
1985	Nuevo Laredo	Mexican	3b	128	459	104	132	21	5	30	75	20	.288
1986	Nuevo Laredo	Mexican	3b	123	420	94	123	19	1	35	101	7	.293
1987	Nuevo Laredo	Mexican	3b	120	412	107	137	27	1	32	98	9	.333
	Rochester	International	3b	2	6	0	1	1	0	0	1	0	.167
1988	Nuevo Laredo	Mexican	3b	116	413	84	126	18	0	31	86	11	.305
1989	Nuevo Laredo	Mexican	3b	126	436	77	128	19	4	27	111	8	.294
1990	Nuevo Laredo	Mexican	3b	129	423	87	130	20	0	27	104	9	.307
1991	Nuevo Laredo	Mexican	3b	119	405	87	126	13	0	27	98	9	.311
1992	Nuevo Laredo	Mexican	3b	126	464	79	141	7	1	28	83	1	.304
1993	Nuevo Laredo	Mexican	3b-1b	130	461	93	137	25	0	30	102	1	.297
		Minors		1492	5123	1024	1522	218	19	317	1099	102	.297

JOHN THADDEUS OSTROWSKI

Born October 17, 1917 at Chicago IL.
Died November 13, 1982 at Chicago, IL.
Batted right. Threw right. Height: 5-10½. Weight: 170.

YEAR	CLUB	LEAGUE	POS	G	AB	R	H	2B	3B	HR	RBI	SB	AVG
1939	Superior	Northern	of	115	470	60	126	19	7	14	52	13	.268
1940	Troy	Alabama State	of	113	472	116	161	35	10	30	120	14	.341
	Macon	SALLY	of	11	33	3	6	2	0	0	0	0	.182
1941	Macon	SALLY	of	138	483	65	129	18	20	14	89	3	.267
1942	Macon	SALLY	3b	68	227	29	55	11	3	4	37	3	.242
	Jackson	Southeastern	3b-of	46	177	30	52	12	5	5	39	3	.294
1943	Los Angeles	Pacific Coast	of	143	472	76	133	23	6	21	82	7	.282
	Chicago	National	of-3b	10	29	2	6	0	1	0	3	0	.207
1944	Los Angeles	Pacific Coast	of-3b	124	475	62	134	27	7	10	67	7	.282
	Chicago	National	of	8	13	2	2	1	0	0	2	0	.154
1945	Chicago	National	3b	7	10	4	3	2	0	0	1	0	.300
	Kansas City	American Association	3b	144	558	102	166	28	4	13	99	14	.297
1946	Chicago	National	3b	64	160	20	34	4	2	3	12	1	.213
1947	Los Angeles	Pacific Coast	3b	173	654	109	191	39	12	24	110	3	.292
1948	Los Angeles	Pacific Coast	3b	109	397	59	117	21	3	15	56	4	.295
	Boston	National	3b	1	1	0	0	0	0	0	0	0	.000
1949	Los Angeles	Pacific Coast	3b-of	129	478	92	150	28	2	32	90	1	.318
	Chicago	American	of	49	158	19	42	9	4	5	31	4	.266
1950	Chicago/Washington	American	of	77	190	26	44	4	2	6	25	2	.232
1951	Toronto	International	of	127	377	40	61	15	2	13	56	0	.215
1952	Sacramento/Oakland	Pacific Coast	of	138	415	57	105	16	4	22	69	1	.253
1953	Memphis	Southern Association	of	22	64	7	18	4	0	1	13	0	.281
		Majors		216	561	73	131	20	9	14	74	7	.234
		Minors		1470	5752	907	1604	298	85	218	999	73	.279

PAUL FRANCIS OWENS

Born February 7, 1924 at Salamanca, NY.
Batted right. Threw right. Height: 6-3. Weight: 185.

Manager for Olean, PONY, 1955-1957; Bakersfield, California, 1958-1959; Philadelphia Phillies, 1972 and 1983-1984.
Hit in 38 consecutive games in 1951, the PONY League record.

YEAR	CLUB	LEAGUE	POS	G	AB	R	H	2B	3B	HR	RBI	SB	AVG
1951	Olean	PONY	1b	111	459	129	187	32	9	17	101	17	.407
1952	Winston-Salem	Carolina	1b-3b	136	535	98	181	34	7	11	105	15	.338
1953-54			Did not play in organized baseball										
1955	Olean	PONY	1b-3b	126	457	105	177	30	6	9	86	22	.387
1956	Olean	PONY	1b-of	114	399	87	147	34	3	9	76	6	.368
1957	Olean	New York-Pennsylvania	1b	107	369	90	150	30	2	13	88	14	.407
1958	Bakersfield	California	1b	31	98	11	25	2	4	0	14	1	.255
1959	Bakersfield	California	1b	1	3	1	1	0	0	0	1	0	.333
		Minors		626	2320	521	868	162	31	59	471	75	.374

Edwin Henry Palmer

Born June 1, 1893 at Petty, TX.
Died January 9, 1983 at Marlow, OK.
Batted right. Threw right. Height: 5-9½. Weight: 175

Manager for Sioux City, Western, 1923; Denver, Western, 1929-30..

YEAR	CLUB	LEAGUE	POS	G	AB	R	H	2B	3B	HR	RBI	SB	AVG
1914	Muskogee	Western Association	ss	128	447	76	134	17	3	21	—	23	.281
1915	Muskogee	Western Association	ss	134	524	69	140	26	2	19	—	11	.263
1916	Muskogee	Western Association	ss	133	512	55	129	22	3	4	—	21	.252
1917	Dallas	Texas	2b	162	546	92	156	38	8	11	—	24	.286
	Philadelphia	American	3b	16	52	7	11	1	0	0	5	1	.212
1918	Dallas	Texas	2b	32	108	19	27	7	1	0	—	13	.250
1919	Dallas	Texas	2b	93	351	40	88	17	6	1	—	9	.251
1920	Dallas	Texas	2b-3b-ss	134	488	50	118	19	3	3	—	19	.242
1921	Dallas	Texas	2b	113	407	60	121	32	4	3	58	8	.297
1922	Sioux City	Western	2b	134	502	86	148	41	1	14	—	4	.295
1923	Sioux City	Western	2b	158	665	119	243	62	7	12	—	22	.365
1924	Fort Worth	Texas	2b	154	565	97	157	37	4	5	101	16	.278
1925	Fort Worth	Texas	2b	154	596	110	176	29	3	13	103	10	.295
1926	Fort Worth	Texas	2b	32	107	15	26	6	1	0	14	0	.243
	Monroe	Cotton States	2b	61	223	29	61	9	1	1	—	8	.274
1927	Monroe	Cotton States	2b	119	450	83	130	34	6	5	—	12	.289
1928	Monroe	Cotton States	2b	109	403	67	126	31	1	2	31	5	.313
1929	Denver	Western	2b	145	527	82	149	22	10	0	—	9	.283
1930	Denver	Western	2b	40	120	20	28	5	0	2	26	0	.233
		Majors		16	52	7	11	1	0	0	5	1	.212
		Minors		2035	7541	1169	2157	454	64	116	333	214	.286

Isaac Benjamin "Ike" Palmer

Born June 11, 1925 at Conway, AR.
Batted left. Threw right. Height: 6-0. Weight: 185.

Manager for Lubbock, West Texas-New Mexico, 1952; Abilene, West Texas-New Mexico, 1953.

YEAR	CLUB	LEAGUE	POS	G	AB	R	H	2B	3B	HR	RBI	SB	AVG
1946	Lamesa	West Texas-New Mexico	1b-c-3b	130	490	69	138	26	4	16	94	5	.282
1947	Lamesa	West Texas-New Mexico	3b	139	556	101	192	40	6	16	135	5	.345
1948	Lamesa	West Texas-New Mexico	3b	123	509	110	175	37	6	6	109	5	.344
1949	Clovis	West Texas-New Mexico	c-3b	139	574	119	212	53	6	18	148	9	.369
1950	Macon	SALLY	c	95	346	53	96	24	4	9	59	4	.277
1951	Macon	SALLY	c	37	123	13	27	6	2	1	14	1	.220
	Lubbock	West Texas-New Mexico	c-of	96	374	64	125	26	4	9	86	1	.334
1952	Lubbock	West Texas-New Mexico	c-of	141	569	110	200	62	2	12	118	10	.351
1953	Abilene	West Texas-New Mexico	c-1b-3b	138	547	114	201	56	7	23	110	18	.367
1954	Borger/Pampa	West Texas-New Mexico	c-3b	139	546	132	199	52	3	28	132	9	.364
1955	Plainview	West Texas-New Mexico	c	140	562	130	228	46	4	39	138	9	.406
1956	Carlsbad	Southwestern	c	124	506	108	193	55	11	21	124	0	.381
1957	Danville	Carolina	ph	1	0	0	0	0	0	0	0	0	.000
		Minors		1442	5702	1123	1986	483	59	198	1267	76	.348

Stanley Francis "Stan" Palys

Born May 1, 1930 at Blakely, PA.
Batted right. Threw right. Height: 6-2. Weight: 190.

YEAR	CLUB	LEAGUE	POS	G	AB	R	H	2B	3B	HR	RBI	SB	AVG
1950	Carbondale	North Atlantic	of-3b-2b	113	406	93	129	24	6	11	77	4	.318
1951						Military service							
1952	Terre Haute	Three I	of	99	363	59	98	28	8	8	74	3	.270
1953	Schenectady	Eastern	of	6	21	1	4	0	0	0	3	0	.190
	Spokane	Western International	of	128	487	111	161	35	5	22	95	4	.331
	Philadelphia	National	of	2	2	0	0	0	0	0	0	0	.000
1954	Philadelphia	National	of	2	4	0	1	0	0	0	0	0	.250
	Syracuse	International	of	23	75	10	14	2	0	3	9	1	.187
	Schenectady	Eastern	of	93	323	62	102	20	5	14	56	2	.316
1955	Philadelphia/Cincinnati	National	1b-of	94	274	37	66	17	0	8	38	2	.241

YEAR	CLUB	LEAGUE	POS	G	AB	R	H	2B	3B	HR	RBI	SB	AVG
1956	Cincinnati	National	of	40	53	5	12	0	0	2	5	0	.226
1957	Nashville	Southern Association	of	134	493	116	177	34	6	24	112	5	**.359**
1958	Charleston	American Association	of	129	444	70	128	28	4	11	60	2	.288
1959	Charleston	American Association	of	49	103	11	29	3	0	1	10	0	.282
	Corpus Christi	Texas	of	43	127	16	46	4	1	4	31	0	.362
1960	Birmingham	Southern Association	of	147	540	101	**200**	43	**13**	28	116	2	**.370**
1961	Birmingham	Southern Association	of	139	492	110	164	33	7	13	**114**	2	.333
1962	Hawaii	Pacific Coast	of	148	554	111	184	32	3	**33**	91	3	.332
1963	Hawaii	Pacific Coast	of-1b	143	491	63	150	21	0	17	73	0	.305
1964	Tokyo Orions	Japanese Pacific	of	129	505	52	143	33	1	17	70	3	.283
1965	Tokyo Orions	Japanese Pacific	of	104	380	53	104	21	2	25	69	3	.274
1966	Tokyo Orions	Japanese Pacific	of	113	395	41	104	15	1	18	69	3	.263
1967	Tokyo Orions	Japanese Pacific	of	100	245	21	68	11	1	6	42	1	.278
		Majors		138	333	42	79	17	0	10	43	2	.237
		Minors		1394	4919	933	1586	307	58	189	921	28	.322
		Japan		446	1525	167	419	80	5	66	250	10	.275

CLARENCE McKAY "ACE" PARKER

Born May 17, 1912 at Portsmouth, VA.
Batted right. Threw right. Height: 6-0. Weight: 180.

Manager for Portsmouth, Piedmont, 1948; Durham, Carolina, 1949-1952.
Hit HR in first major league AB with Philadelphia A's April 30, 1937.
All-American football player at Duke University. Played professional football for Brooklyn, 1937-1941; Boston, 1945; New York, 1946. Led league in passing in 1938. Inducted into Pro Football Hall of Fame in 1972.
Broke leg while with Syracuse in 1940. Broke ankle while with Portsmouth in 1941.
Baseball coach at Duke University from 1953-1965.

YEAR	CLUB	LEAGUE	POS	G	AB	R	H	2B	3B	HR	RBI	SB	AVG
1937	Philadelphia	American	ss-2b-of	38	94	8	11	0	1	2	13	0	.117
	Atlanta	Southern Association	of-3b-1b	25	73	9	20	4	3	1	11	0	.274
	Portsmouth	Piedmont	3b	21	70	13	17	3	0	4	16	1	.243
1938	Philadelphia	American	ss-3b-2b	56	113	12	26	5	0	0	12	1	.230
1939	Portsmouth	Piedmont	ss	116	445	90	135	25	6	16	64	14	.303
1940	Syracuse	International	ss	16	51	12	20	3	0	2	9	2	.392
1941	Portsmouth	Piedmont	ss	10	38	7	11	1	0	0	5	1	.289
1942-45							Military service						
1946	Portsmouth	Piedmont	ss-of	92	375	63	124	13	9	0	40	4	.331
1947	Portsmouth	Piedmont	of-ss-2b	130	534	114	168	34	4	6	53	7	.315
1948	Portsmouth	Piedmont	of	99	313	54	69	11	3	3	22	2	.220
1949	Durham	Carolina	of-3b	83	298	56	89	20	2	1	44	3	.299
1950	Durham	Carolina	of-3b-ss	89	287	37	80	12	0	1	24	0	.279
1951	Durham	Carolina	of	36	104	10	28	1	1	0	10	0	.269
1952	Durham	Carolina	of-p	2	5	1	0	0	0	0	1	0	.000
		Majors		94	207	20	37	5	1	2	25	1	.179
		Minors		719	2593	466	761	127	28	34	299	34	.293

FRANCIS JAMES "SALTY" PARKER

Born July 6, 1913 at East St. Louis, IL.
Died July 27, 1992 at Houston, TX.
Batted right. Threw right. Height: 6-0. Weight: 185.

Manager for Lubbock, West Texas-New Mexico, 1939; Marshall, East Texas, 1940; Shreveport, Texas, 1941-1942, 1946-1951; Temple, Big State, 1952-1953; Tyler, Big State, 1954; El Dorado, Cotton States, 1955; Danville, Carolina, 1956; Dallas, Texas, 1957; New York, National, 1967.

YEAR	CLUB	LEAGUE	POS	G	AB	R	H	2B	3B	HR	RBI	SB	AVG
1930	Moline	Mississippi Valley	ss	92	347	50	86	12	1	2	—	8	.248
1931	Moline	Mississippi Valley	ss	127	482	75	136	21	2	2	—	16	.282
1932	Moline	Mississippi Valley	ss	121	474	75	144	21	4	4	59	13	.304
1933	Beaumont	Texas	ss	144	509	59	138	27	3	0	52	8	.271
1934	Beaumont	Texas	ss	125	414	46	103	26	5	3	44	12	.249
1935	Toledo	American Association	ss	149	555	82	159	34	7	1	59	7	.286
1936	Toledo	American Association	ss	106	405	48	120	21	6	2	44	6	.296
	Detroit	American	ss-1b	11	25	6	7	2	0	0	2	0	.280
1937	Indianapolis	American Association	ss	61	188	23	46	14	2	1	21	2	.245
1938	Tulsa/Shreveport	Texas	ss	121	386	44	108	22	2	1	57	7	.280

YEAR	CLUB	LEAGUE	POS	G	AB	R	H	2B	3B	HR	RBI	SB	AVG
1939	Dallas	Texas	ss	13	49	9	11	0	1	0	3	3	.224
	Lubbock	West Texas-New Mexico	ss	133	480	96	150	25	9	7	93	17	.313
1940	Marshall	East Texas	ss	131	444	92	155	**46**	6	1	71	11	.349
1941	Shreveport	Texas	3b-ss	145	498	54	127	24	1	4	49	11	.255
1942	Shreveport	Texas	3b	147	531	49	138	22	3	0	57	4	.260
1943	St. Paul	American Association	3b	132	434	57	107	25	3	2	51	3	.247
1944							Military service						
1945	Montreal	International	2b	149	517	83	154	38	1	3	77	4	.298
1946	Shreveport	Texas	3b-2b	59	175	20	45	7	0	1	21	1	.257
1947	Shreveport	Texas	if-p-c-of	97	292	21	81	16	1	1	28	5	.277
1948	Shreveport	Texas	1b-3b	22	67	10	16	2	0	1	8	0	.239
1949	Shreveport	Texas	c-1b	4	8	1	1	0	0	0	0	0	.125
1950	Shreveport	Texas	p-1b	3	2	0	0	0	0	0	0	0	.000
1951	Shreveport	Texas					Manager, Did not play						
1952	Temple	Big State	p	23	48	4	8	0	0	0	4	0	.167
1953	Temple	Big States					Manager, Did not play						
1954	Tyler	Big State	ph	1	1	0	0	0	0	0	0	0	.000
		Majors		11	25	6	7	2	0	0	2	–	.280
		Minors		2105	7306	998	2033	405	57	36	697	138	.278

ROY PARKER

Born April 7, 1926 at Mansfield, LA.
Batted left. Threw left. Height 5-7. Weight: 170.

YEAR	CLUB	LEAGUE	POS	G	AB	R	H	2B	3B	HR	RBI	SB	AVG
1946	Milford	Eastern Shore	of-p	77	215	45	63	8	3	2	27	10	.293
	Durham	Carolina	p	14	15	2	5	0	0	0	4	0	.333
1947	Oneonta	Canadian-American	p	3	0	0	0	0	0	0	0	0	.000
1948	Pampa	West Texas-New Mexico	p-of	72	135	41	46	12	2	6	19	1	.341
1949	Pampa	West Texas-New Mexico	of-p	120	385	96	114	22	8	24	91	11	.296
1950	Pampa	West Texas-New Mexico	p-of	100	266	80	92	22	5	21	83	7	.346
1951	Sherman-Denison	Big State	of-p	129	481	100	166	19	15	18	92	7	.345
1952	Paris	Big State	of-p	146	548	119	173	37	12	23	109	15	.316
1953	Clovis	West Texas-New Mexico	of-p	140	549	**177**	194	38	12	41	160	18	.353
1954	Del Rio	Big State	of-p	81	333	83	106	26	9	17	62	6	.318
	Greater Miami	Florida International	of	20	70	11	16	4	1	1	12	4	.229
1955	Mexico City Reds	Mexican	of-p	88	340	**90**	110	16	9	16	80	6	.324
1956	Clovis	Southwestern	of-p	134	508	123	180	39	6	36	133	4	.354
1957	Clovis	Southwestern	of-p	28	113	29	36	9	1	5	28	1	.319
	Savannah	SALLY	of	22	72	13	16	0	1	2	14	2	.222
	Wenanchee	Northwest	of-p	79	269	36	64	13	2	5	36	4	.238
1958	Salem	Northwest	of-p	72	256	47	71	19	2	5	44	3	.277
		Minors		1325	4555	1092	1452	284	88	222	994	99	.319

PITCHING RECORD

YEAR	CLUB	LEAGUE	G	IP	W	L	H	R	ER	BB	SO	ERA
1946	Milford	Eastern Shore	13	97	7	4	69	33	27	62	82	2.51
	Durham	Carolina	6	17	0	1	25	20	–	15	15	–
1947	Oneonta	Canadian-American	1	0	0	–	–	–	–	–	–	–
1948	Pampa	West Texas-New Mexico	35	186	9	13	205	155	106	155	119	5.13
1949	Pampa	West Texas-New Mexico	36	**263**	**23**	10	269	192	142	**184**	**235**	4.86
1950	Pampa	West Texas-New Mexico	49	**297**	**27**	12	307	198	150	**188**	**256**	4.55
1951	Sherman-Denison	Big State	25	156	10	11	151	100	79	125	110	4.56
1952	Paris	Big State	7	21	0	1	–	–	20	–	–	8.57
1953	Clovis	West Texas-New Mexico	35	182	12	11	187	140	100	112	102	4.95
1954	Del Rio	Big State	14	84	2	7	101	73	56	57	37	6.00
1955	Mexico City Reds	Mexican	6	20	1	2	29	14	14	13	15	6.30
1956	Clovis	Southwestern	37	106	5	9	143	103	73	58	80	6.20
1957	Clovis	Southwestern	1	4	0	0	2	1	1	1	3	2.25
	Wenatchee	Northwest	2	8	1	0	6	–	3	6	7	3.38
1958	Salem	Northwest	1	1	0	0	4	3	3	10	2	7.00
			268	1442	97	81	1498	1032	774	977	1059	4.83

BENJAMIN EDWIN PASCHALL

Born October 13, 1895 at Enterprise, AL.
Died November 10, 1974 at Charlotte, NC.
Batted right. Threw right. Height: 5-11. Weight: 185.

YEAR	CLUB	LEAGUE	POS	G	AB	R	H	2B	3B	HR	RBI	SB	AVG
1915	Dothan	FLAG	of	64	259	41	75	13	6	7	–	23	.290
	Cleveland	American	ph	9	9	0	1	0	0	0	0	0	.111
1916	Charlotte	North Carolina	of	113	431	69	123	21	12	15	–	21	.285
1917	Muskegon	Central	of	37	135	20	37	5	5	1	15	8	.274
	Waterloo	Central Association	of	23	87	7	20	1	1	1	6	1	.230
1918-19							Military service						
1920	Charlotte	SALLY	of	120	467	60	133	21	8	8	43	18	.284
	Boston	American	of	9	28	5	10	0	0	0	5	1	.357
1921	Charlotte	SALLY	of	114	401	78	127	24	11	7	52	28	.316
1922	Charlotte	SALLY	of	142	534	131	174	27	19	18	114	26	.326
1923	Charlotte	SALLY	of	141	570	147	200	36	22	26	122	18	.351
1924	Atlanta	Southern Association	of	148	578	136	197	33	19	17	101	34	.341
	New York	American	of	4	12	2	3	1	0	0	3	0	.250
1925	New York	American	of	89	247	49	89	16	5	12	56	14	.360
1926	New York	American	of	96	258	46	74	12	3	7	33	7	.287
1927	New York	American	of	50	82	16	26	9	2	2	16	0	.317
1928	New York	American	of	65	79	12	25	6	1	1	15	1	.316
1929	New York	American	of	42	72	13	15	3	0	2	11	1	.208
1930	St. Paul	American Association	of	144	583	116	204	33	8	10	98	13	.350
1931	St. Paul	American Association	of	121	441	86	148	29	10	14	85	13	.336
1932	St. Paul	American Association	of	147	591	97	192	37	11	14	89	9	.325
1933	St. Paul	American Association	of	130	485	86	132	30	7	13	69	5	.272
1934	Knoxville	Southern Association	of	38	141	23	40	7	2	1	21	3	.284
	Scranton	New York-Pennsylvania	of	18	70	12	19	3	1	0	17	1	.271
	Jeanerette	Evangeline	of	93	368	52	112	33	3	2	53	–	.304
		Majors		364	787	143	243	47	11	24	139	24	.309
		Minors		1593	6141	1161	1923	353	145	154	885	221	.313

CARLOS LUIS PASCUAL

Born March 13, 1930 at Havana, Cuba.
Batted right. Threw right. Height: 5-6½. Weight: 172.

Career ptiching record was 45-37 in the minors and 1-1 in the majors.

YEAR	CLUB	LEAGUE	POS	G	AB	R	H	2B	3B	HR	RBI	SB	AVG
1949	Havana	Florida International	ss	1	1	0	0	0	0	0	0	0	.000
	Big Spring	Longhorn	3b	136	559	80	188	30	4	25	125	7	.336
1950	Big Spring	Longhorn	3b-ss-p	121	458	89	158	33	3	16	100	12	.345
	Havana	Florida International	3b	13	47	4	9	1	0	3	7	0	.191
	Washington	American	p	2	4	0	1	0	0	0	0	0	.250
1951	Havana	Florida International	3b-p	79	215	15	54	8	0	1	25	2	.251
1952	Havana	Florida International	p-3b	46	101	4	19	2	0	1	8	1	.188
1953	Seattle	Pacific Coast	p	1	0	0	0	0	0	0	0	0	.000
	Havana	Florida International	p-of	70	166	15	43	6	0	0	11	2	.259
1954	Havana	International	p	9	4	0	1	0	0	0	1	0	.250
1955	Yucatan	Mexican	p	14	30	5	10	2	0	1	3	0	.333
	Hobbs	Longhorn	1b-3b-p	55	222	44	76	18	0	13	57	0	.342
1956	Hobbs	Southwestern	3b-ss	120	468	107	151	29	5	34	120	6	.323
1957	Midland/Lamesa	Southwestern	3b-1b-p	104	397	77	139	26	4	17	89	3	.350
1958	Charlotte	SALLY	3b	17	64	4	9	0	0	1	3	0	.141
	Appleton	Three I	3b-p	108	398	70	148	18	2	27	83	5	.372
1959	Appleton	Three I	3b-p	97	366	52	112	18	2	9	63	5	.306
1960	Fort Walton Beach	Alabama-Florida	3b-p	101	360	56	117	22	1	14	82	4	.325
1961	Fort Walton Beach	Alabama-Florida	3b-p	81	275	58	95	18	1	16	68	5	.345
1962	Fort Walton Beach	Alabama-Florida	1b-p	115	434	83	147	25	1	21	103	4	.339
		Majors		2	4	0	1	0	0	0	0	0	.250
		Minors		1287	4565	763	1476	256	23	199	947	56	.323

ALL-TIME LEADERS: 100-RBI SEASONS

PLAYER		PLAYER		PLAYER	
Buzz Arlett	12	Dean Stafford	9	Ollie Tucker	8
Mervyn Connors	11	Bunny Brief	8	Ab Wright	8
Smead Jolley	9	Gordon Nell	8	Isaac Palmer	8
Pete Hughes	9	Ray Perry	8		

HAROLD ROBERT PATCHETT

Born May 10, 1912 at Flint, MI.
Died April 7, 1978 at El Cajon, CA.
Batted left. Threw right. Height: 5-11. Weight: 170.

BA degree from Adrian College where he lettered for 4 years in football, basketball and baseball and 2 years in track.

YEAR	CLUB	LEAGUE	POS	G	AB	R	H	2B	3B	HR	RBI	SB	AVG
1932	Moline	Mississippi Valley	3b	116	470	90	154	18	10	7	54	35	.328
1933	Shreveport	Dixie	of-3b-2b	94	396	86	135	22	4	0	39	31	.341
	Beaumont	Texas	3b	22	77	11	17	1	0	0	9	4	.221
1934	Muskogee	Western Association	of	39	165	37	59	5	3	2	20	17	.358
	Beaumont	Texas	of	97	375	61	111	16	12	0	26	16	.296
1935	St. Joseph	Western	of	94	377	80	121	18	5	5	43	23	.321
	Tulsa	Texas	of	31	118	17	27	8	0	0	11	3	.229
1936	Tulsa	Texas	of	147	547	100	167	35	11	4	58	12	.305
1937	San Diego	Pacific Coast	of	169	689	105	211	38	8	8	68	21	.306
1938	San Diego	Pacific Coast	of	166	668	98	202	38	12	3	57	10	.302
1939	San Diego	Pacific Coast	of	160	610	83	177	24	7	0	32	6	.290
1940	San Diego	Pacific Coast	of	166	686	109	195	28	5	0	51	9	.284
1941	San Diego	Pacific Coast	of	168	622	78	184	21	8	0	60	25	.296
1942	San Diego	Pacific Coast	of	172	663	83	191	23	5	0	43	8	.288
1943	San Diego	Pacific Coast	of	141	522	63	148	12	15	1	49	25	.284
1944	San Diego	Pacific Coast	of	128	426	49	117	10	5	1	56	19	.275
1945	Oakland/Seattle	Pacific Coast	of	157	580	85	178	21	6	0	47	19	.307
1946	Seattle	Pacific Coast	of	109	238	24	58	5	0	0	14	6	.244
		Minors		2176	8229	1259	2452	343	116	31	735	289	.298

FLOYD L. PATTERSON

Born October 13, 1904 at Quenemo, KS.
Died August 9, 1978 at Quenemo, KS.
Batted left. Threw right. Height: 5-10. Weight: 170.

Manager for Canton, Middle Atlantic, 1936-1942; Durham, Carolina, 1945-1946; Vandergrift, Middle Atlantic, 1947-1948; Salina, Western Association 1951-1952.
Scout for Philadelphia, National, 1949-1951, 1953-1955; Cleveland, American, 1956; Los Angeles, National, 1961-1962; Milwaukee, National, 1965-68; Montreal, National, 1969-1972.

YEAR	CLUB	LEAGUE	POS	G	AB	R	H	2B	3B	HR	RBI	SB	AVG
1922	Kansas City	American Association	of	1	3	0	0	0	0	0	0	0	.000
1923-24				Did not play in organized baseball									
1925	Tulsa	Western	of	35	133	25	46	14	3	1	—	5	.346
	Texarkana	East Texas	of	25	103	21	31	3	0	2	—	3	.301
	Shawnee	Southwestern	of	90	373	73	127	14	7	4	—	—	.340
1926	Tulsa	Western	of	165	678	147	239	38	9	4	—	14	.353
1927	Tulsa	Western	of	124	505	111	166	24	6	2	—	4	.329
1928	Decatur	Three I	of	130	536	86	**181**	32	12	5	55	12	.338
1929	Decatur	Three I	of	133	512	97	178	28	12	5	85	13	**.348**
	Toledo	American Association	of	17	42	8	15	2	0	0	6	1	.357
1930	Decatur	Three I	of	109	412	85	137	22	14	1	50	10	.333
1931	Decatur	Three I	of	117	419	75	123	14	6	1	52	8	.294
1932	York	New York-Pennsylvania	of	5	17	2	0	0	0	0	—	0	.118
	Allentown	Eastern	of	62	230	32	68	12	8	1	36	10	.296
1933	Rock Island	Mississippi Valley	of	109	398	94	135	33	8	2	76	28	.339
1934	Rock Island	Western	of	122	445	90	163	32	9	2	74	14	.366
1935	Dayton	Middle Atlantic	of	117	392	72	123	24	7	1	51	20	.314
1936	Canton	Middle Atlantic	of	105	335	88	119	21	5	8	56	15	.355
1937	Canton	Middle Atlantic	of	120	424	102	152	30	4	13	107	17	.358
1938	Canton	Middle Atlantic	of	17	22	2	2	1	0	0	5	0	.091
1941	Canton	Middle Atlantic	of	20	54	2	16	2	0	0	6	0	.296
1942	Canton	Middle Atlantic	of	3	4	0	0	0	0	0	0	0	.000
1943-44				Did not play in organized baseball									
1945	Durham	Carolina	of	10	18	5	4	*0	0	0	3	1	.222
		Minors		1636	6055	1215	2027	346	110	52	662	175	.335

JAMES CECIL "ZIP" PAYNE

Born April 9, 1909 at Swepsonville, NC.
Batted right. Threw right. Height: 5-11. Weight: 160.

Manager for Leaksville, Bi-State, 1942: Lynchburg, Piedmont, 1945; Winston-Salem, Carolina, 1946-1948; Fayetteville, Tobacco State, 1949; Mt. Airy, Blue Ridge, 1950.

YEAR	CLUB	LEAGUE	POS	G	AB	R	H	2B	3B	HR	RBI	SB	AVG
1929	Goldsboro	Eastern Carolina	of	94	347	54	97	20	2	0	30	14	.280
1930	Columbia	SALLY	of	117	546	93	151	19	18	1	37	9	.277
1931	Wichita	Western	of	19	73	10	17	5	2	1	5	0	.233
	Henderson	Piedmont	of	41	150	19	36	8	2	0	9	0	.240
1932-33							Did not play in organized baseball						
1934	Mayodan	Bi-State	of	79	333	64	125	32	6	14	50	2	.375
1935	Mayodan	Bi-State	of	110	458	95	177	30	9	14	60	0	.386
1936	Mayodan/Bassett	Bi-State	of-3b	102	432	86	153	29	12	12	75	1	.354
1937	Mayodan	Bi-State	of	115	476	102	167	44	9	18	85	2	.351
1938	Mayodan	Bi-State	of	108	439	80	155	46	12	4	97	4	.353
1939	Leaksville	Bi-State	of	114	455	110	177	38	12	12	126	8	.389
1940	Portsmouth	Piedmont	of	5	19	4	5	0	0	0	2	2	.263
	Leaksville	Bi-State	of	110	455	81	144	38	9	10	100	1	.316
1941	Leaksville	Bi-State	of	100	412	89	147	33	5	6	75	1	.357
1942	Leaksville	Bi-State	of	125	478	61	144	34	2	5	64	5	.301
1943							Did not play in organized baseball						
1944	Lynchburg	Piedmont	of	133	532	81	181	29	10	0	99	4	.340
1945	Rochester	International	of	51	182	26	55	5	3	1	34	3	.302
	Lynchburg	Piedmont	of	42	143	19	44	6	1	0	21	0	.308
1946	Winston-Salem	Carolina	of	93	334	52	115	23	4	4	53	1	.344
1947	Winston-Salem	Carolina	of	63	221	35	81	17	1	0	33	5	.367
1949	Fayetteville	Tobacco State	of	14	37	3	8	1	1	0	9	0	.216
			Minors	1635	6522	1164	2179	457	120	102	1066	60	.334

LESLIE EARL "LES" PEDEN

Born September 17, 1923 at Azle, TX.
Batted right. Threw right. Height: 6-1½. Weight: 212.

Manager for Des Moines, Western, 1954-55; Little Rock, Southern Association, 1958; Shreveport, Southern Association, 1959-61; Portland, Pacific Coast, 1962-63; Quincy, Midwest, 1964; Wenatchee, Northwest, 1965; Tacoma, Pacific Coast, 1966; Alexandria, Carolina, 1978.

YEAR	CLUB	LEAGUE	POS	G	AB	R	H	2B	3B	HR	RBI	SB	AVG
1947	Des Moines	Western	3b-1b	124	486	107	157	33	7	18	106	5	.323
1948	Nashville	Southern Association	c-3b	4	3	0	0	0	0	0	0	0	.000
	Fayetteville	Tri-State	c-2b	107	386	72	131	26	2	24	98	3	.339
1949	Des Moines	Western	c-of-3b	127	471	74	147	29	3	22	102	2	.312
1950	Springfield	International	c	85	268	32	80	14	0	8	41	0	.299
1951	Los Angeles	Pacific Coast	c	117	402	42	100	15	0	11	54	1	.249
1952	Los Angeles	Pacific Coast	c	153	527	62	147	18	1	18	71	0	.279
1953	Washington	American	c	9	28	4	7	1	0	1	1	0	.250
	Los Angeles	Pacific Coast	c	100	340	33	91	16	2	11	55	0	.268
1954	Des Moines	Western	c-3b-of	131	445	86	138	30	1	26	91	0	.310
1955	Des Moines	Western	3b-c	52	155	24	45	11	0	5	34	0	.290
	Shreveport	Texas	c	33	92	11	23	6	0	3	12	1	.250
1956	Shreveport	Texas	c	137	464	61	131	22	1	23	88	2	.282
1957	Little Rock	Southern Association	c-3b	134	431	59	128	21	0	15	81	0	.297
1958	Little Rock	Southern Association	c-3b-p	133	458	67	153	29	3	26	88	1	.334
1959	Shreveport	Southern Association	c-of	82	237	38	71	10	0	10	34	0	.300
1960	Shreveport	Southern Association	c	83	217	31	71	14	0	11	46	2	.327
1961	Shreveport	Southern Association	c	73	184	21	52	12	0	7	31	0	.283
1962	Portland	Pacific Coast	3b-p	47	111	10	39	7	0	6	24	0	.351
1963	Portland/San Diego	Pacific Coast	c-1b-p	50	76	6	19	4	1	4	15	0	.250
1964	Quincy	Midwest	p	15	24	6	5	2	0	1	4	0	.208
			Majors	9	28	4	7	1	0	1	1	0	.250
			Minors	1787	5777	842	1728	319	21	249	1075	17	.299

ALL-TIME LEADERS: 20 AND 30-HOMER SEASONS

20-HOMERS SEASONS			
PLAYER		Buzz Arlett	11
Mervyn Connors	12	Andres Mora	11
Nick Cullop	12	Joe Hauser	10
Hector Espino	12	**30-HOMERS SEASONS**	
Jack Graham	12	Player	
		Buzz Arlett	8

Joe Bauman	6
Jack Graham	6
Joe Hauser	6
Gordon Nell	6
Norman Small	6

HOMER HEFNER PEEL

Born October 10, 1902 at Fort Sullivan, TX.
Batted right. Threw right. Height: 5-9½. Weight: 170.

Manager for Fort. Worth, Texas, 1936-1938; Shreveport, Texas, 1939-1940; Oklahoma City, Texas, 1941-1942; Paris, East Texas, 1946; Paris, Big State, 1948; Temple, Big State, 1949; Sherman-Denison, Big State, 1950.

YEAR	CLUB	LEAGUE	POS	G	AB	R	H	2B	3B	HR	RBI	SB	AVG
1923	Marshall	East Texas	of-c	117	454	79	146	25	2	17	80	12	.322
1924	Winston-Salem	Piedmont	of	12	46	5	11	1	0	0	4	1	.239
	Texarkana	East Texas	of	107	416	79	153	40	4	14	80	22	.368
	Houston	Texas	of	19	69	10	.20	3	4	1	11	0	.290
1925	Houston	Texas	of	146	546	120	194	46	16	19	114	6	.355
1926	Houston	Texas	of	154	605	120	198	42	11	18	99	21	.327
1927	Syracuse	International	of	140	539	114	177	39	8	16	107	14	.328
	St. Louis	National	of	2	2	0	0	0	0	0	0	0	.000
1928	Houston	Texas	of	79	238	28	67	10	1	4	35	5	.282
1929	Philadelphia	National	of	53	156	16	42	12	1	0	19	1	.269
1930	St. Louis	National	of	26	73	9	12	2	0	0	10	0	.164
	Houston	Texas	of	58	211	41	81	22	6	5	40	4	.384
1931	Houston	Texas	of	146	533	76	174	32	3	7	95	15	.326
1932	Houston	Texas	of	**155**	591	98	**199**	**52**	7	16	100	19	.337
1933	New York	National	of	84	148	16	38	1	1	1	12	0	.257
1934	New York	National	of	21	41	7	8	0	0	1	3	0	.195
	Minneapolis	American Association	of	31	122	14	36	7	0	1	14	0	.295
	Nashville	Southern Association	of	34	132	17	38	11	2	0	20	2	.288
1935	Rochester	International	of	88	275	35	80	17	1	3	36	0	.291
1936	Fort Worth	Texas	of	120	411	57	127	24	2	7	47	15	.309
1937	Fort Worth	Texas	of	147	525	108	194	**48**	7	15	**118**	25	**.370**
1938	Fort Worth	Texas	of	86	316	36	90	13	2	6	47	10	.285
	Toledo	American Association	of	59	162	31	53	9	2	1	21	0	.327
1939	Shreveport	Texas	of	137	423	71	122	29	1	5	67	12	.288
1940	Shreveport	Texas	of	64	169	24	55	12	0	2	31	4	.325
1941	Oakland/San Diego	Pacific Coast	of	29	71	8	17	1	0	0	9	0	.239
	Oklahoma City	Texas	of	43	113	11	23	4	0	0	14	1	.204
1942	Oklahoma City	Texas	of	16	21	4	5	0	0	0	4	0	.238
1943-45							Did not play in organized baseball						
1946	Paris	East Texas	1b-of	55	115	19	37	8	0	4	29	2	.322
		Majors		186	420	48	100	15	2	2	44	1	.238
		Minors		2042	7103	1205	2297	495	79	161	1222	190	.323

RAYMOND LAWRENCE PERRY

Born December 23, 1920 at San Francisco, CA.
Died May 3, 1973 at Fremont, CA.
Batted right. Threw right. Height: 5-7. Weight: 175.

Manager for Redding, Far West 1948-1951; Little Rock, Southern Association, 1952; El Dorado, Cotton States, 1952; Bakersfield, California, 1953-1954; Cedar Rapids, Three I, 1955; Reno, California, 1956-1959; Macon, SALLY, 1960; Lodi, California, 1966. Scout for Chicago, National, 1961-1967; New York, American, 1968-1969; Los Angeles, National, 1970-1973.
Led league in home runs for seven consecutive years, 1948-54. Led seven years in bases on balls and had a career total of 1739.
Lost nearly two years of play because of severe leg fracture April 21, 1946.

YEAR	CLUB	LEAGUE	POS	G	AB	R	H	2B	3B	HR	RBI	SB	AVG
1940	Salt Lake City	Pioneer	3b	130	542	115	160	**41**	6	17	94	14	.295
1941	Tacoma	Western International	3b	134	537	96	168	41	4	12	88	8	.313
	San Francisco	Pacific Coast	ph	3	3	0	0	0	0	0	0	0	.000
1942	San Francisco	Pacific Coast	3b-2b	167	536	70	137	27	5	12	75	4	.256
1943-44							Did not play in organized baseball						
1945	San Francisco	Pacific Coast	3b-2b	135	469	66	127	30	5	5	58	8	.271
1946	San Francisco	Pacific Coast	3b	11	26	5	9	2	0	0	4	0	.346
1947	San Francisco	Pacific Coast	ph	2	2	0	0	0	0	0	0	0	.000
1948	Redding	Far West	3b-1b-of-c	122	436	138	**179**	20	2	**36**	**163**	18	**.411**
1949	Redding	Far West	3b-2b-ss	120	364	**135**	147	26	0	**45**	**155**	20	.404
1950	Redding	Far West	3b-2b	138	462	**162**	169	30	4	**44**	**170**	23	.366
1951	Redding	Far West	3b-c	**130**	393	120	137	30	7	**18**	**128**	19	.349
1952	San Diego	Pacific Coast	3b-c	12	27	1	3	0	0	1	1	0	.111
	Little Rock	Southern Association	3b	11	37	2	7	3	0	0	4	0	.189
	El Dorado	Cotton States	3b-c	84	289	66	89	19	2	**15**	60	6	.308
1953	Bakersfield	California	3b-1b	**141**	501	**120**	169	41	1	**36**	119	16	.337
1954	Bakersfield	California	3b-2b	140	461	**142**	157	17	3	**37**	128	10	.341

YEAR	CLUB	LEAGUE	POS	G	AB	R	H	2B	3B	HR	RBI	SB	AVG
1955	Cedar Rapids	Three I	3b-1b	112	317	63	85	17	2	23	82	4	.268
1956	Reno	California	3b-c	133	443	95	140	21	4	20	101	14	.316
1957	Reno	California	3b-c-2b-1b	133	451	122	158	34	4	19	124	10	.350
1958	Reno	California	3b-p-c-2b	77	232	34	68	12	0	8	50	2	.293
1959	Reno	California					Manager, did not play						
1960	Macon	SALLY	ph	1	1	0	0	0	0	0	0	0	.000
		Minors		1936	6529	1552	2109	411	49	348	1604	176	.323

CARL FRANCIS "BUDDY" PETERSON

Born April 23, 1925 at Portland, OR.
Batted right. Threw right. Height: 5-9½. Weight: 170

Manager for Marion, Appalachian, 1966; Mankato, Northern, 1967; Corning, New York-Pennsylvania, 1969; San Jose, California, 1970-1971; Lewiston, Northwest, 1974.

YEAR	CLUB	LEAGUE	POS	G	AB	R	H	2B	3B	HR	RBI	SB	AVG
1947	Salem	Western International	ss	133	529	85	145	18	14	5	53	24	.274
1948	Portland	Pacific Coast	ss	12	32	5	11	1	0	0	3	2	.344
	Beaumont	Texas	ss	119	452	58	100	14	3	4	41	11	.221
1949	Salem	Western International	ss	119	475	93	145	22	11	10	64	15	.305
1950	Denver	Western	ss-2b	27	101	20	33	7	0	4	14	1	.327
	Tri-City	Western International	ss	111	411	71	125	24	7	5	76	7	.304
1951	Tri-City	Western International	ss	127	483	98	160	35	9	13	95	11	.331
1952	San Diego	Pacific Coast	ss	22	74	9	19	2	0	0	8	1	.257
	Louisville	American Association	ss	139	533	94	144	27	7	3	61	10	.270
1953	San Diego	Pacific Coast	ss	179	666	76	186	31	5	5	60	7	.279
1954	San Diego	Pacific Coast	ss	157	591	91	171	19	1	10	61	10	.289
1955	San Diego	Pacific Coast	ss	154	576	105	176	34	3	2	38	4	.306
	Chicago	American	ss	6	21	7	6	1	0	0	2	0	.296
1956	Memphis	Southern Association	ss-2b	143	542	82	151	23	6	9	42	15	.279
1957	Baltimore	American	ss	7	17	1	3	2	0	0	0	0	.176
	Vancouver	Pacific Coast	ss	154	617	99	184	38	5	9	55	11	.298
1958	Vancouver	Pacific Coast	ss	147	582	83	154	29	3	5	34	10	.265
1959	Sacramento	Pacific Coast	ss	110	425	57	104	21	0	2	30	2	.245
1960	Sacramento	Pacific Coast	ss	146	570	64	138	18	6	7	44	7	.242
		Majors		13	38	8	9	3	0	0	2	0	.237
		Minors		1999	7661	1190	2146	333	80	93	779	142	.280

ANDREW M. "HANDY ANDY" PHILLIP

Born March 7, 1922 at Granite City, IL.
Batted right. Threw right. Height: 6-1. Weight: 175.

As one of Whiz Kids at Illinois, set basketball scoring record for Big Ten and was MVP in 1943. After return from military service, again made All American in 1947. Played 11 seasons in pro basketball. First NBA player to register 500 assists. Member of Naismith Basketball Hall of Fame.

YEAR	CLUB	LEAGUE	POS	G	AB	R	H	2B	3B	HR	RBI	SB	AVG
1947	Columbus	American Association	ph	2	2	0	1	0	1	0	1	0	.500
	Decatur	Three I	of	21	70	15	21	5	1	3	12	2	.300
1949	Winston-Salem	Carolina	1b	79	298	51	83	22	1	8	47	5	.279
1952	Bakersfield	California	of	19	76	14	21	4	0	1	8	1	.276
	Indianapolis	American Association	1b	2	3	0	0	0	0	0	0	0	.000
		Minors		123	449	80	126	31	3	12	68	8	.281

EDGAR EVERETT "EDDIE" PICK

Born May 7, 1899 at Attleboro, MA.
Died May 13, 1967 at Santa Monica, CA.
Batted both. Threw right. Height: 6-0. Weight: 185.

YEAR	CLUB	LEAGUE	POS	G	AB	R	H	2B	3B	HR	RBI	SB	AVG
1922	Hutchinson	Southwestern	3b	49	161	23	42	10	1	4	—	1	.261
1923	Hutchinson	Southwestern	of	131	502	109	175	37	15	21	—	23	.349
	Cincinnati	National	of	9	8	2	3	0	0	0	2	0	.375
1924	Cincinnati	National	of	3	2	0	0	0	0	0	0	0	.000
	Hutchinson	Western Association	of-1b	46	163	38	47	12	4	8	28	5	.288
	St.Petersburg	Florida State	of	39	134	28	31	2	3	5	—	2	.231
	Kansas City	American Association	of	11	40	9	15	4	2	0	5	0	.375

YEAR	CLUB	LEAGUE	POS	G	AB	R	H	2B	3B	HR	RBI	SB	AVG
1925	Kansas City	American Association	ss-of	148	538	110	175	23	24	10	104	15	.325
1926	Kansas City	American Association	of-3b	161	580	109	194	33	17	14	109	18	.334
1927	Kansas City	American Association	3b	39	142	29	51	6	4	2	29	3	.359
	Chicago	National	3b-of-2b	54	181	23	31	5	2	2	15	0	.171
1928	Milwaukee	American Association	of-ss-1b	165	593	123	175	34	14	14	112	14	.295
1929	Milwaukee	American Association	of-1b-3b-ss	144	509	84	150	26	15	14	105	6	.295
1930	Milwaukee/Kansas City	American Association	of-1b	150	538	114	167	30	14	8	97	19	.310
1931	Kansas City	American Association	of	165	672	125	214	**58**	14	9	128	19	.318
1932	Kansas City	American Association	of	163	616	111	212	39	15	7	121	8	.344
1933	Kansas City	American Association	of	65	230	34	67	13	2	3	31	1	.291
		Minors		1476	5418	1046	1715	327	144	119	869	134	.317
		Majors		66	191	25	34	5	2	2	17	0	.172

LAVERN JACK PIERCE

Born June 2, 1948 at Laurel, MS.
Batted left. Threw right. Height: 6-0. Weight: 210.

Known as Jack.
Manager for Leon, Mexican, 1986; Vevacruz, Mexican, 1992.
Led all minor leagues in home runs in 1986.

YEAR	CLUB	LEAGUE	POS	G	AB	R	H	2B	3B	HR	RBI	SB	AVG
1970	Magic Valley	Pioneer	1b-c	70	281	44	79	16	1	9	58	1	.281
1971	Kinston	Carolina	1b	136	465	80	136	29	1	20	81	3	.292
1972	Savannah	Southern	1b	138	479	78	140	29	4	23	103	10	.292
1973	Richmond	International	1b-c-2b	138	479	78	140	29	4	23	103	10	.292
	Atlanta	National	1b	11	20	0	1	0	0	0	0	0	.050
1974	Jalisco	Mexican	1b	113	379	91	116	23	4	28	87	6	.306
	Atlanta	National	1b	6	9	1	1	0	0	0	0	0	.111
1975	Detroit	American	1b	53	170	19	40	6	1	8	2	0	.235
	Evansville	American Association	1b	36	132	26	37	7	0	9	25	0	.280
1976	Puebla	Mexican	1b	132	486	90	161	20	1	**36**	**118**	1	.331
1977	Nankai	Japanese Pacific	1b-of	95	291	30	66	9	1	13	39	1	.227
1978	San Jose	Pacific Coast	1b	77	275	44	90	20	1	10	61	2	.327
	Puebla	Mexican	1b	32	121	12	24	4	0	3	11	1	.198
1979	Spokane	Pacific Coast	1b-3b	133	472	64	132	27	4	16	90	1	.280
1980	Saltillo/Coatzacoalcos	Mexican #1	1b	97	331	50	88	21	0	17	75	2	.266
	Coatzacoalcos	Mexican #2	1b	36	128	18	31	5	0	**7**	18	2	.242
1981	Coatzacoalcos	Mexican	1b	124	422	52	112	19	2	18	78	2	.265
1982	Aguascalientes	Mexican	1b	123	438	65	118	22	2	17	74	1	.269
1983	Campeche/Veracruz/Saltillo	Mexican	1b	111	378	40	92	13	1	15	51	2	.246
1984	Leon	Mexican	1b	115	437	98	159	22	1	35	117	1	.364
1985	Leon	Mexican	1b	128	440	104	137	16	0	40	118	1	.311
1986	Leon	Mexican	1b	128	475	111	181	27	1	**54**	148	3	.381
1987	Leon/Mexico City Tigers	Mexican	1b	102	376	73	104	18	0	24	89	3	.277
		Majors		70	199	20	42	6	1	8	22	0	.211
		Minors		1955	6926	1195	2039	352	24	395	1470	45	.294
		Japan		95	291	30	66	9	1	13	39	1	.227

ALFRED CHARLES "AL" PINKSTON

Born October 22, 1917 at Newbern, AL.
Died March 18, 1981 at Fort Wayne, IN.
Batted left. Threw right. Height: 6-5. Weight: 225.

YEAR	CLUB	LEAGUE	POS	G	AB	R	H	2B	3B	HR	RBI	SB	AVG
1951	Farnham	Provincial	of	123	465	67	140	32	6	15	72	21	.301
1952	St. Hyacinthe	Provincial	of	125	480	103	173	34	4	**30**	**121**	18	**.360**
1953	Ottawa	International	of	45	101	9	20	6	0	1	9	0	.198
	Williamsport	Eastern	of	70	278	47	**92**	15	4	10	47	5	.331
1954	Savannah	SALLY	of	136	500	100	**180**	33	4	27	102	9	**.360**
1955	Columbus	International	of	71	227	38	68	13	2	8	34	1	.300
1956	Columbus	International	of	12	22	1	4	1	0	0	1	0	.182
	Columbus/Jacksonville	SALLY	of	77	263	36	77	15	4	4	31	2	.293
1957	Amarillo	Western	of	141	554	104	206	41	6	23	**133**	2	.372
1958	Amarillo	Western	of	148	606	114	**204**	**44**	5	24	**126**	3	.337
1959	Mexico City Reds	Mexican	of	140	534	**114**	**197**	34	11	13	97	7	**.369**
1960	Mexico City Reds	Mexican	of	138	567	110	**225**	41	11	26	**144**	4	**.397**

YEAR	CLUB	LEAGUE	POS	G	AB	R	H	2B	3B	HR	RBI	SB	AVG
1961	Veracruz	Mexican	of	109	406	79	152	26	4	13	86	4	.374
1962	Veracruz	Mexican	of	123	451	75	172	33	8	8	87	5	.381
1963	Veracruz	Mexican	of	113	394	61	145	34	1	20	91	1	.368
1964	Veracruz	Mexican	of	136	475	86	173	32	5	17	89	0	.364
1965	Veracruz	Mexican	of	120	406	49	140	27	0	11	65	0	.345
	Minors			1827	6729	1193	2368	461	75	250	1335	82	.352

Alfred Frederick Joseph "Al" Platte

Born April 13, 1890 at Grand Rapids, MI.
Died August 29, 1976 at Grand Rapids, MI.
Batted left. Threw left. Height: 5-7. Weight: 160.

YEAR	CLUB	LEAGUE	POS	G	AB	R	H	2B	3B	HR	RBI	SB	AVG
1910	Cadillac	Michigan State	of	87	308	45	96	14	9	2	—	9	.279
1911	Cadillac	Michigan State	of	113	442	102	150	28	10	2	—	23	.339
1912	Cadillac	Michigan State	of	92	365	55	134	18	10	4	—	42	.367
	Providence	International	of	24	94	16	25	1	3	0	—	2	.266
1913	Providence	International	of	120	441	83	135	8	8	3	—	32	.306
	Detroit	American	of	7	18	1	2	1	0	0	0	0	.111
1914	Providence	International	of	156	597	128	190	16	23	5	—	31	.318
1915	Louisville	American Association	of	79	302	56	97	13	12	2	—	15	.321
1916	Louisville	American Association	of	129	382	72	106	15	13	2	—	12	.277
1917	Louisville	American Association	of	22	58	12	12	3	0	0	—	0	.207
	Chattanooga	Southern Association	of	42	149	28	32	2	3	1	—	9	.215
1918	Kansas City	American Association						Military service					
1919	Kansas City	American Association						Voluntarily Retired					
1920	Kansas City	American Association	of	10	35	4	9	1	0	1	3	0	.257
	Omaha	Western	of	145	545	94	171	41	11	15	—	14	.314
1921	Peoria	Three I	of	137	488	86	145	28	14	13	76	7	.297
1922	Peoria	Three I	of	124	450	72	162	25	23	11	—	8	.360
1923	Peoria	Three I	of	137	490	80	152	26	8	11	—	9	.310
1924	Peoria	Three I	of	134	481	99	152	30	12	15	98	10	.316
1925	Peoria	Three I	of	108	380	81	115	20	6	5	—	9	.303
1926	Peoria	Three I	of	37	138	25	39	4	1	6	—	3	.283
	Dubuque	Mississippi Valley	of	24	84	15	29	8	3	1	—	3	.345
	Elmira	New York-Pennsylvania	of	35	113	11	42	4	4	0	17	2	.372
	Majors			7	18	1	2	1	0	0	0	0	.111
	Minors			1756	6342	1164	1983	305	173	99	194	240	.313

Rance Pless

Born December 26, 1925 at Greeneville, TN.
Batted right. Threw right. Height: 6-0. Weight: 195.

YEAR	CLUB	LEAGUE	POS	G	AB	R	H	2B	3B	HR	RBI	SB	AVG
1947	Bristol	Appalachian	of	126	488	90	143	20	14	3	91	4	.293
1948	St. Cloud	Northern	of	120	491	86	151	17	18	5	86	11	.308
1949	Jacksonville	SALLY	of	38	118	19	32	7	0	1	17	0	.271
	Trenton	Interstate	of	97	378	70	121	19	8	1	47	2	.320
1950	Jacksonville	SALLY	of	48	189	20	52	11	3	0	27	0	.275
	Sioux City	Western	of	33	107	13	29	4	2	0	8	1	.271
	Vicksburg	Southeastern	of	35	147	24	54	10	4	2	42	0	.367
1951	Jacksonville	SALLY	3b	137	577	88	185	37	4	7	85	2	.321
1952	Nashville	Southern Association	3b	135	538	110	196	39	4	11	98	1	.364
1953	Minneapolis	American Association	3b	152	596	87	192	26	4	25	88	0	.322
1954	Minneapolis	American Association	3b	138	518	74	150	33	8	18	109	1	.290
1955	Minneapolis	American Association	3b-1b	156	593	116	200	34	7	26	107	3	.337
1956	Kansas City	American	1b-3b	48	85	4	23	3	1	0	9	0	.271
	Richmond	International	3b	59	215	31	64	9	2	6	21	0	.298
1957	Omaha/Denver	American Association	3b-1b	121	441	63	132	27	1	15	82	2	.299
1958	Richmond	International	3b	144	529	70	131	21	2	18	72	1	.248
1959	Denver	American Association	3b-1b	131	441	48	107	19	3	14	72	2	.243
1960	Birmingham/Little Rock	Southern Association	3b	85	277	44	75	8	0	1	31	0	.271
	Majors			48	85	4	23	3	1	0	9	0	.271
	Minors			1755	6643	1053	2014	341	84	153	1083	30	.303

RANDY MARIO POFFO

Born November 15, 1952 at Columbus, OH.
Batted left. Threw right. Height: 6-1. Weight: 195.

After baseball career, became professional wrestler like his father, Angelo, and brother Lanny. In the "show-biz" atmosphere of modern wrestling, he took the name of Randy "Macho Man" Savage and became a headliner. Twice held World Wrestling Federation championship.

YEAR	CLUB	LEAGUE	POS	G	AB	R	H	2B	3B	HR	RBI	SB	AVG
1971	Sarasota	Gulf Coast	c-of	35	63	10	18	3	2	2	14	14	.286
1972	Sarasota	Gulf Coast	of-c-1b	52	168	23	46	3	4	3	26	4	.274
1973	Orangeburg	Western Carolinas	of-c	46	116	11	29	8	2	2	13	0	.250
	Sarasota	Gulf Coast	dh-of	25	61	7	21	6	2	0	11	0	.344
1974	Tampa	Florida State	dh-of	131	461	36	107	19	6	9	66	3	.232
		Minors		289	869	87	221	40	16	16	130	21	.254

JAMES ROBERT "JIM" POOLE

Born May 12, 1895 at Taylorsville, NC.
Died January 2, 1975 at Hickory, NC.
Batted left. Threw right. Height: 6-0. Weight: 175.

Manager for Winston-Salem, Piedmont, 1933; Mooresville, North Carolina State, 1937; Martinsville, Bi-State, 1939; Fulton, KITTY, 1940; Fort Pierce, Florida East Coast, 1941; Statesville, North Carolina State, 1942, 1945; Erwin, Appalachian, 1943-1944; Elizabethton, Appalachian, 1946; Morganton, Western Carolina, 1950; Moultrie, Georgia-Alabama, 1951; Maryville-Alcoa, Mountain States, 1953; Rutherford County, Western Carolina, 1960, Belmont, Western Carolina, 1961.
Scout for Philadelphia, American, 1948-1949.

YEAR	CLUB	LEAGUE	POS	G	AB	R	H	2B	3B	HR	RBI	SB	AVG
1914	Newnan	Georgia-Alabama	p-of	5	17	4	4	0	0	0	2	0	.231
1915-16			Did not play in organized baseball										
1917	Charleston	SALLY	1b-of	66	247	34	70	11	2	1	—	10	.283
1918	Richmond	Virginia	1b	28	105	14	30	3	1	0	29	8	.286
1919	Richmond	Virginia	1b	110	404	53	127	16	5	0	81	29	.314
1920	San Antonio	Texas	1b	2	7	2	5	0	0	0	4	2	.714
	Richmond	Virginia	1b	116	454	78	137	30	14	3	63	25	.302
1921	Portland	Pacific Coast	1b	186	731	112	241	57	9	20	107	20	.330
1922	Portland	Pacific Coast	1b	195	752	108	225	56	1	22	109	13	.299
1923	Portland	Pacific Coast	1b	193	756	150	256	68	13	27	136	17	.339
1924	Portland	Pacific Coast	1b	182	722	159	255	47	7	38	159	8	.353
1925	Philadelphia	American	1b	133	480	65	143	29	8	5	67	5	.298
1926	Philadelphia	American	1b	112	361	49	106	23	5	8	63	4	.294
1927	Philadelphia	American	1b	38	99	4	22	2	0	0	10	0	.222
	Minneapolis	American Association	1b	32	118	17	30	9	1	4	15	1	.254
	Baltimore	International	1b	45	167	36	56	11	4	9	44	1	.335
1928	Atlanta	Southern Association	1b	144	525	73	158	42	9	3	73	13	.301
1929	Atlanta/Nashville	Southern Association	1b	129	471	93	160	28	4	33	127	4	.340
1930	Nashville	Southern Association	1b	153	590	140	215	32	3	50	167	12	.364
1931	Reading	International	1b	166	621	100	190	40	4	24	126	6	.306
1932	Albany/Buffalo	International	1b	98	300	39	91	17	2	15	64	1	.304
	Harrisburg	New York-Pennsylvania	1b	40	142	21	45	10	2	0	24	4	.317
1933	Winston-Salem	Piedmont	1b	65	247	34	64	12	0	4	41	5	.259
1934-36			Did not play in organized baseball										
1937	Mooresville	North Carolina State	1b	93	378	68	130	36	0	14	83	13	.344
1938	Reidsville	Bi-State	1b	117	414	97	135	33	3	14	94	17	.326
1939	Martinsville	Bi-State	1b	22	81	11	26	9	0	1	22	1	.321
	Landis	North Carolina State	1b	65	212	25	57	6	2	3	34	5	.269
1940	Thomasville	North Carolina State	1b	14	48	5	12	2	0	1	8	0	.250
	Fulton	KITTY	1b	87	321	62	109	23	1	8	86	6	.340
1941	Fort Pierce	Florida East Coast	1b	114	387	63	119	17	2	6	67	10	.307
1942	Statesville	North Carolina State	1b	82	314	54	101	20	2	7	60	3	.322
1943	Erwin	Appalachian	1b	82	274	55	87	24	2	2	49	5	.318
1944	Erwin	Appalachian	1b	17	9	2	1	0	0	0	2	1	.111
1945	Statesville	North Carolina State	1b-3b	3	6	0	0	0	0	0	0	0	.000
1946	Moultrie	Georgia-Florida	1b	22	49	13	14	3	1	2	16	0	.286
		Majors		283	940	118	271	54	13	13	140	9	.288
		Minors		2673	9869	1722	3150	662	94	311	1894	240	.319

Richard Twilley "Dick" Porter

Born December 30, 1901 at Princess Anne, MD.
Died September 24, 1974 at Philadelphia, PA.
Batted left. Threw right. Height: 5-10. Weight: 170.

Manager for Syracuse, International, 1938-4190; Anniston, Southeastern, 1941; Wilkes-Barre, Eastern, 1945-1946; Birmingham, Southern Association, 1947; Utica, Eastern, 1948; Fall River, New England, 1949; St Petersburg, Florida State, 1950; Salisbury, Interstate, 1952.

YEAR	CLUB	LEAGUE	POS	G	AB	R	H	2B	3B	HR	RBI	SB	AVG
1921	Baltimore	International	of	16	56	5	18	0	0	0	—	1	.321
1922	Baltimore	International	2b-3b-ss	136	480	73	134	16	7	8	70	6	.279
1923	Baltimore	International	2b-3b-ss	155	617	117	195	27	12	18	111	9	.316
1924	Baltimore	International	2b	129	509	116	185	36	14	23	125	13	**.363**
1925	Baltimore	International	2b-ss-of	142	548	107	184	33	10	13	103	11	.336
1926	Baltimore	International	ss-of	95	361	82	116	23	3	8	54	9	.321
1927	Baltimore	International	of	155	599	128	225	43	18	25	152	8	**.376**
1928	Baltimore	International	2b-3b-ss	165	618	126	216	34	15	12	97	15	.350
1929	Cleveland	American	of 2b	71	192	26	63	16	5	1	24	3	.328
1930	Cleveland	American	of	119	480	100	168	43	8	4	57	3	.350
1931	Cleveland	American	of	114	414	82	129	24	3	1	38	6	.312
1932	Cleveland	American	of	146	621	106	191	42	8	4	62	2	.308
1933	Cleveland	American	of	132	499	73	133	19	6	0	41	4	.267
1934	Cleveland/Boston	American	of	93	309	40	90	15	7	1	62	5	.291
1935	Newark	International	of	133	458	74	153	18	2	8	74	6	.334
1936	Newark	International	of	106	343	48	98	15	5	4	43	6	.286
1937	Syracuse	International	of	126	436	61	137	21	6	3	57	3	.314
1938	Syracuse	International	of	68	148	17	45	7	0	1	23	1	.304
1939	Syracuse	International	of	25	35	7	9	1	0	0	6	0	.257
1940	Syracuse	International	of	15	32	7	7	2	1	0	2	0	.219
1941	Anniston	Southeastern	of	6	9	0	1	0	0	0	1	0	.111
		Majors		675	2515	427	774	159	37	11	284	23	.308
		Minors		1472	5249	968	1723	276	93	123	918	88	.328

Raymond Raeth "Rabbit" Powell

Born November 20, 1888 at Siloam Springs, AR.
Died October 16, 1962 at Chillicothe, MO.
Batted left. Threw right. Height: 5-9. Weight: 160.

Manager for Shawnee, Western Association, 1929-1930; Springfield, Western Association, 1931; Bartlesville, Western Association, 1932; Siloam Springs, Arkansas State, 1935; Siloam Springs, Arkansas-Missouri, 1936-1937; Easton, Eastern Shore, 1939-1940; Norfolk, Nebraska, 1941; Fond du Lac, Wisconsin State, 1942-1943; Appleton, Wisconsin State, 1946.

YEAR	CLUB	LEAGUE	POS	G	AB	R	H	2B	3B	HR	RBI	SB	AVG
1909	Bartlesville	Western Association	of	121	477	74	117	15	5	1	—	47	.245
1910	St. Joseph	Western	of	152	611	113	167	25	20	9	—	43	.273
1911	St. Joseph	Western	of	166	580	101	165	13	10	7	35	69	.284
1912	St. Joseph	Western	of	171	669	139	207	26	17	7	—	49	.309
1913	Detroit	American	of	2	0	0	0	0	0	0	0	0	.000
	Providence	International	of	124	467	55	125	10	14	2	—	23	.268
1914	Providence	International	of	142	496	78	137	8	15	2	—	34	.276
1915	Providence	International	of	130	453	67	113	17	14	3	—	16	.249
1916	Providence	International	of	57	228	46	71	12	9	2	—	6	.311
1917	Providence	International	of	77	307	55	84	7	14	1	—	12	.274
	Boston	National	of	88	357	42	97	10	4	4	30	12	.272
1918	Boston	National	of	53	188	31	40	7	5	0	20	2	.213
1919	Boston	National	of	123	470	51	111	12	12	2	33	16	.236
1920	Boston	National	of	147	609	69	137	12	12	6	29	10	.225
1921	Boston	National	of	149	624	114	191	25	18	12	74	6	.306
1922	Boston	National	of	142	550	82	163	22	11	6	37	3	.296
1923	Boston	National	of	97	338	57	102	20	4	4	38	1	.302
1924	Boston	National	of	74	188	21	49	9	1	1	15	1	.261
1925	Houston	Texas	of	123	474	81	154	36	4	6	61	2	.325
1926	Houston	Texas	of	152	584	94	179	42	7	10	84	10	.307
1927	Houston	Texas	of	128	468	76	151	25	8	5	65	12	.323
1928	Houston	Texas	of	112	354	58	107	11	7	5	40	4	.302
1929	Shawnee	Western Association	of	137	519	121	173	35	21	8	72	15	.333
1930	Shawnee	Western Association	of	126	432	101	149	36	13	7	92	24	.345
1931	Quincy	Three I	of	69	272	57	73	11	4	0	27	2	.268

YEAR	CLUB	LEAGUE	POS	G	AB	R	H	2B	3B	HR	RBI	SB	AVG
1932-34					Did not play in organized baseball								
1935	Siloam Springs	Arkansas State	of	36	69	14	21	5	1	0	5	3	.304
1936	Siloam Springs	Arkansas-Missouri	ph	12	10	0	1	0	0	0	0	0	.100
		Majors		875	3324	467	890	117	67	35	276	51	.268
		Minors		2107	7470	1330	2194	334	183	75	481	371	.294

Ellis Foree "Mike" Powers

Born March 2, 1906 at Crestwood, KY.
Died December 2, 1983 at Louisville, KY.
Batted left. Threw left. Height: 6-1. Weight: 185.

Manager for Huntington, Mountain States, 1939; Bowling Green, KITTY, 1940, 1942; Hot Springs, Cotton States, 1941.

YEAR	CLUB	LEAGUE	POS	G	AB	R	H	2B	3B	HR	RBI	SB	AVG
1928	Jackson/Gulfport	Cotton States	of	123	454	95	174	26	19	8	–	30	**.383**
1929	New Orleans	Southern Association	of	139	513	96	161	30	13	7	49	19	.314
1930	New Orleans	Southern Association	of	157	616	142	200	41	11	13	90	23	.325
1931	New Orleans	Southern Association	of	48	161	30	51	5	2	2	12	7	.317
	Oakland	Pacific Coast	of	55	207	30	62	9	5	0	19	7	.300
1932	Cleveland	American	of	14	33	4	6	4	0	0	5	0	.182
	Toledo	American Association	of	121	482	104	179	34	11	10	72	4	.371
1933	Cleveland	American	of	24	47	6	13	2	1	0	2	2	.277
	Toledo	American Association	of	84	352	60	113	20	9	6	60	5	.321
1934	Toledo	American Association	of	121	459	74	154	27	10	5	58	14	.336
1935	Toledo	American Association	of	131	489	81	166	19	5	14	90	3	.339
1936	Toledo	American Association	of	127	480	83	144	32	9	11	69	5	300
1937	Toledo/Louisville	American Association	of	76	196	28	60	10	4	3	40	2	.306
1938	Shreveport	Texas	of	6	20	4	5	1	0	0	2	0	.250
	Knoxville	Southern Association	of	123	436	56	130	25	5	5	60	3	.298
1939	Huntington	Mountain States	1b	119	414	97	148	31	5	16	96	13	.357
1940	Bowling Green	KITTY	1b	124	492	112	187	**60**	8	11	**155**	21	.380
1941	Hot Springs	Cotton States	1b	138	542	119	193	**47**	1	16	**137**	12	.356
1942	Bowling Green	KITTY	1b	45	175	40	60	16	0	2	34	5	.343
	Hartford	Eastern	1b	58	187	14	41	7	0	1	13	3	.219
		Majors		38	80	10	19	6	1	0	7	2	.238
		Minors		1795	6675	1265	2228	440	117	130	1056	176	.334

John Calvin "Johnny" Powers

Born July 8, 1929 at Birmingham, AL.
Batted left. Threw right. Height: 6-1. Weight: 185.

YEAR	CLUB	LEAGUE	POS	G	AB	R	H	2B	3B	HR	RBI	SB	AVG
1949	Valley	Georgia-Alabama	of	62	226	60	72	14	4	6	36	12	.319
	Gadsden	Southeastern	of	75	272	49	79	14	8	11	51	5	.290
1950	Waco	Big State	of	144	541	124	168	24	6	**39**	135	5	.311
1951	Charleston	SALLY	of-1b	139	501	88	128	34	5	17	88	6	.255
1952-53							Military service						
1954	Hollywood	Pacific Coast	1b-3b	5	12	2	2	1	0	0	2	0	.167
	New Orleans	Southern Association	of	106	366	75	97	13	9	23	74	3	.265
1955	New Orleans	Southern Association	of-1b	93	342	65	76	14	3	21	53	2	.222
	Williamsport	Eastern	of-1b	32	105	25	32	5	2	8	24	1	.305
	Pittsburgh	National	of	2	4	0	1	0	0	0	0	0	.250
1956	New Orleans	Southern Association	of-1b	153	574	**131**	179	32	12	**39**	116	2	.312
	Pittsburgh	National	of	11	21	0	1	0	0	0	0	0	.048
1957	Columbus	International	of-1b	127	476	73	140	16	11	29	95	3	.294
	Pittsburgh	National	of-2b	20	35	7	10	3	0	2	8	0	.286
1958	Pittsburgh	National	of	57	82	6	15	1	0	2	2	0	.183
1959	Cincinnati	National	of	43	43	8	11	2	1	2	4	0	.256
1960	Baltimore/Cleveland	American	of	18	30	5	4	1	1	0	0	0	.133
	Columbus	International	of	104	380	62	105	14	2	24	56	0	.276
1961	Columbus	International	of	128	397	71	96	15	2	19	51	3	.242
1962	Columbus	International	of	114	323	56	69	9	3	15	48	1	.214
1963	Buffalo	International	of	53	140	22	34	7	0	8	22	1	.243
	Tacoma	Pacific Coast	of	11	35	1	9	0	0	0	5	0	.257
1964	Columbus	International	of	81	263	51	70	13	0	21	52	1	.266
1965	Columbus	International	of	107	301	40	65	9	4	18	48	4	.216
		Majors		151	215	26	42	7	2	6	14	0	.195
		Minors		1534	5254	995	1421	234	71	298	956	49	.270

Murl Argus "Dutch" Prather

Born July 7, 1909 at Branch, AR.
Died March 13, 1967 at Ada, OK.
Batted left. Threw left. Height: 6-0. Weight: 200.

Manager for Ardmore, Sooner State, 1947, 1949; Pauls Valley, Sooner State, 1948; Duncan/Shawnee, Sooner State, 1950; Seminole, Sooner State, 1951;
Umpire for West Texas-New Mexico, 1953; Evangeline, 1955-1956; California, 1957; Sooner State, 1957.

YEAR	CLUB	LEAGUE	POS	G	AB	R	H	2B	3B	HR	RBI	SB	AVG
1927	Kinston	Virginia	1b	14	48	3	13	2	0	0	8	0	.271
1928	Independence	Western Association	1b	79	264	36	75	19	3	5	32	7	.284
1929	Independence	Western Association	1b	148	517	88	143	33	20	4	78	8	.277
1930	Independence	Western Association	1b	126	472	100	159	31	16	18	77	15	.337
1931	Kansas City	American Association	1b	8	25	4	6	0	0	1	6	0	.240
	St. Joseph	Western	1b	137	491	93	149	26	12	19	112	5	.303
1932	Hazleton	New York-Pennsylvania	1b	129	482	89	145	36	13	17	**104**	10	.301
1933	Nashville	Southern Association	1b	145	519	84	145	34	8	**23**	96	5	.279
1934	Nashville	Southern Association	1b	85	315	45	93	21	6	7	70	4	.295
	Dallas	Texas	1b	20	68	2	12	3	0	0	5	0	.176
1935	Longview	West Dixie	1b	6	18	1	6	1	0	0	1	0	.333
	Albany	International	1b	44	149	33	43	8	1	2	21	1	.289
	Dallas	Texas	1b	12	34	4	6	1	0	1	4	0	.176
	Williamsport	New York-Pennsylvania	1b	54	179	36	61	14	5	2	36	3	.341
1936	Rock Island	Western	1b	126	435	**102**	140	20	6	**22**	101	8	.322
1937	Sacramento	Pacific Coast	1b	103	347	53	89	29	5	6	69	2	.256
1938-39						Did not play in organized baseball							
1940	Pampa	West Texas-New Mexico	1b	125	461	132	177	47	5	27	167	9	.384
1941	Pampa/Amarillo	West Texas-New Mexico	1b	131	474	106	175	55	4	17	**142**	4	.369
1942	Amarillo	West Texas-New Mexico	1b	66	242	55	75	15	2	10	65	4	.310
1943						Military service							
1944	Norfolk	Piedmont	1b	65	192	30	51	12	2	2	27	1	.266
	Little Rock/Atlanta	Southern Association	1b	18	65	14	17	3	0	1	13	0	.262
1945	Little Rock	Southern Association	1b	29	81	19	25	4	0	2	13	3	.309
1946	El Paso	Mexican National	1b	13	51	9	19	4	0	2	—	12	.373
	Tyler	East Texas	1b	106	354	59	122	31	1	8	83	2	.345
1947	Ardmore	Sooner State	1b	82	200	48	75	20	2	3	64	11	.375
1948	Chickasha/Pauls Valley	Sooner State	1b	34	45	6	15	6	0	0	13	0	.333
1949	Ardmore	Sooner State	1b	55	140	28	38	6	1	8	38	3	.271
1951	Seminole	Sooner State	1b	22	29	5	12	1	0	4	9	1	.414
		Minors		1982	6697	1284	2086	482	112	211	1466	106	.311

George Bertrand "Bobby" Prescott

Born March 27, 1931 at Colon, Panama.
Batted right. Threw right. Height: 5-11. Weight: 180.

YEAR	CLUB	LEAGUE	POS	G	AB	R	H	2B	3B	HR	RBI	SB	AVG
1952	Denver	Western	of	15	39	9	9	3	0	0	4	1	.231
	Hutchinson	Western Association	of	109	383	80	134	25	10	12	92	13	.350
1953	Denver	Western	of	125	450	95	142	38	1	16	85	2	.316
1954	Denver	Western	of	146	495	**137**	154	24	8	23	121	5	.311
1955	Hollywood	Pacific Coast	of	143	381	47	105	17	5	9	57	8	.276
1956	Dallas	Texas	of	29	82	15	22	4	1	4	17	1	.268
1957	Dallas	Texas	of	8	16	0	3	1	0	0	1	0	.188
	Springfield	Eastern	of	61	207	48	66	12	1	10	35	0	.319
	Minneapolis	American Association	of	54	169	24	47	9	2	8	31	3	.278
1958	Phoenix	Pacific Coast	3b-of-2b	139	453	90	140	29	6	24	96	2	.309
1959	Phoenix	Pacific Coast	of	115	392	71	120	22	4	21	79	0	.306
1960	Tacoma	Pacific Coast	3b-of	130	423	51	115	21	6	12	78	0	.272
1961	Hawaii	Pacific Coast	of	125	435	75	131	20	3	32	100	2	.301
	Kansas City	American	of	10	12	0	1	0	0	0	0	0	.083
1962	Spokane	Pacific Coast	of-1b	125	387	48	91	17	1	13	51	4	.235
1963	Veracruz	Mexican	3b-of-1b	68	254	54	78	14	3	18	54	0	.307
1964	Veracruz	Mexican	1b-3b	135	460	88	134	27	2	37	123	3	.291
1965	Veracruz	Mexican	1b	140	491	93	137	17	0	**39**	106	2	.279
1966	Veracruz	Mexican	1b-3b-of	140	493	94	151	23	1	**41**	**122**	0	.306
1967	Veracruz	Mexican	1b-of	139	489	90	139	27	1	32	108	0	.284
1968	Veracruz	Mexican	1b-of	133	410	70	115	20	1	26	84	2	.280
	Minatitlan	Mexican Southeast	1b	2	7	2	3	0	0	1	2	0	.429

YEAR	CLUB	LEAGUE	POS	G	AB	R	H	2B	3B	HR	RBI	SB	AVG
1969	Campecho	Mexican Southeast	1b	115	363	73	105	15	0	14	54	2	.289
	Mexico Reds	Mexican	1b	15	37	5	9	2	0	1	4	0	.243
1970	Veracruz	Mexican	1b-3b	57	166	14	45	8	1	5	27	0	.271
		Majors		10	12	0	1	0	0	0	0	0	.083
		Minors		2268	7482	1373	2195	395	57	398	1531	50	.293

GEORGE LAWRENCE PUCCINELLI

Born June 22, 1907, San Francisco, CA.
Died April 16, 1956, San Francisco, CA.
Batted right. Threw right. Height 6-0½, Weight: 190.

YEAR	CLUB	LEAGUE	POS	G	AB	R	H	2B	3B	HR	RBI	SB	AVG
1927	San Francisco	Pacific Coast	of-1b-ss	15	31	6	7	1	0	0	—	0	.226
	Denver	Western	of	31	125	18	38	6	8	2	—	1	.304
1928	Dubuque	Mississippi Valley	of	190	363	81	122	32	8	17	—	3	.336
1929	Fort Wayne	Central	of	26	88	21	33	1	0	8	28	4	.375
	Danville	Three I	of-1b	87	295	52	96	19	9	10	60	7	.326
1930	Danville	Three I	of	62	212	52	84	18	11	4	64	6	.396
	St. Louis	National	of	11	16	5	9	1	0	3	8	0	.563
1931	Houston	Texas	of	13	41	3	8	0	0	2	9	0	.195
	Rochester	International	of	108	299	61	88	16	3	18	73	5	.294
1932	Rochester	International	of	133	478	102	187	34	8	28	115	2	**.391**
	St. Louis	National	of	31	108	17	30	8	0	3	11	1	.278
1933	Rochester/Newark	International	of	140	511	76	149	31	4	15	92	8	.292
1934	St. Louis	American	of	10	26	4	6	1	0	2	5	0	.231
	Baltimore	International	of	133	476	93	169	37	6	19	102	7	.355
1935	Baltimore	International	of	154	582	**135**	**209**	49	9	**53**	**172**	4	**.359**
1936	Philadelphia	American	of	135	457	83	127	30	3	11	78	2	.278
1937	Baltimore	International	of	142	506	96	165	34	4	24	103	2	.326
1938	Baltimore	International	of	54	202	40	54	11	2	15	53	0	.267
	Hollywood	Pacific Coast	of	81	298	64	91	13	2	22	59	2	.305
1939	Hollywood	Pacific Coast	of	114	413	71	**123**	24	6	16	70	1	.298
	Dallas	Texas	of	38	141	30	55	16	2	6	34	0	.390
1940	Dallas	Texas	of	54	177	28	47	5	3	7	24	1	.266
		Majors		187	607	109	172	40	3	19	102	3	.283
		Minors		1476	5207	1023	1718	346	85	266	1058	53	.330

EVERETT VIRGIL "PID" PURDY

Born June 15, 1904 at Beatrice, NE.
Died January 16, 1951 at Beatrice, NE.
Batted left. Threw right. Height 5-6. Weight 150.

YEAR	CLUB	LEAGUE	POS	G	AB	R	H	2B	3B	HR	RBI	SB	AVG
1923	Lincoln	Nebraska State	of	130	479	83	142	24	9	10	—	16	.296
1924	Beatrice	Tri-State	of	**51**	**205**	**39**	**65**	13	3	2	—	11	.317
	Lincoln	Western	of-2b	72	276	45	97	19	4	6	—	2	.351
1925	Lincoln	Western	of	145	554	96	160	37	7	5	—	18	.289
1926	Lincoln	Western	of	111	457	81	170	39	**21**	5	—	8	.372
	Chicago	American	of	11	33	5	6	2	1	0	6	0	.182
1927	Seattle	Pacific Coast	of	150	603	122	221	38	8	8	76	22	.367
	Cincinnati	National	of	18	62	15	22	2	4	1	12	0	.355
1928	Cincinnati	National	of	70	223	32	69	11	1	0	25	1	.309
1929	Cincinnati	National	of	82	181	22	49	7	5	1	16	2	.271
1930	Columbus	American Association	of	137	537	116	189	31	11	15	106	15	.352
1931	Columbus	American Association	of	111	371	80	122	27	3	5	61	8	.329
1932	Indianapolis	American Association	of	61	172	22	47	8	5	1	30	1	.273
	Dallas	Texas	of	35	126	17	44	10	1	0	23	7	.349
1933	San Antonio	Texas	of	114	427	86	153	27	9	1	65	9	**.358**
1934	San Antonio	Texas	of	142	531	89	157	35	5	1	61	7	.296
1935	Oklahoma City	Texas	of	27	87	16	23	1	2	0	14	5	.264
	Nashville	Southern Association	of	24	77	7	24	9	0	0	10	0	.312
1936	Lincoln	Nebraska State	of	27	66	13	22	5	1	2	10	3	.333
	Rock Island	Western	of	46	169	32	46	10	1	2	16	1	.272
1937	Beatrice	Nebraska State	of	50	198	57	72	10	6	1	24	1	.364
1938	Beatrice	Nebraska State	of	4	12	4	2	0	0	0	1	0	.167
		Majors		181	499	74	146	22	11	2	59	3	.293
		Minors		1437	5347	1005	1756	343	96	64	497	134	.328

Tom L. "Judge" Pyle

Born November 20, 1896 at Alto, TX.
Batted left. Threw right. Height: 6-2. Weight: 200.

Manager for Pensacola, Southeastern, 1929.

YEAR	CLUB	LEAGUE	POS	G	AB	R	H	2B	3B	HR	RBI	SB	AVG
1922	Ranger	West Texas	of	118	471	83	172	20	10	18	45	5	.365
1923	Sherman	Texas Association	of	141	554	94	199	34	8	14	95	8	.359
1924	Ardmore	Oklahoma State	of	41	170	33	58	15	1	2	32	3	.341
1924	Greenville	East Texas	of	43	166	37	73	15	1	13	41	5	.440
1925	Greenville	East Texas	of	114	464	91	180	41	6	22	–	15	.388
1926	Greenville/Texarkana	East Texas	of	112	454	91	169	40	3	22	–	17	.372
1927	Tyler	Lone Star	of	119	489	77	164	37	2	26	–	13	.335
1927	Pensacola	Southeastern	of	17	70	18	31	5	1	1	–	3	.443
1928	Pensacola	Southeastern	of	147	547	110	197	36	18	9	88	10	.360
1929	Pensacola	Southeastern	of	137	538	83	190	29	17	5	100	13	.353
1930	Pensacola	Southeastern	of	136	524	73	169	30	18	9	99	9	.323
1931	Asheville	Piedmont	of	57	235	46	65	15	3	2	34	8	.277
1931	Monroe	Cotton States	of	48	194	36	73	15	2	8	44	7	.376
1932	Monroe/DeQuincy	Cotton States	of	44	177	30	65	15	2	7	33	6	.367
1932	Fort Worth	Texas	of	12	45	5	13	4	0	0	9	0	.289
1933	Tyler	Dixie	of	33	129	14	32	8	1	0	13	5	.248
1934	Jacksonville	West Dixie	of	123	485	88	174	38	9	17	107	3	.359
1935	Tyler	West Dixie	of	124	466	61	175	41	1	9	106	3	.376
1936	Tyler	East Texas	of	77	300	49	97	26	0	6	49	4	.323
1938	Pensacola	Southeastern	of	1	1	0	0	0	0	0	0	0	.000
		Minors		1644	6479	1119	2296	464	103	189	895	137	.354

George William Quellich

Born February 10, 1903 at Johnsville, CA.
Died August 31, 1958 at Johnsville, CA.
Batted right. Threw right. Height: 6-1. Weight: 180.

Collected 15 consecutive hits from August 9-12, 1929.

YEAR	CLUB	LEAGUE	POS	G	AB	R	H	2B	3B	HR	RBI	SB	AVG
1923	Portland	Pacific Coast	ph	3	3	1	1	0	0	0	0	0	.333
	Moline	Three I	of	12	50	6	13	0	1	1	–	0	.260
	Martinsburg	Blue Ridge	of-3b	82	305	53	94	24	1	8	–	5	.308
1924	Grand Rapids	Michigan-Ontario	of	87	301	52	105	17	8	9	72	9	.349
	Rochester	International	of	50	153	35	52	11	4	10	42	1	.340
1925	Rochester	International	of-1b	126	386	77	115	20	12	19	72	5	.298
1926	Rochester/Baltimore	International	of	113	372	71	110	16	3	17	76	5	.296
1927	Baltimore/Reading	International	of	116	385	69	121	36	4	18	69	5	.314
1928	Reading	International	of	140	477	85	153	33	7	19	97	6	.321
1929	Reading	International	of	162	577	97	200	36	1	31	130	10	.347
1930	Reading	International	of	97	377	69	122	26	6	9	76	4	.324
1931	Reading/Newark	International	of	140	532	93	178	40	8	20	111	3	.335
	Detroit	American	of	13	54	6	12	5	0	1	11	1	.222
1932	Hollywood	Pacific Coast	of	47	175	27	47	10	1	5	30	1	.269
	Albany	International	of	105	355	51	111	26	5	9	53	1	.313
1933	Albany	International	of	10	17	1	5	2	0	0	2	0	.294
	St. Paul	American Association	of	4	16	2	3	1	0	0	2	0	.188
	Dallas	Texas	of	15	56	6	13	5	0	0	5	0	.232
	Henderson	Dixie	of	74	298	77	101	21	3	15	85	1	.339
1934	Oakland	Pacific Coast	of	2	4	2	1	0	0	0	0	0	.250
		Majors		13	54	6	12	5	0	1	11	1	.222
		Minors		1385	4839	874	1545	324	64	190	922	56	.319

Joseph Patrick "Joe" Rabbitt

Born January 16, 1900 at Frontanac, KS.
Died December 5, 1969 at Norwalk, CT.
Batted both. Threw right. Height: 5-9. Weight: 156.

YEAR	CLUB	LEAGUE	POS	G	AB	R	H	2B	3B	HR	RBI	SB	AVG
1918	Sioux City	Western	of	2	6	0	1	0	1	0	–	0	.167
1919						Did not play in organized baseball							
1920	Springfield/Fort Smith	Western Association	of	14	47	8	10	2	0	1	4	0	.213

YEAR	CLUB	LEAGUE	POS	G	AB	R	H	2B	3B	HR	RBI	SB	AVG
1921	Pittsburg	Southwestern	ss-of	115	452	76	135	15	9	4	–	30	.299
1922	Muskogee	Southwestern	of	140	580	96	172	20	8	2	42	55	.297
	Cleveland	American	of	2	3	1	1	0	0	0	0	0	.333
1923	Muskogee	Southwestern	of	92	362	72	114	22	3	14	–	49	.315
1924	Beaumont	Texas	of	145	600	110	188	41	11	6	73	52	.313
1925	Shreveport/Dallas	Texas	of	67	269	51	80	18	6	5	27	14	.297
	Little Rock	Southern Association	of	70	298	45	86	7	9	2	21	10	.289
1926	San Antonio	Texas	of	139	537	87	163	25	5	3	67	21	.304
1927	Omaha	Western	of	155	696	172	251	36	26	20	–	49	.361
1928	Toronto	International	of	149	552	83	143	35	13	8	51	42	.259
1929	Toronto	International	of	168	685	128	197	36	18	16	78	46	.288
1930	Toronto	International	of	154	557	86	165	28	9	9	67	37	.296
1931	Toronto	International	of	147	528	75	140	18	12	13	69	30	.265
1932	Buffalo	International	of	2	0	0	0	0	0	0	0	0	.000
	Scranton/Williamsport	New York-Pennsylvania	of	62	238	43	66	3	8	0	15	15	.277
			Majors	2	3	1	1	0	0	0	0	0	.333
			Minors	1621	6407	1132	1911	306	138	103	514	450	.298

WILLIAM LOUIS "BILL" RAIMONDI

Born December 1, 1913 at San Francisco, CA.
Batted right. Threw right. Height: 5-10. Weight: 160.

Manager for Twin Falls, Pioneer, 1956.
Scout for Chicago, National, 1956-1958.
In last game of season in 1943, played all nine positions.

YEAR	CLUB	LEAGUE	POS	G	AB	R	H	2B	3B	HR	RBI	SB	AVG
1931	Phoenix	Arkansas-Texas	c	75	237	50	72	10	2	3	–	9	.304
1932	Bisbee/Douglas	Arkansas-Texas	c	73	250	41	78	8	3	2	–	4	.312
	Oakland	Pacific Coast	c	42	121	12	34	2	0	0	6	0	.281
1933	Oakland	Pacific Coast	c	101	270	35	78	23	2	0	34	3	.289
1934	Oakland	Pacific Coast	c	158	529	60	150	20	5	1	70	10	.284
1935	Oakland	Pacific Coast	c	112	355	46	91	15	2	0	38	3	.256
1936	Cincinnati	National					Injured - did not play						
1937	Oakland	Pacific Coast	c	107	303	36	75	15	4	1	34	2	.248
1938	Oakland	Pacific Coast	c	140	441	44	119	15	2	0	47	4	.270
1939	Oakland	Pacific Coast	c	102	316	33	96	12	4	1	27	3	.304
1940	Oakland	Pacific Coast	c	108	358	34	85	13	5	0	43	4	.237
1941	Oakland	Pacific Coast	c	97	307	37	87	17	3	1	37	6	.283
1942	Oakland	Pacific Coast	c	128	415	47	102	16	1	0	33	6	.246
1943	Oakland	Pacific Coast	c	132	430	58	119	14	1	1	41	7	.277
1944	Oakland	Pacific Coast	c	143	452	33	131	19	3	0	48	10	.290
1945	Oakland	Pacific Coast	c	117	341	44	81	22	3	2	40	3	.261
1946	Oakland	Pacific Coast	c	112	347	34	104	19	4	0	32	6	.300
1947	Oakland	Pacific Coast	c	152	418	55	124	21	2	0	47	10	.297
1948	Oakland	Pacific Coast	c	126	302	40	86	17	1	0	31	14	.285
1949	Oakland/Sacramento	Pacific Coast	c	133	429	49	114	13	1	0	33	4	.266
1950	Sacramento	Pacific Coast	c	110	277	41	67	15	1	0	16	4	.242
1951	Los Angeles	Pacific Coast	c	52	107	18	31	4	0	0	9	0	.290
1952	Los Angeles	Pacific Coast	c	11	12	1	3	1	0	0	2	0	.250
1953	Los Angeles	Pacific Coast	c	3	2	0	0	0	0	0	0	0	.000
			Minors	2334	7019	848	1937	311	49	12	668	112	.276

EARL WELLINGTON RAPP

Born May 20, 1921 at Corunna, MI.
Died February 13, 1992 at Swedesboro, NJ.
Batted left. Threw right. Height: 6-2. Weight: 185.

YEAR	CLUB	LEAGUE	POS	G	AB	R	H	2B	3B	HR	RBI	SB	AVG
1940	Wausau	Northern	of	62	212	35	67	15	0	6	42	6	.316
1941	Oneonta	Canadian-American	of	37	144	19	40	3	5	0	17	5	.278
	Jamestown	PONY	of	67	259	60	88	20	6	5	51	7	.340
1942	Hagerstown	Interstate	of	137	482	60	137	21	11	8	75	19	.284
	Buffalo	International	of	9	22	3	4	1	0	0	3	0	.182
1943-45							Military service						
1946	Williamsport	Eastern	of	64	235	47	78	16	5	5	43	12	.332
	Buffalo	International	of	62	204	46	66	13	2	5	38	8	.324

YEAR	CLUB	LEAGUE	POS	G	AB	R	H	2B	3B	HR	RBI	SB	AVG
1947	Buffalo	International	of	137	439	86	129	28	3	16	80	12	.294
1948	Seattle	Pacific Coast	of	168	564	88	168	36	6	17	96	10	.298
1949	Detroit/Chicago	American	of	20	54	3	14	1	1	0	11	1	.259
	Oakland	Pacific Coast	of	97	340	76	117	24	3	15	86	6	.344
1950	Oakland	Pacific Coast	of	181	639	133	222	49	8	24	145	7	.347
1951	Oakland	Pacific Coast	of	97	357	66	115	15	8	10	74	5	.322
	New York	National	ph	13	11	0	1	0	0	0	1	0	.091
	St. Louis	American	of	26	98	14	32	5	3	2	14	1	.327
1952	St. Louis/Washington	American	of	76	116	10	26	10	0	0	13	0	.224
1953	San Diego	Pacific Coast	of	180	630	104	196	32	7	24	108	11	.311
1954	San Diego	Pacific Coast	of	162	566	102	191	37	7	24	111	2	.337
1955	San Diego	Pacific Coast	of	169	582	109	176	25	6	30	**133**	1	.302
1956	San Diego	Pacific Coast	of	122	414	59	124	14	5	9	65	3	.300
1957	San Diego/Portland	Pacific Coast	of	83	205	27	57	7	2	3	19	1	.278
	Louisville	American Association	of	17	50	5	9	2	0	1	5	0	.180
1958		Did not play in organized baseball											
1959	Nashville	Southern Association	of	18	50	11	15	1	0	1	8	0	.300
		Majors		135	279	27	73	16	4	2	39	2	.262
		Minors		1869	6394	1136	1999	359	84	203	1199	115	.313

George Reggis "Reg" Rawlings

Born July 13, 1890 at Washington D.C.
Died July 6, 1954 at Martinsburg, WV.
Batted right. Threw right. Height: 6-0. Weight: 165.

YEAR	CLUB	LEAGUE	POS	G	AB	R	H	2B	3B	HR	RBI	SB	AVG
1915	Martinsburg	Blue Ridge	of	71	280	49	91	16	5	2	–	13	.325
1916	Martinsburg	Blue Ridge	of	102	366	62	102	17	6	7	–	14	.279
1917	Martinsburg	Blue Ridge	of	99	**390**	64	118	21	4	10	–	13	.303
1918-19						Military service							
1920	Martinsburg	Blue Ridge	of	98	366	49	111	18	2	9	–	13	.303
1921	Martinsburg	Blue Ridge	of	95	361	77	128	23	3	17	–	15	.355
1922	Martinsburg	Blue Ridge	of	99	**394**	**82**	**146**	19	4	26	–	17	**.371**
1923	Martinsburg	Blue Ridge	of	96	**386**	**104**	**145**	**28**	6	**25**	–	16	**.376**
1924	Martinsburg	Blue Ridge	of	99	**401**	78	**152**	**31**	1	**21**	–	17	**.379**
1925	Martinsburg	Blue Ridge	of	90	337	65	113	21	1	18	–	11	.335
1926	Martinsburg	Blue Ridge	of	96	366	68	117	16	3	**19**	–	12	.320
1927	Martinsburg	Blue Ridge	of	95	350	75	123	17	7	12	–	10	.351
1928	Martinsburg	Blue Ridge	of	90	322	37	83	19	1	6	–	10	.258
1929	Hagerstown	Blue Ridge	of	112	408	77	131	22	4	11	–	17	.321
		Minors		1242	4727	887	1560	268	47	183	–	178	.330

Arthur Anthony "Art" Rebel

Born March 4, 1915 at Cincinnati, OH.
Batted left. Threw left. Height: 5-8. Weight: 180

Manager for Tampa, Florida International, 1950, 1953-1954; St. Petersburg, Florida International, 1951; St. Petersburg, Florida State, 1955.

YEAR	CLUB	LEAGUE	POS	G	AB	R	H	2B	3B	HR	RBI	SB	AVG
1936	Trenton	New York-Pennsylvania	of	8	30	–	8	1	0	0	–	–	.267
	Bartlesville	Western Association	of	51	192	33	73	16	5	2	31	8	.380
1937	Bartlesville	Western Association	of	140	512	89	168	40	13	7	106	22	.328
1938	Philadelphia	National	of	7	9	2	2	0	0	0	1	0	.222
	Anniston	Southeastern	of	105	400	52	133	31	7	5	66	6	.332
	Nashville	Southern Association	of	6	20	–	6	1	0	0	–	–	.300
1939	Anniston	Southeastern	of	100	405	75	119	26	8	11	86	17	.294
	Augusta	SALLY	of	34	117	20	35	10	1	1	32	0	.299
1940	Augusta	SALLY	of	146	574	102	200	47	19	7	123	15	.348
1941	Fort Worth	Texas	of	132	461	59	120	22	7	0	50	8	.260
1942	Montgomery	SALLY	of	113	427	76	135	22	5	8	65	11	.316
	Fort Worth	Texas	of	15	43	3	8	1	0	0	3	0	.186
1943	Louisville/St.Paul	American Association	of	102	317	41	83	19	3	1	37	5	.262
1944	Mobile	Southern Association	of	84	297	53	96	19	6	0	51	4	.323
	Columbus	American Association	of	22	88	16	32	10	2	0	19	2	.364
1945	Columbus	American Association	of	94	340	69	110	16	4	10	70	6	.324
	St. Louis	National	of	26	72	12	25	4	0	0	5	1	.347

YEAR	CLUB	LEAGUE	POS	G	AB	R	H	2B	3B	HR	RBI	SB	AVG
1946	Rochester	International	of	145	513	84	129	25	9	12	80	6	.251
1947	Montgomery	Southeastern	of	94	344	68	100	23	3	5	50	14	.291
	Birmingham	Southern Association	of	29	103	16	28	4	2	5	18	1	.272
1948	Montgomery	Southeastern	of	115	421	64	125	28	10	9	95	11	.297
1949	Tampa	Florida International	of	153	568	84	169	26	3	12	**115**	8	.298
1950	Tampa	Florida International	of	113	380	59	103	22	2	4	56	10	.271
1951	St. Petersburg	Florida International	of	69	223	32	56	10	1	2	27	3	.251
1952	Lafayette	Evangeline	of	50	194	32	63	13	3	5	50	6	.325
		Majors		33	81	14	27	4	0	0	6	1	.333
		Minors		1920	6909	1127	2099	432	113	106	1230	163	.301

ANDREW JACKSON "ANDY" REESE

Born February 7, 1904 at Tupelo, MS.
Died January 10, 1966 at Tupelo, MS.
Batted right. Threw right. Height: 5-11. Weight: 180.

Manager for Greenville, Cotton States, 1940.

YEAR	CLUB	LEAGUE	POS	G	AB	R	H	2B	3B	HR	RBI	SB	AVG
1925	Tupelo	Tri-State	of	105	**425**	**102**	**144**	21	**13**	9	—	35	.339
1926	Memphis	Southern Association	of	144	544	91	167	27	22	6	102	20	.307
1927	New York	National	1b-of	97	355	43	94	14	2	4	21	5	.265
1928	New York	National	if-of	109	406	61	125	18	4	6	44	7	.308
1929	New York	National	2b-3b-of	58	209	36	55	11	3	0	21	8	.263
1930	New York	National	of-3b	67	172	26	47	4	2	4	25	1	.273
	Bridgeport	Eastern	—	25	88	18	22	3	1	1	18	5	.250
1931	Oakland	Pacific Coast	of-3b	55	188	23	51	12	2	4	28	3	.271
	Memphis	Southern Association	2b	84	328	64	112	27	10	6	55	10	.341
1932	Memphis	Southern Association	1b-2b	150	593	126	199	37	7	13	121	33	.336
1933	Memphis	Southern Association	1b	148	565	107	183	42	17	4	93	12	.324
1934	Memphis	Southern Association	1b	152	594	99	167	36	10	9	**108**	12	.281
1935	Memphis	Southern Association	1b-2b	140	554	74	184	32	8	6	71	29	.332
1936	Memphis	Southern Association	3b-2b-1b	128	438	52	125	24	7	4	67	5	.285
1937	Memphis	Southern Association	1b	151	558	73	170	32	10	0	92	12	.305
1938	Memphis	Southern Association	1b	141	535	72	178	38	13	7	100	5	.333
1939	Memphis	Southern Association	1b	131	479	77	154	24	12	8	55	4	.322
1940	Greenville	Cotton States	1b	128	497	97	168	35	5	12	76	8	.338
1941	Gadsden	Southeastern	1b-2b	53	164	27	45	13	0	5	28	3	.274
1942	Knoxville	Southern Association	—	11	18	4	3	1	0	0	3	0	.167
	Meridian	Southeastern	1b-2b	77	206	17	52	12	0	2	26	0	.252
		Majors		331	1142	166	321	47	11	14	111	21	.281
		Minors		1823	6774	1123	2124	416	137	96	1043	196	.314

WALTER PHILLIP "WALLY" REHG

Born August 31, 1888 at Summerfield, IL.
Died April 5, 1946 at Burbank, CA.
Batted right. Threw right. Height: 5-8. Weight: 160.

Manager for Tucson, Arizona State, 1930.

YEAR	CLUB	LEAGUE	POS	G	AB	R	H	2B	3B	HR	RBI	SB	AVG
1910	Hartford	Connecticut	of-2b	118	424	51	95	21	11	6	—	10	.224
1911	Hartford	Connecticut	ss	123	448	57	128	22	13	3	—	32	.286
1912	Pittsburgh	National	of	8	9	1	0	0	0	0	—	0	.000
	St. Paul	American Association	3b	86	300	41	92	7	16	2	—	24	.307
1913	St. Paul	American Association	of	122	474	55	141	15	18	2	—	14	.297
	Boston	American	of	30	101	13	28	3	2	0	9	4	.277
1914	Boston	American	of	84	151	14	33	4	2	0	11	5	.219
1915	Boston	American	of	5	5	2	1	0	0	0	0	1	.200
	Providence	International	2b	19	64	6	13	2	1	1	—	4	.203
1916	Providence	International	of-3b	137	530	90	157	29	9	2	—	20	.296
1917	Providence	International	of	70	276	58	84	12	8	1	—	13	.304
	Boston	National	of	86	341	48	92	12	6	1	31	13	.270
1918	Boston	National	of	40	133	6	32	5	1	1	12	3	.241
1919	Cincinnati	National	of	5	12	1	2	0	0	0	3	0	.167
	Indianapolis	American Association	of	138	545	88	155	33	9	4	—	26	.284
1920	Indianapolis	American Association	of	165	634	104	200	36	14	1	83	16	.315
1921	Indianapolis	American Association	of-2b	164	637	100	206	34	14	2	117	27	.323

YEAR	CLUB	LEAGUE	POS	G	AB	R	H	2B	3B	HR	RBI	SB	AVG
1922	Indianapolis	American Association	of	149	570	99	160	21	16	4	67	13	.281
1923	Indianapolis	American Association	of	164	657	98	197	32	12	1	90	28	.300
1924	Indianapolis	American Association	of	105	349	68	117	16	5	0	53	16	.335
1925	Indianapolis	American Association	of	129	499	74	154	18	12	4	85	7	.309
1926	Indianapolis	American Association	of	98	319	51	93	15	4	1	52	0	.292
1927	Columbus	American Association	of	112	397	52	136	27	3	3	54	6	.343
1928	Columbus	American Association	of	48	182	28	63	9	1	1	—	2	.346
	Hollywood	Pacific Coast	of	78	261	34	80	18	0	3	47	4	.306
1929	Hollywood	Pacific Coast	of	80	200	38	61	13	2	2	38	8	.305
1930	Hollywood	Pacific Coast	of	18	43	8	11	2	1	0	9	3	.256
	Tucson	Arizona State	of	2	2	0	0	0	0	0	0	0	.090
		Majors		258	752	85	188	24	11	2	66	26	.250
		Minors		2125	7811	1200	2343	382	169	43	695	273	.300

John E. Reider

Born January 27, 1903 at St. Paul, MN.
Batted left. Threw left. Height: 5-8. Weight: 160.

Hit eight home runs and two triples in 12 at-bats in three games, May 4-6, 1926.

YEAR	CLUB	LEAGUE	POS	G	AB	R	H	2B	3B	HR	RBI	SB	AVG
1923	Bismark	North Dakota	1b	33	133	16	45	7	4	1	—	2	.338
1924	St. Paul	American Association	of	2	10	2	5	1	1	0	0	0	.500
	Spartanburg	SALLY	of	7	29	—	7	2	0	1	—	0	.241
	Springfield	Western Association	of	125	511	88	167	27	15	17	70	8	.327
1925	Waco	Texas	of	21	74	17	16	1	0	5	—	3	.216
	Greenville	SALLY	of	22	97	17	26	2	3	1	9	5	.268
	Decatur	Three I	of	93	333	56	88	11	5	11	—	8	.264
1926	Springfield	Western Association	of	146	580	147	224	36	12	**36**	—	27	.386
1927	Springfield	Western Association	of	132	517	90	162	30	11	20	95	21	.313
1928	Dayton	Central	of	133	558	118	183	42	12	25	—	22	.328
1929	Fort Wayne	Central	of	139	**578**	120	**185**	30	9	36	**134**	19	.320
1930	Fort Wayne	Central	of	141	**619**	158	225	**52**	13	29	122	10	.363
1931	Quincy	Three I	of	32	125	19	30	7	1	1	11	4	.240
	Keokuk	Mississippi Valley	of	79	306	53	103	18	8	1	—	13	.337
1932	Davenport/Cedar Rapids	Mississippi Valley	of	107	425	70	116	27	6	7	52	12	.273
1933	Brandon	Northern	of-1b	62	256	—	77	17	4	3	—	3	.301
1934	East Grand Forks	Northern	1b-of	122	499	—	160	23	13	7	—	15	.321
		Minors		1396	5650	971	1819	333	117	201	493	172	.322

Frank Reiger

Born April 24, 1895 at Garber, OK.
Died September 5, 1925 at Camden, SC.
Batted right. Threw right. Height: 6-0. Weight: 190.

Attended Oklahoma A & M College.
Served in the U.S. Army 1917-1919.
Hit 3 consecutive home runs in a game against Springfield on June 5, 1921.
Killed in a highway accident, along with team manager Emil Huhn, while traveling with the team after a game at Charlotte.

YEAR	CLUB	LEAGUE	POS	G	AB	R	H	2B	3B	HR	RBI	SB	AVG
1921	Enid	Western Association	c-of	133	446	125	139	26	7	**20**	—	11	.312
1922	Enid	Western Association	of	120	479	125	188	**39**	6	**31**	—	6	.392
1923	Enid	Western Association	of-c	**148**	574	**123**	179	48	3	34	—	12	.312
1924	Bartlesville	Western Association	of-1b-c	149	546	130	179	36	11	32	133	6	.328
	Little Rock	Southern Association	of	10	37	11	15	5	1	1	11	2	.405
1925	Augusta	SALLY	c-1b-of	121	448	74	157	23	7	23	95	7	.350
		Minors		681	2530	588	857	177	35	141	239	44	.339

Alexander Aloysius "Duke" "Midget" Reilley

Born August 25, 1884 at Chicago, IL.
Died March 4, 1968 at Indianapolis, IN.
Batted both. Threw right. Height: 5-4½. Weight: 148.

YEAR	CLUB	LEAGUE	POS	G	AB	R	H	2B	3B	HR	SB	RBI	AVG
1905	Erie	Interstate	of	76	—	—	—	—	—	—	29	—	.313

YEAR	CLUB	LEAGUE	POS	G	AB	R	H	2B	3B	HR	RBI	SB	AVG
1906	Erie	Interstate	of	85	341	45	88	14	2	0	38	—	.258
1907	Columbus	American Association	of	74	284	42	64	4	3	0	14	—	.225
1908	Lima	Ohio State	of	138	513	84	135	26	5	1	**80**	—	.263
1909	Lima	Ohio State	of	198	407	64	113	14	6	1	**76**	—	.278
	Cleveland	American	of	20	62	10	13	0	0	0	5	—	.210
1910	Columbus	American Association	of	124	472	43	108	13	3	1	22	—	.229
1911	Zanesville	Central	of	32	113	22	29	4	3	2	7	—	.257
1912	Zanesville	Central	of	89	343	62	109	23	2	2	32	—	.318
	Indianapolis	American Association	of	35	134	14	38	2	2	0	15	—	.284
1913	Indianapolis	American Association	of	156	466	83	157	16	10	0	47	—	.337
1914	Indianapolis	American Association	of	137	536	94	140	24	6	0	32	—	.261
1915	Indianapolis	American Association	of	154	545	85	157	17	8	1	47	—	.288
1916	Indianapolis	American Association	of	127	449	48	131	13	5	2	37	—	.292
1917	Indianapolis	American Association	of	141	512	54	126	16	10	3	28	—	.246
1918	Louisville	American Association	of	41	167	31	39	5	3	0	11	—	.233
	Toronto	International	of	65	258	54	72	3	0	0	27	—	.279
1919	Indianapolis	American Association	of	142	548	67	138	12	6	1	44	—	.252
1920	Salt Lake City	Pacific Coast	of	29	105	12	36	3	2	1	7	—	.343
	Indianapolis	American Association	of	111	459	72	125	17	6	0	32	—	.272
1921	St. Paul	American Association	of	23	46	8	9	2	0	0	1	—	.196
	St. Joseph	Western	of	68	271	42	69	12	6	0	17	—	.255
1922	Bridgeport	Eastern	of	37	128	19	27	3	0	0	9	—	.211
	Brantford	Michigan-Ontario	of	62	238	35	68	9	2	1	16	—	.286
1923	Three Rivers	Eastern Canada	of	27	103	14	29	2	0	0	8	—	.282
		Majors		20	62	10	13	0	0	0	5	—	.210
		Minors		2081	7438	1094	2007	254	90	16	676	—	.269

William Joseph "Billy" Rhiel

Born August 16, 1900 at Youngstown, OH.
Died August 16, 1946 at Youngstown, OH.
Batted right. Threw right. Height: 5-11. Weight: 175.

Manager for Warren, Pennsylvania State, 1940.

YEAR	CLUB	LEAGUE	POS	G	AB	R	H	2B	3B	HR	RBI	SB	AVG
1926	Greenville	SALLY	2b-ss-of-p	151	583	147	225	30	**19**	23	111	9	**.386**
1927	Atlanta	Southern Association	2b-of	149	588	110	202	25	19	8	124	14	.344
1928	Atlanta	Southern Association	2b-of	136	502	67	165	21	10	6	82	6	.329
1929	Brooklyn	National	2b-of	76	205	27	57	9	4	4	25	0	.278
1930	Boston	National	2b	20	47	3	8	4	0	0	4	0	.170
	Portland	Pacific Coast	2b	109	423	72	147	30	2	7	79	4	.348
1931	Portland	Pacific Coast	2b	165	674	129	233	**53**	10	7	112	7	.346
1932	Detroit	American	2b-3b-ss	84	250	30	70	13	3	3	38	2	.280
1933	Detroit	American	2b-3b-ss	19	17	1	3	0	1	0	1	0	.176
	Toledo	American Association	of	30	97	10	20	5	1	0	8	1	.206
1934	Montreal	International	of-2b	103	284	43	83	18	4	5	61	2	.292
1935	Montreal	International	of	58	124	22	48	10	2	3	19	1	.387
1936	Montreal	International	of	99	279	40	85	16	3	3	38	1	.305
		Majors		199	519	61	138	26	8	7	68	2	.266
		Minors		1000	3554	640	1208	208	70	62	634	45	.340

George Bennet Rhinehardt

Born May 4, 1900 at Union, SC.
Batted left. Threw left. Height: 6-0. Weight: 185.

YEAR	CLUB	LEAGUE	POS	G	AB	R	H	2B	3B	HR	RBI	SB	AVG
1923	Greenville	SALLY	of	143	**573**	101	**212**	44	**28**	3	101	22	.370
	Atlanta	Southern Association	of	10	33	3	11	1	1	0	8	0	.333
1924	Greenville	SALLY	of	120	495	**110**	**200**	45	18	8	92	**32**	**.404**
	Memphis	Southern Association	of	9	22	1	7	4	0	0	1	0	.318
1925	Memphis	Southern Association	of	142	548	104	166	26	24	10	76	8	.303
1926	Knoxville/Macon/Spartanburg	SALLY	of	136	520	75	159	28	10	9	89	5	.306
1927	Kinston	Virginia	of	92	331	49	110	18	6	7	57	12	.332
	Waco	Texas	pf	2	2	0	0	0	0	0	0	0	.000
1928	Wilkes-Barre	New York-Pennsylvania	of	68	245	27	72	15	2	0	24	7	.294
	Greenville	SALLY	of	20	66	16	20	1	0	5	9	1	.303

YEAR	CLUB	LEAGUE	POS	G	AB	R	H	2B	3B	HR	RBI	SB	AVG
1929	Fayetteville	Eastern Carolina	of	14	54	10	17	5	0	1	6	2	.315
1930	Greenville	SALLY	of	130	541	97	191	42	6	11	88	19	.353
1931	Greenville	Palmetto	of	39	132	28	47	8	1	5	37	4	.356
	Charlotte	Piedmont	of	84	348	60	113	13	8	6	71	16	.325
1932	Charleston/Winston-Salem	Piedmont	of	12	51	7	16	4	0	0	9	0	.314
1938	Greenville	SALLY	of	5	11	0	1	0	0	0	1	0	.091
		Minors		1026	3972	688	1342	254	104	65	669	128	.338

Robert Turnbull "Bob" Rice

Born May 28, 1899 at Philadelphia, PA.
Died February 20, 1986 at Elizabethtown, PA.
Batted right. Threw right. Height: 5-10. Weight: 170

Manager for Keokuk, Mississippi Valley, 1931-32; Greensboro, Piedmont, 1934; Albany, Georgia-Florida, 1935-37.

YEAR	CLUB	LEAGUE	POS	G	AB	R	H	2B	3B	HR	RBI	SB	AVG
1920	Springfield	Eastern	3b	107	401	44	106	11	0	0	—	16	.264
1921	Albany	Eastern	3b	26	89	12	26	2	0	0	—	7	.292
	Suffolk	Virginia	3b	54	193	22	39	4	0	0	—	8	.202
1922	Suffolk	Virginia	3b	78	286	—	79	12	3	1	—	—	.276
1923	Binghamton	New York-Pennsylvania	ss	122	437	72	138	20	6	4	—	16	.316
1924	Binghamton	New York-Pennsylvania	3b	131	486	65	146	20	7	2	—	6	.300
1925	Scranton	New York-Pennsylvania	3b	132	489	73	151	31	9	2	79	10	.309
1926	Portsmouth	Virginia	3b	132	497	81	162	30	4	5	63	10	.326
	Philadelphia	National	3b	19	54	3	8	0	1	0	10	0	.148
1927	York	New York-Pennsylvania	3b	139	486	51	148	19	5	1	68	6	.305
1928	York/Wilkes Barre	New York-Pennsylvania	3b	79	271	25	65	8	2	0	40	4	.240
	Greenville	SALLY	3b	34	128	15	32	3	1	1	15	0	.250
1929	Charleroi	Middle Atlantic	3b	117	418	83	147	22	4	15	90	12	.342
1930	Waynesboro	Blue Ridge	3b	95	295	63	105	20	4	5	—	14	.356
1931	Keokuk	Mississippi Valley	3b	124	465	69	134	26	8	3	—	26	.288
1932	Keokuk	Mississippi Valley	3b	123	432	68	109	19	8	1	63	22	.322
1933	Elmira	New York-Pennsylvania	3b	17	42	10	8	1	0	0	4	1	.190
	Greensboro	Piedmont	3b	55	203	34	58	13	1	0	24	4	.286
1934	Greensboro	Piedmont	3b	111	333	36	82	17	3	3	48	5	.246
1935	Albany	Georgia-Florida	3b	86	243	38	72	17	0	1	—	7	.296
1936	Albany	Georgia-Florida	3b	93	336	51	109	27	4	4	65	15	.324
1937	Albany	Georgia-Florida	3b	90	333	41	86	16	2	2	46	6	.258
		Majors		19	54	3	8	0	1	0	10	0	.148
		Minors		1945	6863	953	2032	338	71	50	605	197	.296

Kenneth Franklin "Ken" Richardson

Born May 2, 1915 at Orleans, IN.
Died December 7, 1987 at Woodland Hills, CA.
Batted right. Threw right. Height: 5-10½. Weight: 187.

YEAR	CLUB	LEAGUE	POS	G	AB	R	H	2B	3B	HR	RBI	SB	AVG
1934	Los Angeles	Pacific Coast	3b	24	54	6	15	4	0	0	3	1	.278
1935	Des Moines	Western	3b	5	19	2	5	0	1	0	4	0	.263
	Ponca City	Western Association	3b	125	454	70	121	30	7	6	79	23	.267
1936	Ponca City	Western Association	2b	144	550	132	174	43	20	18	132	47	.316
1937	Moline	Three I	2b	64	239	54	64	18	4	8	—	16	.268
	Los Angeles	Pacific Coast	2b-3b	70	258	43	57	12	1	7	19	5	.221
1938	Jersey City	International	2b	54	143	23	33	7	3	1	13	1	.231
	Chattanooga	Southern Association	if	18	66	7	16	2	0	1	9	0	.242
	Minneapolis	American Association	3b	22	61	3	12	2	0	1	8	1	.197
1939	Williamsport	Eastern	2b-3b	111	427	100	131	27	3	27	89	7	.307
1940	Williamsport	Eastern	of	124	430	77	117	21	1	15	65	5	.272
1941	Williamsport	Eastern	of	132	434	85	116	23	4	11	67	7	.267
1942	Philadelphia	American	of-3b-1b	6	15	1	1	0	0	0	0	0	.067
	Williamsport	Eastern	of-3b	122	391	64	105	20	2	8	58	10	.269
1943	Hollywood	Pacific Coast	2b-of	111	310	41	80	15	2	6	38	4	.258
1944	Hollywood	Pacific Coast	2b-3b-of	159	536	66	135	25	6	7	62	7	.252
1945	Hollywood	Pacific Coast	2b-of	157	469	74	141	25	1	14	85	11	.301
1946	Philadelphia	National	2b	6	20	1	3	1	0	0	2	0	.150
	Hollywood	Pacific Coast	3b	73	236	35	58	11	4	5	37	5	.246

YEAR	CLUB	LEAGUE	POS	G	AB	R	H	2B	3B	HR	RBI	SB	AVG
1947						Did not play in organized baseball							
1948	Seattle	Pacific Coast	1b	65	135	13	20	5	1	1	21	1	.222
1949	Spokane	Western International	3b-2b	126	426	108	138	29	1	24	117	16	.324
1950	Riverside	Sunset	3b-1b	126	407	114	115	22	3	12	80	16	.283
1951	Spokane	Western International	3b	126	435	108	140	30	8	12	108	21	.322
1952	San Francisco	Pacific Coast	3b	6	19	2	3	0	0	0	2	0	.158
	Yakima	Western International	3b-of	45	126	21	35	7	2	1	13	9	.278
	Tucson	Arizona-Texas	3b	133	458	39	56	14	2	7	39	10	.354
1953	Lewiston	Western International	3b	133	458	102	138	27	0	15	106	5	.301
1954	Vancouver	Western International	3b	117	406	81	119	21	1	14	100	6	.293
1955	El Paso	West Texas-New Mexico	3b	14	44	6	14	3	0	1	11	1	.318
		Majors		12	35	2	4	1	0	0	2	0	.114
		Minors		2336	7691	1476	2168	443	77	222	1365	235	.282

VIRGIL DONALD RICHARDSON

Born December 25, 1919 at South Bend, NE.
Batted both. Threw left. Height: 6-0. Weight: 190.

Manager for Pampa, West Texas-New Mexico, 1951.

YEAR	CLUB	LEAGUE	POS	G	AB	R	H	2B	3B	HR	RBI	SB	AVG
1939	Salina	Western Association	1b	2	7	0	0	0	0	0	0	0	.000
	Mitchell	Western	1b-of	118	418	76	131	17	9	7	81	3	.313
1940	Opelousas/Rayne	Evangeline	of-1b	41	166	22	27	2	2	0	5	5	.163
	Worthington	Western	1b	52	164	32	50	6	2	4	26	5	.305
	Oklahoma City	Texas	1b	1	4	0	0	0	0	0	0	0	.000
1941	Topeka	Western Association	1b-of	131	447	71	121	28	4	6	64	14	.271
1942	Topeka	Western Association	1b	135	470	87	130	25	10	11	73	7	.277
1943-45						Did not play in organized baseball							
1946	Pampa	West Texas-New Mexico	1b	136	504	149	171	41	7	26	132	9	.339
1947	Montgomery	Southeastern	1b	43	156	27	45	15	0	4	35	0	.288
	Lubbock	West Texas-New Mexico	1b	99	368	107	124	31	1	29	113	4	.337
1948	Lubbock	West Texas-New Mexico	1b	136	506	152	201	48	6	38	196	6	.397
1949	Pampa	West Texas-New Mexico	1b	138	479	102	146	35	2	19	95	5	.305
1950	Pampa	West Texas-New Mexico	1b	143	524	137	173	39	3	33	151	4	.330
1951	Pampa	West Texas-New Mexico	1b	140	488	99	158	46	1	25	128	8	.324
1952	Clovis	West Texas-New Mexico	1b	140	518	119	153	36	2	21	115	9	.295
1953	Clovis	West Texas-New Mexico	1b	139	497	139	164	38	1	27	127	7	.330
1954	Clovis	West Texas-New Mexico	1b	131	455	96	135	35	6	12	99	1	.297
		Minors		1725	6171	1415	1929	442	56	262	1440	87	.313

LANCE CLAYTON RICHBOURG

Born December 18, 1897 at DeFuniak Springs, FL.
Died September 10, 1975 at Crestview, FL.
Batted left. Threw right. Height: 5-10½. Weight: 160.

Manager for Nashville, Southern Association, 1933-1937; Richmond, Piedmont, 1938-1939; Fort Pierce, Florida East Coast, 1940; Tallahassee, Georgia-Florida, 1941.

YEAR	CLUB	LEAGUE	POS	G	AB	R	H	2B	3B	HR	RBI	SB	AVG
1916	Dothan	Dixie	of	55	205	21	45	6	0	0	–	9	.220
1917	Dothan	Dixie	of	60	220	29	63	11	2	2	30	6	.286
1918	Newport News	Virginia	of-2b	48	169	22	48	8	2	0	–	6	.284
1919	Newark	International	3b	1	4	0	0	0	0	0	0	0	.000
1920	Grand Rapids	Central	1b-2b-ss	87	311	63	129	12	9	2	–	13	.415
	Toledo	American Association	1b	12	22	5	7	0	1	0	5	0	.318
1921	Philadelphia	National	2b	10	5	2	1	1	0	0	0	1	.200
	Dallas	Texas	1b	4	10	1	2	0	0	0	1	1	.200
1922	Charleston	SALLY	1b	90	322	65	92	15	11	1	–	17	.286
1923	Nashville	Southern Association	of	46	188	36	71	7	4	3	29	11	.378
1924	Washington	American	of	15	32	3	9	2	1	0	1	0	.281
	Milwaukee	American Association	of	123	502	82	161	33	11	6	56	10	.321
1925	Milwaukee	American Association	of	124	468	86	146	17	15	7	56	24	.312
1926	Milwaukee	American Association	of	**164**	**714**	**151**	**247**	38	**28**	3	84	**48**	.346
1927	Boston	National	of	115	450	57	139	12	9	2	34	24	.309
1928	Boston	National	of	148	612	105	206	26	12	2	52	11	.337
1929	Boston	National	of	139	557	76	170	24	13	3	56	7	.305

YEAR	CLUB	LEAGUE	POS	G	AB	R	H	2B	3B	HR	RBI	SB	AVG
1930	Boston	National	of	130	529	81	161	23	8	3	54	13	.304
1931	Boston	National	of	97	286	32	82	11	6	2	29	9	.287
1932	Chicago	National	of	44	148	22	38	2	2	1	21	0	.257
	Albany	International	of	75	272	50	101	19	9	3	44	9	.371
1933	Nashville	Southern Association	of	140	580	120	208	46	11	8	85	30	.359
1934	Nashville	Southern Association	of	82	339	72	105	16	6	9	54	13	310
1935	Nashville	Southern Association	of	121	480	74	146	24	4	3	46	23	304
1936	Nashville	Southern Association	of	67	180	38	60	15	2	3	33	5	.333
1937	Nashville	Southern Association	of	6	8	0	1	0	0	0	0	1	.125
1938	Richmond	Piedmont	of	70	254	46	80	22	7	2	34	6	.315
		Majors		698	2619	378	806	101	51	13	247	65	.308
		Minors		1375	5248	961	1712	289	122	52	557	232	.326

DONALD LESTER "DON" RICHMOND

Born October 27, 1919 at Gillett, PA.
Died May 24, 1981 at Elmira, NY.
Batted left. Threw right. Height: 6-1. Weight: 175.

Manager Batavia, New York-Pennsylvania, 1957-1958.

YEAR	CLUB	LEAGUE	POS	G	AB	R	H	2B	3B	HR	RBI	SB	AVG
1940	Batavia	PONY	3b	107	446	108	147	23	12	6	63	36	.330
1941	Williamsport	Eastern	3b	139	531	61	169	22	5	1	59	6	.318
	Philadelphia	American	3b	9	35	3	7	1	1	0	5	0	.200
1942-45							Military service						
1946	Toronto	International	3b	117	390	38	114	22	1	4	45	7	.292
	Philadelphia	American	3b	16	62	3	18	3	0	1	9	1	.290
1947	Philadelphia	American	3b-2b	19	21	2	4	1	1	0	4	0	.190
	Birmingham	Southern Association	of	49	194	42	63	11	3	7	31	7	.325
1948	Toledo	American Association	3b	146	496	80	150	28	3	13	75	8	.302
1949	Baltimore/Rochester	International	3b	116	432	70	130	14	1	8	65	4	.301
1950	Rochester	International	3b	140	573	126	191	31	11	18	99	6	**.333**
1951	St. Louis	National	3b	12	34	3	3	1	0	1	4	0	.088
	Rochester	International	3b	105	412	71	144	31	5	5	49	4	**.350**
1952	Rochester	International	3b-of	145	578	91	190	40	8	6	62	3	.329
1953	Rochester	International	3b	139	552	101	172	33	8	15	89	9	.312
1954	Rochester/Syracuse	International	of	123	415	62	123	22	6	7	50	4	.296
1955	Syracuse	International	of	89	225	37	69	6	4	0	20	3	.307
1956	Miami	International	3b	21	57	4	13	3	0	1	7	1	.228
	Birmingham	Southern Association	of-3b	69	250	30	76	16	3	1	29	1	.304
1957	Batavia	New York-Pennsylvania	of	73	160	41	61	15	1	6	40	2	.381
		Majors		56	152	11	32	6	2	2	22	1	.211
		Minors		1578	5711	962	1812	317	71	98	783	101	.317

JOSEPH ALOYSIUS "JOE" RIGGERT

Born Dec. 11, 1886 at Janesville, WI.
Died Dec. 10, 1973 at Kansas City, MO.
Batted right. Threw right. Height: 5-9½. Weight: 170.

Minor league career leader in triples with 228.

YEAR	CLUB	LEAGUE	POS	G	AB	R	H	2B	3B	HR	RBI	SB	AVG
1909	Lyons	Kansas State	of	95	357	55	96	18	3	2	–	15	.268
	Abilene	Central Kansas	of	7	24	5	9	1	0	0	–	4	.375
1910	Lyons	Kansas State	of	90	384	88	139	20	15	13	–	38	**.362**
	Omaha	Western	of	62	248	40	82	11	12	4	–	26	.331
1911	Boston	American	of	50	146	19	31	4	4	2	13	5	.212
1912	St. Paul	American Association	of	80	267	39	64	8	6	2	–	10	.239
	Wilkes-Barre	New York State	of	47	182	31	58	12	5	1	–	10	.318
1913	St. Paul	American Association	of	165	614	95	179	19	23	12	–	24	.293
1914	Brooklyn/St. Louis	National	of	61	172	15	35	6	5	2	14	6	.203
1915	St. Paul	American Association	of	145	542	102	153	20	16	9	–	24	.282
1916	St. Paul	American Association	of	158	601	91	168	25	19	9	–	34	.279
1917	St. Paul	American Association	of	155	604	73	173	27	12	8	–	27	.286
1918	St. Paul	American Association	of	78	311	48	101	16	7	6	–	20	.325
1919	St. Paul	American Association	of	68	261	51	80	11	9	3	–	16	.306
	Boston	National	of	63	240	34	68	8	5	4	17	9	.283

YEAR	CLUB	LEAGUE	POS	G	AB	R	H	2B	3B	HR	RBI	SB	AVG
1920	St. Paul	American Association	of	137	514	89	147	15	17	9	71	12	.286
1921	St. Paul	American Association	of	162	596	107	185	28	20	13	93	17	.310
1922	St. Paul	American Association	of	137	475	95	150	27	14	3	77	3	.316
1923	St. Paul	American Association	of	133	495	86	143	26	10	11	91	16	.289
1924	St. Paul	American Association	of	110	327	52	96	13	8	9	53	10	.294
1925	Tulsa	Western	of	160	**673**	135	234	**57**	7	21	—	19	.348
1926	Tulsa	Western	of	150	584	119	174	42	8	17	—	9	.298
1927	Quincy	Three I	of	134	491	84	154	21	6	9	89	17	.314
1928	Quincy	Three I	of	130	480	64	132	19	11	11	77	15	.275
		Majors		174	558	68	134	18	14	8	—	20	.240
		Minors		2403	9030	1549	2717	436	228	172	—	366	.301

LEON FRANCIS "LEE" RILEY

Born August 20, 1906 at Princeton, NE.
Died September 13, 1970 at Schenectady, NY.
Batted left. Threw right. Height: 6-1. Weight: 185.

Manager for Beatrice, Nebraska State, 1937-1938; Rome, Canadian-American, 1941; Bradford, PONY, 1945-1946; Schenectady, Canadian-American, 1947-1948; Terre Haute, Three I, 1949; Utica, PONY, 1950; Schenectady, PONY, 1951.
Father of NBA player and coach Pat Riley.

YEAR	CLUB	LEAGUE	POS	G	AB	R	H	2B	3B	HR	RBI	SB	AVG
1927	Lincoln	Western	of	10	26	3	7	0	2	1	—	0	.269
	Ottumwa	Mississippi Valley	of	23	77	11	16	4	1	1	—	4	.208
1928	Pueblo	Western	of	141	489	100	181	43	17	13	—	2	.370
1929	Pueblo	Western	of	159	606	123	185	41	**27**	24	—	11	.305
1930	Pueblo	Western	of	147	527	115	175	27	18	20	133	27	.332
1931	Pueblo	Western	of	139	534	115	161	39	16	16	113	18	.301
1932	Omaha	Western	of	73	289	86	113	31	6	9	73	4	.391
	Rochester	International	of	78	257	28	71	9	5	6	36	8	.277
1933	Houston	Texas	of	2	2	0	0	0	0	0	0	0	.000
	Elmira	New York-Pennsylvania	of	128	448	65	114	21	11	7	50	4	.254
1934	Huntington	Middle Atlantic	of	18	73	12	19	1	2	3	15	1	.260
	Davenport	Western	of	87	300	55	81	14	4	8	46	3	.270
1935	Davenport	Western	of	112	413	83	132	23	7	12	67	15	.320
1936	Davenport	Western	of	123	431	79	129	24	6	12	85	9	.299
1937	Beatrice	Nebraska State	1b	114	393	114	146	27	19	14	105	11	**.372**
1938	Beatrice	Nebraska State	of-1b	115	425	117	155	30	15	17	**122**	15	**.365**
1939	Knoxville	Southern Association	of	20	68	9	24	2	2	2	13	1	.353
	Baltimore	International	of	38	52	8	11	3	0	1	8	0	.212
	Elmira	Eastern	of	23	84	8	23	3	1	4	16	0	.274
1940	Oneonta	Canadian-American	of-1b	116	394	96	134	21	10	14	87	5	.340
1941	Rome	Canadian-American	of	120	404	120	158	27	6	**32**	118	4	.391
1942	Memphis	Southern Association	of	61	203	51	64	8	4	4	38	7	.315
	Wilmington	Interstate	of	71	211	21	43	8	4	3	33	0	.204
1943		Did not play in organized baseball											
1944	Utica	Eastern	of	125	383	69	98	18	5	5	70	2	.256
	Philadelphia	National	of	4	12	1	1	1	0	0	1	0	.083
1945	Bradford	PONY	1b-of	107	334	82	104	20	6	**13**	82	9	.311
1946	Bradford	PONY	of	73	182	46	49	11	1	4	36	5	.269
1947	Schenectady	Canadian-American	of	30	70	15	18	4	0	2	12	0	.257
1948	Schenectady	Canadian-American	of	12	20	6	7	1	0	1	5	1	.350
1949	Terre Haute	Three I	of	2	2	0	0	0	0	0	0	0	.000
		Majors		4	12	1	1	1	0	0	1	0	.083
		Minors		2267	7697	1637	2418	460	195	248	1363	166	.314

THOMAS VARDASCO "TOMMY" ROBELLO

Born February 9, 1913 at San Leandro, CA.
Batted right. Threw right. Height: 5-11. Weight: 175.

Manager for Jacksonville, East Texas, 1937-1938; Pocatello, Pioneer, 1939; Salt Lake City, Pioneer, 1940-1941; Twin Falls, Pioneer, 1942; Springfield, Three I, 1946.
Scout for St. Louis, American, 1947-1953; St. Louis, National, 1954; New York, American, 1955-1962; Cincinnati, National, 1965-1984.

YEAR	CLUB	LEAGUE	POS	G	AB	R	H	2B	3B	HR	RBI	SB	AVG
1932	Tucson	Arizona-Texas	—	3	5	—	0	0	0	0	—	0	.000
1933	Rock Island	Mississippi Valley	2b-3b	87	346	70	116	26	7	17	78	8	.335
	Cincinnati	National	2b-3b	14	30	1	7	3	0	0	3	0	.233

YEAR	CLUB	LEAGUE	POS	G	AB	R	H	2B	3B	HR	RBI	SB	AVG
1934	Toronto	International	2b	6	21	6	9	3	0	0	1	1	.429
	Cincinnati	National	ph	2	2	0	0	0	0	0	0	0	.000
	Wilmington	Piedmont	2b-3b-of	107	404	77	139	30	3	17	84	11	.344
1935	Fort Worth	Texas	of-2b	113	362	38	91	14	1	11	53	3	.252
1936	Pine Bluff	Cotton States	of-1b-2b	113	398	86	145	27	6	19	90	4	.364
	Columbus	American Association	1b-2b	22	70	11	20	1	2	5	15	0	.286
1937	Jacksonville	East Texas	2b	**154**	581	119	163	27	5	**33**	**130**	4	.281
1938	Jacksonville	East Texas	1b	137	494	105	160	26	1	**38**	**146**	6	.324
1939	Pocatello	Pioneer	1b	**124**	507	**168**	**205**	33	7	**58**	**179**	5	.404
1940	Salt Lake City	Pioneer	1b	125	484	114	166	32	6	**22**	107	12	.343
1941	Salt Lake City	Pioneer	1b	68	219	21	66	12	0	6	37	0	.301
1942	Twin Falls	Pioneer	1b-of	103	313	64	96	15	3	**20**	77	2	.307
1943-45								Military service					
1946	Springfield	Three I	1b-of	30	51	4	14	2	0	2	11	0	.275
		Majors		16	32	1	7	3	0	0	3	0	.219
		Minors		1189	4250	883	1390	248	41	248	1008	56	.327

DAVID LEONARD "DAVE" ROBERTS

Born June 30, 1933 at Panama City, Panama.
Batted left. Threw left. Height: 6-0. Weight: 172.

YEAR	CLUB	LEAGUE	POS	G	AB	R	H	2B	3B	HR	RBI	SB	AVG
1952	Porterville	Southwest International	of	80	290	98	91	15	4	10	40	20	.314
1953	Grand Forks	Northern	1b-of	125	465	89	125	20	1	15	88	13	.269
1954	Aberdeen	Northern	1b	135	499	114	148	28	7	33	114	27	.297
1955	San Antonio	Texas	1b	153	488	71	113	22	6	14	84	10	.232
1956	San Antonio	Texas	1b-of	147	539	109	148	28	9	7	67	6	.275
1957	Vancouver	Pacific Coast	ph	1	1	0	0	0	0	0	0	0	.000
	Knoxville	SALLY	of-1b	44	153	24	46	6	2	5	22	1	.301
	San Antonio/Austin	Texas	1b-of	99	347	50	89	12	4	5	36	7	.256
1958	Austin	Texas	1b	148	521	96	153	19	6	20	61	4	.294
1959	Louisville	American Association	of-1b	133	385	59	97	20	2	10	50	5	.252
1960	Sacramento	Pacific Coast	1b	9	37	6	9	3	1	1	4	0	.243
	Austin	Texas	1b-of	55	205	40	63	13	2	9	41	2	.307
	Dallas-Fort Worth	American Association	1b	71	235	26	56	7	2	4	18	3	.238
1961	Jacksonville	SALLY	1b-of	77	266	50	84	18	2	8	29	2	.316
	Houston	American Association	of	41	130	20	27	5	1	3	21	0	.208
1962	Oklahoma City	American Association	of-1b	133	481	86	155	**38**	8	15	96	3	.322
	Houston	National	of-1b	16	53	3	13	3	0	1	10	0	.245
1963	Oklahoma City	Pacific Coast	of-1b	151	507	82	137	24	5	16	86	1	.270
1964	Oklahoma City	Pacific Coast	of-1b	38	132	32	49	17	3	5	30	0	.371
	Houston	National	of-1b	61	125	9	23	4	1	1	7	0	.184
1965	Oklahoma City	Pacific Coast	of-1b	144	493	102	157	20	6	**38**	114	8	.318
1966	Pittsburgh	National	1b	14	16	3	2	1	0	0	0	0	.125
	Columbus	International	of-1b	119	408	67	111	14	2	26	83	0	.272
1967	Sankei	Japanese Central	of-1b	126	459	72	124	26	2	28	89	2	.270
1968	Sankei	Japanese Central	of-1b	128	456	82	135	12	2	40	94	4	.296
1969	Sankei	Japanese Central	of-1b	116	424	72	135	18	0	37	95	5	.318
1970	Yakult	Japanese Central	of-1b	124	420	43	100	22	0	19	52	1	.238
1971	Yakult	Japanese Central	1b	128	452	63	121	20	1	33	76	8	.268
1972	Yakult	Japanese Central	1b	120	383	55	106	21	2	22	63	2	.277
1973	Yakult	Japanese Central	1b	36	115	13	29	5	2	2	16	0	.252
	Kintetsu	Japanese Pacific	1b	36	65	3	14	0	0	2	7	0	.215
		Majors		91	194	15	38	8	1	2	17	0	.196
		Minors		1903	6582	1221	1858	329	73	244	1084	112	.282
		Japan		814	2774	403	764	124	8	183	492	22	.275

LINNEL PERRY ROBERTS

Born July 15, 1924 at Jonesboro, GA.
Batted left. Threw left. Height: 6-0. Weight: 185.

Known as Perry.
Won 42 games and lost 25 while pitching from 1945 to 1955. Led Florida State League with 15-2 won-lost mark and 1.94 ERA in 1952.

YEAR	CLUB	LEAGUE	POS	G	AB	R	H	2B	3B	HR	RBI	SB	AVG
1943	Durham	Piedmont	1b	11	28	4	8	1	0	0	1	0	.286
	Kingsport	Appalachian	1b	88	354	58	119	14	2	2	59	7	.336

YEAR	CLUB	LEAGUE	POS	G	AB	R	H	2B	3B	HR	RBI	SB	AVG
1944	Kingsport	Appalachian	1b	89	356	59	105	8	4	4	57	11	.295
	Chattanooga	Southern Association	1b	9	26	2	6	1	0	0	1	0	.231
1945	Kingsport	Appalachian	1b-p	107	438	77	153	19	5	8	**100**	38	.349
1946	Montgomery	Southeastern	1b	2	8	0	0	0	0	0	0	0	.000
	Burlington	Carolina	1b-of	66	243	34	72	13	1	2	30	7	.296
	Kingsport	Appalachian	of-p	40	168	35	57	5	1	2	21	4	.339
1947	Greenville	Alabama State	1b	135	**586**	115	**228**	49	6	15	**152**	19	**.389**
1948	Daytona Beach/De Land	Florida State	1b-p	139	**572**	101	173	**38**	12	1	88	21	.302
1949	De Land	Florida State	1b-p	126	515	70	151	21	11	2	69	12	.293
1950	De Land/Gainesville	Florida State	of-p	123	504	74	174	38	11	3	115	3	.345
1951	Gainesville/De Land	Florida State	of-p	131	539	73	173	30	5	2	87	3	.321
1952	De Land	Florida State	1b-p	132	548	112	195	33	**16**	5	129	8	.356
1953	Wichita Falls	Big State	1b-p	127	499	88	173	**48**	5	9	84	3	.347
1954	Corpus Christi	Big State	1b	50	215	38	66	13	5	2	44	0	.307
1955	West Palm Beach	Florida State	1b-p	72	285	53	102	13	10	11	64	3	.358
			Minors	1447	5884	987	1961	344	94	68	1101	139	.332

Michael Dominick "Mickey" Rocco

Born March 2, 1916 at St. Paul, MN.
Batted left. Throw left. Height: 5-11. Weight: 185.

YEAR	CLUB	LEAGUE	POS	G	AB	R	H	2B	3B	HR	RBI	SB	AVG
1935	Portsmouth	Middle Atlantic	1b	96	368	66	125	26	2	11	79	6	.340
1936	Knoxville	Southern Association	1b	8	28	0	1	1	0	0	1	–	.036
	St. Paul	American Association	1b	5	12	0	4	1	0	0	1	–	.333
	Portsmouth	Middle Atlantic	1b-of	79	287	40	72	14	0	8	50	9	.251
1937	St. Paul	American Association	1b	6	20	2	3	2	0	0	3	–	.150
	Dallas	Texas	1b	115	429	49	111	22	6	3	57	7	.259
1938	Anniston	Southeastern	1b	137	500	69	122	22	14	9	69	6	.244
1939	Anniston	Southeastern	1b	142	585	**127**	186	40	11	18	87	6	.318
1940	Nashville	Southern Association	1b	148	568	106	173	36	2	21	101	6	.305
1941	Buffalo	International	1b	153	545	85	155	20	5	21	79	9	.284
1942	Buffalo	International	1b	103	364	61	108	9	1	23	82	5	.297
1943	Buffalo	International	1b	32	111	12	27	4	0	2	18	0	.243
	Cleveland	American	1b	108	405	43	97	14	4	5	46	1	.240
1944	Cleveland	American	1b	155	**653**	87	174	29	7	13	70	4	.266
1945	Cleveland	American	1b	143	565	81	149	28	6	10	56	0	.264
1946	Cleveland	American	1b	34	98	8	24	2	0	2	14	1	.245
	Nashville	Southern Association	1b	37	126	16	37	8	0	2	21	2	.294
1947	Seattle	Pacific Coast	1b	144	504	81	151	24	6	18	99	9	.300
1948	San Francisco	Pacific Coast	1b	178	670	120	201	36	5	27	149	10	.300
1949	San Francisco	Pacific Coast	1b	163	557	87	154	22	2	25	114	9	.276
1950	Portland	Pacific Coast	1b	183	623	97	161	25	1	26	108	3	.258
1951	Portland	Pacific Coast	1b	24	62	9	11	2	0	0	6	1	.177
	Kansas City/St. Paul	American Association	1b	72	175	22	41	7	1	7	27	0	.234
1952	St. Paul	American Association	1b	23	26	3	6	1	2	1	9	0	.231
	Springfield	International	1b	89	295	30	76	11	4	4	38	2	.258
			Majors	440	1721	219	444	73	17	30	186	6	.258
			Minors	1937	6855	1082	1925	307	62	226	1198	90	.281

William T. "Bill" Rodda

Born January 26, 1903 at Oakland, CA.
Batted both. Throw right. Height: 5-8. Weight: 150.

YEAR	CLUB	LEAGUE	POS	G	AB	R	H	2B	3B	HR	RBI	SB	AVG
1925	Oakland	Pacific Coast	ss	5	11	0	3	0	0	0	0	–	.273
1926	Mission	Pacific Coast	ss-2b-3b	90	288	37	78	14	2	1	31	9	.271
1927	Mission	Pacific Coast	3b-2b-ss	153	546	80	155	33	2	1	48	12	.284
1928	Mission	Pacific Coast	3b-ss	158	584	69	154	29	2	3	65	7	.264
1929	Mission	Pacific Coast	3b-2b	53	169	34	50	8	0	4	18	3	.296
1930	Mission	Pacific Coast	ss	167	584	81	160	35	2	7	81	9	.274
1931	Mission	Pacific Coast	3b	19	51	6	13	1	1	0	6	1	.255
	Nashville	Southern Association	ss-2b	104	421	54	119	29	2	0	32	6	.283
1932	Nashville	Southern Association	ss	148	634	140	196	37	10	15	84	8	.309
	Minneapolis	American Association	3b-ss-2b	10	26	2	7	0	0	0	2	0	.269

YEAR	CLUB	LEAGUE	POS	G	AB	R	H	2B	3B	HR	RBI	SB	AVG
1933	Nashville	Southern Association	2b-ss	147	588	82	180	24	5	6	75	10	.306
1934	Nashville	Southern Association	ss	153	601	92	**190**	46	3	0	68	11	.316
1935	Nashville	Southern Association	ss	148	591	78	173	27	4	2	56	9	.293
1936	Nashville	Southern Association	2b-ss	151	636	112	197	32	8	0	53	6	.310
1937	Nashville	Southern Association	2b-3b	140	537	78	166	27	5	0	46	8	.309
1938	Nashville	Southern Association	3b-2b	152	583	87	180	29	4	1	69	9	.309
1939	Nashville	Southern Association	3b	102	307	38	96	21	0	2	44	0	.313
1940	Anniston	Southeastern	1b-3b-2b-of	101	327	55	95	28	3	3	41	3	.291
		Minors		2001	7484	1125	2212	420	53	45	819	109	.296

FRANCISCO RODRIGUEZ (ITUARTE)

Born October 4, 1943 at Cananea, Sonora, Mexico.
Batted right. Threw right. Height: 5-9. Weight: 160.

Manager for Aguascalientes, Mexican, 1984; Veracruz, Mexican, 1985-86.
Brother of Aurelio Rodriguez, former major league third baseman.

YEAR	CLUB	LEAGUE	POS	G	AB	R	H	2B	3B	HR	RBI	SB	AVG
1964	Salamanca	Mexican Center	ss	119	505	114	169	38	4	13	74	14	.335
1965	Tabasco	Mexican Southeast	ss	91	376	70	98	13	4	1	28	10	.261
	Mexico City Tigers	Mexican	ss	5	11	2	7	0	1	0	2	0	.636
1966	Campeche	Mexican Southeast	ss	35	139	16	39	4	0	2	19	6	.281
	St. Petersburg	Florida State	ss	98	303	24	75	7	4	1	39	5	.248
1967	Mexico City Tigers/Veracruz	Mexican	ss	129	442	43	108	16	6	1	40	6	.244
1968	Veracruz	Mexican	ss	115	404	37	91	9	1	1	29	3	.225
1969	Veracruz	Mexican	ss	149	561	73	152	20	9	5	41	10	.271
1970	Veracruz	Mexican	ss	149	570	69	159	27	4	4	57	8	.279
1971	Veracruz	Mexican	ss	147	565	72	165	19	0	3	45	7	.292
1972	Veracruz	Mexican	ss	139	452	47	99	13	1	4	19	9	.219
1973	Veracruz	Mexican	ss	116	439	59	117	35	1	5	37	6	.267
1974	Veracruz	Mexican	ss	136	541	58	140	17	8	4	46	5	.259
1975	Aguascalientes	Mexican	ss	137	533	68	158	20	5	10	69	2	.296
1976	Aguascalientes	Mexican	ss	130	468	66	126	19	5	5	84	7	.269
1977	Aguascalientes	Mexican	ss	136	456	53	115	12	5	5	42	2	.252
1978	Aguascalientes	Mexican	ss	131	445	53	126	31	2	3	72	2	.283
1979	Aguascalientes	Mexican	ss	125	457	48	125	22	5	3	58	2	.274
1980	Aguascalientes	Mexican	ss	87	317	37	87	12	3	2	37	0	.274
1981	Aguascalientes	Mexican	ss	129	504	69	151	21	4	3	40	10	.300
1982	Aguascalientes	Mexican	ss	126	470	55	141	25	0	3	56	2	.300
1983	Aguascalientes	Mexican	3b-ss	115	432	60	118	12	1	0	33	0	.273
1984	Aguascalientes	Mexican	3b	7	19	1	0	0	0	0	0	0	.000
1985	Veracruz	Mexican	ss	2	5	0	1	0	0	0	1	0	.200
		Minors		2553	9414	1194	2567	392	73	78	968	116	.273

HECTOR ANTONIO "HEC" RODRIGUEZ (ORDENANA)

Born June 13, 1920 at Villa Alquizar, Cuba.
Batted right. Threw right. Height: 5-8. Weight: 165.

Manager for Campeche, Mexican Southeast, 1964; San Luis Potosi, Mexican, 1965; Tabasco, Mexican Southeast, 1964; Saltillo, Mexican Center, 1967; Leon, Mexican Center, 1970.

YEAR	CLUB	LEAGUE	POS	G	AB	R	H	2B	3B	HR	RBI	SB	AVG
1943	Mexico City	Mexican	3b	90	395	68	127	19	4	0	34	**22**	.322
1944	New York Cubans	Negro National	3b	34	130	29	31	3	3	0	8	6	.238
1945	Tampico	Mexican	3b	92	374	76	122	13	14	0	47	17	.326
1946	Tampico	Mexican	3b	99	412	78	132	11	8	3	32	29	.320
1947	Tampico	Mexican	3b	123	504	91	147	13	8	1	51	**36**	.292
1948	Tampico/Veracruz	Mexican	3b	87	336	62	97	14	6	2	34	12	.289
1949	San Luis Potosi	Mexican	3b	52	135	20	39	5	0	2	17	2	.289
1950	Veracruz	Mexican	3b	20	85	17	28	2	2	1	12	4	.329
1951	Montreal	International	3b	153	**609**	105	184	28	10	8	95	26	.302
1952	Chicago	American	3b	124	407	55	108	14	0	1	40	7	.265
1953	Syracuse	International	3b-ss	148	527	90	159	21	7	4	62	12	.302
1954	Toronto	International	ss-3b	147	535	105	164	22	3	4	43	8	.307
1955	Toronto	International	ss	146	560	99	162	31	8	9	57	7	.289
1956	Toronto	International	ss	150	524	73	143	17	3	4	40	8	.273
1957	Toronto	International	ss	147	528	53	152	19	7	2	62	2	.288

YEAR	CLUB	LEAGUE	POS	G	AB	R	H	2B	3B	HR	RBI	SB	AVG
1958	Toronto	International	ss-of	128	456	54	104	11	2	3	34	5	.228
1959	Toronto	International	ss-3b-of	132	414	48	106	16	3	6	30	3	.256
1960	San Diego	Pacific Coast	ss	134	446	52	117	9	3	0	42	8	.262
1961	San Diego	Pacific Coast	3b-ss	100	300	33	88	15	3	0	33	3	.293
1962	Mexico City Reds	Mexican	3b-ss	96	321	37	89	18	7	0	29	5	.277
1963	Mexico City Reds	Mexican	ss-3b	113	379	45	111	16	4	3	54	3	.293
1964	Campeche	Mexican Southeast	ss-3b	88	320	38	89	9	9	1	37	8	.278
1965	San Luis Potosi	Mexican Center					Manager, did not play						
1966	Tabasco	Mexican Southeast	3b	30	95	11	30	4	3	0	16	0	.316
			Majors	124	407	55	108	14	0	1	40	7	.265
			Minors	2275	8255	1255	2390	313	114	54	869	226	.290
			Negro	34	130	29	31	3	3	0	8	6	.238

HILARIO OSCAR RODRIGUEZ (MOYO)

February 17, 1931 at Cabo Rojo, Puerto Rico.
Batted right. Threw right. Height: 5-11½. Weight: 175

Known as Oscar.
Manager for Carmen, Mexican Southeast, 1969.

YEAR	CLUB	LEAGUE	POS	G	AB	R	H	2B	3B	HR	RBI	SB	AVG
1951	Middlesboro	Mountain States	2b-1b-3b-of	93	374	85	104	13	3	6	50	11	.278
1952	Middlesboro	Mountain States	of-2b-3b	119	445	89	129	26	7	4	82	27	.290
1953	Middlesboro	Mountain States	of-3b	94	352	96	135	21	11	10	79	22	.384
	Longview	Big State	of	29	87	13	28	4	0	1	11	3	.322
1954	Waco	Texas	of-1b	125	424	80	118	12	4	8	57	19	.278
1955	Waco	Texas	of-3b-1b	134	505	94	162	35	8	4	85	6	.321
1956	Waco	Texas	3b-of-1b	134	508	97	151	36	6	11	93	4	.297
1957	Mexico City Tigers	Mexican	3b-c-of	109	382	62	107	15	9	8	63	4	.280
1958	Mexico City Tigers/Yucatan	Mexican	3b-of	114	401	71	116	13	8	14	62	9	.289
1959	Verazcruz/Nuevo Laredo	Mexican	c-3b	145	532	97	167	33	4	22	90	4	.314
1960	Puebla	Mexican	c-of-3b	140	485	102	167	28	2	26	105	1	.344
1961	Puebla	Mexican	3b-of-c	125	445	94	135	17	9	22	85	4	.303
1962	Puebla	Mexican	of-3b	95	356	63	133	20	2	15	59	5	.374
1963	Puebla	Mexican	of-3b	122	462	82	158	31	6	17	73	1	.342
1964	Puebla	Mexican	of-3b	129	498	103	181	37	9	18	107	4	.363
1965	Puebla	Mexican	of-c-3b	130	486	82	155	30	7	15	90	1	.319
1966	Puebla	Mexican	of-c	136	496	103	**165**	35	2	13	74	4	.333
1967	Reynosa	Mexican	3b-1b-of	134	492	86	175	**42**	5	14	89	5	.356
1968	Reynosa	Mexican	3b-1b-c	137	451	51	126	27	2	9	82	2	.279
1969	Reynosa	Mexican	of-1b	32	100	15	23	6	1	2	16	1	.230
	Carmen	Mexican Southeast	3b-of-1b	65	204	27	66	12	1	5	38	3	.324
			Minors	2341	8485	1592	2701	493	106	244	1490	140	.318

JOSE RODRIGUEZ

Born February 23, 1894 at , Havana, Cuba.
Died January 23, 1953 at Havana, Cuba.
Batted right. Threw right. Height: 6-0. Weight: 170.

YEAR	CLUB	LEAGUE	POS	G	AB	R	H	2B	3B	HR	RBI	SB	AVG
1916	New London	Eastern	1b	121	422	56	111	—	—	—	—	23	.263
	New York	National	ph	1	0	0	0	0	0	0	0	0	.000
1917	New York	National	1b	7	20	2	4	0	1	0	2	2	.200
	Rochester	International	1b-2b	155	615	70	155	18	7	0	—	33	.252
1918	New York	National	2b-1b-3b	50	125	15	20	0	2	0	15	6	.160
1919	Rochester	International	ss	139	538	73	142	14	3	0	—	16	.264
1920	Rochester	International	1b	94	338	43	108	17	2	0	—	9	.320
1921	Bridgeport	Eastern	1b	151	571	78	169	23	5	2	—	14	.296
1922	Bridgeport	Eastern	1b	145	567	63	173	23	3	0	—	18	.305
1923	Bridgeport	Eastern	2b	132	527	63	163	17	3	1	—	5	.309
1924	Bridgeport	Eastern	1b-3b-ss	137	561	72	165	24	5	0	—	18	.294
1925	Bridgeport/Worcester	Eastern	1b-3b-ss	145	546	66	139	15	5	0	—	20	.255
1926	Providence	Eastern	1b	147	547	82	150	19	13	1	—	16	.274
1927	Providence	Eastern	1b	152	600	69	159	14	2	0	61	22	.265
1928	Bridgeport	Eastern	1b	140	538	73	170	24	7	0	63	18	.316
1929	Bridgeport/Pittsfield	Eastern	1b	145	600	91	174	29	12	0	62	7	.290

YEAR	CLUB	LEAGUE	POS	G	AB	R	H	2B	3B	HR	RBI	SB	AVG
1930	Pittsfield	Eastern	1b	51	190	34	42	3	0	0	15	7	.221
	Canton	Central	1b	84	323	49	115	7	4	0	42	14	.356
1931	Binghamton	New York-Pennsylvania	1b	14	54	7	8	0	0	0	3	1	.148
	Norfolk/Albany	Eastern	1b	71	273	30	75	9	3	0	23	2	.275
1932	Norfolk	Eastern	1b	4	8	0	2	0	0	0	0	1	.250
		Majors		58	145	17	24	0	3	0	17	8	.166
		Minors		2027	7818	1019	2160	256	74	4	269	244	.276

OSCAR FREDERICK LOUIS ROETTGER

Born February 19, 1900 at St. Louis, MO.
Died July 4, 1986 at St. Louis, MO.
Batted right. Threw right. Height: 6-0. Weight: 170.

Manager for Montreal, International, 1933-1934; Durham, Piedmont, 1939-1940; Birmingham, Southern Association, 1941.
Coach for Rochester, International, 1937-1938.
Holds all-time Western League pitching record with 237 base on balls in 1922.

YEAR	CLUB	LEAGUE	POS	G	AB	R	H	2B	3B	HR	RBI	SB	AVG
1921	Parsons/Muskogee	Southwestern	of-p	82	259	33	69	13	1	5	—	8	.266
1922	Sioux City	Western	p-of	65	170	25	57	17	0	3	—	3	.335
1923	New York	American	p	5	2	0	0	0	0	0	0	0	.000
1924	St. Paul	American Association	p	27	58	8	16	1	2	1	6	1	.276
	New York	American	p	1	0	0	0	0	0	0	0	0	.000
1925	St. Paul	American Association	p-of	75	170	28	61	6	1	4	31	2	.359
1926	St. Paul	American Association	p-of	54	106	21	39	10	3	5	12	2	.368
1927	St. Paul	American Association	1b-of	124	474	86	159	29	7	19	114	6	.335
	Brooklyn	National	of	5	4	0	0	0	0	0	0	0	.000
1928	St. Paul	American Association	1b-p	134	483	59	145	25	7	7	86	6	.300
1929	St. Paul	American Association	1b	164	629	84	205	45	3	13	132	1	.326
1930	St. Paul	American Association	1b	148	605	110	213	38	4	16	128	3	.352
1931	St. Paul	American Association	1b	145	608	97	217	38	7	15	123	7	.357
1932	Philadelphia	American	1b	26	60	7	14	1	0	0	6	0	.233
	Montreal	International	1b	92	360	45	111	19	1	7	61	1	.308
1933	Montreal	International	1b	165	658	92	201	52	2	10	122	7	.305
1934	Montreal	International	1b	59	226	34	64	13	3	2	38	0	.283
1935	Toledo	American Association	1b	35	115	15	25	8	0	0	13	0	.217
	Syracuse/Albany	International	1b	98	346	32	93	14	0	3	37	1	.269
1936	Baltimore	International	1b	89	233	31	66	13	0	5	34	0	.283
1937	Rochester	International	1b	75	174	10	44	8	1	1	22	0	.253
1938	Rochester	International	1b	1	0	0	0	0	0	0	—	0	.000
1939	Durham	Piedmont	1b	2	3	0	0	0	0	0	0	0	.000
		Majors		37	66	7	14	1	0	0	6	0	.212
		Minors		1634	5672	810	1785	349	42	116	959	48	.314

PITCHING RECORD

Year	Club	League	G	IP	W	L	H	R	ER	BB	SO	ERA
1921	Parsons/Muskogee	Southwestern	31	191	12	9	132	114	—	115	161	—
1922	Sioux City	Western	50	291	16	16	261	193	—	**237**	207	—
1923	New York	American	5	12	0	0	16	—	11	12	7	8.25
1924	St. Paul	American Association	23	139	8	4	133	80	74	78	81	4.79
	New York	American	1	0	0	0	1	—	0	2	0	0.00
1925	St. Paul	American Association	33	170	12	8	174	98	94	106	80	4.98
1926	St. Paul	American Association	21	140	7	5	169	92	77	61	40	4.95
1928	St. Paul	American Association	1	3	0	1	11	10	—	—	—	—
		Majors	6	12	0	0	17	—	11	14	7	8.25
		Minors	159	934	55	43	880	587	245	597	569	4.91

RAY ROHWER

Born June 5, 1895 at Dixon, CA.
Died January 24, 1988 at Davis, CA.
Batted left. Threw left. Height: 5-10. Weight: 155.

Brother of Claude Rohwer, minor league player.
Graduated from the University of California in 1920.
Collected 25 hits in 40 AB during 7 days from May 24-30, 1927. He scored 12 runs, knocked in 21 runs, had 5 doubles and 4 HR.

YEAR	CLUB	LEAGUE	POS	G	AB	R	H	2B	3B	HR	RBI	SB	AVG
1921	Pittsburgh	National	of	30	40	6	10	3	2	0	6	0	.250

YEAR	CLUB	LEAGUE	POS	G	AB	R	H	2B	3B	HR	RBI	SB	AVG
1922	Pittsburgh	National	of	53	129	19	38	6	3	3	22	1	.295
1923	Seattle	Pacific Coast	of	179	655	125	213	30	20	37	135	12	.325
1924	Seattle	Pacific Coast	of	176	644	120	209	42	15	33	155	11	.325
1925	Portland	Pacific Coast	of	177	677	139	226	44	3	40	153	12	.334
1926	Portland/Sacramento	Pacific Coast	of	168	565	99	148	25	2	28	107	14	.262
1927	Sacramento	Pacific Coast	of	133	422	70	141	32	4	14	95	11	.334
1928	Sacramento	Pacific Coast	of	142	478	76	138	34	2	10	84	13	.289
1929	Sacramento	Pacific Coast	of	149	495	76	127	29	7	11	70	8	.257
1930	Sacramento	Pacific Coast	of	124	392	56	117	27	6	13	83	6	.298
1931	Sacramento	Pacific Coast	of	110	356	40	88	24	2	10	47	5	.247
		Majors		83	169	25	48	9	5	3	28	1	.284
		Minors		1358	4684	801	1407	287	61	196	929	92	.300

ARTHUR J. ROONEY

Born January 27, 1901 in Coultersville, PA.
Died August 25, 1988, in Pittsburgh, PA.

Owner of race tracks, boxing promoter, and founder and long-time owner of Pittsburgh Steelers NFL franchise.

YEAR	CLUB	LEAGUE	POS	G	AB	R	H	2B	3B	HR	RBI	SB	AVG
1922	Flint	Michigan-Ontario	of	10	28	5	8	2	1	0	–	0	.286
1925	Wheeling	Middle Atlantic	of	106	388	109	143	26	5	8	–	58	.369
		Minors		116	416	114	151	28	6	8	–	58	.363

EDWARD ROSE

Born February 8, 1904 at Oakland, CA.
Batted left. Threw right. Height: 6-0. Weight: 185.

Holds Southern Association career records for runs scored, 858; and RBIs, 866.

YEAR	CLUB	LEAGUE	POS	G	AB	R	H	2B	3B	HR	RBI	SB	AVG
1926	Idaho Falls	Utah-Idaho	of	110	451	122	177	36	20	10	100	4	.392
	San Francisco/Mission	Pacific Coast	of	21	61	14	21	4	0	1	15	0	.344
1927	San Francisco/Mission	Pacific Coast	of	182	677	115	226	54	3	15	102	5	.334
1928	Des Moines	Western	of	36	129	21	40	10	6	2	16	2	.310
	San Francisco/Mission/Portland	Pacific Coast	of	131	457	62	127	24	4	4	40	7	.278
1929	Little Rock	Southern Association	of	151	557	65	171	29	15	10	74	8	.307
1930	Little Rock	Southern Association	of	147	536	105	176	35	6	16	110	15	.328
1931	Kansas City	American Association	of	12	38	7	10	1	0	1	8	1	.263
	New Orleans	Southern Association	of	126	491	74	143	19	10	5	90	9	.291
1932	New Orleans	Southern Association	of	131	496	93	159	20	6	3	72	7	.321
1933	New Orleans	Southern Association	of	154	558	97	173	35	7	15	110	10	.310
1934	New Orleans	Southern Association	of	153	557	99	168	34	9	9	80	6	.302
1935	New Orleans	Southern Association	of	158	574	90	162	45	3	14	102	5	.282
1936	New Orleans	Southern Association	of	127	436	62	116	20	3	3	49	3	.266
1937	New Orleans/Atlanta	Southern Association	of	150	557	101	164	39	4	11	112	4	.294
1938	Atlanta	Southern Association	of	131	479	68	146	21	9	3	63	7	.305
1939	Chattanooga	Southern Association	of	10	22	4	6	2	0	1	4	0	.273
	Savannah	SALLY	of	116	450	79	159	28	5	8	94	7	.353
1940	Savannah	SALLY	of	147	571	98	173	33	7	13	98	7	.303
		Minors		2193	8097	1376	2517	489	117	144	1339	107	.311

HARRY ROSENBERG

Born June 22, 1909 at San Francisco, CA.
Batted right. Threw right. Height: 5-10. Weight: 180.

Brother of Lou Rosenberg, major league player.

YEAR	CLUB	LEAGUE	POS	G	AB	R	H	2B	3B	HR	RBI	SB	AVG
1930	Mission	Pacific Coast	of	70	239	60	88	19	2	11	53	3	.368
	New York	Naitonal	of	9	5	1	0	0	0	0	0	0	.000
1931	Newark	International	of	21	67	13	19	3	1	0	6	1	.284
	Bridgeport	Eastern	of	71	277	51	91	17	9	2	40	11	.329
	Indianapolis	American Association	of	35	112	15	37	10	1	0	–	3	.330
1932	Indianapolis	American Association	of	144	516	69	164	27	6	7	79	6	.318

YEAR	CLUB	LEAGUE	POS	G	AB	R	H	2B	3B	HR	RBI	SB	AVG
1933	Indianapolis	American Association	of	44	146	20	41	8	2	2	20	2	.281
	Fort Worth	Texas	of	75	274	50	89	17	7	4	34	3	.325
1934	Indianapolis	American Association	of	126	450	74	148	18	11	2	65	2	.329
1935	Sacramento	Pacific Coast	of	151	567	95	201	27	16	10	80	15	.354
1936	Mission	Pacific Coast	of	172	668	103	223	33	15	3	99	11	.334
1937	Mission	Pacific Coast	of	162	612	92	202	32	11	10	76	7	.330
1938	Portland	Pacific Coast	of	154	575	75	184	37	8	4	82	12	.320
1939	Portland	Pacific Coast	of	172	646	103	214	45	5	8	95	5	.331
1940	Portland	Pacific Coast	of	177	659	91	207	28	6	4	70	10	.314
1941	Hollywood	Pacific Coast	of	120	420	58	120	31	2	1	55	9	.286
1942						Did not play in organized baseball							
1943	San Francisco	Pacific Coast	of	26	94	11	34	4	1	0	18	0	.362
			Majors	9	5	1	0	0	0	0	0	0	.000
			Minors	1720	6322	980	2062	356	103	68	872	100	.326

Simon Rosenthal

Born November 13, 1903 at Boston, MA.
Died April 7, 1969 at Boston, MA.
Batted left. Threw left. Height: 5-9. Weight: 165.

YEAR	CLUB	LEAGUE	POS	G	AB	R	H	2B	3B	HR	RBI	SB	AVG
1922	Hartford	Eastern	of	134	451	56	126	21	5	10	—	4	.279
1923	Albany/Pittsburgh	Eastern	of	149	568	104	192	34	9	15	—	10	.338
1924	San Antonio	Texas	of	44	178	28	67	11	7	4	38	1	.376
1925	San Antonio	Texas	of	131	507	108	168	40	5	21	115	9	.331
	Boston	American	of	19	72	6	19	5	2	0	8	1	.264
1926	Boston	American	of	104	285	34	76	12	3	4	34	4	.267
1927	Louisville	American Association	of	76	246	36	68	12	5	6	36	5	.276
1928	Chattanooga	Southern Association	of	39	118	20	39	9	3	0	27	0	.331
	Dallas	Texas	of	84	296	60	108	22	5	1	41	5	.365
1929	Dallas	Texas	of	145	516	94	175	45	5	5	78	7	.339
1930	Atlanta	Southern Association	of	148	552	106	196	43	15	2	109	19	.355
1931	Galveston	Texas	of	9	28	1	7	0	0	0	1	0	.250
	Mobile/Knoxville	Southern Association	of	86	311	42	108	17	8	3	55	7	.347
1932	Atlanta	Southern Association	of	78	298	51	88	16	8	3	49	4	.295
1933	Quincy	Mississippi Valley	of	108	428	99	166	39	8	7	98	23	.388
1934	Dayton/Beckley	Middle Atlantic	of	89	340	63	110	21	4	1	55	3	.324
1935	Peoria	Three I	of	37	129	27	36	8	4	2	22	4	.279
			Majors	123	357	40	95	17	5	4	42	5	.266
			Minors	1357	4966	895	1654	338	91	80	724	96	.333

John William Joseph "Jack" "Bunny" Roser

Born November 15, 1901 at St. Louis, MO.
Died May 6, 1979 at Rocky Hill, CT.
Batted left. Threw left. Height: 5-11. Weight: 175.

Manager for Gloversville-Johnstown, Canadian-American, 1938; Bradford, PONY, 1939.

YEAR	CLUB	LEAGUE	POS	G	AB	R	H	2B	3B	HR	RBI	SB	AVG
1920	Mineral Wells	West Texas	of	57	202	25	63	9	5	0	—	5	.312
1921	Chattanooga	Southern Association				On suspended list							
1922	St. Petersburg	Florida State	of	114	419	89	131	20	17	10	—	10	.313
	Boston	National	of	32	113	13	27	3	4	0	16	2	.239
1923	Worcester/Pittsfield	Eastern	of	129	496	88	155	41	16	18	—	4	.313
1924	Worcester	Eastern	of	148	543	119	179	28	9	38	—	9	.330
1925	Baltimore	International	of	117	353	75	107	16	4	25	77	0	.303
1926	Birmingham	Southern Association	of	44	143	32	44	8	3	2	25	1	.308
	Williamsport	New York-Pennsylvania	of	58	187	28	49	8	5	0	34	3	.262
1927	Bridgeport	Eastern	of	149	538	114	178	36	17	20	111	5	.331
1928	Fort Worth	Texas	ph	1	1	0	0	0	0	0	0	0	.000
	Hartford	Eastern	of	150	579	113	187	45	7	27	106	4	.323
1929	Hartford	Eastern	of-1b	155	568	109	173	37	3	25	118	11	.305
1930	Hartford	Eastern	of	55	199	30	66	14	2	7	30	1	.332
	Harrisburg	New York-Pennsylvania	of-1b	68	233	42	66	10	10	7	54	3	.283
1931	Richmond/Norfolk	Eastern	of-1b	125	496	68	145	33	4	10	73	6	.292
1932	Norfolk	Eastern	of	12	31	6	8	0	1	0	3	0	.258
	Harrisburg	New York-Pennsylvania	of	1	4	0	1	0	0	0	0	0	.250

YEAR	CLUB	LEAGUE	POS	G	AB	R	H	2B	3B	HR	RBI	SB	AVG
1933			Did not play in organized baseball										
1934	Hartford	Northeastern	1b	97	338	55	111	26	6	14	–	6	.328
1935-37			Did not play in organized baseball										
1938	Gloversville-Johnstown	Canadian-American	1b-of-p	95	283	61	98	11	2	10	56	1	.346
1939	Bradford	PONY	1b	1	2	0	1	1	0	0	2	0	.500
			Majors	32	113	13	27	3	4	0	16	2	.239
			Minors	1588	5615	1054	1762	343	111	213	689	69	.314

WILLIAM ARTHUR "ART" RUBLE

Born March 11, 1903 at Knoxville, TN.
Died November 1, 1983 at Maryville, TN.
Batted left. Threw right. Height: 5-10½. Weight: 168.

YEAR	CLUB	LEAGUE	POS	G	AB	R	H	2B	3B	HR	RBI	SB	AVG
1924	Knoxville	Appalachian	of	110	423	78	**148**	20	13	5	–	6	**.350**
1925	Charlotte	SALLY	of	130	499	129	**192**	29	17	17	110	15	.385
1926	Nashville	Southern Association	of	148	511	89	157	29	15	5	81	14	.307
1927	Detroit	American	of	56	91	16	15	4	2	0	11	2	.165
1928	Seattle	Pacific Coast	of	169	648	95	211	46	7	10	71	17	.326
1929	Toledo	American Association	of	89	367	63	138	24	7	7	53	6	.376
	Toronto	International	of	61	209	30	58	11	5	3	23	4	.278
1930	Toronto	International	of	99	334	42	100	15	6	2	43	4	.295
1931	Toronto	International	of	25	52	6	11	0	2	0	8	0	.212
	Toledo/Minneapolis	American Association	of	93	343	65	112	21	6	17	79	7	.327
1932	Minneapolis	American Association	of	141	561	126	211	25	11	29	141	7	**.376**
1933	Minneapolis	American Association	of	153	623	113	187	33	9	15	87	15	.300
1934	Philadelphia	National	of	19	54	7	15	4	0	0	8	0	.278
	Oakland	Pacific Coast	of	43	126	13	32	5	0	0	13	1	.254
1935	Birmingham	Southern Association	of	90	348	49	108	18	4	6	45	6	.310
1936	Knoxville	Southern Association	of	30	95	9	25	1	1	2	10	2	.263
	Oklahoma City	Texas	of	10	41	5	12	2	1	0	9	0	.293
1937-38			Did not play in organized baseball										
1939	Newport	Appalachian	of	24	52	7	14	2	2	0	8	0	.269
			Majors	75	145	23	30	8	2	0	19	2	.207
			Minors	1415	5232	911	1716	281	106	118	781	104	.328

EWELL ALBERT "REB" RUSSELL

Born April 12, 1889 at Jackson, MS.
Died September 30, 1973 at Indianapolis, IN.
Batted left. Threw left. Height: 5-11. Weight: 185.

Won 81 games as a major league pitcher, with 22 wins in 1913.

YEAR	CLUB	LEAGUE	POS	G	AB	R	H	2B	3B	HR	RBI	SB	AVG
1912	Bonham	Texas-Oklahoma	p	28	78	14	23	2	1	0	–	8	.295
	Fort Worth	Texas	p	13	20	3	6	0	0	0	–	1	.300
1913	Chicago	American	p	52	106	9	20	5	3	0	7	0	.189
1914	Chicago	American	p	43	64	6	17	1	1	0	7	0	.266
1915	Chicago	American	p	45	86	11	21	2	3	0	7	1	.244
1916	Chicago	American	p	56	91	9	13	2	0	0	6	1	.143
1917	Chicago	American	p	39	68	5	19	3	3	0	9	0	.279
1918	Chicago	American	p	27	50	2	7	3	0	0	3	0	.140
1919	Chicago	American	p	1	0	0	0	0	0	0	0	0	.000
	Minneapolis	American Association	of-p	92	364	51	97	13	4	9	–	2	.266
1920	Minneapolis	American Association	of-p	85	298	46	101	22	8	6	41	5	.339
1921	Minneapolis	American Association	of-p	146	549	118	202	35	18	33	132	9	.368
1922	Minneapolis	American Association	of	77	245	53	81	17	8	17	63	3	.331
	Pittsburgh	National	of	60	220	51	81	14	8	12	75	4	.368
1923	Pittsburgh	National	of	94	291	49	84	18	7	9	58	3	.289
1924	Columbus	American Association	of-1b	150	531	105	180	36	16	25	116	4	.339
1925	Columbus	American Association	of	146	493	109	157	22	13	30	131	6	.318
1926	Indianapolis	American Association	of-1b	119	376	79	121	16	10	14	61	4	.322
1927	Indianapolis	American Association	of	128	431	80	166	34	4	10	96	8	**.385**
1928	Indianapolis	American Association	of-1b	109	328	60	102	21	3	17	55	2	.311
1929	Indianapolis	American Association	of	41	92	10	24	3	1	5	–	1	.261
	Quincy	Three I	of	63	230	45	79	16	7	13	60	4	.343

YEAR	CLUB	LEAGUE	POS	G	AB	R	H	2B	3B	HR	RBI	SB	AVG
1930	Mobile/Chattanooga	Southern Association	1b-of	92	320	60	96	14	7	16	80	5	.300
	Quincy	Three I	1b	25	84	20	26	6	1	4	19	1	.310
		Majors		417	976	142	262	48	25	21	172	9	.268
		Minors		1314	4439	853	1461	257	101	199	854	63	.329

Kurt (Von Vogel) Russell

Born March 17, 1951, at Springfield, MA.
Batted right. Threw right. Height: 5-11. Weight: 170.

TV and movie actor. Movies included Silkwood, 1983; Swing Shift, 1984; and Tequila Sunrise, 1988.

YEAR	CLUB	LEAGUE	POS	G	AB	R	H	2B	3B	HR	RBI	SB	AVG
1971	Bend	Northwest	2b-ss	51	179	30	51	11	0	1	14	2	.285
1972	Walla Walla	Northwest	2b	29	77	12	25	4	0	0	14	1	.325
1973	El Paso	Texas	2b	6	16	4	9	3	0	1	4	1	.563
		Minors		86	272	46	85	18	0	2	32	4	.313

John Budd Ryan

Born October 6, 1885 at Denver, CO.
Died July 9, 1956 at Sacramento, CA.
Batted left. Threw right. Height: 5-9½. Weight: 172.

Manager for Sacramento, Pacific Coast, 1924.

YEAR	CLUB	LEAGUE	POS	G	AB	R	H	2B	3B	HR	RBI	SB	AVG
1907	Pueblo	Western	2b-of-3b	147	593	74	153	—	—	—	—	20	.258
1908	Portland	Pacific Coast	of-3b	165	623	72	155	19	7	0	—	35	.249
1909	Portland	Pacific Coast	of	145	538	66	125	21	4	8	—	21	.232
1910	Portland	Pacific Coast	of	206	784	86	190	28	8	13	—	25	.242
1911	Portland	Pacific Coast	of	190	741	120	**247**	49	13	**23**	—	39	**.333**
1912	Cleveland	American	of	93	328	53	89	12	9	1	31	12	.271
1913	Cleveland	American	of	73	243	26	72	6	1	0	32	9	.296
1914	Portland	Pacific Coast	of	150	530	52	156	26	9	3	64	19	.294
1915	Salt Lake City	Pacific Coast	of	193	794	129	296	99	9	12	—	21	.340
1916	Salt Lake City	Pacific Coast	of	180	701	89	217	49	6	8	—	18	.310
1917	Salt Lake City	Pacific Coast	of	194	730	102	233	47	2	9	—	28	.319
1918	Salt Lake City	Pacific Coast	of	52	197	26	60	13	3	5	—	3	.305
1919							Injured, did not play						
1920	Sacramento	Pacific Coast	of	105	393	42	117	26	6	7	—	7	.298
1921	Sacramento	Pacific Coast	of	171	621	78	199	39	10	9	90	7	.320
1922	Sacramento	Pacific Coast	of	172	623	94	190	48	10	4	82	16	.305
1923	Sacramento	Pacific Coast	of	97	203	22	52	7	2	0	30	4	.256
1924	Sacramento	Pacific Coast					Manager, did not play						
1925	Sacramento	Pacific Coast	of	14	19	2	7	1	0	1	1	0	.368
		Majors		166	571	79	161	18	10	1	63	21	.282
		Minors		2181	8090	1054	2397	472	89	102	267	263	.296

Otto Hamlin "Jack" Saltzgaver

Born January 23, 1906 at Croton, IA.
Died February 1, 1978 at Keokuk, IA.
Batted left. Threw right. Height: 5-11. Weight: 160.

Manager for Kansas City, American Association, 1944; Wilmington, Interstate, 1946-1947; Little Rock, Southern Association, 1948-1949.

YEAR	CLUB	LEAGUE	POS	G	AB	R	H	2B	3B	HR	RBI	SB	AVG
1925	Ottumwa	Mississippi Valley	of-3b-1b	101	437	66	126	21	11	7	—	8	.292
1926	Ottumwa	Mississippi Valley	of-2b-3b	118	431	70	129	24	4	7	—	22	.299
1927	Oklahoma City	Western	2b	156	649	105	196	26	15	6	—	17	.302
1928	Oklahoma City	Western	2b	163	694	169	232	43	22	7	—	21	.334
1929	Oklahoma City	Western	2b	155	620	129	206	38	14	10	—	33	.332
1930	St. Paul	American Association	2b	154	654	122	202	43	11	19	100	13	.309
1931	St. Paul	American Association	2b	167	679	150	231	37	13	19	91	26	.340
1932	Newark	International	2b	109	396	67	126	26	8	13	88	9	.318
	New York	American	2b	20	47	10	6	2	1	0	—	1	.128
1933	Newark	International	3b-2b	165	620	107	189	31	5	11	100	24	.305
1934	Newark	International	3b	27	100	18	25	4	1	2	11	4	.250
	New York	American	3b	94	350	64	95	8	1	6	36	8	.271

YEAR	CLUB	LEAGUE	POS	G	AB	R	H	2B	3B	HR	RBI	SB	AVG
1935	New York	American	2b-3b	61	149	17	39	6	0	3	18	0	.262
1936	New York	American	3b	34	90	14	19	5	0	1	13	0	.211
1937	New York	American	pr-if	17	11	6	2	0	0	0	0	0	.182
1938	Kansas City	American Association.	2b-3b	129	440	81	122	20	11	8	69	12	.277
1939	Kansas City	American Association	3b-of-1b	129	436	74	126	18	8	4	58	14	.289
1940	Kansas City	American Association	util	103	262	38	64	12	3	1	31	6	.244
1941	Kansas City	American Association	if	59	98	8	25	3	1	0	13	1	.255
1942	Kansas City	American Association	if	84	167	18	34	8	1	0	30	0	.204
1943	Kansas City	American Association	3b-2b	103	259	44	68	12	5	1	22	2	.263
1944	Kansas City	American Association	2b-3b	85	210	42	73	12	4	1	22	1	.348
1945	Kansas City	American Association	2b-3b	11	31	6	8	3	1	0	5	2	.258
	Pittsburgh	National	2b-3b	52	117	20	38	5	3	0	10	0	.325
1946	Wilmington	Interstate	2b-3b	18	41	7	12	3	0	0	9	0	.293
			Majors	278	764	131	199	26	5	10	82	9	.260
			Minors	2036	7224	1321	2194	384	138	116	649	215	.304

James Rabun Sanders

Born September 3, 1902 at Penfield, GA.
Batted left. Threw right. Height: 5-9. Weight: 165.

Manager for Martinsville, Bi-State, 1934, 1936; Jacksonville, West Dixie, 1935; Daytona Beach, Florida State, 1937-1938; New Iberia, Evangeline, 1938-1940.

YEAR	CLUB	LEAGUE	POS	G	AB	R	H	2B	3B	HR	RBI	SB	AVG
1923	Orlando	Florida State	of	27	100	14	33	5	2	1	—	2	.330
1924	Orlando	Florida State	of	96	342	65	111	14	2	14	—	15	.325
	Charlotte	SALLY	of	21	82	15	28	7	0	2	19	6	.341
1925	Salisbury	Piedmont	of	120	461	91	161	35	18	9	75	19	.349
1926	Charlotte	SALLY	of	137	521	114	166	28	14	6	51	42	.319
1927	Topeka	Western Association	of	128	492	89	152	25	14	1	40	30	.308
1928	Dayton	Central	of	133	517	117	145	35	11	10	—	29	.280
1929	Laurel	Cotton States	of	124	495	101	155	21	12	4	—	28	.313
1930	Greensboro	Piedmont	of	139	534	120	177	31	10	10	60	35	.331
1931	Houston	Texas	of	117	349	57	97	20	9	1	40	19	.278
1932	Houston	Texas	of	24	91	12	19	2	1	0	5	5	.209
	Greensboro	Piedmont	of	112	448	107	145	32	9	10	70	45	.324
1933	Quincy	Mississippi Valley	of	112	450	114	133	25	7	3	47	24	.296
1934	Martinsville	Bi-State	of	62	222	46	94	31	8	4	—	11	**.423**
1935	Houston	Texas	of	43	137	19	42	4	4	1	14	2	.307
	Jacksonville	West Dixie	of	87	314	54	91	14	5	1	29	13	.290
1936	Martinsville	Bi-State	of	111	421	93	145	29	14	12	77	16	.344
1937	Daytona Beach	Florida State	of-1b	133	488	89	153	20	6	7	58	17	.314
1938	Daytona Beach	Florida State	of	64	203	50	57	11	3	5	39	5	.281
	New Iberia	Evangeline	of	21	74	14	17	3	0	0	13	2	.230
1939	New Iberia	Evangeline	of	38	107	11	29	3	2	0	13	3	.271
			Minors	1849	7269	1392	2150	395	151	101	650	368	.296

Roy Dale "Tex" Sanner

Born August 22, 1920 at Geuda Springs, KS.
Died January 9, 1982 at Houston, TX.
Batted left. Threw left. Height: 6-3. Weight: 180.

A combination pitcher-outfielder for much of his career, he was the leading batter and hurler in the Evangeline League in 1948.

YEAR	CLUB	LEAGUE	POS	G	AB	R	H	2B	3B	HR	RBI	SB	AVG
1941	Topeka	Western Association	p	6	2	0	0	0	0	0	0	0	.000
	Cheyenne	Western	p-of	37	104	8	29	3	1	0	17	—	.279
1942	Topeka	Western Association	p-of	73	198	26	60	17	1	1	36	—	.303
1943	New Orleans	Southern Association	p	38	71	8	22	1	0	0	7	—	.310
1944	Montreal	International	p	10	13	1	2	1	0	0	0	—	.154
1945	New Orleans	Southern Association	p-of	69	129	14	40	6	2	1	26	0	.310
1946	New Orleans	Southern Association	p	8	9	2	4	1	0	0	2	—	.444
	Anderson	Tri-State	p-of	6	8	2	2	0	0	0	0	—	.250
1947	Houma	Evangeline	of-p	97	384	66	112	21	1	17	74	2	.292
1948	Houma	Evangeline	of-p	126	492	99	190	35	1	**34**	**126**	0	**.386**
	Dallas	Texas	of-p	7	22	4	8	2	0	0	3	—	.364
1949	Dallas	Texas	p-of	62	87	5	29	6	0	2	13	0	.333

YEAR	CLUB	LEAGUE	POS	G	AB	R	H	2B	3B	HR	RBI	SB	AVG
1950	Dallas	Texas	of-p	14	29	0	6	2	0	0	0	–	.207
	Gainesville	Big State	of-p	127	531	108	182	32	11	17	111	4	.343
1951	Gainesville	Big State	of-p	61	249	40	76	17	2	8	57	–	.304
	Dallas	Texas	p-of	46	50	2	9	2	0	1	8	–	.180
1952	Texarkana	Big State	of-p	141	573	128	211	42	0	45	**165**	–	.368
1953	Texarkana	Big State	of-p	130	505	94	168	33	1	20	118	–	.333
1954	Port Arthur	Evangeline	of-1b-p	124	462	93	162	40	0	37	**141**	–	.351
1955	Port Arthur	Big State	of-p	65	234	34	68	15	0	13	63	–	.291
	Monterrey	Mexican	1b-of-p	43	151	28	46	3	0	9	25	–	.305
1956	Port Arthur	Big State	p-1b-of	62	201	25	48	9	0	6	34	–	.239
1957	Temple/Victoria	Big State	p-1b-of	74	166	19	55	16	0	9	45	–	.331
		Minors		1426	4670	806	1529	304	20	220	1071	–	.327

PITCHING RECORD

YEAR	CLUB	LEAGUE	G	IP	W	L	H	R	ER	BB	SO	ERA
1941	Topeka	Western Association	5	11	0	1	12	15	9	11	8	7.36
	Cheyenne	Western	22	150	10	5	122	61	46	87	138	2.75
1942	Topeka	Western Association	**39**	226	**20**	10	199	104	–	**112**	**204**	
1943	New Orleans	Southern Association	30	162	10	14	185	94	73	81	62	4.06
1944	Montreal	International	10	30	2	3	34	30	22	23	17	6.60
1945	New Orleans	Southern Association	29	204	15	7	211	117	91	101	92	4.01
1946	New Orleans	Southern Association	6	21	1	1	18	13	11	15	8	4.71
	Anderson	Tri-State	2	10	0	2	17	9	7	5	1	6.20
1947	Houma	Evangeline	9	68	7	2	60	27	20	29	60	2.65
1948	Houma	Evangeline	23	199	21	2	144	72	57	96	251	2.58
	Dallas	Texas	2	17	1	1	20	–	9	13	8	5.29
1949	Dallas	Texas	26	112	9	3	119	81	74	90	43	5.95
1950	Dallas	Texas	2	2	0	0	5	2	2	3	1	7.20
	Gainesville	Big State	7	28	0	3	39	32	27	20	25	8.68
1951	Gainesville	Big State	8	45	4	1	34	11	11	16	35	2.19
	Dallas	Texas	18	50	3	3	50	29	23	30	27	4.14
1952	Texarkana	Big State	3	8	0	0	11	7	7	7	6	7.88
1953	Texarkana	Big State	1	3	0	1	–	–	–	–	–	–
1954	Port Arthur	Evangeline	13	95	8	2	66	31	23	60	77	2.18
1955	Port Arthur	Big State	2	–	1	1	–	–	–	–	–	–
	Monterrey	Mexican	3	10	0	1	–	–	9	–	–	8.10
1956	Port Arthur	Big State	21	155	14	5	126	55	44	118	114	2.55
1957	Temple/Victoria	Big State	24	148	12	4	115	66	46	71	96	2.80
		Minors	305	1754	138	72	1587	856	611	988	1273	3.61

CARL ERNEST "SWATS" SAWATSKI

Born November 4, 1927 at Shickshinny, PA.
Died November 24, 1991 at Little Rock, AR.
Batted left. Threw right. Height: 5-10. Weight: 210
President of the Texas League 1976-1991.

YEAR	CLUB	LEAGUE	POS	G	AB	R	H	2B	3B	HR	RBI	SB	AVG
1945	Bradford	PONY	of	121	461	88	136	27	10	**13**	**111**	5	.295
1946	Schenectady	Canadian-American	of	40	136	17	32	8	0	1	18	4	.235
	Bloomingdale	North Atlantic	of-c	48	154	26	43	8	1	7	35	0	.279
1947	Bloomingdale	North Atlantic	c-of	127	457	105	161	31	6	**34**	139	4	.352
1948	Des Moines	Western	c-of	109	338	67	94	10	5	**29**	111	0	.278
	Chicago	National	c	2	2	0	0	0	0	0	0	0	.000
1949	Nashville	Southern Association	c	128	431	86	155	33	1	**45**	**153**	3	.360
1950	Nashville	Southern Association	c	80	273	54	84	10	2	24	73	2	.308
	Chicago	National	c	38	103	4	18	1	0	1	7	0	.175
1951-52							Military service						
1953	Chicago	National	c	43	59	5	13	3	0	1	5	0	.220
1954	Chicago	American	c	43	109	6	20	3	3	1	12	0	.183
1955	Minneapolis	American Association	c	142	447	67	120	15	2	27	72	0	.263
1956	Toronto	International	c	106	332	50	93	11	1	22	63	0	.280
1957	Milwaukee	National	c	58	105	13	25	4	0	6	17	2	.238
1958	Milwaukee/Philadelphia	National	c	70	193	13	43	4	1	5	13	0	.223
1959	Philadelphia	National	c	74	198	15	58	10	0	9	43	0	.293
1960	St. Louis	National	c	78	179	16	41	4	0	6	27	0	.229
1961	St. Louis	National	c	86	174	23	52	8	0	10	33	0	.299

YEAR	CLUB	LEAGUE	POS	G	AB	R	H	2B	3B	HR	RBI	SB	AVG
1962	St. Louis	National	c	85	222	26	56	9	1	13	42	0	.252
1963	St. Louis	National	c	56	105	12	25	0	0	6	14	0	.238
		Majors		633	1449	133	351	46	5	58	213	2	.242
		Minors		901	3029	560	918	153	28	202	775	18	.303

LEROY ARCHIBALD "ROY" SCHALK

Born November 9, 1908 at Chicago, IL.
Died March 11, 1990 at Gainsville, TX.
Batted right. Threw right. Height: 5-8½. Weight: 165.

Injured most of 1935.
Manager for Oklahoma City, Texas, 1946-1947; Newport News, Piedmont, 1948-1949; El Dorado, Cotton States, 1950.

YEAR	CLUB	LEAGUE	POS	G	AB	R	H	2B	3B	HR	RBI	SB	AVG
1928	Ottumwa	Mississippi Valley	ss				less than ten games						
1929	Fairbury	Nebraska State	2b-3b-ss	121	481	73	165	35	9	9	—	15	.343
1930	Fairbury	Nebraska State	ss	118	472	83	156	45	12	14	—	26	.331
1931	Oklahoma City	Western	2b	153	635	97	194	39	17	4	81	10	.306
1932	Oklahoma City	Western	2b	151	648	131	223	56	15	5	108	21	.344
	New York	American	2b	3	12	3	3	1	0	0	0	0	.250
1933	Newark	International	2b-3b-ss	96	308	42	80	13	2	5	35	5	.260
1934	Newark	International	2b	150	534	71	138	32	0	13	71	10	.258
1935	Newark	International	2b	19	58	11	15	3	0	0	7	1	.259
1936	Newark	International	2b	154	559	87	148	35	4	15	88	9	.265
1937	Baltimore	International	2b-3b	90	320	39	77	15	2	8	33	4	.241
1938	Little Rock	Southern Association	2b	100	368	46	159	27	5	1	44	1	.296
1939	Little Rock	Southern Association	2b	154	549	72	159	33	3	4	79	7	.290
1940	Little Rock	Southern Association	2b	137	547	80	170	34	8	3	84	3	.311
1941	Little Rock	Southern Association	2b	151	573	77	167	34	9	2	70	5	.291
1942	Little Rock	Southern Association	2b	146	553	79	159	38	8	3	88	8	.288
1943	Little Rock	Southern Association					Military service						
1944	Chicago	American	2b	146	587	47	129	14	4	1	44	5	.220
1945	Chicago	American	2b	133	513	50	127	23	1	1	65	3	.248
1946	Oklahoma City	Texas	2b-3b-ss	129	396	34	94	14	2	1	53	4	.238
1947	Oklahoma City/Fort Worth	Texas	2b-3b	65	218	21	52	6	1	0	23	2	.239
1948	Newport News	Piedmont	2b	18	43	1	8	1	0	0	2	0	.186
1949	Newport News	Piedmont	2b	21	47	3	8	2	0	0	5	0	.170
1950	El Dorado	Cotton States	p-3b-of	97	265	17	78	14	0	1	34	1	.294
		Majors		282	1112	100	259	38	5	2	109	8	.233
		Minors		2070	7574	1064	2250	513	97	88	905	132	.297

FREDERICK PAUL "DUTCH" SCHLIEBNER

Born May 19, 1891 at Chadollenburg, Germany.
Died April 15, 1975 at Toledo, OH.
Batted right. Threw right. Height: 5-10. Weight: 180

YEAR	CLUB	LEAGUE	POS	G	AB	R	H	2B	3B	HR	RBI	SB	AVG
1912	Springfield	Three I					No record available						
1913	Ottumwa/Monmouth	Central	1b	71	265	37	75	—	—	—	—	12	.283
1914	Clinton	Central Association	1b	70	258	47	73	—	—	—	—	10	.283
	Omaha	Western	1b	80	292	41	78	21	2	2	—	10	.267
1915	Omaha	Western	1b	141	487	59	122	31	6	4	—	11	.251
1916	Clinton	Central Association	1b	124	436	89	135	26	12	16	—	39	.310
1917	Dallas	Texas	1b	155	526	83	151	27	5	8	—	13	.287
1918	Dallas	Texas	1b	91	331	38	73	9	3	0	—	19	.221
1919	Dallas	Texas	1b	149	521	54	145	29	2	8	—	21	.278
1920	Galveston/Wichita Falls	Texas	1b	140	494	72	141	31	6	2	60	18	.285
1921	Galveston	Texas	1b	158	582	74	160	31	8	8	69	28	.275
1922	Little Rock	Southern Association	1b	150	548	77	**194**	34	10	5	—	17	**.354**
1923	Brooklyn	National	1b	19	76	11	19	4	0	0	4	1	.250
	St. Louis	American	1b	127	444	50	122	19	6	4	52	3	.275
1924	Toledo	American Association	1b	146	537	92	158	32	8	9	87	9	.294
1925	Toledo	American Association	1b	164	593	98	189	27	9	5	82	23	.319
1926	Toledo/Columbus	American Association	1b	135	430	61	130	17	3	2	49	8	.302
1927	Columbus	American Association	1b	140	502	69	129	17	8	3	61	8	.257
1928	Beaumont	Texas	1b	112	370	43	99	18	5	0	48	4	.268
		Majors		146	520	61	141	23	6	4	56	4	.271
		Minors		2026	7172	1034	2052	—	—	—	—	250	.286

ROBERT ALOYSIUS "JOE" SCHMIDT

Born June 9, 1918 at Belleville, IL.
Batted right. Threw right. Height: 5-10½. Weight: 190.

Manager for Newnan, Georgia-Alabama, 1949-1950; Mt. Vernon, Mississippi-Ohio Valley, 1953.
Led all minor leagues with a .441 batting average in 1939.

YEAR	CLUB	LEAGUE	POS	G	AB	R	H	2B	3B	HR	RBI	SB	AVG
1937	Grand Island	Nebraska State	3b	29	112	18	32	5	4	3	26	4	.286
1938	Grand Island	Nebraska State	3b	15	56	9	9	1	1	0	6	2	.161
	Duluth	Northern	of-3b	71	232	39	67	16	0	8	51	1	.289
1939	Duluth	Northern	3b-of	120	440	114	194	29	9	31	133	17	**.441**
1940	Portsmouth	Middle Atlantic	3b-2b	126	480	82	153	24	3	15	94	15	.319
1941	Mobile	Southeastern	3b	120	443	76	135	37	2	7	80	10	.305
1942-45								Military service					
1946	Anniston	Southeastern	3b-of	119	433	94	138	19	10	19	76	6	.319
1947	Anniston	Southeastern	of-3b	117	456	102	52	29	9	18	103	10	.333
1948	Anniston	Southeastern	of	15	55	11	18	5	0	2	8	0	.327
1949	Newnan	Georgia-Alabama	2b	123	455	102	140	21	4	17	108	13	.308
1950	Newnan	Georgia-Alabama	2b	113	409	100	130	31	3	13	100	20	.318
1951	Fargo-Moorhead	Northern	3b	79	281	53	69	20	3	11	53	4	.246
1952	Keokuk	Three I	of	120	460	76	138	19	3	11	96	8	.300
1953	Mt. Vernon	Mississippi-Ohio Valley	2b	109	408	88	146	29	9	12	103	6	.358
1954	Paris	Mississippi-Ohio Valley	1b-2b	123	460	105	155	30	14	22	125	11	.337
		Minors		1399	5180	1069	1676	315	74	189	1162	127	.324

HENRY WALTER "DUTCH" SCHREIBER

Born July 12, 1891 at Cleveland, OH.
Died February 21, 1968 at Indianapolis, IN.
Batted right. Threw right. Height: 5-11. Weight: 165.

YEAR	CLUB	LEAGUE	POS	G	AB	R	H	2B	3B	HR	RBI	SB	AVG
1913	Duluth	Northern	ss	121	463	69	125	18	4	2	—	18	.285
	St. Paul	American Association	of	42	160	15	38	0	5	3	—	1	.238
1914	Chicago	American	of	1	2	0	0	0	0	0	0	0	.000
	Lincoln	Western	of	139	532	38	115	31	3	1	—	15	.216
1915	Lincoln	Western	of	141	557	62	148	26	3	2	—	10	.266
1916	Duluth	Northern	2b	119	488	65	128	24	2	7	—	25	.262
1917	Lawrence	Eastern	ss	110	438	66	133	28	1	6	—	20	.304
	Boston	National	ss-3b	2	7	1	2	0	0	0	0	0	.286
1918													
1919	Waterbury	Eastern	ss	61	237	31	80	10	1	1	—	19	.338
	Cincinnati	National	3b-ss	19	58	5	13	4	0	0	4	0	.224
1920	Indianapolis	American Association	ss	164	615	56	156	20	9	1	67	27	.254
1921	Indianapolis	American Association	ss	153	614	80	194	26	21	6	102	18	.316
	New York	National	ss-2b-3b	4	6	2	2	0	0	0	2	0	.333
1922	Indianapolis	American Association	ss	149	575	67	163	26	16	7	93	14	.283
1923	Columbus	American Association	ss	159	629	93	198	38	11	4	106	12	.315
1924	Columbus	American Association	ss	134	526	62	132	24	8	6	73	12	.251
1925	Indianapolis	American Association	ss	166	632	78	191	27	13	4	103	15	.301
1926	Indianapolis	American Association	ss	66	225	30	59	10	3	3	35	2	.262
	Chicago	National	ss-3b-2b	10	18	2	1	1	0	0	0	0	.056
1927	Mobile	Southern Association	ss	142	530	50	143	20	8	1	67	3	.270
1928	Beaumont	Texas	2b	42	162	19	46	7	2	0	15	4	.284
	Quincy	Three I	ss	32	108	10	24	4	1	0	10	0	.222
	Montreal	International	ss	34	113	8	21	4	1	0	10	0	.186
		Majors		36	91	10	18	5	0	0	6	0	.198
		Minors		1974	7604	899	2094	343	112	54	683	215	.275

WARREN FREDERICK "WALLY" SCHROEDER

Born July 11, 1925 at Hartford, CT.
Batted left. Threw left. Height: 5-7. Weight: 165.

YEAR	CLUB	LEAGUE	POS	G	AB	R	H	2B	3B	HR	RBI	SB	AVG
1946	Goldsboro	Coastal Plain	of	90	306	56	98	16	3	0	28	3	.324
1947	Goldsboro	Coastal Plain	of	138	516	94	173	31	8	1	88	26	.335
1948	Goldsboro	Coastal Plain	of	109	426	92	153	21	9	3	74	9	.359
	Warsaw	Tobacco State	of	17	63	14	23	7	0	0	18	2	.365

YEAR	CLUB	LEAGUE	POS	G	AB	R	H	2B	3B	HR	RBI	SB	AVG
1949	Florence	Tri-State	of	89	316	55	103	18	6	5	38	8	.326
1950	Augusta	SALLY	of	80	290	46	82	16	4	3	48	9	.283
	Florence	Tri-State	of	56	197	36	60	19	3	0	31	1	.305
1951	Texas City	Gulf Coast	of	115	427	93	158	34	13	14	101	5	.370
1952	Texas City	Gulf Coast	of	150	579	104	195	47	13	13	99	3	.337
1953	Port Arthur	Gulf Coast	of	144	554	109	209	43	19	8	99	10	.377
1954	Corpus Christi	Big State	of	50	181	34	59	17	5	0	35	0	.326
	Port Arthur	Evangeline	of	57	236	46	92	31	1	3	62	4	.390
			Minors	1095	4091	779	1405	300	84	50	721	80	.343

WILLIAM CHARLES SCHUSTER

Born August 4, 1912 at Buffalo, NY.
Died June 28, 1987 at El Monte, CA.
Batted right. Threw right. Height: 5-9. Weight: 164.

Manager for Vancouver, Western International, 1951-52.

YEAR	CLUB	LEAGUE	POS	G	AB	R	H	2B	3B	HR	RBI	SB	AVG
1935	Scranton	New York-Pennsylvania	ss	133	462	64	123	9	10	3	67	14	.266
1936	Scranton	New York-Pennsylvania	ss	138	526	76	149	27	9	0	68	25	.283
1937	Albany	New York-Pennsylvania	ss	125	493	68	149	20	6	2	44	18	.302
	Pittsburgh	National	ss	3	6	2	3	0	0	0	1	0	.500
1938	Montreal	International	3b-ss	102	289	49	92	13	1	3	31	8	.319
1939	Toronto	International	ss	135	483	68	127	21	3	4	46	19	.263
	Boston	National	ss-3b	2	3	0	0	0	0	0	0	0	.000
1940	Seattle	Pacific Coast	ss	176	645	99	188	31	4	2	74	26	.291
1941	Seattle/Los Angeles	Pacific Coast	ss	136	492	71	136	21	2	2	53	25	.276
1942	Los Angeles	Pacific Coast	ss	179	640	80	191	41	4	6	78	26	.298
1943	Los Angeles	Pacific Coast	ss	157	618	117	170	42	6	5	67	16	.275
	Chicago	National	ss	13	51	3	15	2	1	0	0	0	.294
1944	Chicago	National	2b-ss	60	154	14	34	7	1	1	14	4	.221
1945	Chicago	National	ss-2b-3b	45	47	8	9	2	1	0	2	2	.191
1946	Los Angeles	Pacific Coast	ss	176	626	89	179	34	4	4	69	26	.286
1947	Los Angeles	Pacific Coast	ss	174	687	84	180	27	5	6	70	17	.262
1948	Los Angeles	Pacific Coast	ss	151	617	85	163	23	5	11	60	8	.264
1949	Los Angeles/Seattle	Pacific Coast	ss	163	616	86	158	23	1	8	68	19	.256
1950	Seattle	Pacific Coast	3b-ss-2b	135	405	64	103	24	3	6	40	10	.254
1951	Vancouver	Western International	3b	43	144	28	43	8	1	1	20	2	.299
1952	Vancouver	Western International	3b	13	35	7	15	3	1	0	9	1	.429
	Hollywood	Pacific Coast	3b	3	6	1	2	0	0	0	1	0	.333
			Majors	123	261	27	61	11	3	1	17	6	.234
			Minors	2139	7784	1136	2308	367	69	63	865	269	.297

ANGEL SCULL

Born October 2, 1930 at Mantanzas, Cuba.
Batted right. Threw right. Height 5-6. Weight 162.

Manager for Poza Rico, Mexico, 1970; Ciudad Valles, Mexican Center, 1978.
Coach for Poza Rico, Mexico, 1971-77 and 1979.

YEAR	CLUB	LEAGUE	POS	G	AB	R	H	2B	3B	HR	RBI	SB	AVG
1951	Wellsville	PONY	of	124	520	113	171	23	12	3	45	**60**	.329
1952	Key West/Havana	Florida International	of	137	544	74	149	15	**14**	1	39	**54**	.274
1953	Charleston	American Association	of	150	545	66	156	18	5	2	48	29	.286
1954	Havana	International	of	119	435	64	117	13	5	1	20	31	.269
1955	Havana	International	of	108	403	53	102	15	4	2	40	10	.253
1956	Havana	International	of	123	445	56	121	13	7	5	42	17	.272
1957	Havana	International	of	145	540	73	142	28	8	21	77	14	.263
1958	Toronto	International	of	64	237	34	67	11	4	2	19	7	.283
1959	Toronto/Montreal	International	of	140	559	81	151	27	7	4	49	25	.270
1960	Montreal	International	of	151	578	83	168	24	7	6	44	7	.291
1961	Syracuse	International	of	133	456	77	129	22	5	4	42	11	.283
1962	Vancouver	Pacific Coast	of	50	135	12	33	0	1	0	8	3	.244
	Atlanta	International	of	70	259	46	84	9	2	5	27	5	.324
1963	Veracruz	Mexican	of	102	385	78	132	17	9	12	53	10	.343
1964	Veracruz	Mexican	of	136	526	109	174	24	**10**	22	108	14	.331
1965	Veracruz	Mexican	of	131	498	73	155	31	9	4	70	14	.311

YEAR	CLUB	LEAGUE	POS	G	AB	R	H	2B	3B	HR	RBI	SB	AVG
1966	Veracruz	Mexican	of	139	462	75	136	27	5	3	52	6	.294
1967	Veracruz	Mexican	of	105	350	55	108	10	7	6	42	13	.309
1968	Veracruz	Mexican	of	44	130	21	34	8	4	2	16	3	.262
	Minatitlan/Campeche	Mexican Southeast	of	44	163	26	54	6	4	4	17	2	.331
1969	Campeche	Mexican Southeast	of	120	458	72	149	17	4	5	49	10	.325
		Minors		2335	8628	1341	2532	358	132	115	907	345	.293

IRA ROBERT "BOB" SEEDS

Born February 24, 1907 at Ringgold, TX.
Died October 28, 1993 at Erick, OK.
Batted right. Threw right. Height: 6-0. Weight: 180.

Manager for Little Rock, Southern Association, 1944; Amarillo, West Texas-New Mexico, 1946.
Hit seven home runs and batted in 17 with 30 total bases on a two-day spree, May 6-7, 1938 with Newark, International.

YEAR	CLUB	LEAGUE	POS	G	AB	R	H	2B	3B	HR	RBI	SB	AVG
1926	Mexia	Texas Association	ss	10	37	1	11	3	0	1	—	2	.297
	Enid	Southwestern	ss	96	382	56	118	12	5	13	—	4	.309
1927						Did not play in organized baseball							
1928	Amarillo	Western	of	140	553	105	188	45	15	13	—	16	.340
1929	Kansas City	American Association	of	100	322	53	110	21	3	4	57	10	.342
1930	Cleveland	American	of	85	277	37	79	11	3	3	32	1	.285
1931	Cleveland	American	of	48	134	26	41	4	1	1	10	1	.306
1932	Cleveland/Chicago	American	of	118	438	53	126	18	6	2	45	5	.288
1933	Boston	American	1b-of	82	230	26	56	13	4	0	23	1	.243
1934	Boston/Cleveland	American	of	69	192	28	47	8	1	0	19	2	.245
1935	Montreal	International	of	144	562	99	177	44	10	4	58	13	.315
1936	New York	American	of-1b	13	42	12	11	1	0	4	10	3	.262
	Montreal	International	of	131	523	91	166	48	13	12	75	12	.317
1937	Newark	International	of	151	568	98	173	31	11	20	114	4	.305
1938	Newark	International	of	59	230	73	77	6	3	28	95	2	.335
	New York	National	of	81	296	35	86	12	3	9	52	0	.291
1939	New York	National	of	63	173	33	46	5	1	5	26	0	.266
1940	New York	National	of	56	155	18	45	5	2	4	16	0	.290
1941	Baltimore	International	of	108	352	50	93	20	2	7	61	4	.264
1942	Baltimore	International	of	11	28	1	4	1	0	0	4	0	.143
	Indianapolis	International	of	66	186	19	50	15	1	0	17	1	.269
1943	Little Rock	Southern Association	of	122	443	78	142	29	4	3	65	5	.321
1944	Little Rock	Southern Association	of	122	394	66	115	20	5	2	69	5	.292
1945						Did not play in organized baseball							
1946	Amarillo	West Texas-New Mexico	of	32	53	14	16	3	0	1	10	2	.302
		Majors		615	1937	268	537	77	21	28	233	14	.277
		Minors		1282	4596	803	1429	337	79	99	638	88	.311

WALTER ANTHONY SESSI

Born July 23, 1918 at Finleyville, PA.
Batted left. Threw left. Height: 6-3. Weight: 225.

YEAR	CLUB	LEAGUE	POS	G	AB	R	H	2B	3B	HR	RBI	SB	AVG
1937	Kinston	Coastal Plain	of	22	84	10	21	4	0	0	5	1	.250
	Shelby/Thomasville	North Carolina State	of	24	75	18	22	1	1	3	12	0	.293
	Williamson	Mountain States	of	32	109	18	36	9	4	0	18	0	.330
1938	Williamson	Mountain States	of	118	456	104	143	41	7	25	**126**	3	.314
1939	Williamson	Mountain States	of	126	465	104	173	32	10	21	125	7	.372
	Columbus	SALLY	of	2	5	1	1	0	0	0	0	0	.200
1940	Mobile	Southeastern	of	148	528	92	151	32	6	11	96	5	.286
1941	Houston	Texas	of	154	561	93	169	28	16	14	98	4	.301
	St. Louis	National	of	5	13	2	0	0	0	0	0	0	.000
1942-45						Military service							
1946	St. Louis	National	ph	15	14	2	2	0	0	1	2	0	.143
1947	Montreal	International	of	130	386	69	101	16	3	20	80	0	.262
1948	Montreal	International	of	22	75	13	21	0	0	5	11	0	.280
	Mobile	Southern Association	of	109	375	58	105	21	7	10	86	7	.280
1949	Fort Worth	Texas	of	88	208	35	53	10	0	3	27	8	.255
1950	Abilene	West Texas-New Mexico	of	136	483	121	152	34	2	23	103	3	.315
1951	Abilene	West Texas-New Mexico	of-1b	132	481	106	149	28	2	18	121	7	.310

YEAR	CLUB	LEAGUE	POS	G	AB	R	H	2B	3B	HR	RBI	SB	AVG
1952	Brownsville	Gulf Coast	1b-of	153	552	148	207	34	2	45	179	2	.375
1953	Brownsville	Gulf Coast	of-1b	137	505	74	119	14	0	14	76	1	.236
1954	Lake Charles	Evangeline	of-1b	141	520	105	173	43	6	25	124	0	.333
1955	Lake Charles	Evangeline	of	104	384	61	104	20	0	16	83	4	.271
	Majors			20	27	4	2	0	0	1	2	0	.074
	Minors			1778	6252	1230	1900	367	66	253	1370	53	.304

WILLIAM WALTON "BILL" SHARMAN

Born May 25, 1926 at Abilene, TX.
Batted right. Threw right. Height: 6-1. Weight: 190.

All-American basketball player at University of Southern Callifornia, 1949-1950, and a star guard in the National Basketball Association, 1950-1961. Elected to the National Basketball Hall of Fame in 1975.

YEAR	CLUB	LEAGUE	POS	G	AB	R	H	2B	3B	HR	RBI	SB	AVG
1950	Elmira	Eastern	of	10	38	5	11	2	0	1	11	0	.289
	Pueblo	Western	of	111	427	65	123	22	8	11	70	11	.288
1951	Fort Worth	Texas	of	157	570	84	163	18	5	8	53	23	.286
1952	St. Paul	American Association	of	137	411	63	121	16	4	16	77	2	.294
1953	Mobile	Southern Association	of	90	228	21	48	8	1	5	17	0	.211
1954				Did not play in organized baseball									
1955	St. Paul	American Association	of-3b	133	424	59	124	15	0	11	58	3	.292
	Minors			638	2098	297	590	81	18	52	286	39	.281

RAYMOND SOLOMON "RAY" SHEARER

Born September 19, 1929 at Jacobus, PA.
Died February 21, 1982 at York, PA.
Batted right. Threw right. Height: 6-0. Weight: 200.

YEAR	CLUB	LEAGUE	POS	G	AB	R	H	2B	3B	HR	RBI	SB	AVG
1950	Sheboygan	Wisconsin State	of	123	504	113	160	28	11	30	137	11	.317
1951	Asheville	Tri-State	of	138	522	88	147	31	12	12	98	5	.282
1952	Pueblo	Western	of	133	461	68	134	24	3	17	90	2	.291
1953	Mobile	Southern Association	of	150	542	84	166	31	10	12	84	3	.306
1954	Mobile	Southern Association	of	144	481	68	136	23	4	22	91	10	.283
1955	Montreal	International	of	7	19	4	6	1	1	0	4	0	.316
	Mobile	Southern Association	of	115	329	46	91	18	5	7	50	5	.277
1956	Fort Worth/Austin	Texas	of	145	491	74	130	27	4	26	96	11	.265
1957	Wichita	American Association	of	138	493	93	156	28	5	29	109	1	.316
	Milwaukee	National	of	2	2	1	1	0	0	0	0	0	.500
1958	Wichita	American Association	of	142	501	81	142	24	7	18	80	5	.283
1959	Louisville	American Association	of	22	80	5	22	1	2	0	12	0	.275
	Atlanta/Nashville	Southern Association	of-1b	106	359	60	115	18	2	10	60	2	.320
1960	Havana-Jersey City	International	of	124	372	46	97	20	3	14	50	1	.261
1961	Richmond	Interantional	of-1b	63	178	18	40	5	3	3	17	0	.225
	Salt Lake City	Pacific Coast	of	20	30	0	6	0	0	0	5	0	.200
1962	York	Eastern	of	23	64	6	12	2	0	0	3	0	.188
	Augusta	SALLY	1b	21	61	11	21	3	1	4	14	0	.344
	Majors			2	2	1	1	0	0	0	0	0	.500
	Minors			1614	5487	865	1581	283	73	204	1000	56	.288

JOHN THOMAS "JACK" SHEEHAN

Born April 15, 1893 at Chicago, IL.
Died May 29, 1987 at West Palm Beach, FL.
Batted both. Threw right. Height: 5-8½. Weight: 165.

Manager for Winnipeg, Northern, 1916; Winnipeg, Western Canada, 1919-20; Elmira, New York-Pennsylvania, 1928; Columbus, Southeastern, 1932; Wheeling, Middle Atlantic, 1933-34; Peoria, Three I, 1935.

YEAR	CLUB	LEAGUE	POS	G	AB	R	H	2B	3B	HR	RBI	SB	AVG
1912	Zanesville	Central	3b	48	162	28	42	7	2	1	—	4	.259
1913	Zanesville	Interstate	3b	73	266	27	62	6	8	0	—	16	.233
	Fond du Lac	Wisconsin-Illinois	ss	56	208	32	54	13	0	0	—	8	.260
1914	Twin Cities	Wisconsin-Illinois	ss	94	346	50	92	11	2	5	—	30	.266
1915	Fort Wayne	Central	3b	93	360	43	108	9	2	0	—	19	.300

YEAR	CLUB	LEAGUE	POS	G	AB	R	H	2B	3B	HR	RBI	SB	AVG
1916	Winnipeg	Northern	ss	121	460	80	131	21	5	2	—	42	.285
1917	Oakland	Pacific Coast	ss	104	350	30	76	7	1	0	—	19	.217
1918						Did not play in organized baseball							
1919	Winnipeg	Western Canada	ss	100	359	69	92	10	9	1	—	17	.256
1920	Winnipeg	Western Canada	ss	99	342	52	121	18	5	1	50	34	.354
	Brooklyn	National	ss-3b	3	5	0	2	1	0	0	0	0	.400
1921	Brooklyn	National	2b-ss-3b	5	12	2	0	0	0	0	0	0	.000
	Buffalo	International	ss-3b	127	486	103	120	18	8	1	—	29	.247
1922	Buffalo	International	ss	151	532	96	148	24	8	1	58	24	.278
1923	Buffalo	International	ss	138	472	87	147	27	3	2	52	9	.311
1924	Newark	International	ss	150	542	110	166	30	8	3	55	24	.306
1925	Providence	International	ss-2b	162	564	102	159	26	13	7	71	15	.282
1926	Rochester	International	2b-ss-3b	128	467	81	137	23	6	2	66	14	.293
1927	Jersey City	International	3b-2b-ss	76	289	32	66	9	2	0	19	2	.228
	San Francisco	Pacific Coast	2b	45	144	21	35	7	0	0	15	2	.243
1928	Elmira	New York-Pennsylvania	2b-ss	110	399	60	115	14	3	0	33	9	.288
1929	Atlanta	Southern Association	2b	150	548	91	163	33	6	2	58	12	.297
1930	Atlanta	Southern Association	2b	156	580	142	185	43	11	1	59	13	.319
1931	Atlanta	Southern Association	2b	126	448	92	120	7	2	1	34	12	.268
1932	Columbus	Southeastern	2b	32	104	37	36	3	2	0	20	6	.346
	Knoxville	Southern Association	2b	114	416	82	111	20	5	2	39	16	.267
1933	Wheeling	Middle Atlantic	3b	85	299	56	78	14	3	2	27	7	.261
1934	Wheeling	Middle Atlantic	3b	10	27	7	4	1	1	0	0	0	.148
	Majors			8	17	2	2	1	0	0	0	0	.118
	Minors			2548	9170	1610	2568	401	115	34	656	383	.280

Earl Homer Sheely

Born February 12, 1893 at Bushnell, IL.
Died September 16, 1952 at Seattle, WA.
Batted right. Threw right. Height: 6-4. Weight: 200.

Tied for most home runs in minor leagues in 1918 with 12. Led all minor leagues in home runs in 1919 wih 28.
Manager for Sacramento, Pacific Coast, 1943-1947.
General manager for Seattle, Pacific Coast, 1948-1952.
Scout for Boston, American, 1935-1943.

YEAR	CLUB	LEAGUE	POS	G	AB	R	H	2B	3B	HR	RBI	SB	AVG
1911	Spokane	Northwestern	3b	3	13	1	3	0	0	0	1	0	.231
1912	Spokane/Vancouver	Northwestern	1b-2b-ss	8	22	1	3	0	0	0	0	0	.136
1913	Walla Walla	Western Tri-State	1b	119	459	53	102	26	2	1	—	8	.222
1914	Seattle	Northwestern	c-2b	5	7	0	1	0	0	0	0	0	.143
	Walla Walla	Western Tri-State	1b-c	93	330	46	108	25	1	11	—	5	.327
1915	Spokane	Northwestern	1b	152	562	87	156	28	2	4	—	21	.278
1916	Spokane	Northwestern	1b-c	116	439	69	124	31	3	7	—	11	.282
	Salt Lake City	Pacific Coast	c	14	41	5	14	3	0	1	—	0	.341
1917	Salt Lake City	Pacific Coast	1b	193	749	97	227	46	7	19	—	14	.303
1918	Salt Lake City	Pacific Coast	1b	93	330	44	99	14	1	12	—	9	.300
1919	Salt Lake City	Pacific Coast	1b	168	646	107	197	35	1	28	—	15	.305
1920	Salt Lake City	Pacific Coast	1b	188	700	114	260	51	5	33	—	14	.371
1921	Chicago	American	1b	154	563	68	171	25	6	11	95	4	.304
1922	Chicago	American	1b	149	526	72	167	37	4	6	80	4	.317
1923	Chicago	American	1b	156	570	74	169	25	2	4	88	5	.296
1924	Chicago	American	1b	146	535	84	171	34	3	3	102	7	.320
1925	Chicago	American	1b	153	600	93	189	43	9	9	111	3	.315
1926	Chicago	American	1b	145	525	77	157	40	2	6	89	3	.299
1927	Chicago	American	1b	45	129	11	27	3	0	2	16	1	.209
1928	Sacramento	Pacific Coast	1b	165	630	102	240	40	3	21	128	3	.381
1929	Pittsburgh	National	1b	139	485	63	142	22	4	6	88	6	.293
1930	San Francisco	Pacific Coast	1b	183	718	120	289	35	1	29	180	6	.403
1931	Boston	National	1b	147	538	30	147	15	2	1	77	0	.273
1932	Los Angeles	Pacific Coast	1b	117	417	65	133	26	0	11	102	6	.319
1933	Portland	Pacific Coast	1b	137	454	77	163	30	1	13	100	0	.359
1934	Portland/Seattle	Pacific Coast	1b	181	640	98	200	30	6	7	101	5	.313
	Majors			1234	4471	572	1340	244	27	48	747	33	.300
	Minors			1935	7157	1086	2319	420	33	197	612	117	.324

JAMES E. SHINN

Born 1884.
Batted right. Threw right. Height: 5-10. Weight: 157.

YEAR	CLUB	LEAGUE	POS	G	AB	R	H	2B	3B	HR	RBI	SB	AVG
1907	Portland	Pacific Coast	ss-of	51	212	23	37	4	0	1	—	8	.175
	Sacramento	California	—	39	138	30	37	4	2	2	—	21	.268
1908	Santa Cruz	California	2b-3b	105	377	81	119	—	—	—	—	53	.316
1909	Sacramento	Pacific Coast	ss	204	758	102	181	18	9	2	—	73	.239
1910	Sacramento	Pacific Coast	2b-ss	187	693	77	156	28	7	2	—	38	.225
1911	Sacramento	Pacific Coast	3b-ss	197	789	132	221	44	14	4	—	73	.280
1912	Sacramento	Pacific Coast	of-ss	167	631	102	171	35	8	1	—	45	.271
1913	Sacramento	Pacific Coast	of	154	537	95	162	25	7	3	—	71	.302
1914	Sacramento	Pacific Coast	of	153	576	57	152	29	10	1	—	28	.264
1915	Salt Lake City	Pacific Coast	of	194	756	142	236	52	12	6	—	47	.312
1916	Salt Lake City	Pacific Coast	of	134	447	68	125	29	5	0	—	25	.279
1917	Salt Lake City	Pacific Coast	of	26	79	9	16	2	1	0	—	5	.203
	Great Falls	Northwestern	of	—	116	27	41	14	0	0	—	12	.353
		Minors		1611	6109	945	1654	284	75	22	—	499	.271

CHARLES ARTHUR "ART" "THE GREAT" SHIRES

Born August 13, 1907 at Italy, TX.
Died July 13, 1967 at Italy, TX.
Batted left. Threw right. Height: 6-1. Weight: 195.

A legendary exhibitionist and brawler who fought with his manager, players, and others. He had a brief, but well publicized, stint as a pro wrestler and boxer in Chicago in the 1929-30 off-season. Commissioner Landis halted his boxing career after six bouts, including one with Chicago Bears center George Trafton, on December 16, 1929.

YEAR	CLUB	LEAGUE	POS	G	AB	R	H	2B	3B	HR	RBI	SB	AVG
1926	Waco	Texas	1b	104	368	46	103	22	2	5	36	8	.280
1927	Waco	Texas	1b	156	558	74	170	19	8	8	83	17	.305
1928	Waco	Texas	1b	106	379	74	120	16	6	11	55	22	.317
	Chicago	American	1b	33	123	20	42	6	1	1	11	0	.341
1929	Chicago	American	1b	100	353	41	110	20	7	3	41	4	.312
1930	Chicago/Washington	American	1b	75	212	25	64	10	1	2	27	3	.302
1931	Milwaukee	American Association	1b	157	623	120	240	45	8	11	131	8	.385
1932	Boston	National	1b	82	298	32	71	9	3	5	30	1	.238
1933	Columbus	American Association	1b	44	176	35	55	12	1	5	30	2	.313
	Rochester	International	1b	59	195	31	54	10	3	2	24	2	.277
1934	Fort Worth	Texas	1b	138	512	63	147	33	5	1	71	4	.287
1935	Harrisburg	New York-Pennsylvania	1b	63	205	28	50	5	2	1	30	3	.243
		Majors		290	986	118	287	45	12	11	109	8	.291
		Minors		827	3016	471	939	162	35	44	460	66	.311

LEO CLEVELAND "MUSCLE" SHOALS

Born October 3, 1916 at Camden on Gauley, WV.
Batted left. Threw left. Height: 5-11. Weight: 220

Family name was Sholes.
Manager for Kingsport, Mountain States, 1953-55.

YEAR	CLUB	LEAGUE	POS	G	AB	R	H	2B	3B	HR	RBI	SB	AVG
1937	Monessen	Pennsylvania State	1b	100	347	83	127	22	8	18	74	15	.366
1938	New Iberia	Evangeline	1b	10	39	9	9	1	1	0	2	0	.231
	Albuquerque	Arizona-Texas	1b-p	86	342	71	112	21	7	10	90	12	.327
1939	Johnson City	Appalachian	1b-p	106	373	87	136	22	14	**16**	91	10	**.365**
1940	Tyler	East Texas	1b-of	109	414	87	120	25	2	11	66	8	.290
	El Dorado	Cotton States	1b-p	20	75	13	26	9	1	3	21	2	.347
1941	El Dorado/Marshall	Cotton States	1b-p	130	450	88	136	17	7	26	88	4	.302
1942-45								Military service					
1946	Kingsport	Appalachian	1b-p	122	444	102	148	26	10	21	106	10	.333
1947	Kingsport	Appalachian	1b	109	393	118	152	25	4	**32**	124	5	**.387**
1948	Charlotte	Tri-State	1b	116	411	76	118	22	6	21	82	2	.287
	Chattanooga	Southern Association	1b	22	72	10	16	2	1	3	15	0	.222
1949	Reidsville	Carolina	1b	144	501	**131**	180	18	1	**55**	**137**	0	.359
1950	Columbia	SALLY	1b	89	318	57	83	21	3	7	42	1	.261
	Reidsville	Carolina	1b	44	116	18	26	4	0	5	16	0	.224

YEAR	CLUB	LEAGUE	POS	G	AB	R	H	2B	3B	HR	RBI	SB	AVG
1951	Kingsport	Appalachian	1b	118	415	113	159	23	5	30	129	4	.383
1952	Rock Hill	Tri-State	1b	113	369	85	118	20	2	17	84	4	.320
1953	Kingsport	Mountain States	1b	113	396	103	169	27	7	30	142	8	.427
1954	Kingsport	Mountain States	1b	81	248	68	87	15	1	18	59	9	.351
	Knoxville	Tri-State	1b	42	158	28	47	9	0	6	27	1	.297
1955	Kingsport	Appalachian	1b	126	431	113	156	24	2	33	134	13	.362
		Minors	1800	6312	1460	2125	353	82	362	1529	108	.337	

Edward Joseph "Eddie" Sicking

Born March 30, 1897 at St. Bernard, OH.
Died August 30, 1978 at Madeira, OH.
Batted both. Threw right. Height: 5-9. Weight: 165.

Manager for Keokuk, Mississippi Valley, 1933.

YEAR	CLUB	LEAGUE	POS	G	AB	R	H	2B	3B	HR	RBI	SB	AVG
1916	Norfolk	Virginia	3b	96	349	38	93	15	2	3	–	15	.266
	Chicago	National	ph	1	1	0	0	0	0	0	0	0	.000
1917	San Antonio	Texas	ss	160	542	69	150	17	12	3	–	20	.277
1918	San Antonio	Texas	ss	63	221	36	68	10	5	2	–	12	.308
	New York	National	3b-2b-ss	46	132	9	33	4	0	0	12	2	.250
1919	New York/Philadelphia	National	ss-2b	67	200	18	45	2	1	0	18	4	.225
1920	New York/Cincinnati	National	2b-3b-ss	83	257	23	56	6	1	0	26	8	.218
1921	Indianapolis	American Association	2b	167	590	82	168	29	3	2	82	22	.285
1922	Indianapolis	American Association	2b	169	656	110	190	14	4	4	87	14	.290
1923	Indianapolis	American Association	2b-ss	162	638	101	185	20	12	3	61	28	.290
1924	Indianapolis	American Association	2b-ss	167	653	115	209	32	10	1	63	12	.320
1925	Indianapolis	American Association	2b	120	469	73	148	27	4	1	43	16	.316
1926	Indianapolis	American Association	2b-ss	162	617	97	185	27	7	1	50	17	.300
1927	Indianapolis/Louisville	American Association	2b-ss	118	459	81	139	25	5	1	41	12	.303
	Pittsburgh	National	2b	6	7	1	1	1	0	0	3	0	.143
1928	Louisville	American Association	2b	168	658	114	242	38	4	1	72	14	.368
1929	Louisville	American Association	2b	148	593	108	184	22	8	2	62	16	.310
1930	Indianapolis/Minneapolis	American Association	2b	148	609	129	190	36	5	4	69	17	.312
1931	Minneapolis	American Association	2b	142	523	118	169	28	2	5	59	14	.323
1932	Minneapolis	American Association	2b	84	262	50	72	4	2	0	15	8	.275
1933	Keokuk	Mississippi Valley	2b	115	442	85	142	33	8	1	52	24	.321
		Majors	203	597	51	135	13	2	0	59	14	.226	
		Minors	2189	8281	1406	2534	377	93	34	756	261	.306	

Francis Leonard "Frank" Sigafoos

Born March 21, 1904 at Easton, PA.
Died April 12, 1968 at Indianapolis, IN.
Batted right. Threw right. Height: 5-9. Weight: 170.

Manager for Monett, Arkansas-Missouri, 1938.
Hit in 39 consecutive games for Indianapolis in 1933, an American Association record since broken.

YEAR	CLUB	LEAGUE	POS	G	AB	R	H	2B	3B	HR	RBI	SB	AVG
1925	Providence	International	3b-2b	119	380	46	108	13	8	3	55	2	.284
1926	Reading	International	ss-3b-2b	134	507	62	163	35	9	8	74	10	.321
	Philadelphia	American	ss	13	43	4	11	0	0	0	2	0	.256
1927	Portland	Pacific Coast	2b-of-ss	147	559	97	187	31	2	10	76	11	.335
1928	Portland	Pacific Coast	2b-ss-3b	178	695	109	206	62	7	8	76	32	.296
1929	Portland	Pacific Coast	3b	56	204	32	55	5	2	3	28	5	.270
	Detroit/Chicago	American	3b-2b-ss	21	26	4	5	1	0	0	3	0	.192
1930	Los Angeles	Pacific Coast	2b	165	702	129	214	46	9	19	103	25	.305
1931	Cincinnati	National	3b-ss	21	65	6	11	2	0	0	8	0	.169
	Indianapolis	American Association	2b	107	420	59	137	30	4	0	70	7	.326
1932	Indianapolis	American Association	2b	163	635	105	199	29	11	10	77	14	.313
1933	Indianapolis	American Association	2b	152	635	108	235	53	11	6	126	24	.370
1934	Indianapolis	American Association	2b	109	394	57	111	19	1	1	36	10	.282
1935	Memphis	Southern Association	2b-3b	44	175	26	47	9	0	1	28	6	.269
	Louisville	American Association	3b	98	398	51	125	18	5	3	52	6	.314
1936	Louisville	American Association	33	114	434	79	148	24	7	5	61	10	.341
1937	Louisville	American Association	3b-2b	76	182	19	46	9	4	0	23	2	.253

YEAR	CLUB	LEAGUE	POS	G	AB	R	H	2B	3B	HR	RBI	SB	AVG
1938	Monett	Arkansas-Missouri	3b	15	39	5	11	1	2	2	10	0	.282
	Decatur	Three I	2b	12	40	1	10	2	0	0	0	0	.250
	Oklahoma City	Texas	2b	2	3	1	1	0	0	0	0	0	.333
	Majors			55	134	14	27	3	0	0	13	0	.201
	Minors			1691	6402	986	2003	386	82	85	895	164	.313

WESLEY PETER "PADDY" SIGLIN

Born September 24, 1891 at Aurelia, IA.
Died August 5, 1956 at Oakland, CA.
Batted right. Threw right. Height: 5-10. Weight: 160.

YEAR	CLUB	LEAGUE	POS	G	AB	R	H	2B	3B	HR	RBI	SB	AVG
1913	Waterloo	Central Association	2b	126	436	46	99	15	4	0	—	12	.227
1914	Waterloo	Central Association	2b	130	466	83	150	26	8	1	—	43	**.322**
	Pittsburgh	National	2b	14	39	4	6	0	0	0	2	1	.154
1915	Youngstown	Central	2b	125	456	45	110	24	4	3	—	25	.241
	Pittsburgh	National	2b	6	7	1	2	0	0	0	0	1	.286
1916	Rochester	International	2b	142	533	68	152	20	11	1	—	17	.285
	Pittsburgh	National	2b	3	4	0	1	0	0	0	0	0	.250
1917	Portland	Pacific Coast	2b	201	741	65	171	21	7	0	—	26	.231
1918	Salt Lake	Pacific Coast	2b	75	290	30	82	12	1	0	—	19	.283
1919	Portland	Pacific Coast	2b	166	602	71	168	31	3	3	—	32	.279
1920	Portland	Pacific Coast	2b	171	675	73	155	31	1	3	—	7	.230
1921	Salt Lake	Pacific Coast	2b	180	784	**156**	**270**	67	3	**22**	87	11	.344
1922	Salt Lake	Pacific Coast	2b	194	789	135	249	60	7	16	106	11	.316
1923	Sacramento	Pacific Coast	2b	190	707	109	214	48	10	10	96	19	.303
1924	Sacramento	Pacific Coast	2b	189	728	96	210	50	4	7	95	16	.288
1925	Sacramento	Pacific Coast	2b	184	679	92	174	35	6	5	81	8	.256
1926	Sacramento/Mission	Pacific Coast	2b	24	76	12	23	4	0	1	14	0	.303
	San Antonio	Texas	2b-3b	58	160	25	37	6	1	1	33	1	.231
	Majors			23	50	5	9	0	0	0	2	2	.180
	Minors			2155	8122	1106	2264	426	62	71	514	247	.279

TOMAS ROBERTO "TOM" SILVERIO

Born October 14, 1945 at Santiago, Dominican Republic.
Batted left. Threw left. Height: 5-10. Weight: 170.

YEAR	CLUB	LEAGUE	POS	G	AB	R	H	2B	3B	HR	RBI	SB	AVG
1965	Quad Cities	Midwest	of	33	104	18	20	11	1	2	8	5	.192
	Idaho Falls	Pioneer	of	51	153	41	47	6	1	9	35	7	.307
1966	San Jose	California	of	4	8	2	2	1	0	0	0	0	.250
	Quad Cities	Midwest	of	77	264	39	74	17	4	6	25	12	.280
1967	San Jose	California	of	66	219	43	48	9	1	12	39	3	.219
	El Paso	Texas	of	68	207	32	48	6	1	10	29	12	.280
1968	El Paso	Texas	of	124	403	85	106	9	10	23	59	5	.263
1969	Hawaii	Pacific Coast	of	138	466	74	146	17	7	10	51	17	.313
1970	Hawaii	Texas	of	82	238	53	70	6	7	6	45	8	.294
	California	American	of	15	15	1	0	0	0	0	0	0	.000
1971	California	American	of	3	3	0	1	0	0	0	0	0	.333
	Salt Lake City	Pacific Coast	of	115	413	73	140	15	2	5	45	3	.339
1972	California	American	of	13	12	1	2	0	0	0	0	0	.167
	Salt Lake City	Pacific Coast	of	108	425	82	126	20	7	4	63	9	.296
1973	Tampico	Mexican	of	126	472	115	165	27	1	16	63	6	.350
1974	Tampico	Mexican	of	131	489	76	146	22	7	15	44	8	.299
1975	Tampico	Mexican	of	133	505	91	144	21	3	13	43	11	.285
1976	Tampico	Mexican	of	134	487	73	152	23	7	10	54	11	.312
1977	Tampico	Mexican	of	156	568	84	170	21	4	13	60	10	.299
1978	Tampico	Mexican	of	144	531	89	143	25	6	15	63	11	.269
1979	Mexico City Tigers	Mexican	of	127	435	70	125	18	7	3	55	9	.287
1980	Mexico City Tigers/Saltillo/												
	Union Laguna	Mexican #1	of	85	302	41	86	18	5	7	40	4	.285
	Union Laguna	Mexican #2	of	34	116	14	39	9	1	1	9	5	.336
1981	Mexico City Tigers	Mexican	of	61	192	29	52	2	2	0	14	1	.271
	Majors			31	30	2	3	0	0	0	0	0	.100
	Minors			1997	6997	124	2049	303	84	180	844	157	.293

Henry Joseph "Hank" Simon

Born August 25, 1862 at Hawkinsville, NY.
Died January 1, 1925 at Albany, NY.
Batted right. Threw right.

YEAR	CLUB	LEAGUE	POS	G	AB	R	H	2B	3B	HR	RBI	SB	AVG
1885	Utica	New York State	of	68	270	52	85	–	–	–	–	–	.315
1886	Syracuse	International Association	of	95	407	60	107	18	13	4	–	22	.263
1887	Syracuse	International Association	of	109	490	106	179	25	12	4	–	74	.365
	Cleveland	American Association	of	3	10	1	1	0	0	0	–	0	.100
1888	Rochester	International Association	of	106	436	91	156	21	26	5	–	61	.358
1889	Rochester	International Association	of	102	385	71	107	12	13	2	–	56	.278
1890	Brooklyn/Syracuse	American Association	of	127	529	99	143	22	14	2	–	35	.270
1891	Syracuse	Eastern Association	of	97	408	82	119	20	11	1	–	38	.292
1892	Elmira/Troy	Eastern	of	111	426	65	105	16	6	1	–	29	.246
1893	Troy	Eastern	of	113	470	58	157	21	9	2	–	39	.334
1894	Troy	Eastern	of	114	485	123	143	17	14	3	–	22	.295
1895	Syracuse	Eastern	of	116	496	106	179	32	6	7	–	17	.361
1896	Bangor	New England	of	98	441	106	136	24	14	12	–	28	.308
1897	Hartford	Atlantic	of	18	75	11	13	1	1	0	–	6	.173
	Bangor	Maine	of	–	–	–	–	–	–	–	–	–	–
	Taunton	New England	of	77	341	71	123	34	7	3	–	19	.361
1898	Taunton	New England	of	49	209	41	66	20	3	5	–	5	.316
	Utica	New York State	of	54	221	36	63	15	6	0	–	17	.285
1899	Utica	New York State	of	117	460	87	150	–	–	–	–	31	.326
1900	Utica	New York State	of	115	460	79	130	–	–	–	–	14	.283
1901	Albany	New York State	of	113	438	69	120	19	5	1	–	25	.273
1902	Albany	New York State	of	116	462	72	120	19	5	5	–	28	.259
1903	Utica	New York State	of	120	418	62	112	21	3	2	–	31	.268
1904	Albany	New York State	of	123	441	51	96	10	1	1	–	11	.216
		Minors		2161	8778	1599	2610	367	169	60	–	608	.297

Sylvester Adam "Syl" Simon

Born December 14, 1897 at Evansville, IN.
Died February 28, 1973 at Chandler, IN.
Batted right. Threw right. Height: 5-10½. Weight: 170.

Son-in-law of Charles Knoll.
Manager for Quincy, Three ,I 1932.
Lost part of left hand in accident after 1926 season when he ran hand into saw at factory in Evansville, IN. Thumb, part of palm and little finger was all that remained of hand. Devised a special glove and a mechanical grip for use when batting.

YEAR	CLUB	LEAGUE	POS	G	AB	R	H	2B	3B	HR	RBI	SB	AVG
1920	Ludington	Central	of-3b-2b	74	260	23	55	7	3	2	–	9	.212
1921			Did not play in organized baseball										
1922	Bay City	Michigan-Ontario	3b	130	477	71	149	20	18	0	79	31	.312
1923	San Antonio	Texas	3b	140	519	96	167	29	11	12	116	11	.322
	St. Louis	American	ph	1	1	0	0	0	0	0	0	0	.000
1924	St. Louis	American	3b-ss	22	32	5	8	1	1	0	6	0	.250
1925	Tulsa	Western	3b-2b	106	408	90	147	28	4	22	–	17	.360
1926	Milwaukee	American Association	3b	107	357	57	110	19	7	5	59	14	.308
1927	Evansville/Quincy	Three I	3b	55	179	31	50	5	2	6	35	10	.279
1928	Beaumont	Texas	3b	2	8	1	1	0	0	0	0	0	.125
	Fort Wayne	Central	3b	81	300	54	108	20	5	19	–	18	.360
1929	Erie	Central	3b	119	453	105	153	25	5	30	97	30	.338
1930	Nashville	Southern Association	3b	14	36	6	9	2	0	1	5	2	.250
	Fort Wayne	Central	3b	95	390	93	142	31	9	15	95	20	.364
1931	Elmira/Binghamton	New York-Pennsylvania	3b	9	24	3	6	0	0	0	1	2	.250
	Bloomington	Three I	3b	99	392	71	125	12	16	4	78	33	.319
1932	Quincy	Three I	3b	41	126	22	37	8	0	3	–	13	.294
		Majors		23	33	5	8	1	1	0	6	0	.242
		Minors		1072	3929	723	1259	206	80	119	565	210	.320

All-Time Leaders: 40 & 50 Homer Seasons

40-Homers Seasons PLAYER		50-Homers Seasons PLAYER			
Joe Bauman	5	Joe Bauman	3	Bob Crues	2
Gordon Nell	5	Joe Hauser	2	Pud Miller	2
				Frank Gravino	2
				Steve Bilko	2

MELBERN ELLIS "MEL" "BUTCH" SIMONS

Born July 1, 1900 at Carlyle, IL.
Died November 10, 1974 at Paducah, KY.
Batted left. Threw right. Height: 5-10. Weight: 175.

Manager for Meridian, Southeastern, 1939; St. Hyacinthe, Provincial, 1940; Bowling Green, KITTY, 1941; Quebec, Canadian-American, 1942; Fulton, KITTY, 1955.

YEAR	CLUB	LEAGUE	POS	G	AB	R	H	2B	3B	HR	RBI	SB	AVG
1924	Fulton	KITTY	of	104	387	55	119	–	–	–	–	18	.307
1925	Meridian	Cotton States	of	127	481	71	143	20	21	4	–	21	.297
1926	Meridian	Cotton States	of	124	468	72	161	27	11	2	–	35	.344
1927	Montgomery	Southeastern	of	156	549	111	198	37	13	6	–	33	.361
1928	Birmingham	Southern Association	of	150	612	129	189	28	8	5	57	21	.308
1929	Louisville	American Association	of	150	630	121	214	27	13	7	71	13	.340
1930	Louisville	American Association	of	154	668	134	248	49	15	11	88	13	.371
1931	Chicago	American	of	68	189	24	52	9	0	0	12	1	.275
	Toledo	American Association	of	52	225	36	80	10	0	4	34	7	.356
1932	Chicago	American	of	7	5	0	0	0	0	0	0	0	.000
	Louisville	American Association	of	147	608	77	191	21	8	3	80	8	.314
1933	Louisville	American Association	of	152	621	94	201	44	7	1	82	18	.324
1934	Louisville	American Association	of	150	612	100	201	38	3	3	80	13	.328
1935	Louisville	American Association	of	134	525	89	185	31	5	1	74	10	.352
1936	Louisville	American Association	of	149	624	89	220	34	10	1	80	22	.353
1937	Louisville	American Association	of	157	630	98	199	35	8	1	73	4	.316
1938	Louisville	American Association	of	144	511	54	139	17	4	0	49	2	.272
1939	Meridian	Southeastern.	of	13	46	5	11	2	0	0	4	0	.239
	Montreal	International	of	72	180	24	52	5	0	0	22	1	.289
1940	St. Hyacinthe	Provincial	of	70	251	33	70	12	2	1	32	6	.279
1941	Paducah/Bowling Green	KITTY	of	106	389	61	150	31	2	1	64	20	**.386**
1942	Quebec	Canadian-American	of	58	192	25	60	14	2	0	26	8	.313
		Majors		75	194	24	52	9	0	0	12	1	.268
		Minors		2369	9209	1469	3031	482	132	51	916	273	.329

HALBERT MILLER SIMPSON

Born January 19, 1918 at New Boston, TX.
Died July 1, 1984 at New Boston, TX.
Batted left. Threw right. Height: 5-10. Weight: 210.

Manager for Roswell, Southwestern, 1956.

YEAR	CLUB	LEAGUE	POS	G	AB	R	H	2B	3B	HR	SB	RBI	AVG
1936	Marshall	East Texas	of	10	43	8	16	5	0	0	–	9	.372
1937	Marshall	East Texas	of	146	559	82	164	45	7	10	–	118	.293
1938	Marshall	East Texas	of	139	563	114	170	41	2	20	–	123	.302
1939	Macon	SALLY	of	117	419	47	145	25	6	2	–	65	.346
1940	Albany/Williamsport	Eastern	of	98	351	47	87	21	3	5	–	35	.248
1941	Albany	Eastern	of-3b	131	456	45	127	13	6	4	–	70	.279
1942-45						Military service							
1946	Greenville/Texarkana	East Texas	of	114	424	82	124	17	1	21	–	107	.292
1947	Texarkana	Big State	of-3b	141	575	125	218	48	4	31	–	167	.379
1948	Shreveport	Texas	of	129	386	52	109	27	4	4	–	61	.282
1949	Shreveport	Texas	of	12	45	9	11	1	0	0	–	3	.244
	Little Rock	Southern Association	of	135	510	102	176	37	11	28	–	106	.345
1950	Toledo	American Association	of	8	14	2	3	1	1	1	–	7	.214
	Little Rock	Southern Association	of-3b	123	438	70	125	21	3	12	–	68	.285
1951	Little Rock	Southern Association	of	155	563	121	175	36	8	23	–	**128**	.311
1952	Little Rock	Southern Association	of	153	546	84	163	24	4	20	–	106	.299
1953	Little Rock	Southern Association	of	140	475	48	125	14	2	13	–	65	.263
1954	Little Rock	Southern Association	of	96	273	36	70	10	0	10	–	42	.256
1955	Tyler/Port Arthur	Big State	of	131	474	79	149	38	2	16	–	85	.314
1956	Roswell	Southwestern	of	143	534	113	189	38	4	25	–	123	.354
1957	Wichita Falls/Corpus Christi	Big State	of-3b	50	183	31	54	18	0	5	–	30	.295
	Lake Charles	Evangeline	of-3b	78	289	36	80	14	0	13	–	70	.277
		Minors		2249	8120	1333	2480	502	68	263	–	1588	.305

FREDERIC WILLIAM "FRED" SINGTON

Born February 24, 1910 at Birmingham, AL.
Batted right. Threw right. Height: 6-2. Weight: 215.

All-American football player at the University of Alabama in 1929 and 1930.
Elected to Football Hall of Fame in 1955.

YEAR	CLUB	LEAGUE	POS	G	AB	R	H	2B	3B	HR	RBI	SB	AVG
1931	High Point	Piedmont	of	12	47	9	16	2	1	2	8	2	.340
	Jackson	Cotton States	of	50	185	24	51	12	5	4	33	4	.276
1932	Columbus	Southeastern	of	33	124	29	46	9	6	6	37	1	.371
	Beckley	Middle Atlantic	of	102	400	110	147	30	12	29	110	3	**.368**
1933	Atlanta	Southern Association	of	106	363	58	95	22	7	12	69	4	.262
1934	Albany	International	of	155	562	123	184	32	10	29	**147**	4	.327
	Washington	American	of	9	35	2	10	2	0	0	6	0	.286
1935	Washington	American	of	20	22	1	4	0	0	0	3	0	.182
	Chattanooga	Southern Association	of	73	261	48	83	20	4	6	50	19	.318
1936	Chattanooga	Southern Association	of	142	526	97	202	46	**22**	6	107	3	**.384**
	Washington	American	of	25	94	13	30	8	0	1	28	0	.319
1937	Washington	American	of	78	228	27	54	15	4	3	36	1	.237
1938	Chattanooga	Southern Association	of	153	533	109	165	47	11	10	84	3	.310
	Brooklyn	National	of	17	53	10	19	6	1	2	5	1	.358
1939	Brooklyn	National	of	32	84	13	23	5	0	1	7	0	.274
	Louisville	American Association	of	83	264	48	67	17	3	13	55	1	.254
1940	Louisville	American Association	of	123	425	55	115	19	7	10	76	1	.271
		Majors		181	516	66	140	36	5	7	85	2	.271
		Minors		1032	3690	710	1171	256	88	127	776	45	.317

NORMAN WOODNUT SMALL

Born November 6, 1913 at Glen Cove, NY.
Batted right. Threw right. Height: 5-10. Weight: 176.

Manager for Mooresville, North Carolina State, 1947-1948; Hickory, North Carolina State, 1951.

YEAR	CLUB	LEAGUE	POS	G	AB	R	H	2B	3B	HR	SB	RBI	AVG
1934	Martinsville	Bi-State	of	40	123	24	37	12	3	2	—	—	.301
1935	Asheville	Piedmont	of	15	58	14	11	2	0	3	—	11	.190
	Greenwood	East Dixie	of	16	49	2	8	2	0	0	—	3	.163
	Martinsville	Bi-State	of-3b	47	135	12	33	5	1	1	—	—	.244
1936	York	New York-Pennsylvania	of	2	7	1	1	0	0	0	—	0	.143
1937	Mooresville	North Carolina State	of	35	148	44	58	12	2	12	5	51	.392
	Durham	Piedmont	of	88	318	49	87	18	7	2	8	42	.274
1938	Durham	Piedmont	of	69	276	40	76	9	9	5	6	43	.275
	Waterloo	Three I	of	9	29	3	2	0	0	0	0	2	.070
	Columbia	SALLY	of	21	78	10	32	6	1	2	1	16	.410
1939	Columbia	SALLY	of	111	455	60	123	24	10	6	5	54	.270
	Meridian	Southeastern	of	11	39	9	11	2	0	4	—	7	.282
1940	Mooresville	North Carolina State	of	103	437	95	151	41	6	**25**	5	**115**	.346
1941	Mooresville	North Carolina State	of	95	386	75	128	22	8	18	3	73	.332
1942	Mooresville	North Carolina State	of	**100**	383	91	**144**	35	6	**32**	7	107	.376
1943	Jersey City	International	of	53	168	21	42	10	1	4	0	19	.250
1944-45							Military service						
1946	Mooresville	North Carolina State	of	99	388	**100**	135	**31**	10	**18**	8	69	.348
1947	Mooresville	North Carolina State	of	104	398	106	143	36	2	**31**	3	102	.359
1948	Mooresville	North Carolina State	of	110	431	103	154	32	4	**33**	7	**130**	.357
1949	Mooresville	North Carolina State	of	**124**	456	115	157	20	4	**41**	7	**152**	.344
1950	Mooresville	North Carolina State	of	98	350	73	163	23	0	**32**	4	104	.294
1951	Hickory	North Carolina State	of	126	485	106	165	**35**	6	37	4	127	.340
1952	Hickory	Western Carolina	of	20	82	15	28	10	2	2	0	13	.341
	Raleigh	Carolina	of	112	419	59	113	25	4	12	1	68	.270
1953	Mooresville	Tar Heel	of	95	385	75	131	31	1	14	6	87	.340
		Minors		1703	6483	1302	2073	443	87	336	80	1395	.320

EARL LEONARD SMITH

Born January 20, 1891 at Oak Hill, OH.
Died March 14, 1943 at Portsmouth, OH.
Batted both. Threw right. Height: 5-11. Weight: 170.

Manager for Denver, Western, 1932; Charleroi, Pennsylvania State Association, 1935; Bluefield, Appalachian, 1938. Umpire for Middle Atlantic, 1937.

YEAR	CLUB	LEAGUE	POS	G	AB	R	H	2B	3B	HR	RBI	SB	AVG
1911	Green Bay	Wisconsin-Illinois	of	116	453	56	104	13	4	1	—	22	.230
1912	Green Bay	Wisconsin-Illinois	of-1b	98	384	61	116	21	7	12	—	15	.302
	Milwaukee	American Association	1b-of	7	18	5	5	1	0	0	—	0	.278
1913	Fond du Lac	Wisconsin-Illinois	of	68	256	41	54	10	1	3	—	16	.211
	Manistee	Michigan State	of	51	197	34	51	14	1	0	—	13	.259
1914	Twin Cities	Wisconsin-Illinois	of	104	384	40	108	11	4	3	—	24	.281
1915	Omaha	Western	of	139	571	87	143	21	3	4	—	18	.250
1916	Omaha	Western	of	121	510	89	152	27	8	2	—	21	.298
	Chicago	National	of	14	27	2	7	1	1	0	4	1	.259
1917	Omaha	Western	of	88	341	62	113	21	11	9	—	13	.331
	St. Louis	American	of	52	199	31	56	7	7	0	10	5	.281
1918	St. Louis	American	of	89	286	28	77	10	5	0	32	13	.269
1919	St. Louis	American	of	88	252	21	63	12	5	1	36	1	.250
1920	St. Louis	American	3b-of	103	353	45	108	21	8	3	55	11	.306
1921	St. Louis/Washington	American	of-3b	84	258	27	65	9	4	4	26	1	.252
1922	Washington	American	of-3b	65	205	22	53	12	2	1	23	4	.259
	Minneapolis	American Association	of	48	196	44	62	10	3	6	25	1	.316
1923	Minneapolis	American Association	of	139	487	86	154	34	9	11	82	12	.316
1924	Minneapolis	American Association	of	158	641	139	226	64	4	23	127	25	.353
1925	Minneapolis	American Association	of	164	665	132	208	54	11	31	156	11	.313
1926	Minneapolis	American Association	of	159	642	103	194	47	8	15	94	17	.302
1927	Minneapolis	American Association	of	161	658	132	225	49	11	25	135	16	.342
1928	Minneapolis	American Association	of	163	604	81	169	31	4	16	103	10	.280
1929	Minneapolis	American Association	of	151	580	111	188	27	10	20	124	14	.324
1930	Minneapolis/Columbus	American Association	of	150	603	103	198	43	4	16	130	11	.328
1931	Columbus	American Association	of	56	200	42	63	14	2	8	50	7	.315
	Houston	Texas	of	67	257	34	70	20	3	1	19	3	.272
1932	Denver	Western	of	112	456	63	126	30	9	1	72	13	.276
1933	Huntington	Middle Atlantic	of	20	79	10	25	4	0	0	12	0	.316
1934				Did not play in organized baseball									
1935	Charleroi	Pennsylvania State Association	of	59	202	28	61	5	3	5	35	2	.302
		Majors		495	1580	176	429	72	32	9	186	36	.272
		Minors		2399	9384	1583	2815	571	120	212	1164	284	.300

ELMER JOHN SMITH

Born September 21, 1892 at Sandusky, OH.
Died August 3, 1984 at Columbia, KY.
Batted left. Threw right. Height: 5-11. Weight: 170.

YEAR	CLUB	LEAGUE	POS	G	AB	R	H	2B	3B	HR	RBI	SB	AVG
1911	Adrian	Southern Michigan	of	126	446	48	96	26	5	2	11	11	.215
1912	Adrian	Southern Michigan	of	119	466	68	152	24	4	2	30	30	.326
1913	Duluth	Northern	of	89	345	59	99	23	7	13	8	8	.287
	Toledo	American Association	of	26	74	8	17	3	1	0	1	1	.230
1914	Cleveland	American	of	13	53	5	17	3	0	0	8	1	.321
	Cleveland	American Association	of	23	90	4	28	4	4	0	1	1	.311
	Waterbury	Eastern Association	of	93	361	53	120	41	3	14	14	14	.332
1915	Cleveland	American	of	144	476	37	118	23	12	3	10	10	.248
1916	Cleveland/Washington	American	of	124	381	37	95	25	6	5	7	7	.249
1917	Washington/Cleveland	American	of	99	278	28	68	9	4	3	7	7	.245
1918				Military service									
1919	Cleveland	American	of	114	395	60	110	24	6	9	15	15	.278
1920	Cleveland	American	of	129	456	82	144	37	10	12	5	5	.316
1921	Cleveland	American	of	129	431	98	125	28	9	16	0	0	.290
1922	Boston/New York	American	of	94	258	44	71	13	6	7	0	0	.275
1923	New York	American	of	70	183	30	56	6	2	7	3	3	.306
1924	Louisville	American Association	of	169	646	132	216	45	17	**28**	24	24	.334
1925	Cincinnati	National	of	96	284	47	77	13	7	8	6	6	.271
1926	Portland	Pacific Coast	of	185	669	150	225	28	7	**46**	20	20	.336
1927	Portland	Pacific Coast	of	182	653	158	240	52	7	**40**	11	11	.368

YEAR	CLUB	LEAGUE	POS	G	AB	R	H	2B	3B	HR	RBI	SB	AVG
1928	Portland/Hollywood	Pacific Coast	of	182	657	118	210	51	4	26	10	10	.320
1929	Louisville	American Association	of	156	594	103	169	28	10	25	7	7	.285
1930	Buffalo	International	of	12	16	2	3	0	0	0	0	0	.188
	Minneapolis	American Association	of	84	241	60	80	13	3	16	3	3	.332
1931	Springfield	Three I	of	93	353	80	102	24	4	13	4	4	.289
1932	Fort Wayne	Central	of	114	410	80	152	49	11	10	17	17	.371
		Majors		999	3142	463	864	178	62	70	53	–	.275
		Minors		1653	6021	1123	1909	411	98	224	–	161	.317

EMANUEL CARR SMITH

Born April 8, 1901 at Kernersville, NC.
Died April 14, 1989 at Miami, FL.
Batted right. Threw right. Height: 6-1. Weight: 175.

Known as Carr.
Manager for Leaksville-Spray-Draper, Bi-State, 1934.

YEAR	CLUB	LEAGUE	POS	G	AB	R	H	2B	3B	HR	RBI	SB	AVG
1923	Raleigh	Piedmont	of-1b-p	112	440	107	184	28	25	24	137	4	**.418**
	Washington	American	of	5	9	0	1	1	0	0	1	0	.111
1924	Washington	American	of	5	10	1	2	0	0	0	0	0	.200
	Chattanooga/Memphis	Southern Association	of	91	344	65	111	24	6	6	69	8	.323
1925	Columbus	American Association	of	4	3	0	0	0	0	0	0	0	.000
	Winston-Salem	Piedmont	of	98	344	70	111	27	13	11	74	7	.323
1926	Rochester	International	of	20	62	11	15	2	1	1	14	0	.242
	Wilson	Virginia	of	57	208	41	73	16	2	4	30	8	.351
	Winston-Salem	Piedmont	of	40	140	21	42	5	8	3	22	5	.300
1927	Terre Haute	Three I	of	132	480	77	150	22	18	9	88	19	.313
1928	Norfolk	Virginia	of	42	155	41	54	13	2	5	–	1	.348
	Selma	Southeastern	of	37	125	12	29	5	2	0	14	1	.232
	Greensboro	Piedmont	of-1b	44	162	37	60	14	1	7	37	0	.370
1929	Williamsport	New York-Pennsylvania	of	139	534	105	179	22	17	15	94	11	.335
1930	Williamsport	New York-Pennsylvania	of	139	539	75	172	35	15	16	113	13	.319
1931	Norfolk	Eastern	of	137	562	85	**192**	**39**	8	10	101	8	.342
1932	Richmond	Eastern	of	54	214	50	82	19	9	4	32	0	.383
1933	Richmond	Piedmont	of	41	175	32	58	11	5	3	30	2	.331
	Jersey City	International	of	4	10	0	0	0	0	0	0	0	.000
	Williamsport	New York-Pennsylvania	of	86	322	36	95	20	9	1	49	1	.295
1934	Leaksville-Spray-Draper	Bi-State	of	25	106	27	41	10	1	12	–	0	.387
1935	Danville	Bi-State	of	15	53	9	14	5	1	0	–	7	.264
1936-41				Did not play in organized baseball
1942				Military service
1943	Norfolk	Piedmont	of	104	356	27	85	10	1	0	39	1	.239
1944	Norfolk	Piedmont	of	64	217	17	51	11	1	0	20	0	.235
		Majors		10	19	1	3	1	0	0	1	0	.158
		Minors		1485	5551	945	1798	338	145	131	963	96	.324

ERNEST HENRY "ERNIE" SMITH

Born October 11, 1901 at Paterson, NJ.
Died April 6, 1973 at Brooklyn, NY.
Batted right. Threw right. Height: 5-8. Weight: 155.

YEAR	CLUB	LEAGUE	POS	G	AB	R	H	2B	3B	HR	RBI	SB	AVG
1922	McAlester	Western Association	ss	48	181	21	50	11	1	0	–	9	.276
	Kansas City	American Association	ss-2b	2	3	2	2	0	0	0	0	0	.667
1923	Kansas City	American Association	ss	1	5	1	3	0	2	0	2	0	.600
	Enid	Western Association	ss	141	547	115	180	45	5	21	–	38	.329
1924	Ardmore	Western Association	ss	116	452	109	148	48	9	8	67	31	.327
	Kansas City	American Association	–	21	63	15	23	7	1	0	11	0	.371
1925	Little Rock	Southern Association	ss	140	500	79	154	27	10	1	80	22	.308
1926	Kansas City	American Association	2b-ss	156	631	94	197	36	11	3	77	17	.312
1927	Kansas City	American Association	ss	157	568	83	156	24	6	1	99	14	.275
1928	Birmingham	Southern Association	ss	149	520	87	159	28	11	5	70	20	.306
1929	Birmingham	Southern Association	ss	156	554	111	171	27	14	10	92	26	.309
1930	Chicago	American	ss	24	79	5	19	3	0	0	3	2	.241
	Minneapolis	American Association	ss-3b	111	442	90	141	28	7	9	77	17	.319

YEAR	CLUB	LEAGUE	POS	G	AB	R	H	2B	3B	HR	RBI	SB	AVG
1931	Minneapolis	American Association	ss	153	554	94	178	35	4	7	80	21	.321
1932	Minneapolis	American Association	ss	164	636	108	202	56	10	7	111	25	.318
1933	Minneapolis	American Association	ss	124	431	84	125	30	2	3	52	16	.290
1934	Minneapolis	American Association	3b-of-ss	95	249	45	81	23	2	4	41	3	.325
1935	Memphis	Southern Association	ss	2	6	0	0	0	0	0	0	0	.000
	Dallas	Texas	2b	99	353	47	95	25	3	0	44	15	.269
1936	Fort Worth	Texas	2b-ss	46	166	23	45	7	2	0	15	8	.271
	New Orleans	Southern Association	2b	104	384	57	113	27	5	3	59	18	.294
1937	Jersey City	International	2b-ss-3b	88	259	31	67	8	4	0	18	4	.259
		Majors		24	79	5	19	3	0	0	3	2	.241
		Minors		2025	7323	1275	2240	481	108	81	995	295	.306

James Carlisle "Red" Smith

Born April 6, 1890 at Greenville, SC.
Died October 10, 1966 at Atlanta, GA.
Batted right. Threw right. Height: 5-11. Weight: 165.

Manager for Jacksonville, Southeastern, 1926; Springfield, Three I, 1928.

YEAR	CLUB	LEAGUE	POS	G	AB	R	H	2B	3B	HR	RBI	SB	AVG
1909	Anderson	Carolina Association	3b	48	181	26	43	—	—	0	—	18	.237
1910	Anderson	Carolina Association	3b-ss	75	266	42	63	11	4	4	—	36	.237
1911	Nashville	Southern Association	3b	127	472	83	149	20	9	4	—	32	.316
	Brooklyn	National	3b	28	111	10	29	6	1	0	19	5	.261
1912	Brooklyn	National	3b	128	486	75	139	28	6	4	57	22	.286
1913	Brooklyn	National	3b	151	540	70	160	**40**	10	6	76	22	.296
1914	Brooklyn/Boston	National	3b	150	537	69	146	27	9	7	85	15	.272
1915	Boston	National	3b	**157**	549	66	145	34	4	2	65	10	.264
1916	Boston	National	3b	150	509	48	132	16	10	3	60	13	.259
1917	Boston	National	3b	147	505	60	149	31	6	2	62	16	.295
1918	Boston	National	3b	119	429	55	128	20	3	2	65	8	.298
1919	Boston	National	3b-of	87	241	24	59	6	0	1	25	6	.245
1920	Vernon	Pacific Coast	3b	186	616	71	180	25	4	1	—	10	.292
1921	Vernon	Pacific Coast	3b	163	610	110	195	40	3	10	89	11	.320
1922	Vernon	Pacific Coast	3b	190	719	120	251	51	6	8	101	7	.349
1923	Vernon/Los Angeles	Pacific Coast	3b	160	548	102	179	31	3	7	60	7	.327
1924	Atlanta	Southern Association	3b	131	475	90	183	31	8	9	85	26	**.385**
1925	Atlanta	Southern Association	3b-of	137	483	82	166	41	7	5	77	17	.344
1926	Atlanta	Southern Association	3b-of	46	159	29	50	7	2	0	26	8	.302
	Jacksonville	Southeastern	3b	95	327	75	108	13	9	2	—	14	.330
1927	Nashville	Southern Association	of	29	112	18	33	5	0	0	8	2	.295
	Peoria	Three I	3b	105	384	72	142	36	9	1	86	19	**.370**
1928	Springfield/Peoria	Three I	3b	129	481	78	165	27	5	7	95	7	.343
		Majors		1117	3907	477	1087	208	49	27	514	117	.278
		Minors		1621	5833	998	1907	338	69	58	627	214	.327

Judson Grant "Jud" Smith

Born January 13, 1869 at Green Oak, MI.
Died December 7, 1947 at Los Angeles, CA.
Batted right. Threw right.

YEAR	CLUB	LEAGUE	POS	G	AB	R	H	2B	3B	HR	RBI	SB	AVG
1890	Portland	Pacific Northwest	3b	16	—	—	—	—	—	—	—	—	—
1891	LaGrande	Pacific	3b	16	—	—	—	—	—	—	—	—	—
1892	Butler	Inter-State	3b	56	—	—	—	—	—	—	—	—	—
1893	Wilkes Barre	Eastern	3b	26	—	—	—	—	—	—	—	—	—
	Cincinnati/St. Louis	National	3b-of	21	56	8	11	1	0	1	5	1	.196
1894	Jacksonville	Western Association	3b	56	—	—	—	—	—	—	—	—	—
1895	Toronto	Eastern	3b	113	450	108	168	—	—	—	—	31	**.373**
1896	Toronto	Eastern	3b	110	443	79	143	—	—	—	—	37	.323
	Pittsburgh	National	3b	10	35	6	12	2	1	0	4	3	.343
1897	Syracuse	Eastern	3b	134	532	120	166	—	—	—	—	28	.313
1898	Washington	National	3b-ss	66	234	33	71	7	5	3	28	11	.303
	Syracuse	Eastern	3b	76	306	56	91	—	—	—	—	20	.297
1899	Toronto	Eastern	3b	107	411	78	128	—	—	—	—	24	.312
1900	Providence/Worcester	Eastern	3b	119	461	74	130	—	—	—	—	21	.283

YEAR	CLUB	LEAGUE	POS	G	AB	R	H	2B	3B	HR	SB	RBI	AVG
1901	Brockton/Syracuse	Eastern	3b	98	401	47	106	–	–	–	–	6	.264
	Pittsburgh	National	3b	6	21	1	3	1	0	0	0	0	.143
1903	Los Angeles	Pacific Coast	3b	198	789	138	232	–	–	–	–	54	.294
1904	Los Angeles	Pacific Coast	3b	160	620	99	173	39	3	0	–	43	.280
1905	Los Angeles	Pacific Coast	3b	198	752	–	186	–	–	–	–	47	.247
1906	Los Angeles	Pacific Coast	3b	110	400	–	98	–	–	–	–	–	.245
1907	Los Angeles	Pacific Coast	3b	118	432	150	105	–	–	–	–	20	.243
1908	Los Angeles	Pacific Coast	3b	161	612	67	146	26	5	0	–	28	.239
1909	Los Angeles	Pacific Coast	3b	212	754	65	168	22	0	3	–	47	.223
		Majors		103	346	48	97	11	6	4	37	15	.280
		Minors		2279	8824	1213	2430	94	8	3	–	410	.275

CLAUDIO SOLANO

Born February 14, 1926, in Hermosillo, Sonora, Mexico
Batted right. Threw right. Height: 5-10. Weight: 180.

Manager for Puerto Mexico, Mexican Southeast, 1966-1967; Cananea, Arizona-Texas, 1957.

YEAR	CLUB	LEAGUE	POS	G	AB	R	H	2B	3B	HR	SB	RBI	AVG
1945	San Diego	Pacific Coast	ss	7	13	0	2	0	0	0	0	1	.154
1946-47				Did not play in organized baseball
1948	San Luis Potosi/Veracruz	Mexican	of-3b-1b	80	268	37	65	14	1	8	3	45	.243
1949	San Luis Potosi	Mexican	of-3b-1b	43	173	32	62	10	2	8	4	33	.358
1950	San Luis Potosi	Mexican	of-3b	88	320	47	76	17	1	2	8	29	.238
1951	San Luis Potosi	Mexican	of-3b	84	314	42	94	11	3	7	6	61	.299
1952	San Luis Potosi/Mexico City	Mexican	of-2b-3b-1b	84	344	54	124	19	2	10	0	56	.360
1953	Mexico City	Mexican	of-3b	69	247	43	80	14	3	3	6	22	.324
	San Antonio	Texas	of	14	44	4	13	4	0	1	0	3	.295
1954	Cananea	Arizona-Texas	of	138	513	150	202	49	1	**47**	10	188	.394
1955	Cananea	Arizona-Texas	of	136	564	137	194	26	3	36	9	**164**	.344
1956	Cananea	Arizona-Texas	of-1b	129	502	**147**	194	39	1	45	5	**174**	.386
1957	Cananea	Arizona-Texas	of-3b	117	468	140	188	39	3	**41**	6	**159**	**.402**
1958	Nogales	Arizona-Texas	of	119	471	119	169	32	4	28	2	114	.359
1959-60				Did not play in organized baseball
1961	Monterrey	Mexican	of	115	350	51	106	19	3	11	2	74	.303
1962-65				Did not play in organized baseball
1966	Puerto Mexico	Mexican Southeast	of	32	57	5	12	3	0	2	0	8	.211
1967	Puerto Mexico	Mexican Southeast	1b	10	9	0	3	1	0	0	0	1	.333
		Minors		1265	4657	1008	1584	297	27	249	61	1132	.340

MORRIS HIRSCH "MOE" SOLOMON

Born December 8, 1900 at New York, NY.
Died June 25, 1966 at Miami, FL.
Batted left. Threw left. Height: 5-9½. Weight: 180.

Set minor league HR record with 49 in 1923. This broke the record 45 of Perry Werden, Minneapolis, Western, set in 1895.

YEAR	CLUB	LEAGUE	POS	G	AB	R	H	2B	3B	HR	RBI	SB	AVG
1921	Vancouver	Pacific Coast International	1b-of	115	422	73	132	19	8	13	–	13	.313
1922	Vancouver/Tacoma	Pacific Coast International	1b	19	76	10	23	3	1	0	–	2	.303
1923	Hutchinson	Southwestern	1b-of	134	527	143	222	40	15	49	–	12	**.421**
	New York	National	of	2	8	0	3	1	0	0	1	0	.375
1924	Toledo	American Association	1b	5	21	0	3	0	1	0	1	0	.143
	Pittsfield/Bridgeport/Waterbury	Eastern	1b-of	142	555	65	169	37	11	5	–	7	.305
1925	Toledo	American Association	ph	2	2	0	0	0	0	0	0	0	.000
	Hartford/Albany	Eastern	of-1b	133	511	61	149	31	8	2	–	11	.292
1926	Albany	Eastern	of-1b	144	545	64	164	36	11	1	–	11	.301
1927	Albany	Eastern	of	153	589	72	158	**43**	9	7	91	15	.268
1928	Albany	Eastern	1b-of	41	101	18	31	7	2	1	17	1	.307
1929	Canton	Central	1b	12	43	5	11	1	1	0	2	2	.256
		Majors		2	8	0	3	1	0	0	1	0	.375
		Minors		900	3392	511	1062	217	67	78	111	74	.313

JESUS MARTIN SOMMERS (LOPEZ)

Born September 11, 1949 at Guayamas, Sonora, Mexico.
Bats right. Throws right. Height: 5-11. Weight: 175.

YEAR	CLUB	LEAGUE	POS	G	AB	R	H	2B	3B	HR	RBI	SB	AVG
1966	San Luis Potosi	Mexican Center	ss-of	28	98	8	23	3	0	0	12	1	.235
1967					Did not play in organized baseball								
1968	Ciudad Madero	Mexican Center	3b-of-c	89	306	48	76	9	1	11	45	5	.248
1969	Ciudad Madero	Mexican Center	of-2b	17	56	5	10	0	1	1	9	0	.179
	Penasco	Mexican Northern	of-ss-3b	89	354	72	118	24	5	10	53	19	.333
1970	Carmen	Mexican Southeast	3b-2b	20	73	9	16	4	0	2	9	3	.219
	Yucatan	Mexican	3b-of-2b	92	265	27	66	8	1	3	22	3	.249
1971	Yucatan	Mexican	3b	12	42	5	11	1	1	0	8	0	.262
1972	Yucatan	Mexican	3b	37	128	17	34	3	1	2	22	2	.266
1973	Yucatan	Mexican	3b-ss	135	446	66	130	16	3	9	58	18	.291
1974	Puebla	Mexican	3b-2b	136	469	62	130	22	5	11	61	15	.277
1975	Puebla	Mexican	3b-2b-ss	91	318	38	92	17	2	2	32	4	.289
1976	Puebla	Mexican	3b	137	538	81	157	26	3	15	79	2	.292
1977	Aguascalientes	Mexican	3b	142	517	71	138	22	5	9	74	10	.267
1978	Aguascalientes	Mexican	3b-1b	145	504	89	153	23	12	6	55	11	.304
1979	Tampico	Mexican	3b-1b	122	467	60	131	18	1	10	43	9	.281
1980	Toluca/Mexico City Reds	Mexican	3b-1b	93	350	59	108	12	6	10	65	3	.309
1981	Mexico City Reds	Mexican	3b-1b	119	430	63	136	22	4	3	55	8	.316
1982	Tabasco	Mexican	3b-ss-2b	121	399	36	111	20	2	3	41	7	.278
1983	Mexico City Reds/Leon	Mexican	1b-3b	104	367	43	81	11	2	10	48	3	.221
1984	Leon	Mexican	3b-1b-2b	109	425	95	139	18	1	27	101	4	.327
1985	Leon	Mexican	3b	114	415	81	120	22	2	19	83	4	.289
1986	Leon	Mexican	1b-3b	116	450	100	160	30	2	18	86	7	.356
1987	Leon	Mexican	3b-1b-2b	118	444	81	156	34	2	20	114	4	.351
1988	Leon	Mexican	3b-1b	124	457	68	146	26	1	10	75	0	.319
1989	Union Laguna	Mexican	1b	129	484	85	151	28	1	19	84	5	.312
1990	Union Laguna	Mexican	1b	84	285	34	79	14	0	6	43	1	.277
1991	Jalisco	Mexican	1b	114	411	57	115	17	3	9	81	2	.280
1992	Jalisco	Mexican	1b	120	416	40	106	18	1	6	62	4	.255
1993	Jalisco	Mexican	1b	120	406	35	114	20	0	8	45	0	.281
			Minors	2877	10310	1535	3007	488	68	259	1565	154	.291

CARLOS SOTO (MOTA)

Born November 4, 1953 at Reynosa, Tampulipas, Mexico.
Batted right. Threw right. Height: 6-1. Weight: 198.

YEAR	CLUB	LEAGUE	POS	G	AB	R	H	2B	3B	HR	RBI	SB	AVG
1972	Ebano	Mexican Center	c	32	94	12	21	6	0	0	11	1	.223
1973	Ebano	Mexican Center	c-1b-of	65	229	39	73	17	0	8	58	2	.319
	Mexico City Reds	Mexican	c	10	27	1	5	0	1	0	18	0	.185
1974	Sarasota Indians	Gulf Coast	c-1b	12	34	2	10	1	0	0	2	0	.294
1975	Mexico City Reds	Mexican	c-1b	48	116	11	28	5	1	0	18	0	.241
1976	Nuevo Laredo	Mexican	c-1b	26	71	4	12	1	0	2	5	0	.169
1977	Nuevo Laredo	Mexican	c-1b	142	511	77	162	17	4	19	87	5	.317
1978	Nuevo Laredo	Mexican	1b-c	104	328	48	93	13	1	19	53	1	.284
1979	Nuevo Laredo	Mexican	c-1b	130	466	57	146	21	1	14	77	0	.313
1980	Nuevo Laredo/Saltillo	Mexican #1	c-1b	90	328	47	99	9	3	5	36	5	.302
	Saltillo	Mexican #2	c-1b	34	112	15	41	4	3	2	20	0	.366
1981	Nuevo Laredo	Mexican	1b-c	108	366	50	114	15	1	10	57	2	.311
1982	Nuevo Laredo	Mexican	c-1b	119	421	63	120	13	1	19	65	2	.285
1983	Nuevo Laredo	Mexican	1b-c	112	402	52	120	24	4	22	75	2	.299
1984	Nuevo Laredo	Mexican	1b-c	102	395	59	128	20	0	16	83	0	.324
1985	Nuevo Laredo	Mexican	c-1b	116	394	69	137	23	0	23	77	5	.348
1986	Nuevo Laredo	Mexican	c-1b	103	342	56	115	15	1	29	78	1	.336
1987	Nuevo Laredo	Mexican	1b	112	381	53	106	10	0	29	94	0	.278
1988	Campeche/Monclova	Mexican	1b	112	378	52	93	15	0	21	76	4	.246
1989	Monterrey Industrials	Mexican	c	88	268	39	81	17	2	10	48	2	.302
1990	San Luis Potosi	Mexican	1b	92	308	32	87	10	0	14	62	2	.282
1991	San Luis Potosi	Mexican	1b	72	174	21	56	5	0	10	29	0	.320
			Minors	1829	6145	859	1847	261	23	272	1129	32	.301

JOSEPH CONRAD SPRINZ

Born August 3, 1902 at St. Louis, MO.
Died January 11, 1994, Fremont, CA.
Batted right. Threw right. Height: 5-11. Weight: 185.

YEAR	CLUB	LEAGUE	POS	G	AB	R	H	2B	3B	HR	RBI	SB	AVG
1924	Enid	Southwestern	c	108	327	58	89	17	0	5	—	10	.272
1925	Shawnee	Southwestern	c	101	355	46	96	—	—	—	—	—	.270
1926	Arkansas City	Southwestern	c	40	157	31	58	11	0	4	—	8	.369
	Des Moines	Western	c	58	177	30	46	9	6	0	—	5	.260
1927	Des Moines	Western	c	129	537	82	137	24	6	3	—	10	.314
	Minneapolis	American Association	c	11	34	3	10	0	2	1	6	0	.294
1928	San Francisco	Pacific Coast	c	158	505	59	119	20	1	4	49	10	.236
1929	Indianapolis	American Association	c	138	463	63	142	17	6	4	68	7	.307
1930	Indianapolis	American Association	c	54	167	17	46	7	4	0	27	0	.279
	Cleveland	American	c	17	45	5	8	1	0	0	2	0	.178
1931	Cleveland	American	c	1	3	0	0	0	0	0	0	0	.000
	Houston	Texas	c	50	133	15	38	4	0	0	10	2	.286
1932	Columbus	American Association	c	84	257	33	67	10	2	2	24	3	.261
1933	Columbus	American Association	c	1	4	0	0	0	0	0	0	0	.000
	Baltimore	International	c	77	253	26	74	8	3	1	35	2	.292
	St. Louis	National	c	3	5	1	1	0	0	0	0	0	.200
1934	Indianapolis	American Association	c	87	300	32	83	10	2	0	36	2	.277
1935	Indianapolis	American Association	c	109	375	40	92	14	0	0	23	4	.259
1936	Mission	Pacific Coast	c	97	309	36	88	12	2	2	47	5	.285
1937	Mission	Pacific Coast	c	103	307	34	79	6	3	0	36	5	.257
1938	San Francisco	Pacific Coast	c	132	402	57	120	21	2	0	42	6	.299
1939	San Francisco	Pacific Coast	c	90	276	35	86	9	4	0	26	2	.312
1940	San Francisco	Pacific Coast	c	118	378	26	94	12	2	0	51	2	.249
1941	San Francisco	Pacific Coast	c	47	131	13	22	2	0	0	15	1	.168
1942	San Francisco	Pacific Coast	c	106	302	23	73	6	6	0	33	1	.242
1943	San Francisco	Pacific Coast	c	92	298	21	63	7	1	0	22	3	.211
1944	San Francisco	Pacific Coast	c	92	272	38	75	6	2	0	28	3	.276
1945	San Francisco	Pacific Coast	c	106	307	37	93	3	2	0	33	5	.303
1946	San Francisco	Pacific Coast	c	35	93	6	26	1	0	0	14	0	.280
		Majors	21	53	6	9	1	0	0	2	0	.170
		Minors	2223	7119	861	1870	236	56	26	625	96	.263

DEAN LEE STAFFORD

Born December 8, 1921 at Los Angeles, CA.
Batted right. Threw right. Height: 6-1. Weight: 215.

YEAR	CLUB	LEAGUE	POS	G	AB	R	H	2B	3B	HR	RBI	SB	AVG
1946	Lufkin/Greenville	East Texas	of	123	465	100	165	24	9	14	99	17	.355
	Houston	Texas	of	18	55	10	14	1	1	3	13	1	.255
1947	Greenville	Big State	of-1b	154	595	151	225	37	19	19	156	19	.378
1948	Chattanooga	Southern Association	of	9	17	2	4	1	0	0	2	0	.235
	Sherman-Denison	Big State	of	132	569	123	203	29	5	14	137	15	.357
1949	Sherman-Denison	Big State	of	148	597	98	209	30	9	21	135	2	.350
1950	Sherman-Denison	Big State	of-1b	143	569	98	197	36	4	27	127	3	.346
1951	Sherman-Denison	Big State	of-1b	142	567	124	196	34	3	**32**	**151**	5	.346
1952	Paris/Tyler	Big State	of	**147**	567	120	194	20	4	**47**	141	8	.342
1953	Tyler	Big State	of	144	539	91	184	25	2	25	106	5	.341
1954	Galveston/Corpus Christi	Big State	of	146	586	133	**212**	48	9	38	**171**	7	**.362**
1955	Corpus Christi	Big State	of	140	**558**	120	189	37	2	37	159	8	.339
		Minors	1446	5684	1170	1992	322	67	277	1397	90	.350

GEORGE WASHINGTON "BUCK" STANTON

Born June 19, 1906 at Stantonsburg, NC.
Died January 1, 1992 at San Antonio, TX.
Batted left. Threw left. Height: 5-10. Weight: 150.

YEAR	CLUB	LEAGUE	POS	G	AB	R	H	2B	3B	HR	RBI	SB	AVG
1926	Wilson	Virginia	1b	2	8	—	1	1	0	0	—	0	.125
	Tampa	Florida State	of	95	368	46	111	23	3	2	—	10	.300
1927	Wilson	Virginia	1b	115	430	80	149	33	14	1	56	17	.347

YEAR	CLUB	LEAGUE	POS	G	AB	R	H	2B	3B	HR	RBI	SB	AVG
1928	Wichita Falls	Texas	1b	145	514	68	154	40	9	4	83	6	.300
1929							Voluntarily Retired						
1930	Milwaukee	American Association	1b	131	504	82	162	23	13	11	96	5	.321
1931	Wichita Falls	Texas	1b	148	596	91	207	54	14	6	98	6	.347
	St. Louis	American	of	13	15	3	3	2	0	0	0	0	.200
1932	Milwaukee	American Association	1b	164	667	131	194	36	16	6	89	16	.291
1933	Milwaukee	American Association	1b	156	633	94	184	33	7	9	87	15	.291
1934	San Antonio	Texas	1b	130	528	87	168	33	11	6	89	7	.318
1935	San Antonio	Texas	1b	159	624	75	162	33	15	1	86	13	.260
1936	San Antonio	Texas	1b	150	591	67	168	42	2	1	80	7	.284
1937	San Antonio	Texas	1b	162	623	87	176	32	13	1	92	5	.283
1938	San Antonio	Texas	1b	18	59	10	17	2	1	0	3	0	.288
1939	San Antonio	Texas	1b	33	111	7	16	4	0	0	12	1	.144
	Evansville	Three I	1b	96	341	46	109	18	8	2	62	2	.320
1940	Knoxville	Southern Association	1b	150	547	70	157	30	8	5	71	1	.287
			Majors	13	15	3	3	2	0	0	0	0	.200
			Minors	1854	7144	1041	2135	437	134	55	1004	111	.299

Frank Hershel "Pat" Stasey

Born March 11, 1918 at Stephensville, TX.
Batted left. Threw right. Height: 5-10. Weight: 173.

Manager for Big Spring, Longhorn, 1947-52; Roswell, Longhorn, 1953-54; Hobbs, Longhorn, 1955; Hobbs, Southwestern, 1956.

YEAR	CLUB	LEAGUE	POS	G	AB	R	H	2B	3B	HR	RBI	SB	AVG
1938	Big Spring	West Texas-New Mexico	of-p	78	239	51	77	17	4	6	55	11	.322
1939	Big Spring	West Texas-New Mexico	of	138	561	131	193	34	13	25	134	27	.344
1940	Moline	Three I	of	108	430	79	134	19	14	1	30	9	.312
1941	Moline	Three I	of	121	502	78	139	26	12	8	56	5	.277
1942	Minneapolis	American Association	of	52	120	18	37	7	4	1	17	0	.308
	Jersey City	International	of	14	43	3	10	0	0	0	3	0	.233
	Knoxville	Southern Association	of	19	79	14	20	1	2	1	12	0	.253
1943-46							Military service						
1947	Big Spring	Longhorn	of	123	502	145	209	45	6	19	153	22	.416
1948	Big Spring	Longhorn	of	110	404	100	157	38	5	9	102	5	**.389**
1949	Big Spring	Longhorn	of	125	441	108	166	30	4	11	109	4	.376
1950	Big Spring	Longhorn	of	130	434	85	150	36	2	8	101	2	.346
1951	Big Spring	Longhorn	of	128	483	107	187	48	5	14	118	2	**.387**
1952	Big Spring	Longhorn	of	136	512	102	176	34	3	13	120	2	.344
1953	Roswell	Longhorn	of	80	290	59	99	17	3	4	69	2	.341
1954	Roswell	Longhorn	of	105	414	75	122	25	2	8	80	3	.295
1955	Hobbs	Longhorn	of	12	48	9	19	7	0	2	18	0	.396
			Minors	1479	5502	1164	1895	384	79	130	1177	94	.344

Arnold John "Jigger" Statz

Born October 20, 1897 at Waukegan, IL.
Died March 16, 1988 at Corona Del Mar, CA.
Batted right. Threw right. Height: 5-7½. Weight: 150.

Manager for Los Angeles, Pacific Coast, 1940-1942; Visalia, California, 1948-1949.
Scout for Chicago, National, 1947-1952.
Played a record 18 years with one minor league club, Los Angeles, Pacific Coast League.

YEAR	CLUB	LEAGUE	POS	G	AB	R	H	2B	3B	HR	RBI	SB	AVG
1919	New York	National	of	21	60	7	18	2	1	0	6	2	.300
1920	New York	National	of	16	30	0	4	0	1	0	5	0	.133
	Boston	American	of	2	3	0	0	0	0	0	0	0	.000
	Los Angeles	Pacific Coast	of	101	386	42	91	14	5	0	—	11	.236
1921	Los Angeles	Pacific Coast	of	153	584	126	181	21	7	2	34	52	.310
1922	Chicago	National	of	110	462	77	137	19	5	1	34	16	.297
1923	Chicago	National	of	154	655	110	209	33	8	10	70	29	.319
1924	Chicago	National	of	135	549	69	152	22	5	3	49	13	.277
1925	Chicago	National	of	38	148	21	38	6	3	2	14	4	.257
	Los Angeles	Pacific Coast	of	130	545	90	144	27	7	2	45	17	.264
1926	Los Angeles	Pacific Coast	of	199	823	150	291	68	18	4	59	19	.354
1927	Brooklyn	National	of	130	507	64	139	24	7	1	21	10	.274
1928	Brooklyn	National	of	77	171	28	40	8	1	0	16	3	.234

YEAR	CLUB	LEAGUE	POS	G	AB	R	H	2B	3B	HR	RBI	SB	AVG
1929	Los Angeles	Pacific Coast	of	195	799	173	246	41	7	3	75	37	.308
1930	Los Angeles	Pacific Coast	of-3b	161	558	95	201	43	12	5	84	37	.360
1931	Los Angeles	Pacific Coast	of	184	748	**141**	248	42	13	6	107	**45**	.332
1932	Los Angeles	Pacific Coast	of	188	737	**153**	256	43	12	6	93	21	.347
1933	Los Angeles	Pacific Coast	of	182	767	144	249	29	8	10	73	17	.325
1934	Los Angeles	Pacific Coast	of	183	760	168	246	39	**13**	6	66	61	.324
1935	Los Angeles	Pacific Coast	of	171	716	132	236	40	7	2	65	**53**	.330
1936	Los Angeles	Pacific Coast	of	158	631	**134**	203	37	7	3	62	**43**	.322
1937	Los Angeles	Pacific Coast	of	154	558	90	162	32	5	2	57	18	.290
1938	Los Angeles	Pacific Coast	of	167	630	**131**	200	41	4	2	44	12	.317
1939	Los Angeles	Pacific Coast	of	145	557	89	173	38	5	4	62	9	.311
1940	Los Angeles	Pacific Coast	of	144	453	97	131	30	3	1	48	11	.289
1941	Los Angeles	Pacific Coast	of	75	142	8	38	3	1	0	21	1	.268
1942	Los Angeles	Pacific Coast	of	100	263	33	60	9	2	2	22	2	.228
		Majors		683	2585	376	737	114	31	17	215	77	.285
		Minors		2790	10657	1996	3356	597	136	60	1017	466	.315

LEE J. STEBBINS

Born July 3, 1904 at West Plains, MO.
Died October 27, 1956 at Fort Worth, TX.
Batted left. Threw left. Height: 6-0. Weight: 175.

Hit last home run of career on September 5, 1932. Then played 1,114 games with 4,222 at-bats without a home run.

YEAR	CLUB	LEAGUE	POS	G	AB	R	H	2B	3B	HR	RBI	SB	AVG
1926	Marshalltown	Mississippi Valley	of	12	44	3	15	2	0	0	–	1	.341
	Blackwell	Southwestern	1b	107	470	119	148	27	12	17	–	21	.315
1927	Corpus Christi	Texas Valley	1b	112	434	46	124	22	0	1	–	9	.286
1928	Coleman	West Texas	1b	108	436	93	169	–	–	3	–	–	.388
1929	Coleman	West Texas	1b	83	301	65	130	27	8	11	–	2	.360
1929	Fort Worth	Texas	1b	19	76	6	23	44	0	0	11	1	.303
1930	Fort Worth	Texas	ph	3	3	0	0	0	0	0	0	0	.000
	Columbia	SALLY	1b	117	452	65	148	23	8	3	68	2	.328
1931	San Antonio	Texas	1b	161	656	67	197	28	8	0	82	12	.300
1932	Houston	Texas	1b	155	638	93	198	22	15	4	65	3	.310
1933	Houston/San Antonio	Texas	1b	124	506	47	109	14	6	0	53	4	.215
1934	San Antonio/Beaumont	Texas	1b	136	508	63	157	17	8	0	67	1	.309
1935	Knoxville	Southern Association	1b	154	600	67	184	26	8	0	64	4	.307
1936	Fort Worth	Texas	1b	139	553	74	162	26	8	0	56	2	.293
1937	Fort Worth	Texas	1b	154	579	93	159	16	6	0	70	1	.275
1938	Fort Worth	Texas	1b	155	604	68	175	19	6	0	68	4	.290
1939	Jacksonville	East Texas	1b	10	534	3	9	3	0	0	4	2	.265
1939	Fort Worth	Texas	1b	105	370	33	100	10	2	0	42	5	.270
1940	Fort Worth	Texas	1b	113	376	33	92	7	1	0	39	2	.245
1941	Rayne	Evangeline	1b	24	92	10	30	4	0	0	8	0	.326
		Minors		1991	8832	1048	2329	337	96	36	697	76	.264

WILLIAM ROBERT "BILL" STEINECKE

Born February 7, 1907 at Cincinnati, OH.
Died July 20, 1986 at St. Augustine, FL.
Batted right. Threw right. Height: 5-8. Weight: 175.

Manager for Jacksonville, SALLY, 1937; Tarboro, Coastal Plain, 1940; St. Augustine, Florida State, 1946; Suffolk, Virginia, 1948-1949; Leesburg, Florida State, 1950; Palatka, Florida State, 1951-1952; Jesup, Georgia State, 1953; Harlan, Mountain States, 1954; Cocoa, Florida State, 1954; West Palm Beach, Florida State, 1955; McCook, Nebraska, 1956-1959; Eau Claire, Northern, 1960; Wellsville, PONY, 1961; Waycross-Dublin, Georgia-Florida, 1962-1963; Greenville, Western Carolinas, 1964.

YEAR	CLUB	LEAGUE	POS	G	AB	R	H	2B	3B	HR	RBI	SB	AVG
1927	Lawrence	New England	c	16	56	7	13	1	0	1	7	1	.232
	Waterloo	Mississippi Valley	c	48	158	27	52	11	5	2	–	4	.329
1928	Waterloo	Mississippi Valley	c	109	411	75	128	31	11	7	–	7	.311
	Seattle	Pacific Coast	c	9	25	1	6	0	0	0	1	0	.240
1929	Seattle	Pacific Coast	c	94	240	36	76	11	2	5	32	3	.317
1930	Beaumont	Texas	c	17	54	4	8	1	0	0	4	0	.148
	Binghamton	New York-Pennsylvania	c-of	83	290	44	89	16	4	7	51	9	.307
1931	Binghamton	New York-Pennsylvania	c-of	137	496	78	179	41	7	7	84	19	.361
	Pittsburgh	National	ph-c	4	4	0	0	0	0	0	0	0	.000

YEAR	CLUB	LEAGUE	POS	G	AB	R	H	2B	3B	HR	RBI	SB	AVG
1932	Binghamton	New York-Pennsylvania	of	46	165	27	55	6	3	3	26	10	.333
	Fort Worth	Texas	c	31	79	12	15	3	0	1	4	0	.190
	Davenport	Mississippi Valley	c	36	132	23	33	7	2	2	24	13	.250
	Omaha	Western	c	17	65	14	22	6	2	0	5	2	.338
1933	Scranton	New York-Pennsylvania	c	118	405	54	125	18	11	4	56	12	.309
1934	Scranton	New York-Pennsylvania	c-of	83	314	50	100	28	7	0	52	7	.318
	Dayton	Middle Atlantic	c	48	197	38	73	13	7	2	44	4	.371
1935							Did not play in organized baseball						
1936	Williamsport	New York-Pennsylvania	c	132	501	95	175	33	9	6	110	12	.349
1937	Savannah/Jacksonville	SALLY	c	69	239	32	67	8	3	2	43	5	.280
1938							Did not play in organized baseball						
1939	Jacksonville	SALLY	c	2	7	1	1	0	0	0	0	0	.143
	Portsmouth	Piedmont	c	36	106	9	21	3	0	2	15	1	.198
1940	Jacksonville	SALLY	c	25	84	8	27	2	1	1	14	0	.321
	Portsmouth	Piedmont	c	40	129	9	33	7	1	0	11	0	.256
	Tarboro	Coastal Plain	c	23	83	14	30	5	1	0	12	8	.361
1941	Portsmouth	Piedmont	c	113	389	35	97	21	6	0	49	9	.249
1942	Portsmouth	Piedmont	c	66	210	21	47	4	0	0	18	1	.224
1943	Portsmouth	Piedmont	c	81	253	24	57	12	3	0	25	1	.225
1944	Portsmouth	Piedmont	c	86	238	35	70	15	4	1	45	8	.294
1945	Kansas City	American Association	c	60	181	21	51	7	2	0	28	0	.282
	Newark	International	c	28	79	9	25	2	0	0	14	5	.316
1946	St. Augustine	Florida State	c-of	90	253	38	77	12	2	0	35	10	.304
1947	De Land	Florida State	c	84	268	31	69	12	2	2	14	9	.257
1948	Suffolk	Virginia	c	53	128	21	39	8	2	2	26	2	.305
1950	Leesburg	Florida State	c	27	84	3	14	2	0	0	7	0	.167
			Majors	4	4	0	0	0	0	0	0	0	.000
			Minors	1907	6319	896	1874	346	97	57	855	162	.297

CHARLES AUGUSTUS "CHUCK" STEVENS

Born July 10, 1918 at Van Houten, NM.
Batted left. Threw right. Height: 6-1. Weight: 180.

Manager for Amarillo, Western, 1956.

YEAR	CLUB	LEAGUE	POS	G	AB	R	H	2B	3B	HR	RBI	SB	AVG
1937	Williamston	Coastal Plain	1b	97	358	61	103	9	8	10	51	3	.288
1938	Johnstown	Middle Atlantic	1b	128	469	69	136	30	5	7	56	6	.290
	Springfield	Three I	1b				less than ten games						
1939	Springfield	Three I	1b	119	443	79	140	24	6	5	74	10	.316
1940	San Antonio	Texas	1b	158	576	71	152	30	6	5	67	8	.264
1941	Toledo	American Association	1b	145	558	74	162	19	6	6	72	4	.290
	St. Louis	American	1b	4	13	2	2	0	0	0	2	0	.154
1942	Toledo	American Association	1b	147	532	69	133	16	11	8	84	10	.250
1943-45							Military service						
1946	St. Louis	American	1b	122	432	53	107	17	4	3	27	4	.248
1947	Toledo	American Association	1b	141	484	78	135	21	5	7	55	7	.279
1948	St. Louis	American	1b	85	288	34	75	12	4	1	26	2	.260
	Hollywood	Pacific Coast	1b	38	140	13	45	10	2	1	19	0	.321
1949	Hollywood	Pacific Coast	1b	183	679	121	202	41	4	10	82	12	.297
1950	Hollywood	Pacific Coast	1b	171	605	103	174	28	3	12	82	2	.288
1951	Hollywood	Pacific Coast	1b	144	489	81	143	26	6	10	67	1	.292
1952	Hollywood	Pacific Coast	1b	142	490	63	136	31	7	2	57	7	.278
1953	Hollywood	Pacific Coast	1b	108	274	36	63	11	3	5	35	0	.230
1954	Hollywood/San Francisco	Pacific Coast	1b	78	132	15	32	5	2	2	23	2	.242
1955	San Francisco	Pacific Coast	1b	83	252	25	59	11	1	5	29	2	.234
1956	Amarillo	Western	1b	98	305	71	102	18	1	12	67	1	.334
1957	Sacramento	Pacific Coast	1b	25	21	0	3	0	0	0	2	0	.143
			Majors	211	733	89	184	29	8	4	55	6	.251
			Minors	2005	6807	1029	1920	330	76	107	922	69	.282

EDWARD LEE "ED" STEVENS

Born January 12, 1925 at Galveston, TX.
Batted left. Threw left. Height: 6-1. Weight: 190.

YEAR	CLUB	LEAGUE	POS	G	AB	R	H	2B	3B	HR	RBI	SB	AVG
1941	Big Spring	West Texas-New Mexico	1b	117	462	81	125	24	6	13	74	10	.271

YEAR	CLUB	LEAGUE	POS	G	AB	R	H	2B	3B	HR	RBI	SB	AVG
1942	Lamesa	West Texas-New Mexico	1b	64	281	67	103	18	9	13	79	1	.367
	Johnstown	Pennsylvania State Association	1b	46	176	28	48	10	3	3	21	2	.273
1943							Did not play in organized baseball						
1944	Montreal	International	1b	153	543	77	147	37	4	16	102	5	.271
1945	Montreal	International	1b	110	401	64	124	19	6	19	95	5	.309
	Brooklyn	National	1b	55	201	29	55	14	3	4	29	0	.274
1946	Brooklyn	National	1b	103	310	34	75	13	7	10	60	2	.242
1947	Brooklyn	National	1b	5	13	0	2	1	0	0	0	0	.154
	Montreal	International	1b	133	458	89	133	22	4	27	108	5	.290
1948	Pittsburgh	National	1b	128	429	47	109	19	6	10	69	4	.254
1949	Pittsburgh	National	1b	67	221	22	58	10	1	4	32	1	.262
1950	Pittsburgh	National	1b	17	46	2	9	2	0	0	3	0	.196
	Indianapolis	American Association	1b	61	198	26	52	3	2	5	27	0	.263
1951	Indianapolis	American Association	1b	152	575	55	150	21	7	12	91	0	.261
1952	Toronto	International	1b	155	554	87	154	31	7	26	**113**	4	.278
1953	Toronto	International	1b	151	520	82	146	20	5	19	92	6	.281
1954	Toronto	International	1b	155	552	99	161	24	6	27	**113**	4	.292
1955	Toronto	International	1b	66	236	35	65	7	1	7	42	3	.275
1956	Toronto	International	1b	140	506	65	125	12	1	21	73	1	.247
1957	Charleston	American Association	1b	105	370	46	84	20	2	16	45	1	.227
	Rochester	International	1b	40	139	25	38	5	0	12	25	0	.273
1958	Rochester	International	1b	123	415	54	109	23	3	14	47	2	.263
1959	Dallas	Texas	1b	17	55	7	15	6	0	1	9	1	.273
	Atlanta/Chattanooga	Southern Association	1b	60	204	21	47	11	1	4	23	1	.230
1960							Did not play in organized baseball						
1961	Mobile	Southern Association	1b	17	44	4	12	2	0	2	8	0	.273
			Majors	375	1220	134	308	59	17	28	193	7	.252
			Minors	1865	6689	1012	1838	315	67	257	1187	51	.275

JOHN FRANKLIN "STUFFY" STEWART

Born January 31, 1894 at Jasper, FL.
Died December 30, 1980 at Lake City, FL.
Batted right. Threw right. Height: 5-9. Weight: 160.

Manager for Birmingham, Southern Association, 1923-1925.

YEAR	CLUB	LEAGUE	POS	G	AB	R	H	2B	3B	HR	RBI	SB	AVG
1915	Valdosta/Waycross	F.L.A.G.	3b-2b	71	254	45	62	11	1	2	–	**38**	.242
1916	Jacksonville	SALLY	2b	110	419	87	112	11	7	2	–	35	.267
	St. Louis	National	2b	9	17	0	3	0	0	0	1	0	.176
1917	St. Louis	National	of-2b	13	9	4	0	0	0	0	0	0	.000
	Denver	Western	2b	30	101	13	30	5	2	0	–	5	.297
1918							Military service						
1919	Sanford	Florida State	2b	68	275	63	82	10	2	2	–	**57**	.298
1920	Birmingham	Southern Association	2b	129	481	80	116	16	6	1	–	29	.241
1921	Birmingham	Southern Association	2b	154	576	105	186	23	15	3	62	**66**	.323
1922	Pittsburgh	National	2b	3	13	3	2	0	0	0	0	6	.154
	Birmingham	Southern Association	2b	137	531	97	159	22	6	5	–	47	.300
1923	Brooklyn	National	2b	4	11	3	4	1	0	1	1	0	.364
	Birmingham	Southern Association	2b	121	483	77	148	14	5	3	49	40	.306
1924	Birmingham	Southern Association	2b	139	522	109	170	26	11	6	63	**67**	.326
1925	Birmingham	Southern Association	2b	137	543	108	165	27	9	8	57	**53**	.304
	Washington	American	3b-2b	7	17	3	6	1	0	0	3	1	.353
1926	Washington	American	2b-3b	62	63	27	17	6	1	0	9	8	.270
1927	Washington	American	2b-3b	56	129	24	31	6	2	0	4	12	.240
1928	Birmingham	Southern Association	2b	152	**629**	**138**	200	24	10	4	51	**61**	.318
1929	Washington	American	2b	22	6	10	0	0	0	0	0	0	.000
	Birmingham	Southern Association	2b	10	41	11	15	1	1	0	2	2	.366
	Baltimore	International	2b	6	20	3	5	3	0	0	0	0	.250
1930	Baltimore/Jersey City	International	2b	123	420	87	113	19	9	5	32	15	.269
1931	Seattle	Pacific Coast	2b	103	297	50	91	11	4	0	23	20	.306
	Knoxville	Southern Association	2b	41	180	30	47	9	3	1	15	5	.261
1932	Tyler	Texas	2b	17	57	5	13	0	0	0	2	2	.228
			Majors	176	265	74	63	14	3	1	18	21	.238
			Minors	1548	5829	1108	1714	231	91	42	356	542	.294

James Donald "Don" Stokes

Born July 13, 1921 at Waverly, TN.
Batted left. Threw right. Height: 6-1. Weight: 184.

YEAR	CLUB	LEAGUE	POS	G	AB	R	H	2B	3B	HR	RBI	SB	AVG
1942	Zanesville	Middle Atlantic	of	3	8	2	2	0	0	0	0	0	.250
	Dothan	Georgia-Florida	3b	51	176	21	45	3	0	0	16	3	.258
1943-45							Military service						
1946	Tyler/Sherman	East Texas	3b-of	119	476	106	172	38	2	16	75	2	**.361**
1947	Sherman-Denison	Big State	3b-of	138	569	144	222	**44**	4	37	155	7	.390
1948	Chattanooga	Southern Association	of	16	46	6	12	1	0	0	9	0	.261
	Sherman-Denison	Big State	of	113	424	100	155	31	12	7	93	12	.366
1949	Sherman-Denison	Big State	of	139	539	89	172	35	8	4	74	7	.319
1950	Sherman-Denison	Big State	of	142	534	83	165	36	3	5	79	4	.309
1951	Lamesa	West Texas-New Mexico	of	141	557	126	214	**59**	6	18	155	16	.384
1952	Lamesa	West Texas-New Mexico	of	142	581	128	211	50	2	15	100	10	.363
1953	Plainview	West Texas-New Mexico	of	141	568	165	**242**	64	6	27	**174**	4	**.426**
1954	Plainview	West Texas-New Mexico	of	130	511	120	**207**	46	7	25	96	2	**.405**
1955	Plainview	West Texas-New Mexico	of	138	571	130	209	**50**	2	25	121	1	.366
1956	Plainview	Southwestern	of	138	551	155	201	46	2	17	88	1	.365
		Minors		1551	6111	1375	2229	503	54	196	1229	69	.365

John Lewis Stone

Born 1918
Batted right. Threw right. Height: 5-9½. Weight: 170.

Manager for Henderson, Lone Star, 1948; Henderson, East Texas, 1950.

YEAR	CLUB	LEAGUE	POS	G	AB	R	H	2B	3B	HR	RBI	SB	AVG
1938	Wink	West Texas-New Mexico	of	41	178	30	55	13	3	5	41	3	.309
1939	Lamesa/Clovis	West Texas-New Mexico	of	126	523	123	195	40	7	12	100	23	.373
1940	Clovis	West Texas-New Mexico	of	138	553	123	176	39	7	27	124	14	.319
1941	Opelousas	Evangeline	of	118	444	63	122	19	8	6	58	13	.275
1942-45						Did not play organized baseball							
1946	Texarkana/Henderson	East Texas	of	136	547	105	184	44	5	20	104	11	.340
1947	Henderson	Lone Star	of	136	566	136	**224**	46	12	32	**185**	23	**.396**
1948	Atlanta	Southern Association	of	5	4	0	0	0	0	0	0	0	.000
	Henderson	Lone Star	of	134	548	111	177	42	5	23	**146**	23	.323
1949	Henderson	Lone Star	of	138	537	102	**199**	34	4	21	115	44	.371
1950	Henderson	East Texas	of	57	200	30	41	8	4	7	31	1	.205
1951	Tyler	Big State	of	125	483	61	138	23	6	20	68	5	.286
1952	Tyler	Big State	of	144	542	85	159	20	5	13	81	4	.293
		Minors		1299	5175	969	1670	328	66	186	1053	164	.326

John Andrew Stoneham

Born November 8, 1908 at Wood River, IL.
Batted left. Threw right. Height: 5-9½. Weight: 168.

YEAR	CLUB	LEAGUE	POS	G	AB	R	H	2B	3B	HR	RBI	SB	AVG
1928	McCook	Nebraska State	of	96	374	91	148	19	14	4	—	19	.396
1929	McCook	Nebraska State	of	87	322	65	132	17	16	10	—	13	.410
1930	Columbia	SALLY	of	103	373	67	122	19	21	9	56	4	.327
1931	Wichita	Western	of	151	602	130	193	38	7	15	123	7	.321
1932	Tulsa	Western	of	142	557	138	196	28	20	18	135	4	.352
1933	Chicago	American	of	10	25	4	3	0	0	1	3	0	.120
	Tulsa	Texas	of	151	556	80	169	21	17	6	81	4	.304
1934	Tulsa	Texas	of	153	562	103	176	39	12	10	109	7	.314
1935	Indianapolis	American Association	of	113	389	62	111	22	10	12	67	4	.285
1936	Mission	Pacific Coast	of	82	199	37	66	18	4	0	37	5	.332
1937	Oklahoma City	Texas	of	149	551	79	175	35	10	0	81	6	.318
1938	Oklahoma City/Fort Worth	Texas	of	147	515	66	145	29	7	2	64	0	.282
1939	Fort Worth	Texas	of	150	559	86	157	35	16	0	**112**	9	.282
1940	Fort Worth/Dallas	Texas	of	110	389	47	109	15	2	0	40	3	.280
1941	Dallas	Texas	of	72	174	20	41	10	3	9	15	0	.236
		Majors		10	25	4	3	0	0	1	3	0	.120
		Minors		1706	6122	1071	1940	345	159	86	920	79	.317

HARVEY A. STOREY

Born August 21, 1916 at Gaston, OR.
Batted right. Threw right. Height: 6-1. Weight: 190.

Manager for Vancouver, Western International, 1953; Salem, Western International, 1954.

YEAR	CLUB	LEAGUE	POS	G	AB	R	H	2B	3B	HR	RBI	SB	AVG
1936	Portland	Pacific Coast	ss	1	2	0	1	1	0	0	1	0	.500
1937	Tacoma	Western International	ss-3b	138	582	121	202	51	6	18	108	20	.347
1938	San Francisco	Pacific Coast	of-if	39	83	19	24	2	1	0	15	2	.289
	Tacoma	Western International	ss	4	12	0	2	–	–	–	–	–	.167
1939	San Francisco	Pacific Coast	ss	127	459	67	161	23	8	9	85	5	.351
1940	San Francisco	Pacific Coast	ss	63	232	31	75	8	2	1	36	5	.323
1941	Los Angeles	Pacific Coast	of-3b	137	465	45	130	22	0	2	50	5	.280
1942	Milwaukee	American Association	of-3b	10	21	3	5	0	0	1	3	0	.238
	Tulsa	Texas	of-3b-ss	124	478	45	145	16	4	6	67	5	.303
1943-1945							Military service						
1946	Los Angeles/Portland	Pacific Coast	3b-of	157	556	75	181	44	9	17	89	3	**.326**
1947	Portland	Pacific Coast	3b	182	681	96	208	**51**	5	14	119	9	.305
1948	Portland	Pacific Coast	3b	181	627	97	191	35	4	18	91	0	.305
1949	Portland/San Diego	Pacific Coast	3b	146	491	61	148	22	4	17	97	3	.301
1950	San Diego	Pacific Coast	3b	123	297	39	79	23	2	6	54	0	.266
1951	San Diego	Pacific Coast	3b	104	352	34	89	20	0	14	54	0	.253
1952	San Diego	Pacific Coast	3b	15	12	1	0	0	0	0	1	0	.000
1953	Vancouver	Western International	3b	140	501	58	172	38	7	10	85	4	.343
1954	Salem/Lewiston	Western International	3b	80	301	41	106	23	0	7	45	2	.352
		Minors		1771	6152	832	1918	379	52	140	1000	67	.312

LINDO IVAN "LIN" STORTI

Born December 5, 1906 at Santa Monica, CA.
Died July 24, 1982 at Ontario, CA.
Batted both. Threw right. Height: 5-10. Weight: 165.

YEAR	CLUB	LEAGUE	POS	G	AB	R	H	2B	3B	HR	RBI	SB	AVG
1927	Portland	Pacific Coast	3b-2b-ss	27	35	3	8	0	0	1	4	0	.229
1928	Lubbock/Abilene	West Texas	3b-2b-ss	113	443	92	144	–	–	26	–	9	.325
	Muskogee	Western Association	ss	14	57	8	13	3	0	1	6	0	.228
1929	Tulsa	Western	2b	**161**	675	146	**230**	**61**	7	28	–	10	.341
1930	Wichita Falls	Texas	2b	154	659	127	204	50	7	30	114	5	.310
	St. Louis	American	2b	7	28	6	9	1	1	0	2	0	.321
1931	St. Louis	American	3b	86	273	32	60	15	4	3	26	0	.220
1932	St. Louis	American	3b	53	193	19	50	11	2	3	26	1	.259
1933	St. Louis	American	3b-2b	70	210	26	41	7	4	3	21	2	.195
1934	Milwaukee	American Association	2b	147	567	98	187	32	2	35	145	2	.330
1935	Milwaukee	American Association	2b-3b	152	605	123	178	31	10	29	87	6	.294
1936	Milwaukee	American Association	3b-2b	157	600	98	184	25	10	31	108	5	.307
1937	Milwaukee	American Association	2b-3b	155	603	107	186	45	6	25	125	7	.308
1938	Milwaukee	American Association	2b-3b	112	362	59	96	9	2	21	79	6	.265
1939	Minneapolis	American Association	2b	147	502	88	141	28	5	30	105	5	.281
1940	Minneapolis	American Association	2b-3b	120	384	50	120	10	1	20	80	2	.313
1941	Minneapolis/Toledo	American Association	2b-3b	86	299	40	78	17	2	5	48	0	.261
	Syracuse	International	3b	56	173	19	41	7	0	9	32	0	.237
1942	Toledo	American Association	2b-3b	83	239	21	48	7	1	3	23	0	.201
1943	Toledo	American Association	3b	99	301	26	72	16	0	3	40	3	.239
1944	Toledo	American Association	3b	5	9	0	0	0	0	0	0	0	.000
	Oakland	Pacific Coast	2b-3b	53	135	11	26	6	0	0	12	1	.193
1945	Oakland/Hollywood	Pacific Coast	2b-3b	13	28	0	2	0	0	0	0	0	.071
		Majors		216	704	83	160	34	11	9	75	3	.227
		Minors		1854	6676	1116	1958	347	53	297	1008	61	.291

ALL-TIME LEADERS: BATTING TITLES

PLAYER		PLAYER		PLAYER	
Smead Jolley	6	Ox Eckhardt	5	Hector Espino	5
Ike Boone	5	Frank Huelsman	5	Al Pinkston	5
Moose Clabaugh	5	Sheldon Lejeune	5		

PAUL EDWARD STRAND

Born December 19, 1893 at Carbonado, WA.
Died July 2, 1974 at Salt Lake City, UT.
Batted right. Threw left. Height: 6-0½. Weight: 190.

Started out as pitcher, winning 42 and losing 32 in minors. Set organized baseball season record with 325 hits in 1923.

YEAR	CLUB	LEAGUE	POS	G	AB	R	H	2B	3B	HR	RBI	SB	AVG
1911	Spokane	Northwestern	p	15	33	5	7	1	0	0	—	1	.212
	San Francisco	Pacific Coast	p	1	0	0	0	0	0	0	0	0	.000
1912	Spokane	Northwestern	p	19	49	6	9	3	2	0	—	0	.184
	Walla Walla	Western Tri-State	p-of	18	66	13	19	3	3	0	—	0	.284
1913	Boston	National	p	7	6	0	1	0	0	0	0	0	.167
1914	Boston	National	p	18	24	2	8	2	0	0	3	0	.333
1915	Boston	National	p-of	24	22	3	2	0	0	0	2	0	.091
1916	Toledo	American Association	p-of	61	135	17	29	2	1	0	—	2	.215
1917	Seattle	Northwestern	of-p	48	137	19	39	9	4	0	—	3	.285
1918							Military service						
1919	Peoria	Three I	of-p	120	458	64	137	11	8	3	—	20	.299
	Joplin	Western	of	17	70	11	27	1	4	0	—	5	.386
1920	Seattle	Pacific Coast	of	21	63	3	15	4	0	0	—	2	.238
	Yakima	Pacific International	of	103	434	90	147	28	8	10	—	16	**.339**
1921	Salt Lake City	Pacific Coast	of	157	589	87	185	38	6	9	95	15	.314
1922	Salt Lake City	Pacific Coast	of	178	752	138	**289**	52	13	**28**	138	10	**.384**
1923	Salt Lake City	Pacific Coast	of	194	825	**180**	**325**	66	13	**43**	187	22	**.394**
1924	Philadelphia	American	of	47	167	15	38	9	4	0	13	3	.228
	Toledo	American Association	of	101	409	68	132	20	18	6	71	14	.323
1925	Toledo	American Association	of	141	527	85	158	30	8	11	86	8	.300
1926	Columbus	American Association	of	47	173	27	58	10	4	1	25	9	.335
	Portland	Pacific Coast	of	105	386	56	126	21	4	11	52	5	.326
1927	Portland	Pacific Coast	of	176	622	86	221	39	4	18	105	11	.355
1928	Atlanta/Little Rock	Southern Association	of	40	128	12	35	6	1	0	12	0	.273
		Majors		96	219	20	49	11	4	0	18	3	.224
		Minors		1566	5857	967	1958	344	101	140	771	141	.334

HARRY STROHM

Born October 28, 1901 at Kansas City, MO.
Died December 23, 1975 at Lafayette, LA.
Batted right. Threw right. Height: 5-10. Weight: 155.

Manager for Lafayette, Evangeline, 1948-50; Des Moines, Western, 1952; Alexandria, Evangeline, 1953-54.
General Manager for Alexandria, Evangeline, 1955-56.
President of Alexandria, Evangeline, 1953-56.
Scout for Cincinnati, National, 1951; Kansas City, American, 1957-58; Washington, American, 1961-71, Texas, 1972-74.

YEAR	CLUB	LEAGUE	POS	G	AB	R	H	2B	3B	HR	RBI	SB	AVG
1922	Topeka	Southwestern	2b	117	426	59	122	24	6	0	49	5	.286
1923	Topeka	Southwestern	2b	132	548	105	184	39	16	9	—	16	.336
	Milwaukee	American Association	2b	25	104	15	30	2	2	2	8	2	.288
1924	Milwaukee	American Association	3b-2b	101	335	53	97	15	5	1	47	7	.290
1925	Nashville	Southern Association	3b-2b	147	601	126	214	41	12	4	86	17	.356
1926	Milwaukee	American Association	3b-2b	153	601	83	181	27	10	6	119	22	.301
1927	Milwaukee	American Association	3b	170	685	102	214	46	12	5	111	20	.312
1928	Milwaukee	American Association	3b	164	625	91	202	40	12	4	101	9	.323
1929	Milwaukee	American Association	3b	123	446	60	117	21	3	4	54	9	.262
1930	Little Rock	Southern Association	3b	148	590	110	198	**53**	7	7	91	22	.336
1931	Little Rock	Southern Association	3b-2b	81	299	40	95	19	5	2	49	13	.318
1932	Little Rock	Southern Association	3b	153	584	86	189	30	12	3	97	15	.324
1933	Little Rock	Southern Association	3b	58	206	22	57	10	1	0	28	4	.277
	Fort Worth	Texas	2b-3b	75	310	40	95	16	3	0	34	11	.306
1934	Birmingham	Southern Association	3b-2b	139	512	55	139	25	5	0	54	14	.271
1935	Clarksdale	East Dixie	3b-2b-of	111	367	53	111	24	6	1	55	6	.302
1936	Clarksdale/Helena	Cotton States	3b-of-1b	112	475	65	133	16	8	3	18	9	.280
	Jackson	KITTY	2b	15	65	10	17	1	3	0	8	1	.262
1937	Opelousas	Evangeline	3b-of	91	377	56	110	24	1	0	46	8	.292
1938	Opelousas	Evangeline	2b	117	532	65	134	24	5	1	39	9	.252
1939	Jeanerette	Evangeline	2b-3b	123	468	84	137	28	5	1	45	12	.293
1940	Lafayette	Evangeline	2b	126	479	91	173	**44**	6	2	98	16	.361
1941	Port Arthur	Evangeline	2b	122	448	68	143	31	6	1	55	5	.319

YEAR	CLUB	LEAGUE	POS	G	AB	R	H	2B	3B	HR	RBI	SB	AVG
1942	Port Arthur	Evangeline	2b	32	125	20	43	2	2	0	22	2	.344
	Jackson	Southeastern	2b	24	92	5	17	3	0	0	10	3	.185
1943-45			Did not play in organized baseball										
1946	Abbeville	Evangeline	ut	98	338	51	112	15	4	0	66	10	.331
1947	New Iberia/Alexandria	Evangeline	2b-of	105	363	57	124	24	4	2	60	10	.342
1948	Lafayette	Evangeline	3b-2b	91	265	45	92	13	4	0	45	6	.347
1949	Lafayette	Evangeline	3b-2b	12	37	6	6	1	0	0	7	0	.162
		Minors		2965	11303	1723	3486	658	164	58	1562	283	.308

KENNETH ELMER STRONG

Born August 6, 1906 at West Haven, CT.
Died October 5, 1978 at New York, NY.
Batted right. Threw right. Height: 6-1. Weight: 210.

All-American football player at New York University in 1928. Had long career in National Football League as halfback and kicker. Named to Professional Football Hall of Fame in 1967. Hit four homers in one game for Hazleton in 1930. President, Colonial League, 1947.

YEAR	CLUB	LEAGUE	POS	G	AB	R	H	2B	3B	HR	RBI	SB	AVG
1929	New Haven	Eastern	of	104	378	62	107	19	3	21	80	4	.283
1930	New Haven	Eastern	of	27	92	17	25	4	2	4	26	5	.272
	Hazleton	New York-Pennsylvania	of	117	450	114	168	31	16	**41**	**130**	10	.373
1931	Toronto	International	of	118	438	70	149	30	14	9	80	12	.340
		Minors		366	1358	263	449	84	35	75	316	31	.331

GEORGE FREDERICK STUMPF

Born December 15, 1910 at New Orleans, LA.
Died March 6, 1993 at Minetarie, LA.
Batted left. Threw left. Height: 5-8. Weight: 155.

Manager for New Iberia, Evangeline, 1948.

YEAR	CLUB	LEAGUE	POS	G	AB	R	H	2B	3B	HR	RBI	SB	AVG
1929	Baton Rouge/Monroe	Cotton States	of	109	379	67	102	23	4	11	–	7	.269
1930	Mobile	Southern Association	of	139	520	74	161	19	10	4	41	9	.310
1931	Nashville	Southern Association	of	37	144	21	37	5	0	2	13	3	.257
	Quincy	Three I	of	100	417	**100**	148	31	**17**	10	74	11	.355
	Boston	American	of	7	28	2	7	1	1	0	4	0	.250
1932	Boston	American	of	79	169	18	34	2	2	1	18	1	.201
1933	Reading	New York-Pennsylvania	of	125	474	89	156	35	12	6	93	16	.329
	Boston	American	of	22	41	8	14	3	0	0	5	4	.341
1934	Kansas City	American Association	of	131	514	68	152	26	13	3	65	6	.296
1935	Kansas City	American Association	of	150	580	84	187	32	13	3	105	16	.322
1936	Kansas City	American Association	of	130	489	69	141	22	8	5	62	15	.288
	Chicago	American	of	10	22	3	6	1	0	0	5	0	.273
1937	Kansas City	American Association	of	137	523	81	140	27	10	6	58	1	.268
1938	St. Paul	American Association	of	151	582	104	161	25	10	9	51	9	.277
1939	St. Paul	American Association	of	147	536	82	148	33	7	6	55	9	.276
1940	St. Paul	American Association	of	149	532	69	145	26	5	1	53	9	.273
1941	St. Paul	American Association	of	144	472	43	120	18	6	1	51	6	.254
1942	St. Paul	American Association	of	38	124	11	22	4	2	0	6	1	.177
1943	Columbus	American Association	of	112	402	59	104	10	4	5	24	1	.259
1944	Columbus	American Association	of	144	554	118	156	36	4	19	68	3	.282
1945	Columbus	American Association	of	2	7	2	1	1	0	0	0	0	.143
1946	Columbus	American Association	of	18	64	7	18	0	0	2	9	0	.256
	Houston	Texas	of	10	39	4	10	1	1	0	9	0	.256
1947	New Orleans	Southern Association	of	130	471	100	141	30	5	9	68	2	.299
1948	New Iberia	Evangeline	of	113	431	91	138	25	10	13	86	2	.320
		Majors		118	260	31	61	7	3	1	32	5	.235
		Minors		2216	8254	1343	2388	429	141	115	991	126	.289

CAREER ALL-TIME LEADERS: NO-HITTERS

PLAYER		PLAYER		PLAYER	
Walter Justus	5	Clare Bertram	3	Louis Poli	3
Ralph Comstock	4	Wheezer Dell	3	Hippo Vaughn	3
Rafael Garcia	4	Tom Drees	3	Paul Watchel	3
Carl Ray	4	Buck Friel	3	Clarence Wright	3
Virgil Trucks	4	Clarence Iott	3	Jimmy Zinn	3
Cy Alberts	3	Michael Mattiace	3		
Bill Bell	3	Larry Maxie	3		

Guy R. Sturdy

Born August 7, 1899 at Sherman, TX.
Died May 4, 1965 at Marshall, TX.
Batted left. Threw left. Height: 6-0½. Weight: 180.

Manager for Little Rock, Southern Association, 1933; Johnstown, Middle Atlantic, 1934; Baltimore, International, 1934-1937; Marshall, East Texas, 1938-1939, 1941; El Dorado, Cotton States, 1940; Sherman-Denison, Big State, 1946-1947; Henderson, East Texas, 1948.

YEAR	CLUB	LEAGUE	POS	G	AB	R	H	2B	3B	HR	RBI	SB	AVG
1920	Sweetwater	West Texas	1b	89	323	55	98	28	7	2	—	15	.303
1921	Chickasha	Western Association	1b	148	581	95	182	32	16	8	—	30	.313
1922	Joplin	Western Association	1b	132	496	99	166	18	8	6	—	67	.335
1923	Little Rock	Southern Association	1b	36	136	14	37	2	2	2	14	1	.272
	Joplin	Western Association	1b	104	410	84	136	22	9	8	—	25	.332
1924	Muskogee	Western Association	1b	159	654	147	218	45	7	25	119	45	.333
1925	Muskogee	Western Association	1b	44	190	45	69	13	2	11	41	13	.363
	Tulsa	Western	1b	65	263	62	91	23	5	12	—	6	.346
1926	Tulsa	Western	1b	165	660	**163**	233	54	9	**49**	—	22	.353
1927	Tulsa	Western	1b	148	605	144	226	44	14	23	—	17	.374
	St. Louis	American	1b	5	21	5	9	1	0	0	5	1	.429
1928	St. Louis	American	1b	54	45	3	10	1	0	1	8	1	.222
	Milwaukee	American Association	1b	36	125	16	37	8	2	0	10	8	.296
1929	Birmingham	Southern Association	1b	156	603	116	179	19	21	14	74	33	.297
1930	Birmingham	Southern Association	1b	152	556	116	176	24	7	9	108	33	.317
1931	Houston	Texas	1b	159	552	76	163	27	11	3	69	15	.295
1932	New Orleans	Southern Association	1b	134	487	82	158	24	9	10	91	14	.324
1933	San Antonio	Texas	1b	24	75	9	14	2	0	0	8	2	.187
	Little Rock	Southern Association	1b	107	374	73	123	17	6	5	55	12	.329
1934	Johnstown	Middle Atlantic	1b	55	204	44	61	8	5	2	39	12	.299
	Baltimore	International	1b	72	229	37	49	14	0	2	26	10	.214
1935	Baltimore	International	1b	51	63	6	14	3	0	0	9	0	.222
1938	Marshall	East Texas	1b	88	312	63	112	22	0	12	82	4	.359
1939	Marshall	East Texas	ph	5	5	0	1	0	0	0	0	0	.200
1940	El Dorado	Cotton States	1b	17	17	0	3	0	0	0	0	0	.176
		Majors		59	66	8	19	2	0	1	13	2	.288
		Minors		2146	7920	1546	2546	449	140	203	745	384	.322

Miguel Suarez (Lopez)

Born September 29, 1952 at Guasave, Sinaloa, Mexico.
Batted left. Threw left. Height: 5-4. Weight: 140.

YEAR	CLUB	LEAGUE	POS	G	AB	R	H	2B	3B	HR	RBI	SB	AVG
1969	Tampico	Mexican Center	of	107	414	83	130	13	9	12	72	1	.314
1970	Tampico	Mexican Center	of	**126**	**460**	105	181	37	4	14	101	15	**.393**
1971	Mexico City Reds	Mexican	of	141	505	84	**188**	28	8	3	53	6	.372
1972	Mexico City Reds	Mexican	of	**140**	**537**	84	181	25	5	3	57	10	.337
1973	Mexico City Reds	Mexican	of	133	**524**	84	169	20	**13**	1	59	4	.323
1974	Mexico City Reds	Mexican	of	128	494	62	167	21	10	0	56	5	.338
1975	Mexico City Reds	Mexican	of	134	514	74	185	18	3	2	59	4	.360
1976	Mexico City Reds	Mexican	of	132	492	62	**171**	18	5	1	53	2	.348
1977	Mexico City Reds	Mexican	of	152	**614**	91	227	22	9	1	80	4	.370
1978	Mexico City Reds	Mexican	of	140	544	72	170	20	10	2	69	2	.313
1978	Cordoba	Mexican	of	131	531	77	167	12	12	2	52	1	.315
1980	Reynosa/Mexico City Tigers	Mexican #1	of	77	293	22	84	8	3	1	20	3	.287
	Mexico City Tigers	Mexican #2	of	36	131	16	42	4	2	0	8	0	.321
1981	Mexico City Tigers	Mexican	of	123	502	67	152	17	2	0	34	7	.303
1982	Mexico City Tigers/Veracruz	Mexican	of	110	413	42	112	11	2	2	29	3	.271
1983	Tabasco	Mexican	of	113	438	39	140	9	2	0	20	3	.320
1984	Tabasco/Nuevo Larado	Mexican	of	96	370	59	123	14	0	1	36	4	.332
1985	Veracruz/Monterrey	Mexican	of	114	383	49	99	12	0	3	49	4	.259
1986	Veracruz	Mexican	of	89	274	25	65	3	0	1	14	1	.259
		Minors		2330	8447	1197	2755	312	103	49	922	79	.326

HARRY JOSEPH "SWATS" SWACINA

Born August 22, 1881 at St. Louis, MO.
Died June 21, 1944 at Birmingham, AL.
Batted right. Threw right. Height: 6-2. Weight: 190.

YEAR	CLUB	LEAGUE	POS	G	AB	R	H	2B	3B	HR	RBI	SB	AVG
1901	Memphis/New Orleans/ Chattanooga	Southern Association	of-c-1b	89	345	47	115	18	4	1	—	8	.333
1902	Memphis	Southern Association	of	98	379	42	105	7	3	1	—	8	.277
1903	Colorado Springs	Western	of	113	451	53	127	16	11	2	—	18	.282
1904	Decatur	Three I	of-1b	121	481	69	146	—	—	—	—	24	.304
1905	Decatur	Three I	of	90	361	27	93	—	—	—	—	9	.258
1906	Peoria	Three I	of	117	489	53	151	—	—	—	—	20	.309
1907	Peoria	Three I	1b	123	504	67	147	21	3	0	—	29	**.292**
	Pittsburgh	National	1b	26	95	7	19	1	1	0	10	1	.200
1908	Pittsburgh	National	1b	53	176	7	38	6	1	0	13	4	.216
	Louisville	American Association	1b	26	89	10	23	5	2	0	—	3	.258
1909	Harrisburg	Tri-State	1b	41	151	10	33	11	1	0	—	6	.219
	Rock Island	Three I	1b	65	241	20	61	8	2	0	—	13	.253
1910	Mobile	Southern Association	1b	138	475	40	149	23	4	1	—	21	.313
1911	Mobile	Southern Association	1b	128	486	46	143	24	5	4	—	12	.294
1912	Newark	International	1b	151	609	73	193	35	15	1	—	14	.317
1913	Newark	International	1b	141	530	64	172	21	7	1	—	18	.325
1914	Baltimore	Federal	1b	158	617	70	173	26	8	0	90	15	.280
1915	Baltimore	Federal	1b	85	301	24	74	13	1	0	38	9	.246
1916	Mobile	Southern Association	1b	127	448	26	104	9	1	1	—	3	.232
1917	New Orleans	Southern Association	1b	1	3	0	0	0	0	0	—	0	.000
1918	Nashville	Southern Association	1b	14	46	2	9	1	1	0	—	0	.196
1919	Shreveport	Texas	1b	119	390	32	112	12	0	0	—	4	.287
1920	Columbia	SALLY	1b	117	428	59	135	20	6	1	85	3	.315
1921	Lakeland	Florida State	1b	39	150	15	46	8	2	0	—	2	.307
	Charleston	SALLY	1b	88	300	30	92	9	1	1	55	7	.307
1922	Rocky Mount	Virginia	1b	92	384	42	107	19	2	5	**88**	7	.279
	Augusta	SALLY	1b	5	17	0	1	0	0	0	—	0	.059
1923	Jackson	Cotton States	1b	68	245	17	69	19	1	0	—	14	.282
	Greenville	SALLY	1b	7	27	1	3	1	0	0	—	0	.111
		Majors		322	1189	110	304	46	11	1	151	29	.256
		Minors		2118	8029	845	2336	287	71	19	228	2241	.291

WILLIAM JOSEPH "BILL" SWEENEY

Born December 29, 1904 at Cleveland, OH.
Died April 18, 1957 at San Diego, CA.
Batted right. Threw right. Height: 5-11. Weight: 190.

Manager for Syracuse, International, 1934; Portland, Pacific Coast, 1936-1939; Hollywood, Pacific Coast, 1940-1941; Los Angeles, Pacific Coast, 1946.
Coach for Detroit, American, 1947-1948.

YEAR	CLUB	LEAGUE	POS	G	AB	R	H	2B	3B	HR	RBI	SB	AVG
1925	Wichita	Western	1b	40	155	28	53	6	4	4	—	3	.342
1925	Springfield	Three I	1b	111	411	56	154	18	8	7	—	11	.349
1926	Wichita	Western	1b	125	502	81	153	39	2	9	—	20	.305
1927	Fort Worth	Texas	1b	143	575	99	197	39	6	10	89	25	.343
1928	Detroit	American	1b	89	309	47	78	15	5	0	19	12	.252
1929	Toronto	International	1b	135	510	83	171	19	13	9	82	16	.335
1930	Boston	American	1b	88	243	31	75	13	0	4	30	5	.309
1931	Boston	American	1b	131	498	46	147	30	3	1	58	5	.295
1932	Toledo	American Association	1b	148	608	97	187	37	13	2	81	8	.308
1933	Toledo	American Association	1b	95	380	44	115	21	7	1	52	15	.302
1934	Syracuse	International	1b	123	504	87	169	22	6	10	95	12	.335
1935	Baltimore	International	1b	123	490	106	175	25	7	13	75	19	.357
1936	Portland	Pacific Coast	1b	83	314	48	97	21	2	3	37	1	.309
1937	Portland	Pacific Coast	1b	135	463	40	145	27	1	1	71	4	.313
1938	Portland	Pacific Coast	1b	134	531	67	145	22	5	5	54	1	.273
1939	Portland	Pacific Coast	1b	146	527	81	177	30	8	6	60	6	.336
1940	Hollywood	Pacific Coast	1b	85	313	40	84	8	5	4	50	8	.268
1941	Hollywood	Pacific Coast	1b	48	121	19	33	4	2	1	16	4	.273
1942	Los Angeles	Pacific Coast	ph	17	16	0	3	1	0	0	1	0	.188
		Majors		308	1050	127	300	58	8	5	107	22	.286
		Minors		1691	6420	976	2058	339	89	85	763	153	.321

DOUGLAS JOHN "DOUG" "POCO" TAITT

Born August 3, 1902 at Bay City, MI.
Died December 12, 1970 at Portland, OR.
Batted left. Threw right. Height: 6-0. Weight: 176.

Manager for Pocatello, Utah-Idaho, 1926; Tyler, East Texas, 1938; Monroe, Cotton States, 1938-1941; Tyler, East Texas, 1946; Alexander City, Georgia-Alabama, 1947.

YEAR	CLUB	LEAGUE	POS	G	AB	R	H	2B	3B	HR	RBI	SB	AVG
1925	Raleigh	Piedmont	of	45	168	23	49	11	6	1	18	2	.292
	Los Angeles	Pacific Coast	of	63	143	19	38	12	0	1	18	0	.266
1926	Pocatello	Utah-Idaho	of-1b	108	417	110	154	24	10	19	—	22	.369
	Los Angeles	Pacific Coast	of	23	70	15	21	3	0	0	2	1	.300
1927	Nashville	Southern Association	of	135	500	110	175	36	10	18	108	13	.350
1928	Boston	American	of	143	482	51	144	28	14	3	61	13	.299
1929	Boston/Chicago	American	of	73	189	17	39	11	0	0	18	0	.206
1930	Dallas	Texas	of	98	388	67	133	35	2	8	76	13	.343
	Little Rock/Atlanta	Southern Association	of	59	228	34	75	7	5	2	35	2	.329
1931	Atlanta	Southern Association	of	120	470	86	174	21	**19**	6	89	9	.370
	Philadelphia	National	of	38	151	13	34	4	2	1	15	0	.225
1932	Philadelphia	National	of	4	2	0	0	0	0	0	1	0	.000
	Indianapolis	American Association	of	137	526	70	158	29	11	9	89	9	.300
1933	Hollywood	Pacific Coast	of	103	378	56	127	26	3	15	67	3	.336
1934	Syracuse/Baltimore	International	of	45	143	20	44	12	0	3	23	0	.308
	Nashville	Southern Association	of	72	265	43	92	14	3	12	54	2	.347
1935	Nashville	Southern Association	of	142	546	91	**194**	31	9	17	87	14	**.355**
1936	Nashville	Southern Association	of	151	581	123	194	38	9	**20**	**132**	6	.334
1937	Memphis	Southern Association	of	58	193	36	60	15	1	2	28	4	.311
	Williamsport	New York-Pennsylvania	of	78	276	47	85	14	4	2	35	2	.308
1938	Tyler	East Texas	of	41	124	20	39	11	2	3	23	3	.315
	Shreveport	Texas	of	1	3	0	0	0	0	0	0	0	.000
	Monroe	Cotton States	of	68	218	57	78	15	3	2	60	11	.358
1939	Monroe	Cotton States	of	111	365	72	120	29	7	9	75	7	.329
1940	Monroe	Cotton States	of	76	213	37	60	13	2	3	37	8	.282
1941	Monroe	Cotton States	of	44	98	14	33	7	0	4	27	3	.337
1942-43							Did not play in organized baseball						
1944	Portland/Sacramento	Pacific Coast	of	5	12	0	3	0	0	0	1	0	.250
1945							Did not play in organized baseball						
1946	Tyler	East Texas	of	39	86	11	24	6	0	2	14	1	.279
1947	Alexander City	Georgia-Alabama	1b-of	52	94	7	20	3	1	0	12	1	.213
		Majors		258	824	81	217	43	16	4	95	13	.263
		Minors		1874	6505	1168	2150	412	107	158	1110	136	.331

FREDERICK JOSEPH TAUBY

Born March 27, 1908 at Canton, OH.
Died November 23, 1955 at Concordia, CA.
Batted right. Threw right. Height: 5-9. Weight: 175.

Family name is Taubansee

YEAR	CLUB	LEAGUE	POS	G	AB	R	H	2B	3B	HR	RBI	SB	AVG
1926	Terra Haute	Three I	of	33	98	10	31	6	2	2	—	1	.316
1927	Evansville	Three I	of	59	205	24	48	7	4	1	—	4	.234
	Durham	Piedmont	2b-3b	75	276	32	77	13	4	3	32	24	.279
1928	Durham	Piedmont	of-2b	130	991	94	189	43	4	5	50	29	.343
1929	Durham	Piedmont	of	132	504	88	155	26	10	12	68	46	.308
1930	Durham	Piedmont	of	139	567	119	**203**	50	21	29	137	55	.358
1931	Evansville	Three I	of-3b	115	464	76	147	28	10	10	68	53	.317
1932	Beaumont	Texas	3b-of	135	549	85	158	35	5	10	76	32	.288
1933	Beaumont/San Antonio	Texas	of-3b	113	382	35	101	18	1	2	50	10	.264
1934	Fort Worth	Texas	of-3b	148	586	56	163	29	8	3	68	10	.278
1935	Chicago	American	of	13	32	5	4	1	0	0	2	0	.125
	Fort Worth/Dallas	Texas	of-3b	128	489	81	161	38	7	6	70	19	.331
1936	Dallas	Texas	of	140	585	114	182	35	7	7	57	30	.311
1937	Philadelphia	National	of	11	20	2	0	0	0	0	3	0	.000
	Little Rock	Southern Association	of	43	161	25	47	7	3	0	22	0	.292
	Baltimore	International	of	29	82	12	24	4	0	1	7	0	.293
1938	Baltimore	International	of	125	473	77	146	20	2	16	81	9	.309
1939	Baltimore	International	of	54	130	23	28	3	0	5	16	0	.215
	Birmingham	Southern Association	of-3b	55	184	20	59	9	2	0	24	2	.321

YEAR	CLUB	LEAGUE	POS	G	AB	R	H	2B	3B	HR	RBI	SB	AVG
1940	Birmingham	Southern Association	of	141	596	103	203	61	9	2	73	11	.341
1941	Oakland	Pacific Coast	of	124	432	50	129	23	4	4	61	7	.299
1942	Oakland	Pacific Coast	of–3b	64	194	16	57	10	3	1	30	1	.294
		Majors		24	52	7	4	8	3	0	5	0	.077
		Minors		1982	7508	1140	2308	465	106	119	990	343	.307

JOE CEPHUS TAYLOR

Born March 2, 1926 at Chapman, AL.
Batted right. Threw right. Height: 6-1. Weight: 185.

YEAR	CLUB	LEAGUE	POS	G	AB	R	H	2B	3B	HR	RBI	SB	AVG
1951	Farnham	Provincial	of	43	172	25	62	9	1	10	29	1	.360
1952	St. Hyacinthe	Provincial	of	120	483	102	149	35	4	25	112	16	.308
1953	Williamsport	Eastern	of	78	284	39	92	9	2	10	44	14	.324
	Ottawa	International	of	70	243	42	76	16	3	7	45	4	.313
1954	Ottawa	International	of	131	462	71	149	24	4	23	79	4	.323
	Philadelphia	American	of	18	58	5	13	1	1	1	8	0	.224
1955	Columbus/Toronto	International	of	55	203	44	59	10	1	12	38	2	.286
	Portland	Pacific Coast	of	73	271	38	80	18	4	10	55	2	.295
1956	Seattle	Pacific Coast	of	150	484	79	126	32	0	24	89	5	.260
1957	Seattle	Pacific Coast	of	115	394	70	120	15	4	22	72	3	.305
	Cincinnati	National	of	33	107	14	28	7	0	4	9	0	.262
1958	Omaha	American Association	of	43	148	28	40	10	0	10	34	4	.270
	St. Louis	National	of	18	23	2	7	3	0	1	3	0	.304
	Baltimore	American	of	36	77	11	21	4	0	2	9	0	.273
1959	Vancouver	Pacific Coast	of	110	401	70	117	25	2	23	77	10	.292
	Baltimore	American	of	14	32	2	5	1	0	1	2	0	.156
1960	Seattle	Pacific Coast	of	145	526	104	153	26	7	30	94	7	.291
1961	San Diego	Pacific Coast	of	132	441	69	118	22	4	26	74	0	.268
1962	Hawaii/Vancouver	Pacific Coast	of	109	353	35	87	15	0	13	37	2	.246
1963	Puebla/Mexico City Tigers	Mexican	of	122	418	82	129	23	3	19	76	4	.309
		Majors		119	297	34	74	16	1	9	31	0	.249
		Minors		1496	5283	897	1556	289	39	264	955	78	.295

ROYCE RAYMOND "RAY" TAYLOR

Born January 10, 1915 at Newark, TX.
Batted left. Threw right. Height: 5-9. Weight: 152.

Manager for Chickasha, Sooner State, 1952; Decatur, Mississippi-Ohio Valley, 1953; Bryan, Big State, 1954; Seminole, Sooner State, 1954.

YEAR	CLUB	LEAGUE	POS	G	AB	R	H	2B	3B	HR	RBI	SB	AVG
1937	Fulton	KITTY	2b	27	92	7	17	0	0	0	1	4	.185
	Tallahassee	Georgia-Florida	2b	90	334	46	86	9	11	2	23	9	.257
1938	McAllen	Texas Valley	2b-ss	135	540	133	152	40	4	10	80	30	.281
1939	Abbeville	Evangeline	2b	133	508	89	178	34	14	1	55	22	.350
1940	Marshall	East Texas	2b	51	208	38	73	13	3	0	29	10	.351
	Shreveport	Texas	2b	92	363	94	100	14	4	2	24	14	.279
1941	Shreveport	Texas	2b	115	377	46	90	7	4	0	30	16	.239
1942-45					Did not play in organized baseball								
1946	Sherman	East Texas	2b	17	42	11	13	2	0	0	5	1	.310
1947	Sherman-Denison	Big State	2b	150	657	165	231	40	4	14	75	6	.352
1948	Sherman-Denison	Big State	2b	143	616	125	208	34	5	3	76	11	.338
1949	Gainesville,	Big State	2b	98	382	71	138	17	5	0	43	4	.361
	Dallas	Texas	2b	15	42	4	11	2	1	0	3	0	.262
1950	Sherman-Denison	Big State	2b	127	496	70	132	14	2	0	38	9	.266
1951	Sherman-Denison	Big State	2b	143	596	125	194	32	10	3	77	4	.326
1952	Chickasha	Sooner State	2b	138	520	125	190	30	10	2	90	8	.369
1953	Decatur	Mississippi-Ohio Valley	2b	118	449	96	143	15	6	1	44	1	.318
1954	Bryan	Big State	2b	9	36	–	11	–	–	–	–	–	.306
	Seminole	Sooner State	2b-of	68	230	40	79	9	0	1	30	1	.326
		Minors		1669	6488	1285	2046	312	83	39	723	150	.315

THOMAS LIVINGSTONE CARLTON "TOMMY" TAYLOR

Born September 17, 1895 at Mexia, TX.
Died April 5, 1956 at Greenville, MS.
Batted right. Threw right. Height: 5-8½. Weight: 160.

Manager for Rock Island, Western, 1935.

YEAR	CLUB	LEAGUE	POS	G	AB	R	H	2B	3B	HR	RBI	SB	AVG
1920	Abbeville	Louisiana State					No record available						
	Beaumont	Texas	3b	110	392	51	117	19	11	7	—	16	.298
1921	Birmingham	Southern Association	3b	127	458	67	138	16	10	11	84	16	.302
1922	Birmingham	Southern Association	3b	143	540	69	166	37	16	6	—	16	.307
1923	Birmingham/Memphis	Southern Association	3b-2b-of	138	493	60	154	19	9	3	65	9	.312
1924	Memphis	Southern Association	3b	77	292	48	99	22	8	1	58	7	.339
	Washington	American	3b-2b-of	26	73	11	19	3	1	0	10	2	.260
1925	Memphis	Southern Association	3b-of	125	485	82	169	35	23	1	99	16	.349
1926	Memphis	Southern Association	of-3b	155	553	129	212	48	22	12	135	13	.383
1927	Houston	Texas	3b	139	481	92	141	34	6	6	90	11	.293
1928	San Antonio	Texas	3b-of	69	253	37	73	15	2	4	44	5	.289
	Nashville/New Orleans	Southern Association	3b-of	77	253	37	72	9	2	4	27	3	.285
1929	New Orleans	Southern Association	3b	144	495	78	160	36	7	7	76	9	.323
1930	New Orleans	Southern Association	3b-1b	106	333	87	119	15	9	4	79	10	.357
1931	New Orleans/Memphis	Southern Association	3b-of-ss	147	492	100	156	30	8	2	65	14	.317
1932	Knoxville	Southern Association	of	82	285	57	106	17	5	7	65	7	.372
1933	Knoxville	Southern Association	3b-of	61	161	21	39	8	1	1	15	2	.242
1934	Charlotte	Piedmont	3b-of-2b	99	283	66	86	15	3	5	59	6	.304
1935	Rock Island	Western	3b	12	39	4	12	4	0	1	5	0	.308
	Greenville	East Dixie	of-3b	55	169	29	54	11	3	2	21	3	.320
		Minors		1892	6530	1125	2092	393	146	84	997	165	.320

ANTONIO V. THEBO

Batted both. Threw right.

Played under name of Henderson beginning in 1912 for Denison until 1917 for Paris-Ardmore.
Was a weak hitter but an outstanding fielder and base runner.

YEAR	CLUB	LEAGUE	POS	G	AB	R	H	2B	3B	HR	RBI	SB	AVG
1902	Paris	Texas	of	89	364	62	112	19	4	3	—	31	.308
1903	Natchez	Cotton States	of	17	57	10	14	0	3	0	—	3	.246
	Corsicana	Texas	of	79	292	40	62	8	7	4	—	24	.212
1904	Corsicana	Texas	of	41	160	26	31	6	2	0	—	26	.194
	Beaumont	South Texas	of	55	194	43	32	6	2	0	—	29	.165
1905	Beaumont/San Antonio	South Texas	of	104	382	61	94	—	—	0	—	45	.246
1906	San Antonio	South Texas	of	108	437	56	82	21	5	3	—	21	.188
1907	Temple	Texas	of	134	484	73	123	—	—	—	—	35	.254
1908	Shreveport	Texas	of	135	470	79	105	12	3	2	—	90	.223
1909	Waco	Texas	of	132	504	73	113	18	8	3	—	63	.224
1910	Waco/Dallas	Texas	of	134	451	52	79	9	3	4	—	39	.175
1911	Dallas/Galveston	Texas	of	139	473	58	107	10	6	4	—	19	.226
1912	Galveston/Beaumont/San Antonio	Texas	of	72	222	30	51	11	1	3	—	8	.230
	Denison	Texas-Oklahoma	of	40	128	28	38	—	—	2	—	20	.297
1913	Ardmore	Texas-Oklahoma	of	99	348	50	83	—	—	3	—	32	.239
1914	Flint	South Michigan	of	147	505	75	121	20	7	2	—	30	.240
1915	Muskogee	Western Association	of	120	465	85	113	33	1	4	—	17	.243
1916	Muskogee	Western Association	of	137	517	96	127	26	0	15	—	34	.246
1917	Paris-Ardmore	Western Association	of-p-1b	144	560	80	133	21	3	19	—	27	.238
1918-20				Did not play in organized baseball									
1921	Clarksdale	Mississippi State	of	14	50	7	12	3	1	0	—	0	.240
		Minors		1940	7063	1084	1632	223	56	71	—	593	.231

ALL-TIME LEADERS: HOME RUN TITLES

PLAYER		PLAYER		PLAYER	
Ken Guettler	8	Leo Shoals	7	Ted Norbert	6
Bunny Brief	7	Norman Small	7	Bernardo Brito	6
Ray Perry	7	Mervyn Connors	6		

HERBERT MARK THOMAS

Born May 26, 1902 at Sampson City, FL.
Died February 4, 1991 at Starke, FL.
Batted right. Threw right. Height: 5-4½. Weight: 157.

Manager for Palatka, Florida State, 1938; Fort Lauderdale, Florida East Coast, 1940-1942; West Palm Beach, Florida International, 1946.

YEAR	CLUB	LEAGUE	POS	G	AB	R	H	2B	3B	HR	RBI	SB	AVG
1922	Jacksonville	Florida State	of-ss	112	426	80	127	19	14	4	—	24	.298
1923	Daytona Beach	Florida State	ss-of	74	297	50	115	13	5	0	—	11	**.387**
1924	Boston	National	of	32	127	12	28	4	1	1	8	5	.220
	Clearwater	Florida State	of	94	388	63	134	**32**	8	3	—	22	.345
1925	Boston	National	2b	5	17	2	4	0	1	0	0	0	.235
	Worcester	Eastern	2b-ss	126	524	**121**	177	33	5	4	—	**54**	.338
1926	Providence	Eastern	2b	153	620	**125**	202	38	12	3	—	35	.326
1927	Boston/New York	National	2b	37	91	13	20	7	2	0	7	2	.220
1928	Buffalo	International	2b-ss	154	571	82	186	34	7	10	89	6	.326
1929	Toledo	American Association	2b	46	159	19	37	5	2	0	—	9	.221
	Buffalo	International	2b	91	385	73	130	17	3	14	64	6	.338
1930	Buffalo/Newark	International	2b-ss-3b	168	**677**	116	218	43	13	19	131	6	.322
1931	Newark	International	ss-2b-3b	133	479	66	132	34	4	6	49	6	.276
1932	Montreal	International	ss-2b-3b	142	506	68	155	36	7	5	72	3	.306
1933	Albany/Jersey City	International	2b-ss	74	258	32	54	19	0	1	20	2	.209
	Harrisburg	New York-Pennsylvania	2b	33	120	16	35	7	0	0	13	0	.292
1934	Lima	Central	3b-ss	8	27	2	4	1	1	0	1	0	.148
1935						Did not play in organized baseball							
1936	Jacksonville/Augusta	SALLY	2b-of	94	343	52	95	18	4	0	36	7	.277
1937						Did not play in organized baseball							
1938	Palatka	Florida State	2b-of	52	148	25	37	5	0	0	12	2	.250
1939						Did not play in organized baseball							
1940	Fort Lauderdale	Florida East Coast	2b	102	389	65	137	**25**	1	0	38	6	.352
1941	Fort Lauderdale	Florida East Coast	2b	55	220	49	68	13	2	2	33	6	.309
	Greenville	Alabama State	3b	41	112	17	32	5	1	0	15	1	.286
1942	West Palm Beach	Florida East Coast	—	8	27	6	5	0	0	0	1	3	.185
		Majors		74	234	27	52	11	4	1	15	7	.221
		Minors		1760	6676	1127	2080	397	89	71	574	203	.312

RUPERT LUCKHART "TOMMY" THOMPSON

Born May 19, 1910 at Elkhart, IL.
Died May 24, 1971 at Auburn, CA.
Batted left. Threw right. Height: 5-9½. Weight: 155.

Manager for Modesto, California, 1946; Salt Lake City, Pioneer, 1947-1949; Wenatchee, Western International, 1950-1951; Magic Valley, Pioneer, 1952.

YEAR	CLUB	LEAGUE	POS	G	AB	R	H	2B	3B	HR	RBI	SB	AVG
1928	Bloomington	Three I	of	26	85	1	17	2	0	0	10	2	.200
1929	Bloomington	Three I	of	17	54	4	12	1	1	0	7	0	.222
1930	Hagerstown	Blue Ridge	of	101	379	67	89	13	3	0	68	16	.235
1931	Youngstown	Middle Atlantic	of	106	431	84	139	25	6	4	41	28	.323
1932	Youngstown	Middle Atlantic	of	92	352	62	120	21	7	3	87	19	.341
	Chattanooga	Southern Association	of	29	76	12	16	3	2	0	9	1	.211
1933	Albany	Eastern	of	115	423	60	139	17	9	6	72	14	.329
	Boston	National	of	24	97	6	18	1	0	0	6	0	.186
1934	Boston	National	of	105	343	40	91	12	3	0	37	2	.265
1935	Boston	National	of	112	297	34	81	7	1	4	30	2	.273
1936	Boston	National	of	106	266	37	76	9	0	4	36	3	.286
1937	San Diego	Pacific Coast	of	169	647	111	211	31	5	16	92	13	.326
1938	Chicago	American	of	19	18	2	2	0	0	0	2	0	.111
1939	Chicago/St. Louis	American	of	31	86	23	26	5	0	1	8	0	.302
	Newark	International	of	19	65	8	15	9	2	1	2	0	.231
	Kansas City	American Association	of	44	125	18	28	3	1	2	17	3	.224
1940	Hollywood	Pacific Coast	of	151	447	51	94	11	1	5	53	4	.210
1941	Portland	Pacific Coast	of	160	594	103	169	38	4	11	46	5	.285
1942	Portland	Pacific Coast	of	175	650	81	200	34	1	11	49	6	.308
1943	Portland	Pacific Coast	of	148	524	78	147	25	2	2	35	2	.280
1944	Buffalo	International	of	53	100	14	21	3	0	1	10	0	.210
	San Diego	Pacific Coast	of	39	127	14	27	2	0	0	8	0	.213

YEAR	CLUB	LEAGUE	POS	G	AB	R	H	2B	3B	HR	RBI	SB	AVG
1945	San Diego	Pacific Coast	of	126	344	65	119	16	2	1	26	8	.346
1946	San Diego	Pacific Coast	of	3	3	0	0	0	0	0	0	0	.000
	Modesto	California	of	115	386	111	126	14	2	14	87	17	.326
1947	Salt Lake City	Pioneer	of	100	327	64	94	13	4	1	61	11	.287
1948	Salt Lake City	Pioneer	of	81	248	57	86	17	2	2	44	6	.347
1949	Salt Lake City	Pioneer	of	84	229	48	61	9	3	2	50	2	.266
1950	Wenatchee	Western International	of	25	35	2	11	1	0	0	8	0	.314
1951	Wenatchee	Western International	of	40	77	9	17	5	0	0	9	2	.221
1952	Magic Valley	Pioneer	of	36	72	10	17	8	3	0	8	2	.236
		Majors		397	1107	142	294	34	4	9	119	7	.266
		Minors		2054	6800	134	1975	321	67	82	891	165	.290

Benjamin Robert "Bob" Thorpe

Born November 19, 1926 at Caryville, FL.
Batted right. Threw right. Height: 6-1½. Weight: 190.

YEAR	CLUB	LEAGUE	POS	G	AB	R	H	2B	3B	HR	RBI	SB	AVG
1946	West Palm Beach	Florida International	–	5	–	–	–	–	–	0	–	–	–
	Gainesville	Florida State	of	34	125	7	26	3	1	3	14	0	.208
1947	Gainesville	Florida State	of	135	552	89	**153**	20	13	**10**	**96**	13	.277
1948	Pensacola	Southeastern	of	136	565	111	175	16	**14**	16	107	10	.319
1949	Pensacola	Southeastern	of	135	546	90	150	36	6	15	96	15	.275
1950	Atlanta	Southern Association	of	145	602	73	**195**	33	8	5	75	9	.324
1951	Boston	National	ph	2	2	1	1	0	1	0	1	0	.500
	Milwaukee	American Association	of	139	578	108	173	29	8	10	77	9	.299
1952	Boston	National	of	81	292	20	76	8	2	3	26	3	.260
1953	Milwaukee	National	of	27	37	1	6	1	0	0	5	0	.162
1954	Toledo	American Association	of	124	445	58	129	35	5	17	65	2	.290
1955	Atlanta	Southern Association	of	146	572	76	158	25	8	21	90	5	.276
1956	Wichita	American Association	of	22	70	4	20	2	0	1	9	0	.286
	Atlanta	Southern Association	of	93	361	54	109	22	4	21	77	0	.302
1957	Charleston/Omaha	American Association	of	120	453	51	128	26	9	18	77	1	.283
1958	Houston	Texas	of	16	58	8	11	0	0	0	3	0	.190
	Birmingham	Southern Association	of	122	481	70	156	23	4	23	85	1	.324
1959	Columbus	International	of	64	230	26	60	9	0	7	40	0	.261
	Denver	American Association	of	66	259	31	77	12	5	8	40	1	.297
1960	Little Rock	Southern Association	of	150	587	78	170	37	6	13	94	5	.290
1961	Little Rock	Southern Association	of	136	502	69	148	36	0	7	77	1	.295
		Majors		110	331	22	83	9	3	3	32	3	.251
		Minors		1788	6986	1003	2038	364	91	195	1114	72	.292

James Francis "Jim" Thorpe

Born May 28, 1887 at Prague, OK.
Died March 28, 1953 at Lomita, CA.
Batted right. Threw right. Height: 6-1. Weight: 185.

Outstanding track and football star.

YEAR	CLUB	LEAGUE	POS	G	AB	R	H	2B	3B	HR	RBI	SB	AVG
1909	Rocky Mount	Eastern Carolina	p-of	44	138	11	35	4	0	1	–	6	.253
1910	Rocky Mount	Eastern Carolina	p-of	29	76	11	18	2	1	0	–	4	.236
1911-12						Voluntarily retired							
1913	New York	National	of	19	35	6	5	0	0	1	2	2	.143
1914	New York	National	of	30	31	5	6	1	0	0	2	1	.194
1915	New York	National	of	17	52	8	12	3	1	0	1	4	.231
	Jersey City/Harrisburg	International	of	96	370	51	112	13	7	2	–	22	.303
1916	Milwaukee	American Association	of	143	573	85	157	25	14	10	–	48	.274
1917	New York/Cincinnati	National	of	103	308	41	73	5	10	4	40	12	.237
1918	New York	National	of	58	113	15	28	4	4	1	11	3	.248
1919	New York/Boston	National	of-1b	62	159	16	52	7	3	1	26	7	.327
1920	Akron	International	of	128	522	102	188	28	15	16	–	22	.360
1921	Toledo	American Association	of	133	505	79	181	36	13	9	112	34	.358
1922	Portland	Pacific Coast	of	35	120	13	37	3	2	1	14	5	.308
	Hartford/Worcester	Eastern	of	96	381	59	131	23	13	9	–	19	.344
		Majors		289	698	91	176	20	18	7	82	29	.252
		Minors		704	2685	411	859	134	65	48	126	160	.320

A. Raymundo "Ray" Torres (Ruiz)

Born April 12, 1958 at San Jose, DeMoradilla, Sonora, Mexico.
Bats right. Throws right. Height: 5-10. Weight: 187.

YEAR	CLUB	LEAGUE	POS	G	AB	R	H	2B	3B	HR	RBI	SB	AVG
1976	Hermosillo	Mexican Pacific	of	50	186	12	47	3	5	0	23	10	.253
1977	Jalisco	Mexican Center	of	55	197	60	83	18	8	4	30	36	.421
	Durango	Mexican	of	69	185	19	42	3	1	1	14	4	.227
1978	Durango	Mexican	of	135	482	71	154	19	6	6	69	13	.320
1979	Knoxville	Southern	of	10	34	6	14	2	2	0	4	1	.412
	Durango	Mexican	of	93	360	62	89	16	7	4	33	16	.247
	Iowa	American Association	of	4	14	2	5	2	0	0	0	0	.357
1980	Iowa	American Association	of	26	98	9	24	4	1	1	15	2	.245
	Glens Falls	Eastern	of	40	134	17	32	6	0	2	10	1	.239
1981	Glens Falls	Eastern	of	11	18	3	2	0	0	1	2	0	.111
	Appleton	Midwest	of	106	369	57	113	21	8	12	63	21	.306
1982	Edmonton	Pacific Coast	of	10	30	5	7	3	1	1	5	0	.233
	Mexico City Reds	Mexican	of	66	212	41	66	17	4	2	31	13	.311
1983	Mexico City Reds	Mexican	of	96	290	41	63	10	9	6	33	5	.217
1984	Mexico City Reds/Yucatan	Mexican	of	87	297	51	79	6	5	10	92	3	.266
1985	Yucatan	Mexican	of	110	355	73	121	18	4	23	79	9	.341
1986	Yucatan	Mexican	of	126	412	88	134	19	3	31	92	6	.329
1987	Yucatan	Mexican	of	123	431	93	125	18	1	28	95	16	.290
1988	Yucatan	Mexican	of	121	436	78	122	24	1	25	93	2	.280
1989	Yucatan	Mexican	of	121	416	76	122	22	2	26	102	2	.293
1990	Yucatan	Mexican	of	103	334	52	74	22	0	20	63	1	.222
1991	Monterrey Industrials/Campeche	Mexican	of	105	354	66	81	8	0	30	66	11	.229
1992	Campeche	Mexican	of	86	303	61	81	18	0	22	63	2	.267
1993	Campeche	Mexican	of	123	385	59	85	15	0	24	66	3	.221
		Minors		1876	6332	1097	1765	294	68	279	1143	177	.279

Don Gilberto Nunez "Gil" Torres

Born August 23, 1915 at Regla, Cuba
Died January 10, 1983 at Regla, Cuba
Batted right. Threw right. Height: 6-0. Weight: 155.

Manager for Valdosta, Georgia-Florida, 1953; West Palm Beach, Florida International, 1954.

YEAR	CLUB	LEAGUE	POS	G	AB	R	H	2B	3B	HR	RBI	SB	AVG
1935	Milwaukee	American Association	p	25	48	3	15	3	0	0	4	0	.313
1936	Milwaukee	American Association	of-p	7	19	–	3	0	0	0	0	0	.158
	Sanford	Florida State	of-p	51	173	20	47	10	5	0	23	5	.272
1937	Charlotte	Piedmont	1b-p-3b	131	464	62	131	25	7	9	62	7	.282
1938	Charlotte	Piedmont	p-1b	71	177	24	58	9	2	1	32	0	.328
1939	Charlotte	Piedmont	p-of-3b	88	199	19	47	3	1	1	14	1	.236
1940	Washington	American	p	2	0	0	0	0	0	0	0	0	.000
	Jersey City	International	p	2	2	1	1	0	0	0	0	0	.500
	Charlotte	Piedmont	p-of	56	130	18	37	6	1	1	19	5	.285
1941					Did not play in organized baseball								
1942	Charlotte	Piedmont	of-p	80	234	23	50	8	3	0	31	1	.214
1943	Montgomery	Southern Association	p-of	81	196	27	63	13	1	1	22	4	.321
1944	Washington	American	3b-2b-1b	134	524	42	140	20	6	0	58	10	.267
1945	Washington	American	ss-3b	147	562	39	133	12	5	0	48	7	.237
1946	Washington	American	ss-3b-2b-p	63	185	18	47	8	0	0	13	3	.254
1947	Montreal	International	3b-2b	94	323	37	77	14	2	0	34	1	.238
1948	Havana	Florida International	ss-p	142	573	77	180	44	6	1	69	16	.314
1949	Havana	Florida International	3b-p-ss	133	496	65	146	22	6	4	84	20	.294
1950	Havana	Florida International	3b-p	131	494	47	134	15	3	4	78	2	.271
1951	Havana/Miami	Florida International	3b-ss-p	101	311	27	94	19	3	0	55	3	.302
1952	Miami	Florida International	p-1b	66	153	5	37	5	0	0	14	2	.242
1953	Valdosta	Georgia-Florida	1b-p	46	142	21	42	8	0	3	26	3	.296
1954	West Palm Beach	Florida International	p	35	63	11	24	1	0	1	17	0	.381
		Majors		346	1271	99	320	40	11	0	119	20	.252
		Minors		1482	4197	487	1186	205	40	26	584	70	.283

Pitching Record

YEAR	CLUB	LEAGUE	G	IP	W	L	H	R	ER	BB	SO	ERA
1935	Milwaukee	American Association	15	62	2	6	85	39	37	24	21	5.37
1936	Miwaukee	American Association	–	–	0	0	–	–	–	–	–	–
	Sanford	Florida State	13	100	8	3	89	–	16	16	51	1.44

YEAR	CLUB	LEAGUE	POS	G	AB	R	H	2B	3B	HR	RBI	SB	AVG
1937	Charlotte	Piedmont	20	111	7	6	157	82	–	31		51	–
1938	Charlotte	Piedmont	31	121	10	6	157	84	75	32		54	5.58
1939	Charlotte	Piedmont	34	169	10	12	171	90	–	55		63	–
1940	Washington	American	2	3	0	0	3	–	0	0		1	0.00
	Jersey City	International	2	8	0	0	15	7	–	0		4	–
	Charlotte	Piedmont	27	140	9	7	156	75	61	34		55	3.92
1941						Did not play in organized baseball							
1942	Charlotte	Piedmont	25	185	17	5	157	63	47	39		69	2.29
1943	Montgomery	Southern Association	37	239	19	11	270	123	96	71		77	3.62
1946	Washington	American	3	7	0	0	9	6	6	3		2	7.71
1948	Havana	Florida International	8	46	2	3	53	18	18	6		17	3.52
1949	Havana	Florida International	11	52	2	5	52	23	21	16		23	3.63
1950	Havana	Florida International	12	71	6	1	54	15	10	12		33	1.27
1951	Havana/Miami	Florida International	27	167	7	13	165	78	62	44		97	3.34
1952	Miami	Florida International	33	273	22	8	205	42	26	49		90	0.86
1953	Valdosta	Georgia-Florida	14	60	4	5	55	30	21	10		29	3.15
1954	West Palm Beach	Florida International	20	59	4	3	52	21	16	10		29	2.44
		Majors	5	10	0	0	12	6	6	3		3	5.40
		Minors	337	1855	129	94	1893	790	506	455		763	2.45

HERMAN COAKER TRIPLETT

Born December 18, 1911 at Boone, NC.
Died January 30, 1992 at Boone, NC.
Batted right. Threw right. Height: 5-11. Weight: 185.

Known as Coaker.
Manager for Buffalo, International, 1951.

YEAR	CLUB	LEAGUE	POS	G	AB	R	H	2B	3B	HR	RBI	SB	AVG
1935	Tallahassee	Georgia-Florida	of	102	401	74	127	25	11	3	–	26	.317
1936	Nashville	Southern Association	of	97	364	68	124	35	4	0	29	7	.341
1937	Memphis	Southern Association	of	152	582	92	207	2	**23**	4	102	12	**.356**
1938	Chicago	National	of	12	36	4	9	2	1	0	2	0	.250
	Minneapolis	American Association	of	105	366	70	105	16	7	10	54	5	.287
1939	Columbus	American Association	of	116	395	66	127	27	2	15	55	12	.322
1940	Columbus	American Association	of	120	466	112	158	27	12	11	78	12	.339
1941	St. Louis	National	of	76	185	29	53	6	3	3	21	0	.286
1942	St. Louis	National	of	64	154	18	42	7	4	1	23	1	.273
1943	St. Louis/Philadelphia	National	of	114	385	46	100	16	4	15	56	2	.260
1944	Philadelphia	National	of	84	184	15	43	5	1	1	25	1	.234
1945	Philadelphia	National	of	120	363	36	87	11	1	7	46	6	.240
1946	Buffalo	International	of	101	360	56	109	13	4	11	51	1	.303
1947	Buffalo	International	of	107	308	57	97	15	0	15	64	3	.315
1948	Buffalo	International	of	126	399	87	141	32	3	19	83	12	**.353**
1949	Buffalo	International	of	127	419	98	135	25	1	22	102	6	.322
1950	Buffalo	International	of	76	187	27	63	10	1	2	37	0	.337
1951	Buffalo	International	of	62	72	6	25	6	2	0	22	1	.347
1952	Ottawa	International	of	24	29	3	5	1	1	0	4	0	.172
		Majors	470	1307	148	334	47	14	27	173	10	.256
		Minors	1615	4348	816	1423	234	71	112	681	97	.327

LEONARD W. TUCKER

Born November 18, 1929 at Mounds, IL.
Batted right. Threw left. Height: 6-2. Weight: 195.

Graduated Fresno State College with degree in Physical Education.
Entered U. S. Air Force in 1947 for 4-year hitch.
Achieved highest level ever reached in organized baseball in steals and homers with totals of 47 and 51 in 1956.
First black to sign in St. Louis Cardinals organization when he signed a Fresno contract on May 26, 1953.
Went to spring training with Washington in 1958. Hit 2 HR in one inning vs. Yucatan on August 28, 1958.

YEAR	CLUB	LEAGUE	POS	G	AB	R	H	2B	3B	HR	RBI	SB	AVG
1953	Fresno	California	of	97	379	79	108	13	9	11	55	16	.285
1954	Peoria	Three I	of	130	474	120	139	25	2	23	89	**47**	.293
1955	Peoria	Three I	1b-of	121	479	99	138	22	5	26	72	**31**	.288
1956	Pampa	Southwestern	of-p	140	565	**181**	228	40	13	51	181	**47**	**.404**
1957	Nuevo Laredo/Veracruz	Mexican	of-1b	48	177	28	54	0	2	8	38	8	.305

YEAR	CLUB	LEAGUE	POS	G	AB	R	H	2B	3B	HR	RBI	SB	AVG
1958	Poza Rica	Mexican	1b-of	109	421	81	138	28	8	21	64	29	.328
1959	Miami	International	1b	18	39	6	5	0	0	0	1	1	.128
	Charlotte	SALLY	of-1b	16	60	8	15	2	0	3	13	2	.250
	Vancouver/Portland	Pacific Coast	of	43	119	15	26	6	1	2	15	6	.218
1960	Yakima	Northwest	1b	132	469	126	158	25	5	24	117	48	.337
1961	Yakima	Northwest	of	50	164	36	48	6	3	11	43	3	.293
1962	Modesto	California	1b-of	94	347	78	102	19	3	30	101	7	.294
1963	Modesto	California	1b	92	353	67	115	16	2	26	113	12	.326
			Minors	1090	4046	924	1274	208	53	236	902	257	.315

OLIVER DINWIDDIE "OLLIE" TUCKER

Born January 27, 1902 at Radiant, VA.
Died July 13, 1940 at Radiant, VA.
Batted left. Threw right. Height: 5-11. Weight: 190.

YEAR	CLUB	LEAGUE	POS	G	AB	R	H	2B	3B	HR	RBI	SB	AVG
1921	Cedartown	Georgia State	of	92	349	76	146	25	10	22	—	7	.418
1922	New Orleans	Southern Association	of	149	544	94	180	37	14	10	—	14	.331
1923	New Orleans	Southern Association	of	135	494	75	153	27	11	8	88	11	.310
1924	New Orleans	Southern Association	of	153	571	106	196	35	19	9	108	20	.343
1925	New Orleans	Southern Association	of	154	592	99	199	46	13	2	105	17	.336
1926	New Orleans	Southern Association	of	156	571	114	206	37	12	15	121	10	.361
1927	Minneapolis	American Association	of	123	457	92	156	19	7	24	100	12	.341
	Washington	American	of	20	24	1	5	2	0	0	8	0	.208
1928	Cleveland	American	of	14	47	5	6	0	0	1	2	0	.128
	New Orleans	Southern Association	of	145	520	91	170	26	9	10	88	9	.327
1929	Kansas City	American Association	of	129	447	88	150	31	4	20	108	6	.336
1930	Indianapolis	American Association	of	52	184	40	65	11	2	9	44	1	.353
	Buffalo	International	of	94	356	74	134	26	5	18	76	1	.316
1931	Buffalo	International	of	155	573	103	184	33	4	27	116	1	.321
1932	Buffalo	International	of	157	585	117	187	52	1	21	120	1	.320
1933	Buffalo	International	of	152	520	104	168	29	2	27	115	9	.323
1934	Buffalo	International	of	126	430	81	130	34	2	15	77	7	.302
1935	Buffalo/Syracuse	International	of	95	251	36	72	14	3	2	35	2	.287
			Majors	34	71	6	11	2	0	1	10	0	.155
			Minors	2067	7444	1390	2496	482	118	238	1301	131	.335

BERNARD BARTHOLOMEW "FRENCHY" UHALT

Born April 27, 1910 at Bakersfield, CA.
Batted left. Threw right. Height: 5-10. Weight: 180.

Manager for Fresno, California, 1949.

YEAR	CLUB	LEAGUE	POS	G	AB	R	H	2B	3B	HR	RBI	SB	AVG
1928	Oakland	Pacific Coast	2b-of	12	13	2	2	1	0	0	1	0	.154
1929	Bakersfield	California State	of	61	242	51	77	10	6	1	—	—	.318
	Oakland	Pacific Coast	of	27	102	17	36	5	1	0	17	4	.353
1930	Oakland	Pacific Coast	of	186	749	125	233	36	5	0	49	18	.311
1931	Oakland	Pacific Coast	of	174	691	90	201	31	8	1	62	21	.291
1932	Oakland	Pacific Coast	of-1b	172	655	94	194	20	14	0	58	15	.296
1933	Oakland	Pacific Coast	of	171	632	129	221	41	8	4	89	62	.350
1934	Chicago	American	of	57	165	28	40	5	1	0	16	6	.242
	Oakland	Pacific Coast	of	83	304	52	91	10	3	0	28	23	.299
1935	Oakland	Pacific Coast	of	158	581	102	188	28	8	4	52	33	.324
1936	Oakland	Pacific Coast	of-of	43	157	29	47	6	5	1	20	7	.299
	Milwaukee	American Association	of	116	456	104	147	32	4	7	55	36	.322
1937	Milwaukee	American Association	of	98	319	67	98	17	7	1	30	10	.307
1938	Hollywood	Pacific Coast	of	166	635	113	211	39	11	5	65	32	.332
1939	Hollywood	Pacific Coast	of	147	585	99	166	35	13	2	54	16	.284
1940	Hollywood	Pacific Coast	of	170	651	117	175	24	4	1	52	23	.269
1941	Hollywood	Pacific Coast	of	148	534	95	154	15	12	2	44	18	.288
1942	Hollywood	Pacific Coast	of	173	669	92	184	24	7	1	40	14	.275
1943	San Francisco	Pacific Coast	of	136	512	78	160	15	11	1	47	17	.313
1944	San Francisco	Pacific Coast	of	154	612	86	169	17	4	0	52	37	.276
1945	San Francisco	Pacific Coast	of	145	508	93	153	19	8	0	41	26	.301
1946	San Francisco	Pacific Coast	of	137	520	98	137	27	5	1	24	24	.263

YEAR	CLUB	LEAGUE	POS	G	AB	R	H	2B	3B	HR	RBI	SB	AVG
1947	San Francisco	Pacific Coast	of	72	239	43	67	16	3	1	16	11	.280
1948	Oakland	Pacific Coast	of	25	44	7	9	1	0	0	3	0	.205
1949	Fresno	California	of	8	20	3	3	0	0	0	0	0	.150
	Majors			57	165	28	40	5	1	0	16	6	.242
	Minors			2782	10430	1786	3123	469	147	33	899	447	.299

EDWARD EUGENE "DEACON" VAN BUREN

Born December 14, 1870 at La Salle County, IL.
Died June 29, 1957 at Portland, OR.
Batted left. Threw right. Height: 5-10. Weight: 175.

YEAR	CLUB	LEAGUE	POS	G	AB	R	H	2B	3B	HR	RBI	SB	AVG
1895	Lincoln	Western Association	of	114	488	126	137	29	16	1	—	39	.281
1896	Cedar Rapids	Western Association	of	76	296	52	82	7	5	0	—	24	.277
1897	Cedar Rapids	Western Association	of	126	500	123	155	16	11	1	—	52	.310
1898	Cedar Rapids/St. Joseph	Western Association	of	39	163	34	47	5	1	0	—	19	.288
	St. Joseph	Western	of	40	143	16	29	28	5	4	8	—	.203
1899	Youngsville	Interstate	of	135	524	100	140	13	2	0	—	30	.267
1900	New Castle	Interstate	of	126	512	59	128	22	6	0	—	9	.250
1901	Columbus	Western Association	of	127	517	—	137	14	5	0	—	19	.265
1902	Portland	Pacific Northwest	of	121	445	64	122	6	5	1	—	33	.274
1903	Portland	Pacific Coast	of	205	797	151	259	17	8	0	—	35	.325
1904	Brooklyn/Philadelphia	National	of	13	44	2	11	2	0	0	3	2	.250
	Kansas City	American Association	of	59	222	33	53	4	1	0	—	7	.239
	San Francisco	Pacific Coast	of	97	391	50	104	8	3	0	—	27	.266
1905	Portland	Pacific Coast	of-1b	194	727	85	171	19	7	2	—	23	.235
1906	Seattle	Pacific Coast	of	130	461	61	124	11	6	0	—	20	.269
1907	Aberdeen	Northwestern	of	136	551	102	158	20	5	3	—	35	.287
1908	Aberdeen	Northwestern	of	143	542	73	126	17	7	0	—	27	.232
1909	Santa Cruz/Oakland	California	of-1b	134	523	102	148	22	8	5	—	21	.283
1910	Sacramento	Pacific Coast	of-1b	171	627	64	149	25	2	2	—	20	.238
1911	Sacramento	Pacific Coast	of	181	695	80	182	28	10	0	—	25	.262
1912	Sacramento	Pacific Coast	of-1b	127	383	48	120	24	2	2	—	15	.313
1913	Sacramento	Pacific Coast	of	132	360	39	102	15	2	1	—	12	.283
1914	Sacramento	Pacific Coast	of	151	473	40	116	11	5	1	37	13	.245
	Majors			13	44	2	11	2	0	0	3	2	.250
	Minors			2764	10340	1581	2789	361	122	23	33	513	.272

HEDIBERTO "HEDI" VARGAS (RODRIGUEZ)

Born February 23, 1959 at Guanica, Puerto Rico
Batted right. Threw right. Height: 6-4. Weight: 215.

YEAR	CLUB	LEAGUE	POS	G	AB	R	H	2B	3B	HR	RBI	SB	AVG
1977	Bradenton Pirates	Gulf Coast	1b-of	47	165	21	52	5	6	2	18	4	.315
1978	Charleston	Western Carolinas	1b-of	56	189	18	46	12	1	3	18	2	.243
	Niagara Falls	New York-Pennsylvania	1b-of	57	205	35	47	11	1	4	23	5	.229
1979	Shelby	Western Carolinas	1b-of	126	440	76	124	23	5	31	78	8	.282
1980	Buffalo	Eastern	1b	133	509	78	138	28	2	24	87	2	.271
1981	Buffalo	Eastern	1b-of	125	419	65	115	23	3	25	84	7	.274
1982	Portland	Pacific Coast	1b	124	440	87	137	27	2	28	80	3	.311
	Pittsburgh	National	1b	8	8	1	3	1	0	0	3	0	.375
1983	Lynn	Eastern	1b	20	71	13	22	5	0	2	13	0	.310
	Hawaii	Pacific Coast	1b-of	53	204	30	71	19	0	12	46	1	.348
1984	Pittsburgh	National	1b	18	31	3	7	2	0	0	2	0	.226
	Hawaii	Pacific Coast	of-1b	43	147	24	43	10	1	9	30	0	.293
1985	Hawaii	Eastern	1b	102	304	40	82	17	3	7	48	0	.270
1986							Did not play organized baseball						
1987	Aguascalientes	Mexican	1b	89	321	94	122	21	3	35	98	0	.380
1988	Chattanooga	Southern	1b	82	309	43	90	26	1	12	61	1	.291
	Nashville	American Association	1b	36	121	7	29	6	2	2	12	0	.240
1989	Midland	Texas	1b	40	129	22	43	10	0	5	31	0	.333
	Quad Cities	Midwest	1b	41	138	30	41	10	0	12	33	1	.297
1990	Aguascalientes	Mexican	1b	105	370	81	123	19	1	25	92	1	.332
1991	Aguascalientes	Mexican	1b	70	239	46	83	12	1	19	56	0	.347
1992	Campeche	Mexican	1b	109	365	57	109	17	0	12	63	3	.299
	Majors			26	39	4	10	3	0	0	5	0	.256
	Minors			1458	5085	867	1517	301	32	269	971	39	.298

LOUIS VEZILICH

Born May 30, 1914 at Oakland, CA.
Batted right. Threw right. Height: 6-2. Weight: 182.

Manager for Vallejo/Santa Rosa, Far West, 1949; Eugene, Far West, 1950.

YEAR	CLUB	LEAGUE	POS	G	AB	R	H	2B	3B	HR	RBI	SB	AVG
1934	Muskogee	Western Association	of	64	241	31	57	10	2	7	27	4	.237
	Sioux City	Western	of	71	267	22	70	14	2	3	30	10	.262
1935	St. Joseph/Council Bluff	Western	of	98	409	90	130	19	8	12	78	13	.318
1936	Sacramento	Pacific Coast	of	176	656	87	194	28	5	7	104	16	.296
1937	Sacramento	Pacific Coast	of	178	704	120	223	35	14	7	87	31	.317
1938	Rochester	International	of	152	547	81	156	25	10	6	78	11	.285
1939	Sacramento	Pacific Coast	of	62	227	28	66	12	2	2	31	5	.291
	Jersey City	International	of	47	96	13	24	4	1	1	8	1	.250
1940	Houston	Texas	of	130	369	43	96	11	2	1	48	5	.260
1941	Savannah	SALLY	of	18	63	10	16	5	0	1	8	1	.254
	Fort Worth	Texas	of	110	331	54	93	22	3	2	47	4	.281
1942-43						Military service							
1944	San Diego	Pacific Coast	of-1b	79	265	28	73	16	2	1	31	5	.275
1945	San Diego	Pacific Coast	of	175	628	97	193	38	6	6	110	9	.307
1946	San Diego	Pacific Coast	of	24	67	6	17	3	0	1	11	1	.256
	Tulsa	Texas	of	64	205	29	57	9	2	1	29	6	.278
1947	Hollywood/San Francisco	Pacific Coast	of	15	38	6	15	5	1	0	11	1	.395
	Fresno	California	of-1b	133	497	119	181	46	10	8	141	7	.364
1948	Tampa	Florida International	of-1b	143	511	101	182	30	5	10	86	15	**.356**
1949	Vallejo/Santa Rosa	Far West	1b	89	340	77	138	33	2	6	100	11	.406
	Modesto	California	of	30	124	20	38	6	1	2	24	4	.306
1950	Eugene	Far West	of-1b	122	443	107	154	25	5	5	95	12	.348
		Minors		1980	7028	1169	2173	396	83	89	1184	172	.309

JOSE NICOLAS VIDAL

Born April 3, 1940 at Batey Lechugas, Dominican Republic.
Batted right. Threw right. Height: 6-0. Weight: 190.

YEAR	CLUB	LEAGUE	POS	G	AB	R	H	2B	3B	HR	RBI	SB	AVG
1958	Hastings	Nebraska State	of	21	61	4	12	3	1	0	7	2	.197
1959	Dubuque	Midwest	of-3b	85	284	42	61	14	1	11	41	6	.215
1960	Hobbs	Sophomore	of	93	363	85	124	20	6	17	81	20	.342
1961	Burlington	Three I	of	96	320	54	75	10	0	13	37	9	.234
1962	Grand Forks	Northern	of-p	32	109	26	26	1	0	4	22	2	.239
	Burlington	Midwest	of	28	110	21	30	3	3	3	25	1	.273
1963	Reno	California	of-3b-p	139	512	126	174	31	3	**40**	**162**	14	**.340**
1964	Charleston	Eastern	of-3b	44	155	22	43	3	5	3	26	4	.277
1965	Portland	Pacific Coast	of	141	495	73	129	26	5	21	86	17	.261
1966	Portland	Pacific Coast	of	115	403	65	118	19	8	15	57	14	.293
	Cleveland	American	of	17	32	4	6	1	1	0	3	0	.188
1967	Portland	Pacific Coast	of	69	230	43	70	14	7	12	42	4	.304
	Cleveland	American	of	16	34	4	4	0	0	0	0	0	.118
1968	Cleveland	American	of-1b	37	54	5	9	0	0	2	5	3	.167
	Portland	Pacific Coast	of	44	146	27	48	5	4	12	31	1	.329
1969	Seattle	American	of	18	26	7	5	0	1	1	2	1	.192
	Syracuse	International	of-3b	86	231	30	49	8	2	7	35	10	.212
1970	Syracuse	International	of	73	195	36	51	7	2	7	22	6	.262
1971	Toledo	International	of-1b	28	58	7	10	0	0	2	10	0	.172
	Nishitetsu	Japanese Pacific	of	39	122	6	27	6	0	2	9	6	.221
1972	Tampico	Mexican	of	121	404	86	120	26	1	32	79	6	.297
1973	Tampico	Mexican	of-1b-3b	116	391	74	120	12	2	23	101	15	.307
1974	Yucatan	Mexican	of	130	416	58	109	15	0	14	53	2	.262
1975	Poza Rica	Mexican	of-1b	131	454	62	117	21	3	15	71	5	.258
		Majors		88	146	20	24	1	2	3	10	4	.164
		Minors		1592	5337	941	1486	238	53	251	988	139	.278
		Japan		39	122	6	27	6	0	2	9	6	.221

SINGLE-SEASON BATTING LEADERS: AT-BAT LEVELS

RANGE	PLAYER, TEAM, LEAGUE	YEAR	AB	H	BA	RANGE	PLAYER, TEAM, LEAGUE	YEAR	AB	H	BA
200-299	Gary Redus, Billings, Pioneer	1978	253	117	.463	500-599	Bill Krieg, Rockford, Western Assoc.	1896	524	237	.452
300-300	Ike Boone, Mission, Pacific Coast	1930	310	139	.448	600-699	Jack Lelivelt, Omaha, Western	1921	659	274	.416
400-499	Willie Aikens, Puebla, Mexican	1986	445	202	.454	700-Up	Ox Eckhardt, Mission, Pacific Coast	1933	760	315	.414

Irving J. "Irv" Waldron

Born January 21, 1876 at Hillside, NY.
Died July 22, 1944 at Worcester, MA.
Batted right. Threw right.

YEAR	CLUB	LEAGUE	POS	G	AB	R	H	2B	3B	HR	RBI	SB	AVG
1895	Pawtucket	Northeastern	of	106	452	124	159	42	7	4	–	84	.352
1896	Pawtucket	Northeastern	of	107	484	137	182	41	6	7	–	55	.376
1897	Milwaukee	Western	of	4	13	3	4	0	0	0	–	3	.308
	St. Joseph	Western Association	of	112	458	117	162	35	11	5	–	51	.354
1898	Milwaukee	Western	of	137	510	100	132	12	4	7	–	50	.259
1899	Milwaukee	Western	of	115	484	98	161	21	9	0	–	40	.333
1900	Milwaukee	American	of	139	579	92	170	29	8	1	–	34	.294
1901	Milwaukee/Washington	American	of	141	598	102	186	22	9	0	51	20	.311
1902	Kansas City	Western	of	132	553	99	178	24	12	3	–	21	.322
1903	Kansas City	Western	of	123	503	98	156	18	10	1	–	17	.310
1904	San Francisco	Pacific Coast	of	215	888	131	245	38	9	1	–	48	.276
1905	San Francisco	Pacific Coast	of	196	763	103	213	23	7	1	–	43	.279
1906	San Francisco	Pacific Coast	of	11	33	12	10	0	2	0	–	5	.303
	Kansas City	American Association	of	114	423	47	117	10	6	0	–	16	.277
1907					Did not play in organized baseball								
1908	Denver	Western	of	149	562	85	148	12	7	2	–	27	.263
1909	Lincoln	Western	of	150	609	99	183	22	10	1	–	21	.300
1910	Lincoln/Denver	Western	of	103	369	60	98	12	3	1	–	15	.266
	Utica/Scranton	New York State	of	26	94	14	23	1	2	0	–	3	.245
1911	Meridian	Cotton States	of	74	286	50	80	19	4	0	–	28	.280
		Majors	141	598	102	186	22	9	0	51	20	.311	
		Minors	2013	8063	1469	2421	359	117	34	–	561	.300	

Ned Waldrop

Born October 3, 1922 at Rutherfordton, NC.
Batted left. Threw right. Height: 6-3. Weight: 215.

Manager for Fulton, KITTY ,1955.

YEAR	CLUB	LEAGUE	POS	G	AB	R	H	2B	3B	HR	RBI	SB	AVG
1948	Forest City	Western Carolina	of	88	362	69	124	26	8	17	107	6	.343
1949	Charlotte	Tri-State	of	26	96	13	26	5	3	2	12	0	.271
	Fulton	KITTY	1b	79	311	66	98	14	2	22	82	2	.315
1950	Fulton	KITTY	1b	118	458	104	150	32	8	28	130	5	.328
1951	Fulton	KITTY	1b	116	442	95	144	27	3	12	97	21	.326
1952	Fulton	KITTY	1b	112	459	108	163	37	5	8	103	36	.355
1953	Fulton	KITTY	1b	105	431	93	149	27	7	14	108	8	.346
1954	Fulton	KITTY	1b	116	474	114	180	36	2	22	159	1	.380
1955	Fulton	KITTY	1b	73	266	46	74	18	2	4	48	6	.278
		Minors	833	3299	708	1108	222	40	129	846	85	.336	

Charles Franklin "Frank" Walker

Born September 22, 1894 at Enoree, SC.
Died September 16, 1974 at Bristol, TN.
Batted right. Threw right. Height: 5-11. Weight: 165.

YEAR	CLUB	LEAGUE	POS	G	AB	R	H	2B	3B	HR	RBI	SB	AVG
1915	Newport News	Virginia	of	101	378	47	84	12	3	2	–	17	.222
1916	Newport News	Virginia	of	69	251	42	80	13	6	1	–	11	.319
1917	Springfield	Central	of	114	435	94	161	23	13	10	–	34	.370
	Detroit	American	of	2	2	0	0	0	0	0	0	0	.000
1918	Detroit	American	of	55	167	10	33	10	3	1	20	3	.198
1919	Portland	Pacific Coast	of	74	280	39	84	1	2	3	–	8	.300
1920	Philadelphia	American	of	24	91	10	21	2	2	0	10	0	.231
	Rocky Mount	Virginia	of	71	252	55	93	17	12	6	42	21	.369
1921	Philadelphia	American	of	19	66	6	15	3	0	1	6	1	.227
	Rocky Mount	Virginia	of	77	219	55	106	23	6	9	–	16	.355
1922	Rocky Mount	Virginia	of	119	457	85	140	15	10	7	45	45	.306
1923	Rocky Mount	Virginia	of	126	482	126	177	33	8	9	63	34	.367
1924	Rocky Mount	Virginia	of	137	530	117	196	33	4	16	72	50	.370
1925	New York	National	of	39	81	12	18	1	0	1	5	1	.222
	Indianapolis	American Association	of	1	0	0	0	0	0	0	0	0	.000
1926	Greenville	SALLY	of	129	476	110	158	22	6	10	52	13	.332

YEAR	CLUB	LEAGUE	POS	G	AB	R	H	2B	3B	HR	RBI	SB	AVG
1927	Greenville	SALLY	of	114	412	81	138	24	2	5	52	10	.335
1928	Greenville	SALLY	of	77	264	51	77	10	3	5	33	9	.292
1929	Greenville	SALLY	of	80	261	62	97	13	0	5	32	6	.372
1930	Atlanta/Chattanooga	Southern Association	of	88	280	38	80	11	5	1	35	15	.286
1931	Florence	Palmetto	of	4	14	2	5	3	0	0	3	1	.357
		Majors		139	407	38	87	16	5	3	41	5	.214
		Minors		1385	4991	1004	1676	230	67	89	426	290	.336

MOSES FLEETWOOD "FLEET" WALKER

Born October 7, 1856 at Mount Pleasant, OH.
Died May 11, 1924 at Cleveland, OH.
Batted right. Threw right.

Probably the first Negro to play in minor leagues, Toledo, Northwestern League, in 1883 as well as in major leagues, Toledo, American Association in 1884. Brother of Welday Walker who also played with Toledo, American Association in 1884.

YEAR	CLUB	LEAGUE	POS	G	AB	R	H	2B	3B	HR	RBI	SB	AVG
1883	Toledo	Northwestern	c	60	235	45	59	5	8	1	—	—	.251
1884	Toledo	American Association	c-of	42	152	23	40	2	3	0	—	—	.263
1885	Cleveland	Western	c	18	68	11	19	4	2	1	—	—	.279
	Waterbury	Eastern	c	10	39	5	6	0	0	0	—	—	.154
	Waterbury	South Connecticutt	c-of	23	75	20	20	3	0	0	—	—	.267
1886	Waterbury	Eastern	c-of-1b	47	170	23	37	2	0	0	—	12	.218
1887	Newark	International	c	69	254	44	67	6	2	1	—	36	.264
1888	Syracuse	International	c	77	283	38	48	6	2	1	—	34	.170
1889	Syracuse	International	c	50	171	29	37	1	1	0	—	18	.216
		Majors		42	152	23	40	2	3	0	—	—	.263
		Minors		331	1220	195	273	21	15	4	—	101	.224

JAMES CHARLES "JIMMY" WALSH

Born September 22, 1885 at Killila, Ireland.
Died July 3, 1962 at Syracuse, NY.
Batted right. Threw right. Height: 5-10½. Weight: 170.

He led International League in batting with .388 at 40 years old in 1926.

YEAR	CLUB	LEAGUE	POS	G	AB	R	H	2B	3B	HR	RBI	SB	AVG
1907	Syracuse	New York State	of	1	3	0	1	0	0	0	0	1	.333
1908	Albany	New York State	of	94	302	41	61	11	5	5	—	20	.202
1909	Northampton	Connecticut	of	96	331	61	96	17	9	3	—	29	.290
1910	Baltimore	Eastern	of	140	481	70	129	17	7	5	—	18	.268
1911	Baltimore	Eastern	of	151	529	88	140	15	15	5	—	29	.265
1912	Baltimore	International	of	117	438	96	155	20	20	2	—	35	.354
	Philadelphia	American	of	31	107	11	27	8	2	0	15	7	.262
1913	Philadelphia	American	of	94	303	56	77	16	5	0	27	15	.254
1914	Philadelphia/New York	American	of	110	352	48	77	12	9	4	47	12	.219
1915	Philadelphia	American	of	117	417	48	86	15	6	1	20	22	.206
1916	Philadelphia/Boston	American	of	127	406	47	93	13	6	1	29	30	.229
1917	Boston	American	of	57	185	25	59	6	3	0	12	6	.265
1918							Military service						
1919	Seattle	Pacific Coast	of	162	586	72	155	25	3	0	—	24	.265
1920	Akron	International	of	150	589	102	189	36	13	15	—	13	.321
1921	Newark	International	of	153	581	106	209	39	16	2	—	29	.360
1922	Baltimore	International	of	164	636	131	208	47	9	5	106	10	.327
1923	Baltimore	International	of	151	564	107	188	41	5	15	134	14	.333
1924	Jersey City	International	of	143	536	89	163	37	4	9	78	18	.304
1925	Buffalo	International	of	154	544	120	197	34	3	22	122	8	**.357**
1926	Buffalo	International	of	147	526	122	204	43	3	17	131	14	**.388**
1927	Indianapolis	American Association	of	16	38	6	11	1	0	1	6	0	.289
	Toronto	International	of	69	248	41	80	9	2	1	38	8	.323
1928	Jersey City	International	of	157	543	71	176	39	9	3	90	6	.324
1929	Jersey City	International	of	128	421	55	123	26	2	4	61	5	.292
1930	Hartford	Eastern	of	66	192	37	59	11	1	4	21	5	.307
	Fairmont	Middle Atlantic	of	58	196	35	70	9	2	2	32	5	.359
1931	Fairmont	Middle Atlantic	of	68	253	33	85	20	4	1	48	3	.336
		Majors		536	1770	235	409	70	31	6	150	92	.231
		Minors		2385	8537	1483	2696	499	132	122	867	284	.316

WILSON J. "RASTY" WALTERS

Born at Avilla, IN.
Batted right. Threw right. Height: 5-11. Weight: 182.

YEAR	CLUB	LEAGUE	POS	G	AB	R	H	2B	3B	HR	RBI	SB	AVG
1912	Adrian-Bay City	South Michigan	3b	112	372	45	91	20	4	4	–	5	.245
1913	Adrian	South Michigan	3b	120	443	54	139	38	8	2	–	11	.314
1914	Newport News	Virginia	3b	139	516	76	138	30	10	7	–	24	.267
1915	Newport News	Virginia	3B	128	471	57	142	34	4	6	–	5	.302
1916	Newport News	Virginia	3b	124	442	69	117	29	11	15	–	20	.265
1917	Newport News	Virginia	3b	16	66	10	18	3	0	1	–	4	.273
	Cumberland	Blue Ridge	3b	27	91	15	26	1	6	0	–	–	.291
1918-19						Did not play in organized baseball							
1920	Wilson	Virginia	2b-3b	70	269	55	117	21	7	1	41	5	**.435**
1921	Wilson	Virginia	2b-3b	128	502	107	173	19	5	6	–	14	.345
1922	Wilson	Virginia	3b	120	462	89	173	38	8	11	–	11	.374
1923	Wilson	Virginia	3b	124	484	84	173	25	9	8	77	12	.357
1924	Wilson	Virginia	3b	142	519	78	173	22	3	4	83	7	.333
1925	Wilson	Virginia	3b	121	440	66	138	25	5	12	81	8	.314
1926	Wilson	Virginia	3b	154	570	76	189	33	4	13	103	5	.332
1927	Wilson	Virginia	3b	23	79	9	19	1	0	1	9	0	.241
	Rocky Mount	Piedmont	3b	107	378	69	109	13	1	14	54	7	.289
1928	Kinston	Eastern Carolina	3b	94	343	78	127	24	2	20	74	7	.370
	Greensboro	Piedmont	3b	14	50	8	16	4	0	3	10	0	.320
1929	Fayetteville	Eastern Carolina	3b	93	323	47	105	15	1	11	59	4	.325
1930	Raleigh	Piedmont	3b	97	361	69	113	19	5	7	59	4	.313
1931	Raleigh	Piedmont	3b	8	27	–	6	1	0	1	–	–	.222
		Minors		1961	7208	1161	2302	415	93	147	650	148	.319

DANIEL JAMES "DANNY" WALTON

Born July 14, 1947 at Los Angeles, CA.
Batted both. Threw right. Height: 6-0. Weight: 195.

Led all minor leagues with 42 home runs in 1977.

YEAR	CLUB	LEAGUE	POS	G	AB	R	H	2B	3B	HR	RBI	SB	AVG
1965	Bradenton Astros	Florida Rookie	c-of	11	21	0	0	0	0	0	1	0	.000
	Cocoa	Florida State	of-c	14	30	3	6	1	0	0	2	1	.200
1966	Salisbury	Western Carolinas	of	111	425	82	136	26	5	20	80	11	.320
	Amarillo	Texas	of	11	33	2	3	1	0	0	0	0	.091
1967	Asheville	Carolina	of	120	411	76	124	14	3	25	78	8	.302
1968	Dallas-Fort Worth	Texas	of	78	279	32	69	7	4	9	41	1	.247
	Houston	National	ph	2	2	0	0	0	0	0	0	0	.000
	Oklahoma City	Pacific Coast	of	6	10	1	3	0	0	0	0	0	.300
1969	Oklahoma City	American Association	of	132	482	74	160	34	7	**25**	**119**	4	.332
	Seattle	American	of	23	92	12	20	1	2	3	10	2	.217
1970	Milwaukee	American	of	117	397	32	102	20	1	17	66	2	.257
1971	Milwaukee/New York	American	of-3b	35	83	6	16	3	0	3	11	0	.193
	Syracuse	International	of	61	157	21	38	7	0	8	25	1	.242
1972	Syracuse	International	of-1b-3b	137	410	63	111	20	0	23	88	1	.271
1973	Minnesota	American	of-3b	37	96	13	17	1	1	4	8	0	.177
1974	Tacoma	Pacific Coast	dh	139	520	86	137	29	3	35	109	0	.263
1975	Tacoma	Pacific Coast	c	49	157	27	48	6	0	13	38	0	.306
	Minnesota	American	1b-c	42	63	4	11	2	0	1	8	0	.175
1976	Los Angeles	National	ph	18	15	0	2	0	0	0	2	0	.133
	Albuquerque	Pacific Coast	3b-of	60	219	40	64	13	2	8	45	5	.292
1977	Albuquerque	Pacific Coast	of-1b	136	492	**117**	142	25	0	**42**	**122**	2	.289
	Houston	National	1b	13	21	0	4	0	0	0	1	0	.190
1978	Taiyo	Japanese Central	of	75	144	–	31	–	–	9	22	–	.215
1979	Spokane	Pacific Coast	1b	146	522	71	135	**39**	0	15	81	2	.259
1980	Charleston	International	dh	104	341	42	77	13	0	15	54	0	.226
	Texas	American	dh	10	10	2	2	0	0	0	1	0	.200
		Majors		297	779	69	174	27	4	28	107	–	.223
		Minors		1315	4509	737	1293	235	24	238	883	36	.277
		Japan		75	144	–	31	–	–	9	22	–	.215

FRANK GRAY "PIGGY" WARD

Born April 16, 1867 at Chambersburg, PA.
Died October 24, 1912 at Altoona, PA.
Threw right. Height: 5-9½. Weight: 196.

YEAR	CLUB	LEAGUE	POS	G	AB	R	H	2B	3B	HR	RBI	SB	AVG
1883	Philadelphia	National	3b	1	5	0	0	0	0	0	—	—	.000
1884	St. Paul	Northwestern	ss	4	14	0	1	0	0	0	—	—	.071
1885-86							Did not play in organized baseball						
1887	Johnstown	Pennsylvania State	1b	15	65	16	17	1	2	1	—	0	.262
1888	Allentown	Central	2b	30	120	18	32	1	0	0	—	28	.267
1889	New Orleans	Southern	2b	30	133	34	40	5	3	1	—	11	.301
	Philadelphia	National	2b-of	7	25	0	4	1	0	0	—	1	.160
	Hamilton	International Association	2b	50	201	34	62	5	3	0	—	37	.308
1890	Galveston	Texas	2b	42	176	46	62	9	**6**	0	—	**28**	.352
	Spokane	Pacific Northwest	2b-of	71	302	**97**	11	17	10	4	—	54	**.368**
1891	Sacramento	California	2b-of-3b	47	180	50	57	7	3	1	—	27	.317
	Spokane	Northwestern	of-if	12	51	8	21	3	3	0	—	8	.412
	Minneapolis	Western Association	1b	54	207	56	74	10	0	1	—	30	.357
	Pittsburgh	National	of	6	18	3	6	0	0	0	—	3	.333
1892	Milwaukee	Western	2b-3b-ss	51	211	49	65	14	5	2	—	**39**	.308
	Baltimore	National	of-2b-ss	56	186	28	54	6	5	1	—	10	.290
1893	New Orleans	Southern	of-1b	30	119	47	40	8	2	0	—	26	.336
	Baltimore/Cincinnati	National	of-1b	53	199	55	54	5	4	0	—	31	.271
	Altoona/Harrisburg	Pennsylvania State	2b-of	19	76	23	28	4	3	0	—	6	.368
1894	Washington	National	2b-of	98	347	86	105	11	7	0	—	41	.303
1895	Scranton	Eastern	2b-of-1b	104	419	93	156	23	5	1	—	26	**.372**
1896	Scranton/Toronto	Eastern	2b-of-1b	104	409	83	126	24	7	2	—	27	.308
1897	Lancaster	Atlantic	2b-of	131	525	105	147	30	7	1	—	45	.280
1898	Lancaster	Atlantic	2b	129	515	90	144	19	7	2	—	59	.280
1899	Lancaster	Atlantic	2b	94	**381**	82	**136**	**29**	15	2	—	37	.357
	Mansfield	Interstate	2b	42	150	23	37	7	1	0	—	1	.247
1900	Worcester/Hartford	Eastern	2b	48	185	34	44	8	2	1	—	12	.238
	Binghamton	New York State	2b	42	152	25	37	12	4	0	—	3	.243
1901	Norwich	Connecticut State	2b-of	91	331	67	92	13	0	2	—	21	.278
1902	Butte	Pacific Northwest	2b	118	473	85	157	24	12	1	—	**51**	.332
1903	Butte	Pacific Northwest	2b	126	496	97	157	36	4	1	—	46	.317
1904	Butte	Pacific Northwest	2b	90	375	84	128	22	6	2	—	40	.341
	Birmingham	Southern Association	2b	16	55	8	19	0	1	0	—	5	.345
1905	Charleston	SALLY	2b	44	146	5	20	2	0	0	—	7	.137
			Majors	221	780	172	223	23	16	1	—	86	.286
			Minors	1515	6036	1297	1911	299	99	22	—	648	.317

JAMES ALBERT WARNER

Born September 23, 1923 at Panama Canal Zone.
Batted right. Threw right. Height: 6-0. Weight: 194.

YEAR	CLUB	LEAGUE	POS	G	AB	R	H	2B	3B	HR	RBI	SB	AVG
1942	Fresno	California	of	67	265	56	74	11	5	6	**48**	15	.279
	Columbus	SALLY	of	17	56	4	7	0	0	0	1	0	.125
	Springfield	Western Association	of	10	22	1	3	0	0	0	2	0	.136
	Pocatello	Pioneer	of	25	106	8	30	4	1	1	18	0	.283
1943-45							Military service						
1946	Sacramento	Pacific Coast	of	3	11	1	3	0	0	0	2	0	.273
	Wenatchee	Western International	of	122	480	106	140	31	2	25	97	21	.292
1947	Sacramento	Pacific Coast	of	97	180	39	38	5	1	4	26	7	.211
1948	Sacramento	Pacific Coast	of	51	186	22	38	7	2	4	16	0	.204
	Grand Rapids	Central	of	60	198	47	56	11	1	12	57	6	.283
1949	Sacramento	Pacific Coast	of	17	33	4	7	0	0	1	5	0	.212
	Wenatchee	Western International	of	138	542	**152**	167	38	5	**43**	123	36	.308
1950	Tri-Cities	Western International	of	145	548	**143**	182	33	5	20	131	32	.332
1951	Modesto	California	of	147	571	145	182	41	2	35	137	28	.319
1952	Modesto/Visalia	California	of	131	484	109	146	28	2	26	118	19	.302
1953	Little Rock	Southern Association	of-3b	7	26	3	5	1	0	1	3	0	.192
	Wichita Falls	Big State	of	132	466	92	121	20	3	32	104	19	.260
1954	Harlingen	Big State	of-p	63	234	52	71	12	1	17	53	7	.303
	Port Arthur	Evangeline	of	33	125	29	39	9	0	5	27	6	.312
	Decatur	Mississippi-Ohio Valley	of	45	173	35	54	8	3	8	49	9	.312
			Minors	1310	4706	1048	1363	259	33	240	1017	205	.290

JAMES ROYCE "MULE" WASHBURN

Born November 15, 1895 at Wichita, KS.
Batted right. Threw right. Height: 6-0½. Weight: 178.

Manager for El Paso, Arizona-Texas, 1930-1932.

YEAR	CLUB	LEAGUE	POS	G	AB	R	H	2B	3B	HR	RBI	SB	AVG
1913	Great Bend	Kansas State	1b	5	19	1	2	0	0	0	–	0	.105
1914-16					Did not play in organized baseball								
1917	Wichita	Western	1b	14	54	5	12	1	0	0	–	1	.222
	Dubuque/Charles City	Central Association	1b	69	244	29	54	–	–	–	–	8	.221
1918	Wichita	Western	1b-3b-2b-ss	53	178	33	56	12	5	1	–	10	.315
1919	Wichita	Western	2b	130	498	86	146	23	14	7	–	4	.293
1920	Wichita	Western	2b-of-1b	150	586	101	156	27	5	10	–	22	.266
1921	Wichita	Western	2b	168	686	**170**	219	46	11	30	–	23	.319
1922	Wichita	Western	2b-1b	154	600	148	202	49	9	23	–	16	.337
1923	Reading	International	2b-1b	142	494	103	145	26	12	11	84	9	.294
1924	Tulsa	Western	2b	169	658	**184**	247	53	7	**48**	–	12	.375
1925	San Antonio	Texas	1b	107	408	89	134	13	4	16	101	6	.328
1926	Wichita Falls	Texas	1b	71	262	47	81	19	3	4	44	7	.309
	Portland	Pacific Coast	1b-2b-of	91	305	43	86	17	1	7	52	1	.282
1927	Little Rock/Birmingham/												
	Chattanooga	Southern Association	2b-1b	127	451	71	124	18	5	11	72	2	.275
1928	Pueblo	Western	of	52	122	18	33	8	3	0	–	3	.270
1929					Did not play in organized baseball								
1930	El Paso	Arizona-Texas	1b	106	390	93	145	29	16	12	99	8	.372
1931	El Paso	Arizona-Texas	1b	104	338	56	108	19	8	3	–	5	.320
1932	El Paso	Arizona-Texas	inf	42	106	19	29	8	3	4	–	1	.273
			Minors	1774	6399	1296	1979	368	106	187	452	138	.309

SLOANE VERNON "GEORGE" WASHINGTON

Born June 4, 1907 at Linden, TX.
Died February 17, 1985 at Linden, TX.
Batted left. Threw right. Height: 5-11½. Weight: 190.

Manager for Texarkana, Big State, 1947-1948.

YEAR	CLUB	LEAGUE	POS	G	AB	R	H	2B	3B	HR	RBI	SB	AVG
1931	McCook	Nebraska State	of	13	61	11	19	3	2	2	–	1	.311
1932	Baton Rouge	Cotton States	of	19	75	17	30	6	3	3	–	0	.400
	Shreveport/Tyler	Texas	of	89	323	43	113	21	1	14	60	3	.350
1933	Fort Worth	Texas	of	144	567	80	184	41	14	9	106	5	.325
1934	Indianapolis	American Association	of	144	554	104	205	40	13	16	120	2	.361
1935	Chicago	American	of	108	339	40	96	22	3	8	47	1	.283
1936	Chicago	American	of	20	49	6	8	2	0	1	5	0	.163
	St. Paul	American Association	of	73	305	55	119	25	4	7	53	3	**.390**
1937	St. Paul	American Association	of	110	399	49	124	33	7	9	65	1	.311
1938	St. Paul	American Association	of	34	129	22	55	8	1	3	23	2	.426
1939	Shreveport	Texas	of	141	519	74	155	**45**	12	10	87	9	.299
1940	Shreveport	Texas	of	121	394	44	107	32	4	6	76	3	.272
1941	Shreveport	Texas	of	148	518	65	**181**	33	6	4	74	11	.349
1942	Shreveport	Texas	of	134	506	67	152	39	6	5	74	4	.300
1943-45					Did not play in organized baseball								
1946	Texarkana	East Texas	of	123	439	73	151	32	0	21	99	2	.344
1947	Texarkana	Big State	of	141	549	118	222	44	2	37	143	0	**.404**
1948	Texarkana	Big State	of	124	450	89	173	30	0	29	129	2	**.384**
1949	Gladewater	East Texas	of	135	512	102	198	**44**	0	20	133	4	**.387**
1950	Dallas	Texas	of	36	72	5	20	3	0	1	17	0	.278
	Gladewater	East Texas	of	64	247	42	87	26	2	4	57	0	.352
			Majors	128	388	46	104	24	3	9	52	1	.268
			Minors	1793	6619	1060	2295	505	77	200	1316	52	.347

SINGLE SEASON LEADERS: TOP PITCHING PERCENTAGE

YEAR PLAYER, CLUB, LEAGUE	PERCENTAGE	AVG	YEAR PLAYER, CLUB, LEAGUE	PERCENTAGE	AVG
1937 Joe Kohlman, Salisbury, Eastern Shore	25-1	.962	1947 Chris Van Cuyk, Cambridge, Eastern Shore	25-2	.926
1919 Chief Bender, Richmond, Virginia	29-2	.935	1949 Orie Arntzen, Albany, Eastern	25-2	.926
1938 Paige Dennis, Thomasville, North Carolina State	28-2	.933	1935 Lloyd Sterling, Winnipeg, Northern	24-2	.923
1920 George Carmen, London, Michigan-Ontario	26-2	.929	1948 Jackie Collum, St. Joseph, Western Association	24-2	.923

WILLIAM EARL WEBB

Born September 17, 1898 at Bon Air, TN.
Died May 23, 1965 at Jamestown, TN.
Batted left. Threw right. Height: 6-1. Weight: 185.

Known as Earl
Compiled 37-47 won-lost record in 118 games as hurler. Holds major league record for most doubles in a season with 67 in 1931.

YEAR	CLUB	LEAGUE	POS	G	AB	R	H	2B	3B	HR	RBI	SB	AVG
1921	Clarksdale	Mississippi State	of-p	92	309	41	87	8	13	7	49	5	.282
1922	Memphis	Southern Association	p	32	67	8	19	2	1	0	6	0	.284
1923	Pittsfield	Eastern	p-of	62	133	20	43	12	3	1	—	0	.323
1924	Pittsfield	Eastern	of-p	119	408	68	140	42	5	14	—	15	.343
	Toledo	American Association	of	17	69	11	23	3	3	0	10	0	.333
1925	Toledo	American Association	of	114	422	77	139	22	9	11	66	3	.329
	New York	National	of	4	3	0	0	0	0	0	0	0	.000
1926	Louisville	American Association	of	130	474	96	158	32	8	18	111	8	.333
1927	Chicago	National	of	102	332	58	100	18	4	14	52	3	.301
1928	Chicago	National	of	62	140	22	35	7	3	3	23	0	.250
1929	Los Angeles	Pacific Coast	of	188	658	163	235	56	6	37	164	14	.357
1930	Boston	American	of	127	449	61	145	30	6	16	66	2	.323
	Boston	American	of	151	589	96	196	67	3	14	103	2	.333
1932	Boston/Detroit	American	of	139	530	72	151	28	9	8	78	1	.285
1933	Detroit/Chicago	American	of	64	118	17	34	5	0	1	11	0	.288
1934	Milwaukee	American Association	of	106	424	72	156	27	4	11	84	1	**.368**
1935	Milwaukee	American Association	of	144	533	98	180	33	6	6	98	0	.338
1936	Knoxville	Southern Association	of	133	466	83	162	24	7	**20**	102	1	.348
1937	Knoxville	Southern Association	of	106	385	55	107	26	1	7	56	3	.278
		Majors		649	2161	326	661	155	25	56	333	8	.306
		Minors		1243	4348	792	1449	287	66	132	746	50	.333

PHILIP "PHIL" WEINTRAUB

Born October 12, 1907 at Chicago, IL.
Died June 21, 1987 at Palm Springs, CA.
Batted left. Threw left. Height: 6-1. Weight: 195.

YEAR	CLUB	LEAGUE	POS	G	AB	R	H	2B	3B	HR	RBI	SB	AVG
1926	Rock Island	Mississippi Valley	p-of	13	27	3	6	2	0	0	—	—	.222
1927-30				Did not play in organized baseball								
1931	Dubuque	Mississippi Valley	1b-of	65	250	48	93	29	5	6	—	—	.372
1932	Terre Haute	Three I	1b-of	56	198	40	64	11	6	4	—	—	.323
	Dayton	Central	of	54	179	32	63	13	6	5	—	—	.352
1933	Birmingham	Southern Association	of	135	466	86	138	21	10	15	81	—	.296
	New York	National	of	8	15	3	3	0	0	1	1	—	.200
1934	Nashville	Southern Association	of	101	372	101	149	36	7	16	87	—	**.401**
	New York	National	of	31	74	13	26	2	0	0	15	—	.351
1935	New York	National	1b	64	112	18	27	3	3	1	6	—	.241
1936	Columbus	American Association	1b	22	83	14	30	5	2	1	13	—	.361
	Rochester	International	of-1b	115	388	94	144	32	10	20	98	—	.371
1937	Cincinnati/New York	National	of	55	186	30	51	12	4	3	21	—	.274
	Jersey City	International	1b	82	275	37	74	16	7	5	41	—	.269
1938	Baltimore	International	1b	44	139	36	48	11	2	7	26	—	.345
	Philadelphia	National	1b	100	351	51	109	23	2	4	45	—	.311
1939	Minneapolis	American Association	1b	149	507	127	168	36	9	33	126	—	.331
1940	Minneapolis	American Association	1b	137	487	106	169	34	4	27	109	—	.347
1941	Los Angeles	Pacific Coast	1b	118	417	60	126	28	1	18	75	—	.302
1942	St. Paul/Toledo	American Association	1b-of	134	429	70	155	34	1	13	67	—	.268
1943	Toledo	American Association	1b	138	467	79	156	27	3	16	96	—	.334
1944	New York	National	1b	104	361	55	114	18	9	13	77	—	.316
1945	New York	National	1b	82	283	45	77	9	1	10	42	—	.272
	Newark	International	1b	40	132	28	41	10	2	8	25	—	.311
		Majors		444	1382	215	407	67	19	32	207	—	.295
		Minors		1403	4816	961	1624	345	75	194	844	—	.337

ARTHUR JOHN "BUTCH" WEIS

Born March 2, 1901 at St. Louis, MO.
Batted left. Threw left. Height: 5-11. Weight: 180.

YEAR	CLUB	LEAGUE	POS	G	AB	R	H	2B	3B	HR	RBI	SB	AVG
1920	Rock Island	Three I	p-of	41	108	4	12	0	0	1	6	0	.111
1921	Springfield	Western Association	of	124	488	80	137	30	8	4	–	24	.281
1922	Chicago	National	ph	2	2	2	1	0	0	0	0	0	.500
	St. Paul	American Association	of	27	45	9	13	4	0	0	9	1	.289
	Wichita Falls	Texas	of	22	78	18	26	5	1	0	11	2	.333
1923	Chicago	National	of	22	26	2	6	1	0	0	2	0	.231
	Wichita Falls	Texas	of	91	320	52	98	24	4	2	46	17	.306
1924	Wichita Falls	Texas	of	126	499	97	188	40	8	11	96	4	**.377**
	Chicago	National	of	39	133	19	37	8	1	0	23	4	.278
1925	Chicago	National	of	67	180	16	48	5	3	2	25	2	.267
1926	Los Angeles	Pacific Coast	of	157	543	87	172	36	8	7	80	3	.317
1927	Los Angeles	Pacific Coast	of	161	527	101	167	47	9	13	77	4	.317
1928	Mission	Pacific Coast	of	35	113	14	31	10	0	1	19	1	.274
	Little Rock	Southern Association	of	100	336	49	110	17	7	3	54	8	.327
1929	Birmingham	Southern Association	of	148	510	105	176	25	11	7	90	17	**.345**
1930	Birmingham	Southern Association	of	153	573	113	192	24	18	13	109	6	.335
1931	Birmingham	Southern Association	of	154	566	132	209	33	14	20	122	8	.369
1932	Louisville	American Association	of	137	470	77	120	26	5	11	74	0	.255
1933	Atlanta/Knoxville/Birmingham	Southern Association	of	97	341	48	88	13	3	11	58	3	.258
1934	Birmingham	Southern Association	of	146	494	82	160	25	7	11	79	5	.324
1935	Fort Worth	Texas	of	159	556	84	184	39	3	9	83	2	.331
1936	Fort Worth	Texas	of	50	170	22	51	10	2	2	23	0	.300
	Toledo	American Association	of	30	111	17	30	8	0	1	9	2	.270
1937						Did not play in organized baseball							
1938	St. Paul	American Association	of	56	160	16	34	4	1	5	21	0	.213
		Majors		130	341	39	92	14	4	2	50	6	.270
		Minors	2014	7008	1207	2198	420	109	132	1066	107	.314

ROBERT JOSEPH "BOB" WELLMAN

Born July 15, 1925 at Norwood, OH.
Batted right. Threw right. Height: 6-4. Weight: 210

See record in managerial section.

YEAR	CLUB	LEAGUE	POS	G	AB	R	H	2B	3B	HR	RBI	SB	AVG
1942	Huntington	Mountain States	of	19	71	15	19	3	1	0	8	0	.268
1943-45						Military service							
1946	Tallassee	Georgia-Alabama	of	65	265	37	88	13	6	3	40	4	.332
1947	Martinsville	Carolina	of-1b	117	497	88	183	27	6	15	80	7	.368
1948	Lincoln	Western	of-1b	137	572	91	173	36	4	6	102	5	.302
	Philadelphia	American	1b-of	4	10	1	2	0	1	0	0	0	.200
1949	Savannah	SALLY	of-1b	111	413	55	117	15	4	13	63	3	.283
	Syracuse	International	ph	4	4	0	0	0	0	0	0	0	.000
1950	Buffalo	International	of	73	277	33	68	14	1	3	41	0	.245
	Philadelphia	American	1b-of	11	15	1	5	0	0	1	1	0	.333
1951	Buffalo	International	of	111	383	49	112	20	1	5	47	3	.292
1952	Ottawa	International	of	29	98	9	25	11	1	0	16	1	.255
	Tulsa	Texas	of	17	48	5	11	0	1	1	4	1	.229
1953	Charleston	American Association	of	11	17	5	5	0	1	0	4	0	.294
	Yakima	Western International	of	112	432	88	151	**39**	2	26	112	2	.350
1954	Seattle	Pacific Coast	of	11	19	2	4	1	0	0	0	0	.211
	Vancouver	Western International	1b	116	427	81	145	34	7	**21**	**108**	3	.333
1955	Douglas	Georgia State	1b	107	408	87	130	31	0	**21**	100	4	.319
1956	Moultrie	Georgia-Florida	1b	137	475	101	**165**	37	2	**30**	124	12	.347
1957	Graceville	Alabama-Florida	1b	82	297	80	120	26	1	**30**	**113**	3	**.404**
	Savannah	SALLY	1b	58	218	39	70	12	0	17	58	0	.321
1958	Savannah	SALLY	1b	90	309	63	85	13	0	**21**	64	3	.275
1959	Savannah	SALLY	1b	129	440	53	119	16	0	7	57	0	.270
		Majors		15	25	2	7	0	1	1	1	0	.280
		Minors	1536	5670	981	1787	348	38	219	1141	52	.315

Stanley Aaron "Stan" Wentzel

Born January 13, 1917 at Lorane, PA.
Died November 18, 1991 at St. Lawrence, PA.
Batted right. Threw right. Height: 6-1. Weight: 200.

Manager for Burlington, Carolina, 1953-1954; Waco, Big State, 1955; Clinton, Midwest, 1956-1958.

YEAR	CLUB	LEAGUE	POS	G	AB	R	H	2B	3B	HR	RBI	SB	AVG
1940	Logan	Mountain State	of	126	521	118	164	29	8	26	97	6	.315
1941	Logan	Mountain State	of	103	402	81	125	27	6	23	82	3	.311
1942	Logan	Mountain State	of	88	352	71	113	24	3	13	71	15	.321
	Canton	Middle Atlantic	of	33	106	10	29	7	0	0	11	3	.274
1943	Hartford	Eastern	of	144	572	89	167	28	5	5	59	12	.292
1944	Hartford	Eastern	of	127	465	81	150	31	2	9	88	23	.323
1945	Indianapolis	American Association	of	154	574	102	184	35	11	14	103	30	.321
	Boston	National	of	4	19	3	4	0	1	0	6	1	.211
1946	Indianapolis	American Association	of	154	565	94	169	30	3	12	79	20	.299
1947	Indianapolis	American Association	of	118	377	59	94	18	5	2	37	4	.249
1948	New Orleans	Southern Association	of	151	582	76	180	39	13	3	96	7	.309
1949	New Orleans	Southern Association	of	145	506	86	149	26	7	9	88	7	.294
1950	New Orleans	Southern Association	of	151	538	87	169	34	6	14	99	8	.314
1951	New Orleans	Southern Association	of	146	527	85	163	31	4	17	83	13	.309
1952	New Orleans	Southern Association	of	97	243	36	64	11	3	4	36	0	.263
1953	Burlington	Carolina	of	122	415	55	101	18	4	12	72	19	.243
1954	Burlington	Carolina	of	128	468	77	149	25	8	20	108	6	.318
1955	Waco	Big State	of-1b	123	435	76	132	21	1	26	87	5	.303
1956	Clinton	Midwest	1b	120	420	81	126	28	3	14	116	3	.300
1957	Clinton	Midwest	1b	15	18	0	3	0	0	0	0	0	.167
			Majors	4	19	3	4	0	1	0	6	1	.211
			Minors	2245	8086	1364	2431	462	92	223	1412	184	.301

Percival Wheritt "Perry" "Moose" Werden

Born July 21, 1865 at St. Louis, MO.
Died January 9, 1934 at Minneapolis, MN.
Batted right. Threw right. Height: 6-2. Weight: 220.

Manager for Fargo, Northern, 1904; Vicksburg, Cotton States, 1906.
Umpire for American Association, 1907; Northern, 1913-1914; Dakota, 1920-1922.
Broke in as pitcher in 1884 with St. Louis, winning 12 and losing 1.

YEAR	CLUB	LEAGUE	POS	G	AB	R	H	2B	3B	HR	RBI	SB	AVG
1884	St. Louis	Union Association	p-of	18	76	7	18	2	0	0	—	—	.237
1885	Memphis	Southern	1b	28	118	24	30	2	5	0	—	—	.254
1886	Lincoln	Western	1b-p-c-of-3b	68	262	67	83	27	2	9	—	11	.317
1887	Topeka	Western	of-1b-p	78	376	102	149	32	1	12	—	—	.396
	Des Moines	Northwestern	1b-of	14	57	11	21	3	2	1	—	—	.368
1888	New Orleans	Southern	of-1b	56	220	38	61	8	4	5	—	65	.277
	New Orleans	Texas-Southern	1b	3	12	1	4	0	0	0	2	0	.333
	Troy	International Association	2b-of-1b-ss-p	46	178	21	33	3	2	1	—	11	.185
	Washington	National	of	3	10	0	3	0	0	0	2	0	.300
1889	Toledo	International Association	1b	109	424	107	167	32	11	2	—	58	.394
1890	Toledo	American Association	1b	128	498	113	147	22	20	6	—	59	.295
1891	Baltimore	American Association	1b	139	552	102	160	20	18	6	104	46	.290
1892	St. Louis	National	1b	149	598	73	154	22	6	8	84	20	.258
1893	St. Louis	National	1b	125	500	73	138	22	29	1	94	11	.276
1894	Minneapolis	Western	1b-p	114	518	140	216	33	8	43	—	33	.417
1895	Minneapolis	Western	1b	123	563	179	241	39	7	45	—	32	.428
1896	Minneapolis	Western	1b	140	575	145	217	42	18	18	—	54	.377
1897	Louisville	National	1b	131	506	76	153	21	14	5	83	14	.302
1898	Minneapolis	Western				Broke leg, did not play							
1899	Minneapolis	Western	1b	111	434	70	150	24	5	4	99	12	.346
1900	Minneapolis	American	1b	127	511	64	161	39	6	9	—	13	.315
1901	St. Paul/Des Moines	Western	1b	121	466	61	150	30	3	7	91	5	.322
1902	Minneapolis	American Association	1b	138	533	64	156	26	6	2	—	20	.293
1903	Memphis	Southern Association	1b	125	488	60	145	21	6	8	—	16	.297
1904	Fargo	Northern	1b-p	51	189	32	58	18	0	2	26	4	.306
1905	Hattiesburg	Cotton States	1b	37	131	14	43	6	0	0	15	7	.328
1906	Vicksburg	Cotton States	1b	49	177	14	39	7	1	1	22	3	.220
1908	Indianapolis	American Association	PH	1	1	0	0	0	0	0	0	0	.000
			Majors	693	2740	444	773	109	87	26	367	150	.282
			Minors	1539	6233	1214	2124	392	87	169	255	350	.341

MAX EDWARD WEST

Born November 28, 1916 at Dexter, MO.
Batted left. Threw right. Height: 6-1½. Weight: 182.

YEAR	CLUB	LEAGUE	POS	G	AB	R	H	2B	3B	HR	RBI	SB	AVG
1935	Sacramento	Pacific Coast	of	105	319	34	85	11	5	5	54	–	.266
1936	Mission	Pacific Coast	of	158	579	79	178	22	11	1	91	–	.307
1937	Mission	Pacific Coast	of-1b	151	555	84	183	33	12	16	95	10	.330
1938	Boston	National	of-1b	123	418	47	98	16	5	10	63	5	.224
1939	Boston	National	of	130	449	67	128	26	6	19	82	1	.285
1940	Boston	National	1b-of	139	524	72	137	27	5	7	72	2	.261
1941	Boston	National	of	138	484	63	134	28	4	12	68	5	.277
1942	Boston	National	1b-of	134	452	54	115	22	0	16	56	4	.254
1943-45							Military service						
1946	Boston/Cincinnati	National	of-1b	73	203	16	43	13	0	5	18	1	.212
1947	San Diego	Pacific Coast	of-1b	167	562	103	172	26	6	**43**	**124**	6	.306
1948	Pittsburgh	National	1b-of	87	146	19	26	4	0	8	21	1	.178
1949	San Diego	Pacific Coast	of-1b	**189**	619	**166**	180	41	2	**48**	**166**	4	.291
1950	San Diego	Pacific Coast	of-1b	162	520	92	148	30	1	30	109	1	.285
1951	Los Angeles	Pacific Coast	of	138	472	107	133	21	4	35	110	2	.282
1952	Los Angeles	Pacific Coast	of-1b	149	497	76	130	21	1	**35**	91	2	.262
1953	Los Angeles	Pacific Coast	of	38	54	8	13	0	0	5	15	0	.241
1954	Los Angeles	Pacific Coast	of-1b	89	169	25	44	4	0	12	37	1	.260
			Majors	824	2676	338	681	136	20	77	380	19	.254
			Minors	1346	4346	774	1266	209	42	230	892	26	.291

WALTER MAXWELL "MAX" WEST

Born July 14, 1904 at Sunset, TX.
Died April 25, 1971 at Houston, TX.
Batted right. Threw right. Height: 6-0½. Weight: 165.

YEAR	CLUB	LEAGUE	POS	G	AB	R	H	2B	3B	HR	RBI	SB	AVG
1923	Mt. Pleasant	East Texas	of	118	442	57	144	27	1	7	–	20	.326
	Little Rock	Southern Association	of	35	119	18	36	6	2	2	20	1	.303
1924	Little Rock	Southern Association	of	56	209	32	50	10	3	0	25	3	.239
	Muskogee	Western Association	of	94	370	77	123	20	3	17	85	9	.332
1925	Muskogee	Western Association	of	80	320	82	122	33	5	25	91	8	.381
1926	Little Rock	Southern Association	of	33	100	20	31	7	2	3	21	1	.310
	Waco	Texas	of	124	483	82	167	33	2	16	72	6	.346
1927	Waco	Texas	of	154	624	119	**228**	43	9	24	124	4	.365
1928	Atlanta	Southern Association	of	156	604	78	194	35	8	11	97	13	.321
	Brooklyn	National	of	7	21	4	6	1	1	0	1	0	.286
1929	Brooklyn	National	of	5	8	1	2	1	0	0	1	0	.250
	Newark	International	of	153	539	93	179	32	5	19	109	6	.332
1930	Jersey City	International	of	162	601	104	195	42	3	16	96	7	.324
1931	Jersey City/Newark	International	of	138	464	59	113	24	2	5	68	6	.244
1932	Toledo	American Association	of	151	583	77	181	32	9	4	109	3	.310
1933	Toledo	American Association	of	145	562	74	156	31	3	6	81	3	.278
1934	Toledo	American Association	of	4	10	0	3	0	0	0	2	–	.300
	Fort Worth	Texas	of	127	497	65	136	17	4	6	74	2	.274
			Majors	12	29	5	8	2	1	0	2	0	.276
			Minors	1730	6527	1037	2058	392	61	161	1074	92	.315

EDWARD W. WHEELER

Born June 15, 1878 at Sherman, MI.
Died August 15, 1960 at Fort Worth, TX.
Batted both. Threw right. Height: 5-10. Weight: 160.

Manager for Denver, Western, 1907; South Bend, Central, 1910-1911; Terre Haute, Central, 1911; Grand Rapids, Central, 1911; Beaumont, Texas, 1912-1913; Flint, South Michigan, 1915.

YEAR	CLUB	LEAGUE	POS	G	AB	R	H	2B	3B	HR	RBI	SB	AVG
1898	Toledo	Interstate	3b	1	4	0	0	0	0	0	0	0	.000
1899	Binghamton/Rome	New York State	1b-3b	43	155	36	41	–	–	–	–	0	.264
1900	Dayton	Interstate	3b	138	476	53	119	12	9	3	–	11	.250
	Detroit	American	3b	2	6	0	0	0	0	0	0	0	.000
1901	Dayton	Western Association	3b	140	545	94	148	33	16	4	–	33	.271
	Colorado Springs	Western	of	1	3	0	1	0	0	0	–	0	.333

YEAR	CLUB	LEAGUE	POS	G	AB	R	H	2B	3B	HR	RBI	SB	AVG
1902	Brooklyn	National	3b-2b-ss	30	96	4	12	0	0	0		5	1	.125
	Columbus	American Association	ss	8	30	5	8	1	0	0	—	1	.267
1903	St. Paul	American Association	3b-1b	121	518	68	153	30	8	6	—	30	.293
1904	St. Paul	American Association	3b-of	148	612	85	181	30	9	5	—	26	.296
1905	St. Paul	American Association	3b	139	563	76	175	34	7	2	—	30	.310
1906	St. Paul	American Association	3b	151	585	63	154	29	8	2	—	19	.263
1907	Denver	Western	3b-ss	148	584	72	170	—	—	—	—	34	.291
1908	St. Paul/Minneapolis	American Association	1b-2b-ss	125	499	44	140	29	3	2	—	24	.281
1909	Minneapolis	American Association	1b	25	90	8	20	3	1	0	—	3	.222
	Memphis	Southern Association	3b	109	392	21	88	8	1	0	—	11	.224
1910	South Bend	Central	3b	141	527	56	139	18	8	1	—	20	.264
1911	South Bend/Terre Haute/ Grand Rapids	Central	3b-2b-1b	117	414	35	93	16	5	1	—	5	.225
1912	Beaumont	Texas	3b-2b	129	481	54	130	22	4	2	—	12	.270
1913	Beaumont	Texas	of-3b	42	136	16	33	5	1	0	—	3	.243
	Springfield	Three I	2b	60	226	26	60	8	1	4	—	21	.265
1914	Grand Forks	Northern	3b-2b	116	421	38	98	21	6	2	—	14	.233
1915	Flint	South Michigan	2b-of	51	177	11	51	10	3	0	—	3	.288
		Majors		32	102	4	12	0	0	0		5	1	.118
		Minors		1953	7438	861	2002	309	90	34	—	300	.269

Lewis W. "Lew" Whistler

Born March 10, 1868 at St. Louis, MO.
Died December 30, 1959 at St. Louis, MO.
Threw right. Height: 5-10½. Weight: 178

Family name was Wissler.
Manager for Chattanooga and Mobile, Southern, 1895; Springfield, Interstate, 1897-1898; Syracuse, Eastern, 1899; Schenectady, New York State, 1899-1900 and 1902; Chattanooga, Southern, 1901; Montgomery, Southern Association, 1903; Memphis, Southern Association, 1904-1905.

YEAR	CLUB	LEAGUE	POS	G	AB	R	H	2B	3B	HR	RBI	SB	AVG
1887	Wichita	Kansas State	1b-of	21	97	24	33	8	3	3	—	1	.340
	Wichita	Western	if-of	25	100	13	32	6	2	1	—	0	.320
1888	San Antonio/Houston	Texas	1b	35	124	18	27	6	0	5	—	1	.218
	Houston/Galveston	Texas Southern	1b	29	98	18	16	2	1	2	—	4	.163
1889	Evansville	Central Inter-State	1b	116	437	91	121	26	10	22	—	19	.277
1890	Washington	Atlantic Association	1b	82	305	60	80	11	4	10	—	27	.262
	New York	National	1b	45	170	27	49	9	7	2	—	8	.288
1891	New York	National	if-of	72	265	39	65	8	7	4	—	4	.245
1892	Baltimore/Louisville	National	1b-2b-of	132	494	74	114	10	13	7	—	26	.231
1893	Louisville/St. Louis	National	1b-of	23	85	10	19	2	1	0	—	1	.224
	Albany	Eastern	1b	36	144	44	49	3	4	4	—	4	.340
1894	New Orleans	Southern	1b-ss-2b	67	248	58	63	8	4	3	—	18	.254
1895	Chattanooga/Mobile	Southern	1b	71	267	72	108	20	2	8	—	23	.404
1896	Detroit	Western	1b	128	507	99	145	23	7	5	—	9	.286
1897	Detroit	Western	1b	46	167	40	48	10	6	2	—	6	.287
	Springfield	Interstate	1b	67	256	53	80	13	1	10	—	9	.313
1898	Springfield	Interstate	1b	128	491	80	163	37	6	9	—	21	.332
1899	Syracuse	Eastern	1b	16	56	4	9	0	0	0	—	2	.161
	Schenectady	New York State	1b	62	232	45	93	20	3	4	—	18	.401
	Wheeling	Interstate	1b	7	25	1	3	0	0	0	—	0	.120
1900	Schenectady	New York State	1b	102	387	62	122	34	13	9	—	18	.315
1901	Chattanooga	Southern	1b	120	456	68	157	31	3	1	—	12	.344
1902	Schenectady	New York State	1b	101	374	64	118	25	0	2	—	15	.316
1903	Montgomery	Southern Association	1b	111	426	63	130	27	5	18	—	5	.305
1904	Memphis	Southern Association	1b	48	177	25	41	5	0	2	—	2	.232
1905	Memphis	Southern Association	1b	105	381	32	89	11	2	0	—	7	.234
		Majors		272	1014	150	247	29	28	13	—	39	.244
		Minors		1523	5755	1034	1727	326	76	120	—	221	.300

John Wallace "Jack" White

Born January 19, 1878 at Indianapolis, IN.
Died September 30, 1963 at Indianapolis, IN.
Batted right. Threw right. Height: 5-6.

YEAR	CLUB	LEAGUE	POS	G	AB	R	H	2B	3B	HR	RBI	SB	AVG
1895	Jacksonville/Quincy	Western Association	of-3b	82	337	57	90	13	10	2	—	12	.267
	Indianapolis	Western	2b	1	4	1	3	0	0	0	—	0	.750

YEAR	CLUB	LEAGUE	POS	G	AB	R	H	2B	3B	HR	RBI	SB	AVG
1896	Burlington	Western Association	of-ss-3b	68	283	68	93	15	4	4	–	38	.329
	Indianapolis/Minneapolis	Western	of-ss	49	192	35	49	10	2	6	–	3	.255
1897	Toronto	Eastern	of	118	506	103	158	16	7	5	–	50	.312
1898	Buffalo	Eastern	of	124	524	91	144	12	6	0	–	30	.275
1899	Buffalo/Grand Rapids	Western	of-2b-ss	106	439	54	113	14	4	1	–	30	.257
1900	Cleveland	American	of-ss	19	72	11	20	2	0	0	–	4	.278
	Syracuse	Eastern	of	100	393	59	103	18	7	3	–	36	.262
1901	Syracuse	Eastern	of	22	85	12	24	2	0	2	–	6	.282
1902	Toronto	Eastern	of	119	461	80	118	16	6	2	–	33	.256
1903	Toronto	Eastern	of	125	492	79	154	11	8	0	–	36	.313
1904	Boston	National	of	1	5	1	0	0	0	0	0	0	.000
	Toronto	Eastern	of	134	509	70	141	26	11	1	–	29	.277
1905	Toronto	Eastern	of	137	515	64	142	13	**14**	1	–	33	.276
1906	Toronto/Buffalo	Eastern	of	131	472	59	122	12	6	1	–	21	.258
1907	Buffalo	Eastern	of	116	425	67	123	13	6	0	–	25	.289
1908	Buffalo	Eastern	of	137	457	59	135	16	6	6	–	35	.295
1909	Buffalo	Eastern	of	153	568	72	159	17	12	2	–	20	.280
1910	Buffalo	Eastern	of	146	487	58	133	13	5	0	–	25	.273
1911	Buffalo	Eastern	of	105	312	38	85	17	5	0	–	9	.272
1912	Syracuse	New York State	of	131	468	61	135	13	2	1	–	18	.288
1913	Syracuse	New York State	of	24	95	10	31	5	0	0	–	2	.326
		Majors		1	5	1	0	0	0	0	0	0	.000
		Minors	2147	8096	1208	2275	274	121	37	–	495	.281

SOLOMON "SOL" WHITE

Born June 12, 1868 at Bellaire, OH.
Died 1955 at New York, NY.
Batted right. Threw right. Height: 5-9. Weight: 170.

Played briefly in five seasons in organized baseball. He played with the top black teams of his era, including the Cuban Giants, New York Gorhams, Page Fence Giants, Cuban X-Giants, and Columbia Giants of Chicago. He co-founded the Philadelphia Giants and played with them from 1902-09. He managed the Lincoln Giants in 1911 and the Boston Giants in 1912. In 1924 he managed the Cleveland Browns in the Negro National League. In 1907 he published History of Colored Baseball.

YEAR	CLUB	LEAGUE	POS	G	AB	R	H	2B	3B	HR	RBI	SB	AVG
1887	Pittsburgh	National Colored	2b	7	39	5	12	3	0	0	–	5	.308
	Wheeling	Ohio State	3b	53	232	53	86	13	4	4	–	10	.371
1888				Did not play in organized baseball
1889	Philadelphia Gorhams	Middle States	2b-p	31	108	20	35	5	1	0	–	8	.324
1890	York City Giants	East Interstate	2b-3b	54	236	78	84	14	5	2	–	28	.356
1891	Ansonia City Giants	Connecticut	2b	4	16	3	6	1	0	1	–	0	.375
1892-94				Did not play in organized baseball
1895	Fort Wayne	West Interstate	2b	10	52	15	20	6	2	0	–	3	.385
		Minors	159	683	174	243	42	12	7	–	54	.356

GEORGE WHITEMAN

Born December 23, 1882 at Peoria, IL.
Died February 10, 1947 at Houston, TX.
Batted right. Threw right. Height: 5-7. Weight: 160.

Manager for Houston, Texas, 1921-1922; Ardmore, Western Association, 1925-1926; Joplin, Western Association, 1926; Salisbury, Piedmont, 1927-1928; Winston-Salem, Piedmont, 1929.
Played most games in minor leagues, 3282

YEAR	CLUB	LEAGUE	POS	G	AB	R	H	2B	3B	HR	RBI	SB	AVG
1905	Waco	Texas	of-2b-3b	124	464	33	112	12	3	0	–	29	.241
1906	Cleburne	Texas	of	120	466	75	**131**	29	10	3	–	33	**.281**
1907	Houston	Texas	of	135	508	67	118	27	7	6	–	31	.232
	Boston	American	of	3	11	0	2	0	a	0	1	0	.167
1908	Houston	Texas	of	139	509	88	138	17	6	6	–	48	.271
1909	Montgomery	Southern Association	of-3b	128	434	54	103	13	8	2	–	20	.237
1910	Montgomery	Southern Association	of-3b-ss-2b	141	484	61	109	15	10	3	–	17	.204
1911	Missoula	Union Association	of	23	81	3	18	2	0	0	4	1	.222
	Houston	Texas	of	117	378	41	78	11	3	0	–	39	.206
1912	Houston	Texas	of	144	511	76	155	25	**14**	3	–	50	.303
1913	Houston	Texas	of	155	563	71	143	29	**18**	4	–	36	.254
	New York	American	of	11	32	8	11	3	1	0	2	3	.344
1914	Montreal	International	of	149	562	92	176	20	15	8	–	32	.313
1915	Montreal	International	of	141	526	**106**	164	27	13	**14**	–	25	.312
1916	Louisville	American Association	of	125	450	63	123	20	11	3	–	10	.273

YEAR	CLUB	LEAGUE	POS	G	AB	R	H	2B	3B	HR	RBI	SB	AVG
1917	Louisville	American Association	of	3	11	1	3	0	0	0	2	1	.273
	Toronto	International	of	140	530	104	181	32	10	7	–	23	.342
1918	Boston	American	of	71	214	24	57	14	0	1	28	9	.267
1919	Toronto	International	of	149	592	102	179	39	9	4	–	25	.302
1920	Toronto	International	of	128	458	74	124	27	6	6	–	18	.271
1921	Houston	Texas	of	147	547	73	153	**53**	8	6	96	22	.280
1922	Houston	Texas	of-3b-2b	130	468	81	142	31	12	3	75	10	.303
1923	Oakland	Pacific Coast	of	25	92	14	25	4	1	2	7	2	.272
	Wichita Falls/Galveston	Texas	of	75	255	35	75	16	5	4	57	5	.294
1924	Galveston	Texas	of	146	564	80	161	34	5	9	77	2	.285
1925	Ardmore	Western Association	of	147	569	129	197	47	4	26	138	11	.346
1926	Ardmore/Joplin	Western Association	of	143	540	126	157	34	6	18	–	14	.291
1927	Salisbury	Piedmont	of	146	513	74	164	36	3	8	102	32	.320
1928	Salisbury	Piedmont	of	126	452	73	135	37	3	7	83	7	.299
1929	Winston-Salem	Piedmont	of	136	464	69	124	34	6	10	84	13	.267
	Majors			85	257	32	70	17	1	1	31	11	.272
	Minors			3282	11991	1865	3388	671	196	162	725	556	.283

HOBART CLINTON "RABBIT" WHITMAN
Born December 2, 1902 at Tobaccoville, NC.
Batted left. Threw right. Height 5-9. Weight: 160.

Played for 7 different International League teams from 1923-1933.
Struck out only 3 times in 1925 and 1928; 5 times in 1927 and 1932.

YEAR	CLUB	LEAGUE	POS	G	AB	R	H	2B	3B	HR	RBI	SB	AVG
1920	Winston-Salem	Piedmont	of	80	385	47	135	19	2	3	–	29	**.350**
1921	Winston-Salem	Piedmont	of	120	460	65	141	14	7	5	–	18	.307
1922	Winston-Salem	Piedmont	of	129	455	69	149	20	3	0	–	27	.327
1923	Newark	International	of	134	502	63	142	15	4	1	45	15	.283
1924	Newark	International	of	146	567	82	202	21	6	7	120	21	.356
1925	Newark/Providence	International	of	136	514	77	169	23	5	3	79	7	.329
1926	Reading/Buffalo	International	of-2b	157	610	89	197	34	6	8	78	12	.323
1927	Buffalo/Jersey City	International	of-2b	146	561	83	173	29	9	8	72	12	.308
1928	Montreal/Reading	International	of	150	575	105	200	38	10	10	87	14	.348
1929	Reading	International	of	169	659	118	230	43	5	4	116	11	.349
1930	Reading	International	of	143	572	115	182	36	9	6	94	5	.318
1931	Reading	International	of	138	564	88	186	42	11	3	76	4	.330
1932	Reading/Albany	International	of	158	628	103	203	39	8	3	52	8	.323
1933	Albany/Jersey City	International	of	37	133	16	34	2	0	0	7	1	.256
	Harrisburg	New York-Pennsylvania	of	20	80	10	19	3	0	0	5	2	.238
	Winston-Salem	Piedmont	of	80	303	44	91	13	2	0	30	10	.300
	Minors			1943	7568	1174	2453	391	87	53	861	196	.324

JOSEPH WILLIAM "JOE" WILHOIT
Born December 20, 1885 at Hiawatha, KS.
Died September 25, 1930 at Santa Barbara, CA.
Batted left. Threw right. Height: 6-2. Weight: 175.

Set organized baseball record by hitting in 69 consecutive games with Wichita from June 14 through August 19, 1919.

YEAR	CLUB	LEAGUE	POS	G	AB	R	H	2B	3B	HR	RBI	SB	AVG
1913	Venice	Pacific Coast	of	10	20	7	5	0	1	0	–	1	.250
	Stockton	California	of	120	**490**	86	**158**	25	9	2	–	50	.322
1914	Victoria	Northwestern	of	132	493	77	156	16	6	2	–	25	.316
	Venice	Pacific Coast	of	55	192	38	67	7	0	0	2	15	.328
1915	Vernon	Pacific Coast	of	177	682	99	220	24	9	3	–	27	.323
1916	Boston	National	of	116	383	44	88	13	4	2	38	18	.230
1917	Boston/Pittsburgh/New York	National	of-1b	97	246	29	70	7	2	1	18	5	.285
1918	New York	National	of	64	135	13	37	3	3	0	15	4	.274
1919	Seattle	Pacific Coast	of	17	67	8	11	0	0	1	–	3	.165
	Wichita	Western	of	128	526	**126**	**222**	41	10	7	–	13	**.422**
	Boston	American	of	6	18	7	6	0	0	0	2	1	.333
1920	Toledo	American Association	of	104	390	53	117	13	3	0	39	11	.300
1921	Salt Lake City	Pacific Coast	of	117	478	76	162	32	4	3	60	5	.339
1922	Salt Lake City	Pacific Coast	of	169	624	99	198	36	4	6	81	10	.317
1923	Salt Lake City	Pacific Coast	of	172	662	115	238	48	7	8	86	9	.360
	Majors			283	782	93	201	23	9	3	73	28	.257
	Minors			1201	4624	784	1554	242	53	34	281	162	.336

Fred "Pap" Williams

Born July 17, 1913 at Meridian, MS.
Died November 2, 1993, at Meridian, MS.
Batted right. Threw right. Height: 6-1. Weight: 200.

Manager for Grand Forks, Northern, 1940; Winnipeg, Northern, 1941; Meridian, Southeastern, 1946; Greenville, Coastal Plain, 1949; Waycross, Georgia-Florida, 1951-1952; Crestview, Alabama-Florida, 1954; Vicksburg, Cotton States, 1955.

YEAR	CLUB	LEAGUE	POS	G	AB	R	H	2B	3B	HR	RBI	SB	AVG
1935	Columbus/Cleveland	East Dixie	—	137	554	99	187	26	22	7	111	15	.338
1936	Greenville	Cotton States	1b-of	129	558	98	186	39	11	10	105	9	.333
1937	Jackson/Meridian	Southeastern	1b-of	137	533	80	175	39	5	4	73	24	.328
	Memphis	Southern Association	1b	15	46	5	16	3	0	0	3	1	.348
1938	Savannah/Greenville	SALLY	of-1b	70	273	41	68	10	4	1	21	6	.249
	Meridian	Southeastern	3b-of	3	5	2	2	0	0	0	0	0	.400
1939	Savannah	SALLY	1b	18	69	8	23	2	1	0	14	0	.333
	Greenwood	Cotton States	1b-3b	5	18	3	2	0	0	1	1	0	.111
1940	Grand Forks	Northern	1b	124	487	71	156	24	9	6	82	5	.320
1941	Winnipeg	Northern	1b	112	447	74	131	27	5	9	96	13	.293
1942-44						Did not play in organized baseball							
1945	Wilkes-Barre	Eastern	1b	49	180	17	48	5	3	4	26	3	.267
	Cleveland	American	1b	16	19	0	4	0	0	0	0	0	.211
1946	Meridian	Southeastern	1b	132	504	84	162	31	3	15	97	12	.321
1947	Meridian	Southeastern	1b	128	503	76	152	31	6	10	100	6	.302
1948	Kinston/Rocky Mount	Coastal Plain	1b	135	563	122	205	35	8	24	134	8	.364
1949	Greenville	Coastal Plain	1b	136	490	86	164	31	1	15	**122**	31	.335
1950	Borger	West Texas-New Mexico	1b	123	474	115	175	48	3	33	133	16	.369
1951	Waycross	Georgia-Florida	1b	120	465	64	137	19	4	0	79	16	.295
1952	Waycross	Georgia-Florida	1b	113	399	27	98	18	1	0	53	6	.246
1953						Did not play in organized baseball							
1954	Crestview	Alabama-Florida	1b	113	429	81	173	27	2	7	111	**44**	.403
1955	Vicksburg	Cotton States	1b	90	270	33	91	16	0	5	37	2	.337
			Majors	16	19	0	4	0	0	0	0	0	.211
			Minors	1889	7267	1186	2351	431	88	151	1398	217	.324

Marvin Williams

Born February 12, 1923 at Houston, TX.
Batted right. Threw right. Height: 6-0. Weight: 195.

Manager for Chihuahua, Arizona-Texas, 1952.

YEAR	CLUB	LEAGUE	POS	G	AB	R	H	2B	3B	HR	RBI	SB	AVG
1944	Philadelphia	Negro National	—	40	151	30	52	8	3	4	32	2	.338
1945	Philadelphia	Negro National	—	15	56	15	22	1	3	4	13	1	.393
	Mexico City	Mexican	of	51	221	53	80	18	6	10	51	7	.362
1946-47						Did not play in organized baseball							
1948	Mexico City	Mexican	of	78	302	65	100	12	11	14	50	8	.331
1949	Jalisco	Mexican	of	3	12	4	7	1	0	1	4	0	.583
	Philadelphia	Negro National				No records available							
1950	Sacramento	Pacific Coast	2b	38	120	18	30	4	1	6	21	3	.250
	Cleveland	Negro National	—	22	84	14	21	4	1	0	10	1	.250
1951	Mexico City	Mexican	of	81	296	57	95	18	5	12	64	8	.321
1952	Chihuahua	Arizona-Texas	2b	117	397	136	159	27	9	**45**	131	10	**.401**
1953	Laredo	Gulf Coast	of	23	86	14	24	7	3	3	14	0	.279
	Mexico City	Mexican	2b	40	153	37	57	12	3	2	29	11	.373
1954	Vancouver	Western International	2b	119	456	114	164	32	9	20	90	15	.360
1955	Seattle	Pacific Coast	1b	35	117	20	27	6	2	5	22	1	.231
	Columbia	SALLY	3b	97	351	70	115	18	7	16	84	1	.328
1956	Tulsa	Texas	1b-2b-3b-of	144	534	102	172	36	7	26	111	1	.322
1957	Tulsa	Texas	3b-of-2b-1b	134	466	53	118	23	3	8	76	2	.253
1958	Tulsa	Texas	1b	144	524	76	154	33	3	19	88	2	.294
1959	Mexico City Tigers/												
	Mexico City Reds	Mexican	1b-of	109	378	76	117	14	2	**29**	**109**	1	.310
	Victoria	Texas	ph	5	5	2	2	0	0	1	2	0	.400
1960	Victoria/San Antonio	Texas	1b-3b-of	94	297	52	83	13	2	17	54	0	.279
1961	Victoria/Rio Grande Valley	Texas	1b-3b	116	354	55	98	16	2	10	71	2	.277
			Minors	1428	5069	1004	1602	290	75	244	1071	72	.316

Rinaldo Lewis "Rhino" Williams

Born December 18, 1893 at Santa Cruz, CA.
Died April 24, 1966 at Cottonwood, AZ.
Batted left. Threw right.

YEAR	CLUB	LEAGUE	POS	G	AB	R	H	2B	3B	HR	RBI	SB	AVG
1912	San Francisco	Pacific Coast	3b	15	25	2	8	2	0	0	–	0	.320
1913	Watsonville	California	of	111	392	53	116	18	4	2	–	17	.296
1914	St. Joseph	Western	of	111	394	46	121	16	8	2	–	7	.307
	Brooklyn	Federal	3b	4	15	1	4	2	0	0	0	0	.267
1915	St. Joseph	Western	of	131	473	64	134	29	5	3	–	12	.283
1916	Rockford	Three I	of	134	440	60	134	17	10	10	–	23	.305
	Milwaukee	American Association	3b	23	82	4	14	0	0	1	–	2	.171
1917	Fort Worth	Texas	of	145	555	75	158	26	10	4	–	19	.285
1918							Military service						
1919	Fort Worth	Texas	of	51	159	15	49	12	0	2	–	4	.308
1920	Fort Worth	Texas	of	145	522	68	146	29	8	4	66	23	.280
1921	Memphis	Southern Association	of	158	613	101	200	33	17	10	129	16	.326
1922	Mobile	Southern Association	of	149	535	95	175	38	9	11	–	9	.327
1923	Mobile	Southern Association	of	135	457	53	156	24	5	1	87	15	.341
1924	Mobile	Southern Association	of	135	446	74	148	21	6	6	73	10	.332
1925	Dallas	Texas	of	149	556	110	202	70	2	6	97	8	.363
1926	Dallas	Texas	of	80	271	53	100	24	3	6	56	4	.369
1927	Dallas/Shreveport	Texas	of	60	202	29	57	10	3	0	28	5	.282
	Nashville	Southern Association	of	45	155	26	53	8	2	4	36	1	.342
		Majors		4	15	1	4	2	0	0	0	0	.267
		Minors	1777	6292	928	1975	379	82	72	572	175	.314

Arthur Lee "Artie" Wilson

Born October 28, 1920 at Springfield, AL.
Batted left. Threw right. Height: 5-11. Weight: 162.

YEAR	CLUB	LEAGUE	POS	G	AB	R	H	2B	3B	HR	RBI	SB	AVG
1944	Birmingham	Negro American	ss	65	266	51	92	9	6	0	–	17	.346
1945	Birmingham	Negro American	ss	59	235	51	88	8	2	3	23	15	.374
1946	Birmingham	Negro American					No record available						
1947	Birmingham	Negro American	ss	–	212	42	79	–	–	–	–	–	.373
1948	Birmingham	Negro American	ss	76	333	78	134	19	8	2	41	10	.402
1949	San Diego/Oakland	Pacific Coast	ss	165	607	129	211	19	9	0	37	47	.348
1950	Oakland	Pacific Coast	ss	196	848	168	264	27	17	1	48	31	.312
1951	New York	National	1b-2b-ss	19	22	2	4	0	0	0	1	2	.182
	Ottawa	International	of	2	7	2	2	1	0	0	0	1	.286
	Minneapolis	American Association	ss-3b-2b-of	17	59	12	23	2	1	2	13	0	.390
	Oakland	Pacific Coast	ss	81	349	39	89	8	1	0	22	6	.255
1952	Seattle	Pacific Coast	ss	160	683	95	216	15	8	1	59	25	.316
1953	Seattle	Pacific Coast	ss	177	638	80	212	23	14	2	76	9	.332
1954	Seattle	Pacific Coast	1b-2b-ss	163	660	92	222	24	16	0	50	20	.336
1955	Portland	Pacific Coast	2b-1b	155	616	88	189	20	2	2	23	12	.307
1956	Portland/Seattle	Pacific Coast	2b-1b-3b	101	273	33	80	9	4	0	25	6	.293
1957	Sacramento	Pacific Coast	2b	75	315	34	83	10	6	0	17	3	.263
1958-61				Did not play in organized baseball									
1962	Portland	Pacific Coast	2b-3b	25	55	9	9	0	1	0	2	0	.164
	Kennewick	Northwest	2b	14	42	7	9	0	0	0	2	1	.214
		Majors		19	22	2	4	0	0	0	1	2	.182
		Minors	1331	5152	782	1609	158	79	8	374	161	.312

George Washington "Teddy" Wilson

Born August 30, 1925 at Cherryville, NC.
Died October 29, 1974 at Gastonia, NC.
Batted left. Threw right. Height: 6-1½. Weight: 185.

Manager for Shelby, Western Carolina, 1960; Statesville, Western Carolina, 1961.

YEAR	CLUB	LEAGUE	POS	G	AB	R	H	2B	3B	HR	RBI	SB	AVG
1942	Owensboro	KITTY	of	48	206	42	65	13	3	2	33	2	.316
	Statesville	North Carolina State	of	63	266	48	89	14	1	6	42	1	.335
	Canton	Middle Atlantic	of	5	18	2	6	1	0	0	1	0	.333
1943-45				Military service									

YEAR	CLUB	LEAGUE	POS	G	AB	R	H	2B	3B	HR	RBI	SB	AVG
1946	Durham	Carolina	of	123	453	91	148	34	12	16	121	9	.327
1947	Roanoke	Piedmont	of	141	**577**	**124**	**206**	**45**	12	16	**136**	8	.357
1948	Birmingham	Southern Association	of	127	469	115	157	25	11	27	102	6	.335
1949	Louisville	American Association	of	141	528	90	141	28	1	17	67	7	.267
1950	Louisville	American Association	of	126	380	68	104	19	2	17	82	2	.274
1951	Birmingham	Southern Association	of	143	489	100	159	29	8	29	112	2	.325
1952	Chicago	American	of	8	9	0	1	0	0	0	1	0	.111
	New York	National	of-1b	62	112	9	27	7	0	2	16	0	.241
1953	New York	National	ph	11	8	0	1	0	0	0	0	0	.125
	Minneapolis	American Association	of	118	461	93	145	32	3	**34**	94	1	.315
1954	Minneapolis	American Association	of	136	474	**110**	143	29	7	27	92	5	.302
1955	Minneapolis	American Association	of	140	541	115	166	33	3	31	99	4	.307
1956	New York	National	of	53	68	5	9	1	0	1	2	0	.132
	New York	American	of	11	12	1	2	0	0	0	0	0	.167
1957	Denver	American Association	of	122	399	85	119	23	8	14	92	3	.298
1958	Denver	American Association	of	124	395	65	118	26	3	12	66	0	.299
1959	Rochester	International	of	89	233	37	63	7	2	12	36	0	.270
1960	Shelby	Western Carolina	of-p	49	102	22	39	7	0	10	39	1	.382
1961	Statesville	Western Carolina	of-p	17	18	2	6	0	0	1	6	1	.333
1962	Denver	American Association	of	72	96	8	27	3	0	4	26	0	.281
1963	Nishitetsu	Japanese Pacific	of	127	369	43	94	12	0	20	67	5	.255
1964	Nishitetsu	Japanese Pacific	of	98	255	28	67	11	0	7	40	0	.263
		Majors		145	209	15	40	8	0	3	19	0	.191
		Minors		1784	6105	1217	1901	368	76	275	1246	52	.311
		Japan		225	624	71	161	23	0	27	107	5	.258

Nesbit Clarence Wilson

Born October 11, 1922 at East Spencer, NC.
Batted right. Threw right. Height: 6-0. Weight: 200.

Manager for Crestview, Alabama-Florida, 1955; Donalsonville, Alabama-Florida, 1956; St. Petersburg, Florida State, 1957; Fort Walton Beach, Florida State, 1958.

YEAR	CLUB	LEAGUE	POS	G	AB	R	H	2B	3B	HR	RBI	SB	AVG
1940	Mooresville	North Carolina State	1b	40	137	14	29	3	0	3	17	1	.212
1941	Mooresville/Concord/Landis	North Carolina State	of	57	220	16	59	7	0	1	33	3	.268
1942	Landis	North Carolina State	of	93	375	74	117	**40**	3	7	49	5	.312
1943-45							Military service.						
1946	Tallassee	Georgia-Alabama	of	34	125	23	40	11	3	2	17	0	.320
	Anniston	Southeastern	of	91	344	66	118	27	3	18	88	3	.343
1947	Pensacola	Southeastern	of	140	527	104	171	45	6	25	**129**	9	.324
1948	Atlanta	Southern Association	of	19	61	8	19	3	0	0	14	0	.311
	Pensacola	Southeastern	of	106	389	75	128	25	6	19	79	2	.329
1949	Pensacola	Southeastern	of	138	509	93	**165**	34	3	16	95	13	.324
1950	Pensacola	Southeastern	of	134	507	121	180	37	1	**35**	163	8	**.355**
1951	Shreveport	Texas	of	82	263	33	74	9	2	11	47	2	.281
	Denver	Western	of	43	139	19	41	8	0	3	23	0	.295
1952	St. Petersburg	Florida International	of	152	558	92	151	23	4	**15**	82	5	.271
1953	Macon	SALLY	of	75	256	37	64	17	2	10	37	1	.250
	Keokuk	Three I	of	65	240	53	80	17	2	17	70	4	.333
1954	St. Petersburg	Florida International	of	103	**389**	**96**	128	**32**	4	20	**109**	7	.329
	Montgomery	SALLY	of	35	119	28	45	9	2	7	25	0	.378
1955	Crestview	Alabama-Florida	1b-of	117	402	124	162	23	6	32	108	5	**.403**
1956	Donalsonville	Alabama-Florida	1b	117	410	**133**	143	25	1	**40**	**125**	15	.349
	Birmingham	Southern Association	of	14	51	5	18	3	0	2	14	0	.353
1957	St. Petersburg	Florida State	1b-of	139	515	108	**192**	47	8	9	104	10	**.373**
1958	Fort Walton Beach/Pensacola	Alabama-Florida	of-1b	119	409	**102**	162	**38**	3	**24**	**106**	3	**.396**
1959	Mobile	Southern Association	of	46	149	19	38	7	0	5	18	0	.255
	Pensacola	Alabama-Florida	of	43	137	32	32	5	0	8	23	0	.234
1960	Tampa	Florida State	1b	16	45	8	13	5	0	0	9	0	.289
		Minors		2018	7276	1483	2369	500	59	329	1584	96	.326

RICHARD CLYDE WILSON

Born October 4, 1922 at Salina, KS.
Batted right. Threw right. Height: 6-0. Weight: 185.

Manager for Bakersfield, California, 1956-1957; Magic Valley, Pioneer, 1958, 1965; Wenatchee, Northwest, 1959-1960; Great Falls, Pioneer, 1971-1972.

YEAR	CLUB	LEAGUE	POS	G	AB	R	H	2B	3B	HR	RBI	SB	AVG
1944	Hollywood/San Francisco	Pacific Coast	—	12	23	3	9	1	1	0	1	0	.391
	Little Rock	Southern Association	3b	16	52	10	14	0	2	0	8	2	.269
	Portsmouth	Piedmont	—	3	8	0	0	0	0	0	0	0	.000
1945	San Francisco	Pacific Coast	ph	2	2	0	0	0	0	0	0	0	.000
	Little Rock	Southern Association	—	11	39	7	11	4	0	0	6	1	.282
1946							Military service						
1947	Idaho Falls	Pioneer	c	19	67	12	13	1	1	3	12	3	.194
	Ontario	Sunset	3b-c	59	205	52	78	22	2	9	47	1	.380
1948	Mexicali	Sunset	c-of-1	137	507	146	176	28	12	**42**	**188**	41	.347
1949	Los Angeles	Pacific Coast	1b	24	72	13	23	5	0	0	11	1	.319
	Visalia	California	c-of	101	340	70	102	22	2	26	93	22	.300
1950	Modesto	California	1b	140	521	120	166	31	6	**30**	**154**	26	.319
1951	Modesto	California	1b-3b-of	146	552	144	**205**	55	2	**40**	151	16	**.371**
1952	Hollywood	Pacific Coast	of 1b	48	120	24	28	8	1	3	16	1	.233
	Modesto	California	1b	60	216	47	67	12	1	10	52	1	.310
1953	Modesto	California	1b	140	510	108	162	37	3	24	125	8	.318
1954	Boise	Pioneer	1b	14	50	9	13	1	1	1	11	1	.260
	San Jose	California	of-c	47	165	35	51	7	2	5	32	0	.309
1955						Did not play in organized baseball							
1956	Bakersfield	California	1b-of-3b	137	520	108	182	35	3	33	132	10	.350
1957	Bakersfield	California	1b	138	479	88	144	20	2	**27**	110	24	.301
1958	Magic Valley	Pioneer	1b-3b	101	288	56	105	23	1	17	78	5	.365
1959	Wenatchee	Northwest	1b	133	453	80	130	30	1	9	81	6	.287
1960	Wenatchee/Salem	Northwest	1b	35	104	14	26	7	0	1	10	2	.250
	Bakersfield	California	3b	22	69	13	24	3	0	5	18	0	.348
			Minors	1545	5362	1159	1729	352	43	285	1337	171	.322

ERNEST JAMES "ERNIE" WINGARD

Born October 17, 1900 at Prattville, AL.
Died January 17, 1977 at Prattville, AL.
Batted left. Threw right. Height: 6-2. Weight: 176.

Manager for Troy, Alabama-Florida, 1936-1937; Dothan, Alabama-Florida, 1938-1939; Tallassee, Alabama State, 1940; Greenville, Alabama State, 1941; Thomasville, North Carolina State, 1941-1942.

YEAR	CLUB	LEAGUE	POS	G	AB	R	H	2B	3B	HR	RBI	SB	AVG
1924	St. Louis	American	p	37	77	12	18	1	1	3	9	0	.234
1925	St. Louis	American	p-of	34	52	12	15	2	2	1	11	0	.288
1926	St. Louis	American	p-of	42	61	4	14	4	0	0	5	0	.230
1927	St. Louis	American	p	42	56	6	10	2	1	3	12	0	.179
1928	Milwaukee	American Association	p	80	157	23	52	8	3	4	—	0	.331
1929	Toledo	American Association	1b-p	100	275	42	82	13	5	7	45	0	.298
1930	Toledo	American Association	1b-p	120	412	89	141	26	7	24	104	2	.342
1931	Toledo	American Association	1b-p	141	507	90	155	29	13	18	98	1	.306
1932	Indianapolis	American Association	1b-p	116	391	76	134	21	15	13	75	2	.343
1933	Indianapolis	American Association	1b-p	142	557	78	165	25	14	8	84	2	.296
1934	Indianapolis/Milwaukee	American Association	1b-p	105	416	65	121	21	7	8	67	2	.291
1935	Milwaukee/Toledo	American Association	1b-p	122	447	53	129	27	7	7	71	1	.289
1936	Troy	Alabama-Florida	1b-p	105	421	73	138	24	2	14	90	5	.328
1937						Did not play in organized baseball							
1938	Dothan	Alabama-Florida	1b-p	128	499	96	178	25	9	10	100	11	.357
1939	Dothan	Alabama-Florida	1b-p	127	501	102	**180**	34	14	18	**137**	11	.359
1940	Tallassee	Alabama State	1b	36	156	30	53	9	3	9	42	1	.340
1941	Greenville	Alabama State	1b-p	58	250	38	96	24	0	7	67	1	.384
			Majors	155	246	34	57	9	4	7	37	0	.232
			Minors	1380	4989	855	1624	286	99	147	980	39	.326

PITCHING RECORD

YEAR	CLUB	LEAGUE	G	IP	W	L	H	R	ER	BB	SO	ERA
1924	St. Louis	American	36	218	13	12	215	103	85	85	23	3.51
1925	St. Louis	American	32	153	9	10	189	115	86	77	20	5.06
1926	St. Louis	American	39	169	5	8	188	87	67	76	30	3.57

YEAR	CLUB	LEAGUE	G	IP	W	L	H	R	ER	BB	SO	ERA
1927	St. Louis	American	38	156	2	13	213	132	114	79	28	6.56
1928	Milwaukee	American Association	41	292	**24**	10	309	124	106	91	63	3.27
1929	Toledo	American Association	35	213	10	15	265	136	119	63	48	5.03
1930	Toledo	American Association	18	110	8	7	142	66	53	36	27	4.34
1931	Toledo	American Association	15	118	7	7	153	81	70	39	25	5.34
1932	Indianapolis	American Association	18	111	7	7	122	54	—	37	43	—
1933	Indianapolis	American Association	1	1	0	0	2	1	1	1	0	9.00
1934	Milwaukee	American Association	4	16	0	2	19	16	12	8	11	6.75
1935	Milwaukee-Toledo	American Association	16	68	1	5	83	49	42	33	14	5.56
1936	Troy	Alabama-Florida	14	102	8	3	99	41	27	20	60	2.39
1937			Did not play in organized baseball									
1938	Dothan	Alabama-Florida	13	49	2	2	56	30	28	10	21	3.14
1939	Dothan	Alabama-Florida	—	—	0	0	—	—	—	—	—	—
1940	Tallasee	Alabama State					Did not pitch					
1941	Greenville	Alabama State	1	2	0	0	0	0	0	0	0	0.00
		Majors	145	696	29	43	800	—	—	317	101	4.55
		Minors	176	1082	67	58	1250	598	458	338	312	3.81

Absalom Holbrook "Red" Wingo

Born May 6, 1898 at Norcross, GA.
Died October 9, 1964 at Allen Park, MI.
Batted left. Threw right. Height: 5-11. Weight: 160.

YEAR	CLUB	LEAGUE	POS	G	AB	R	H	2B	3B	HR	RBI	SB	AVG
1918	Atlanta	Southern Association	of	30	103	12	26	6	3	1	—	1	.252
1919	Greenville	SALLY	of	97	360	55	115	22	9	**11**	—	12	.319
	Philadelphia	American	of	15	59	9	18	1	3	0	2	0	.305
1920	Atlanta	Southern Association	of	151	552	81	161	25	20	8	—	10	.292
1921	Atlanta	Southern Association	of	128	456	72	145	25	20	9	85	13	.318
1922	Toronto	International	of	160	623	119	199	29	10	**34**	122	15	.319
1923	Toronto	International	of	122	455	97	160	25	11	20	85	8	.352
1924	Detroit	American	of	78	150	21	43	12	2	1	26	2	.287
1925	Detroit	American	of	130	440	104	163	34	10	5	68	4	.370
1926	Detroit	American	of	108	298	45	84	19	0	1	45	4	.282
1927	Detroit	American	of	75	137	15	32	8	2	0	20	1	.234
1928	Detroit	American	of	87	242	30	69	13	2	2	30	2	.285
1929	San Francisco	Pacific Coast	of	175	597	111	209	41	1	24	124	2	.350
1930	San Francisco	Pacific Coast	of	138	537	121	187	45	3	21	117	6	.348
1931	San Francisco	Pacific Coast	of	13	35	8	11	3	1	1	6	0	.314
	Chattanooga	Southern Association	of	110	383	67	113	25	5	7	66	4	.295
1932	Scranton	New York-Pennsylvania	of	55	197	41	67	19	3	6	42	5	.340
	Toronto	International	of	78	253	26	64	11	3	4	33	1	.253
		Majors		493	1326	224	409	87	19	9	191	23	.308
		Minors		1257	4551	810	1457	276	89	146	680	77	.320

John Thomas "Tom" Winsett

Born November 24, 1909 at McKenzie, TN.
Batted left. Threw right. Height: 6-2. Weight: 190.

Hit 21 home runs during June, 1936.

YEAR	CLUB	LEAGUE	POS	G	AB	R	H	2B	3B	HR	RBI	SB	AVG
1929	Meridian/Lake Charles	Cotton States	of	22	95	11	27	4	1	4	—	0	.284
	Mobile	Southern Association	of	78	301	40	104	11	8	7	57	1	.346
1930	Boston	American	of	1	1	0	0	0	0	0	0	0	.000
	St. Paul	American Association	of	7	5	2	1	0	0	0	0	0	.200
	Dallas	Texas	of	4	16	0	2	1	0	0	0	0	.125
	Mobile	Southern Association	of	74	254	43	76	18	6	8	38	2	.299
1931	Boston	American	of	64	76	6	15	1	0	1	7	0	.197
1932	Buffalo	International	of	109	365	66	128	15	6	18	81	6	.351
1933	Boston	American	of	6	12	1	1	0	0	0	0	0	.083
	Montreal	International	of	114	315	47	89	14	5	18	61	2	.282
1934	Rochester	International	of	112	343	61	122	20	**13**	21	74	3	.356
1935	St. Louis	National	of	7	12	2	6	1	0	0	2	0	.500
	Columbus	American Association	of	108	368	91	128	29	5	20	90	3	.348
1936	Columbus	American Association	of	141	536	**144**	190	34	9	**50**	**154**	6	.354
	Brooklyn	National	of	22	85	13	20	7	0	1	18	0	.235

YEAR	CLUB	LEAGUE	POS	G	AB	R	H	2B	3B	HR	RBI	SB	AVG
1937	Brooklyn	National	of	118	350	32	83	15	5	5	42	3	.237
1938	Brooklyn	National	of	12	30	6	9	1	0	1	7	0	.300
	Jersey City	International	of	132	433	69	112	20	7	20	75	4	.259
1939	Jersey City	International	of	3	4	1	1	0	0	0	0	0	.250
	Sacramento	Pacific Coast	of	22	79	13	20	3	1	3	15	1	.253
	Columbus	American Association	of	67	221	37	58	11	3	14	50	2	.262
1940	Houston	Texas	of	139	443	82	133	29	13	18	82	3	.300
1941	Rochester	International	of	15	50	4	8	2	0	0	3	0	.160
	New Orleans	Southern Association	of	109	375	70	115	27	9	16	67	3	.307
1942	New Orleans	Southern Association	of	73	267	36	71	13	4	3	39	1	.266
	Majors			230	566	60	134	25	5	8	76	3	.237
	Minors			1329	4470	817	1385	251	90	220	886	37	.310

GEORGE JOHN "TEX" WISTERZILL

Born March 7, 1891 at Detroit, MI.
Died June 27, 1964 at San Antonio, TX.
Batted right. Threw right. Height: 5-9½. Weight: 150.

Also known as Westerzill.

YEAR	CLUB	LEAGUE	POS	G	AB	R	H	2B	3B	HR	RBI	SB	AVG
1908	San Antonio	Texas	3b	58	176	22	53	–	–	5	–	–	.301
1909	Wichita	Western	3b	155	578	78	154	19	9	4	–	18	.266
1910	Wichita	Western	3b-ss	165	614	82	187	38	5	4	–	42	.305
1911	Wichita	Western	3b	–	–	–	–	–	–	–	–	–	–
1912	Indianapolis	American Association	3b	19	68	8	14	1	2	0	–	0	.206
	Wichita/St. Joseph	American Association	3b	100	355	32	87	16	2	1	–	8	.245
1913	St. Joseph	Western	3b	169	635	92	194	25	20	2	–	26	.305
1914	Brooklyn	Federal	3b	149	529	54	134	20	9	0	66	18	.253
1915	Brooklyn/St. Louis	Federal	3b	93	293	29	78	10	3	0	39	12	.266
1916	San Antonio	Texas	3b	150	535	55	163	26	10	3	–	22	.305
1917					Did not play in organized baseball								
1918	Vernon	Pacific Coast	3b	90	316	36	86	8	5	1	–	7	.272
1919	Vernon/Portland	Pacific Coast	3b	149	554	77	150	17	3	0	–	13	.271
1920	Portland	Pacific Coast	3b	170	606	79	190	42	3	1	–	17	.285
1921	Seattle	Pacific Coast	3b	106	408	68	116	23	5	0	34	14	.289
1922	Seattle	Pacific Coast	3b	151	518	64	150	30	5	0	53	10	.290
1923	Seattle	Pacific Coast	3b	1	–	–	0	0	0	0	–	–	.000
	Galveston	Texas	3b	123	468	79	138	25	4	2	47	10	.295
1924	Galveston	Texas	3b	127	471	74	136	29	6	9	43	11	.289
1925	Shreveport	Texas	3b-1b-2b	82	300	38	87	12	2	6	27	2	.290
1926	Texarkana	East Texas	1b-3b-ss	–	281	39	79	15	0	0	–	5	.281
1927	Laredo	Texas Valley	3b	92	333	55	95	23	1	0	–	10	.285
	Majors			242	260	83	215	26	14	0	105	29	.325
	Minors			1907	7216	970	2079	349	85	42	205	208	.288

JEROME CHARLES "JERRY" WITTE

Born July 30, 1915 at St. Louis, MO.
Batted right. Threw right. Height: 6-1. Weight: 190.

YEAR	CLUB	LEAGUE	POS	G	AB	R	H	2B	3B	HR	RBI	SB	AVG
1937	Terre Haute	Three I	of	10	33	2	7	1	1	0	0	3	.212
	Mayfield	KITTY	3b	96	398	63	121	22	8	4	68	3	.304
1938	Lafayette	Evangeline	1b	113	416	52	105	25	5	3	50	3	.252
1939	Lafayette	Evangeline	1b	138	520	92	**184**	**55**	5	14	**134**	4	**.354**
1940	Youngstown	Middle Atlantic	1b	124	502	87	161	36	0	23	124	4	.321
1941	San Antonio	Texas	1b	152	566	69	150	35	5	21	89	2	.265
1942	San Antonio	Texas	1b	119	444	54	112	22	3	16	71	1	.252
1943-45							Military service						
1946	Toledo	American Association	1b	152	589	99	184	26	3	**46**	120	2	.312
	St. Louis	American	1b	18	73	7	14	2	0	2	4	0	.192
1947	St. Louis	American	1b	34	99	4	14	2	1	2	12	0	.141
	Toledo	American Association	3b-of-1b	56	215	35	60	14	3	13	46	0	.279
1948	Louisville	American Association	1b-of-3b	147	518	72	132	28	3	29	98	8	.255
1949	Dallas	Texas	1b	152	567	109	155	27	0	**50**	141	1	.273
1950	Rochester	International	1b-3b	19	37	6	10	2	0	2	9	0	.270
	Houston	Texas	1b	99	370	63	92	14	2	30	73	2	.249

YEAR	CLUB	LEAGUE	POS	G	AB	R	H	2B	3B	HR	RBI	SB	AVG
1951	Houston	Texas	1b	159	548	81	136	16	2	38	95	1	.248
1952	Houston	Texas	1b	143	438	51	91	16	0	19	68	2	.208
			Majors	52	172	11	28	4	1	4	16	0	.163
			Minors	1678	6161	935	1700	339	40	308	1189	33	.276

CHARLES THOMAS "CHUCK" WORKMAN

Born January 6, 1915 at Leeten, MO.
Died January 3, 1953 at Kansas City, MO.
Batted left. Threw right. Height: 6-0. Weight: 175.

YEAR	CLUB	LEAGUE	POS	G	AB	R	H	2B	3B	HR	RBI	SB	AVG
1937	Springfield	Middle Atlantic	of-2b	115	447	78	124	22	2	6	63	18	.278
1938	Springfield	Middle Atlantic	of-2b	131	533	122	194	38	10	18	105	26	.364
	Cleveland	American	of	2	5	1	2	0	0	0	0	0	.400
1939	Wilkes-Barre	Eastern	of	42	137	20	29	6	5	0	12	4	.212
	Springfield	Middle Atlantic	of	77	320	52	89	22	0	16	51	4	.278
1940	Cedar Rapids	Three I	of-2b	126	478	108	153	20	9	29	105	23	.320
1941	Cleveland	American	ph-pr	9	4	2	0	0	0	0	0	0	.000
	Milwaukee	American Association	of	17	49	5	6	0	0	1	4	0	.122
	Nashville	Southern Association	of	81	287	51	96	15	4	11	64	6	.334
1942	Nashville	Southern Association	of	145	549	119	179	40	7	29	110	4	.326
1943	Boston	National	of-3b-1b	153	615	71	153	17	1	10	67	12	.249
1944	Boston	National	of-3b	140	418	46	87	18	3	11	53	1	.208
1945	Boston	National	3b-of	139	514	77	141	16	2	25	87	9	.274
1946	Boston/Pittsburgh	National	of-3b	83	193	16	40	6	1	4	23	2	.207
1947	Indianapolis	American Association	of	9	31	3	7	2	0	1	6	0	.226
	Oakland	Pacific Coast	of	81	213	47	57	10	0	12	40	1	.268
1948	Nashville	Southern Association	of	143	553	137	195	20	1	52	182	2	.353
1949	Minneapolis	American Association	of	146	502	117	146	18	4	41	122	4	.291
1950	Minneapolis	American Association	of	41	131	23	28	7	1	6	21	1	.214
	Chattanooga	Southern Association	of	70	234	30	53	8	0	8	27	1	.226
1951	Atlanta	Southern Association	of	22	63	11	11	4	0	1	7	0	.175
			Majors	526	1749	213	423	57	7	50	230	24	.242
			Minors	1246	4527	923	1367	232	43	231	919	94	.302

ALBERT OWEN "AB" WRIGHT

Born November 16, 1905 at Terlton, OK.
Batted right. Threw right. Height: 6-1½. Weight: 190.

Hit four home runs and a triple in game for Minneapolis, American Association, July 4, 1940.
Pitching record for 1928-1930 was 24-17.

YEAR	CLUB	LEAGUE	POS	G	AB	R	H	2B	3B	HR	RBI	SB	AVG
1928	Dayton	Central	p	16	38	9	12	3	2	1	—	1	.316
1929	Joplin	Western Association	p-of	41	94	21	25	6	2	2	15	1	.266
1930	Shawnee/Muskogee	Western Association	of-p	95	380	84	122	24	6	14	46	15	.321
1931	Muskogee	Western Association	of	132	575	134	216	44	7	30	104	23	.376
	Minneapolis	American Association	of	27	84	13	30	4	0	1	15	3	.357
1932	Minneapolis	American Association	of	4	2	0	1	1	0	0	0	0	.500
	Des Moines	Western	of	13	49	12	18	3	2	1	10	5	.367
	Danville	Three I	of	48	182	36	65	8	9	4	—	11	.357
	Greensboro	Piedmont	of	54	216	41	79	17	8	10	38	4	.366
1933	Minneapolis	American Association	of	1	1	0	0	0	0	0	0	0	.000
	Little Rock	Southern Association	of	135	503	92	177	35	6	11	98	14	.352
1934	Minneapolis	American Association	of	148	606	111	214	47	9	29	131	6	.353
1935	Cleveland	American	of	67	160	17	38	11	1	2	18	2	.238
1936	Baltimore	International	of	137	535	92	166	32	4	24	130	8	.310
1937	Baltimore	International	of	150	554	98	169	44	5	37	127	7	.305
1938	Baltimore/Montreal	International	of	138	479	73	150	30	5	15	85	8	.313
1939	Minneapolis	American Association	of	152	582	113	196	36	6	21	134	6	.337
1940	Minneapolis	American Association	of	146	578	137	213	35	9	39	159	4	.369
1941	Minneapolis	American Association	of	138	461	90	131	29	5	26	103	5	.284
1942	Minneapolis	American Association	of	143	516	91	150	28	6	23	110	4	.291
1943	Minneapolis	American Association	of	101	364	49	102	15	2	16	69	4	.280
1944	Minneapolis	American Association	of	32	101	15	27	4	0	4	15	2	.267
	Boston	National	of	71	195	20	50	9	0	7	35	0	.256

YEAR	CLUB	LEAGUE	POS	G	AB	R	H	2B	3B	HR	RBI	SB	AVG
1945	Buffalo/Baltimore	International	of	75	228	35	68	12	1	8	55	1	.298
1946	Oklahoma City	Texas	of	18	51	3	11	1	0	1	7	0	.216
	Muskogee	Western Association	of	37	98	26	29	8	3	6	26	0	.296
		Majors		138	355	37	88	20	1	9	53	2	.248
		Minors		1981	7277	1375	2371	466	97	323	1477	132	.326

WILLIAM SMITH "RASTY" WRIGHT

Born January 31, 1863 at Birmingham, MI.
Died October 14, 1922 at Duluth, MN.
Height: 6-1. Weight: 185

Probably first player to collect 2000 hits in minor leagues. Scored 217 runs in 1894.

YEAR	CLUB	LEAGUE	POS	G	AB	R	H	2B	3B	HR	RBI	SB	AVG
1884	Muskegon	Northwestern	of	52	209	43	41	6	1	0	—	—	.196
1885	Toledo	Western	of	27	101	20	23	1	1	0	—	—	.228
1886	Hamilton	International	of	93	378	78	103	15	6	1	—	23	.272
1887	Hamilton	International	of	100	464	93	198	16	4	2	—	73	.427
1888	Syracuse	International Association	of	107	454	143	162	11	20	4	—	40	.357
1889	Syracuse	International Association	of	107	423	107	131	11	9	1	—	29	.310
1890	Syracuse	American Association	of	88	348	82	106	10	6	0	80	30	.305
	Cleveland	National	of	13	45	7	5	1	0	0	2	3	.111
	Bradford	New York-Pennsylvania	of	16	64	19	19	4	3	0	—	5	.297
1891	Detroit	Northwestern	of	25	91	19	27	11	1	1	—	1	.297
	Duluth/Omaha	Western Association	of	68	272	61	96	15	7	2	—	12	.353
1892	Los Angeles	California	of	172	726	166	205	28	12	0	—	49	.282
1893	Los Angeles	California	of	92	400	121	140	24	11	3	—	9	.350
1894	Grand Rapids	Western	of	133	551	217	233	54	19	8	—	38	.423
1895	Grand Rapids	Western	of	124	549	172	224	35	16	3	—	29	.408
1896	Newark	Atlantic	of	119	491	163	189	44	12	12	—	45	.385
	Grand Rapids	Western	of	9	35	13	15	4	0	2	—	1	.429
1897	Newark	Atlantic	of	130	519	144	193	43	12	1	—	20	**.372**
1898	Wilkes-Barre	Eastern	of	58	210	57	78	11	2	2	—	13	.371
1899	Buffalo	Western	of	8	32	3	9	1	0	0	—	0	.281
	Paterson	Atlantic	of	14	53	16	25	2	1	0	—	1	.472
		Majors		101	393	89	111	11	6	0	82	33	.282
		Minors		1454	6022	1655	2111	336	137	42	—	388	.351

CLARENCE EVERETT "YAM" YARYAN

Born November 5, 1892 at Knowlton, IA.
Died November 16, 1964 at Birmingham, AL.
Batted right. Threw right. Height: 5-10½. Weight: 180.

Manager for Brewton, Alabama State, 1940.

YEAR	CLUB	LEAGUE	POS	G	AB	R	H	2B	3B	HR	RBI	SB	AVG
1917	Wichita	Western	c-of	115	363	34	95	21	6	6	—	3	.262
1918	Wichita	Western	c-of-3b	56	208	27	47	9	2	4	—	2	.226
1919	Wichita	Western	c-of	116	411	68	112	28	3	**12**	—	1	.273
1920	Wichita	Western	c	151	577	124	206	39	4	**41**	—	7	.357
1921	Chicago	American	c	45	102	11	31	8	2	0	15	0	.304
1922	Chicago	American	c	36	71	9	14	2	0	2	9	1	.197
	Toledo	American Association	c	9	24	3	4	0	0	1	3	0	.167
1923	Seattle	Pacific Coast	c	125	339	42	95	15	4	15	54	1	.280
1924	Memphis	Southern Association	c	99	312	52	105	21	2	4	58	1	.337
1925	Memphis/Birmingham	Southern Association	c	116	346	42	103	15	3	7	59	2	.298
1926	Birmingham	Southern Association	c	141	510	94	188	30	13	**20**	104	12	.369
1927	Birmingham	Southern Association	c	135	470	76	158	28	9	17	108	3	.336
1928	Birmingham	Southern Association	c	105	365	61	142	24	12	16	88	4	.389
1929	Birmingham	Southern Association	c	73	221	26	74	10	4	3	44	1	.335
1930	Birmingham	Southern Association	c	49	156	18	53	7	1	4	32	2	.340
1931	Fort Worth	Texas	c	46	147	13	34	7	0	5	29	1	.231
	Chattanooga	Southern Association	c	12	40	2	8	1	0	1	8	0	.200
	Baton Rouge	Cotton States	c	20	79	8	23	3	0	2	15	0	.291
1932	New Haven	Eastern	c	75	265	37	97	13	1	**18**	46	0	.366
	York	New York-Pennsylvania	c	17	65	2	14	3	0	0	10	0	.215
1933-35					Did not play in organized baseball								
1936	Andalusia	Alabama-Florida	c	27	76	18	31	6	0	5	18	0	.408

YEAR	CLUB	LEAGUE	POS	G	AB	R	H	2B	3B	HR	RBI	SB	AVG
1937	Andalusia	Alabama-Florida	c	105	349	53	108	15	3	**17**	63	1	.309
1938	Andalusia	Alabama-Florida	c	116	375	38	108	19	2	5	78	0	.288
1939	Easton	Eastern Shore	c	22	70	8	16	2	0	3	12	0	.229
	Gadsden/Anniston	Southeastern	c	52	139	15	42	5	0	4	17	0	.302
1940	Brewton	Alabama State	c	86	199	19	60	12	0	3	41	1	.302
		Majors		81	173	20	45	10	2	2	24	1	.260
		Minors		1868	6106	880	1923	333	69	213	887	41	.315

ANTHONY BATTON "TONY" YORK

Born November 27, 1912 at Irene, TX.
Died April 18, 1970 at Hillsboro, TX.
Batted right. Threw right. Height: 5-10. Weight: 165.

Manager for Texarkana, Big State, 1952; Crowley, Evangeline, 1953-1954; Odessa, Longhorn, 1955; Ballinger, Southwestern, 1956-1957; Carlsbad, Sophomore, 1958.

YEAR	CLUB	LEAGUE	POS	G	AB	R	H	2B	3B	HR	RBI	SB	AVG
1933	Baton Rouge	Dixie	ss	125	485	61	141	31	9	2	64	8	.291
1934	Dallas	Texas	ss-2b	121	447	47	115	31	1	4	49	6	.257
1935	Dallas	Texas	ss	149	524	59	133	17	6	4	54	11	.254
1936	Dallas/Tulsa	Texas	ss	107	373	45	99	15	2	4	46	6	.265
1937	Tulsa	Texas	ss	151	559	70	163	**46**	4	6	81	12	.292
1938	St. Paul	American Association	ss	145	597	77	144	26	7	12	58	9	.241
1939	St. Paul	American Association	ss	141	515	63	127	18	5	9	54	7	.247
1940	Shreveport	Texas	ss	162	628	84	149	37	6	15	86	9	.237
1941	Shreveport	Texas	ss	141	490	53	119	26	2	4	52	5	.243
1942	Shreveport	Texas	ss	138	514	65	131	18	3	16	62	5	.255
1943	Milwaukee	American Association	ss	150	**651**	109	**187**	28	8	10	55	2	.287
1944	Chicago	National	ss-3b	28	85	4	20	1	0	0	7	0	.235
	Los Angeles	Pacific Coast	ss	32	39	3	9	4	0	0	9	0	.231
1945							Military service						
1946	Seattle	Pacific Coast	2b-ss	158	546	53	137	23	5	2	51	11	.251
1947	Seattle	Pacific Coast	2b	150	506	73	143	21	2	7	41	5	.283
1948	Seattle	Pacific Coast	2b-ss	166	547	52	140	28	1	8	60	3	.256
1949	Seattle	Pacific Coast	2b-ss	140	414	46	123	14	6	4	47	1	.297
1950	Seattle	Pacific Coast	2b-3b-ss	98	215	23	47	6	0	3	18	3	.219
1951	San Diego	Pacific Coast	3b	68	89	7	23	7	1	1	7	0	.258
1952	Texarkana	Big State	3b	83	289	47	91	20	0	14	58	1	.315
1953	Crowley	Evangeline	3b	98	321	64	104	19	0	11	53	1	.324
1954	Crowley	Evangeline	3b	125	450	66	131	20	0	10	73	4	.291
1955	Odessa	Longhorn	3b	99	304	44	93	18	2	10	50	4	.306
1956	Ballinger	Southwestern	3b	33	42	7	14	3	0	2	7	0	.333
		Majors		28	85	4	20	1	0	0	7	0	.235
		Minors		2780	9545	1218	2563	476	70	158	1135	113	.269

ELMER ELLSWORTH YOTER

Born June 26, 1900 at Plainfield, PA.
Died July 26, 1966 at Camp Hill, PA.
Batted right. Threw right. Height: 5-7. Weight: 155.

See record in managerial section.

YEAR	CLUB	LEAGUE	POS	G	AB	R	H	2B	3B	HR	RBI	SB	AVG
1921	Norfolk	Virginia	ss	115	435	103	133	32	6	5	—	30	.306
	Philadelphia	American	ph	3	3	0	0	0	0	0	0	0	.000
1922	Portsmouth	Virginia	ss-3b	121	466	**98**	136	23	**10**	**13**	—	40	.292
1923	Petersburg	Virginia	ss-3b-of	123	477	78	146	27	2	13	64	20	.306
1924	Saginaw	Michigan-Ontario	3b-of	115	406	70	137	32	14	3	64	31	.337
	Cleveland	American	3b	19	66	3	18	1	1	0	7	0	.273
1925	Indianapolis	American Association	3b-2b-of	141	484	86	148	18	11	2	63	26	.306
1926	Indianapolis	American Association	3b	167	605	87	171	25	12	4	65	15	.283
1927	Indianapolis	American Association	3b	114	452	89	140	22	10	6	60	13	.310
	Chicago	National	3b	13	27	2	6	1	1	0	5	0	.222
1928	Chicago	National	3b	1	0	0	0	0	0	0	0	0	.000
	Minneapolis	American Association	3b-ss	143	566	112	182	32	13	2	45	13	.322
1929	Minneapolis	American Association	3b-ss	167	**687**	148	218	50	7	4	65	31	.317
1930	Minneapolis/Columbus	American Association	3b	142	562	110	178	30	8	4	49	24	.317

YEAR	CLUB	LEAGUE	POS	G	AB	R	H	2B	3B	HR	RBI	SB	AVG
1931	Columbus/Indianapolis	American Association	3b	89	342	71	103	16	3	2	40	10	.301
1932	Danville	Three I	3b	25	80	13	18	0	1	0	–	0	.225
	Houston	Texas	3b	45	169	32	42	6	2	0	10	7	.249
1933	Wilkes-Barre	New York-Pennsylvania	3b	139	469	53	126	13	8	1	48	27	.269
1934	Wilkes-Barre	New York-Pennsylvania	3b	121	445	85	136	23	9	1	71	12	.306
1935	Wilkes-Barre	New York-Pennsylvania	3b	131	444	78	117	20	6	2	58	14	.264
1936	Scranton	New York-Pennsylvania	3b	116	414	78	121	14	11	1	43	11	.292
1937	Portsmouth	Piedmont	3b	117	403	68	97	20	5	1	44	12	.241
1938	Greenwood	Cotton States	3b	121	366	83	109	20	6	0	57	15	.298
1939	Gloversville	Canadian-American	3b	55	170	34	47	11	1	3	25	5	.276
1940				Did not play in organized baseball									
1941	Danville-Schoolfield	Bi-State	of	50	130	21	36	8	2	2	25	5	.277
1942	Danville-Schoolfield	Bi-State	3b-of	61	151	25	40	10	1	2	22	2	.265
			Majors	36	96	5	24	2	2	0	12	0	.250
			Minors	2418	8723	1622	2581	452	148	71	918	363	.296

Single Season All Time Leaders: 50 Home Run Seasons

YEAR	PLAYER	TEAM, LEAGUE	HR
1962	Ramiro Caballero	Guanajuato, Mexican Center	59
1939	Tom Robello	Pocatello, Pioneer	58
1947	Buck Frierson	Sherman-Denison, Big State	58
1947	D.C. Miller	Wichita Falls, Big State	57
1935	Gene Lilliard	Los Angeles, Pacific Coast	56
1954	Frank Gravino	Fargo-Moorhead, Northern	56
1957	Steve Bilko	Los Angeles, Pacific Coast	56
1924	Clarence Kraft	Fort Worth, Texas	55
1929	Ike Boone	Mission, Pacific Coast	55
1949	Leo Shoals	Reidsville, Carolina	55
1949	D.C. Miller	Gladewater, East Texas	3
		Lamesa, West Texas-New Mexico	52
1956	Steve Bilko	Los Angeles, Pacific Coast	55
1966	Heriberto Vargas	Guanajuato, Mexican Center	55
1974	Bill McNulty	Sacramento, Pacific Coast	55
1930	Nick Cullop	Minneapolis, American Association	54
1932	Buzz Arlett	Baltimore, International	54
1986	Jack Pierce	Leon, Mexican	54
1935	George Puccinelli	Baltimore, International	53
1947	Howie Moss	Baltimore, International	53
1950	Jesse McClain	Harlingen, Rio Grande Valley	53
1953	Joe Bauman	Artesia, Longhorn	53
1986	Nick Castaneda	San Luis Potosi, Mexican	53
1930	Pat Wright	Fort Wayne, Central	52
1947	Bob Crues	Amarillo, West Texas-New Mexico	52
1947	Calvin Felix	Las Vegas, Sunset	52
1948	Chuck Workman	Nashville, Southern Association	52
1953	Frank Gravino	Fargo-Moorhead, Northern	52
1924	J. Country Davis	Okmulgee, Western Association	51
1924	C. Stormy Davis	Okmulgee, Western Association	51
1929	Gus Suhr	San Francisco, Pacific Coast	51
1956	Harry Heslet	Visalia, California	51
1956	Leonard Tucker	Pampa, Southwestern	51
1956	Leon Wagner	Danville, Carolina	51
1974	Gorman Thomas	Sacramento, Pacific Coast	51
1929	Edward Kallina	Sherman, Lone Star	6
		Midland, West Texas	44
1930	Jim Poole	Nashville, Southern Association	50
1936	Tom Winsett	Columbus, American Association	50
1947	Hank Sauer	Syracuse, International	50
1949	Jerome Witte	Dallas, Texas	50
1950	Manuel Salvatierra	Austin, Big State	1
		Laredo, Rio Grande Valley	49
1952	Joe Bauman	Artesia, Longhorn	50
1953	James Matthews	Amarillo, West Texas-New Mexico	50
1966	Pedro Hernandez	Guanajuato, Mexican Center	50
1982	Ron Kittle	Edmonton, Pacific Coast	50

The Pitchers

HARRY TERRELL ABLES

Born October 4, 1884 at Terrell, TX.
Died February 8, 1951 at San Antonio, TX.
Threw left. Batted right. Height: 6-2½. Weight: 200.

President of San Antonio, Texas, 1925-1928.
Pitched two 9-inning shutout games over Fort Worth, Texas, July 4, 1905, allowing a total of five hits. Pitched 23-inning 1-1 tie against Waco, Texas, July 5, 1910. On August 8, 1910, Ables fanned the first 10 Dallas, Texas, batters he faced.

YEAR	CLUB	LEAGUE	G	IP	W	L	H	R	ER	BB	SO	ERA
1904	Memphis/Shreveport	Southern Association	7	55	3	2	55	34	28	26	21	4.58
1905	Dallas	Texas	30	261	17	13	189	79	56	71	169	1.93
	St. Louis	American	6	31	0	3	37	15	13	13	11	3.77
1906	Dallas	Texas	1	9	1	0	11	6	3	2	4	3.00
1907	Dallas	Texas	18	158	12	5	102	44	31	35	126	1.77
1908	Birmingham	Southern Association	2	11	1	1	14	6	4	6	9	3.27
	Dallas/San Antonio	Texas	24	185	15	6	119	59	42	47	142	2.04
1909	San Antonio	Texas	36	293	19	12	207	79	64	80	259	1.97
	Cleveland	American	5	30	1	1	26	14	7	10	24	2.10
1910	San Antonio	Texas	35	340	19	12	200	86	70	96	325	1.85
1911	New York	American	3	11	0	1	16	15	12	7	6	9.82
	Oakland	Pacific Coast	38	324	22	11	–	76	53	88	218	1.47
1912	Oakland	Pacific Coast	45	363	25	18	–	131	113	134	303	2.80
1913	Oakland	Pacific Coast	37	229	9	15	–	95	70	73	130	2.75
1914	Oakland	Pacific Coast	34	223	13	17	203	98	50	82	95	2.02
1915	Oakland	Pacific Coast	36	229	8	16	237	120	88	78	99	3.46
1925	San Antonio	Texas	1	5	0	1	5	3	2	4	1	3.60
1926	San Antonio	Texas	1	4	1	0	1	0	0	0	0	0.00
		Majors	14	72	1	5	79	44	32	30	41	4.00
		Minors	344	2669	158	129	1343	916	674	822	1901	2.26

RAMON ARANO (BRAVO)

Born July 24, 1939 at Tierra Blanca, Veracruz, Mexico.
Threw right. Batted right. Height: 5-8. Weight: 160.

Manager for Cordoba, Mexican, 1977; Coatzacoalcos, Mexican, 1983; Veracruz, Mexican, 1986.
Only hurler to win 300 games in one minor league. Mexican League career leader in games pitched, innings, wins, losses, hits, runs, earned runs, and strikeouts.

YEAR	CLUB	LEAGUE	G	IP	W	L	H	R	ER	BB	SO	ERA
1957	Aguascalientes	Central Mexican	5	–	0	1	–	–	–	–	–	–
1958			Did not play in organized baseball									
1959	Poza Rica/Veracruz	Mexican	26	129	8	9	130	75	64	47	63	4.47
1960	Veracruz	Mexican	33	80	0	5	104	73	58	53	50	6.53
1961	Veracruz	Mexican	34	172	11	3	198	78	71	48	124	3.72
1962	Veracruz	Mexican	28	197	17	6	180	76	57	46	121	2.60
	Oklahoma City	American Association	3	11	1	1	17	12	12	10	3	9.82
1963	Mexico City Reds	Mexican	24	137	13	4	146	55	51	33	73	3.35
1964	Mexico City Reds	Mexican	32	204	16	9	234	103	92	62	120	4.06
1965	Mexico City Reds	Mexican	26	148	9	8	199	95	79	49	84	4.80
1966	Mexico City Reds	Mexican	39	207	16	11	210	92	68	72	130	2.96
1967	Mexico City Reds	Mexican	40	249	15	11	265	101	77	53	153	2.78
1968	Mexico City Reds	Mexican	37	223	17	10	191	73	50	50	117	2.02
1969	Mexico City Reds	Mexican	14	82	5	7	90	37	29	26	36	3.18
1970	Mexico City Reds	Mexican	36	198	15	14	242	108	87	47	114	3.95
1971	Mexico City Reds/Saltillo	Mexican	33	180	12	15	193	74	59	41	109	2.95
1972	Cordoba	Mexican	34	185	13	13	203	95	75	39	112	3.65
1973	Cordoba	Mexican	10	76	6	4	68	24	14	22	43	1.66
1974	Cordoba	Mexican	32	197	12	10	197	78	56	44	96	2.56
1975	Cordoba	Mexican	26	175	15	8	187	74	61	38	66	3.14
1976	Cordoba	Mexican	29	184	14	9	197	72	59	39	75	2.89
1977	Cordoba	Mexican	35	218	15	14	227	89	69	62	100	2.85
1978	Cordoba	Mexican	31	215	19	10	186	68	60	37	96	2.51
1979	Cordoba	Mexican	36	269	19	13	249	89	70	53	131	2.34
1980	Reynosa	Mexican #1	21	164	12	9	169	58	54	36	89	2.96
	Reynosa	Mexican #2	9	49	2	6	73	33	24	11	21	4.41
1981	Mexico City Reds	Mexican	26	181	14	5	180	66	59	29	50	2.93
1982	Mexico City Reds	Mexican	29	156	9	9	194	80	67	33	38	3.87
1983	Coatzacoalcos	Mexican	27	163	8	14	173	74	63	27	66	3.48

YEAR	CLUB	LEAGUE	G	IP	W	L	H	R	ER	BB	SO	ERA
1984	Veracruz	Mexican	22	143	11	9	161	64	55	45	47	3.46
1985	Veracruz/Tabasco	Mexican	18	95	4	9	131	59	47	18	24	4.45
1986	Veracruz	Mexican	17	67	5	8	87	39	37	14	22	4.97
		Minors	812	4754	333	264	5081	2114	1724	1184	2373	3.26

ORIE EDGAR ARNTZEN

Born October 18, 1909 at Beverly, IL.
Died January 28, 1970 at Cedar Rapids, IA.
Threw right. Batted right. Height: 6-1. Weight: 200.

Manager for Duluth, Northern, 1951.

YEAR	CLUB	LEAGUE	G	IP	W	L	H	R	ER	BB	SO	ERA
1931	Burlington	Mississippi Valley					No record available					
1932							Did not play in organized baseball					
1933	Davenport/Peoria/Keokuk	Mississippi Valley	15	67	2	6	79	51	46	49	39	6.18
1934							Did not play in organized baseball					
1935	Norfolk	Nebraska State	31	186	10	10	178	95	—	101	184	3.55
1936	Martinsville	Bi-State	32	203	14	11	207	133	—	94	107	—
1937	Martinsville	Bi-State	38	217	19	9	207	118	8	91	125	3.44
1938	Asheville	Piedmont	13	50	3	3	48	36	30	33	38	5.40
1939	Cedar Rapids	Three I	24	156	13	7	148	68	55	36	121	3.17
1940	Cedar Rapids	Three I	30	219	16	9	206	83	75	55	155	3.08
1941	Williamsport	Eastern	29	207	15	9	191	87	79	61	135	3.43
1942	Williamsport	Eastern	8	63	7	1	59	17	12	15	30	1.71
1943	Philadelphia	American	32	164	4	13	172	85	77	69	66	4.22
1944	Albany	Eastern	6	50	6	0	44	11	10	7	21	1.80
	Toronto	International	9	41	1	6	50	—	—	18	15	—
1945							Voluntarily retired					
1946	Albany	Eastern	25	161	17	6	139	67	42	28	92	2.35
1947	Albany	Eastern	32	119	11	7	124	73	58	30	68	3.10
1948	Albany	Eastern	35	152	15	4	132	46	36	33	75	2.13
1949	Albany	Eastern	33	216	25	2	208	77	67	41	98	2.79
1950	Albany	Eastern	33	106	8	5	142	81	74	30	56	6.28
1951	Duluth	Northern	32	119	12	3	125	52	43	23	78	3.25
1952	Cedar Rapids	Three I	2	6	0	1	11	6	5	2	5	7.50
		Minors	459	2543	198	112	2470	1186	717	816	1508	3.05

ANDRES AYON (GARCIA)

Born October 22, 1940 at Havana, Cuba.
Threw right. Batted right. Height: 5-10. Weight: 170.

Manager for Sabinas, Mexican, 1971.

YEAR	CLUB	LEAGUE	G	IP	W	L	H	R	ER	BB	SO	ERA
1957	Wausau	Northern	39	144	8	13	149	98	79	71	115	4.94
1958	Visalia	California	35	212	18	8	192	109	80	111	184	3.40
1959	Havana	International	5	9	0	1	11	10	6	5	9	6.00
	Savannah	SALLY	10	56	3	4	47	24	20	32	50	3.21
	Topeka	Three I	26	144	12	4	143	80	59	71	159	3.69
1960	Havana-Jersey City	International	52	114	5	6	102	47	38	49	82	3.00
1961	Jersey City	International	60	97	6	6	93	43	37	39	81	3.43
1962	Macon	SALLY	55	112	8	4	96	55	45	46	93	3.62
1963	Macon	SALLY	25	59	5	3	59	39	23	19	66	3.51
1964	Puebla	Mexican	30	150	16	5	131	54	49	57	106	2.94
1965	Puebla	Mexican	43	214	17	12	226	115	99	81	125	4.16
1966	Puebla	Mexican	34	199	16	12	207	96	80	81	106	3.62
1967	Jalisco	Mexican	42	237	25	6	243	100	88	50	81	3.34
1968	Jalisco	Mexican	38	231	13	13	248	107	82	59	82	3.19
	Seattle	Pacific Coast	1	1	0	1	3	4	1	1	2	9.00
1969	Jalisco	Mexican	36	231	20	12	216	99	66	72	94	2.57
1970	Jalisco	Mexican	31	176	11	14	205	85	68	51	58	3.48
1971	Sabinas/Saltillo	Mexican	24	147	12	6	121	28	20	34	68	1.22
1972	Saltillo	Mexican	42	200	22	3	185	79	70	55	106	3.15
1973	Saltillo/Puebla	Mexican	21	116	11	6	121	48	40	21	62	3.10
1974							Did not play in organized baseball					
1975	Cordoba	Mexican	10	51	2	5	55	28	22	18	24	3.88

YEAR	CLUB	LEAGUE	G	IP	W	L	H	R	ER	BB	SO	ERA
1976	Nuevo Laredo	Mexican	3	22	1	2	20	12	7	12	7	2.86
1977	Nuevo Laredo	Mexican	5	25	2	1	29	11	9	17	14	3.24
1978		Did not play in organized baseball										
1979	Nuevo Laredo	Mexican	3	18	1	1	15	5	5	10	9	2.50
	Minors		670	2965	234	148	2917	1376	1093	1062	1783	3.32

WILLIAM F. "BILL" BAILEY

Born April 12, 1889 at Fort Smith, AR.
Died November 2, 1926 at Houston, TX.
Threw left. Batted left. Height: 5-11. Weight: 165.

YEAR	CLUB	LEAGUE	G	IP	W	L	H	R	ER	BB	SO	ERA
1906	Beaumont/Austin	South Texas	24	187	11	9	118	65	42	61	132	2.00
1907	Austin	Texas	34	–	22	11	–	–	–	–	**234**	
	St. Louis	American	6	48	4	1	39	16	11	15	17	2.42
1908	St. Louis	American	22	107	3	5	85	53	36	50	42	3.04
1909	St. Louis	American	32	199	9	12	174	71	54	75	114	2.44
1910	St. Louis	American	34	192	2	18	186	133	70	97	90	3.32
1911	St. Louis	American	7	32	0	3	42	26	16	16	8	4.55
	Montgomery	Southern Association	24	198	7	6	130	43	33	75	154	1.50
1912	St. Louis	American	3	11	0	1	15	12	11	10	2	9.28
	Providence	International	43	254	14	18	280	**166**	–	**130**	**169**	–
1913	Providence	International	43	307	19	15	233	118	–	**157**	**188**	–
1914	Providence	International	27	179	11	8	58	79	–	83	115	–
	Baltimore	Federal	19	129	6	9	106	53	44	68	131	3.08
1915	Baltimore/Chicago	Federal	41	224	8	20	202	123	106	125	122	4.27
1916	Toledo	American Association	44	245	14	16	240	–	99	107	89	3.64
1917	Toledo	American Association	16	83	2	4	93	55	31	35	20	3.36
	New Orleans	Southern Association	21	156	8	9	127	55	–	64	59	–
1918	New Orleans	Southern Association	17	144	10	7	98	–	–	41	55	–
	Detroit	American	8	38	0	2	53	34	25	26	13	5.97
1919	Beaumont	Texas	50	**378**	24	21	**325**	150	112	185	**277**	2.66
1920	Beaumont	Texas	43	318	18	16	290	134	91	103	**216**	2.61
1921	Beaumont	Texas	20	147	7	10	127	55	44	46	106	2.70
	St. Louis	National	19	74	2	5	95	41	34	22	20	4.26
1922	St. Louis	National	12	32	0	2	38	22	18	23	11	5.40
	Houston	Texas	22	146	8	12	153	74	63	57	67	3.87
1923	Houston	Texas	29	218	9	18	244	128	97	95	112	4.05
	Omaha	Western	18	123	8	5	133	69	–	48	42	–
1924	Omaha	Western	52	**340**	23	15	341	171	–	134	**191**	–
1925	Omaha	Western	51	307	17	19	362	210	–	**144**	149	–
	Majors		203	1086	34	78	1035	584	425	527	570	3.52
	Minors		578	730	242	219	3452	1572	612	1565	2375	2.87

NOBLE WINFIELD "WIN" BALLOU

Born November 30, 1897 at Mount Morgan, KY.
Died January 30, 1963 at San Francisco, CA.
Threw right. Batted right. Height: 5-10½. Weight: 170.

Coach for San Francisco, Pacific Coast, 1942.

YEAR	CLUB	LEAGUE	G	IP	W	L	H	R	ER	BB	SO	ERA
1922	Paris	Blue Grass	6	28	1	2	38	14	–	20	6	–
1922	Vicksburg	Cotton State	12	93	9	2	85	28	–	22	62	–
	Chattanooga	Southern Association	11	49	2	5	59	42	25	22	21	4.59
1923	Chattanooga	Southern Association	25	177	8	11	209	118	91	67	64	4.63
1924	Chattanooga	Southern Association					Ineligible list					
1925	Chattanooga	Southern Association	31	169	8	11	190	105	83	74	75	4.42
	Washington	American	10	28	1	1	38	18	14	13	13	4.55
1926	St. Louis	American	43	154	11	10	186	95	82	71	59	4.79
1927	St. Louis	American	21	90	5	6	105	56	48	46	17	4.78
1928	Milwaukee	American Association	42	244	14	14	247	128	109	103	116	4.02
1929	Brooklyn	National	25	58	2	3	69	52	43	38	20	6.71
1930	Los Angeles	Pacific Coast	44	238	16	7	243	108	100	95	129	3.77
1931	Los Angeles	Pacific Coast	48	286	24	13	309	146	118	89	160	3.71

YEAR	CLUB	LEAGUE	G	IP	W	L	H	R	ER	BB	SO	ERA
1932	Los Angeles	Pacific Coast	55	305	18	21	357	174	148	87	1577	4.36
1933	Los Angeles	Pacific Coast	50	217	12	19	234	129	89	69	122	3.69
1934	San Francisco	Pacific Coast	50	210	13	12	216	108	79	64	117	3.39
1935	San Francisco	Pacific Coast	33	220	18	8	241	107	80	69	94	3.28
1936	San Francisco	Pacific Coast	40	220	11	16	278	136	117	63	132	4.79
1937	San Francisco	Pacific Coast	43	153	13	12	165	92	63	55	86	3.70
1938	San Francisco	Pacific Coast	45	86	10	2	82	38	23	36	43	2.41
1939	San Francisco	Pacific Coast	44	99	8	7	92	63	31	48	37	2.82
1940	San Francisco	Pacific Coast	46	67	6	7	77	51	27	25	36	3.62
1941	San Francisco	Pacific Coast	24	38	3	5	–	–	–	–	–	–
1942	San Francisco	Pacific Coast					Coach, did not play					
1943	San Francisco	Pacific Coast	16	16	1	1	–	–	–	–	–	–
1944	San Francisco	Pacific Coast	13	14	1	1						
		Majors	99	330	19	20	398	221	187	168	109	5.11
		Minors	678	2709	196	176	3122	1587	1183	1008	2465	4.22

George Irvin Bamberger

Born August 1, 1925 at Staten Island, NY.
Threw right. Batted right. Height: 6-0. Weight: 175.

Manager for Milwaukee, American, 1978-1980, 1985-1986; New York, National, 1982-1983.

YEAR	CLUB	LEAGUE	G	IP	W	L	H	R	ER	BB	SO	ERA
1946	Erie	Middle Atlantic	26	160	13	3	121	52	24	87	108	**1.35**
1947	Manchester	New England	33	165	12	11	135	87	64	99	134	3.49
1948	Jersey City	International	25	65	2	2	83	52	46	42	28	6.37
1949	Jersey City	International	32	194	14	11	193	119	97	87	98	4.50
1950	Oakland	Pacific Coast	39	236	17	13	226	120	111	112	133	4.23
1951	Ottawa	International	26	174	11	11	158	75	65	57	68	3.36
1951	New York	National	2	2	0	0	4	4	4	2	1	18.00
1952	Oakland	Pacific Coast	27	150	14	6	129	59	48	36	67	2.88
1952	New York	National	5	4	0	0	6	4	4	6	0	9.00
1953	Oakland	Pacific Coast	47	245	15	16	289	**146**	**136**	100	111	5.00
1954	Oakland	Pacific Coast	40	179	11	8	170	75	70	81	61	3.53
1955	Oakland	Pacific Coast	35	180	12	14	182	87	83	61	70	4.15
1956	Vancouver	Pacific Coast	30	186	9	14	215	101	84	45	69	4.07
1957	Vancouver	Pacific Coast	34	200	14	12	**244**	98	89	46	73	4.01
1958	Vancouver	Pacific Coast	31	184	15	11	183	58	50	26	71	**2.45**
1959	Vancouver	Pacific Coast	25	160	11	7	167	60	53	27	75	2.98
	Baltimore	American	3	8	0	0	15	7	7	2	2	7.56
1960	Vancouver	Pacific Coast	35	206	12	12	238	111	87	34	89	3.80
1961	Vancouver	Pacific Coast	31	196	12	6	195	97	82	42	105	3.77
1962	Vancouver	Pacific Coast	34	228	12	12	227	98	80	37	135	3.16
1963	Dallas-Fort Worth	Pacific Coast	35	169	7	15	205	101	85	29	86	4.53
		Minors	585	3277	213	183	3360	1596	1354	1048	1581	3.72
		Majors	10	14	0	0	25	15	15	10	3	9.42

Clyde Raymond Barfoot

Born July 8, 1891 at Richmund, VA.
Died March 11, 1971 at Highland Park, CA.
Threw right. Batted right. Height: 6-0. Weight: 170.

YEAR	CLUB	LEAGUE	G	IP	W	L	H	R	ER	BB	SO	ERA
1914	Chattanooga	Southern Association	2	12	1	1	14	6	6	1	5	4.50
	Galveston	Texas	32	183	14	8	155	59	–	68	65	–
1915	Galveston	Texas	36	253	12	13	220	86	–	64	82	–
1916	Galveston	Texas	45	325	19	16	294	–	73	111	96	2.02
1917	Galveston/San Antonio	Texas	39	262	19	13	251	114	77	70	88	2.64
1918	San Antonio	Texas	20	163	12	7	146	59	51	32	29	2.83
	Columbus	American Association	3	11	1	0	5	0	0	5	2	0.00
	Newark	International	7	56	5	2	56	18	8	13	17	1.29
1919	San Antonio	Texas	28	160	9	8	146	50	42	50	59	2.33
1920	San Antonio	Texas	5	32	0	4	35	26	20	12	11	5.49
	New Orleans	Southern Association	27	192	12	7	162	56	–	57	59	–
1921	Houston	Texas	38	293	22	13	267	115	88	76	91	2.70
1922	St. Louis	National	42	118	4	5	139	75	55	30	19	4.19

YEAR	CLUB	LEAGUE	G	IP	W	L	H	R	ER	BB	SO	ERA
1923	St. Louis	National	33	101	3	3	112	49	42	27	23	3.74
1924	Houston	Texas	37	288	19	12	306	149	114	69	60	3.60
1925	Vernon	Pacific Coast	50	354	**26**	15	383	156	126	83	76	3.20
1926	Detroit	American	11	31	1	2	42	30	17	9	7	4.94
	Mission	Pacific Coast	30	235	13	14	300	137	119	46	49	4.56
1927	Mission	Pacific Coast	40	**308**	15	18	348	136	122	54	55	3.56
1928	Los Angeles	Pacific Coast	44	311	20	19	343	**165**	133	59	57	3.84
1929	Los Angeles	Pacific Coast	42	236	18	12	309	143	119	58	64	4.53
1930	Los Angeles	Pacific Coast	36	186	12	10	247	126	104	42	32	5.03
1931	Chattanooga	Southern Association	41	222	15	12	219	103	71	52	41	2.84
1932	Chattanooga	Southern Association	46	254	21	10	295	117	78	54	39	**2.76**
1933	Chattanooga	Southern Association	39	225	15	12	283	134	110	41	24	4.40
1934	Chattanooga/Atlanta	Southern Association	23	124	5	9	160	79	58	27	20	4.22
	Charlotte	Piedmont	11	74	6	4	93	40	–	11	27	–
1935	Norfolk	Piedmont	9	57	3	4	62	24	20	8	19	3.16
1936-37		Did not play in organized baseball										
1938	Chattanooga	Southern Association	1	1	0	0	3	2	2	0	0	18.00
		Majors	86	250	8	10	293	154	114	66	49	4.10
		Minors	731	4817	314	243	5102	2100	1541	1163	1167	3.37

Tracy Souter "Kewpie Dick" Barrett

Born September 28, 1906 at Montoursville, PA.
Died October 30, 1966 at Seattle, WA.
Threw right. Batted right. Height: 5-9. Weight: 175.

From 1925-1930 played under name of Richard Oliver, and from 1933-1943 as Richard Oliver Barrett.
Manager for Victoria, Western International, 1951.
Coach for Vancouver, Western International, 1953.
Scout for Philadelphia, National, 1959.
Gave up record 2096 walks in minors.

YEAR	CLUB	LEAGUE	G	IP	W	L	H	R	ER	BB	SO	ERA
1925	Williamsport	New York-Pennsylvania	20	104	8	6	102	64	47	42	27	4.07
1926	Scottdale	Middle Atlantic	21	124	7	9	–	–	–	65	68	–
	Williamsport	New York-Pennsylvania	2	–	0	1	–	–	–	–	–	–
1927	Scottdale	Middle Atlantic	33	244	14	11	225	107	80	104	90	2.94,
1928	Albany	Eastern	3	3	0	0	5	4	4	4	1	12.00
	Binghamton	New York-Pennsylvania	42	243	20	9	221	100	82	108	96	3.03
1929	Albany	Eastern	12	62	3	2	50	28	24	49	29	3.48
	Wilkes-Barre	New York-Pennsylvania	6	43	1	3	48	34	–	36	7	–
	Chambersburg	Blue Ridge	9	67	5	3	59	25	–	36	35	–
	Jersey City	International	4	20	1	2	16	8	8	15	11	3.60
1930	Jersey City	International	5	15	0	1	19	8	8	7	4	4.80
	Wilkes-Barre	New York-Pennsylvania	48	253	13	12	271	145	126	105	80	4.48
1931	Wilkes-Barre/Elmira	New York-Pennsylvania	33	168	3	16	202	139	90	90	82	4.82
1932	Elmira	New York-Pennsylvania	4	6	0	0	17	–	–	6	4	–
	Houston	Texas	3	7	0	1	6	6	–	3	5	–
1933	Philadelphia	American	15	70	4	4	74	51	45	49	26	5.79
1934	Boston	National	15	32	1	3	50	27	24	12	14	6.75
	Albany	International	16	75	6	4	67	37	22	46	58	2,64
1935	Seattle	Pacific Coast	45	305	22	13	284	138	119	119	191	3.51
1936	Seattle	Pacific Coast	43	284	22	13	263	117	106	109	187	3.36
1937	Seattle	Pacific Coast	43	275	20	18	274	140	119	**118**	186	3.89
1938	Seattle	Pacific Coast	46	**328**	18	17	297	144	118	**132**	188	3.24
1939	Seattle	Pacific Coast	40	308	22	15	300	138	110	113	144	3.22
1940	Seattle	Pacific Coast	37	258	**24**	9	197	80	71	**121**	**164**	2.48
1941	Seattle	Pacific Coast	40	291	20	12	270	100	89	108	163	2.75
1942	Seattle	Pacific Coast	40	**330**	**27**	13	229	78	63	101	**178**	**1.72**
1943	Chicago/Philadelphia	National	38	214	10	13	189	81	69	79	85	2.90

Single Season All-Time Leaders: Strikeouts

PLAYER	SOS	TEAM	LEAGUE	YEAR	PLAYER	SOS	TEAM	LEAGUE	YEAR
Grover Lowdermilk	7	Decatur	Three I	1907	Eddie Albrecht	389	Pine Bluff	Cotton States	1949
	458	Mattoon	Eastern Illinois	1907	Vean Gregg	376	Portland	Pacific Coast	1910
Bill Kennedy	456	Rocky Mount	Coastal Plain	1946	Bob Schultz	361	Fulton	KITTY	1946
Virgil Trucks	418	Andalusia	Alabama-Florida	1938	Larry Jansen	351	Fresno	California	1952
Harry Vickers	409	Seattle	Pacific Coast	1906	Bob Upton	346	Jacksonville	Gulf Coast	1950
Yancey Ayers	390	Richmond	Virginia	1913	Mike Conovan	345	Jackson	KITTY	1952

YEAR	CLUB	LEAGUE	G	IP	W	L	H	R	ER	BB	SO	ERA
1944	Philadelphia	National	37	221	12	18	223	110	95	88	74	3.87
1945	Philadelphia	National	36	191	7	20	216	129	115	92	72	5.42
1946	Portland	Pacific Coast	40	251	9	21	270	127	104	89	143	3.73
1947	Seattle	Pacific Coast	41	286	14	17	276	110	101	116	130	3.18
1948	Seattle	Pacific Coast	38	246	15	13	236	105	91	78	96	3.33
1949	Seattle/San Diego	Pacific Coast	26	135	12	6	126	64	56	68	62	3.73
1950	San Diego/Hollywood	Pacific Coast	31	111	9	5	133	73	71	58	34	5.76
1951	Victoria/Yakima	Western International	17	109	10	4	97	44	35	52	48	2.89
1952							Did not play in organized baseball					
1953	Vancouver	Western International	2	10	0	1	12	7	3	4	1	2.73
		Majors	141	728	34	58	752	398	348	320	271	4.30
		Minors	790	4961	325	257	4572	2170	1747	2096	2512	3.34

CHARLES ADRIAN "SPIDER" BAUM

Born May 28, 1882 at San Francisco, CA.
Died June 28, 1955 at Renton, WA.
Threw right. Batted right. Height: 6-1. Weight: 165.

YEAR	CLUB	LEAGUE	G	IP	W	L	H	R	ER	BB	SO	ERA
1902	San Francisco	California	2	18	1	1	20	10	8	7	2	4.00
1903	Los Angeles	Pacific Coast	3	26	1	2	29	16	9	9	4	3.01
1904	Los Angeles	Pacific Coast	47	—	24	23	—	—	—	—	—	—
1905	Los Angeles	Pacific Coast	57	—	24	28	—	—	—	—	—	—
1906	Altoona	Tri-State	29	—	14	12	—	—	—	—	—	—
	Sacramento	California	4	35	3	1	23	9	5	5	32	1.22
1907	Altoona	Tri-State	30	—	15	14	—	—	—	—	—	—
	Sacramento	California	8	67	4	3	50	22	17	11	48	2.29
1908	Fresno	California	41	—	26	13	—	—	—	—	—	—
1909	Sacramento	Pacific Coast	51	—	21	20	—	132	—	85	182	—
1910	Sacramento	Pacific Coast	47	—	17	20	—	127	—	74	111	—
1911	Sacramento	Pacific Coast	39	320	17	15	—	106	—	49	118	—
1912	Sacramento/Vernon	Pacific Coast	37	227	14	13	—	89	—	54	73	—
1913	Venice	Pacific Coast	51	361	23	19	—	149	—	72	140	—
1914	San Francisco	Pacific Coast	40	303	21	12	295	104	68	74	120	2.02
1915	San Francisco	Pacific Coast	55	382	30	15	393	162	104	65	153	2.45
1916	San Francisco	Pacific Coast	56	330	20	19	331	134	103	90	110	2.81
1917	San Francisco	Pacific Coast	50	352	24	17	333	145	98	85	91	2.50
1918	San Francisco	Pacific Coast	22	156	8	7	131	55	35	42	30	2.02
1919	San Francisco/Salt Lake City	Pacific Coast	36	220	11	16	236	121	84	41	69	3.44
1920	Salt Lake City	Pacific Coast	30	149	7	10	204	100	84	32	48	5.07
		Minors	735	2946	325	280	2045	1481	615	795	1331	2.72

JONAS ARTHUR "JITTERY JOE" BERRY

Born December 16, 1904 at Huntsville, AR.
Died September 27, 1958 at Anaheim, CA.
Threw right. Batted left. Height: 5-10½. Weight: 145.

Manager for Vernon, Longhorn, 1950-1951.

YEAR	CLUB	LEAGUE	G	IP	W	L	H	R	ER	BB	SO	ERA
1927	Laurel/Gulfport	Cotton States	30	180	8	13	184	84	—	53	59	—
1928	Gulfport/Vicksburg	Cotton States	33	245	16	10	250	92	—	56	73	—
1929	Vicksburg	Cotton States	45	297	21	13	287	126	88	58	81	**2.67**
1930	Vicksburg/Pine Bluff	Cotton States	32	195	14	12	234	143	106	56	78	4.89
1931	Pine Bluff	Cotton States	35	243	16	12	224	97	74	68	122	2.74
1932	Macon	Southeastern	7	23	1	2	32	30	21	17	9	8.22
	Pine Bluff	Cotton States	18	151	10	3	140	63	43	42	84	2.56
	Muskogee	Western Association	19	100	2	10	114	65	57	27	60	5.13
1933	Joplin	Western	49	280	20	15	291	131	—	82	124	—
1934	Joplin	Western Association	47	332	21	17	339	180	131	64	233	3.55
1935	Ponca City	Western Association	13	102	7	5	105	44	30	25	66	2.65
1936	Los Angeles	Pacific Coast	32	125	7	7	135	67	52	28	70	3.74
1937	Los Angeles	Pacific Coast	34	266	13	13	224	94	82	48	91	2.77
1938	Los Angeles	Pacific Coast	40	187	16	11	179	94	71	51	90	3.42
1939	Los Angeles	Pacific Coast	47	122	8	7	153	94	60	48	62	4.43
1940	Los Angeles	Pacific Coast	53	143	9	5	118	67	38	41	69	2.39

YEAR	CLUB	LEAGUE	G	IP	W	L	H	R	ER	BB	SO	ERA
1941	Los Angeles	Pacific Coast	52	125	6	10	145	105	73	51	48	5.26
1942	Tulsa	Texas	48	239	18	8	168	62	50	47	133	1.88
	Chicago	National	2	2	0	0	7	4	4	2	1	18.00
1943	Milwaukee	American Association	37	236	18	10	224	99	73	63	98	2.78
1944	Philadelphia	American	53	111	10	8	78	32	24	23	44	1.95
1945	Philadelphia	American	52	130	8	7	114	40	34	38	51	2.35
1946	Philadelphia/Cleveland	American	26	50	3	7	47	23	18	24	21	3.24
	Toronto	International	16	37	0	2	37	18	11	16	28	2.68
1947	Oklahoma City/Shreveport	Texas	49	109	6	7	88	36	29	29	60	2.39
1948	Tulsa	Texas	31	47	4	2	44	22	11	19	27	2.11
1949			Did not play in organized baseball									
1950	Vernon	Longhorn	16	35	3	0	42	19	15	7	25	3.86
1951	Vernon	Longhorn	8	24	2	1	17	7	2	7	17	0.75
	Corpus Christi	Gulf Coast	12	26	2	3	23	7	5	13	10	1.73
		Majors	133	293	21	22	246	99	80	87	117	2.46
		Minors	803	3869	248	198	3797	1846	1122	1016	1817	3.19

Karl Leonard Black

Born in 1891 at Newark, OH.
Threw left. Batted both. Height: 5-11. Weight: 195.

Family name is Lautenschlager.

YEAR	CLUB	LEAGUE	G	IP	W	L	H	R	ER	BB	SO	ERA
1911	Ironton/Charleston	Mountain States	46	340	16	23	—		—	53	84	—
1912	Charleston	Mountain States	10	72	3	4	—		—	—	—	—
	Mansfield	Ohio State	12	99	5	6	—		—	—	—	—
1913	Huntington	Ohio State	37	288	15	16	—		—	—	—	—
1914	Montgomery	Southern Association	45	310	10	29	338	175	—	89	127	—
1915	Birmingham	Southern Association	42	276	17	10	262	127	—	85	106	—
1916	Birmingham	Southern Association	34	234	11	13	211	85	—	58	71	—
1917	Birmingham	Southern Association	40	216	13	10	192	91	67	56	62	2.79
1918	Birmingham	Southern Association	13	57	5	5	82	—		21	11	—
1919	Shreveport	Texas	36	242	15	10	238	89	72	69	98	2.68
1920	Shreveport	Texas	17	115	8	4	88	36	23	24	52	1.80
1921	Des Moines	Western	52	320	16	23	380	195	—	68	146	—
1922	Des Moines/Tulsa	Western	46	243	11	11	326	162	—	32	93	—
1923	Tulsa	Western	58	345	29	13	429	180	—	63	118	—
1924	Tulsa	Western	59	300	20	15	394	201	—	70	108	—
1925	Tulsa	Western	56	307	18	20	349	146	—	53	156	—
1926	Tulsa	Western	45	236	15	15	303	236	—	50	78	—
1927	Tulsa	Western	25	150	12	2	201	108	—	34	52	—
1928	Tulsa/Oklahoma City	Western	70	274	15	10	305	142	—	36	88	—
1929	Selma	Southeastern	34	205	13	9	201	81	60	29	37	2.63
1930	Selma	Southeastern	10	34	1	5	43	28	22	11	10	5.82
	Baton Rouge	Cotton States	10	55	3	4	73	39	36	4	15	5.89
	Mobile	Southern Association	6	20	0	3	25	19	16	7	5	7.20
	Wheeling	Middle Atlantic	11	62	4	3	71	47	39	14	21	5.66
		Minors	814	4800	275	263	4511	2187	335	926	1538	—

Clarence Waldo Blethen

Born July 11, 1893 at Dover-Foxcroft, ME.
Died April 11, 1973 at Frederick, MD.
Threw right. Batted left. Height: 5-11. Weight: 165.

Manager for Leaksville, Bi-State, 1937.

YEAR	CLUB	LEAGUE	G	IP	W	L	H	R	ER	BB	SO	ERA
1920	Frederick	Blue Ridge	16	119	9	7	121	59	—	33	74	—
1921	Frederick	Blue Ridge	20	133	9	3	128	75	—	29	62	—
1922	Frederick	Blue Ridge	22	156	13	7	140	63	—	27	65	—
1923	Frederick	Blue Ridge	18	142	8	9	126	64	—	39	78	—
	Boston	American	5	18	0	0	29	18	14	7	2	7.00
1924	San Antonio	Texas	15	58	3	1	46	38	25	19	20	4.50
	Little Rock	Southern Association	2	3	0	1	13	10	9	1	0	27.00
	Greenville	SALLY	17	112	7	8	124	67	60	33	69	4.82

YEAR	CLUB	LEAGUE	G	IP	W	L	H	R	ER	BB	SO	ERA
1925	Mobile	Southern Association	5	21	1	3	34	24	21	9	5	9.00
	Macon	SALLY	32	170	16	5	223	96	84	37	82	4.45
1926	Macon	SALLY	42	270	19	13	288	144	122	57	76	4.07
1927	Macon	SALLY	45	288	25	11	235	139	146	61	72	4.56
1928	Atlanta	Southern Association	40	175	14	10	204	96	87	33	45	4.47
1929	Atlanta	Southern Association	43	313	22	11	307	120	108	65	51	3.11
	Brooklyn	National	2	2	0	0	4	3	2	3	0	9.00
1930	Atlanta	Southern Association	42	228	16	9	248	121	92	60	48	3.63
1931	Atlanta	Southern Association	40	240	20	11	293	119	87	41	53	3.26
1932	Atlanta	Southern Association	33	241	13	15	288	141	112	47	37	4.18
1933	Atlanta/Knoxville	Southern Association	43	263	17	12	309	139	121	44	52	4.14
1934	Knoxville	Southern Association	27	194	8	14	228	111	95	29	32	4.41
1935	Knoxville	Southern Association	34	216	8	13	265	113	93	35	41	3.88
1936	Wilkes-Barre	New York-Pennsylvania	22	113	8	10	174	87	74	22	29	5.89
1937	Leaksville	Bi-State	3	15	0	0	15	5	4	2	6	2.40
	Savannah	SALLY	24	173	10	10	186	60	44	25	51	2.29
1938	Savannah	SALLY	37	183	11	10	209	82	65	16	54	3.20
		Majors	7	20	0	0	33	21	16	10	2	7.20
		Minors	622	3818	257	193	4204	1973	1449	764	1102	3.99

GEORGE HENRY BOEHLER

Born January 2, 1892 at Lawrenceburg, IN.
Died June 23, 1958 at Lawrenceburg, IN.
Threw right. Batted right. Height: 6-2. Weight: 180.

Won record 38 games for Tulsa, Western, in 1922.
Pitching totals for some years were reduced because of position play (85 games in infield and outfield in 1919).

YEAR	CLUB	LEAGUE	G	IP	W	L	H	R	ER	BB	SO	ERA
1911	Springfield	Ohio State	28	—	12	6	—	—	—	—	—	—
1912	Newark	Ohio State	46	364	27	17	243	150	—	162	209	—
	Detroit	American	4	31	0	2	49	31	23	14	13	6.68
1913	Detroit	American	1	8	0	1	11	6	6	6	2	6.75
	St. Joseph	Western	55	345	27	13	278	128	89	118	244	2.32
1914	Detroit	American	18	63	2	3	54	39	25	48	37	3.57
1915	Detroit	American	8	15	1	1	19	10	3	4	7	1.80
1916	Detroit	American	5	13	1	1	12	8	7	9	8	4.73
	Syracuse	New York State	8	64	4	4	67	31	—	23	31	—
1917	Denver	Western	19	145	9	5	125	—	41	37	100	2.55
1918	Joplin	Western	6	31	1	3	38	29	21	18	7	6.10
1919	Joplin	Western	12	92	3	6	104	68	—	33	57	—
1920	Joplin	Western	39	334	20	17	296	124	—	83	258	—
	St. Louis	American	3	7	0	1	10	10	6	4	2	7.71
1921	St. Louis	American	1	1	0	0	1	0	0	0	0	0.00
	Tulsa	Western	31	193	4	20	187	93	—	70	127	—
1922	Tulsa	Western	62	441	38	13	434	204	—	126	333	—
1923	Tulsa/Omaha	Western	19	139	7	9	132	74	—	60	89	—
	Pittsburgh	National	10	28	1	3	33	26	19	26	12	6.11
1924	Oakland	Pacific Coast	53	396	26	21	380	210	176	172	216	4.00
1925	Oakland	Pacific Coast	58	417	23	25	387	214	190	209	278	4.10
1926	Brooklyn	National	10	35	1	0	42	23	17	23	10	4.37
1927	Oakland	Pacific Coast	39	296	22	12	269	125	102	75	160	3.10
1928	Oakland	Pacific Coast	41	257	17	14	276	132	117	124	140	4.09
1929	Oakland/Los Angeles	Pacific Coast	19	62	2	6	62	63	51	67	26	7.41
1930	Nashville	Southern Association	27	135	6	11	143	100	87	87	44	5.80
		Majors	60	201	6	12	231	153	106	134	91	4.75
		Minors	562	3711	248	202	3421	1745	874	1464	2319	3.74

ALVAH EDSON "ABE" BOWMAN

Born January 25, 1893 at Greenup, IL.
Died October 11, 1979 at Longview, TX.
Threw right. Batted right. Height: 6-0. Weight: 180.

Manager for Longview, Dixie, 1933.

YEAR	CLUB	LEAGUE	G	IP	W	L	H	R	ER	BB	SO	ERA
1912	Muskegon	Michigan State	43	299	17	18	215	—	—	93	213	—
1913	Grand Rapids	Central	34	234	15	12	198	92	—	93	130	—

YEAR	CLUB	LEAGUE	G	IP	W	L	H	R	ER	BB	SO	ERA
1914	Cleveland	American	22	73	2	7	74	45	36	45	27	4.46
	Cleveland	American Association	9	58	2	5	54	33	21	48	20	3.31
1915	Cleveland	American Association	20	138	9	7	126	82	55	92	45	3.60
	Cleveland	American	2	1	0	1	1	—	3	3	0	20.75
1916	Toledo	American Association	2	13	0	1	—	—	—	7	5	—
	South Bend	Central	38	285	17	16	205	94	59	98	195	1.86
1917	Toledo	American Association	26	165	8	9	147	82	65	81	79	3.55
1918	Toledo	American Association	24	175	5	17	157	84	63	80	60	3.24
1919	Wichita	Western	35	240	17	11	221	108	—	102	96	—
1920	Wichita	Western	43	292	23	14	275	134	—	101	120	—
1921	Wichita Falls	Texas	48	263	21	11	266	119	91	104	89	3.15
1922	Wichita Falls	Texas	28	115	8	6	82	84	66	45	28	5.13
1923	Nashville	Southern Association	21	104	5	7	134	70	65	46	26	5.62
1924	Tyler/Sulphur Springs	East Texas	28	226	16	9	219	123	—	62	89	—
1925	Sulphur Springs-Mt. Pleasant/											
	Longview	East Texas	34	239	15	10	271	150	—	67	109	—
1926	Longview	East Texas	27	215	20	4	257	84	—	42	67	—
1927	Marshall/Mexia	Lone Star	26	176	11	9	179	86	—	25	45	—
1928	Paris	Lone Star	15	82	4	5	101	73	—	23	24	—
1929-32		Voluntarily retired.										
1933	Longview	Dixie	15	72	2	3	103	70	66	34	19	8.28
		Majors	24	74	2	8	75	45	39	48	27	4.74
		Minors	516	3391	215	174	3384	1613	551	1243	1459	3.61

RAMON BRAGANA

Born May 11, 1909 at Havana, Cuba
Threw right. Batted right. Height: 5-11. Weight: 180.

Manager for Mexico City Reds, Mexican, 1954; Nuevo Laredo, Mexican, 1956.

YEAR	CLUB	LEAGUE	G	IP	W	L	H	R	ER	BB	SO	ERA
1938	Agrario	Mexican	16	125	8	5	114	—	34	32	69	2.45
1939	Anahuac	Mexican	21	146	8	6	116	—	40	52	78	2.47
1940	Veracruz	Mexican	37	234	16	8	236	—	67	80	144	**2.58**
1941	Veracruz	Mexican	30	184	13	8	215	—	103	106	79	5.03
1942	Veracruz	Mexican	38	265	22	10	288	—	110	116	136	3.74
1943	Veracruz	Mexican	39	279	17	16	291	—	100	88	123	3.23
1944	Veracruz	Mexican	45	325	**30**	8	336	—	119	149	**144**	3.29
1945	Veracruz	Mexican	40	258	15	16	276	—	130	126	62	4.53
1946	Veracruz	Mexican	37	224	9	16	257	—	91	72	89	3.66
1947	Veracruz	Mexican	42	279	18	12	294	—	108	112	90	3.48
1948	Veracruz	Mexican	31	203	12	9	188	—	69	72	55	3.06
1949	Veracruz	Mexican	33	172	8	10	184	94	76	92	84	3.98
1950	Veracruz	Mexican	30	172	10	9	192	—	63	68	49	3.30
1951	Veracruz	Mexican	27	164	9	6	186	—	77	80	66	4.23
1952	Jalisco/Monterrey	Mexican	26	140	7	12	143	72	65	55	28	4.19
1953	Monterrey	Mexican	23	114	7	6	93	55	41	64	37	3.25
1954	Mexico City Reds	Mexican	1	3	0	0	2	0	0	1	1	—
1955	Veracruz/Yucatan	Mexican	26	91	2	5	103	57	47	41	38	4.69
		Minors	542	3376	211	162	3514	278	1340	1406	1372	3.57

EDGAR GARLAND BRAXTON

Born June 10, 1900 at Snow Camp, NC.
Died February 26, 1966 at Norfolk, VA.
Threw left. Batted both. Height: 5-11. Weight: 152.

Known as Garland
Manager for Norfolk, Piedmont, 1944-1945; Binghamton, Eastern, 1946; Lawrenceville, Virginia, 1949; Radford, Blue Ridge, 1949-1950.

YEAR	CLUB	LEAGUE	G	IP	W	L	H	R	ER	BB	SO	ERA
1920	Greensboro	Piedmont	30	249	14	14	228	98	66	41	120	2.39
1921	Boston	National	17	37	1	3	44	26	20	17	16	4.87
1922	Boston	National	25	67	1	2	75	37	25	24	15	3.36
1923	Worcester	Eastern	35	254	17	14	292	139	119	59	152	4.22
1924	Springfield	Eastern	39	286	14	14	273	109	101	72	123	3.18
1925	Springfield	Eastern	39	281	**24**	10	252	88	68	61	122	2.18
	New York	American	3	19	1	1	26	14	14	5	11	6.52

YEAR	CLUB	LEAGUE	G	IP	W	L	H	R	ER	BB	SO	ERA
1926	New York	American	37	67	5	1	71	–	20	19	30	2.69
1927	Washington	American	**58**	156	10	9	144	62	51	33	96	2.94
1928	Washington	American	38	218	13	11	177	78	61	44	94	**2.51**
1929	Washington	American	37	182	12	10	219	116	98	51	59	4.74
1930	Washington/Chicago	American	34	118	7	12	149	91	75	42	51	5.72
1931	Chicago/St. Louis	American	28	65	0	3	98	98	65	33	39	7.89
1932	Milwaukee	American Association	48	152	8	11	182	99	–	49	90	–
1933	Milwaukee	American Association	31	203	16	7	238	106	94	62	104	4.17
	St. Louis	American	5	8	0	1	11	10	9	8	5	9.72
1934	Milwaukee	American Association	34	238	20	7	303	126	107	56	121	4.05
1935	Milwaukee	American Association	33	246	17	10	261	99	88	65	116	3.22
1936	Milwaukee	American Association	39	179	9	12	232	146	108	81	95	5.43
1937	Milwaukee/Indianapolis	American Association	30	122	7	11	168	100	75	44	77	5.53
1938	Little Rock	Southern Association	29	186	12	11	206	84	65	37	77	3.15
1939	Winston-Salem	Piedmont	23	164	8	9	154	74	–	47	98	–
1939	Little Rock	Southern Association	6	21	0	2	27	16	13	14	9	5.57
1940	Winston-Salem	Piedmont	36	129	3	8	150	88	69	42	95	4.81
1941	Norfolk	Piedmont	32	64	3	6	44	19	17	18	39	2.39
1942	Norfolk	Piedmont	8	45	3	2	30	8	6	15	29	1.20
1943	Norfolk	Piedmont	24	121	14	2	83	15	10	20	64	**0.74**
1944	Norfolk	Piedmont	20	86	7	7	83	25	20	15	42	2.09
1945	Norfolk	Piedmont	30	83	3	6	76	22	16	21	75	1.73
1946	Binghamton	Eastern						Manager				
1947	Norfolk	Piedmont	14	18	0	1	17	8	–	5	10	–
1948						Did not play in organized baseball						
1949	Lawrenceville	Virginia	5	15	1	0	16	5	–	5	10	–
		Minors	577	3103	200	161	3271	1474	1051	810	1649	3.25
		Majors	282	938	50	53	1013	508	415	276	411	4.13

JAMES BRINSON BRILLHEART

Born September 28, 1903 at Dublin, VA.
Died September 2, 1972 at Radford, VA.
Threw left. Batted right. Height: 5-9. Weight: 165.

Manager for Tacoma, Western International, 1948-1951.

YEAR	CLUB	LEAGUE	G	IP	W	L	H	R	ER	BB	SO	ERA
1921	Greeneville	Appalachian	11	102	4	7	74	37	–	34	79	–
1922	Washington	American	31	120	4	6	120	58	48	72	47	3.22
1923	Washington	American	12	18	0	1	27	15	14	12	8	1.00
	Shreveport	Texas	21	119	4	11	139	89	75	63	33	5.67
1924	Richmond/Norfolk	Virginia	44	277	22	14	265	125	104	99	140	3.38
1925	Memphis	Southern Association	32	141	9	7	164	85	71	63	59	4.53
1926	Memphis	Southern Association	51	241	17	9	229	122	108	117	103	4.03
1927	Chicago	National	32	129	4	2	140	67	59	38	36	4.12
1928	Minneapolis	American Association	**58**	221	15	9	248	126	101	84	126	4.11
1929	Minneapolis	American Association	**54**	267	20	16	322	183	149	115	134	5.02
1930	Minneapolis	American Association	**59**	270	18	16	344	189	167	111	106	5.57
1931	Boston	American	11	20	0	0	27	17	12	15	7	5.40
	Minneapolis	American Association	41	156	8	15	214	134	115	66	73	6.63
1932	Minneapolis	American Association	21	55	3	1	70	46	–	29	23	–
	Newark	International	13	20	1	1	20	14	11	11	10	4.95
	Memphis	Southern Association	10	57	3	3	44	17	14	23	32	2.21
1933	Nashville	Southern Association	42	223	14	12	279	150	123	108	95	4.70
1934	Nashville	Southern Association	45	245	17	17	258	122	98	78	78	3.60
1935	Oklahoma City	Texas	40	257	17	11	222	99	85	115	122	2.9~
1936	Oklahoma City	Texas	47	253	17	14	234	132	183	114	123	3.66
193~	Oklahoma City	Texas	49	247	18	13	246	119	96	105	112	3.51
1938	Oklahoma City	Texas	43	281	19	9	262	85	66	72	134	2.16
1939	Oklahoma City/Shreveport	Texas	40	255	18	11	237	115	74	109	81	2.61
1940	Shreveport	Texas	37	150	5	9	153	101	90	77	79	5.40
1941	Shreveport	Texas	25	164	14	7	135	50	43	56	99	2.36
1942	Shreveport	Texas	26	145	12	9	147	69	58	46	95	3.60
1943	San Diego	Pacific Coast	33	213	9	14	228	94	83	99	53	3.51
1944	San Diego	Pacific Coast	27	190	8	14	198	75	65	65	43	3.08
1945	San Diego	Pacific Coast	45	236	15	13	268	118	101	181	87	4.50
1946	San Diego	Pacific Coast	20	37	1	1	46	34	30	25	17	7.30
1947	San Diego	Pacific Coast	4	8	0	1	10	4	2	6	1	2.25
1948	Tacoma	Western International	6	16	0	0	–	–	–	–	–	–

YEAR	CLUB	LEAGUE	G	IP	W	L	H	R	ER	BB	SO	ERA
1949	Spokane	Western International	5	33	1	2	37	16	–	17	18	–
1950	Tacoma	Western International	3	4	0	0	–	–	–	–	–	–
1951	Tacoma	Western International	3	4	0	0	–	–	–	–	–	–
		Majors	86	287	8	9	314	157	133	137	98	4.17
		Minors	956	4887	309	266	5077	2512	2032	2008	2155	3.91

THOMAS "TOM" BROOKSHIER

Born December 16, 1931 at Roswell, NM.

Played football at University of Colorado. Defensive back for Philadelphia Eagles 1953, and, after military service, 1956-1961. Went into broadcasting and became TV football analyst for CBS.

Year	Club	League	G	IP	W	L	H	R	ER	BB	SO	ERA
1954	Roswell	Longhorn	11	65	7	1	69	45	32	57	32	4.55

LLOYD ANDREW BROWN

Born December 25, 1904 at Beeville, TX.
Died January 17, 1974 at Opalocka, FL.
Threw left. Batted left. Height: 5-9. Weight: 175.

Manager for Globe-Miami, Arizona-Texas, 1947; Tucson, Arizona-Texas, 1948; Burlington, Central Association, 1949; Sherman-Denison, Big State, 1949; Pittsfield, Canadian-American, 1950; Fort Lauderdale, Florida International, 1951; Borger, West Texas-New Mexico, 1951-1953; Pauls Valley, Sooner State, 1954; Cordele, Georgia-Florida, 1955; Thomson, Georgia State, 1956; Sanford, Florida State, 1960.
Scout for Philadelphia, National, 1957-1958; Washington, American, 1961-1966; Seattle, American, 1969; Philadelphia, National, 1970-71.

YEAR	CLUB	LEAGUE	G	IP	W	L	H	R	ER	BB	SO	ERA
1923	Newark	International	2	3	0	1	4	2	2	5	0	6.00
	Williamsport	New York-Pennsylvania	21	130	8	8	145	94	–	54	69	–
1924	Paris	East Texas	30	231	14	12	197	103	–	88	**224**	–
	Wichita Falls	Texas	8	40	2	2	44	34	30	29	21	6.75
1925	Ardmore	Western Association	18	158	17	1	117	58	43	71	109	**2.45**
	Brooklyn	National	17	63	0	3	79	39	29	25	23	4.14
1926	Spartanburg	SALLY	11	65	3	5	74	47	43	30	15	5.92
	Memphis	Southern Association	16	32	2	2	43	23	–	20	9	–
1927	Memphis	Southern Association	36	207	18	7	190	93	77	92	86	3.35
1928	Washington	American	27	107	4	4	112	62	48	40	38	4.04
1929	Washington	American	40	168	8	7	186	92	78	69	48	4.18
1930	Washington	American	38	197	16	12	220	99	93	65	59	4.25
1931	Washington	American	42	259	15	14	256	121	92	79	79	3.20
1932	Washington	American	46	203	15	8	239	115	100	55	53	4.44
1933	St. Louis/Boston	American	41	202	9	17	237	128	104	81	44	4.63
1934	Cleveland	American	38	117	5	10	116	67	50	51	39	3.85
1935	Cleveland	American	42	122	8	7	123	52	49	37	45	3.61
1936	Cleveland	American	24	140	8	10	166	78	65	45	34	4.18
1937	Cleveland	American	31	77	2	6	107	59	56	27	32	6.55
1938	St. Paul	American Association	36	189	12	8	193	97	74	83	74	3.52
1939	St. Paul	American Association	31	190	13	12	214	115	100	64	78	4.74
1940	Philadelphia	National	18	38	1	3	58	26	26	16	16	6.16
1941	Seattle	Pacific Coast	33	105	5	7	112	59	49	31	46	4.20
1942							Voluntarily retired					
1943	Toronto	International	17	28	2	4	36	25	14	17	11	4.50
	Memphis	Southern Association	11	49	5	2	55	20	13	15	17	2.39
1944	Memphis	Southern Association	30	169	9	13	200	100	67	44	61	3.57
1945	Buffalo	International	28	167	12	9	138	91	75	86	64	4.04
1946	Chattanooga	Southern Association	2	1	0	1	5	2	1	–	–	–
	Newnan	Georgia-Alabama	20	149	9	8	133	49	36	25	110	**2.17**
1947	Miami-Globe	Arizona-Texas	31	172	14	10	230	132	96	57	**167**	4.50
1948	Tucson	Arizona-Texas	31	212	15	7	191	99	71	116	142	**3.01**
1949	Burlington	Central Association	3	11	0	2	–	–	–	–	–	–
1950	Pittsfield	Canadian-American	1	–	0	0	–	–	–	–	–	–
1951	Fort Lauderdale	Florida International	8	26	0	2	43	27	20	8	15	6.92
	Borger	West Texas-New Mexico	20	125	6	10	151	–	95	44	69	6.84
1952	Borger	West Texas-New Mexico	31	235	16	9	153	154	133	80	114	5.09
1953	Borger/Albuquerque	West Texas-New Mexico	30	167	13	9	239	148	107	52	90	5.78
		Minors	522	2924	202	161	2986	1511	1337	1276	1312	4.13
		Majors	404	1693	91	105	1899	–	–	590	510	4.20

GEORGE STUART BRUNET

Born June 8, 1935 at Houghton, MI.
Died October 25, 1991 at Veracruz, Mexico
Threw left. Batted right. Height: 6-0. Weight: 195.

Manager for Poza Rica, Mexican, 1977.
Holds minor league career record with 3,175 strikeouts. Also holds Mexican League career record with 55 shutouts. Active hurler in organized baseball for 32 consecutive years.

YEAR	CLUB	LEAGUE	G	IP	W	L	H	R	ER	BB	SO	ERA
1953	Shelby	Tar Heel	7	19	1	0	22	19	17	15	17	8.05
	Alexandria	Evangeline	3	16	1	2	17	13	8	13	9	4.50
1954	Seminole	Sooner State	33	171	6	12	198	152	121	132	123	6.37
1955	Hot Springs	Cotton States	9	37	3	2	45	30	23	25	13	5.59
	Seminole	Sooner State	25	157	8	9	182	111	80	102	141	4.59
1956	Abilene	Big State	10	29	2	3	27	25	18	20	26	5.59
	Crowley	Evangeline	11	87	7	2	53	23	21	44	114	2.17
	Columbia	SALLY	10	56	0	6	44	26	24	54	59	3.86
	Kansas City	American	6	9	0	0	10	8	7	11	5	7.00
1957	Little Rock	Southern Association	33	213	14	15	162	92	81	127	**235**	3.42
	Kansas City	American	4	11	0	1	13	7	7	4	3	5.73
1958	Buffalo	International	22	94	3	8	92	62	54	48	76	5.17
	Little Rock	Southern Association	13	97	6	5	73	47	38	63	80	3.53
1959	Portland	Pacific Coast	28	138	5	13	139	73	58	41	116	3.78
	Kansas City	American	2	5	0	0	10	9	6	7	7	10.80
1960	Kansas City	American	3	10	0	2	12	6	5	10	4	4.50
	Louisville	American Association	7	46	4	1	31	10	4	13	53	0.78
	Milwaukee	National	17	50	2	0	53	31	28	22	39	5.04
1961	Milwaukee	National	5	5	0	0	7	3	3	2	0	5.40
	Vancouver	Pacific Coast	20	104	5	4	108	50	44	67	86	3.81
1962	Hawaii	Pacific Coast	7	34	2	3	23	16	12	22	35	3.18
	Oklahoma City	American Association	20	109	7	6	91	47	39	59	98	3.22
	Houston	National	17	54	2	4	62	31	27	21	36	4.50
1963	Houston	National	5	13	0	3	24	11	10	6	11	6.92
	Oklahoma City	American Association	13	87	8	3	69	23	20	25	96	2.07
	Baltimore	American	16	20	0	1	25	15	12	9	13	5.40
1964	Rochester	International	3	2	0	1	3	2	2	2	0	9.00
	Oklahoma City	Pacific Coast	21	123	10	6	112	53	41	48	121	3.00
	Los Angeles	American	10	42	2	2	38	17	17	25	36	3.64
1965	California	American	41	197	9	11	149	64	56	69	141	2.56
1966	California	American	41	212	13	13	183	88	78	106	148	3.31
1967	California	American	40	250	11	**19**	203	99	92	90	165	3.31
1968	California	American	39	245	13	**17**	191	83	78	68	132	2.87
1969	California/Seattle	American	35	164	8	12	168	92	81	67	93	4.45
1970	Washington	American	24	118	8	6	124	64	58	48	67	4.42
	Pittsburgh	National	12	17	1	1	19	5	5	9	17	2.65
1971	St. Louis	National	7	9	0	1	12	6	6	7	4	6.00
	Hawaii	Pacific Coast	14	66	4	4	67	33	30	21	54	4.09
1972	Hawaii	Pacific Coast	28	169	14	9	160	85	75	75	119	3.99
1973	Eugene	Pacific Coast	5	36	2	1	37	21	20	16	21	5.00
	Poza Rica	Mexican	4	26	1	2	19	7	4	8	16	1.38
1974	Poza Rica	Mexican	41	218	13	13	199	75	60	60	166	2.48
1975	Poza Rica	Mexican	34	230	17	9	190	82	67	71	147	2.62
1976	Poza Rica	Mexican	30	172	10	12	193	89	63	74	132	3.30
1977	Poza Rica	Mexican	15	100	6	5	77	21	14	25	62	1.26
1978	Poza Rica	Mexican	35	246	15	14	228	100	73	79	208	2.67
1979	Coatzacoalcos/ Mexico City Tigers	Mexican	36	227	14	17	221	93	79	82	165	3.13
1980	Veracruz	Mexican #1	24	179	11	10	166	69	52	56	125	2.61
	Coatzacoalcos	Mexican #2	7	60	3	3	37	11	9	12	39	1.35
1981	Veracruz	Mexican	29	216	13	12	206	75	62	77	126	2.58
1982	Veracruz	Mexican	25	169	14	9	163	62	50	67	108	2.66
1983	Veracruz	Mexican	24	186	9	12	160	56	40	61	124	1.94
1984	Saltillo/Monterrey	Mexican	21	122	6	9	147	79	63	50	65	4.65
1985	Mexico City Tigers	Mexican	2	1	0	0	0	0	0	0	0	0.00
		Majors	324	1431	69	93	1303	639	576	581	921	3.62
		Minors	666	4041	244	242	3761	1832	1466	1754	3175	3.27

Edwin C. Bryan

Born March 26, 1900 at Belleville, IL.
Threw right. Batted left. Height: 6-1. Weight: 180.

Pitched 8-0 win over Oakland June 6, 1930 in first night game in Pacific Coast League.

YEAR	CLUB	LEAGUE	G	IP	W	L	H	R	ER	BB	SO	ERA
1921	Dallas	Texas	3	4	0	0	7	5	4	1	2	9.00
	Mineral Wells	Texas-Oklahoma	25	179	11	10	113	56	–	43	105	–
1922	Greenville	East Texas	24	190	19	3	155	56	–	43	101	–
	Dallas	Texas	12	49	2	3	54	31	24	15	10	4.41
1923	Dallas	Texas	30	157	8	11	196	103	81	55	36	4.64
	Greenville	East Texas	4	25	1	2	23	11	10	7	18	3.57
1924	Dallas	Texas	4	19	1	2	22	14	12	7	6	5.68
	Texarkana	East Texas	16	125	8	4	111	42	–	28	42	–
	Vernon	Pacific Coast	24	173	13	5	168	77	63	42	34	3.28
1925	Vernon	Pacific Coast	45	251	9	18	310	167	137	59	72	4.91
1926	Mission	Pacific Coast	49	194	7	10	223	108	73	46	41	3.39
1927	Mission	Pacific Coast	43	164	8	7	219	106	94	49	45	5.16
1928	Mission/Seattle	Pacific Coast	34	191	8	11	243	123	100	51	48	4.71
1929	Sacramento	Pacific Coast	29	328	20	12	401	188	161	80	79	4.42
1930	Sacramento	Pacific Coast	38	250	18	12	304	133	117	67	84	4.21
1931	Sacramento	Pacific Coast	44	280	14	18	**348**	152	134	60	71	4.31
1932	Sacramento	Pacific Coast	40	271	19	13	295	126	114	55	59	3.79
1933	Sacramento	Pacific Coast	43	318	21	17	**441**	200	182	54	78	5.15
1934	Portland	Pacific Coast	42	309	11	24	367	175	121	81	77	3.52
1935	Portland/Seattle	Pacific Coast	54	259	15	19	341	176	123	62	54	4.27
1936	Tulsa	Texas	10	54	4	5	75	35	30	20	19	5.00
		Minors	632	3790	217	206	4416	2084	1580	925	1081	4.31

Walter "Gus" Burleson

Born May 15, 1896 at Comanche, TX.
Threw right. Batted right. Height: 5-9. Weight: 165.

Manager for Henderson, East Texas, 1936-1937.

YEAR	CLUB	LEAGUE	G	IP	W	L	H	R	ER	BB	SO	ERA
1923	Amarillo	Panhandle-Pecos Valley	16	110	8	6	114	59	–	32	76	–
1924	Okmulgee	Western Association	–	49	3	2	50	33	30	19	21	–
	Longview	East Texas	37	236	20	8	214	94	–	90	155	–
1925	Paris	East Texas	30	206	**19**	6	225	109	–	60	114	–
1926	Greenville	East Texas	32	211	18	7	211	95	–	35	110	–
	Beaumont	Texas	6	12	2	0	10	9	8	12	5	6.00
1927	Tyler	Lone Star	36	–	–	–	–	–	–	–	–	–
1928	Pensacola-Jacksonville	Southeastern	37	181	11	11	178	101	78	110	84	3.88
1929	Tyler	Lone Star	2	5	0	2	–	–	–	4	1	–
	El Dorado	Cotton States	36	233	16	9	212	84	76	77	**143**	2.93
1930	El Dorado	Cotton States	44	261	19	12	271	128	112	63	164	3.86
1931	El Dorado/Monroe	Cotton States	39	250	**20**	10	206	106	72	82	160	2.59
1932	El Dorado	Cotton States	17	107	8	7	117	60	42	34	**87**	3.54
	Montgomery	Southeastern	4	28	1	1	31	13	13	14	9	4.18
	Little Rock	Southern Association					No record available					
1933	Little Rock/Nashville	Southern Association	36	144	3	9	155	96	79	53	53	4.94
1934	Jacksonville	West Dixie	33	214	14	12	223	119	90	74	151	3.78
1935	Gladewater	West Dixie	23	154	8	10	176	85	65	25	71	3.78
1936	Henderson	East Texas	33	204	14	9	178	89	65	58	133	2.87
1937	Henderson	East Texas	8	49	4	2	35	16	9	10	42	1.65
		Minors	469	2654	188	117	2606	1296	756	878	1579	3.71

Single Season All-Time Leaders: Wins

PLAYER	WINS	TEAM	LEAGUE	YEAR	PLAYER	WINS	TEAM	LEAGUE	YEAR
Stoney McGlynn	36	York	Tri-State	1906	Oscar Jones	37	Los Angeles	California	1902
	5	Steubenville	POM	1906	Jim Whelan	36	San Francisco	California	1901
Doc Newton	39	Los Angeles	Pacific Coast	1904	Glenn Liebhardt	35	Memphis	Southern Association	1906
Harry Vickers	39	Seattle	Pacific Coast	1906	Bugs Raymond	35	Charleston	SALLY	1907
George Boehler	38	Tulsa	Western	1922	Jackie May	35	Vernon	Pacific Coast	1922
Herman Iburg	37	San Francisco	California	1901	Bill Thomas	35	Houma	Evangeline	1946

WILLIAM EDWIN "BILL" BURWELL

Born March 27, 1895 at Jarbalo, KS.
Died June 11, 1973 at Ormond Beach, FL.
Threw right. Batted left. Height: 5-11. Weight: 175.

Won 193 games in American Association.
Manager for Fort Wayne, Central, 1934; Rock Island, Western, 1937; Crookston, Northern, 1938; Louisville, American Association, 1940-1943; Indianapolis, American Association, 1945-1946; Davenport, Three I, 1949; New Orleans, Southern Association, 1950; Lincoln, Western, 1955.
Coach for Minneapolis, American Association, 1936; Boston, American, 1944; Pittsburgh, National, 1947-1948, 1952-1954, 1958-1962.
Scout for Pittsburgh, National, 1963.

YEAR	CLUB	LEAGUE	G	IP	W	L	H	R	ER	BB	SO	ERA
1915	Elgin	Bi-State	16	107	6	7	98	47	34	30	44	2.86
	Rockford	Three I					Less than 10 games					
1916	Topeka	Western	23	131	6	8	137	–	41	33	57	2.82
1917	Joplin	Western	6	33	1	3	45	25	17	8	12	4.72
	Clinton/Mason City	Central Association	15	87	9	1	66	–	14	14	28	1.45
1918							Military service					
1919	Joplin	Western	29	224	12	12	251	127	92	67	61	3.70
1920	St Louis	American	33	113	6	4	133	55	46	42	30	3.66
1921	St. Louis	American	33	84	2	4	102	62	48	29	17	5.14
1922	Columbus	American Association	48	304	14	23	364	196	151	66	55	4.47
1923	Indianapolis	American Association	46	342	18	21	411	179	136	77	64	3.58
1924	Indianapolis	American Association	33	237	17	10	275	122	108	52	47	4.10
1925	Indianapolis	American Association	41	303	24	9	282	116	92	40	92	2.73
1926	Indianapolis	American Association	43	294	21	14	311	128	107	63	75	3.28
1927	Indianapolis	American Association	37	254	14	20	296	170	144	55	56	5.10
1928	Indianapolis	American Association	30	219	13	10	230	90	77	50	47	3.16
	Pittsburgh	National	4	21	1	0	18	11	11	8	2	4.71
1929	Indianapolis	American Association	38	271	15	20	284	138	111	48	68	3.69
1930	Indianapolis	American Association	40	237	17	12	271	132	106	55	56	4.03
1931	Indianapolis	American Association	36	239	17	10	311	144	120	59	46	4.52
1932	Indianapolis	American Association	24	141	5	8	170	92	73	39	31	4.66
1933	Indianapolis	American Association	13	102	6	5	107	42	34	23	18	3.00
1934	Fort Wayne	Central	3	14	1	0	16	6	0	2	7	0.00
	Indianapolis	American Association	14	107	8	4	132	61	44	15	35	3.70
1935	Terre Haute	Three I	18	84	5	4	89	43	35	20	39	3.75
1937	Minneapolis	American Association	10	30	4	0	36	17	10	5	4	3.00
	Rock Island	Western	13	64	5	2	72	25	23	21	41	3.23
1938	Crookston	Northern	14	53	1	3	55	29	23	12	23	3.91
	Majors		70	218	9	8	253	128	105	79	49	4.33
	Minors		590	3877	239	206	4309	1929	1592	854	1006	3.70

ISAAC BURR "IKE" BUTLER

Born August 22, 1873 at Langston, MI.
Died March 17, 1948 at Oakland, CA.
Threw right. Batted right. Height: 6-0. Weight: 175.

Manager for Portland, Pacific Coast, 1904.

YEAR	CLUB	LEAGUE	G	IP	W	L	H	R	ER	BB	SO	ERA
1896	Seattle	New Pacific	15	124	9	6	174	126	41	54	58	2.98
	St. Paul	Western	3	18	0	0	25	16	9	10	7	4.50
1897	Dubuque	Western Association	31	–	13	18	–	223	68	103	80	–
1898	Burlington	Western Association	5	–	2	3	–	–	–	14	10	–
	Omaha	Western	–	–	–	–	–	–	–	–	–	–
1899	Toledo	Interstate	26	226	17	8	–	–	–	61	45	–
1900	Toledo	Interstate	34	286	16	16	304	159	–	58	64	–
1901	Kansas City/Denver	Western	18	124	5	11	203	114	–	20	41	–
	Shreveport	Southern Association	6	–	2	4	–	–	–	–	–	–
1902	Shreveport	Southern Association	–	–	10	11	–	–	–	–	–	–
	Baltimore	American	16	116	1	10	168	–	69	45	13	5.34
1903	Portland	Pacific Coast	54	442	22	27	491	238	–	105	118	–
1904	Portland	Pacific Coast	–	–	17	31	–	–	–	–	–	–
1905	Grand Rapids	Central	26	204	11	11	–	–	–	–	–	–
1906	Tacoma	Northwest	28	246	20	9	247	118	–	34	125	–
1907	Tacoma	Northwest	52	–	32	18	369	123	–	73	211	–
1908	Tacoma	Northwest	33	–	19	14	262	116	–	64	112	–

YEAR	CLUB	LEAGUE	G	IP	W	L	H	R	ER	BB	SO	ERA
1909	Los Angeles	Pacific Coast	5	–	3	2	–	–	–	–	–	–
	Tacoma	Northwest	19	–	6	9	131	67	–	29	61	–
	Santa Cruz	California	–	7	5	–	–	–	–	–	–	–
1910	Tacoma/Seattle	Northwest	18	122	2	8	87	58	–	60	55	–
		Majors	16	116	1	10	168	–	–	45	13	5.34
		Minors	440	1357	205	210	1802	1120	118	580	869	–

Earl Welton Caldwell

Born April 9, 1905 at Sparks, TX.
Died September 15, 1981 at Mission, TX.
Threw right. Batted right. Height: 6-1. Weight: 178.

Manager for Harlingen, Gulf Coast, 1951; Lafayette, Evangeline, 1953; Harlingen, Big State, 1954.
Pitching for Lafayette, Evangeline, in 1953 when he was 48, he had as a catcher his son, Earl, Jr.

YEAR	CLUB	LEAGUE	G	IP	W	L	H	R	ER	BB	SO	ERA
1926	Temple/Mexia	Texas Association	20	131	7	8	131	102	–	57	65	–
1927	Waco	Texas	34	178	7	18	179	98	85	92	46	4.02
1928	Waco	Texas	35	219	12	14	258	142	115	88	71	4.77
	Philadelphia	National	5	35	1	4	46	23	22	17	6	5.71
1929	Waco	Texas	38	291	21	15	341	193	157	79	72	4.86
1930	Wichita Falls	Texas	34	224	15	13	289	155	126	90	59	4.94
1931	Milwaukee	American Association	45	263	15	15	300	145	126	74	68	4.31
1932	Milwaukee	American Association	44	271	14	17	358	181	152	93	68	4.91
1933	Milwaukee	American Association	42	236	10	18	286	147	130	71	83	4.96
1934	San Antonio	Texas	41	294	20	14	301	138	117	114	106	3.60
1935	San Antonio	Texas	41	270	19	15	232	180	68	85	66	2.25
	St. Louis	American	6	37	3	2	34	16	15	17	5	3.68
1936	St. Louis	American	41	189	7	16	252	146	126	83	59	6.00
1937	St. Louis	American	9	29	0	0	39	22	22	13	8	6.83
	Toronto	International	26	193	10	12	215	93	77	42	66	3.59
1938	Toronto	International	28	160	8	14	199	85	74	53	48	4.16
1939	Toronto	International	32	203	10	18	237	102	83	53	64	3.68
1940	Toronto	International	6	27	0	4	47	35	25	13	7	8.33
	Indianapolis	American Association	26	129	5	12	141	73	51	57	44	3.56
1941	Fort Worth	Texas	37	**281**	22	7	220	69	49	66	126	1.57
1942	Fort Worth	Texas	42	**305**	21	13	267	95	79	84	120	2.33
1943	Milwaukee	American Association	32	171	10	11	181	83	70	59	65	3.68
1944	Milwaukee	American Association	29	212	19	5	226	89	70	58	115	2.97
1945	Chicago	American	27	105	6	7	108	50	42	37	45	3.59
1946	Chicago	American	39	91	13	4	60	28	21	29	42	2.08
1947	Chicago	American	40	54	1	4	53	23	22	30	22	3.64
1948	Chicago/Boston	American	33	48	2	6	64	39	36	33	15	6.75
1949	Birmingham	Southern Association	41	87	8	5	88	41	25	30	52	2.59
1950	Birmingham	Southern Association	34	78	6	6	73	31	25	38	41	2.88
1951	Harlingen	Gulf Coast	40	199	19	6	158	63	49	57	142	**2.21**
1952	Harlingen	Gulf Coast	50	204	20	11	185	83	62	75	118	**2.73**
1953	Lafayette	Evangeline	31	169	11	10	145	56	39	40	92	**2.07**
1954	Harlingen/Corpus Christi	Big State	31	124	12	4	122	68	34	51	50	2.47
		Majors	200	588	33	43	656	347	306	259	202	4.68
		Minors	859	4919	321	277	5189	2467	1888	1611	1854	3.55

Tiller H. "Pug" Cavet

Born December 26, 1889 at McGregor, TX.
Died August 4, 1966 at San Luis Obispo, CA.
Threw left. Batted left. Height: 6-3. Weight: 176.

Manager for Tucson, Arizona State, 1930-1931.
Had only one eye.

YEAR	CLUB	LEAGUE	G	IP	W	L	H	R	ER	BB	SO	ERA
1908	Dallas	Texas	1	8	0	1	9	5	4	6	4	4.50
1909	Muskogee	Western Association	36	295	13	16	290	–	–	65	232	–
1910	Rock Island	Three I	40	**316**	18	15	259	113	–	99	**248**	–
1911	Minneapolis	American Association	34	158	14	6	182	86	–	64	59	–
	Detroit	American	1	4	0	0	6	4	3	1	1	6.75
1912	Providence	International	3	8	0	2	17	13	11	3	1	12.38
	Mobile	Southern Association	26	190	14	7	155	66	–	56	105	–

YEAR	CLUB	LEAGUE	G	IP	W	L	H	R	ER	BB	SO	ERA
1913	Mobile	Southern Association	38	313	23	12	221	94	–	97	128	–
1914	Detroit	American	31	151	7	7	129	61	41	44	51	2.44
1915	Detroit	American	17	71	4	2	83	39	32	22	26	4.06
	San Francisco	Pacific Coast	18	94	5	6	90	62	45	35	28	4.31
1916	Mobile	Southern Association	43	299	14	23	265	124	–	87	104	–
1917	Nashville	Southern Association	37	286	21	13	**268**	112	85	59	70	2.67
1918	Mobile	Southern Association	19	**152**	7	9	**147**	–	–	32	41	–
	Indianapolis	American Association	7	54	4	2	41	20	12	9	24	2.00
1919	Indianapolis	American Association	**60**	359	**28**	16	357	125	90	50	127	2.26
1920	Indianapolis	American Association	50	317	14	17	348	137	109	65	82	3.09
1921	Indianapolis	American Association	48	**331**	23	16	363	154	121	69	93	3.29
1922	Indianapolis	American Association	47	256	14	11	308	111	90	41	66	3.16
1923	Indianapolis	American Association	40	180	7	15	265	126	107	44	44	5.35
1924	New Orleans	Southern Association	41	268	19	14	286	102	79	58	77	**2.65**
1925	Atlanta	Southern Association	36	208	16	10	249	101	89	47	54	3.85
1926	Atlanta	Southern Association	35	223	15	8	230	100	76	53	40	3.07
1927	Atlanta	Southern Association	27	154	6	9	187	94	86	73	31	5.03
	Peoria	Three I	5	31	3	1	37	16	12	5	8	3.48
1928	Macon	SALLY	18	88	4	6	130	71	62	16	17	6.34
	Columbus	Southeastern	11	87	5	4	88	36	31	35	28	3.21
1929	Hollywood	Pacific Coast	3	5	0	1	12	7	6	1	0	10.80
	Tucson	Arizona State	7	49	2	0	58	32	17	9	16	3.12
1930	Tucson	Arizona State	8	53	2	3	74	43	–	8	12	–
		Majors	49	226	11	9	218	104	76	67	78	3.03
		Minors	738	4782	290	244	4936	1950	1132	1186	1739	3.08

Charles William Chech

Born April 27, 1879 at Madison, WI.
Died January 31, 1938 at Los Angeles, CA.
Threw right. Batted right. Height: 5-11½. Weight: 190.

YEAR	CLUB	LEAGUE	G	IP	W	L	H	R	ER	BB	SO	ERA
1899	Milwaukee	Western	16	–	5	9	–	–	–	35	18	–
1900	Cleveland	American	5	35	0	2	48	26	–	10	3	–
1901	St. Paul	Western	25	199	15	9	158	68	–	41	78	–
1902	St. Paul	American Association	36	293	15	19	316	161	–	66	64	–
1903	St. Paul	American Association	48	326	24	9	299	131	–	75	142	–
1904	St. Paul	American Association	35	311	**27**	8	250	103	–	64	152	–
1905	Cincinnati	National	39	268	14	14	300	139	86	77	79	2.89
1906	Cincinnati	National	11	66	1	4	59	30	17	24	17	2.32
	Toledo	American Association	23	180	9	11	164	81	–	26	63	–
1907	Toledo	American Association	39	314	25	11	286	120	–	67	134	–
1908	Cleveland	American	27	166	11	7	136	51	32	34	51	1.73
1909	Boston	American	17	107	7	5	107	51	35	27	40	2.94
	St. Paul	American Association	16	111	5	9	91	–	–	19	38	–
1910	St. Paul	American Association	49	299	19	15	295	122	–	77	99	–
1911	St. Paul	American Association	46	234	11	13	262	118	–	60	69	–
1912	Los Angeles	Pacific Coast	50	360	25	14	–	137	–	80	118	–
1913	Los Angeles	Pacific Coast	42	305	18	20	295	121	–	85	84	–
1914	Los Angeles	Pacific Coast	46	297	20	16	258	132	95	82	72	2.88
1915	Los Angeles/Vernon	Pacific Coast	34	228	12	14	240	99	83	46	60	3.28
1916-17						No record available						
1918	Vernon	Pacific Coast	20	141	9	7	128	40	33	18	24	2.11
		Majors	94	607	33	30	602	271	170	162	187	2.52
		Minors	530	3633	239	186	3090	1459	211	852	1218	–

Robert M. Couchman

Born 1888 at Urbana, OH.
Died June, 1948 at Springfield, OH.
Threw right. Batted right. Height: 6-0. Weight: 185.

Manager for San Antonio, Texas, 1927; Coleman, West Texas, 1928.

YEAR	CLUB	LEAGUE	G	IP	W	L	H	R	ER	BB	SO	ERA
1909	Bay City	Southern Michigan	32	–	13	19	–	–	–	–	–	–
1910	St. Paul	American Association	1	1	0	0	3	3	–	1	0	–
	Rock Island	Three I	37	299	24	14	221	97	–	83	205	–

YEAR	CLUB	LEAGUE	G	IP	W	L	H	R	ER	BB	SO	ERA
1911	Los Angeles	Pacific Coast	13	73	2	6	—	53	—	28	15	—
	Rock Island	Three I	3	12	0	0	—	5	—	5	3	—
1912	Quincy/Decatur	Three I	18	125	5	11	144	—	—	31	50	—
	Hannibal	Central Association	16	134	9	5	137	51	—	18	84	—
1913	Akron	Interstate	22	161	11	7	138	58	—	44	70	—
	Davenport	Three I	12	93	5	6	83	41	—	62	63	—
1914	Montreal	International	30	214	12	12	222	116	—	58	56	—
1915	Montreal	International	1	8	0	1	11	7	—	2	3	—
	Little Rock	Southern Association	33	230	15	13	218	88	—	61	68	—
1916	Little Rock	Southern Association	33	180	8	16	197	98	—	43	52	—
	Galveston	Texas	13	90	7	3	84	—	15	30	51	1.50
1917	Galveston	Texas	12	70	2	8	57	30	16	18	23	2.06
1918		Military service										
1919	Galveston	Texas	45	335	12	18	286	108	80	77	96	2.15
1920	Galveston	Texas	37	309	18	17	216	124	96	48	97	2.80
1921	Galveston/San Antonio	Texas	41	314	20	15	329	136	119	65	109	3.41
1922	San Antonio	Texas	40	253	17	17	278	122	103	44	81	3.66
1923	San Antonio	Texas	43	261	15	17	294	146	108	68	77	3.72
1924	San Antonio	Texas	37	225	16	11	265	112	99	53	49	3.96
1925	San Antonio	Texas	33	176	10	10	188	107	88	64	43	4.50
1926	San Antonio	Texas	31	254	15	14	261	95	72	62	50	2.55
1927	San Antonio	Texas	16	102	3	10	139	62	55	29	10	4.85
1928	Coleman	West Texas	2	12	1	1	—	—	—	4	4	—
		Minors	627	4108	249	263	3953	1737	908	1040	1421	—

CHESTER ROGERS "CHET" COVINGTON

Born November 6, 1910 at Cairo, IL.
Died June 11, 1976 at Pembroke Park, FL.
Threw left. Batted both. Height: 6-2. Weight: 225.

Minor League Player of the Year in 1943.
On May 23, 1943, he pitched a perfect game against Springfield, Eastern.

YEAR	CLUB	LEAGUE	G	IP	W	L	H	R	ER	BB	SO	ERA
1939	Portsmouth	Piedmont	2	4	0	0	2	0	0	1	5	0.00
	Goldsboro/Tarboro	Coastal Plain	25	113	7	9	144	71	68	51	69	5.42
1940	Hollywood	Florida East Coast	32	**266**	**21**	10	254	91	62	72	**212**	2.10
1941	Fort Pierce	Florida East Coast	37	241	22	7	198	79	51	64	197	**1.90**
	Jacksonville	SALLY	12	67	2	5	73	37	31	28	40	4.16
1942	Louisville	American Association	10	32	3	2	43	21	19	11	19	5.34
	Birmingham	Southern Association	4	13	1	1	24	20	17	6	8	11.77
	Springfield	Eastern	25	131	8	8	122	60	47	50	89	3.23
1943	Louisville	American Association	1	5	0	1	9	5	5	3	2	9.00
	Scranton	Eastern	37	251	**21**	7	174	51	42	61	**187**	**1.51**
1944	Philadelphia	National	19	39	1	1	46	22	20	8	13	4.62
	Utica	Eastern	23	166	10	11	155	73	60	53	115	3.25
1945	Chattanooga	Southern Association	9	56	4	3	57	29	24	17	32	3.86
1946	Tampa	Florida International	**45**	**303**	**28**	8	**250**	83	56	55	**260**	**1.66**
1947	Tampa	Florida International	17	129	12	2	113	39	30	26	108	2.09
	Montgomery	Southeastern	28	187	13	6	180	90	67	42	126	3.22
1948	Miami	Florida International	18	109	9	6	96	42	36	47	56	2.97
	Portsmouth	Piedmont	30	83	10	5	79	36	21	25	55	2.28
1949	Tampa	Florida International	22	167	11	9	138	41	27	58	91	**1.46**
	Palatka	Florida State	14	105	11	2	77	31	20	27	94	1.71
1950	Fort Lauderdale	Florida International	36	260	18	11	231	85	65	82	105	2.25
1951	Fort Lauderdale	Florida International	5	14	0	1	27	22	12	12	8	7.71
1952	Greensboro	Carolina	4	25	2	1	26	10	10	7	21	3.60
	Tampa/Lakeland	Florida International	34	172	6	10	178	81	58	73	71	3.03
1953	Fort Lauderdale	Florida International	3	13	1	1	14	6	4	7	4	2.77
		Majors	19	39	1	1	46	22	20	8	13	4.62
		Minors	473	2912	220	126	2664	1103	832	878	1974	2.57

CAREER ALL-TIME LEADERS: GAMES

PLAYER		PLAYER		PLAYER	
Bill Thomas	1015	Alex McColl	865	Joe Martin	833
Jim Brillheart	956	Earl Caldwell	859	Karl Black	814
George Payne	900	Walter Tauscher	856	Ramon Arano	812
Ken Penner	869	Bobby Tiefenauer	849		

HOWARD OLIVER CRAGHEAD

Born May 25, 1908 at Selma, CA.
Died July 15, 1962 at San Diego, CA.
Threw right. Batted right. Height: 6-2. Weight: 200.

YEAR	CLUB	LEAGUE	G	IP	W	L	H	R	ER	BB	SO	ERA
1926	Oakland	Pacific Coast	20	83	2	3	78	40	30	33	37	3.25
1927	Ogden	Utah-Idaho	9	65	4	4	73	32	29	28	60	4.02
	Oakland	Pacific Coast	24	100	4	4	104	46	38	41	49	3.42
1928	Oakland	Pacific Coast	39	282	18	13	283	122	107	104	147	3.41
1929	Oakland	Pacific Coast	52	298	21	12	321	158	134	128	190	4.05
1930	Oakland	Pacific Coast	47	343	21	22	342	156	139	125	199	3.65
1931	Oakland	Pacific Coast	36	229	13	15	233	117	106	100	156	4.17
	Cleveland	American	4	6	0	0	8	4	4	2	2	6.00
1932	Toledo	American Association	41	253	18	15	292	157	–	98	112	–
1933	Cleveland	American	11	17	0	0	19	13	12	10	2	6.35
	Toledo	American Association	21	119	5	9	154	87	78	44	45	5.90
1934	Seattle	Pacific Coast	46	280	16	21	339	162	135	110	145	4.34
1935	Seattle	Pacific Coast	39	276	18	16	316	149	125	101	120	4.08
1936	Seattle/San Diego	Pacific Coast	40	235	16	12	233	109	94	83	109	3.60
1937	San Diego	Pacific Coast	42	245	16	13	265	100	89	74	119	3.27
1938	San Diego	Pacific Coast	47	271	18	18	279	132	86	79	138	2.86
1939	San Diego	Pacific Coast	34	203	11	16	239	121	107	56	94	4.74
1940	San Diego	Pacific Coast	38	175	8	14	205	104	95	74	66	4.89
		Majors	15	23	0	0	27	17	16	12	4	6.26
		Minors	575	3457	209	207	3656	1792	1392	1278	1786	3.91

JAMES OTIS "DOC" CRANDALL

Born October 8, 1887 at Wadena, IN.
Died August 17, 1951 at Bell, CA.
Threw right. Batted right. Height: 5-10½. Weight: 180.

Manager for Wichita, Western, 1927-1928; Seattle, Pacific Coast, 1935-1936.
Coach for Pittsburgh, National, 1931-1934; Seattle, Pacific Coast, 1937; Sacramento, Pacific Coast, 1938.
A good hitter, particularly in majors where he also played in the infield. He hit .285 in 500 major league games, and .263 in 622 minor league games.

YEAR	CLUB	LEAGUE	G	IP	W	L	H	R	ER	BB	SO	ERA
1906	Cedar Rapids	Three I	11	90	8	3	–	–	36	24	61	3.55
1907	Cedar Rapids	Three I	17	99	6	7	92	44	30	19	50	2.73
1908	New York	National	32	215	12	12	198	83	70	59	77	2.93
1909	New York	National	30	122	6	4	117	59	39	33	55	2.88
1910	New York	National	42	208	17	4	194	86	59	43	73	2.55
1911	New York	National	41	199	15	5	199	82	58	51	94	2.62
1912	New York	National	37	162	13	7	181	85	65	35	60	3.61
1913	New York	National	35	98	4	4	102	45	31	24	42	2.85
1914	St. Louis	Federal	27	196	13	9	194	94	77	52	84	3.54
1915	St. Louis	Federal	51	313	21	15	307	118	90	77	117	2.59
1916	St. Louis	American	2	1	0	0	7	9	4	1	0	36.00
	Oakland/Los Angeles	Pacific Coast	33	234	11	17	234	111	77	80	70	2.96
1917	Los Angeles	Pacific Coast	49	364	26	15	343	134	112	83	91	2.77
1918	Los Angeles	Pacific Coast	27	222	16	9	193	69	51	35	69	2.07
	Boston	National	5	34	1	2	39	11	9	4	4	2.38
1919	Los Angeles	Pacific Coast	47	355	28	9	328	122	95	43	99	2.41
1920	Los Angeles	Pacific Coast	38	277	15	13	296	111	90	51	90	2.92
1921	Los Angeles	Pacific Coast	40	328	24	13	311	141	114	53	106	3.13
1922	Los Angeles	Pacific Coast	37	269	17	19	318	139	109	34	95	3.65
1923	Los Angeles	Pacific Coast	30	258	17	12	265	105	89	28	84	3.10
1924	Los Angeles	Pacific Coast	34	256	19	11	256	108	77	32	72	2.71
1925	Los Angeles	Pacific Coast	39	239	20	7	250	113	92	40	89	3.46
1926	Los Angeles	Pacific Coast	33	245	20	8	238	66	60	48	86	2.20
1927	Wichita	Western	9	64	4	2	64	33	25	16	20	3.52
1928	Wichita	Western	8	31	1	0	53	30	24	5	14	6.55
	Sacramento	Pacific Coast	13	81	6	4	87	43	35	19	22	3.89
1929	Sacramento/Los Angeles	Pacific Coast	34	202	11	13	252	125	94	58	50	4.19
		Majors	302	1548	102	62	1538	672	502	379	606	2.92
		Minors	499	3616	249	163	3580	1494	1210	668	1168	3.01

JESUS PATRACIS "CHARLIE" CUELLAR

Born September 24, 1917 at Ybor City, FL.
Threw right. Batted right. Height: 5-9. Weight: 165.

Manager for Lakeland, Florida International. 1950; Tallahasse, Florida International, 1954.

YEAR	CLUB	LEAGUE	G	IP	W	L	H	R	ER	BB	SO	ERA
1935	Decatur	Three I	22	89	3	7	122	80	–	29	45	–
1936	Marshall	East Texas	6	41	3	3	37	22	20	12	22	4.39
1937	Marshall	East Texas					Suspended list					
1938	Palestine/Tyler	East Texas	21	156	11	7	153	74	59	50	63	3.40
	Pensacola	Southeastern	–	–	0	0	–	–	–	–	–	–
1939	Reidsville	Bi-State	30	235	17	9	253	122	105	57	129	4.02
1940	Reidsville/Leaksville-Spray-Draper	Bi-State	32	215	16	12	241	117	100	67	130	4.19
1941	Leaksville-Spray-Draper	Bi-State	30	215	**16**	11	214	112	–	55	182	4.40
1942	Leaksville-Spray-Draper	Bi-State	28	248	**22**	6	190	75	46	62	**204**	1.67
1943					Did not play in organized baseball							
1944	Nashville	Southern Association	29	201	16	7	245	117	86	83	118	3.85
1945	Los Angeles	Pacific Coast	38	225	13	1	254	131	110	83	121	4.40
1946	Tampa	Florida International	17	143	11	5	107	41	25	31	139	1.57
1947	Tampa	Florida International	26	189	15	7	154	70	45	52	118	2.14
1948	Tampa	Florida International	31	237	17	10	225	83	67	60	115	2.54
1949	Tampa/Lakeland	Florida International	34	246	17	15	204	98	72	82	123	2.63
1950	Lakeland	Florida International	13	108	7	3	99	21	18	35	60	1.50
	Memphis	Southern Association	12	93	7	4	95	46	39	38	45	3.77
	Chicago	American	2	1	0	0	6	6	5	3	13	3.75
1951	Memphis	Southern Association	4	19	1	2	20	10	9	8	5	4.26
	Augusta	SALLY	6	40	1	3	51	33	31	15	11	6.97
	St. Petersburg	Florida International	15	117	8	3	101	41	35	34	52	2.69
1952	Havana/St. Petersburg	Florida International	7	49	3	4	45	23	19	20	15	3.49
1953	Keokuk	Three I	12	76	5	4	83	37	35	42	56	4.14
		Majors	2	1	0	0	6	6	5	3	13	3.75
		Minors	413	2942	209	123	2893	1353	921	915	1753	3.14

STEVEN LOUIS DALKOWSKI

Born June 3, 1939 at New Britain, CT.
Threw left. Batted left. Height: 5-10. Weight: 170.

One of fastest and wildest pitchers in minor league history.

YEAR	CLUB	LEAGUE	G	IP	W	L	H	R	ER	BB	SO	ERA
1957	Kingsport	Appalachian	15	62	1	8	22	68	56	**129**	121	8.13
1958	Knoxville	SALLY	11	42	1	4	17	41	39	95	82	7.93
	Wilson	Carolina	8	14	0	1	7	19	19	38	29	12.21
	Aberdeen	Northern	11	62	3	5	29	50	44	112	121	6.39
1959	Aberdeen	Northern	12	59	4	3	30	43	37	110	99	5.64
	Pensacola	Alabama-Florida	7	25	0	4	11	38	36	80	43	12.96
1960	Stockton	California	32	170	7	**15**	105	120	97	**262**	262	5.14
1961	Kennewick	Northwest	31	103	3	12	75	117	96	**196**	150	8.39
1962	Elmira	Eastern	31	160	7	10	117	61	54	114	192	3.04
1963	Elmira	Eastern	13	29	2	2	20	10	9	26	28	2.79
	Rochester	International	12	12	0	2	7	8	8	14	8	6.00
1964	Elmira	Eastern	8	15	0	1	17	12	10	19	16	6.00
	Stockton	California	20	108	8	4	91	40	34	62	141	2.83
	Columbus	International	3	12	2	1	15	11	11	9	8	8.25
1965	Kennewick	Northwest	16	84	6	5	84	60	48	52	62	5.14
	San Jose	California	6	38	2	3	35	25	20	34	33	4.74
		Minors	236	995	46	80	682	723	618	1354	1396	5.59

FRANCIS JOSEPH NICHOLAS DASSO

Born August 31, 1917 at Chicago, IL.
Threw right. Batted right. Height: 5-11½. Weight: 185.

YEAR	CLUB	LEAGUE	G	IP	W	L	H	R	ER	BB	SO	ERA
1936	Canton	Middle Atlantic	16	105	4	7	100	60	45	78	72	3.86
1937	Rocky Mount	Piedmont	40	197	10	12	187	122	98	120	126	4.48
1938	Hazleton	Eastern	38	243	13	14	231	125	105	**124**	**179**	3.89

YEAR	CLUB	LEAGUE	G	IP	W	L	H	R	ER	BB	SO	ERA
1939	Scranton	Eastern	15	68	4	3	54	34	22	32	59	2.91
	Little Rock	Southern Association	27	111	4	7	119	69	60	70	90	4.86
1940	San Francisco	Pacific Coast	37	212	10	15	205	113	78	121	126	3.31
1941	Hollywood	Pacific Coast	43	230	15	15	232	106	100	116	147	3.91
1942	San Diego	Pacific Coast	42	284	15	18	280	110	91	127	155	2.88
1943	San Diego	Pacific Coast	27	177	12	8	170	60	54	93	154	2.75
1944	San Diego	Pacific Coast	40	298	20	19	252	112	93	131	253	2.81
1945	Cincinnati	National	16	96	4	5	89	50	39	53	39	3.66
1946	Cincinnati	National	2	1	0	0	2	3	3	2	1	27.00
	Hollywood	Pacific Coast	26	146	12	5	127	68	53	71	88	3.27
1947	Hollywood/Sacramento	Pacific Coast	43	194	9	18	225	110	101	108	117	4.69
1948	Sacramento	Pacific Coast	6	18	0	1	24	15	14	10	15	7.00
1949	Sacramento	Pacific Coast	34	214	17	10	205	95	89	93	108	3.74
1950	Sacramento	Pacific Coast	31	100	4	9	107	66	61	65	48	5.49
1951	Modesto	California	36	244	17	13	251	135	103	111	210	3.80
1952	Wenatchee	Western International	39	256	8	25	288	162	126	129	169	4.43
1953	Wenatchee	Western International	3	19	1	1	25	16	12	14	13	5.68
		Majors	18	97	4	5	91	53	42	55	40	3.90
		Minors	543	3116	175	200	3082	1578	1305	1613	2129	3.77

WILLIAM GEORGE "WHEEZER" DELL

Born June 11, 1887 at Tuscarora, NV.
Died August 24, 1966 at Independence, CA.
Threw right. Batted right. Height: 6-4. Weight: 210.

YEAR	CLUB	LEAGUE	G	IP	W	L	H	R	ER	BB	SO	ERA
1909	Butte	Inter-Mountain	11	65	5	4	69	49	–	29	37	–
1910	Edmonton	Western Canada	32	225	16	10	–	–	–	119	166	–
1911							No record available					
1912	Butte	Union Association	48	–	20	12	–	–	–	–	–	–
	St. Louis	National	3	2	0	0	3	3	3	3	0	13.50
1913	Seattle	Northwestern	43	313	20	19	258	144	–	116	231	–
1914	Seattle	Northwestern	43	335	21	13	235	93	–	116	182	–
1915	Brooklyn	National	40	215	11	10	166	80	56	100	94	2.34
1916	Brooklyn	National	32	155	8	9	143	52	39	43	76	2.26
1917	Brooklyn	National	17	58	0	4	55	35	24	25	28	3.72
1918	Vernon	Pacific Coast	27	208	14	7	170	54	39	74	78	1.69
1919	Vernon	Pacific Coast	50	352	25	16	303	109	93	99	162	2.38
1920	Vernon	Pacific Coast	54	370	27	15	368	145	123	126	123	2.99
1921	Vernon	Pacific Coast	49	336	28	14	311	142	110	112	134	2.95
1922	Vernon	Pacific Coast	49	369	23	17	328	149	130	104	143	3.17
1923	Vernon/Seattle	Pacific Coast	39	236	12	11	276	146	106	72	88	4.04
1924	Seattle	Pacific Coast	38	183	9	14	215	141	113	86	74	5.56
1925	Atlanta	Southern Association	28	148	10	10	179	83	66	38	44	4.01
1926	Beaumont	Texas	4	22	1	2	30	20	17	10	8	6.95
		Majors	92	430	19	23	367	170	122	171	198	2.55
		Minors	515	3162	231	164	2742	1275	797	1101	1470	3.23

CARROLL PHILLIP DIAL

Born August 20, 1925 at Altus, OK.
Threw right. Batted right. Height: 5-11. Weight: 160.

Good hitting pitcher who also played outfield. Batted .366 in 104 games in 1954.

YEAR	CLUB	LEAGUE	G	IP	W	L	H	R	ER	BB	SO	ERA
1947	Bartlesville	KOM	38	233	22	8	205	122	86	84	214	3.32
1948	Waco	Big State	34	216	13	11	247	148	103	95	116	4.29
1949	Waco	Big State	5	16	2	1	6	4	–	12	14	–
	Saginaw	Central	16	84	3	6	103	59	44	41	37	4.71
	Lamesa	West Texas-New Mexico	8	23	0	2	29	29	22	13	20	8.61
1950	Paris	East Texas	10	61	5	4	67	41	38	31	39	5.61
	Sherman-Denison	Big State	31	168	9	10	181	114	86	83	96	4.61
1951	Pampa	West Texas-New Mexico	49	257	22	15	292	201	172	123	174	6.02
1952	Clovis	West Texas-New Mexico	38	269	27	10	322	167	152	111	170	5.09
1953	Clovis	West Texas-New Mexico	48	308	28	11	320	209	146	135	243	4.27

YEAR	CLUB	LEAGUE	G	IP	W	L	H	R	ER	BB	SO	ERA
1954	Clovis	West Texas-New Mexico	44	258	**25**	12	241	157	127	98	**234**	4.43
1955	Pampa	West Texas-New Mexico	50	**296**	20	15	301	177	117	114	171	**3.56**
1956	Pampa	Southwestern	12	83	5	6	113	61	46	23	63	4.99
	Shreveport	Texas	20	51	2	5	60	38	35	29	17	6.18
1957	Wichita Falls	Big State	5	8	0	2	–	–	4	–	–	4.50
		Minors	408	2331	183	118	2487	1527	1178	992	1608	4.58

CESAR DIAZ (PEREZ)

Born December 10, 1948 at Jamapa, Veracruz, Mexico
Threw right. Batted right. Height: 5-9. Weight: 152.

YEAR	CLUB	LEAGUE	G	IP	W	L	H	R	ER	BB	SO	ERA
1966	Yucatan	Mexican Southeast	2	5	0	0	10	3	3	2	4	6.75
1967	Leon	Mexican Center	11	26	0	0	41	30	29	13	22	10.04
1968	Leon	Mexican Center	34	150	8	7	159	78	61	65	100	3.66
1969	Veracruz	Mexican	42	173	13	10	164	78	64	68	106	3.33
1970	Veracruz	Mexican	31	149	10	8	158	69	60	51	84	3.62
1971	Veracruz	Mexican	31	170	11	11	139	68	58	68	76	3.07
1972	Veracruz	Mexican	30	153	10	12	143	62	45	54	71	2.65
1973	Veracruz	Mexican	34	169	17	7	173	45	35	31	91	1.86
1974	Veracruz	Mexican	35	205	15	11	208	91	72	61	124	3.16
1975	Aguascalientes	Mexican	37	230	11	18	232	110	71	62	170	2.78
1976	Aguascalientes	Mexican	24	173	12	8	165	79	54	82	79	2.81
1977	Aguascalientes	Mexican	30	153	11	10	178	72	48	52	48	2.82
1978	Puebla	Mexican	31	205	15	10	217	82	64	71	86	2.81
1979	Puebla	Mexican	30	196	16	10	212	102	87	78	75	3.99
1980	Puebla	Mexican #1	18	133	10	4	126	33	29	35	48	1.96
1981	Campeche	Mexican	30	192	14	10	179	66	49	61	78	2.30
1982	Mexico City Reds	Mexican	29	130	7	11	143	73	57	54	43	3.95
1983	Coatzacoalcos	Mexican	23	129	10	7	142	61	56	48	56	3.91
1984	Cordoba	Mexican	26	141	8	11	189	81	66	47	74	4.21
1985	Yucatan	Mexican	22	115	8	7	131	69	52	47	57	4.07
1986	Yucatan	Mexican	25	109	3	9	156	90	79	48	36	6.54
1987	Yucatan	Mexican	19	39	3	6	57	31	25	19	19	5.77
1988	Yucatan	Mexican	15	35	1	0	36	17	14	10	9	3.57
1989	Yucatan	Mexican	26	52	3	4	65	33	26	16	20	4.47
		Minors	635	3232	216	191	3423	1523	1204	1223	1576	3.35

EDWARD ALEXANDER DONALDS

Born June 22, 1885 at Bidwell, OH.
Died July 3, 1950 at Columbus, OH.
Threw right. Batted right. Height: 5-11. Weight: 180.

His won-lost record for 1913-1914 was 60-12.

YEAR	CLUB	LEAGUE	G	IP	W	L	H	R	ER	BB	SO	ERA
1911	Lima	Ohio State	35	–	18	15	–	–	–	–	–	–
1912	Portsmouth	Ohio State	36	–	24	11	–	–	–	–	–	–
	Cincinnati	National	1	4	1	0	7	2	2	0	1	4.50
1913	Portsmouth	Ohio State	40	–	**30**	8	–	–	–	–	–	–
1914	Waco	Texas	42	304	**30**	4	218	91	–	62	134	–
1915	Waco	Texas	39	286	18	12	268	95	–	44	124	–
1916	Waco	Texas	36	264	17	11	242	–	68	60	111	2.32
1917	Waco	Texas	45	277	17	11	242	84	73	58	120	2.37
1918	Waco	Texas	24	172	11	8	165	69	53	41	84	2.77
1919	Waco	Texas	23	192	11	11	179	67	56	54	76	2.63
1920			Did not play in organized baseball									
1921	Houston	Texas	32	225	17	9	227	100	80	55	70	3.20
1922	Houston	Texas	13	98	3	9	120	61	52	21	19	4.78
	Evansville	Three I	18	136	9	6	131	45	36	19	24	2.38
1923	Evansville	Three I	34	215	14	14	239	107	–	58	70	–
		Majors	1	4	1	0	7	2	2	0	1	4.50
		Minors	417	2169	219	129	2031	719	418	472	832	–

VALLIE ENNIS "CHIEF" EAVES

Born September 6, 1911 at Allen, OK.
Died April 19, 1960 at Norman, OK.
Threw right. Batted right. Height: 6-2½. Weight: 180.

Father of Jerry Eaves, who also pitched in organized baseball They were teammates at Hobbs, Southwestern, in 1957.

YEAR	CLUB	LEAGUE	G	IP	W	L	H	R	ER	BB	SO	ERA
1935	Philadelphia	American	3	14	1	2	12	9	8	15	6	5.14
1936	Galveston	Texas	3	6	0	0	2	2	2	9	1	3.00
	Bartlesville	Western Association	7	19	0	2	22	27	22	27	18	10.42
1937							Did not play in organized baseball					
1938	Texarkana	East Texas	23	174	15	4	137	79	67	66	209	3.47
	Shreveport	Texas	19	123	6	8	106	69	56	54	75	4.10
1939	Shreveport	Texas	42	263	21	10	214	105	81	119	**165**	2.77
	Chicago	American	2	12	0	1	11	7	6	8	5	4.50
1940	Chicago	American	5	19	0	2	22	16	14	24	11	6.63
	Toronto	International	29	148	5	14	155	90	78	68	90	4.74
1941	Toronto	International	21	119	2	12	141	90	73	52	55	5.52
	Milwaukee	American Association	11	58	4	6	46	21	19	28	35	2.95
	Chicago	National	12	59	3	3	56	27	23	21	24	3.51
1942	Chicago	National	2	3	0	0	4	3	3	2	0	9.00
	Milwaukee	American Association	12	61	4	5	69	38	37	34	26	5.46
	Nashville	Southern Association	19	95	6	6	111	64	53	51	45	5.02
1943	Montgomery	Southern Association	3	20	1	1	16	3	3	10	16	1.35
	Minneapolis	American Association	4	21	0	3	21	12	11	13	16	4.71
1944	Minneapolis	American Association					Broke leg, did not play					
1945	San Diego	Pacific Coast	52	312	21	15	290	136	104	**127**	187	3.00
1946	San Diego	Pacific Coast	4	29	1	3	31	13	—	16	21	—
	Oklahoma City	Texas	12	55	2	4	56	33	19	20	30	3.11
	Texarkana	East Texas	17	127	13	4	114	45	38	30	88	2.69
1947	Texarkana	Big State	34	261	**25**	5	262	152	129	77	172	4.45
1948	Texarkana	Big State	17	109	7	5	137	73	55	39	69	4.54
	Gladewater	Lone Star	20	133	9	7	204	85	60	56	74	4.06
1949	Borger/Abilene	West Texas-New Mexico	32	108	7	11	142	101	78	66	56	6.50
1950	Lufkin/Leesville	Gulf Coast	43	297	26	10	288	141	104	89	217	3.15
1951	Lake Charles	Gulf Coast	1	1	0	1	6	4	4	0	0	36.00
	Greenville	Cotton States	5	30	0	3	—	—	—	—	—	—
	Texarkana	Big State	2	14	0	2	26	16	5	3	5	3.21
1952	Port Arthur	Gulf Coast	26	138	13	6	151	67	54	50	65	3.52
	Meridian	Cotton States	7	57	6	1	48	22	19	16	27	3.00
1953	Brownsville	Gulf Coast	32	272	19	11	247	104	79	68	115	2.61
1954	Galveston/Del Rio	Big State	33	180	12	11	221	130	108	78	90	5.40
	Roswell/Sweetwater	Longhorn	3	24	1	2	43	28	26	7	12	9.75
1955-56							Did not play in organized baseball					
1957	Hobbs	Southwestern	4	4	1	0	3	2	2	0	4	4.50
		Majors	24	107	4	8	105	62	54	70	46	4.54
		Minors	537	3258	227	172	3309	1725	1386	1273	1983	3.90

FRED G. EHMAN

Threw right. Batted right. Weight: 200.

YEAR	CLUB	LEAGUE	G	IP	W	L	H	R	ER	BB	SO	ERA
1905	Wheeling	Central	32	257	17	12	209	85	—	54	121	—
1906	Akron	Ohio-Pennsylvania	41	—	**29**	12	—	—	—	—	—	—
1907	Akron	Ohio-Pennsylvania	**43**	—	27	16	—	—	—	—	—	—
1908	Akron	Ohio-Pennsylvania	**33**	—	**25**	8	—	—	—	—	—	—
1909	Sacramento	Pacific Coast	46	—	19	18	—	128	—	86	187	—
1910	Denver	Western	42	—	19	15	—	—	—	71	135	—
1911	Denver/Lincoln	Western	37	—	14	12	—	—	—	58	110	—
1912	Holyoke	Connecticut	33	270	15	13	224	104	—	51	119	—
1913	Lincoln	Western	43	315	23	13	321	155	115	32	142	3.29
1914	Lincoln	Western	36	292	16	16	283	114	97	63	89	2.99
1915	Lincoln	Western	27	202	10	10	221	93	73	47	48	3.25
		Minors	413	1336	214	145	1258	679	285	462	951	3.17

Jesse Morgan "Rube" Eldridge

Born July 20, 1888 at Speiro, NC.
Died 1968 at Glenola, NC.
Threw left. Batted right. Height: 5-11. Weight: 165.

One of best control pitchers in minors, allowing only 1.26 walks per 9-inning game for his career.

YEAR	CLUB	LEAGUE	G	IP	W	L	H	R	ER	BB	SO	ERA
1909	Greensboro	Carolina Association	8	52	3	1	47	17	11	7	24	1.90
1910	Greensboro	Carolina Association	27	234	11	16	210	69	54	39	115	2.08
1911	Greensboro	Carolina Association	**38**	333	25	13	290	122	90	45	191	2.43
1912	Greensboro	Carolina Association	33	288	13	**19**	280	91	71	44	153	2.22
1913	Columbus/Charleston	SALLY	34	265	10	16	264	111	76	43	121	2.58
1914	Charleston	SALLY	34	255	20	9	201	61	47	41	92	1.66
1915	Charleston	SALLY	25	206	14	8	167	61	49	28	79	2.14
	Frederick	Blue Ridge	7	61	2	3	62	28	19	7	22	2.80
	Portsmouth	Virginia	5	34	4	0	31	6	5	5	15	1.32
1916	Portsmouth	Virginia	24	161	6	10	158	78	61	15	53	3.41
	Raleigh	North Carolina State	22	99	4	8	93	37	33	8	40	3.00
1917	Raleigh/Durham	North Carolina State	15	105	6	5	104	10	37	10	37	3.17
	Mobile	Southern Association	1	1	0	1	5	4	–	0	0	–
	Columbia	SALLY	7	61	5	2	63	17	14	6	19	2.07
	Hagerstown	Blue Ridge	7	43	4	1	27	7	6	6	15	1.26
1918						Did not play in organized baseball						
1919	Charlotte	SALLY	**38**	**295**	**20**	12	**277**	107	85	32	80	2.59
1920	Charlotte	SALLY	12	77	5	4	90	45	34	7	27	3.97
	High Point	Piedmont	22	159	13	6	122	33	24	11	41	1.36
	Columbus	American Association	7	45	4	2	50	31	24	16	13	4.80
1921	High Point	Piedmont	43	286	15	**19**	284	112	94	22	89	2.96
1922	High Point	Piedmont	37	297	**26**	9	286	108	91	40	81	2.76
1923	High Point	Piedmont	35	254	20	10	281	127	107	38	59	3.79
1924	High Point	Piedmont	30	199	8	12	236	125	106	35	44	4.79
1925	Danville	Piedmont	27	215	14	9	234	108	90	40	67	3.77
1926	Greensboro	Piedmont	31	195	13	11	233	125	106	37	63	4.89
1927	High Point	Piedmont	37	226	15	12	266	124	102	38	54	4.06
1928-32						Did not play in organized baseball						
1933	Greensboro/Wilmington	Piedmont	4	35	4	0	33	12	9	7	10	2.31
1934	Greensboro	Piedmont	1	9	1	0	9	3	3	1	5	3.00
		Minors	611	4490	285	218	4403	1769	1411	638	1646	2.83

Paul Clarence Fittery

Born October 10, 1887 at Lebanon, PA.
Died January 28, 1974 at Cartersville, GA.
Threw left. Batted both. Height: 5-8. Weight: 168.

Manager for Anniston, Georgia-Alabama, 1930.
Compiled 48-8 won-lost record after age 40.

YEAR	CLUB	LEAGUE	G	IP	W	L	H	R	ER	BB	SO	ERA
1910	Harrisburg	Tri-State	5	36	2	2	44	22	15	11	12	3.75
1911	Harrisburg	Tri-State	31	217	7	**19**	171	112	78	83	156	3.24
1912	Harrisburg	Tri-State	6	40	1	4	46	26	14	9	27	3.15
	Anderson	Carolina Association	29	240	19	8	200	90	70	84	191	2.62
1913	Birmingham	Southern Association	5	37	1	4	36	17	13	16	20	3.16
	Evansville	Central	34	237	13	12	221	112	85	74	187	3.23
1914	Evansville	Central	36	281	22	7	198	88	70	103	**249**	2.24
	Cincinnati	National	8	44	0	2	41	22	15	12	21	3.07
1915	Salt Lake	Pacific Coast	58	312	22	17	312	159	105	111	177	3.03
1916	Salt Lake	Pacific Coast	**65**	**448**	29	19	407	**191**	148	158	203	2.97
1917	Philadelphia	National	17	56	1	1	69	36	28	27	13	4.50
1918	Los Angeles	Pacific Coast	25	210	11	**13**	187	77	62	**86**	85	2.66
1919	Los Angeles	Pacific Coast	47	301	18	20	286	132	101	121	102	3.02
1920	Sacramento	Pacific Coast	46	331	19	21	326	144	113	110	153	3.07
1921	Sacramento	Pacific Coast	49	**361**	25	14	370	137	116	82	**164**	2.89
1922	Sacramento	Pacific Coast	49	334	16	**26**	346	167	123	107	152	3.31
1923	Sacramento	Pacific Coast	40	225	15	14	265	136	96	71	83	3.84
1924	St. Paul	American Association	41	214	16	10	246	133	104	97	64	4.37
1925	Asheville	SALLY	15	112	8	5	116	60	46	29	49	3.70
	Atlanta	Southern Association	14	65	2	5	100	51	42	27	14	5.82

YEAR	CLUB	LEAGUE	G	IP	W	L	H	R	ER	BB	SO	ERA
1926-27						Did not play in organized baseball						
1928	Carrolltown	Georgia-Alabama	28	225	21	2	194	64	40	29	137	1.60
1929	Carrolltown	Georgia-Alabama	23	174	16	2	165	56	40	30	89	2.07
1930	Anniston	Georgia-Alabama	17	128	11	4	154	62	50	17	45	3.52
	Majors		25	100	1	3	110	58	43	39	34	3.87
	Minors		663	4528	294	228	4190	1946	1531	1455	2359	3.04

Guy William Fletcher

Born August 23, 1913 at East Bend, NC.
Threw right. Batted right. Height: 6-1. Weight: 190.

Manager for Modesto, California, 1953; Lewiston, Western International, 1954.

YEAR	CLUB	LEAGUE	G	IP	W	L	H	R	ER	BB	SO	ERA
1933	Winston-Salem	Piedmont	2	4	1	0	6	5	4	4	4	9.00
1934						Did not play in organized baseball						
1935	Beaumont	Texas	19	106	5	8	104	74	56	42	37	4.75
	Springfield	Three I	10	60	4	3	48	26	20	14	33	3.00
1936	San Antonio	Texas	33	118	4	8	137	75	60	51	38	4.58
	Palestine	East Texas	7	44	2	4	53	31	30	17	23	6.14
1937	Hazleton	New York-Pennsylvania	32	207	10	12	226	101	89	61	54	3.87
1938	Hazleton	Eastern	23	155	11	8	163	66	59	56	53	3.43
	Minneapolis	American Association	1	5	0	0	9	5	5	0	2	9.00
	Baltimore	International	6	19	1	2	21	–	14	15	6	6.63
1939	Scranton/Wilkes-Barre	Eastern	27	130	8	10	147	93	73	61	65	5.05
1940	Wilkes-Barre	Eastern	30	158	6	9	175	98	87	65	58	4.96
1941	Springfield	Eastern	4	9	1	0	17	9	7	6	5	7.00
1942	Knoxville	SALLY	7	18	0	1	16	13	13	16	6	6.50
	Richmond	Piedmont	27	196	13	9	174	76	52	68	133	2.39
1943	Richmond	Piedmont	5	39	5	0	37	18	13	11	28	3.00
1944	Sacramento	Pacific Coast	38	268	12	19	249	111	84	94	126	2.82
1945	Sacramento	Pacific Coast	45	335	24	14	292	104	87	92	144	2.34
1946	Sacramento	Pacific Coast	36	225	19	12	230	86	84	74	92	3.36
1947	Sacramento/Seattle	Pacific Coast	43	284	18	13	279	118	114	87	121	3.61
1948	Seattle	Pacific Coast	37	249	16	15	269	110	102	82	114	3.69
1949	Seattle	Pacific Coast	42	318	23	12	317	116	116	113	162	3.28
1950	Seattle	Pacific Coast	35	217	11	12	249	115	105	83	88	4.35
1951	San Francisco/San Diego	Pacific Coast	28	170	9	12	181	76	65	62	91	3.44
1952	San Diego	Pacific Coast	36	232	14	16	236	121	97	87	108	3.76
1953	Modesto	California	31	217	13	10	180	76	57	50	139	2.36
1954	Lewiston	Western International	25	199	11	12	221	107	83	57	86	3.75
	Sacramento	Pacific Coast	5	9	1	1	9	6	4	5	4	4.00
	Minors		634	3991	242	222	4045	1836	1580	1373	1820	3.56

Gary Reese Fortune

Born October 11, 1894 at High Point, NC.
Died September 23, 1955 at Washington, DC.
Threw right. Batted both. Height: 5-11½. Weight: 176.

YEAR	CLUB	LEAGUE	G	IP	W	L	H	R	ER	BB	SO	ERA
1914	Asheville	North Carolina State	19	113	5	5	91	59	–	45	56	–
1915	Asheville	North Carolina State	47	309	22	10	241	115	–	98	209	–
1916	New London	Eastern	30	239	19	7	–	–	–	87	159	–
	Philadelphia	National	1	5	0	1	2	2	2	4	3	3.60
1917	New London	Eastern	21	146	5	10	135	59	46	67	72	2.84
1918	New London	Eastern	18	142	13	2	97	27	–	44	77	–
	Philadelphia	National	5	31	0	2	41	30	28	19	10	8.13
1919	Pittsfield	Eastern	41	304	24	9	227	95	–	96	182	–
1920	Springfield	Eastern	6	54	6	0	42	18	–	11	33	2.33
	Boston	American	14	42	0	2	46	32	27	23	10	5.79
1921	Toronto	International	34	219	14	15	207	116	88	122	120	3.62
1922	Toronto	International	1	2	0	0	3	3	–	2	0	–
	Springfield	Eastern	30	240	18	9	230	92	67	75	121	2.51
1923	Springfield	Eastern	43	328	22	12	358	183	144	132	120	3.95
1924	Springfield	Eastern	35	286	23	9	275	130	119	91	118	3.74
1925	Springfield	Eastern	34	264	14	15	268	130	97	84	120	3.31

YEAR	CLUB	LEAGUE	G	IP	W	L	H	R	ER	BB	SO	ERA
1926	Asheville	SALLY	12	73	5	2	86	38	27	18	26	3.33
	Springfield	Eastern	14	90	5	5	87	45	42	30	28	4.20
1927	Springfield	Eastern	34	240	12	16	263	127	103	82	76	3.86
1928	Springfield	Eastern	34	263	19	12	301	122	108	84	74	3.70
1929	Hartford	Eastern	27	170	8	12	209	115	87	84	70	4.61
1930	New Haven	Eastern	7	33	3	2	47	30	–	21	8	–
		Majors	20	78	0	5	89	64	57	46	23	6.58
		Minors	487	3515	237	152	3167	1504	928	1273	1669	–

JOHN ARTHUR "ART" FOWLER

Born July 3, 1922 at Converse, SC.
Threw right. Batted right. Height: 5-11. Weight: 180.

Coach for Los Angeles, American, 1964; Minnesota, American, 1969; Detroit, American, 1971-1973; Texas, American, 1974-1975; New York, American, 1977-1978; Oakland, American, 1980-1981.

YEAR	CLUB	LEAGUE	G	IP	W	L	H	R	ER	BB	SO	ERA
1944	Bristol	Appalachian	26	169	13	6	187	77	52	40	108	2.77
1945	Danville	Carolina	30	253	**23**	6	221	109	72	81	177	2.56
1946	Jersey City	International	31	118	4	8	140	82	73	65	55	5.57
1947	Minneapolis	American Association	2	3	0	0	5	5	4	3	1	12.00
	Jacksonville	SALLY	36	210	11	14	233	123	84	87	107	3.60
1948	Jacksonville	SALLY	37	234	19	10	221	101	88	92	124	3.38
1949	Atlanta	Southern Association	42	113	7	6	120	59	50	55	66	3.98
1950	Atlanta	Southern Association	41	241	19	12	242	111	92	101	129	3.44
1951	Milwaukee	American Association	17	78	4	7	101	48	46	27	51	5.31
	Atlanta	Southern Association	18	95	6	5	104	52	45	41	58	4.26
1952	Atlanta	Southern Association	38	236	16	10	224	100	88	96	130	3.36
1953	Atlanta	Southern Association	**54**	261	18	10	**273**	102	88	80	149	**3.03**
1954	Cincinnati	National	40	228	12	10	256	112	97	85	93	3.83
1955	Cincinnati	National	46	208	11	10	198	96	90	63	94	3.89
1956	Cincinnati	National	45	178	11	11	191	92	80	35	86	4.04
1957	Cincinnati	National	33	88	3	0	111	65	63	24	45	6.44
1958	Seattle/Spokane	Pacific Coast	38	249	16	13	225	93	83	51	136	3.00
1559	Los Angeles	National	36	61	3	4	70	39	36	23	47	5.31
	Spokane	Pacific Coast	8	44	4	2	52	32	29	7	23	5.93
1960	St. Paul	American Association	36	187	13	10	208	70	61	38	109	2.94
1961	Omaha	American Association	10	55	5	3	61	33	30	21	33	4.91
1962	Los Angeles	American	53	89	5	8	68	42	36	29	78	3.64
1963	Los Angeles	American	48	77	4	3	67	25	24	25	38	2.81
1964	Los Angeles	American	57	89	5	3	70	26	24	19	53	2.43
1965	Los Angeles	American	4	7	0	2	8	8	8	5	5	10.29
1966	Denver	Pacific Coast	53	82	4	4	96	43	36	25	55	3.95
1967	Denver	Pacific Coast	46	70	8	2	62	18	18	16	47	2.31
1968	Denver	Pacific Coast	39	52	5	3	52	22	19	12	30	3.29
1969	Denver	American Association	28	56	1	1	45	14	12	11	43	1.93
1970	Denver	American Association	45	68	9	5	67	22	12	16	30	1.59
		Majors	362	1024	54	51	1039	505	458	308	539	4.03
		Minors	675	2830	205	137	2939	1316	1082	965	1661	3.44

ANTONIO "TONY" FREITAS

Born May 5, 1908 at Mill Valley, CA.
Died March 15, 1994 at Orangevale, CA.
Threw left. Batted right. Height: 5-8. Weight: 161

Manager for Modesto, California, 1951; Sacramento, Pacific Coast, 1955.
Coach for Sacramento, Pacific Coast, 1954

YEAR	CLUB	LEAGUE	G	IP	W	L	H	R	ER	BB	SO	ERA
1928	Phoenix	Arizona State	14	116	5	4	116	70	59	27	36	4.58
1929	Globe	Arizona State	28	167	12	11	190	104	67	47	104	3.61
	Sacramento	Pacific Coast	18	59	2	4	73	48	42	29	27	6.41
1930	Sacramento	Pacific Coast	42	275	19	6	287	116	99	74	121	3.24
1931	Sacramento	Pacific Coast	39	297	19	13	311	128	102	102	156	3.09
1932	Sacramento	Pacific Coast	11	65	6	4	53	33	26	28	35	3.61
	Philadelphia	American	23	150	12	5	150	68	64	48	31	3.83

YEAR	CLUB	LEAGUE	G	IP	W	L	H	R	ER	BB	SO	ERA
1933	Philadelphia	American	19	64	2	4	90	56	52	24	15	7.27
	Portland	Pacific Coast	11	75	4	7	102	44	33	15	48	3.98
1934	St. Paul	American Association	8	46	2	3	38	17	16	8	17	3.13
	Cincinnati	National	30	153	6	12	194	80	68	25	37	4.01
1935	Cincinnati	National	31	144	5	10	174	95	73	38	51	4.57
1936	Cincinnati	National	4	7	0	2	6	2	1	2	1	1.29
	Columbus	American Association	25	126	10	8	170	94	82	30	49	5.86
1937	Sacramento	Pacific Coast	37	290	23	12	262	103	92	36	108	2.86
1938	Sacramento	Pacific Coast	38	290	24	11	298	103	86	46	159	2.67
1939	Sacramento	Pacific Coast	43	**332**	21	**18**	350	130	106	37	**172**	2.87
1940	Sacramento	Pacific Coast	41	**332**	20	19	**350**	128	100	48	146	2.71
1941	Sacramento	Pacific Coast	41	300	21	15	297	101	90	38	112	2.70
1942	Sacramento	Pacific Coast	44	295	24	13	322	108	96	36	98	2.93
1943-45							Military Service					
1946	Sacramento	Pacific Coast	40	296	16	20	307	104	77	50	126	2.34
1947	Sacramento	Pacific Coast	41	215	13	17	242	103	92	46	104	3.85
1948	Sacramento	Pacific Coast	31	192	12	11	221	81	66	32	59	3.09
1949	Sacramento	Pacific Coast	31	78	4	4	88	38	35	26	31	4.04
1950	Sacramento	Pacific Coast	9	11	0	1	14	11	11	12	4	9.00
	Modesto	California	33	218	20	6	198	84	62	37	134	**2.56**
1951	Modesto	California	41	283	**25**	9	277	119	94	43	153	2.99
1952	Stockton	California	36	268	18	13	263	106	87	40	151	2.92
1953	Stockton	California	34	**279**	**22**	9	261	100	74	45	174	2.38
		Majors	107	518	25	33	614	301	258	137	135	4.48
		Minors	736	4905	342	238	5090	2073	1694	932	2324	3.11

SAMUEL W. FROCK

Born December 23, 1882 at Bronx, NY.
Died November 3, 1925 at Baltimore, MD.
Threw right. Batted right. Height: 6-0. Weight: 168.

Manager for Laurel/Pocomoke, Eastern Shore, 1922.

YEAR	CLUB	LEAGUE	G	IP	W	L	H	R	ER	BB	SO	ERA
1905	Concord	New England	—	—	19	9	—	—	—	—	—	—
1906	Worcester	New England	31	—	20	7	—	—	—	—	—	—
1907	Worcester	New England	36	—	23	12	—	—	—	—	—	—
	Boston	National	5	33	1	2	28	—	11	11	12	2.97
1908	Providence	Eastern	47	325	24	14	266	128	—	111	149	—
1909	Pittsburgh	National	8	36	2	1	44	—	10	4	11	2.48
1910	Pittsburgh/Boston	National	46	257	11	20	247	137	92	93	171	3.22
1911	Boston	National	4	16	0	1	29	—	10	5	8	5.63
	Atlanta	Southern Association	7	37	0	6	49	30	—	11	7	—
	Baltimore	Eastern	32	194	14	8	199	73	—	30	84	—
1912	Baltimore	International	9	28	1	3	41	24	—	8	8	—
	Wilkes-Barre/Utica	New York State	17	139	6	9	140	56	—	21	51	—
1913	Utica	New York State	34	—	16	15	246	122	—	40	94	—
1914	Utica	New York State	34	279	18	13	233	88	—	38	83	—
1915	Binghamton	New York State	29	—	16	8	215	84	—	35	68	—
1916	Binghamton	New York State	34	—	16	18	224	88	—	28	41	—
1917	Binghamton	New York State	27	—	21	6	165	50	—	27	60	—
1918	Binghamton	New York State	22	143	9	9	117	47	30	29	75	1.88
		Majors	63	343	14	24	348	—	123	113	202	3.23
		Minors	359	1145	203	137	1923	790	—	378	720	—

OSCAR LAWRENCE FUHR

Born August 22, 1893 at Defiance, MO.
Died March 27, 1975 at Dallas, TX.
Threw left. Batted right. Height: 5-10. Weight: 170.

YEAR	CLUB	LEAGUE	G	IP	W	L	H	R	ER	BB	SO	ERA
1917	Hannibal	Three I	14	—	6	7	—	—	—	—	—	—
	Marshalltown	Central Association					less than 5 games					
1918	Omaha	Western	7	43	2	3	41	20	15	17	33	3.14
1919	Omaha	Western	37	220	8	16	224	120	—	68	163	—
1920	Omaha	Western	44	338	20	17	299	154	—	89	171	—

YEAR	CLUB	LEAGUE	G	IP	W	L	H	R	ER	BB	SO	ERA
1921	Chicago	National	1	4	0	0	11	9	4	0	2	9.00
	Kansas City	American Association	39	174	5	14	242	149	120	70	64	6.21
1922	Mobile	Southern Association	49	294	22	14	294	128	108	87	106	3.30
1923	Mobile	Southern Association	44	313	23	14	314	108	82	59	112	2.36
1924	San Antonio	Texas	8	46	5	2	55	18	16	17	30	4.14
	Boston	American	23	80	3	6	100	71	53	39	30	5.96
1925	Boston	American	39	91	0	6	138	83	67	30	27	6.61
1926	Mobile	Southern Association	38	247	12	16	282	144	125	97	68	4.55
1927	Nashville	Southern Association	44	256	17	13	269	112	92	77	**103**	3.25
1928	Nashville	Southern Association	42	255	16	18	323	171	128	77	85	4.52
1929	New Orleans	Southern Association	41	218	18	14	259	126	107	56	84	4.42
1930	New Orleans	Southern Association	40	225	17	10	265	148	122	61	70	4.89
1931	Dallas	Texas	33	179	8	11	181	101	75	67	92	3.78
1932	Dallas	Texas	36	200	21	7	178	66	62	59	120	2.79
1933	Dallas/Houston	Texas	15	52	2	4	71	39	32	24	16	5.58
1934	Toronto	International	7	38	2	2	41	—	—	16	10	—
		Majors	63	175	3	12	249	163	124	69	59	6.35
		Minors	538	3098	204	182	3349	1613	1088	941	1337	3.91

WHEELER BISHOP "MOOSE" FULLER

Born January 19, 1893 at Ceredo, WV.
Died August 5, 1943 at Albany, NY.
Threw right. Batted right. Height: 5-11½. Weight: 180.

Spitball pitcher.

YEAR	CLUB	LEAGUE	G	IP	W	L	H	R	ER	BB	SO	ERA
1913	Lawrence/New Bedford	New England	33	—	11	14	—	—	—	—	—	—
1914	Lawrence	New England	38	—	18	17	—	—	—	—	—	—
1915	Lawrence	New England	34	—	15	10	—	—	—	—	—	—
1916	Lawrence/New London	Eastern	31	235	16	12	202	—	—	48	109	—
1917	Lawrence	Eastern	18	123	10	4	95	33	25	20	44	1.83
1918							Military service					
1919	Shreveport	Texas	6	51	4	1	46	16	—	13	20	—
1920	Waterbury	Eastern	26	190	9	11	187	74	—	25	77	2.66
1921	Waterbury	Eastern	36	304	20	14	274	110	69	55	150	2.04
1922	Waterbury	Eastern	43	317	19	20	302	146	105	53	118	2.98
1923	Waterbury	Eastern	36	250	12	17	301	125	89	35	75	3.20
1924	Waterbury	Eastern	35	248	17	13	258	97	73	43	73	2.65
1925	Waterbury	Eastern	44	263	20	15	291	133	88	50	88	3.01
1926	Albany	Eastern	32	228	16	10	246	109	69	24	81	2.72
1927	Albany	Eastern	42	260	22	11	280	115	90	48	88	3.12
1928	Albany	Eastern	40	219	13	13	240	113	98	52	63	4.03
1929	Albany	Eastern	28	125	8	8	157	90	74	46	42	5.33
		Minors	522	2813	230	190	2879	1161	780	512	1028	—

RALPH GARCIA

Born December 14, 1948 at Los Angeles, CA.
Threw right. Batted right. Height: 6-0. Weight: 195.

YEAR	CLUB	LEAGUE	G	IP	W	L	H	R	ER	BB	SO	ERA
1970	Tri-City	Northwest	2	7	0	1	9	10	3	9	16	3.86
	Lodi	California	13	84	3	6	78	46	39	53	108	4.18
1971	Lodi	California	26	179	11	12	140	92	73	115	199	3.67
1972	Hawaii	Pacific Coast	29	177	8	8	192	100	87	83	157	4.42
	San Diego	National	3	5	0	0	4	1	1	3	3	1.80
1973	Hawaii	Pacific Coast	22	127	6	10	118	81	69	79	119	4.89
1974	Hawaii	Pacific Coast	21	116	7	5	104	67	60	65	122	4.66
	San Diego	National	8	10	0	0	15	8	7	7	9	6.30
1975	Alexandria	Texas	16	116	7	6	102	58	47	58	79	3.65
1976	Juarez	Mexican	25	155	11	8	143	60	52	73	122	3.02
1977	Juarez	Mexican	20	167	14	5	104	47	33	55	114	1.78
1978	Juarez	Mexican	18	141	5	10	127	56	46	38	114	2.94
1979	Juarez	Mexican	29	261	20	6	199	61	49	60	**222**	**1.69**
1980	Juarez	Mexican #1	17	130	10	3	107	37	33	31	112	2.28
	Juarez	Mexican #2	8	75	**6**	0	59	14	10	11	**47**	1.20

YEAR	CLUB	LEAGUE	G	IP	W	L	H	R	ER	BB	SO	ERA
1981	Juarez	Mexican	26	212	**20**	5	176	58	43	42	**187**	1.83
1982	Juarez	Mexican	28	208	**19**	8	165	70	53	52	177	2.29
1983					Did not play in organized baseball							
1984	Juarez	Mexican	28	225	16	9	244	121	99	72	184	3.96
1985	Union Laguna	Mexican	12	80	4	4	98	62	51	42	63	5.74
1986	Saltillo	Mexican	28	198	11	13	210	134	123	72	155	5.59
1987					Did not play in organized baseball							
1988	Aguascalientes	Mexican	27	183	11	10	176	111	92	78	152	4.52
		Majors	11	15	0	0	19	9	8	10	12	4.80
		Minors	395	2841	189	129	2551	1285	1062	1088	2449	3.36

HARRY RAY GARDNER

Born July 1, 1887 at Quincy, MI.
Died August 2, 1961 at Canby, OR.
Threw right. Batted right. Height: 6-2. Weight: 180.

YEAR	CLUB	LEAGUE	G	IP	W	L	H	R	ER	BB	SO	ERA
1909	Boise	Inter-Mountain	3	22	1	1	18	15	—	9	18	—
1910	Vancouver	Northwestern	35	288	22	13	199	76	—	97	201	—
1911	Pittsburgh	National	13	42	1	1	39	25	21	20	24	4.50
1912	Pittsburgh	National	1	1	0	0	3	6	0	1	0	0.00
	St. Paul	American Association	31	181	12	10	203	108	—	84	81	—
1913	St. Paul	American Association	44	245	11	11	233	126	—	91	98	—
1914	St. Paul	American Association	42	265	6	25	276	159	124	102	116	4.21
1915	St. Paul/Kansas City	American Association	48	246	13	14	282	126	100	62	94	3.66
1916	Kansas City	American Association	2	5	0	0	8	6	6	1	1	10.80
	Lincoln	Western	38	272	17	14	290	—	97	58	138	3.21
1917	Great Falls/Tacoma	Northwestern	23	184	12	8	161	84	—	69	108	—
	Portland	Pacific Coast	22	124	7	6	122	48	29	33	24	2.10
1918	Sacramento	Pacific Coast	27	195	12	8	183	69	48	34	78	2.22
1919	Sacramento/Seattle	Pacific Coast	29	168	10	12	165	76	62	44	56	3.32
1920	Seattle	Pacific Coast	46	279	20	15	263	119	78	54	115	2.52
1921	Seattle	Pacific Coast	41	291	18	12	310	136	95	75	115	2.94
1922	Seattle	Pacific Coast	42	287	17	15	301	141	104	73	128	3.26
1923	Seattle	Pacific Coast	41	305	22	12	314	127	105	59	98	3.10
1924	Portland	Pacific Coast	16	99	5	6	139	83	59	29	33	5.36
		Majors	14	43	1	1	42	31	21	21	24	4.40
		Minors	530	3456	205	182	3467	1499	907	974	1502	—

THOMAS EDWARD "LEFTY" GEORGE

Born August 13, 1886 at Pittsburgh, PA.
Died May 13, 1955 at York, PA.
Threw left. Batted left. Height: 6-0. Weight: 155.

Pitched for York in 1943-1944 when he was 57 years old.

YEAR	CLUB	LEAGUE	G	IP	W	L	H	R	ER	BB	SO	ERA
1909	Montgomery	Southern Association	4	33	0	3	32	14	11	6	10	3.00
	York	Tri-State	32	246	6	**20**	250	151	—	70	108	—
1910	York	Tri-State	33	249	12	20	209	120	—	61	144	—
	Indianapolis	American Association	10	89	7	3	69	32	—	23	32	—
1911	St. Louis	American	27	116	4	9	136	81	54	51	23	4.18
1912	Cleveland	American	11	44	0	5	69	40	24	18	18	4.91
	Toledo	American Association	18	122	10	7	94	45	—	41	52	—
1913	Toledo	American Association	40	288	16	20	281	133	—	109	110	—
1914	Cleveland	American Association	40	215	13	18	266	149	119	119	94	3.90
1915	Cincinnati	National	5	28	2	2	24	12	12	8	11	3.86
	Kansas City	American Association	22	102	3	2	111	63	42	53	31	3.71
	New Orleans	Southern Association	7	40	1	2	49	27	—	20	15	—
1916	Columbus	American Association	34	252	12	15	252	—	92	90	85	3.29
1917	Columbus	American Association	55	262	19	14	263	100	76	89	89	2.67
1918	Columbus	American Association	**28**	148	11	9	122	55	35	53	52	2.12
	Boston	National	9	54	1	5	56	25	14	21	22	2.33
1919	Columbus	American Association	41	278	20	15	270	101	76	90	77	2.46
1920	Columbus/Minneapolis	American Association	44	260	12	19	279	139	109	83	89	3.77
1921	Minneapolis	American Association	42	156	10	8	173	96	70	61	67	4.04
1922					Voluntarily retired							

YEAR	CLUB	LEAGUE	G	IP	W	L	H	R	ER	BB	SO	ERA
1923	York	New York-Pennsylvania	38	260	19	10	257	130	–	62	162	–
1924	York	New York-Pennsylvania	44	262	25	8	231	92	–	68	161	–
1925	York	New York-Pennsylvania	36	286	27	7	240	89	72	68	129	2.27
1926	York	New York-Pennsylvania	35	258	17	14	253	91	56	63	83	1.95
1927	York	New York-Pennsylvania	29	191	14	8	185	69	56	47	67	2.64
1928	York	New York-Pennsylvania	36	232	16	13	228	86	68	49	76	2.64
1929	York	New York-Pennsylvania	36	267	20	13	323	133	103	69	66	3.47
1930	York	New York-Pennsylvania	28	156	11	9	222	119	104	46	43	6.00
1931	York	New York-Pennsylvania	1	5	0	1	9	–	–	1	2	–
1932	York	New York-Pennsylvania	28	187	11	8	204	88	65	39	69	3.13
1933	York	New York-Pennsylvania	19	100	5	7	127	51	41	18	31	3.69
1934-39							Voluntarily retired					
1940		Interstate	5	42	3	2	51	15	–	7	15	–
1941-42							Voluntarily retired					
1943	York	Interstate	21	105	7	8	122	75	55	28	22	4.71
1944	York	Interstate	2	1	0	0	–	–	–	–	–	–
		Majors	52	242	7	21	285	158	104	98	74	3.87
		Minors	808	5152	327	287	5172	2263	1250	1533	1991	3.17

SAMUEL BRAXTON GIBSON

Born August 5, 1899 at King, NC.
Died January 31, 1983 at High Point, NC.
Threw right. Batted left. Height: 6-2. Weight: 198.

Manager for Bremerton, Western International, 1946; Radford, Blue Ridge, 1947; Warsaw, Tobacco State, 1948; Griffin, Georgia-Alabama, 1949; Rutherford County, Western Carolina, 1949.

YEAR	CLUB	LEAGUE	G	IP	W	L	H	R	ER	BB	SO	ERA
1923	Danville	Piedmont	40	250	19	11	255	115	–	69	120	–
1924	Asheville	SALLY	38	284	17	12	284	131	113	90	140	3.58
1925	Toronto	International	39	256	19	11	256	115	91	80	125	3.20
1926	Detroit	American	35	196	12	9	199	94	76	75	61	3.49
1927	Detroit	American	33	190	11	12	201	113	78	86	76	3.70
1928	Detroit	American	20	120	5	8	155	83	72	52	29	5.40
1929	Toronto	International	32	164	9	10	161	65	55	62	71	3.02
1930	Toronto	International	33	198	15	11	187	99	88	79	110	4.00
	New York	American	2	6	0	1	14	10	10	6	3	15.00
1931	San Francisco	Pacific Coast	41	337	28	12	338	108	93	59	204	2.48
1932	New York	National	41	82	4	8	107	51	44	30	39	4.83
1933	Portland	Pacific Coast	33	234	15	14	248	118	104	60	132	4.00
1934	San Francisco	Pacific Coast	47	313	21	17	297	116	103	74	171	2.96
1935	San Francisco	Pacific Coast	38	252	22	4	269	122	97	48	121	3.45
1936	San Francisco	Pacific Coast	39	298	18	15	297	115	93	70	172	2.81
1937	San Francisco	Pacific Coast	35	260	19	8	263	102	82	55	146	2.83
1938	San Francisco	Pacific Coast	38	284	23	12	243	96	84	59	151	2.66
1939	San Francisco	Pacific Coast	34	265	22	9	242	96	66	51	136	2.24
1940	San Francisco	Pacific Coast	35	263	14	14	245	106	83	57	126	2.83
1941	San Francisco	Pacific Coast	22	163	13	7	160	73	60	41	72	3.31
1942	San Francisco	Pacific Coast	34	249	20	12	277	84	77	41	87	2.78
1943	San Francisco	Pacific Coast	20	125	6	5	122	41	34	27	34	2.45
1944	San Francisco	Pacific Coast	18	114	4	8	124	51	50	26	27	3.95
1945	Oakland	Pacific Coast	18	65	2	3	76	37	23	14	17	3.14
1946	Bremerton	Western International	6	22	1	0	32	18	–	3	6	–
1947	Reidsville	Tri-State	5	21	0	1	37	24	17	4	7	7.39
	Radford	Blue Ridge	5	20	0	2	29	16	–	2	13	–
1948	Warsaw	Tobacco State	5	20	0	2	28	12	–	2	7	–
1949	Griffin	Georgia-Alabama	6	12	0	0	–	–	–	–	–	–
		Majors	131	594	32	38	676	351	280	249	208	4.24
		Minors	661	4469	307	200	4460	1860	1413	1073	2195	3.08

SALVADOR MICHAEL GLIATTO

Born May 7, 1902 at Chicago IL.
Threw right. Batted both. Height: 5-8. Weight: 150.

YEAR	CLUB	LEAGUE	G	IP	W	L	H	R	ER	BB	SO	ERA
1927	Terre Haute	Three I	36	238	19	11	199	106	81	99	86	3.06
1928	Terre Haute	Three I	29	205	14	9	217	105	93	52	90	4.08

YEAR	CLUB	LEAGUE	G	IP	W	L	H	R	ER	BB	SO	ERA
1929	Terre Haute	Three I	40	248	17	12	247	105	82	68	79	2.98
1930	Cleveland	American	8	15	0	0	21	15	11	9	7	6.60
1931	New Orleans	Southern Association	45	281	20	15	308	129	119	63	91	3.81
1932	New Orleans	Southern Association	44	208	8	19	254	138	118	75	52	5.11
1933	Dallas	Texas	32	184	14	10	153	94	76	72	88	3.72
1934	Dallas	Texas	41	226	12	11	236	123	101	90	96	4.02
1935	Dallas	Texas	43	257	15	15	234	108	76	68	108	2.66
1936	Dallas	Texas	35	204	13	9	227	97	77	53	84	3.40
1937	St. Paul	American Association	37	94	1	3	133	85	77	42	39	7.37
1938	Dallas	Texas	40	268	18	16	259	120	103	75	108	3.46
1939	Dallas	Texas	38	214	14	16	225	113	82	58	92	3.45
1940	Dallas	Texas	26	158	12	8	155	67	48	30	77	2.73
1941	Dallas	Texas	42	268	21	10	262	102	81	47	117	2.72
1942	Dallas	Texas	31	185	7	14	170	70	63	52	81	3.06
1943-45							No record available					
1946	Greenville	East Texas	39	186	11	10	208	99	79	29	89	3.82
1947-48							No record available					
1949	Greenville	Big State	34	102	7	7	103	54	41	29	44	3.62
		Majors	8	15	0	0	21	15	11	9	7	6.60
		Minors	652	3646	233	201	3707	1776	1446	1045	1452	3.57

Oscar M. Graham

Born July 20, 1878 at Plattsmouth, NE.
Died October 15, 1931 at Moline IL.
Threw left. Batted left. Height: 6-0½.

YEAR	CLUB	LEAGUE	G	IP	W	L	H	R	ER	BB	SO	ERA
1901	Omaha	Western	17	134	6	10	133	87	–	57	72	–
	Rock Island	Three I	131	101	1	8	100	81	–	44	84	–
1902	Omaha	Western	36	270	16	17	258	136	–	128	160	–
	Oakland	Pacific Coast	16	–	6	9	117	–	–	22	29	–
1903	Oakland	Pacific Coast	61	505	28	29	487	292	–	233	139	–
1904	Oakland	Pacific Coast	46	380	19	23	462	192	–	124	157	–
1905	Oakland	Pacific Coast	60	500	28	25	414	184	–	191	210	–
1906	Oakland	Pacific Coast	52	–	24	24	–	–	–	–	–	–
1907	Washington	American	20	104	4	9	116	66	46	29	44	3.98
	Minneapolis	American Association	12	102	7	4	93	36	–	34	51	–
1908	Minneapolis	American Association	20	111	8	5	104	54	–	33	53	–
1909	Indianapolis	American Association	40	254	15	15	218	102	–	93	118	–
1910	Indianapolis/Milwaukee	American Association	27	156	8	10	124	60	–	52	55	–
1911	Milwaukee	American Association	7	43	1	3	42	20	–	15	15	–
	Wheeling	Central	24	187	10	11	162	75	–	65	88	–
1912	Wheeling	Central	32	259	19	8	227	91	–	80	122	–
1913	Wheeling	Interstate	19	159	8	9	158	61	–	43	78	–
	Battle Creek	Southern Michigan Association					No record available					
1914	Wichita	Western	3	13	0	2	22	16	–	3	5	–
	Terre Haute/Evansville	Central	32	227	10	14	240	108	–	69	118	–
1915	Moline	Three I	27	206	16	8	151	65	36	67	108	1.57
1916	Moline	Three I	38	277	23	12	249	103	71	109	111	2.31
1917	Moline	Three I	19	124	9	6	127	65	41	41	52	2.98
	Joplin	Western	19	134	9	6	104	–	20	37	46	1.34
1918							Did not play in organized baseball					
1919	Moline/Rockford	Three I	10	72	3	3	70	42	32	35	27	4.00
		Majors	20	104	4	9	116	66	46	29	44	3.98
		Minors	630	4214	274	261	4062	1870	200	1575	1896	–

Edward R. "Bear Tracks" Greer

Born April 4, 1901 at Grant, VA.
Died April 8, 1955 at Pueblo, CO.
Threw right. Batted right. Height: 6-3. Weight: 220.

YEAR	CLUB	LEAGUE	G	IP	W	L	H	R	ER	BB	SO	ERA
1923	Denver	Western	3	7	0	1	17	16	–	8	4	–
1924	Denver	Western					Voluntarily retired					
1925	Denver	Western	10	26	0	2	31	27	–	10	12	–

YEAR	CLUB	LEAGUE	G	IP	W	L	H	R	ER	BB	SO	ERA
1926	Denver	Western	**58**	344	21	15	369	187	–	102	184	–
1927	Denver	Western	46	277	14	**22**	295	138	–	85	152	–
1928	Denver	Western	48	287	13	20	315	168	–	84	126	–
1929	Denver	Western	47	230	11	19	297	162	–	90	99	–
1930	Denver	Western	39	238	19	9	266	133	105	108	154	3.97
1931	Denver	Western	35	223	15	8	238	115	93	70	152	3.75
1932	Denver	Western	38	**261**	21	12	275	139	–	89	126	–
1933	Houston	Texas	37	272	**22**	10	260	94	83	74	137	2.71
1934	Columbus	American Association	39	251	15	11	249	115	98	70	88	3.51
1935	Memphis	Southern Association	41	236	13	13	234	112	94	58	115	3.58
1936	Fort Worth	Texas	39	270	16	13	272	120	102	53	84	3.40
1937	Fort Worth	Texas	39	278	18	15	292	141	120	79	167	3.87
1938	Fort Worth	Texas	18	149	7	9	124	44	36	22	60	2.16
1939	Fort Worth	Texas	36	288	**22**	11	248	95	73	63	125	**2.29**
1940	Fort Worth	Texas	42	211	7	17	242	128	103	49	85	4.39
1941	Fort Worth	Texas	40	232	14	17	231	109	82	76	74	3.18
1942	Fort Worth	Texas	27	163	14	11	176	76	62	25	44	3.42
1943	Little Rock	Southern Association	30	179	12	13	208	102	84	39	49	4.22
1944	Little Rock/Memphis	Southern Association	25	133	8	7	137	61	48	33	47	3.25
1945	Memphis	Southern Association	26	125	8	10	148	70	52	25	51	3.74
1946	Gadsden	Southeastern	8	27	2	5	25	10	–	6	7	–
	Texarkana/Greenville	East Texas	7	49	3	2	84	36	28	10	20	5.13
		Minors	778	4756	295	272	5013	2398	1263	1328	2162	3.45

HOWARD WATTERSON GREGORY

Born November 18, 1886 at Hannibal, MO.
Died May 30, 1970 at Tulsa, OK.
Threw right. Batted left. Height: 6-0. Weight: 175.

Manager for Wichita, Western, 1922-1926; Topeka, Western, 1931.

YEAR	CLUB	LEAGUE	G	IP	W	L	H	R	ER	BB	SO	ERA
1909	Springfield	Western Association	28	–	10	14	–	–	–	58	128	–
1910	Joplin	Western Association	25	–	18	3	–	–	–	52	115	–
1911	St. Louis	American	3	7	0	1	11	5	4	4	1	5.14
	Oakland	Pacific Coast	33	201	16	10	–	81	–	60	64	–
1912	Oakland	Pacific Coast	37	274	18	14	–	109	–	80	98	–
1913	Oakland/Los Angeles	Pacific Coast	37	187	5	16	232	123	–	75	50	–
1914	Sacramento	Pacific Coast	46	249	13	14	290	124	76	80	67	2.75
1915	Salt Lake City	Pacific Coast	39	204	13	11	220	121	97	81	65	4.28
1916	Salt Lake City	Pacific Coast	7	48	2	4	51	24	20	18	5	3.75
	Lincoln	Western	40	277	14	13	286	–	100	69	85	3.25
1917	Lincoln	Western	39	319	23	8	304	–	77	60	86	2.17
1918							Military service					
1919	Sioux City/Wichita	Western	42	295	18	14	290	141	–	50	103	–
1920	Wichita	Western	45	320	25	13	325	140	–	47	93	–
1921	Wichita	Western	48	304	22	13	275	152	–	45	63	–
1922	Wichita	Western	41	302	22	12	366	164	–	45	57	–
1923	Wichita	Western	24	148	7	7	182	89	–	34	25	–
1924	Wichita	Western	33	204	12	12	270	152	–	33	44	–
1925	Wichita	Western	32	181	9	7	245	125	–	47	36	–
		Majors	3	7	0	1	11	5	4	4	1	5.14
		Minors	596	3513	247	185	3336	1545	370	934	1184	–

CHARLES LOUIS "SEA LION" HALL

Born July 27, 1885 at Ventura, CA.
Died December 6, 1943 at Ventura, CA.
Threw right. Batted right. Height: 6-3. Weight: 187.

Real name was Carlos Clolo.

YEAR	CLUB	LEAGUE	G	IP	W	L	H	R	ER	BB	SO	ERA
1904	Seattle	Pacific Coast	51	–	28	19	–	–	–	–	–	–
1905	Seattle	Pacific Coast	57	–	23	27	–	–	–	–	–	–
1906	Seattle	Pacific Coast	24	–	8	13	–	–	–	–	–	–
	Cincinnati	National	14	95	4	6	**86**	54	35	50	49	3.32

YEAR	CLUB	LEAGUE	G	IP	W	L	H	R	ER	BB	SO	ERA
1907	Cincinnati	National	11	68	4	2	51	22	19	43	25	2.51
	Columbus	American Association	16	–	8	3	–	–	–	–	–	–
1908	Columbus/St. Paul	American Association	39	243	8	21	245	154	–	122	115	–
1909	St. Paul	American Association	26	172	4	13	138	76	–	72	120	–
	Boston	American	11	60	6	4	59	24	17	17	27	2.56
1910	Boston	American	35	188	12	9	142	68	40	73	95	1.91
1911	Boston	American	32	147	8	7	149	79	61	72	83	3.73
1912	Boston	American	34	191	15	8	178	85	64	70	83	3.02
1913	Boston	American	35	104	4	4	97	64	40	46	48	3.48
1914	St. Paul	American Association	37	258	12	17	296	151	117	125	106	4.08
1915	St. Paul	American Association	42	298	24	10	253	104	87	98	108	2.62
1916	St. Louis	National	10	43	0	4	45	26	26	14	15	5.48
	Los Angeles	Pacific Coast	22	128	6	6	130	53	48	44	39	3.38
1917	Los Angeles	Pacific Coast	49	313	14	19	306	137	106	104	73	3.05
1918	St. Paul	American Association	25	189	15	8	159	54	39	38	69	1.85
	Detroit	American	6	13	0	1	14	10	10	6	2	6.75
1919	St. Paul	American Association	45	279	17	13	231	88	71	63	122	2.29
1920	St. Paul	American Association	48	327	**27**	8	233	87	75	88	133	**2.06**
1921	St. Paul	American Association	**54**	306	20	14	354	185	148	108	105	4.36
1922	St. Paul	American Association	43	271	22	8	274	132	110	109	91	3.65
1923	St. Paul	American Association	46	298	24	13	322	140	116	77	66	3.50
1924	Sacramento	Pacific Coast	45	305	16	21	359	175	143	96	51	4.22
1925	Minneapolis	American Association	14	54	3	4	63	34	29	23	19	4.83
	Birmingham	Southern Association	18	99	5	7	132	69	64	24	37	5.82
	Majors		188	909	93	45	821	432	312	391	427	3.09
	Minors		701	3540	284	244	3495	1639	1153	1191	1254	3.32

HERBERT SILAS HALL

Born June 5, 1894 at Steelville, IL.
Died July 3, 1970 at Fresno, CA.
Threw right. Batted both. Height: 6-4. Weight: 220.

YEAR	CLUB	LEAGUE	G	IP	W	L	H	R	ER	BB	SO	ERA
1913	Long Beach/Pasadena/San Bernardino	Southern California	29	214	15	11	202	125	–	–	–	–
1914	Modesto	California State	3	21	1	2	22	10	–	6	12	–
	Racine	Wisconsin-Illinois	10	77	4	4	77	36	–	17	47	–
1915	Phoenix	Rio Grande Valley Association	24	174	14	8	156	79	–	51	99	–
	Topeka	Western	13	72	6	3	72	30	21	23	26	2.63
1916	Topeka	Western	49	313	16	**20**	323	–	105	109	134	3.02
1917	Kansas City	American Association	1	1	0	1	2	3	3	2	1	27.00
	Joplin	Western	52	343	23	16	307	–	89	106	159	2.34
1918	Detroit	American	3	6	0	0	12	11	10	7	1	15.00
	Joplin	Western	6	51	3	3	41	19	12	26	31	2.12
	Kansas City	American Association	17	113	7	4	84	27	19	46	43	1.51
1919	Kansas City	American Association	49	296	21	16	298	150	124	141	86	3.77
1920-21						Did not play in organized baseball						
1922	Los Angeles	Pacific Coast	3	8	0	0	14	7	6	2	0	6.75
	Denver	Western	46	275	15	20	321	181	–	74	107	–
1923	Denver	Western	46	289	14	21	392	218	–	85	108	–
1924	Denver	Western	57	313	**26**	13	388	193	–	87	154	–
1925	Denver	Western	52	261	23	14	325	170	–	110	135	–
1926	Denver	Western	56	341	**29**	15	385	186	–	96	137	–
1927	Denver	Western	44	234	12	15	278	151	–	66	81	–
1928	Denver	Western	13	57	1	5	81	45	–	17	17	–
	Majors		3	6	0	0	12	11	10	7	1	15.00
	Minors		570	3455	230	191	3768	1630	379	1064	1377	–

CAREER ALL-TIME LEADERS: WON-LOST

PLAYER		PLAYER		PLAYER	
Bill Thomas	383-346	Lefty George	327-285	Clyde Barfoot	314-243
Joe Martina	349-277	Dick Barrett	325-257	Jack Brillheart	309-264
George Payne	348-262	Spider Baum	325-280	Sam Gibson	307-200
Tony Freitas	342-238	Earl Caldwell	321-277	Bill Hughes	302-248
Ramon Arano	333-264	Willard Mains	318-179	Harry Smythe	301-221
Alex McColl	332-263	Paul Wachtel	317-221	Harry Krause	300-249
Ken Penner	330-284	Frank Shellenback	315-192		

LUKE DANIEL HAMLIN

Born July 3, 1906 at Terris Center, MI.
Died February 18, 1978 at Clare, MI.
Threw right. Batted left. Height: 6-1. Weight: 170.

YEAR	CLUB	LEAGUE	G	IP	W	L	H	R	ER	BB	SO	ERA
1928	Hanover	Blue Ridge	23	173	12	6	158	67	39	67	123	2.03
1929	Fort Smith	Western Association	35	248	20	9	253	122	67	88	146	2.50
1930	Evansville	Three I	31	213	18	7	213	96	76	77	148	3.21
1931	Evansville	Three I	1	9	1	0	4	1	1	2	12	1.00
	Beaumont	Texas	34	228	14	13	229	108	88	83	138	3.47
1932	Beaumont	Texas	37	221	20	10	190	78	68	63	96	2.77
1933	Toronto	International	39	261	21	13	261	107	101	83	127	3.48
	Detroit	American	3	17	1	0	20	11	9	10	10	4.76
1934	Detroit	American	20	75	2	3	87	48	45	44	30	5.40
1935	Milwaukee	American Association	30	178	8	14	202	94	80	46	90	4.04
1936	Milwaukee	American Association	44	273	19	14	316	143	116	69	159	3.82
1937	Brooklyn	National	39	186	11	13	183	96	74	48	93	3.58
1938	Brooklyn	National	44	237	12	15	243	111	97	65	97	3.68
1939	Brooklyn	National	40	270	20	13	255	115	109	54	88	3.63
1940	Brooklyn	National	33	182	9	8	183	77	62	34	91	3.07
1941	Brooklyn	National	30	136	8	8	139	75	64	41	58	4.24
1942	Pittsburgh	National	23	112	4	4	128	58	49	19	38	3.94
1943	Toronto	International	31	227	21	8	186	72	54	46	108	2.14
1944	Philadelphia	American	29	190	6	12	204	94	79	38	58	3.74
1945	Toronto	International	30	215	16	11	216	92	77	53	99	3.22
1946	Toronto	International	26	193	12	10	209	90	78	41	98	3.64
1947	Toronto	International	24	195	15	6	166	65	48	52	99	**2.22**
1948	Toronto	International	21	147	6	10	161	81	63	28	69	3.86
1949	Lakeland	Florida International	15	86	3	8	101	53	46	19	18	4.81
	Leesburg	Florida State	8	72	5	3	46	15	10	6	34	1.25
1950	Saginaw	Central	9	46	2	5	70	39	28	8	18	5.48
	Majors		261	1405	73	76	1442	685	588	353	563	3.77
	Minors		438	2985	213	147	2981	1323	1040	831	1582	3.14

GEORGE B. HARPER

Born August 17, 1866 at Milwaukee, WI.
Died December 11, 1931 at Stockton, CA.
Threw right. Batted right. Height: 5-10. Weight: 165.

Manager for Stockton, California, 1900 and 1914.

YEAR	CLUB	LEAGUE	G	IP	W	L	H	R	ER	BB	SO	ERA
1886	Oshkosh	Northwestern	24	206	10	14	180	153	–	51	151	–
1887	LaCrosse	Northwestern	4	33	3	1	51	39	12	16	10	3.27
	Omaha	Western	7	62	3	4	87	52	19	28	18	2.76
1888	Oakland/Stockton	California	23	194	12	11	139	138	33	78	153	1.53
1889	Stockton	California	39	–	21	18	312	218	75	**159**	**212**	
1890	Sacramento	California	**70**	**596**	**41**	26	483	352	81	**272**	**396**	1.22
1891	San Jose	California	**80**	**704**	47	32	**555**	417	75	**348**	**313**	**0.96**
1892	San Jose	California	78	697	37	38	617	323	94	247	**232**	**1.21**
1893	Stockton	California	37	315	15	21	333	254	75	1584	116	2.14
1894	Detroit	Western	8	64	2	6	102	92	53	45	16	7.45
	Nashville	Southern Association	13	101	8	3	102	71	30	48	44	2.67
	Philadelphia	National	12	86	6	6	128	84	51	49	24	5.34
1895	Rochester	Eastern	48	395	24	21	461	288	99	146	233	2.26
1896	Scranton	Eastern	11	96	6	5	104	73	21	34	36	1.97
	Brooklyn	National	16	86	4	8	106	72	53	39	22	5.55
1897	Scranton	Eastern	31	262	13	16	273	210	65	**151**	112	2.23
1898	Stockton	California	1	6	0	1	5	4	0	1	9	0.00
	Rochester/Ottawa	Eastern	31	256	13	17	246	143	–	100	75	–
	Stockton	Pacific Coast	3	28	2	0	15	2	1	7	12	0.32
1899	Watsonville/Oakland/ Sacramento	California	35	311	19	13	218	109	–	85	213	–
1900	Stockton	California	35	287	13	18	246	147	74	112	126	2.32
1901	Sacramento	California	5	37	1	3	37	23	–	12	15	–
	Majors		28	172	10	14	234	156	104	88	46	5.44
	Minors		583	4650	290	268	4566	3108	807	2098	2492	1.72

WILLIAM MILTON "BILL" HARRIS

Born July 23, 1900 at Wylie, TX.
Died August 21, 1965 at Indian Trail, NC.
Threw right. Batted right. Height: 6-1½. Weight: 180.

Manager for Erie, PONY 1944-1945.
Scout for New York, National, 1946-1951; New York, American, 1952-1956, 1960-1962; Washington, American 1957, 1959.

YEAR	CLUB	LEAGUE	G	IP	W	L	H	R	ER	BB	SO	ERA
1921	Charlotte	SALLY	11	69	3	4	60	30	17	26	31	2.22
1922	Winston-Salem	Piedmont	40	321	24	15	276	125	96	101	124	2.69
1923	Cincinnati	National	22	70	3	2	79	42	40	18	18	5.14
1924	Cincinnati	National	3	7	0	0	10	7	7	2	5	9.00
	Minneapolis	American Association	47	219	10	13	286	151	123	92	118	5.05
1925	Minneapolis	American Association	54	263	18	15	279	159	130	101	140	4.45
1926	Minneapolis	American Association	9	26	0	1	34	19	15	22	6	5.19
	Asheville	SALLY	34	195	12	7	188	100	81	76	65	3.74
1927	Portsmouth	Virginia	17	120	8	5	140	66	44	36	39	3.30
	Asheville	SALLY	13	82	3	5	97	63	48	28	26	5.27
1928	Asheville	SALLY	37	257	25	9	247	123	96	88	116	3.36
1929	Dallas/Waco	Texas	34	219	8	20	268	163	138	96	81	5.67
1930	Waco	Texas	32	248	15	13	264	131	114	107	132	4.14
1931	Galveston/Fort Worth	Texas	33	270	11	21	227	107	86	70	127	2.87
	Pittsburgh	National	4	31	2	2	21	6	3	9	10	0.87
1932	Pittsburgh	National	34	168	10	9	178	84	68	38	63	3.64
1933	Pittsburgh	National	31	59	4	4	68	28	21	14	19	3.20
1934	Pittsburgh	National	11	19	0	0	28	15	14	7	8	6.63
	Albany	International	14	108	9	2	81	34	27	33	65	2.25
1935	Buffalo	International	38	242	19	11	244	116	101	75	137	3.76
1936	Buffalo	International	35	201	15	10	223	135	128	52	110	5.73
1937	Buffalo	International	36	257	16	16	262	120	100	46	140	3.50
1938	Buffalo	International	26	147	10	6	161	97	90	45	81	5.51
	Boston	American	13	80	5	5	83	39	36	21	26	4.05
1939	Jersey City	International	30	209	18	10	196	79	65	31	115	2.80
1940	Jersey City	International	36	164	10	9	142	59	49	42	85	2.69
1941	Jersey City	International	23	151	10	5	134	51	44	26	52	2.62
1942	Jersey City	International	11	42	4	3	41	19	18	10	12	3.86
1943	Jersey City	International	4	6	1	0	9	3	3	4	0	4.50
1944	Erie	PONY	25	66	8	4	73	26	20	10	31	2.73
1945	Erie	PONY	1	1	0	0	2	0	0	0	0	0.00
		Majors	118	434	24	22	467	221	189	109	149	3.92
		Minors	640	3883	257	204	3934	2101	1633	1217	1833	3.78

WILLIAM FRANKLIN HART

Born July 19, 1865 at Louisville, KY.
Died September 19, 1936 at Cincinnati, OH.
Threw right. Height: 5-10. Weight: 163.

Manager for Peoria, Western, 1902-1903.
Umpire for American Association, 1904-1905; Southern Association, 1914, 1916-1917; National, 1915.

YEAR	CLUB	LEAGUE	G	IP	W	L	H	R	ER	BB	SO	ERA
1885	Memphis/Chattanooga	Southern Association	42	342	13	25	312	226	52	57	196	1.37
1886	Chattanooga	Southern Association	27	241	11	16	251	158	56	48	122	2.09
	Philadelphia	American Association	22	186	9	13	183	144	66	66	78	3.19
1887	Philadelphia	American Association	3	26	1	2	28	22	13	17	4	4.50
	Lincoln	Western	33	275	26	6	356	265	124	96	115	4.06
1888	Buffalo	International Association	18	163	7	11	200	171	65	43	75	3.59
	Jackson	Tri-State	5	38	1	4	42	32	16	7	23	3.79
1889	Des Moines	Western Association	40	360	16	19	370	269	102	152	257	2.55
1890	Des Moines/Lincoln	Western Association	42	349	14	26	326	227	102	183	157	2.63
1891	Sioux City	Western Association	49	397	25	20	352	224	65	199	148	1.47
1892	Brooklyn	National	28	195	9	12	188	109	71	96	65	3.28
1893							No record available					
1894	Sioux City	Western	50	398	28	15	504	347	164	194	135	3.71
1895	Pittsburgh	National	36	262	14	17	293	186	138	135	85	4.74
1896	St. Louis	National	42	336	12	29	411	271	191	141	65	5.12
1897	St. Louis	National	39	295	9	26	395	292	205	148	67	6.25
1898	Pittsburgh	National	16	125	5	9	141	81	67	44	19	4.82

YEAR	CLUB	LEAGUE	G	IP	W	L	H	R	ER	BB	SO	ERA
1899	Milwaukee	Western	30	225	9	16	–	–	–	–	–	–
1900	Chicago	American	34	294	18	15	260	125	–	101	86	–
1901	Cleveland	American	20	158	7	11	180	109	66	57	48	3.76
1902	Peoria	Western	28	260	8	19	–	–	–	–	–	–
1903	Peoria	Western	29	250	15	13	–	–	–	–	–	–
1904							Umpire, American Association					
1905	Columbus	American Association	17	157	12	4	143	49	38	45	48	2.18
1906	Indianapolis	American Association	5	36	2	3	42	34	23	17	11	5.75
1907	Little Rock	Southern Association	23	200	13	10	–	–	–	–	–	–
1908	Little Rock	Southern Association	30	244	13	16	–	–	–	–	–	–
1909	Little Rock	Southern Association	26	226	15	11	–	–	–	–	–	–
1910	Chattanooga	Southern Association	10	75	5	4	–	–	–	–	–	–
		Majors	206	1583	66	119	1819	1214	817	704	431	4.64
		Minors	538	4530	251	253	3158	2127	807	1142	1373	2.64

CHARLES STANLEY "CHUCK" HAWLEY

Born April 3, 1915 at Odin, IL.
Threw right. Batted right. Height: 6-3. Weight: 210.

Manager for Centralia, Illinois State, 1947; Mattoon, Illinois State, 1948; Mattoon, Mississippi-Ohio Valley, 1949-1950; Mt. Vernon, Mississippi-Ohio Valley, 1951; Vincennes/Canton, Mississippi-Ohio Valley, 1952; Texarkana, Big State, 1953; Del Rio, Big State, 1954.
Scout for Cincinnati, National, 1956-1958.

YEAR	CLUB	LEAGUE	G	IP	W	L	H	R	ER	BB	SO	ERA
1936	Waterloo	Western	2	8	0	0	–	–	–	–	–	–
1936	Greenville	Cotton States	34	185	13	5	221	118	96	51	89	4.67
1937	Greenville	Cotton States	32	199	13	8	176	101	85	80	131	3.84
1938	El Dorado	Cotton States	44	257	**22**	12	**282**	150	108	**134**	**174**	3.78
1939	Durham	Piedmont	33	191	17	5	146	80	–	112	98	–
1940	Birmingham	Southern Association	13	44	3	6	56	47	38	93	21	7.77
	Columbia	SALLY	20	111	8	5	123	70	57	69	57	4.62
1941	Birmingham	Southern Association	3	9	0	1	–	–	13	–	–	13.00
	Anniston	Southeastern	27	191	10	14	205	110	95	79	105	4.48
1942	Anniston	Southeastern	2	15	1	1	16	11	–	10	7	–
	Little Rock	Southern Association	20	81	4	5	107	59	55	49	31	6.11
1943	Little Rock	Southern Association	15	61	2	6	77	50	41	43	21	6.05
1944	Albany	Eastern	32	151	9	12	154	95	71	82	100	4.23
1945	Albany	Eastern	32	226	19	11	216	98	71	81	130	2.83
1946	Albany	Eastern	26	139	7	10	165	86	72	78	86	4.66
1947	Centralia	Illinois State	26	183	15	7	182	91	61	88	180	3.00
1948	Mattoon	Illinois State	23	185	18	3	158	52	37	67	123	1.80
1949	Mattoon	Mississippi-Ohio Valley	23	174	15	5	137	59	51	96	120	2.64
1950	Mattoon	Mississippi-Ohio Valley	23	134	9	5	142	78	53	58	59	3.57
1951	Mt. Vernon	Mississippi-Ohio Valley	23	144	10	9	145	75	53	56	96	3.31
1952	Vincennes/Canton/Centralia	Mississippi-Ohio Valley	36	168	10	12	170	94	70	78	107	3.75
1953	Texarkana	Big State	27	132	12	5	149	84	72	81	61	4.91
1954	Mt. Vernon	Mississippi-Ohio Valley	13	72	2	7	73	39	27	29	38	3.38
	Del Rio	Big State	17	102	0	6	137	88	68	40	33	6.00
		Minors	546	3162	219	160	3237	1735	1294	1554	1867	3.95

BUNN HEARN

Born May 21, 1891 at Chapel Hill, NC.
Died October 10, 1959 at Wilson, NC.
Threw left. Batted left. Height: 5-11½. Weight: 190.

Manager for Wilson, Virginia, 1926-1927; Winston-Salem, Piedmont, 1928 and 1931; Henderson, Piedmont, 1929.
Head coach, University of North Carolina, 1932-1946.

YEAR	CLUB	LEAGUE	G	IP	W	L	H	R	ER	BB	SO	ERA
1910	Wilson	Eastern Carolina	28	203	16	10	128	41	–	38	162	–
	St. Louis	National	5	39	1	3	49	22	22	16	14	5.08
1911	St. Louis	National	2	3	0	0	7	4	4	0	1	12.00
	Louisville	American Association	22	124	2	11	146	82	–	38	52	–
1912	Omaha	Western	3	10	0	1	14	7	–	2	5	–
	Springfield	Three I	39	306	27	11	268	103	–	38	197	–

YEAR	CLUB	LEAGUE	G	IP	W	L	H	R	ER	BB	SO	ERA
1913	New York	National	2	13	1	1	13	6	4	7	8	2.77
	Toronto	International	34	222	11	11	214	90	–	41	97	–
1914	Toronto	International	36	243	13	13	234	130	–	78	136	–
1915	Pittsburgh	Federal	29	176	6	11	187	73	64	37	49	3.27
1916	New London	Eastern	30	263	22	7	176	–	–	44	121	–
1917	Toronto	International	37	310	23	9	292	–	70	62	133	2.03
1918	Boston	National	17	126	5	6	119	43	35	29	30	2.50
1919				Did not play in organized baseball								
1920	Boston	National	11	43	0	3	54	34	27	11	9	5.65
	Toronto	International	14	99	8	4	112	47	38	14	45	3.45
1921	Wilson	Virginia	21	165	12	7	170	–	–	18	75	–
1922	Wilson	Virginia	28	203	17	8	197	–	–	20	107	–
1923	Wilson	Virginia	30	211	14	10	218	87	65	43	88	2.77
1924	Wilson	Virginia	24	183	11	11	188	76	64	34	54	3.15
1925	Wilson	Virginia	32	234	13	12	287	123	103	38	61	3.96
1926	Wilson	Virginia	32	218	19	10	218	79	65	25	74	2.68
1927	Wilson	Virginia	24	166	11	8	202	93	73	24	41	3.96
1928	Winston-Salem	Piedmont	24	167	13	9	170	73	61	26	64	3.29
1929	Henderson	Piedmont	7	37	1	5	55	26	–	5	11	–
	York	New York-Pennsylvania	9	55	4	2	66	33	28	12	16	4.58
1930	York/Harrisburg	New York-Pennsylvania	28	156	9	12	187	91	80	23	27	4.62
1931	Winston-Salem	Piedmont	8	56	1	5	84	53	–	9	18	–
		Majors	66	400	13	24	429	182	156	100	111	3.51
		Minors	510	3631	247	176	3626	1234	647	632	1584	–

CLARENCE T. "CACK" HENLEY

Born 1885 at Sacramento, CA.
Died July 9, 1929 at Sacramento, CA.
Threw right. Batted right. Height: 6-1. Weight: 184.

Pitched organized baseball's longest shutout, a 24-inning 1-0 win for San Francisco over Jimmy Wiggs of Oakland, June 8, 1909.

YEAR	CLUB	LEAGUE	G	IP	W	L	H	R	ER	BB	SO	ERA
1905	San Francisco	Pacific Coast	49	431	24	19	346	156	–	100	173	–
1906	San Francisco	Pacific Coast	8	–	4	4	–	–	–	–	–	–
	Pueblo	Western	13	114	8	5	142	66	–	34	45	–
	Sacramento	California	2	17	0	2	18	8	–	3	7	–
1907	San Francisco	Pacific Coast	56	–	24	15	–	134	–	103	197	–
1908	San Francisco	Pacific Coast	54	–	20	18	–	147	–	84	151	–
1909	San Francisco	Pacific Coast	46	–	31	10	–	90	–	71	188	–
1910	San Francisco	Pacific Coast	57	–	**34**	19	–	127	–	76	224	–
1911	San Francisco	Pacific Coast	45	321	17	14	–	121	–	76	158	–
1912	San Francisco	Pacific Coast	45	324	14	23	–	134	–	54	161	–
1913	San Francisco	Pacific Coast	40	253	15	15	242	97	–	56	106	–
1914	Venice	Pacific Coast	37	269	17	13	249	110	83	59	109	2.78
1915	Vernon	Pacific Coast	42	276	15	21	252	120	85	50	96	2.77
		Minors	494	2005	223	178	1249	1310	168	766	1615	–

CARMEN PROCTOR HILL

Born October 1, 1895 at Royalton, MN.
Died January 1, 1990 at Indianapolis, IN.
Threw right. Batted right. Height: 6-1. Weight: 185.

YEAR	CLUB	LEAGUE	G	IP	W	L	H	R	ER	BB	SO	ERA
1914	Warren	Interstate		No record available								
1915	Youngstown	Central	37	291	19	12	248	95	74	86	146	2.29
	Pittsburgh	National	8	47	2	1	42	9	6	13	24	1.15
1916	Pittsburgh	National	2	6	0	0	11	10	6	5	5	9.00
	Rochester	International	35	258	14	16	227	–	55	98	129	1.92
1917	Birmingham	Southern Association	42	320	**26**	12	253	102	78	85	109	2.19
1918	Birmingham	Southern Association	18	130	7	9	125	45	–	37	39	–
	Kansas City	American Association	5	33	3	1	25	9	7	8	10	1.91
	Pittsburgh	National	6	44	2	3	24	11	6	17	15	1.23
1919	Pittsburgh	National	4	5	0	0	12	5	5	1	1	9.00
	Indianapolis	American Association	26	182	14	9	188	74	59	52	64	2.92
1920-21				Did not play in organized baseball								

YEAR	CLUB	LEAGUE	G	IP	W	L	H	R	ER	BB	SO	ERA
1922	Indianapolis	American Association	35	210	15	12	214	91	76	66	93	3.26
	New York	National	8	28	2	1	33	15	15	5	6	4.82
1923	Indianapolis	American Association	44	263	12	21	331	181	144	72	100	4.93
1924	Indianapolis	American Association	45	213	17	14	235	121	94	56	66	3.97
1925	Indianapolis	American Association	37	251	16	15	237	130	109	61	100	3.91
1926	Indianapolis	American Association	39	264	21	7	274	110	95	59	106	3.24
	Pittsburgh	National	6	40	3	3	42	17	15	9	8	3.38
1927	Pittsburgh	National	43	278	22	11	260	125	100	80	95	3.24
1928	Pittsburgh	National	36	237	16	10	229	110	93	81	73	3.53
1929	Pittsburgh/St. Louis	National	30	88	2	3	104	51	43	43	29	4.40
1930	St. Louis	National	4	15	0	1	12	12	12	13	8	7.20
	Minneapolis	American Association	36	128	8	9	174	102	86	42	54	6.05
1931	Rochester	International	37	220	18	12	191	93	74	61	94	3.03
1932	Columbus/Minneapolis	American Association	42	183	12	13	252	128	—	66	45	—
		Majors	147	788	49	33	769	365	301	267	264	3.44
		Minors	478	2946	202	162	2974	1281	951	849	1155	3.21

HAROLD ASHLEY HILLIN

Born September 7, 1904 at Mt. Calm, TX.
Threw right. Batted both. Height: 6-2. Weight: 195.

Set Texas League season record with 31 wins in 1937; league Most Valuable Pitcher in 1934; MVP in 1937.

YEAR	CLUB	LEAGUE	G	IP	W	L	H	R	ER	BB	SO	ERA
1927	Palestine	Lone Star	26	167	13	8	161	72	43	77	80	2.33
	Wichita Falls	Texas	2	15	0	2	18	12	12	31	2	7.20
1928	Abilene	West Texas	35	218	11	14	236	133	97	99	128	4.00
1929	Spartanburg	SALLY	42	305	18	16	281	141	112	123	104	3.30
1930	Wichita Falls	Texas	26	88	6	4	105	66	44	53	38	4.50
1931	Wichita Falls	Texas	37	251	12	17	243	113	87	85	73	3.12
1932	Milwaukee	American Association	50	254	15	15	332	183	142	99	59	5.03
1933	Milwaukee	American Association	50	204	4	15	264	159	136	102	81	6.00
1934	San Antonio	Texas	47	295	**24**	12	332	143	120	87	137	3.66
1935	San Antonio	Texas	48	275	14	18	279	127	118	91	88	3.86
1936	San Antonio	Texas	44	211	11	20	233	112	96	77	84	4.09
1937	Oklahoma City	Texas	**62**	302	**31**	10	271	104	79	95	120	**2.35**
1938	Oklahoma City	Texas	50	275	**23**	10	276	119	91	90	70	2.98
1939	Oklahoma City	Texas	40	147	4	13	173	85	61	69	58	3.73
1940	Fort Worth	Texas	47	215	11	17	265	143	117	79	60	4.90
1941	Fort Worth	Texas	7	25	0	0	36	17	13	7	9	4.68
1942-46							Did not play in organized baseball					
1947	Waco	Big State	19	111	4	10	140	87	68	47	41	5.51
		Minors	632	3358	201	201	3645	1816	1436	1293	1232	3.85

ROY WESLEY HITT

Born June 22, 1884 at Carleton, NE.
Died February 8, 1956 at Pomona, CA.
Threw left. Batted left. Height: 5-10. Weight: 200.

YEAR	CLUB	LEAGUE	G	IP	W	L	H	R	ER	BB	SO	ERA
1903	Oakland	Pacific Coast	3	15	1	0	9	7	—	19	8	—
1904	Los Angeles/San Francisco	Pacific Coast	2	9	0	2	14	10	—	4	3	—
1905	Fresno	California	11	—	4	7	—	—	—	—	—	—
	San Francisco	Pacific Coast	42	346	24	14	245	99	—	122	218	—
1906	San Francisco	Pacific Coast	50	—	31	12	—	—	—	—	—	—
1907	Cincinnati	National	21	153	6	10	143	72	58	56	63	3.41
1908	Columbus	American Association	10	46	4	2	54	27	—	13	10	—
1909	Vernon	Pacific Coast	47	—	15	29	—	143	—	114	197	—
1910	Vernon	Pacific Coast	49	—	26	18	—	105	—	98	135	—
1911	Vernon	Pacific Coast	45	290	21	15	—	121	—	77	125	—
1912	Vernon	Pacific Coast	42	314	21	12	—	127	—	92	149	—
1913	Venice	Pacific Coast	53	320	22	15	310	116	—	73	142	—
1914	Venice	Pacific Coast	46	364	25	18	306	104	83	116	152	2.05
1915	Vernon	Pacific Coast	46	258	15	11	257	89	72	56	88	2.51
1916	Vernon	Pacific Coast	4	8	0	1	7	2	0	4	2	0.00
		Majors	21	153	6	10	143	72	58	56	63	3.41
		Minors	450	1970	209	156	1202	950	155	788	1229	—

BERLYN DALE HORNE

Born April 12, 1899 at Bachman, OH.
Died February 3, 1983 at Franklin, OH.
Threw right. Batted right. Height: 5-9. Weight: 155.

YEAR	CLUB	LEAGUE	G	IP	W	L	H	R	ER	BB	SO	ERA
1917	Jacksonville	SALLY	25	177	11	11	161	74	—	74	93	—
1918							Military service					
1919	Battle Creek	Michigan-Ontario	34	245	19	9	239	107	71	62	119	2.61
1920	Battle Creek	Michigan-Ontario	33	223	8	15	242	—	76	67	114	3.07
1921	Port Huron-Sarnia	Michigan-Ontario	33	233	16	13	208	—	85	111	97	3.28
1922	Port Huron-Sarnia	Michigan-Ontario	16	104	6	7	135	—	51	41	44	4.41
1923	Saginaw	Michigan-Ontario	27	149	7	8	186	90	64	62	63	3.87
1924	Saginaw	Michigan-Ontario	22	132	11	4	134	67	41	51	57	2.80
	Rochester	International	20	112	3	11	127	71	57	51	30	4.58
1925	Rochester	International	40	252	13	12	282	142	108	97	93	3.86
1926	Rochester	International	42	241	15	16	269	144	114	87	111	4.26
1927	Rochester	International	37	199	18	10	212	117	106	82	67	4.79
1928	Jersey City	International	44	266	16	17	258	146	89	140	137	3.01
1929	Chicago	National	11	23	1	1	24	20	13	21	6	5.09
	Los Angeles	Pacific Coast	9	49	5	4	63	35	33	24	27	6.06
1930	Los Angeles	Pacific Coast	31	175	13	7	185	100	87	107	98	4.47
1931	Jersey City	International	7	46	2	4	43	24	—	20	15	—
	Indianapolis	American Association	30	136	9	9	149	87	68	61	66	4.50
1932	Indianapolis	American Association	4	10	1	0	12	9	—	4	4	—
	Knoxville	Southern Association	9	33	2	1	40	30	29	30	12	7.91
	Scranton	New York-Pennsylvania	7	44	2	4	42	24	—	18	10	—
	Omaha	Western	7	58	3	3	68	36	—	23	23	—
1933	Oakland/Sacramento	Pacific Coast	23	142	9	7	140	63	55	50	86	3.49
1934	Sacramento/Mission	Pacific Coast	44	114	7	7	116	88	55	38	52	4.34
1935	Mission/Hollywood	Pacific Coast	39	174	13	7	196	97	77	50	73	3.98
1936	San Diego	Pacific Coast	38	164	7	14	183	110	80	78	76	4.39
1937	Seattle	Pacific Coast	26	64	1	3	69	35	32	36	40	4.50
	Wenatchee	Western International					Less than 45 innings					
1938	Yakima/Vancouver	Western International	29	184	12	8	220	108	80	58	108	3.91
		Majors	11	23	1	1	24	20	13	21	6	5.09
		Minors	676	3726	229	211	3979	1804	1458	1522	1715	3.87

EDWARD CHARLES HOVLIK

Born August 20, 1891 at Cleveland, OH.
Died March 19, 1955 at Painesville, OH.
Threw right. Batted right. Height: 6-0. Weight: 180.

YEAR	CLUB	LEAGUE	G	IP	W	L	H	R	ER	BB	SO	ERA
1913	Charleston	Ohio State	36	—	24	11	—	—	—	—	—	—
1914	Waterbury	Eastern Association	28	—	14	10	155	83	—	113	109	—
1915	Erie	Central	30	223	16	10	170	86	60	108	154	2.42
	New Orleans	Southern Association	5	23	1	1	26	15	—	20	15	—
1916	St. Joseph	Western	41	287	16	18	263	—	104	155	176	3.26
1917	St. Joseph	Western	28	173	12	10	137	78	—	87	108	—
	Vernon	Pacific Coast	25	178	6	15	177	110	84	92	63	4.25
1918	Wichita	Western	22	172	13	6	136	47	35	67	128	1.83
	Washington	American	8	28	2	1	25	10	4	10	10	1.29
1919	Washington	American	3	6	0	0	7	10	8	9	3	12.00
	Minneapolis	American Association	32	208	10	18	202	113	82	96	91	3.55
1920	Minneapolis	American Association	28	128	4	5	107	53	45	75	50	3.16
1921	St. Joseph	Western	40	300	16	16	320	191	—	128	139	—
1922	St. Joseph	Western	44	268	18	12	313	163	—	108	142	—
1923	Wichita	Western	47	310	23	17	347	196	—	120	161	—
1924	Wichita	Western	47	317	20	17	341	191	—	139	144	—
1925	Wichita	Western	49	231	11	18	311	215	—	110	76	—
1926	Beaumont	Texas	29	159	9	8	173	91	68	58	50	3.85
1927	Beaumont	Texas	5	24	0	1	40	27	24	14	6	9.00
	Bloomington/Quincy	Three I	30	192	11	13	212	126	112	80	70	5.25
		Majors	11	34	2	1	37	20	12	19	13	3.18
		Minors	566	3193	224	206	3430	1785	614	1570	1682	—

THOMAS L. HUGHES

Born January 28, 1884 at Coal Creek, CO.
Died November 1, 1961 at Los Angeles, CA.
Threw right. Batted right. Height: 6-2. Weight: 180.

YEAR	CLUB	LEAGUE	G	IP	W	L	H	R	ER	BB	SO	ERA
1904	Pittsburg/Topeka	Missouri Valley	47	–	10	26	–	–	–	86	172	–
1905	Topeka	Western Association	45	–	15	20	–	–	–	79	233	–
1906	Atlanta	Southern Association	37	282	25	5	198	67	–	60	143	–
	New York	American	3	15	1	0	11	8	7	1	5	4.20
1907	New York	American	4	27	2	0	16	9	8	11	10	2.67
	Montreal	Eastern	36	262	14	17	215	106	–	96	131	–
1908	Newark	Eastern	30	247	16	9	170	73	–	61	161	–
1909	New York	American	24	119	7	8	109	42	35	37	69	2.65
1910	New York	American	23	152	7	9	153	77	59	37	64	3.49
1911	Rochester	Eastern	28	217	15	12	201	91	–	62	132	–
1912	Rochester	International	35	239	17	10	239	106	–	74	122	–
1913	Rochester	International	32	239	15	13	222	104	–	74	146	–
1914	Rochester	International	33	262	17	9	205	76	–	77	**182**	–
	Boston	National	2	17	2	0	14	7	5	4	11	2.65
1915	Boston	National	50	280	16	14	208	88	66	58	171	2.12
1916	Boston	National	40	161	16	3	121	46	42	51	97	2.35
1917	Boston	National	11	74	5	3	54	21	16	30	40	1.95
1918	Boston	National	3	18	0	2	17	8	7	6	9	3.50
1919	Los Angeles	Pacific Coast	1	5	1	0	4	1	–	4	1	–
1920	Los Angeles	Pacific Coast	23	94	7	4	78	49	38	42	47	3.64
1921	Los Angeles	Pacific Coast	36	241	14	14	203	87	76	89	130	2.84
1922	Los Angeles	Pacific Coast	31	231	17	9	212	95	79	88	95	3.08
1923	Los Angeles	Pacific Coast	36	235	14	16	265	129	112	93	88	4.29
1924	Los Angeles	Pacific Coast	31	208	12	14	229	129	108	99	73	4.67
1925	Los Angeles	Pacific Coast	23	89	5	4	88	41	39	38	36	3.94
1926	Little Rock	Southern Association	18	57	0	3	66	46	39	28	20	6.16
	Beaumont/San Antonio	Texas	20	117	5	9	112	61	50	64	63	3.85
		Majors	160	863	56	39	703	306	245	235	476	2.56
		Minors	542	3025	219	194	2707	1261	541	1214	1975	–

WILLIAM NESBERT "BILL" HUGHES

Born November 18, 1896 at Philadelphia, PA.
Died February 25, 1963 at Birmingham, AL.
Threw right. Batted right. Height: 5-10. Weight: 155.

Manager for Muskogee, Western Association, 1937; Durham, Piedmont, 1938; Meridian, Southeastern, 1939.

YEAR	CLUB	LEAGUE	G	IP	W	L	H	R	ER	BB	SO	ERA
1920	Raleigh	Piedmont	37	271	19	13	208	87	53	59	177	1.76
1921	Raleigh	Piedmont	38	261	**26**	7	220	104	–	73	141	–
	Pittsburgh	National	1	2	0	0	3	1	1	1	2	4.50
1922	Rochester	International	43	262	18	16	239	105	83	100	139	2.85
1923	Sacramento	Pacific Coast	46	292	14	13	316	152	127	80	112	3.91
1924	Sacramento	Pacific Coast	53	355	20	19	405	203	169	120	145	4.28
1925	Sacramento	Pacific Coast	53	326	19	16	357	167	137	100	131	3.78
1926	Sacramento/Portland	Pacific Coast	49	317	17	21	343	158	118	76	114	3.35
1927	Portland	Pacific Coast	52	262	15	15	308	157	124	85	86	4.26
1928	Mission	Pacific Coast	38	220	11	12	246	120	96	87	112	3.92
1929	Little Rock	Southern Association	39	235	14	18	264	126	104	70	90	3.98
1930	Little Rock	Southern Association	38	249	15	14	266	134	105	92	101	3.80
1931	Little Rock	Southern Association	33	228	17	9	260	119	108	70	94	4.32
1932	Little Rock/Birmingham	Southern Association	35	248	15	16	279	129	104	69	88	3.77
1933	Birmingham	Southern Association	36	246	16	13	280	131	114	50	67	4.17
1934	Birmingham	Southern Association	34	246	18	11	254	119	101	73	69	3.70
1935	Birmingham	Southern Association	32	214	10	15	250	117	99	50	46	4.12
1936	Durham	Piedmont	35	182	13	4	186	89	73	39	74	3.61
1937	Muskogee	Western Association	31	199	16	7	230	122	95	29	109	4.30
1938	Durham	Piedmont	10	36	0	1	–	–	–	–	–	–
	Knoxville	Southern Association	8	63	4	4	68	24	22	17	13	3.14
1939	Knoxville	Southern Association	2	7	0	2	11	6	4	2	4	.514
	Meridian	Southeastern	19	85	5	3	108	50	41	11	33	4.34
		Majors	1	2	0	0	3	1	1	1	2	4.50
		Minors	761	4804	302	249	5098	2419	1877	1352	1945	3.75

JAMES HENSEL "HANK" HULVEY

Born July 18, 1898 at Mt. Sidney, VA.
Died April 9, 1982 at Mt. Sidney, VA.
Threw right. Batted both. Height: 6-0. Weight: 180.

Manager for Harrisonburg, Virginia, 1939-1940; Staunton, Virginia, 1941.

YEAR	CLUB	LEAGUE	G	IP	W	L	H	R	ER	BB	SO	ERA
1921	Martinsburg	Blue Ridge	19	131	7	10	155	74	–	26	71	–
1922	Martinsburg	Blue Ridge	26	175	13	9	160	82	–	35	88	–
1923	Martinsburg	Blue Ridge	37	203	16	7	195	87	–	47	106	–
	Portsmouth	Virginia	8	21	1	2	34	23	18	3	14	7.71
	Philadelphia	American	1	7	0	1	10	6	6	2	2	7.71
1924	Fort Worth	Texas	16	104	8	4	98	48	35	32	41	3.06
	Salt Lake City	Pacific Coast	18	69	5	1	115	67	60	22	22	7.83
1925	Salt Lake City	Pacific Coast	45	142	11	2	174	101	80	43	51	5.07
1926	Hollywood	Pacific Coast	34	150	13	10	162	54	36	73	65	3.90
1927	Hollywood	Pacific Coast	36	224	17	14	221	90	74	49	74	2.97
1928	Hollywood	Pacific Coast	38	226	14	9	272	130	111	54	85	4.42
1929	Hollywood	Pacific Coast	49	240	14	11	322	179	162	53	81	6.07
1930	Hollywood	Pacific Coast	38	171	11	10	226	108	93	34	69	4.89
1931	Chattanooga	Southern Association	34	236	16	10	251	112	77	32	49	2.96
1932	Chattanooga	Southern Association	20	83	5	5	111	55	46	26	17	4.99
1933	Knoxville	Southern Association	40	277	18	14	333	170	145	57	67	4.71
1934	Knoxville	Southern Association	36	223	10	17	279	125	108	41	48	4.36
1935	Knoxville/Little Rock/Birmingham	Southern Association	25	141	5	7	197	101	83	28	25	5.30
1936	Birmingham	Southern Association	10	36	3	1	45	18	18	5	7	4.50
1937	Tacoma	Western International	31	216	15	9	186	71	56	30	120	**2.33**
1938	Tacoma	Western International	10	58	3	5	76	43	32	9	20	4.97
	Bartlesville	Western Association	17	108	7	8	126	68	51	28	55	4.24
1939	Harrisonburg	Virginia	15	111	9	4	121	60	52	15	49	4.22
1940	Harrisonburg	Virginia					less than 30 innings					
		Majors	1	7	0	1	10	6	6	2	2	7.71
		Minors	602	3345	221	169	3859	1866	1337	742	1224	4.24

CLARENCE EUGENE "HOOKS" IOTT

Born December 3, 1919 at Mountain Grove, ME.
Died August 17, 1980 at St. Petersburg, FL.
Threw left. Batted left and right. Height: 6-2. Weight: 200.

Manager for St. Petersburg, Florida State, 1955.
Pitching for Paragould. Northeast Arkansas League, on June 18, 1941, Ott fanned 25 Batesville batters in a 9-inning game. On July 15, he fanned 30 Newport batters in a 16-inning game.

YEAR	CLUB	LEAGUE	G	IP	W	L	H	R	ER	BB	SO	ERA
1938	Siloam Springs	Arkansas-Missouri	26	129	5	8	143	110	85	86	140	5.93
1939	Topeka	Western Association	12	59	1	2	63	40	–	50	51	–
	Paragould	Northeast Arkansas	31	195	17	8	150	66	49	89	**215**	2.26
1940	Youngstown	Middle Atlantic	34	244	10	**16**	208	**136**	**104**	195	171	3.84
1941	San Antonio	Texas	1	2	0	0	3	6	6	7	1	27.00
	Meridian	Southeastern	18	46	4	4	44	49	42	54	56	8.22
	Paragould	Northeast Arkansas	24	159	13	6	112	60	48	86	242	2.72
	St. Louis	American	2	2	0	0	2	2	2	1	1	9.00
1942	San Antonio	Texas	30	112	6	11	106	66	53	79	74	4.26
1943-45							Military Service					
1946	Toledo	American Association	8	24	0	2	17	12	8	23	36	3.00
	San Antonio	Texas	23	136	10	6	114	54	42	88	146	2.78
1947	St. Louis	American	4	8	0	1	15	16	15	4	6	16.88
	New York	National	20	71	3	8	67	50	47	52	46	5.96
1948	Hollywood	Pacific Coast	17	31	3	5	37	23	30	29	27	8.71
	Dallas	Texas	21	104	1	8	81	51	37	75	69	3.20
1949	Dallas/Beaumont	Texas	29	137	5	9	129	80	68	113	117	4.47
1950	Dallas/Beaumont	Texas	18	62	3	5	58	33	30	46	40	4.36
	Gainesville	Big State	23	146	9	7	138	70	64	81	121	3.95
1951	St. Petersburg	Florida International	36	**288**	22	12	209	84	64	**130**	**273**	**2.00**
1952	St. Petersburg	Florida International	40	260	24	9	193	67	53	126	**210**	1.83
1953	St. Petersburg	Florida International	30	176	15	6	138	59	39	85	139	**1.99**
	Memphis	Southern Association	5	35	2	3	33	26	23	20	23	5.91

YEAR	CLUB	LEAGUE	G	IP	W	L	H	R	ER	BB	SO	ERA
1954	Greater Miami	Florida International	10	70	6	3	58	29	19	22	62	2.44
	Havana	International	29	91	4	5	100	61	46	67	70	4.55
1955	Oklahoma City	Texas	14	36	1	3	37	26	20	20	28	5.00
	St. Petersburg	Florida State	19	118	4	13	111	55	38	38	109	2.90
1956	Little Rock/Montgomery	Southern Association	44	192	10	11	229	124	107	102	123	5.01
1957	St. Petersburg	Florida State	3	23	0	2	29	15	9	15	18	3.50
		Majors	26	81	3	9	84	68	64	57	53	7.11
		Minors	545	2875	175	164	2540	1402	1084	1726	2561	3.46

Arthur Edward Jacobs

Born August 10, 1892 at Salem, MO.
Died February 10, 1958 at Salem, MO.
Threw: right. Batted right. Height: 6-0. Weight: 165.

Led Pacific Coast in shutouts 1928-1929.

YEAR	CLUB	LEAGUE	G	IP	W	L	H	R	ER	BB	SO	ERA
1912	Clinton/Kankakee	Illinois-Missouri	36	265	14	19	243	125	–	83	149	–
1913	Burlington	Central	43	317	20	19	301	162	–	71	**230**	–
1914	Philadelphia	National	14	51	1	3	65	39	27	20	17	4.76
1915	Albany	New York State	38	–	10	16	216	102	–	77	118	–
1916	Pittsburgh	National	34	153	6	10	151	70	50	38	46	2.94
1917	Pittsburgh	National	38	227	6	19	214	87	71	76	58	2.81
1918	Pittsburgh/Philadelphia	National	26	146	9	6	122	57	48	56	35	2.96
1919	Philadelphia/St.Louis	National	34	214	9	16	231	96	79	69	68	3.32
1920	St. Louis	National	23	78	4	8	91	56	45	33	21	5.19
1921	Seattle	Pacific Coast	41	292	19	14	311	140	119	87	124	3.67
1922	Seattle	Pacific Coast	48	306	23	17	336	141	119	65	95	3.50
1923	Seattle	Pacific Coast	44	312	24	10	333	138	109	91	143	3.14
1924	Chicago	National	38	190	11	12	181	93	79	72	50	3.74
1925	Chicago	National	18	56	2	3	63	37	32	22	19	5.14
	Los Angeles	Pacific Coast	15	121	9	5	112	49	37	24	50	2.75
1926	Los Angeles	Pacific Coast	40	278	20	12	254	98	68	69	103	**2.20**
1927	Chicago	American	25	74	2	4	105	49	38	37	22	4.62
1928	San Francisco	Pacific Coast	37	277	22	8	277	98	79	64	**159**	**2.57**
1929	San Francisco	Pacific Coast	38	290	21	11	324	145	112	63	130	3.48
1930	San Francisco	Pacific Coast	38	275	17	13	335	151	119	81	120	3.89
1931	San Francisco	Pacific Coast	30	217	12	11	236	113	96	51	78	3.98
1932	Memphis/Knoxville	Southern Association	24	129	9	8	150	77	68	49	23	4.74
		Majors	250	1189	50	81	1223	584	469	423	336	3.55
		Minors	472	3079	220	163	3428	1539	926	875	1522	3.34

Chester Lillis "Chet" Johnson

Born August 1, 1917 at Redmond, WA.
Died April 10, 1983 at Seattle, WA.
Threw left. Batted left. Height: 6-0. Weight: 175.

Brother of Earl Johnson, pitcher with Boston and Detroit in the American League, 1940-1951.
Chet Johnson was a colorful baseball comedian in the Pacific Coast League.

YEAR	CLUB	LEAGUE	G	IP	W	L	H	R	ER	BB	SO	ERA
1940	El Paso	Arizona-Texas	26	158	10	8	175	92	69	51	112	3.93
	Tacoma	Western International	2	4	0	1	10	6	4	3	1	10.00
1941	Bakersfield	California	40	268	18	12	257	117	87	103	213	2.92
	San Francisco	Pacific Coast	1	1	0	0	6	4	–	1	0	–
1942	Tacoma	Western International	33	270	15	15	276	147	110	122	177	3.67
1943	San Diego	Pacific Coast	35	242	14	16	256	108	88	97	106	3.27
1944	San Diego	Pacific Coast	29	186	12	11	167	85	73	94	138	3.53
1945	Seattle	Pacific Coast	27	178	14	12	178	74	68	82	117	3.44
1946	St. Louis	American	5	18	0	0	20	12	10	13	8	5.00
	Toledo	American Association	36	199	12	12	224	98	81	104	151	3.66
1947	Toledo	American Association	35	211	8	20	241	130	119	108	133	5.08
1948	Toledo/Indianapolis	American Association	34	215	16	12	218	112	97	134	148	4.06
1949	Indianapolis	American Association	37	193	11	9	207	109	98	99	112	4.57
1950	San Francisco	Pacific Coast	45	310	22	13	316	141	121	132	164	3.51
1951	San Francisco/Oakland	Pacific Coast	40	181	7	18	223	126	114	98	91	5.67

YEAR	CLUB	LEAGUE	G	IP	W	L	H	R	ER	BB	SO	ERA
1952	Sacramento	Pacific Coast	37	206	10	17	224	111	93	90	99	4.06
1953	Sacramento	Pacific Coast	39	195	12	14	199	98	78	55	81	3.60
1954	Sacramenlo	Pacific Coast	33	201	8	15	211	99	88	82	80	3.94
1955	Sacramento	Pacific Coast	36	176	10	9	187	85	78	64	49	3.99
1956	Sacramento	Pacific Coast	12	39	2	1	48	20	16	13	14	3.69
		Majors	5	18	0	0	20	12	10	13	8	5.00
		Minors	582	3462	204	215	3653	1785	1499	1551	2008	3.89

EARL JOHNSON

Born November 1, 1896 at Fairmont, WV.
Threw right. Batted right. Height: 6-0. Weight: 185.

YEAR	CLUB	LEAGUE	G	IP	W	L	H	R	ER	BB	SO	ERA
1920	Cedartown	Georgia State	36	252	20	8	238	106	–	40	124	
1921	Rochester	International	9	44	3	3	61	30	21	6	11	4.30
1922	Hartford	Eastern	41	259	19	14	232	113	79	62	112	2.75
1923	Hartford	Eastern	45	251	16	10	214	120	79	58	104	2.83
1924	Hartford	Eastern	46	305	20	12	268	96	77	79	99	2.27
1925	Hartford	Eastern	50	350	23	17	321	120	95	70	147	2.44
1926	Hartford/Albany	Eastern	39	297	16	17	296	145	112	75	81	3.39
1927	Albany	Eastern	41	307	23	10	303	110	99	64	98	2.90
1928	Albany	Eastern	45	276	21	8	274	104	84	45	67	2.74
1929	Albany	Eastern	45	286	21	13	353	157	137	66	73	4.31
1930	Albany	Eastern	19	110	8	4	134	67	58	28	33	4.75
	Wilkes-Barre/York	New York-Pennsylvania	20	123	9	8	152	78	65	30	67	4.76
1931	York	New York-Pennsylvania	35	255	19	13	294	116	96	51	126	3.39
1932	York	New York-Pennsylvania	37	206	14	12	215	99	77	60	89	3.36
1933	Wilkes-Barre	New York-Pennsylvania	34	221	20	10	221	89	70	61	62	2.85
1934	Wilkes-Barre	New York-Pennsylvania	13	85	5	7	106	49	46	17	15	4.87
1935	Wilkes-Barre	New York-Pennsylvania	44	221	11	13	267	121	110	50	42	4.48
		Minors	599	3848	268	179	3949	1720	1305	862	1350	3.27

FREDERICK EDWARD "CACTUS" JOHNSON

Born March 5, 1897 at Hanley, TX.
Died June 14, 1973 at Kerrville, TX.
Threw right. Batted right. Height: 6-0. Weight: 185.

YEAR	CLUB	LEAGUE	G	IP	W	L	H	R	ER	BB	SO	ERA
1920	Cisco	West Texas	–	164	8	9	181	107	–	58	72	
1921	Abilene/Cisco	West Texas	27	218	12	11	183	84	–	37	37	–
1922	Mexia	Texas-Oklahoma	17	130	9	7	113	46	–	26	63	–
	San Antonio	Texas	8	72	5	2	53	22	21	18	34	2.63
	New York	National	2	18	0	2	20	8	8	1	8	4.00
1923	San Antonio	Texas	14	81	6	7	119	75	63	36	15	7.00
	Waco	Texas Association	5	32	1	3	35	16	–	6	22	–
	Toledo	American Association	19	117	4	11	140	81	74	37	26	5.69
	New York	National	3	17	2	0	11	8	8	7	5	4.24
1924	Toledo	American Association	21	79	4	5	89	66	42	31	20	4.78
1925	Toledo	American Association	57	168	7	8	197	97	88	57	47	4.71
1926	Toledo	American Association	16	40	3	2	53	26	21	13	6	4.73
	Nashville	Southern Association	22	121	9	6	135	75	56	39	36	4.17
1927	Nashville	Southern Association	44	267	17	16	307	140	128	85	70	4.31
1928	Memphis	Southern Association	41	250	18	13	263	113	97	63	56	3.49
1929	Mobile/New Orleans	Southern Association	35	234	13	11	262	106	92	58	62	3.54
1930	New Orleans	Southern Association	38	262	16	8	269	113	99	82	52	3.40
1931	New Orleans	Southern Association	38	287	21	12	306	125	106	71	76	3.32
1932	New Orleans	Southern Association	37	299	16	16	348	159	139	89	62	4.18
1933	New Orleans	Southern Association	38	288	21	9	301	135	97	48	84	**3.03**
1934	New Orleans	Southern Association	34	252	20	5	287	123	109	45	56	3.89
1935	Fort Worth	Texas	28	210	9	14	223	89	67	43	62	2.87
1936	Fort Worth	Texas	38	231	8	18	278	142	119	47	68	4.64
1937	Toledo	American Association	31	169	9	7	192	93	67	42	55	3.57
1938	Toledo	American Association	23	140	12	4	155	75	71	26	56	4.56
	St. Louis	American	17	69	3	7	91	50	43	27	24	5.61
1939	St. Louis	American	5	14	0	1	23	12	10	9	2	6.43
	Toledo	American Association	19	59	1	6	59	31	28	14	25	4.27

YEAR	CLUB	LEAGUE	G	IP	W	L	H	R	ER	BB	SO	ERA
1940	Toledo	American Association	9	18	1	1	20	12	11	9	2	5.50
	Shreveport	Texas	6	24	0	2	27	11	10	3	7	3.75
	Memphis	Southern Association	4	6	1	0	8	5	5	2	0	7.50
1941	Vicksburg/Monroe/Marshall	Cotton States	9	51	1	4	97	60	53	16	12	9.35
	Little Rock	Southern Association	1	3	0	1	3	1	1	3	0	3.00
		Majors	27	118	5	10	145	78	69	44	39	5.26
		Minors	679	4272	252	218	4703	2228	1664	1104	1183	4.02

OSCAR WINFIELD JONES

Born January 21, 1879 at London Grove, PA.
Died October 8, 1946 at Perkhasie, PA.
Threw right. Batted right. Height: 5-7. Weight: 163.

YEAR	CLUB	LEAGUE	G	IP	W	L	H	R	ER	BB	SO	ERA
1900	Great Falls	Montana State	15	–	–	–	–	–	–	–	–	–
1901	Los Angeles	California	55	470	29	24	–398	188	95	122	182	1.82
1902	Los Angeles	California	66	–	36	25	–	–	–	–	–	–
1903	Brooklyn	National	38	324	20	16	320	158	106	77	95	2.94
	Portland/Los Angeles	Pacific Coast	2	17	1	1	12	7	–	8	0	–
1904	Brooklyn	National	46	377	17	25	387	173	115	92	96	2.75
	Los Angeles	Pacific Coast	–	–	6	3	–	–	–	–	–	–
1905	Brooklyn	National	29	174	8	15	197	121	90	56	66	4.66
	Seattle	Pacific Coast	12	–	2	5	–	–	–	–	–	–
1906	Seattle	Pacific Coast	56	–	31	23	–	–	–	–	–	–
1907	San Francisco	Pacific Coast	56	–	29	21	–	–	–	125	156	–
1908	San Francisco	Pacific Coast	53	–	11	24	–	151	–	73	139	–
1909	Santa Cruz/Fresno	California	–	462	40	13	388	143	–	75	229	–
1910	Fresno	California	25	222	16	8	184	64	–	33	137	–
	Visalia	San Joaquin Valley	–	–	5	8	–	–	–	–	–	–
1911	Lemoore	San Joaquin Valley					No record available					
1912							No record availalble					
1913	Stockton	California	35	–	24	8	–	84	–	58	135	–
		Majors	113	875	45	56	904	452	311	225	257	3.20
		Minors	447	684	229	162	572	442	–	364	796	–

CLAUDE ALFORD JONNARD

Born November 23, 1897 at Nashville, TN.
Died August 27, 1959 at Nashville, TN.
Threw right. Batted right. Height: 6-1. Weight: 165.

Twin brother of Clarence James Jonnard, professional player 1917-1936.

YEAR	CLUB	LEAGUE	G	IP	W	L	H	R	ER	BB	SO	ERA
1917	Talladega	Georgia-Alabama	3	31	2	0	26	10	–	10	16	–
	Nashville	Southern Association	5	23	1	2	24	17	12	5	13	4.69
1918	Nashville	Southern Association	12	81	3	6	95	–	–	38	34	–
1919	Nashville	Southern Association	34	270	13	19	230	92	70	71	134	2.33
1920	Nashville/Little Rock	Southern Association	47	283	13	17	246	118	–	74	129	–
1921	Little Rock	Southern Association	58	347	22	19	336	139	89	146	234	2.31
	New York	National	1	4	0	0	4	0	0	0	7	0.00
1922	Indianapolis	American Association	9	75	7	1	63	25	18	24	41	2.16
	New York	National	33	96	6	1	96	45	41	28	44	3.84
1923	New York	National	45	96	4	3	105	45	35	35	45	3.28
1924	New York	National	34	90	4	5	80	33	24	24	40	2.40
1925	Toledo	American Association	47	333	22	19	319	155	125	126	127	3.38
1926	St. Louis	American	12	36	0	2	46	–	24	24	13	6.00
	Milwaukee	American Association	22	163	9	9	160	77	64	67	71	3.53
1927	Milwaukee	American Association	44	282	22	14	297	162	131	136	176	4.18
1928	Milwuekee	American Association	41	299	20	11	301	136	109	85	150	3.29
1929	Chicago	National	12	28	0	1	41	27	23	11	11	7.39
	Indianapolis	American Association	13	108	6	5	96	42	35	43	58	2.92
1930	Indianapolis	American Association	34	232	11	17	285	164	147	85	122	5.71
1931	Milwaukee	American Association	43	240	11	15	281	163	138	91	130	5.18
1932	Louisville	American Association	40	249	18	15	294	150	–	91	135	–
1933	Louisville	American Association	20	48	1	7	72	49	43	29	25	8.06
1934	Fort Worth	Texas	24	173	8	14	169	93	73	46	80	3.78

YEAR	CLUB	LEAGUE	G	IP	W	L	H	R	ER	BB	SO	ERA
1935	Fort Worth	Texas	33	222	13	16	229	120	84	73	91	3.42
1936	Fort Worth/Dallas	Texas	22	69	4	4	93	44	40	30	26	5.22
	Longview	East Texas	6	43	2	2	54	25	18	9	19	3.77
1937	Galveston	Texas	37	135	7	5	105	77	52	88	46	3.51
1938	Shreveport	Texas	3	4	0	0	1	–	–	1	2	–
1939	Joplin	Western Association	15	57	4	1	58	16	–	16	36	–
1940	Amarillo	West Texas-New Mexico	4	16	0	1	–	–	–	–	–	–
		Majors	137	349	14	12	372	177	147	122	160	3.79
		Minors	616	3783	219	219	3834	1874	1248	1384	1895	

RUDOLPH KALLIO

Born December 14, 1892 at Portland, OR.
Died April 6, 1979 at Newport, OR.
Threw right. Batted right. Height: 5-10. Weight: 160.

Coach for Portland, Pacific Coast, 1943.
Scout for Chicago, National, 1946.

YEAR	CLUB	LEAGUE	G	IP	W	L	H	R	ER	BB	SO	ERA
1913	Butte	Union Association	43	280	13	17	308	209	–	130	155	–
1914	Saskatoon	Western Canada	37	251	15	12	234	108	–	107	190	–
1915	Las Cruces/El Paso	Rio Grande Valley Association	19	139	7	7	154	86	–	57	81	–
1916	Great Falls	Northwestern	36	275	20	14	.246	114	–	108	190	–
	San Francisco	Pacific Coast	8	40	3	1	38	21	19	33	25	4.28
1917	San Francisco	Pacific Coast	7	48	2	3	36	16	15	30	19	2.81
	Des Moines	Western	38	306	25	9	219	–	60	107	179	1.76
1918	Detroit	American	30	181	8	14	178	91	73	76	70	3.63
1919	Detroit	American	12	22	0	0	28	15	14	8	3	5.73
1920	Portland	Pacific Coast	33	211	9	10	202	96	79	62	66	3.37
1921	Portland/Salt Lake City	Pacific Coast	49	277	9	21	351	161	138	82	107	4.48
1922	Salt Lake	Pacific Coast	46	264	17	12	275	140	102	92	118	3.48
1923	Salt Lake	Pacific Coast	41	234	14	9	305	145	123	96	106	4.73
1924	Salt Lake	Pacific Coast	37	244	18	14	269	131	105	93	102	3.87
1925	Boston	American	7	19	1	4	28	17	16	9	2	7.58
	Salt Lake	Pacific Coast	16	109	8	5	119	53	44	34	46	3.63
1926	Sacramento	Pacific Coast	44	326	18	16	323	138	117	85	123	3.23
1927	Sacramento	Pacific Coast	40	239	12	16	273	131	111	85	69	4.18
1928	Sacramento	Pacific Coast	33	179	12	11	187	101	86	58	65	4.32
1929	Seattle	Pacific Coast	44	278	15	19	349	157	125	91	85	4.05
1930	Seattle	Pacific Coast	38	267	18	16	281	140	109	92	140	3.67
1931	Seattle/Portland	Pacific Coast	31	194	12	13	238	140	123	81	78	5.71
1932	Seattle	Pacific Coast	39	285	11	20	338	147	120	105	121	3.79
1933	Portland	Pacific Coast	27	211	17	7	248	99	80	58	97	3.41
1934	Portland/Seattle	Pacific Coast	39	207	13	18	238	128	97	93	74	4.22
1935-39			Did not play in organized baseball									
1940	Portland	Pacific Coast	2	3	0	0	11	9	8	5	1	24.00
		Majors	49	222	9	18	234	123	103	93	75	4.18
		Minors	747	4867	288	270	5242	2470	1661	1784	2237	3.81

MICHAEL T. KASH

Born September 7, 1912 at Webster, MA.
Threw left. Batted left. Height: 6-0. Weight: .

Family name is Kaiserski.
Manager for Waterbury, Colonial, 1948; Burlington, Carolina, 1951.

YEAR	CLUB	LEAGUE	G	IP	W	L	H	R	ER	BB	SO	ERA
1934	Worcester-Wayland	Northeastern	21	139	7	9	144	70	–	54	76	–
1935	Elmira/Harrisburg	New York-Pennsylvania	3	15	1	0	14	–	–	4	6	–
	Albany	International	2	7	0	0	12	–	–	3	1	–
1936	Duluth/Jamestown	Northern	35	225	15	11	300	186	150	93	139	6.00
1937	Jamestown/Eau Clarie	Northern	34	219	14	10	238	127	90	59	160	3.70
1938	Crookston	Northern	29	220	20	5	204	87	–	54	187	–
1939	Portsmouth	Piedmont	2	2	0	1	4	–	–	2	1	–
	Bloomington	Three I	29	205	13	10	221	115	87	72	127	3.82
	Minneapolis	American Association	3	19	1	0	24	14	14	6	7	6.63

YEAR	CLUB	LEAGUE	G	IP	W	L	H	R	ER	BB	SO	ERA
1940	Williamsport	Eastern	–	–	0	0	–	–	–	–	–	–
	Madison	Three I	33	235	**20**	9	237	92	77	51	152	2.95
	Minneapolis	American Association	2	6	1	0	10	–	–	5	1	–
1941	Minneapolis	American Association	43	164	10	7	157	88	78	69	69	4.28
1942-44							Military service					
1944	Minneapolis	American Association	2	4	0	0	4	–	–	3	0	–
1945	Minneapolis	American Association	51	223	13	16	282	145	123	86	91	4.96
1946	Minneapolis	American Association	5	10	0	0	13	–	–	4	2	–
	Jersey City	International	36	99	3	7	114	60	45	40	36	4.09
1947	Jersey City	International	3	4	1	0	4	2	2	3	4	4.50
	Waterbury	Colonial	27	200	**20**	3	182	80	53	31	92	2.39
1948	Waterbury	Colonial	28	149	11	7	169	81	63	39	54	3.81
1949	Raleigh	Carolina	35	236	13	12	239	107	79	70	118	3.01
1950	Burlington	Carolina	40	237	15	12	246	99	76	60	112	2.89
1951	New Orleans	Southern Association	16	35	2	2	46	34	25	22	19	6.43
	Burlington	Carolina	19	114	5	8	121	54	32	16	45	2.53
1952	Raleigh	Carolina	30	123	9	4	169	74	53	29	40	3.88
1953	Raleigh/Reidsville	Carolina	30	133	8	6	120	51	40	40	63	2.71
1954	Reidsville/Winston-Salem	Carolina	23	83	0	10	113	66	48	25	32	5.20
1955	Portsmouth	Piedmont	17	45	0	4	54	33	21	19	21	4.20
		Minors	598	3153	202	153	3441	1665	1156	959	1655	3.78

HARRY LEROY KELLEY

Born February 13, 1906 at Parkin, AR.
Died March 23, 1958 at Parkin, AR.
Threw right. Batted right. Height: 5:10. Weight: 176.

YEAR	CLUB	LEAGUE	G	IP	W	L	H	R	ER	BB	SO	ERA
1993	Greenwood	Cotton States	–	–	12	9	–	–	–	–	–	–
1923	Spartanburg	SALLY	15	75	5	7	66	33	24	21	47	2.90
1924	Memphis	Southern Association	44	216	14	7	208	96	69	86	90	2.87
1925	Washington	American	6	16	1	1	30	22	16	12	7	9.00
	New Orleans	Southern Association	31	200	16	10	215	99	83	54	47	3.74
1926	Washington	American	7	10	0	0	17	10	9	8	6	8.10
	Birmingham	Southern Association	27	117	4	9	155	71	55	34	25	4.23
1927	Memphis	Southern Association	38	212	12	10	227	107	84	61	54	3.57
1928	Memphis	Southern Association	42	234	21	10	234	91	62	59	72	2.38
1929	Memphis	Southern Association	28	198	11	12	247	77	65	50	28	4.23
1930	Memphis	Southern Association	47	246	19	11	257	123	107	77	87	3.92
1931	Memphis	Southern Association	49	270	20	16	301	144	111	66	74	3.70
1932	Memphis	Southern Association	42	230	16	9	253	118	96	59	73	3.72
1933	Memphis	Southern Association	45	278	**21**	13	293	130	104	67	120	3.37
1934	Memphis/Atlanta	Southern Association	51	313	**23**	11	328	137	118	87	143	3.39
1935	Atlanta	Southern Association	44	**320**	**23**	13	303	114	89	90	136	**2.50**
1936	Philadelphia	American	35	235	15	12	250	112	101	75	82	3.87
1937	Philadelphia	American	41	205	13	21	267	154	122	79	68	5.36
1938	Philadelphia/Washington	American	42	156	9	10	179	106	89	56	47	5.13
1939	Washington	American	15	54	4	3	69	32	28	14	20	4.67
1940	Minneapolis	American Association	42	249	16	9	295	136	119	69	90	4.30
1941	Minneapolis	American Association	44	248	16	13	288	130	113	88	113	4.10
1942	Minneapolis	American Association	39	198	13	13	237	116	99	56	64	4.50
1943	Memphis	Southern Association	28	137	6	11	179	97	78	52	50	5.12
1944	Indianapolis	American Association	43	163	9	9	201	92	69	49	58	3.81
		Majors	146	676	42	47	812	436	365	244	230	4.86
		Minors	699	3904	277	202	4287	1911	1545	1125	1371	3.56

CHARLES SAMUEL "RUBE" KISSINGER

Born December 13, 1876 at Adrian, MI.
Died July 14, 1941 at Huron, OH.
Threw right. Batted right. Height: 6-0. Weight: 190.

Correct family name is Kisinger.

YEAR	CLUB	LEAGUE	G	IP	W	L	H	R	ER	BB	SO	ERA
1901	Toledo	Western Association	1	9	0	1	12	7	–	3	3	–
1902	Detroit	American	5	43	2	3	48	20	15	14	7	3.14

YEAR	CLUB	LEAGUE	G	IP	W	L	H	R	ER	BB	SO	ERA
1903	Detroit	American	16	119	7	9	118	58	39	27	33	2.95
	Toronto	Eastern	19	161	11	7	107	34	–	29	119	–
1904	Buffalo	Eastern	38	289	24	11	258	95	–	55	132	–
1905	Buffalo	Eastern	39	317	20	15	289	145	–	82	157	–
1906	Buffalo	Eastern	38	319	23	12	273	113	–	61	171	–
1907	Buffalo	Eastern	34	254	15	10	205	86	–	63	113	–
1908	Buffalo	Eastern	34	256	16	14	193	87	–	61	117	–
1909	Buffalo	Eastern	44	309	18	19	271	100	–	74	125	–
1910	Buffalo/Jersey City	Eastern	34	237	16	7	172	81	–	68	110	–
1911	Jersey City	Eastern	35	182	7	13	179	90	–	53	93	–
1912	Memphis	Southern Association	31	267	14	17	237	102	–	62	161	–
1913	Memphis	Southern Association	32	243	13	14	218	106	–	71	139	–
1914	Atlanta/New Orleans	Southern Association	28	209	13	9	167	60	–	55	111	–
1915	Nashville	Southern Association	28	218	14	11	181	73	–	81	77	–
1916	New Orleans	Southern Association	2	12	1	0	14	14	–	10	2	–
	Majors		21	162	9	12	166	78	54	41	40	3.00
	Minors		437	3282	205	160	2776	1193	–	828	1630	–

FREDERICK AUGUSTUS KLOBEDANZ

Born June 13, 1871 at Waterbury, CT.
Died April 12, 1940 at Waterbury, CT.
Threw left. Batted left. Height: 5-11. Weight: 190.

Due to his batting ability, also played first base and outfield. Hit .377 and .357 for Fall River in 1895 and 1896.

YEAR	CLUB	LEAGUE	G	IP	W	L	H	R	ER	BB	SO	ERA
1892	Portland	New England	29	244	18	10	233	139	55	59	150	2.03
1893	Portland/Lewiston/Dover	New England	26	200	10	13	235	175	107	88	95	4.82
1894	Fall River	New England	24	203	14	7	187	109	42	64	105	1.86
1895	Waterbury	Connecticut State	2	17	0	2	36	33	–	4	5	–
	Fall River	New England	39	321	27	11	325	159	73	110	124	2.05
1896	Fall River	New England	34	280	26	6	298	159	79	78	132	2.54
	Boston	National	10	81	6	4	69	41	27	31	26	3.01
1897	Boston	National	38	309	26	7	344	193	158	125	92	4.60
1898	Boston	National	35	271	19	10	281	170	117	99	51	3.89
1899	Boston	National	5	33	1	4	39	23	18	9	8	4.86
	Worcester	Eastern	26	200	16	8	221	128	79	59	95	3.56
1900	Worcester	Eastern	42	337	21	17	360	181	–	56	93	–
1901	Worcester	Eastern	37	298	18	15	340	170	–	61	108	–
1902	Lawrence	New England	39	320	26	10	268	114	46	77	185	1.29
	Boston	National	1	8	1	0	9	1	1	2	4	1.13
1903	Lawrence	New England	26	204	11	13	198	111	53	34	116	2.34
1904	Lawrence/New Bedford	New England	44	375	18	23	391	200	74	58	159	1.78
1905	New Bedford	New England	20	153	11	7	150	76	–	30	64	–
1906	New Bedford	New England	32	244	18	10	243	115	–	51	141	–
1907	New Bedford	New England	4	34	1	1	29	12	–	10	16	–
1908	Brockton	New England	4	26	0	3	30	17	13	5	12	4.50
	Majors		89	702	53	25	742	428	321	266	181	4.12
	Minors		428	3456	235	156	3544	1898	621	844	1600	–

HARRY WILLIAM KRAUSE

Born July 12, 1887 at San Francisco, CA.
Died October 23, 1940 at San Francisco, CA.
Threw left. Batted both. Height: 5-11. Weight: 175.

Manager for Tucson, Arizona-Texas, 1937.

YEAR	CLUB	LEAGUE	G	IP	W	L	H	R	ER	BB	SO	ERA
1907	San Jose	California	18	–	7	10	–	–	–	–	–	–
1908	Alameda	California	1	12	0	1	5	3	3	2	11	2.31
	Harrisburg	Tri-State	24	–	17	4	–	–	–	–	–	–
	Philadelphia	American	4	21	1	1	20	11	6	4	10	2.57
1909	Philadelphia	American	32	213	18	8	151	49	33	49	139	**1.39**
1910	Philadelphia	American	16	112	6	6	99	46	35	42	60	2.88
1911	Philadelphia	American	27	169	11	8	155	60	55	47	85	3.04
1912	Philadelphia/Cleveland	American	6	10	0	3	21	13	13	4	4	12.60
	Toledo	American Association	22	169	13	4	145	70	–	53	86	–

YEAR	CLUB	LEAGUE	G	IP	W	L	H	R	ER	BB	SO	ERA
1913	Portland	Pacific Coast	46	284	17	11	–	93	–	108	175	–
1914	Portland	Pacific Coast	46	356	22	18	302	132	88	114	155	2.22
1915	Portland	Pacific Coast	52	267	11	15	249	133	99	76	111	3.34
1916	Omaha	Western Association	32	206	14	10	226	–	68	60	113	2.97
1917	Oakland	Pacific Coast	58	429	28	**26**	415	174	142	142	121	2.98
1918	Oakland	Pacific Coast	23	170	10	11	168	68	49	53	66	2.59
1919	Oakland	Pacific Coast	11	51	3	3	44	20	10	15	16	1.75
1920	Oakland	Pacific Coast	33	213	11	16	239	114	98	41	51	4.13
1921	Oakland	Pacific Coast	47	294	24	13	292	131	95	59	111	2.91
1922	Oakland	Pacific Coast	46	344	21	19	367	159	122	65	134	3.19
1923	Oakland	Pacific Coast	43	328	19	20	345	145	113	60	113	3.10
1924	Oakland	Pacific Coast	37	242	16	16	265	129	110	51	122	4.09
1925	Oakland	Pacific Coast	31	223	11	15	280	149	121	52	96	4.88
1926	Oakland	Pacific Coast	34	263	19	12	257	109	84	46	114	3.18
1927	Oakland	Pacific Coast	29	172	15	6	186	80	68	28	51	3.56
1928	Oakland/Mission	Pacific Coast	27	180	15	10	202	100	87	36	56	4.35
1929	Mission	Pacific Coast	31	167	7	9	234	121	99	35	55	5.33
		Majors	85	525	36	26	446	179	142	146	298	2.43
		Minors	691	4370	300	249	4221	1930	1456	1096	1757	3.35

Louis Paul LeRoy

Born February 18, 1879 at Red Springs, WI.
Died October 10, 1944 at Shawano, WI.
Threw right. Batted right. Height: 5-10. Weight: 180.

A Seneca Indian.

YEAR	CLUB	LEAGUE	G	IP	W	L	H	R	ER	BB	SO	ERA
1902	Buffalo	Eastern	20	–	13	5	–	–	–	37	54	–
1903	Buffalo	Eastern	18	–	6	4	81	–	–	24	55	–
1904	Montreal	Eastern	31	245	14	10	207	104	–	57	87	–
1905	Montreal	Eastern	32	250	18	12	198	106	–	53	166	–
	New York	American	3	24	1	1	26	14	10	1	9	3.75
1906	New York	American	11	45	2	0	33	18	11	12	28	2.20
	Montreal	Eastern	21	177	6	14	177	99	–	53	87	–
1907	St. Paul	American Association	40	302	14	22	327	–	–	80	133	–
1908	St. Paul	American Association	49	332	16	**21**	321	160	–	69	144	–
1909	St. Paul	American Association	57	372	20	17	291	107	–	72	179	–
1910	Boston	American	1	4	0	0	6	8	5	2	3	11.25
	St. Paul	American Association	46	268	14	16	221	91	–	53	89	–
1911	St. Paul	American Association	**60**	300	18	**23**	315	159	–	80	131	–
1912	St. Paul	American Association	44	277	20	10	297	142	–	51	117	–
1913	St. Paul/Indianapolis	American Association	44	235	11	**20**	251	122	–	50	90	–
1914	Indianapolis	American Association	44	201	12	5	226	101	73	50	54	3.27
1915	Salt Lake City	Pacific Coast	30	143	6	9	165	86	63	50	55	3.97
	St. Paul	American Association	11	57	3	2	52	21	19	16	24	3.00
1916	Springfield	Eastern	23	137	10	8	134	–	–	45	39	–
	Muskegon	Central	8	47	3	3	52	19	10	12	14	1.91
1917	Joplin	Western	1	3	0	1	6	4	–	1	1	–
	La Crosse	Central Association	20	129	10	7	101	46	39	30	35	2.72
1918	St. Paul	American Association	3	19	0	2	23	9	8	8	8	3.79
	Seattle	Pacific Coast International	14	108	7	5	94	45	–	31	61	–
1919							No record available					
1920	Mitchell	South Dakota	26	200	18	6	207	103	–	45	79	–
		Majors	15	73	3	1	65	40	26	15	40	3.21
		Minors	642	3802	239	222	3746	1524	212	967	1702	–

Walter Fred Leverenz

Born July 21, 1888 at Chicago, IL.
Died March 19, 1973 at Atascadero, CA.
Threw left. Batted left. Height: 5-10. Weight: 175.

YEAR	CLUB	LEAGUE	G	IP	W	L	H	R	ER	BB	SO	ERA
1908	Worcester	Northeastern	35	–	24	8	–	–	–	–	–	–
1909	Hartford	Connecticut	29	–	13	12	–	–	–	91	110	–
1910	Hartford	Connecticut	27	–	10	10	191	72	–	69	140	–

YEAR	CLUB	LEAGUE	G	IP	W	L	H	R	ER	BB	SO	ERA
1911	Hartford	Connecticut	10	–	5	2	46	19	–	23	43	–
	Los Angeles	Pacific Coast	30	194	10	12	–	89	–	58	61	–
1912	Los Angeles	Pacific Coast	52	334	23	13	–	135	–	111	173	–
1913	St. Louis	American	36	203	6	17	159	81	58	89	87	2.57
1914	St Louis	American	27	111	1	12	107	67	47	63	41	3.81
1915	St. Louis	American	5	9	1	2	11	9	8	8	3	8.00
	Indianapolis	American Association	7	54	3	3	41	26	14	35	20	2.33
	Oakland	Pacific Coast	7	27	0	6	33	23	16	16	21	5.33
1916	Rochester	International	25	187	9	13	172	–	55	94	103	2.65
1917	Salt Lake City	Pacific Coast	45	349	22	18	333	140	106	147	126	2.73
1918	Salt Lake City	Pacific Coast	22	192	**16**	5	189	60	48	74	74	2.25
1919	Salt Lake City	Pacific Coast	28	216	13	11	243	124	90	96	94	3.75
1920	Salt Lake City	Pacific Coast	41	277	18	13	302	146	115	110	111	3.74
1921	Salt Lake City	Pacific Coast	40	246	11	19	324	197	149	113	119	5.45
1922	Portland	Pacific Coast	37	266	15	18	297	140	94	86	103	3.18
1923	Portland	Pacific Coast	34	245	17	11	274	118	95	62	98	3.49
1924	Portland	Pacific Coast	29	218	14	14	268	137	106	75	84	4.38
1925	Portland	Pacific Coast	26	193	11	11	224	108	80	61	77	3.73
1926	Buffalo	International	28	146	9	7	144	73	62	61	81	**3.82**
1927	Buffalo	International	23	143	9	7	147	69	55	43	50	3.46
1928	Toronto	International	22	136	7	9	149	59	54	55	68	3.57
1929	Toronto	International	19	136	10	5	133	58	52	60	46	3.44
1930	Reading	International	3	14	0	1	20	15	14	9	4	9.00
		Majors	62	323	8	31	277	157	113	160	131	3.15
		Minors	619	3573	269	228	3530	1808	1205	1549	1806	3.56

JACOB "JAKE" LEVY

Born February 6, 1900 at Birmingham, AL.
Threw right. Batted right. Height: 5-8½ Weight: 175.

Played as Jack Leroy in 1922.

YEAR	CLUB	LEAGUE	G	IP	W	L	H	R	ER	BB	SO	ERA
1921	Sheffield	Alabama-Tennessee					No record available					
	Greeneville	Appalachian					No record available					
1922	Danville	Three I					No record available					
1923	Charlotte	SALLY	26	117	12	3	112	70	61	50	50	4.69
1924							Did not play in organized baseball					
1925	Charlotte	SALLY	26	109	5	5	49	49	32	35	45	2.65
1926	Charlotte	SALLY	27	197	13	10	201	95	80	61	69	3.66
1927	Charlotte	SALLY	35	271	22	12	241	100	82	71	95	2.73
1928	Hartford	Eastern	13	101	7	4	106	49	41	39	28	3.66
1929	Bridgeport/Allentown	Eastern	30	199	12	9	231	98	90	60	62	4.07
1930	Allentown	Eastern	44	252	15	16	303	132	118	86	87	4.21
1931	Allentown/Richmond	Eastern	28	151	5	9	178	99	75	46	41	4.47
1932-35							Did not play in organized baseball					
1936	Savannah	SALLY	40	284	17	14	280	130	93	62	155	2.95
1937	Savannah	SALLY	37	249	20	8	287	139	103	49	120	3.72
1938	Savannah	SALLY	24	140	10	9	168	87	75	30	68	4.82
1939-40							Did not play in organized baseball					
1941	Gadsden	Southeastern	29	109	10	14	249	132	104	46	74	4.48
1942	Macon	SALLY	30	234	16	8	219	90	48	49	126	**1.85**
1943	Portsmouth	Piedmont	21	163	13	4	148	40	27	26	73	1.49
1944	Portsmouth	Piedmont	27	210	14	12	208	83	53	47	146	2.27
1945	Portsmouth	Piedmont	17	99	7	7	96	52	36	25	56	3.27
1946	Portsmouth	Piedmont	9	36	2	2	49	27	–	9	15	–
		Minors	463	2921	200	146	3125	1472	1118	791	1310	3.49

RAY WALTER LINDSAY

Born December 5, 1907 at Sevier County, TN.
Threw right. Batted right. Height: 6-1. Weight: 175.

Had impressive ratio of strikeouts to walks.

YEAR	CLUB	LEAGUE	G	IP	W	L	H	R	ER	BB	SO	ERA
1937	Newton-Conover	North Carolina State	20	157	11	7	146	62	57	38	152	3.27
1938	Thomasville	North Carolina State	34	245	19	9	210	98	74	70	**247**	2.72

YEAR	CLUB	LEAGUE	G	IP	W	L	H	R	ER	BB	SO	ERA
1939	Thomasville	North Carolina State	35	**271**	22	10	234	91	57	35	**237**	**1.89**
1940	Thomasville	North Carolina State	38	**270**	20	11	279	91	58	48	**269**	1.93
1941	Thomasville	North Carolina State	34	240	17	13	233	118	78	49	189	2.93
1942-45							Military service					
1946	Lexington	North Carolina State	14	114	9	4	112	43	29	19	105	2.29
	Martinsville	Carolina	10	51	2	3	61	41	—	13	18	—
1947	Martinsville	Carolina	32	219	11	17	231	122	90	70	168	3.70
1948	Newton-Conover	Western Carolina	36	**263**	21	9	262	153	122	69	**255**	4.17
1949	Newton-Conover	Western Carolina	35	231	17	11	222	116	91	58	200	3.55
1950							Did not play in organized baseball					
1951	Newton-Conover	Western Carolina	6	39	4	1	40	14	11	12	36	2.54
1952	Hickory	Western Carolina	4	33	1	3	34	22	19	9	28	5.18
		Minors	298	2133	154	98	2064	971	686	490	1904	2.97

Adolph James "Ad" Liska

Born July 10, 1906 at Dwight, NE.
Threw right. Batted right. Height: 5-11. Weight: 160.

YEAR	CLUB	LEAGUE	G	IP	W	L	H	R	ER	BB	SO	ERA
1926	Lincoln	Western	1	7	0	1	6	4	3	3	1	3.86
1927	Burlington	Mississippi Valley	19	143	9	8	144	77	—	39	102	—
1928	Minneapolis	American Association	46	225	20	4	246	118	92	61	82	3.68
1929	Washington	American	24	94	3	9	87	53	50	42	33	4.79
1930	Washington	American	32	151	9	7	140	69	55	71	40	3.28
1931	Washington	American	2	4	0	1	9	3	3	1	2	6.75
	Baltimore	International	3	9	0	1	8	6	6	4	2	6.00
	Chattanooga	Southern Association	3	17	1	0	21	12	11	4	2	5.82
1932	Chattanooga	Southern Association	4	25	2	2	27	16	13	13	6	4.38
	Minneapolis	American Association	9	28	1	2	46	25	19	8	5	6.11
	Philadelphia	National	8	27	2	0	22	5	5	10	6	1.67
1933	Philadelphia	National	45	76	3	1	96	46	38	26	23	4.50
1934	Rochester/Syracuse	International	45	180	6	11	216	124	98	87	55	4.90
1935	Omaha/Council Bluffs	Western	22	137	11	6	136	77	—	54	56	—
1936	Portland	Pacific Coast	43	223	15	12	217	89	72	68	97	2.91
1937	Portland	Pacific Coast	45	**319**	24	18	319	126	109	74	135	3.07
1938	Portland	Pacific Coast	46	278	16	18	309	135	114	75	126	3.69
1939	Portland	Pacific Coast	42	285	20	16	314	128	106	54	137	3.35
1940	Portland	Pacific Coast	29	190	9	12	208	100	71	41	99	3.36
1941	Portland	Pacific Coast	42	301	18	18	335	138	**124**	87	154	3.71
1942	Portland	Pacific Coast	43	322	15	21	338	**154**	**130**	73	164	3.64
1943	Portland	Pacific Coast	32	254	17	11	243	76	56	31	122	1.98
1944	Portland	Pacific Coast	32	236	18	9	236	88	65	40	124	2.48
1945	Portland	Pacific Coast	35	273	20	12	257	92	71	59	127	2.34
1946	Portland	Pacific Coast	35	195	7	16	208	96	67	43	87	3.09
1947	Portland	Pacific Coast	36	148	10	10	155	62	56	35	70	3.41
1948	Portland	Pacific Coast	22	107	5	10	134	69	64	33	47	5.38
1949	Portland	Pacific Coast	32	140	4	11	147	75	60	42	44	3.86
		Majors	111	352	17	18	354	176	151	150	104	3.86
		Minors	666	4042	248	229	4270	1887	1407	1028	1844	3.37

Jose Ramon Lopez

Born May 26, 1937 at Central Hormiguero, Las Villas, Cuba.
Died September 4, 1982 at Miami, FL.
Threw right. Batted right. Height: 6-0. Weight: 175.

YEAR	CLUB	LEAGUE	G	IP	W	L	H	R	ER	BB	SO	ERA
1958	North Platte	Nebraska State	14	52	4	3	40	26	19	46	46	3.29
	Cocoa	Florida State	3	—	1	1	—	—	—	—	—	—
1959	Minot	Northern	32	76	9	6	88	56	48	61	54	5.68
1960	Minot	Northern	15	92	4	7	78	54	35	45	72	3.42
	Burlington	Carolina	15	64	2	4	69	52	43	35	48	6.05
	Reading	Eastern	5	10	0	1	9	—	6	11	9	5.40
1961	Reading	Eastern	37	194	10	16	198	103	85	87	141	3.94
1962	Charleston	Eastern	57	111	9	9	100	60	53	50	82	4.30

YEAR	CLUB	LEAGUE	G	IP	W	L	H	R	ER	BB	SO	ERA
1963	Monterrey	Mexican	22	119	8	6	108	67	51	52	108	3.86
1964	Monterrey	Mexican	37	245	13	13	224	110	94	101	**213**	3.45
1965	Monterrey	Mexican	38	**242**	14	16	229	116	91	91	**201**	3.38
1966	Monterrey	Mexican	47	**266**	17	**18**	195	86	74	96	**309**	2.50
	California	American	4	7	0	1	4	5	4	4	2	5.14
1967	Seattle	Pacific Coast	3	11	0	1	10	10	10	5	6	8.18
1968	Monterrey	Mexican	34	197	16	9	194	87	57	58	162	2.60
1969	Monterrey	Mexican	31	189	11	14	200	96	85	74	143	4.05
1970	Monterrey	Mexican	33	205	16	13	204	74	64	51	152	2.81
1971	Reynosa	Mexican	35	219	9	19	210	110	92	71	178	3.78
1972	Yucatan	Mexican	31	173	8	15	182	90	78	65	114	4.06
1973	Tampico	Mexican	9	45	3	2	40	24	24	21	23	4.80
1974	Veracruz	Mexican	32	202	15	13	195	86	70	66	98	3.12
	Majors		4	7	0	1	4	5	4	4	2	5.14
	Minors		530	2712	169	186	2573	1307	1079	1086	2159	3.58

LYNN LOVENGUTH

Born November 29, 1922 at Camden, NY.
Threw right. Batted right. Height: 5-10½. Weight: 170.

YEAR	CLUB	LEAGUE	G	IP	W	L	H	R	ER	BB	SO	ERA
1946	Utica	Eastern	1	2	0	0	4	4	2	1	2	9.00
	Schenectady	Canadian-American	27	145	4	16	149	131	90	130	84	5.59
1947	Rome	Canadian-American	36	189	11	8	166	84	66	133	140	3.14
1948	Rome	Canadian-American	40	243	**21**	9	190	131	90	**174**	245	3.33
1949	Lincoln	Western	34	225	17	10	214	109	99	**154**	151	3.96
1950	Buffalo	International	41	170	7	9	154	88	78	108	94	4.13
1951	Buffalo	International	37	133	7	8	118	68	56	78	89	3.79
1952	Buffalo/Syracuse	International	31	166	12	10	132	82	66	108	65	3.58
1953	Syracuse	International	34	179	11	13	191	118	93	86	87	4.68
1954	Syracuse	International	58	130	8	6	101	58	52	65	79	3.60
1955	Syracuse	International	39	168	15	8	149	52	47	57	103	2.52
1955	Philadelphia	National	14	18	0	1	17	9	9	10	14	4.50
1956	Toronto	International	39	279	**24**	12	247	96	83	93	153	2.68
1957	St. Louis	National	2	9	0	1	6	3	2	6	6	2.00
	Rochester	International	36	222	14	15	219	112	91	78	135	3.69
1958	Rochester/Columbus	International	37	208	11	13	**222**	102	93	58	130	4.02
1959	Columbus	International	42	228	13	14	**266**	127	103	63	126	4.07
1960	Portland/Tacoma	Pacific Coast	38	213	14	12	**243**	116	93	68	110	3.93
1961	Tacoma/San Diego	Pacific Coast	29	125	4	11	145	76	58	34	65	4.18
	Majors		16	27	0	2	23	23	11	16	20	3.67
	Minors		599	3025	193	174	2910	1555	1260	1488	1858	3.75

GROVER CLEVELAND LOWDERMILK

Born January 15, 1885 at Sanborn, IN.
Died March 31, 1968 at Odin, IL.
Threw right. Batted right. Height: 6-4. Weight: 190.

Brother of Louis Lowdermilk, former organized baseball pitcher.
Struck out a season record 465 batters in 1907.

YEAR	CLUB	LEAGUE	G	IP	W	L	H	R	ER	BB	SO	ERA
1907	Decatur	Three I	1	9	0	1	11	12	—	2	7	—
	Mattoon	Eastern Illinois	44	**388**	**33**	10	179	62	40	116	**458**	0.93
1908	Decatur	Three I	32	217	12	10	131	85	—	124	183	—
1909	St. Louis	National	7	29	0	2	28	27	20	30	14	6.21
	Decatur	Three I	10	78	5	4	41	16	—	42	48	—
1910	Springfield	Three I	45	334	**25**	9	211	101	—	**141**	209	—
1911	St. Louis	National	11	33	0	1	37	27	27	33	15	7.36
1912	Louisville	American Association	43	271	17	16	229	128	—	141	155	—
	Chicago	National	2	13	0	1	17	18	14	14	8	9.69
1913	Louisville	American Association	51	304	20	14	235	104	—	137	**197**	—
1914	Louisville	American Association	42	284	18	16	224	110	90	159	**254**	2.85
1915	St. Louis/Detroit	American	45	250	13	18	200	126	90	157	148	3.24
1916	Detroit/Cleveland	American	11	52	1	5	52	33	18	48	28	3.12
	Portland	Pacific Coast	7	38	1	4	26	25	16	25	18	3.79
1917	Columbus	American Association	50	355	**25**	14	254	97	67	128	**250**	1.70
	St. Louis	American	3	19	2	1	16	6	3	4	9	1.42

YEAR	CLUB	LEAGUE	G	IP	W	L	H	R	ER	BB	SO	ERA
1918	St. Louis	American	13	80	2	6	74	44	28	38	25	3.15
1919	St. Louis/Chicago	American	27	109	5	5	101	46	31	47	49	2.56
	Minneapolis	American Association	31	233	14	12	337	112	74	151	119	2.99
1921	Minneapolis	American Association	25	166	11	9	149	107	77	117	128	4.17
1922	Columbus	American Association	7	32	0	2	29	20	–	27	15	–
	Majors		122	590	23	39	534	331	235	376	296	3.58
	Minors		388	2699	181	121	2056	979	364	1310	2041	–

WILLIAM FRANCIS LUDOLPH

Born January 21, 1900 at San Francisco, CA.
Died April 7, 1952 at Oakland, CA.
Threw right. Batted right. Height: 6-1. Weight: 170.

YEAR	CLUB	LEAGUE	G	IP	W	L	H	R	ER	BB	SO	ERA
1921	San Francisco	Pacific Coast	4	18	1	0	15	12	6	9	6	3.00
	Des Moines	Western	11	55	0	2	67	54	–	23	12	–
	Sioux Falls	Dakota	18	157	11	5	98	52	34	80	90	1.95
1922	Sioux Falls	Dakota	19	151	12	6	102	55	37	52	84	2.21
1923	Sioux Falls	South Dakota	13	101	8	3	75	43	25	47	65	2.23
	Bay City	Michigan-Ontario	11	86	9	1	69	28	20	37	54	2.09
1924	Vernon	Pacific Coast	26	138	7	10	148	91	71	36	45	4.63
	Detroit	American	3	6	0	0	5	3	3	2	1	4.50
1925	Vernon	Pacific Coast	42	266	13	12	287	125	108	89	60	3.65
1926	Mission	Pacific Coast	43	253	15	13	259	125	107	88	85	3.81
1927	Mission	Pacific Coast	41	238	9	20	287	145	133	72	74	5.03
1928	Mission	Pacific Coast	8	49	2	4	57	24	18	17	12	3.31
	Little Rock	Southern Association	29	189	12	10	236	111	99	63	43	4.71
1929	Birmingham	Southern Association	36	239	21	8	260	106	96	69	71	3.62
1930	Birmingham	Southern Association	33	210	14	9	253	125	110	74	40	4.71
1931	Oakland	Pacific Coast	39	184	10	12	229	126	101	50	72	4.94
1932	Oakland	Pacific Coast	38	271	16	14	269	112	83	62	99	2.76
1933	Oakland	Pacific Coast	38	262	19	9	277	121	90	59	74	**3.09**
1934	Oakland	Pacific Coast	37	231	16	12	262	112	102	53	58	3.97
1935	Oakland	Pacific Coast	37	283	20	13	309	109	97	40	74	3.08
1936	Oakland	Pacific Coast	33	250	21	6	230	84	75	45	80	2.70
1937	Oakland	Pacific Coast	12	99	7	4	85	31	27	24	35	2.45
	Majors		3	6	0	0	5	3	3	2	1	4.50
	Minors		568	3730	243	173	3874	1791	1439	1089	1233	3.52

JAMES CHARLES LYLE

Born July 24, 1900 at Lake, MS.
Died October 10, 1977 Williamsport, PA.
Threw right. Batted right. Height: 6-1 Weight: 180.

YEAR	CLUB	LEAGUE	G	IP	W	L	H	R	ER	BB	SO	ERA
1922	Vicksburg	Cotton States	15	117	7	7	103	43	–	14	50	–
1923	Greenville	SALLY	6	31	1	2	52	31	26	13	8	7.55
	Ardmore	Western Association	42	275	20	10	254	116	–	46	127	–
1924	Okmulgee	Western Association	48	299	23	13	344	171	132	34	93	3.97
1925	Augusta	SALLY	43	310	17	14	316	159	117	41	131	3.39
	Washington	American	1	3	0	0	5	2	2	1	3	6.00
1926	Birmingham	Southern Association	12	58	3	3	58	37	24	9	15	3.72
	Williamsport	New York-Pennsylvania	14	70	7	4	78	41	29	10	25	3.73
1927	Williamsport	New York-Pennsylvania	31	291	9	12	234	117	81	37	65	3.33
1928	Williamsport	New York-Pennsylvania	33	239	18	13	240	113	80	28	68	3.02
1929	Williamsport	New York-Pennsylvania	32	243	17	9	249	109	96	50	97	3.56
1930	Williamsport	New York-Pennsylvania	30	178	12	12	205	89	50	44	53	4.04
1931	Charlotte	Piedmont	33	244	21	6	260	119	–	61	91	–
1932	Charlotte	Piedmont	31	244	**22**	7	220	96	69	70	128	2.55
1933	Charlotte	Piedmont	28	206	13	12	223	111	–	57	112	–
1934	Charlotte	Piedmont	24	177	13	8	211	110	–	41	98	–
1935	Charlotte	Piedmont	13	76	4	4	80	36	30	27	30	3.55
1936	Jacksonville	SALLY	18	97	5	5	112	58	51	45	42	4.73
	Gainesville	Florida State					Less than ten games.					
1938	Mooresville	North Carolina State					Less than ten games.					
	Majors		1	3	0	0	5	2	2	1	3	6.00
	Minors		453	3155	212	139	3239	1556	785	627	1233	3.31

Japhet Monroe "Red" Lynn

Born December 27, 1913 at Kenney, TX.
Died October 27, 1977 at Bellville, TX.
Threw right. Batted right. Height: 6-0. Weight: 162.

Led minors with 32 wins in 1937.

YEAR	CLUB	LEAGUE	G	IP	W	L	H	R	ER	BB	SO	ERA
1934	Springfield	Central	3	22	1	2	29	20	–	13	13	–
	Huntington	Middle Atlantic	26	145	10	7	140	70	56	52	98	3.48
1935	Asheville	Piedmont	9	49	3	4	56	44	29	26	25	5.33
	Jacksonville	West Dixie	23	168	10	7	151	89	61	50	106	3.27
1936	Columbus	SALLY	33	162	14	7	190	110	87	78	92	4.83
	Huntington	Middle Atlantic	8	44	3	3	39	26	25	27	28	5.11
1937	Jacksonville	East Texas	**56**	**340**	**32**	13	274	132	100	**143**	233	**2.65**
1938	Columbus	American Association	**50**	175	8	11	173	112	86	78	104	4.42
1939	Detroit	American	4	8	0	1	11	8	8	3	3	9.00
	New York	National	26	50	1	0	44	21	17	21	22	3.06
1940	New York	National	33	42	4	3	40	21	18	24	25	3.86
1941	Jersey City	International	30	109	6	7	111	56	50	56	60	4.13
1942	Los Angeles	Pacific Coast	43	211	12	13	172	89	73	67	108	3.11
1943	Los Angeles	Pacific Coast	36	248	21	8	218	77	68	64	110	2.47
1944	Chicago	National	22	84	5	4	80	41	38	37	35	4.07
1945							Military service					
1946	Los Angeles	Pacific Coast	41	271	17	16	200	85	84	**123**	165	2.79
1947	Los Angeles	Pacific Coast	42	273	16	16	251	112	102	110	145	3.36
1948	Los Angeles	Pacific Coast	42	244	19	10	236	108	101	114	131	3.73
1949	Los Angeles/Portland	Pacific Coast	37	194	10	18	203	104	100	95	85	4.64
1950	Portland	Pacific Coast	41	239	14	10	218	105	94	92	117	3.54
1951	Portland	Pacific Coast	41	192	13	12	190	97	80	87	68	3.75
1952	Portland/Hollywood	Pacific Coast	39	121	9	6	130	65	57	56	30	4.24
1953	Hollywood	Pacific Coast	53	143	10	4	158	78	59	63	42	3.71
1954	Lubbock	West Texas-New Mexico	6	29	1	3	32	21	13	9	27	4.03
	Beaumont	Texas	8	25	0	3	36	21	19	9	12	6.84
1955							Did not play in organized baseball					
1956	Bakersfield	California	24	140	12	9	162	95	79	52	72	5.08
	Salt Lake City	Pioneer	5	42	3	2	51	23	19	10	29	4.07
	Majors		85	184	10	8	175	91	81	85	85	3.96
	Minors		696	3586	244	191	3420	1739	1442	1474	1900	3.64

John Walter Mails

Born October 1, 1895 at San Quentin, CA.
Died July 5, 1974 at San Francisco, CA.
Threw left. Batted left. Height: 6-0. Weight: 200.

Known as Walter
Manager for Eugene, Far West, 1951.

YEAR	CLUB	LEAGUE	G	IP	W	L	H	R	ER	BB	SO	ERA
1914	Seattle	Northwestern	14	45	2	2	29	18	–	32	24	–
1915	Seattle	Northwestern	39	348	24	18	275	133	–	**154**	**250**	–
	Brooklyn	National	2	5	0	1	6	5	2	5	3	3.60
1916	Brooklyn	National	11	17	0	1	15	7	7	9	13	3.71
1917	Portland	Pacific Coast	7	49	3	2	28	14	12	37	18	2.20
1917-18							Military service					
1919	Seattle/Sacramento	Pacific Coast	47	301	19	17	265	116	105	99	134	3.14
1920	Sacramento	Pacific Coast	43	292	18	17	228	140	104	187	105	3.21
	Cleveland	American	9	63	7	0	54	18	13	18	25	1.86
1921	Cleveland	American	34	194	14	8	210	103	85	89	87	3.94
1922	Cleveland	American	26	104	4	7	122	69	61	40	54	5.28
1923	Oakland	Pacific Coast	49	356	23	18	338	141	117	**125**	**206**	2.96
1924	Oakland	Pacific Coast	**56**	382	24	**22**	388	198	158	140	190	3.72
1925	St. Louis	National	21	131	7	7	145	78	67	58	49	4.60
1926	St. Louis	National	1	1	0	1	2	1	0	1	1	0.00
	Syracuse	International	10	44	1	2	52	29	22	26	17	4.50
	San Francisco	Pacific Coast	27	176	9	13	207	106	82	54	54	4.19
1927	San Francisco	Pacific Coast	40	217	11	11	240	123	106	75	102	4.40
1928	San Francisco	Pacific Coast	45	277	20	12	316	151	122	101	152	3.96
1929	San Francisco	Pacific Coast	38	250	15	16	306	152	135	103	119	4.86

YEAR	CLUB	LEAGUE	G	IP	W	L	H	R	ER	BB	SO	ERA
1930	Portland	Pacific Coast	39	234	11	16	259	138	114	112	144	4.38
1931	Portland	Pacific Coast	37	212	13	13	234	136	118	140	124	5.01
1932	Chattanooga	Southern Association	33	198	17	9	203	101	89	78	86	4.05
1933	Kansas City	American Association	24	140	9	8	148	69	59	58	79	3.79
1934	San Francisco	Pacific Coast	30	167	4	13	189	79	77	62	74	4.15
1935	San Francisco	Pacific Coast	16	41	3	1	52	26	22	19	16	4.83
1936	San Francisco	Pacific Coast	8	10	0	0	21	17	—	—	5	10.00
		Majors	104	515	32	25	554	281	235	220	232	4.11
		Minors	602	3739	226	210	3778	1887	1442	1612	1899	3.89

WILLARD EBEN "GRASSHOPPER" MAINS

Born July 7, 1868 at North Windham, ME.
Died May 23, 1923, at Bridgton, ME.
Threw right. Height: 6-2. Weight: 190.

Du to his hitting skills, he also played the outfield. He batted .377 in 1893 and .364 in 1895. First minor league hurler to win 300 games.

YEAR	CLUB	LEAGUE	G	IP	W	L	H	R	ER	BB	SO	ERA
1887	Portland	New England	7	60	4	2	67	48	21	20	14	3.15
1888	Chicago	National	2	11	1	1	8	10	6	6	5	4.91
	Davenport	Central Inter-State	23	204	18	5	168	100	—	—	—	—
1889	St. Paul	Western Association	49	—	38	11	419	341	159	221	214	—
1890	St. Paul	Western Association	46	384	16	26	421	305	123	196	193	2.88
1891	Cincinnati/Milwaukee	American Association	32	214	12	14	210	146	73	117	78	3.07
1892	Portland	Pacific Northwest	28	182	11	9	173	132	33	74	73	1.63
1893	Portland	New England	18	118	10	5	131	87	50	32	68	3.81
1894	Portland	New England	18	148	8	9	160	87	38	39	67	2.31
1895	Lewiston	New England	42	353	24	14	366	206	—	77	169	—
1896	Boston	National	8	43	3	2	43	35	26	31	13	5.44
	Bangor	New England	19	154	14	4	143	64	—	39	76	—
1897	Springfield/Toronto	Eastern	40	293	20	13	294	152	—	85	92	—
1898	Augusta	Southern	7	71	5	2	65	34	—	11	17	—
	Taunton	New England	6	48	2	3	48	35	—	14	25	—
1899	Rome	New York State	32	247	20	8	248	113	—	62	81	—
1900	Rome	New York State	34	296	27	5	328	147	—	67	82	—
1901	Rome	New York State	36	274	19	10	278	108	—	52	57	—
1902	Syracuse	New York State	34	292	17	14	283	140	—	82	89	—
1903	Syracuse	New York State	35	304	23	11	226	96	—	56	110	—
1904	Syracuse	New York State	32	287	21	11	252	86	—	63	108	—
1905	Syracuse	New York State	30	270	18	11	256	102	—	67	117	—
1906	Syracuse	New York State	9	79	3	6	73	34	—	23	17	—
		Majors	42	268	16	17	261	191	105	154	96	3.53
		Minors	545	4014	318	179	4399	2417	424	1280	1669	—

LEON ALLEN MANGUM

Born May 24, 1898 at Durham, NC.
Died July 9, 1974 at Lima, OH.
Threw right. Batted right. Height: 6-1. Weight: 187.

YEAR	CLUB	LEAGUE	G	IP	W	L	H	R	ER	BB	SO	ERA
1920	Albany	Eastern	25	175	8	11	169	72	57	61	70	2.93
	Portsmouth	Virginia	8	63	5	3	49	21	12	13	30	1.71
1921	Wichita Falls	Texas	1	7	0	0	13	6	—	0	4	—
	St. Joseph	Western	28	180	12	11	182	76	—	34	76	—
	Minneapolis	American Association	12	70	8	1	71	33	25	29	22	3.21
1922	Minneapolis	American Association	24	103	5	5	131	70	59	42	37	5.16
	St. Joseph	Western	17	109	5	7	126	62	—	32	39	—
1923	Minneapolis	American Association	11	51	4	2	48	27	25	19	17	4.41
	St. Joseph	Western	32	216	12	11	262	116	—	60	77	—
1924	Minneapolis	American Association	31	182	14	7	170	83	72	53	57	3.56
	Chicago	American	13	47	1	4	69	43	37	25	12	7.09
1925	Chicago	American	7	15	1	0	25	24	13	6	6	7.80
	Reading	International	26	165	9	8	190	87	71	46	53	3.87
1926	Portland	Pacific Coast	53	328	19	20	354	162	140	88	106	3.84

YEAR	CLUB	LEAGUE	G	IP	W	L	H	R	ER	BB	SO	ERA
1927	Buffalo	International	35	238	21	7	255	98	88	40	67	3.33
1928	New York	National	1	3	0	0	6	5	5	5	1	15.00
	Buffalo	International	30	231	15	11	263	89	73	38	73	2.84
1929	Buffalo	International	35	208	15	13	263	122	109	39	57	4.72
1930	Buffalo/Newark	International	38	222	10	19	287	145	124	49	70	5.03
1931	Newark	International	35	225	14	9	252	104	96	47	55	3.84
1932	Montreal	International	19	146	10	7	177	73	57	25	46	3.51
	Boston	National	7	10	0	0	17	8	6	0	3	5.40
1933	Boston	National	25	84	4	3	93	33	31	11	28	3.32
1934	Boston	National	29	94	5	3	127	67	60	23	28	5.74
1935	Boston	National	3	5	0	0	6	2	2	2	0	3.60
	Montreal	International	22	110	3	5	128	78	67	37	36	5.48
1936	Syracuse	International	36	222	10	15	250	122	103	43	71	4.18
1937	Syracuse/Jersey City	International	29	132	7	14	168	86	77	26	42	5.25
1938	Wilkes-Barre/Williamsport	Eastern	15	53	1	5	66	29	22	4	19	3.74
	Clinton	Three I	7	43	3	3	66	25	–	8	13	–
	Majors		85	258	11	10	343	182	154	72	78	5.37
	Minors		569	3479	210	194	3940	1786	1277	833	1137	3.93

HARRY DUQUESNE "DUKE" MARKELL

Born August 17, 1923 at Paris, France.
Died June 14, 1984 at Fort Lauderdale, FL.
Threw right. Batted right. Height: 6-1½. Weight: 209.

Played under family name of Makowsky in 1945-1947.

YEAR	CLUB	LEAGUE	G	IP	W	L	H	R	ER	BB	SO	ERA
1945	Hickory	North Carolina State	15	82	5	2	46	28	24	40	82	2.63
1946	Manchester	New England	4	19	1	0	27	13	9	8	15	4.26
	Danville	Carolina	17	84	3	9	10	76	–	46	52	–
	Seaford	Eastern Shore	13	85	5	5	56	29	15	36	88	1.59
1947	Seaford	Eastern Shore	37	249	19	9	246	117	97	110	274	3.51
1948	Schenectady	Canadian-American	39	250	14	10	208	103	88	144	**280**	3.17
	Utica	Eastern	1	4	0	1	4	6	6	6	2	13.50
1949	Utica	Eastern	23	114	5	7	101	62	49	72	111	3.87
	Seaford	Eastern Shore	14	108	10	1	89	34	26	54	118	**2.17**
1950	Portsmouth	Piedmont	43	260	19	12	218	102	90	101	**219**	3.12
1951	Oklahoma City	Texas	45	**273**	13	19	218	114	84	129	211	2.77
	St. Louis	American	5	21	1	1	25	16	15	20	10	6.43
1952	Toronto	International	40	191	14	8	178	91	74	120	120	3.49
1953	Syracuse	International	52	247	11	17	258	136	106	98	155	3.86
1954	Syracuse/Rochester	International	43	169	8	12	150	72	57	91	87	3.04
1955	Rochester	International	41	191	13	13	163	107	94	79	105	4.43
1956	Rochester	International	53	167	10	10	145	61	57	67	101	3.07
1957	Rochester	International	16	63	3	4	67	40	37	22	35	5.29
	Indianapolis/Charleston	American Association	21	74	1	3	96	45	38	33	36	4.62
	Majors		5	21	1	1	25	16	15	20	10	6.43
	Minors		517	2630	154	142	2380	1236	951	1210	2091	3.36

CLIFFORD MONROE MARKLE

Born May 3, 1894 at Pittsburgh, PA.
Died May 24, 1974 at Temple City, CA.
Threw right. Batted right. Height: 5-9. Weight: 163.

YEAR	CLUB	LEAGUE	G	IP	W	L	H	R	ER	BB	SO	ERA
1913	Galveston	Texas	2	4	0	1	5	5	4	4	6	9.00
	Morristown	Appalachian	33	274	18	10	183	77	–	46	**214**	–
1914	Norfolk	Virginia	**47**	**345**	**31**	9	206	90	–	133	**265**	–
1915	Waco	Texas	45	284	19	11	194	83	–	118	**228**	–
	New York	American	3	23	2	0	15	3	1	6	12	0.39
1916	New York	American	11	46	4	3	41	26	23	31	14	4.50
	Toronto	International	11	83	4	6	93	–	35	46	65	3.80
1917	Toronto	International					Suspended					
1918							Military Service					
1919	Salt Lake City	Pacific Coast	44	320	18	15	351	166	**135**	123	162	3.80
1920	Atlanta	Southern Association	26	183	17	6	142	60	–	52	98	–

YEAR	CLUB	LEAGUE	G	IP	W	L	H	R	ER	BB	SO	ERA
1921	Atlanta	Southern Association	37	243	19	12	228	96	86	90	140	3.19
	Cincinnati	National	10	67	2	6	75	36	28	20	23	3.76
1922	Cincinnati	National	25	76	4	5	75	41	32	33	34	3.79
1923	St. Paul	American Association	54	319	25	12	302	142	119	117	184	3.36
1924	St. Paul	American Association	40	254	19	9	233	115	85	110	128	3.01
	New York	American	7	23	0	3	29	27	23	20	7	9.00
1925	St. Paul	American Association	40	262	13	18	282	169	141	111	121	4.84
1926	Atlanta	Southern Association	40	261	14	12	287	114	96	84	72	3.31
1927	Atlanta	Southern Association	39	239	12	19	257	133	116	86	55	4.37
1928	Omaha	Western	4	25	1	2	44	22	–	10	13	–
	Dallas	Texas	4	12	1	2	–	–	–	–	–	–
		Majors	56	235	12	17	235	133	107	110	90	4.10
		Minors	466	3108	211	144	2807	1272	817	1130	1751	3.69

JOSEPH JOHN "OYSTER JOE" MARTINA

Born July 8, 1889 at New Orleans, LA.
Died March 22, 1962 at New Orleans, LA.
Threw right. Batted right. Height: 6-0. Weight: 183.

Manager for Baton Rouge, Cotton States, 1931.

YEAR	CLUB	LEAGUE	G	IP	W	L	H	R	ER	BB	SO	ERA
1910	Savannah	SALLY	36	261	14	18	203	103	80	85	131	2.76
1911	Yazoo City	Cotton States	43	298	21	16	249	126	–	107	205	–
	New Orleans	Southern Association	2	15	0	1	16	9	7	9	9	4.20
1912	Beaumont	Texas	44	307	14	24	234	129	–	150	210	–
1913	Beaumont	Texas	40	296	14	18	219	113	–	140	165	–
1914	Beaumont	Texas	42	303	17	14	252	129	–	133	192	–
1915	Beaumont	Texas	52	330	17	17	266	108	–	72	172	–
1916	Beaumont	Texas	22	139	11	6	95	35	26	45	60	1.68
	St. Paul	American Association	8	50	2	4	42	26	20	21	18	3.60
	Chattanooga	Southern Association	14	89	6	1	71	35	–	38	36	–
1917	Beaumont/Houston/San Antoinio	Texas	39	302	15	16	279	128	103	135	158	3.07
1918	Houston	Texas	27	189	12	11	178	74	54	60	115	2.57
1919	Beaumont	Texas	46	378	28	13	323	124	90	109	150	2.14
1920	Beaumont	Texas	39	259	20	14	239	107	84	79	119	2.88
1921	New Orleans	Southern Association	41	213	13	16	199	87	74	79	105	3.12
1922	New Orleans	Southern Association	41	248	22	6	246	118	84	80	115	3.05
1923	New Orleans	Southern Association	40	265	21	10	264	97	84	73	149	2.85
1924	Washington	American	24	125	6	8	129	69	65	56	57	4.68
1925	New Orleans	Southern Association	42	289	23	13	286	139	121	90	117	3.77
1926	New Orleans	Southern Association	41	236	19	9	219	90	80	76	102	3.05
1927	New Orleans	Southern Association	47	275	23	12	279	127	115	74	103	3.71
1928	New Orleans	Southern Association	37	189	12	12	232	108	86	53	74	4.10
1929	Dallas	Texas	41	194	10	13	245	131	119	77	71	5.49
1930	Lake Charles/Monroe	Cotton States	31	191	12	7	183	87	72	52	158	3.39
1931	Baton Rouge	Cotton States	17	93	3	5	121	71	50	26	36	4.84
	Knoxville	Southern Association	1	8	0	1	10	6	6	5	0	7.50
		Majors	24	125	6	8	129	69	65	56	57	4.67
		Minors	833	5417	349	277	4950	2307	1355	1868	2770	3.22

RICHARD JAMES McCABE

Born February 21, 1896 at Mamaroneck, NY.
Died April 11, 1950 at Buffalo, NY.
Threw right. Batted right. Height: 5-10½. Weight: 159.

Scout for Chicago, National, 1950.

YEAR	CLUB	LEAGUE	G	IP	W	L	H	R	ER	BB	SO	ERA
1914	Bridgeport	Eastern Association	8	41	5	1	44	8	–	11	30	–
1915	Lewiston/Lynn	New England	27	–	13	9	–	–	–	–	–	–
1916	Lynn/Hartford	Eastern	9	49	2	3	48	–	–	19	31	–
1917	Buffalo	International	38	259	15	13	264	–	88	83	94	3.06
1918	Boston	American	3	10	0	1	13	4	3	2	3	2.70
	Jersey City	International	10	85	2	8	80	32	27	19	42	2.86
1919	Binghamton/Newark	International	35	270	15	16	268	115	79	49	108	2.63

YEAR	CLUB	LEAGUE	G	IP	W	L	H	R	ER	BB	SO	ERA
1920	Buffalo	International	37	232	22	6	221	94	66	40	103	2.56
1921	Buffalo	International	41	283	17	17	310	133	76	54	114	2.42
1922	Buffalo	International	19	104	4	7	136	68	58	19	35	5.02
	Chicago	American	3	3	1	0	4	3	2	0	1	6.00
	Salt Lake City	Pacific Coast	14	75	6	4	79	37	28	10	22	3.36
1923	Salt Lake City	Pacific Coast	57	261	14	16	321	168	144	44	112	4.97
1924	Salt Lake City	Pacific Coast	48	260	18	15	335	193	163	87	95	5.64
1925	Salt Lake City	Pacific Coast	46	266	17	15	320	161	137	56	86	4.64
1926	Hollywood	Pacific Coast	35	239	15	19	249	101	87	45	62	3.28
1927	Hollywood	Pacific Coast	42	196	11	16	218	109	79	35	53	3.63
1928	Hollywood	Pacific Coast	37	224	16	10	260	112	98	45	59	3.94
1929	Hollywood	Pacific Coast	19	62	1	4	83	46	40	13	20	5.81
	Fort Worth	Texas	17	95	8	3	108	51	44	24	33	4.17
1930	Fort Worth	Texas	44	245	20	7	261	117	104	34	82	3.82
1931	Fort Worth	Texas	36	310	23	7	263	86	68	36	111	1.97
1932	Fort Worth/Dallas	Texas	35	241	15	15	277	140	103	34	59	3.85
1933	Montreal	International	1	2	0	0	4	4	4	1	0	18.00
	Birmingham	Southern Association	6	15	0	1	26	20	15	8	4	9.00
	Majors		6	13	1	1	17	7	5	2	4	3.46
	Minors		661	3814	259	212	4175	1795	1508	766	1355	3.64

Alexander Boyd "Red" McColl

Born March 29, 1894 at Eagleville, OH.
Died February 6, 1991 at Kingsville, OH.
Threw right. Batted left and right. Height: 6-1. Weight: 185.

Manager for Charlotte, Piedmont, 1937; Jacksonville, SALLY, 1937; Americus, Georgia-Florida, 1938; Greenville, SALLY, 1939-1940; Warren, Pennsylvania State, 1941.

YEAR	CLUB	LEAGUE	G	IP	W	L	H	R	ER	BB	SO	ERA
1915	Portsmouth	Ohio State	10	–	4	2	–	–	–	–	–	–
	Cleveland	American Association	21	107	1	11	109	52	45	36	24	3.79
1916	South Bend	Central	40	289	16	15	272	109	74	84	100	2.30
	Toledo	American Association	4	21	1	1	19	10	6	3	5	2.61
1917	Memphis	Southern Association	39	297	16	13	260	99	77	64	75	2.33
1918	Toledo	American Association	25	148	6	8	157	76	52	40	26	3.16
1919	Toledo	American Association	31	200	10	11	183	70	47	36	45	2.12
1920	Toledo	American Association	43	275	19	13	302	145	117	70	57	3.89
1921	Toledo	American Association	16	59	1	5	87	62	43	26	10	6.56
	St. Joseph	Western	16	107	5	5	123	63	–	32	27	–
1922	Minneapolis	American Association	20	106	7	7	121	61	54	46	21	4.58
	St. Joseph	Western	22	155	11	6	138	56	–	26	39	–
1923	St. Joseph	Western	29	138	4	13	195	93	–	34	26	–
1924	St. Joseph	Western	37	287	20	9	309	133	–	74	104	–
1925	Dallas	Texas	10	33	1	1	45	27	24	14	10	7.02
1926	Dallas	Texas					Voluntary retired					
1927	Dallas	Texas	41	223	15	12	248	134	115	73	63	4.68
1928	Dallas	Texas	9	35	2	2	51	30	23	5	9	5.94
	Akron	Central	26	239	19	9	244	94	71	37	81	2.73
1929	Akron	Central	**45**	285	21	16	**339**	178	140	48	89	4.42
1930	Mobile/Knoxville	Southern Association	40	257	17	14	315	203	167	109	63	5.84
1931	Mobile/Knoxville	Southern Association	37	234	14	12	222	99	74	42	55	2.85
1932	Chattanooga	Southern Association	41	269	21	8	269	102	87	51	53	3.05
1933	Chattanooga	Southern Association	34	209	14	11	232	89	78	39	55	3.36
	Washington	American	4	17	1	0	13	7	5	7	5	2.65
1934	Chattanooga	Southern Association	5	29	2	1	43	14	11	3	8	3.41
	Washington	American	42	112	3	4	129	56	48	36	29	3.86
1935	Chattanooga	Southern Association	41	258	21	12	279	106	89	52	55	3.00
1936	Chattanooga	Southern Association	43	238	12	16	270	129	110	61	63	4.16
1937	Charlotte	Piedmont	11	61	4	2	65	24	–	11	24	–
	Jacksonville	SALLY	14	86	4	5	85	38	24	18	26	2.51
1938	Americus	Georgia-Florida	34	190	16	3	158	61	43	33	83	**2.04**
1939	Greenville	SALLY	32	154	9	8	161	77	48	21	70	2.81
1940	Greenville	SALLY	12	43	3	1	52	20	17	6	19	3.56
	Springfield	Eastern	16	93	4	5	94	31	30	20	33	2.90
1941	Warren	Pennsylvania State	21	137	12	6	157	72	49	14	90	3.22
	Majors		46	129	4	4	142	63	53	43	34	3.70
	Minors		865	5262	332	263	5604	2557	1715	1228	1508	3.42

ULYSSES SIMPSON GRANT "STONEY" McGLYNN

Born May 26, 1872 at Lancaster, PA.
Died August 26, 1941 at Manitowoc, WI.
Threw right. Batted right. Height: 6-1. Weight: 200.

Won 41 games for York, Tri-State, and Steubenville, POM, in 1906. Pitched 14 shutouts for Milwaukee, American Association, in 1909.

YEAR	CLUB	LEAGUE	G	IP	W	L	H	R	ER	BB	SO	ERA
1902	Lancaster	Pennsylvania State	5	36	5	0	33	21	11	4	32	2.75
1903							Did not play in organized baseball					
1904	York	Tri-State	46	385	30	11	316	124	–	71	188	–
1905	York	Tri-State	47	387	28	16	359	163	–	84	195	–
1906	York	Tri-State	52	412	36	10	327	138	–	77	206	–
	Steubenville	POM	6	51	5	1	29	5	4	9	69	0.71
	St. Louis	National	6	48	2	2	43	16	13	15	25	2.44
1907	St. Louis	National	45	352	14	25	329	157	114	112	109	2.91
1908	St. Louis	National	16	76	1	6	76	39	29	17	23	3.43
1909	Milwaukee	American Association	64	446	27	21	304	127	–	114	183	–
1910	Milwaukee	American Association	63	392	16	21	337	178	129	129	166	–
1911	Milwaukee	American Association	55	287	22	15	281	138	–	51	115	–
1912	Milwaukee	American Association					Suspended					
1913	Salt Lake City	Union Association	16	96	4	5	85	55	–	22	52	–
1914							Did not play in organized baseball					
1915	Las Crusas/El Paso	Rio Grande Valley Association	19	129	9	9	150	88	–	47	57	–
		Majors	67	476	17	33	448	212	156	144	157	2.95
		Minors	373	2621	182	109	2221	1037	15	638	1263	–

JOHN HOWARD MERRITT

Born October 12, 1894 at Tupelo, MS.
Died November 3, 1955 at Tupelo, MS.
Threw left. Batted right. Height: 5-10. Weight: 165.

Known as Howard.

YEAR	CLUB	LEAGUE	G	IP	W	L	H	R	ER	BB	SO	ERA
1913	Clarksdale	Cotton States	22	155	6	13	138	60	–	22	123	–
	Knoxville	Appalachian	12	88	8	3	70	18	–	23	49	–
	New York	National					Played outfield one game.					
1914	Memphis	Southern Association	36	285	17	12	268	109	–	72	117	–
1915	Memphis	Southern Association	48	311	20	15	313	126	–	83	114	–
1916	Memphis/Chattanooga	Southern Association	35	212	9	18	217	126	–	69	75	–
	San Antonio	Texas	5	42	1	1	29	14	–	19	14	–
1917	Chattanooga	Southern Association	44	307	20	14	241	109	–	86	108	–
1918	Chattanooga	Southern Association	19	137	7	9	130	69	–	27	42	–
	St. Paul	American Association	10	66	6	3	60	20	11	13	30	1.50
1919	St. Paul	American Association	42	258	19	9	245	105	75	59	113	2.62
1920	St. Paul	American Association	47	291	21	10	285	107	85	81	106	2.63
1921	St. Paul	American Association	48	187	19	14	290	137	120	117	115	3.76
1922	St. Paul	American Association	38	164	9	9	177	112	92	87	72	5.05
1923	St. Paul	American Association	51	310	20	11	318	142	116	94	120	3.37
1924	St. Paul	American Association	47	277	19	17	333	163	144	86	99	4.68
1925	St. Paul	American Association	47	160	6	13	196	104	85	60	42	4.78
1926	Atlanta/Mobile	Southern Association	33	136	8	12	171	100	88	52	36	5.82
		Minors	584	3486	215	183	3481	1621	816	1050	1375	–

OTTO MERZ

Born 1889 at Red Bend, IL.
Threw right. Batted right. Height: 5-11½. Weight: 180.

YEAR	CLUB	LEAGUE	G	IP	W	L	H	R	ER	BB	SO	ERA
1910	Springfield	Three I	3	18	2	1	10	2	2	5	8	1.00
	Decatur	Northern Association	18	–	9	6	–	–	–	–	–	–
	Newark	Ohio State	12	–	6	3	–	–	–	–	–	–
	Indianapolis	American Association	9	69	4	1	67	32	–	26	26	–
1911	Indianapolis	American Association	41	215	11	11	218	104	–	59	90	–
1912	Indianapolis	American Association	44	280	9	25	274	142	–	81	95	–

YEAR	CLUB	LEAGUE	G	IP	W	L	H	R	ER	BB	SO	ERA
1913	Indianapolis	American Association	53	272	15	14	258	119	–	90	108	–
1914	Indianapolis	American Association	48	214	20	19	311	136	91	88	78	3.83
1915	Indianapolis	American Association	35	164	6	10	164	88	61	62	47	3.35
1916	Omaha	Western	36	250	18	11	242	–	68	59	105	2.45
1917	Omaha	Western	43	335	26	14	316	–	89	67	127	2.39
1918	Omaha	Western	15	110	6	6	82	35	21	36	25	1.72
1919	Omaha	Western	15	89	5	5	85	48	–	20	37	–
1920	Des Moines	Western	35	237	11	18	237	114	–	50	70	–
1921	Des Moines	Western	46	305	18	21	330	150	–	100	80	–
1922	Des Moines	Western	36	269	14	17	322	180	–	69	94	–
1923							Did not play in organized baseball					
1924	Memphis	Southern Association	41	246	20	6	242	112	87	73	66	3.18
1925	Memphis	Southern Association	41	234	13	15	280	158	116	69	61	4.46
1926	Birmingham	Southern Association	21	83	5	3	100	57	43	32	26	4.66
	Quincy	Three I	10	63	4	4	64	20	16	13	32	2.29
1927	Quincy	Three I	27	167	8	11	186	86	79	49	51	4.26
1928	Hattiesburg	Cotton States	6	40	3	3	49	22	17	8	8	4.05
1929	Columbus	Southeastern	29	190	13	9	179	80	56	61	45	2.65
1930	Columbus/Montgomery	Southeastern	22	126	3	10	162	81	60	32	29	4.29
		Minors	686	3976	249	243	4178	1766	806	1149	1308	–

JAMES BLAINE MIDDLETON

Born May 28, 1889 at Argos, IN.
Died January 12, 1974 at Argos, IN.
Threw right. Batted right. Height: 5-11½. Weight: 165.

Manager for Seattle, Pacific Coast, 1928.

YEAR	CLUB	LEAGUE	G	IP	W	L	H	R	ER	BB	SO	ERA
1910	Decatur	Northern Association	16	108	8	7	–	–	–	–	–	–
	Springfield	Three I	18	–	13	4	107	43	–	51	56	–
1911	Decatur	Three I	34	244	13	16	222	90	–	82	98	–
1912	Springfield	Three I	35	265	20	10	239	92	–	50	127	–
1913	Springfield	Three I	51	367	21	19	351	167	–	109	194	–
1914	Davenport	Three I	37	297	26	10	221	71	41	76	188	1.24
1915	Louisville	American Association	44	258	12	14	265	124	89	76	99	3.10
1916	Louisville	American Association	38	278	21	9	221	84	62	66	137	2.01
1917	Louisville	American Association	13	45	2	4	42	16	13	15	24	2.60
	New York	National	13	36	1	1	35	18	11	8	9	2.75
1918	Kansas City	American Association					Suspended					
1919	Toledo	American Association					Voluntarily retired					
1920	Toledo	American Association	46	332	26	14	337	135	108	66	123	2.93
1921	Detroit	American	38	122	6	11	149	83	68	44	31	5.02
1922	Portland	Pacific Coast	46	277	15	16	319	158	124	103	72	4.03
1923	Portland	Pacific Coast	47	230	12	10	259	120	90	54	74	3.52
1924	Fort Worth	Texas	40	154	14	7	143	76	57	44	63	3.33
1925	Minneapolis	American Association	49	193	12	7	211	110	85	80	73	3.96
1926	Minneapolis	American Association	53	273	20	15	315	163	127	100	87	4.19
1927	Minneapolis	American Association	41	207	12	7	238	123	100	73	64	4.35
1928	Seattle	Pacific Coast	10	44	2	4	51	27	19	15	4	3.89
1929	Minneapolis	American Association	41	197	10	9	249	143	112	77	38	5.12
		Majors	51	158	7	12	184	101	79	52	40	4.50
		Minors	659	3769	259	182	3790	1742	1027	1137	1521	3.32

GEORGE EARL MILSTEAD

Born June 26, 1903 at Cleburne, TX.
Died August 9, 1977 at Cleburne, TX.
Threw left. Batted left. Height: 5-10. Weight: 144.

Manager for Wichita Falls, West Texas-New Mexico, 1942; Henderson, East Texas, 1949; Lake Charles, Gulf Coast, 1950.

YEAR	CLUB	LEAGUE	G	IP	W	L	H	R	ER	BB	SO	ERA
1921	Bonham	Texas-Oklahoma	9	44	1	5	23	18	–	17	14	–
1922	Bonham	Texas-Oklahoma	15	109	5	9	105	51	–	38	66	–
	Houston	Texas	13	73	1	5	74	46	37	35	26	4.56
1923	Decatur	Three I	7	25	1	3	30	22	–	16	9	–
	Sapulpa	Southwestern	4	32	1	1	–	–	–	14	20	–
	Marshall	East Texas	20	157	9	8	122	66	–	43	139	–

YEAR	CLUB	LEAGUE	G	IP	W	L	H	R	ER	BB	SO	ERA
1924	Marshall	East Texas	12	95	7	4	78	43	–	36	71	–
	Chicago	National	13	30	1	1	41	25	20	13	6	6.00
1925	Chicago	National	5	21	1	1	26	12	7	8	7	3.00
	Los Angeles	Pacific Coast	27	72	2	4	88	57	45	35	32	5.63
1926	Chicago	National	18	55	1	5	63	30	22	24	14	3.60
1927	Toledo	American Association	44	215	16	11	247	122	91	69	64	3.81
1928	Toledo	American Association	18	37	0	2	57	36	–	13	15	–
	Birmingham	Southern Association	11	41	3	2	49	–	17	16	16	3.73
	Baltimore/Buffalo	International	4	24	0	3	30	20	–	10	4	–
1929	Nashville	Southern Association	42	234	16	12	263	103	98	52	66	3.77
1930	Nashville	Southern Association	38	223	12	13	272	157	138	86	90	5.57
1931	Nashville	Southern Association	43	246	11	24	344	196	161	95	72	5.89
1932	Nashville	Southern Association	3	12	1	1	16	11	–	7	1	–
	Albany	International	38	225	10	17	269	121	114	77	93	4.56
1933	Albany/Buffalo	International	41	187	5	14	224	130	111	67	69	5.34
1934	Buffalo	International	30	149	10	8	179	90	81	48	44	4.89
1935	Fort Worth	Texas	35	213	9	18	214	100	79	75	82	3.34
1936	Tulsa	Texas	36	224	13	12	247	133	112	82	81	4.50
1937	Tulsa	Texas	34	180	14	9	188	82	68	67	86	3.40
1938	Tulsa	Texas	32	163	12	15	210	97	79	51	69	4.36
1939	Tulsa	Texas	35	200	10	12	207	91	78	47	62	3.51
1940	Tulsa/Oklahoma City	Texas	5	8	1	1	14	10	8	2	6	9.00
1941	Fort Worth	Texas	2	1	0	0	2	1	–	0	1	–
	Cheyenne	Western	25	217	19	5	210	77	55	26	111	2.28
1942	Wichita Falls/Pampa	West Texas-New Mexico	14	98	4	8	119	73	39	13	67	3.58
1943-46		Did not play in organized baseball										
1947	Dallas	Texas	7	22	1	1	26	10	9	4	6	3.68
	Greenville	Big State	18	140	10	6	162	71	58	26	35	3.73
1948	Texarkana	Big State	27	82	8	5	91	50	38	25	16	4.17
	Gladewater	Lone Star	14	111	7	5	148	68	55	23	33	4.46
1949	Ballinger	Longhorn	3	7	1	1	7	4	4	6	3	5.14
	Henderson	East Texas	29	140	9	5	157	65	48	39	55	3.09
1950	Lake Charles	Gulf Coast	5	20	2	0	27	16	5	6	14	2.25
		Majors	36	106	3	7	130	67	49	45	27	4.16
		Minors	740	4026	231	249	4499	2237	1628	1266	1638	4.20

AURELIO FAUTINO MONTEAGUDO

Born November 19, 1943 at Caibarien, Las Villas, Cuba.
Died November 10, 1990 at Saltillo, Mexico.
Threw right. Batted right. Height: 5-11. Weight: 185.

Manager for Danville, Midwest, 1982; Monclova, Mexican, 1988; Aguascalientes, Mexican, 1989; Saltillo, Mexican, 1990.

YEAR	CLUB	LEAGUE	G	IP	W	L	H	B	EB	BB	SO	EBA
1961	Albuquerque	Sophomore	23	154	11	4	160	86	69	45	160	4.03
1962	Binghamton	Eastern	11	56	1	3	62	43	33	25	54	5.30
	Albuquerque	Texas	6	18	0	1	30	21	17	12	19	8.50
	Lewiston	Northwestern	11	66	5	2	72	33	26	31	62	3.55
1963	Portland	Pacific Coast	31	173	10	13	157	83	73	49	205	3.80
	Kansas City	American	4	7	0	0	4	2	2	3	3	2.57
1964	Kansas City	American	11	31	0	4	40	32	31	10	14	9.00
	Dallas	Pacific Coast	19	116	10	5	101	41	36	48	108	2.79
1965	Vancouver	Pacific Coast	27	171	11	10	150	69	63	78	128	3.32
	Kansas City	American	4	7	0	0	5	4	3	4	5	3.86
1966	Kansas City	American	6	13	0	0	12	4	4	7	3	2.77
	Houston	National	10	15	0	0	14	8	8	11	7	4.80
	Oklahoma City	Pacific Coast	8	59	4	2	50	20	15	22	59	2.29
1967	Indianapolis	Pacific Coast	24	137	4	8	139	61	54	34	88	3.55
	Chicago	American	1	1	0	0	4	3	3	2	0	27.00
1968	Asheville	Southern	17	94	8	2	77	31	29	19	89	2.78
	Hawaii/Indianapolis	Pacific Coast	17	59	3	5	58	23	20	9	48	3.05
1969	Indianapolis/Tulsa	American Association	37	99	5	4	124	69	52	29	54	4.73
1970	Omaha	American Association	14	28	3	0	22	9	8	8	28	2.57
	Kansas City	American	21	27	1	1	20	11	9	9	18	3.00
1971	Omaha	American Association	46	83	12	4	80	26	24	37	66	2.60
1972	Hawaii	Pacific Coast	58	95	8	6	75	29	25	37	83	2.37
1973	Hawaii/Salt Lake City	Pacific Coast	39	70	6	3	89	43	32	37	58	4.11
	California	American	15	30	2	1	23	18	14	16	8	4.20

YEAR	CLUB	LEAGUE	G	IP	W	L	H	R	ER	BB	SO	ERA
1974	Puebla	Mexican	20	120	12	0	109	49	46	31	103	3.45
1975	Puebla	Mexican	27	185	15	9	171	73	62	43	115	3.02
1976	Puebla	Mexican	31	193	15	8	186	70	55	37	133	2.56
1977	Coahuila	Mexican	37	264	16	18	235	106	81	77	168	2.76
1978	Coahuila	Mexican	42	275	17	12	236	89	69	58	**222**	2.26
1979	Coahuila	Mexican	38	276	21	12	280	95	75	73	159	2.45
1980	Monclova/Toluca	Mexican	23	151	5	12	196	100	80	51	75	4.77
1981	Nuevo Larado/Veracruz	Mexican	22	139	5	14	125	58	54	45	50	3.50
		Majors	72	131	3	7	122	82	74	62	58	5.08
		Minors	628	3081	207	158	2984	1327	1098	935	2334	3.21

LEO MOON

Born June 22, 1899 at Belmont, NC.
Died August 25, 1970 at New Orleans, LA.
Threw left. Batted right. Height: 5-11 Weight: 165.

YEAR	CLUB	LEAGUE	G	IP	W	L	H	R	ER	BB	SO	ERA
1923	Greensboro	Piedmont	–	–	–	–	–	–	–	–	–	–
1924	Beaumont/Galveston	Texas	50	234	11	19	262	163	140	125	114	5.67
1925	Des Moines	Western	53	302	22	13	296	153	–	125	127	–
1926	Des Moines	Western	37	262	24	8	279	131	–	79	89	–
	Minneapolis	American Association	7	10	0	0	10	4	4	2	3	3.60
1927	Minneapolis	American Association	55	260	16	22	298	158	126	91	98	4.36
1928	Minneapolis	American Association	12	40	2	2	60	29	28	10	9	6.30
	Des Moines	Western	16	88	7	4	102	53	–	23	29	–
	Nashville	Southern Association	16	65	2	6	81	40	27	19	13	3.74
1929	Little Rock	Southern Association	35	237	16	13	236	85	75	53	60	**2.85**
1930	Little Rock	Southern Association	41	248	18	9	262	111	82	67	64	**2.98**
1931	Little Rock	Southern Association	34	197	13	12	245	106	90	42	59	4.09
1932	New Orleans	Southern Association	21	111	3	9	176	91	77	25	25	6.24
	Cleveland	American	1	6	0	0	11	–	7	7	1	11.12
	Toledo	American Association	7	32	0	3	51	32	–	3	7	–
1933	New Orleans	Southern Association	2	16	1	1	16	6	–	3	4	–
1934	Knoxville	Southern Association	37	222	17	9	201	82	71	42	46	2.88
1935	Knoxville	Southern Association	37	231	11	16	282	123	105	38	67	4.09
1936	Knoxville	Southern Association	33	215	17	9	240	103	83	35	66	3.47
1937	Knoxville/Atlanta	Southern Association	30	214	14	9	239	94	85	35	56	3.57
1938	Atlanta	Southern Association	24	99	5	5	130	69	52	23	34	4.73
1939	Oklahoma City/Fort Worth	Texas	23	86	1	7	91	51	41	26	35	4.29
1940	Spartanburg/Charleston	SALLY	31	166	9	11	180	72	58	16	66	3.14
		Majors	1	6	0	0	11	–	8	7	1	11.12
		Minors	601	3335	209	187	3737	1756	1142	882	1071	3.90

RICHARD J. NIEHAUS

Born October 24, 1892 at Covington, KY.
Died March 12, 1957 at Atlanta, GA.
Threw left. Batted left. Height: 5-11. Weight: 165.

Coach for Atlanta, Southern Association, 1937-1939.

YEAR	CLUB	LEAGUE	G	IP	W	L	H	R	ER	BB	SO	ERA
1911	Charleston	Michigan State	42	250	14	15	215	–	–	80	167	–
1912	Charleston	Michigan State					Less than ten games.					
	Battle Creek	South Michigan	20	168	11	6	139	55	–	43	113	–
1913	Battle Creek	South Michigan	38	283	**24**	9	243	94	–	81	232	–
	St. Louis	National	3	24	0	2	20	17	11	13	4	4.13
1914	St. Louis	National	8	17	1	0	18	11	6	8	6	3.12
1915	St. Louis	National	15	45	2	1	48	35	20	22	21	3.97
1916	St. Paul	American Association	42	236	10	11	210	–	80	65	131	3.05
1917	St. Paul	American Association	28	162	9	5	132	55	35	74	90	1.94
1918	St. Paul	American Association	1	1	0	0	4	4	4	0	0	108.00
1919	St. Paul	American Association	50	307	23	13	267	114	91	119	156	2.87
1920	Cleveland	American	19	40	1	2	42	–	16	16	12	3.60
	Sacramento	Pacific Coast	12	95	6	6	92	31	25	25	29	2.36
1921	Sacramento	Pacific Coast	47	237	14	16	270	128	116	106	87	4.41

YEAR	CLUB	LEAGUE	G	IP	W	L	H	R	ER	BB	SO	ERA
1922	Sacramento	Pacific Coast	8	41	2	3	–	–	–	–	–	–
	Reading	International	7	–	–	–	–	–	–	–	–	–
	Waynesboro	Blue Ridge	16	127	9	5	103	45	–	42	67	–
1923	Atlanta	Southern Association	41	242	15	11	232	103	76	85	71	2.83
1924	Atlanta	Southern Association	15	80	3	6	90	43	36	32	22	4.05
	Minneapolis	American Association	27	105	7	7	123	63	55	57	38	4.72
1925	Atlanta/Birmingham	Southern Association	33	159	10	7	189	92	72	51	60	4.08
1926	Rochester	International					Less than ten games.					
	Danville	Three I	8	55	6	2	59	27	26	33	16	4.33
1927	Macon	SALLY	37	172	12	14	222	122	113	69	51	5.91
1928	Macon	SALLY	45	236	16	13	250	122	102	98	83	3.89
1929	Spartanburg	SALLY	33	206	11	14	198	95	64	64	66	**2.80**
		Majors	19	40	1	2	42	–	–	16	12	3.60
		Minors	550	3161	202	163	3034	1193	895	1124	1479	3.51

OTHO JAMES NITCHOLAS

Born September 13, 1908 at McKinney, TX.
Died September 11, 1986 at McKinney, TX.
Threw right. Batted right. Height: 6-0. Weight: 190.

Manager for Tyler, East Texas, 1950; Alexandria, Evangeline, 1951; Abilene, West Texas-New Mexico, 1952.

YEAR	CLUB	LEAGUE	G	IP	W	L	H	R	ER	BB	SO	ERA
1930	Fort Wayne	Central	1	–	0	0	–	–	–	–	–	–
1931						Did not play in organized baseball						
1932	Baton Rouge	Cotton States	18	127	12	2	131	52	42	21	65	2.98
	Tyler	Texas	14	79	3	3	86	39	33	16	46	3.76
1933	Oklahoma City	Texas	36	221	13	15	237	83	68	55	90	2.77
1934	Sacramento	Pacific Coast	34	223	11	13	284	127	110	50	68	4.44
1935	Mission	Pacific Coast	42	243	12	17	332	184	137	85	91	5.07
1936	Mission	Pacific Coast	36	248	16	14	282	106	100	36	65	3.63
1937	Mission	Pacific Coast	39	207	11	17	266	119	102	40	53	4.43
1938	Hollywood	Pacific Coast	39	217	14	13	257	119	100	46	59	4.15
1939	Hollywood	Pacific Coast				Did not play in organized baseball						
1940	Fort Worth/Oklahoma City	Texas	35	193	13	10	214	91	68	18	59	3.17
1941	Dallas	Texas	41	213	12	12	263	121	94	33	60	3.97
1942	Dallas	Texas	32	217	12	12	236	98	69	40	65	2.86
1943	St. Paul	American Association	36	226	13	14	218	86	75	47	59	2.99
1944	St. Paul	American Association	29	218	14	11	231	80	70	40	75	2.89
1945	Brooklyn	National	7	19	1	0	19	14	11	1	4	5.21
	St. Paul	American Association	22	143	11	6	139	49	46	36	49	2.90
1946	St. Paul	American Association	32	181	12	10	190	86	72	38	77	3.58
1947	St. Paul	American Association	19	87	6	5	111	62	51	20	29	5.28
1948	Tyler	Lone Star	26	219	18	7	174	58	48	27	120	**1.97**
1949	Dallas	Texas	21	61	3	3	73	42	22	19	20	3.25
	Gladewater	East Texas	15	132	11	1	129	59	49	15	55	3.34
1950	Tyler	East Texas	11	91	6	5	106	51	46	10	22	4.55
1951	Alexandria	Evangeline	28	218	17	5	246	100	83	25	94	3.43
1952	Abilene	West Texas-New Mexico	19	158	14	5	177	87	66	24	65	3.76
1953	Brownsville	Gulf Coast					Record not available					
		Majors	7	19	1	0	19	14	11	1	4	5.21
		Minors	625	3922	254	200	4382	1899	1551	741	1386	3.56

GEORGE HOWARD "JAKE" NORTHROP

Born March 5, 1888 at Monroeton, PA.
Died November 16, 1945 at Monroeton, PA.
Threw right. Batted right. Height: 5-11. Weight: 170.

Was top career winner (222) and loser (189) in American Association.

YEAR	CLUB	LEAGUE	G	IP	W	L	H	R	ER	BB	SO	ERA
1909	Trenton	Tri-State	23	–	8	12	–	–	–	–	–	–
1910	Trenton/Reading	Tri-State	16	–	9	7	–	–	–	–	–	–
1911	Reading	Tri-State	35	–	**27**	4	–	–	–	–	–	–
1912	Louisville	American Association	36	221	12	15	214	91	–	68	91	–
1913	Louisville	American Association	48	268	17	10	232	114	–	61	118	–
1914	Louisville	American Association	46	329	**26**	10	329	146	116	87	114	3.18

YEAR	CLUB	LEAGUE	G	IP	W	L	H	R	ER	BB	SO	ERA
1915	Louisville	American Association	48	335	25	15	308	140	105	98	97	2.82
1916	Louisville	American Association	34	222	16	13	194	–	76	49	81	3.08
1917	Indianapolis	American Association	31	253	20	10	241	89	71	68	110	2.53
1918	Indianapolis	American Association	18	161	13	3	141	48	35	34	36	1.95
	Boston	National	7	40	5	1	26	9	6	3	4	1.35
1919	Boston	National	11	37	1	5	43	22	19	10	9	4.62
	Milwaukee	American Association	25	164	10	11	194	98	70	32	65	3.84
1920	Milwaukee	American Association	39	339	20	17	372	172	133	48	127	3.53
1921	Columbus	American Association	40	276	16	16	332	175	135	62	85	4.40
1922	Columbus	American Association	39	256	11	19	293	157	110	73	66	3.87
1923	Columbus	American Association	40	249	15	13	280	141	120	70	70	4.34
1924	Columbus	American Association	38	227	13	18	279	149	114	65	62	4.52
1925	Columbus	American Association	35	216	8	19	275	153	120	70	54	5.00
		Majors	18	77	6	6	69	31	25	13	13	2.92
		Minors	591	3516	266	212	3684	1673	1205	885	1176	3.58

JOHN MAHLON "JACK" OGDEN

Born November 5, 1897 at Ogden, PA.
Died November 9, 1977 at Philadelphia, PA.
Threw right. Batted right. Height: 6-0. Weight: 190.

Brother of Warren "Curly" Ogden, major league pitcher.

YEAR	CLUB	LEAGUE	G	IP	W	L	H	R	ER	BB	SO	ERA
1918	New York	National	5	9	0	0	8	3	3	3	1	3.12
	Newark	International	11	79	5	5	60	23	13	28	41	1.49
1919	Rochester	International	27	190	10	13	199	111	50	73	98	2.37
1920	Baltimore	International	45	321	27	9	342	150	116	100	137	3.25
1921	Baltimore	International	42	318	31	8	296	126	81	103	161	2.30
1922	Baltimore	International	44	310	24	10	345	171	135	111	118	3.92
1923	Baltimore	International	47	239	17	12	255	120	107	81	67	4.02
1924	Baltimore	International	44	206	19	6	210	98	83	77	89	3.63
1925	Baltimore	International	51	327	28	11	322	137	113	75	143	3.11
1926	Baltimore	International	52	281	24	15	289	159	137	81	123	4.39
1927	Baltimore	International	38	232	21	9	276	114	96	49	92	3.72
1928	St. Louis	American	38	243	15	16	257	121	112	89	67	4.15
1929	St. Louis	American	34	131	4	8	154	83	72	44	32	4.94
1930					Voluntarily Retired							
1931	Cincinnati	National	22	89	4	8	79	42	29	32	24	2.93
1932	Cincinnati	National	24	57	2	2	72	40	33	22	20	5.21
1933	Rochester/Baltimore	International	19	103	7	5	87	50	43	52	22	3.76
1934	Baltimore	International	1	1	0	0	1	0	0	1	0	0.00
		Majors	123	529	25	34	570	289	249	181	144	4.24
		Minors	421	2607	213	103	2682	1259	974	831	1091	3.36

ALFREDO ORTIZ (UZCANGA)

Born January 12, 1944 at Medellin de Bravo, Veracruz, Mexico.
Threw left. Batted right. Height: 5-8. Weight: 150.

Manager for Tabasco, Mexican, 1978; Cordoba, Mexican, 1985; Veracruz, Mexican, 1986; MC Tigers, Mexican, 1988-1989; Aguascalientes, Mexican, 1990-1991.

YEAR	CLUB	LEAGUE	G	IP	W	L	H	R	ER	BB	SO	ERA
1960	Leon	Mexican Center	23	118	8	8	101	52	42	68	36	3.20
1961	Leon	Mexican Center	31	198	8	13	205	102	82	96	100	3.73
1962	Fresnillo	Mexican Center	42	235	19	10	264	141	131	102	145	5.02
1963	Mexico City Reds	Mexican	13	28	2	1	33	14	12	9	21	3.86
1964	Mexico City Reds	Mexican	31	187	15	6	194	91	77	61	108	3.71
1965	Mexico City Reds	Mexican	26	123	5	10	161	79	70	40	52	5.12
1966	Mexico City Reds	Mexican	33	207	17	12	202	84	69	46	134	3.00
1967	Mexico City Reds	Mexican	31	194	16	9	206	75	54	33	128	2.51
1968	Mexico City Reds	Mexican	31	175	11	12	203	87	65	41	87	3.34
1969	Mexico City Reds	Mexican	33	255	23	9	257	76	64	44	129	2.26
1970	Mexico City Reds	Mexican	21	115	10	3	138	56	46	22	69	3.60
1971	Mexico City Reds	Mexican	33	228	18	12	227	79	69	36	90	2.72
1972	Mexico City Reds	Mexican	32	213	15	13	224	95	88	37	113	3.72
1973	Mexico City Reds	Mexican	28	175	12	8	202	84	58	37	103	2.98

YEAR	CLUB	LEAGUE	G	IP	W	L	H	R	ER	BB	SO	ERA
1974	Mexico City Reds	Mexican	30	218	17	9	224	76	64	44	104	2.64
1975	Mexico City Reds	Mexican	30	211	15	11	240	98	80	53	94	3.41
1976	Mexico City Reds	Mexican	23	141	6	11	168	73	55	33	60	3.51
1977	Mexico City Reds	Mexican	20	135	9	7	147	56	37	27	72	2.47
1978	Tabasco	Mexican	22	130	2	13	150	56	40	39	55	2.77
1979	Nuevo Laredo	Mexican	28	221	16	10	209.	75	60	39	105	2.44
1980	Tabasco	Mexican #1	19	121	3	10	148	67	47	29	43	3.50
1981	Tabasco	Mexican	28	182	12	11	180	56	42	41	65	2.08
1982	Tabasco	Mexican	27	178	9	11	186	74	56	37	49	2.83
1983	Mexico City Reds	Mexican	26	147	9	7	178	65	53	29	48	3.24
1984	Mexico City Reds/Veracruz	Mexican	25	139	10	7	176	72	57	20	54	3.69
		Minors	686	4274	287	233	4623	1883	1518	1063	2064	3.20

Donald Edwin "Wizard Of Oz" Osborn

Born June 23, 1908 at Sandpoint, ID.
Died March 23, 1979 at Torrance, CA.
Threw right. Batted right. Height: 6-0. Weight: 185.

Manager for Vancouver, Western International, 1942; Macon, SALLY, 1948-1949; Nashville, Southern Association, 1950-1951; Spokane, Western International, 1952-1954; Matoon, Mississippi-Ohio Valley, 1954; Schenectady, Eastern, 1955; Miami, International, 1956-1957; Wilson, Carolina, 1959; Macon, Southern, 1967.

YEAR	CLUB	LEAGUE	G	IP	W	L	H	R	ER	BB	SO	ERA
1929	Sacramento	Pacific Coast	1	1	0	0	—	—	—	—	—	—
	Globe/Mesa	Arizona State	15	68	2	3	89	55	40	25	28	5.29
1930	Globe/Bisbee	Arizona State	1	4	0	0	1	2	2	3	3	—
1931-35					Did not play in organized baseball							
1936	Seattle	Pacific Coast	43	284	22	13	283	117	106	109	167	3.36
1937	Seattle	Pacific Coast	35	121	2	10	141	90	69	41	41	5.13
1935	Seattle	Pacific Coast	4	9	0	1	—	—	—	—	—	—
1938	Vancouver	Western International	39	293	18	14	320	147	118	86	97	3.62
1939	Vancouver	Western International	28	210	13	11	243	132	102	49	71	4.37
1940	Vancouver	Western International	41	216	18	11	266	122	97	47	60	4.04
1941	Vancouver	Western International	31	187	18	3	200	68	57	26	59	2.74
1942	Vancouver	Western International	30	226	22	5	200	54	41	34	56	1.63
1943	Los Angeles	Pacific Coast	30	102	10	1	105	41	30	29	30	2.65
1944	Los Angeles	Pacific Coast	42	216	15	13	235	112	78	44	41	3.25
1945	Los Angeles	Pacific Coast	41	269	18	13	291	105	80	38	41	2.68
1946	Los Angeles	Pacific Coast	36	189	10	14	203	80	71	31	39	3.38
1947	Los Angeles	Pacific Coast	38	73	6	4	84	44	28	15	20	3.45
1948	Macon	SALLY	33	213	17	3	206	70	51	37	57	2.15
1949	Macon	SALLY	26	93	7	2	95	38	33	13	23	3.19
1950	Nashville	Southern Association	9	22	1	1	36	13	7	4	7	2.86
1952	Spokane	Western International	6	18	1	0	15	9	8	9	5	4.00
1953	Spokane	Western International	6	9	1	0	22	14	10	5	1	10.00
1954	Mattoon	Mississippi-Ohio Valley	2	—	0	0	—	—	—	—	—	—
		Minors	537	2823	201	122	3035	1313	1028	645	952	3.29

Alberto Osorio

Born November 21, 1929 at Panama City, Panama
Threw right. Batted right. Height: 6-0. Weight: 165.

Manager for Veracruz, Mexican, 1972.

YEAR	CLUB	LEAGUE	G	IP	W	L	H	R	ER	BB	SO	ERA
1950	Ventura	California	28	133	9	6	150	88	73	54	80	4.94
1951	Denver	Western	48	119	5	3	120	58	46	37	64	3.48
1952	Denver	Western	40	227	20	6	210	92	82	64	95	3.25
1953	Denver	Western	30	186	12	9	174	79	70	50	106	3.39
	Hollywood	Pacific Coast	6	5	0	0	3	3	0	2	1	0.00
1954	Minneapolis	American Association	14	33	1	0	46	20	17	5	19	4.64
1955	Johnstown	Eastern	34	172	6	16	221	119	91	44	90	4.76
1956	Johnstown	Eastern	3	—	0	1	—	—	—	—	—	—
	Albuquerque	Western	34	92	3	5	93	44	38	34	70	3.72
1957	Albuquerque	Western	54	157	10	8	182	95	84	70	116	4.82
1958	Monterrey	Mexican	16	74	4	4	81	37	35	13	41	4.26
	San Antonio	Texas	17	76	4	5	99	41	34	19	47	4.02

YEAR	CLUB	LEAGUE	G	IP	W	L	H	R	ER	BB	SO	ERA
1959	San Antonio	Texas	32	71	3	3	89	46	32	17	30	4.06
	Mexico City Reds	Mexican	8	58	6	2	59	19	19	8	21	2.99
1960	Monterrey	Mexican	40	213	14	7	269	124	103	46	101	4.36
1961	Mexico City Reds	Mexican	25	135	6	8	159	91	71	38	53	4.76
1962	Mexico City Reds/Veracruz	Mexican	28	57	4	3	63	37	30	22	25	4.73
1963	Veracruz	Mexican	35	190	8	14	224	116	99	38	109	4.69
1964	Veracruz	Mexican	26	172	15	5	154	57	49	24	103	**2.56**
1965	Veracruz	Mexican	31	186	11	14	217	106	90	49	89	4.36
1966	Veracruz	Mexican	20	142	14	5	130	41	33	20	52	2.09
1967	Veracruz	Mexican	27	205	14	10	200	68	65	14	93	2.87
1968	Veracruz	Mexican	27	189	13	8	194	70	59	23	79	2.81
1969	Veracruz	Mexican	28	196	14	4	182	60	54	25	79	2.48
1970	Veracruz	Mexican	20	133	10	7	149	44	42	26	42	2.84
1971	Veracruz	Mexican	25	171	13	7	214	84	78	31	41	4.11
1972	Veracruz	Mexican	16	97	4	6	87	36	31	14	44	2.88
		Minors	912	3489	213	166	3769	1675	1425	787	1690	3.68

JOHN JOSEPH PAPPALAU

Born April 3, 1875 at Albany, NY.
Died May 12, 1944 at Albany, NY.
Threw right. Batted right. Height: 6-0. Weight: 175.

YEAR	CLUB	LEAGUE	G	IP	W	L	H	R	ER	BB	SO	ERA
1897	Cleveland	National	2	12	0	1	22	16	14	6	3	10.50
	Grand Rapids/Milwaukee	Western	20	167	8	11	232	187	70	73	39	3.77
1898	Springfield	Eastern	36	287	17	14	321	173	–	72	69	–
1899	Springfield	Eastern	40	336	19	21	356	221	–	102	78	–
1900	Springfield	Eastern	38	336	19	18	407	253	–	96	70	–
1901	Worcester	Eastern	35	290	17	17	320	171	–	66	65	–
1902	Worcester/Toronto	Eastern	27	216	12	12	206	99	–	53	42	–
1903	Worcester/Montreal	Eastern	28	224	9	13	246	143	–	42	87	–
1904	Montreal	Eastern	35	289	18	14	273	127	–	77	79	–
1905	Montreal	Eastern	35	290	13	20	310	140	–	59	124	–
1906	Montreal	Eastern	29	260	15	13	208	105	–	73	75	–
1907	Rochester	Eastern	36	291	14	19	327	133	–	67	111	–
1908	Binghamton	New York State	28	223	11	13	182	74	–	33	77	–
1909	Binghamton	New York State	34	273	16	14	257	102	–	35	92	–
1910	Binghamton	New York State	31	270	14	14	245	127	–	47	96	–
1911	Binghamton	New York State	32	253	14	15	238	91	–	45	83	–
1912	Troy	New York State	33	276	18	6	247	88	–	43	73	–
1913	Troy/Wilkes-Barre/Albany	New York State	13	100	4	8	100	56	–	27	19	–
1914	Albany	New York State	8	70	3	3	66	43	–	18	16	–
		Majors	2	12	0	1	22	16	14	6	3	10.50
		Minors	538	4451	241	245	4541	2333	70	1028	1295	–

JAMES ARTHUR "RUBE" PARNHAM

Born February 1, 1894 at Heidelberg, PA.
Died November 25, 1963 at McKeesport, PA.
Threw right. Batted right. Height: 6-3. Weight: 185.

Won 20 consecutive games for Baltimore, International, in 1923.

YEAR	CLUB	LEAGUE	G	IP	W	L	H	R	ER	BB	SO	ERA
1914	Huntington	Ohio State					No record available					
1915	Raleigh	North Carolina State	42	223	9	15	186	86	–	42	109	–
1916	Raleigh/Durham	North Carolina State	51	**314**	17	**19**	273	115	83	65	168	2.38
	Philadelphia	American	4	25	2	1	27	14	11	13	8	3.93
1917	Philadelphia	American	2	11	0	1	12	6	5	9	4	4.09
	Baltimore	International	33	244	16	9	240	–	80	84	87	2.95
1918	Baltimore	International	34	259	22	10	202	99	62	98	138	2.15
1919	Baltimore	International	44	**350**	28	12	297	124	95	107	**187**	2.44
1920	Baltimore	International	15	72	5	0	69	28	23	25	34	3.00
1921						Did not play in organized baseball						
1922	Baltimore	International	36	250	16	10	274	146	122	78	119	4.39
1923	Baltimore	International	44	323	**33**	7	294	137	114	99	115	3.18
1924	Baltimore	International	18	106	6	5	134	69	57	35	28	4.84

YEAR	CLUB	LEAGUE	G	IP	W	L	H	R	ER	BB	SO	ERA
1925					Did not play in organzied baseball							
1926	Baltimore	International	34	187	13	7	217	118	105	46	49	5.05
1927	Reading/Newark	International	16	75	2	8	104	65	50	28	11	6.00
		Majors	6	36	2	2	39	20	16	22	12	4.00
		Minors	367	2403	167	102	2290	987	791	707	1045	3.27

JOSEPH WILLIAM PATE

Born June 6, 1892 at Alice, TX.
Died December 26, 1948 at Fort Worth, TX.
Threw left. Batted left. Height: 5-10. Weight: 184.

Twice won 30 games in a season, 1921 and 1924, for Fort Worth, Texas,.

YEAR	CLUB	LEAGUE	G	IP	W	L	H	R	ER	BB	SO	ERA
1911	Corpus Christi	Southwest Texas	6	23	0	2	29	11	–	10	8	–
1912	Dallas	Texas	18	115	4	8	110	56	–	43	48	–
1913	Dallas	Texas	4	35	2	2	24	7	6	13	21	–
	Texarkana	Texas-Oklahoma	36	–	23	10	207	73	–	–	–	–
1914	Texarkana	Texas-Oklahoma	28	175	14	6	135	60	–	66	115	–
	Charleston	SALLY	5	27	1	2	19	8	–	11	7	–
	Fort Worth	Texas	5	34	2	1	35	14	10	10	23	2.65
1915	Wichita	Western	18	95	3	6	99	46	34	27	48	3.22
1916	Wichita	Western	11	61	2	4	71	–	34	25	30	5.01
1917					Did not play in organzied baseball							
1918	Fort Worth	Texas	7	46	2	2	40	18	16	17	20	3.13
1919	Fort Worth	Texas	23	176	15	4	119	41	32	62	74	1.68
1920	Fort Worth	Texas	41	314	26	8	258	70	61	52	125	**1.71**
1921	Fort Worth	Texas	**52**	333	**30**	9	**329**	131	99	73	108	2.70
1922	Fort Worth	Texas	42	**302**	24	11	293	123	91	53	107	2.70
1923	Fort Worth	Texas	46	**328**	23	15	327	130	106	92	158	2.88
1924	Fort Worth	Texas	49	**335**	**30**	8	**328**	143	113	93	127	3.06
1925	Fort Worth	Texas	46	**307**	20	12	289	132	106	59	106	3.51
1926	Philadelphia	American	47	113	9	0	109	38	34	51	24	2.71
1927	Philadelphia	American	32	54	0	3	67	36	31	21	14	5.17
	Fort Worth	Texas	10	61	6	3	72	18	14	15	17	2.07
1928	Fort Worth	Texas	33	174	11	8	191	94	72	57	52	3.69
	Minneapolis	American Association	14	18	2	0	15	3	–	1	10	–
1929	Minneapolis	American Association	52	165	11	5	191	98	81	50	48	4.42
1930	Birmingham	Southern Association	24	84	4	5	97	45	40	23	24	4.29
	El Paso	Arizona State	7	28	1	1	34	21	–	5	11	–
1931	Shreveport	Texas	17	43	0	2	48	32	20	26	14	4.23
1932	York	New York-Pennsylvania	2	15	1	0	15	7	–	1	6	–
	Allentown	Eastern	4	8	0	0	6	2	2	4	2	–
		Majors	79	167	9	3	176	74	65	72	38	3.50
		Minors	600	3302	257	134	3381	1383	937	888	1306	2.90

ROY LEWIS PATTERSON

Born December 17, 1877 at Stoddard, WI.
Died April 14, 1953 at St. Croix Falls, WI.
Threw right. Batted right. Height: 6-0 Weight: 185.

YEAR	CLUB	LEAGUE	G	IP	W	L	H	R	ER	BB	SO	ERA
1899	St. Paul	Western	5	51	2	3	49	25	–	9	18	–
1900	Chicago	American	30	238	17	6	202	78	–	51	92	–
1901	Chicago	American	41	312	20	16	345	165	117	62	127	3.37
1902	Chicago	American	34	268	19	14	262	110	91	67	61	3.06
1903	Chicago	American	34	293	16	15	275	119	88	69	89	2.70
1904	Chicago	American	22	165	9	8	148	53	42	24	64	2.29
1905	Chicago	American	13	89	4	5	73	33	18	16	29	1.83
1906	Chicago	American	21	142	10	6	119	48	33	17	45	2.09
1907	Chicago	American	19	96	4	5	105	44	28	18	27	2.63
1908	Minneapolis	American Association	43	306	21	13	258	90	–	49	86	–
1909	Minneapolis	American Association	29	208	11	12	168	70	–	36	70	–
1910	Minneapolis	American Association	44	318	22	12	257	113	–	76	118	–
1911	Minneapolis	American Association	40	293	**24**	10	268	112	–	48	115	–
1912	Minneapolis	American Association	35	282	21	9	227	91	–	46	83	–

YEAR	CLUB	LEAGUE	G	IP	W	L	H	R	ER	BB	SO	ERA
1913	Minneapolis	American Association	34	290	18	12	274	104	—	46	126	—
1914	Minneapolis	American Association	21	162	10	10	170	87	63	42	55	3.50
1915	Fargo-Moorhead	Northern	27	235	21	5	199	79	—	26	137	—
1916	St. Joseph	Western	26	198	12	11	190	—	64	29	69	2.91
1917	Minneapolis	American Association	8	72	5	3	63	21	12	9	23	1.50
1918	Minneapolis	American Association	14	98	5	3	99	40	25	24	19	2.30
1919	Minneapolis	American Association	4	20	1	1	23	3	—	3	4	—
		Majors	184	1365	82	69	1327	572	417	173	442	2.75
		Minors	325	2482	171	100	2180	810	164	434	904	2.45

GEORGE WASHINGTON PAYNE

Born May 23, 1890 at Mt. Vernon, KY.
Died January 24, 1959 at Bellflower, CA.
Threw right. Batted right. Height: 5-11. Weight: 172.

Manager for Springfield, Western Association, 1935; Decatur, Three I, 1937; Columbus, SALLY, 1938; Worthington, Western, 1940. Scout for St. Louis, National, 1947-1948.

YEAR	CLUB	LEAGUE	G	IP	W	L	H	R	ER	BB	SO	ERA
1913	Charleston	SALLY	1	9	0	1	13	11	7	2	1	7.00
1914	Brunswick	Georgia State	23	160	12	6	**127**	53	42	41	100	2.36
	Charleston	SALLY	5	28	2	1	32	11	—	5	8	—
1915	Binghamton	New York State	1	1	0	0	2	1	1	0	0	9.00
	Warren	Interstate	13	108	7	6	90	40	—	21	76	—
1916	Warren	Interstate	20	139	10	7	134	62	37	30	84	2.40
1917	Marshalltown	Central Association	27	198	16	7	163	61	34	46	128	1.55
	Des Moines	Western	8	72	4	3	53	—	8	15	31	1.00
1918	Des Moines	Western					Military Service					
1919	Des Moines	Western	32	203	15	10	204	89	—	50	102	—
1920	Chicago	American	12	30	1	1	39	24	18	9	9	5.46
	Nashville	Southern Association	8	70	4	4	60	29	—	9	23	—
1921	Nashville	Southern Association	44	254	10	19	346	186	150	39	90	5.32
1922	Little Rock	Southern Association	16	78	5	6	106	49	36	16	38	4.16
	Oklahoma City	Western	34	201	10	10	244	126	—	39	102	—
1923	Oklahoma City	Western	54	321	24	15	324	136	—	46	125	—
1924	Los Angeles	Pacific Coast	48	315	21	13	330	131	99	42	86	2.83
1925	Los Angeles	Pacific Coast	54	319	18	19	364	169	142	42	88	4.00
1926	Portland	Pacific Coast	53	276	13	19	381	175	140	51	87	4.57
1927	Wichita Falls	Texas	42	249	**23**	9	311	146	118	41	102	4.23
1928	Wichita Falls	Texas	40	257	16	15	255	107	84	53	96	2.97
1929	Wichita Falls	Texas	**55**	299	**28**	12	335	147	115	51	102	3.51
1930	Houston	Texas	45	187	13	10	207	92	73	28	89	3.51
	Indianapolis	American Association	5	13	0	3	13	10	3	4	5	2.07
1931	Houston	Texas	51	321	23	13	**332**	116	98	40	142	2.79
1932	Houston	Texas	**44**	283	18	15	270	112	89	35	122	2.79
1933	Houston	Texas	41	264	19	11	243	98	75	45	106	2.52
1934	Houston	Texas	48	267	13	12	279	116	104	54	95	3.51
1935	Springfield	Western Association	34	236	15	7	234	99	79	34	165	3.01
1936	Indianapolis	American Association	12	15	1	0	25	24	22	8	2	13.20
1937	Decatur	Three I	20	98	6	5	100	44	—	9	38	—
1938	Columbus	SALLY	13	55	1	4	66	35	24	9	24	3.93
1939							Did not play in organized baseball					
1940	Worthington	Western	9	28	1	0	37	24	11	11	15	3.54
		Majors	12	30	1	1	39	24	18	9	9	5.46
		Minors	900	5324	348	262	5680	2502	1591	916	2272	3.33

JOSE PENA (GUTIERREZ)

Born December 3, 1942 at Ciudad Juarez, Chihuahua, Mexico.
Threw right. Batted right. Height: 6-2. Weight: 190.

Manager for Saltillo, Mexican, 1988.

YEAR	CLUB	LEAGUE	G	IP	W	L	H	R	ER	BB	SO	ERA
1961	Aguascalientes	Mexican Center	22	112	4	6	81	49	37	75	65	2.97
1962	Mexico City Tigers	Mexican	38	124	4	5	116	79	63	55	52	4.57
1963	Mexico City Tigers	Mexican	40	123	6	10	130	85	76	76	84	5.56
1964	Mexico City Tigers	Mexican	38	175	10	11	177	92	76	**104**	127	3.91
1965	Mexico City Tigers	Mexican	44	226	16	13	191	98	83	**101**	137	3.31

YEAR	CLUB	LEAGUE	G	IP	W	L	H	R	ER	BB	SO	ERA
1966	Mexico City Tigers	Mexican	37	235	19	7	209	88	73	96	161	2.80
1967	Buffalo	International	43	86	4	3	88	34	29	34	63	3.03
1968	Indianapolis	Pacific Coast	42	194	11	14	163	86	68	88	178	3.15
1969	Indianapolis	American Association	9	32	0	2	38	22	16	11	26	4.50
	Reynosa	Mexican	22	93	11	5	61	23	14	28	68	1.35
	Cincinnati	National	6	5	1	1	10	10	10	5	3	18.00
1970	Los Angeles	National	29	57	4	3	51	32	28	29	31	4.42
	Spokane	Pacific Coast	10	25	2	2	24	12	9	9	20	3.24
1971	Spokane	Pacific Coast	9	21	1	2	32	15	13	11	10	5.57
	Los Angeles	National	21	43	2	0	32	18	17	18	44	3.56
1972	Los Angeles	National	5	7	0	0	13	8	7	6	4	9.00
	Albuquerque	Pacific Coast	46	116	10	9	105	65	55	53	96	4.27
1973	Puebla	Mexican	47	201	11	15	178	81	61	67	**195**	2.73
1974	Puebla/Coahuila	Mexican	30	138	9	12	134	74	64	68	81	4.17
1975	Villahermosa	Mexican	42	**287**	**21**	12	216	76	59	102	**199**	1.85
1976	Cordoba	Mexican	34	222	18	7	186	73	56	77	135	2.27
1977	Cordoba	Mexican	41	241	21	10	227	89	57	80	150	2.13
1978	Cordoba	Mexican	32	247	**22**	9	210	78	60	86	164	2.19
1979	Cordoba	Mexican	9	29	0	2	37	22	22	21	4	6.83
1980	Reynosa/Coatzacoalcos	Mexican #1	20	115	6	10	133	74	61	47	58	4.77
	Coatzacoalcos	Mexican #2	7	51	4	3	46	16	11	16	23	1.94
1981	Yucatan	Mexican	28	159	12	10	167	76	64	66	75	3.62
1982	Ciudad Juarez	Mexican	22	118	10	1	134	57	42	49	54	3.20
1983	Mexico City Tigers	Mexican	26	155	12	8	161	66	57	48	52	3.31
1984	Leon	Mexican	8	37	2	4	45	27	24	11	13	5.84
		Majors	61	112	7	4	106	68	62	58	82	4.98
		Minors	746	3562	246	192	3289	1557	1250	1479	2290	3.16

Kenneth William Penner

Born April 24, 1896 at Booneville, IN.
Died May 28, 1959 at Sacramento, CA.
Threw right. Batted left. Height: 5-11. Weight: 170.

Manager for Louisville, American Association, 1934-1935; Crookston, Northern, 1936; Montgomery, Southeastern, 1937; Bellingham, Western International, 1938-1939; Pocatello, Pioneer, 1940; Sacramento, Pacific Coast, 1943; Rochester, International, 1944.
Coach for Sacramento, Pacific Coast, 1941-1942.

YEAR	CLUB	LEAGUE	G	IP	W	L	H	R	ER	BB	SO	ERA
1913	Columbus	Cotton States	5	35	0	2	36	27	17	6	12	4.37
1914	Cadillac	Michigan State	**38**	277	14	18	**249**	133	–	94	157	–
1915	Grand Rapids	Central	2	11	1	0	8	5	5	1	3	4.09
	Keokuk	Central Association	37	269	18	14	220	84	–	64	134	–
1916	Marshalltown	Central Association	35	287	22	11	224	80	45	62	165	**1.41**
	Cleveland	American	4	13	0	0	14	6	6	4	5	4.26
1917	Portland	Pacific Coast	59	375	21	18	418	176	139	120	100	3.33
1918	Salt Lake City	Pacific Coast	16	118	7	5	134	70	46	50	40	3.52
1919	Portland	Pacific Coast	47	337	15	20	344	181	135	89	111	3.61
1920	Sacramento	Pacific Coast	48	379	19	23	420	184	146	90	122	3.47
1921	Sacramento	Pacific Coast	49	281	17	14	306	124	114	71	115	3.65
1922	Sacramento	Pacific Coast	41	232	11	17	236	106	85	49	90	3.30
1923	Sacramento	Pacific Coast	43	234	12	17	256	126	111	59	103	4.27
1924	Vernon	Pacific Coast	45	346	24	13	380	190	154	84	130	4.00
1925	Vernon	Pacific Coast	18	74	2	6	104	56	45	20	24	5.47
	Wichita	Western	29	221	19	6	263	136	–	56	91	–
1926	Houston	Texas	46	275	16	15	299	144	116	94	121	3.78
1927	Houston	Texas	34	248	19	11	257	105	70	55	77	**2.52**
1928	Houston	Texas	34	236	20	8	237	102	91	67	68	3.51
1929	Indianapolis	American Association	24	191	13	7	170	78	69	51	71	3.25
	Chicago	National	5	13	0	1	14	11	4	6	3	2.84
1930	Louisville	American Association	41	202	10	8	284	149	138	67	67	6.15
1931	Louisville	American Association	33	218	17	8	229	115	101	56	64	4.17
1932	Louisville	American Association	40	246	11	17	337	160	–	42	76	–
1933	Louisville	American Association	37	219	10	13	268	132	124	37	49	4.10
1934	Louisville	American Association	22	98	7	4	127	61	41	18	31	3.77
1935	Louisville	American Association	6	13	0	0	19	13	13	2	7	9.00
1936	Crookston	Northern	23	92	6	4	76	39	26	17	52	2.54
1937	Montgomery	Southeastern	3	18	0	1	13	4	–	2	7	–
1938	Bellingham	Western International	4	22	0	3	26	12	–	1	2	–

YEAR	CLUB	LEAGUE	G	IP	W	L	H	R	ER	BB	SO	ERA
1939-40												
1941	Sacramento	Pacific Coast					Manager: Did not play					
1942	Sacramento	Pacific Coast	7	14	0	1	Coach: Pinch hit in one game					
1942	Sacramento	Pacific Coast	7	14	0	1	10	7	7	6	2	4.50
1943	Sacramento	Pacific Coast	3	3	0	0	2	2	2	2	2	6.00
		Majors	9	26	1	1	28	17	10	10	8	3.46
		Minors	869	5571	330	284	5952	2801	1840	1432	2093	3.67

JODIE SYDNEY PHIPPS

Born February 19, 1919 at Okay, OK.
Threw right. Batted left and right. Height: 6-3. Weight: 190.

Manager for Texarkana, Big State, 1951; Tyler, Big State, 1955; Carlsbad, Southwestern, 1957; Artesia, Sophomore, 1958-1959; Salem, Appalachian, 1960-1961.

YEAR	CLUB	LEAGUE	G	IP	W	L	H	R	ER	BB	SO	ERA
1939	Worthington	Western	32	193	7	15	238	140	104	57	123	4.85
1940	Worthington	Western	10	39	2	4	69	39	31	6	23	7.16
	Lansing	Michigan State	20	139	7	9	173	98	79	46	85	5.11
1941	Lansing	Michigan State	33	182	8	15	228	151	120	83	119	5.93
1942	Springfield	Eastern	1	5	0	0	6	—	—	0	2	—
	Utica	Canadian-American	35	247	**20**	10	248	99	77	69	161	2.81
1943	Los Angeles	Pacific Coast	33	202	17	5	197	72	68	69	80	3.03
1944	Los Angeles	Pacific Coast	18	32	2	4	41	—	—	20	8	—
1945	Los Angeles	Pacific Coast	16	43	1	3	63	—	—	18	29	—
1946	Greenville	East Texas	22	143	12	6	140	63	55	39	82	3.46
1947	Greenville	Big State	32	237	24	6	261	116	103	53	109	3.91
1948	Dallas	Texas	34	146	6	10	162	81	66	60	85	4.07
1949	Texarkana	Big State	29	229	16	7	240	98	79	65	108	3.10
1950	Texarkana	Big State	32	243	18	8	280	137	103	55	173	3.81
1951	Texarkana	Big State	34	235	20	11	256	105	81	50	183	3.10
	Seattle	Pacific Coast	2	4	0	0	6	3	3	2	3	6.75
1952	Texarkana	Big State	28	248	18	9	242	118	95	67	74	3.45
1953	Bryan	Big State	27	189	16	8	157	58	46	40	156	**2.19**
	Dallas	Texas	12	18	1	2	29	14	11	7	11	5.50
1954	Artesia	Longhorn	13	99	8	1	81	32	21	24	101	1.91
	Tyler	Big State	31	177	18	5	182	83	75	51	112	3.81
1955	Tyler	Big State	16	124	9	7	130	48	42	29	89	3.05
	San Angelo	Longhorn	20	110	8	6	115	66	50	20	125	4.10
1956	San Angelo	Southwestern	42	**293**	22	12	270	131	124	67	**242**	3.81
1957	Carlsbad	Southwestern	27	195	15	9	184	98	77	51	164	3.55
		Minors	599	3772	275	172	3989	1850	1510	1048	2447	3.68

HERMAN POLYCARP "OLD FOLKS" PILLETTE

Born December 26, 1895 at St. Paul, OR.
Died April 30, 1960 at Sacramento, CA.
Threw right. Batted right. Height: 6-2. Weight: 190.

Pitched a record 23 years in one minor league, the Pacific Coast League.
Brother of minor league pitcher Ted Pillette, and father of Duane, pitcher in majors 1949-1956.

YEAR	CLUB	LEAGUE	G	IP	W	L	H	R	ER	BB	SO	ERA
1917	Richmond	Central	12	65	1	5	**65**	33	22	22	22	3.05
	Tacoma	Northwestern	20	166	12	6	130	57	—	49	81	—
	Cincinnati	National	1	1	0	0	4	2	2	0	0	18.00
1918	Tacoma-Vancouver	Pacific Coast International	11	72	5	4	54	25	20	24	42	2.50
1919	Des Moines	Western	16	84	6	5	83	26	—	43	53	—
1920	Regina	Western Canada	26	234	14	9	—	—	56	82	146	2.15
	Portland	Pacific Coast	5	17	0	3	24	18	14	8	6	7.37
1921	Portland	Pacific Coast	55	326	13	**30**	**378**	216	152	104	141	4.20
1922	Detroit	American	40	275	19	12	270	110	87	95	71	2.85
1923	Detroit	American	47	250	14	19	280	138	107	83	64	3.85
1924	Detroit	American	19	38	1	1	46	30	20	14	13	4.78
1925	Vernon	Pacific Coast	42	285	11	**26**	323	160	116	71	78	3.66
1926	Mission	Pacific Coast	47	322	21	16	343	142	111	76	99	3.10
1927	Mission	Pacific Coast	46	297	13	**20**	**373**	**186**	**155**	63	74	4.69
1928	Mission	Pacific Coast	42	301	16	18	332	122	104	59	71	3.11
1929	Mission	Pacific Coast	41	273	23	13	299	120	109	52	82	3.59

YEAR	CLUB	LEAGUE	G	IP	W	L	H	R	ER	BB	SO	ERA
1930	Mission	Pacific Coast	39	261	18	14	350	154	126	58	66	4.34
1931	Mission	Pacific Coast	33	273	16	11	334	150	107	44	68	3.52
1932	Mission	Pacific Coast	35	209	11	12	277	127	100	40	52	4.31
1933	Mission/Seattle	Pacific Coast	35	254	13	14	328	163	132	57	73	4.68
1934	Seattle	Pacific Coast	36	260	17	11	278	99	75	45	87	2.60
1935	Seattle/Hollywood	Pacific Coast	32	201	14	15	279	135	104	40	63	4.66
1936	San Diego	Pacific Coast	31	191	11	8	180	80	67	37	63	3.16
1937	San Diego	Pacific Coast	36	126	4	5	137	85	53	29	38	3.78
1938	San Diego	Pacific Coast	26	78	2	2	92	52	23	18	29	2.65
1939	San Diego	Pacific Coast	25	89	8	6	75	39	23	21	22	2.32
1940	San Diego	Pacific Coast	22	89	7	2	95	39	28	18	31	2.82
1941	San Diego	Pacific Coast	15	20	1	2	17	—	—	10	4	—
1942	San Diego	Pacific Coast	11	24	1	1	34	—	—	9	7	—
1943	Sacramento	Pacific Coast	28	41	2	3	47	—	—	13	7	—
1944	Sacramento	Pacific Coast	15	37	3	2	34	—	—	9	7	—
1945	Sacramento	Pacific Coast	7	12	1	1	12	—	—	1	3	—
	Majors		107	564	34	32	600	280	216	192	148	3.45
	Minors		789	4607	264	264	4973	2228	1697	1102	1515	3.62

LOUIS AMERICO POLLI

Born July 9, 1901 at Barre, VT.
Threw right. Batted right. Height: 5-10½. Weight: 165.

YEAR	CLUB	LEAGUE	G	IP	W	L	H	R	ER	BB	SO	ERA
1922	Montreal	Eastern Canada	5	—	3	1	—	—	—	—	—	—
1923-25				Did not play in organized baseball								
1926	Nashua	New England	5	—	1	2	—	—	—	—	—	—
1927	Harrisburg	New York-Pennsylvania	35	228	18	10	187	79	57	65	109	2.25
1928	St. Paul	American Association	40	232	13	15	263	110	91	67	70	3.53
1929	St. Paul	American Association	41	288	22	9	310	154	120	88	85	3.75
1930	Louisville	American Association	37	167	8	13	221	136	108	80	47	5.82
1931	Milwaukee	American Association	42	281	21	15	337	185	153	80	102	4.90
1932	Milwaukee	American Association	27	168	14	6	181	96	—	52	59	—
	St. Louis	American	5	7	0	0	13	8	4	3	5	5.14
1933	Milwaukee	American Association	41	248	15	14	303	151	136	72	87	4.94
1934	Milwaukee	American Association	34	241	16	15	279	143	124	87	108	4.63
1935	Milwaukee	American Association	32	209	13	12	219	130	109	62	93	4.69
1936	Montreal	International	33	211	12	14	225	109	93	64	74	3.97
1937	Montreal	International	27	157	11	8	170	85	76	69	54	4.36
1938	Montreal	International	7	28	2	1	42	31	—	17	15	—
	Chattanooga	Southern Association	29	182	9	11	201	99	77	55	72	3.81
1939	Chattanooga	Southern Association	35	204	17	11	223	109	91	67	69	4.01
1940	Chattanooga	Southern Association	39	270	16	17	300	121	90	53	104	3.00
1941	Chattanooga	Southern Association	35	199	10	16	259	137	115	65	71	5.20
1942	Knoxville	Southern Association	6	24	1	3	41	34	31	17	10	11.63
	Jacksonville	SALLY	32	210	16	10	221	81	58	44	92	2.49
1943	Jersey City	International	35	220	14	12	183	62	45	59	68	1.84
1944	Jersey City	International	13	50	4	3	52	20	16	12	20	2.88
	New York	National	19	36	0	2	42	25	18	20	6	4.50
1945	Jersey City	International	25	101	7	8	116	63	53	50	37	4.72
	Majors		24	43	0	2	55	33	22	23	11	4.60
	Minors		655	3918	263	226	4333	2135	1643	1225	1446	3.97

ANTONIO POLLORENA (OSUNA)

Born April 17, 1947 at Los Mochis, Sinaloa, Mexico.
Threw right. Batted right. Height: 5-7. Weight: 180.

YEAR	CLUB	LEAGUE	G	IP	W	L	H	R	ER	BB	SO	ERA
1965	Fresnillo	Mexican Center	39	116	6	5	112	69	61	55	55	4.73
	Jalisco	Mexican	2	10	2	0	10	2	2	2	1	1.80
1966	Jalisco	Mexican	35	102	3	4	112	49	43	30	52	3.79
1967	Orizaba	Mexican Southeast	16	95	5	5	91	55	40	36	55	3.79
	Jalisco	Mexican	17	41	1	0	59	20	18	14	25	3.95
1968	Jalisco	Mexican	37	193	16	10	174	75	64	63	100	2.98
1969	Jalisco	Mexican	42	203	16	12	197	76	61	51	109	2.70

YEAR	CLUB	LEAGUE	G	IP	W	L	H	R	ER	BB	SO	ERA
1970	Jalisco	Mexican	27	154	10	5	151	59	49	39	79	2.86
1971	Jalisco	Mexican	19	70	3	5	75	36	28	30	30	3.60
	San Luis Potosi	Mexican Center	3	14	0	2	15	10	5	6	10	3.21
1972	Union Laguna	Mexican	39	208	10	16	214	111	79	73	148	3.42
1973	Union Laguna	Mexican	31	177	10	11	169	73	52	36	113	2.64
1974	Union Laguna	Mexican	38	260	25	7	225	82	63	67	183	2.18
1975	Union Laguna	Mexican	35	254	20	11	236	79	67	50	136	2.37
1976	Union Laguna	Mexican	32	252	20	9	214	77	69	52	117	2.46
1977	Union Laguna	Mexican	32	252	20	11	247	95	72	44	129	2.57
1978	Union Laguna	Mexican	28	189	15	8	181	70	54	34	91	2.57
1979	Union Laguna/Leon	Mexican	15	108	5	8	116	56	53	19	48	4.42
1980	Saltillo	Mexican #1	24	172	10	12	189	67	60	43	109	3.14
	Saltillo	Mexican #2	6	46	2	2	41	16	14	8	31	2.74
1981	Saltillo	Mexican	26	184	14	9	198	67	58	34	112	2.84
1982	Saltillo	Mexican	27	185	11	9	193	75	72	41	87	3.50
1983	Saltillo	Mexican	23	166	12	7	153	57	45	37	83	2.44
1984	Saltillo	Mexican	16	90	5	5	128	70	67	18	23	6.70
1985	Union Laguna	Mexican	23	139	6	9	184	79	65	27	65	4.21
		Minors	632	3680	244	182	3684	1525	1261	909	1991	3.08

RAYMOND LEE PRIM

Born December 30, 1906 at Salitpa, AL.
Threw left. Batted right. Height: 6-0. Weight: 178.

YEAR	CLUB	LEAGUE	G	IP	W	L	H	R	ER	BB	SO	ERA
1928	Alexandria	Cotton States	20	115	4	11	147	74	—	29	50	—
1929			Did not play in organized baseball
1930	Greensboro	Piedmont	24	124	6	6	152	101	86	33	57	6.24
1931	Greensboro/Durham	Piedmont	34	204	16	7	207	110	—	71	110	—
	Baltimore	International	1	8	0	1	14	6	—	0	1	—
1932	York	New York-Pennsylvania	19	129	8	8	161	77	67	38	50	4.67
	Youngstown	Central	5	31	0	4	40	22	—	5	16	—
1933	Albany	International	38	187	14	10	198	88	71	66	70	3.42
	Washington	American	2	14	0	1	13	6	5	2	6	3.21
1934	Washington	American	8	15	0	2	15	11	11	8	3	6.60
	Albany	International	23	89	4	6	105	57	50	31	45	5.06
1935	Albany	International	9	42	2	4	47	24	22	7	12	4.71
	Philadelphia	National	29	73	3	4	110	54	47	15	27	5.79
1936	Minneapolis	American Association	1	0	0	0	1	0	0	1	0	0.00
	Los Angeles	Pacific Coast	29	161	13	8	186	84	80	48	69	4.47
1937	Los Angeles	Pacific Coast	39	293	21	13	317	151	121	59	176	3.72
1938	Los Angeles	Pacific Coast	31	230	17	10	243	99	84	42	126	3.29
1939	Los Angeles	Pacific Coast	39	280	20	17	302	128	111	43	107	3.57
1940	Los Angeles	Pacific Coast	38	240	18	11	227	78	69	69	110	2.59
1941	Los Angeles	Pacific Coast	36	255	16	15	261	102	81	38	119	2.86
1942	Los Angeles	Pacific Coast	39	277	21	10	265	83	76	39	121	2.47
1943	Chicago	National	29	60	4	3	67	24	17	14	27	2.55
1944	Los Angeles	Pacific Coast	41	286	22	10	238	75	54	40	139	1.70
1945	Chicago	National	34	165	13	8	142	58	44	23	88	2.40
1946	Chicago	National	14	23	2	3	28	17	15	10	10	5.87
1947	Los Angeles	Pacific Coast	9	39	2	3	42	15	11	8	14	2.54
		Majors	116	350	22	21	375	170	139	72	161	3.57
		Minors	475	2990	204	154	3153	1374	983	667	1392	3.36

HERSHEL CLINTON "BILL" PROUGH

Born November 25, 1888 at Martie, IN.
Died November 29, 1936 at Richmond, IN.
Threw right. Batted right. Height: 6-3. Weight: 185.

YEAR	CLUB	LEAGUE	G	IP	W	L	H	R	ER	BB	SO	ERA
1908	Keokuk	Central Association	10	—	—	—	—	—	—	—	—	—
1909	Keokuk	Central Association	38	292	20	11	178	71	—	54	198	—
1910	Keokuk	Central Association	29	268	14	13	181	58	—	50	184	—
1911	Birmingham	Southern Association	39	270	21	13	215	90	—	84	147	—
1912	Cincinnati	National	1	3	0	0	7	5	2	1	1	6.00
	Birmingham	Southern Association	28	182	14	10	140	72	—	43	101	—

YEAR	CLUB	LEAGUE	G	IP	W	L	H	R	ER	BB	SO	ERA
1913	Birmingham	Southern Association	34	274	23	6	227	69	–	51	117	–
1914	Oakland	Pacific Coast	45	328	14	23	342	152	104	75	175	2.85
1915	Oakland	Pacific Coast	52	357	15	25	371	164	122	72	194	3.08
1916	Oakland	Pacific Coast	48	389	18	23	373	141	116	57	142	2.68
1917	Oakland	Pacific Coast	50	374	22	22	391	139	98	54	108	2.36
1918	Oakland	Pacific Coast	25	**226**	13	12	218	65	49	33	68	1.95
1919	Sacramento	Pacific Coast	32	185	12	13	182	85	52	22	69	2.53
1920	Sacramento	Pacific Coast	48	348	20	20	361	143	124	40	105	3.21
1921	Sacramento	Pacific Coast	44	320	20	12	326	122	107	61	118	3.01
1922	Sacramento	Pacific Coast	29	243	11	14	268	110	93	42	77	3.44
1923	Sacramento	Pacific Coast	39	285	20	11	326	123	114	38	81	3.60
1924	Sacramento	Pacific Coast	35	242	10	17	294	150	133	50	75	4.95
1925	Shreveport	Texas	17	94	2	7	118	53	49	28	44	4.69
		Majors	1	3	0	0	7	5	2	1	1	6.00
		Minors	642	4677	269	252	4511	1807	1161	854	2003	3.08

FRANCISCO RAMIREZ (ZAVALA)

Born March 9, 1928 at San Luis Potosi, Mexico.
Threw right. Batted right. Height: 5-10. Weight: 175.

YEAR	CLUB	LEAGUE	G	IP	W	L	H	R	ER	BB	SO	ERA
1950	San Luis Potosi	Mexican	24	108	3	5	88	–	32	51	62	2.67
1951	San Luis Potosi	Mexican	39	193	13	10	209	–	82	81	94	3.82
1952	San Luis Potosi/Mexico City	Mexican	49	223	10	17	232	127	104	115	122	4.20
1953	Mexicali	Arizona-Texas	12	94	9	3	95	45	37	29	89	3.54
1954	Mexicali	Arizona-Texas	48	**264**	18	9	282	134	103	69	**193**	**3.51**
1955	Houston	Texas	7	18	0	1	24	9	7	3	19	3.50
	Mexicali	Arizona-Texas	34	205	10	8	232	95	67	51	175	**2.94**
1956	Mexico City Reds	Mexican	41	**232**	20	3	194	69	58	49	148	**2.25**
1957	Havana	International	11	41	2	2	47	19	18	10	19	3.95
	Mexico City Reds	Mexican	25	67	4	4	62	33	28	25	30	3.76
1958	Mexico City Reds	Mexican	35	214	17	10	238	101	93	56	90	3.91
1959	Mexico City Reds	Mexican	**47**	294	17	12	310	126	106	65	139	3.24
1960	Mexico City Reds	Mexican	43	236	17	13	**279**	149	126	78	100	4.81
1961	Mexico City Reds/Monterrey	Mexican	36	228	9	**18**	258	122	106	48	135	4.18
1962	Monterrey	Mexican	33	227	**18**	9	**254**	103	91	64	113	3.61
	San Luis Potosi	Mexican Center	4	29	2	1	26	13	9	8	11	2.79
1963	Monterrey	Mexican	33	241	14	13	**275**	**125**	**111**	47	140	4.15
1964	Monterrey	Mexican	21	135	9	10	144	90	72	30	71	4.80
1965	Monterrey	Mexican	35	236	13	11	232	100	87	42	144	3.32
1966	Monterrey	Mexican	30	154	8	11	170	78	71	39	62	4.15
1967	Jalisco	Mexican	35	229	12	13	230	90	70	51	111	2.75
1968	Jalisco	Mexican	2	9	0	2	13	7	4	4	4	4.00
	Veracruz/Cuidad del Carmen	Mexican Southeast	12	92	6	4	64	29	27	16	68	2.64
1969	Campeche	Mexican Southeast	27	154	8	12	162	64	46	21	82	2.69
1970	Mexico City Reds	Mexican	4	7	0	0	7	5	1	1	6	1.29
	Tampico	Mexican Center	5	28	3	0	18	9	1	3	18	0.32
		Minors	692	3958	242	201	4143	1742	1557	1057	2245	3.54

HERSHEL N. "JACKIE" REID

Born March 27, 1899 at Boyd, TX.
Threw right. Batted right. Height: 5-8. Weight: 145.

Manager for Tyler/Jacksonville, West Dixie, 1935; Jacksonville, East Texas, 1936; Fort Worth, Texas, 1938.

YEAR	CLUB	LEAGUE	G	IP	W	L	H	R	ER	BB	SO	ERA
1921	Mineral Wells	Texas-Oklahoma	38	226	13	15	173	82	–	59	153	–
	Dallas	Texas	2	15	0	2	21	7	7	2	3	4.40
1922	Dallas	Texas	22	118	2	6	113	73	58	56	44	4.41
	Mexia	Texas-Oklahoma	6	52	3	3	47	18	–	9	26	–
	Baltimore	International	4	36	3	1	44	17	–	12	17	–
1923	Marshall	East Texas	30	235	20	8	169	73	–	46	179	–
1924	Fort Worth	Texas	12	65	1	1	66	34	26	25	21	3.60
	Okmulgee	Western Association	16	61	4	4	87	55	51	27	31	7.52
1925	Marshall	East Texas	22	146	11	8	165	72	–	33	57	–
	Wichita Falls	Texas	13	39	0	1	62	31	26	19	16	6.03

YEAR	CLUB	LEAGUE	G	IP	W	L	H	R	ER	BB	SO	ERA
1926	Greenville	East Texas	23	136	8	9	171	108	–	53	63	–
1927	Tulsa	Western	6	17	1	0	42	–	–	6	8	–
	Muskogee	West. Association	23	170	10	9	191	99	77	63	79	4.08
1928	Monroe	Cotton States	37	248	17	10	238	108	–	55	93	–
1929	El Dorado	Cotton States	32	230	13	13	261	130	108	52	101	4.23
1930	El Dorado	Cotton States	34	267	16	14	283	151	124	77	**181**	4.18
1931	Atlanta	Southern Association	1	3	0	0	5	–	–	1	1	–
	Jackson	Cotton States	24	182	16	5	155	75	52	55	135	2.57
	Longview	East Texas	2	12	2	0	13	5	–	2	16	–
1932	Jackson	Southeastern	11	63	3	2	57	30	24	19	47	3.43
	Port Arthur/DeQuincy/Monroe	Cotton States	5	36	3	1	37	24	17	13	25	4.25
	Nashville	Southern Association	23	139	12	5	146	70	55	37	53	3.56
1933	Nashville	Southern Association	**55**	247	16	16	272	127	110	71	135	4.01
1934	Nashville	Southern Association	11	47	2	2	66	38	28	16	123	5.36
	Oklahoma City	Texas	6	26	1	3	36	26	16	10	14	5.58
	Jacksonville	West Dixie	16	121	12	2	92	40	27	29	85	**1.98**
1935	Dallas	Texas	3	10	0	0	10	–	–	9	6	–
	Tyler/Jacksonville	West Dixie	30	220	12	12	177	84	54	34	137	2.16
1936	Jacksonville	East Texas	14	88	6	5	93	43	35	13	51	3.58
	Fort Worth	Texas	31	157	16	3	128	42	42	35	106	2.41
1937	Fort Worth	Texas	48	301	22	16	**301**	137	105	42	173	3.15
1938	Fort Worth	Texas	49	250	14	17	268	115	83	40	144	3.32
1939	Toledo	American Association	13	55	2	4	69	32	29	9	32	4.75
	Shreveport	Texas	25	133	9	3	146	77	62	21	84	4.19
1940	Shreveport	Texas	45	262	16	16	260	106	87	37	171	2.99
1941	Shreveport/Fort Worth	Texas	38	166	8	11	207	80	62	33	84	3.36
		Minors	770	4579	294	227	4671	2209	1365	1120	2694	3.55

Albert Joseph Reitz

Born February 10, 1904 at Evansville, IN.
Threw right. Batted right. Height: 5-9. Weight: 155.

Manager for Iola, KOM, 1946-1948, 1951; Carthage, KOM, 1951; Blackwell, KOM, 1952.

YEAR	CLUB	LEAGUE	G	IP	W	L	H	R	ER	BB	SO	ERA
1923	Hopkinsville	KITTY	–	–	–	–	–	–	–	–	–	–
1924	Portsmouth	Virginia	41	286	21	12	282	136	117	89	95	3.68
1925	Portsmouth	Virginia	12	72	6	3	85	53	39	33	38	4.87
	Milwaukee	American Association	15	48	1	5	58	42	33	35	11	6.19
	Springfield	Three I	12	61	2	5	63	49	44	38	26	6.49
1926	Milwaukee	American Association	3	5	0	0	14	11	–	5	1	–
1927	Quincy	Three I	34	225	9	15	238	102	88	58	56	3.52
1928	Scranton	New York-Pennsylvania	16	83	2	6	93	40	31	26	16	3.36
	Milwaukee	American Association	10	16	0	0	16	13	–	8	4	–
1929	Scranton	New York-Pennsylvania	42	275	18	15	280	118	94	70	70	3.08
1930	Scranton	New York-Pennsylvania	34	236	16	11	288	140	125	54	52	4.77
1931	Scranton	New York-Pennsylvania	42	268	19	14	283	132	102	76	82	3.43
1932	Buffalo	International	6	13	1	0	13	–	–	7	1	–
	Scranton	New York-Pennsylvania	42	252	14	14	261	116	108	60	50	3.86
1933	Scranton/Harrisburg	New York-Pennsylvania	42	239	14	15	259	130	101	71	51	3.80
1934	Wilkes Barre	New York-Pennsylvania	35	200	12	15	275	150	125	68	61	5.63
1935				Did not play in organized baseball								
1936	Portsmouth	Piedmont	37	181	6	17	210	125	105	50	52	5.22
1937-38				Did not play in organized baseball								
1939	Palatka	Florida State	10	65	4	4	72	44	31	18	26	4.28
	Newton-Conover	Tar Heel	9	62	4	4	75	51	33	19	30	4.79
	Spartanburg	SALLY	6	22	0	2	–	–	–	–	–	–
1940	W.Palm Beach/Ft Lauderdale	Florida East Coast	37	265	18	10	299	140	90	48	121	3.06
1941	West Palm Beach	Florida East Coast	48	310	22	15	329	157	115	79	126	3.34

Career All-Time Leaders: Strikeouts

PLAYER		PLAYER		PLAYER	
George Brunet	3175	Ralph Garcia	2449	Paul Fittery	2359
Joe Martina	2770	Jodie Phipps	2447	Aurelio Monteagudo	2334
Jackie Reid	2694	Woody Rich	2405	Tony Freitas	2324
Hooks Iott	2561	Bill Bailey	2375		
Dick Barrett	2512	Ramon Arano	2373		

YEAR	CLUB	LEAGUE	G	IP	W	L	H	R	ER	BB	SO	ERA
1942	West Palm Beach	Florida East Coast	7	45	2	3	52	19	16	2	22	3.20
	Augusta	SALLY	10	26	1	1	41	20	—	10	12	—
	Bluefield	Mountain State	12	72	6	3	77	25	—	8	24	—
1943-45						Did not play in organized baseball						
1946	Iola	KOM	8	54	2	5	51	—	17	10	26	2.83
1947	Iola	KOM	3	12	1	1	15	12	—	7	5	—
1951	Carthage	KOM	1	9	0	1	7	2	2	1	1	2.00
1952	Blackwell	KOM	11	59	2	3	63	31	23	22	13	3.51
1953	West Palm Beach	Florida International	6	—	0	0	—	—	—	—	—	—
		Minors	591	3461	203	199	3799	1858	1439	972	1072	3.93

WOODROW EARL "WOODY" RICH

Born March 9, 1917 at Morganton, NC.
Died April 18, 1983 at Morganton, NC.
Threw right. Batted left. Height: 6-2. Weight: 185.

YEAR	CLUB	LEAGUE	G	IP	W	L	H	R	ER	BB	SO	ERA
1937	Clarksdale	Cotton States	32	240	12	15	255	127	118	53	159	4.43
1938	Little Rock	Southern Association	33	229	19	10	194	81	63	100	122	2.48
1939	Louisville	American Association	8	30	2	2	40	19	17	17	17	5.10
	Boston	American	21	77	4	3	78	46	42	35	24	4.91
1940	Boston	American	3	12	1	0	9	3	1	1	8	0.75
	Louisville	American Association	12	26	1	2	33	21	19	14	11	6.58
	Scranton	Eastern	13	90	6	4	66	32	26	37	41	2.60
1941	Boston	American	2	4	0	0	8	7	7	2	4	15.75
	Louisville	American Association	9	27	2	2	35	17	10	15	28	3.33
	San Diego	Pacific Coast	23	139	9	9	137	66	54	60	66	3.50
1942	Indianapolis	American Association	40	201	10	10	198	101	79	102	114	3.54
1943	Indianapolis	American Association	26	138	6	10	142	83	61	74	83	3.98
1944	Boston	National	7	25	1	1	32	17	16	12	6	5.76
	Indianapolis	American Association	26	168	4	14	204	105	84	94	103	4.50
1945	Indianapolis	American Association	18	73	6	4	82	42	37	38	47	4.56
1946	Indianapolis	American Association	2	3	0	0	5	1	1	0	1	3.00
1947	Anniston	Southeastern	35	236	19	10	233	123	87	81	**197**	3.32
1948	Anniston	Southeastern	41	247	17	10	183	91	68	101	**196**	**2.48**
	Shreveport	Texas	3	3	0	1	9	6	6	2	0	18.00
1949	Anniston	Southeastern	25	176	10	11	129	73	55	95	155	2.81
1950	Greensboro	Carolina	34	209	16	9	182	79	56	69	140	**2.41**
1951	St. Petersburg	Florida International	36	269	**25**	6	223	85	70	87	173	2.34
1952	Memphis	Southern Association	31	205	13	10	194	111	78	83	104	3.42
1953	Memphis	Southern Association	3	8	1	0	10	7	6	1	3	6.75
	Rutherford County	Tar Heel	18	136	11	2	119	47	40	48	126	2.65
1954	Rutherford County	Tar Heel	5	34	3	2	23	9	7	4	38	1.85
	High Point-Thomasville	Carolina	20	143	13	6	137	76	57	50	94	3.59
1955	High Point-Thomasville	Carolina	26	212	19	4	189	77	68	77	129	2.84
1956	High Point-Thomasville	Carolina	33	258	17	12	207	108	84	95	165	2.93
1957	Savannah	SALLY	29	40	2	0	26	14	11	15	22	2.48
1958	Charlotte	SALLY	16	24	1	5	24	12	11	12	12	4.13
	Boise	Pioneer	30	65	6	4	59	29	24	36	59	3.32
		Majors	33	118	6	4	127	73	66	50	42	5.03
		Minors	627	3629	250	174	3338	1642	1296	1471	2405	3.21

JOHN HENRY "RUBE" ROBINSON

Born August 16, 1889 at Floyd, AR.
Died July 2, 1965 at N. Little Rock, AR.
Threw left. Batted right. Height: 5-11. Weight: 160.

YEAR	CLUB	LEAGUE	G	IP	W	L	H	R	ER	BB	SO	ERA
1908	Newport	Arkansas State	—	—	9	5	—	—	—	—	—	—
1909	Jonesboro	Arkansas State	5	—	2	1	—	—	—	—	—	—
	Newport	Northeast Arkansas	—	—	9	3	—	—	—	—	—	—
1910	El Reno	Western Association	23	—	14	8	—	—	—	36	168	—
	Carruthers	Northeast Arkansas				No record available						
1911	Fort Worth	Texas	37	300	**28**	7	215	55	—	60	243	—
	Pittsburgh	National	5	13	0	1	13	4	4	5	8	2.77
1912	Pittsburgh	National	33	175	12	7	146	54	44	30	79	2.26

YEAR	CLUB	LEAGUE	G	IP	W	L	H	R	ER	BB	SO	ERA
1913	Pittsburgh	National	43	196	14	9	184	72	52	41	50	2.39
1914	St. Louis	National	26	126	6	8	128	61	42	32	30	3.00
1915	St. Louis	National	32	143	7	8	128	54	39	35	57	2.45
1916	Little Rock	Southern Association	15	121	11	1	122	32	–	22	43	–
1917	Little Rock	Southern Association	45	308	21	17	233	98	–	68	115	–
1918	Little Rock	Southern Association	16	118	8	2	102	–	–	17	34	–
	New York	American	11	48	2	4	47	21	16	16	14	3.00
1919	Little Rock	Southern Association	42	271	**23**	12	270	104	86	39	123	2.85
1920	Little Rock	Southern Association	52	371	**26**	12	308	98	–	48	133	–
1921	Little Rock	Southern Association	53	336	17	20	**370**	167	124	58	135	3.32
1922	Little Rock	Southern Association	44	**327**	**26**	11	293	95	74	51	109	**2.04**
1923	Little Rock/New Orleans	Southern Association	45	274	16	19	297	125	99	61	87	3.25
1924	Little Rock	Southern Association	40	261	13	22	332	168	113	48	90	3.90
1925	Little Rock	Southern Association	32	241	14	12	258	93	73	28	60	**2.73**
1926	Little Rock	Southern Association	36	221	8	22	282	159	109	44	43	4.44
1927	Little Rock	Southern Association	38	230	13	14	295	138	104	57	46	4.07
1928	Little Rock/Atlanta	Southern Association	27	159	12	5	178	70	60	33	28	3.40
1929	Atlanta	Southern Association	7	40	3	2	47	27	–	7	12	–
		Majors	150	701	41	37	646	266	197	159	238	2.53
		Minors	557	3578	273	195	3602	1429	842	677	1469	3.27

FERNANDO PEDRO "FREDDY" "THE COUNT" RODRIGUEZ

Born April 29, 1924 at Havana, Cuba.
Threw right. Batted right. Height 6-0. Weight: 180.

YEAR	CLUB	LEAGUE	G	IP	W	L	H	R	ER	BB	SO	ERA
1945	Williamsport	Eastern	17	120	6	10	121	68	47	72	63	3.53
	Kingsport	Appalachian	5	36	2	1	33	14	–	24	36	–
1946	Pensacola	Southeastern	1	5	0	1	14	11	–	4	4	–
	Havana	Florida International	25	150	8	9	122	58	45	73	127	2.70
1947	Havana	Florida International	21	112	6	6	86	52	45	53	47	3.62
1948	Sherman-Denison	Big State	16	60	1	3	59	45	36	49	54	5.40
	Big Spring	Longhorn	23	142	10	5	102	71	47	93	178	2.98
1949	Big Spring	Longhorn	8	66	5	2	57	32	22	25	73	3.00
	Abilene	West Texas-New Mexico	25	154	10	9	146	91	65	92	165	3.80
1950	Abilene	West Texas-New Mexico	43	209	14	14	257	198	157	136	182	6.76
1951	Havana	Florida International	30	219	12	14	146	76	68	108	207	2.79
1952	Havana	Florida International	24	113	6	7	74	44	32	76	91	2.55
1953	Midland	Longhorn	24	143	9	10	125	81	69	86	144	4.34
1954	Greenville	Tri-State	32	199	11	14	172	92	79	122	**221**	3.57
1955	Greenville	Tri-State	23	187	**16**	4	114	59	44	78	**211**	2.12
1956	Minneapolis	American Association	12	16	0	2	16	15	13	9	12	7.31
	Dallas	Texas	34	158	12	8	110	48	41	72	184	2.34
1957	Minneapolis	American Association	66	106	6	5	103	38	35	43	85	2.97
1958	Chicago	National	7	7	0	0	8	6	6	5	5	7.71
	Portland	Pacific Coast	12	23	1	2	24	13	12	16	13	4.70
	Buffalo	International	31	80	6	2	54	23	22	32	77	2.48
1959	Philadelphia	National	1	2	0	0	4	3	3	0	1	13.50
	Buffalo/Montreal	International	43	83	3	7	74	40	34	26	55	3.69
1960	St. Paul	American Association	51	78	2	5	72	42	38	36	53	4.34
1961	Mexico City Reds	Mexican	8	28	0	4	22	14	10	8	13	3.25
1962	Mexico City Reds/Pueblo	Mexican	18	52	4	5	53	43	37	42	20	6.41
		Majors	8	9	0	0	12	9	9	5	6	9.00
		Minors	592	2539	150	149	2166	1268	998	1375	2315	3.60

VICENTE ROMO (NAVARRO)

Born April 12, 1943 at Santa Rosalia, Baja California, Mexico.
Threw right. Batted right. Height: 6-0. Weight: 185.

YEAR	CLUB	LEAGUE	G	IP	W	L	H	R	ER	BB	SO	ERA
1962	Aguascalientes	Mexican Center	24	133	8	9	146	88	66	54	88	4.47
1963	Mexico City Tigers	Mexican	33	199	12	10	192	84	72	74	126	3.26
1964	Mexico City Tigers	Mexican	31	195	16	8	205	93	81	74	158	3.74
1965	Portland	Pacific Coast	28	66	2	5	56	39	33	41	51	4.50
1966	Mexico City Tigers	Mexican	38	220	17	7	199	77	59	93	206	2.41

YEAR	CLUB	LEAGUE	G	IP	W	L	H	R	ER	BB	SO	ERA
1967	Portland	Pacific Coast	25	104	3	11	106	58	48	55	76	4.15
1968	Los Angeles	National	1	1	0	0	1	1	0	0	0	0.00
	Portland	Pacific Coast	10	57	4	3	57	26	20	17	42	3.16
	Cleveland	American	40	83	5	3	43	15	15	33	54	1.63
1969	Cleveland/Boston	American	55	135	8	10	123	54	47	53	96	3.13
1970	Boston	American	48	108	7	3	115	51	49	43	71	4.08
1971	Chicago	American	45	72	1	7	52	27	27	37	48	3.38
1972	Chicago	American	28	52	3	0	47	19	19	18	46	3.29
1973	San Diego	National	49	88	2	3	85	43	36	46	51	3.68
1974	San Diego	National	54	71	5	5	78	47	36	37	26	4.56
1975	Cordoba	Mexican	22	161	13	6	149	60	47	32	101	2.63
1976	Cordoba	Mexican	25	176	11	9	150	67	49	38	113	2.51
1977	Cordoba	Mexican	31	211	16	9	186	72	57	46	157	2.43
1978	Cordoba	Mexican	32	218	13	11	205	80	61	39	137	2.52
1979	Coatzacoalcos	Mexican	32	206	14	13	191	59	45	41	127	1.97
1980	Coatzacoalcos	Mexican #1	21	169	10	8	123	48	35	40	147	1.86
	Coatzacoalcos	Mexican #2	8	59	5	3	40	12	8	15	47	1.22
1981	Coatzacoalcos	Mexican	29	219	16	6	161	50	34	55	159	**1.40**
1982	Coatzacoalcos	Mexican	8	58	7	0	41	12	10	12	63	1.55
	Los Angeles	National	15	36	1	2	25	12	12	14	24	3.00
1983	Mexico City Tigers	Mexican	26	181	14	6	160	57	50	33	119	2.49
1984	Mexico City Reds	Mexican	22	141	10	6	143	70	54	40	110	3.45
1985	Cordoba	Mexican	14	60	4	2	42	18	14	13	49	2.10
1986	Cordoba/Yucatan	Mexican	11	63	4	2	61	27	25	15	38	3.57
		Majors	335	646	32	33	569	269	241	281	416	3.36
		Minors	470	2896	199	134	2613	1097	868	827	2114	2.70

JESSE HOWARD "ANDY" RUSH

Born December 26, 1889 at Longton, KS.
Died March 16, 1969 at Fresno, CA.
Threw right. Batted right. Height: 6-3. Weight: 180.

YEAR	CLUB	LEAGUE	G	IP	W	L	H	R	ER	BB	SO	ERA
1914	Hutchinson	Kansas State	9	–	4	4	–	–	–	34	51	–
	Tulsa	Western Association	7	33	2	1	37	23	19	12	30	5.14
1915-20				Did not play in organized baseball								
1921	Parsons/Muskogee	Southwestern	40	310	22	12	291	115	–	49	174	–
1922	Muskogee	Southwestern	33	239	23	5	199	74	50	44	145	1.88
1923	Muskogee	Southwestern	32	223	18	7	232	118	–	57	108	–
	Ardmore	Western Association	5	22	2	1	19	12	–	8	7	–
	Waterbury	Eastern	6	57	4	2	46	21	12	22	23	1.90
1924	Waterbury	Eastern	42	278	22	10	266	96	77	54	127	2.49
1925	Brooklyn	National	4	10	0	1	16	10	10	5	4	9.00
	Reading	International	2	12	0	2	19	18	–	9	3	–
	Waterbury	Eastern	37	241	17	7	223	91	75	61	59	2.80
1926	Birmingham	Southern Association	7	26	2	2	28	15	–	12	16	–
	Bridgeport	Eastern	26	211	15	10	216	89	71	59	71	3.03
1927	Bridgeport	Eastern	20	149	10	6	127	29	26	35	44	1.57
1928	Des Moines	Western	34	230	9	17	282	159	–	54	92	–
1929	Allentown/Bridgeport	Eastern	36	254	23	6	248	114	94	61	97	3.33
1930	Bridgeport	Eastern	44	232	14	16	260	127	103	58	91	4.00
1931	Harrisburg	New York-Pennsylvania	42	212	14	9	208	92	72	46	77	3.06
1932	Harrisburg/Hazleton	New York-Pennsylvania	45	193	11	11	247	125	105	29	57	4.90
		Majors	4	10	0	1	16	10	10	5	4	9.00
		Minors	467	2922	212	128	2948	1318	704	703	1272	–

JOHN THEODORE "JACK" SALVESON

Born January 5, 1914 at Fullerton, CA.
Died December 28, 1974 at Norwalk, CA.
Threw right. Batted right. Height: 6-0½. Weight: 180.

YEAR	CLUB	LEAGUE	G	IP	W	L	H	R	EB	BB	SO	ERA
1932	Winston-Salem	Piedmont	26	156	7	12	196	97	80	35	58	4.62
1933	Dallas	Texas	7	50	2	3	30	9	8	17	19	1.44
	New York	National	8	31	0	2	30	17	13	14	8	3.77

YEAR	CLUB	LEAGUE	G	IP	W	L	H	R	ER	BB	SO	ERA
1934	New York	National	12	38	3	1	43	16	15	13	18	3.55
	Montreal	International	19	121	11	4	126	58	51	34	24	3.79
1935	Pittsburgh	National	5	7	0	1	11	12	7	5	2	9.00
	Chicago	American	20	67	1	2	79	39	36	23	22	4.84
1936	Los Angeles	Pacific Coast	35	251	21	7	249	85	77	70	127	2.76
1937	Los Angeles	Pacific Coast	16	73	5	5	76	32	25	10	24	3.08
1938	Los Angeles	Pacific Coast	32	205	11	10	237	100	94	44	91	4.13
1939	Oakland	Pacific Coast	46	233	12	15	290	116	99	42	75	3.82
1940	Oakland	Pacific Coast	38	286	19	13	278	100	73	43	71	2.30
1941	Oakland	Pacific Coast	42	288	15	20	321	142	120	63	100	3.75
1942	Oakland	Pacific Coast	39	310	24	12	297	106	89	60	93	2.58
1943	Cleveland	American	23	86	5	3	87	36	32	26	24	3.35
1944							Did not play in organzied baseball					
1945	Cleveland	American	19	44	0	0	52	23	18	6	11	3.68
1946	Portland	Pacific Coast	35	261	15	14	248	91	72	41	119	2.48
1947	Portland	Pacific Coast	37	287	17	14	334	141	116	52	96	3.64
1948	Sacramento/Oakland	Pacific Coast	41	245	13	18	300	155	129	55	95	4.74
1949	Hollywood	Pacific Coast	42	148	11	7	150	68	49	35	59	2.98
1950	Hollywood	Pacific Coast	30	165	15	4	155	56	52	37	62	2.84
1951	Hollywood	Pacific Coast	36	219	15	10	224	86	77	55	74	3.16
1952	San Diego	Pacific Coast	26	168	10	10	196	74	71	34	57	3.80
1953	San Diego/Oakland	Pacific Coast	12	60	1	7	75	42	39	22	16	5.85
		Majors	87	273	9	9	302	143	121	87	85	3.99
		Minors	559	3526	224	185	3782	1558	1321	749	1260	3.37

HERMAN JOHN SCHWARTJE

Born 1894 at Saginaw, MI.
Died December 1947 at Saginaw, MI.
Threw right. Batted right. Height: 6-4. Weight: 198.

YEAR	CLUB	LEAGUE	G	IP	W	L	H	R	ER	BB	SO	ERA
1914	Portsmouth	Virginia	12	89	4	6	74	40	–	40	50	–
	Greensboro	North Carolina State	30	231	13	13	205	90	–	50	107	–
1915	Winston-Salem	North Carolina State	56	336	22	17	254	149	–	155	**251**	–
1916	Winston-Salem	North Carolina State	40	286	17	14	240	124	76	88	**183**	2.39
1917	Columbia	SALLY	12	100	6	5	80	40	–	26	37	–
	New Haven	Eastern	12	78	4	4	69	30	–	25	45	–
1918							Did not play in organized baseball					
1919	Saginaw	Michigan-Ontario	29	237	17	8	206	82	50	53	129	1.90
1920	Hamilton	Michigan-Ontario	32	244	10	19	246	–	82	58	92	3.02
	Dallas	Texas	2	–	1	1	–	–	–	–	–	–
1921	Saginaw	Michigan-Ontario	21	178	10	18	198	–	63	42	71	3.19
1922	Saginaw	Michigan-Ontario	33	279	**23**	8	282	119	86	79	97	2.77
1923	Saginaw	Michigan-Ontario	13	95	8	3	105	44	28	19	23	2.65
	Rochester	International	5	–	2	2	–	–	–	–	–	–
	Albany	Eastern	13	68	3	4	90	64	42	21	17	5.56
1924	Bay City	Michigan-Ontario	10	72	5	3	92	34	31	13	22	3.87
1925	Bloomington	Three I	29	238	18	10	271	119	93	73	66	3.50
1926	Springfield	Three I	29	243	14	14	294	124	106	50	74	3.92
1927	Decatur	Three I	30	210	12	13	252	109	98	52	49	4.14
1928	Decatur	Three I	28	212	12	11	219	97	77	38	35	3.27
1929	Bloomington/Evansville	Three I	4	21	1	2	22	–	–	7	4	–
		Minors	440	3217	202	175	3206	1265	832	889	1352	3.17

THOMAS EDWARD "TOM" SEATS

Born September 24, 1911 at Farmington, NC.
Died May 10, 1992 at San Ramon, CA.
Threw left. Batted left. Height: 5-11. Weight: 190.

YEAR	CLUB	LEAGUE	G	IP	W	L	H	R	ER	BB	SO	ERA
1934	Lincoln	Nebraska State	31	222	18	8	207	118	–	113	**221**	2.87
1935	Springfield	Western Association	37	273	**25**	9	245	124	92	102	**279**	3.03
1936	Columbus	American Association	3	–	0	0	–	–	–	3	3	–
	Asheville	Piedmont	13	80	4	2	76	44	34	32	53	3.83
	Houston	Texas	24	147	9	8	121	59	48	57	93	2.94

YEAR	CLUB	LEAGUE	G	IP	W	L	H	R	ER	BB	SO	ERA
1937	Sacramento	Pacific Coast	38	186	11	10	225	101	80	53	76	3.87
1938	Sacramento	Pacific Coast	9	38	1	4	—	—	—	—	—	4.95
	Houston	Texas	7	20	0	4	20	18	11	14	21	4.95
	Decatur	Three I	13	90	6	6	85	46	31	31	66	3.10
1939	Sacramento	Pacific Coast	40	292	21	14	293	114	98	63	130	3.02
1940	Detroit	American	26	56	2	2	67	43	29	21	25	4.69
1941	San Francisco	Eastern	38	261	14	18	278	116	88	58	114	3.03
1942	San Francisco	Pacific Coast	38	250	10	18	282	124	102	56	89	3.67
1943	San Francisco	Eastern	32	229	14	11	243	88	63	41	75	2.48
1944	San Francisco	Pacific Coast	39	320	25	13	295	109	84	51	129	2.36
1945	Brooklyn	National	31	122	10	7	127	71	59	37	44	4.35
1946	San Diego	Pacific Coast	36	236	11	18	226	103	82	52	96	3.13
1947	San Deigo	Pacific Coast	45	306	17	17	337	141	124	39	130	3.65
1948	San Diego	Pacific Coast	43	258	12	14	296	115	119	39	114	4.15
1949	San Diego/Oakland/ Hollywood	Pacific Coast	29	66	2	2	72	43	34	29	25	4.64
1950	Eugene	Far West	6	27	2	1	29	14	12	4	17	4.00
		Majors	57	178	12	9	194	114	88	58	69	4.47
		Minors	521	3301	202	177	3330	1477	1102	837	1731	3.26

Charles M. "Bud" Shaney

Born January 9, 1900 at New Albany, IN.
Threw right. Batted right. Height: 5-11½. Weight: 177.

Manager for Trenton, New York-Pennsylvania, 1937; Spartanburg, SALLY, 1938; Hickory, North Carolina State, 1942.

YEAR	CLUB	LEAGUE	G	IP	W	L	H	R	ER	BB	SO	ERA
1922	Independence	Southwestern	32	233	19	8	195	90	67	61	152	2.59
1923	Independence	Southwestern	42	312	18	18	317	150	—	60	168	—
	Milwaukee	American Association	8	47	4	2	63	26	22	11	9	4.21
1924	Milwaukee	American Association	24	85	2	6	113	60	52	26	25	5.51
	Mobile	Southern Association	12	65	2	6	100	52	41	17	23	5.68
1925	Mobile	Southern Association	4	4	0	1	16	13	—	5	0	—
	Asheville	SALLY	38	233	13	10	271	126	100	54	86	3.86
1926	Asheville	SALLY	40	262	19	14	315	156	126	56	90	4.33
1927	Asheville	SALLY	41	273	15	14	271	110	83	46	95	2.74
1928	Asheville	SALLY	42	257	21	11	270	104	74	55	93	2.59
1929	Asheville	SALLY	37	255	17	12	295	128	104	43	92	3.67
1930	Williamsport	New York-Pennsylvania	35	224	14	14	219	92	84	49	72	3.38
1931	Charlotte	Piedmont	**39**	**280**	**24**	10	258	126	—	67	161	—
1932	Charlotte	Piedmont	37	235	14	13	288	146	125	52	129	4.79
1933	Scranton/Wilkes-Barre	New York-Pennsylvania	38	199	7	15	238	112	99	47	60	4.48
1934	Columbia	Piedmont	12	44	3	3	59	44	—	17	16	—
1935	Portsmouth	Piedmont	19	98	6	5	127	70	59	35	28	5.42
1936						Did not play in organized baseball						
1937	Trenton	New York-Pennsylvania	17	100	5	5	105	49	35	15	36	3.15
	Sydney	Cape Breton Colliery	5	31	3	1	19	4	1	5	23	0.29
1938	Spartanburg	SALLY	15	84	3	6	100	54	40	8	42	4.29
1939						Did not play in organized baseball						
1940	Hickory	Tar Heel	33	194	12	10	202	98	80	25	111	3.71
1941	Asheville	Piedmont	1	8	0	1	9	4	4	0	0	4.50
1942	Hickory	North Carolina State	30	179	8	9	199	94	58	16	88	2.92
1943-52						Did not play in organized baseball						
1953	Asheville	Tri-State	1	5	0	0	9	3	3	0	2	5.40
1954	Asheville	Tri-State	1	5	1	0	4	0	0	1	0	0.00
1955	Asheville	Tri-State	1	2	0	1	7	7	7	22	3	31.50
		Minors	604	3714	230	195	4069	1918	1263	792	1603	3.70

Career All-Time Leaders: 20-Win Seasons

PLAYER		PLAYER		PLAYER	
Spider Baum	9	Herschel Prough	7	John Ogden	6
Tony Freitas	9	Willard Mains	7	Paul Wachtel	6
Dick Barrett	8	Wheezer Dell	7	James Middleton	6
Joe Pate	7	Roy Hitt	7	Herb Hall	6
Joe Martina	7	Jimmy Whelan	7	George Harper	6
Charles (Sea Lion) Hall	7	Doc Crandall	6	Elmer Jacobs	6
George Boehler	7	Sam Gibson	6	Earl Johnson	6

THOMAS CLANCY SHEEHAN

Born March 31, 1894 at Grand Ridge, IL.
Died October 29, 1982 at Chillicothe, OH.
Threw right. Batted right. Height: 6-3. Weight: 220.

Manager for Minneapolis, American, Association 1939-1943, 1946-1947; San Francisco, National, 1960.
Coach for Boston, National, 1944.
Scout for New York, National, 1945-1946, 1948-1960, 1962-1975.

YEAR	CLUB	LEAGUE	G	IP	W	L	H	R	ER	BB	SO	ERA
1913	Streator	Illinois-Missouri	8	49	1	3	50	40	–	16	29	–
1914							Did not play in organized baseball					
1915	Peoria	Three I	14	104	6	5	90	57	34	16	46	2.93
	Philadelphia	American	15	102	4	9	131	73	47	38	22	4.15
1916	Philadelphia	American	38	188	1	16	197	111	77	94	54	3.69
1917	Atlanta	Southern Association	38	239	15	10	205	87	–	67	79	–
1918	Atlanta	Southern Association					Military Service					
1919	Atlanta	Southern Association	25	182	17	3	141	30	24	23	42	1.68
1920	Atlanta	Southern Association	48	315	26	17	306	106	–	89	106	–
1921	New York	American	12	32	1	0	43	25	19	19	7	5.45
	St. Paul	American Association	20	110	7	9	120	59	39	43	44	3.19
1922	St. Paul	American Association	53	332	26	12	295	125	111	132	121	3.01
1923	St. Paul	American Association	54	335	31	9	337	131	108	116	89	2.90
1924	Cincinnati	National	39	167	9	11	170	72	60	54	52	3.23
1925	Cincinnati/Pittsburgh	National	33	86	2	1	100	56	43	25	18	4.50
1926	Pittsburgh	National	9	37	0	2	41	27	27	18	18	6.68
	Kansas City	American Association	24	162	9	11	177	87	70	43	49	3.89
1927	Kansas City	American Association	43	331	26	13	346	148	133	98	108	3.62
1928	Kansas City	American Association	43	240	16	16	279	131	109	73	66	4.09
1929	Kansas City	American Association	37	243	16	11	257	124	102	59	74	3.78
1930	Kansas City	American Association	40	194	9	5	240	122	103	56	54	4.78
1931	Kansas City/Minneapolis	American Association	39	116	4	9	161	102	77	44	52	5.98
	Baltimore	International	4	24	1	0	29	14	11	7	8	4.07
1932	Hollywood	Pacific Coast	31	181	13	6	182	64	61	50	87	3.02
1933	Hollywood	Pacific Coast	43	271	21	13	318	139	128	88	95	4.25
1934	Hollywood	Pacific Coast	37	237	16	14	252	114	97	77	102	3.69
		Majors	146	612	17	37	682	364	273	248	171	4.01
		Minors	601	3725	260	166	3785	1680	1207	1097	1242	3.55

FRANK VICTOR "SHELLY" SHELLENBACK

Born December 16, 1898 at Joplin, MO.
Died August 17, 1969 at Newton, MA.
Threw right. Batted right. Height: 6-2. Weight: 200.

Manager for Hollywood, Pacific Coast, 1934-1935; San Diego, Pacific Coast, 1936-1938.
Coach for St. Louis, National, 1938-1940; Boston, American, 1941-1944.
Scout for Detroit, American, 1945.

YEAR	CLUB	LEAGUE	G	IP	W	L	H	R	ER	BB	SO	ERA
1917	Providence	International	24	139	9	6	148	–	47	55	53	3.04
	Milwaukee	American Association	8	62	3	3	68	35	32	31	32	4.64
1918	Minneapolis	American Association	3	21	1	2	16	8	4	6	9	1.74
	Chicago	American	28	183	10	12	180	77	54	74	47	2.66
1919	Chicago	American	8	35	1	3	40	24	20	16	10	5.14
	Minneapolis	American Association	20	109	7	3	114	58	39	25	39	3.22
1920	Vernon	Pacific Coast	47	299	18	12	262	106	90	79	104	2.71
1921	Vernon	Pacific Coast	39	268	18	10	286	111	95	64	84	3.19
1922	Vernon	Pacific Coast	5	9	1	1	15	–	–	12	1	–
1923	Vernon	Pacific Coast	43	286	19	19	362	173	139	53	98	4.37
1924	Vernon	Pacific Coast	29	212	14	7	273	118	86	38	55	3.65
1925	Sacramento	Pacific Coast	38	264	14	17	297	133	96	61	91	3.27
1926	Hollywood	Pacific Coast	34	230	16	12	220	85	78	49	93	2.97
1927	Hollywood	Pacific Coast	34	265	19	12	271	115	90	68	106	3.05
1928	Hollywood	Pacific Coast	38	272	23	11	274	124	101	66	125	3.13
1929	Hollywood	Pacific Coast	46	335	26	12	365	175	148	68	163	3.97
1930	Hollywood	Pacific Coast	36	252	19	7	304	151	130	59	111	4.64
1931	Hollywood	Pacific Coast	36	306	27	7	305	118	97	61	127	2.85
1932	Hollywood	Pacific Coast	36	322	26	10	343	133	112	48	119	3.14
1933	Hollywood	Pacific Coast	38	314	21	12	373	172	158	74	124	4.53

YEAR	CLUB	LEAGUE	G	IP	W	L	H	R	ER	BB	SO	ERA
1934	Hollywood	Pacific Coast	34	229	14	12	259	127	106	50	80	4.17
1935	Hollywood	Pacific Coast	26	200	14	9	236	102	76	33	82	3.42
1936	San Diego	Pacific Coast	15	102	6	7	104	47	40	13	38	3.53
1937	San Diego	Pacific Coast	6	16	0	1	23	15	10	7	7	5.56
1938	San Diego	Pacific Coast	3	2	0	0	4	4	3	1	1	13.33
		Majors	36	218	11	15	220	101	74	90	57	3.06
		Minors	638	4514	315	192	4922	2110	1775	1021	1742	3.55

LAWRENCE LORNE "LARRY" SHEPARD

Born November 3, 1919 at Lakewood, OH.
Threw right. Batted right. Height: 5-11. Weight: 175.

Manager for Medford, Far West ,1948; Billings, Pioneer, 1949-1951; Charleston, SALLY, 1953; Williamsport, Eastern, 1954-1955; Lincoln, Western, 1956-1957; Salt Lake City, Pacific Coast, 1958-1960; Columbus, International, 1961-1966; Pittsburgh, National, 1968-1969.

YEAR	CLUB	LEAGUE	G	IP	W	L	H	R	ER	BB	SO	ERA
1941	Three Rivers	Canadian-American	33	218	15	11	210	120	90	124	110	3.72
1942-45							Military service					
1946	Nashua	New England	28	156	12	5	137	68	60	74	89	3.46
1947	Pueblo	Western	33	194	15	10	193	108	85	95	105	3.94
1948	Medford	Far West	36	215	**22**	3	171	102	69	105	217	2.89
1949	Billings	Pioneer	34	209	**21**	6	195	103	84	97	138	3.62
1950	Billings	Pioneer	33	223	**22**	6	151	78	63	87	172	**2.54**
1951	Billings	Pioneer	40	250	24	11	237	110	83	112	177	2.99
1952	Hollywood	Pacific Coast	35	107	6	4	96	42	37	56	32	3.11
1953	Hollywood	Pacific Coast	20	35	4	2	34	20	20	26	15	5.14
	Charleston	SALLY	30	141	10	8	130	56	39	39	73	2.49
1954	Williamsport	Eastern	34	167	9	10	146	73	55	64	68	2.96
1955	Williamsport	Eastern	37	169	16	7	139	70	59	72	72	3.14
1956	Lincoln	Western	18	62	3	0	76	53	45	23	34	6.53
1958	Salt Lake City	Pacific Coast	7	16	0	1	21	11	9	11	5	5.06
		Minors	418	2162	179	84	1936	1014	798	985	1307	3.32

NORMAN ROMAINE SHOPE

Born June 14, 1915 at Swannanoa, NC.
Threw right. Batted left. Height: 5-11. Weight: 168.

YEAR	CLUB	LEAGUE	G	IP	W	L	H	R	ER	BB	SO	ERA
1937	Martinsville	Bi-State	10	38	0	2	74	70	54	–	19	12.79
	Elizabethton	Appalachian	31	177	14	9	163	86	68	66	117	3.46
1938	Elizabethton	Appalachian	23	158	11	6	120	52	–	63	88	–
1939	Elizabethton	Appalachian	32	229	14	11	202	103	80	97	**154**	3.14
1940	Mayodan	Bi-State	8	56	1	5	65	44	37	31	38	5.95
	Lexington	North Carolina State	26	192	12	11	210	114	94	69	138	4.41
1941	Lexington	North Carolina State	23	180	13	5	181	79	58	58	103	2.90
1942	Lexington	North Carolina State	28	203	14	10	219	114	89	73	150	3.95
1943	Hagerstown/York	Interstate	21	170	13	4	170	75	50	64	107	**2.65**
1944	York	Interstate	32	**258**	**20**	11	229	122	88	86	**239**	3.07
1945	Rochester	International	28	149	10	6	164	107	84	83	87	5.07
1946	Columbus	SALLY	29	189	11	11	198	94	65	48	105	3.10
1947	Lynchburg	Piedmont	36	**253**	14	18	233	131	87	93	144	3.09
1948	Lynchburg	Piedmont	27	223	12	15	207	90	67	53	103	2.70
1949	Omaha	Western	8	26	1	1	27	13	–	14	17	–
	Lynchburg	Piedmont	21	137	10	8	129	60	49	39	82	3.22
1950	Lynchburg	Piedmont	31	192	13	7	192	69	61	61	67	2.86
1951	Pocatello	Pioneer	12	68	3	6	83	51	38	31	26	5.03
	Lynchburg	Piedmont	15	99	4	9	113	60	49	42	44	4.45
1952	Houston	Texas	4	6	0	0	13	7	7	3	0	10.50
	Columbia	SALLY	29	116	7	5	101	48	34	50	49	2.64
1953	Charleston/Macon	SALLY	41	157	7	12	145	59	47	47	61	2.69
1954	Macon/Columbia	SALLY	45	127	7	1	145	74	64	37	55	4.54
1955	Columbia	SALLY	27	45	3	3	51	25	23	15	14	4.60
		Minors	587	3448	214	176	3434	1747	1293	1223	2007	3.57

WILLIAM HENRY "HARRY" SMYTHE

Born October 24, 1904 at Augusta, GA.
Died August 28, 1980 at Augusta, GA.
Threw left. Batted left. Height: 5-10. Weight: 179.

Manager for Montreal, International, 1936; Charlotte, Piedmont, 1942.

YEAR	CLUB	LEAGUE	G	IP	W	L	H	R	ER	BB	SO	ERA
1922	Lakeland	Florida State	35	241	16	14	214	92	–	59	108	–
1923	Augusta	SALLY	37	247	12	13	265	112	84	80	99	3.06
1924	Augusta/Macon	SALLY	39	273	12	15	300	159	114	84	101	3.76
1925	Augusta	SALLY	39	261	16	9	266	111	82	65	88	2.83
1926	Asheville	SALLY	42	292	19	12	325	140	110	65	100	3.39
1927	Winston-Salem	Piedmont	10	89	7	3	85	35	20	26	37	2.02
	Asheville	SALLY	26	175	10	10	217	92	73	53	62	3.75
1928	Asheville	SALLY	37	228	16	11	260	94	74	44	72	2.92
1929	Asheville	SALLY	22	166	15	5	177	83	68	41	64	3.69
	Philadelphia	National	19	69	4	6	94	47	40	15	12	5.22
1930	Philadelphia	National	25	50	0	3	84	60	43	31	9	7.74
	Baltimore	International	6	26	2	1	29	14	13	5	9	4.50
1931	Baltimore	International	52	155	12	10	178	74	62	58	39	3.60
1932	Baltimore	International	53	214	17	12	251	136	116	72	70	4.88
1933	Baltimore	International	54	213	21	8	227	108	94	60	92	3.97
1934	New York	American	8	15	0	2	24	13	13	8	7	7.80
	Brooklyn	National	8	21	1	1	30	24	14	8	5	6.00
	Montreal	International	26	115	8	6	121	63	58	49	38	4.54
1935	Montreal	International	45	259	22	11	280	118	95	54	109	3.30
1936	Montreal	International	43	189	12	13	217	86	75	52	79	3.57
1937	Montreal	International	35	229	16	13	248	108	88	53	81	3.46
1938	Montreal	International	40	215	16	12	247	98	78	61	86	3.27
1939	Minneapolis	American Association	41	208	12	12	261	126	113	58	102	4.89
1940	Minneapolis	American Association	38	173	13	9	196	88	73	43	76	3.80
1941	Minneapolis	American Association	2	4	0	1	7	5	4	2	0	9.00
	Knoxville	Southern Association	27	181	14	9	207	108	91	31	58	4.52
1942	Charlotte	Piedmont	21	151	10	9	133	50	35	28	53	2.09
1943-45		Did not play in organized baseball										
1946	Augusta	SALLY	14	51	3	3	63	25	22	11	25	3.88
		Majors	60	155	5	12	232	144	110	62	33	6.39
		Minors	784	4355	301	221	4774	2125	1642	1154	1648	3.59

MIGUEL P. SOLIS (CASTILLEJAS)

Born September 30, 1952 at Arriaga, Chiapas, Mexico
Threw right. Batted right. Height: 6-2. Weight: 149.

Manager for Tabasco, Mexican, 1988.

YEAR	CLUB	LEAGUE	G	IP	W	L	H	R	ER	BB	SO	ERA
1972	Saltillo	Mexican	1	5	0	0	6	3	2	2	3	3.60
1973	Saltillo	Mexican	35	57	4	6	69	27	18	17	28	2.84
1974	Saltillo	Mexican	31	188	13	12	195	70	62	33	96	2.97
1975	Saltillo	Mexican	28	184	16	7	179	70	54	48	70	2.64
1976	Saltillo	Mexican	29	179	14	7	172	67	59	43	74	2.83
1977	Saltillo	Mexican	31	183	10	15	194	88	70	43	74	3.44
1978	Saltillo	Mexican	32	208	16	12	211	93	67	49	63	2.90
1979	Saltillo	Mexican	33	259	25	5	227	66	53	51	86	1.84
1980	Saltillo	Mexican #1	25	140	8	11	180	92	83	30	59	5.34
	Saltillo	Mexican #2	8	56	7	1	96	12	11	9	22	1.77
1981	Saltillo	Mexican	24	153	11	9	161	68	60	34	70	3.53
1982	Saltillo	Mexican	28	198	15	6	198	66	63	37	56	2.86
1983	Saltillo	Mexican	26	195	13	9	176	67	64	54	79	2.95
1984	Saltillo	Mexican	26	202	17	4	221	95	84	49	79	3.75
1985	Saltillo	Mexican	22	155	12	6	166	82	70	43	47	4.07
1986	Saltillo/Mexico City Reds	Mexican	30	179	8	10	261	143	131	79	53	6.60
1987	Aguascalientes/Tabasco	Mexican	29	111	6	9	117	61	51	34	37	4.14
1988	Tabasco	Mexican	20	122	7	7	120	50	40	37	47	2.99
1989	Monterey Industrialists	Mexican	8	31	0	4	48	34	30	19	14	8.80
		Minors	462	2800	202	140	2965	1254	1068	711	1005	3.43

Byron Franklin Speece

Born January 6, 1897 at West Baden, IN.
Died September 29, 1974 at Elgin, OR.
Threw right. Batted right. Height: 5-11. Weight: 170.

YEAR	CLUB	LEAGUE	G	IP	W	L	H	R	ER	BB	SO	ERA
1922	Norfolk	Nebraska State	28	201	14	9	192	80	–	31	145	–
1923	Omaha	Western	49	314	26	14	344	177	–	82	129	–
1924	Washington	American	21	54	2	1	60	30	16	27	15	2.67
1925	Cleveland	American	28	90	3	5	106	44	43	28	26	4.30
1926	Cleveland	American	2	3	0	0	1	1	0	2	1	0.00
	Indianapolis	American Association	36	204	17	10	234	103	92	47	93	4.06
1927	Indianapolis/Toledo	American Association	41	174	12	10	185	96	80	60	59	4.14
1928	Indianapolis	American Association	28	83	1	1	109	59	48	26	37	5.20
1929	Indianapolis	American Association	36	109	9	2	109	55	46	35	44	3.80
1930	Philadelphia	National	11	20	0	0	41	30	29	4	9	13.05
	Newark	International	19	48	3	4	36	19	18	13	29	3.38
1931	Newark	International	50	95	12	6	93	36	30	37	34	2.84
1932	Newark	International	13	19	1	1	28	17	17	10	4	8.05
	Nashville	Southern Association	19	96	9	6	101	47	41	35	48	3.84
1933	Nashville	Southern Association	38	216	17	10	222	100	88	64	95	3.67
1934	Nashville	Southern Association	38	247	22	8	242	98	82	61	112	2.99
1935	Nashville	Southern Association	38	207	15	12	219	89	76	41	105	3.30
1936	Nashville	Southern Association	42	240	**22**	9	244	126	103	57	118	3.86
1937	Nashville	Southern Association	40	144	10	15	184	103	92	42	46	5.75
1938	Nashville	Southern Association	2	9	0	0	10	4	4	0	1	4.00
1939		Did not play in organized baseball										
1940	Portland	Pacific Coast	36	173	7	9	182	101	76	43	62	3.95
1941	Portland	Pacific Coast	26	148	9	12	163	72	58	30	42	3.53
1942	Portland	Pacific Coast	19	124	9	6	127	65	54	36	48	3.92
1943	Seattle	Pacific Coast	27	175	13	9	167	66	55	41	54	2.83
1944	Seattle	Pacific Coast	31	180	10	13	181	68	56	30	67	2.80
1945	Seattle	Pacific Coast	17	54	3	3	61	31	26	17	17	4.33
		Majors	62	167	5	6	208	105	88	61	51	4.74
		Minors	673	3260	241	172	3433	1612	1142	838	1389	3.74

Raymond Francis Starr

Born April 23, 1906 at Nowata, OK.
Died February 9, 1963 at Bayliss, IL.
Threw right. Batted right. Height: 6-1½. Weight: 190.

YEAR	CLUB	LEAGUE	G	IP	W	L	H	R	ER	BB	SO	ERA
1926	Danville	Three I	24	90	3	5	108	73	66	55	31	6.60
1927	Marshalltown	Mississippi Valley	25	182	11	10	162	84	–	84	105	–
1928	Danville	Three I	8	55	2	1	66	33	30	40	18	4.91
	Topeka	Western Association	25	135	8	7	130	79	57	67	65	3.80
1929	Shawnee	Western Association	40	295	**24**	13	287	162	91	134	150	2.78
1930	Danville	Three I	33	245	17	11	231	135	106	135	132	3.90
1931	Houston	Texas	3	7	0	0	6	–	–	3	4	–
	Rochester	International	37	216	20	7	192	83	68	102	81	**2.83**
1932	Rochester	International	33	186	9	12	186	121	105	94	75	5.08
	St. Louis	National	3	20	1	1	19	7	6	10	6	2.70
1933	New York/Boston	National	15	41	0	2	51	26	20	19	17	4.39
1934	Minneapolis	American Association	42	260	16	17	296	161	151	123	110	5.23
1935	Minneapolis	American Association	5	25	2	1	27	15	10	12	9	3.60
	Toronto	International	11	52	3	4	58	43	35	37	24	6.06
1936	Syracuse	International	20	121	6	7	118	76	54	60	52	4.02
	Nashville	Southern Association	25	130	9	5	124	64	52	55	76	3.59
1937	Nashville	Southern Association	48	276	19	12	281	133	108	121	150	3.52
1938	Nashville	Southern Association	47	270	14	20	292	158	139	121	132	4.63
1939	Nashville	Southern Association	9	27	1	4	35	21	21	25	13	7.00
	Fort Worth	Texas	31	204	18	7	185	73	53	68	147	2.34
1940	Fort Worth/Dallas	Texas	40	265	12	17	230	107	82	68	149	2.79
1941	Indianapolis	American Association	42	273	20	15	245	124	104	112	145	3.43
	Cincinnati	National	7	34	3	2	28	10	10	6	11	2.65
1942	Cincinnati	National	37	277	15	13	228	88	82	106	83	2.66
1943	Cincinnati	National	36	217	11	10	201	93	88	91	42	3.65

YEAR	CLUB	LEAGUE	G	IP	W	L	H	R	ER	BB	SO	ERA
1944	Pittsburgh	National	27	90	6	5	116	60	50	36	25	5.00
1945	Pittsburgh/Chicago	National	13	20	1	2	27	18	18	11	5	8.10
		Majors	138	699	37	35	670	302	274	189	279	3.53
		Minors	548	3314	214	175	3259	1745	1332	1516	1668	3.62

GEORGE W. STOVEY

No demographic data available on Stovey, a top black hurler of the 19th century, other than that he threw lefthanded.
In 1889 he pitched for both the Cuban Giants, home-based at Trenton, and the NY Gorhams, home-based in Philadelphia. In 1891 he played for the Cuban Giants at Ansonia. These were all-black teams playing in organized baseball in those two seasons. He also played some in the outfield, batting .256 in a total of 122 games.

YEAR	CLUB	LEAGUE	G	IP	W	L	H	R	ER	BB	SO	ERA
1886	Jersey City	Eastern	31	270	16	15	189	113	34	43	203	1.13
1887	Newark	International	48	424	34	14	419	244	116	119	107	2.46
1888	Worcester	New England	11	98	6	5	112	72	25	26	43	2.30
1889	Trenton/Philadelphia	Mid State	7	45	1	4	58	40	22	28	20	4.40
1890	Troy	New York State	2	18	1	1	12	5	4	5	6	2.00
1891	Ansonia	Connecticut State	3	27	2	1	24	21	12	7	8	4.00
		Minors	102	882	60	40	814	495	213	228	387	2.17

MONTY FRANKLIN PIERCE STRATTON

Born May 21, 1912 at Celeste, TX.
Died September 29, 1982 at Greenville, TX.
Threw right. Batted right. Height: 6-5. Weight: 180.

Coach for Chicago, American 1939-1941.
Lost leg in hunting accident in November 1938. Won 18 games in pitching comeback in 1946; pitched complete-game shutout in 1949; and won all four starts for four teams in 1950.

YEAR	CLUB	LEAGUE	G	IP	W	L	H	R	ER	BB	SO	ERA
1934	Galveston	Texas	9	40	1	4	39	26	19	11	12	4.28
	Chicago	American	1	3	0	0	4	2	2	1	0	6.00
	Omaha	Western	23	160	8	10	170	85	–	47	108	–
1935	St. Paul	American Association	33	226	17	9	261	115	101	63	120	4.02
	Chicago	American	5	38	1	2	40	17	17	9	8	4.03
1936	Chicago	American	16	95	5	7	117	66	55	46	37	5.21
1937	Chicago	American	22	165	15	5	142	55	44	37	69	2.40
1938	Chicago	American	26	186	15	9	186	95	83	56	82	4.02
1942	Lubbock	West Texas-New Mexico	5	9	0	0	19	17	–	–	–	–
1946	Sherman	East Texas	27	218	18	8	271	125	101	43	108	4.17
1947	Waco	Big State	15	103	7	7	155	89	75	30	46	6.55
1949	Temple	Big State	1	4	0	1	8	4	–	–	–	–
	Vernon	Longhorn	1	9	1	0	–	0	0	–	–	0.00
1950	Greenville/Sherman-Denison	Big State	2	18	2	0	25	12	9	1	6	4.50
	Corpus Christi/Brownsville	Rio Grande Valley Association	2	18	2	0	–	7	–	–	–	–
1953	Greenville	Big State	1	1	0	1	5	–	–	2	–	–
	Sherman-Dennison	Sooner State	1	8	0	1	–	7	–	–	–	–
		Majors	70	487	36	23	489	235	201	149	196	3.71
		Minors	120	814	56	41	953	487	305	197	400	4.47

WALTER EDWARD TAUSCHER

Born November 22, 1901 at LaSalle, IN.
Died November 27, 1992 at Winter Park, Florida.
Threw right. Batted right. Height 6-1. Weight: 186.

Manager for Meridian, Southeastern, 1946; Greenville, Alabama State, 1948-1949; Tallahasse, Georgia-Florida, 1950; Waco, Big State, 1951.

YEAR	CLUB	LEAGUE	G	IP	W	L	H	R	ER	BB	SO	ERA
1924	Shawnee	Oklahoma State	11	81	6	4	69	30	–	–	–	–
	Oklahoma City	Western	3	6	0	0	11	8	5	3	4	7.50
	Okmulgee	Western Association	22	124	12	4	116	55	47	33	62	3.41
1925	Williamsport	New York-Pennsylvania	40	285	20	11	310	145	115	81	112	3.63
1926	Williamsport	New York-Pennsylvania	40	279	17	15	288	133	92	60	122	2.97
1927	Columbia	SALLY	38	287	12	19	272	113	97	49	87	3.04
1928	Pittsburgh	National	17	29	0	0	28	20	16	12	7	4.91

YEAR	CLUB	LEAGUE	G	IP	W	L	H	R	ER	BB	SO	ERA
1929	Dallas	Texas	42	204	9	10	233	133	105	72	62	4.68
1930	Dallas	Texas	46	254	13	16	294	162	138	99	106	4.95
1931	Chattanooga	Southern Association	31	170	9	9	188	93	78	48	43	4.10
	Washington	American	6	12	1	0	24	10	10	4	5	7.50
	Baltimore	International	4	21	1	2	24	11	9	4	1	3.91
1932	Baltimore	International	44	216	13	9	264	152	136	70	61	5.67
1933	Baltimore	International	9	24	1	2	28	10	9	6	5	3.33
	Minneapolis	American Association	44	145	15	8	181	98	88	46	40	5.46
1934	Minneapolis	American Association	50	222	**21**	7	226	113	96	80	90	3.89
1935	Minneapolis	American Association	37	226	18	9	250	132	110	61	77	4.38
1936	Minneapolis	American Association	31	185	13	9	235	122	105	58	89	5.11
1937	Minneapolis	American Association	42	260	16	14	320	**170**	141	85	75	4.88
1938	Minneapolis	American Association	47	189	9	11	225	122	104	75	77	4.95
1939	Minneapolis	American Association	41	160	13	6	181	102	93	68	62	5.23
1940	Minneapolis	American Association	**53**	167	15	9	183	98	75	59	48	4.04
1941	Minneapolis	American Association	41	155	13	6	192	97	83	53	36	4.82
1942	Indianapolis	American Association	24	65	3	3	84	49	37	23	22	5.12
1943	Indianapolis	American Association	20	41	0	0	51	—	—	16	8	—
1944	St. Paul	American Association	36	139	6	7	152	68	60	43	53	3.88
1945	St. Paul	American Association	**61**	104	8	7	105	49	46	41	35	3.98
1946	Meridian	Southeastern	8	19	0	3	19	10	—	6	12	—
1948	Greenville	Alabama State	2	—	—	—	—	—	—	—	—	—
	Majors		23	41	1	0	52	30	26	16	12	5.71
	Minors		867	4028	264	200	4501	2275	1869	1239	1389	4.32

CLAUDE ALFRED THOMAS

Born May 15, 1890 at Stanberry, MO.
Died March 6, 1946 at Sulphur, OK.
Threw left. Batted left. Height: 6-1. Weight: 180.

YEAR	CLUB	LEAGUE	G	IP	W	L	H	R	ER	BB	SO	ERA
1910	Bartlesville	Western Association	27	—	16	8	—	—	—	45	140	—
	Kewanee	Central Association	10	57	1	5	60	29	—	10	21	—
1911	Steubenville	Ohio-Pennsylvania	21	—	13	8	170	71	—	69	95	—
1912	Providence/Rochester	International	11	37	0	2	49	35	—	26	15	—
	Wichita	Western	13	73	1	5	102	53	—	35	39	—
1913	Clarksdale	Cotton States	24	155	9	11	177	81	—	20	91	—
1914	Grand Rapids	Central	25	172	8	12	151	75	—	58	85	—
	Des Moines	Western	14	98	5	8	74	33	27	38	43	2.48
1915	Des Moines	Western	**48**	292	22	13	282	120	68	97	110	2.10
1916	Des Moines	Western	43	290	15	15	289	—	107	92	137	3.32
	Washington	American	7	28	1	2	27	14	13	12	7	4.18
1917	Minneapolis	American Association	62	374	20	24	338	157	112	113	108	2.70
1918	Minneapolis	American Association	8	29	0	3	48	30	24	14	7	7.45
1919	Wichita	Western	10	72	2	6	55	22	—	14	19	—
	Seattle	Pacific Coast	33	210	10	16	202	100	69	47	59	2.96
1920	Los Angeles	Pacific Coast	49	304	21	19	325	139	102	78	72	3.02
1921	Los Angeles	Pacific Coast	42	225	12	7	271	115	88	46	44	3.52
1922	Los Angeles	Pacific Coast	45	263	18	11	294	128	87	75	51	2.98
1923	Los Angeles	Pacific Coast	50	247	9	15	303	150	108	66	44	3.94
1924	Vernon	Pacific Coast	31	181	10	11	226	115	84	52	37	4.18
1925	Vernon	Pacific Coast	2	1	0	0	2	3	3	2	0	27.00
1925	Des Moines	Western	44	249	19	6	280	137	—	65	57	—
1926	Des Moines	Western	27	170	12	11	217	113	—	33	26	—
	Majors		7	28	1	2	27	14	13	12	7	4.18
	Minors		637	3498	223	216	3913	1703	876	1093	1300	—

FAY WESLEY THOMAS

Born October 10, 1904 at Holyrood, KS.
Died August 16, 1990 at Chatsworth, CA.
Threw right. Batted right. Height: 6-2. Weight: 195.

YEAR	CLUB	LEAGUE	G	IP	W	L	H	R	ER	BB	SO	ERA
1925	Ottumwa	Mississippi Valley	7	49	3	3	52	27	—	23	47	—
1926	Toledo	American Association	10	38	1	1	36	34	—	36	28	—
	New Haven	Eastern	25	173	15	4	109	65	44	79	112	**2.29**

YEAR	CLUB	LEAGUE	G	IP	W	L	H	R	ER	BB	SO	ERA
1927	Buffalo	International	12	85	3	5	95	44	37	28	45	3.92
	New York	National	9	16	0	0	19	10	6	4	11	3.38
1928	Oklahoma City	Western	7	28	0	2	30	19	–	20	13	
1929	Baltimore	International	10	29	0	2	38	27	17	20	15	5.28
	New Haven	Eastern	29	186	13	10	202	119	105	103	128	5.08
1930	Sacramento	Pacific Coast	52	298	18	20	292	170	131	131	**228**	3.96
1931	Cleveland	American	16	49	2	4	63	34	28	32	25	5.14
	Oakland	Pacific Coast	25	163	12	10	159	75	70	59	123	3.29
1932	Oakland	Pacific Coast	34	255	12	19	216	107	92	93	**196**	3.25
	Brooklyn	National	7	17	0	1	22	15	14	8	9	7.41
1933	Los Angeles	Pacific Coast	42	300	20	14	364	181	125	104	159	3.75
1934	Los Angeles	Pacific Coast	41	295	**28**	4	246	98	85	118	**204**	2.59
1935	St. Louis	American	49	147	7	15	165	95	78	89	67	4.78
1936	Los Angeles	Pacific Coast	28	206	15	10	219	91	71	75	134	3.10
1937	Los Angeles	Pacific Coast	40	294	23	11	275	124	105	112	181	3.21
	Wenatchee	Western Fort	1	8	0	1	12	6	5	0	6	5.63
1938	Los Angeles	Pacific Coast	31	200	18	8	196	83	73	68	123	3.29
1939	Los Angeles	Pacific Coast	35	246	17	13	216	86	75	91	139	2.74
1940	Los Angeles	Pacific Coast	30	161	6	11	185	87	89	64	77	4.98
1941	Los Angeles	Pacific Coast	28	154	10	13	168	84	70	65	72	4.09
1942							Did not play in organized baseball					
1943	Portland/Hollywood	Pacific Coast	5	20	0	3	23	12	12	7	3	5.40
	Majors		81	229	9	20	269	154	126	133	112	4.95
	Minors		491	3180	214	163	3121	1533	1201	1296	2027	3.53

WILLIAM C. "BILL" THOMAS

Born January 9, 1905 at St. Louis, MO.
Threw right. Batted right. Height: 5-11. Weight: 175.

Despite 2½ year suspension, Thomas set career records for most games, innings pitched, games won and lost, hits and runs.

YEAR	CLUB	LEAGUE	G	IP	W	L	H	R	ER	BB	SO	ERA
1926	Hanover	Blue Ridge	**35**	**246**	15	12	**237**	109	–	75	94	
1927	Charleroi	Middle Atlantic	**41**	244	16	**17**	252	101	74	81	81	2.73
1928	Beaumont	Texas	3	6	0	0	9	5	3	3	2	4.50
	Wheeling	Middle Atlantic	35	247	15	9	245	87	76	51	105	2.75
1929	Milwaukee	American Association	2	5	0	0	5	2	2	2	0	3.50
	Tulsa	Western	37	239	16	15	282	160	–	80	64	–
1930	Milwaukee	American Association					Did not play in organized baseball					
1931	Oklahoma City	Western	39	220	13	15	243	117	84	55	88	3.44
	Indianapolis	American Association	4	20	2	2	26	13	9	4	6	4.10
1932	Knoxville	Southern Association	28	135	8	10	181	101	86	37	44	5.73
	Indianapolis	American Association	25	157	12	6	148	58	–	28	58	–
1933	Indianapolis	American Association	32	215	10	12	265	111	104	41	76	4.35
1934	Indianapolis	American Association	2	6	0	1	11	8	8	4	3	12.00
	Williamsport	New York-Pennsylvania	34	258	15	13	302	133	93	38	85	3.24
1935	New Orleans	Southern Association	**51**	288	19	15	315	138	111	36	83	3.46
1936	New Orleans	Southern Association	**51**	276	18	**18**	328	128	111	33	79	3.61
1937	Seattle/Portland	Pacific Coast	44	242	11	17	261	131	103	40	85	3.83
	Wenatchee	Western International	1	8	0	1	12	6	5	0	6	5.63
1938	Portland	Pacific Coast	44	292	18	19	**345**	146	114	48	117	3.51
1939	Portland	Pacific Coast	**49**	303	20	19	**386**	**184**	**162**	64	151	4.81
1940	Portland/San Diego	Pacific Coast	44	294	16	20	323	151	**128**	70	96	3.91
1941	San Diego	Pacific Coast	44	272	15	17	298	118	100	61	78	3.31
1942	San Diego/Hollywood	Pacific Coast	44	163	9	13	176	74	48	35	57	2.65
1943	Hollywood	Pacific Coast	52	249	11	21	**294**	137	108	66	78	3.90
1944	Mobile	Southern Association	**44**	237	17	9	309	149	123	50	84	4.67
1945	Mobile	Southern Association	42	**274**	20	13	**299**	137	96	47	130	3.15
1946	Mobile	Southern Association	3	18	0	2	26	14	13	5	6	6.50
	Houma	Evangeline	**47**	**353**	**35**	7	241	139	113	36	166	2.88
1947-48							Suspended					
1949	Houma	Evangeline	6	25	3	2	34	17	14	5	16	5.19
1950	Houma/Lafayette	Evangeline	39	239	23	8	271	107	85	44	81	3.19
	Brownsville	Rio Grande Valley	9	40	3	4	55	33	26	6	22	5.85
1951	Texas City/Lake Charles	Gulf Coast	39	209	14	17	262	128	114	37	75	4.90
	Lafayette	Evangeline	7	39	1	5	53	36	24	12	19	5.58
1952	Greenville/El Dorado	Cotton States	29	126	5	8	159	85	51	22	51	3.63
	Owensboro	KITTY	10	50	3	2	68	35	23	14	22	4.17
	Minors		1016	5995	383	347	6721	3098	2211	1230	2204	3.71

BOBBY GENE TIEFENAUER

Born October 10, 1929 at Desloge, MO.
Threw right. Batted right. Height: 6-2. Weight: 185.

YEAR	CLUB	LEAGUE	G	IP	W	L	H	R	ER	BB	SO	ERA
1948	Tallassee	Georgia-Alabama	6	43	3	2	45	28	21	13	17	4.40
1949	Tallassee	Georgia-Alabama	28	206	17	6	161	72	52	73	106	2.27
1950	Winston-Salem	Carolina	66	183	16	8	177	65	51	65	94	2.51
1951	Rochester	International	35	176	9	9	167	77	52	55	79	2.66
1952	Rochester	International	27	74	5	4	79	42	35	27	31	4.26
	St. Louis	National	6	8	0	0	12	8	7	7	3	7.88
	Columbus	American Association	2	10	0	1	16	5	5	5	3	4.50
1953	Rochester	International	38	195	9	3	83	29	27	42	50	2.31
1954	Houston	Texas	52	106	10	5	101	55	49	36	48	4.16
1955	St. Louis	National	18	33	1	4	31	19	16	10	16	4.36
	Omaha	American Association	33	85	5	7	86	41	32	25	46	3.39
1956	Charleston	American Association	47	112	7	12	106	44	49	29	46	3.21
1957	Toronto	International	68	118	6	6	100	36	28	33	44	2.14
1958	Toronto	International	64	157	17	5	111	48	33	49	105	1.89
1959	Cleveland	American					Voluntarily Retired					
1960	Cleveland	American	6	9	0	1	8	2	2	3	2	2.00
	Rochester	International	45	86	11	4	85	40	30	25	56	3.14
1961	St. Louis	National	3	4	0	0	9	4	3	4	3	6.75
	Charleston	International	56	100	10	2	87	27	26	16	81	.234
1962	Houston	National	43	85	2	4	91	42	41	21	60	4.34
1963	Atlanta/Toronto	International	55	105	11	4	85	38	25	27	74	2.14
	Milwaukee	National	12	30	1	1	20	4	4	4	22	1.20
1964	Milwaukee	National	46	73	4	6	61	33	26	15	48	3.21
1965	Milwaukee	National	6	7	0	1	8	7	6	3	7	7.71
	Atlanta/Toledo	International	24	55	4	4	32	7	6	5	38	0.98
	New York/Cleveland	American	25	43	1	6	43	27	20	15	28	4.19
1966	Portland	Pacific Coast	53	84	5	8	80	27	24	14	73	2.57
1967	Portland	Pacific Coast	64	82	6	1	69	21	17	14	59	1.87
	Cleveland	American	5	11	0	1	9	3	1	3	6	0.82
1968	Chicago	National	9	13	0	1	20	12	9	2	9	6.08
	Tacoma	Pacific Coast	42	80	5	3	75	22	13	21	52	1.46
1969	Tacoma	Pacific Coast	44	72	6	2	96	44	37	14	38	4.63
		Majors	179	316	9	25	312	161	135	87	204	3.84
		Minors	849	2039	162	96	1841	768	603	588	1140	2.66

JOHN LAWRENCE TILLMAN

Born October 6, 1893 at Bridgeport, CT.
Died April 7, 1964 at Harrisburg, PA.
Threw right. Batted both. Height: 5-11. Weight: 170.

Manager for Harrisburg, New York-Pennsylvania, 1929-1930.

YEAR	CLUB	LEAGUE	G	IP	W	L	H	R	ER	BB	SO	ERA
1914	New Bedford	Colonial	40	288	21	11	253	—	—	97	185	—
1915	New Bedford	Colonial	31	268	22	6	201	81	—	84	176	—
	St. Louis	American	2	10	1	0	6	2	1	4	6	0.90
1916	Memphis	Southern Association	2	10	0	1	9	8	—	4	5	—
	Houston	Texas	19	110	7	6	95	48	—	42	36	—
1917	Charleston	SALLY	23	186	11	10	165	61	—	50	50	—
1918							Military service					
1919	New Haven/Pittsfield	Eastern	29	191	14	11	196	79	—	45	43	—
1920	Pittsfield	Eastern	37	211	12	8	238	88	74	79	74	3.16
1921	Pittsfield	Eastern	36	240	16	10	252	94	73	76	81	2.74
1922	Pittsfield	Eastern	37	250	16	15	267	111	86	78	97	3.10
1923	Pittsfield/Albany/New Haven	Eastern	36	194	9	14	233	137	92	68	42	4.27
1924	New Haven	Eastern	14	31	0	2	42	33	27	15	6	7.84
1925	Jersey City	International	3	3	0	0	5	4	—	5	1	—
	York	New York-Pennsylvania	20	121	7	5	135	56	48	38	48	3.57
1926	York	New York-Pennsylvania	34	248	16	11	253	108	70	74	80	2.54
1927	York	New York-Pennsylvania	36	239	16	11	258	129	109	79	58	4.10
1928	Harrisburg	New York-Pennsylvania	31	189	10	13	186	69	60	56	54	2.86
1929	Harrisburg	New York-Pennsylvania	39	270	21	12	308	139	112	75	67	3.73
1930	Harrisburg/Wilkes-Barre	New York-Pennsylvania	33	178	10	13	214	125	99	60	39	5.01

YEAR	CLUB	LEAGUE	G	IP	W	L	H	R	ER	BB	SO	ERA
1931	York	New York-Pennsylvania	33	212	10	16	233	96	89	73	75	3.78
1932	York/Wilkes-Barre	New York-Pennsylvania	6	24	0	2	29	21	—	6	4	—
	Springfield	Three I	4	22	0	3	40	25	—	12	12	—
1933							Did not play in organized baseball					
1934	Manchester	New England	25	183	11	8	195	102	—	72	70	—
	Majors		2	10	1	0	6	2	1	4	6	0.90
	Minors		568	3668	229	188	3807	1641	939	1188	1303	—

AUSTIN BEN TINCUP

Born December 14, 1890 at Adair, OK.
Died July 5, 1980 at Claremore, OK.
Threw right. Batted left. Height: 6-1. Weight: 180.

Known as Ben
Manager for Paducah, KITTY, 1936, 1939-1941; Peoria, Three I, 1937; Muskogee, Western Association, 1938.
Coach for New York, American, 1961.
Scout for Boston, National, 1946-1948; Pittsburgh, National, 1949-1953; Philadelphia, National, 1956-1958.
Umpire American Association, 1933.
Full-blooded Cherokee Indian.
Pitched perfect game against Birmingham, June 18, 1917. Batted .271 in 1203 minor league games.

YEAR	CLUB	LEAGUE	G	IP	W	L	H	R	ER	BB	SO	ERA
1912	Muskogee	Oklahoma State	22	162	7	13	157	84	47	47	**163**	2.61
	Sherman	Texas-Oklahoma	5	35	2	3	23	6	5	9	27	1.29
1913	Sherman	Texas-Oklahoma	41	247	17	11	202	93	62	45	**233**	2.26
1914	Philadelphia	National	28	155	8	10	165	71	45	62	108	2.61
1915	Philadelphia	National	10	31	0	0	26	8	7	9	10	2.03
1916	Philadelphia	National					One game as pinch hitter; did not pitch					
1916	Providence	International	33	222	16	11	225	82	63	90	112	2.55
1917	Little Rock	Southern Association	33	202	11	10	176	77	56	35	90	2.50
1918	Philadelphia	National	8	17	0	1	24	18	14	6	6	7.41
1919	Louisville	American Association	24	183	11	8	183	74	58	46	72	2.85
1920	Louisville	American Association	34	238	15	12	222	93	75	67	71	2.84
1921	Louisville	American Association	26	105	9	0	101	40	33	31	43	2.83
1922	Louisville	American Association	46	279	20	14	297	166	130	111	91	4.19
1923	Louisville	American Association	43	252	17	16	260	124	113	81	98	4.04
1924	Louisville	American Association	49	293	24	17	338	154	129	98	109	3.96
1925	Louisville	American Association	37	243	14	15	261	133	110	99	108	4.07
1926	Louisville	American Association	34	242	18	7	246	96	83	57	95	3.09
1927	Louisville	American Association	38	265	16	15	289	148	126	89	121	4.28
1928	Louisville	American Association	38	208	14	10	229	97	79	55	87	3.42
	Chicago	National	2	9	0	0	14	7	7	1	3	7.00
1929	Louisville	American Association	33	172	7	16	219	133	104	61	70	5.44
1930	Louisville	American Association	43	123	14	3	119	50	48	42	66	3.51
1931	Louisville/Minneapolis	American Association	14	28	1	4	53	33	27	19	9	8.68
1932	Sacramento	Pacific Coast	28	168	9	12	180	104	81	62	66	4.34
1933-35							Did not play in organized baseball					
1936	Paducah	KITTY	11	58	6	0	67	28	19	8	35	2.95
1937	Peoria	Three I	2	3	1	0	4	0	0	0	2	0.00
1938	Muskogee	Western Association	7	23	0	0	21	14	11	10	18	4.30
1939	Paducah	KITTY	4	21	2	0	16	1	1	3	13	0.43
1940	Paducah	KITTY					Manager, did not play					
1941	Paducah	KITTY	2	9	0	1	7	3	3	2	5	3.00
1942	Fargo-Moorhead	Northern	1	3	0	0	6	4	4	1	0	12.00
	Majors		48	212	8	11	229	104	73	78	127	3.10
	Minors		648	3784	251	198	3901	1837	1467	1168	1804	3.49

CLAYTON MAFFITT TOUCHSTONE

Born January 24, 1904 at Moore, PA.
Died April 28, 1949 at Beaumont, TX.
Threw right. Batted right. Height: 5-9. Weight: 175.

YEAR	CLUB	LEAGUE	G	IP	W	L	H	R	ER	BB	SO	ERA
1925	Waterbury	Eastern	46	217	10	11	209	115	90	95	89	3.73
1926							Did not play in organized baseball					
1927	Providence	Eastern	44	270	17	17	280	142	112	**128**	99	3.73

YEAR	CLUB	LEAGUE	G	IP	W	L	H	R	ER	BB	SO	ERA
1928	Providence	Eastern	31	220	16	13	201	101	80	77	100	3.27
	Boston	National	5	8	0	0	15	8	4	2	1	4.50
1929	Boston	National	1	3	0	0	6	5	5	0	1	15.00
	Providence	Eastern	40	**292**	22	12	290	124	110	90	**132**	3.39
1930	Newark	International	7	20	1	2	22	14	–	4	3	–
	Birmingham	Southern Association	26	191	15	6	195	91	81	48	54	3.82
1931	Birmingham	Southern Association	29	223	15	11	255	126	118	60	68	4.76
1932	Birmingham	Southern Association	36	225	16	15	265	151	139	73	84	5.56
1933	Birmingham	Southern Association	37	283	**21**	13	281	119	101	56	90	3.21
1934	Memphis	Southern Association	42	275	16	18	290	122	85	62	102	2.78
1935	Memphis	Southern Association	36	283	22	11	316	144	126	44	79	4.01
1936	Memphis	Southern Association	39	223	12	18	255	139	113	56	81	4.56
1937	Oklahoma City	Texas	43	277	19	11	218	105	78	97	181	2.53
1938	Oklahoma City	Texas	37	242	16	11	184	75	65	57	123	2.42
1939	Dallas	Texas	40	253	20	12	204	93	76	77	163	2.70
1940	Dallas	Texas	34	218	11	14	228	109	89	46	104	3.67
1941	Oklahoma City	Texas	44	241	13	18	238	108	80	58	112	2.99
1942	Oklahoma City	Texas	56	223	10	17	207	103	77	68	102	3.11
1943-44							Did not play in organized baseball					
1945	Chicago	American	6	10	0	0	14	10	6	6	4	5.40
		Majors	12	21	0	0	35	23	15	8	6	6.43
		Minors	667	4176	272	230	4138	1981	1620	1196	1766	3.51

Oscar Tuero (Monzon)

Born December 17, 1892 at Havana, Cuba.
Died October 21, 1960 at Houston, TX.
Threw right. Batted right. Height: 5-8. Weight: 158.

YEAR	CLUB	LEAGUE	G	IP	W	L	H	R	ER	BB	SO	ERA
1913	Jersey City	International	4	25	2	0	20	12	–	12	13	–
1914	Portland	New England	33	–	16	6	–	–	–	–	–	–
1915	Lewiston	New England	34	–	17	10	–	–	–	–	–	–
1916	Lynn	Eastern	**42**	301	**22**	13	–	–	–	87	141	–
1917	Wilkes-Barre	New York State	33	–	24	7	193	54	–	43	**156**	1.94
1918	Binghamton	International	8	62	5	2	54	15	13	15	40	1.89
	Little Rock	Southern Association	17	44	6	6	85	–	–	35	50	–
	St. Louis	National	11	44	1	2	32	12	5	10	13	1.02
1919	St. Louis	National	**45**	155	5	7	137	71	55	42	45	3.19
1920	St. Louis	National	2	1	0	0	5	4	4	1	0	36.00
	Memphis	Southern Association	18	140	8	8	126	57	–	39	52	–
	Kansas City	American Association	19	103	2	8	111	72	59	38	41	5.16
1921	Memphis	Southern Association	43	325	**27**	8	312	114	97	84	101	2.69
1922	Memphis/Atlanta	Southern Association	44	237	15	13	257	146	120	83	61	4.56
1923	Atlanta	Southern Association	37	224	8	10	238	106	87	69	48	3.50
1924	Reading	International	28	150	5	11	196	114	94	64	38	5.64
1925	Birmingham	Southern Association	1	2	0	0	5	7	7	1	0	31.50
	Waco	Texas	28	186	11	9	214	107	87	71	43	4.21
1926	Waco	Texas	38	278	10	**21**	321	166	134	97	75	4.34
1927	Waco	Texas	35	203	15	10	215	99	86	59	42	3.81
1928	Waco	Texas	27	191	10	14	224	123	93	61	49	4.38
1929	Shreveport	Texas	35	204	16	5	237	116	95	80	43	4.19
1930	Shreveport	Texas	37	204	17	6	202	93	77	60	52	3.40
1931	Shreveport	Texas	32	193	7	16	227	129	85	68	48	3.96
1932	Shreveport	Texas	4	9	0	2	18	9	9	6	4	9.00
	Jackson	Southeastern	1	9	1	0	4	1	0	8	1	0.00
1933							Did not play in organized baseball					
1934	Tyler	West Dixie	26	173	12	9	255	130	106	58	91	5.51
1935							Did not play in organized baseball					
1936	Marshall	East Texas	10	52	3	3	60	30	23	19	6	3.98
1937	Newton-Conover	North Carolina State	11	72	3	5	62	37	26	16	33	3.25
1938	Longview	East Texas	20	42	4	4	47	36	27	11	29	5.79
	Alexandria	Evangeline	3	25	2	0	23	12	9	5	10	3.24
	Shreveport	Texas	1	3	0	0	3	2	2	1	1	6.00
1939	Midland	West Texas-New Mexico	3	10	–	–	–	–	–	–	–	–
1941	Shreveport	Texas	4	6	1	1	11	6	3	2	4	4.50
	Marshall	Cotton State	1	8	0	1	9	3	3	2	4	3.38
		Majors	58	200	6	9	174	87	64	53	58	2.88
		Minors	677	3481	269	208	3729	1796	1342	1194	1276	4.09

James Riley "Jim" Turner

Born August 6, 1903 at Antioch, TN.
Threw right. Batted left. Height: 6-0. Weight: 200.

Manager for Beaumont, Texas, 1946; Portland, Pacific Coast, 1947-1948; Nashville, Southern Association, 1960.
Coach for New York, American, 1949-1959; Cincinnati, National, 1961-1964.

YEAR	CLUB	LEAGUE	G	IP	W	L	H	R	ER	BB	SO	ERA
1925	Winston-Salem	Piedmont	34	242	19	7	255	113	90	44	70	3.35
1926	Greensboro	Piedmont	35	239	14	13	296	136	111	38	58	4.18
1927	Portsmouth	Virginia	32	238	13	14	280	128	104	41	70	3.93
1928	Norfolk	Virginia	10	82	8	1	81	38	26	17	26	2.85
1928	Selma	Southeastern	9	40	1	3	57	30	20	9	4	4.50
1928	Greensboro	Piedmont	10	49	4	5	63	34	33	7	10	6.06
1929	Greensboro	Piedmont	36	291	25	9	**296**	135	112	84	106	3.46
1930	Hollywood	Pacific Coast	42	258	21	9	303	137	109	58	92	3.80
1931	Hollywood	Pacific Coast	45	292	17	14	340	**172**	139	80	106	4.28
1932	Hollywood	Pacific Coast	40	194	11	10	238	118	99	55	52	4.50
1933	Indianapolis	American Association	41	226	17	9	266	126	117	62	63	4.65
1934	Indianapolis	American Association	24	159	7	8	162	76	73	41	63	4.13
1935	Indianapolis	American Association	33	217	13	11	257	118	97	54	77	4.02
1936	Indianapolis	American Association	34	245	18	13	298	133	106	53	79	3.89
1937	Boston	National	33	257	20	11	228	80	68	52	69	**2.38**
1938	Boston	National	35	268	14	18	267	123	103	54	71	3.46
1939	Boston	National	25	158	4	11	181	83	75	51	50	4.27
1940	Cincinnati	National	24	187	14	7	187	70	60	32	53	2.89
1941	Cincinnati	National	23	113	6	4	120	49	39	24	34	3.11
1942	Cincinnati	National	3	3	0	0	5	5	4	3	0	12.00
1942	Newark	International	9	74	5	3	59	14	8	15	20	0.97
	New York	American	5	7	1	1	4	1	1	1	2	1.29
1943	New York	American	18	43	3	0	44	22	17	13	15	3.56
1944	New York	American	35	42	4	4	42	23	16	22	13	3.43
1945	New York	American	30	54	3	4	45	26	22	31	22	3.67
1946	Beaumont	Texas	17	130	11	3	117	39	28	20	54	1.94
1947	Portland	Pacific Coast	2	3	0	0	5	2	2	3	1	6.00
	Majors		231	1132	69	60	1123	482	405	283	329	3.22
	Minors		293	2979	204	132	3373	1549	1274	681	951	3.85

Harold Turpin

Born September 28, 1902 at Yoncalla, OR.
Threw right. Batted right. Height: 5-11. Weight: 185.

YEAR	CLUB	LEAGUE	G	IP	W	L	H	R	ER	BB	SO	ERA
1927	San Francisco	Pacific Coast	29	97	6	4	119	58	48	21	26	4.45
1928	Little Rock	Southern Association	44	237	12	12	264	123	104	44	60	3.95
1929	Little Rock	Southern Association	31	173	11	11	198	92	71	26	30	3.69
	San Francisco	Pacific Coast	2	4	0	0	—	—	—	2	0	—
1930	San Francisco	Pacific Coast	45	205	10	11	247	120	88	41	65	3.86
1931	San Francisco/Seattle	Pacific Coast	39	197	9	14	267	135	111	50	64	5.07
1932	Seattle	Pacific Coast	3	17	1	1	15	6	6	3	2	3.16
	Denver	Western	23	152	13	4	187	82	—	39	48	—
1933	Portland	Pacific Coast	16	104	6	9	130	66	34	23	35	2.93
1934	Portland	Pacific Coast	42	320	15	22	**376**	185	**144**	58	89	4.05
1935	Portland	Pacific Coast	12	47	3	4	73	45	44	21	17	8.46
	Des Moines	Western	25	161	12	8	194	92	—	34	110	—
1936	Des Moines	Western	34	259	**20**	10	285	124	79	69	124	2.75
1937	Seattle	Pacific Coast	24	157	9	11	175	90	80	50	64	4.59
1938	Seattle	Pacific Coast	37	217	17	14	220	90	70	53	81	2.90
1939	Seattle	Pacific Coast	37	270	**23**	10	273	101	75	46	100	2.50
1940	Seattle	Pacific Coast	38	297	23	11	289	100	90	65	96	2.73
1941	Seattle	Pacific Coast	37	269	20	6	274	92	75	35	68	2.51
1942	Seattle	Pacific Coast	36	321	23	9	309	91	74	44	67	2.07
1943	Seattle	Pacific Coast	14	106	7	6	111	45	34	17	25	2.89
1944	Seattle	Pacific Coast	31	229	13	15	238	94	79	33	52	3.10
1945	Seattle	Pacific Coast	31	229	18	8	244	86	61	26	29	2.40
1946	Sacramento	Pacific Coast	5	16	0	3	24	—	—	7	2	—
	Minors		635	4084	271	203	4512	1917	1367	807	1254	3.28

HARRY PORTER "RUBE" VICKERS

Born May 17, 1878 at St. Marks, Ontario, Canada.
Died December 9, 1958 at Belleville, MI.
Threw right. Batted left. Height: 6-2. Weight: 225.

Manager for Kalamazoo, Central, 1920.
Pitched 517 innings in 1906, a 20th century organized baseball record. Pitched occasionally for Burlington, Vermont (outlaw), in 1904-1905.

YEAR	CLUB	LEAGUE	G	IP	W	L	H	R	ER	BB	SO	ERA
1902	Rock Island	Three I	36	321	19	17	288	154	–	102	168	–
	Cincinnati	National	3	21	0	3	31	20	14	8	6	6.00
1903	Brooklyn	National	4	14	0	1	27	22	17	9	5	10.93
	Holyoke	Connecticut	34	287	22	10	188	97	–	67	202	–
1904	Holyoke	Connecticut	29	239	17	10	172	71	–	51	171	–
1905	Holyoke	Connecticut	21	171	11	7	138	63	–	53	140	–
	Seattle	Pacific Coast	19	162	12	6	121	51	–	31	103	–
1906	Seattle	Pacific Coast	**64**	**517**	**39**	20	395	167	–	139	**409**	–
1907	Williamsport	Tri-State	37	301	25	9	228	85	–	63	173	–
	Philadelphia	American	10	50	2	2	44	26	19	12	21	3.42
1908	Philadelphia	American	53	300	18	19	264	140	78	71	156	2.34
1909	Philadelphia	American	18	56	3	3	60	32	21	19	25	3.38
1910	Baltimore	Eastern	55	364	25	**24**	**333**	126	–	112	214	–
1911	Baltimore	Eastern	**57**	**369**	**32**	14	313	116	–	105	169	–
1912	Baltimore	International	43	215	13	14	244	131	–	101	95	–
1913	Baltimore	International	1	1	0	1	5	4	–	0	0	–
1914	Jersey City	International	5	23	2	2	40	23	–	11	8	–
		Majors	88	441	23	28	426	240	149	119	213	3.04
		Minors	401	2970	217	134	2465	1088	–	835	1852	–

PAUL HORINE WACHTEL

Born April 30, 1888 at Myersville, MD.
Died December 15, 1964 at San Antonio, Tex.
Threw right. Batted right. Height: 5-11. Weight: 175.

YEAR	CLUB	LEAGUE	G	IP	W	L	H	R	ER	BB	SO	ERA
1912	Green Bay	Wisconsin-Illinois	30	226	14	14	188	102	–	71	149	–
1913	Fond du Lac	Wisconsin-Illinois	36	290	15	15	250	109	–	67	142	–
1914	Dayton	Central	24	178	11	9	177	97	–	58	98	–
1915	Dayton	Central	39	229	8	**19**	215	117	81	93	100	3.18
1916	Dayton/Muskegon	Central	**48**	269	17	11	254	124	80	108	132	2.68
1917	Muskegon	Central	34	**283**	19	11	217	95	–	95	**176**	–
	Brooklyn	National	2	6	0	0	9	7	7	4	3	10.50
1918	Fort Worth	Texas	10	74	7	1	54	24	15	18	36	1.87
1919	Fort Worth	Texas	38	289	21	14	216	98	77	117	150	2.40
1920	Fort Worth	Texas	38	308	**26**	10	280	105	84	86	110	2.43
1921	Fort Worth	Texas	44	317	23	12	290	138	105	102	124	2.97
1922	Fort Worth	Texas	43	280	**26**	7	255	105	76	95	193	2.43
1923	Fort Worth	Texas	40	257	19	12	253	125	108	108	121	3.42
1924	Fort Worth	Texas	38	289	22	10	258	116	91	119	125	2.88
1925	Fort Worth	Texas	38	267	**23**	7	275	136	115	104	114	3.87
1926	Fort Worth	Texas	37	262	16	19	248	146	93	112	97	3.24
1927	Fort Worth	Texas	34	267	17	14	263	129	99	100	108	3.33
1928	Fort Worth	Texas	35	236	16	14	249	117	102	106	72	3.87
1929	Houston	Texas	35	225	12	13	260	132	105	95	84	4.32
1930	Dallas/Waco	Texas	18	106	3	9	122	84	61	76	25	5.22
		Majors	2	6	0	0	9	7	7	4	3	10.50
		Minors	650	4652	317	221	4324	2099	1292	1730	2156	3.16

LIFETIME PITCHING PERCENTAGE LEADERS

PITCHER	DATES	WON LOST	PCT.	PITCHER	DATES	WON LOST	PCT.
Jack Warhop	1906-1928	155-70	.689	Stoney McGlynn	1901-1915	185-109	.629
Jack Ogden	1918-1934	213-103	.674	Bobby Tiefenauer	1948-1969	162-96	.628
Orie Arntzen	1931-1952	194-99	.662	Jim Turner	1925-1947	204-123	.624
Joe Pate	1911-1932	257-134	.657	Andy Rush	1914-1932	212-128	.624
Willard Mains	1887-1906	319-181	.638	Frank Shellenback	1917-1938	315-192	.621
Chester Covington	1939-1953	220-126	.636	Rube Parnham	1914-1927	167-102	.621
Charlie Cuellar	1935-1953	209-123	.630	Rube Vickers	1902-1914	210-130	.618
Eddie Donalds	1911-1923	219-129	.629	Jodie Phipps	1939-1957	275-172	.615

JAMES ROY WALKER

Born March 12, 1893 at Lawrenceburg, TN.
Died February 10, 1962 at New Orleans, LA.
Threw right. Batted both. Height: 6-1½. Weight: 185.

Known as Roy

YEAR	CLUB	LEAGUE	G	IP	W	L	H	R	ER	BB	SO	ERA
1912	Bristol	Appalachian	31	240	17	11	166	61	—	44	203	—
	Cleveland	American	1	2	0	0	0	0	0	2	1	0.00
1913	Toledo	American Association	11	54	1	1	64	45	—	33	27	—
	New Orleans	Southern Association	17	127	6	9	123	69	—	56	81	—
1914	New Orleans	Southern Association	32	243	15	11	178	85	—	107	200	—
1915	New Orleans	Southern Association	10	79	7	2	44	18	—	35	63	—
	Cleveland	American	25	131	4	9	122	73	58	65	57	3.93
1916	New Orleans	Southern Association	39	294	16	14	229	94	—	118	173	—
1917	New Orleans	Southern Association	36	297	19	11	170	75	54	162	231	1.64
	Chicago	National	2	7	0	1	8	3	3	5	4	3.86
1918	Chicago	National	13	43	1	3	50	27	13	15	20	2.72
1919	Columbus	American Association	21	140	10	7	140	69	50	67	95	3.21
	New Orleans	Southern Association	13	82	2	6	62	24	18	29	56	1.98
1920	New Orleans	Southern Association	47	363	26	11	281	104	—	93	237	—
1921	St. Louis	National	38	171	11	12	194	93	80	53	52	4.21
1922	St. Louis	National	12	32	1	2	34	20	17	15	14	4.78
	New Orleans	Southern Association	19	120	12	1	104	30	21	35	53	1.58
1923	New Orleans	Southern Association	41	296	21	9	274	109	86	94	115	2.61
1924	Milwaukee	American Association	36	186	5	13	238	139	123	77	88	5.95
1925	Birmingham	Southern Association	22	107	6	9	128	77	56	51	31	4.71
	Shreveport	Texas	2	5	0	1	9	5	—	3	1	—
	Knoxville	SALLY	3	17	0	3	26	16	14	5	10	7.41
		Majors	91	386	17	27	408	216	171	155	148	3.99
		Minors	380	2650	163	119	2236	1020	422	1009	1664	—

THOMAS ROYAL "GOAT" WALKER

Born November 5, 1903 at Goshen, AL.
Threw right. Batted right. Height: 5-11½. Weight: 180.

Manager for Jacksonville, SALLY, 1938-1939.

YEAR	CLUB	LEAGUE	G	IP	W	L	H	R	ER	BB	SO	ERA
1924	Birmingham	Southern Association	13	76	3	7	94	67	51	38	27	6.04
1925	Birmingham	Southern Association	5	13	1	1	13	12	11	14	5	7.62
	Columbia	SALLY					Played outfield					
	Marshall	East Texas	7	36	2	4	43	28	—	16	17	—
1926	Montgomery	Southeastern	18	127	7	6	141	72	—	39	48	—
1927	Montgomery	Southeastern	45	254	17	11	252	108	—	77	90	—
1928	Montgomery	Southeastern	34	245	18	8	237	99	84	58	65	3.09
1929	Montgomery	Southeastern	41	278	15	13	266	99	77	96	69	2.49
1930	Nashville	Southern Association					Pinch hit in one game					
	Montgomery	Southeastern	36	225	13	10	262	128	95	99	64	3.80
1931	San Antonio	Texas	17	42	1	2	55	31	21	20	11	4.50
	York	New York-Pennsylvania	2	7	0	1	16	11	—	8	4	—
	Asheville/High Point	Piedmont	8	52	1	5	69	40	—	22	21	—
1932	High Point/Raleigh	Piedmont	27	172	8	12	172	121	100	62	62	5.23
1933-35							Did not play in organized baseball					
1936	Jacksonville	SALLY	29	227	20	8	220	88	65	53	93	2.58
1937	Jacksonville	SALLY	35	278	19	13	265	108	86	59	100	2.78
1938	Jacksonville	SALLY	33	236	21	7	267	95	77	41	114	2.94
1939	Jacksonville	SALLY	32	219	14	12	213	105	84	52	110	3.45
1940	Montgomery	Southeastern	36	262	22	10	293	136	108	36	92	3.71
1941	Montgomery	Southeastern	37	210	11	14	240	106	91	37	77	3.90
1942	Montgomery	Southeastern	30	241	20	7	263	92	74	50	82	2.76
1943	Memphis	Southern Association	32	151	10	11	175	93	77	39	41	4.59
1944							Did not play in organized baseball					
1945	Memphis	Southern Association	6	39	3	2	45	24	20	15	9	4.62
1946	Selma	Southeastern	4	22	1	1	20	5	4	4	4	1.64
1947-48							Did not play in organized baseball					
1949	Selma	Southeastern	23	123	4	8	153	71	56	28	32	4.10
1950	Selma	Southeastern	—	—	0	1	—	—	—	—	—	—
		Minors	550	3535	231	174	3774	1739	1181	963	1237	3.47

JAMES HUEY WALKUP

Born November 3, 1895 at Havana, AK.
Threw left. Batted right. Height: 5-8. Weight: 150.

Cousin of James Elton Walkup, pitcher for St. Louis Browns, 1934-1939.
Was top control pitcher in Texas League six seasons, 1925-1926; 1928-1930; and 1934.

YEAR	CLUB	LEAGUE	G	IP	W	L	H	R	ER	BB	SO	ERA
1915	Muskogee	Western Association	26	197	14	9	177	80	57	47	98	2.60
1916	Muskogee/Tulsa	Western Association	13	79	4	3	91	42	25	25	34	2.85
	Ennis	Central Texas	4	—	2	1	—	—	—	—	—	—
1917	Clinton	Central Association	22	177	10	7	—	—	44	—	—	2.24
	Oklahoma City	Western	11	82	4	5	89	—	44	18	39	—
1918-20							No record available					
1921	Joplin	Western	2	10	1	0	10	5	—	3	6	—
	Okmulgee	Western Association	31	239	12	16	244	97	—	30	130	—
1922	Okmulgee	Western Association	31	206	11	9	197	89	—	49	98	—
1923	Okmulgee	Western Association	39	266	25	8	250	86	—	56	174	—
1924	Okmulgee	Western Association	32	242	23	3	214	94	70	37	165	2.60
	Fort Worth	Texas	6	48	4	1	43	24	19	9	31	3.56
1925	Fort Worth	Texas	36	196	19	7	193	83	72	57	97	3.31
1926	Fort Worth	Texas	38	268	22	11	243	89	71	47	73	**2.38**
1927	Newark	International	4	16	0	1	19	16	16	7	7	9.00
	Detroit	American	2	2	0	0	3	1	1	0	0	4.50
	Fort Worth	Texas	23	137	11	8	146	62	47	34	30	3.09
1928	Fort Worth	Texas	31	224	14	12	219	88	69	27	77	2.77
1929	Fort Worth	Texas	34	273	18	11	294	131	100	35	78	3.30
1930	Fort Worth/Beaumont	Texas	37	226	12	14	249	110	88	45	96	3.50
1931	Birmingham	Southern Association	30	249	20	5	255	95	79	30	49	2.86
1932	Birmingham	Southern Association	32	247	15	15	293	133	114	35	43	4.15
1933	Birmingham	Southern Association	29	173	8	13	221	100	82	27	33	4.27
1934	Tulsa/Galveston	Texas	25	162	10	5	204	84	70	22	63	3.89
		Majors	2	2	0	0	3	1	1	0	0	4.50
		Minors	534	3717	259	164	3651	1552	1023	640	1421	3.20

JOHN MILTON WARHOP

Born July 4, 1884 at Hinton, WV.
Died October 4, 1960 at Freeport, IL.
Threw right. Batted right. Height: 5-9½. Weight: 168.

Pitched 13 shutouts for Freeport in 1907. In an 11-inning game against Oshkosh on May 14, 1907, he fanned 22 batters.
Gave up the first two major league home runs to Babe Ruth, the opposing hurler, in 1915.

YEAR	CLUB	LEAGUE	G	IP	W	L	H	R	ER	BB	SO	ERA
1906	Freeport	Wisconsin State	35	293	23	7	176	84	—	62	**231**	—
1907	Freeport	Wisconsin State	39	**325**	**30**	6	170	52	—	81	**339**	—
1908	Williamsport	Tri-State	37	305	**29**	7	242	100	—	83	140	—
	New York	American	5	36	1	2	40	21	18	8	11	4.50
1909	New York	American	36	243	13	15	197	84	65	81	95	2.41
1910	New York	American	37	254	14	14	219	108	81	79	75	2.87
1911	New York	American	30	210	12	13	239	120	97	44	71	4.16
1912	New York	American	39	258	10	19	256	120	82	59	110	2.86
1913	New York	American	15	62	4	4	69	42	26	33	11	3.78
1914	New York	American	37	217	8	15	182	75	57	47	56	2.36
1915	New York	American	21	143	7	9	164	74	63	52	34	3.95
1916	Salt Lake	Pacific Coast	10	40	1	4	43	32	21	17	9	4.69
1917	Toronto	International	36	240	15	10	252	68	105	92	75	3.94
1918	Toronto	International	7	46	4	1	21	21	17	16	27	3.73
1919							Did not play in organized baseball					
1920	Norfolk	Virginia	8	74	5	3	64	22	7	18	38	0.85
1921	Norfolk	Virginia	36	255	20	7	234	—	—	51	177	—
1922	Columbia	SALLY	30	256	15	13	201	85	71	55	133	2.50
1923-26							Did not play in organized baseball					
1927	Bridgeport	Eastern	21	177	11	7	173	67	49	50	44	2.49
1928	Portland	Pacific Coast	9	12	0	0	6	2	2	7	1	1.43
	Spartanburg	SALLY	5	29	2	3	36	22	18	10	3	5.63
	New Haven	Eastern	16	48	0	2	60	34	33	8	13	6.19
		Majors	221	1423	69	93	1366	644	489	400	463	3.09
		Minors	289	2100	155	70	1678	589	323	550	1230	—

WILLIAM L. "JIMMY" WHALEN

Born 1880 at San Francisco, CA.
Died January 12, 1915 at Sacramento, CA.
Threw right. Height: 6-0. Weight: 180.

YEAR	CLUB	LEAGUE	G	IP	W	L	H	R	ER	BB	SO	ERA
1898	San Francisco-Stockton	California	2	18	2	0	10	8	–	9	12	–
	Stockton/San Jose/Santa Cruz	Pacific Coast	19	162	5	12	135	90	–	49	63	–
1899	Watsonville/Santa Cruz	California	42	335	17	22	295	160	–	118	126	–
1900	Stockton	California	38	320	17	18	276	143	64	92	102	1.80
1901	San Francisco	California	67	537	36	23	419	249	124	218	147	2.08
1902	San Francisco	California	56	–	30	26	386	–	–	151	157	–
1903	San Francisco	Pacific Coast	52	443	29	21	417	204	–	199	110	–
1904	San Francisco	Pacific Coast	59	492	32	23	436	181	–	137	143	–
1905	San Francisco	Pacific Coast	65	**512**	**32**	25	383	155	–	108	214	–
	Stockton	California	1	9	1	0	5	0	–	–	–	–
1906	Montreal	Eastern	30	246	12	17	333	121	–	53	71	–
1907	Williamsport	Tri-State	28	202	14	8	195	90	–	51	51	–
	Oakland	California	2	17	1	1	21	8	–	3	9	–
1908	Sacramento	California	43	367	31	8	266	83	–	78	147	–
1909	Sacramento	Pacific Coast	51	–	23	18	–	140	–	82	127	–
1910	Sacramento	Pacific Coast	44	–	14	22	–	99	–	85	80	–
1911	Tacoma	Northwestern					Broke leg, did not play					
1912	Vernon	Pacific Coast	11	52	2	4	–	34	–	20	12	–
		Minors	609	3703	297	248	3572	1765	188	1403	1571	–

RICHARD OLIVER WHITWORTH

Born October 21, 1893 at McDade, TX.
Threw right. Batted right. Height: 5-10. Weight: 180.

Pitched record 452 games in Texas League.

YEAR	CLUB	LEAGUE	G	IP	W	L	H	R	ER	BB	SO	ERA
1923	Austin	Texas Association	35	212	9	12	190	95	–	50	128	–
1924	Austin	Texas Association	35	250	16	9	238	105	–	51	137	–
1925	Austin	Texas Association	36	239	17	8	–	–	–	34	113	–
1926	Austin	Texas Association	44	275	24	10	218	103	–	58	176	–
	Houston	Texas	2	18	1	1	14	4	3	4	5	1.50
1927	Houston	Texas	43	215	12	12	227	112	94	67	48	3.93
1928	Houston	Texas	26	118	6	4	115	47	44	48	50	3.36
1929	Fort Worth	Texas	39	223	16	12	267	127	102	61	53	4.12
1930	Fort Worth	Texas	48	**261**	20	11	271	138	113	72	96	3.90
1931	Fort Worth	Texas	34	267	18	12	271	107	86	54	87	2.90
1932	Fort Worth	Texas	41	282	17	16	276	112	97	48	66	3.10
1933	Fort Worth	Texas	42	281	15	20	309	152	137	61	74	4.39
1934	Fort Worth	Texas	41	264	14	18	301	153	129	60	44	4.40
1935	Tulsa	Texas	37	147	10	9	159	78	58	28	22	3.55
1936	Oklahoma City	Texas	46	212	15	9	235	94	77	55	49	3.27
1937	Oklahoma City/Fort Worth	Texas	41	140	12	5	175	83	62	29	87	3.99
1938	Fort Worth/Dallas	Texas	13	49	2	3	53	27	18	12	9	3.31
		Minors	603	3453	224	171	3319	1537	1020	792	1244	–

KEMP CASWELL WICKER

Born August 13, 1906 at Kernersville, NC.
Died June 11, 1973 at Kernersville, NC.
Threw left. Batted left. Height: 5-11. Weight: 182.

Manager for Columbus, SALLY, 1946-1949; Houston, Texas, 1950; Greenboro, Carolina, 1952; Des Moines, Western, 1953; Lancaster, Piedmont, 1954.

YEAR	CLUB	LEAGUE	G	IP	W	L	H	R	ER	BB	SO	ERA
1928	Columbus	Southeastern	9	59	3	4	57	20	19	18	12	2.90
	Carrollton	Georgia-Alabama	–	–	–	–	–	–	–	–	–	–
1929	Hanover	Blue Ridge	14	78	4	5	74	44	–	34	44	–
	Goldsboro	Eastern Carolina	16	93	5	5	77	41	35	50	62	3.38
1930	Jeanette	Middle Atlantic	22	127	3	9	132	75	–	51	62	4.64
1931	Beckley/Charleroi	Middle Atlantic	32	191	6	16	225	127	103	88	130	4.85
1932	Cumberland	Middle Atlantic	26	210	14	12	176	86	–	55	155	2.87
1933	Wheeling	Middle Atlantic	28	157	14	6	116	42	35	48	115	**2.00**

YEAR	CLUB	LEAGUE	G	IP	W	L	H	R	ER	BB	SO	ERA
1934	Binghamton	New York-Pennsylvania	36	236	20	9	215	89	76	96	**136**	2.90
1935	Newark	International	35	138	9	9	136	70	62	47	64	4.04
1936	Newark	International	33	191	11	9	181	73	67	51	85	3.15
	New York	American	7	20	1	2	31	18	17	11	5	7.65
1937	Newark	International	11	93	7	2	83	31	25	23	18	2.42
	New York	American	16	88	7	3	107	52	43	26	14	4.40
1938	New York	American	1	1	1	0	0	0	0	1	0	0.00
	Kansas City	American Association	27	161	9	9	161	68	61	41	59	3.41
1939	Montreal	International	40	233	11	18	298	130	110	53	76	4.25
1940	Montreal	International	34	232	18	10	236	94	75	61	97	2.91
1941	Montreal	International	9	65	6	2	52	–	–	21	25	–
	Brooklyn	National	16	32	1	2	30	14	13	14	8	3.66
1942	Sacramento	Pacific Coast	52	250	16	12	262	97	90	63	83	3.24
1943	Rochester	International	35	216	10	18	228	99	67	86	70	2.79
1944	Rochester	International	26	183	13	9	173	73	57	37	56	2.80
1945	Rochester	International	28	161	11	12	176	90	72	38	58	4.02
1946	Columbus	SALLY	23	99	7	2	91	27	22	14	46	2.00
1947	Columbus	SALLY	12	–	2	1	–	–	–	–	–	–
1948	Columbus	SALLY	10	22	1	0	22	–	–	1	10	–
	Majors		40	141	10	7	168	84	61	52	27	4.66
	Minors		558	3195	200	181	3171	1390	976	976	1463	3.26

ADRIAN ZABALA (RODRIGUEZ)

Born August 26, 1916 at San Antonio de los Banos, Cuba.
Threw left. Batted left. Height: 5-11. Weight: 165.

YEAR	CLUB	LEAGUE	G	IP	W	L	H	R	ER	BB	SO	ERA
1937	Panama City	Alabama-Florida	21	143	10	7	96	38	32	61	137	**2.01**
1938	Panama City	Alabama-Florida	33	231	11	13	280	155	123	95	143	4.79
1939	Jacksonville	SALLY	37	206	13	11	232	115	94	90	93	4.11
1940	Jacksonville	SALLY	28	170	9	8	181	86	75	54	91	3.97
1941	Jacksonville	SALLY	43	277	20	17	265	125	95	94	173	3.09
1942	Jacksonville	SALLY	25	187	16	5	183	70	47	39	91	2.26
	Jersey City	International	14	75	3	5	72	31	26	30	25	3.12
1943							Did not play in organized baseball					
1944	Puebla	Mexican	18	122	10	2	103	–	37	51	53	2.73
1945	Jersey City	International	28	171	14	7	153	86	61	75	77	3.21
	New York	National	11	43	2	4	46	25	23	20	14	4.81
1946	Puebla	Mexican	43	203	11	14	250	–	111	98	86	4.92
1947	Puebla	Mexican	45	281	19	14	283	–	106	93	85	3.40
1948	Sherbrooke	Provincial	40	–	16	7	–	–	–	–	–	–
1949	Sherbrooke	Provincial	16	110	8	6	93	–	48	29	62	3.93
	New York	National	15	41	2	3	44	28	24	10	13	5.27
1950	Minneapolis	American Association	33	130	11	4	151	83	71	54	52	4.92
1951	Minneapolis	American Association	49	177	14	12	198	98	78	60	76	3.97
1952	Minneapolis	American Association	69	139	14	10	138	58	46	50	65	2.98
1953	Minneapolis	American Association	48	97	5	6	108	40	30	33	56	2.78
1954	San Francisco	Pacific Coast	59	112	11	8	108	61	40	43	43	3.21
1955	San Francisco/Oakland	Pacific Coast	10	17	0	2	26	16	11	7	5	5.82
	Jacksonville	SALLY	36	74	11	3	65	22	15	25	32	1.82
1956	Jacksonville	SALLY	32	56	5	2	58	25	20	14	25	3.21
	Majors		26	84	4	7	90	53	47	30	27	5.04
	Minors		727	2978	231	163	3043	1109	1166	1095	1470	3.52

JAMES EDWARD ZINN

Born January 31, 1895 at Benton, AR.
Died February 26, 1991 at Memphis, TN.
Threw right. Batted both. Height: 6-0½. Weight: 195.

Manager for El Paso, Arizona-Texas, 1937-1938; Jacksonville, East Texas, 1939; Sioux City, Western, 1939-1940; Albuquerque, West Texas-New Mexico, 1941-1942. 1946.; Fort Lauderdale, Florida State, 1947; Gadsden, Southeastern, 1948; Hagerstown, Piedmont, 1953.

Also pinch hit and played outfield and first (see batting record below). While pitching a victory over Columbus on July 20, 1926, he collected six hits in six trips and batted in six runs.

YEAR	CLUB	LEAGUE	G	IP	W	L	H	R	ER	BB	SO	ERA
1915	Fort Smith	Western Association	20	190	12	3	140	47	34	48	119	1.61
1916	Waco	Texas	18	129	11	5	87	–	28	33	74	1.95

YEAR	CLUB	LEAGUE	G	IP	W	L	H	R	ER	BB	SO	ERA
1917	Waco	Texas	32	208	14	8	165	82	58	72	85	2.51
1918	Waco	Texas	4	34	2	2	32	17	17	9	21	4.50
1919	Waco	Texas	9	62	1	7	47	24	11	27	19	1.60
	Philadelphia	American	5	26	1	3	38	20	18	10	9	6.23
1920	Wichita Falls	Texas	34	262	18	10	216	94	64	74	138	2.20
	Pittsburgh	National	6	31	1	1	32	14	12	5	18	3.48
1921	Pittsburgh	National	32	127	7	6	159	63	52	30	49	3.69
1922	Pittsburgh	National	5	10	0	0	11	4	2	2	3	1.80
	Kansas City	American Association	27	217	18	5	250	120	96	71	82	3.98
1923	Kansas City	American Association	43	297	27	6	342	139	130	60	99	3.94
1924	Kansas City	American Association	37	255	14	16	296	135	105	70	78	3.71
1925	Kansas City	American Association	39	274	16	16	326	173	146	69	122	4.80
1926	Kansas City	American Association	35	258	16	13	286	134	108	65	67	3.77
1927	Kansas City	American Association	45	330	24	12	250	143	113	55	83	**3.08**
1928	Kansas City	American Association	45	**323**	23	13	334	137	125	84	90	3.48
1929	Cleveland	American	18	105	4	6	150	75	59	33	29	5.06
1930	San Francisco	Pacific Coast	39	316	**26**	12	336	158	143	80	132	4.07
1931	San Francisco	Pacific Coast	20	146	9	7	167	73	54	31	49	3.33
1932	San Francisco	Pacific Coast	37	258	18	15	301	148	128	53	95	4.47
1933	San Francisco	Pacific Coast	42	317	20	19	337	191	145	69	99	4.12
1934	San Francisco	Pacific Coast	36	320	14	17	328	160	124	64	71	3.49
1935	San Francisco/Sacramento	Pacific Coast	26	134	7	7	187	96	66	29	42	4.43
1936							Did not play in organized baseball					
1937	El Paso	Arizona-Texas	9	41	5	2	40	10	8	2	31	1.76
1938	El Paso	Arizona-Texas	4	12	0	1	20	13	7	4	4	5.25
1939	Sioux City	Western	3	11	0	2	19	11	8	1	1	6.55
		Majors	66	299	13	16	390	176	143	80	108	4.30
		Minors	604	4394	295	198	4506	2105	1718	1070	1601	3.52

Batting Record

YEAR	CLUB	LEAGUE	POS	G	AB	R	H	2B	3B	HR	RBI	SB	AVG
1915	Fort Smith	Western Association	p	34	100	7	15	4	1	—	0	0	.150
1916	Waco	Texas	p	19	44	3	11	0	0	—	0	0	.250
1917	Waco	Texas	p	43	91	12	21	4	1	—	2	2	.231
1918	Waco	Texas	p	4	13	3	4	0	0	—	1	0	.308
1919	Waco	Texas	p	9	25	1	6	1	0	0	1	0	.240
	Philadelphia	American	p	10	13	2	4	0	0	1	3	1	.308
1920	Wichita Falls	Texas	p-of	64	158	23	54	13	5	2	29	1	.342
	Pittsburgh	National	p-of	8	15	2	3	0	1	0	1	0	.200
1921	Pittsburgh	National	p-of	33	49	6	11	2	0	0	3	1	.224
1922	Pittsburgh	National	p	5	1	0	0	0	0	0	0	0	.000
	Kansas City	American Association	p	29	86	11	27	7	1	1	12	0	.314
1923	Kansas City	American Association	p	52	130	29	46	8	1	3	22	2	.354
1924	Kansas City	American Association	p-of	87	197	22	64	19	2	4	27	2	.325
1925	Kansas City	American Association	p-of	60	122	20	40	8	4	2	20	1	.328
1926	Kansas City	American Association	p-of	54	112	15	41	8	4	1	19	1	.366
1927	Kansas City	American Association	p-of	81	152	28	47	11	5	4	32	1	.309
1928	Kansas City	American Association	p-of	77	151	19	41	6	4	0	20	1	.272
1929	Cleveland	American	p	20	42	7	16	4	1	1	8	0	.381
1930	San Francisco	Pacific Coast	p-of	105	193	41	63	11	1	5	36	0	.326
1931	San Francisco	Pacific Coast	p	42	74	16	24	5	3	2	10	2	.324
1932	San Francisco	Pacific Coast	p-of	86	145	21	39	9	1	2	25	2	.269
1933	San Francisco	Pacific Coast	p-of	98	178	20	49	10	1	4	22	0	.275
1934	San Francisco	Pacific Coast	p-of	77	135	15	40	5	2	1	22	0	.296
1935	San Francisco/Sacramento	Pacific Coast	p-of	83	101	10	24	3	1	1	11	0	.238
1936						Did not play in organized baseball							
1937	El Paso	Arizona-Texas	p-of	34	72	11	30	4	0	4	22	0	.417
1938	El Paso	Arizona-Texas	of-p	47	116	22	40	8	3	2	29	5	.345
1939	Jacksonville	East Texas	of	12	30	3	6	1	0	0	0	0	.200
	Sioux City	Western	of-p	24	57	8	15	2	1	3	14	2	.263
		Majors		76	120	17	34	6	2	2	15	2	.283
		Minors		1221	2482	360	747	147	41	44	373	20	.301

The Managers

SPENCER ARTHUR ABBOTT

Born August 27, 1877 at Chicago, IL.
Died December 18, 1951 at Washington, DC.

YEAR	CLUB	LEAGUE	POS	W	L	AVG	
1903	Fargo	Northern		5	8	.375	in 8/19/03
1904	Topeka	Missouri Valley		23	23	.500	in 7/28/04
1905	Topeka	Western Association	7	54	80	.403	
1906	Hutchinson	Western Association		21	25	.457	in 6/15/06 and out 8/1/06
1910	Wellington	Kansas State		19	16	.543	in 6/5/10 and out 7/11/10
1911	Lyons	Kansas State	3	37	27	.578	
1913	San Diego	Southern California		31	13	.705	out 6/4/13
	Pasadena/Santa Barbara	Southern California		7	17	.292	in 6/5/13
	Santa Barbara	Southern California	1	9	5	.643	
1914	Keokuk	Central Association		37	44	.457	out 7/23/14
1919	Tulsa	Western	2	77	63	.550	
1920	Tulsa	Western	1	92	61	.601	
1921	Memphis	Southern Association	1	104	49	.680	
1922	Memphis	Southern Association	2	94	58	.618	
1923	Reading	International	3	85	79	.518	
1924	Reading	International	7	63	98	.391	
1925	Reading	International		20	22	.476	out 5/30/25
1926	Kansas City	American Association	5	87	78	.527	
1927	Jersey City	International	7	66	100	.398	
1928	Pueblo	Western	2	45	36	.556	
			5	41	45	.477	
1929	Pueblo	Western		56	73	.434	in 5/21/29
1930	Omaha	Western	2	76	66	.535	
1931	Portland	Pacific Coast	2	50	38	.568	
			4	49	49	.500	
1932	Portland	Pacific Coast	1	111	78	.587	
1933	Portland	Pacific Coast	2	105	77	.577	
1934	Atlanta	Southern Association	3	37	33	.529	
				31	40	.437	out 9/8/34
1935	Washington	American					Coach
1936	Des Moines	Western	4	33	33	.500	
			3	31	31	.500	
1937	Seattle	Pacific Coast		20	27	.426	out 5/23/37
	Trenton	New York-Pennsylvania		34	48	.415	in 6/24/37
1938	Trenton	Eastern	7	62	77	.446	
1939	Springfield	Eastern	3	74	66	.529	
1940	Springfield	Eastern	5	68	69	.496	
1941	Williamsport	Eastern	2	82	55	.599	
1942	Williamsport	Eastern	5	76	63	.547	
1943	Springfield	Eastern	7	46	88	.343	
1946	Charlotte	Tri-State	1	93	46	.669	
1947	Charlotte	Tri-State		29	33	.468	out 6/21/47
		Minor league totals 34 years		2180	2037	.517	

MARION DANNE "BILL" ADAIR

Born February 10, 1913 at Mobile, AL.

YEAR	CLUB	LEAGUE	POS	W	L	AVG	
1949	Owensboro	KITTY	1	82	40	.672	
1950	Bluefield	Appalachian	1	80	40	.667	
1951	Eau Claire	Northern	1	77	44	.636	
1952	Eau Claire	Northern	3	72	53	.576	
1953	El Dorado	Cotton States	2	67	59	.532	
1954	El Dorado	Cotton States	2	79	39	.617	
1955	Panama City	Alabama-Florida	1	73	47	.608	
1956	Valdosta	Georgia-Florida	1	94	45	.676	
1957	Augusta	SALLY	1	98	56	.636	
1958	Augusta	SALLY	2	30	21	.588	out 6/9/58
	Charleston	American Association	1	56	41	.577	in 6/10/58
1959	Charleston	American Association	5E	77	84	.478	
1960	Louisville	American Association	2	76	60	.559	in 5/6/60
1961	Austin	Texas	4	69	71	.493	

YEAR	CLUB	LEAGUE	POS	W	L	AVG	
1962	Milwaukee	National					Coach
1963	Toronto	International	2N	76	75	.503	
1964	Denver	Pacific Coast	4E	80	78	.506	
1965	Atlanta	International	2	83	64	.565	
1966	Richmond	International	4	75	72	.510	
1967	Atlanta	National					Coach
1968	Hawaii	Pacific Coast	2W	78	69	.531	
1969	Tucson	Pacific Coast	4S	60	86	.411	
1970	Chicago	American					Coach
	Chicago	American	6W	4	6	.400	
1971	Hawaii	Pacific Coast	3S	73	73	.500	
1972	Peninsula	International	8	56	88	.389	
1974-75	Montreal	National					Scout
1976	Montreal	National					Coach
		Major league totals 1 year		4	6	.400	
		Minor league totals 21 years		1611	1305	.552	

Jacob Henry Atz

Born July 1, 1879 at Washington, DC.
Died May 22, 1945 at New Orleans, LA.

Infielder in majors four years between 1902 and 1909.

YEAR	CLUB	LEAGUE	POS	W	L	AVG	
1911	Providence	Eastern	8	39	69	.361	in 6/1/11
1914	Fort Worth	Texas	5	29	34	.460	in 7/7/14
1915	Fort Worth	Texas	3	50	41	.549	in 6/15/15
1916	Fort Worth	Texas		46	34	.575	out 7/4/16
1917	Fort Worth	Texas	2	91	70	.565	
1918	Fort Worth	Texas	2	47	39	.547	
1919	Fort Worth	Texas	2	38	30	.559	
			1	56	30	.651	
1920	Fort Worth	Texas	1	45	19	.703	
			1	63	21	.750	
1921	Fort Worth	Texas	1	56	25	.691	
			1	51	26	.662	
1922	Fort Worth	Texas	1	50	22	.694	
			1	59	24	.711	
1923	Fort Worth	Texas	1	96	56	.632	
1924	Fort Worth	Texas	1	51	23	.689	
			1	58	18	.763	
1925	Fort Worth	Texas	1	54	22	.711	
			1	49	26	.653	
1926	Fort Worth	Texas	3	83	73	.532	
1927	Fort Worth	Texas	4	77	79	.494	
1928	Fort Worth	Texas	2	46	32	.590	
			4	37	41	.474	
1929	Fort Worth	Texas	4	41	39	.513	out 7/1/29
1930	Dallas	Texas	8	23	51	.311	
			6	35	42	.455	
1931	Shreveport	Texas	7	33	46	.418	
			7	33	48	.407	
1932	New Orleans	Southern Association	6	66	84	.440	
1933	Fort Worth	Texas	7	49	66	.426	in 5/18/33
1934	Tulsa	Texas	5	77	75	.507	
1936	Galveston	Texas	8	42	69	.378	in 5/29/36
1938	Harlingen	Texas Valley	2	84	53	.613	
1939	Henderson	East Texas	1	85	55	.607	
1940	Henderson	East Texas	5	23	24	.489	
			1	56	31	.644	
1941	Winston-Salem	Piedmont	8	54	82	.397	
		Minor league totals 27 years		1972	1619	.549	

CHRISTIAN FREDERICK ALBERT JOHN HENRY DAVID "BRUNO" BETZEL

Born December 6, 1894 in Chattanooga, OH.
Died February 7, 1965, in West Hollywood, FL.

Infielder with St. Louis Cardinals, 1914-18

YEAR	CLUB	LEAGUE	POS	W	L	AVG	
1927	Indianapolis	American Association	6	70	98	.417	
1928	Indianapolis	American Association	1	99	68	.593	
1929	Indianapolis	American Association	4	78	89	.468	
1930	Topeka	Western	7	66	84	.440	
1932	Louisville	American Association	8	67	101	.399	
1933	Louisville	American Association	6	70	83	.458	
1934	Louisville	American Association		29	34	.460	out 6/22/34
1935	Fort Wayne	Three I	5	21	33	.389	
			4	31	38	.449	
1936	Allentown	New York-Pennsylvania	6	34	35	.493	
			4	37	33	.529	
1937	Elmira	New York-Pennsylvania	1	84	51	.622	
1938	Binghamton	Eastern	1	84	51	.622	
1939	Binghamton	Eastern	6	71	69	.507	
1940	Binghamton	Eastern	2	77	62	.554	
1941	Durham	Piedmont	1	84	53	.613	
1942	Durham	Piedmont	5	65	70	.481	
1943	Durham	Piedmont	6	44	86	.338	
1944	Montreal	International	6	73	80	.477	
1945	Montreal	International	1	95	58	.621	
1946	Jersey City	International	8	57	96	.373	
1947	Jersey City	International	1	94	60	.610	
1948	Jersey City	International	7	69	83	.454	
1950	Syracuse	International	6	74	79	.484	
1951	Syracuse	International	3	82	71	.536	
1952	Syracuse	International	2	88	66	.571	
1953	Syracuse	International	7	58	95	.379	
1956	Toronto	International	1	86	66	.566	
		Minor league totals		1887	1892	.499	

W. HERSCHEL BOBO

Born January 16, 1897 at Clarksdale, M.S.
Died February 19, 1975

See record in player section.

YEAR	CLUB	LEAGUE	POS	W	L	AVG
1924	Hattiesburg	Cotton States	1	34	15	.694
			1	30	18	.625
1925	Hattiesburg	Cotton States	2	33	24	.579
			2	33	28	.541
1926	Hattiesburg	Cotton States	1	44	19	.698
			2	33	27	.550
1927	Hattiesburg	Cotton States	5	27	28	.491
			2	41	24	.631
1928	Hattiesburg	Cotton States	1	36	21	.632
			5	30	31	.492
1929	Jackson	Cotton States	1	37	24	.607
			3	33	33	.500
1930	Jackson	Cotton States	5	29	30	.492
			5	35	38	.479
1931	Jackson	Cotton States	1	46	20	.697
			3	33	25	.569
1933	Jackson	Dixie	3	33	30	.524
			2	37	26	.587
1935	Jackson	East Dixie	7	28	39	.418
1937	Blytheville	Northeast Arkansas	1	30	24	.556
			1	32	21	.604
1938	Blytheville	Northeast Arkansas	1	70	35	.667
1939	Fort Smith	Western Association	1	83	50	.624
1940	Fort Smith	Western Association	3	70	63	.526
1941	Fort Smith	Western Association	4	73	60	.549

YEAR	CLUB	LEAGUE	POS	W	L	AVG	
1942	Natchez	Evangeline	1	23	8	.742	
			1	6	2	.750	league suspended operations 5/30/42
1945	Hickory	North Carolina State	1	80	34	.702	
1946	Fort Smith	Western Association	6	30	40	.429	
1947	Helena	Cotton States	6	45	85	.346	
1951	Clarksdale	Cotton States	7	9	20	.310	in 6/4/51 and out 7/4/51
		Minor league totals 20 years		1203	942	.561	

FRANCIS X. "FRANK" BOYLE

Born: Sept. 26, 1876 Scottsville, NY
Died: June 11, 1954 Waterloo, Iowa

YEAR	CLUB	LEAGUE	POS	W	L	AVG	
1904	Fort Dodge	Iowa State	4	58	50	.537	
1905	Fort Dodge	Iowa State	2	73	49	.599	
1906	Fort Dodge	Iowa State	3	68	49	.581	
1907	Waterloo	Iowa State	1	72	42	.638	
1908	Waterloo	Central Association	1	88	37	.704	
1909	Waterloo	Central Association	5	64	69	.481	
1910	Waterloo	Three I	4	72	67	.518	
1911	Waterloo	Three I	7	58	76	.433	
1912	Cincinnati	National					Scout
1913	Muscatine	Central Association	2	68	54	.557	
1914	Muscatine	Central Association	3	72	53	.526	
1915	Keokuk	Central Association	5	51	48	.515	
1916	Marshalltown	Central Association	1	76	50	.603	
1917	Marshalltown	Central Association	1	48	25	.658	
			1	17	8	.680	
1919	Regina	Western Canada	3	43	60	.417	
1920	Cedar Rapids	Three I	5	68	69	.496	
1921	Cedar Rapids	Three I	7	62	72	.463	
1922	Marshalltown	Mississippi Valley	2	34	29	.540	
1923	Marshalltown	Mississippi Valley	6	48	78	.381	
1924	Sioux Falls	Tri-State	1	35	30	.538	league disbanded 7/17/1924
1924	Marshalltown	Mississippi Valley	8	19	29	.396	in 7/19/1924
1925	Marshalltown	Mississippi Valley	7	55	69	.443	
		Minor league totals 18 years		1249	1114	.529	

EVERITT L. "ROCKY" BRIDGES

Born August 7, 1927 at Refugio, TX

Played infield 11 years in the majors.

YEAR	CLUB	LEAGUE	POS	W	L	AVG	
1962-63	Los Angeles	American					Coach
1964	San Jose	California	3	37	33	.529	
			4	36	34	.514	
1965	San Jose	California	1	41	29	.586	
			5	31	39	.443	
1966	San Jose	California	2	40	31	.563	
			2	37	33	.529	
1967	El Paso	Texas	3	73	67	.521	
1968-71	California	American					Coach
1972	Hawaii	Pacific Coast	2W	74	74	.500	
1973	Hawaii	Pacific Coast	3W	13	19	.406	out 5/16/73
1974	Phoenix	Pacific Coast	2E	75	69	.521	
1975	Phoenix	Pacific Coast	4E	66	77	.462	
1976	Phoenix	Pacific Coast	2E	75	67	.528	
1977	Phoenix	Pacific Coast	1E	81	59	.579	
1978	Phoenix	Pacific Coast	3E	72	68	.514	
1979	Phoenix	Pacific Coast	3E	28	44	.389	
			5E	31	44	.413	
1980	Phoenix	Pacific Coast	5E	28	47	.373	
			5E	25	48	.342	
1981	Phoenix	Pacific Coast	2S	35	32	.522	
			2S	34	31	.523	

YEAR	CLUB	LEAGUE	POS	W	L	AVG	
1982	Phoenix	Pacific Coast	4S	30	41	.423	
			5S	28	45	.384	
1983	San Francisco	National					Scout
1984	Everett	Northwest	3N	36	38	.486	
1985	San Francisco	National					Coach
1986	Prince William	Carolina	3N	32	38	.457	
			3N	35	34	.507	
1987	Vancouver	Pacific Coast	3N	36	36	.500	
			3N	36	36	.500	
1988	Buffalo	American Association	6	72	70	.507	
1989	Salem	Carolina	4N	63	75	.457	
		Minor league totals 21 years		1300	1358	.489	

CLAIBORNE HENRY "CLAY" BRYANT

Born November 16, 1911 at Madison Heights, VA.

Pitcher for Chicago, National, 1935-1940.

YEAR	CLUB	LEAGUE	POS	W	L	AVG	
1944	Newark	Ohio State	2	71	58	.550	
1945	Zanesville	Ohio State	2	74	66	.529	out 8/24/45
1946	Zanesville	Ohio State	3	78	60	.565	
1947	Zanesville	Ohio State	1	89	50	.640	
1948	Asheville	Tri-State	1	95	51	.651	
1949	Greenville	SALLY	3	82	72	.532	
1950	Asheville	Tri-State	2	83	62	.572	
1951	Newport News	Piedmont	3	75	66	.620	
1952	St. Paul	American Association	3	80	74	.519	
1953	St. Paul	American Association	6	72	82	.468	
1954	St. Paul	American Association	5	75	78	.490	
1955	Mobile	Southern Association	4	79	75	.513	
1956	Fort Worth	Texas	3	84	70	.545	
1957	Los Angeles	Pacific Coast	6	80	88	.476	
1958	Montreal	International	1	90	63	.588	
1959	Montreal	International	6	72	82	.468	
1960	Montreal	International	8	62	92	.403	
1961	Los Angeles	American					Coach
1962	Los Angeles	American					Minor league pitching coach
1963	Albuquerque	Texas	5	67	73	.479	
1964	Albuquerque	Texas	3	75	65	.536	
1966	Pawtucket	Eastern	2	68	71	.489	
1967	Cleveland	American					Coach
1968	Reno	California	3	37	33	.529	
			7	30	39	.435	
1969	Waterbury	Eastern	6	48	93	.340	
		Minor league totals 22 years		1666	1593	.511	

WALTER W. BURNHAM

Born May 20, 1860 at Portland, ME.
Died October 2, 1937 at Los Angeles, CA.

YEAR	CLUB	LEAGUE	POS	W	L	AVG	
1885	Lawrence	East. New England	1	50	31	.617	
1886	Boston	New England	6	35	63	.357	
1887	Boston/Haverhill	New England	3	47	36	.566	league disbanded 8/31/1887
1888	Worcester	New England	2	48	39	.552	
1889	Worcester	Atlantic Association	1	58	35	.624	
1890	New Haven	Atlantic Association	1	82	36	.695	
1891	New Haven	Eastern Association	4	48	39	.552	
1892	Providence	Eastern	1	40	25	.615	
			6	17	34	.333	
1893	Providence	Eastern	7	44	69	.389	
1895	Augusta	New England	8	44	64	.407	
1896	Brockton	New England	3	65	41	.613	
1897	Brockton	New England	1	70	37	.654	
1898	Brockton	New England	1	32	16	.667	
1899	Brockton	New England		44	28	.611	league disbanded 8/7/1899

YEAR	CLUB	LEAGUE	POS	W	L	AVG	
1900	Scranton	Atlantic	1	26	7	.788	league disbanded in early June 1900
1901	Buffalo	Eastern	8	23	44	.343	in 7/1901 and out 9/3/1901
1902	Newark	Eastern	8	39	98	.285	
1903	Newark	Eastern	5	73	63	.537	
1904	Newark	Eastern	4	77	59	.566	
1905	Newark	Eastern	4	69	62	.527	
1906	Newark	Eastern	5	66	71	.482	
1907	Newark	Eastern	4	67	66	.504	
		Minor league totals 22 years		1164	1063	.523	

WILLIAM WINFIELD "WIN" CLARK

Born April 11, 1875 at Circleville, OH.
Died April 15, 1959 at Los Angeles, CA.

The Win Clark Award is given by the Association of Professional Baseball Players to the top amateur athlete in Southern California. Played for Louisville, National, 1897.

YEAR	CLUB	LEAGUE	POS	W	L	AVG	
1900	Portsmouth	Virginia	2	21	19	.525	in 6/22/1900
1901	Portsmouth/Charlotte	Virginia-North Carolina	3	22	32	.429	
1905	Manchester/Lawrence	New England	6	52	54	.491	
1906	Norfolk	Virginia	2	62	44	.585	
1907	Portsmouth	Virginia	1	38	50	.438	out 8/16/07
	Roanoke	Virginia	5	15	17	.469	in 8/17/07
1908	Columbia	SALLY	4	46	58	.442	
1909	Norfolk	Virginia	1	73	49	.598	
1910	Norfolk	Virginia	3	59	56	.513	
1911	Columbia	SALLY	3	38	28	.576	
			1	39	21	.700	
1912	Columbia	SALLY	6	5	14	.260	out 5/10/12
1915	Portsmouth	Virginia	4	27	83	.450	
			1	41	25	.621	
1916	Hopewell	Virginia	5	25	37	.403	
			5	15	.250	team disbanded 7/25/16
1922	Norfolk	Virginia	3	58	56	.508	
1923	Norfolk	Virginia	4	62	60	.508	
1924	Norfolk	Virginia	4	69	66	.511	
1926	Parksley	Eastern Shore	4	40	46	.465	
1927	Harrisburg	New York-Pennsylvania	1	87	51	.630	
1928	York	New York-Pennsylvania	5	65	72	.474	
1929	Manchester	New England	2	33	24	.579	
			1	49	23	.681	
1931	Norfolk	Eastern	3	32	32	.500	
			8	30	41	.423	
1932	Norfolk	Eastern	7	27	42	.391	
1939	Reidsville	Bi-State	4	28	26	.519	out 6/24/39
		Minor league totals 22 years		1148	1141	.502	

ELWOOD ROBERT "BOB" CLEAR

Born December 14, 1927 at Denver, CO.

YEAR	CLUB	LEAGUE	POS	W	L	AVG	
1956	Sioux City	Western	8	18	36	.333	in 5/15/1956
			8	27	43	.386	
1957	Douglas	Arizona-Texas	4	32	36	.471	
			3	36	33	.522	
1958	Douglas	Arizona-Texas	1	68	52	.567	
1959	Idaho Falls	Pioneer	3	64	65	.496	
1960	Grand Forks	Northern	5	61	62	.496	
1961	Grand Forks	Northern	4	60	66	.476	
1962	Batavia	New York-Pennsylvania	5	51	61	.432	
1963	Gastonia	Western Carolinas	2	31	26	.544	
			2	42	26	.618	
1964	Gastonia	Western Carolinas	8	24	39	.381	
			—	—	—	—	out 7/10/1964
	Asheville	Southern	8	24	33	—	in 7/11/1964

YEAR	CLUB	LEAGUE	POS	W	L	AVG
1965	Kinston	Carolina	3E	72	71	.503
1966	Gastonia	Western Carolinas	5	34	31	.523
			3	33	26	.559
1967	Clinton	Midwest	6	27	31	.466
			8	24	38	.387
1968	Clinton	Midwest	6	28	32	.467
			9	26	35	.426
1969	Geneva	New York-Pennsylvania	8	27	46	.370
1970	Idaho Falls	Pioneer	1	44	26	.629
1971	Idaho Falls	Pioneer	3	36	34	.514
1972	Idaho Falls	Pioneer	4	27	45	.375
1973	Idaho Falls	Pioneer	4	23	48	.324
1976-87	California	American				Coach
		Minor league totals 18 years		915	1008	.476

WILLIAM JOHNSTON "DERBY BILL" CLYMER

Born December 18, 1873 at Philadelphia, PA.
Died December 26, 1936 at Philadelphia, PA.

Shortstop in three games for Philadelphia, American Association, 1891.

YEAR	CLUB	LEAGUE	POS	W	L	AVG	
1898	Rochester	Eastern		9	4	.692	in 5/25/98 and out 6/6/98
1900	Wilkes-Barre	Atlantic	2	24	13	.649	
1902	Louisville	American Association	2	92	45	.672	
1903	Louisville	American Association	2	87	54	.617	
1904	Columbus	American Association	2	88	61	.591	
1905	Columbus	American Association	1	100	52	.658	
1906	Columbus	American Association	1	91	57	.615	
1907	Columbus	American Association	1	90	64	.584	
1908	Columbus	American Association	3	86	68	.558	
1909	Columbus	American Association		71	76	.483	out 9/12/09
1910	Wilkes-Barre	New York State	1	85	53	.616	
1911	Wilkes-Barre	New York State	1	82	61	.573	
1912	Wilkes-Barre	New York State	2	81	57	.587	
1913	Buffalo	International	4	78	75	.510	
1914	Buffalo	International	2	89	61	.593	
1915	Toronto	International	3	72	67	.518	
1916	Louisville	American Association	1	101	66	.605	
1917	Louisville	American Association	3	88	66	.571	
1918	Louisville	American Association	4	41	36	.532	
1919	Seattle	Pacific Coast		38	70	.352	out 8/5/19
1920	Columbus	American Association	7	66	99	.400	
1921	Toledo	American Association		31	39	.443	out 7/1/21
	Tulsa	Western		36	47	.434	in 7/12/21
1922	Newark	International	8	54	112	.325	
1925	Cincinnati	National					Coach
1926	Buffalo	International	4	92	72	.561	
1927	Buffalo	International	1	112	56	.667	
1928	Buffalo	International	2	92	76	.548	
1929	Buffalo	International	5	83	84	.497	
1930	Buffalo	International		31	30	.508	out 6/20/30
1932	Scranton	New York-Pennsylvania		30	41	.423	out 7/10/32
		Minor league totals 29 years		2122	1762	.546	

ROBERT HUNTER "BOB" COLEMAN

Born September 26, 1890 at Huntingburg, IN.
Died July 16, 1959 at Boston, MA.

Catcher in majors 1913-16.

YEAR	CLUB	LEAGUE	POS	W	L	AVG
1919	Mobile	Southern Association	4	67	69	.493
1920	Mobile	Southern Association	6	68	86	.442
1921	Terre Haute	Three I	3	70	65	.519
1922	Terre Haute	Three I	1	85	51	.625

YEAR	CLUB	LEAGUE	POS	W	L	AVG	
1923	San Antonio	Texas	2	81	68	.544	
1924	San Antonio	Texas	5	38	36	.514	
			3	37	39	.487	
1925	San Antonio	Texas	3	42	33	.560	
			4	39	31	.557	
1926	Boston	American					Coach
1927	Knoxville	SALLY	3	79	68	.537	
1928	Evansville	Three I	6	30	31	.492	
			4	32	37	.464	
1929	Evansville	Three I	3	79	57	.581	
1930	Evansville	Three I	4	33	33	.500	
			1	46	22	.676	
1931	Evansville	Three I	6	25	30	.455	
			2	42	28	.600	
1932	Decatur	Three I	6	20	37	.351	
			4	4	6	.400	
	Detroit	American					Coach
1933	Beaumont	Texas	5	73	79	.480	
1934	St. Paul	American Association	7	67	84	.444	
1935	Springfield	Three I	1	36	17	.679	
			2	38	28	.576	
1936	San Antonio	Texas	6	73	77	.487	
1937	Scranton	New York-Pennsylvania	6	63	75	.457	
1938	Evansville	Three I	1	77	47	.621	
1939	Evansville	Three I	2	73	48	.603	
1940	Evansville	Three I	4	68	55	.553	
1941	Evansville	Three I	1	80	45	.640	
1942	Evansville	Three I	3	65	54	.546	
1943	Boston	National					Coach
1944	Boston	National	6	65	89	.422	
1945	Boston	National	7	42	49	.462	out 7/30/45
1946	Evansville	Three I	3	68	51	.571	
1947	Evansville	Three I	5	70	55	.560	
1948	Evansville	Three I	3	67	54	.554	
1949	Evansville	Three I	1	74	51	.592	
1950	Milwaukee	American Association	6	68	85	.444	
1951	Evansville	Three I	2	69	60	.535	
1952	Evansville	Three I	1	74	47	.612	
1953	Evansville	Three I	3	70	59	.543	
1954	Evansville	Three I	1	81	54	.600	
1955	Evansville	Three I	5	60	66	.476	
1956	Evansville	Three I	1	47	19	.712	
			1	37	17	.685	
1957	Evansville	Three I	1	81	49	.623	
		Major league totals 2 years		107	138	.437	
		Minor league totals 35 years		2496	2103	.543	

JOHN HUMPHREY "RED" DAVIS

Born July 15, 1915 at Laurel Run, PA.

Played third base for New York Giants, 1941.

YEAR	CLUB	LEAGUE	POS	W	L	AVG
1949	Greenville	Big State	6	66	82	.446
1950	Corpus Christi	Rio Grande Valley	3	79	64	.552
1951	Corpus Christi	Gulf Coast	1	98	56	.636
1952	Paris	Big State	5	79	68	.537
1953	Paris	Big State	8	48	96	.333
1954	Mayfield	KITTY	2	37	22	.627
			6	27	30	.474
1955	Dallas	Texas	1	93	67	.581
1956	Dallas	Texas	2	94	60	.610
1957	Minneapolis	American Association	3	85	69	.552
1958	Phoenix	Pacific Coast	1	89	65	.578
1959	Phoenix	Pacific Coast	8	64	90	.416
1960	Tacoma	Pacific Coast	2	81	73	.526
1961	Tacoma	Pacific Coast	1	97	57	.630
1962	Tacoma	Pacific Coast	3	81	73	.526
1963	Rocky Mount	Carolina	3E	72	72	.500
1964	Macon	Southern	3	75	65	.536

YEAR	CLUB	LEAGUE	POS	W	L	AVG
1965	Knoxville	Southern	4	73	66	.525
1966	Buffalo	International	5	72	74	.493
1967	Pawtucket	Eastern	4E	67	71	.486
1968	Portland	Pacific Coast	3W	72	72	.500
1969	Portland	Pacific Coast	4N	57	89	.390
1970	Waterbury	Eastern	1	79	62	.560
1971	Waterbury	Eastern	3	68	70	.493
1972	Charleston	International	2	80	64	.556
1974	Oklahoma City	American Association	3W	62	73	.459
1975	Oklahoma City	American Association	4W	50	86	.368
1976	Williamsport	Eastern	4S	48	91	.345
		Minor league totals 27 years		1993	1927	.508

WALTER L. "WALT" DIXON

Born November 25, 1920 at Chatham Co., NC.

See record in player section.

YEAR	CLUB	LEAGUE	POS	W	L	AVG	
1949	Shelby	Western Carolina	7	31	46	.403	in 6/3/49
1950	Shelby	Western Carolina	7	47	63	.427	
1951	Greenwood	Tri-State	7	10	36	.345	out 6/12/51
1952	Headland	Alabama-Florida	5	47	60	.439	out 8/8/52
1953	Norton	Mountain States	5	63	63	.500	
1954	Middlesboro	Mountain States	1	43	33	.566	
			1	5	1	.833	league folded 7/20/54
1955	Kokomo	Mississippi-Ohio Valley	4	61	57	.517	out 8/25/55
1956	Crestview	Alabama-Florida	5	51	69	.425	
1957	Lafayette	Evangeline	1	36	21	.632	team disbanded 6/20/57
	Magic Valley	Pioneer	6	42	32	.568	in 6/23/57
1958	Burlington	Three-I	2	32	27	.542	
			5	30	40	.429	
1959	Carlsbad	Sophomore	1N	72	54	.571	
1961	Carlsbad	Sophomore	5	26	39	.400	
1962	San Antonio	Texas	5	68	72	.486	
1963	St. Cloud	Northern	6	51	69	.425	
1964	St. Cloud	Northern	5	54	68	.443	
1965	Quincy	Midwest	2	36	23	.610	
			3	33	27	.550	
1966	Quincy	Midwest	5	31	30	.508	
			5	30	33	.476	
1967	Lodi	California	7	28	42	.400	
			5	35	35	.500	
1968	Quincy	Midwest	8	24	33	.421	
			2	35	26	.574	
1969	Quincy	Midwest	3	34	19	.642	
			5	30	36	.455	
1970	Quincy	Midwest	1	68	45	.602	
1971	San Antonio	Texas	4W	63	77	.450	
1972	Chicago N	Gulf Coast	1	41	22	.651	
1973	Quincy	Midwest	2	32	29	.525	
			5	29	35	.453	
1974	Midland	Texas	4W	65	73	.471	
1975	Key West	Florida State	2S	65	69	.485	
1976	Chicago N	Gulf Coast	2S	36	17	.679	
		Minor league totals 27 years		1484	1521	.494	

JOHN GORDON DOBBS

Born June 3, 1876 at Chattanooga, TN.
Died September 9, 1934 at Charlotte, NC.

Outfielder in major leagues 1901-05
Co-owner of Charlotte, Piedmont at time of death.

YEAR	CLUB	LEAGUE	POS	W	L	AVG
1907	Nashville	Southern Association	8	59	78	.431
1909	Chattanooga	South Atlantic	1	45	16	.738
			2	37	20	.649

YEAR	CLUB	LEAGUE	POS	W	L	AVG	
1910	Chattanooga	Southern Association	4	66	71	.482	
1911	Montgomery	Southern Association	2	77	58	.570	
1912	Montgomery	Southern Association	6	64	75	.460	
1913	Montgomery	Southern Association	5	68	69	.496	
1914	New Orleans	Southern Association	3	80	65	.552	
1915	New Orleans	Southern Association	1	91	63	.591	
1916	New Orleans	Southern Association	2	73	61	.545	
1917	New Orleans	Southern Association	2	89	61	.593	
1918	New Orleans	Southern Association	1	49	21	.700	
1919	New Orleans	Southern Association	3	74	61	.548	
1920	New Orleans	Southern Association	2	86	62	.581	
1921	New Orleans	Southern Association	2	97	57	.630	
1922	New Orleans	Southern Association	3	89	64	.582	
1923	Memphis	Southern Association	3	76	70	.521	
1924	Memphis	Southern Association	1	104	49	.680	
1925	Birmingham	Southern Association	7	67	85	.441	
1926	Birmingham	Southern Association	3	87	61	.588	
1927	Birmingham	Southern Association	2	91	63	.591	
1928	Birmingham	Southern Association	1	50	26	.658	
			2	49	28	.636	
1929	Birmingham	Southern Association	1	93	60	.608	
1930	Atlanta	Southern Association	4	84	69	.549	
1931	Atlanta	Southern Association	6	63	65	.492	suspended 5/26/31 to 6/20/31
1933	Charlotte	Piedmont		10	9	.526	out 5/16/33
		Minor league totals 25 years		1918	1487	.563	

John Joseph "Jack" Dunn

Born October 6, 1872 at Meadville, PA.
Died October 22, 1928 at Baltimore, MD.

Pitcher and utility player in majors 1897-1904
Transferred club to Richmond, International in 1915 to avoid competition with Baltimore, Federal League.

YEAR	CLUB	LEAGUE	POS	W	L	AVG
1905	Providence	Eastern	1	83	47	.638
1906	Providence	Eastern	6	65	75	.464
1907	Baltimore	Eastern	6	68	69	.496
1908	Baltimore	Eastern	1	83	57	.593
1909	Baltimore	Eastern	7	67	86	.438
1910	Baltimore	Eastern	3	83	70	.542
1911	Baltimore	Eastern	2	95	58	.621
1912	Baltimore	Eastern	4	74	75	.497
1913	Baltimore	International	3	77	73	.513
1914	Baltimore	International	6	72	77	.483
1915	Richmond	International	7	59	81	.421
1916	Baltimore	International	4	74	66	.529
1917	Baltimore	International	3	88	61	.591
1918	Baltimore	International	3	74	53	.583
1919	Baltimore	International	1	100	49	.671
1920	Baltimore	International	1	110	43	.719
1921	Baltimore	International	1	119	47	.717
1922	Baltimore	International	1	115	52	.689
1923	Baltimore	International	1	111	53	.677
1924	Baltimore	International	1	117	48	.709
1925	Baltimore	International	1	105	61	.633
1926	Baltimore	International	2	101	65	.608
1927	Baltimore	International	5	85	82	.509
1928	Baltimore	International	6	82	82	.500
		Minor league totals 24 years		2107	1530	.579

Edward F. "Ned" Egan

YEAR	CLUB	LEAGUE	POS	W	L	AVG	
1902	Winnipeg	Northern	1	37	20	.649	
1903	Winnipeg	Northern	1	65	28	.699	
1904	Winnipeg	Northern	2	35	32	.522	out 7/31/1904
1905	Keokuk	Iowa State	5	59	62	.488	
1906	Burlington	Iowa State	1	82	39	.681	

YEAR	CLUB	LEAGUE	POS	W	L	AVG	
1907	Burlington	Iowa State	2	72	49	.595	
1908	Burlington	Central Association	2	83	41	.670	
1909	Burlington	Central Association	1	83	51	.620	
1910	Ottumwa	Central Association	2	80	57	.584	
1911	Ottumwa	Central Association	2	81	44	.648	
1912	Ottumwa	Central Association	1	79	50	.612	
1913	Ottumwa	Central Association	1	72	54	.571	
1914	Ottumwa	Central Association	8	49	79	.383	
1915	Muscatine	Central Association	2	48	39	.552	out 8/4/1915
1916	Muscatine	Central Association	3	57	44	.564	
1917	Waterloo	Central Association	4	37	32	.536	
			3	13	10	.565	
		Minor league totals 16 years		1032	731	.585	

Calvin C. "Cal" Ermer

Born November 10, 1923 at Baltimore, MD.

Played one game for Washington, American, 1947.

YEAR	CLUB	LEAGUE	POS	W	L	AVG	
1947	Charlotte	Tri-State	4	43	35	.551	in 6/21/47
1948-49							Active player
1950	Orlando	Florida State	1	88	52	.629	
1951	Charlotte	Tri-State	1	100	40	.714	
1952	Chattanooga	Southern Association	1	86	66	.566	
1953	Chattanooga	Southern Association	6	83	81	.474	
1954	Chattanooga	Southern Association	5	75	76	.497	
1955	Chattanooga	Southern Association	3	80	74	.519	
1956	Chattanooga	Southern Association	6	76	78	.494	
1957	Chattanooga	Southern Association	4	83	70	.542	
1958	Birmingham	Southern Association	1	91	52	.594	
1959	Columbus	International	2	84	70	.545	
1960	Columbus	International	6	69	84	.451	
1961	Richmond	International	6	71	83	.461	
1962	Baltimore	American					Coach
1963-64	Baltimore	American					Scout
1965	Denver	Pacific Coast	2E	83	62	.572	
1966	Denver	Pacific Coast	4E	79	68	.537	
1967	Denver	Pacific Coast	5E	22	26	.458	out 6/9/67
	Minnesota	American	2	66	46	.589	in 6/10/67
1968	Minnesota	American	7	79	83	.488	
1969	Minnesota	American					Scout
1970-71	Milwaukee	American					Coach
1972-73	Milwaukee	American					Scout
1974	Tacoma	Pacific Coast	2W	75	66	.532	
1975	Tacoma	Pacific Coast	2W	73	69	.514	
1976	Tacoma	Pacific Coast	2S	76	69	.524	
1977	Oakland	American					Coach
1978	Toledo	International	3	74	66	.529	
1979	Toledo	International	7	63	76	.453	
1980	Toledo	International	2	77	63	.550	
1981	Toledo	International	8	53	87	.379	
1982	Toledo	International	7	60	80	.429	
1983	Toledo	International	5	68	72	.486	
1984	Toledo	International	3	74	63	.570	
		Major league totals 2 years		145	129	.529	
		Minor league totals 26 years		1906	1728	.524	

Major K. "Kerby" Farrell

Born September 3, 1913 at Leapwood, TN.
Died December 17, 1975 at Nashville, TN.

See record in players section.

YEAR	CLUB	LEAGUE	POS	W	L	AVG	
1941	Erie	Middle Atlantic	2	75	51	.595	
1942	Erie	Middle Atlantic	4	63	65	.492	
1943-46							Active player
1947	Spartanburg	Tri-State	1	88	51	.633	

YEAR	CLUB	LEAGUE	POS	W	L	AVG	
1948	Spartanburg	Tri-State	7	68	77	.469	
1949	Spartanburg	Tri-State	2	81	60	.574	
1950	Spartanburg	Tri-State	3	80	63	.559	
1951	Cedar Rapids	Three-I	4	64	66	.492	
1952	Reading	Eastern	3	75	63	.543	
1953	Reading	Eastern	1	101	47	.682	
1954	Indianapolis	American Association	1	95	57	.625	
1955	Indianapolis	American Association	7	67	86	.438	
1956	Indianapolis	American Association	1	92	62	.597	
1957	Cleveland	American	6	76	77	.497	
1958	Miami	International	5	75	78	.490	
1959	Buffalo	International	1	89	64	.582	
1960	Buffalo	International	4	78	75	.510	
1961	Buffalo	International	3	85	67	.559	
1962	Buffalo	International	6	73	80	.477	
1963	Buffalo	International	4N	74	77	.490	
1964	Salinas	California	2	40	30	.571	
			2	39	29	.574	
1965	Williamsport	Eastern	4	52	44	.542	out 7/27/65
	Buffalo	International	8	21	17	.553	in 7/28/65
1966-69	Chicago	American					Coach
1970-71	Cleveland	American					Coach
1972	Lynchburg	Carolina	2	39	30	.565	
			5	31	38	.449	
1973	Tacoma	Pacific Coast	3W	65	79	.451	
		Major league totals 1 year		76	77	.497	
		Minor league totals 21 years		1710	1456	.540	

H. Louis "Lou" Fitzgerald

Born August 25, 1920 at Cleveland, TN.

YEAR	CLUB	LEAGUE	POS	W	L	AVG	
1951	Shawnee	Sooner State	2	96	44	.686	
1952	Shawnee	Sooner State	4	29	25	.537	out 6/16/1952
	Longview	Big State	7	40	46	.465	in 6/16/1952
1953	Augusta	SALLY	3	30	35	.462	out 6/20/1953
1954	Port Arthur	Evangeline	2	83	57	.593	
1955	Port Arthur	Big State	2	15	6	.714	out 5/3/1955
1956	Victoria	Big State	7	30	36	.455	in 4/23/1956 and out 7/1/1953
1957	Pensacola	Alabama-Florida	7	56	64	.467	
1958	Pensacola	Alabama-Florida	3	67	55	.549	
1959	Pensacola	Alabama-Florida	4	51	66	.436	
1960	Aberdeen	Northern	3	63	61	.508	
1961	Aberdeen	Northern	2	74	54	.578	
1962	Durham	Carolina	1	89	51	.636	
1963	San Antonio	Texas	1	79	61	.564	
1964	San Antonio	Texas	1	85	55	.607	
1965	Amarillo	Texas	2W	60	80	.429	
1966	Tampa	Florida State	10	20	50	.286	
			6	27	44	.380	
1967	Buffalo	International	7	31	39	.443	out 7/5/1967
	Knoxville	Southern	6	24	40	.375	in 7/6/1967
1968	Greenwood	Western Carolinas	1	37	26	.581	
			2	36	26	.581	
1969	Shreveport	Texas	3E	61	75	.449	
1970	Shreveport	Texas	4E	58	76	.433	
		Minor league totals 20 years		1241	1171	.515	

Benjamin Raymond "Ben" Geraghty

Born July 19, 1914 at Jersey City, NJ.
Died June 18, 1963 at Jacksonville, FL.

Infielder in majors parts of three seasons, 1936-44.

YEAR	CLUB	LEAGUE	POS	W	L	AVG	
1947	Spokane	Western International	2	87	67	.565	
1948	Meridian	Southeastern		15	31	.326	out 5/30/48
	Palatka	Florida State	8	17	44	.279	in 6/30/48

YEAR	CLUB	LEAGUE	POS	W	L	AVG	
1949	Bristol	Appalachian	3	76	41	.650	
1950	Bristol	Appalachian	5	34	30	.531	
			2	40	16	.714	
1951	Jacksonville	SALLY	2	79	58	.577	
1952	Jacksonville	SALLY	7	69	85	.448	
1953	Jacksonville	SALLY	1	93	44	.679	
1954	Jacksonville	SALLY	1	83	57	.593	
1955	Jacksonville	SALLY	2	79	61	.564	
1956	Jacksonville	SALLY	1	87	53	.621	
1957	Wichita	American Association	1	93	61	.604	
1958	Wichita	American Association	2	83	71	.539	
1959	Louisville	American Association	1E	97	65	.599	
1960	Louisville	American Association	2	85	68	.556	
1961	Louisville	American Association	2	80	70	.533	
1962	Jacksonville	International	1	94	60	.610	
1963	Jacksonville	International	4S	26	39	.400	Died 6/18/63
		Minor league totals 17 years		1317	1021	.563	

Andrew "Andy" Gilbert

Born July 18, 1916 at Bradenville, PA.
Died August 29, 1992 at Davis, CA.

Played outfield in 8 games with Boston Red Sox 1942-46.

YEAR	CLUB	LEAGUE	POS	W	L	AVG	
1950	Springfield	Ohio-Indiana	4	72	64	.529	
1951	Springfield	Ohio-Indiana	3	30	27	.526	
			2	24	31	.436	
1952	Muskogee	Western Association	1	40	24	.625	
			4	33	42	.440	
1953	Danville	Carolina	2	79	59	.572	
1954	Danville	Carolina	5	70	69	.504	
1955	Danville	Carolina	2	73	64	.533	
1956	Johnstown	Eastern	8	16	33	.327	out 6/18/56
1957	Muskogee	Sooner State	3	71	55	.563	
1958	Springfield	Eastern	2	36	35	.507	
			2	32	30	.516	
1959	Springfield	Eastern	1	85	55	.607	
1960	Springfield	Eastern	3	69	70	.496	
1961	Springfield	Eastern	1	85	54	.612	
1962	Springfield	Eastern	4	68	71	.489	
1963	Tacoma	Pacific Coast	3N	79	79	.500	
1964	Springfield	Eastern	3	77	63	.550	
1965	Springfield	Eastern	3	63	77	.450	
1966	Waterbury	Eastern	5	64	76	.457	
1967	Waterbury	Eastern	3E	71	69	.507	
1968	Amarillo	Texas	3W	67	71	.486	
1969	Amarillo	Texas	1W	80	55	.593	
1970	Amarillo	Texas	4W	57	78	.422	
1971	Amarillo	Texas	1W	88	54	.620	
1972-75	San Francisco	National					Coach
1976	Fresno	California	2	41	29	.586	
			3	36	34	.514	
1977	Waterbury	Eastern	2NE	77	63	.550	
1978	Waterbury	Eastern	6	28	42	.400	
			3	37	32	.536	
1979	Shreveport	Texas	3E	30	33	.476	
			1E	43	29	.597	
1980	Shreveport	Texas	4E	25	40	.385	
			4E	24	47	.338	
1981	Savannah	Southern	5E	34	37	.479	
			1E	36	33	.522	
1982	Savannah	Southern	3E	37	34	.521	
			4E	32	41	.438	
		Minor league totals 29 years		2009	1899	.514	

LAWRENCE WILLIAM "LARRY" GILBERT

Born December 3, 1891 at New Orleans, LA.
Died February 17, 1965 at New Orleans, LA.
Outfielder for Boston, National, 1914-1915.

YEAR	CLUB	LEAGUE	POS	W	L	AVG	
1923	New Orleans	Southern Association	1	89	57	.610	
1924	New Orleans	Southern Association	3	93	60	.608	
1925	New Orleans	Southern Association	2	85	68	.556	
1926	New Orleans	Southern Association	1	101	53	.656	
1927	New Orleans	Southern Association	1	96	57	.627	
1928	New Orleans	Southern Association	3	40	33	.548	
			6	33	41	.446	
1929	New Orleans	Southern Association	3	89	64	.582	
1930	New Orleans	Southern Association	2	91	61	.599	
1931	New Orleans	Southern Association	5	78	75	.510	
1932	New Orleans	Southern Association					President
1933	New Orleans	Southern Association	2	41	34	.547	
			1	47	31	.603	
1934	New Orleans	Southern Association	2	40	32	.556	
			1	54	28	.659	
1935	New Orleans	Southern Association	2	86	67	.562	
1936	New Orleans	Southern Association	4	81	71	.533	
1937	New Orleans	Southern Association	4	84	65	.564	
1938	New Orleans	Southern Association	3	79	70	.530	
1939	Nashville	Southern Association	3	85	68	.556	
1940	Nashville	Southern Association	1	101	47	.682	
1941	Nashville	Southern Association	2	83	70	.542	
1942	Nashville	Southern Association	2	85	66	.563	
1943	Nashville	Southern Association	1	49	26	.653	
			3	34	29	.540	
1944	Nashville	Southern Association	5	32	36	.471	
			1	47	25	.653	
1945	Nashville	Southern Association	7	55	84	.396	
1946	Nashville	Southern Association	5	75	78	.490	
1947	Nashville	Southern Association	3	80	73	.523	
1948	Nashville	Southern Association	1	95	58	.621	
		Minor league totals 25 years		2128	1627	.567	

ROY THOMAS HARTSFIELD

Born October 25, 1925 at Chattahoochee, GA.
Second baseman for Boston, National, 1950-1952.

YEAR	CLUB	LEAGUE	POS	W	L	AVG	
1956	St. Paul	American Association	5	9	12	.429	in 8/31/1956
1958	Des Moines	Western	8	61	83	.424	
1959	Odessa	Sophomore	3S	54	69	.439	
1960	Panama City	Alabama-Florida	1	74	44	.627	
1961	Greenville	SALLY	3	72	66	.522	
1962	Greenville	SALLY	5	65	75	.464	
1963	St. Petersburg	Florida State	2	33	27	.550	
			4	31	30	.508	
1964	St. Petersburg	Florida State	2	42	27	.609	
			1	41	28	.594	
1965	Albuquerque	Texas	1W	77	63	.550	
1966	Spokane	Pacific Coast	3W	77	75	.507	
1967	Spokane	Pacific Coast	1W	80	68	.541	
1968	Spokane	Pacific Coast	1W	85	60	.586	
1969-72	Los Angeles	National					Coach
1973	Atlanta,	National					Coach
1973	Hawaii	Pacific Coast	2W	55	52	.514	in 5/21/1973
1974	Hawaii	Pacific Coast	3W	67	77	.465	
1975	Hawaii	Pacific Coast	1W	88	56	.611	
1976	Hawaii	Pacific Coast	1W	77	68	.531	
1977	Toronto	American	7E	54	107	.335	
1978	Toronto	American	7E	59	102	.366	
1979	Toronto	American	7E	53	109	.327	

YEAR	CLUB	LEAGUE	POS	W	L	AVG	
1981	Midland	Texas	4W	17	32	.347	out 5/31/1981
	Iowa	American Association	4E	40	51	.441	in 6/1/1981
1983	Indianapolis	American Association	3E	64	72	.471	
		Major league totals 3 years		166	318	.341	
		Minor league totals 18 years		1373	1451	.486	

RAY W. HATHAWAY

Born October 13, 1916 at Greenville, OH.

Pitcher for Brooklyn, National, 1945.

YEAR	CLUB	LEAGUE	POS	W	L	AVG	
1947	Santa Barbara	California	4	73	67	.521	
1948	Zanesville	Ohio-Indiana	1	82	57	.590	
1949	Pueblo	Western	3	71	68	.511	
1950	Pueblo	Western	8	54	100	.351	
1951	Asheville	Tri-State	2	85	55	.607	
1952	Newport News	Piedmont	6	17	48	.262	
			6	24	46	.343	
1953	Asheville	Tri-State	2	83	67	.553	
1954	Asheville	Tri-State	1	86	54	.614	
1955	Elmira	Eastern	7	56	83	.403	
1956	Pueblo	Western	3	39	32	.549	
			6	29	38	.433	
1957	Pueblo	Western	6	66	88	.492	
1958	Tri-City	Northwest	4	30	34	.467	
			5	32	39	.451	
1959	Columbus/Gastonia	SALLY	4	70	69	.504	
1960	Savannah	SALLY	3	78	61	.561	
1961	Asheville	SALLY	1	87	50	.635	
1962	Asheville	SALLY	4	70	70	.500	
1963	Asheville	SALLY	4	36	35	.507	
			2	43	26	.623	
1964	Asheville	Southern	8	28	53	.394	out 7/9/64
	Gastonia	Western Carolinas	5	28	32	.460	in 7/10/64
1965	Raleigh	Carolina	4W	64	79	.448	
1967	Lewiston	Northwest	4	30	45	.357	
1969	Arkansas	Texas	2E	66	69	.489	
1970	Savannah	Southern	4	71	67	.514	
1971	Jacksonville	Southern	4E	63	77	.450	
1972	Portland	Pacific Coast	4W	5	8	.385	out 4/29/72
1973	Wilson	Carolina	6	18	34	.346	out 6/4/73
		Minor league totals 25 years		1608	1680	.489	

ROBERT CLAY HOPPER

Born October 3, 1902 at Portersville, MS.
Died April 17, 1976 at Greenwood, MS.

Known as Clay.
Hopper hit four home runs in one game for Danville, Three I, July 17, 1927.

YEAR	CLUB	LEAGUE	POS	W	L	AVG	
1929	Laurel	Cotton States	3	32	27	.542	
			7	27	36	.429	
1931	Scottdale	Middle Atlantic	5	37	29	.561	
			4	41	26	.612	
1932	Mobile	Southeastern		19	13	.594	league folded May 23.
	Elmira	New York-Pennsylvania	8	30	39	.435	in 7/11/32
1933	Springfield	Mississippi Valley	6	18	38	.321	
			5	25	32	.439	
1934	Greensburg	Pennsylvania State Association	4	24	25	.490	
			1	33	20	.623	
1935	Greenwood	East Dixie	8	20	46	.303	
			7	32	38	.457	
1936	Greensburg	Pennsylvania State Association	2	31	24	.564	
			1	33	20	.623	

YEAR	CLUB	LEAGUE	POS	W	L	AVG
1937	Springfield	Western Association	4	76	67	.531
1938	Springfield	Western Association	2	79	56	.585
1939	Columbus	SALLY	1	83	55	.601
1940	Columbus	SALLY	2	88	63	.583
1941	Columbus	SALLY	3	68	69	.496
1942	Houston	Texas	5	81	70	.536
1945	Mobile	Southern Association	3	74	65	.532
1946	Montreal	International	1	100	54	.649
1947	Montreal	International	2	93	60	.608
1948	Montreal	International	1	94	59	.614
1949	Montreal	International	3	84	70	.545
1950	St. Paul	American Association	4	83	69	.546
1951	St. Paul	American Association	2	85	66	.563
1952	Portland	Pacific Coast	4	92	88	.511
1953	Portland	Pacific Coast	4	92	88	.511
1954	Portland	Pacific Coast	8	71	94	.430
1955	Portland	Pacific Coast	5	86	86	.500
1956	Hollywood	Pacific Coast	4	85	83	.506
		Minor league totals 25 years		1916	1675	.534

IRA KENDALL HUTCHINSON

Born August 31, 1910 at Chicago, IL.
Died August 21, 1973 at Chicago, IL.

Major league pitcher, 8 years, 1933-1945.

YEAR	CLUB	LEAGUE	POS	W	L	AVG
1951	Wisconsin Rapids	Wisconsin State	4	60	58	.508
1952	Wisconsin Rapids	Wisconsin State	6	60	60	.500
1953	Topeka	Western Association	3	78	62	.557
1954	Topeka	Western Association	1	87	51	.630
1955	Dubuque	Mississippi-Ohio Valley	1	74	52	.587
1956	Waterloo	Three-I	6	26	38	.406
			2	36	18	.667
1957	Colorado Springs	Western	5	68	86	.442
1958	Davenport	Three-I	1	40	19	.678
			4	31	39	.443
1959	Lincoln	Three-I	3	33	29	.532
			7	25	39	.391
1960	Lincoln	Three-I	2	71	66	.518
1961	Charleston	SALLY	5	70	68	.507
1962	Clinton	Midwest	6	30	30	.500
			6	33	32	.508
1963	Sarasota	Florida State	1	40	22	.645
			1	40	20	.667
1964	Sarasota	Florida State	5	32	37	.464
			6	31	35	.470
1965	Clinton	Midwest	7	26	31	.456
			10	19	41	.317
1966	Lynchburg	Carolina	4W	64	75	.460
1967	Duluth-Superior	Northern	5	30	39	.435
1968-69	Chicago	American				Advertising director
1970	Appleton	Midwest	4	32	30	.516
			5	32	30	.516
		Minor league totals 18 years		168	1107	.513

JOHN JOSEPH KEANE

Born November 3, 1911 at St. Louis, MO.
Died January 6, 1967 at Houston, TX.

YEAR	CLUB	LEAGUE	POS	W	L	AVG
1938	Albany	Georgia-Florida	1	84	42	.667
1939	Albany	Georgia-Florida	1	80	53	.602
1940	Mobile	Southeastern	3	72	72	.500
1941	New Iberia	Evangeline	1	88	42	.677
1946	Houston	Texas	6	64	89	.418
1947	Houston	Texas	1	96	58	.623
1948	Houston	Texas	3	82	71	.536
1949	Rochester	International	2	85	67	.559

YEAR	CLUB	LEAGUE	POS	W	L	AVG	
1950	Rochester	International	1	92	59	.609	
1951	Rochester	International	2	83	69	.546	
1952	Columbus	American Association	7	68	85	.444	
1953	Columbus	American Association	7	64	90	.416	
1954	Columbus	American Association	4	77	76	.503	
1955	Omaha	American Association	2	84	70	.545	
1956	Omaha	American Association	3	82	71	.536	
1957	Omaha	American Association	5	76	78	.494	
1958	Omaha	American Association	5	80	74	.519	
1959-61	St. Louis	National					Coach
1961	St. Louis	National	6	47	33	.587	in 7/6/1961
1962	St. Louis	National	6	84	78	.519	
1963	St. Louis	National	2	93	69	.574	
1964	St. Louis	National	1	93	69	.574	
1965	New York	American	6	77	85	.475	
1966	New York	American	10	4	16	.200	out 5/7/1966
		Minor league totals 17 years		1357	1166	.538	
		Major league totals 6 years		398	350	.532	

MICHAEL JOSEPH "MIKE" KELLEY

Born December 2, 1875 at Otter River, MA.
Died June 6, 1955 at Minneapolis, MN.
President and primary owner of the Minneapolis Millers, 1923-1946. Played first base with Louisville, National, 1899.

YEAR	CLUB	LEAGUE	POS	W	L	AVG	
1901	Des Moines	Western	7	49	74	.398	
1902	St. Paul	American Association	3	72	66	.522	
1903	St. Paul	American Association	1	88	46	.657	
1904	St. Paul	American Association	1	95	52	.646	
1905	St. Paul	American Association	5	73	77	.487	
1906	Minneapolis	American Association	3	79	66	.545	
1907	Des Moines	Western		13	7	.650	out 5/13/07
1908	Toronto	International		35	39	.473	out 7/21/08
	St. Paul	American Association	8	18	23	.439	in 8/9/08
1909	St. Paul	American Association	5	80	83	.491	
1910	St. Paul	American Association	4	88	80	.524	
1911	St. Paul	American Association	4	79	85	.482	
1912	St. Paul	American Association	6	77	90	.461	
1913	Indianapolis	American Association	8	68	99	.407	
1915	St. Paul	American Association	2	90	63	.588	
1916	St. Paul	American Association	4	86	79	.521	
1917	St. Paul	American Association	2	88	66	.571	
1918	St. Paul	American Association	6	39	38	.506	
1919	St. Paul	American Association	1	94	60	.610	
1920	St. Paul	American Association	1	115	49	.701	
1921	St. Paul	American Association	6	80	87	.479	
1922	St. Paul	American Association	1	107	60	.641	
1923	St. Paul	American Association	2	111	57	.661	
1924	Minneapolis	American Association	6	77	89	.464	
1925	Minneapolis	American Association	4	86	80	.518	
1926	Minneapolis	American Association	7	72	94	.434	
1927	Minneapolis	American Association	5	88	80	.524	
1928	Minneapolis	American Association	2	97	71	.577	
1929	Minneapolis	American Association	3	89	78	.533	
1930	Minneapolis	American Association	4	77	76	.503	
1931	Minneapolis	American Association	6	80	88	.476	
		Minor league totals 30 years		2390	2102	.532	

HUBERT MILTON "HUB" KITTLE

Born February 19, 1917 at Los Angeles, CA.

YEAR	CLUB	LEAGUE	POS	W	L	AVG	
1948	Yakima	Western International	8	26	53	.292	in 7/2/48
1949	Klamath Falls	Far West	2	78	46	.629	
1950	Klamath Falls	Far West	1	82	52	.626	
1951	Salt Lake City	Pioneer	1	84	52	.618	

YEAR	CLUB	LEAGUE	POS	W	L	AVG	
1952	Salt Lake City	Pioneer	6	60	71	.458	
1953	Terre Haute	Three-I	1	76	52	.594	
1954	Terre Haute	Three-I	7	60	76	.441	
1955	Yakima	Northwest	6	31	34	.477	
			5	28	35	.444	
1956	Yakima	Northwest	1	47	21	.691	
			1	39	24	.619	
1957	Yakima	Northwest	2	37	29	.574	
			5	30	37	.448	
1958	Yakima	Northwest	1	41	28	.594	
1959	Yakima	Northwest	5	30	38	.441	
			1	40	31	.563	
1960	Yakima	Northwest					General Manager
1961	Hawaii	Pacific Coast					General Manager
1962-63	Portland	Pacific Coast					General Manager
1964	Yakima	Northwest	6	28	40	.412	
			1	44	28	.611	
1965	Yakima	Northwest	5	29	40	.420	
			4	33	37	.471	
1966	Austin	Texas	4	67	73	.479	
1967	Austin	Texas	4	69	71	.493	
1968	Dallas-Fort Worth	Texas	4E	60	79	.432	
1969	Savannah	Southern	6	59	76	.437	
1970	Oklahoma City	American Association	3W	68	71	.489	
1971-75	Houston	National					Coach
1976	St. Louis	National					Pitching Instructor
1977	St. Petersburg	Florida State	2N	83	56	.597	
1978-80	St. Louis	National					Pitching Instructor
1981-83	St. Louis	National					Coach
1984-94	St. Louis	National					Pitching Instructor
		Minor league totals 20 years		1329	1250	.515	

GEORGE JOHN "WHITEY" KUROWSKI

Born April 19, 1918 at Reading, PA.

Infielder for St. Louis, National, 1941-1949.

YEAR	CLUB	LEAGUE	POS	W	L	AVG	
1950	Lynchburg	Piedmont	3	76	61	.555	
1951	Allentown	Interstate	2	91	47	.659	
1952	Allentown	Interstate	2	82	57	.590	
1953	Peoria	Three I	5	63	65	.492	
1954	Peoria	Three I	3	73	63	.537	
1955	Peoria	Three I	3	63	63	.500	
1958	Wytheville	Appalachian	2	44	28	.611	
1959	Billings	Pioneer	2	68	62	.523	
1960	Winnipeg	Northern	1	72	51	.585	
1961	Tulsa	Texas	2	83	55	.601	
1962	Tulsa	Texas	2	77	63	.550	
1964	Buffalo	International	3	80	69	.537	
1965	Reading	Eastern	6	53	86	.381	
1970	Denver	American Association	—	26	36	.419	out 6/26/1970
	Burlington	Carolina	1	40	27	.597	in 6/26/1970
1971	Burlington	Carolina	8	27	42	.391	
			7	28	41	.406	
		Minor league totals 15 years		983	916	.518	

HARRY LORAN "NEMO" LEIBOLD

Born February 17, 1892 at Butler, IN.
Died February 4, 1977 at Detroit, MI.

Major league outfielder, 1913-1925.

YEAR	CLUB	LEAGUE	POS	W	L	AVG
1928	Columbus	American Association	7	68	100	.405
1929	Columbus	American Association	6	75	91	.452
1930	Columbus	American Association	6	67	86	.438

YEAR	CLUB	LEAGUE	POS	W	L	AVG	
1931	Columbus	American Association	4	84	82	.506	
1932	Columbus	American Association	4	46	42	.523	out 7/11/32
1933	Reading	New York-Pennsylvania	2	80	56	.588	
1934	Reading	New York-Pennsylvania	2	37	32	.536	
			3	35	34	.504	
1935	Syracuse	International	2	67	67	.565	
1936	Syracuse	International	7	27	35	.435	out 7/10/36
1937	Rocky Mount	Piedmont	6	67	75	.565	
1938	Clarksdale	Cotton States	5	66	71	.482	
1939	Scranton	Eastern	1	80	60	.571	
1940	Scranton	Eastern	1	79	60	.568	
1941	Scranton	Eastern	4	71	68	.511	
1942	Scranton	Eastern	2	83	57	.593	
1943	Scranton	Eastern	1	87	51	.630	
1944	Louisville	American Association	3	85	63	.574	
1945	Louisville	American Association	3	84	70	.545	
1946	Louisville	American Association	1	92	61	.601	suspended 45 days for bumping umpire
1947	Louisville	American Association	2	85	68	.556	
1948	Louisville	American Association	8	52	93	.350	out 9/2/48
		Minor league totals 21 years		1527	1422	.516	

JOHN FRANK "JACK" LELIVELT

Born November 14, 1885 at Chicago, IL.
Died January 20, 1941 at Seattle, WA.

See record in players' section.

YEAR	CLUB	LEAGUE	POS	W	L	AVG	
1920	Omaha	Western	4	76	77	.497	
1921	Omaha	Western	7		9	.438	out 5/3/21
1922	Tulsa	Western	1	103	64	.617	
1923	Tulsa	Western	2	101	67	.601	
1924	Tulsa	Western	3	89	69	563	
1925	St. Joseph	Western	5	77	87	.470	
1926	Milwaukee	American Association	3	93	71	.567	
1927	Milwaukee	American Association	2	99	69	.589	
1928	Milwaukee	American Association	3	90	78	.536	
1929	Milwaukee	American Association		21	37	.362	out 6/21/29
	Los Angeles	Pacific Coast	3	48	44	.522	out 7/12/29 during the second half
1930	Los Angeles	Pacific Coast	1	57	42	.576	
			2	56	42	.571	
1931	Los Angeles	Pacific Coast	5	43	47	.478	
			2	55	42	.567	
1932	Los Angeles	Pacific Coast	5	96	93	.508	
1933	Los Angeles	Pacific Coast	1	114	73	.610	
1934	Los Angeles	Pacific Coast	1	66	18	.786	
			1	71	32	.689	
1935	Los Angeles	Pacific Coast	1	46	25	.648	
			4	52	51	.505	
1936	Los Angeles	Pacific Coast	5	88	88	.500	
1938	Seattle	Pacific Coast	2	100	75	.571	
1939	Seattle	Pacific Coast	1	101	73	.580	
1940	Seattle	Pacific Coast	1	112	66	.629	
		Minor league totals 20 years		1861	1439	.564	

JOHN LIPON

Born November 10, 1922 at Martin's Ferry, OH.

Major league infielder, 1942-1954.

YEAR	CLUB	LEAGUE	POS	W	L	AVG	
1959	Selma	Alabama-Florida	2	73	46	.613	
1960	Lakeland	Florida State	1	28	9	.757	out 5/25/1960
	Mobile	Southern Association	5	61	51	.545	in 5/26/1960
1961	Toronto	International	6	51	56	.477	out 8/4/1961
1962	Charleston	Eastern	5	67	73	.479	
1963	Charleston	Eastern	1	83	57	.593	

YEAR	CLUB	LEAGUE	POS	W	L	AVG	
1964	Portland	Pacific Coast	2W	90	68	.608	
1965	Portland	Pacific Coast	1W	81	67	.547	
1966	Portland	Pacific Coast	4W	69	79	.466	
1967	Portland	Pacific Coast	2W	79	69	.534	
1968-71	Cleveland	American					Coach
1971	Cleveland	American	6E	18	41	.305	in 7/30/1971
1972	Toledo	International	5	75	69	.521	
1973	Toledo	International	4N	41	57	.418	out 7/22/1973
1974	Salem	Carolina	1	47	23	.671	
			1	39	28	.528	
1975	Salem	Carolina	3	33	36	.478	
			2	41	30	.577	
1976	Shreveport	Texas	1E	70	66	.515	
1977	Shreveport	Texas	1E	23	16	.590	out 5/26/1977
	Columbus	International	7	54	51	.514	in 5/27/1977
1978	Columbus	International	7	61	78	.439	
1979	Portland	Pacific Coast	3N	73	74	.497	
1980	Salem	Carolina	3Vir	33	36	.478	
			2Vir	46	24	.657	
1981	Buffalo	Eastern	4N	23	46	.333	
			2N	33	35	.485	
1982	Alexandria	Carolina	1N	45	20	.692	
			2N	35	34	.507	
1983	Alexandria	Carolina	3N	35	32	.522	
			3N	34	36	.486	
1984	Prince William	Carolina	2N	42	28	.600	
			3N	33	37	.471	
1985	Nashua	Eastern	6	66	73	.475	
1986	Gastonia	South Atlantic	4N	27	43	.386	
			4N	32	37	.464	
1987	Fayetteville	South Atlantic	3N	33	37	.471	
			3N	32	37	.464	
1988	Lakeland	Florida State	3C	37	33	.529	
			1C	40	28	.588	
1989	Lakeland	Florida State	2C	39	31	.557	
			1C	38	29	.567	
1990	Lakeland	Florida State	1C	44	24	.647	
			1C	39	25	.609	
1991	Lakeland	Florida State	1C	36	27	.571	
			1C	36	29	.554	
1992	Lakeland	Florida State	3C	35	34	.507	
			1C	35	28	.556	
		Major league totals 1 year		18	41	.305	
		Minor league totals 30 years		2185	1987	.524	

FRANK JOSEPH LUCCHESI

Born April 24, 1927 at San Francisco, CA.

YEAR	CLUB	LEAGUE	POS	W	L	AVG	
1951	Medford	Far West	3	25	30	.455	
			5	22	37	.373	
1952	Thomasville	Georgia-Florida	6	66	74	.471	
1953	Pine Bluff	Cotton States	3	65	60	.520	
1954	Pine Bluff	Cotton States	5	47	71	.398	temporarily out 6/11/54 for surgery to remove a blood clot from brain
1955	Pocatello	Pioneer	3	72	59	.550	
1956	Salt Lake City	Pioneer	2	70	62	.530	
1957	High Point-Thomasville	Carolina	4	33	33	.500	
			1	46	28	.622	
1958	High Point-Thomasville	Carolina	2	76	63	.547	
1959	Williamsport	Eastern	3	81	60	.574	
1960	Williammsport	Eastern	1	76	62	.551	
1961	Chattanooga	Southern Association	1	90	62	.592	
1962	Williamsport	Eastern	1	83	57	.593	
1963	Arkansas	International	3S	78	73	.517	
1964	Arkansas	Pacific Coast	1E	95	61	.609	
1965	Arkansas	Pacific Coast	5E	67	79	.459	

YEAR	CLUB	LEAGUE	POS	W	L	AVG	
1966	San Diego	Pacific Coast	5E	72	75	.489	
1967	Reading	Eastern	3W	70	69	.504	
1968	Reading	Eastern	2	81	59	.579	
1969	Eugene	Pacific Coast	1S	88	58	.603	
1970	Philadelphia	National	5E	73	88	.453	
1971	Philadelphia	National	6E	67	95	.414	
1972	Philadelphia	National	6E	26	50	.342	out 7/12/72
1973	Oklahoma City	American Association	3W	61	74	.452	
1974	Texas	American					Coach
1975	Texas	American	3W	35	32	.522	in 7/21/75
1976	Texas	American	4W	76	86	.469	
1977	Texas	American	3W	31	31	.500	out 6/22/77
1979-80	Texas	American					Coach
1981	Charleston	International	5	45	41	.523	
1982-84	Cleveland	American					Scout
1985-86	Los Angeles	National					Scout
1987	Chicago	National	6E	8	17	.320	
1988	Nashville	American Association	2E	22	17	.564	in 7/25/88
1989	Nashville	American Association	3	74	72	.507	
		Major league totals 7 years		316	399	.442	
		Minor league totals 23 years		1605	1436	.528	

LeRoy W. "Roy" Majtyka

Born January 1, 1939 at Buffalo, NY.

YEAR	CLUB	LEAGUE	POS	W	L	AVG	
1968	Lewiston	Northwest	4	30	45	.400	
1969	Cedar Rapids	Midwest	5	27	26	.509	
			8	28	42	.400	
1970	Cedar Rapids	Midwest	9	25	33	.431	
			6	32	31	.508	
1971	Modesto	California	2	40	29	.580	
			2	43	27	.614	
1972	St. Petersburg	Florida State	3N	66	66	.500	
1973	St. Petersburg	Florida State	1N	84	62	.575	
1974	St. Petersburg	Florida State	3N	59	71	.454	
1975	Arkansas	Texas	3E	63	72	.467	
1976	Three Rivers	Eastern	1N	83	55	.601	
1977	Indianapolis	American Association	2E	72	64	.529	
1978	Indianapolis	American Association	1E	78	57	.578	
1979	Indianapolis	American Association	4E	67	69	.493	
1980	Montgomery	Southern	3W	31	39	.443	
			2W	37	37	.500	
1981	Birmingham	Southern	3W	33	39	.458	
			2W	38	31	.551	
1982	Evansville	American Association	4E	68	65	.511	
1983	Birmingham	Southern	1W	45	28	.616	
1984	Birmingham	Southern	5W	31	40	.437	
			2W	35	41	.461	
1985	Richmond	International	5	75	65	.536	
1986	Richmond	International	1	80	60	.571	
1987	Richmond	International	8	56	83	.403	
1988-90	Atlanta	National					Coach
1991	Macon	South Atlantic	2	83	58	.588	
1992	Spartanburg	South Atlantic	7	31	38	.449	
			1	39	30	.565	
1993	Spartanburg	South Atlantic	5	28	42	.400	
			5	34	38	.472	
1994	Spartanburg	South Atlantic	5	32	37	.464	
			4	35	35	.500	
		Minor league totals 24 years		1608	1555	.505	

John Wyeth "Red" Marion

Born March 14, 1914 at Richburg, SC.
Died March 13, 1975 at San Jose, CA.

Inifelder for Washington, American, 1935 and 1943.

YEAR	CLUB	LEAGUE	POS	W	L	AVG	
1940	Newport	Appalachian	6	25	34	.417	
			4	31	29	.517	
1941	Newport	Appalachian	3	32	25	.561	
			3	34	27	.557	
1942	Utica	Canadian-American	3	66	54	.550	
1946	Oneonta	Canadian-American	4	68	54	.557	
1947	Oneonta	Canadian-American	4	70	67	.511	
1948	Oneonta	Canadian-American	3	72	65	.526	
1949	Roanoke	Piedmont	4	71	69	.507	
1950	Roanoke	Piedmont	2	81	58	.583	
1951	Birmingham	Southern Association	2	83	71	.539	
1952	San Jose	California	2	74	66	.529	
1953	San Jose	California	1	93	47	.664	out for 15 days—6/10 to 7/25/1956
1954	San Jose	California	4	78	62	.557	
1955	Louisville	American Association	3	83	71	.539	
1956	Louisville	American Association	6	45	56	.446	out 7/25/1956
1957	Las Vegas	Arizona-Mexico	2	35	32	.522	
			5	27	42	.391	
1958	Chattanooga	Southern Association	4	77	76	.503	
1959	Chattanooga	Southern Association	6	25	32	.417	
			6	42	51	.452	
1962	San Jose	California	1	48	22	.686	
			7	30	36	.455	
1963	San Jose	California	6	35	38	.479	
			7	27	40	.403	
	Minor league totals 19 years			1352	1224	.525	

Merrill Glend "Pinky" May

Born Jan 18, 1911 at Laconia, IN.

Third baseman, Philadelphia, National, 1939-1943.
Father of major league catcher Milt May.

YEAR	CLUB	LEAGUE	POS	W	L	AVG	
1947	Albany	Eastern	3	80	58	.580	
1948	Albany	Eastern	2	86	54	.614	
1949	Albany	Eastern	1	93	47	.664	
1950	Albany	Eastern	4	66	73	.475	
1951	Albany	Eastern	8	46	92	.333	
1952	Spartanburg	Tri-State	3	83	55	.601	
1953	Sherbrooke	Provincial	1	84	41	.672	
1954	Reading	Eastern	4	71	69	.507	
1955	Keokuk	Three-I	1	92	34	.730	
1956	Keokuk	Three-I	3	36	29	.554	
			4	24	30	.444	
1957	Keokuk	Three-I	5	55	74	.426	
1958	Burlington	Carolina	4	70	67	.511	
1959	Burlington	Carolina	6	49	81	.377	
1960	Burlington	Carolina	6	26	44	.371	
1961	Dubuque	Midwest	3	33	29	.532	
			5	31	32	.492	
1962	Selma	Alabama-Florida	4	55	63	.466	
1963	Fort Lauderdale	Florida State	3	22	19	.537	out 6/5/63
1964	Tampa	Florida State	6	30	40	.429	
			2	38	31	.551	
1965	Tampa	Florida State	4	24	23	.511	out 6/4/65
	Peninsula	Carolina	1	62	37	.626	in 6/7/65
1966	Peninsula	Carolina	4E	63	75	.457	
1967	Rock Hill	Western Carolinas	5	25	34	.424	
			6	21	38	.356	
1968	Rock Hill	Western Carolinas	5	27	32	.458	
			5	27	35	.435	

YEAR	CLUB	LEAGUE	POS	W	L	AVG
1969	Statesville	Western Carolinas	4	31	31	.500
	Statesville/Monroe	Western Carolinas	5	30	32	.484
1970	Reno	California	2	39	31	.557
			2	40	30	.571
1971	Reno	California	7	31	39	.403
			4	34	35	.493
		Minor league totals 25 years		1624	1534	.514

JOHN J. McCLOSKEY

Born April 4, 1862 at Louisville, KY.
Died November 17, 1940 at Louisville, KY.

YEAR	CLUB	LEAGUE	POS	W	L	AVG	
1888	Austin/San Antonio	Texas	2	31	24	.564	
	San Antonio	Texas-Southern	3	12	9	.571	
1889	Houston	Texas	1	54	44	.551	
1890	Houston	Texas	4	23	23	.500	
1891	Sacramento	California	3	75	73	.507	
1892	Houston	Texas	1	40	14	.741	
			1	19	12	.613	
1893	Montgomery	Southern	8	26	38	.406	
			9	12	19	.387	
1894	Savannah	Southern	4	30	26	.536	first half only
1895	Louisville	National	12	35	96	.267	
1896	Louisville	National		2	17	.105	5/10/96
1897	Dallas	Texas-Southern	7	28	40	.412	
			4	23	33	.411	
1898	Dallas	Texas Association		13	7	.650	club folded 5/1/98
1898	Dallas	Southwestern		3	2	.600	5/3/98 to 5/9/98
1900	Great Falls	Montana State	3	15	21	.417	
			1	24	11	.686	
1901	Tacoma	Pacific Northwest	2	57	51	.528	
1902	Butte	Pacific Northwest	1	73	47	.608	
1903	San Francisco	Pacific National	5	56	52	.519	
1904	Boise	Pacific National	1	82	49	.626	
1905	Vancouver	Northwestern	1	34	24	.586	
			4	11	28	.282	
1906	St. Louis	National	7	52	98	.347	
1907	St. Louis	National	8	52	101	.340	
1908	St. Louis	National	8	49	105	.318	
1909	Milwaukee	American Association	2	90	77	.539	
1910	Milwaukee	American Association	6	76	91	.455	
1911	Butte	Union Association	3	77	60	.562	
1912	Ogden	Union Association	4	71	68	.511	
1913	Salt Lake City	Union Association	2	75	47	.615	
1915	El Paso	Rio Grande Association	3	12	7	.632	
			1	24	15	.615	
1919	Beaumont	Texas	3	36	32	.529	
				19	24	.442	out 8/14/19
1920	Memphis	Southern Association	5	72	77	.483	
1921	Bartlesville	Southwestern	6	30	38	.441	
			6	34	42	.447	
1922	Salina	Southwestern	8	17	51	.250	
			6	27	39	.409	
1923	Wilmington	Atlantic		12	5	.706	club folded 5/23/23
	Milford	Eastern Shore		17	13	.567	5/27/23 to 7/5/23
1924	Newton	Southwestern	1	42	20	.677	
	Newton/Blackwell/Ottawa	Southwestern	3	34	29	.540	
1928	Akron	Central	4	33	29	.532	
			4	34	36	.486	
1929	Akron	Central	6	58	76	.433	
1930	Richmond	Central	4	31	36	.463	
			5	32	39	.451	
1932	Akron	Central	5	19	34	.358	club folded 6/20/32
		Major league totals 3 yeasrs		190	417	.313	
		Minor league totals 31 years		1713	1632	.512	

JOHN "TRADER JACK" MCKEON

Born November 23, 1930 at South Amboy, NJ.

YEAR	CLUB	LEAGUE	POS	W	L	AVG	
1955	Fayetteville	Carolina	3	29	28	.509	in 6/11/1955 and out 8/6/1955
1956	Missoula	Pioneer	7	61	71	.462	
1957	Missoula	Pioneer	6	26	35	.426	
			3	36	29	.554	
1958	Missoula	Pioneer	4	34	29	.540	
			3	36	30	.545	
1959	Appleton (Fox Cities)	Three I	7	26	39	.400	
			7	33	28	.541	
1960	Wilson	Carolina	3	36	34	.514	
			2	37	31	.544	
1961	Wilson	Carolina	1	41	28	.594	
			1	42	28	.600	
1962	Vancouver	Pacific Coast	7	72	79	.477	
1963	Dallas-Fort Worth	Pacific Coast	5S	79	79	.500	
1964	Atlanta	International	8	19	42	.311	out 6/21/1964
1965-67							Scout, Minnesota, American
1968	High Point-Thomasville	Carolina	2S	69	71	.493	
1969	Omaha	American Association	1	85	55	.607	
1970	Omaha	American Association	1E	73	65	.529	
1971	Omaha	American Association	3E	69	70	.496	
1972	Omaha	American Association	2E	71	69	.507	
1973	Kansas City	American	2W	88	74	.543	
1974	Kansas City	American	5W	77	85	.463	
1975	Kansas City	American	2W	50	46	.521	out 7/24/1975
1976	Richmond	International	4	69	71	.493	
1977	Oakland	American	5W	26	27	.491	out 6/10/1977
1978	Oakland	American	4W	45	78	.366	in 5/23/1978
1978	Oakland	American					Coach
1979	Denver	American Association	3W	62	73	.459	
1980	San Diego	National					Scout
1981-88	San Diego	National					Vice President
1988	San Diego	National	3W	67	48	.583	in 5/28/1988
1989	San Diego	National	2W	89	73	.549	
1990	San Diego	National	4W	37	43	.463	out 7/11/1990
		Major league totals 8 years		470	474	.498	
		Minor League totals 17 years		1105	1177	.484	

CHARLES "CHARLIE" METRO

Born Charles Moreskonich
Born April 28, 1919 at Nanty-Glo, PA.

Outfielder in American League, 1943-1945.

YEAR	CLUB	LEAGUE	POS	W	L	AVG	
1947	Bisbee	Arizona-Texas	3	35	29	.547	
			3	39	30	.565	
1948	Twin Falls	Pioneer	2	75	51	.595	
1949	Twin Falls	Pioneer	1	78	47	.624	
1950	Montgomery	Southeastern	3	77	54	.588	
1951	Montgomery	SALLY	1	85	55	.607	
1952	Montgomery	SALLY	3	86	68	.558	
1953	Montgomery	SALLY	8	50	90	.357	
1954	Durham	Carolina	4	70	68	.507	
1955	Augusta	SALLY	3	76	64	.543	
1956	Charleston	American Association	8	5	17	.227	out 5/11/1956
	Terre Haute	Three I	2	40	26	.606	in 5/14/1956, franchise disbanded 7/4/1956
	Idaho Falls	Pioneer	7	30	36	.455	in 7/7/1956
1957	Vancouver	Pacific Coast	2	97	70	.581	
1958	Vancouver	Pacific Coast	3	79	73	.520	
1959	Vancouver	Pacific Coast	2	82	69	.543	
1960	Denver	American Association	1	88	66	.571	
1961	Denver	American Association	3	75	73	.507	
1962	Chicago	National					Coach
1962	Chicago	National	9	43	69	.384	out 6/9/1970

YEAR	CLUB	LEAGUE	POS	W	L	AVG	
1965	Chicago	American					Coach
1966	Tulsa	Pacific Coast	1	85	62	.578	
1970	Kansas City	American	4W	19	33	.365	6/9/1970
		Major league totals 2 years		62	102	.378	
		Minor League totals 16 years		1252	1048	.544	

WILLIAM ADAM "BILL" MEYER

Born January 14, 1893 at Knoxville, TN.
Died March 31, 1957 at Knoxville, TN.

Catcher in the American League, 1913-1917.

YEAR	CLUB	LEAGUE	POS	W	L	AVG	
1926	Louisville	American Association	1	105	62	.629	
1927	Louisville	American Association	7	65	103	.387	
1928	Louisville	American Association	8	62	106	.369	
1932	Springfield	Eastern	1	53	26	.671	league folded 7/17/32
	Binghamton	New York-Pennsylvania	5	34	28	.548	in 7/19/32
1933	Binghamton	New York-Pennsylvania	1	79	55	.590	
1934	Binghamton	New York-Pennsylvania	1	41	28	.594	
			3	35	34	.507	
1935	Binghamton	New York-Pennsylvania	5	35	31	.530	
			1	40	29	.580	
1936	Oakland	Pacific Coast	2	95	81	.540	
1937	Oakland	Pacific Coast	7	79	98	.446	
1938	Kansas City	American Association	2	84	67	.556	
1939	Kansas City	American Association	1	107	47	.695	
1940	Kansas City	American Association	1	95	57	.625	
1941	Kansas City	American Association	3	85	69	.552	
1942	Newark	International	1	92	61	.601	
1943	Newark	International	2	85	68	.556	
1944	Newark	International	2	85	69	.552	
1945	Newark	International	2	89	64	.582	
1946	Kansas City	American Association	7	67	82	.450	
1947	Kansas City	American Association	1	93	60	.608	
1948	Pittsburgh	National	4	83	71	.539	
1949	Pittsburgh	National	6	71	83	.461	
1950	Pittsburgh	National	8	57	96	.373	
1951	Pittsburgh	National	7	64	90	.416	
1952	Pittsburgh	National	8	42	112	.273	
		Major league totals 5 years		317	452	.412	
		Minor league totals 19 years		1605	1325	.548	

WILLIAM J. "BILLY" MURRAY

Born April 13, 1864 at Peabody, MA.
Died March 25, 1937 at Youngstown, OH.

YEAR	CLUB	LEAGUE	POS	W	L	AVG
1889	Quincy	Cental Interstate	3	59	52	.532
1890	Quincy	Western Interstate	4	42	44	.488
1891	Quincy	Illinois-Iowa	1	65	35	.650
1892	Joliet	Illinois-Iowa	1	55	27	.671
1893	Atlanta	Southern	3	55	39	.585
1894	Providence	Eastern	1	78	34	.696
1895	Providence	Eastern	2	74	44	.627
1896	Providence	Eastern	1	71	47	.602
1897	Providence	Eastern	5	69	60	.535
1898	Providence	Eastern	5	58	60	.492
1899	Providence	Eastern	7	54	62	.466
1900	Providence	Eastern	1	84	52	.618
1901	Providence	Eastern	2	74	57	.565
1902	Providence	Eastern	5	67	68	.496
1903	Jersey City	Eastern	1	92	32	.742
1904	Jersey City	Eastern	3	76	57	.571
1905	Jersey City	Eastern	3	81	49	.623
1906	Jersey City	Eastern	2	80	57	.584

YEAR	CLUB	LEAGUE	POS	W	L	AVG
1907	Philadelphia	National	3	83	64	.565
1908	Philadelphia	National	4	83	71	.539
1909	Philadelphia	National	5	74	79	.484
		Major league totals 3 years		240	214	.529
		Minor league totals 18 years		1234	876	**.585**

JOHN ALBERT "BERT" NIEHOFF

Born May 13, 1884 at Louisville, CO.
Died December 8, 1974 at Inglewood, CA.

Infielder in National League, 1913-1918.

YEAR	CLUB	LEAGUE	POS	W	L	AVG	
1922	Mobile	Southern Association	1	97	55	.638	
1923	Mobile	Southern Association	2	88	56	.571	
1924	Atlanta	Southern Association	2	99	54	.647	
1925	Atlanta	Southern Association	1	87	67	.565	
1926	Atlanta	Southern Association	5	75	76	.497	
1927	Atlanta	Southern Association	5	70	81	.464	
1928	Atlanta	Southern Association	5	31	41	.430	
			7	35	46	.432	
1929	New York	National					Coach
1931	Chattanooga	Southern Association	4	79	74	.516	
1932	Chattanooga	Southern Association	2	98	51	.658	
1933	Chattanooga	Southern Association	4	39	35	.527	
			7	35	42	.455	
1935	Oklahoma City	Texas	2	95	66	.590	
1936	Oklahoma City	Texas	4	79	75	.513	
1937	Louisville	American Association	8	62	91	.405	
1938	Louisville	American Association	8	53	100	.346	
1939	Jersey City	International	1	89	64	.582	
1940	Jersey City	International	3	81	78	.509	
1941	Little Rock	Southern Association	6	71	82	.464	
1942	Knoxville	Southern Association	8	61	88	.409	
1945	Chattanooga	Southern Association	2	85	55	.607	
1946	Chattanooga	Southern Association	3	79	73	.520	
1947	Chattanooga	Southern Association	4	79	75	.513	
1948-49	New York	American					Scout
1950	Selma	Southeastern	7	43	87	.331	
1951	Saginaw	Central	3	79	58	.577	
1952	Mobile	Southern Association					General Manager
1954	Oak Ridge	Mountain States	4	34	36	.486	
			4	1	7	.125	league disbanded 7/20/54
1961-68	Los Angeles	American					Scout
		Minor league totals 24 years		1824	1713	.516	

FRANCIS JOSEPH "LEFTY" O'DOUL

Born March 4, 1897 at San Francisco, CA.
Died December 7, 1969 at San Francisco, CA.

Pitcher and outfielder in major leagues, 1919-34.

YEAR	CLUB	LEAGUE	POS	W	L	AVG
1935	San Francisco	Pacific Coast	2	41	30	.577
1936	San Francisco	Pacific Coast	7	83	93	.472
1937	San Francisco	Pacific Coast	2	98	80	.551
1938	San Francisco	Pacific Coast	4	93	85	.522
1939	San Francisco	Pacific Coast	2	97	78	.554
1940	San Francisco	Pacific Coast	7	81	97	.455
1941	San Francisco	Pacific Coast	5t	81	95	.460
1942	San Francisco	Pacific Coast	5	88	90	.494
1943	San Francisco	Pacific Coast	2	89	66	.574
1944	San Francisco	Pacific Coast	3	86	83	.509
1945	San Francisco	Pacific Coast	4	96	87	.525
1946	San Francisco	Pacific Coast	1	115	68	.628
1947	San Francisco	Pacific Coast	2	105	82	.561
1948	San Francisco	Pacific Coast	2	112	76	.596
1949	San Francisco	Pacific Coast	7	84	103	.449

YEAR	CLUB	LEAGUE	POS	W	L	AVG
1950	San Francisco	Pacific Coast	5	100	100	.500
1951	San Francisco	Pacific Coast	8	74	93	.443
1952	San Diego	Pacific Coast	5	88	92	.489
1953	San Diego	Pacific Coast	7	88	92	.489
1954	San Diego	Pacific Coast	1	102	67	.604
1955	Oakland	Pacific Coast	7	77	95	.448
1956	Vancouver	Pacific Coast	8	67	98	.406
1957	Seattle	Pacific Coast	5	87	80	.521
		Minor league totals 23 years		2094	1970	.515

FRANK JOHN OCEAK

Born September 8, 1912 at Pocahontas, VA.
Died March 19, 1983 at Johnstown, PA.

YEAR	CLUB	LEAGUE	POS	W	L	AVG	
1938	Lafayette	Evangeline	5	69	69	.500	
1939	Fayetteville	Arkansas-Missouri	4	21	39	.350	
			4	14	15	.219	
1940	Beaver Falls	Pennsylvania State Association	3	52	56	.481	
1941							Suspended for the season by Commissioner Landis for assault on umpire
1942	Oil City	Pennsylvania State Association	3	24	31	.426	
			3	24	32	.428	
1943	Hornell	PONY	2	60	50	.545	
1944-45							Military service
1946	Selma	Southeastern	7	60	77	.437	
1947	Keokuk	Central Association	4	61	61	.488	
1948	York	Interstate	3	77	62	.554	
1949	York	Interstate	6	66	72	.478	
1950	York	Interstate	6	65	73	.471	
1951	Charleston	SALLY	4	75	65	.536	
1952	Charleston	SALLY	5	78	75	.510	
1953	Charleston	SALLY	8	8	30	.211	out 5/25/53
	Dublin	Georgia State	7	20	49	.290	in 6/18/53
1954	Brunswick	Georgia-Florida	1	88	52	.629	
1955	Brunswick	Georgia-Florida	1	87	52	.626	
1956	Brunswick	Georgia-Florida	5	34	35	.493	
			7	28	41	.406	
1957	Columbus	International	7	69	85	.448	
1958-65	Pittsburgh	National					Coach
1966	Clinton	Midwest	9	23	38	.377	
			9	25	38	.397	
1967	Macon	Southern	5	47	73	.392	in 5/11/68
1968	Gastonia	Western Carolinas	3	33	29	.532	
			3	35	26	.574	
1969	Gastonia	Western Carolinas	2	36	27	.571	
			4	31	31	.500	
1970-72	Pittsburgh	National					Coach
		Minor league totals 21 years		1310	1383	.486	

BENJAMIN "CANANEA" REYES

Born February 18, 1937 at Nacosari, Sonora, Mexico.
Died November 11, 1991 at Hermosillo, Mexico.

YEAR	CLUB	LEAGUE	POS	W	L	AVG
1968	Fresnillo	Mexican Center	6	55	70	.440
1969	San Luis Potosi	Mexican Center	1	81	45	.643
1970	San Luis Potosi	Mexican Center	3	66	60	.524
1971	Jalisco	Mexican	1S	82	65	.558
1972	Jalisco	Mexican	3N	77	60	.562
1973	Ciudad Juarez	Mexican	3NW	55	78	.414
1974	Mexico City Reds	Mexican	1SE	75	61	.551
1975	Mexico City Reds	Mexican	2SE	80	57	.584
1976	Mexico City Reds	Mexican	2SE	75	63	.543
1977	Mexico City Reds	Mexican	1SE	94	57	.623
1978	Mexico City Reds	Mexican	2SE	70	76	.479

YEAR	CLUB	LEAGUE	POS	W	L	AVG	
1979	Mexico City Reds	Mexican	3SE	74	64	.536	
1980	Mexico City Reds	Mexican	3SE	52	40	.565	
1981	Seattle	American					Coach
1982	Coatzacoalcos	Mexican	1SW	73	54	.575	
1983	Mexico City Reds	Mexican	1S	74	37	.667	
1984	Mexico City Reds	Mexican	1S	75	41	.647	
1985	Mexico City Reds	Mexican	1S	80	52	.606	
1986	Mexico City Reds	Mexican	4S	68	60	.531	
1987	Mexico City Reds	Mexican	1S	115	49	.701	
1988	Mexico City Reds	Mexican	1S	82	45	.646	
1989	Mexico City Reds	Mexican	4S	68	63	.519	
1990	Mexico City Reds	Mexican	2S	72	54	.571	
1991	Mexico City Reds	Mexican	1S	74	44	.627	did not go on road trips
	Minor league totals 23 years			1717	1295	.570	

FRANK J. "SHAG" SHAUGHNESSY

Born April 8, 1883 at Areboy, IL.
Died May 15, 1969 at Montreal, Canada.

Outfielder, American League, 1905-08. President, International League, 1936-60. Originator of the 4-team Shaughnessy Playoffs.

YEAR	CLUB	LEAGUE	POS	W	L	AVG	
1909	Roanoke	Virginia	1	73	49	.598	
1910	Roanoke	Virginia	2	68	52	.567	
1911	Roanoke	Virginia	3	63	56	.529	
1912	Fort Wayne	Central	1	77	52	.597	
1913	Ottawa	Canadian	1	66	39	.629	
1914	Ottawa	Canadian	1	76	45	.628	
1915	Ottawa	Canadian	1	72	39	.649	
1916	Wellsville/Bradford/Warren	Interstate	4	41	37	.526	
1919	Hamilton	Michigan-Ontario	2	75	36	.676	
1920	Hamilton	Michigan-Ontario	2	71	46	.607	
1921	Syracuse	International		29	38	.433	in 7/30/21
1922	Syracuse	International	7	64	102	.386	
1923	Syracuse	International	6	73	92	.442	
1924	Syracuse	International	6	79	83	.488	
1925	Syracuse	International	9	29	.237	out 5/28/25	
	Providence	International		49	69	.415	in 6/4/25
1926	Reading	International	1		8	.111	out 4/23/26
1928	Detroit	American					Coach
1932-34	Montreal	International					General Manager
1934	Montreal	International		15	18	.455	
1935	Montreal	International	1	92	62	.597	
1936	Montreal	International		55	60	.478	out 8/5/36
	Minor league totals 19 years			1148	1012	.531	

JOSEPH EVERTT SPARKS

Born March 15, 1938 at McComas, WV.

YEAR	CLUB	LEAGUE	POS	W	L	AVG	
1970	Duluth-Superior	Northern	1	48	21	.696	
1971	Appleton	Midwest	1N	79	44	.642	
1972	Knoxville	Southern	2W	76	64	.543	
1973	Iowa	American Association	1E	83	53	.610	
1974	Iowa	American Association	2E	74	62	.544	
1975	Iowa	American Association	4E	56	79	.412	
1976	Toledo	International	8	55	85	.393	
1977	Iowa	American Association	4E	61	75	.449	
1978	Iowa	American Association	4E	66	70	.485	
1979	Chicago	American					Coach
1980	Omaha	American Association	3W	66	70	.485	
1981	Omaha	American Association	1W	79	57	.581	
1982	Omaha	American Association	1W	71	66	.518	
1983	Omaha	American Association	4W	64	72	.471	
1984	Cincinnati	National					Coach
1986	Indianapolis	American Association	1E	80	62	.563	
1987	Indianapolis	American Association	3E	74	70	.514	

YEAR	CLUB	LEAGUE	POS	W	L	AVG	
1988	Indianapolis	American Association	1E	89	53	.627	
1989	Montreal	National					Coach
1990	New York	American					Coach
1991	Toledo	International	5	74	70	.514	
1992	Toledo	International	6	64	80	.444	
1993	Toledo	International	7	65	77	.458	
1994	Toledo	International	8	6	17	.261	
		Minor league totals 20 years		1330	1247	.516	

Frank Verdi

Born June 2, 1926 at Brooklyn, NY.
Shortstop for 1 game, New York, American, 1953.

YEAR	CLUB	LEAGUE	POS	W	L	AVG	
1961	Syracuse	International	8	44	44	.500	in 7/1/61
1962	Syracuse	International	7	33	53	.384	out 7/11/62
1963	Greensboro	Carolina	1W	85	59	.590	
1964	Fort Lauderdale	Florida State	2	81	59	.579	
1965	Toledo	International	7	68	78	.466	
1966	Binghamton	New York-Pennsylvania	5	25	35	.417	
			1	42	23	.646	
1967	Oneonta	New York-Pennsylvania	3	40	39	.506	
1968	Binghamton	Eastern	4	22	22	.500	
	Syracuse	International	5	51	44	.537	
1969	Syracuse	International	3	75	65	.536	
1970	Syracuse	International	1	84	56	.600	
1972	Syracuse	International	7	64	80	.444	
1974	Denver	American Association	4W	62	74	.456	
1977	Tidewater	International	3	73	67	.521	
1978	Tidewater	International	5	69	71	.493	
1979	Tidewater	International	4	73	67	.521	
1980	Tidewater	International	6	67	72	.482	
1981	Columbus	International	1	88	51	.576	
1982	Columbus	International	2	79	61	.564	
1983	San Jose	California	5	56	84	.400	
1984	Rochester	International	8	52	88	.371	
1985	Rochester	International	7	18	40	.310	out 6/16/1985
1993	Sioux Falls	Northern	4	34	38	.472	
1994	Sioux Falls	Northern	2	47	33	.588	
		Minor league totals 23 years		1432	1403	.505	

Stanley Wasiak

Born April 8, 1920 at Chicago, IL
Died November 20, 1992 at Mobile, AL.

YEAR	CLUB	LEAGUE	POS	W	L	AVG	
1950	Valdosta	Georgia-Florida	2	81	56	.591	
1951	Valdosta	Georgia-Florida	1	81	45	.643	
1952	Greenwood	Cotton States	3	70	56	.556	
1953	Newport News	Piedmont	3	80	56	.588	
1954	Mobile	Southern Association		25	35	.417	out 6/9/54
	Valdosta	Georgia-Florida	5	39	28	.582	in 7/1/54
1955	Valdosta	Georgia-Florida	4	68	70	.493	
1956	Idaho Falls	Pioneer	7	30	37	.448	out 7/7/56
	Hazlehurst-Baxley	Georgia State	5	21	21	.500	in 7/12/56
1957	Valdosta	Georgia-Florida	1	42	28	.600	
			3	35	34	.507	
1958	Great Falls	Pioneer	1	39	28	.582	
			7	24	42	.364	
1959	Green Bay	Three I	1	39	24	.619	
			3	35	27	.565	
1960	Green Bay	Three I	6	65	73	.471	
1961	Salem	Northwest	2	40	29	.580	
			4	34	37	.479	
1962	Salem	Northwest	2	38	33	.535	
			2	36	34	.514	

YEAR	CLUB	LEAGUE	POS	W	L	AVG	
1963	Salem	Northwest	3	38	28	.576	
			2	43	31	.581	
1964	Salem	Northwest	3	34	30	.531	
			2	44	32	.579	
1965	Salem	Northwest	6	26	44	.371	
			6	21	46	.313	
1966	Fox Cities	Midwest	1	42	19	.689	
			3	35	28	.556	
1967	Lynchburg	Carolina	4W	68	68	.500	
1968	Evansville	Southern	6	55	84	.396	
1969	Lynchburg	Carolina	4W	60	84	.417	
1970	Daytona Beach	Florida State	3E	76	55	.580	
1971	Daytona Beach	Florida State	1W	82	58	.586	
1972	Daytona Beach	Flordia State	1N	40	28	.588	
	El Paso	Texas	1W	47	32	.595	
1973	Albuquerque	Pacific Coast	4E	62	82	.431	
1974	Albuquerque	Pacific Coast	1E	76	66	.535	
1975	Albuquerque	Pacific Coast	3E	71	73	.493	
1976	Albuquerque	Pacific Coast	3E	66	78	.458	
1977	Lodi	California	3	33	37	.471	
			1	48	22	.686	
1978	Lodi	California	1N	42	28	.600	
			1N	43	27	.614	
1979	Lodi	California	1N	42	28	.600	
			5N	25	44	.362	
1980	Vero Beach	Florida State	2N	82	59	.582	
1981	Vero Beach	Florida State		23	35	.397	out 5/17/81 and in 8/1/81, then out 8/24/81
1982	Vero Beach	Florida State		1	0	1.000	managed one game, 8/24/82
1983	Vero Beach	Florida State	4S	28	41	.406	
			1S	41	24	.631	
1984	Vero Beach	Florida State	3S	40	38	.513	
			1S	39	29	.574	
1985	Vero Beach	Florida State	3S	67	73	.479	
1986	Vero Beach	Florida State	4S	68	70	.493	
		Minor league totals 37 years		2530	2314	.522	

Robert Joseph "Bob" Wellman

Born July 15, 1925 at Norwood, OH.
Played for Philadelphia, American, 1948 and 1950.

YEAR	CLUB	LEAGUE	POS	W	L	AVG	
1955	Douglas	Georgia State	1	62	46	.574	
1956	Moultrie	Georgia-Florida	5	68	71	.489	
1957	Graceville	Alabama-Florida	1	46	37	.554	out 7/19/57
1958	Savannah	SALLY	6	61	79	.436	
1959	Savannah	SALLY	5	49	49	.484	out 7/21/59
1961	Dothan	Alabama-Florida	6	35	82	.299	
1962	Bakersfield	California	6	67	72	.482	
1963	Bakersfield	California	7	35	38	.479	
			2	43	24	.642	
1964	Eugene	Northwest	1	42	24	.636	
			4	35	39	.473	
1965	Eugene	Northwest	3	34	34	.500	
			3	37	31	.544	
1966	Spartanburg	Western Carolinas	1	45	21	.682	
			1	46	14	.767	
1967	Tidewater	Carolina	4E	70	68	.507	
1968	Tidewater	Carolina	2E	80	60	.571	
1969	Reading	Eastern	2	81	59	.579	
1970	Eugene	Pacific Coast	4N	15	28	.349	out 5/25/1971
1971	Spartanburg	Western Carolinas	2	78	47	.624	
1972	Spartanburg	Western Carolinas	1	89	43	.674	
1973	Rocky Mount	Carolina	2	41	29	.586	
			5	34	36	.486	
1974	Reading	Eastern	3N	69	66	.511	

YEAR	CLUB	LEAGUE	POS	W	L	AVG	
1975	Reading	Eastern	1	41	20	.672	
			2	43	33	.566	
1976	Reading	Eastern	3S	35	37	.486	out 7/24/1976
1977	Jackson	Texas	3E	62	68	.477	
1978	Jackson	Texas	2E	76	58	.567	
1979	Jackson	Texas	3E	70	65	.519	
1980	Jackson	Texas	3E	74	62	.544	
		Minor league totals 25 years		1663	1440	.536	

Elmer Ellsworth Yoter

Born June 26, 1900 at Plainfield, PA.
Died July 26, 1966 at Camp Hill, PA.

See record in player section.

YEAR	CLUB	LEAGUE	POS	W	L	AVG	
1932	Danville	Three-I	5	27	30	.474	
			6	2	7	.222	
1933	Wilkes-Barre	New York-Pennsylvania	3	71	67	.514	
1934	Wilkes-Barre	New York-Pennsylvania	5	34	35	.493	
			5	32	32	.500	
1935	Wilkes-Barre	New York-Pennsylvania	2	41	26	.612	
			4	38	31	.551	
1936	Wilkes-Barre	New York-Pennsylvania	7	32	37	.464	
			6	30	38	.441	
1937	Portsmouth	Piedmont	3	75	62	.547	
1938	Greenwood	Cotton States	7	55	83	.399	
1939	Gloversville-Johnstown	Canadian-American	7	46	77	.374	
1941	Danville-Schoolfield	Bi-State	3	64	50	.561	
1942	Danville-Schoolfield	Bi-State	6	54	67	.446	
1945	Scranton	Eastern	5	67	69	.493	
1946	Scranton	Eastern	1	96	43	.691	
1947	Toronto	International	8	64	90	.416	
1948-49	Boston	American					Scout
1950	Marion	Ohio-Indiana	1	53	21	.716	in 7/3/50
1951	Marion	Ohio-Indiana	2	33	21	.611	
			1	45	9	.833	
1952-54	Boston	American					Scout
1955	Greensboro	Carolina	6	66	72	.478	
1956	Corning	PONY	2	68	55	.553	
1957	Corning	New York-Pennsylvania	3	65	52	.556	
1958	Corning	New York-Pennsylvania	5	64	61	.512	
1959	Waterloo	Midwest	1	38	24	.613	
			1	38	24	.613	
1961	Winston-Salem	Carolina	4	33	37	.471	out 6/27/61
		Minor league totals 21 years		1331	1220	.522	

The Bibliography

The following are principal resources for minor league baseball statistics:

Baseball America Statistics Report, 1983-1987, Durham: Baseball America, Inc.

Baseball America Almanac, 1988-1994, Durham: Baseball America, Inc.

Clifton, Merritt. Disorganized Baseball, vol. 3: Baseball in Vermont, 1935-1988 & Player Records. Richford, Vermont: Samisdat, 1983.

Clifton, Merritt. Disorganized Baseball, vol. 1: The Quebec Provincial League. Richford, Vermont: Samisdat, 1983.

Davids, L. Robert, ed. Minor League Stars: vol. III. Cleveland: Society for American Baseball Research, 1992.

Davids, L. Robert, ed. Minor League Stars: vol. II. Cleveland: Society for American Baseball Research, 1985.

Davids, L. Robert, ed. Minor League Stars. Cooperstown: Society for American Baseball Research, 1978, rev. ed. 1984.

Enciclopedia del Beisbol Mexicano, 1992. Monterrey, Mexico: Revista Deportivas, S.A. de C.V. (REDSA).

Finch, Robert L.; L. H. Addington: and Ben M. Morgan, The Story of Minor League Baseball: A History of the Game of Professional Baseball in the United States. The Record of Championship Performances from 1901 to 1952. Columbus, Ohio: National Association of Professional Leagues, 1952.

Graczyk, Wayne ed. Japan Pro Baseball Handbook, 1990-1994.

Johnson, Lloyd and Miles Wolff, editors. Encyclopedia of Minor League Baseball, 1993, Durham: Baseball America, Inc.

Minor League Digest, 1941-1951. Fort Wayne, Indiana: Heilbroner Baseball Bureau.

Minor League Digest, 1952-1991. Fort Wayne and St. Petersburg: Baseball Blue Book, Inc.

Murnane, Timothy, National Association Baseball Guide, 1903-1910. Auburn, New York: National Association of Professiona Baseball Clubs.

Official Baseball Guide, 1887-1941. New York: American Sports Publishing Company.

Official Baseball Guide, 1942-94. St. Louis: The Sporting News.

Official American League Baseball Guide, 1883-1939. Philadelphia: Alfred J. Reach Company.

Official Guide of the National Association of Professional Baseball Leagues, 1902-1919. New York: American Sports Publishing Comany.

Spalding's Minor League Guide, 1889-1910. New York: American Sports Publishing Company.

Sparks, Robert, ed. National Association Orange Book: Official Publication of the National Association of Professional Baseball Leagues. St. Petersburg: National Association of Professional Baseball Leagues.

Stats Inc., Bill James and Howe Sportsdata. Stats Minor League Handbook, 1992-, Chicago: Stats, Inc..

Personal Baseball Research Collections: Dean Coughenour Minor League Statistics File, Robert Hoie Minor League Statistics File, Bob McConnell Minor League Statistics File, Ray Nemec Minor League Statistics File, John Pardon Minor League Baseball Collection

The Index

Abbott, Spencer............441	Bettencourt, Larry............35	Butler, Ike.................358
Abernathy, Woody............13	Betts, Fred.................35	Caballero, Ramiro............55
Ables, Harry...............345	Betzel, Bruno..............443	Calbert, Ernest..............55
Acosta, Teo.................13	Bigelow, Babe...............36	Caldwell, Earl.............359
Adair, Bill.................441	Bilko, Steve................36	Callahan, Dave..............56
Adair, Jimmy................13	Black, Karl................351	Calvey, Jack................56
Aguilar, Enrique.............14	Blackburn, Wayne............37	Camcho, Moises..............57
Aikens, Willie...............14	Blackerby, George............37	Camacho, Ronaldo............57
Alcarez, Angel...............15	Blakesley, James.............38	Camp, Howie.................58
Alexander, Dale..............15	Blethen, Clarence...........351	Campau, Charles..............59
Alitzer, David...............16	Bobo, Herschel........38, 443	Cantrell, Rosie..............59
Alvarez, Rogelio.............16	Bodie, Ping..................39	Cargo, Chick................60
Anderson, Hal................17	Boehler, George............352	Carlisle, Rosy...............60
Antista, Tony................17	Boken, Bob..................39	Carlyle, Cleo................61
Arano, Ramon...............345	Bolton, Cliff................40	Carlyle, Roy................61
Archdeacon, Maurice..........18	Bonowitz, Joe................40	Carnegie, Ollie..............61
Arlett, Buzz............18, 213	Bonura, Zeke.................41	Carnett, Eddie...............62
Arntzen, Orie...........198, 346	Booe, Everett................41	Carroll, Dixie...............63
Asinof, Eliot................19	Boone, Ike.............42, 212	Carswell, Frank..............63
Atz, Jacob.................442	Boone, Danny................42	Carter, Blackie..............64
Ayon, Andres...............346	Boone, Luke.................43	Cassini, Jack................64
Bagwell, Bill................19	Borgmann, Benny.............43	Castro, Kiko................65
Bailey, Bill................347	Bowland, Arthur..............44	Caveney, Ike................65
Balboni, Steve...............19	Bowman, Abe...............352	Cavet, Pug.................359
Ballou, Win................347	Bowman, El..................44	Chadbourne, Chet............66
Bamberger, George..........348	Boyle, Frank...............444	Chatham, Buster.............67
Bankston, Bill...............20	Bragana, Ramon.............353	Chech, Charles.............360
Bannon, Jimmy...............20	Brannon, Otis................44	Churchill, Robert............67
Bannon, Thomas..............21	Branom, Dud.................45	Clabaugh, Moose......68, 208
Barbee, Dave................21	Brashear, Kitty..............45	Clancy, Bud.................68
Barfoot, Clyde..............348	Brashear, Roy...............46	Clark, Pep..................69
Barna, Babe............22, 216	Bratcher, Joseph.............46	Clark, Win.................446
Baron, Charles...............22	Braxton, Garland...........353	Clarkson, Buzz...............69
Barrera, Nelson..............23	Brazill, Frank...............47	Clay, Bill..................70
Barrett, Dick...............349	Breckinridge, Edward.........47	Clear, Bob.................446
Barry, Rich..................23	Brewster, Charlie.............48	Clifton, Sweetwater..........70
Barton, Larry................24	Bridges, Rocky.............444	Clymer, Bill...............447
Bashang, Al.................24	Brief, Bunny...........48, 210	Cobb, Paul..................70
Basinski, Edwin..............25	Brillheart, James...........354	Cohen, Andy................71
Bass, Randy.................25	Briner, Rudy................49	Cole, Michael...............71
Bassler, John................26	Briones, Antonio.............49	Coleman, Bob..............447
Batista, Rafael..............26	Brito, Bernardo.........50, 212	Coleman, Ed................72
Baugh, Sammy...............27	Brookshier, Tom............355	Collins, Jimmie..............73
Baum, Spider...............350	Brovia, Joe..................50	Collins, Ripper..............72
Bauman, Joe............27, 212	Brower, Louis................50	Compton, Pete...............73
Baumann, Paddy..............27	Brown, Eddie................51	Conde, Ramon...............74
Bayless, Dick................28	Brown, Joseph...............52	Congalton, Bunk.............74
Beard, Ted..................28	Brown, Lloyd...............355	Connally, Bud...............75
Beck, Erve..................29	Browne, Earl................52	Connaughton, Frank..........75
Beck, Fred..................29	Brubaker, Ray...............53	Connors, Chuck.............76
Becker, David...............30	Brunet, George........198, 356	Connors, Merv..............76
Becker, Heinz...............30	Bruno, Paul.................53	Conyers, Herb...............77
Beeler, Jodie................31	Bryan, Edwin...............357	Corbett, Gene...............77
Bennett, Red................31	Bryant, Clay...............445	Corcoran, Mickey............78
Bennett, Pug................32	Bryant, Derek...............54	Cotelle, Tony...............78
Bentley, Jack................32	Burleson, Gus..............357	Couchman, Robert..........360
Benton, Stan................33	Burnham, Walter...........445	Covington, Chet............361
Berger, Joseph...............34	Burns, Glenn................54	Craghead, Howard..........362
Bernier, Carlos..........34, 211	Burns, Russell...............55	Crandall, James............362
Berry, Jittery Joe...........350	Burwell, Bill...............358	Crawford, Pat...............79

476 • *The Minor League Register*

Name	Page(s)
Crues, Bob	79
Cuellar, Charlie	363
Cuitti, Art	79
Cullop, Nick	80
Cuomo, Mario	80
Dalkowski, Steve	206, 363
Dallessandro, Dom	80
Dandridge, Ray	81
Dasso, Francis	363
Davilillo, Vic	81
Davis, Crash	84, 202
Davis, Country	83
Davis, Harry	82
Davis, Red	448
Davis, Stormy	82
Davis, Yank	84
Delahanty, Joe	84
Delahanty, Tom	85
Dell, William	364
Demeter, Steve	85
Denning, Otto	86
Derry, Russ	86
Detore, George	87
DeViveiros, Bernie	87
Dial, Carroll	364
Diaz, Cesar	365
Dickshot, Johnny	88
Diester, William	88
Dillon, Cap	89
DiMaggio, Vince	89, 199
Dittmar, Carl	90
Dixon, Walt	90, 449
Dobbs, John	449
Donalds, Edward	365
Dorman, Dutch	91
Downs, Red	91
Duffy, John	92
Dugas, Gus	92
Duke, Willie	93
Dungan, Sam	93
Dunn, Dynamite	93
Dunn, Jack	450
Durham, Bull	94
Durst, Cedric	94
Dwyer, Joseph	95
Dye, Babe	95
Eagan, Pete	96
Eagan, Truck	95
Easter, Luke	96, 200
Easterling, Paul	97
Eaves, Vallie	366
Eckhardt, Ox	97, 214
Egan, Ned	450
Ehman, Fred	366
Eldred, Brick	98
Eldridge, Rube	367
Ellison, Babe	98
Elway, John	99
English, Charles	99
English, Gil	99
Epps, Hal	100
Ermer, Cal	451
Espino, Hector	100
Estrada, Paquin	101
Etten, Nick	101
Fair, Woody	102
Farrell, Kerby	102, 451
Fausett, Robert	103
Feathers, Beattie	104
Fernandez, Roberto	104
Ferrell, George	104
Fischer, Lawrence	105
Fisher, George	105
Fisher, Bob	106
Fittery, Paul	367
Fitzgerald, Lou	452
Flaskamper, Ray	106
Fleming, Les	107, 210
Fletcher, Guy	368
Flick, Lew	107
Flood, Raymond	108
Fortin, Joseph	108
Fortune, Gary	368
Foster, Clarence	109
Fowler, Art	369
Fowler, Bud	109
Frederick, John	110
Freed, Roger	110
Freitas, Tony	203, 369
French, Ray	111
French, Walter	111
Frierson, Robert	112
Friol, Rene	112
Frisk, John	113
Frock, Samuel	370
Fuhr, Oscar	370
Fuller, Moose	371
Galloway, James	113
Ganzel, Babe	114
Garcia, Ralph	371
Garcia, Vinicio	114
Gardner, Harry	372
Garrett, Adrian	115
Garriott, Cecil	115
Gaspar, Pilo	116
Gentile, Jim	116
George, Thomas	202, 372
Geraghty, Ben	452
Gettman, Jake	117
Gibson, Samuel	373
Gilbert, Andy	453
Gilbert, Larry	117, 213, 454
Gilchrist, Verdun	118
Gilhooley, Frank	118
Gilks, Bob	119
Gill, Johnny	119
Gladu, Roland	120
Glass, Joseph	120
Gliatto, Salvador	373
Goff, Bobby	121, 205
Goldstein, Lonnie	121
Good, Wilbur	122
Graham, Jack	122
Graham, Oscar	374
Granade, Joseph	123
Grant, Frank	123
Gravino, Frank	124, 211
Gray, Pete	124, 206
Greco, Richard	124
Greer, Edward	374
Greer, Stubby	125
Gregory, Howard	375
Grey, Zane	125
Grey, Romer	125
Griffin, Ivy	126
Griffiths, John	126
Griggs, Art	127
Grigsby, Denver	127
Grimes, Roy	128
Gudat, Marv	128
Guettler, Ken	129, 200
Gullic, Ted	129
Guyon, Joseph	130
Gyselman, Dick	130
Haas, Bruno	131
Hall, Charles	375
Hall, Herbert	376
Hamel, Clarence	131
Hamlin, Luke	377
Handley, Gene	132
Hannah, Truck	132
Harper, George	377
Harris, Bill	378
Harris, Spencer	133, 213
Hart, Bill	134
Hart, William	378
Hartford, Bruce	134
Hartman, William	135
Hartness, Edgar	135
Hartsfield, Roy	454
Harvey, Doug	135
Hathaway, Ray	455
Hauser, Joe	136, 215
Hawley, Chuck	379
Head, Albert	136
Hearn, Barnie	137
Hearn, Bunn	379
Heath, Mickey	137
Henley, Clarence	380
Henry, Frederick	138
Hernandez, Leo	138
Herrera, Pancho	139
Heslet, Bud	139
Hicks, Melvin	140
High, Charlie	140
Hill, Moe	140
Hill, Carmen	380
Hillin, Harold	381
Hinchman, Harry	141
Hitt, Roy	381

Name	Page	Name	Page	Name	Page
Hoag, Myril	141	King, John	161	Lopez, Jose	393
Hock, Eddie	142	Kingdon, Wes	161	Lotshaw, Doc	183
Hodgin, Ralph	143	Kirke, Jay	162	Lovenguth, Lynn	394
Hoffman, Edward	143	Kirkham, Kenzie	163	Lowdermilk, Grover	199, 394
Hogriever, George	144	Kissinger, Rube	389	Luby, Hugh	184
Holder, Richard	144	Kittle, Hub	457	Lucas, Scott	184
Holt, Goldie	145	Klobedanz, Frederick	390	Lucchesi, Frank	460
Hooks, Alex	145	Kloza, John	163	Ludolph, William	395
Hopper, Clay	455	Knight, John	164	Lutz, Barney	185
Horne, Berlyn	382	Knight, Joseph	164	Lutz, Michael	185
Howell, Murray	146	Knoblauch, Edward	165	Lyle, James	395
Hovlik, Edward	382	Knoll, Charles	165	Lynch, Mike	185
Hudgens, Jimmy	146	Koehler, Horace	166	Lynn, Red	396
Huelsman, Frank	147	Komminsk, Brad	166, 208	Macko, Joe	186
Hufft, Fuzzy	147	Kopp, Merlin	167	Magellon, Manuel	186
Hughes, Pete	148	Kraft, Clarence	167	Maggert, Harl	187
Hughes, Thomas	383	Krause, Harry	390	Maisel, Fritz	188
Hughes, Bill	383	Kreig, Bill	167	Majtyka, Roy	461
Hulvey, Hank	384	Krug, Marty	168	Mailhop, Emil	187
Hunt, Mike	148	Kurowski, Whitey	458	Mails, Walter	396
Hutcheson, Joe	148	Lacy, Guy	168	Mains, Willard	397
Hutchinson, Ira	456	Ladd, Hi	169	Mangum, Leon	397
Hutson, Don	149	Lally, Bud	170	Mann, David	188
Iott, Hooks	208, 384	Lamb, Lyman	170	Marion, Red	462
Jackson, George	149	Lancellotti, Rick	171	Markell, Duke	398
Jacobs, Arthur	385	Lane, William	171	Markle, Clifford	398
Jacobs, Ray	150	Langford, Sam	172	Marquez, Luis	188l
Jacobson, Jake	150	LaRoque, Sam	172	Marshall, Joseph	189
Jeffries, Irv	151	Lausche, Frank	173	Martin, Herschel	189
Jenkins, Tom	151	Lawry, Otis	173	Martina, Oyster Joe	209, 399
Jethroe, Sam	151	Layne, Harry	173	Martineck, Mike	190
Jimenez, Felix	152	Layne, Herman	174	Massey, Bill	190
Johnson, Chet	385	Layne, Hilly	174	Matias, John	191
Johnson, Earl	386	Leard, Bill	175	Matthews, James	191
Johnson, Frederick	386	LeBourveau, DeWitt	175	May, Pinky	462
Johnston, Len	152	Lee, Ernest	176	Mayer, Sam	192
Jolley, Smead	153, 207	Leibold, Nemo	458	McBride, Red	192
Jones, Clarence	153	LeJeune, Larry	176, 205	McCabe, Richard	399
Jones, Jim	154	Lelivelt, Jack	177, 459	McCann, Emmett	193
Jones, John	154	Lennon, Bob	177, 203	McCloskey, John	463
Jones, Leroy	155	LeRoy, Louis	391	McColl, Red	205, 400
Jones, Oscar	387	Letchas, Charlie	178	McDaniel, James	193
Jonnard, Claude	387	Letcher, Tomas	178	McDaniel, Chili	194
Jordan, Tom	156	Levan, Jesse	179	McDonald, Tex	194
Judnich, Walt	156	Leverenz, Walter	391	McGhee, Bill	194
Judy, Lyle	157	Levy, Ed	179	McGlynn, Stoney	401
Kallio, Rudolph	388	Levy, Jake	392	McGowan, Frank	195
Kash, Michael	388	Lewis, Bernard	180	McKeon, Jack	464
Kay, Bill	157	Lewis, Bill	180	McLarry, Howard	196
Keane, John	456	Lewis, Douglas	180	McMillan, Tom	196
Keesey, Jim	158	Lillard, Gene	181	Meaney, Pat	217
Kelleher, Frankie	158	Limmer, Lou	181	Meek, Herman	217
Kelley, Harry	389	Lindimore, Howard	182	Mele, Dutch	218
Kelley, Mike	457	Lindsay, Ray	392	Mendez, Roberto	218
Kelly, Joe	159	Lipon, John	459	Mendoza, Minnie	219
Kelly, Bill	159	Lis, Joe	182	Meriwether, Al	219
Kennedy, Frosty	160	Liska, Ad	393	Merritt, John	401
Keyes, Stanley	160	Little, Keith	183	Merz, Otto	401
Kihm, George	160	Lizotte, Abel	183	Metro, Charlie	464

Mesner, Steve	220
Metz, Frank	220
Meyer, Bill	465
Middleton, James	402
Middleton, Roxy	220
Miller, Pud	221
Miller, Ed	221
Miller, Hack	222
Milner, Cat	222
Milstead, George	402
Mincy, Red	223
Mizeur, Bill	223
Mohler, Ernest	224
Monahan, Peter	224
Monroe, John	225
Monteagudo, Aurelio	403
Montemayor, Felipe	225
Moon, Leo	404
Moore, Albert	226
Moore, Dee	226
Mora, Andres	204, 227
Moran, Butch	228
Morejon, Daniel	228
Morgan, Chet	228
Moss, Howie	229
Mulleavy, Gregory	229
Muller, Freddie	230
Mulligan, Eddie	230
Munson, Joseph	231
Murphy, Edward	231
Murphy, Rod	232
Murray, Billy	465
Murray, Jim	232
Myers, Bade	233
Nadeau, Philip	233
Nagel, Bill	234
Najo, Leonardo	234
Nance, William	235
Nattress, William	235
Navarrette Juan	236
Neal, Albert	236
Neill, Thomas	236
Nell, Gordon	237
Nelson, Rocky	211, 237
Nesselrode, Hank	238
Newnam, Patrick	238
Nicholas, Donald	239
Nicholson, Fred	239
Niehaus, Richard	404
Niehoff, Bert	240, 466
Nieman, Butch	240
Nitcholas, Otho	405
Norbert, Ted	240
Norman, Bill	241
Northrop, Jake	405
Novikoff, Lou	207, 214, 242
Oana, Henry	210, 242
O'Brien, Ray	243
Oceak, Frank	467
O'Doul, Lefty	466
Ogden, Jack	406
Oglesby, Jim	243
Oliver, Tom	244
Onslow, Eddie	245
Orr, Bill	245
Ortiz, Alfredo	406
Ortiz, Alejandro	246
Osborn, Donald	407
Osorio, Alberto	407
Ostrowski, John	246
Owens, Paul	246
Palmer, Edwin	247
Palmer, Ike	247
Palys, Stan	247
Pappalau, John	408
Parker, Ace	248
Parker, Salty	248
Parker, Roy	249
Parnham, Rube	408
Paschall, Benjamin	250
Pascual, Carlos	250
Patchett, Harold	251
Pate, Joseph	409
Patterson, Floyd	251
Patterson, Roy	409
Payne, George	410
Payne, Zip	252
Peden, Les	252
Peel, Homer	253
Pena, Jose	410
Penner, Kenneth	411
Perry, Raymond	253
Peterson, Buddy	254
Phillip, Andrew	254
Phipps, Jodie	412
Pick, Eddie	254
Pierce, Jack	255
Pillette, Herman	211, 412
Pinkston, Al	255
Platte, Al	256
Pless, Rance	256
Poffo, Randy	257
Polli, Louis	413
Pollorena, Antonio	413
Poole, Jim	204, 257
Porter, Dick	258
Powell, Rabbit	258
Powers, Mike	259
Powers, Johnny	259
Prather, Dutch	260
Prescott, Bobby	260
Prim, Raymond	414
Prough, Bill	414
Puccinelli, George	261
Purdy, Pid	261
Pyle, Judge	262
Quellich, George	262
Rabbitt, Joe	262
Raimondi, Bill	263
Ramirez, Francisco	415
Rapp, Earl	263
Rawlings, Reg	264
Rebel, Art	264
Reese, Andy	265
Rehg, Wally	265
Reid, Jackie	415
Reider, John	266
Reiger, Frank	266
Reilley, Alexander	266
Reitz, Albert	416
Reyes, Ben	467
Rhiel, Billy	267
Rhinehardt, George	267
Rice, Bob	268
Rich, Woody	216, 417
Richardson, Ken	268
Richardson, Virgil	269
Richbourg, Lance	269
Richmond, Don	270
Riggert, Joe	270
Riley, Lee	271
Robello, Tommy	271
Roberts, Dave	272
Roberts, Perry	272
Robinson, Rube	417
Rocco, Mickey	273
Rodda, Bill	273
Rodriguez, Francisco	274
Rodriguez, Freddy	418
Rodriguez, Hec	274
Rodriguez, Jose	275
Rodriguez, Oscar	275
Roettger, Oscar	276
Rohwer, Ray	276
Romo, Vincente	418
Rooney, Arthur	277
Rose, Edward	277
Rosenberg, Harry	277
Rosenthal, Simon	278
Roser, Jack	278
Ruble, Art	279
Rush, Andy	419
Russell, Reb	279
Russell, Kurt	280
Ryan, John	280
Saltzgaver, Jack	280
Salveson, Jack	419
Sanders, James	281
Sanner, Tex	281
Sawatski, Carl	282
Schalk, Roy	283
Schliebner, Dutch	283
Schmidt, Joe	284
Schreiber, Dutch	284
Schroeder, Wally	284
Schuster, William	285
Schwartje, Herman	420
Scull, Angel	285
Seats, Tom	420
Seeds, Bob	286

Sessi, Walter	286
Shaney, Bud	421
Sharman, Bill	287
Shaughnessy, Frank	468
Shearer, Ray	287
Sheehan, Jack	287
Sheehan, Tom	422
Sheely, Earl	288
Shellenback, Frank	201, 422
Shepard, Larry	423
Shinn, James	289
Shires, Art	289
Shoals, Muscle	202, 289
Shope, Norman	423
Sicking, Eddie	290
Sigafos, Frank	290
Siglin, Paddy	291
Silverio, Tom	291
Simon, Hank	292
Simon, Syl	292
Simons, Mel	293
Simpson, Halbert	293
Sington, Fred	294
Small, Norman	294
Smith, Earl	295
Smith, Elmer	295
Smith, Carr	296
Smith, Ernie	296
Smith, Red	297
Smith, Jud	297
Smythe, Harry	424
Solano, Claudio	298
Solis, Miguel	424
Solomon, Moe	298
Sommers, Jesus	299
Soto, Carlos	299
Sparks, Joe	468
Speece, Byron	425
Sprinz, Joseph	300
Stafford, Dean	300
Stanton, Buck	300
Starr, Raymond	425
Stasey, Pat	301
Statz, Jigger	207, 301
Stebbins, Lee	302
Steinecke, Bill	302
Stevens, Chuck	303
Stevens, Ed	303
Stewart, Stuffy	304
Stokes, Don	305
Stone, John	305
Stoneham, John	305
Storey, Harvey	306
Storti, Lin	306
Stovey, George	426
Strand, Paul	307
Stratton, Monty	204, 426
Strohm, Harry	307
Strong, Kenneth	308
Stumpf, George	308
Sturdy, Guy	309
Suarez, Miguel	309
Swacina, Swats	310
Sweeney, Bill	310
Taitt, Doug	311
Tauby, Frederick	311
Tauscher, Walter	426
Taylor, Joe	312
Taylor, Ray	312
Taylor, Tommy	313
Thebo, Antonio	313
Thomas, Bill	203, 428
Thomas, Claude	427
Thomas, Fay	427
Thomas, Herbert	314
Thompson, Tommy	314
Thorpe, Bob	315
Thorpe, Jim	199, 315
Tiefenauer, Bobby	429
Tillman, John	429
Tincup, Ben	430
Torres, Gil	316
Torres, Ray	316
Touchstone, Clayton	430
Triplett, Coaker	317
Tucker, Leonard	317
Tucker, Ollie	318
Tuero, Oscar	431
Turner, Jim	432
Turpin, Harold	432
Uhalt, Frenchy	318
Van Buren, Edward	319
Vargas, Hedi	319
Verdi, Frank	469
Vezilich, Louis	320
Vickers, Rube	433
Vidal, Jose	320
Wachtel, Paul	433
Waldron, Irv	321
Waldrop, Ned	321
Walker, Fleet	322
Walker, Frank	321
Walker, James	434
Walker, Thomas	434
Walkup, James	435
Walsh, Jimmy	322
Walters, Rasty	323
Walton, Danny	323
Ward, Frank	324
Warhop, John	435
Warner, James	324
Washburn, James	325
Washington, Sloane	325
Wasiak, Stanley	469
Webb, Earl	326
Weintraub, Phil	326
Weis, Butch	327
Wellman, Bob	327, 470
Wentzel, Stan	328
Werden, Perry	328
West, Max	329
West, Walter	329
Whalen, Jimmy	436
Wheeler, Edward	329
Whistler, Lew	330
White, Jack	330
White, Sol	331
Whiteman, George	331
Whitman, Hobart	332
Whitworth, Richard	436
Wicker, Kemp	436
Wilhoit, Joe	332
Williams, Fred	333
Williams, Marvin	333
Williams, Rhino	334
Wilson, Artie	334
Wilson, Teddy	334
Wilson, Nesbit	335
Wilson, Richard	336
Wingard, Ernie	336
Wingo, Red	337
Winsett, Tom	337
Wisterzill, Tex	338
Witte, Jerry	338
Workman, Chuck	339
Wright, Ab	339
Wright, Rasty	340
Yaryan, Yam	340
York, Tony	341
Yoter, Elmer	341, 471
Zabala, Adrian	437
Zinn, James	437